16	3	2	13
5	10	11	8
9	6	7	12
4	15	14	1

G. W. F. Hegel

LINHAS FUNDAMENTAIS DA FILOSOFIA DO DIREITO

Direito natural e ciência do Estado
no seu traçado fundamental

Tradução, apresentação e notas de Marcos Lutz Müller
Incluindo os adendos de Eduard Gans
Introdução de Jean-François Kervégan

editora■34

EDITORA 34

Editora 34 Ltda.
Rua Hungria, 592 Jardim Europa CEP 01455-000
São Paulo - SP Brasil Tel/Fax (11) 3811-6777 www.editora34.com.br

Copyright © Editora 34 Ltda., 2022
Tradução, apresentação e notas © Marcos Lutz Müller, 2020
J.-F. Kervégan, "L'institution de la liberté" © Presses Universitaires de France, 2013

A FOTOCÓPIA DE QUALQUER FOLHA DESTE LIVRO É ILEGAL E CONFIGURA UMA APROPRIAÇÃO INDEVIDA DOS DIREITOS INTELECTUAIS E PATRIMONIAIS DO AUTOR.

Capa, projeto gráfico e editoração eletrônica:
Franciosi & Malta Produção Gráfica

Consultoria técnica da presente edição:
Fábio Mascarenhas Nolasco, Luiz Fernando Barrére Martin, Emmanuel Nakamura

Tradução do texto de Jean-François Kervégan:
Silvio Rosa Filho (com a colaboração de Welson Alcântara)

Revisão:
Flávio Cintra do Amaral, Beatriz de Freitas Moreira, Alberto Martins, Claudia Abeling

1ª Edição - 2022 (1ª Reimpressão - 2024)

CIP - Brasil. Catalogação-na-Fonte
(Sindicato Nacional dos Editores de Livros, RJ, Brasil)

H437l Hegel, Georg Friedrich Wilhelm, 1770-1831
Linhas fundamentais da filosofia do direito: direito natural e ciência do Estado no seu traçado fundamental / G. W. F. Hegel; tradução, apresentação e notas de Marcos Lutz Müller; incluindo os adendos de Eduard Gans; introdução de Jean-François Kervégan — São Paulo: Editora 34, 2022 (1ª Edição).
736 p.

ISBN 978-65-5525-106-7

Tradução de: Grundlinien der Philosophie des Rechts

1. Filosofia do direito. I. Müller, Marcos Lutz, 1943-2020. II. Gans, Eduard, 1798-1839. III. Kervégan, Jean-François. IV. Título.

CDD - 834

LINHAS FUNDAMENTAIS DA FILOSOFIA DO DIREITO

Apresentação, *Marcos Lutz Müller* 7

A instituição da liberdade, *Jean-François Kervégan* 27

Abreviações das obras mais citadas 107

Nota sobre a tradução 113

LINHAS FUNDAMENTAIS DA FILOSOFIA DO DIREITO

Prefácio 119

Introdução (§§ 1-33) 149
    Divisão (§ 33) 221

Primeira Parte: O DIREITO ABSTRATO (§§ 34-104) 227
    Primeira seção: A propriedade (§ 41-71) 236
        A. Tomada de posse (§ 54-58) 256
        B. O uso da coisa (§ 59-64) 263
        C. Alienação da propriedade (§ 65-70) 274
        Passagem da propriedade ao contrato (§ 71) 284
    Segunda seção: O contrato (§ 72-81) 286
    Terceira seção: O ilícito (§ 82-104) 299
        A. O ilícito civil (§ 84-86) 302
        B. Fraude (§ 87-89) 303
        C. Coação e crime (§ 90-103) 305
        Passagem do direito à moralidade (§ 104) 323

Segunda Parte: A MORALIDADE (§§ 105-141) 327
    Primeira seção: O propósito e a responsabilidade (§ 115-118) ... 340
    Segunda seção: A intenção e o bem-próprio (§ 119-128) 344
    Terceira seção: O bem e a consciência moral (§ 129-141) 360
        Passagem da moralidade à eticidade (§ 141) 394

Terceira Parte: A ETICIDADE (§§ 142-360) 399
   Primeira seção: A família (§ 158-181) 411
      A. O casamento (§ 161-169) 414
      B. O patrimônio da família (§ 170-172) 425
      C. A educação dos filhos e a dissolução da família
         (§ 173-180) 427
         Passagem da família à sociedade civil (§ 181) 436
   Segunda seção: A sociedade civil (§ 182-256) 438
      A. O sistema das carências (§ 189-208) 450
      B. A administração do direito (§ 209-229) 476
      C. A polícia e a corporação (§ 230-256) 505
   Terceira seção: O Estado (§ 257-360) 532
      A. O direito estatal interno (§ 260-329) 544
         I. A constituição interna para si (§ 272-320) 577
         II. A soberania externa (§ 321-329) 663
      B. O direito estatal externo (§ 330-340) 675
      C. A história do mundo (§ 341-360) 682

Glossário 699
Seleção bibliográfica 727
Agradecimentos 732
Sobre o autor 733
Sobre o tradutor 735

Apresentação

Marcos Lutz Müller

à memória de Delmar Schneider e Gerd Bornheim

Esta tradução para a língua portuguesa de *Linhas fundamentais da filosofia do direito* de Hegel, que tenho a satisfação de apresentar ao leitor, é o resultado da convivência com o texto durante muitos anos e o fruto dos cursos que a vida acadêmica me possibilitou oferecer sobre a obra e alguns temas que a perpassam. O confronto com ela me convenceu da importância de mostrar ao público brasileiro o quanto o pensamento de Hegel está comprometido com a liberdade e com o direito. Esta tradução incorpora os "adendos" (*Zusätze*) de autoria de Eduard Gans (1798-1839), um dos discípulos mais próximos de Hegel, de grande influência sobre os estudantes, e editor oficial das três primeiras edições póstumas da *Filosofia do direito*. Gans elaborou uma seleção e uma composição dos apontamentos tomados por dois discípulos, de dois ciclos de preleções proferidas por Hegel depois da publicação da obra em 1820. Também é uma tradução que integra em suas notas uma seleção suplementar de outros trechos desses dois ciclos de preleções, bem como a de algumas notas à mão que Hegel adicionava ao seu exemplar de curso à guisa de roteiro das preleções. A inclusão desses "adendos" e dessa seleção das "notas manuscritas" do autor — bem como da alentada e esclarecedora introdução de Jean-François Kervégan, "A instituição da liberdade",[1] publicada originalmente na sua tradução da obra para o francês — quer contribuir para uma compreensão mais abrangente da dimensão sistemática e da atualidade do pensamento jurídico-político de Hegel, que pensa o direito como a objetivação da liberdade.

Este amplo conceito filosófico do direito, inusual nos compêndios mais frequentemente usados nos cursos de filosofia do direito, se insere no hori-

---

[1] "L'institution de la liberté", in Georg Wilhelm Friedrich Hegel, *Principes de la philosophie du droit*, 3ª ed., Paris, PUF, 2013, pp. 1-109.

zonte de uma filosofia da história que compreende a liberdade como fruto de um longo processo histórico, marcado pelo Cristianismo, pela Reforma Protestante, pelos ideais da Revolução Francesa e pela consolidação do Estado moderno como Estado de direito — acontecimentos históricos e instâncias que tornaram possível uma crescente tomada de consciência da liberdade e a sua progressiva universalização. Por isso, neste livro a teoria do Estado se encerra com uma sinopse da filosofia da história de Hegel, "a história do mundo" (*die Weltgeschichte*), na qual "a autonomia ou a subsistência por si (*Selbständigkeit*) do Estado está exposta à contingência [da história]" (*FD*, § 340). Essa tomada de consciência da liberdade e a sua universalização têm nas instituições do Estado moderno, concebido por Hegel como Estado social, a garantia daquela objetivação e dessa universalização, portanto, da própria efetividade do direito.[2]

A edição original desta obra de Hegel, datada oficialmente de 1821, mas já disponível na feira do livro de outono em Leipzig, na primeira quinzena de outubro de 1820, traz dois títulos, impressos em páginas diferentes não numeradas: à página esquerda, o título clássico e usual da disciplina no catálogo oficial de cursos da Universidade Real de Berlim (hoje Universidade Humboldt), *Direito natural e ciência do Estado*, acrescido da especificação *no seu traçado fundamental* (*im Grundrisse*), e, na página direita, o novo nome da disciplina que Hegel preferia e consagrou, *Ciência filosófica do direito* ou, simplesmente, *Filosofia do direito*. Esta nova designação da disciplina, substituindo a denominação clássica de "direito natural", causou estranheza à época, pois tanto a filosofia política antiga quanto o direito natural moderno tratavam o direito no âmbito da questão sobre a melhor constituição, isto é, do Estado concebido classicamente como sociedade civil (*bürgerliche Gesellschaft*). Hegel rompe com esta identidade entre Estado e sociedade civil, que remonta a Aristóteles e ainda está presente em Kant, estabelecendo a sua diferença conceitual precisa, o que constitui uma das teses mais inovadoras da sua filosofia política. Esse novo título, "Filosofia do direito", é precedido da expressão "Linhas fundamentais" (*Grundlinien*), que indica o seu caráter de "manual" (*Handbuch*), redigido para o acompanhamento das exposições orais de Hegel, donde *Linhas fundamentais da filosofia do direito* (*Grundlinien der Philosophie des Rechts*). Logo abaixo do pri-

---

[2] "A liberdade consiste somente em saber e querer estes objetos substanciais, universais, tais como a lei e o direito e em produzir uma realidade efetiva que lhes é adequada — o Estado" (Hegel, G. W. F., *Vorlesungsmanuskripte II (1816-1831)*, *GW*, v. 18, p. 191) [para as abreviações das obras mais citadas, ver pp. 107-11 deste volume].

meiro título da obra constava em letra menor a especificação: *Para uso em suas preleções* (*Vorlesungen*), isto é, as aulas dadas regularmente durante o semestre acadêmico.

Com essa especificação "linhas fundamentais" Hegel retomava o estilo expositivo da sua *Enciclopédia das ciências filosóficas em seu traçado fundamental*, publicada em 1817 em Heidelberg durante os quatro semestres em que lecionou nesta universidade, antes de assumir a cátedra em Berlim. Esta obra é a primeira em que Hegel empreende uma "apresentação" (*Darstellung*) conjunta e concisa do sistema das diversas "ciências filosóficas". Ela determina, e às vezes critica, os conceitos fundamentais das ciências empíricas particulares, justificando-os e integrando-os no âmbito do todo do saber, donde *Enciclopédia*. Essa integração se faz a partir de duas teses centrais da filosofia hegeliana, já formuladas no Prefácio da *Fenomenologia do espírito* (1807), a saber, que "a verdade é o todo" e que "o saber [*Wissen*] só é efetivo e só pode ser apresentado [*dargestellt*] como ciência [*Wissenschaft*] ou *sistema*".[3] É essa exigência de apresentação sistemática o que confere à filosofia e às disciplinas filosóficas o seu caráter de ciência, reivindicado já no início do *Prefácio* à *Filosofia do direito* como o patamar no qual Hegel espera que a obra seja apreendida e julgada (*GW*, v. 14, 1, pp. 5-6; *TWA*, v. 7, pp. 12-3).

A *Filosofia do direito* é o resultado da longa maturação de um pensamento que foi, desde o seu início, essencialmente político. Em sua elaboração progressiva como pensamento ético-político a *Filosofia do direito* foi se configurando como uma parte do sistema enciclopédico, no qual ela corresponde à "filosofia do espírito objetivo", visto que Hegel concebe a liberdade como a essência do espírito e o direito como a sua objetivação e efetivação: "o sistema do direito é o reino da liberdade efetivada, o mundo do espírito produzido a partir do próprio espírito como uma segunda natureza" (*FD*, § 4). A filosofia do espírito objetivo constitui a parte intermediária da "*Filosofia do espírito*" (III ª Parte da *Enciclopédia*), situada entre a "*Filosofia do espírito subjetivo*" e a "*Filosofia do espírito absoluto*" (que trata da arte, da religião e da filosofia), após a "*Filosofia da natureza*" (II ª Parte), precedida da "*Ciência da lógica*" (I ª Parte), que é a disciplina fundadora do sistema. Esta última propõe uma derivação sistemática do arcabouço conceitual das determinações do pensamento e da linguagem, que visa justificar o próprio

---

[3] Hegel, G. W. F., *Phänomenologie des Geistes*, *GW*, v. 9, pp. 19 e 21; *FE*, §§ 20 e 24-5.

conceito de "ciência filosófica" e o método dialético-especulativo, que lhe confere o caráter científico.

Assim como a *Enciclopédia*, a *Filosofia do direito* é organizada em parágrafos, que apresentam no seu *caput* de forma concisa e condensada a tese ou o argumento, seguidos ou não de uma "anotação" (*Anmerkung*) — que será citada pela maiúscula "A" após o signo gráfico de § —, impressa com pequeno recuo em relação ao *caput*. A "anotação" elucida, comenta ou desenvolve a tese e, frequentemente, indica posições afins ou divergentes de autores geralmente não citados, constituindo junto com o *caput* a base e o fio condutor para a explanação oral das preleções.

Segundo o melhor entendimento e o consenso hoje majoritário entre os responsáveis pela edição crítica em torno da mais recente e ampla controvérsia sobre a cronologia da redação da obra (desencadeada pela edição realizada por Ilting nos anos 1970),[4] pode-se afirmar que a maior parte do texto foi escrita entre outubro de 1819 e 25 de junho de 1820, data na qual Hegel assina o *Prefácio*. A gênese mais recente da *Filosofia do direito* reside no primeiro ciclo de preleções sobre "Direito natural e ciência do Estado", proferido no semestre de inverno de 1817-18 na Universidade de Heidelberg, e no ciclo subsequente sobre "Direito natural e direito estatal", com o qual Hegel inicia a sua docência em Berlim, no semestre de 1818-19, seguido de um terceiro curso na mesma universidade em 1819-20, que coincide aproximadamente com o período imediato da redação da obra.

O desejo de Hegel, expresso numa carta a Niethammer de 26 de março de 1819,[5] era ter concluído e publicado o livro já no outono de 1819, o que é um dos pontos de apoio mobilizados pelos intérpretes que defendem que Hegel teria empreendido modificações posteriores a uma obra já concluída para acomodá-la à conjuntura política e ao *status quo* da monarquia prussiana. Sua publicação, no entanto, só viria a ocorrer um ano mais tarde, depois da promulgação dos "Decretos de Karlsbad" pelo parlamento alemão reunido em Frankfurt em 20 de setembro de 1819. Esses decretos entram em vigência na Prússia a partir de 18 de outubro do mesmo ano e desencadeiam a progressiva derrocada política dos reformadores prussianos (entre eles a de Wilhelm von Humboldt), no sulco da restauração conservadora consa-

---

[4] Ilting, K.-H., *G. W. F. Hegel, Vorlesungen über die Rechtsphilosophie 1818-1831*. Stuttgart-Bad Cannstatt, Frommann-Holzboog, v. 1-4, 1973-74.

[5] Cf. Lucas, H. C. e Rameil, U., "Furcht vor der Zensur? Zur Entstehungs- und Druckgeschichte von Hegels *Grundlinien der Philosophie des Rechts*", *Hegel-Studien* 15 (1980), Bonn, Bouvier, p. 66.

grada pelo Congresso de Viena (1815) sob a égide da "Santa Aliança", integrada pela Áustria, Rússia e Prússia, esta que, entrementes, se tornara uma potência europeia após a derrota definitiva de Napoleão. A Santa Aliança impunha a toda a Europa um regime monárquico no qual a coroa é o único portador da soberania e do poder do Estado. A aplicação dos Decretos de Karlsbad na Prússia dá início ao triunfo da ala conservadora e reacionária da corte sobre a ala dos reformadores prussianos, introduz a censura prévia da imprensa, inclusive das publicações acadêmicas, as medidas de repressão das corporações estudantis e esportivas — política que veio a ser conhecida como a "perseguição dos demagogos" (*Demagogenverfolgung*) —, a espionagem dos cursos universitários, e cria uma instância central de investigação das "conspirações revolucionárias" em todos os Estados alemães.

Essa constelação de medidas repressivas desencadeou intenso debate em torno da hipótese de que Hegel, tendo supostamente já concluído a redação de seu livro em outubro de 1819, como pretendia inicialmente, teria, por medo da censura, postergado sua publicação a fim de promover modificações no texto, no intuito de "acomodá-lo" à nova conjuntura política.[6] Con-

---

[6] O debate em torno da "acomodação" do texto da obra às injunções da Restauração prussiana tem sua origem nas críticas dos jovens hegelianos (Ruge, Marx) já no início dos anos 1840 e se prolonga e consolida na interpretação ultraliberal de Haym, que denuncia o caráter bifronte do pensamento de Hegel e o estiliza como pensador reacionário e oficial do Estado prussiano (Haym, R., *Hegel und seine Zeit*, Berlim, Gaertner, 1857). Esse debate foi retomado em outra chave por Ilting na sua longa Introdução ao primeiro volume da sua edição crítica de alguns ciclos de preleções da *Filosofia do direito* (Ilting, v. 1, pp. 23-126). Ele parte de um confronto detalhado do texto do livro com os ciclos de preleções anteriores e posteriores à publicação daquele, estabelecendo uma oposição bastante rígida entre um Hegel exotérico, da obra publicada, e um Hegel esotérico, das preleções, nas quais se revelaria o seu verdadeiro pensamento, a fim de dar conta das variações entre ambos em torno de questões tais como: o poder monárquico e as suas relações com o poder legislativo, a pretensa cisão entre o direito racional e o direito positivo, concernente à redução da identidade especulativa entre a razão e a realidade efetiva (enunciada no Prefácio) a uma identidade da razão com a mera realidade positiva, dentre outras. O Hegel exotérico do livro mascararia o seu verdadeiro pensamento para assegurar a sua posição acadêmica (Ilting chega a pôr em dúvida a autenticidade de pensamento do livro), enquanto o Hegel esotérico das preleções expressaria a sua posição liberal, manifestaria sua simpatia pela monarquia constitucional de estilos francês e inglês, e admitiria a inadequação entre o racional e a realidade positiva, relativizando o famoso enunciado da dupla equivalência entre racionalidade e efetividade, formulada no Prefácio. Num balanço claro e sucinto dessa controvérsia em torno da interpretação de Ilting, J.-F. Kervégan assinala, na introdução à sua tradução francesa da *Fi-*

tudo, documentos biográficos (a sua correspondência com colegas, discípulos e com a editora em torno da esperada publicação do livro) e históricos atestam que Hegel, embora inquieto com a censura, usufruía de um seguro reconhecimento da sua função oficial e do apoio do ministro, diríamos hoje da educação, Von Altenstein, principal responsável pela convocação de Hegel ao professorado em Berlim; ele estava relativamente confiante na aprovação do seu manuscrito pelas autoridades, como de fato ocorreu (o livro é publicado menos de quatro meses após o seu envio aos censores e ao editor). Isso mostra, em todo caso, que a suposição de Ilting, que, em face da "precária situação política" (expressão de Gans no seu Prefácio à segunda edição da obra, em 1840), Hegel teria praticado autocensura e, assim, modificado e "acomodado" um texto anteriormente concluído, postergando sua publicação, encobrindo o seu verdadeiro pensamento a fim de assegurar a sua situação acadêmica, não se sustenta.[7] Mas é indiscutível que, tendo iniciado a redação definitiva da obra em torno da data em que os "Decretos de Karlsbad" passaram a ser aplicados na Prússia, essa redação ocorreu num clima tenso e opressivo em que Hegel estava no fogo cruzado de facções opostas: por um lado, dos ataques conservadores do partido da corte em torno do príncipe herdeiro, cujo ideólogo ultraconservador, o jurista Von Haller, é causticamente criticado em longa nota ao § 258 como defensor do direito do mais forte, a que se somava a hostilidade de Savigny devido às críticas que Hegel lhe faz indiretamente pela interposta pessoa do jurista Hugo, discípulo de Savigny, na extensa Anotação ao § 3; por outro lado, da ala nacionalista, teutônica, antifrancesa e antijudaica, travestida de liberal, de uma boa parte das corporações estudantis, cujo porta-voz era o adversário acadêmico de longa data, o professor Fries. A base comum destas duas correntes opostas era, como diz o Prefácio, a hostilidade à razão e "o ódio à lei".

---

losofia do direito, que Ilting sobrevaloriza a proximidade que Hegel teria com as corporações estudantis, ao mesmo tempo em que exagera as manifestações de adesão de Hegel aos princípios racionais do Estado prussiano como servilismo e oportunismo políticos. Ilting enrijece as variantes que existem entre o livro e as preleções, subestimando a continuidade profunda das teses principais, o que leva a sua interpretação a desconsiderar a importante distinção a ser feita entre o texto político e o texto de filosofia política que perpassa esta obra, uma distinção sobremaneira crucial para uma justa compreensão do Prefácio.

[7] Esse relato e essa interpretação dos fatos mencionados se apoiam em: Lucas, H. C. e Rameil, U., *Furcht vor der Zensur?*, op. cit., pp. 63-93; Jaeschke, W., *Hegel-Handbuch. Leben — Werk — Wirkung*, Stuttgart/Weimar, J. B. Metzler, 2003, pp. 272-9.

Fries, que já fora colega de Hegel em Heidelberg, onde publicara em 1816 um artigo "Sobre a ameaça ao bem-estar e ao caráter dos alemães pelos judeus", propalava uma difusa filosofia baseada nos "laços sagrados da amizade" e no sentimento (o "mingau" do "coração, do entusiasmo e da amizade", na ácida expressão polêmica do Prefácio (*GW*, v. 14, 1, p. 10; *TWA*, v. 7, p. 19). Fries também defendia a convicção subjetiva e uma moral das boas intenções como justificação das ações; daí a observação cáustica de Hegel a seu respeito no Prefácio: "onde [se] manifesta o maior egoísmo da vã soberba, mais [se] leva à boca a palavra *povo*". A fração das corporações estudantis que se contrapunha aos "friesianos", reunida em torno dos discípulos de Hegel e admiradores dos seus cursos sobre a filosofia do direito, era pejorativamente nomeada por aqueles de "cosmopolita", pois ela defendia, por exemplo, o direito de todos os estudantes matriculados na universidade a se inscreverem como membros de uma corporação, ao passo que os adeptos de Fries excluíam os estrangeiros e judeus.[8]

Esta tradução faz constar na capa apenas o segundo título, porque já na primeira série de *preleções* (*Vorlesungen*) sobre filosofia do direito, proferidas em Heidelberg no semestre de inverno de 1817-18 (outubro a março), Hegel fazia restrições ao conceito clássico e jusnaturalista de direito natural, devido à ambiguidade contida na expressão "natureza" e à sua associação com a "ficção de um estado de natureza", "contraposto ao estado de sociedade e, particularmente, ao Estado" (*Vorlesungen über Naturrecht und Staatswissenschaft*, Hamburgo, Meiner, 1983, § 2 A, p. 6). Como "o solo do direito" não é o da "natureza externa", nem o da "natureza subjetiva do ser humano", mas é "a esfera da liberdade", Hegel conclui que "o nome *direito natural* merece ser abandonado e substituído pela denominação *doutrina filosófica do direito* ou, como se mostrará, *doutrina do espírito objetivo*" (*ibid.*), que tem o conceito especulativo de liberdade por ponto de partida e fundamento, e cuja objetivação define precisamente a esfera e os conceitos fundamentais do direito.

As expressões *Grundlinien* ("linhas fundamentais") e *im Grundrisse* ("no seu traçado fundamental"), que constam, respectivamente, do primeiro e do segundo títulos, remetem ao fato de que Hegel compreendia o texto redigido neste feitio de um "traçado fundamental" em uma unidade indisso-

---

[8] Vieweg, K., *Hegel. Der Philosoph der Freiheit. Biographie*, Munique, Beck, 2019, pp. 438-41, 454-6; Jaeschke, W., *Hegel-Handbuch*, *op. cit.*, pp. 42-5, 275.

ciável com as explicações orais das *preleções*, unidade na qual aquele tinha o seu indispensável complemento nestas. Assim, este "traçado fundamental", que o Prefácio, logo no início, se apressa em distinguir de "um compêndio propriamente dito" (*ein eigentliches Kompendium*) pela natureza especulativa do seu modo de conhecimento e do seu método de apresentação (*Vorrede*, *GW*, v. 14, 1, p. 5; *TWA*, v. 7, pp. 11-2), é também caracterizado como "um fio condutor para as preleções", o que aponta mais uma vez para essa unidade entre o texto em suas "linhas fundamentais" e a exposição oral que o explicava, ampliava e atualizava.

Essa é uma das razões pelas quais esta tradução incorpora os "adendos" (*Zusätze*, citado pela abreviatura "Ad."), que Eduard Gans, que foi o editor oficial das três primeiras edições póstumas desta obra (Berlim, 1833, 1840, 1854), redigiu a partir de apontamentos tomados por dois discípulos de duas séries de Preleções e que acrescentou ao volume VIII das *Werke*, a edição (então) completa das obras de Hegel publicada "por uma associação dos amigos do finado", integrada por uma plêiade de seus discípulos. Os "adendos" são uma compilação notável e criteriosa, conceitualmente fidedigna e tematicamente muito próxima desses apontamentos, elaborada por Eduard Gans no intuito de lhes dar uma redação estilisticamente fluente, mas em sua seleção e configuração redacional bastante livre, hoje filologicamente contestada do ponto de vista de uma práxis editorial mais estrita. Apesar de considerada "superada do ponto de vista do conteúdo" pelos responsáveis pela atual edição crítica, para os quais os "adendos" só teriam um significado para a história da recepção da obra, uma vez que os apontamentos consultados por Gans e outros mais estão hoje disponíveis na sua versão integral,[9] penso que a compilação realizada por Gans tem muitos pontos positivos que justificam a sua inclusão neste volume e sobre os quais me deterei adiante.

Os apontamentos que Gans teve à disposição registram dois ciclos de preleções que Hegel ministrou após a publicação do seu manual na Universidade Real de Berlim, o primeiro no semestre de inverno de 1822-23, com apontamentos tomados por H. G. Hotho durante a explanação oral (*Mitschriften*), e o segundo, no semestre de inverno de 1824-25, com notas tomadas por K. G. v. Griesheim e posteriormente transcritas e reelaboradas (*Nachschriften*). Esses "adendos", em torno de duzentos, impressos em tipo menor do que o texto de Hegel, foram inseridos por Gans depois do *caput*

---

[9] *Hegel-Handbuch*, *op. cit.*, pp. 278-9.

ou, respectivamente, depois da Anotação aos parágrafos numerados das *Linhas fundamentais*.[10] Eles foram retomados por todas as edições posteriores que antecederam a edição crítica das *Linhas fundamentais* nas *GW* (2009),[11] com a única exceção da edição de Hoffmeister (1955).

Gans justifica no prefácio à sua edição de 1833 a redação e a inclusão dos "adendos" pela conveniência de introduzir uma "brecha" no texto denso e compacto de Hegel, na intenção de explicitar e desenvolver os assuntos difíceis e árduos formulados com grande concisão nos parágrafos do "traçado fundamental", a fim de torná-los mais acessíveis aos leitores que não puderam estar presentes às exposições orais, dando uma redação mais fluente aos apontamentos desses dois cadernos de cursos dos discípulos.[12] O cotejo dos "adendos" com os apontamentos desses dois ciclos de preleções, estes publicados pela primeira vez por Ilting[13] nos anos 1970 e recentemente na edição crítica (as *GW*),[14] permite avaliar o seu caráter fidedigno à letra

---

[10] Há três exceções: a longa nota de pé de página no parágrafo 7 do Prefácio a respeito da diferença entre as leis da natureza e as leis do direito, que é de fato um adendo inserido por Gans, no qual ele recompõe com mais fluência, e pequenas variantes, o texto dos Apontamentos de Hotho (*VRph 1822-23*, pp. 91-100). Essa, evidentemente, não foi incorporada na edição crítica, bem como, também, os "adendos" aos §§ 2 e 4, que ele insere, respectivamente, depois do *caput* do parágrafo e antes da "Anotação" (*Anmerkung*).

[11] Ou seja: Bolland (1902), Lasson (1911, 1921, 1930), Baeumler (1927), a assim chamada "edição do jubileu" de Glöckner (1928), Riedel (1968), Lakebrink (1970), Moldenhauer/Michel (1970), Reichelt (1972), Klenner (1981) e Verlagausgabe (1995) (cf. *GW*, v. 14, 3, *Anhang*, pp. 788, 805-37).

[12] Cf. *GW*, v. 14, 3, *Anhang*, pp. 800-1, nota 13.

[13] A já mencionada edição de Ilting, em vez dos "adendos", publica no volume I, além da "Segunda Parte" da *Filosofia do espírito* (*O espírito objetivo*, §§ 400-52) da primeira edição da *Enciclopédia das ciências filosóficas* (1817), as anotações do primeiro curso sobre direito natural e ciência do Estado ministrado por Hegel em Berlim no semestre de inverno de 1818-19, tomadas por C. G. Homeyer. No volume 3, são publicadas as anotações das preleções do semestre de inverno de 1822-23 (Hotho), e no volume 4, as das preleções do semestre de inverno de 1824-25 (Griesheim). O volume 2 contém o texto das *Linhas fundamentais* com algumas variantes e uma nova edição das notas manuscritas de Hegel preparatórias para as preleções (*Die "Rechtsphilosophie" von 1820 mit Hegels Vorlesungsnotizen 1821-1825*).

[14] Hegel, G. W. F., *Nachschriften zu den Kollegien der Jahre 1821-22 und 1822-23*, *GW*, v. 26, 2, ed. Grotssch, K., 2015; *Nachschriften zu den Kollegien der Jahre 1824-25 und 1831-32*, *GW*, v. 26, 3, ed. Grotsch, K., 2015.

do texto daqueles e apreciar a fluência alcançada pela redação de Gans, apesar dos cortes e recomposições que a seleção lhe impôs, que deixam, contudo, visíveis as "soldagens" operadas por suas reformulações sintáticas.[15]

---

[15] Os apontamentos das preleções dos seis cursos completos que Hegel ministrou sobre a filosofia do direito, três que antecederam a publicação das *Linhas fundamentais* e três que se seguiram a ela, mais as duas preleções iniciais, em novembro de 1831, na semana que antecedeu a sua morte, foram recentemente publicados nos quatro tomos do volume 26 das *Gesammelte Werke*: Hegel, G. W. F., *Vorlesungen über die Philosophie des Rechts I. Kollegien der Jahre 1817-18, 1818-19, 1819-20*, Felgenhauer, D. (ed.), in *GW*, v. 26, 1, 2013; Hegel, G. W. F., *Vorlesungen über die Philosophie des Rechts I. Nachschriften zu den Kollegien 1821-22 und 1822-23*, Grotsch, K. (ed.), in *GW*, v. 26, 2, 2015; Hegel, G. W. F., *Vorlesungen über die Philosophie des Rechts III. Nachschriften zu den Kollegien 1824-25, und 1831-32*, Grotsch, K. (ed.), in *GW*, v. 26, 3, 2015; G. W. F., *Vorlesungen über die Philosophie des Rechts IV, Anhang* [Apêndice], Grotsch, K. (ed.), in *GW*, v. 26, 4, 2019.

Três são as críticas principais que já Lasson e Hoffmeister anteriormente fizeram, e, hoje, os responsáveis pela atual edição crítica da *Filosofia do direito* (K. Grotsch e E. Weisser-Lohman) fazem ao procedimento redacional de Gans (o qual teve, contudo, a aprovação unânime dos demais discípulos editores das *Werke* e da própria viúva, Marie Hegel, cf. Hegel, G. W. F., *Grundlinien der Philosophie des Rechts oder Naturrecht und Staatswissenschaft im Grundrisse. Nach der Ausgabe von Eduard Gans, herausgegeben und mit einem Anhang versehen von Hermann Klenner*, Berlin, Akademie Verlag, 1981, *Anhang*, p. 562):

1) o cunho altamente pessoal da sua seleção dos Apontamentos de Hotho e Griesheim e a liberdade de reformulação sintática que ele se permite na soldagem dos cortes e no ajustamento dos textos das duas fontes, nos casos em que as combina;

2) a combinação ou fusão (são muito poucas, na verdade, no caso da *Filosofia do direito*) desses apontamentos com as notas manuscritas do próprio Hegel, inseridas pelo autor durante a preparação de sua exposição oral nas já mencionadas páginas em branco interpoladas no seu exemplar de curso pelo editor;

3) talvez a crítica principal, a parca ou quase nula utilização que Gans fez dessas notas à mão de Hegel para o seu empreendimento interpretativo do texto hegeliano.

Apesar de suas críticas acerbas aos "adendos", Lasson os publica em suas sucessivas edições, deslocando-os, todavia, para um apêndice final, ao passo que Hoffmeister os elimina, alegando que as omissões, inevitáveis em qualquer seleção, bem como as condensações operadas por Gans destroem o contexto original em que as passagens selecionadas se inseriam, apagando, assim, o movimento progressivo do pensamento de Hegel, ainda perceptível no texto dos apontamentos dos discípulos (cf. Hegel, G. W. F., *Grundlinien der Philosophie des Rechts mit Hegels eigenhändigen Randbemerkungen in seinem Handexemplar der Rechtsphilosophie*, Hoffmeister, J. (ed.), Hamburgo, Meiner, 1955, pp. XIII-XIV).

Uma novidade importante na história das edições das *Linhas fundamentais* foi a sua terceira edição por G. Lasson (1930), no quadro da *Philosophische Bibliothek* (Hamburgo, Meiner), por ter editado as notas manuscritas, intercaladas e marginais (*Randbemerkungen*), que Hegel ia inserindo nas páginas em branco, interpoladas a seu pedido pelo editor no volume de seu exemplar de curso (*durchschossenes Exemplar*), à guisa de preparação das preleções. São anotações redigidas num estilo bastante críptico, às vezes superpostas e redigidas a lápis ou com tintas de cor diferente, que mencionavam ou desenvolviam temas que Hegel pretendia aprofundar oralmente, bem como importantes reflexões sobre a articulação sistemática dos tópicos no interior da obra e, também, correções e pequenas alterações do texto original. Elas foram posteriormente retomadas pela edição de Hoffmeister (1955), também incluídas no volume 7 da *Theorie Werkausgabe* e reeditadas com correções por Ilting no volume 2 da sua edição (1974). Sua transcrição foi aperfeiçoada com enorme acribia pelos editores do segundo tomo do volume 14 da edição crítica, que hoje pode ser considerada a edição "princeps" e que a publicaram com o fac-símile dessas notas à página esquerda e sua transcrição para escrita latina na página direita (*Grundlinien der Philosophie des Rechts*, Grotsch, K. e Weisser-Lohmann, E. (eds.), v. 14, 2, *Beilagen*, Hamburgo, Meiner, 2010), acompanhadas de um minucioso aparato crítico a cargo de Klaus Grotsch no volume 14, 3 (*Grundlinien der Philosophie des Rechts*, *Anhang*, Hamburgo, Meiner, 2011) das *Gesammelte Werke*.[16]

No que diz respeito à relação em geral entre esses apontamentos e o texto do próprio Hegel, a pioneira publicação dessas preleções em 1973-74 por Ilting atesta que é incontestável a familiaridade desses dois discípulos (Hotho e Griesheim) com o pensamento hegeliano e a competência da sua transcrição, mesmo que parcial, de sorte que não há razões para pôr em dúvida a fidedignidade dessas anotações. Um depoimento do discípulo Marheinecke atesta a confiança que Hegel depositava na utilidade dessas anotações de seus cursos, ao relatar que durante as preleções sobre filosofia da religião no semestre de verão de 1827 ele folheava o caderno que Von Griesheim anotara durante as preleções sobre a mesma disciplina no semestre de verão de 1824, e que enriquecia também a sua exposição oral com acréscimos e melhoramentos que constavam em palavras e frases isoladas dos apontamen-

---

[16] Essas notas manuscritas acompanham o texto só até o § 180. Pode-se supor que tenha existido um segundo tomo desse exemplar pessoal preparado pelo editor, com notas que acompanhassem os parágrafos restantes, de números 181 a 360, mas não há documentos que provem a sua existência (*Hegel-Handbuch*, *op. cit.*, p. 278).

tos.¹⁷ J. E. Erdmann relata que "quando Hegel ouvia falar de um bom caderno de anotações de algum discípulo mandava copiá-lo e o tomava como base das preleções de um curso posterior, de sorte que a ele se anexavam alterações e ampliações".¹⁸ A ampla circulação dos apontamentos, mesmo em Paris, graças ao discípulo Karl Ludwig Michelet, gozava, assim, da confiança e anuência implícitas de Hegel, que não se opunha à sua utilização.

Quanto à relação entre os "adendos" de Gans e os textos dos dois cadernos de apontamentos mencionados, a principal legitimação para a sua tradução, tendo em vista a possibilidade, hoje, do acesso direto a esses dois e aos demais ciclos de preleções sobre a filosofia do direito é, sobretudo, a sua importância histórica na recepção do pensamento ético-político de Hegel.¹⁹ Com efeito, durante um século e meio, entre a data da publicação da

---

¹⁷ *VRph 1822-23*, ed. Ilting, p. 79 (Introdução do editor).

¹⁸ *Ibid*.

¹⁹ As credenciais de Gans para a redação dos "adendos", além de ser o editor da primeira publicação póstuma da obra, provêm, antes de tudo, do fato de ter várias vezes ministrado a disciplina sob a incumbência do próprio Hegel. Com efeito, Hegel deu ao todo seis vezes, de maneira completa, a disciplina (*Jus naturae et civitatis sive philosophia juris*, respectivamente, *Natur- und Staatsrecht oder Philosophie des Rechts*), três vezes antes da publicação das *Linhas fundamentais* e três vezes depois dela, nos semestres de inverno de 1821-22, 1822-23 e 1824-25, confiando-a posteriormente a seus discípulos Leopold von Henning, Karl Ludwig Michelet e Eduard Gans. Este último a assume então nos semestres de inverno de 1827-28, 1828-29, 1829-30 e 1831-32 (cf. *GW*, v. 14, 3, *Anhang*, pp. 859-60). Embora não haja uma prova direta, documentada por escrito, Arnold Ruge relata o episódio (provavelmente legendário) de uma interpelação de Hegel pelo príncipe herdeiro, o futuro rei Frederico-Guilherme IV, como anfitrião em uma conversa à mesa: "'É um escândalo que o Professor Gans faça de todos os nossos estudantes republicanos. Suas preleções sobre sua *Filosofia do direito*, senhor Professor, são assistidas por várias centenas de estudantes e é suficientemente conhecido que ele dá à sua exposição [*Darstellung*] uma coloração completamente liberal, republicana mesmo. Por que o Senhor mesmo não assume as preleções?' Hegel desculpou-se alegando desconhecimento do conteúdo e prometeu para o semestre seguinte proferi-las ele mesmo" (Riedel, M., *Eduard Gans als Schüler Hegels*, https://www.yumpu.com/nl/document/view/6377548/eduard-gans-als-schuler-hegels-hegelnet, p. 1, consultado em 7 nov. 2016; também in: *TWA*, v. 7, *Anmerkung der Redaktion*, p. 526). O curso anunciado para 1830-31 Hegel o cancela por "indisposição" (*Unpässlichkeit*), o qual é, então, assumido por C. L. Michelet. É possível que essa interpelação, ainda que provavelmente legendária, mais a grande afluência (cerca de 1.500 ouvintes) que o curso paralelo de Gans no semestre de 1830-31 despertou entre os estudantes, ao retornar de Paris após a Revolução de julho de 1830, tenham levado Hegel a retomar pessoalmente as preleções no semestre de inverno de 1831-32, no qual ele profere as duas primeiras nos dias 10 e 11 de novembro, vindo

obra em outubro de 1820 e a edição das diferentes séries de preleções a partir da década de 1970, os Adendos marcaram decididamente a história da recepção e da atuação do pensamento jurídico e ético-político de Hegel. Eles serviram e podem ainda servir de contraponto à recepção imediata e posterior da *Filosofia do direito*, a qual se fixou muito no caráter polêmico do Prefácio e, sobretudo, na leitura equivocada do controverso enunciado "o que é *racional*, isso é *efetivo* [*wirklich*] e o que é *efetivo*, isso é *racional*" (*GW*, v. 14, 1, p. 14; *TWA*, v. 7, p. 24), interpretado equivocadamente como apologia e justificação do Estado prussiano e do seu regime monárquico dinástico, o que atestaria um quietismo político de Hegel. Essa leitura confunde indevidamente os conceitos de "*efetivo*" e de "efetividade" (*Wirklichkeit*), que significam as estruturas racionais profundas atuantes no presente, com a realidade empírica existente, uma confusão que Hegel se apressa a desfazer e retificar na Anotação ao § 6 da *Enciclopédia* (*E*, § 6 A; *TWA*, v. 8, pp. 47-9). Essa leitura equivocada foi paradoxalmente endossada tanto pelos conservadores do partido da corte, quanto pelos liberais do século XIX e XX, a partir do livro de Haym.[20]

Gans no seu Prefácio à primeira edição póstuma da *FD* em 1833 se contrapõe a essa interpretação enfatizando que a obra "se edifica a partir de um só metal, o da liberdade".[21] Afora a importância que os Adendos exerceram na transmissão mais arejada e não conservadora do legado hegeliano,[22] sua

---

a falecer na segunda-feira, 14 de novembro de 1831 (cf. Riedel, M., *ibid.*, p. 2; *GW*, v. 14, 3, *Anhang* (*Apêndice*), pp. 859-60).

[20] Haym, R., *Hegel und seine Zeit*, op. cit. à nota 6.

[21] Cf. *Hegel-Handbuch*, op. cit., p. 278; Riedel, M., *Eduard Gans als Schüler Hegels. Zur politischen Auslegung der Rechtsphilosopie*, cf. indicação na nota 19.

[22] As tendências liberais e simpatias republicanas de Gans se revelariam nas modificações que introduz em suas preleções sobre a *Filosofia do direito* proferidas após a morte de Hegel, que Marx viria a frequentar. Além de algumas correções sistemáticas e aditamentos históricos, que destacam a ruptura da obra com o direito natural e, principalmente, aprofundam a dimensão histórica do direito, essas modificações antecipam, sem reestruturar o quadro teórico da obra, algumas futuras críticas que os jovens hegelianos fariam a ela, particularmente no tocante à tese hegeliana, segundo a qual a monarquia constitucional representa "o pleno amadurecimento" do Estado moderno (*FD*, § 473 A), o qual é para Gans, antes de tudo, um "Estado representativo". Mas ele é claro em sua crítica ao princípio dinástico, ao morgadio, ao sistema bicameral, defendidos por Hegel, e também ao conceito hegeliano de uma representação política estamental, bem como às corporações e associações cooperativas que são a base dessa representação política. A propósito dessas questões, ver o informativo artigo acima citado de M. Riedel e

fluência os torna ainda hoje uma via de acesso auxiliar na compreensão do texto compacto das *Linhas fundamentais*, tornando presente ao leitor a referida unidade indissociável entre texto e exposição oral, tão marcante da obra hegeliana. Além disso, eles têm sido incorporados também em traduções mais recentes para outras línguas, e têm, aqui, a sua primeira tradução integral para a língua portuguesa. As iniciais maiúsculas "H" e "G", indicadas entre parênteses no início de cada adendo, remetem à sua fonte, respectivamente, nos apontamentos de Hotho e de Griesheim.

A edição crítica das *Gesammelte Werke* estabeleceu uma nova base para a edição dos textos de Hegel e para a compreensão do seu pensamento e da sua evolução: ela separa estritamente as notas do punho de Hegel, publicadas na primeira seção, nos volumes 1 a 22, dos apontamentos que os discípulos e ouvintes fizeram das preleções, os quais contêm os inevitáveis componentes da compreensão pessoal, seleção, composição e configuração estilística que cada um teve da explanação oral, publicados na segunda seção, nos volumes 23 e seguintes. Essa separação, que atende a critérios filológicos mais rigorosos, permite uma atenção mais precisa à constante revisão e aperfeiçoamento da "apresentação" (*Darstellung*) da dialética-especulativa e da "progressão lógica" da demonstração hegeliana, a fim de torná-la cada vez mais plástica aos diferentes contextos em que ela opera (cf. as exigências programáticas do Prefácio, *GW*, v. 14, 1, pp. 5-6; *TWA*, v. 7, pp. 12-3). Essa separação permitiu, no caso da *Filosofia do direito*, uma reconstituição mais acurada da gênese e dos sucessivos desdobramentos das suas teses, da sua articulação sistemática e da sua inserção no respectivo contexto histórico-político.

Mas, por outro lado, para além e independentemente dessa questão da autenticidade filológica, é incontestável que durante o século XIX e até o início da década de 1970 foi a edição das *Werke* e as posteriores que incluíram os "adendos" que determinaram a recepção e a atuação do pensamento de Hegel na história da filosofia e no âmbito da cultura europeia e mundial. De resto, na transmissão viva de um autor como Hegel, em cuja obra uma par-

---

sua detalhada indicação das fontes. Em função dessas alterações e diferenças introduzidas por Gans, esse artigo contesta a inclusão pela historiografia filosófica tradicional de Gans na direita hegeliana, defendendo que são essas diferenças na interpretação da *Filosofia do direito* que estão, antes, na raiz da cisão entre a direita e a esquerda hegeliana e que são elas o fermento mais importante da posterior dissolução da escola hegeliana, e não principalmente a filosofia da religião e a controvérsia desencadeada pela *Vida de Jesus*, de autoria do discípulo de Hegel D. F. Strauss, publicada em 1835.

cela significativa do texto de várias ciências filosóficas (a filosofia da história, a filosofia da religião, a estética e a história da filosofia) da *Enciclopédia* se deve aos apontamentos das preleções pelos discípulos e da sua combinação com excertos dos manuscritos preparatórios para as preleções, é sempre difícil separar completamente a autenticidade filológica do texto da lavra de Hegel da história da recepção e atuação do mesmo na configuração que lhe foi dada pelos discípulos, porque também os esforços de diferenciação entre ambos são novamente engolfados no processo de transmissão que dá vida e atualidade ao seu pensamento.[23]

Quanto a essas notas manuscritas que Hegel inseria no seu exemplar de curso o tradutor selecionou alguns excertos delas e os incorporou às suas notas quando lhe pareceu que auxiliam a compreensão de tópicos do texto original ou da sua articulação sistemática, mas apenas quando sua interpretação das mesmas se afigurava suficientemente segura.[24] O extenso aparato

---

[23] Isso vale, sobretudo, para o texto das obras sobre filosofia da história, filosofia da religião, estética e história da filosofia, publicadas nas *Werke* e retomadas pelas edições posteriores. Tratava-se para os discípulos envolvidos na publicação das *Werke*, em face dos crescentes ataques e objeções ao pensamento de Hegel, que a partir dos anos 1820 vai se configurando como "escola", de apresentar da forma mais completa e consistente o sistema hegeliano e defendê-lo como uma "fortaleza", donde esse procedimento redatorial não condizente com a práxis editorial atual, mais atenta à autenticidade filológica, ao desenvolvimento interno e às revisões do pensamento do autor. Desse ponto de vista, a situação da *Filosofia do direito* é privilegiada, pois exceto a *Fenomenologia do espírito* (1807) e a *Ciência da lógica* (1812-1816), das demais ciências filosóficas que compõem o sistema enciclopédico só a *Filosofia do direito* foi objeto de um ulterior desenvolvimento mais amplo publicado pelo próprio Hegel, mas, ainda assim, no feitio de um manual, que desdobrou os 53 curtos parágrafos sobre o "espírito objetivo" da *Enciclopédia* de Heidelberg (1817) (§§ 400-52) nos 360 parágrafos das *Linhas fundamentais*. Entrementes, com a publicação dos apontamentos das diferentes preleções sobre a "ciência filosófica do direito", será possível avançar na compreensão mais diferenciada do quadro histórico-político do surgimento da obra e das mudanças que o seu pensamento extremamente sensível a esse contexto revela nas preleções posteriores à publicação do manual.

[24] O estilo taquigráfico dessas notas, permeado frequentemente de palavras isoladas ou meramente coordenadas por vírgulas, de frases assintáticas ou sem construção gramatical explícita, que tinham também a função mnemônica de realçar pontos a serem desenvolvidos ou aprofundados pela exposição oral, tornam às vezes difícil a sua compreensão exata e, principalmente, bastante arriscada a sua tradução. Mas elas podem ser também, para o conhecedor mais familiarizado com a dicção hegeliana, uma fonte preciosa e muito rica de informação a respeito dos temas que ele pretendia tratar ou desta-

de notas de tradução que acompanham esta edição, que a tornam, em certa medida, uma tradução comentada,[25] assim como o Glossário que se encontra ao final do volume, visam auxiliar o leitor na compreensão dos conceitos fundamentais da obra e contribuir para o estabelecimento e a clarificação da sua terminologia. São notas que informam sobre o contexto histórico-cultural de temas abordados e de autores a que Hegel se refere implicitamente sem citar, mas procuram, antes de tudo, esclarecer a densa rede conceitual da obra e ressaltar a atuação estruturante do conceito especulativo de liberdade na organização do seu conteúdo. Esse conceito especulativo, formulado nos §§ 5 a 7 da Introdução, preside também à articulação sistemática de toda a obra, dividida em três Partes (ver § 33), subdivididas cada uma em três seções (*Abschnitte*) (ver os §§ 40, 114, 157, que indicam estas divisões internas), por sua vez subdividas cada uma em três subseções, conforme a estrutura ternária dos três momentos constitutivos do conceito de liberdade: a universalidade, a particularidade e a singularidade. Esses momentos estruturantes moldam o conteúdo dos conceitos fundamentais que a ciência filosófica do direito toma do saber jurídico, e da sua história, a fim de reorganizar o seu encadeamento no âmbito da apresentação dialético-especulativa, e, assim, explicitar a sua universalidade e a necessidade lógica da passagem entre eles.

O projeto enciclopédico e as notas manuscritas de Hegel revelam um intelectual apaixonado pela leitura de jornais (sua "oração matinal", referindo-se ironicamente às matinas monásticas) e de revistas científicas da época, tanto alemãs quanto estrangeiras;[26] essas documentam o seu incansável

---

car e dos novos temas que incluía em suas preleções a partir de suas vastas leituras, e, antes de tudo, sobre o ducto e a construção sistemática da argumentação.

[25] Partes da tradução foram publicadas anteriormente nos *Cadernos de Tradução* pela editora do Instituto de Filosofia e Ciências Humanas da Universidade Estadual de Campinas (Unicamp), para o uso dos alunos em cursos oferecidos no Departamento de Filosofia desta universidade nos anos 1990 e na primeira década do século 2000 e tiveram boa circulação acadêmica. O conteúdo das introduções então redigidas para esses diversos Cadernos foi reelaborado e incorporado nas notas da presente edição.

[26] Hegel manteve uma atividade editorial muito intensa durante toda a sua trajetória. No período de Jena (1801-1807) editou juntamente com Schelling o *Jornal Crítico da Filosofia*; em Bamberg atuou como redator político do *Diário de Bamberg*, o jornal diário da cidade, e, posteriormente, foi responsável pela seção de filologia e filosofia dos *Anuários de Heidelberg*. Seu desiderato de longa data foi a criação dos *Anuários para a Crítica Científica* em 1826, em Berlim, de que foi editor-chefe durante cinco anos, cuja

diálogo reflexivo com um amplo espectro de questões suscitadas pelo direito, relativas à história, à economia, à política, e a temas do que veio a se chamar mais tarde "sociologia", mas também à física, à química e à teoria das cores, que Hegel partilhava com Goethe em sua crítica a Newton. Finalmente, elas realçam também, mais uma vez, a unidade entre o texto escrito no seu "traçado fundamental" e as preleções, neste seu trabalho constante de aperfeiçoamento e reformulação a fim de alcançar uma "Darstellung" (*apresentação*) dialético-especulativa cada vez mais plástica para estar à altura do problema. Este trabalho em processo de constante revisão, atualização e ampliação do projeto enciclopédico — que nunca esteve fechado, apesar de sua pretensão de completude —, se enraíza na relação aberta e na interação recíproca entre as "ciências filosóficas", enquanto partes do sistema, e as ciências empíricas particulares, que têm seu ponto de partida na experiência.

Nessa perspectiva, a segunda edição (1827) e a terceira (1830) da *Enciclopédia* ampliam consideravelmente o sistema pela introdução de novos conhecimentos oriundos dessa interlocução com as ciências particulares e da decantação dos seus conceitos fundamentais. Em relação à *Enciclopédia* de Heidelberg (1817), a *Filosofia do direito* dá um passo à frente graças à integração e incorporação de conceitos fundamentais da economia política e da história no campo do saber filosófico, e estabelece a diferença moderna entre sociedade civil e Estado, rompendo com a identificação conceitual clássica, que, passando por Hobbes e pelo direito natural moderno, perdurou de Aristóteles a Kant. Em contrapartida, a *Enciclopédia* de 1830 introduz dois novos parágrafos (§§ 481-2) que esclarecem a passagem categorial do espírito subjetivo ao espírito objetivo (lembro que o seu âmbito é coextensivo ao da *Filosofia do direito*), explicitando a tese do § 27 da *FD*: a consciência da liberdade, promovida pelo Cristianismo e alcançada nos *Tempos Modernos* em sua expressão política nos ideais da *Revolução Francesa*, se efetiva e ob-

---

iniciativa e apoio partiu de Gans. Os *Anuários* ficaram também conhecidos como a "Contra-academia berlinense de Hegel", uma vez que Savigny e Schleiermacher se opuseram à sua entrada na "Academia de Ciências da Prússia". Eles se propunham ser uma "arma cortante contra o obscurantismo" e "o canto do corvo do passado", nas palavras de Hegel, e combatiam a ala restauradora da corte e os pós-românticos que se tinham tornado politicamente reacionários. A Escola hegeliana teve a influência preponderante nos *Anuários*, mas eles congregaram expoentes de várias disciplinas e vertentes, dentre os quais Goethe, Wilhelm von Humboldt, A. W. Schlegel, os filósofos Franz von Baader e A. Trendelemburg, só para citar alguns nomes mais representativos da diversidade de orientações (Vieweg, *Biographie, op. cit.*, pp. 654-9; *Hegel-Handbuch, op. cit.*, pp. 258-60).

jetiva como ideia ética[27] na esfera da "eticidade" (*Sittlichkeit*), que se configura na família, na sociedade civil e no Estado. Esta ideia atua como uma vontade de segundo grau, como *"a vontade livre que quer a vontade livre"* (*FD*, § 27), isto é, uma vontade livre que se quer universalmente livre em todas as vontades singulares, passando a ser o princípio de sua objetivação nas categorias e na realidade do direito e de sua efetivação na história do mundo compreendida filosoficamente. Assim, como assinala Vieweg, as leis e as instituições que não são a objetivação dessa vontade que se quer universalmente livre em todas as vontades singulares não são verdadeiramente direito, não têm efetividade (*Wirklichkeit*), mesmo que tenham realidade legal.[28]

Esse diagnóstico do presente, que Hegel formula especulativamente mediante essa tese de uma vontade que "tem a universalidade, [...] a si mesma por conteúdo, ob-jeto e fim", traduz filosoficamente o saber, historicamente alcançado no Estado moderno, de que todos os seres humanos em princípio sabem que sua destinação e o seu fim são a liberdade: nas palavras de Hegel, que a liberdade é a essência e a substância do espírito (*FD*, § 4). A ideia — tal como a *Ciência da lógica* a desenvolve como resultado da derivação categorial e como sinopse das determinações do pensamento e da linguagem e que na *Filosofia do direito* se explicita na figura da "ideia ética", isto é, na figura dessa vontade livre de segundo grau que na sua objetivação se quer universalmente livre em todos os indivíduos singulares — condensa especulativamente esse saber historicamente alcançado a respeito da universalidade da liberdade. Daí a tese especulativa de Hegel, segundo a qual esse saber da ideia ética não é mais só um saber que os seres humanos dela têm, mas um saber que constitui a própria efetividade dos humanos.[29] Nessa tese convergem a ciência da lógica e a filosofia do direito e da história, mostrando que a liberdade é o conceito central e o núcleo do pensamen-

---

[27] A ideia ética é a transformação da figura paradigmática da ideia desenvolvida na lógica especulativa como sinopse das determinações do pensamento, na medida em que ela plasma os conceitos próprios da *FD* através de sua objetivação no âmbito do espírito objetivo e serve, assim, de padrão de medida crítico da realidade social, jurídica e política.

[28] Vieweg, K., *Hegel. Biographie*, op. cit., p. 563.

[29] "Se o saber da ideia — isto é, [o saber a respeito] do saber dos homens de que sua essência, fim e objeto é a liberdade — é especulativo — essa ideia mesma como tal é a efetividade dos homens: portanto, não a ideia que eles *têm*, mas a ideia que eles *são*. O cristianismo fez com que entre seus adeptos esse saber se tornasse a sua efetividade, por exemplo, não serem escravos" (*E*, § 482, A).

to jurídico-político de Hegel e de todo o seu projeto enciclopédico. O patamar em princípio alcançado de universalização da liberdade, que a ideia no sentido hegeliano "apresenta", marca o fim da pré-história da liberdade e o começo da configuração de um mundo adequado à sua efetivação e à sua universalização.

A instituição da liberdade

Jean-François Kervégan

para Caroula, Lucas, Paul

"Eu me atenho à ideia de que o espírito do tempo deu a ordem para avançar."[1]

As *Grundlinien der Philosophie des Rechts*, lançadas no outono de 1820, são o quarto e último[2] dos grandes textos sistemáticos que Hegel publicou, após a *Fenomenologia do espírito* (1807), a *Ciência da lógica* (1812-1816) e a *Enciclopédia das ciências filosóficas em compêndio* (1817). É a obra de um professor universitário que chega ao ápice de sua notoriedade — aos cinquenta anos, ele próprio enxerga sua nomeação na juveníssima e já prestigiosa Universidade de Berlim como a coroação de sua carreira. É também a obra de um filósofo em posse do quadro definitivo e sistemático de seu pensamento, embora ele continue, como mostra a leitura das sucessivas edições da *Enciclopédia*, a tornar mais precisas a fina organização e a expressão desse pensamento.

Esse livro teve impacto considerável por razões que estão ligadas, como veremos, tanto ao contexto político como ao conteúdo especulativo, aliás, apresentado com notável maestria. Livros, depois dele, Hegel não publicará mais. Durante os anos berlinenses, reedita e remaneja obras anteriores: a *Enciclopédia* em 1827, e novamente em 1830; o primeiro tomo da *Ciência da lógica*, também ele profundamente remanejado, em 1830; em 1831, por fim, mas a morte interrompe o trabalho apenas iniciado, Hegel empreende revisar a *Fenomenologia do espírito*, há muito esgotada, com vistas a uma nova

---

[1] Carta de G. W. F. Hegel a Niethammer, 5 de julho de 1816, *Correspondance* II, Paris, Gallimard, 1963, p. 81.

[2] Ou o penúltimo, se considerarmos, com alguma razão, que a segunda edição da *Enciclopédia das ciências filosóficas* (1827) é um novo livro.

edição. Por outro lado, publica artigos densos e volumosos, seja na imprensa oficial ("Über die englische Reformbill",³ 1831), seja no periódico científico que fundou com um grupo de amigos e discípulos, os *Jahrbücher für wissenschaftliche Kritik*,⁴ onde são publicadas resenhas do livro de Humboldt sobre o *Mahabarata* (1827), dos *Escritos póstumos* de Solger e dos *Escritos* de Hamann (1828),⁵ dos *Aforismos* de Göschel (1829), de duas obras que atacam sua filosofia (1829), do livro *Der Idealrealismus* de Ohlert e de uma obra de Görres consagrada à filosofia da história (1831). Sobretudo, em aulas acompanhadas por uma audiência considerável para aquela época, Hegel desenvolve sistematicamente as diferentes partes de seu sistema: a lógica, a filosofia da natureza, a filosofia do espírito subjetivo (a "psicologia"), a filosofia da religião, a filosofia da arte, a filosofia da história, a história da filosofia e, claro, a filosofia do direito. Em Berlim, Hegel a ensinou por duas vezes antes da publicação das *Grundlinien* (1818-19, 1819-20), e, logo depois dela, por três vezes (1821-22, 1822-23, 1824-25). Com base no livro de Hegel, um de seus alunos mais próximos, o jurista Eduard Gans, assegura a continuidade do curso, de 1825-26 a 1830-31.⁶ De maneira bastante brusca, em 1831, Hegel decide retomar o curso, pois, acredita-se, a Corte ou o ministério lhe fazem compreender que são inoportunas as opiniões "republicanas" professadas por Gans,⁷ um ano após a Revolução

---

³ *Allgemeine preussische Staatszeitung*, 1831; cf. a tradução, "À propos du *Reform Bill* anglais", in *Écrits politiques*, trad. M. Jacob e P. Quillet, Paris, Champ Libre, 1977, pp. 355-95. A publicação, escalonada em três fascículos (nᵒˢ 115, 116, 118), foi interrompida por ordem da censura, o governo prussiano temendo as reações das autoridades britânicas a esse escrito fortemente crítico acerca da situação social e política da Grã-Bretanha, e que podia passar pela expressão de um ponto de vista oficial, o que ele certamente não era... Cf. os estudos da coletânea *Politik und Geschichte. Zu den Intentionen von Hegels Reformbill-Schrift*, C. Jamme e E. Weisser-Lohmann (eds.), Bonn, Bouvier, 1995.

⁴ Acerca da empreitada coletiva do "partido hegeliano", que são os *Anais berlinenses*, cf. a coletânea de estudos *Die Jahrbücher für wissenschaftliche Kritik. Hegels Berliner Gegenakademie*, C. Jamme (ed.), Stuttgart, Frommann-Holzboog, 1994.

⁵ Cf. as traduções destes dois textos: *Les écrits de Hamman*, trad. J. Colette, Paris, Aubier, 1981, e *L'Ironie romantique: compte rendu des* Écrits posthumes *de Solger*, trad. J. Reid, Paris, Vrin, 1997.

⁶ Os cursos de Gans foram editados por M. Riedel: *Naturrecht und Universalgeschichte*, Stuttgart, Klett-Cotta, 1981.

⁷ Cf. a carta seca dirigida por Hegel a Gans em 12 de novembro de 1831, *Corres-*

de Julho em Paris; mas Hegel só poderá dar duas aulas antes de ser levado pelo cólera.[8] Isso assinala a importância que reveste, aos olhos do professor berlinense, tal ensino de filosofia jurídica, moral e política, o único a ser constantemente oferecido (por Hegel ou por Gans), entre os anos de 1818 a 1831. Mas é também a tal ensino — ou pelo menos ao manual que lhe serve de suporte, pois é de um suporte que se trata, semelhante ao da *Enciclopédia das ciências filosóficas* — que se deve, desde essa época e ainda mais após 1848, a sua reputação pouco invejável de "filósofo do Estado prussiano".[9]

Os contextos de uma obra

Em 25 de junho de 1820, Hegel põe o ponto final àquilo que nessa ocasião ele continua a chamar de seu *Direito natural*. Segundo um método então usual, do qual Hegel se utilizara sistematicamente para fazer os seus editores esperarem quando da redação final de suas obras anteriores, parte da obra já está sendo impressa. Estará terminada durante o verão, e os mais próximos de Hegel ficam impacientes.[10] No início do outono o livro está disponível em livraria.[11] Em meados de outubro, Hegel dedica um exemplar ao

---

pondance III, Paris, Gallimard, 1967, p. 305, e as explicações de Ilting sobre as circunstâncias dessa "retomada": Hegel, *VRph 1824-25*, pp. 907-13.

[8] Cf. as notas tomadas por David Friedrich Strauss, futuro "jovem hegeliano", in *Philosophie des Rechts 1831* [Nachschrift Strauss], *VRph 1824-25*, 1974.

[9] Essa reputação foi assentada particularmente por Rudolf Haym, que reinterpreta todo o pensamento de Hegel a partir das posições políticas que ele lhe atribui. O livro publicado em 1857 é inteiramente dedicado a provar que, com a *Filosofia do direito*, "o sistema de Hegel tornou-se a morada científica do espírito da restauração prussiana" (*Hegel et son temps*, Paris, Gallimard, 2008). Mas alguns contemporâneos, não necessariamente hostis a Hegel, já fazem essa leitura das *Grundlinien*; de modo singular, é o caso de Nikolaus von Thaden, antigo estudante de Hegel, do qual uma carta de 8 de agosto de 1821 enumera a maior parte das reprimendas que, em seguida, vão ser feitas à obra, a começar por aquela de uma suspeita complacência para com o poder em voga (*Correspondance* II, *op. cit.*, pp. 244-7).

[10] "Eu aguardo com a mais viva alegria a publicação — próxima, me disseram — de seu *Direito natural*" (carta de Daub a Hegel de 30 de setembro de 1820: *Correspondance* II, *op. cit.*, p. 208).

[11] Carta de Hinrichs a Hegel, *Correspondance* II, *op. cit.*, p. 210.

príncipe Hardenberg, chanceler da Prússia, indicando algo que na posteridade não contará a seu favor: que "[seu] estudo deve ser uma tentativa para captar em seus traços essenciais o que se apresenta aos nossos olhos com tal eficácia e da qual saboreamos os frutos"; que, dessa maneira, a filosofia "justifica a proteção e o favor de que ela usufrui vindos da parte do Estado", e se mostra "uma auxiliar imediata das intenções benfeitoras do governo".[12] Palavras sobrecarregadas, ao que parece, e que justificam as observações impiedosas de Von Thaden.[13] Mas é preciso não esquecer que Hegel se dirige ao último dos grandes ministros da Prússia na era das reformas, o sucessor do Barão Von Stein, chefe na defensiva de um governo em *sursis*, e que com ele haverá de morrer; um dos seus principais colaboradores, Wilhelm von Humboldt, símbolo da temporária aliança do poder e do saber, já foi levado a pedir demissão. Quando Hegel presta homenagem a Hardenberg com sua *Filosofia do direito*, Humboldt, fundador da Universidade de Berlim, indianista erudito e linguista, não é mais ouvido. Quem é ouvido na Corte, particularmente no círculo do príncipe herdeiro, futuro Frederico Guilherme IV, é Karl Ludwig von Haller, atacado por Hegel com extrema violência nas *Grundlinien*.[14] Ouvido também é Friedrich Ancillon, ideólogo da Restauração e logo ministro das relações exteriores, a respeito do qual o mesmo Von Thaden aconselha Hegel a não atacar em janeiro de 1820: "1) porque habita sob o mesmo teto [que ele]; 2) porque exerce mais influência [que ele]; e 3) porque está abaixo de toda crítica".[15]

---

[12] *Correspondance* II, *op. cit.*, pp. 213-4. Dispõe-se apenas do manuscrito da dedicatória, mas é inteiramente permitido pensar que, no exemplar dirigido ao chanceler, o texto é do mesmo veio.

[13] "O senhor é desacreditado ora como filósofo realista ora como realista filósofo"; "pôs em segurança a propriedade dos senhores dotados de um Morgado e a dos livreiros, no interesse dos sábios, mas não se preocupou com a dos burgueses e dos camponeses"; "na verdade, o senhor justificou a realidade existente na maior parte dos Estados"; "por que abandonou a ordem lógica e, por zelo aos príncipes... escolheu a dedução dogmática de uma verdadeira constituição?" etc. (8 de agosto de 1821, *Correspondance* II, *op. cit.*, pp. 245-6).

[14] Cf. § 219 A; e, sobretudo, § 258 A, assim como o "Prefácio".

[15] *Correspondance* II, *op. cit.*, p. 198. Talvez Hegel, em pleno trabalho de redação final das *Grundlinien*, tivesse a intenção de inserir, no corpo da obra, considerações que estariam no tom das que visam Haller, sobre o livro *Über die Staatswissenschaft* [Sobre a ciência do Estado], publicado em 1820.

Se sabemos exatamente em que data Hegel põe o ponto final em seu livro, não estamos tão bem informados quanto ao início da redação. Tudo leva a crer que, no entanto, o projeto é anterior à vinda de Hegel a Heidelberg, em outubro de 1816, pois, antes mesmo do encerramento das negociações, ele se propunha a dar um curso sobre o direito natural desde a sua chegada, ou seja, durante o semestre de inverno de 1816-17. Em face da recusa de Daub e de Paulus, seus interlocutores, Hegel propõe outro programa para o semestre,[16] mas não abandona o projeto, anunciado a alguns de seus correspondentes; alguns destes, em todo caso, incitam-no a realizá-lo.[17] De fato, desde o semestre de inverno 1817-18, ele realiza o seu projeto, dando em Heidelberg um curso intitulado "Direito natural e ciência do Estado", do qual hoje conhecemos o conteúdo graças à publicação póstuma, há poucos anos, de uma *Nachschrift* atribuída ao estudante Paul Wannenmann. O que impressiona na leitura desse texto não é a distância que alguns supõem haver entre a sua proposta e a da obra de 1820 — a nós como à maior parte dos especialistas parece que, se há distância, ela não concerne a nenhum ponto *essencial* da argumentação —, mas a distância desta feita considerável entre a "primeira filosofia do direito", essa protoversão (*Urfassung*), e a análise do espírito objetivo exposta, certamente de maneira sucinta, pela *Enciclopédia* de 1817. Entre os dois textos há uma série de diferenças *fundamentais*, pois atinentes à própria estrutura da exposição, a seu desígnio de conjunto: em meio a tais diferenças, a introdução da distinção explícita entre sociedade civil e Estado, a passagem de uma definição ética e política para uma definição puramente econômica dos estamentos, a análise detalhada da constituição política e da diferenciação "orgânica" — funcional, diríamos — dos poderes no seio do Estado. Decerto, a maior parte das inovações introduzidas em 1817 tem antecedentes, em particular nos escritos do período de Jena (1802-07), então majoritariamente inéditos.[18] Não é menos verdade que a síntese de 1820, ou antes, a síntese de 1817, levando-se em conta o que pre-

---

[16] Cf. carta de Daub a Hegel de 18 de agosto de 1816 e a resposta de Hegel de 20 de agosto, *Correspondance* II, *op. cit.*, p. 105.

[17] "Por mais que sua *Enciclopédia* me cause alegria, [...] no entanto, devo lamentar interiormente que a segunda e a terceira parte da *Filosofia do espírito* sejam tão compactas e que precisamente por causa dessa brevidade nem sempre são bastante compreensíveis para os profanos [...] Aqui, um pequeno livro auxiliar seria, *como o senhor bem sabe*, o mais necessário" (carta de Von Thaden a Hegel, *Correspondance* II, *op. cit.*, p. 165; grifo nosso).

[18] Na falta do comentário aos *Princípios da economia política* de James Steuart,

cede, é um trabalho inovador pela própria maneira com que pensa e articula especulativamente o que foi obtido nos estudos "positivos" anteriores: "para dizer a verdade, na maior parte do tempo, preciso criar as ciências que ensino", confia Hegel a Niethammer, quando provavelmente se acha em plena preparação de seu curso sobre a filosofia do direito.[19] De acordo com o que se acaba de dizer, não é possível duvidar que tal trabalho tenha sido esboçado desde a chegada do novo professor em Heidelberg, no final do mês de outubro de 1816, e ainda antes, provavelmente durante os últimos meses de sua temporada no liceu de Nuremberg. A ele Hegel se consagra inteiramente, após concluir a *Enciclopédia*, na primavera de 1817. A elaboração terá prosseguimento até a véspera da publicação, como dão testemunho as diversas *Nachschriften* de que dispomos atualmente. Os preciosos traços da história da composição da obra de 1820 mostram que, se a execução passou por rearranjos múltiplos e pormenorizados — mas não será este o caso de todos os livros? —, eles não concernem nem ao desígnio de conjunto nem ao plano, que estão concluídos, exceto em alguns pontos, desde o primeiro curso dado em Heidelberg. Ainda assim, resta explicar certas evoluções significativas, que concernem, por exemplo, ao lugar e à função do poder do príncipe, ao papel das corporações e às contradições — à "dialética", dizem as *Linhas fundamentais*[20] — da sociedade civil, assim como a lógica da argumentação e a maneira pela qual esta última se funda na conceitualidade e na processualidade expostas pela *Ciência da lógica*. Naturalmente os comentadores, em particular os do período mais recente, buscaram a razão dessas evoluções num contexto pessoal e político singularmente mutável.

Se o projeto de redigir um manual para uso de seus ouvintes nos cursos que Hegel conta oferecer sobre "Direito natural e ciência do Estado" está

---

cuja existência conhecemos graças ao biógrafo de Hegel, Karl Rosenkranz (*Vie de Hegel*, Paris, Gallimard, 2004, p. 201), é nos manuscritos desse período, em particular nas duas "Filosofias do espírito" de 1803 e de 1805, ambas traduzidas por Planty-Bonjour, que nos é dado observar a "recepção" da economia política por Hegel, a qual desempenha um papel essencial na conceitualização do "sistema das carências", como o denomina o *Sistema da eticidade* de 1803. Cf. o artigo clássico de M. Riedel, "Die Rezeption der Nationalökonomie", in *Zwischen Tradition und Revolution*, Stuttgart, Klett-Cotta, 1982. O lugar da reflexão sobre o trabalho — ao lado daquela sobre a linguagem e sobre a interação — no pensamento do jovem Hegel é analisado por M. Bienenstock em *Politique du jeune Hegel*, Paris, PUF, 1992.

[19] *Correspondance* II, *op. cit.*, p. 152.

[20] Cf. *infra*, § 246.

amadurecido há muito tempo, o que ele não havia previsto e que talvez não tenha percebido de imediato é a profunda transformação das condições de seu trabalho. Condições institucionais e geográficas, antes de tudo. Durante oito anos Hegel praticamente não deixou Nuremberg, cujo colégio ele dirige e onde ensina filosofia, filologia e ciências. Em dois anos vai mudar de status — conforme antigo desejo, torna-se enfim professor ordinário de filosofia na Universidade — e por duas vezes vai mudar o local de trabalho: estará em Heidelberg durante quatro semestres universitários, de outubro de 1816 a setembro de 1818; em seguida, a partir de outubro de 1818, em Berlim, no "centro", tal como ele escreve de modo revelador.[21] São conhecidos os motivos dessas atribulações. Ao passo que desde julho negocia as condições de sua vinda a Heidelberg e que as coisas estão praticamente decididas,[22] recebe de Berlim a proposta para retomar a cadeira de Fichte, vaga desde 1814 em razão do falecimento deste último;[23] vê-se obrigado a declinar a oferta, indicando que "lamenta ter de renunciar assim, *por enquanto*, a perspectiva mais ampla, oferecida pela Universidade de Berlim".[24] Nesse meio-tempo, precisou renunciar igualmente a uma nomeação para a Universidade de Erlangen, que lhe fora comunicada mesmo que ele a tivesse explícita e antecipadamente recusado! Na carta de demissão de suas funções no ginásio de Nuremberg, que evoca também o episódio da nomeação unilateral para Erlangen, Hegel indica estar obrigado a manter a palavra dada às autoridades do grão-ducado, argumentando com o fato de ter sido obrigado a renunciar também à sua "nomeação para a importante cadeira de filosofia da Universidade de Berlim".[25] Portanto, escolhe Heidelberg e simultaneamente deixa claro que continua disponível para o futuro, mesmo que futuro próximo.

---

[21] "Você sabe que vim aqui para estar num centro e não numa província" (carta a Niethammer de 9 de junho de 1821, *Correspondance* II, *op. cit.*, p. 237).

[22] Cf. Carta de Daub a Hegel, 30 de julho de 1816 (*Correspondance* II, *op. cit.*, pp. 88-9) e a resposta de 8 de agosto, que vale por uma aceitação (*Correspondance* II, *op. cit.*, pp. 95-6).

[23] Carta de Von Schuckmann a Hegel, 15 de agosto de 1816 (*Correspondance* II, *op. cit.*, p. 103).

[24] Carta de Hegel a Von Schuckmann, 28 de agosto de 1816 (*Correspondance* II, *op. cit.*, pp. 95-6, tradução modificada).

[25] Carta de Hegel ao comissariado da cidade de Nuremberg, 7 de setembro de 1816 (*Correspondance* II, *op. cit.*, p. 117).

Por que tal tropismo berlinense, já que Hegel nada tem de "prussiano" em seu *ethos* e em sua cultura?[26] Ele se explica certamente pela atração do "centro". Berlim, que Hegel descreve como a grande cidade que ela ainda não é, é a capital do mais moderno Estado alemão, em via de se tornar o mais poderoso; Estado que, desde a Batalha das Nações, desempenhou papel decisivo nos reveses, em seguida na derrota, de Napoleão, e que busca emancipar-se da tutela que a Áustria de Metternich — pátria espiritual dos que "nada esqueceram e nada aprenderam"[27] — exerce sobre a Confederação Germânica. Explica-se ainda mais, sem dúvida, devido à política adotada pela Prússia desde 1806, inicialmente sob o impulso do Barão Von Stein e do príncipe chanceler Hardenberg, política com a qual Hegel está fundamentalmente de acordo, assim como estava fundamentalmente de acordo com a política de Bonaparte. A Prússia que o atrai é um Estado que conduz uma ambiciosa política de reformas sociais, administrativas e políticas: que aboliu a servidão, ao menos em princípio (*Befreiungsedikt* de 1807, confirmado em 1811); que tornou obrigatório o ensino primário; que limitou os privilégios das antigas corporações e se esforça para introduzir a livre iniciativa; que instaura um regime de autoadministração das comunas; que com Humboldt busca dotar a ciência, liberada da tutela demasiado estreita exercida pelas autoridades, de instituições prestigiosas e modernas (a Universidade e a Academia de Ciências de Berlim). Por fim, principalmente, a Prússia parece em via de instaurar um regime constitucional que é para Hegel, em 1817, a expressão eminente daquele "direito eterno da razão",[28] do qual a Revolução Francesa proclamou os princípios para toda a humanidade.[29] Sob o impulso de Stein, que em 1806 considera que "o Estado prussiano não tem constituição, visto que o poder supremo não é partilhado entre o chefe de

---

[26] Cf. O. Pöggeler, "Hegel rencontre la Prusse", *Archives de Philosophie*, 51 (1988), pp. 353-83.

[27] "Actes de l'Assemblée des états du Royaume de Württemberg" [citado "Actes"], in *Écrits politiques*, *op. cit.*, p. 256. Trata-se de uma fórmula de Talleyrand que se aplica aos que emigraram de volta para a França, muitos dos quais queriam fazer como se nada tivesse ocorrido entre 1789 e 1815.

[28] "Actes", in *Écrits politiques*, *op. cit.*, p. 244.

[29] "É necessário considerar o começo da Revolução Francesa como o combate que o direito público engajou com a massa do direito positivo e dos privilégios, pela qual ele era oprimido" ("Actes", in *Écrits politiques*, *op. cit.*, p. 256).

Estado e delegados da nação",[30] em seguida de Hardenberg, que deseja instaurar um "sistema representativo moderno",[31] por duas vezes Frederico Guilherme III se comprometeu a "dar à nação uma representação apropriada",[32] em suma, "outorgar", como Luís XVIII, uma Constituição. Ainda em 1819, quando Hegel já se acha em Berlim, Hardenberg elabora um projeto de Constituição que, como mostrou Rosenzweig,[33] está muito próximo daquilo que a *Filosofia do direito* expõe a propósito do poder legislativo: prevê um sistema de representação em três níveis, que repousa não sobre uma igualdade formal, mas sobre as "divisões reais" da sociedade, portanto, uma representação dos interesses; a seu ver, tal sistema tornou-se possível e necessário devido ao fato de que, graças à abolição da servidão e dos privilégios, a Prússia se tornou uma "nação de livres proprietários", funcionalmente complementares e juridicamente iguais.[34] Portanto, a Prússia a que se volta Hegel e para a qual pensa oferecer, com as *Grundlinien*, o apoio da especulação filosófica, lhe aparece, na Alemanha pós-Congresso de Viena, como o polo de resistência das "ideias francesas" e dos princípios de 1789, de 1791 e de 1804,[35] em face das pulsões reacionárias ilustradas pela atitude dos Estados de Württemberg, os quais recusam, em nome do "bom e velho direito", a Constituição que o rei quer lhes conceder, pulsões teorizadas por Friedrich von Gentz, tradutor de Burke e próximo colaborador de Metternich, em seu texto "Sobre a diferença entre as constituições estamentais e as constituições representativas".[36] Logo, facilmente se compreende que, quando o

---

[30] Stein, *Briefwechsel, Denkschriften, Aufzeichnungen*, Band 2, Berlim, Heymann, 1937, p. 76.

[31] Plano constitucional de 1815, in H. von Treitschke, *Deutsche Geschichte im 19. Jahrhundert*, 2ª ed., Leipzig, Hendel, 1927, Band 2, p. 627.

[32] Cf. "Finanzedikt von 1810" e "Verordnung über die zu bildende Repräsentation des Volkes" (maio de 1815), in E. R. Huber, *Dokumente zur deutschen Verfassungsgeschichte*, Band I, Stuttgart, Kohlhammer, 1978, pp. 46 e 61-2.

[33] F. Rosenzweig, *Hegel et l'État*, Paris, PUF, 1991, pp. 309-10 [ed. bras.: *Hegel e o Estado*, trad. Ricardo Timm de Souza, São Paulo, Perspectiva, 2008].

[34] Plano constitucional de 1815, in Treitschke, *op. cit.*, pp. 624-8.

[35] Incontestavelmente, é o modelo do Código Civil, mais que o do *Allgemeines Landrecht* prussiano de 1794, que os desenvolvimentos da *Filosofia do direito* acerca da necessidade da codificação do direito (*infra*, §§ 215-6) e de uma "constituição jurídica" (§ 157) da sociedade civil têm em vista.

[36] "Über den Unterschied zwischen den landständischen und repräsentativ-Verfas-

governo prussiano volta à carga, ademais por intermédio do ministro da Cultura e Educação, Altenstein,[37] um dos mais decididos representantes da corrente reformista e "liberal" na equipe de Hardenberg, Hegel não se faz de rogado para aceitar a sua oferta.[38] Limita-se a transferir a entrada no exercício de suas funções para o semestre de inverno, ou seja, ao mês de outubro de 1818, estando já anunciado, em Heidelberg, o programa de seus cursos para o semestre de verão. Já em 16 de março de 1818, sua nomeação oficial lhe é notificada e prontamente aceita.[39]

Ora, a Prússia a que Hegel chega em fins de setembro de 1818 para dar início a seu ensino sobre a Enciclopédia das ciências filosóficas e (pela segunda vez) sobre o Direito natural e a ciência do Estado, já não é mais aquela — magnificada, sem dúvida — a que ele entendera servir. A era das reformas está em seu término; as correntes conservadoras são ouvidas pela Corte, Hardenberg já não consegue fazer que seus planos sejam adotados; em breve, Humboldt e outros protagonistas das mudanças vão se retirar do governo ou ser expulsos. Sobretudo a partir do verão de 1819, a Prússia sofre, assim como toda a Alemanha, as repercussões de um acontecimento por si mesmo secundário, mas que ocasiona um endurecimento da política dos governos reunidos na Confederação Germânica: o assassinato, aos 23 de março de 1819, em Mannheim, do escritor conservador Kotzebue por um estudante exaltado e, principalmente, ativo militante das associações estudantis (*Bur-*

---

sungen" (1819), in J. Klüber e C. Welcker, *Wichtige Urkunden für den Rechtszustand der deutschen Nation*, 2ª ed., Mannheim, Bassermann, 1845, pp. 214-22. Este receituário da Restauração foi distribuído aos responsáveis da Confederação Germânica reunidos em agosto de 1819 em Karlsbad para adotar os *Beschlüsse*, que marcam uma virada na política alemã. Para uma análise desse documento, cf. J.-F. Kervégan, *Hegel, Carl Schmitt. Le politique entre spéculation et positivité*, Paris, PUF, 1992, pp. 270-1. De igual modo, cf. J. A. Barash, "Friedrich von Gentz entre Révolution et Restauration", *Revue Française d'Histoire des Idées Politiques* 14 (2001), pp. 283-95.

[37] Carta de Altenstein a Hegel, 26 de dezembro de 1817, *Correspondance* II, *op. cit.*, p. 153. Altenstein, que permanecerá no governo graças à sua prudência, será ao longo dos anos 1820 o principal interlocutor e a defesa mais eficaz de Hegel e dos hegelianos (em particular de Eduard Gans, nomeado professor em Berlim, embora judeu e malgrado a oposição de Savigny...).

[38] Carta de 24 de janeiro de 1818, *Correspondance* II, *op. cit.*, pp. 155-6.

[39] Carta de Altenstein a Hegel, 16 e 18 de março de 1818 (*Correspondance* II, *op. cit.*, pp. 159-61); carta de Hegel a Altenstein, 31 de março (*Correspondance* II, *op. cit.*, pp. 161-2).

schenschaften), Karl Ludwig Sand.[40] O campo conservador, em torno de Metternich, tira partido do acontecimento para empreender uma política de repressão a todas as correntes que ameaçam, de um modo ou de outro, a ordem restabelecida em 1815. Visa os meios políticos liberais (os adeptos das "ideias francesas", como Hegel, e os partidários de um regime constitucional especificamente alemão, de um *Rechtsstaat*, numerosos no sul da Alemanha), as correntes nacionalistas (elas se desenvolveram no curso da luta contra a ocupação francesa e aspiram a uma unificação da Alemanha não desejada por Metternich, pelos conservadores e pela Santa Aliança), a Universidade (que leva um tanto a sério demais suas liberdades e prerrogativas, e onde se pronunciam discursos julgados subversivos, inclusive em Berlim), enfim os estudantes cujas corporações (as *Burschenschaften*), para além do folclore tradicional (bebedeiras e duelos) se tornaram uma força inquietante desde que se confederaram em escala "nacional". O enquadramento das corporações estudantis parece urgente, pois esse movimento compósito (sua ideologia combina o nacionalismo, certo liberalismo e um antissemitismo virulento) é mesmo o esboço de um movimento político pangermânico. As grandes reuniões anuais que ele organiza (em Wartburg, em 1817, onde o velho inimigo de Hegel, Fries, pronuncia um discurso inflamado;[41] em Pichelsberg, em 1819, onde o próprio Hegel está presente ao lado de seus colegas Schleiermacher e De Wette) são incontestavelmente acontecimentos políticos importantes. O assassinato de Kotzebue é o pretexto para uma severa repressão, o enquadramento das *Burschenschaften* e o controle reforçado da imprensa e das Universidades. Sobretudo, vai permitir ao governo enterrar por muito tempo, na Prússia como em outros lugares, o projeto de instauração de um regime constitucional: será preciso esperar até 1848 para que a questão seja recolocada na ordem do dia, ao mesmo tempo em que a da unidade alemã.

As decisões de Karlsbad (*Karlsbader Beschlüsse*), adotadas apesar de certas reservas da Prússia ao longo de uma conferência que em agosto de 1819 reúne todos os governos da Confederação e inspiradas por Metternich,

---

[40] Cf. o relato que é feito sobre isso por Hinrichs, o aluno fiel: carta a Hegel, 26 de março (*Correspondance* II, *op. cit.*, pp. 191-2). Sand será executado em 1820. [Cf. a propósito a nota 18 de MLM, pp. 129-30, *infra*. (N. T.)]

[41] "An die deutschen Burschen" (18 de outubro de 1817); texto retomado na coletânea *Vorkämpfer deutscher Freiheit*, Heft 2, Munique, Nationalverein, 1910. Hegel cita excertos desse discurso no Prefácio, no decurso de sua diatribe contra Fries (cf. *infra*, nota manuscrita de Hegel à p. 128 e, na sequência, nota 17).

vão conferir uma orientação precisa e "centralizada" (o que é paradoxal...) a essa política abertamente reacionária. Tais decisões, que foram aprovadas pela Dieta de Frankfurt em 16 de setembro e que entram em vigor na Prússia em 18 de outubro, instauram uma censura rigorosa sobre a imprensa, instituem comissões encarregadas de investigar as atividades dos "demagogos" e de velar por sua repressão, preveem medidas destinadas a garantir a forma monárquica dos governos. Enfim, instituem um controle do mundo acadêmico: cada Universidade será dotada de um curador nomeado, ao qual serão submetidas as decisões do reitor e do Senado, inclusive, é claro, as nomeações; os professores suspeitos de favorecer os "demagogos" serão exonerados e não poderão ser reintegrados em outra Universidade; as lideranças responsáveis pelas corporações estudantis serão atingidas por pesadas sanções penais.[42] A aplicação dessas medidas na Prússia não pode deixar Hegel indiferente. Por um lado, vários de seus antigos ou atuais estudantes (Von Henning, Asverus, Carové, Fr. Forster) são atingidos pela repressão; ele intervém de diversas maneiras em seu favor, sem grande sucesso.[43] Mas o simples fato de que alguns de seus alunos sejam perseguidos tem do que inquietar Hegel, e ele se inquieta. Tanto mais que os professores não são poupados. Seu colega, De Wette, teólogo e discípulo de seu velho adversário Fries, que cometeu a imprudência de endereçar uma mensagem de simpatia à mãe do assassino de Kotzebue, é exonerado da Universidade. Uma coleta é organizada em seu favor: Hegel se recusa a participar, o que lhe valerá muita reprovação, e acaba provocando uma altercação pública com Schleiermacher em novembro de 1819.[44] Numa carta a seu amigo, o helenista Creuzer, de Heidelberg, após ter relatado de maneira bem distante a repressão na Universidade de Berlim, ele escreve: "Que isso não contribua para aumentar a serenidade dos espíritos, é algo muito compreensível [...]. Vou completar cinquenta anos, trinta dos quais passei nesses tempos turbulentos em que se alternam o medo e a esperança, e esperava que isso tivesse terminado. Agora,

---

[42] E. R. Huber, *Deutsche Verfassungsgeschichte seit 1789*, Band I, Stuttgart, Kohlhammer, 1957, pp. 735 ss.

[43] Carta de Hegel ao Ministério da Polícia, *Correspondance* II, *op. cit.*, p. 193. Uma anedota rocambolesca narrada por Rosenkranz (*Vie de Hegel*, *op. cit.*, p. 518) parece suspeita: Hegel teria participado de uma expedição fluvial noturna para conversar com um de seus alunos presos (Von Henning?) através das grades do seu cárcere...

[44] Cf. a troca de cartas de 16 de novembro, onde cada um apresenta ao outro, de má vontade, as suas desculpas (*Correspondance* II, *op. cit.*, pp. 196-7).

sou obrigado a constatar que isso continua, e mesmo, nas horas sombrias, pensa-se que isso piora cada vez mais".⁴⁵

Uma "arte de escrever" hegeliana?

Se relatamos todos esses acontecimentos — haveria muitos outros, discutidos incansavelmente a partir dos anos 1980 —, não é devido ao gosto pela anedota, mas por três razões que nos são caras. Inicialmente, eles contribuem para esclarecer o que Dieter Henrich denomina o psicograma de Hegel,⁴⁶ e isso não é desprezível, em se tratando de um autor que, sem jamais sucumbir ao subjetivismo e à autocomplacência, se recusa a separar o seu pensamento de sua vida e da vida em geral, e particularmente da vida política. Em segundo lugar, alguns desses acontecimentos são claramente evocados na *Filosofia do direito*, ao menos no Prefácio. Este último comporta todo um desenvolvimento polêmico dirigido notadamente contra Fries,⁴⁷ em

---

⁴⁵ *Correspondance* II, *op. cit.*, p. 195. Uma outra carta, mais tardia, expõe em detalhe a maneira como Hegel viveu a repressão, seus temores e suas esperanças: "Você sabe que vim aqui para estar num centro, não numa província. E, em tal centro, considerando minha atividade profissional, assim como os elevados sentimentos que nutrem a meu respeito, acho minha situação bastante satisfatória e, além disso, tranquilizadora [...]. Se me lembro bem, junto a você há homens e funções que se chamam *expositos*; aqui também não faltam tais funções. Aliás, você sabe que o professor de filosofia é um *expositus* nato. Eu sofri, sem dano, a política de repressão contra os demagogos — não sem inquietudes, é verdade, por causa dos semeadores de suspeitas, dos delatores *etc.*, até que li a carta de De Wette [à mãe de Sand] e aprendi a conhecer mais de perto indivíduos alguns dos quais tinham opiniões demagógicas e outros que deviam ser rigorosos contra eles; assim, reconheci, de um lado, o caráter miserável e o destino merecido dos primeiros e, de outro lado, a justiça que demonstram as autoridades em coisas tão nebulosas, *não desde o início, mas finalmente* [grifo nosso]; e reconheci ainda mais do que isso (assim, faz um ano, um assistente [trata-se de Von Henning] é posto à minha disposição para meus cursos...; ele foi encarcerado durante dez semanas, suspeito de opiniões demagógicas, e havia um guarda junto a ele na prisão, dia e noite) [...]. Você sabe que, de um lado, sou um homem receoso e, de outro lado, gosto da tranquilidade; e não me é agradável ver, a cada ano, despontar uma tempestade no horizonte, ainda que eu possa estar convencido de que no máximo algumas gotas me tocarão" (carta a Niethammer, 9 de junho de 1821, *Correspondance* II, *op. cit.*, pp. 237-8).

⁴⁶ Cf. "Einleitung des Herausgebers", in Hegel, *VRph 1819-20*, p. 28.

⁴⁷ Fries (1773-1843) é um velho adversário de Hegel; este o destaca citando, no Prefácio, o juízo sem apelo que a *Lógica* já trazia sobre ele (cf. notas 9, p. 122, e 17, p.

que são citadas e criticadas passagens de seu discurso de 1817 na reunião das *Burschenschaften*, em Wartburg; também é visada a corrente da qual ele é o "chefe de guerra".[48] Ao deplorar a influência dessa corrente sobre a juventude estudantil, ao fustigar "os falsos amigos do pretenso povo", os que cultivam "o ódio perante a lei", o Prefácio justifica a repressão a essa "pseudofilosofia" e toma o cuidado de sublinhar que o "título" de professor não poderia, sob o pretexto de liberdade acadêmica, ser suficiente para escapar às medidas tomadas contra ela. O leitor da *Filosofia do direito* que conhece minimamente o contexto de sua publicação, nota imediatamente que, no Prefácio, Hegel se empenha para apoiar a repressão aos "demagogos" e que não hesita em atacar um homem alvejado (De Wette), justificando *post factum* sua evicção da Universidade. Os julgamentos de Von Thaden e de Haym parecem inteiramente justificados. Ou melhor: são justificados caso o Prefácio e a *Filosofia do direito* em seu conjunto devam ser lidos como um escrito *político*. Ora, a nosso ver, trata-se de um erro de perspectiva semelhante àquele que consiste em perceber, na *República* de Platão — Hegel, não por acaso, por duas vezes faz referência a esse texto para destacar a ótica errônea na qual ele é lido frequentemente —, apenas uma máquina de guerra contra a democracia ateniense. As *Grundlinien* não são um escrito *político*, mas uma obra de *filosofia* política. Essa obra é certamente de seu tempo, mas não fala *de* seu tempo, não o *relata*, e, ainda menos do que isso, não o abençoa: ela é "*seu tempo apreendido em pensamentos*". Sua tarefa é "conceituar o *que é*, [...] pois o *que é*, é a razão"; é um "*apreender* do *presente* e do *efetivo*", mas isso porque ela é o "*perscrutar do racional*" e, como indicado pela fórmula que é talvez a mais célebre e a menos compreendida de Hegel, porque há uma relação bijetora entre o "racional" e o "efetivo".[49]

---

128), mas sua oposição remonta à época de Jena. A obra teórica de Fries certamente não é tão indigente quanto Hegel o diz (hoje ela suscita, como a de seu discípulo Leonard Nelson, um interesse constante), mas sua filosofia moral (*Ethik*, 1818) e suas tomadas de posição práticas (*Bekehrt Euch!* [Convertei-vos!], 1814; Discurso da Wartburg, 1817) revelam aspectos inquietantes, particularmente um *páthos* sentimental e nacional fortemente tingido de antissemitismo. Assim ele publica em 1816, quando sua influência sobre a juventude estudantil está no ápice, um folheto que trata "da ameaça ao bem-estar e ao caráter dos alemães por parte dos judeus".

[48] Para essa citação e as que seguem, cf. *infra*, Prefácio, §§ 8-10.

[49] Todas essas fórmulas são tomadas de empréstimo ao Prefácio da *Filosofia do direito*; cf. *infra*, pp. 137-45.

No curso de 1819-20, a fórmula do Prefácio de 1820 se enuncia assim: "o que é racional *se torna* efetivo, e o que é efetivo *se torna* racional".[50] Isso significa que do racional — de que a filosofia é a dicção unicamente no elemento do pensamento — até o efetivo — que não é o real, mas aquilo que, do real, pode ser pensado como dando razão de si — há movimento, encaminhamento, aclimatação mais ou menos árdua. É certo que o real, em sua empiricidade e contingência, apresenta os traços desse movimento, assim como a natureza contém os "traços" do conceito;[51] mas daí a pensar que a exoneração de De Wette ou o castigo de Sand estariam, para Hegel, marcados pelo selo da livre necessidade do conceito, há um grande passo, aquele dado por Krug ao reclamar que a filosofia idealista "deduzisse" a pena que ele usava para escrever.[52]

A terceira razão pela qual é preciso examinar de perto o contexto da *Filosofia do direito*, é que ele se acha, desde 1974, no centro das discussões provocadas pelo trabalho editorial e hermenêutico do saudoso Karl-Heinz Ilting. Reputado especialista do pensamento hegeliano, Ilting editou em quatro volumes a totalidade dos cadernos então conhecidos dos estudantes que assistiram aos diferentes cursos de Hegel sobre "Direito natural e ciência do Estado", a eles acrescentando as passagens consagradas pelas duas edições da *Enciclopédia* (1817 e 1827-30) assim como a totalidade das resenhas contemporâneas e conhecidas da *Filosofia do direito*.[53] Tal empreitada co-

---

[50] *VRph 1819-20*, p. 51.

[51] Cf. *E [1830]*, § 250 [ed. bras.: *Enciclopédia das ciências filosóficas: 1830*, trad. Paulo Meneses, São Paulo, Loyola, 1997, v. II, p. 37 (tradução modificada)].

[52] Cf. Hegel, *Comment le sens commun comprend la philosophie* (1802), trad. J.-M. Lardic, Arles, Actes Sud, 1989, p. 48. Cf. também o comentário de Lardic que acompanha a tradução, "La contingence chez Hegel", em particular pp. 84-5, e o belo livro de B. Mabille, *Hegel: l'épreuve de la contingence*, Paris, Aubier, 1999.

[53] G. W. F. Hegel, *Vorlesungen über Rechtsphilosophie, 1818-1831*, Karl-Heinz Ilting (ed.), Stuttgart-Bad Cannstatt, Frommann-Holzboog. Band I, 1973, 604 p. (contém *E [1817]*, §§ 400-52, com as notas manuscritas de Hegel; o manuscrito Homeyer do curso de 1818-19; dez resenhas da *Filosofia do direito*, publicadas entre 1821 e 1833). Band 2, 1974, 816 p. (contém as *Grundlinien der Philosophie des Rechts*, assim como uma transcrição das notas manuscritas de Hegel sobre seu próprio exemplar). Band 3, 1974, 842 p. (contém o manuscrito Hotho do curso de 1822-23). Band 4, 1974, 926 p. (contém o manuscrito Von Griesheim do curso de 1824-25; *E [1817]*, §§ 482-552 e *E [1830]*, §§ 483-552, espelhados; o manuscrito Strauss, demasiado breve, do curso de 1831). Os dois volumes previstos de comentário não foram publicados em razão do falecimento de Ilting.

lossal tem alguns antecedentes: os cadernos de Hotho (*VRph 1822-23*) e Von Griesheim (*VRph 1824-25*), há muito tempo são conhecidos pelos especialistas, e Eduard Gans os utilizou para a sua edição das *Grundlinien* de 1833, na primeira edição das Obras de Hegel, publicada pelo "Círculo dos amigos do defunto", a fim de compor seus famosos "Adendos" (*Zusätze*) que muitas edições e traduções retiveram como um complemento útil ao texto de Hegel.[54] Mas é claro que editar a integralidade dos cadernos seria outra tarefa. A empreitada de Ilting, no entanto, permaneceu incompleta: não publicou os cadernos correspondentes aos cursos de 1817-18, 1819-20, 1821-22, faltantes então. Rapidamente, porém, as coisas mudaram. Em 1983, Dieter Henrich publica as notas — trata-se, antes, de uma espécie de resumo, provavelmente escrito após as aulas — tomadas por um desconhecido no curso de 1819-20, isto é, nos meses que precedem a publicação das *Grundlinien*, notas reencontradas nos Estados Unidos, na Biblioteca da Universidade de Indiana.[55] No mesmo ano a equipe do Hegel-Archiv em torno de Otto Pöggeler publica o preciosíssimo "manuscrito Wannenmann", contendo notas tomadas no curso de 1817-18 (o primeiro curso de Hegel, oferecido em Heidelberg, sobre o direito natural), com acréscimos datando das preleções de 1818-19;[56] este mesmo manuscrito foi editado igualmente por Ilting.[57] Des-

---

[54] Alguns editores do texto das *Grundlinien* se recusaram a integrar os acréscimos de Gans, sendo este, de opções liberais conhecidas, suspeito de parcialidade. É o caso de J. Hoffmeister, autor da edição de referência das *Grundlinien* (Hamburgo, Meiner, 1955). Ao menos, o trabalho de Ilting tem o mérito de afastar essas suspeitas sobre Gans: sua transcrição, apesar dos erros inevitáveis, é fiel, e a seleção dos excertos, inteiramente judiciosa. Na verdade, isso não é muito surpreendente, tratando-se do mais notável dos discípulos de Hegel, escolhido por ele para assumir o curso em seu lugar... [Note-se que a presente tradução optou por incorporar os Adendos de Gans aos respectivos parágrafos, e não ao final do volume como também fazem algumas edições. Para a importância dos Adendos, ver a Apresentação de Marcos Lutz Müller neste volume. (N. T.)]

[55] G. W. F. Hegel, *Philosophie des Rechts. Die Vorlesungen von 1819-20 in einer Nachschrift*, Dieter Henrich (ed.), Frankfurt a. M., Suhrkamp, 1983.

[56] G. W. F. Hegel, *Vorlesungen über Naturrecht und Staatswissenschaft. Heidelberg 1817-18, mit Nachträgen aus der Vorlesung 1818-19*, C. Bécker *et alii* (eds.), com uma introdução de O. Pöggeler, Hamburgo, Meiner, 1983; *Leçons sur le droit naturel et la science de l'État*, trad. J.-P. Deranty, Paris, Vrin, 2002.

[57] G. W. F. Hegel, *Die Philosophie des Rechts (1822-23). Die Mitschriften Wannenmann (1817-18) und Homeyer (1818-19)*, Ilting (ed.), Stuttgart, Klett-Cotta, 1983.

de então, além de outra versão do curso de 1822-23, encontrou-se um caderno de notas tomadas no curso de 1821-22; dispõe-se, doravante, de cadernos de estudantes, mais ou menos bem anotados, para cada um dos cursos que Hegel ofereceu sobre a *Filosofia do direito*.[58]

Ilting indica que a sua tese nasceu da insatisfação que ele experimentava ao ler desenvolvimentos das *Grundlinien* sobre o poder do príncipe.[59] A tese é simples e forte: no difícil contexto aqui evocado, o pensador liberal e progressista, que é Hegel, teria travestido conscientemente o seu pensamento na obra de 1820, receoso de atrair os raios da censura e, de maneira geral, na preocupação de "acomodar-se" — este o grande termo-chave de Ilting — com um real que se obstina em não ser racional.[60] Convém, portanto, buscar nos cursos o verdadeiro pensamento de Hegel, um pensamento liberal e progressista em conformidade bem maior com o que se sabe dele, e, aliás, com aquilo que se lê nas *Linhas fundamentais*. Ao Hegel exotérico do livro de 1820, servil e mormente hipócrita, convém opor o verdadeiro Hegel, o Hegel esotérico dos cursos, cujo propósito seria surpreendentemente contínuo e fiel à orientação primeira de sua filosofia jurídica e política, tal como ela se dá a ler claramente nos textos de 1817, no artigo sobre as "Atas dos Estados

---

[58] Hegel, *Philosophie des Rechts (1822-23). Nachschrift Heyse*, E. Schillbach (ed.), Peter Lang, 1999; Hegel, *Die Philosophie des Rechts. Vorlesung von 1821/22*, H. Hoppe (ed.), Frankfurt a. M., Suhrkamp, 2005. Ver o estado da questão (hoje parcialmente ultrapassada) sobre o conhecimento e a edição dos cadernos de notas tomadas nos diferentes cursos de Hegel a partir de E. Weisser-Lohmann, "Hegels rechtsphilosophische Vorlesungen. Zeugnisse, Manuskripte und Nachschriften", *Hegel-Studien* 26 (1991), pp. 63-73.

[59] Cf. *infra*, §§ 275-86.

[60] A problemática e os argumentos de Ilting são longamente expostos na Introdução de sua edição dos cursos (cf. *VRph 1817, 1818-19*, pp. 25-126), e lembradas e justificadas por novas precisões nas Introduções dos diferentes volumes. Ele reafirma suas posições, contra todas as objeções que lhe foram feitas, num último artigo: "Zur Genese der Hegelschen Rechtsphilosophie", *Philosophische Rundschau*, 30 (1983), pp. 161-209. Aliás, as teses de Ilting são retomadas e desenvolvidas num conjunto de publicações de seu aluno Paolo Becchi, dentre as quais reteríamos: "Hegels Vorlesungsnachschriften und noch kein Ende?", in *Materiali per una Storia della cultura giurídica*, XVI-I, 1986, e *Filosofie del Diritto di Hegel*, Milão, F. Angeli, 1990. Além disso, elas nutriram os trabalhos de Domenico Losurdo: cf. particularmente *Hegel und das deutsche Erbe*, Köln, Pahl-Rugenstein, 1989; *Hegel et les libéraux*, Paris, PUF, 1992; *Hegel e la libertà dei moderni*, Roma, Editori Riuniti, 1992. Losurdo editou uma antologia temática muito útil dos cursos sobre a filosofia do direito: Hegel, *Le Filosofie del Diritto. Diritto, proprietà, questione sociale*, D. Losurdo (ed.), Milão, Leonardo, 1989.

do Reino de Württemberg" e na *Nachschrift* do estudante Wannenmann. Ademais, da confrontação que ele empreende *das* "Filosofias do direito", Ilting não hesita em concluir que "a autenticidade da *Rechtsphilosophie* de 1820 é duvidosa".[61] Não nos enganemos: a tese de Ilting não é uma simples retomada das análises tradicionais sobre a "dupla face" de Hegel e da hipótese, classicamente defendida por Haym, da conversão de um pensador até então progressista aos pontos de vista da reação e do Estado prussiano.[62] Pois Ilting — cuja leitura é bastante próxima da que foi desenvolvida na França por Jacques D'Hondt[63] — não acredita na realidade dessa conversão. Segundo ele, Hegel permaneceu sempre em acordo fundamental com as orientações que fizeram dele "um dos chefes espirituais da *Burschenschaft*",[64] ladeado por seus adversários, Fries, De Wette e Schleiermacher; porém, convencido da necessidade de mostrar-se indiferente, esperando que o espírito do tempo decidisse viver dias melhores, procurou conscienciosamente fazer que a maioria (notadamente as autoridades prussianas) acreditasse no contrário, reservando para a minoria (ainda assim bastante numerosa, ao se levar em conta a afluência nos seus cursos) o acesso a sua autêntica filosofia política.

Como era de esperar, as teses de Ilting suscitaram uma importantíssima discussão, da qual participaram os melhores especialistas, o que renovou o estado da questão.[65] Não nos é possível retomar detalhadamente a exposi-

---

[61] "Einleitung", in Hegel, *VRph 1817, 1818-19*, pp. 111 e 114.

[62] Sobre a importância do tema da "dupla face" na história das interpretações de Hegel, cf. H. Ottmann, *Individuum und Gemeinschaft bei Hegel*, Band I: *Hegel im Spiegel der Interpretationen*, Berlim/Nova York, De Gruyter, 1977, assim como J.-F. Kervégan, *Hegel, Carl Schmitt. Le politique entre spéculation et positivité*, Paris, PUF, 1992, pp. 133-54.

[63] Cf. em particular, para as questões que nos ocupam aqui, *Hegel en son temps*, Paris, Éditions Sociales, 1968; *De Hegel à Marx*, Paris, PUF, 1972; "Théorie et pratique politiques de la censure", in *Hegels Philosophie des Rechts. Die Theorie der Rechtsformen und ihre Logik*, Henrich-Horstmann (eds.), Stuttgart, Klett-Cotta, 1982, pp. 151-84.

[64] *VRph 1817, 1818-19*, p. 45.

[65] Citamos particularmente as Introduções de O. Pöggeler à *VRph 1817-18* e de D. Henrich a *VRph 1819-20*; as contribuições reunidas nas obras *Hegels Philosophie des Rechts. Die Theorie des Rechtsformen und ihre Logik*, op. cit., *Hegels Rechtsphilosophie im Zusammenhang der europäischen Verfassungsgeschichte*, H.-C. Lucas e O. Pöggeler (eds.), Stuttgart, Frommann-Holzboog, 1986, e *Anspruch und Leistung der Hegelschen*

ção de todos os argumentos *pro et contra*.⁶⁶ Vamos nos limitar a indicar três ordens de razões pelas quais nos parece que elas devem ser rejeitadas. *Primeiramente*: num plano factual, Ilting multiplica, apesar de suas pesquisas muito rebuscadas, as aproximações e os erros, ao mesmo tempo em que se mostra muito coerente em sua apresentação dos dados. Por um lado, "esquerdiza" excessivamente a imagem do Hegel anterior a 1819, superestimando a sua influência sobre as corporações estudantis (ela sempre foi restrita), ou se esquecendo de que, desde 1817, o artigo sobre as Atas dos Estados de Württemberg parecera demasiado "governamental" a alguns de seus próximos.⁶⁷ Por outro lado, exagera as manifestações de servilidade perante as autoridades contidas nas *Grundlinien* assim como o crédito de que Hegel usufrui junto a elas.⁶⁸ *Em segundo lugar*, Ilting endurece sistematicamente as diferenças entre os cursos de Hegel e o texto que ele publicou, subestiman-

---

Rechtsphilosophie, C. Jermann (ed.), Stuttgart, Frommann-Holzboog, 1987; os livros de P. Becchi e de D. Losurdo citados aqui na nota 89, assim como A. T. Peperzak, *Philosophy and Politics. A Commentary on the Preface to Hegel's Philosophy of Right*, Dordrecht, Nijhoff, 1987. Além disso, citamos, entre outros, os seguintes artigos: W. R. Beyer, "Eine Nachschrift zu den Veröffentlichungen Hegelscher Rechtsphilosophie-Nachschriften", *Archiv für Rechts- und Sozialphilosophie*, 69 (1983); W. Bonsiepen, "Philologisch--textkritische Edition gegen buchstabentreue Edition?", *Hegel-Studien* 19 (1984), pp. 259-69; R.-P. Horstmann, "Ist Hegels Rechtsphilosophie das Produkt der politischen Anpassung eines Liberalen?", *Hegel-Studien* 9 (1974), pp. 241-52; *id.*, resenha de *Rechtsphilosophie*, *Hegel-Studien* 11 (1976), pp. 273-7; *id.*, "Der Kampf um den Buchstaben in der Hegel-Forschung der Gegenwart", *Philosophische Rundschau*, 37 (1990), pp. 60-80; H. Klenner, "Alternativeinschätzungen Hegelscher Rechtsphilosophie", in *Aktuelle Vernunft*, Berlim, Akademie-Verlag, 1985, pp. 67-109; H.-C. Lucas e U. Rameil, "Furcht vor der Zensur? Zur Entstehungs- und Druckgeschichte von Hegels *Grundlinien der Philosophie des Rechts*", *Hegel-Studien* 15 (1980), pp. 63-93; H. Ottmann, "Hegels Rechtsphilosophie und das Problem der Akkomodation", *Zeitschrift für Philosophische Forschung* 33 (1979), pp. 227-43; U. Rameil, "Hegel und die Demagogen", in *Hegel in Berlin*, O. Pöggeler (ed.), Berlim, 1981, pp. 42-51.

⁶⁶ Encontraremos uma exposição detalhada das razões que levam a maior parte dos especialistas a recusar o ponto de vista de Ilting na Apresentação de J.-P. Deranty à sua tradução do curso de 1817-18: cf. *Leçons sur le droit naturel et la science de l'État, op. cit.*, pp. 15 ss.

⁶⁷ "[O artigo] trata com muito espírito uma causa ruim" (carta de Niethammer a Hegel, 27 de dezembro de 1817, *Correspondance* II, *op. cit.*, p. 154).

⁶⁸ Disso, um funcionário prussiano de alto escalão dará testemunho, retrospectivamente: "Hegel jamais teve a ocasião de desfrutar de qualquer favor particular do governo" (carta de J. Schulze a R. Haym, de 24 de novembro de 1857, citada por K. Fischer,

do as que podem existir, em razão das transformações do contexto geral, entre os cursos ocorridos em diferentes períodos. Isso se verifica a propósito do poder do príncipe, ponto de partida de suas interrogações. Ilting gostaria de dar crédito à ideia de que, nos cursos, Hegel defende um modelo constitucional próximo da monarquia parlamentar britânica, ou, por antecipação, da Monarquia de Julho ("O rei reina, mas não governa"), ao passo que as *Grundlinien* colocariam na linha de frente um modelo neoabsolutista. Ora, ambas as afirmações são inexatas. O príncipe de 1820 é um monarca constitucional, e, se o seu poder de decisão último é absoluto, é o poder de um monarca não absoluto;[69] quanto ao monarca das preleções, sem dúvida ele tem "por base a constituição" (o das *Grundlinien* também), mas, mesmo se a sua decisão, preparada pelo trabalho legislativo e governamental, é "formal", ele não deixa de ser "o último cimo de toda a pirâmide".[70] Ao que se pode acrescentar um argumento que concerne à própria estrutura exposta nas *Grundlinien*: a apresentação, que é bem longa, do poder do príncipe (§§ 275-86), na realidade começa por uma análise da constituição em geral (§§ 276-80), destinada a estabelecer em que sentido o Estado em sua totalidade desdobrada, o Estado constituído — e, rigorosamente falando, somente ele — é soberano. Vale a pena citar um extrato dessa passagem tida como a que ilustra a conversão de fachada de Hegel a posições neoabsolutistas:

> A *soberania do Estado* constitui essas duas determinações, que as tarefas e os poderes particulares do Estado não são autônomos e estáveis nem por si, nem na vontade particular dos indivíduos, mas têm a sua raiz última na unidade do Estado enquanto seu si-mesmo simples.[71]

Terceira ordem de razões, para terminar: o procedimento de Ilting é metodologicamente inaceitável, e o seu recurso à distinção entre doutrina exotérica e doutrina esotérica é falacioso. Mesmo com argumentos muito

---

Hegels Leben, Werke und Lehre, 1911, reed. Darmstadt, Wissenschaftliche Buchgesellschaft, 1963, p. 1.215).

[69] Cf. B. Bourgeois, "Le prince hégélien", in *Études hégéliennes*, Paris, PUF, 1992, p. 237.

[70] *VRph* 1817-18, § 138 A; *Leçons sur le droit naturel et la science de l'État*, op. cit., p. 228.

[71] Cf. *infra*, § 278.

poderosos e a grande maioria deles não o é, parece difícil dar crédito à ideia de que o verdadeiro pensamento de Hegel haveria de ser buscado naquilo que ele não publicou, ao passo que o que ele publicou seria um travestimento de seu pensamento. Imagina-se no que daria a aplicação desse princípio a toda obra filosófica, o que vai muito além das considerações de Leo Strauss[72] sobre a arte de escrever dos filósofos. Aliás, em circunstâncias idênticas, isso resultaria num raciocínio análogo ao de um Vichinsky quando considera, por ocasião dos processos de Moscou, que o fato de um acusado proclamar o seu amor à pátria do socialismo e o seu apego a Stálin era a prova de que se tratava de um espião imperialista...

Fundamentalmente, a proposta de Ilting nos parece pecar porque ignora a distinção acima estabelecida entre texto político e texto de filosofia política. Ao tratar as *Grundlinien* e os cursos como concatenações de enunciados políticos — o que jamais deixará de nos surpreender, vindo de um autor de belíssimos estudos sobre a sistematicidade do discurso hegeliano[73] — Ilting desconhece a necessária distinção dos tipos ou dos níveis de teoria,[74] sem a qual não se pode mais estabelecer a diferença entre ensinar "como o mundo deve ser" e "conhecer a razão enquanto a rosa na cruz do presente".[75] É indispensável ter em vista esse tipo de distinção, se se quiser ter acesso ao sentido propriamente *teórico* das célebres formulações programáticas do Prefácio de 1820:

> Assim, esse tratado, na medida em que ele contém a ciência do Estado, não deve ser outra coisa do que a tentativa de *conceituar e apresentar o Estado enquanto algo em si mesmo racional*. Como escrito filosófico, ele deve estar o mais distante possível de dever construir um *Estado tal como ele deve ser*; o ensinamento que pode residir nesse tratado não pode pretender a ensinar ao Es-

---

[72] Cf. L. Strauss, *La persécution et l'art d'écrire*, Paris, Presses Pocket, 1989, pp. 55-70.

[73] Cf., por exemplo, "La forme logique et systématique de la *Philosophie du Droit*", in *Hegel et la philosophie du droit*, Paris, PUF, 1979, pp. 35-64.

[74] Cf. acerca disso as proposições fortes de H. F. Fulda, "Zum Theorietypus der Hegelschen Rechtsphilosophie", in *Hegels Philosophie des Rechts. Die Theorie der Rechtsformen und ihre Logik*, Henrich-Horstmann (eds.), Stuttgart, Klett-Cotta, 1982, pp. 393-427.

[75] Cf. *infra*, pp. 143-5.

tado como ele deve ser, porém, antes, como ele, o universo ético, deve ser conhecido.[76]

Conceituar o Estado não como ele deve ser, mas como ele deve ser conhecido: tal é o projeto *especulativo* das *Linhas fundamentais da filosofia do direito*. Ele consiste não em aconselhar o príncipe nem em comentar suas práticas em jargão filosófico, mas em produzir os conceitos que permitem pensar, em sua efetividade, as esferas do direito, da moralidade e da *Sittlichkeit*, *pensar* o Estado real em sua idealidade imanente.

O NATURAL, O POSITIVO E O RACIONAL

Hegel é um dos últimos, se não o último teórico do direito natural? A maior parte dos comentadores percebeu na *Filosofia do direito* uma ruptura com os pressupostos do direito natural, do antigo assim como do moderno. Joachim Ritter, por exemplo, compreende a teoria da *Sittlichkeit* como uma recusa do individualismo antropológico das teorias políticas modernas, do qual depende a pertinência do esquema contratualista. Sem contestar o papel decisivo do abandono do modelo da pólis na formação do sistema, ele percebe no conceito de eticidade uma certa reabilitação dos conceitos aristotélicos de natureza e de *nomos*.[77] Inversamente, Manfred Riedel atribui o abandono do quadro de pensamento jusnaturalista à oposição entre leis da natureza e leis de liberdade (oposição, aliás, mais kantiana que hegeliana); relaciona com ela, em particular, a substituição da separação comum entre estado de natureza e estado de sociedade, entre a natureza e a *societas civilis* no sentido clássico, pela distinção, interna ao mundo ético-histórico, entre sociedade civil e Estado.[78] Por sua vez, Karl Löwith sublinha a viravolta das tradições da filosofia política que implica a inclusão da história em seu campo. A transformação do processo da salvação (*Heilsgeschehen*) em curso do mundo (*Weltgeschehen*), a do Juízo Final em tribunal da história, a da Pro-

---

[76] Cf. *infra*, p. 141.

[77] "Moralität und Sittlichkeit", in *Metaphysik und Politik. Studien zu Aristoteles und Hegel*, Frankfurt a. M., Suhrkamp, 2003, pp. 281-309.

[78] "Natur und Freiheit in Hegels Rechtsphilosophie", in *Materialen zu Hegels Rechtsphilosophie*, Frankfurt a. M., Suhrkamp, 1974, pp. 109-27; "Hegels Begriff der bürgerlichen Gesellschaft und das Problem seines geschichtlichen Ursprungs", in *Materialen, op. cit.*, pp. 247-75.

vidência em astúcia da razão resultam da autonomia conferida à esfera do espírito, ou seja, às figuras do ser-homem.[79] Nesse ponto, Löwith está de acordo com Leo Strauss, para o qual Hegel consumou a virada radical rumo ao historicismo, ao dar acabamento à ruptura com a filosofia prática dos antigos.

Qual é exatamente a posição de Hegel perante o jusnaturalismo? Uma das singularidades da obra de 1820 é que ela comporta — este é também o caso de uma parte dos exemplares da *Fenomenologia do espírito*, igualmente intitulados *Ciência da experiência da consciência* — um duplo título; na verdade, essa prática era relativamente corrente na época. Dos dois títulos, *Direito natural e ciência do Estado*, ao menos um é, à primeira vista, muito clássico: o livro seria um tratado de direito natural, tal como se escreveu e ainda se escreverá até meados do século XIX. Decerto o título completo permanece, em parte, enigmático: é possível perguntar-se o que designa exatamente a expressão "ciência do Estado". Desde a publicação do livro, os seus leitores mais perspicazes supõem, corretamente, que tal denominação ainda inusitada recobre o essencial das inovações de Hegel;[80] enganam-se, porém, sobre o sentido delas, quando acreditam tratar-se de fundir, de algum modo, o ensino clássico do direito natural e o que os autores do século XVIII denominavam *Statistik*, a isso acrescentando elementos tomados de empréstimo à *Kameralistik*, esse ancestral das ciências administrativas modernas. Falando do ponto de vista lexical, entretanto, bem parece que se está em terreno conhecido, e é por isso que os correspondentes de Hegel utilizam quase exclusivamente o primeiro título, abreviando-o: "o seu *Direito natural*...".

O segundo título, em contrapartida — não é por isso que ele passou à posteridade? —, é inteiramente singular, ao menos por duas razões. Inicialmente, a expressão "filosofia do direito" permanece pouco usual por volta de 1820 e pouco usual permanecerá até a metade do século. Decerto alguns autores recorrem a ela, precisamente na intenção de marcar suas distâncias perante o "direito natural" compreendido de maneira clássica, isto é, como

---

[79] Cf. "Aktualität und Inaktualität Hegels", in *Sämtliche Schriften*, Band 5, Stuttgart, Metzler, 1988, pp. 277-323, e *Historie et Salut*, Paris, Gallimard, 2002, pp. 79 ss.

[80] "Acho extremamente louvável que, nos cursos anunciados, você *denomine* uma parte de sua filosofia 'direito natural e ciência do Estado' [*Natürliches Recht und Staatswissenschaft*]. Em meio ao povo, os mais sábios não ignoram que o direito natural já está perdido há muito tempo. E como a ele você juntou as ciências políticas, essa exposição [...] certamente terá muito sucesso" (carta de Von Thaden a Hegel, 12 de novembro de 1818, *Correspondance* II, *op. cit.*, p. 183).

"ciência dos direitos que não se devem à existência do Estado".[81] É o caso de Paul Johann Anselm Feuerbach, que pretende definir um lugar intermediário entre a abordagem "puramente empírica", que "leva em conta somente o positivo", e o direito natural ou direito filosófico, cujas "normas eternas" sobrevoam o campo da experiência de maneira um tanto desenvolta demais.[82] É este igualmente o caso de Gustav Hugo, jurista e historiador do direito que Hegel ataca nominalmente na nota do § 3, e que replica por meio de uma resenha matadora, na qual "concede que, segundo a sua modesta opinião, ele [Hegel] se encontra efetivamente na situação de não compreender o direito positivo".[83] Bem antes do aparecimento do livro de Hegel, Hugo se propunha a repensar o direito natural, concebendo-o não como uma disciplina abstrata que visaria corrigir ou completar o direito positivo, mas como uma "filosofia do direito positivo".[84] Mas, apesar desses precedentes, que mostram que no início do século o projeto de uma doutrina puramente especulativa, de uma "metafísica do direito", não parece mais sustentável (se é que alguma vez o foi) para os juristas, práticos ou teóricos, o propósito da "filosofia do direito" hegeliana aparece de modo plenamente original. Tanto mais original — segunda razão — que tal "filosofia do direito" trata de ob-

---

[81] P. J. A. Feuerbach, *Kritik des natürlichen Rechts als Propädeutik zu einer Wissenschaft der natürlichen Rechte*, Altona, 1796, p. 30. Anselm Feuerbach, pai do filósofo Ludwig, é um dos principais teóricos e praticantes do direito penal do início do século XIX; ele é o principal autor do código penal bávaro.

[82] *Über Philosophie und Empirie in ihrem Verhältnisse zur positiven Rechtswissenschaft*, Attenkofer, Landshut, 1804, pp. 2-11.

[83] Resenha publicada nos *Göttinger Gelehrten Anzeiger* de 16 de abril de 1821, reproduzida em Hegel, *VRph 1817, 1818-19*, pp. 377-83. Hegel responde a ela de maneira muito dura em *Allgemeine Literatur-Zeitung*, de maio de 1821.

[84] Gustav, Ritter von Hugo, *Das Naturrecht als eine Philosophie des positiven Rechts*, 4ª ed., Berlim, Mylius, 1819, particularmente §§ 29-31. Uma outra obra de Hugo expõe claramente as expectativas desse projeto de uma "filosofia do direito positivo": "as verdades jurídicas que estão em vigor num povo não são cognoscíveis *a priori*, não são dadas de modo puro, universal e necessário na sã razão [...] há apenas algo desse tipo na base, a saber, o dever de consciência, segundo o qual deve haver um estado jurídico, e devemos nos submeter a ele, seja ele qual for, mesmo que se afaste muito do que seria conforme à mais elevada exigência da razão, mesmo que seja, segundo os termos de Kant, apenas provisório e não peremptório. O estado jurídico verdadeiro é *a posteriori*, empírico, diverso segundo o tempo e o espaço, contingente, ele deve ser aprendido, por experiência própria e alheia, dos fatos; ele é *histórico*" (*Juristische Enzyklopädie*, 6ª ed., Berlim, Mylius, 1820, § 26, p. 31).

jetos que são bem pouco jurídicos, como a moralidade, que corresponde à *philosophia practica universalis* da escola wolffiana,[85] ou, ainda, a história universal; essa considerável extensão dada ao campo do direito é tanto mais surpreendente ante o fato de que Kant e Fichte, cada qual à sua maneira, se esforçaram em distinguir rigorosamente o direito e a ética no seio da metafísica dos costumes, contrariamente aos usos dominantes no jusnaturalismo, e, portanto, para oferecer uma acepção estrita ao conceito de direito. Está bem claro que o título — *Linhas fundamentais da filosofia do direito* — só faz sentido se se toma em consideração a extensão considerável, máxima, que Hegel confere ao conceito de direito quando estabelece que o direito é "a liberdade enquanto ideia",[86] e que, por isso, "cada degrau [ou etapa, estágio] do desenvolvimento da ideia de liberdade tem o seu direito próprio, porque ele é o ser-aí da liberdade numa de suas determinações próprias".[87] Ademais, é preciso aceitar tal extensão — a maior parte dos contemporâneos de Hegel se recusa a fazê-lo ou, pelo menos, estimam-na arbitrária — e aderir às razões, múltiplas, que presidem a ela.

Não obstante, algo parece certo. Ao escolher — parece que de última hora — acrescentar o segundo título ao primeiro (lembremos: aquele com o qual, desde 1818, os seus cursos são anunciados), Hegel quer sublinhar duas coisas. De início, marcar a necessidade de romper com o ensino e mais ainda com o vocabulário e a conceptualidade do direito natural, quer se trate — retomamos aqui a classificação operada no artigo de 1802 — do direito natural "empirista" de Grotius, de Hobbes, de Pufendorf e principalmente de Wolff, ou do direito "formalista", kantiano ou fichtiano. Em seguida, a denominação "filosofia do direito" quer manifestar a necessidade de uma ampliação do conceito de direito. Essa ampliação não é uma simples extensão: não traduz a exportação — legítima ou não, esta é outra questão — de um conceito fora do campo de objetividade que lhe é próprio, o do "direito jurídico limitado";[88] ela é imposta pelo próprio objeto dessa disciplina, a saber, pelo movimento de efetivação e de objetivação graças ao qual o conceito simples ou abstrato do direito advém à sua verdade concreta, a *ideia* do

---

[85] Como Hugo faz notar em sua resenha: cf. *VRph 1817, 1818-19*, p. 382.

[86] Cf. *infra*, § 29.

[87] Cf. *infra*, § 30 A.

[88] *Encyclopédie des sciences philosophiques en abregé*, III, trad. B. Bourgeois, Paris, Vrin, 1988, § 486, p. 282 [ed. bras.: *Enc.*, III, p. 281].

direito.⁸⁹ Dessa definição nominal, passavelmente enigmática para quem não estiver a par do léxico "técnico" do hegelianismo, vamos reter dois traços essenciais do conceito hegeliano de direito. De uma parte, ele mantém uma relação constitutiva e positiva com a ideia de liberdade; é por essa razão que Hegel rejeita toda definição do direito em termos de limitação ou de restrição da liberdade. De outra parte, o direito está ligado com a necessária *objetivação* da liberdade, da qual a doutrina do espírito objetivo descreve as etapas. Digamos, por preterição, que o acesso à ideia especulativa do direito requer, na perspectiva hegeliana, que sejam pensadas as figuras *institucionais* de concreção do conceito abstrato, "formal", do direito, tal como ele foi desenvolvido pelas teorias jusnaturalistas e, sem dúvida, de modo mais pertinente, pelo direito positivo moderno — moderno, isto é: fundado em princípios abstratos, os direitos do homem, e desenvolvido de maneira sistemática, codificada.

Mas exatamente em que pontos Hegel se separa do jusnaturalismo, de modo que a escolha da denominação "filosofia do direito" valha como ato de ruptura? No que respeita ao "direito natural antigo", se é que tal denominação tenha alguma pertinência, algo de que se pode razoavelmente duvidar, a coisa parece clara, ao menos desde 1805. O que assinala a perempção da pólis e do tipo de eticidade que lhe corresponde, caracterizado pela coincidência *imediata* das disposições individuais e do *ethos* comunitário, é a emergência do *"princípio superior dos tempos modernos"*, no caso, devido ao "fato de a singularidade saber-se absolutamente si mesma".⁹⁰ O individualismo moderno, que teve inicialmente um sentido religioso e moral, mas cujo efeito sobre a política é poderoso, implica regressão à loja de antiguidades do *ethos* cívico imediato e fusional que, após Rousseau, o jovem Hegel opunha à superficialidade da vida burguesa e egoísta do homem moderno em sua "nulidade política".⁹¹ À "concepção heroica da liber-

---

⁸⁹ "A *ciência filosófica do direito* tem por ob-jeto a *ideia do direito*, o conceito do Direito e a sua efetivação" (*infra*, § 1).

⁹⁰ *La Philosophie de l'Esprit* (1805), trad. Planty-Bonjour, Paris, PUF, 1982, p. 95.

⁹¹ *Des manières de traiter scientifiquement du droit naturel*, trad. B. Bourgeois, Paris, Vrin, 1972, p. 68. O artigo de 1802 opõe fortemente a "vida privada universal" do burguês e a "vida universal" do cidadão (*id.*, p. 66), na mesma linha de Rousseau, quando ele denuncia, no *Contrato social* (livro I, capítulo VI, nota) e no livro I do *Emílio* (*Oeuvres complètes*, IV, Paris, Gallimard, 1969, pp. 249-50), o moderno burguês que não é "nada", uma vez que "a instituição política não existe mais". Cf. J.-F. Kervégan, *L'effectif et le rationnel. Hegel et l'esprit objectif*, Paris, Vrin, 2008, pp. 151-75.

dade"[92] que atravessava os trabalhos de juventude, em particular, o artigo sobre o direito natural e o *Sistema da eticidade*, substitui-se, na obra de maturidade, uma valorização do patriotismo cotidiano, da vida cidadã *e* burguesa, ilustrada de maneira marcante por uma passagem de nosso texto:

> Por patriotismo se entende frequentemente apenas a disponibilidade a sacrifícios e ações *extraordinárias*. Mas ele é essencialmente a disposição de ânimo que na situação e nas relações de vida ordinárias está habituada a considerar a comunidade como fim e como a base substancial. Essa consciência, que se põe à prova em todas as relações no andamento ordinário da vida é, então, o que fundamenta também a disponibilidade a realizar esforços fora do comum.[93]

Por conseguinte, o que falta ao "direito natural", ou melhor, à concepção da *Sittlichkeit* da Antiguidade, é o que o texto denomina "o direito da *particularidade* do sujeito a encontrar-se satisfeito, ou, o que é o mesmo, o direito da *liberdade subjetiva*".[94] É precisamente por isso que, não obstante a autoridade de Joachim Ritter, a concepção da *Sittlichkeit* desenvolvida por nosso texto não poderia ser compreendida como uma empreitada de reabilitação do "holismo" da cidade grega: o que as opõe, o reconhecimento da liberdade subjetiva, é bem mais profundo do que aquilo que as aproxima.

No que concerne agora ao direito natural moderno, as coisas são mais complexas. De um lado, e isso desde o artigo publicado em 1802 no *Kritisches Journal der Philosophie*, Hegel critica a sua conceptualidade de base; a crítica incide, em particular, sobre as noções de estado de natureza e de contrato social, que induzem a uma compreensão errônea do direito e do Estado.[95] De outro lado, ele permanece profundamente fiel ao projeto *racionalista* do direito natural, em particular à transcrição especulativa dada por

---

[92] J. Hyppolite, *Introduction à la philosophie de l'histoire de Hegel*, reed. Paris, Seuil, 1983, p. 94.

[93] Cf. *infra*, § 268 A.

[94] Cf. *infra*, § 124 A.

[95] Cf. *Des manières de traiter scientifiquement du droit naturel, op. cit.*, pp. 21-4. Remetemos definitivamente, no que concerne à interpretação deste texto difícil, ao comentário magistral de B. Bourgeois: *Le droit naturel de Hegel. Contribution à l'étude de la gènese de la spéculation hégélienne à Iena*, Paris, Vrin, 1986.

Kant e por Fichte, e, vai de encontro às objeções organicistas (Adam Müller), patrimonialistas (Haller), românticas (Schlegel, Novalis) ou simplesmente reacionárias (Rehberg, Gentz, Ancillon) que lhe são endereçadas. Deplora, porém, que um conceito demasiado frágil de racionalidade proíba, mesmo em Kant e em Fichte, de levar a seu termo o programa de uma fundação racional da ordem jurídica e política.

Na obra hegeliana de maturidade, os dois textos mais precisos sobre o direito natural são uma nota da *Enciclopédia*[96] e uma passagem situada logo no início do curso de 1817-18, do qual destacamos esta fórmula:

> O termo *direito natural* merece ser abandonado e substituído pela denominação "doutrina filosófica do direito", ou então, como se mostrará em outro lugar, doutrina do espírito objetivo.[97]

Se acompanharmos esses textos, a crítica hegeliana do jusnaturalismo concerniria essencialmente à sua terminologia. Com efeito, se considerarmos que o direito, em todos os níveis de significação que o termo comporta, diz respeito principalmente à esfera do espírito compreendido como "ato de retornar [a si mesmo] a partir de sua natureza",[98] convém proscrever, como sendo no mínimo gerador de equívoco, o recurso ao vocabulário da naturalidade. Todavia é bem claro que não se trata de uma simples questão de vocabulário, e não basta substituir "natureza" por "conceito" ou "natural" por "racional" para dispor de uma inteligência adequada daquilo que é o direito. A crítica hegeliana do direito natural — ela é principial, concerne a Hobbes assim como a Kant, a Fichte assim como a Rousseau — repousa, mais profundamente, em dois argumentos coordenados.

O primeiro, de ordem metodológica, se refere às noções de estado de natureza e contrato social. A representação de uma instituição contratual da ordem jurídica e política, a partir do nada normativo que por hipótese seria o estado de natureza, faz da vontade individual, suposta como existente por si mesma, a condição dessa ordem. Para Hegel, ao contrário, convém con-

---

[96] *Encyclopédie des sciences philosophiques en abrégé*, III: *La Philosophie de l'Esprit* [1817], trad. B. Bourgeois, Paris, Vrin, 1988, § 416 A, pp. 151-2 (ou *La Philosophie de l'Esprit* [1827 e 1830], *op. cit.*, § 502 A, p. 292).

[97] *Leçons sur le droit naturel et la science de l'État, op. cit.*, § 2 A, p. 48.

[98] *Encyclopédie des sciences philosophiques en abrégé*, III: *La Philosophie de l'Esprit* [1817], *op. cit.*, § 301, p. 98.

ceber a individualidade, a consciência da individualidade (a subjetividade moral) e a forma jurídica da individualidade (a personalidade) como constituídas histórica, política e socialmente. O indivíduo, contanto que por isso se entenda algo distinto de uma simples singularidade biológica, não existe por si mesmo, e trata-se de um erro metodológico — cometido até mesmo por Rousseau, ele que, no entanto, tomava tanto cuidado em não transpor para o homem natural as propriedades do homem social — deduzir as determinações do direito e do Estado daquelas, hipostasiadas, da individualidade "natural". Em outros termos, o homem, o indivíduo humano em sua abstração, é um produto da história, e não o seu substrato a-histórico, e compreende-se que Hegel, ao tratar da sociedade civil e mais precisamente do sistema das carências, configurações indubitavelmente modernas, possa declarar que "é pela primeira vez aqui e também propriamente somente aqui que se fala do *homem* nesse sentido".[99] Devido a esse erro de método, o contratualismo, peça central do dispositivo jusnaturalista, comporta uma poderosa tendência, que estranhamente se junta às representações pré-modernas contra as quais ele se constituiu, a subordinar o direito público ao direito privado.[100] Compreende-se então por que "a intromissão dessa relação contratual, bem como das relações de propriedade privada em geral, na relação estatal provocou as maiores confusões no Direito Público e na efetividade".[101]

A segunda crítica do direito natural moderno é de ordem especulativa; ela incide sobre o conceito de liberdade e sobre as condições de sua atualização. Com efeito, as doutrinas jusnaturalistas se fundam num postulado, a liberdade "natural" do indivíduo humano, de modo que em seguida são necessariamente conduzidas a abandonar ou a relativizar, na medida em que representam a ordem jurídica e política como uma restrição, no extremo rigor como uma supressão, daquela liberdade primeira; com isso, a sociedade civil, enquanto sociedade política e sociedade de direito, aparece como a negação daquilo que é o seu princípio lógico, e não como sua efetivação. O

---

[99] Cf. *infra*, § 190 A.

[100] Desde *A Constituição da Alemanha* até o artigo sobre a *Reform Bill*, é um traço contínuo do pensamento hegeliano denunciar a subordinação do direito público ao direito privado e associar, nessa crítica, as representações medievais (feudais) e as representações modernas (jusnaturalistas): cf. *Écrits politiques*, *op. cit.*, pp. 37-9 e 360-1, e *infra*, § 258 A.

[101] Cf. *infra*, § 75 A.

hiato assim criado entre o naturante e o naturado, entre a "condição natural" da humanidade, feita de igual liberdade, e as cadeias impostas pelo artifício jurídico e social, é particularmente marcante em Hobbes, a quem Hegel atribui, no entanto, uma concepção adequada de estado de natureza.[102] O hiato, porém, é reencontrado em Rousseau, com a oposição entre a liberdade natural e a liberdade civil, que se traduz por uma substituição da segunda pela primeira por ocasião do pacto social. No fim das contas, o jusnaturalismo, em razão de seu individualismo metodológico, desconhece a verdadeira determinação da liberdade posta por ele como princípio, que é a de ser processual e não substancial. O que ele não vê nem pode ver é que:

> A liberdade, enquanto idealidade do imediato e do natural, não é algo imediato e natural, antes, é preciso que ela seja adquirida e conquistada, e isso pela mediação infinita da coerção do saber e do querer.[103]

Assim, ao querer deduzir os princípios normativos da ordem política a partir das condições naturais da liberdade, o jusnaturalismo não comete somente uma confusão prejudicial entre a natureza e o conceito, a origem e o princípio; desconhece, sobretudo, o caráter essencialmente *mediato* dessa liberdade. A doutrina do espírito objetivo, com o seu triplo estrato jurídico, moral e ético-político, se apresenta como a exposição circunstanciada dessas mediações que fazem com que, na ordem da efetividade histórica, advenha essa liberdade que o homem do direito natural reivindica como sua natureza. Natural, a liberdade o é em certo sentido; porém, sob a condição de perceber que essa "natureza" não é outra coisa senão o *movimento de instituição* de uma *segunda natureza*, ética e política, segunda natureza que nunca é precedida de uma primeira natureza de que ela seria, à escolha, ou a consolidação ou a negação. Pois a liberdade do homem sempre é mediatizada por aquilo que lhe aparece como seu outro, e que não é outra coisa senão o sistema das condições que instituem a sua realidade e a sua objetividade. Tal é o sentido da definição do direito oferecido pelas *Grundlinien*: "o sistema

---

[102] Cf. *Leçons sur l'Histoire de la Philosophie*, 6, trad. P. Garniron, Paris, Vrin, 1971-91, p. 1.561.

[103] *Vorlesungen über die Philosophie der Weltgeschichte*, Band I: *Die Vernunft in der Geschichte*, J. Hoffmeister (ed.), Hamburgo, Meiner, 1980, p. 117; *La Raison dans l'Histoire*, trad. K. Papaioannou, Paris, UGE, 1965, p. 142 (tradução modificada).

do direito é o reino da liberdade efetivada, o mundo do espírito produzido a partir do próprio espírito como uma segunda natureza".[104]

Qual é a incidência que essa contestação metodológica e especulativa tem sobre a inteligência do direito, de sua racionalidade e de sua positividade? Antes de tudo, a seguinte: Hegel se recusa a considerar o direito "racional" como tendo uma "natureza" principialmente diferente da "natureza" do direito positivo, como uma norma absoluta e intemporal exercendo sobre ele uma jurisdição transcendente. Ao contrário, é preciso encarar o direito "natural" como a configuração ideal [*idéelle*][105] que normatiza de modo imanente o direito positivo, estando entendido — o que não é algo óbvio de modo algum e, em todo caso, não pode ser estabelecido unicamente pela "filosofia do direito" — que este último comporta uma tendência *histórica* a adquirir racionalidade ou a conquistar a sua própria racionalidade. É o que se exprime em termos imagéticos, portanto, forçosamente inadequados, por uma passagem da *Filosofia do direito*:

> Seria um grande equívoco inverter o fato de que o direito natural ou o direito filosófico é diverso do direito positivo na afirmação de que eles se opõem um ao outro e conflitam entre si; aquele está para este, antes, na relação das *Institutas* para com as *Pandectas*.[106]

Pouco importa que Hegel cometa aqui um deslize ao apresentar as *Institutas* como uma exposição dos princípios gerais dos quais as *Pandectas* seriam o desenvolvimento concreto. O essencial está em outro lugar: o direito racional não é o *outro* do direito positivo, mas a razão que nele se acha presente, que se revela e se realiza historicamente. Em suma, o racional está alojado no coração da positividade, e ali, no movimento do direito tal como ele é, é preciso tentar reaprendê-lo. A crítica dos trans-mundos feita pela *Ló-*

---

[104] Cf. *infra*, § 4. O tema — aristotélico — da segunda natureza, que está no coração da exposição da *Sittlichkeit* (cf. *infra*, § 151), é uma das chaves da compreensão da doutrina do espírito objetivo. Retornaremos a isso na sequência desta apresentação.

[105] Sobre o sentido específico do adjetivo *ideel* (em francês: *idéel*), distinto de *ideal* (em francês: *idéal*), cf. notas 104 e 499, de MLM, respectivamente às pp. 202-3 e pp. 594-5. A ocorrência do primeiro caso, a partir do texto original de J.-F. Kervégan, será assinalada sempre com o termo francês entre colchetes. (N. T.)

[106] Cf. *infra*, § 3 A. [Cf. também nota 54, pp. 157-8. (N. T.)].

gica, singularmente na *Doutrina da essência*, encontra nesse passo uma de suas mais notáveis ilustrações.

No § 3 das *Grundlinien*, a polêmica dirigida contra Gustav Hugo e, de maneira indireta mas transparente, contra o chefe da Escola histórica do direito, Friedrich Carl von Savigny, é solidária dessa posição doutrinal. Com efeito, assim como é fútil fazer do direito racional uma normatividade abstrata que sobrepuja de modo estéril a esfera da positividade, assim também é perigoso renegar essa instância imanente de controle, de regulação e de transformação do direito positivo em proveito do puro dado histórico-empírico. Ora, segundo a leitura feita por Hegel, tal é a tendência do historicismo jurídico. Não é o caso de empreender aqui uma análise sistemática da controvérsia — levada quase sempre de modo indireto — entre Hegel e o seu poderoso colega berlinense; ela foi objeto de uma literatura muito abundante, que trouxe nova luz sobre a questão.[107] Vamos nos ater, portanto, aos aspectos mais gerais e mais conhecidos.

O propósito de Savigny, em *Vom Beruf unserer Zeit für Gesetzgebung und Rechtswissenschaft* (1814), onde ele se opõe ponto por ponto ao futuro amigo e colega de Hegel em Heidelberg, A. F. J. Thibaut, é de saída contestar a necessidade, proclamada por este último,[108] de uma unificação do direito graças à elaboração de um Código Civil comum aos Estados e territórios alemães. Esse é um ponto de importância crucial para Hegel que, tanto por razões filosóficas como políticas, é resolutamente favorável à proposta de Thibaut, enxergando nas perspectivas de Savigny, sob o invólucro de exigências puramente científicas, uma manifestação sutil daquele "ódio contra a lei" que — a propósito de Haller, mas Savigny também é visado — é de-

---

[107] Cf. particularmente G. Marini, *F. C. von Savigny*, Nápoles, Guida, 1978; *id.*, "Il rapporto Savigny-Hegel nella Storiografia recente", *Materiali per una Storia della Cultura giuridica*, 1985; Dieter Nörr, *Savignys philosophische Lehrjahre*, Frankfurt, Klostermann, 1994; J. Rückert, *Idealismus Jurisprudenz und Politik bei F. C. von Savigny*, Ebelsbach, Gremer, 1984; A. Schiavone, *Alle origine del diritto borghese. Hegel contro Savigny*, Bari, Laterza, 1984; W. Schild, "Savigny und Hegel", *Anales de la Catedra Francisco Suarez*, 18-19 (1978-79), pp. 271-320; F. Valori, *La polemica di Hegel con Gustav Hugo*, Roma, Cadmo, 1984.

[108] Cf. *Über die Notwendigkeit eines allgemeinen bürgerlichen Rechts für Deutschland*, Heidelberg, 1814, retomado em *Thibaut und Savigny. Ihre programmatischen Schriften* [citado *Thibaut und Savigny*], H. Hattenhauer (ed.), Munique, Vahlen, 1973, pp. 63-94.

nunciado no Prefácio. Ao proclamar que "denegar a uma nação cultivada ou ao estamento dos juristas dessa nação a capacidade de fazer um código seria uma das maiores afrontas que se poderia fazer a uma nação ou àquele estamento";[109] ao sublinhar que os governantes "que deram aos seus povos, ainda que somente uma compilação informe, como Justiniano, e mais ainda os que deram um direito *territorial* na forma de um código ordenado e determinado, [...] realizaram com isso um grande *ato de justiça*"[110] — evidentemente Hegel entende se opor à argumentação de Savigny. Se o faz, não é somente, como é o caso em Thibaut, por razões de política jurídica (o aprimoramento da administração do direito que se pode esperar da unificação sistemática de um direito civil mergulhado em seus particularismos), nem somente por razões políticas (a unificação jurídica vai preparar o terreno para uma unificação política da Alemanha), mas por uma razão fundamentalmente teórica: é porque considera que "a lei é a razão da Coisa",[111] que ela constitui a necessária expressão objetivada da parte de racionalidade que, alojada no próprio coração de sua positividade, o direito positivo comporta, que Hegel, fiel ao ensinamento jurídico e político da Revolução Francesa, proclama não somente a necessidade de uma expressão positiva da essência racional do direito, mas daquilo que se pode denominar uma positivação legal do direito racional.

Devido a esse fato, o debate entre Savigny (bem palidamente representado no texto publicado por seu mestre G. Hugo) e Hegel não se refere somente à questão da codificação, mas também, de modo mais essencial, ao estatuto de um direito que está engajado na história, o que constitui uma evidência para ambos. A tese fundamental da Escola histórica é que "a matéria do direito é dada pelo passado inteiro da nação, decerto não por seu arbítrio, de modo que pudesse ser essa ou aquela de modo contingente; ao contrário, ela é resultante da essência mais íntima da própria nação e de sua história".[112] Em termos mais populares e mais evocativos: o verdadeiro cria-

---

[109] Cf. *infra*, § 211 A. [Cf. a propósito nota 410, de MLM, pp. 480-2, *infra*. (N. T.)]

[110] Cf. *infra*, § 215 A. A noção de "direito territorial" (*Landrecht*) refere-se claramente ao *Allgemeines Landrecht* prussiano de 1794, uma das primeiras tentativas feitas na Europa moderna de apresentar de maneira sistematicamente codificada o direito civil, penal e público na escala de um Estado.

[111] Cf. *infra*, Prefácio.

[112] Savigny, "Über den Zweck dieser Zeitschrift", in *Thibaut und Savigny, op. cit.*, p. 264.

dor do direito é o *Volksgeist*, o espírito do povo, vetor e agente da continuidade histórica e da identidade cultural e jurídica, de modo que "somente a história pode manter o laço vivo com as situações originárias dos povos".[113] Formalmente, Hegel poderia estar de acordo com esse ponto de vista, pois, também para ele, "o espírito do povo" é a fonte mais autêntica do direito. Mas a aproximação para por aí. Pois, por assim dizer, o *Volksgeist* de Savigny está voltado obstinadamente para o passado, ao passo que o de Hegel olha o futuro de frente. De resto, os seus porta-vozes não são os mesmos. Para o historicismo, o verdadeiro intérprete do espírito do povo é o jurista científico que, armado de sua cultura histórica, sabe — e somente ele o sabe — reativar o "laço vivo com as situações originárias" por meio de uma posição hermenêutica apropriada. Para Hegel, ao contrário, o intérprete do *Volksgeist* é o Estado, e o principal instrumento desse trabalho interpretativo não é o direito científico, mas a legislação; a *Constituição da Alemanha* já não designava claramente — pesada ironia dirigida contra os científicos *Staatsrechtler* — o promotor do Código Civil, Napoleão, como o grande professor de direito constitucional que toma assento em Paris?

É por isso que a controvérsia entre Hegel e o historicismo se desencadeia a propósito da questão da codificação. Savigny, baseando-se em toda uma série de argumentos factuais e de fundo, afirma que "a época atual não tem vocação para empreender um Código"[114] e, de maneira geral, que a forma racionalizada, sistematizada e estatizada do direito codificado se arrisca constantemente, mesmo se as circunstâncias se prestam a tanto, a fixar a criatividade jurídica dos povos, que se exprime naquelas manifestações conexas de seu gênio que são o costume e o "direito dos professores", bem menos, porém, no direito de criação estatal. Hegel, ao contrário, enxerga na codificação o acesso do direito a um grau social, política e cientificamente mais elevado de racionalidade. A lei é o ser-posto do direito, isto é, em conformidade com a significação do *Setzen* na lógica da essência, a ex-posição de sua essencialidade imanente, que só advém sob essa forma na autoconsciência. Não basta, portanto, dizer que a codificação traduz ou manifesta a racionalidade do direito, como se essa racionalidade existisse por si mesma, anteriormente a tal manifestação: ela a *constitui* verdadeiramente. Ou melhor, na sistematização da lei pelo Estado, é a racionalidade do direito que se autoconstitui no elemento da positividade, assim como, na *Lógica*, o efe-

---

[113] *Vom Beruf*, in *Thibaut und Savigny, op. cit.*, p. 166.

[114] *Vom Beruf, id.*, p. 161.

tivo é a manifestação exterior da interioridade que é para ele mesmo, numa coincidência perfeita, mas constantemente móvel, do ser e da razão de ser:

> Pôr algo como *universal* — isto é, trazê-lo à consciência enquanto universal — é, como se sabe *pensar* [...]. Somente pelo fato de tornar-se lei é que o direito recebe não só a *forma* da sua universalidade, mas a sua determinidade verdadeira.[115]

Para além da questão da codificação e da relação entre o Estado e o direito, o desacordo de Hegel com o historicismo se refere então ao próprio estatuto da positividade que, segundo ele, se encarna plenamente na norma legal.[116] Para Savigny, mais ainda do que para Hugo, é no costume, dominado e reconstruído pelo direito científico com o auxílio das categorias do Direito Romano, que reside a única fonte autêntica do direito privado positivo.[117] E tal privilégio é devido, como se viu, ao fato de que o costume, por assim dizer "posto em texto" pela hermenêutica científica (à qual se poderia aplicar uma fórmula que Savigny utiliza a propósito das ações formais do Direito Romano antigo, a saber, que elas contêm "a gramática própria ao direito"), é a própria palavra do *Volksgeist*, que constrói e recita a sua própria história; ele é, diz Savigny em seu último grande tratado, "o laço vivo que religa o presente ao passado, e sem o conhecimento do qual só percebemos a manifestação exterior do estado presente do direito, e não concebemos a sua essência interna".[118] É preciso entender bem esse propósito. Não se trata somente de afirmar a continuidade histórica — tema classicamente conservador — nem de se opor às perigosas ilusões das políticas modernas tomadas pela pulsão legiferante, pela *Gesetzmacherei*; indo de encontro ao jusnaturalismo comum, trata-se de promover, sobretudo, uma proposição

---

[115] Cf. *infra*, § 211 A.

[116] "O que é *em si* direito — *posto* [*gesetzt*] no seu ser-aí objetivo, [...] — é a lei [*Gesetz*]; e o direito, graças a essa determinação, é direito *positivo* em geral" (cf. *infra*, § 211).

[117] "Todo direito nasce segundo o que o uso dominante da língua denomina direito habitual, mesmo que esse termo não seja plenamente adequado: ele é produzido primeiro pelo costume e pela crença popular, em seguida, pela ciência jurídica, portanto por forças internas que agem em silêncio e não pelo arbítrio de um legislador" (*Vom Beruf*, p. 105).

[118] *System des heutigen römischen Rechts*, Band I, Berlim, Veit, 1840, p. XVI.

epistemologicamente forte: o direito, o direito *positivo*, já está *sempre aí*,[119] e é por isso que a tarefa da investigação científica não consiste nem em definir a sua natureza, nem em buscar a sua impossível origem, mas, à luz de uma história científica das fontes, em interpretar o *sentido* das instituições jurídicas (*Rechtsinstitute*), enquanto elas sempre pressupõem a si mesmas.

O que é que Hegel opõe a essa visão coerente e muito moderna em certos aspectos — ela antecipa alguns desenvolvimentos da hermenêutica contemporânea — da positividade e da historicidade do direito? A convicção de que a história é o próprio lugar onde a *racionalidade* do espírito advém a si, e que, por isso, longe de estar sempre aí, tal racionalidade supõe um trabalho, uma negatividade, uma processualidade. A positividade, a do direito, mas também, de modo geral, a de todos os saberes do entendimento, comporta diversas características distintivas, enunciadas tanto pelo § 3 das *Grundlinien* como pela Introdução da *Enciclopédia das ciências filosóficas*.[120] Ela não abre mão de que, no caso, o direito receba a forma da autoridade legal (ou a do costume, o que dá no mesmo); tampouco abre mão de que, quanto ao conteúdo, o direito "em si" adote, quando "posto", uma figura histórica e geográfica forçosamente particular; não abre mão, por fim, da aplicação das determinações universais do direito a casos particulares e ao ato sempre singular da decisão judiciária. Mas o que importa para Hegel é que a espessa margem de contingência introduzida por tais fatores contextuais não comprometa, em seu princípio, o laço substancial ou, se preferirmos, a articulação estrutural do racional e do positivo. Ao contrário, a verdadeira racionalidade do direito racional, que é coisa bem diferente do que a sua *Verständlichkeit*, do que a sua figura inteligível tão cara ao jusnaturalismo não especulativo, se mede por essa sua aptidão a se revelar em seu outro aparente, a nele eclodir. Que só haja direito racional no âmbito do direito positivo, que a racionalidade objetiva consista precisamente num movimento de advento do direito no coração do histórico, do qual nem os juristas nem as comunidades humanas particulares precisam ter consciência para nele tomar parte, essa manifestação da presença da razão na história é sem dúvida uma notá-

---

[119] "O direito universal é positivo, porque sempre já anterior a uma relação de direito dada" (*System*, livro I, § 7).

[120] Cf. *Encyclopédie des Sciences philosophiques en abrégé*, I: *La Science de la Logique* [1817], trad. B. Bourgeois, Paris, Vrin, 1970, § 10 A, pp. 160-1; *Encyclopédie des Sciences philosophiques en abregé*, I: *La Science de la Logique* [1827 e 1830], trad. B. Bourgeois, Paris, Vrin, 1970, § 16 A, pp. 182-3 [ed. bras.: *Enc.*, I, pp. 56-7].

vel ilustração da definição hegeliana da liberdade como processo e trabalho da negatividade.

Mas se a presença do racional no histórico-positivo é *especulativamente* evidente, ela não o é de modo algum no plano empírico, e é por isso que as objeções "historicistas", as que Hugo formulou, por exemplo, em sua resenha da *Filosofia do direito*, são pertinentes em seu nível; pois a "constatação" hegeliana procede não da observação, mas de uma decisão especulativa. O conceito *normativo* do direito — o que é exposto no § 29 das *Linhas fundamentais* — e o conceito *normativo* da história, pressupostos pelas teses do § 3, para além da esfera do espírito objetivo, engajam *toda* a filosofia de Hegel, enquanto ela é em seu todo uma "ciência da liberdade".[121] Sempre é preciso lembrar que, para Hegel, se há especulativo no positivo, se há razão na história, é a razão especulativa, e não a positividade histórica, que administra as provas disso. Tal é, em última instância, o sentido da referência insistente de nosso texto ao ensinamento da *Lógica*. Não é somente o "método" desta última que se toma de empréstimo, como parece dizer inicialmente o § 31 de nosso texto. De resto qual seria o sentido disso, em se tratando de uma filosofia para a qual o método não é outra coisa senão "a *alma própria* do conteúdo"?[122] Nesse mesmo parágrafo, mais essencialmente, a evocação da "dialética superior do conceito", da dialética especulativa, nos indica que, se a *Filosofia do direito* pode proclamar a racionalidade do efetivo, é porque a *Ciência da lógica* elaborou, em particular na Doutrina do conceito, os utensílios que permitem pensar a efetividade do racional. Ademais, tal solidariedade — livre de toda adstrição a um "modelo" de tipo formal — entre a doutrina do espírito objetivo e as outras áreas do sistema não se exerce somente "para baixo", em direção à *Lógica*, mas também "para cima", em direção à doutrina do espírito absoluto. Com efeito, pode-se mostrar que certo otimismo hegeliano — por exemplo: aquele que se mostra nas análises relativas à sociedade civil no momento mesmo em que elas estabelecem o caráter intransponível no plano social, e talvez até no plano estatal,[123] das

---

[121] *Encyclopédie, I: La Science de la Logique* [1817], § 5 A, p. 156.

[122] Cf. *infra*, § 31 A. Cf. também *WL III*, p. 238; *Science de la logique III: La logique subjective ou Doctrine du concept*, trad. G. Jarczyk e P.-J. Labarrière, Paris, Aubier, 1981, p. 371.

[123] Aludimos obviamente à análise muito esclarecedora do desenvolvimento necessariamente contraditório da sociedade de mercado (§§ 241 ss.), o qual se traduz, ao mesmo tempo, por uma polarização crescente da sociedade civil entre ricos e pobres ou entre muito ricos e muito pobres (§§ 243-5) e por sua "mundialização" (§§ 247-8), que, em-

contradições geradas por seu desenvolvimento — só faz sentido sob a garantia de uma instância de verdade distinta do espírito objetivo, mesmo se ela não lhe é inteiramente exterior. Acreditamos que somente a perspectiva reconciliadora aberta pelo espírito absoluto — entendendo que, para Hegel, a reconciliação não significa o apaziguamento ou a resolução "definitiva" da contradição, mas sua assunção especulativa por uma instância que a "supera" ou que a "suspende" no lugar mesmo de sua maior acuidade — pode garantir o desfecho especulativo da doutrina do espírito objetivo, isto é, fornecer as condições principais de validade de sua tese fundamental: o desenvolvimento histórico-mundial das configurações institucionalizadas do espírito objetivo tende a assegurar a reconciliação *objetiva* do espírito consigo mesmo. Compreende-se assim a importância crucial da inclusão de uma filosofia da história do mundo nessa doutrina, inclusão que surpreendeu bom número de leitores, a começar por Gustav Hugo, o adversário, e Von Thaden, o discípulo. Com efeito, somente sob a caução do espírito do mundo e, mediatamente, do espírito absoluto, do qual aquele é a figura intramundana, é que é legítimo, sem dúvida indo de encontro à evidência empírica, proclamar a reconciliação histórica e objetiva do racional e do efetivo nos termos em que o faz o último parágrafo da *Filosofia do direito*:

> O presente se desfez da sua barbárie e do seu arbítrio injusto, e a verdade se desfez do seu além e da sua violência contingente, de sorte que se tornou objetiva a verdadeira reconciliação que desdobra o *Estado* até ser a imagem e a efetividade da razão [...], mas na *ciência* encontra o conhecimento livre, conceitualizado, dessa verdade, enquanto ela é uma e a mesma nas suas manifestações que se complementam no *Estado*, na *natureza* e no *mundo ideal*.[124]

Tais proclamações obviamente não têm nada de descritivo; trata-se antes de enunciados normativos cuja validade repousa em última instância no conceito especulativo da racionalidade desenvolvida por todo o sistema. Elas são, portanto, da mesma ordem que a convicção martelada por Hegel, se-

---

bora Hegel não diga nada a respeito, marca evidentemente o limite objetivo do poder de "regulamentação superior" confiado ao Estado, para não dizer nada sobre a função de integração ética e social reconhecida nas corporações.

[124] Cf. *infra*, § 360.

gundo Heine, em suas conversas privadas: "tudo o que é racional, é preciso que seja".[125]

A PESSOA, O SUJEITO, A INSTITUIÇÃO

Enquanto o título aparentemente clássico, *Direito natural e ciência do Estado*, parece reproduzir, ao menos quanto à forma, a organização dualista do pensamento jusnaturalista moderno,[126] ilustrado pela oposição canônica do natural e do civil, o outro título da obra, *Linhas fundamentais da filosofia do direito*, convida implicitamente a um questionamento dessa estrutura. De fato, a doutrina do espírito objetivo tem uma composição simultaneamente unária, binária e ternária.

A unidade dos diferentes domínios ou estratos componentes da esfera do "direito" é indicada prontamente pela adoção de uma definição extensiva deste último conceito, que assim se acha, tal como já indicamos, ampliado de maneira insólita. Ora, ao dar-se o privilégio aparentemente exorbitante de falar *do* direito para designar tanto o "direito abstrato", o direito dos juristas, quanto o da subjetividade moral ou o das diversas configurações institucionais que estão ao encargo da eticidade, Hegel entende sublinhar inicialmente a unidade dessa esfera que, no entanto, nos é bem difícil nomear simplesmente sem esquecer esta ou aquela de suas dimensões; a prova disso, se for preciso oferecer alguma, é que a unidade do *objeto* da "filosofia do direito" se funda não sobre algum dado de ordem histórica ou cultural, mas sobre uma decisão teórica. A denominação técnica de espírito objetivo, que, como sabemos, tem a preferência de Hegel, confirma a análise. Ao apresentar o espírito objetivo como um campo com limites claramente identificáveis, trata-se de sublinhar antes de tudo a unidade fundamental da esfera do espírito em sua tripla dicção subjetiva, objetiva e absoluta, unidade que mani-

---

[125] Cf. *Hegel in Berichten seiner Zeitgenossen*, G. Nicolin (ed.), Hamburgo, Meiner, 1970, documento n° 363; cf. igualmente *VRph 1819-20*, p. 51. [Cf. a propósito nota 28, de MLM, pp. 138-40, *infra*. (N. T.)]

[126] Evidentemente não podemos tentar justificar aqui esta afirmação. Basta, numa primeira abordagem, lembrar a eficácia surpreendentemente durável da distinção entre estado de natureza e estado de sociedade, que se acha sob uma forma modificada até em Marx, quando ele opõe, ao comunismo, única *sociedade* humana autêntica, a "pré-história da humanidade", que são as diversas sociedades de classe que se sucederam.

festa a sua capacidade de suportar "a *dor* infinita",[127] a provação da negatividade. Ou melhor, ao suportar essa provação, ao "encarar diretamente o negativo, olho no olho",[128] e nele passando uma temporada, o espírito revela a sua determinação própria — a liberdade enquanto ser junto a si na alteridade de si — e assim constitui a sua unidade, ao mesmo tempo em que dela toma consciência. Em outros termos, assim como não é dada, mas constituída pela especulação filosófica, a unidade do espírito não é a de uma substância, mas a de um processo dialético de constituição de si: "o espírito só adquire a sua verdade ao encontrar-se a si mesmo no absoluto dilaceramento".[129] Assim, captada em seu movimento de conjunto, a unidade da esfera do espírito é a de uma subjetividade no sentido hegeliano do termo, isto é, unidade de um movimento de produzir por si mesmo as diferenças que estruturam uma identidade. Decerto não é por acaso que os predicados do espírito — a subjetividade, a idealidade, a liberdade[130] — são os mesmos que, na *Ciência da lógica*, caracterizam o conceito compreendido como sujeito de um autodesenvolvimento que conduz, através das mediações da objetividade, até a unidade "subjetiva-objetiva" da ideia. O espírito, para Hegel, é uno na diversidade necessária de seus percursos e de seus desvios, não porque ele seria desde sempre igual a si mesmo e por si mesmo assegurado, mas porque ele não é senão o princípio de produção e de recolecção de suas diferenças.

Em segundo lugar, porém, é o próprio espírito objetivo, ou melhor, o movimento plural de objetivação (jurídico, moral, familiar, social, estatal...) de um espírito inicialmente acantonado — tal é a sua "subjetividade" primeira — no diálogo frequentemente doloroso consigo mesmo,[131] que deve ser pensado como processo de constituição em exterioridade de uma unida-

---

[127] *Encyclopédie des sciences philosophiques en abregé*, III [1817], *op. cit.*, § 302, p. 98; *id.* [1827 e 1830], *op. cit.*, § 382, p. 178 [ed. bras.: *Enc.*, III, p. 23].

[128] No original, J.-F. Kervégan cita a tradução francesa de J.-P. Lefebvre: "regardant le négatif droit dans les yeux" (*Phénoménologie de l'Esprit*, Paris, Aubier, 1991, p. 49); o original, *PhdG*, p. 27 [ed. bras.: *FE*, p. 41]; e refere ainda as traduções de Hyppolite (pp. I-29), de Jarczyk e Labarrière (p. 94) e de Bourgeois (p. 93). (N. T.)

[129] *Ibid.*

[130] Cf. *Encyclopédie des sciences philosophiques en abregé*, III [1827 e 1830], *op. cit.*, §§ 381-3, p. 178, e os Adendos a estes mesmos parágrafos, pp. 385-95 [ed. bras.: *Enc.*, III, pp. 15-26].

[131] As páginas da *Enciclopédia* dedicadas à loucura (*Verrücktheit*) estão entre as mais belas e mais ricas da obra: não é a loucura "a absoluta infelicidade da *contradição*"? (*Encyclopédie*, III [1817], *op. cit.*, § 322, p. 112).

de. Tal unidade objetivada do espírito adota a figura de um "*mundo* a produzir e produzido por ele, no qual a liberdade é enquanto necessidade presente".[132] Assim, a unidade do espírito objetivo é a de um mundo que é por ele e para ele, mas que, de certa maneira, não mais apresenta as características primeiras do espírito, tais como acabam de ser lembradas: esse mundo aparece, antes, como o da necessidade, da objetividade impessoal. Aliás, isso corresponde ao sentimento espontâneo da consciência subjetiva que voluntariamente percebe as redes de normas e instituições que enquadram o seu agir mais como entraves do que como condições estruturantes. Daí um paradoxo típico desse momento de alienação que é, em certo sentido, o espírito objetivo: enquanto as dialéticas do espírito subjetivo arrancaram este último de sua naturalidade primeira — a alma, primeiro momento desse processo, não é senão o "espírito-natureza"[133] —, enquanto o espírito (subjetivo) propriamente dito "só toma o seu começo em seu próprio ser e só se refere a suas próprias determinações"[134] — o espaço de objetividade que o espírito se dá é para ele como uma *segunda natureza* na qual certamente ele encontra o seu lugar, mas se expõe também ao risco de uma espécie de reificação. Mas o que é paradoxal à primeira vista corresponde na verdade à natureza, digamos, ao conceito próprio do espírito como "estar-junto-a-si em seu outro" (*Beisichsein im Anderem*), como autoidentidade que é mediada por seu "ser-arrancado-de-dentro-para-fora-de-si".[135] É por isso que, à primeira vista problemática, a unidade desse vasto complexo que Hegel denomina como espírito objetivo deve ser entendida como a unidade do movimento de reconquista pelo espírito, num elemento de exterioridade ao menos relativa, daquilo de que lhe foi preciso despedir-se para aceder a si mesmo: a naturalidade. Todavia, ao acrescentar que essa segunda natureza, constituída pelo espírito com vistas a conquistar e experimentar ali uma identidade até então apenas postulada, é essencialmente de uma ordem distinta da

---

[132] *Encyclopédie*, III [1827 e 1830], *op. cit.*, § 385, p. 180 [ed. bras.: *Enc.*, III, p. 29].

[133] *Encyclopédie*, III [1817], *op. cit.*, §§ 308 e 310 A, pp. 103 e 105 (ou *Encyclopédie*, III [1827 e 1830], *op. cit.*, § 387, p. 183 [ed. bras.: *Enc.*, III, p. 37].

[134] *Encyclopédie*, III [1817], *op. cit.*, § 364, p. 128 (ou *Encyclopédie*, III [1827 e 1830], *op. cit.*, § 440, p. 235 [ed. bras.: *Enc.*, III, p. 210].

[135] No original, Jean-François Kervégan emprega a expressão "arrachement à soi" para traduzir o alemão *Hinaussgerissen werden*. (N. T.)

primeira, postulada pelo espírito como aquilo que já está sempre aí e que é preciso negar para aceder a si.

Depara-se então com uma dificuldade de outra ordem. A denominação de segunda natureza e, mais geralmente, a caracterização do espírito objetivo como quase-naturalização das determinações do espírito se aplicam menos ao espírito objetivo em geral do que a seu terceiro momento, momento recapitulativo, é verdade: o da eticidade (*Sittlichkeit*). Logo, convém perguntar se o que acaba de ser dito concerne e deve concernir ao espírito objetivo em geral — isto é: à totalidade das mediações objetivantes graças às quais o espírito, ao negar sua aderência demasiado imediata a si mesmo, constrói sua identidade ou se revela a si mesmo,[136] ou se é preciso, ao contrário, reservar exclusivamente à *Sittlichkeit* — mas então: em virtude de que propriedade especulativa? — essa função capital de "naturalização" do espírito. Com efeito, é prontamente manifesto que um patamar é ultrapassado entre as duas primeiras Partes da *Filosofia do direito*, onde se trata de *normas* em relação seja com a *personalidade* jurídica, seja com a *subjetividade* moral, e com a última, que trata das condições *institucionais* (familiares, sociais, políticas) de um agir individual e coletivo estruturado por tais normas, assim como, na perspectiva histórica em que tal agir recebe sua plena significação, a de momento do processo do espírito. Em que consiste exatamente esse patamar, e o que ele nos ensina sobre as estruturas profundas da filosofia hegeliana do direito? Para ajuizar a esse respeito é preciso interrogar-se sobre a natureza ternária que a doutrina do espírito objetivo comporta, concorrentemente com a sua unicidade especulativa e com a dualidade herdada da tradição jusnaturalista.

Afastemos inicialmente a velha insipidez, segundo a qual o pensamento de Hegel obedeceria ao inutilizável esquema tese-antítese-síntese: não há, em Hegel, nenhum fetichismo do ternário, embora tal esquema formal ofereça frequentemente uma descrição cômoda, ainda que exterior, da respiração própria ao pensar especulativo, a qual é uma busca, no elemento por ele engendrado da diferença, da identidade da identidade e da diferença. Não somente uma passagem do Prefácio da *Fenomenologia do espírito* critica expressamente o formalismo ternário,[137] mas, visto de perto, as torções

---

[136] "A revelação, como ato do espírito, [...] é *posição* da natureza como de *seu* mundo; uma posição que, como reflexão, é ao mesmo tempo *pressuposição* do mundo como de uma natureza independente" (*Encyclopédie*, III [1817], § 304, p. 99).

[137] "Não se pode, de modo algum, considerar como algo científico um uso daque-

que nele Hegel efetua são tão numerosas e por vezes tão decisivas que é possível interrogar-se sobre o valor paradigmático que lhe é conferido. Assim, por exemplo, o penúltimo capítulo da *Ciência da lógica*, "A ideia do conhecer", se divide em duas seções de comprimento muito desigual, "A ideia do verdadeiro" e "A ideia do bem". Neste mesmo ponto, a passagem que trata do "Direito estatal interno", do qual não se poderia minimizar a importância estratégica, comporta duas subdivisões: a "Constituição interna para si" e a "Soberania externa". Enfim, e principalmente, uma passagem capital do último capítulo da Lógica, capítulo metodológico em sentido muito particular,[138] nos lembra que, se se faz questão de elencar os tempos do processo dialético-especulativo, então convém, ao lado das figurações binárias e ternárias, fazer jus a um esquema quaternário; esse é o único meio de tomar em consideração, no esqueleto abstrato do processo dialético, tal como apresentado notadamente pela *Enciclopédia*,[139] o desdobramento capital do momento mediano, do momento dialético propriamente dito, em *mediatizado* — a mediação como mediação do imediato e como negativo do positivo — e *mediatizante* — a mediação como mediação rumo ao imediato que veio a ser ou como condição negativa da positividade especulativa.[140] Logo, quando se quer interrogar seriamente a significação dos modelos ternários no pensamento hegeliano, convém fazê-lo de maneira cada vez mais específica.

Em se tratando da doutrina do espírito objetivo, se deixarmos de lado provisoriamente o desnivelamento entre as duas primeiras Partes e a terceira, observaremos que nenhuma delas se organiza a partir de uma relação elementar entre uma figura genérica do espírito e o campo de objetividade

---

la forma [triádica], onde a vemos rebaixada ao nível de esquema sem vida, de espectro, propriamente dizendo, e a organização científica reduzida a um esquema sem vida" (*FE*, p. 52; *PhdG*, p. 36; *Phénoménologie de l'Esprit*, trad. J. Hyppolite, Paris, Aubier-Montaigne, s.d., pp. I-42; *id.*, trad. G. Jarczyk e P.-J. Labarrière, Paris, Gallimard, 1993, p. 107; *id.*, trad. J.-P. Lefebvre, Paris, Flammarion, 2012, p. 92; *id.*, trad. B. Bourgeois, Paris, Vrin, 2006, p. 92).

[138] No sentido de que se diz, em nosso texto, que o método dialético consiste, para o pensamento, em "levar à consciência o trabalho próprio da razão da Coisa" (cf. *infra*, § 31 A).

[139] Cf. *Encyclopédie des sciences philosophiques*, I [1827 e 1830], *op. cit.*, §§ 79-82, pp. 342-4 [ed. bras.: *Enc.*, I, pp. 159-69].

[140] Cf. *WL III*, p. 247; *Science de la logique III*, *op. cit.*, p. 383.

que lhe corresponde e que ela determina. A esfera do direito abstrato é estruturada inteiramente pela relação da *pessoa* com a Coisa (*Sache*) e com as coisas (*Dinge*); a da moralidade pela relação do *sujeito* com as suas ações (*Handlungen*) e com as ações de outros sujeitos; por fim, a da eticidade é constituída pelas relações que se estabelecem no seio das *instituições* éticas (família, empresa, mercado, comunas, corporações, justiça, Estado...) e entre tais instituições. Assim, o percurso da doutrina do espírito objetivo pode ser apresentado, de modo sumário, como o encadeamento dessas três figuras[141] que são a pessoa, o sujeito e a instituição. Retomemos rapidamente esses três momentos, antes de nos debruçarmos sobre a sua articulação.

Em que o direito, o direito "no sentido jurídico", é abstrato? Inicialmente e antes de tudo, por seu (único) princípio, a personalidade jurídica.[142] Esta pode ser definida como pura relação da liberdade consigo mesma, que se exprime como relação indefinida, e, nesse sentido formal, entre ela e as coisas. Ponto de partida do processo do espírito objetivo, a pessoa é herdeira da determinação que caracteriza o espírito livre, ápice do processo do espírito subjetivo: ela é "*vontade livre que é para si mesma como vontade livre*".[143] Mas, na figura objetivada e formalizada da pessoa, a vontade se destaca do contexto da subjetividade do espírito: Hegel toma o cuidado de precisar que a "vontade tal como ela é na esfera do direito", a "vontade jurídica", não é a "vontade subjetiva", mas uma "vontade objetiva".[144] Entre esses dois conceitos, há uma diferença capital. Enquanto a vontade subjetiva se esgota no querer de sua própria liberdade, a vontade jurídica objetiva, isto é, a personalidade, transpõe a relação consigo mesma que constitui a sua liberdade numa objetividade que é ela própria indeterminada ou formal, a do mundo das coisas. A vontade se objetiva ao querer-se a si mesma nas coisas, isto é, ela se afirma como um poder em princípio ilimitado de apropriação da objetividade ou, o que dá no mesmo, como um poder infinito de ob-

---

[141] O termo é empregado aqui de modo livre e não no sentido técnico que ele assume no vocabulário da *Fenomenologia do espírito*.

[142] "O direito e todas as suas determinações se fundam unicamente na personalidade livre, numa autodeterminação" (*Encyclopédie*, III [1827 e 1830], *op. cit.*, § 502 A, p. 292) [ed. bras.: *Enc.*, III, p. 289].

[143] *Encyclopédie*, III [1827 e 1830], *op. cit.*, § 481, pp. 277-8 [ed. bras.: *Enc.*, III, p. 274]. Cf. *infra*, § 27.

[144] Cf. as anotações marginais aos §§ 90 e 104.

jetivação de si nas coisas.[145] A capacidade jurídica exprime, enquanto tal, um *jus in omnia*. Se a personalidade é "a base ela mesma abstrata do direito abstrato e, por isso, *formal*",[146] a sua expressão verbal é o ato formal (jurídico) de apropriação das coisas, no número das quais é preciso contar o meu próprio corpo[147] assim como os objetos naturais e os produtos da arte: "somente a *personalidade* confere um direito a *Coisas* e, por isso, o direito pessoal é essencialmente um *direito real ou das Coisas* [*Sachenrecht*]".[148] A liberdade da propriedade é a tradução concreta desse "direito universal de apropriação das coisas naturais",[149] em que consiste a capacidade jurídica. A propriedade exprime portanto, segundo Hegel, a essência do direito abstrato, que é a de objetivar, e mesmo de reificar a liberdade pessoal. É por isso que o conjunto das determinações contidas nessa esfera pode e deve ser ordenada sistematicamente a partir dela. Evidentemente, o corpo das normas jurídicas regula igualmente as relações de pessoa a pessoa: tais relações são examinadas nos momentos B e C dessa seção, as que tratam respectivamente dos contratos e das diversas formas de violação do direito. No entanto, ao menos tal é o ponto de vista da teoria hegeliana do direito abstrato, todas as relações jurídicas de pessoa a pessoa são mediadas por coisas, e devem, portanto, ser analisadas a partir da relação fundamental que está em questão.

Como se vê nesse exemplo, o propósito de Hegel sobre o direito se mantém à distância das construções jusnaturalistas, das quais lembramos que ele recusa a conceptualidade básica desde o seu artigo de 1802, assim como das preocupações imediatas do jurista positivo. Ele está, entretanto, constantemente atento à conceptualidade e aos métodos do direito positivo, que sem dúvida ele conhece e julga melhor do que o faziam Kant e Fichte, porque está *filosoficamente* convencido de que a racionalidade do direito se aloja no

---

[145] Cf. *infra*, §§ 39 e 44. "O homem é senhor de tudo na natureza", escreve Hegel na margem do § 39.

[146] Cf. *infra*, § 36.

[147] Cf. *infra*, §§ 57 e 66. Da necessidade em que o homem se encontra de tomar posse de seu próprio corpo educando-o e cultivando-o, Hegel deduz o caráter juridicamente absurdo de toda forma de escravidão e servidão, que implica a negação da validade universal do princípio da personalidade.

[148] *FD*, § 40 A. Uma nota manuscrita de Hegel à margem desse parágrafo precisa que "a propriedade é o que atravessa" todo estudo do direito abstrato. [Cf. a propósito nota 142, de MLM, p. 234, *infra*. (N. T.)]

[149] Cf. *infra*, § 52 A.

próprio coração da positividade, e porque ela solicita apenas ser depurada daquilo que, por razões contingentes, acabou por nublar a sua configuração fundamental.[150] Decerto Hegel não deixa de criticar severamente as categorias do Direito Romano que, na ausência de uma codificação de tipo francês, formam a base da cultura jurídica de sua época. Mas o que lhe reprova é, sobretudo, ter permanecido, por razões históricas, desatento às potencialidades que encerra sua conceptualidade e aos requisitos que ela supõe. Assim, a restrição da personalidade jurídica aos que estão dotados de certo status (e mesmo de um tríplice status: *status libertatis*, *status civitatis*, *status familiae*)[151] resulta em "tratar o direito da pessoa *determinada particularmente* antes do direito universal da personalidade", o que é "perverso";[152] logo, ela não é fiel ao teor objetivamente universal do conceito de personalidade, fundamento de todas as determinações do direito.[153] Igualmente, a aceitação da escravidão ou mesmo da servidão, que ignora "o ponto de vista da racionalidade e do direito", é incompatível com a ideia de personalidade, que pressupõe "o ponto de vista da vontade livre".[154] Em suma, parece-nos que a crítica severa a que Hegel submete o direito positivo (romano ou atual) é uma crítica *imanente*, que participa do projeto de estabelecer uma verdadeira gramática generativa do direito privado, gramática cuja relação pessoa-coisa é a sequência elementar.

---

[150] Portanto não subscrevemos o juízo de Michel Villey, nem no que concerne à informação de Hegel, maior do que ele acredita (a presença de numerosas obras jurídicas em sua biblioteca é um indício disso, decerto, não inteiramente probante), nem no que concerne ao seu entendimento do Direito Romano; é verdade que Villey se mostra igualmente severo para com a romanística moderna! Cf. "Le droit romain dans la *Philosophie des Rechts* de Hegel", *Archives de Philosophie du Droit* XVI (1971), pp. 275-90.

[151] Cf. *infra*, § 36, nota 3. [No original, Kervégan remete à seguinte nota de sua autoria: "A capacidade jurídica é 'a aptidão de uma pessoa figurar em nome próprio em um ato jurídico' (Girard, *Droit romain*, p. 493). Ela está ligada, no Direito Romano, à possessão de um triplo *status*: *status libertatis* (não ser escravo), *status civitatis* (ter o direito de cidadania), *status familiae* (ser chefe de família). Trata-se, contudo, de uma generalização retrospectiva: o Direito Romano clássico não dispõe de um conceito abstrato de capacidade, mas de critérios que permitem, em cada caso concreto, atestar ou não a presença (Kaser, *Privatrecht* I, p. 234). Toda a análise hegeliana da personalidade é dirigida contra a subordinação da capacidade (portanto, da personalidade) a um *status*". (N. T.)]

[152] *FD*, § 40 A.

[153] Cf. *Encyclopédie*, III [1817], § 416 A.

[154] Cf. *infra*, § 57 A.

Um último ponto merece ser posto em relevo neste passo: o formalismo do direito abstrato, sublinhado insistentemente por Hegel, não tem apenas, como frequentemente se acredita, uma significação negativa. Com efeito, o direito define a forma universal da relação entre o homem e a natureza, para a qual o trabalho dá a sua expressão concreta mas particular, assim como a forma das relações dos homens entre si, contanto que tais relações não estejam conscientemente ordenadas por um fim ético. Como já dizia o artigo sobre o direito natural de 1802: a conversão da particularidade em universalidade é "aquilo pelo que a esfera do direito é constituída".[155] A abstração do direito abstrato marca o seu limite, é verdade; mas ela lhe confere igualmente uma extensão indefinida, cujo verdadeiro alcance só aparece quando as relações concretas que se tecem na sociedade civil vêm a preencher e atualizar essa forma. Se o direito de propriedade pode ser dito inalienável, se constitui o núcleo objetivo dos "eternos direitos do homem",[156] é precisamente em razão desse caráter formal. A abstração do direito privado é, portanto, a garantia da validade universal de seus princípios. Porque abstrato, o direito não é de nenhum lugar e de nenhum tempo, o que obviamente não quer dizer que fora honrado em todo tempo e lugar. O direito abstrato não dá à liberdade objetiva o seu conteúdo (este último é de ordem social e política), mas ele define a forma universal dessa liberdade. Nesse sentido, ele é insuperável.

O estudo da moralidade descreve, frequentemente de maneira crítica, as relações complexas que o *sujeito* moral mantém com suas ações e com as normas às quais estas devem se conformar. A fim de descartar os frequentes contrassensos feitos sobre essa parte mediana da doutrina do espírito objetivo, importa sublinhar dois pontos. Antes de tudo, aqui não se trata somente de criticar o ponto de vista moral, como se o propósito de Hegel fosse privar de todo valor a "moralidade subjetiva" em proveito exclusivo da "moralidade objetiva" que seria exposta pela doutrina da *Sittlichkeit*. É verdade que essa parte da obra é abundante em considerações críticas; em particular,

---

[155] *Des manières de traiter scientifiquement du droit naturel, op. cit.*, p. 58.

[156] *Encyclopédie*, III [1827 e 1830], § 433, Adendo, p. 534 [ed. bras.: *Enc.*, III, p. 205]. Hegel se recusa a ver nos "direitos do homem", ou seja, no direito, o fundamento de uma política racional (pois, neste domínio, a abstração dos princípios conduz ao terror), tanto quanto os considera como o pressuposto da ordem social moderna, cujos pilares são a liberdade da pessoa e a garantia da propriedade (cf. particularmente *infra*, §§ 208 e 258 A).

as observações do § 140 — o mais longo da obra — contêm uma denúncia pormenorizada e impiedosa das figuras perversas da "*subjetividade que se afirma como o absoluto*",[157] sob a cobertura de uma sutil casuística moral. É verdade também que a *Fenomenologia do espírito* desenvolve, numa de suas mais célebres passagens, uma vigorosa crítica da "visão moral do mundo".[158] Mas por outro lado é fácil demais esquecer que ela desemboca, para além das errâncias da "bela alma" e de seu "serviço divino solitário",[159] na figura eminentemente positiva do perdão do Mal,[160] na qual todo o périplo do espírito vem a ser recapitulado; é ela que assegura a transição do espírito em sua história, na qual não é difícil reconhecer o equivalente fenomenológico do espírito objetivo, à religião e ao saber absoluto, os quais, na economia do sistema hegeliano acabado, são da alçada do espírito absoluto. Por isso, a denúncia do subjetivismo moral sob todas as suas formas, constante em Hegel desde os seus primeiros trabalhos de Jena, não deve fazer que se esqueça o teor positivo da moralidade, compreendida em seus limites e chamada a cumprir as exigências da objetividade (metaforicamente designada com a expressão "direito do mundo"): ela é o momento de mediação entre a objetividade abstrata do direito e a objetividade concreta da eticidade. Tudo se passa então como se, na economia do espírito objetivo, a moralidade estivesse investida da tarefa de assegurar a passagem da épura abstrata do espírito objetivo (o direito) às suas figuras concretas (as instituições ético--políticas). Por que essa tarefa de mediação da objetividade consigo mesma retorna à subjetividade moral? Eis o objeto de nossa segunda observação.

À primeira vista, é surpreendente que a teoria do espírito *objetivo* inclua um estudo da subjetividade moral; este teria mais cabimento, ao que parece, na teoria do espírito subjetivo. Logo, é preciso perguntar-se em que medida tal estudo pode assumir a função positiva de mediação da objetividade com a objetividade que acaba de ser evocada; isso constitui, observe-

---

[157] Cf. *infra*, § 140.

[158] Cf. *FE*, pp. 401 ss.; *PhdG*, pp. 324 ss.; *Phénoménologie de l'Esprit*, trad. J. Hyppolite, *op. cit.*, pp. II-44; *id.*, trad. G. Jarczyk e P.-J. Labarrière, *op. cit.*, p. 527; *id.*, trad. J.-P. Lefebvre, *op. cit.*, p. 500; *id.*, trad. B. Bourgeois, *op. cit.*, p. 508.

[159] Cf. *FE*, p. 435; *PhdG*, p. 353; *Phénoménologie de l'Esprit*, trad. J. Hyppolite, *op. cit.*, pp. II-187; *id.*, trad. G. Jarczyk e P.-J. Labarrière, *op. cit.*, p. 566; *id.*, trad. J.-P. Lefebvre, *op. cit.*, p. 539; *id.*, trad. B. Bourgeois, *op. cit.*, p. 545.

[160] Cf. *FE*, pp. 420 ss.; *PhdG*, pp. 360 ss.; *Phénoménologie de l'Esprit*, trad. J. Hyppolite, *op. cit.*, pp. II-197; *id.*, trad. G. Jarczyk e P.-J. Labarrière, *op. cit.*, p. 578; *id.*, trad. J.-P. Lefebvre, *op. cit.*, p. 550; *id.*, trad. B. Bourgeois, *op. cit.*, p. 557.

mos de passagem, uma inversão da estrutura matricial da teoria do conceito, uma espécie de quiasma a que Hegel recorre frequentemente quando ele desdobra novamente tal sequência lógica no contexto concreto das "ciências reais". Na realidade, porém, a subjetividade como tal não é a mola propulsora da análise da moralidade, mas antes a *ação* (*Handlung*), examinada sob o ângulo de sua imputabilidade a um sujeito e em sua relação com as normas que estruturam o agir, e com o mundo humano no qual ele se inscreve. É assim que é preciso compreender a espantosa fórmula de nosso texto: "O que o sujeito é, é a série de suas ações".[161] Se o sujeito moral está em questão neste passo — ou seja, no processo de objetivação do espírito — não é sob o aspecto de sua pura subjetividade ou de sua interioridade, aspecto que precisamente dá livre curso à absolutização moralizante do ponto de vista moral denunciado por Hegel, mas na medida em que ele está inteiramente investido e presente em sua ação; é por ela, com efeito, que o sujeito se mede com uma normatividade universal e objetiva (condensada na ideia do Bem) e assume o seu lugar num mundo povoado por outras individualidades subjetivas no qual as ações se entrelaçam. Compreende-se então que a subjetividade moral seja caracterizada como "o aspecto de sua *existência*" ou o "momento real" da ideia da liberdade objetiva;[162] com efeito, apenas essa dimensão de subjetividade confere uma existência, uma densidade efetiva, porque vivida, à liberdade, cujo direito explicita somente as condições formalmente universais. Em outras palavras, a liberdade objetiva (implementada, como se verá, no terreno da *Sittlichkeit*) requer a autodeterminação real da subjetividade moral em sua ação. A forma do dever-ser (*Sollen*), que afeta a relação da subjetividade com sua ação e com as normas que a guiam, não há de ser compreendida, portanto, como simples marca de incompletude: para o sujeito, ela exprime também a necessidade de agir e se confrontar assim com outros sujeitos num mundo que lhe resiste.[163] É com a dialética da consciência moral (*Gewissen*) e do Bem, terceiro momento da análise da moralidade, que essa dimensão real e concreta dos projetos de ação subjetivos se exprime plenamente. Com efeito, diferentemente do propósito (*Vorsatz*) e da intenção (*Absicht*), a consciência moral se mede direta e explicita-

---

[161] Cf. *infra*, § 124.

[162] Cf. *infra*, § 106.

[163] Cf. O. Marquard, "Hegel et le devoir", in *Des difficultés avec la philosophie de l'histoire*, Paris, Editions de la MSH, 2002, pp. 29-48.

mente com o universal e constitui, para a subjetividade, a prova decisiva de sua capacidade de *ultrapassar em seu agir* as suas limitações constitutivas: sua finitude, sua interioridade, sua inefetividade. É por isso que

> A *consciência moral* exprime a absoluta legitimação da autoconsciência subjetiva, isto é, saber *dentro de si* e *a partir de si* o que é direito e dever, e nada reconhecer, a não ser o que ela assim sabe como o bem, na afirmação simultânea de que o que ela assim sabe e quer é, em *verdade*, direito e dever.[164]

O ponto de vista moral, posto em prática para bem ou para mal, constitui a subjetividade em realidade objetivamente eficaz, por intermédio das ações que ela reconhece como suas e dos fins que ela se prescreve; tal é a sua verdadeira positividade, que justifica sua inclusão na doutrina do espírito objetivo. E ela está mesmo nele inscrita de maneira inelutável, ao menos no mundo moderno, que reconheceu, graças ao cristianismo, o caráter inelutável do "direito da liberdade subjetiva".[165] Decerto, a tomada em consideração do "direito da objetividade", o que se opera nos diferentes níveis da *Sittlichkeit*, conduz a relativizar esse ponto de vista, ou antes, a afastar a sua ilegítima absolutização. Mas ele não poderia ser destituído de seu direito, e nesse sentido o ponto de vista moral, assim como o do direito abstrato, é insuperável: a livre adesão da subjetividade ao mundo e às normas é pressuposta por todo agir pretendendo à racionalidade. Porém, ao ater-se unicamente à exigência moral, a subjetividade não chega a sua plena realização e permanece exposta aos fantasmas do subjetivismo, tão bem ilustrados pela exaltação romântica do Eu. É por isso que a subjetividade moral, a "consciência moral formal" só se realiza plenamente ao remeter-se para além de si mesma, ao fazer-se subjetividade ética ou "verdadeira consciência moral".[166]

---

[164] Cf. *infra*, § 137 A.

[165] "O direito da *particularidade* do sujeito a encontrar-se satisfeito ou, o que é o mesmo, o direito da *liberdade subjetiva* constitui o ponto de inflexão e o ponto central da diferença entre a *Antiguidade* e a época *moderna*". Cf. *infra*, § 124 A.

[166] "A consciência moral verdadeira é a disposição de espírito que consiste em querer o que é bom *em si e para si*; por isso ela tem princípios estáveis [...] Mas o sistema objetivo desses princípios e desses deveres, assim como a reunião do saber subjetivo com este, só estão presentes no ponto de vista da eticidade" (cf. *infra*, § 137).

Em se tratando da *Sittlichkeit,* convém prevenir de saída contra uma confusão que poderia ser suscitada pelo plano da *Filosofia do direito.* Tal denominação não designa uma "parte" do espírito objetivo, que estaria justaposta ao direito e à moralidade. Na realidade, somente a eticidade, isto é, "a *liberdade* consciente de si que se tornou *natureza*",[167] responde plenamente à definição dada do espírito objetivo ao consumar, no terreno da objetividade, a reconciliação da objetividade unilateral do direito e da subjetividade unilateral da moralidade. Ela é, com efeito, uma objetividade vivida por sujeitos singulares cuja identidade se constitui na relação viva que mantêm com uma totalidade objetiva, a qual, reciprocamente, só existe em sua ação e graças às suas disposições interiores. Disso resulta que a eticidade coincide realmente com o espírito objetivo em sua totalidade, embora, conceitualmente, as duas dimensões objetiva e subjetiva que ela comporta ainda apareçam abstratamente separadas. O direito e a moralidade são menos componentes separados do espírito objetivo do que seus momentos abstratos: só têm consistência enquanto articulados no seio da unidade concreta da *Sittlichkeit*. Aliás, de um ponto de vista sistemático, o terceiro momento de um processo nunca é a reunião dos dois precedentes (ainda que fosse compreendida como superação), mas é a totalidade real da qual eles resultam, de algum modo, por uma operação de decomposição ideal [*idéelle*]. Obviamente, o direito e a moralidade não são meros produtos do pensamento. Mas são *abstratos*, enquanto a consumação de seu conceito pressupõe elementos estranhos ao seu próprio princípio: a efetivação do direito não é somente jurídica, a consumação da visada moral supõe que uma objetividade de ordem ética seja reconhecida nas normas que a subjetividade pretende dar-se por si mesma. O espírito objetivo, captado sob a razão desses dois momentos abstratos, permanece marcado por unilateralidade. Essa unilateralidade consiste em "de um lado, ter a sua liberdade *imediatamente* na realidade, por isso, no exterior, na *Coisa*, de outro lado, no Bem, enquanto universal abstrato".[168] A eticidade suplanta essa separação unilateral. Isso, no entanto, não quer dizer que as relações características do direito (relação da pessoa de direito com a coisa de que ela se torna proprietária) e da moralidade (relação do sujeito com uma norma na ação) tenham se evanescido nelas. Ao contrário, em seu seio, recebem a garantia de sua efetividade.

---

[167] *Encyclopédie*, III [1817], § 431, p. 157.

[168] *Encyclopédie*, III [1827 e 1830], *op. cit.*, § 513, p. 299 [ed. bras.: *Enc.*, III, p. 295 (tradução modificada).

A eticidade é definida como "o *conceito da liberdade tornado mundo aí-presente* e *natureza da autoconsciência*":[169] une e recompõe o formalismo objetivo do direito e o formalismo subjetivo da consciência moral. Mas tal reunião, ao mesmo tempo em que suplanta sua abstrata oposição, não abole sua diferença; a diferença é a do conceito universal do querer livre e de seu ser-aí particular. A *Sittlichkeit* tem inicialmente os traços de um mundo de objetividade cujas determinações, que formam um "círculo da necessidade", são "*potências éticas* que regem a vida dos indivíduos".[170] Estes, no entanto, não são somente acidentes de tal substância; pois o sistema de determinações objetivas no qual se inscreve o seu agir é para eles um mundo *vivido*, que só tem efetividade se for "objeto do saber"[171] ou, ao menos, de uma crença. Diferentemente das leis da natureza, as leis éticas só valem graças à representação que os indivíduos fazem dela: sua validade repousa no conhecimento que têm delas e no reconhecimento que lhe concedem. É por isso que a relação que o sujeito mantém com as estruturas objetivas do mundo ético reproduz o duplo aspecto que este último comporta. Por um lado, "a substância ética, suas leis e seus poderes" são e aparecem aos indivíduos como estando totalmente fora de seu alcance; desse ponto de vista, têm "uma autoridade e um poder absolutos, infinitamente mais estáveis que o ser da natureza".[172] Por outro lado, essa potência da objetividade ética não exclui, antes mesmo supõe que o sujeito nela encontre o seu próprio "sentimento de si" e a reconheça como aquilo que constitui a sua essência. A objetividade não é ética senão na medida em que exprime "a vitalidade efetiva da autoconsciência".[173] Devido a esse fato, a relação dos indivíduos com as condições e com as normas de seu agir, ainda exterior quando ele adota a forma do dever-ser e da virtude moral, se interioriza plenamente ao fazer-se *Sitte*, costume ético. Enquanto "modo de ação universal",[174] o costume ético, que é uma prática objetivamente regulada pelo universal, manifesta a adesão dos sujeitos à universalidade que os constitui tanto exterior quanto interiormente. Por conseguinte, é com a *Sittlichkeit* que se revela plenamen-

---

[169] Cf. *infra*, § 142.

[170] Cf. *infra*, § 145.

[171] Cf. *infra*, § 146.

[172] *Ibid.*

[173] Cf. *infra*, § 147 e Anotação.

[174] Cf. *infra*, § 151.

te o papel decisivo que cabe à subjetividade no seio do espírito objetivo; ela não é somente o "terreno da existência do conceito de liberdade", mas "a existência que é adequada a esse [elemento-ético]".[175] Em outros termos, o espírito objetivo não está em conformidade com o seu conceito, que é o de ser um *"mundo a produzir e produzido* [pelo espírito], no qual a liberdade é enquanto necessidade presente",[176] senão na medida em que, nesse mundo, a subjetividade singular é o operador da efetivação e a instância de verificação de tal conversão. Mas ela só consegue fazê-lo na medida em que, diferentemente da consciência moral "formal", a subjetividade animada por uma disposição ética reconhece a precedência da normatividade universal e objetiva e aceita que as suas próprias aspirações sejam relativizadas.

No espírito objetivo o conteúdo normativo, ao qual a subjetividade dá efetividade aderindo a ele, inicialmente não é posto por essa adesão: o conteúdo é *sua* substância, mas, como substância, sempre está pressuposto pelo seu agir. Decerto, enquanto segunda natureza, a eticidade é radicalmente distinta da natureza exterior, pois é liberdade que se exprime nas formas da necessidade e não o reino cego desta última. Não obstante ela permanece, tal como é espontaneamente percebida, uma *natureza*: a língua que ela fala é bem a da necessidade. Pois, se a *Sittlichkeit* permite à liberdade subjetiva reconhecer-se e implementar-se num universo estruturado em conformidade com o seu próprio conceito, ela não é espontaneamente percebida como tal, sobretudo num mundo onde a individualidade subjetiva se liberou dos constrangimentos éticos, políticos e religiosos antecedentes. Para o indivíduo, o acesso à liberdade verdadeira supõe uma aculturação (*Bildung*), uma inculcação do universal ao preço de um "árduo *trabalho*",[177] exercido contra sua naturalidade imediata e contra a representação que ele tem de sua liberdade. Por isso ele resiste frequentemente a uma libertação que lhe aparece como uma violência exterior. Por conseguinte, na esfera do espírito objetivo, a reconciliação do espírito subjetivo e do espírito objetivo permanece uma reconciliação objetiva, e a liberdade ética se exprime, como dissemos, na linguagem da necessidade. A esse respeito, a expressão "segunda natureza" mede o alcance e os limites da objetivação ética do espírito. É por isso que,

---

[175] Cf. *infra*, § 152 A.

[176] *Encyclopédie des sciences philosophiques*, III [1827 e 1830], *op. cit.*, § 385, p. 180 [ed. bras.: *Enc.*, III, p. 29 (tradução modificada)].

[177] Cf. *infra*, § 187 A.

mormente no domínio político-estatal, o dever parece prevalecer sobre o direito, inclusive como direito subjetivo, embora ambos sejam especulativamente de mesmo peso e até, na verdade, idênticos. A "disposição de ânimo ética"[178] e a "disposição de ânimo política"[179] consistem menos num poder de autodeterminação do sujeito ético em conformidade com normas racionais práticas do que numa adesão consciente e confiante à autoridade do Estado de suas leis. A *Sittlichkeit* não depende essencialmente, portanto, da excelência dos fins e dos comportamentos do indivíduo, mas inicialmente do fato de que ele seja "*cidadão de um Estado de boas leis*".[180] Mas a validade dessas leis da natureza ética que são editadas pelas instituições políticas e sociais supõe algo distinto de uma aceitação passiva. É justamente porque o homem não usufrui da "inocência da planta"[181] que a segunda natureza deve, ao contrário da primeira, ser reconhecida e querida pela consciência subjetiva como propriamente sua, ser educada, é verdade, nesse sentido. Mesmo no Estado racional, a liberdade subjetiva, que se prova como autonomia moral, não abdica de seu direito. Logo, é preciso uma mediação entre o direito e o dever, entre o universal e os indivíduos, entre o Estado e a consciência subjetiva. Tal mediação é assegurada pelas diversas subestruturas que a esfera ética comporta, e que têm por traço comum serem *instituições*.

Segundo Dieter Henrich, a doutrina do espírito objetivo é não somente um institucionalismo, mas um institucionalismo forte: com efeito, "ela ensina que a liberdade da vontade singular pode se realizar somente numa ordem que, enquanto objetiva, tem ela própria a forma da vontade racional e que, devido a esse fato, inclui inteiramente em si a vontade singular, subsumindo-a em suas próprias condições, ainda que sem alienação".[182] O propósito das teorias institucionalistas modernas é superar a alternativa infecunda entre subjetivismo e objetivismo;[183] a doutrina hegeliana da *Sittlichkeit* se inscreve claramente nessa perspectiva, mesmo se ela, enquanto institucionalismo *for-*

---

[178] Cf. *infra*, § 137 A; também § 166 e § 207.

[179] Cf. *infra*, §§ 267-8.

[180] Cf. *infra*, § 153 A.

[181] Cf. *Encyclopédie des Sciences philosophiques en abrégé*, II: *La Philosophie de la Nature* [1827 e 1830], trad. B. Bourgeois, Paris, Vrin, 2004, § 248 A [ed. bras.: *Enc.*, II, p. 31 (tradução modificada)].

[182] D. Henrich, "Einleitung des Herausgebers", in Hegel, *VRph 1819-20 (Henrich)*, p. 31.

[183] Cf. M. Hauriou, "La théorie de l'institution et de la fondation (Essai de vitalis-

te, faz a balança pender para o lado da objetividade. A nosso ver, é precisamente aí que reside a sua profunda coerência: para além da heterogeneidade aparente dos materiais que ela reúne, tem o desígnio de mostrar o necessário *enraizamento institucional* das práticas individuais e coletivas que os pontos de vista do direito e da moralidade, da objetividade formal e da subjetividade formal, reduzem a esquemas abstratos de operação (as modalidades de aquisição, transferência e restituição dos direitos; a imputação moral da ação e as redes normativas que ela põe em obra) e encaram unicamente sob o seu aspecto individual (o direito considera os atos da pessoa; a moral avalia as ações do sujeito). Esse enraizamento institucional se observa tanto a propósito das relações constitutivas da família (casamento, filiação, transmissão do patrimônio) como das relações econômicas e sociais que se tecem entre indivíduos e classes de indivíduos no espaço tendencialmente despolitizado ao qual Hegel atribui uma denominação antiga, mas repensada de maneira muito inovadora, a de sociedade civil (*bürgerliche Gesellschaft*); esse enraizamento institucional está, por fim, no coração da teoria do Estado, a qual ocupa sozinha quase a metade da obra, Estado do qual se diz que as leis e as instituições são a "vontade *pensada*".[184] Com efeito, é graças às instituições (o casamento, a corporação, as assembleias representativas...) que o sujeito ético pode se submeter a um regulamento de universalidade que seja para ele como algo que já está sempre aí, sem experimentar o sentimento de uma despossessão, como é ordinariamente o caso do sujeito moral. Tal é o paradoxo que o institucionalismo hegeliano assume e ao qual ele pretende fazer jus. As instituições são aquilo mediante o qual "o elemento-ético tem um *conteúdo* estável, que é por si necessário [...] acima do opinar subjetivo e do capricho",[185] e, entretanto, os indivíduos situam nessas instituições a "sua autoconsciência essencial":[186] é que, para eles, são quase-coisas, o mobiliário do mundo no seio do qual eles se movem como que naturalmente, e que nada mais é do que o mobiliário da "vida ética".

---

me social)", in *Aux sources du droit: le pouvoir, l'ordre, la liberté* (1933), reed. Caen, Centre de Philosophie Politique et Juridique, 1990, pp. 89-128.

[184] Cf. *infra*, § 256 A.

[185] Cf. *infra*, § 144.

[186] Cf. *infra*, § 264.

A INSTITUCIONALIZAÇÃO ÉTICA DA NATUREZA: A FAMÍLIA

O desenvolvimento que trata da família certamente não é o mais original nem o mais incisivo da *Filosofia do direito*. Entretanto não se deve negligenciá-lo, como frequentemente acontece,[187] pois ele desempenha um papel estratégico na construção da teoria do espírito objetivo. Com efeito, se é verdade que o espírito demonstra a sua superioridade sobre a natureza já pelo fato de acolhê-la em seu seio, de assumi-la na qualidade de pressuposição que ele põe para melhor suplantá-la,[188] então a família, enquanto "espírito ético imediato ou *natural*",[189] tem uma função capital na economia da eticidade: mostrar que a expressão "natureza ética" não é nem uma palavra vã nem uma simples comodidade de linguagem. A família, assim como a alma no espírito subjetivo, é, do ponto de vista hegeliano, a "real confirmação feita pelo espírito de seu domínio sobre uma natureza tomada absolutamente a sério por ele".[190]

Que a relação familiar tenha um substrato natural é algo que Hegel, junto com o senso comum, não quer desmentir. Com o senso comum, mas contra Kant,[191] cujos esforços para regular juridicamente a relação familiar, e mesmo a relação sexual, são objeto de uma viva crítica: não se poderia, explica substancialmente Hegel, regular juridicamente o amor naquilo que

---

[187] Por exemplo, o comentário coletivo das *Grundlinien*, publicado sob a direção de L. Siep na coleção "Klassiker auslegen" (Berlim, Akademie Verlag, 1997), não contém nenhum capítulo a seu respeito.

[188] Cf. *Encyclopédie des sciences philosophiques*, III [1827 e 1830], *op. cit.*, § 381, p. 178 [ed. bras.: *Enc.*, III, p. 15 (tradução modificada)]: "*Para nós*, o espírito tem na *natureza* o seu *pressuposto*, do qual ele é a verdade e, por isso, o [princípio] *absolutamente primeiro* [...]. Se, na natureza, o conceito tem sua objetividade externa consumada, essa sua extrusão é suprimida e, nesta, ele se tornou para si mesmo idêntico a si. Por isso ele só é essa identidade *enquanto é ato de retornar a si mesmo a partir da natureza*" (o grifo no final do texto é nosso).

[189] Cf. *infra*, § 157.

[190] B. Bourgeois, "Les deux âmes", in: *Hegel. Les actes de l'esprit*, *op. cit.*, p. 29. Cf. igualmente, acerca da relação complexa do espírito e da natureza em Hegel, o belo livro dedicado por G. Marmasse à antropologia hegeliana: *Penser le réel. Hegel, la nature, l'esprit*, Paris, Kimé, 2008.

[191] Cf. Kant, *Doctrine du droit*, § 24, trad. Renaut, Paris, Flammarion, 1971 [ed. bras.: *Princípios metafísicos da doutrina do direito*, trad. J. Beckenkamp, São Paulo, Martins Fontes, 2014].

ele comporta de "vitalidade *natural*",[192] mesmo se, graças à instituição matrimonial, convém conferir-lhe uma dimensão ética e propriamente espiritual que libere "o amor dos sexos" do "elemento de frieza penetrante" que ele comporta.[193] É o próprio "espírito ético" que constitui a base do laço familiar, e não tal ou qual procedimento jurídico. O que não quer dizer que o procedimento jurídico não desempenhe nenhum papel: longe de consagrar, segundo uma temática popularizada pelo romantismo e vivamente criticada aqui, uma simples "*formalidade exterior*", submeter o casamento a um procedimento é o que subtrai "a inclinação sensível" ao "arbítrio" e "a entrega ao substancial".[194] É na interface do "natural" (atração sexual) e do jurídico (o contrato) que se constitui, isto é, que se *institucionaliza* a figura ética do amor.

Um outro elemento mostra de igual modo, indiretamente, que a relação familiar não poderia, para Hegel, ser pensada em termos jurídicos: é o lugar que ele concede à dimensão propriamente econômica da família, ao patrimônio, aqui analisado em termos de "riqueza(s)" (*das Vermögen*), segundo um vocabulário usado pelos economistas do século XVIII e que terá seu domínio de validade privilegiado na sociedade civil e burguesa, enquanto repousa "no entrelaçamento da dependência de todos por todos os lados".[195] O patrimônio familiar não é exatamente um capital que se investe e que circula unicamente segundo a lógica cega (e "invisível") do mercado. Mas está, não obstante, sob a influência direta desta última,[196] o que indica bem que a família de que Hegel trata é a família "burguesa" que se constitui com a economia de mercado e se substitui às velhas estruturas gentílicas ou clânicas de proveniência romana ou germânica. O que o confirma é, para além da crítica a essa "ferida infligida à eticidade" que era o status da criança na família romana[197] (e, pode-se pensar, em todas as formas arcaicas de estru-

---

[192] Cf. *infra*, § 161.

[193] Cf. *infra*, § 162 A. Acerca da impossibilidade de "subsumir" o casamento sob o conceito de contrato, cf., sobretudo, *infra*, § 75 A.

[194] Cf. *infra*, § 164 A.

[195] Cf. *infra*, §§ 199 ss. A existência de uma "*riqueza estável, universal*" é um dos traços característicos da universalização (que é, ao mesmo tempo, um devir sempre mais abstrato) do laço social numa economia de mercado.

[196] Cf. *infra*, § 170 A: "De resto, em que consiste esse patrimônio [...] isso se estabelece na esfera da sociedade civil".

[197] Cf. *infra*, § 175 A.

tura familiar), a análise da "dissolução da família". Tal dissolução não é somente "natural"[198] (a morte dos pais confere aos filhos a independência jurídica e econômica), mas também "ética":[199] o laço familiar é, para Hegel, essencialmente provisório, visto que nele se põe um termo, tanto pelo divórcio dos esposos como pela ascensão dos filhos à maioridade civil. Por mais importante que seja enquanto produtora de laço ético, a família é uma estrutura essencialmente temporária e, sobretudo, ordenada por um fim superior: a produção de indivíduos, que são "pessoas de direito autônomas"[200] e atores sociais, "burgueses".

A SOCIEDADE CIVIL:
A ETICIDADE "PERDIDA EM SEUS EXTREMOS"?

Fosse apenas para combater uma vez mais a lenda velha e vivaz do estatismo hegeliano,[201] já seria importante, passados tantos anos,[202] recordar a profunda originalidade da seção mediana da doutrina da *Sittlichkeit*. Mesmo sendo evidente que ele não é o inventor da expressão e mesmo estando a ideia presente de modo mais ou menos confuso em numerosos autores da

---

[198] Cf. *infra*, § 178.

[199] Cf. *infra*, § 177.

[200] Cf. *infra*, § 180.

[201] Lenda que os trabalhos clássicos de Rosenzweig (*Hegel et l'État, op. cit.*), Éric Weil (*Hegel et l'État*), Manfred Riedel (*Bürgerliche Gesellschaft und Staat bei Hegel*; *Zwischen Tradition und Revolution*), Shlomo Avineri (*Hegel's Theory of Modern State*), Charles Taylor (*Hegel and Modern Society*), Domenico Losurdo (*Hegel und das deutsche Erbe*; *Tra Hegel e Bismarck*; *Hegel e la libertà dei moderni*), D. Souche-Dagues (*Logique et politique hégéliennes*) e Bernard Bourgeois (*Le droit naturel de Hegel*; *Études hégéliennes*; *La raison moderne et le droit politique*; *L'idéalisme allemand*; *Hegel. Les actes de l'esprit*) deveriam, há muito tempo, ter arruinado; mas é verdade que não se vence com razões preconceitos cuja força se nutre da compreensão dominante do político.

[202] À maneira de Marcuse (*Razão e revolução*, 1941) e de Lukács (*O jovem Hegel*, 1948), frequentemente se notou — e não unicamente a partir de pressupostos "marxistas" — que o estudo da sociedade civil (burguesa) é o que há de mais inovador na doutrina do espírito objetivo. Citemos, por exemplo, Franz Rosenzweig: "Nenhuma outra parte do sistema atraiu um reconhecimento tão intangível [...] nenhuma teve, também, efeitos externos tão amplos" (*Hegel et l'État, op. cit.*, p. 318).

segunda metade do século XVIII,[203] Hegel é incontestavelmente o primeiro a elaborar o *conceito* moderno de sociedade civil. Sua concepção da *bürgerlische Gesellschaft* — distinta do Estado, mas a ele subordinada — é a primeira tentativa elaborada para dominar conceitualmente a profunda mutação das representações do político — da *societas civilis* no sentido clássico do termo, ou da *koinonia politiké* — que se operou desde o século XVII. É essencial, sublinha Hegel, não "confundir o Estado e a sociedade civil", se se quiser ter acesso à inteligência de um tanto como do outro.[204] Mas também é possível se perguntar se a ideia diretriz da doutrina do espírito objetivo (reconhecer os direitos do não político ao mesmo tempo em que se reafirma a supremacia objetiva do político-estatal) não prolonga de certa maneira os esforços feitos pelo pensamento moderno para se desvencilhar do modelo clássico da cidade. Há algumas razões para pensar[205] que a análise hobbesiana da *societas civilis*, concebida como alternativa à dupla tradição teológica e jurídico-política na qual esse conceito estava inscrito, faz surgir como que em negativo o problema para o qual a filosofia política de Hegel busca, com o auxílio de meios conceituais inteiramente distintos, oferecer uma resposta. Esse problema, enunciado esquematicamente, é o da existência e do estatuto, no seio de uma comunidade que é e deve ser politicamente definida, de um feixe de relações que é impossível pensar em termos somente políticos (estatais), e para o qual o direito privado oferece um quadro formal.

A análise da sociedade civil implica, portanto, uma relativização, circunscrita mas decisiva, da esfera estatal ou política. Com efeito, o que há de peculiar à *Sittlichkeit* moderna é que o ser político deixou de ser algo óbvio. Do ponto de vista que era o de Hegel ainda em Jena, tinha cabimento opor o interesse particular do burguês e o interesse universal do cidadão. Em contrapartida, a *Filosofia do direito* e a *Enciclopédia* fazem dos interesses particulares e do sistema nascido da confrontação entre eles a mediação que solda a singularidade individual e o universal estatal. Doravante a sociedade

---

[203] Cf. acerca disso M. Riedel, "Gesellschaft, bürgerliche", in *Geschichtliche Grundbegriffe*, Band 2, Stuttgart, Klett-Cotta, 1980.

[204] Cf. *infra*, § 258 A; § 270 A; e § 324 A.

[205] Cf. acerca disso J.-F. Kervégan, "Société civil et droit privé. Entre Hobbes et Hegel", in *Architectures de la raison. Mélanges Alexandre Matheron* (P.-F. Moreau, ed.), Lyon, ENS Éditions, 1996, pp. 145-64.

civil é, por excelência, "o terreno da mediação".[206] O que falta aos escritos de Jena e de Nuremberg, e até mesmo à primeira edição da *Enciclopédia*, é a ideia de que as mediações que soldam a subjetividade singular à "substância ética" não são essencialmente mediações políticas. Desde o curso de 1817-18, essa tarefa de mediação entre os indivíduos singulares e o universal é assegurada pelos mecanismos do sistema das carências e pela divisão do trabalho. Mas é na obra de 1820 que a nova arquitetura da *Sittlichkeit* é exposta em toda a sua amplitude. Dois pontos devem ser sublinhados a esse respeito. Em primeiro lugar, doravante a mediação do indivíduo com o universal (isto é, com o Estado ou com a sociedade política no sentido clássico) é assegurada inicialmente, embora de maneira exterior e talvez alienante, pela *sociedade civil*, e mesmo por aquilo que ela comporta, à primeira vista, de menos espiritual, de mais alienante: o sistema das carências. Com efeito, esse "sistema de dependência omnilateral",[207] sendo ele o lugar da cisão do particular e do universal, e, por isso, de uma aparente decomposição da eticidade, é igualmente a condição de sua reconciliação verdadeira, que é política (estatal). Em segundo lugar, a reconciliação do singular e do universal é de início puramente objetiva, visto que tem lugar graças à regulação das ações individuais pela "mão invisível". Logo, não é vivida pelos atores desse sistema como um efeito de sua liberdade, mas como submissão à necessidade.[208] De fato, uma reconciliação propriamente ética supõe uma mediação que não seja somente objetiva, mas ao mesmo tempo subjetiva e objetiva: a do Estado, figura institucional (objetiva) da liberdade (subjetiva). Assim, a introdução do conceito de sociedade civil na doutrina do espírito objetivo parece ter por fim, para além de suas justificações empíricas, dar corpo às mediações suscetíveis de suplantar as tensões que afetam estruturalmente essa esfera, e, por isso, conferir um teor concreto à perspectiva reconciliadora que comanda a temática da *Sittlichkeit*, e que a seção "Estado" pode doravante desenvolver de maneira tanto mais fundamentada quanto mais ela se submeteu à prova da tensão mais elevada. Mas ela o faz de maneira acabada e completa?

A eticidade é "o Bem vivo".[209] Tal formulação, tomada de empréstimo ao vocabulário da moralidade, lembra que as normas éticas, objetivadas em

---

[206] *VRph* 1822-23, p. 567.

[207] Cf. *infra*, § 183.

[208] Cf. *infra*, § 186.

[209] Cf. *infra*, § 142.

instituições, têm uma efetividade graças à ação de sujeitos concretos que se orientam segundo essas normas; mas ela indica também que tal ação só faz validar normas pré-existentes e indisponíveis para os atores. A esse respeito, a solução ética da aporia do ponto de vista moral não é, ela própria, definitivamente conclusiva. A disparidade entre o peso respectivo da objetividade e da subjetividade, inclusive na esfera da *Sittlichkeit*, comporta a possibilidade de uma ruptura de equilíbrio. Recorrendo a um vocabulário que não é o de Hegel, vale dizer que a eticidade não pode ter a pretensão de resolver a tensão, nem sequer a contradição entre sistema e mundo da vida, exceto sob a condição de supor que este último já esteja tendencialmente em conformidade com as exigências de funcionamento do sistema. Decerto, a hipótese de uma completa discordância entre as dimensões subjetiva e objetiva do espírito objetivo deve, segundo Hegel, ser afastada. A existência de uma intersubjetividade que se realize no campo ético-político supõe que o processo de reconhecimento seja conduzido por condições sistêmicas objetivas. Obviamente, a concordância dessas duas dimensões, ou, para empregar um vocabulário mais tradicional, a harmonia da "lei" e dos "costumes" não poderia ser, *de fato*, sempre realizada; em todo caso, porém, a temática da *Sittlichkeit* a toma como horizonte.

Todavia, a garantia dessa concordância não pode, ainda que sob o título de horizonte histórico, ser dada pela esfera do próprio espírito objetivo. Isso se torna manifesto no próprio lugar em que ela deveria ser objetivamente produzida e mantida: na sociedade civil. A própria sociedade civil é, com efeito, o terreno de uma possível evolução patológica que a *Filosofia do direito* descreve.[210] Uma desagregação da eticidade poderia resultar da formação de uma fração não socializada, à qual sua situação material interdita ou interditaria possuir as disposições subjetivas requeridas para uma vida social em conformidade com o sistema e as exigências de sua reprodução. No primeiro nível dessas condições figura, segundo Hegel, a consciência de pertencer a um grupo social institucionalmente reconhecido.[211] É justamente isso que faz falta à "plebe", cujos membros são conduzidos por sua situação "a decair até perder o sentimento do direito, da retidão e da honra para subsistir mediante atividade própria e trabalho próprio".[212] A miséria de massa põe em perigo não somente as outras frações da sociedade civil, mas, sobre-

---

[210] Cf. *infra*, §§ 241-5.

[211] Cf. *infra*, § 253.

[212] Cf. *infra*, § 244.

tudo, a própria ideia de *Sittlichkeit* e a perspectiva reconciliadora que ela abre no seio do espírito objetivo. Hegel leva muito a sério esse fenômeno e mede com notável lucidez a contradição aguda que ele inscreve no coração da sociedade civil, e, precisamente, daquela que é a mais desenvolvida, a mais moderna:

> Aqui se torna manifesto que, no seu *excesso de riqueza*, a sociedade civil *não é suficientemente rica*, isto é, não possui no patrimônio que lhe é próprio o suficiente para obviar ao excesso de pobreza e à geração da plebe.[213]

A questão, evidentemente, é saber se tal fenômeno é um efeito necessário da sociedade civil em seu desenvolvimento mais recente ou um simples efeito secundário e momentâneo do desenvolvimento econômico e social, e se a ele é possível oferecer remédio no quadro da sociedade civil, tal como Hegel a reconstrói em seu funcionamento. Conforme se considere tal patologia como particular e conjuntural (ela seria então própria às circunstâncias históricas, políticas e sociais específicas da revolução industrial inglesa) ou como inerente à sociedade civil (o que aproximaria singularmente a análise hegeliana das futuras teses de Marx), chega-se a respostas que orientam em direções interpretativas opostas. Em todo caso, a solução do dilema passa por uma exata apreciação do papel que Hegel atribui às formas de institucionalização da vida social que são, antes de tudo, as corporações. Estão elas ou não em condições de conter o risco de explosão que comporta a polarização da sociedade civil em elementos integrados e não integrados? A resposta de Hegel é, sobre este ponto, hesitante.

De um lado, não põe em dúvida a pertinência e a atualidade do horizonte reconciliador que é designado pela noção de eticidade. Logo após ter exposto a contradição fundamental que encerra a sociedade civil e que, ao que parece, ela não tem outro meio de resolver senão por meio de uma expansão indefinida, ela própria geradora de novas contradições,[214] Hegel apresenta a instituição corporativa como o meio graças ao qual "*o elemento-*

---

[213] Cf. *infra*, § 245. [Sobre o conceito de "plebe" (*Pöbel*), ver nota 436, de MLM, ao § 244, pp. 516-7. (N. T.)]

[214] Cf. *infra*, §§ 246-9, onde se estuda a dialética que impele a sociedade civil "para além de si mesma" (§ 246).

-*ético retorna* à sociedade civil como algo imanente a ela".[215] No entanto, nem a institucionalização (mesmo quando bem-sucedida) da vida social, nem o enraizamento desta última no universal político-estatal bastam para explicar a presença de uma perspectiva de reconciliação ali mesmo onde o espírito objetivo parece destituído de sua racionalidade, isto é, quando os mecanismos de regulação do sistema das carências não funcionam mais; bem é esse o caso com o fenômeno da miséria de massa, contanto que ele não seja simplesmente conjuntural. Em última instância, do ponto de vista do próprio hegelianismo, a concordância entre sistema e mundo da vida não pode ser assegurada unicamente pelos recursos do espírito objetivo, porque este, enquanto espírito finito, permanece (assim como o espírito subjetivo) marcado por uma "inadequação do conceito e da realidade".[216] As figuras do espírito finito, mesmo as mais elevadas, mesmo o divino terrestre, são apenas "graus de sua liberação".[217] Sua coerência específica é, portanto, precária e subordinada à garantia do espírito absoluto, forma infinita e viva dessa liberdade espiritual. Mas, se isso é verdade, tem-se o direito de perguntar se Hegel não atribui à eticidade um poder de reconciliação da subjetividade e da objetividade maior do que aquele que a economia do sistema não lhe permite reconhecer de direito e de fato.

A evidenciação dos desequilíbrios estruturais da sociedade civil é, a esse respeito, um notável revelador. É aqui que se manifesta, com efeito, a precariedade da reconciliação ética objetiva. É verdade que tal reconciliação só assume todo o seu sentido com o Estado, instituição consciente do universal. O Estado, porém, ao menos o Estado moderno, único a ser capaz disso, não pode assegurar a reconciliação da subjetividade e da objetividade (suscitando disposições subjetivas apropriadas, das quais em troca ele se alimenta) senão porque toma as suas raízes na sociedade civil e nas suas instituições, que são "a base estável do Estado" e "os pilares da liberdade pública".[218] Para que o Estado racional possa cumprir a sua vocação, isto é, assegurar uma reconciliação objetiva do espírito consigo mesmo, é preciso que seja prevenida a eventualidade de uma fratura insuperável do corpo social. Ora, seguramente essa eventualidade não pode ser descartada. Hegel o diz de muitas maneiras: o Estado não poderia pretender resolver definitivamente essa

---

[215] Cf. *infra*, § 249.

[216] *Encyclopédie*, III [1817], § 307, p. 100.

[217] *Ibid*.

[218] Cf. *infra*, § 265.

tensão sempre renascente sem abdicar de sua vocação peculiar, que é a de produzir uma forma especificamente política, isto é, universalizante, da reconciliação. Por conseguinte, é preciso reconhecer que a possibilidade de uma reconciliação institucional da objetividade e da subjetividade, que bem parece ser a meta para a qual tende a conceitualização do espírito objetivo, supõe, em último recurso, uma garantia meta-histórica e metaobjetiva. Daí, talvez, a inclusão nessa esfera de uma filosofia da história cuja instância última, o espírito do mundo, não é, para além de toda a sua objetividade, ela própria, senão a figura mundana do espírito absoluto. Coroamento da doutrina do espírito objetivo, a filosofia da história nos lembra também que a consistência dessa doutrina não pode ser assegurada unicamente por seus recursos. Somente do ponto de vista do espírito absoluto — digamos, para simplificar: da filosofia — é que um *pensamento* do "mundo do espírito" (enquanto totalidade supostamente homogênea) é possível. Compreende-se facilmente, a partir daí, por que em larga medida *contra* Hegel é que a filosofia contemporânea se definiu: o peso era grande demais.

O Estado, "instituição das instituições"[219]

O simples fato de que a seção "Estado" ocupe sozinha cerca de um terço da obra dá testemunho da importância que Hegel lhe atribui. Que a doutrina do espírito objetivo tenha acabamento numa teoria do "Estado moderno" — isto é, do Estado pós-revolucionário —, que a esse Estado sejam conferidas qualificações múltiplas e enfáticas, com o peso do empréstimo tomado ao vocabulário religioso (aqui, "o divino que é em si e para si"; "o Estado é a vontade divina enquanto espírito presente"; "a constituição [...] há de ser considerada como o que é divino".[220] Em outros lugares: "é preciso venerar o Estado como algo de divino").[221] Tudo isso parece justificar amplamente um juízo proferido muito cedo, como já assinalamos:[222] a filo-

---

[219] A expressão é de Carl Schmitt. Cf. *Les trois types de la pensée juridique*, Paris, PUF, 1995, p. 98: "O Estado hegeliano [...] é a ordem concreta das ordens, a instituição das instituições".

[220] Quanto a essas expressões, cf. *infra*, § 258 A; § 270 A; § 273 A.

[221] Cf. *VRph 1822-23*, p. 744.

[222] É a posição expressa por Von Thaden desde a publicação das *Grundlinien* (agosto de 1820) e sistematizada ulteriormente por Rudolf Haym; cf., acima, p. 29, nota 9.

sofia política de Hegel, se não toda a sua filosofia (esta é a tese de Rudolf Haym: "o *sistema* hegeliano é a *morada científica do espírito da restauração prussiana*"),²²³ estaria marcada por um estatismo e mesmo por um "prussianismo" sem nuances, incompatíveis com a representação que o indivíduo moderno tem de si mesmo e com a sociedade civil "burguesa" (despolitizada), ambos tornados amplamente autônomos. Parte vergonhosa do sistema, a doutrina do Estado trairia uma adesão desprovida de todo recuo perante o "conservadorismo político" e o espírito de Karlsbad, o que demarcaria tanto os seus limites históricos quanto os teóricos.²²⁴ Comentadores hegelianos se empenharam de longa data a retificar essa apresentação demasiado caricatural, mostrando que ela não corresponde nem ao propósito especulativo do texto hegeliano, nem a uma realidade histórica bem mais complexa do que diz Haym, vítima, provavelmente, de uma ilusão retrospectiva. Os trabalhos de Eric Weil, Jacques D'Hondt e Domenico Losurdo, entre outros, mostram a que ponto a imagem de um Hegel "filósofo da Restauração" é simplista, ou mesmo simplesmente falsa.²²⁵ Mas, a nosso ver, convém igualmente elevar um pouco o nível da análise e perguntar o que Hegel entende exatamente por Estado e se o conceito que ele constrói é homogêneo com as representações normalmente associadas a esse termo. Nossa hipótese é a seguinte: Hegel não se opõe tanto a essas representações (seria esse o caso se ele sustentasse, por exemplo, que o Estado não é uma ameaça para a liberdade dos indivíduos ou, de modo inverso, que corretamente contém esta última no interior de estreitos limites) como ele contesta o próprio *pressuposto* das questões para as quais se dão essas respostas. O pressuposto, em substância, é o seguinte: o Estado, como quer que seja pensada a sua constituição e como quer que se busque fundar a sua legitimidade, é uma instituição ou um complexo de instituições basicamente estranha às maneiras pelas quais os indivíduos representam a sua própria identidade, ainda que ele não deixe

---

²²³ R. Haym, *Hegel en son temps*, trad. P. Osmo, Paris, Gallimard, 2008, p. 421.

²²⁴ *Id.*, p. 431. À tese de Haym opõe-se outra, bem mais nuançada, a de Friedrich Engels, que faz a distinção entre o conservadorismo da filosofia política de Hegel e o caráter revolucionário de sua Lógica dialética: cf. *Ludwig Feuerbach et la fin de la philosophie classique allemande*, Paris, Éditions Sociales, 1980. Cf. igualmente *Socialisme utopique et socialisme scientifique*, Paris, Éditions Sociales, 1977, pp. 128-31.

²²⁵ Cf. J. D' Hondt, *Hegel en son temps*, Paris, Éditions Sociales, 1968; D. Losurdo, *Hegel e la libertà dei moderni*, Roma, Editori Riuniti, 1992 [trad. parcial *Hegel et les libéraux*, Paris, PUF, 1992] e *Hegel und das deutsche Erbe*, Colônia, Pahl-Rugenstein, 1989; E. Weil, *Hegel et l'État*, Paris, Vrin, 1980.

de agir, o que é evidente, sobre essas autorrepresentações múltiplas e amiúde concorrentes. E mesmo, sobretudo quando se pensa a legitimidade do Estado a partir do indivíduo (por exemplo, quando uma teoria contratualista constrói a vontade geral graças a certo tipo de composição das vontades particulares), o indivíduo permanece um dado: a individualidade não é construída social ou politicamente, e o Estado (ou "a sociedade") só pode se esforçar para, no melhor dos casos, respeitá-la. Para dizê-lo de outro modo: a autoconsciência do indivíduo moderno repousa na evidência de que "a objetividade" de tudo o que estrutura o mundo social e político é, por natureza, heterogênea em relação à "subjetividade" que lhe cabe ou, se se admite a possibilidade de que algo assim possa existir, heterogênea em relação às figuras da consciência coletiva (comunidade, classe, nação etc.). Como toda instituição, o Estado é um sistema de objetividade e, enquanto tal, mantém uma relação de polaridade, se não forçosamente de contradição, com a liberdade de um indivíduo que se pensa como sujeito autônomo e como tal se quer em seu agir.[226]

Hegel rejeita essa perspectiva em nome de uma nova concepção da subjetividade e da objetividade que é exposta na *Ciência da lógica*. Como foi sublinhado anteriormente a propósito do espírito objetivo: a subjetividade, para Hegel, não é inicialmente um predicado, nem mesmo a essência da humanidade ou do "eu"; ela é o índex de um movimento de autoposição que volta, segundo a Lógica, ao *conceito*, o qual é a matriz lógica e dialética do espírito enquanto *Beisichsein im Anderen*. Assim, contra toda "filosofia do sujeito", trata-se de pensar a subjetividade a partir do conceito, e não o conceito a partir do sujeito: a lógica hegeliana não considera a oposição do sujeito e do objeto como dada, menos ainda como óbvia.[227] O conceito é "sub-

---

[226] Cf. nesse sentido A. Renaut: "Liberté, égalité, subjectivité", in *Histoire de la philosophie politique* (A. Renaut, ed.), tomo 2: *Naissances de la modernité*, Paris, Calmann-Lévy, 1999, pp. 7-23. Na perspectiva de um "humanismo jurídico e político", concebido como o coração da modernidade, o hegelianismo aparece na contracorrente, mesmo que se admita que ele não opera um puro e simples sacrifício do indivíduo à totalidade ética, e que Hegel, optando por "um conceito de Estado sem o qual a identidade do indivíduo não poderia se conceber", busca na realidade integrar as doutrinas do liberalismo político numa concepção "organicista" que lhe é estranha (L. Sosoë, "Surmonter l'antinomie des Lumières. Hegel", in *Histoire de la philosophie politique*, tomo 3: *Lumières et romantisme*, Paris, Calmann-Lévy, 1999, pp. 346-7).

[227] Cf. *Encyclopédie*, I [1827 e 1830], Adendo, § 192, p. 607 [ed. bras.: *Enc.*, I, p. 327 (tradução modificada)]: "é um procedimento desprovido de pensamento acolher sem

jetivo" não porque seria a obra de uma subjetividade constituinte (de um "eu transcendental"), mas enquanto designa o movimento de produção de si por si na autoalienação que em seu fundo é o pensamento, o pensamento sendo então entendido de outro modo que não uma "coisa que pensa" antecedente e constituinte. É o que já dá a entender a fórmula programática do Prefácio da *Fenomenologia do espírito*: "Segundo meu modo de ver [...], tudo depende de apreender e exprimir o verdadeiro, não como *substância*, mas também, igualmente, como *sujeito*".[228] Passar de um pensamento da substancialidade a um pensamento da subjetividade, sem privilegiar qualquer modelo antropológico desta última, tal parece ser bem a orientação fundamental da especulação hegeliana.

Qual é a incidência disso no domínio da filosofia política e da teoria do Estado? Principalmente, a seguinte: importa, para Hegel, renunciar a toda representação da relação Estado-indivíduo em termos de objetividade e de subjetividade *dadas*; é preciso, ao contrário, considerá-las a partir do processo que as institui conjuntamente, a partir da dinâmica *instituinte* do espírito objetivo. De maneira geral, este último é portador de um movimento de objetivação da subjetividade que afeta, em cada um de seus estratos, as figuras da individualidade. Na esfera do direito abstrato, a pessoa se objetiva numa "vontade objetiva" depositada nas coisas graças aos mecanismos jurídicos da apropriação. Na esfera da moralidade, o sujeito se objetiva graças ao complexo normas/ação, cujos efeitos universalizantes (antissubjetivistas) já foram analisados por Kant em outra linguagem. A eticidade, por fim, objetiva o indivíduo com o auxílio dessas figuras institucionalizadas, por assim dizer estatutárias, que são o membro do círculo familiar, o burguês socializado pelos procedimentos do mercado e as regras do direito, assim como

---

mais as determinações de subjetividade e objetividade, e não se interrogar sobre sua proveniência [...]. Quando se diz do conceito que ele é subjetivo e só subjetivo, isso é inteiramente correto na medida em que ele é incontestavelmente a própria subjetividade. [...] Ora, é necessário acrescentar, essa subjetividade, com suas determinações aqui citadas — o conceito, o juízo, o silogismo —, não pode ser considerada como um esqueleto vazio, que só do exterior tem de receber seu preenchimento, mediante objetos dados por si mesmos, mas é a própria subjetividade que, enquanto dialética, rompe seu limite e [...] se abre em direção à objetividade".

[228] *PhdG*, p. 18; *Phénoménologie de l'Esprit*, trad. J. Hyppolite, *op. cit.*, pp. 1-17; *id.*, trad. G. Jarczyk e P.-J. Labarrière, *op. cit.*, p. 80; *id.*, trad. J.-P. Lefebvre, *op. cit.*, p. 68; *id.*, trad. B. Bourgeois, *op. cit.*, pp. 63-5 [*FE*, § 17, p. 32; tradução modificada].

pelas redes institucionais das corporações, enfim, o cidadão do Estado que nele combina de maneira complexa "o extremo da *singularidade* que sabe e quer *para si* e o extremo da *universalidade* que sabe e quer o substancial".[229]

Essa subjetividade singular ordenada em relação a uma universalidade objetiva é analisada com o auxílio da noção típica de disposição de ânimo política (*politische Gesinnung*). Esta última designa um estado de espírito regular, um "querer que se tornou *hábito*",[230] na ausência do qual o Estado bem poderia se tornar uma canga opressora que nossa consciência espontaneamente liberal suspeita que ele seja. Hegel nos diz que a disposição de ânimo política, que não é outra coisa senão o patriotismo bem compreendido (pois seria um grave erro reduzir o patriotismo à "aptidão a sacrifícios e a ações *extraordinárias*") é uma "certeza que está na verdade".[231] Ele já recorria ao mesmo vocabulário para qualificar a posição do indivíduo no seio da eticidade em geral e para definir o sentido verdadeiro de sua reivindicação de liberdade.[232] O uso dos termos certeza e verdade, que, devido à tensão existente entre eles, organizam conjuntamente as "experiências" da consciência na *Fenomenologia do espírito* (ao menos até o "saber absoluto", que suplanta a distância entre a certeza e a verdade, afetando todas as figuras sucessivas da consciência e do espírito),[233] incita-nos a compreender que tal disposição não é, da parte da subjetividade singular do cidadão, nem uma pura submissão passiva, nem uma representação arbitrária daquilo que o Estado deveria ser, mas uma autoadesão na e pela adesão ao universal: ela exprime o fato de que "o Estado não é, imediatamente, um outro para mim" e que "eu sou livre"[234] na medida mesma em que tenho consciência de que a minha ordenação pelo universal não é de modo algum uma mutilação de meu ser e de minhas aspirações subjetivas. Logo, se se levasse a sério o re-

---

[229] Cf. *infra*, § 264. Sobre o encadeamento dessas figuras objetivadas da individualidade, que são a pessoa, o sujeito moral, o burguês e o cidadão, cf. *infra*, § 190 A, pp. 359-60.

[230] Cf. *infra*, § 268.

[231] *Ibid*.

[232] Cf. *infra*, § 153. Outras ocorrências caraterísticas desse par de noções: § 15 A; § 25, § 141.

[233] *PhdG*, p. 427; *Phénoménologie de l'Esprit*, trad. J. Hyppolite, *op. cit.*, pp. II-302; *id*., trad. G. Jarczyk e P.-J. Labarrière, *op. cit.*, p. 638; *id*., trad. J.-P. Lefebvre, *op. cit.*, p. 643; *id*., trad. B. Bourgeois, *op. cit.*, pp. 653 [FE, pp. 523-4].

[234] Cf. *infra*, § 268.

curso ao vocabulário da *Fenomenologia*, a disposição política poderia ser, no campo do espírito objetivo, o *analogon* do saber absoluto! Mas ela não pertence, obviamente, à ordem de um saber que estaria disponível para o cidadão; antes, ela constitui uma aptidão durável para agir de maneira não deliberada em conformidade com as condições objetivas da liberdade, exprimindo-se através de práticas regradas "na situação e no contexto de vida habituais".[235] Por mais modestas que sejam as suas manifestações, o *ethos* político comporta uma racionalidade especulativa que ultrapassa as representações ou as intenções dos sujeitos, sem que eles sejam por isso "marionetes" a serviço de não se sabe qual desígnio superior. Num modo pré-reflexivo, esse patriotismo de todos os instantes, sem brilho e sem "virtude" particular, exprime bem o sentido profundo da instituição política: a aspiração por viver junto, enquanto resulta das formas objetivas e institucionalizadas da existência comunitária e que, em troca, as conforta. Tal caráter indissociavelmente subjetivo e objetivo do político (não se ousa dizer "do Estado", pois essa denominação comporta uma forte conotação objetivista) é, aliás, a verificação e a tradução concreta da definição geral da eticidade. Esta é "o *espírito* vivo e aí-presente enquanto mundo".[236] Sua realidade é, portanto, indissoluvelmente subjetiva e objetiva. Por isso, nada esclarece melhor a natureza da disposição de ânimo política do que a observação feita no momento da transição da moralidade à eticidade: "o ético [*das Sittliche*] é disposição de ânimo [subjetiva], mas [orientada no rumo] do direito sendo em si".[237] Apenas no ajustamento dessas duas dimensões (mas não em sua fusão demasiado imediata que reprimiria forçosamente a liberdade subjetiva) a eticidade, e, por isso, o Estado que é a sua consumação universal, recebem um teor racional. De resto tal caracterização não é uma constatação, mas, antes, é a indicação de uma tarefa da modernidade: consumar a liberdade, inclusive a da subjetividade singular, no próprio terreno da objetividade. Desse ponto de vista, a formação de um *ethos* político, de uma cidadania nova, tal como a esboçada pelo patriotismo, ainda desprovido de nacionalismo, o dos revolucionários franceses, é tão importante quanto o estabelecimento de instituições de liberdade; ambas estão, é verdade, em correspondência e interação.

---

[235] *Ibid.*, A.

[236] Cf. *infra*, § 151.

[237] Cf. *infra*, § 141 A.

Reciprocamente, o próprio Estado comporta uma dimensão de subjetividade que convém analisar brevemente. Ela se manifesta com evidência, inicialmente, no papel eminente que cabe, na "constituição" hegeliana, à subjetividade singular do príncipe, que é como o elemento precipitado do momento de subjetividade, inerente à soberania política:

> A soberania, que inicialmente é só o pensamento *universal* dessa idealidade [do Estado], *existe* somente enquanto *subjetividade* certa de si mesma e enquanto *autodeterminação* abstrata da vontade, nessa medida desprovida de fundamento, autodeterminação na qual reside o elemento-último da decisão [...]. Mas, em sua verdade, a subjetividade é somente enquanto *sujeito* [...]. Por isso, esse momento absolutamente decisivo do todo não é a individualidade em geral, mas, *um* indivíduo, o *monarca*.[238]

Não insistiremos nessa dupla tese — a subjetividade do Estado se encarna num sujeito e se exprime especificamente através do ato que é tudo, exceto algo irracional, da decisão — pois ela foi objeto de estudos impecáveis.[239] Em contrapartida, gostaríamos de sublinhar outro aspecto dessa constituição subjetiva do Estado. Hegel indica — e este ponto é raramente posto em relevo — que a constituição do espírito numa totalidade objetiva (a *Sittlichkeit*, doravante restituída sob o aspecto da "universalidade substancial" do espírito objetivado) comporta duas vertentes que, de direito, são simétricas e estão dotadas do mesmo peso, uma no terreno da subjetividade individual, outra no da objetividade institucional. Em outros termos, não se dá conta da riqueza e da complexidade da esfera ético-política senão quando nela se reconhece a estrita reciprocidade do polo subjetivo (a *politische Gesinnung* dos indivíduos-cidadãos, ela mesma constituída e nutrida pelas instituições que estruturam a sociedade civil assim como sustentada pelas representações normativas da consciência moral) e do polo objetivo (a instituição política, as "estruturas" do Estado). Este último, portanto, não é senão *uma* das dimensões do político. Se o Estado é a expressão desdobrada,

---

[238] Cf. *infra*, § 279.

[239] Cf. particularmente B. Bourgeois, "Le prince hégélien", in *Études hégéliennes*, Paris, Vrin, 1992, pp. 207-38; Cl. Cesa, "Entscheidung und Schicksal: die fürstliche Gewalt", in *Hegels Philosophie des Rechts* (D. Henrich e R.-P. Horstmann, eds.), Stuttgart, Klett-Cotta, 1982, pp. 185-205; D. Souche-Dagues, "Le pouvoir princier", in *Logique et politique hégéliennes*, Paris, Vrin, 1983, pp. 71-125.

diferenciada e concreta da liberdade — portanto, a substância objetiva da subjetividade livre que se quer e se afirma como tal —, é preciso considerá-lo como "substancialidade *subjetiva*", como disposição política, tanto como "substancialidade *objetiva*", organização constitucional dos poderes.[240] Ambas as dimensões do político, ao se mediatizarem reciprocamente, são especulativamente solidárias e praticamente indissociáveis. Isso quer dizer que o Estado é uma realidade (inter)subjetiva, um laço vivido, uma aspiração compartilhada ao viver junto, tanto quanto um sistema objetivo de instituições coordenadas de modo dinâmico numa "constituição". Compreende-se, então, o alcance da definição do Estado como "efetividade da *ideia* ética".[241] A ideia, na Lógica hegeliana, se define precisamente como a unidade do conceito subjetivo e da objetividade, ou antes, como o processo de adequação que os produz, os opõe, os encadeia e unifica. Um conjunto de determinações puramente objetivas e reificadas — "instituições" no sentido usual do termo — não poderia merecer tal qualificação. O Estado, como insiste Hegel,[242] só pode ser apresentado enquanto "ideia" se as suas estruturas forem animadas e verificadas pelo querer dos indivíduos. É assim que é preciso compreender a afirmação segundo a qual a "*união* enquanto tal" é o "fim verdadeiro" do Estado, pois este último permite aos indivíduos cumprir a sua "destinação", que é a de "levar uma vida universal".[243] Essa ordenação ao universal é precisamente o que distingue a atitude do cidadão e a do homem da sociedade civil, do "burguês", para o qual a universalidade, abstrata e exterior, das leis e das regulações sociais, não é nada mais do que o instrumento para uma possível felicidade privada. Mas nem por isso esta última é denegada ou reprimida, contrariamente ao que podia ser o caso no artigo sobre o direito natural de 1802, quando Hegel opunha a "nulidade política" do "burguês" à "vida ética absoluta" se realizando no *politeuein*.[244] No Estado moderno, pós-revolucionário, a particularidade do ser social do "burguês" é a mediação entre a constituição política objetiva e a disposição subjetiva do cidadão.

---

[240] Cf. *infra*, § 267.

[241] Cf. *infra*, § 257 (o grifo é nosso).

[242] Alguns exemplos: "a efetividade da ideia ética" (§ 257); "essa ideia é o ser em si e para si eterno do espírito" (§ 258 A); "a ideia do Estado" (§ 259); "a ideia efetiva" (§ 262).

[243] Cf. *infra*, § 258 A.

[244] Cf. *Des manières de traiter scientifiquement du droit naturel*, *op. cit.*, pp. 63 e 67.

É por isso que Hegel pode sustentar que o "patriotismo" (a *politische Gesinnung*) é nutrido e, mesmo, tornado possível pelas disposições subjetivas particularistas geradas pelas instituições da *sociedade civil*:

> O espírito de corporação [...] inverte-se simultaneamente, dentro de si mesmo, no espírito do Estado, visto que ele tem no Estado o meio da conservação dos fins particulares [...]. Nessa medida, é no espírito de corporação, já que ele contém *imediatamente o enraizamento do particular no universal*, que está a profundidade e o vigor que o Estado tem na *disposição de ânimo*.[245]

A vida *social* institucionalizada é, assim, um momento capital da constituição da identidade *política* do indivíduo, e, por isso, da identidade do próprio Estado enquanto ideia "subjetiva-objetiva", do Estado *racional*. Pois a racionalidade do Estado ou sua idealidade — e vê-se que o recurso a esse vocabulário não é de modo algum um tique de linguagem, como frequentemente se crê — diz respeito precisamente à interação por ele realizada da subjetividade e da objetividade, das "estruturas" e do "mundo da vida":

> Considerada abstratamente, a racionalidade consiste, em geral, na unidade em que se interpenetram a universalidade e a singularidade, e aqui, concretamente, segundo o conteúdo, na unidade da liberdade objetiva, isto é, da vontade substancial universal e da liberdade subjetiva enquanto liberdade do saber individual e da vontade que busca os seus fins particulares.[246]

Essa concepção tão particular da *instituição política* como entrelaçamento de subjetividade e de objetividade não pode deixar de incidir na definição clássica da constituição.[247] Para Hegel é preciso, sobretudo, não reduzir esta última a um corpo de disposições normativas jurídico-institucionais. Há de se entender a constituição de maneira dinâmica, como a maneira pela qual o Estado *se constitui* na interação das disposições subjetivas dos cida-

---

[245] Cf. *infra*, § 289 A.

[246] Cf. *infra*, § 258 A.

[247] Encontraremos uma síntese impressionante da história da constituição no verbete "Verfassung", sob a responsabilidade de Dieter Grimm e Heinz Mohnhaupt, in *Geschichtliche Grundbegriffe*, Band 6, Stuttgart, Klett-Cotta, 1990, pp. 831-99.

dãos e das instituições que estruturam a vida pública: verdadeiramente, ela é "o organismo do Estado", o processo graças ao qual "o universal *se produz* continuamente [...] e se *conserva*".[248] Daí, obviamente, a recusa de toda forma de artificialismo político: se é verdade que a constituição é a maneira pela qual a unidade política de uma comunidade se constitui, seria um grave erro teórico e político acreditar que há boas instituições em si e que se poderia decidir estabelecê-las por meio de uma decisão abstrata:

> Querer dar *a priori* a um povo uma constituição, ainda que mais ou menos racional quanto ao seu conteúdo — essa excogitação não atenta precisamente ao momento graças ao qual uma constituição é mais do que um produto do pensamento. Por causa disso, cada povo tem a constituição que lhe é adequada e que lhe convém.[249]

O propósito tem implicações políticas e teóricas importantes. No plano político, implica uma crítica das tentativas revolucionárias ou pós-revolucionárias de impor à força uma constituição (no sentido estrito e rigorosamente moderno do termo) a um povo que não estaria pronto para nela se reconhecer. Nessas aulas de Berlim, Hegel — grande admirador de Napoleão — evoca o fracasso que este último conheceu ao querer impor à Espanha um regime constitucional;[250] mas sem dúvida pensa também no exemplo de Württemberg, que ele analisou longamente em seu grande artigo de 1817.[251] Um príncipe ou uma vanguarda, por mais que fossem bem-intencionados (isso não é evidente nos dois exemplos supracitados), não poderia impor um regime constitucional a uma nação que não estivesse pronta para ele. A *verdadeira* constituição de um Estado (que pode não corresponder exatamente aos textos formalmente em vigor) deve ser um diapasão do *Volksgeist*: não

---

[248] Cf. *infra*, § 269.

[249] Cf. *infra*, § 274 A. Cf., igualmente, a seguinte passagem: "A questão [de saber] a quem, a que autoridade, e organizada de que modo, compete o poder de *fazer uma constituição*, é a mesma que a [de saber] quem haveria de fazer o espírito de um povo" (*Encyclopédie*, III [1827 e 1830], *op. cit.*, § 540 A, p. 317) [ed. bras.: *Enc.*, III, p. 311 (tradução modificada)].

[250] Cf. *VRph 1822-23*, pp. 752-3.

[251] "Actes de l'Assemblée des États du royaume de Württemberg en 1815-1816", *Écrits politiques, op. cit.*, pp. 183-343.

se violenta impunemente o espírito de um povo. Daí a conclusão aparentemente conservadora de Hegel: "cada povo possui a constituição que lhe é adequada e que lhe convém". Ela o é, entretanto, somente na aparência: pois o propósito implica também que quando o espírito do tempo está maduro para um regime constitucional no sentido estrito, liberal e moderno — e bem é esse o ponto de vista de Hegel, ao proclamar que a monarquia *constitucional* é "a constituição da razão *desenvolvida*"[252] —, os esforços de quem quiser se opor a isso estarão condenados ao fracasso. Decididamente, se Hegel desconfia do ativismo revolucionário, tampouco está no campo de Karlsbad e de Friedrich von Gentz, que acredita ser possível, dando um golpe com sua pena-de-escrever, eliminar a aspiração geral a uma "constituição representativa" e voltar às boas e velhas "constituições estamentais" (*landständische Verfassungen*).

No plano teórico, a concepção hegeliana da constituição mantém distância tanto do jusnaturalismo como do historicismo em suas formas comuns.[253] Expusemos acima, a propósito da positividade do direito, os motivos pelos quais Hegel recusa essas posições, que erroneamente são tidas como alternativas: para ele, a razão é histórica de ponta a ponta, não no sentido em que seria relativa, mas no sentido de que está engajada num processo de autoefetivação na escala da história do mundo. Tal historicidade da razão (que segue de par com a racionalidade do histórico) se verifica particularmente a propósito da constituição. Não somente a escolha de tal ou qual constituição não é arbitrária, mas é preciso dizer que cada uma das formas constitucionais repertoriadas (segundo a nomenclatura clássica: a monarquia, a aristocracia e a democracia, eventualmente flanqueadas por suas formas desviantes: a tirania, a oligarquia e a oclocracia, segundo a classificação de Políbio)[254] é estágio de um processo histórico de que a monarquia constitucional é o termo, na medida em que inclui as outras sob o título de momentos conservados e superados; esse processo, que chega a termo na superação, pelo "mundo recente", das fórmulas constitucionais descobertas e praticadas pelo "mundo antigo", não é nada menos do que "o que está em

---

[252] *Encyclopédie*, III [1827 e 1830], *op. cit.*, § 542, p. 319 [ed. bras.: *Enc.*, III, p. 314].

[253] Cf. a esse respeito J.-F. Kervégan, *L'effectif et le rationnel*, *op. cit.*, cap. II, pp. 85-110.

[254] Cf. Políbio, *Histórias*, VI, 2.

causa na história universal do mundo".²⁵⁵ Seria possível dizer, parafraseando Platão, que para Hegel a monarquia constitucional é, comparada às outras formas constitucionais, "como um deus entre os homens".²⁵⁶ É fácil, embora não seja muito esclarecedor, ver aqui um exemplo da ilusão comum a muitos pensadores, segundo a qual o mundo que é o deles (o que, precisamente neste caso, não é exato, pois a Prússia só se tornará uma monarquia constitucional depois de 1848!) seria o ponto de chegada, e até mesmo o término da história. Parece-nos mais fecundo notar que a ideia de fazer das diversas constituições os momentos de um processo histórico de desenvolvimento da racionalidade política é profundamente inovadora; com efeito, ela implica que na realidade há somente uma constituição — assim como há somente uma filosofia — da qual os espíritos dos povos e dos tempos históricos descobrem, um a um, os elementos. A constituição do Estado, a partir de então, não pode mais ser considerada como uma fórmula política adotada de modo mais ou menos voluntário, ao término de um exame comparativo que se pode, à maneira de Heródoto,²⁵⁷ pôr em cena simbolicamente; ela é, antes, a racionalidade em ato do espírito objetivo, enquanto ele se desenvolve no tempo da história, a liberdade pensada no todo de seu movimento de objetivação.

Os traços específicos dos conceitos hegelianos de Estado e de constituição dão conta da concepção original da distribuição dos poderes que é desenvolvida pela *Filosofia do direito*, e à qual voltaremos rapidamente, pois uma abundante e excelente literatura lhe foi consagrada.²⁵⁸ Antes de tudo, é quase óbvio que a ideia de Estado como totalidade ética subjetiva-objetiva

---

²⁵⁵ Cf. *infra*, § 273 A. Sobre a diferença de natureza, entre a monarquia constitucional e as formas "antigas" (patriarcal e feudal) de monarquia, cf. *infra*, § 273 A.

²⁵⁶ Cf. Platão, *O político*, 303 b 3.

²⁵⁷ Cf. Heródoto, *Histórias*, III, 80-3.

²⁵⁸ Cf. particularmente B. Bourgeois, "L'État hégélien" e "La médiation sociale du politique", in *Hegel. Les actes de l'esprit*, Paris, Vrin, 2001, pp. 107-22 e 123-36; K.-H. Ilting, "Einleitung", in Hegel, *Rechtsphilosophie*, Band I, Frommann-Holzboog, 1974, pp. 28 ss.; J.-F. Kervégan, *L'effectif et le rationnel*, *op. cit.*, cap. v, pp. 177 ss.; F. Rosenzweig, *Hegel et l'État*, *op. cit.*, pp. 333-51; L. Siep, "Hegels Theorie der Gewaltenteilung", in *Hegels Rechtsphilosophie im Zusammenhang der europäischen Verfassungsgeschichte*, H.-C. Lucas e G. Planty-Bonjour (eds.), Stuttgart-Bad Cannstatt, Frommann-Holzboog, 1986, pp. 387-420, assim como os artigos citados acima na p. 96, nota 239.

e o conceito de constituição como "organismo"[259] excluem que Hegel se alie à representação comum (nem tão comum, aliás, se examinarmos a literatura consagrada ao assunto...) da "separação dos poderes". No lugar de separação, convém falar de *diferenciação* ou de *divisão* da potência una do Estado em momentos funcionalmente distintos, mas especulativamente solidários. Hegel sublinha que a divisão (*Teilung*) dos poderes é "um dos momentos absolutos da profundidade e da efetividade da liberdade".[260] É graças a ela que o Estado constitucional se distingue do despotismo oriental ou, seria possível acrescentar, de uma democracia radical. Somente essa diferenciação *constitui* o Estado. Mas, contrariamente às representações liberais dominantes, ela não implica nenhuma independência das instituições que asseguram as diversas funções indispensáveis à existência de um Estado. Dir-se-á: e quanto à independência da justiça? Sobre esse assunto é preciso notar inicialmente que Hegel não considera a autoridade judiciária como um dos poderes do Estado: trata dela, de modo revelador, na seção consagrada à sociedade civil, pois a administração do direito, mesmo quando exercida num quadro definido pelo Estado (a legislação) e por funcionários governamentais, é fundamentalmente o caso do próprio corpo social, que deve poder gerir por si mesmo os litígios que opõem os seus membros. Hegel insiste neste ponto: "na sociedade civil o direito *em si* torna-se lei";[261] "a propriedade e a personalidade na sociedade civil têm um reconhecimento legal e validade";[262] "na administração do direito, a sociedade civil [...] se reconduz [...] à unidade do universal sendo em si com a particularidade subjetiva".[263] Por conseguinte, a independência dos magistrados — que, aliás, tem limites: Hegel, em conformidade com a prática do despotismo esclarecido, justifica a intervenção do príncipe nas causas judiciárias quando a complicação dos procedimentos, a posição social dos litigantes ou o interesse do corpo dos magis-

---

[259] Cf. *infra*, §§ 267 e 269. Sobre o sentido propriamente especulativo do "organicismo" hegeliano e o que o distingue do organicismo romântico ou reacionário, cf. M. Wolff, "Hegels staatstheoretischer Organizismus", *Hegel-Studien* 19 (1984), pp. 147-78.

[260] *Encyclopédie*, III [1827 e 1830], *op. cit.*, § 541 A, p. 318 [ed. bras.: *Enc.*, III, p. 313 (tradução modificada)].

[261] Cf. *infra*, § 217.

[262] Cf. *infra*, § 218.

[263] Cf. *infra*, § 229.

trados compromete a *justiça* das decisões[264] — não é diretamente afetada pela crítica da ideia de separação dos poderes.

Hegel recusa igualmente a ideia de balança ou de equilíbrio dos poderes, desenvolvida por Montesquieu e depois pelos autores do *Federalista*, pois o "equilíbrio universal" realizado por um sistema de *checks and balances* não produziria uma "unidade viva".[265] Assim, a teoria do equilíbrio dos poderes sofre do mesmo vício teórico que a representação contratualista do Estado; ambas pressupõem a independência e a autoconstituição dos momentos — aqui os poderes que compõem o Estado, ali as vontades particulares — perante a totalidade que os engendra como aspectos distintos, mas conexos, de seu desenvolvimento. Essa totalidade seria então representada de modo aditivo, ou como a resultante de forças dadas. De encontro a tais concepções "atomísticas", trata-se de pensar o poder legislativo, o governamental e o do príncipe, como sendo os "momentos", no sentido lógico do termo, da potência una do Estado:

> A *soberania do Estado* constitui essas duas determinações, que as tarefas e os poderes particulares do Estado não são autônomos e estáveis nem por si, nem na vontade particular dos indivíduos, mas têm a sua raiz última na unidade do Estado enquanto seu si-mesmo simples.[266]

Isso significa não somente que a unidade do Estado condiciona a integridade dos poderes que o compõem: nesse caso, Hegel só ofereceria uma nova versão da fábula dos membros e do estômago.[267] Sobretudo, na pers-

---

[264] Cf. *infra*, § 295 A (cf., também na Anotação, a nota acerca da famosa causa do moleiro Arnold).

[265] Cf. *infra*, § 272 A.

[266] Cf. *infra*, § 278.

[267] Mais conhecida como a fábula dos pés e do estômago, dela oferecemos uma versão feita com base no texto de Esopo estabelecido por Émile Chambry: "O estômago e os pés disputavam quem tinha mais força. Os pés sempre alegavam ser tão superiores em força que carregavam até o estômago. Ao que este respondeu: 'Mas, meus amigos, se eu não lhes fornecesse alimento, vocês mesmos não poderiam me carregar'. É o que também ocorre com os exércitos: o número, no mais das vezes, não é nada, se os chefes não forem excelentes no conselho" (*Fables*, Paris, Belles Lettres, 1927; fábula nº 159). Cf., também, as versões de La Fontaine (*Fables*, II, 2) e a de Tito Lívio (*Ab urbe condita*, II, 32). (N. T.)

pectiva propriamente especulativa que é a desta *filosofia* do direito, é preciso compreender que os poderes do Estado são, isoladamente, aspectos unilaterais, mutilados em seu sentido, da ideia do Estado, ou antes, da ideia que é o Estado. É bem por isso que a soberania pertence ao Estado como tal, e não a essa ou àquela das autoridades que o compõem. Nem o povo,[268] nem o aparelho governamental, nem a representação nacional, nem o príncipe (ele não é senão a existência ou o fenômeno dela) *são* o soberano; reciprocamente, o soberano ideal [*idéel*]: (o Estado constitucional) não é senão através desses momentos diferenciados. A distinção funcional dos poderes é ideal [*idéel*] antes de tudo. E daí é preciso concluir que "*cada* um desses *poderes* [é] ele próprio, em si mesmo a *totalidade*, pelo fato de conter e ter atuantes dentro de si os outros momentos".[269] Cada um deles assume, portanto, a totalidade das funções do Estado e contribui para a formação de sua vontade e de sua atividade racional. Assim, o poder legislativo não poderia ser monopolizado pelos representantes eleitos, que não são os únicos encarregados da edição das normas universais da vida civil e política.[270] Assim também, seria preciso dizer — mas é verdade que Hegel não o faz explicitamente — que o governo e as assembleias têm parte nessa soberania do Estado que cabe ao indivíduo físico, enquanto monarca, encarnar, mas também exercer, enquanto ela requer "a decisão última da vontade".[271] A unidade (ou a unitotalidade) dos poderes diferenciados no seio do Estado, de que somente a interação constitui o soberano, não é, pois, uma simples declaração de intenções ou uma proclamação constitucional: ela transpõe na esfera da objetividade política do espírito a identidade em movimento dos momentos

---

[268] Cf. *infra*, § 279 A.

[269] Cf. *infra*, § 272. Essa fórmula é muito próxima daquelas com o auxílio das quais a Lógica descreve a relação entre as determinações do conceito: cf. *Science de la logique* III, *op. cit.*, pp. 43, 61 e 68.

[270] Cf. *Encyclopédie des sciences philosophiques*, III [1827 e 1830], *op. cit.*, § 544 A, p. 323 [ed. bras.: *Enciclopédia das ciências filosóficas*, v. III, *op. cit.*, pp. 317-8 (tradução modificada)]: "As assembleias dos estamentos já foram erroneamente designadas como o *poder legislativo*, ao passo que só constituem um dos ramos desse poder, no qual as autoridades governamentais particulares têm parte essencial, e o poder do príncipe a parte absoluta da decisão final".

[271] Cf. *infra*, § 273. Evidentemente é necessário não assimilar sem precaução essa insistência sobre o poder de decisão que a soberania implica, ao decisionismo de Carl Schmitt ou ao neodecisionismo de algumas problemáticas sistêmicas atuais (cf. Niklas Luhmann, *Das Recht der Gesellschaft*, Frankfurt a. M., Suhrkamp, 1993).

do conceito entre si, e a identidade de cada um com a totalidade que ele explicita e da qual ele procede.

"O Estado é a efetividade da vida ética."[272] Essa fórmula que abre a "Terceira Parte" das *Grundlinien* condensa, para quem quiser ouvi-la, todo o propósito da teoria hegeliana do Estado. O Estado é uma realidade ética: isso implica que ele não pode ser concebido como uma simples estrutura institucional, mas combina as dimensões de subjetividade e de objetividade que a consciência moderna opõe espontaneamente. Ele diz respeito, para empregar novamente o vocabulário de J. Habermas, ao "mundo da vida" assim como ao "sistema". O Estado, porém, é mais do que a realidade da ética: é a sua *efetividade*, o que quer dizer: a racionalidade realizada. Em outros termos: porque ele é "ideia" (no sentido hegeliano), o Estado não é uma simples "ideia" (no sentido comum), mas — se ousarmos nos exprimir assim — um conceito *vivido*. Que tal conceito seja vivido de modo plural e contraditório, eis o que explica tanto as tensões que nascem no seio de cada entidade política como as que opõem os Estados entre si na cena da história. Mas como esta última é a história de uma *ideia* — a da *Sittlichkeit* —, sua "tarefa",[273] por mais brutal que por vezes ela seja, é, desde sempre e para sempre, "a exposição e a *efetivação do espírito universal*".[274] Ela é, portanto, obra de liberdade, porém, de uma liberdade que se entende como a assunção do negativo.

Tradução de Silvio Rosa Filho (com a colaboração de Welson Alcântara)

---

[272] Cf. *infra*, § 257.

[273] Cf. *infra*, § 344.

[274] Cf. *infra*, § 342. [A respeito do termo *Auslegung*, vertido por Kervégan como "*explicitation*" e aqui como "exposição", cf. a nota 581, de MLM, pp. 683-4 neste volume. (N. T.)]

Abreviações das obras mais citadas

Edições das obras de Hegel:

GW — *Gesammelte Werke, in Verbindung mit der Deutschen Forschungsgemeinschaft, herausgegeben von der Nordrhein-Westfälischen Akademie der Wissenschaften und der Künste.* Hamburgo: Meiner, 1968-2016.

TWA — *Werke in zwanzig Bände. Theorie Werkausgabe. Auf der Grundlage der Werke von 1832-1845.* Ed. Moldenhauer, E. e Michel, K. M. Frankfurt a. M.: Suhrkamp, 1970.

Escritos de Hegel:

Anhang — *Grundlinien der Philosophie des Rechts*, *GW*, v. 14, 3, "Anhang" [Apêndice], de Klaus Grotsch. Hamburgo: Meiner, 2013.

Briefe I, II, III — Hoffmeister, J. (ed.). Hamburgo: Meiner, 1952-1954.

Differenzschrift — *Differenz des Fichte'schen und Schelling'schen Systems der Philosophie*, in: *GW*, v. 4. Hamburgo: Meiner, 1968, pp. 5-92.

E — *Enzyklopädie der philosophischen Wissenschaften im Grundrisse (1830)*, in: *GW*, v. 20. Hamburgo: Meiner, 1992.

E [1817] — *Enzyklopädie der philosophischen Wissenschaften im Grundrisse (1817)*, in: *GW*, v. 13. Hamburgo: Meiner, 2000.

E [1830] — *Enzyklopädie der philosophischen Wissenschaften im Grundrisse (1830). Mit den mündlichen Zusätzen*, in: *TWA*, v. 8 (*Erster Teil: Wissenschaft der Logik*), v. 9 (*Zweiter Teil: Die Naturphilosophie*), v. 10 (*Dritter Teil: Die Philosophie des Geistes*). Frankfurt a. M.: Suhrkamp, 1970. Os Adendos, por não serem da lavra de Hegel, não foram incorporados na edição histórico-crítica das *Gesammelte Werke*, e serão citados segundo esta edição.

Enc. — *Enciclopédia das ciências filosóficas em compêndio (1830)*, v. I, II, III. Trad. Meneses, P., com a colaboração de Machado, J. São Paulo: Edições Loyola, 1995. Nas citações da *Enciclopédia*, dispensa-se a menção especial à paginação da edição brasileira em se tratando do *caput* e, também, da respectiva *Anotação*, indicada pela abreviatura *A*, pois a numeração dos parágrafos segue a edição original. As páginas só serão mencionadas em se tratando do *Adendo* (*Zusätz*), indicado pela abreviatura *Ad.* após o parágrafo, seguida, primeiro, da indicação do respectivo volume e da página da *TWA* e, depois, do volume e da página da edição brasileira. As alterações da tradução serão indicadas.

FD — *Linhas fundamentais da filosofia do direito*, refere-se à presente tradução.

FE — *Fenomenologia do espírito*. Trad. Meneses, P. Petrópolis/Bragança Paulista: Editora Vozes/Universidade São Francisco, 2002 (edição revista). Como a paginação dessa edição difere da anterior, as citações remetem unicamente à numeração das novas alíneas em parágrafos, introduzida na tradução em língua inglesa de Miller, A. V. (*Hegel's Phenomenology of Spirit*. Oxford: Clarendon Press, 1977) e incorporada pela edição brasileira.

Grl. — *Grundlinien der Philosophie des Rechts. Naturrecht und Staatswissenschaft im Grundrisse*, in: Grotsch, K. e Weisser-Lohmann, E. (eds.), *GW*, v. 14, 1. Hamburgo: Meiner, 2009.

Landständeschrift — *Verhandlungen in der Versammlung der Landstände des Königreiches Württemberg im Jahr 1815 und 1816*, in: TWA, v. 4, pp. 462-597.

NM — *Grundlinien der Philosophie des Rechts*, in: *GW*, v. 14, 2, *Beilagen*. Hamburgo: Meiner, 2010. (Notas manuscritas de Hegel aos parágrafos de números 1 a 180, escritas à mão no seu exemplar de curso.)

PhdG — *Phänomenologie des Geistes*, in: *GW*, v. 9. Hamburgo: Meiner, 1980. Será indicada também a paginação da edição das *Werke*, v. 3.

VG — *Die Vernunft in der Geschichte*. Ed. Hoffmeister, J. Hamburgo: Meiner, 1955.

VRph 1817-18 — *Vorlesungen über Naturrecht und Staatswissenschaft, Heidelberg 1817-18, mit Nachträgen aus der Vorlesung 1818-19, Nachgeschrieben von P. Wannenmann*, in: Hegel, G. W. F. *Vorlesungen. Ausgewählte Nachschriften und Manuskripte, vol. 1*. Ed. Becker, C., Bonsiepen, W., Gethmann-Siefert, A., et al. Hamburgo: Meiner, 1983.

VRph 1817, 1818-19 — *Vorlesungen über Rechtsphilosophie, 1818-1831, vol. 1 — Der objektive Geist aus der Heidelberger Enzyklopädie 1817 mit Hegels Vorlesungsnotizen 1818-1819. Naturrecht und Staatswissenschaft nach der Vorlesungsnachschrift von C. G. Homeyer 1818/19. Zeitgenössische Rezensionen der "Rechtsphilosphie"*. Ed. Ilting, K.-H. Stuttgart-Bad Cannstatt, Frommann-Holzboog, 1973.

VRph 1819-20 — *Vorlesungen über die Philosophie des Rechts, Berlin 1819-20. Nachgeschrieben von J. R. Ringier*, in: Hegel, G. W. F. *Vorlesungen. Ausgewählte Nachschriften und Manuskripte, vol. 14*. Ed. Angehrn, E., Bondeli, M. e Seelmann, H. N. Hamburgo: Meiner, 2000.

VRph 1819-20 (Henrich) — *Philosophie des Rechts. Die Vorlesungen von 1819-20 in einer Nachschrift*. Ed. Henrich, D. Frankfurt a. M.: Suhrkamp, 1983.

VRph 1820, 1821-25 — *Vorlesungen über Rechtsphilosophie 1818-1831, vol. 2 — Die Rechtsphilosophie von 1820, mit Hegels Vorlesungsnotizen 1821-1825*. Ed. Ilting, K.-H. Stuttgart-Bad Cannstatt: Frommann-Holzboog, 1974.

VRph 1821-22 — *Die Philosophie des Rechts. Vorlesungen von 1821-22*. Ed. Hoppe, H. Frankfurt a. M.: Suhrkamp, 2005.

VRph 1822-23 — *Vorlesungen über Rechtsphilosophie 1818-1831, vol. 3 — Philosophie des Rechts. Nach der Vorlsegunsnachschrift von H. G. Hotho 1822-23*. Ed. Ilting, K.-H. Stuttgart-Bad Cannstatt: Frommann-Holzboog, 1974.

VRph 1824-25 — *Vorlesungen über Rechtsphilosophie 1818-1831, vol. 4 — Philosophie des Rechts. Nach der Vorlesungsnachschrift K. G. v. Griesheims 1824-25*. Ed. Ilting, K.-H. Stuttgart-Bad Cannstatt: Frommann-Holzboog, 1974.

WL I — *Wissenschaft der Logik, Erster Band, Erstes Buch: Die Lehre vom Sein (1832)*, in: GW, v. 21. Hamburgo: Meiner, 1984.

WL I (1812) — *Wissenschaft der Logik, Erstes Buch, Das Sein (1812)*, in: GW, v. 11. Hamburgo: Meiner, 1978.

WL II — *Wissenschaft der Logik, Erster Band, Zweites Buch: Die Lehre vom Wesen (1813)*, in: GW, v. 11. Hamburgo: Meiner, 1978.

WL III — *Wissenschaft der Logik, Zweiter Band: Die subjektive Logik oder die Lehre vom Begriff*, in: GW, v. 12. Hamburgo: Meiner, 1981.

Outras fontes:

CFD — Marx, K. *Crítica da filosofia do direito de Hegel*. Trad. Enderle, R. e de Deus, L. São Paulo: Boitempo, 2005.

CFJ — Kant, I. *Crítica da faculdade do juízo*. Trad. Rohden, V. e Marques, A. Rio de Janeiro/São Paulo: Forense Universitária, 1993.

CRPr. — Kant, I. *Crítica da razão prática*. Trad. Rohden, V. São Paulo: Martins Fontes, 2002.

CS — Rousseau, J. J. *Du contrat social ou Essai sur la forme de la République*, in: Gagnebin, B. e Raymond, M. (eds.), *Oeuvres complètes*. Paris: Gallimard, 1964, v. III (Bibliothèque de la Pléiade).

Fichtes Werke — Fichte, J. G., *Fichtes Werke*. Ed. Fichte, Immanuel Hermann. Berlim: De Gruyter, 1971 (reimpressão fotomecânica da 1ª edição: Berlim: Veit & Co., 1845-1846). Ed. bras.: *A doutrina da ciência de 1794*. Trad. Torres Filho, Rubens Rodrigues. Coleção Os Pensadores. São Paulo: Abril, 1980. Como a tradução brasileira traz à margem a paginação dessa primeira edição alemã, e as várias edições da coleção Os Pensadores têm paginação diferente, não se indica a página.

Kant, Werke — Kant, I., *Werke in sechs Bänden*. Ed. Weischedel, W. Darmstadt: WBG, 1966. Cita-se primeiro a página de uma das edições (1ª ou 2ª), abreviadas, respectivamente, pelas maiúsculas A e B, seguida da indicação do volume e da página da presente edição.

KHRph — Marx, K., *Zur Kritik der Hegelschen Rechtsphilosophie*, in: *Karl Marx/Friedrich Engels Gesamtausgabe (MEGA)*. Erste Abteilung, Band 2. Berlim: Dietz, 1982, pp. 5-137.

KpV — Kant, I., *Kritik der praktischen Vernunft*. Ed. Vorländer, K. Hamburgo: Felix Meiner Verlag, 1985.

Leviathan — Hobbes, Th. Ed. Macpherson, C. B. Harmondsworth: Penguin, 1968. Ed. bras.: *Leviatã ou Matéria, forma e poder de uma república eclesiástica e civil*. Trad. Monteiro, J. P. e Nizza da Silva, M. B. São Paulo: Martins Fontes, 2003.

Locke — Locke, J., *The Second Treatise of Government. An Essay Concerning the True Original, Extent, and End of Civil Government*. Ed. Laslett, P. Cambridge: Cambridge University Press, 1960. Ed. bras.: *Dois tratados sobre o governo*. Trad. Fischer, Júlio. São Paulo: Martins Fontes, 1998.

Platon, Werke — Tradução alemã de Schleiermacher, F. Ed. Eigler, G. Darmstadt: WBG, 1974. Cita-se a página e a coluna da edição *princeps*, seguida da indicação do volume e da página dessa edição.

Dicionários e enciclopédias:

Aurélio — Ferreira, A. B. H., *Novo dicionário da língua portuguesa*. Rio de Janeiro: Nova Fronteira, 1975.

Duden — *Duden, Deutsches Universalwörterbuch*. Mannheim/Viena/Zurique: Dudenverlag, 1983.

DW — Paul, H., *Deutsches Wörterbuch. Bedeutungsgeschichte und Aufbau unseres Wortschatzes*. Tübingen: Max Niemeyer, 2002 (1897).

Ernout/Meillet — Ernout, A. e Meillet, A., *Dictionnaire étymologique de la langue latine*. Paris: Klincksieck, 2001 (1932).

Georges — Georges, K. E., *Ausführliches Lateinisch-Deutsches Handwörterbuch*, v. 1 e 2 (1913). Darmstadt: Wissenschaftliche Buchgeselschaft, 1995, reimpressão.

GGrb. — *Geschichtliche Grundbegriffe. Historisches Lexikon zur politisch-sozialen Sprache in Deutschland*. Ed. Brunner, O., Konze, W. e Koselleck, R. Stuttgart: Klett-Cotta, 1972-1997.

Houaiss — *Dicionário Houaiss da língua portuguesa*. Rio de Janeiro: Nova Fronteira, 2009.

HWPhil. — *Historisches Wörterbuch der Philosophie*. Ed. Ritter, J. e Gründer, K. Basileia: Schwabe & Co., 1971-2007, 13 volumes.

Inwood — Inwood, M., *A Hegel Dictionary*. Cambridge: Blackwell, 1992. Ed. bras.: *Dicionário Hegel*. Trad. Cabral, A. Rio de Janeiro: Zahar, 1997.

Kluge — Kluge, F., *Etimologisches Wörterbuch der deutschen Sprache*. Berlim: De Gruyter, 1989 (1883).

Saraiva/Quicherat — Saraiva, F. R. dos S. e Quicherat, L. *Novíssimo dicionário latino-português*. Rio de Janeiro/Belo Horizonte: Garnier, 1993.

Manuais/compêndios:

Hegel-Handbuch — Jaeschke, W., *Hegel-Handbuch. Leben — Werk — Wirkung*. Stuttgart: J. B. Metzler, 2003.

Hegel-Lexikon — Cobben, P. (ed.). Darmstadt: WBG, 2006.

Outras obras:

Nipperdey — Nipperdey, Th., *Deutsche Geschichte. 1800-1866. Bürgerwelt und starker Staat*. Munique: C. H. Beck, 1983.

Peperzak — Peperzak, A. Th., *Philosophy and Politics. A Commentary on the Preface to Hegel's Philosophy of Right*. Dordrecht/Boston/Lancaster: Martinus Nijhoff Publishers, 1987.

Wieacker — Wieacker, F., *História do direito privado moderno*. Lisboa: Gulbenkian, 1980.

Traduções consultadas:

Derathé — *Principes de la Philosophie du Droit ou Droit Naturel et Science de l'État en Abrégé*. Trad. Derathé, R. Paris: Vrin, 1982.

Kervégan — *Principes de la philosophie du droit*. Trad. Kervégan, J.-F. Paris: PUF, 2013.

Knox — *Hegel's Philosophy of Right*. Trad. Knox, T. M. Oxford: Oxford University Press, 1942.

Lineamenti — *Lineamenti di filosofia del diritto. Diritto naturale e scienza dello Stato in compendio*. Trad. Marini, G. Roma-Bari: Laterza, 1987.

Lineamenti di Filosofia del Diritto. Con le aggiunte compilate da Eduard Gans. Trad. Messineo, F. Roma-Bari: Laterza, 1979 (1913).

Linhas fundamentais da filosofia do direito ou Direito natural e ciência do Estado em compêndio. Trad. Meneses, P., Bavaresco, A., Moraes, A., Costa, D., Vaz-Curado R. M., Barbieri, G. A. e Konzen, P. R. São Leopoldo/São Paulo: Unisinos/Loyola, 2010.

Nisbet — *Elements of the Philosophy of Right*. Ed. Wood, A. W. Trad. Nisbet, H. B. Nova York/Melbourne: Cambridge University Press, 1991.

Prefácios. Carmo Ferreira, M. J. *G. W. F. Hegel: Prefácios*. Lisboa: Imprensa Nacional/Casa da Moeda, 1990.

Nota sobre a tradução

O texto de referência para esta tradução é a edição crítica a cargo de Klaus Grotsch e Elizabeth Weisser-Lohmann (*Grundlinien der Philosophie des Rechts. Naturrecht und Staatswissenschaft im Grundrisse*, Hamburgo, Felix Meiner, 2009, v. 14, 1), publicada no quadro das obras completas, *Gesammelte Werke* (doravante *GW*) (Hamburgo, Felix Meiner, 1968-2017). Para a tradução dos "adendos" (*Zusätze*), a atual obra de referência utilizada é a conhecida *Theorie Werkausgabe* (*TW*), organizada por Eva Moldenhauer e Karl Markus Michel (Frankfurt a. M., Suhrkamp, 1970, v. 7), que os retoma em tipo menor, apostos a cada parágrafo. Eles foram acrescentados ao texto de Hegel na primeira edição póstuma desta obra em 1833, a cargo de Gans, com as devidas correções em edições posteriores.

Com a exceção do Prefácio, *Linhas fundamentais da filosofia do direito* é composta por parágrafos numerados, organizados da seguinte forma: um parágrafo inicial, o *caput*, que pode ou não ser seguido por uma "anotação", indicada por um pequeno recuo em relação ao texto inicial. Ambos, *caput* e anotação, são de autoria de Hegel; na anotação, Hegel desenvolve a tese exposta no *caput*.

Na sequência, esta edição incorpora os "adendos" redigidos por Eduard Gans a partir dos apontamentos de dois discípulos de Hegel, K. G. v. Griesheim e H. G. Hotho, referidos pelas iniciais G e H. Em rodapé, traz as notas do tradutor, que, em alguns casos, reproduzem as notas manuscritas que Hegel inseria em um exemplar especialmente preparado pelo impressor e que ele utilizava como um roteiro para suas preleções. Por fim, sinalizadas com asterisco [*] estão as notas originais de Hegel, que constam já na primeira edição de *A filosofia do direito* (1820).

Marcos Lutz Müller

Naturrecht

und

Staatswissenschaft

im Grundrisse.

———

Zum Gebrauch für seine Vorlesungen

von

D. Georg Wilhelm Friedrich Hegel,

Ordentl. Professor der Philosophie an der Königl. Universität
zu Berlin.

———

Berlin, 1821.
In der Nicolaischen Buchhandlung.

Grundlinien

der

Philosophie des Rechts.

———

Von

D. Georg Wilhelm Friedrich Hegel,

Ordentl. Professor der Philosophie an der Königl. Universität
zu Berlin.

———

Berlin, 1821.
In der Nicolaischen Buchhandlung.

DIREITO NATURAL
E
CIÊNCIA DO ESTADO
NO SEU TRAÇADO FUNDAMENTAL

―――

para uso em suas preleções

pelo
Dr. Georg Wilhelm Friedrich Hegel

*Professor catedrático de Filosofia
na Universidade Real
de Berlim*

―――

Berlim, 1821
na Livraria Nicolai

LINHAS FUNDAMENTAIS
DA
FILOSOFIA DO DIREITO

---

pelo
Dr. Georg Wilhelm Friedrich Hegel

*Professor catedrático de Filosofia
na Universidade Real
de Berlim*

Berlim, 1821
na Livraria Nicolai

Prefácio

O motivo inicial para a publicação deste traçado fundamental[1] é a necessidade de pôr nas mãos dos meus ouvintes um fio condutor para as preleções que, em conformidade com a minha função, dou sobre a *Filosofia do direito*. Este manual é uma exposição mais ampla, especialmente mais sistemática, dos mesmos conceitos fundamentais que sobre essa parte da filosofia já estão contidos na *Enciclopédia das ciências filosóficas* (Heidelberg, 1817),[2] que então destinei para o acompanhamento de minhas preleções.

---

[1] Opta-se aqui, como no título da obra, por uma tradução literal do termo *Grundriss* como "traçado fundamental", habitualmente vertido por "compêndio", precisamente a fim de marcar a importante diferença que Hegel estabelece logo a seguir entre "um compêndio propriamente dito" (*ein eigentliches Kompendium*) e o seu presente tratado. O caráter distintivo deste é "o seu princípio condutor" (ver parágrafo 3 do Prefácio), a "apresentação" (*Darstellung*) dialético-especulativa do desenvolvimento do conceito em suas determinações, que ele denomina "método científico" (*ibid.*), desenvolvido e justificado nos três livros da sua *Ciência da lógica*, publicada anteriormente (1812-16), e que constitui a disciplina primeira do seu "sistema da ciência", já anunciado por ocasião da publicação da *Fenomenologia do espírito* (1807). O § 31 expõe concisamente as características e as diretivas desse "método". Já no início do Prefácio à primeira edição da *Enciclopédia das ciências filosóficas* [1817], Hegel se refere a essa distinção entre um compêndio usual e o seu *Grundriss*, que "estabelece uma nova elaboração da filosofia, segundo um método que será, como espero, reconhecido como o único verdadeiro, idêntico com o conteúdo".

[2] Hegel publica em meados de junho de 1817 a primeira edição de sua *Enciclopédia das ciências filosóficas*, "uma visão de conjunto do âmbito total da filosofia" (*E [1817]*, p. 5), nas palavras do início do seu Prefácio, na qual ele apresenta sua concepção da filosofia como conhecimento sistemático do todo em sua diferenciação interna, "segundo a necessidade do conceito" (*id.*, § 6): "A filosofia é também *essencialmente* enciclopédia, visto que o verdadeiro só pode ser enquanto totalidade, e somente pela diferenciação e determinação de suas diferenças é que a necessidade das mesmas e a liberdade do todo podem ser; a filosofia é, portanto, necessariamente *sistema*" (*id.*, § 7). Mas a *Enciclopédia* não é a realização do "sistema da ciência" que Hegel busca desenvolver

Mas o fato de que esse traçado fundamental devia aparecer impresso e, assim, chegar ao grande público, tornou-se ocasião para às vezes expor mais amplamente já aqui as *Anotações*³ que, em breve menção, deviam inicialmente indicar as representações afins ou divergentes, as consequências ulteriores e coisas semelhantes, o que nas preleções recebia suas explicitações pertinentes, a fim de esclarecer de vez em quando o conteúdo mais abstrato do texto e de tomar em consideração mais extensa as representações mais próximas e correntes da época atual. Assim, surgiu um sem-número de anotações mais amplas do que comporta o fim e o estilo de um compêndio. Um compêndio propriamente dito tem por ob-jeto⁴ o âmbito de uma ciência considerado como pronto e acabado, porém o que lhe é peculiar, com a exceção talvez de um pequeno acréscimo aqui ou ali, é, sobretudo, a compilação e a ordenação dos momentos essenciais de um conteúdo que há tempo

---

desde a época de Jena (1801-06), pois, como "manual para o uso em suas preleções", ela não se basta e depende da explicação oral para o desenvolvimento pleno da argumentação, de sorte que tanto ela quanto as *Linhas fundamentais* são, na sua estrutura, um "traçado fundamental", que contém somente "o fio condutor" para as preleções (Prefácio, in: *GW*, v. 14, 1, p. 5; *TWA*, v. 7, p. 11). "A natureza de um traçado fundamental não só exclui um desenvolvimento mais exaustivo das ideias, mas também comprime de modo particular o desenvolvimento da sua derivação sistemática, a qual tem de conter o que outrora se entendia pela *demonstração*, e que é indispensável a uma filosofia científica" (*ibid*.). A diferença das *Linhas fundamentais* em relação à *Enciclopédia* está em que elas são um desenvolvimento consideravelmente mais amplo e diferenciado do conteúdo, dos princípios e conceitos fundamentais expostos na "Segunda Parte" da *Filosofia do espírito*, "O espírito objetivo" (cujo âmbito corresponde tematicamente ao daquelas), que, na *Enciclopédia* de 1817, abarca 53 parágrafos (§§ 400-42), em comparação com os 360 parágrafos das *Linhas fundamentais*.

³ As "Anotações" (*Anmerkungen*) referem-se às elucidações que Hegel acrescenta à tese enunciada concisamente no *caput* dos parágrafos, na intenção de explicá-la ulteriormente, como ele mesmo esclarece na sequência imediata do texto. Desde a primeira edição, elas são impressas em margem recuada e, quando existem, são assinaladas nas citações pela maiúscula "A" aposta ao número do parágrafo.

⁴ Para diferenciar a palavra *Gegenstand*, que, desde o século XVIII, assume em alemão o significado da palavra de origem latina *Objekt*, marcando o sentido etimológico do latino *ob-jectum*, oriundo do verbo *objicere* ("lançar ou pôr diante", também no sentido de "pôr um obstáculo"), e que tinham ambas, em alemão, até o século XVII, a sua contrapartida exata no termo alemão *Gegenwurf*, usarei a grafia "ob-jeto" com hífen, para traduzir *Gegenstand* e marcar a sua relação essencial à consciência, ao conhecimento, ao espírito, à diferença de *Objekt*, vertido por "objeto", que assinala, antes, a sua independência em face do sujeito cognoscente ou prático (cf. *E*, § 193).

é igualmente aceito e conhecido, assim como essa forma de compêndio tem há muito as suas regras e convenções estabelecidas. Por isso não se espera esse feitio de um traçado fundamental filosófico, porque se imagina que o que a filosofia apresenta seria uma obra tão tresnoitada quanto o véu tecido por Penélope,[5] que cada dia é recomeçado do início.

Com efeito, este traçado fundamental difere de um compêndio usual antes de tudo pelo método que constitui o seu princípio condutor. Mas aqui se pressupõe que o modo filosófico do progredir de uma matéria a outra e do demonstrar científico, esse modo de conhecimento especulativo em geral, se distingue essencialmente de qualquer outro modo de conhecimento. É unicamente o discernimento do caráter necessário de tal diversidade o que é capaz de arrancar a filosofia da vergonhosa decadência em que ela mergulhou em nosso tempo. Reconheceu-se bem, ou apenas mais se sentiu do que se reconheceu, a insuficiência para a ciência especulativa das formas e regras da lógica antiga, do definir, do dividir e do concluir, que contêm as regras do conhecimento do entendimento, e então se rejeitou essas regras como sendo somente grilhões, para se falar arbitrariamente a partir do coração, da fantasia e da intuição contingente; mas como aí também têm de intervir a reflexão e as relações de pensamento, procede-se de maneira inconsciente segundo o desprezado método da dedução e do mero raciocínio usuais. A natureza do saber especulativo, eu a desenvolvi minuciosamente na minha *Ciência da lógica*; por isso, neste traçado fundamental só se acrescentou aqui e ali uma explicação sobre o modo de avançar e o método. No que se refere à constituição concreta e em si mesma[6] tão variada do objeto, não se deu atenção a demonstrar e destacar a progressão lógica em todos e em cada um

---

[5] A metáfora do véu de Penélope deve ser entendida, antes de tudo, no contexto das reiteradas críticas de Hegel à "vergonhosa decadência em que a filosofia se afundou em nossa época" (*id.*, p. 6), numa clara referência à proliferação de sistemas com a pretensão de inovação integral e de fundamentação arbitrária a partir do que ele, no "conceito preliminar" da *Enciclopédia*, designa e critica como formas do "saber imediato" (*E [1830]*, §§ 61-78).

[6] A fim de marcar a diferença entre *an sich* ("em si") e *in sich*, traduz-se esta última por "em si mesma" (quando usada mais no seu sentido corrente) e, também, para realçar o seu sentido filosófico, por "dentro de si" (no caso em que a preposição *in* rege o pronome reflexivo *sich* no dativo), ou por "adentro de si" (quando ela o rege no acusativo, indicando "movimento para" ou "em direção a"). Nos contextos em que os dois últimos entendimentos são possíveis, recorre-se à grafia "(a)dentro de si", ficando em aberto a interpretação alternativa ou a conjunção dos dois sentidos.

dos detalhes singulares. De uma parte, isso podia ser tido como supérfluo no caso de uma pressuposta familiaridade com o método científico, mas, de outra parte, vai se mostrar por si mesmo que o todo, assim como a formação plena dos seus membros, se baseia no espírito lógico. É, mormente, sob esse aspecto que gostaria também que este tratado fosse tomado e julgado. Pois é da *ciência* que nele cabe tratar, e na ciência o conteúdo está essencialmente ligado à *forma*.[7]

Pode-se certamente ouvir daqueles que parecem tomar a questão da ciência da maneira mais profunda, que a forma seria algo externo e indiferente à Coisa,[8] que só esta importaria; pode-se, além disso, pôr a tarefa do escritor, em particular a do escritor filósofo, em descobrir *verdades*, em dizer *verdades*, em difundir *verdades* e conceitos corretos.[9] Quando agora se

---

[7] O que Hegel reivindica como o diferencial entre o seu "traçado fundamental" e um compêndio comum é o "método científico", baseado no "saber especulativo". Este foi desenvolvido anteriormente na sua *Ciência da lógica* (1812-16), e tem na autonomia do "livre pensar" que se apreende, se determina e desenvolve a si mesmo o princípio da sua autojustificação como ciência (*E*, §§ 9-12, 60 A), e na ligação essencial entre forma e conteúdo o seu elemento constitutivo central: "O método é a consciência acerca da forma do automovimento interno do seu conteúdo" (*WL I*, p. 37; *TWA*, v. 5, p. 49). Nessa ligação essencial já está "em si" presente o "inverter" (*Umschlagen*) da forma em conteúdo e, reciprocamente, que demonstra a sua inseparabilidade, na medida em que esse inverter será "posto" como copertencimento necessário e identidade mútua de ambos no conceito de "relação absoluta" (*E*, § 133 A; *WL II*, pp. 393-409; *TW*, v. 5, pp. 217-40). Hegel invoca aqui genericamente o "espírito lógico" como sendo a base de sua filosofia enquanto ciência e do seu método científico, cuja justificação conjunta é o objeto da *Ciência da lógica*, exigindo de seus críticos que tomem e avaliem o seu "tratado" no patamar desse "espírito lógico".

[8] Traduz-se o substantivo *Sache* por "Coisa", com maiúscula, para diferenciá-lo de *Ding*, vertido por "coisa", com minúscula. No seu uso mais corrente, "Coisa" designa o "objeto do estudo" no registro do seu conhecimento dialético-especulativo, que procura "apresentar" (*darstellen*) a lógica imanente da sua determinação própria. No seu sentido mais amplo, remete "à verdadeira questão", "àquilo que realmente importa", em oposição a aspectos superficiais e transitórios de um conhecimento externo a ela (ver *Inwood*, pp. 70-2). Ver a nota mais ampla sobre *Sache* no § 37 Ad.

[9] Como assinala Kervégan, esta é uma primeira alusão a Fries e à expressão "espírito da verdade" (*Geist der Wahrheit*) (*Kervégan*, p. 115, nota 2), utilizada repetidamente em sua fala por ocasião da festa comemorativa do tricentenário da Reforma protestante e do quarto aniversário da vitória da Prússia e seus aliados sobre Napoleão na batalha de Leipzig. Essa comemoração, organizada pelas corporações estudantis (*Burschenschaften*) nos dias 17 e 18 de outubro de 1817, ocorreu no castelo de Wartburg, perto de

considera como essa tarefa costuma ser efetivamente conduzida, então vê-se, de uma parte, o mesmo velho palavreado[10] requentado e distribuído para todos os lados — uma tarefa que terá certamente também o seu mérito para o cultivo e o despertar dos ânimos, embora devesse ser antes vista como um azafamar-se supérfluo — "pois eles têm Moisés e os profetas, que os ouçam". Têm-se, antes de tudo, oportunidades múltiplas de se espantar com o tom e a pretensão que se dão aí a conhecer, ou seja, como se ao mundo só tivesse faltado ainda esses zelosos divulgadores de verdades, e como se esse palavreado requentado trouxesse verdades novas e inauditas, e, sobretudo, fosse sempre de se levar a peito principalmente "no momento atual". Mas, de outra parte, vê-se que o que é distribuído por tais verdades, de um lado, é desalojado e levado de roldão precisamente pelas mesmas verdades prodigalizadas, de outro lado. O que seria então nesse tumulto de verdades nem antigo nem novo, porém permanente, e como deve este destacar-se dessas considerações informes e oscilantes, como deve ele se diferenciar e se confirmar de outro modo senão pela *ciência?*

De toda maneira, a *verdade* sobre o *direito*, a *eticidade* e o *Estado é tão antiga* quanto está *abertamente exposta e tornada conhecida nas leis públicas*, *na moral pública* e *na religião*. De que mais precisa essa verdade, na medida em que o espírito pensante não se satisfaz em possuí-la dessa maneira mais direta, senão que ela também seja *apreendida conceitualmente* e que se obtenha para o conteúdo já em si racional também a forma racional, a fim de que ele apareça justificado para o pensamento, o qual não fica no que é *dado*, quer seja este sustentado pela autoridade positiva externa do Estado ou do consenso dos homens, quer pela autoridade do sentimento interno e do coração e pelo testemunho imediatamente aquiescente do espírito, porém

---

Eisennach, na Turíngia, onde Lutero se refugiara da perseguição no ano de 1521, e se transformou num marco da agitação pública de setores acadêmicos e do movimento estudantil em prol de transformações políticas liberais. É essa agitação que vai desencadear, mais tarde, a reação autoritária dos Decretos de Karlsbad (agosto de 1819) (*Nipperdey*, p. 280).

[10] Embora quase todas as traduções interpretem literalmente a metáfora "*den alten Kohl* (couve) *immer wieder aufkochen*" como "requentar ou recozinhar o mesmo velho prato ou a mesma velha sopa ou couve" — o que até tem um antecedente clássico nas *Sátiras* de Juvenal, "*crambe* (couve) *repetita*" (Sat. 7, 154) —, ela é uma expressão da linguagem estudantil, que equivale ao que designamos por "conversa fiada", "falar disparates". A palavra alemã *Kohl*, que soa como o hebraico "*qôl*", tem aqui o sentido de "boato", "falatório" (*Duden*, p. 705; *DW*, pp. 548-9).

provém de si e, precisamente por isso, exige saber-se unido no mais íntimo à verdade.[11]

O comportamento simples do ânimo sem prevenções é ater-se com convicção plenamente confiante à verdade publicamente conhecida e construir sobre esta base firme seu modo de agir e sua posição sólida na vida. Contra esse comportamento simples surge talvez em seguida a suposta dificuldade de como se pode, a partir das *opiniões* infinitamente *diversas*, distinguir e descobrir o que nelas seja universalmente reconhecido e válido; e pode-se facilmente tomar esse embaraço por uma reta e verdadeira seriedade para com a Coisa.[12] De fato, porém, são os que se aproveitam desse embaraço que, no

---

[11] Hegel não diz que a verdade das instituições e práticas públicas coincide com as instituições e práticas antigas e historicamente vigentes, mas que a "verdade sobre" elas, que cabe ao pensamento conceitual justificar e reconhecer, se manifesta "abertamente" no "conteúdo já em si racional" do que é antigo e historicamente transmitido, cabendo à filosofia perscrutá-lo. Não é a sua antiguidade e sua vigência histórica, sustentadas por alguma "autoridade" externa ou interna, pelo "consenso dos homens" ou por um "testemunho" imediato do espírito, que tornaria o seu conteúdo racional, mas é o pensamento conceitual que reconhece e legitima o que é intrinsecamente racional nesse conteúdo e lhe obtém, assim, a "forma da racionalidade". A expressão "testemunho imediatamente aquiescente do espírito" é uma alusão secularizada à frase de Paulo na *Epístola aos romanos* (8, 16): "O mesmo espírito dá testemunho ao nosso espírito de que somos filhos de Deus", que Hegel retoma ao final do Prefácio, no contexto da tese da reconciliação filosófica com o presente, mediante a justificação pelo livre pensamento do conteúdo racional desse presente. Com isso, ele se inscreve explicitamente na continuidade secular e filosófica do princípio protestante do livre exame e da modernidade de Lutero: o que este "iniciou como fé no sentimento e no testemunho do espírito é o mesmo que o espírito mais amadurecido se esforçou por apreender no conceito e, assim, se libertar no presente e, através disso, encontrar-se nele" (*GW*, v. 14, 1, p. 16; *TWA*, v. 7, p. 27). Como observa *Peperzak* (pp. 58-9), a equiparação da "autoridade exterior do Estado" com a "autoridade do sentimento interno e do coração" como formas insuficientes de legitimação da moralidade e da eticidade dadas contém a afirmação implícita de que a autoridade externa do Estado tampouco é o critério de verdade do direito, da moralidade e da legitimação do Estado, quanto o é a certeza imediata e irrefletida do sentimento, que será objeto da crítica e da ironia acerbas de Hegel nos itens subsequentes do Prefácio. Essa equiparação, em todo caso, enfraquece toda pretensa interpretação autoritária, acomodatícia ou subserviente da frase inicial deste parágrafo.

[12] O conceito de "Coisa" (*Sache*) no sentido da "Coisa mesma" (*die Sache selbst*), já presente na *Fenomenologia do espírito*, se diferencia do conceito de *Ding*, a coisa enquanto ob-jeto físico qualquer, apreendido no mundo externo pela consciência enquanto certeza sensível e percepção. A diferença entre ambas é assinalada pela grafia de Coisa (*Sache*) com maiúscula. Na *FE*, "Coisa" se refere a "obra verdadeira", enquanto objeti-

caso, não veem a floresta antes das árvores, e estão aí-presentes[13] apenas o embaraço e a dificuldade que eles mesmos arranjaram; mais ainda, esse seu embaraço e essa sua dificuldade são antes a prova de que eles querem algo diferente do que é universalmente reconhecido e vigente, diferente do que é a substância do direito e do ético. Pois se é verdadeiramente disso que se trata, e não da *vaidade* e da *particularidade* do opinar e do ser, eles se ateriam ao direito substancial, isto é, aos preceitos da eticidade e do Estado, e organizariam a sua vida segundo eles. — Mas a dificuldade adicional vem de que o homem *pensa* e de que ele procura no pensamento sua liberdade e o fundamento da eticidade. Ora este direito, por mais alto e por mais divino que seja, inverte-se no que é contrário ao direito quando só isto vale como pensamento, e quando o pensamento só se sabe livre na medida em que *se afasta do universal-reconhecido e válido* e soube inventar para si algo de *particular*.[14]

---

vidade e efetividade do espírito, na qual a consciência se reconhece como racional em si e para si, pois, como obra verdadeira, ela é a plena compenetração, tornada objetiva, da efetividade e da individualidade, o ob-jeto engendrado pela autoconsciência como ob--jeto seu, sem que ele cesse de ser um ob-jeto livre que se lhe defronta (*PhdG*, pp. 222-4; *TWA*, v. 3, pp. 304-5; *FE*, §§ 409-11).

[13] A expressão "aí-presente" traduz a palavra alemã *vorhanden* (cf. sugestão da tradução francesa de Kervégan: *présents-là*), na qual o "aí" remete ao prefixo *vor* do composto nominal *vorhanden*, que assinala em português a diferença entre o "presente" no sentido temporal, como tradução do adjetivo alemão *gegenwärtig*, e o presente no sentido do que existe e se tornou realidade externa, aqui especificamente no sentido de que o conceito da liberdade se efetivou na objetividade do mundo aí-presente.

[14] O registro polêmico do texto induz a uma equiparação ambivalente entre o que é "universalmente reconhecido e vigente [*Geltende*]" ou a "verdade conhecida publicamente" (a que "o comportamento simples do ânimo sem prevenções [há de] ater-se com convicção plenamente confiante"), e o que é "universalmente reconhecido e válido [*Gültige*]", que se refere ao "direito substancial", à "substância do direito e do ético". Essa equiparação ambivalente, que Hegel neste parágrafo não esclarece devidamente e que deu margem à leitura do Prefácio como um manifesto da Restauração política e de defesa do *status quo*, resulta também, entre outras razões, de sua expectativa de aplainar o caminho para uma acolhida favorável da sua obra junto ao chanceler Hardenberg e à ala reformista do ministério. No borrão de uma carta enviada ao chanceler em 10 de outubro de 1820, Hegel insiste em que seu empenho científico é "separar a filosofia do que falsamente usurpou o seu nome e, muito mais, demonstrar a concordância da filosofia com aqueles princípios de que a natureza do Estado em geral precisa" (*Briefe*, II, pp. 241-2). Ele estava convencido de que sua filosofia do direito podia ser importante "não só para os estudiosos", mas também para "promover as metas benéficas do governo" (*ibid.*). Como observa Jaeschke, dificilmente teria escapado ao chanceler, se ele realmente tomou conhe-

Em nosso tempo, pôde parecer enraizada da maneira mais sólida, em *relação ao Estado*, a representação de que a liberdade do pensamento e do espírito em geral só se demonstraria pela divergência; mais ainda, pela hostilidade contra o que é publicamente reconhecido, e de acordo com isso, pôde parecer de maneira estranha que uma filosofia sobre o Estado teria essencialmente a tarefa de inventar e fornecer *ainda* uma *teoria*, e precisamente, uma teoria nova e particular. Quando se vê essa representação e a agitação que lhe segue, deveria se supor que no mundo não tivessem ainda havido nenhum Estado e nenhuma constituição estatal, nem existissem no presente, porém como se *agora* — e esse *agora* perdura sempre — tivesse que se começar tudo do início, e que o mundo ético só tivesse esperado por um tal excogitar, aprofundar e fundamentar atuais. Em se tratando da natureza, admite-se que a filosofia tenha de conhecê-la *como ela é*, que a pedra filosofal esteja escondida *em algum lugar*, mas *na própria natureza*, e que esta seja racional *dentro de si*, e que o saber tenha de pesquisar e apreender conceitualmente essa razão *efetiva* nela presente, não as contingências e as configurações que se mostram à superfície, porém sua harmonia eterna, mas enquanto sua essência e sua lei *imanentes*. Pelo contrário, o mundo ético, o Estado, [isto é] ela, a razão tal como se efetiva no elemento da autoconsciência, não deve desfrutar da felicidade de que de fato é a razão que adquiriu força e poder irresistível nesse elemento, de que ela aí se afirma e aí habita.[15]

---

cimento dessa carta, a alusão de Hegel ("princípios de que a natureza do Estado em geral precisa") ao cumprimento da promessa (jamais cumprida) que o chanceler extraíra do rei Frederico Guilherme III, num decreto datado de 22 de maio de 1815, de outorgar à Prússia uma constituição escrita (*Hegel-Handbuch*, p. 274; *Nipperdey*, p. 276). De resto, essa ambivalência entre "vigente" e "válido" aparece, o mais das vezes, nos contextos em que Hegel polemiza contra a crítica moralizante que apela à certeza formal do sentimento, à convicção subjetiva ou à sinceridade do coração para condenar a realidade política e a eticidade existentes. Mas a parte final deste parágrafo menciona, de maneira análoga ao final do parágrafo anterior, a "dificuldade adicional", que seria então real e não meramente "suposta", do homem que "procura no pensamento sua liberdade e o fundamento da eticidade" e, com isso, a diferença entre o direito e a eticidade faticamente vigentes, de um lado, e o substancial "universalmente reconhecido e válido", de outro.

[15] [Esta nota de Eduard Gans remonta a uma preleção sobre *Direito natural e ciência do Estado* do Semestre de Inverno de 1822/23.] *Adendo*. Há duas espécies de leis, leis da natureza e leis do direito: as leis da natureza são pura e simplesmente e valem como elas são: embora se possa infringi-las em casos singulares, elas não sofrem nenhum enfraquecimento. Para saber o que é a lei da natureza temos de aprender a conhecer a natureza, pois essas leis são corretas; só as representações que delas temos podem ser falsas.

O universo espiritual deve ser antes entregue ao acaso e ao arbítrio, deve estar *abandonado por Deus*, de sorte que, segundo este ateísmo do mundo ético, o *verdadeiro* se encontra *fora* dele e, ao mesmo tempo, porque a razão também deve, contudo, estar aí, o verdadeiro seria somente um problema.

O padrão de medida dessas leis está fora de nós, e o nosso conhecimento não lhes acrescenta nada e não as torna melhores: só nosso conhecimento acerca delas pode ampliar-se. O conhecimento do direito, por um lado, é também assim, por outro, não. Também aprendemos a conhecer as leis como elas estão pura e simplesmente aí; o cidadão as tem mais ou menos desse modo e o jurista positivo se detém igualmente no que é dado. Mas a diferença está em que no caso das leis jurídicas intervém o espírito de reflexão, e já a diversidade das leis chama a atenção para o fato de que elas não são absolutas. As leis jurídicas são *algo posto*, *algo proveniente* dos homens. A voz interior necessariamente pode ou entrar em conflito com esse direito posto ou aderir a ele. O homem não se detém no que está-aí, porém afirma ter dentro de si o padrão de medida do que é direito; ele pode estar submetido à necessidade e ao poder da autoridade externa, mas nunca como à necessidade da natureza, pois o seu interior lhe diz sempre como as coisas devem ser, e ele encontra dentro de si mesmo a confirmação ou não do que é válido. Na natureza a verdade suprema é que uma lei em geral é; nas leis jurídicas a Coisa não vale porque é, porém cada homem exige que ela deva corresponder ao seu próprio critério. Aqui, portanto, é possível um conflito entre o que é e o que deve ser, do direito sendo em si e por si, que permanece inalterável, e a determinação arbitrária do que deve valer como direito. Mas só se encontra tal separação e tal luta no terreno do espírito, e porque a prerrogativa do espírito parece levá-lo à insatisfação e à infelicidade, se é remetido frequentemente do arbítrio da vida à consideração da natureza e a dever tomar esta como modelo. Mas precisamente nessas oposições do direito sendo em si e por si e do que o arbítrio faz valer como direito reside a necessidade de aprender a conhecer profundamente o direito. No direito tem de vir ao encontro do homem a sua razão; ele tem de, portanto, considerar a racionalidade do direito, e essa é a questão de nossa ciência em oposição à jurisprudência positiva, que muitas vezes só tem a ver com contradições. O mundo presente tem uma necessidade ainda mais urgente dessa ciência, pois antes, em tempos antigos, ainda existia aí respeito e veneração diante da lei existente; mas agora a cultura da época tomou outro rumo, e o pensamento pôs-se no ápice de tudo o que deve valer. Teorias entram em confronto com o que está-aí e querem aparecer como sendo em si e por si corretas e necessárias. Doravante torna-se uma necessidade mais especial conhecer e apreender conceitualmente os pensamentos do direito. Uma vez que o pensamento se elevou a forma essencial, é preciso também procurar apreender o direito enquanto pensamento. Se o pensamento deve se situar acima do direito, isso parece abrir as portas de par em par às opiniões contingentes; mas o verdadeiro pensamento não é uma opinião sobre a Coisa, porém o conceito da Coisa mesma. O conceito da Coisa não nos vem da natureza. Todo homem tem dedos, pode pegar pincel e cores, mas ainda não é por isso um pintor. O mesmo se passa com o pensar. O pensamento do direito não é algo que cada um tem em primeira mão, porém o pensar correto é tomar conhecimento da Coisa e conhecê-la, e por isso nosso conhecimento deve ser científico.

Mas nisso residiria a legitimação, e mesmo a obrigação para todo pensamento de também tomar a sua iniciativa, não, contudo, *de procurar* a pedra filosofal, pois o filosofar de nosso tempo dispensa o procurar, e cada um está certo, assim como está de pé e anda, de ter essa pedra em seu poder. Acontece, no entanto, que os que vivem nessa realidade efetiva do Estado e aí encontram o seu saber e seu querer satisfeitos — e esses são muitos, em todo caso mais do que os que o supõem e sabem disso, pois, *no fundo*, são *todos* —, e que, portanto, aqueles pelo menos que conscientemente têm sua satisfação no Estado, riem-se daquelas iniciativas e asseverações, e as tomam por um jogo vazio, ora mais frívolo, ora mais sério, divertido ou perigoso. Esse tumulto inquieto da reflexão e da vaidade, assim como a acolhida e a concordância que experimenta, seria uma questão por si, que se desenvolve à sua maneira em si mesma; mas é a filosofia em geral que, por meio dessa agitação, se expôs às mais variadas formas de descrédito e desprezo. O pior desprezo é que cada um está convencido de ser capaz, assim como está de pé e anda, como se disse, de ser versado em filosofia em geral e de discuti-la. A nenhuma outra arte ou ciência se atesta esse desprezo supremo de supor que se a possui por infusão direta.

De fato, o que vimos a filosofia mais recente apregoar com a maior pretensão a respeito do Estado certamente autoriza, a qualquer um que teve o prazer de intervir, esta convicção de poder fazer diretamente a partir de si algo semelhante e, com isso, demonstrar que está na posse da filosofia. De toda maneira, esta assim autodenominada filosofia declarou expressamente que *o verdadeiro mesmo não poderia ser conhecido*, mas que o verdadeiro é o que qualquer um faz *brotar do seu coração, do seu ânimo e do seu entusiasmo* a respeito dos objetos éticos, principalmente a respeito do Estado, do governo e da constituição. Quantas coisas sobre isso não se disse especialmente para agradar à juventude? E a juventude então também se deleitou com o que lhe disseram. "Aos seus Ele dá enquanto dormem",[16] isso foi aplicado à ciência e, assim, cada um que dorme contou-se entre os "seus"; o que ele assim recebeu durante o sono dos conceitos era, pois, segundo isso, certamente também verdade. — Um corifeu dessa superficialidade que se denomina filosofar, o sr. Fries*,[17] se atreveu durante uma cerimônia pública so-

---

[16] Salmo 127, v. 2.

* [Nota de Hegel] Acerca da superficialidade de sua ciência, me pronunciei noutro lugar; ver *Ciência da lógica* (Nuremberg, 1812), "Introdução", p. XVII (*WL I*, p. 19).

[17] Jakob Friedrich Fries (1773-1843) tornou-se, como Hegel, livre-docente (*Privat-*

lene, tristemente célebre,[18] a oferecer num discurso a seguinte representação

---

dozent) em Jena em 1801 e foi seu antecessor na universidade de Heidelberg, onde Hegel permaneceu durante quatro semestres letivos, a partir do outono de 1816, antes de aceitar o chamado do ministro Von Altenstein para o cargo de professor na universidade de Berlim, em outubro de 1818. Fries pronuncia a convite das Ligas Estudantis, durante a comemoração do tricentenário da Reforma (ver nota seguinte), o discurso do qual Hegel cita condensadamente uma passagem logo abaixo. Nele, Fries idealiza — no contexto de uma fala a favor da unificação alemã, das reformas liberais e contra a monarquia e a ideologia da Restauração política — o espírito comum, a justiça, o amor da pátria e o espírito de sacrifício que reinaria em um povo, "cuja *vida* viria *de baixo, a partir do povo*". A crítica mordaz de Hegel à "superficialidade" filosófica que ele aí detecta e que interpreta como a dissolução da "rica articulação" da eticidade e da "arquitetônica" racional do Estado na vida do povo foi tanto mais fácil e plausivelmente entendida como "uma tomada de posição antiliberal e pró-governamental", como assinala Carmo Ferreira (*Prefácios*, p. 201), quanto Fries fora recentemente demitido (novembro de 1819) de sua cátedra de filosofia em Heidelberg (à qual seria reintegrado em 1824), em decorrência da aplicação dos "Decretos de Karlsbad" (ver nota seguinte). Mas o juízo severo de Hegel remonta à dura crítica que já fizera na primeira edição da sua *Ciência da lógica* (1812) ao *Sistema da lógica* publicado por Fries no ano anterior, no qual este buscava, trivializando a filosofia kantiana, uma "transformação" e "ampliação" da lógica mediante uma fundamentação antropológica da mesma "por meio de material psicológico, pedagógico e até mesmo fisiológico" (*WL I* (1812), p. 23). "Uma recém-publicada e novíssima reelaboração dessa ciência, *Sistema da lógica* de Fries, retrocede aos fundamentos antropológicos. — A superficialidade em si e por si da representação ou opinião que subjaz a ele e à sua execução me dispensam do esforço de levar em qualquer consideração essa publicação insignificante" (*ibid.*).

[18] Alusão à festa comemorativa (ocorrida em 17 e 18 de outubro de 1817) do tricentenário da Reforma e do quarto aniversário da vitória sobre Napoleão, organizada pelas ligas estudantis, da qual participaram cerca de quinhentos estudantes de pelo menos onze universidades alemãs e alguns professores, na qual se celebrava, numa nova forma de ação política, a libertação interior da autoridade do papado romano e, ao mesmo tempo, da tirania da dominação estrangeira. O discurso de Fries nesta ocasião esboça uma visão nacionalista da unidade alemã numa perspectiva idealizada, vagamente republicana e comunitária, permeada por resíduos antissemitas, que permanece para Hegel no nível de uma "representação". Ao final da tarde do primeiro dia, os estudantes radicais, talvez motivados pela memória da ação de Lutero de queimar publicamente a bula papal da sua excomunhão, organizaram uma queima de livros considerados "não alemães", de escritores reacionários ligados à Restauração, como Von Haller e Kotzebue, mas que incluía também o Código Civil de Napoleão e o Código Prussiano das Leis de Polícia, bem como alguns símbolos do exército. No dia seguinte, foi fundada a "Liga Estudantil Pangermânica" (*Allgemeine Deutsche Burschenschaft*), cujas metas formuladas pelo estudante Reimann eram: a unidade nacional e a liberdade constitucional, uma constituição e uma representação nacional contra o Estado particularista, estamental e poli-

cial, e contra os resquícios da sociedade feudal. A elas, se mesclavam, de maneira nem sempre congruente, os ideais de liberdade, igualdade e fraternidade da Revolução Francesa, representações democráticas e racionalistas aliadas a ideias românticas de uma comunidade orgânica de caráter cristão e medieval, perpassadas por um entusiasmo juvenil. Metternich, o chanceler austríaco, e as autoridades alemãs conservadoras interpretaram a festa como uma ação revolucionária contra o Estado e se sentiram ameaçados por ela. Com isso, deram margem a uma posterior radicalização das metas e dos meios de ação política das ligas estudantis, que partiram, então, para a justificação da ação direta e violenta, o tiranicídio, como meio de liquidar os resquícios da sociedade feudal e estamental e promover a unidade alemã. É no desdobramento dessa radicalização dos fins (democracia nacional e república unitária, eleições populares, vontade geral e centralização de cunho jacobino) e dos meios por parte das ligas estudantis que ocorre o assassinato do polêmico escritor Kotzebue, suspeito de ser um espião russo, pelo estudante de teologia Karl Ludwig Sand, em 23 de março de 1819. Este espera com seu ato atiçar as chamas do sentimento popular e da "causa de Deus na humanidade" com a eliminação desse "infame sedutor [que age] para a completa corrupção do nosso povo", como escreve Sand num bilhete que trazia consigo. Em 31 de março do mesmo ano, De Wette, que era professor de teologia em Berlim, amigo de Schleiermacher e discípulo de Fries, escreve uma carta à mãe de Sand exprimindo apoio e simpatia ao seu ato: "O erro é contrabalançado pela pureza da convicção, ele acreditou ser justo o seu ato e, assim, agiu retamente; o modo como o ato foi praticado por este jovem puro e piedoso, com esta fé, com esta confiança, é um belo sinal dos tempos". Em outubro, De Wette é demitido da Universidade de Berlim e, em novembro, Fries, da cátedra da Universidade de Heidelberg, já no quadro da vigência dos "Decretos de Karlsbad", de agosto do mesmo ano. Em 5 de maio de 1820, Sand é decapitado. Ele enfrentou a sua execução solenemente como um mártir e herói, a multidão presente soluçava e embebia os lenços no seu sangue, e, durante muito tempo, depositaram-se flores no local da execução. A reação dos liberais e da classe cultivada ao episódio foi ambivalente e confusa, de empatia com os seus nobres motivos, mas condenando o crime.

É neste contexto que o conceito de "convicção" (*Überzeugung*), no sentido de uma fé subjetiva inquebrantável na legitimidade da ação intencionada, fundada no sentimento interior, propalado pelo professor Fries, e a referência à "figura da piedade" tornam-se o objeto da crítica virulenta de Hegel. A propósito, ver a crítica detalhada de Hegel ao "princípio da convicção" no § 140 A, e) (*GW*, v. 14, 1, pp. 128-32; *TWA*, v. 7, pp. 272-6; *Nipperdey*, pp. 279-82; *Peperzak*, pp. 13-31). A referência de Hegel à cerimônia comemorativa é, à primeira vista, hostil ("tristemente célebre"), mas seu alvo principal era Fries, "o corifeu dessa superficialidade", que corrompeu a filosofia, e, secundariamente, a invocação da "piedade" como motivo de justificação da ação, por parte de De Wette. Hegel não participou desse evento comemorativo, mas ele foi em Heidelberg e Berlim um apoiador das ligas estudantis, das quais muitos de seus estudantes participavam. Carové, posteriormente por ele indicado (sem sucesso) para ser seu assistente em Berlim, fora um participante proeminente das comemorações de Wartburg e cofundador da Liga Estudantil Pangermânica (*Nisbet*, p. 385, nota 11).

sobre o Estado e a constituição do Estado: "No povo em que domina um autêntico espírito comum, *a vida* viria *de baixo, a partir do povo*, e a todas as tarefas que pertencem aos assuntos públicos, a cada obra singular da formação do povo e do serviço ao povo, se consagrariam associações vivas, *unidas* de maneira inquebrantável *pela sagrada cadeia da amizade* e coisas do gênero." — Esse é o sentido principal da superficialidade, colocar a ciência não no desenvolvimento do pensamento e do conceito, mas antes na percepção imediata e na imaginação contingente, do mesmo modo, fazer confluir e dissolver a rica articulação do ético dentro de si, que é o Estado, a arquitetônica da sua racionalidade, que, pela diferenciação determinada dos círculos da vida pública e das suas legitimações e pelo rigor da medida na qual se mantém cada pilar, cada arco e contraforte, faz emergir a força do todo e de suas partes — fazer confluir e dissolver esse edifício bem formado no mingau do "*coração, da amizade e do entusiasmo*". Segundo essa representação, o mundo ético não *está*, mas deveria estar entregue à contingência subjetiva da opinião e do arbítrio, tal como, segundo Epicuro, o mundo em geral o está. Com o simples remédio caseiro de colocar no *sentimento* o que é o trabalho, no caso milenar, da razão e do seu entendimento, poupa-se certamente todo o esforço de conhecimento e de discernimento da razão guiados pelo conceito que pensa. O *Mefistófeles*, de Goethe — uma boa autoridade —, diz sobre isso aproximadamente o que já citei noutro lugar:[19]

> Despreza apenas o entendimento e a ciência,
> supremos dons do homem —
>   assim, te entregaste ao diabo
>   e tens de cair no abismo.[20]

---

[19] *FE*, V.B.a. (*PhdG*, p. 199; *TWA*, v. 3, p. 271; *FE*, § 360).

[20] Hegel cita de memória, modificando o texto e o seu sentido, uma passagem da primeira parte do *Fausto* de Goethe (Goethe, J. W. von, *Fausto: uma tragédia*, Primeira Parte, trad. Jenny Klabin Segall, São Paulo, Editora 34, 2013, pp. 180-3), na qual Mefistófeles, vestido com a toga de Fausto, se dirige ao jovem estudante que procura "orientação". Hegel compara aí, ironicamente, com as palavras de Mefistófeles, o desprezo da filosofia do sentimento de Fries e seus seguidores pelo "trabalho milenar da razão" que é "guiado pelo conceito que pensa" a uma entrega ao diabo, que conduz à ruína e ao abismo. Ele já citara, com pequenas variantes, essa mesma passagem modificada na *Fenomenologia do espírito* (*PhdG*, p. 199; *TWA*, v. 3, p. 271; *FE*, p. 256, § 360), saltando dez linhas intermediárias do texto original entre as duas primeiras e as duas últimas es-

É de imediato compreensível que tal maneira de ver assuma também a figura da *piedade*; pois com que tantas coisas essa agitação não tentou se conferir autoridade! Mas é com a devoção e a Bíblia que ela presumiu dar-se a legitimidade suprema para desprezar a ordem ética e a objetividade das leis. Pois é de certo também a piedade que envolve a verdade explicitada no mundo em um reino orgânico na intuição mais simples do sentimento. Mas na medida em que a piedade é legítima, ela abandona a forma dessa região do sentimento, tão logo ela sai da esfera interna e entra na luz do dia da ideia em seu desdobramento e em sua riqueza revelada, e traz do seu culto divino interno a veneração por uma verdade sendo em si e por si e por leis elevadas acima da forma subjetiva do sentimento.

Pode-se fazer notar aqui a esse respeito a forma particular da má consciência que se anuncia no tipo de eloquência em que essa superficialidade se escarrapacha, a saber, primeiramente, que aí onde ela está *mais desprovida de espírito*, mais fala de *espírito*, onde fala da maneira mais fastidiosa e mais morta, mais emprega a palavra *vida* e *introduzir na vida*, onde manifesta o maior egoísmo da vã soberba, mais leva à boca a palavra *povo*. Mas o signo distintivo peculiar que ela traz à testa é o ódio à lei.[21] Que direito e eticida-

---

trofes do excerto. A referência subsequente do Prefácio ao fato de que essa filosofia subjetiva do sentimento "assume também a forma da *piedade*" é uma alusão clara às motivações bíblico-teológicas, invocadas pelo estudante Sand para o assassinato de Kotzebue, um prolífico escritor antiliberal e reacionário, que enviara ao governo russo relatórios sobre tendências jacobinas presentes nas universidades alemãs (*Nipperdey*, p. 281); ela alude também à carta de solidariedade e parcial apologia à ação de Sand, enviada a sua mãe pelo teólogo De Wette, discípulo de Fries (*id.*, p. 282; *Peperzak*, p. 73). Ao final do parágrafo, é mencionada uma forma legítima de piedade, que reconhece a objetividade em si e por si das leis e de uma eticidade que se coloca acima do sentimento. Mas aqui Hegel não se reporta ao conflito oposto e legítimo entre o sentimento religioso ou a consciência moral, de um lado, e uma eticidade desfigurada enquanto forma de injustiça institucionalizada, de outro. Sua crítica permanece, assim, aqui, unilateral, pois não menciona a hipótese de que a injustiça institucionalizada dessa falsa eticidade possa não mais corresponder a uma reivindicação de liberdade maior historicamente emergente, a uma "vontade melhor", como dirá na Anotação ao § 138, referindo-se à oposição de Sócrates à corrupção da democracia ateniense (§ 138, Ad. [sempre que houver indicação de §, sem indicação da fonte, ela se refere à *FD*]). Por isso, como aventa *Peperzak* (pp. 74-5), não é *a priori* impossível que tal seja a situação da Prússia e da Alemanha aos olhos das críticas oriundas das ligas estudantis e de outros opositores do regime.

[21] "O ódio à lei" resume o diagnóstico de Hegel a respeito da má consciência que perpassa a retórica superficial da filosofia do sentimento de Fries, e a consequente aversão à universalidade e ao caráter legalmente determinado do direito em sua forma racio-

de, e o mundo efetivo do direito e do ético, se apreendem pelo *pensamento* e pelo pensamento se dão a forma da racionalidade, a saber, a universalidade e a determinidade, isto, *a lei*, é o que esse sentimento que se reserva o capricho de não agir senão a seu bel-prazer e essa consciência que coloca o direito na convicção subjetiva consideram com razão como o que lhes é mais hostil. A forma do que é direito enquanto um *dever* e enquanto uma *lei* é sentida por eles como uma *letra fria, morta,* e como um *grilhão*, pois na lei o sentimento não reconhece a si mesmo, nela, por conseguinte, não se reconhece livre, porque a lei é a razão da Coisa, e esta não permite ao sentimento exaltar-se na própria particularidade. A *lei*, por isso, como se anotou em outro lugar ao longo desse manual, é precipuamente o *Schiboleth*[22] pelo qual se separam os irmãos e amigos do assim chamado povo.

Como a rabulice[23] do arbítrio agora se apoderou do nome de *filosofia* e foi capaz de induzir o grande público à opinião de que tal barafunda seria filosofia, tornou-se assim quase uma desonra falar filosoficamente sobre a natureza do Estado, e não se deve levar a mal os homens de direito quando se impacientam tão logo ouvem falar de ciência filosófica do Estado. É ainda

---

nal. Esse ódio é também objeto da crítica de Hegel ao pensamento conservador do jurista Von Haller, que, como defensor da Restauração e de um direito natural do mais forte fundado teologicamente, se situava numa posição oposta à de Fries e de seus seguidores no espectro político da época. Com o "ódio à lei", Hegel invectiva, assim, tanto as agitações e conspirações demagógicas quanto a Restauração política. Ele não poupa palavras acerbas para descrever esse ódio: "O ódio à *lei*, ao *direito* determinado *legalmente*, é o *Schiboleth* no qual o fanatismo, a imbecilidade, a hipocrisia das boas intenções se revelam e dão a conhecer infalivelmente o que são, quaisquer que sejam as vestimentas com que queiram se recobrir" (§ 258 A, nota).

[22] Ver também § 258 A. É um termo hebraico do *Livro dos juízes* (12, 6), que significa "espiga" ou "torrente", e na linguagem culta adquiriu o sentido de "palavra de ordem", "lema" (*Duden*, p. 1.186), em função do episódio bíblico em que os homens de Galaad, vencedores, obrigavam os fugitivos de Efraim a dizer a palavra "*shibboleth*" e, se a pronunciavam "*sibolet*", diferenciavam-nos como pertencendo à tribo inimiga.

[23] No original, *Rabulisterei* é a forma nominal abstrata, derivada do verbo latino *rabere* ("vociferar", "berrar", "enfurecer-se") e do substantivo *rabies* ("raiva", no sentido literal e figurado), que estão na origem do substantivo concreto "rábula", que designa pejorativamente o advogado que usa de ardis e chicanas para enredar as questões e torcer o direito (*Ernout/Meillet*, p. 562). Hegel responsabiliza o arbítrio desse procedimento chicaneiro que caracteriza o rábula e que atua nas filosofias do sentimento interior e da justificação da ação moral pela convicção subjetiva (Fries) ou nas da sinceridade do coração (Rousseau) pela superficialidade que expôs a filosofia "às mais variadas formas de descrédito e desprezo" (*GW*, v. 14, 1, p. 9; *TWA*, v. 7, p. 17).

menos de espantar se os governos finalmente dirigiram sua atenção[24] a tal filosofar, uma vez que a filosofia, de toda maneira, não é praticada entre nós como uma arte privada, como, por exemplo, no caso dos gregos,[25] porém tem uma existência pública, principalmente ou exclusivamente no serviço do

---

[24] Hegel refere-se aqui à ordem do conselho consultivo do rei, expedida em 18 de janeiro de 1819 (pouco tempo depois da aula inaugural de Hegel em Berlim, no dia 22 de outubro de 1818), que ameaçava com a demissão os professores universitários que externavam opiniões julgadas perigosas para o Estado, e, sobretudo, aos "Decretos de Karlsbad", de agosto do mesmo ano, aprovados por pressão de Metternich pela conferência de ministros de nove grandes Estados alemães. Eles foram ratificados em 20 de setembro pela Assembleia Nacional da Federação dos Estados alemães, reunida em Frankfurt, e reforçados pelas portarias executivas (*Ausführungsbestimmungen*) do governo prussiano em 18 de outubro de 1819. Eles previam a dissolução das ligas estudantis e das associações de ginástica (*Turnerbund*), que representaram uma forma embrionária de partido político, empenhadas na luta pela unidade alemã e por uma sociedade igualitária, não mais estamental. Previam, além disso, a nomeação de inspetores governamentais, para vigiar as opiniões políticas dos professores, a criação de uma comissão executiva federal, para "proteção da constituição" (*Verfassungsschutz*), da polícia secreta, e a censura prévia de jornais e revistas de menos de vinte folhas, bem como a censura posterior de livros publicados, o que muito inquietou Hegel, que então redigia e preparava a publicação das suas *Linhas fundamentais*. Consequência imediata foi a demissão de vários professores de diferentes universidades alemãs, entre eles De Wette, em outubro, e Fries, em novembro do mesmo ano. Os "Decretos" foram aplicados muito diferentemente nos diversos Estados alemães, mas, na Áustria e na Prússia, de maneira estrita e rigorosa, a ponto de que a republicação dos *Discursos à nação alemã*, de Fichte, foi proibida, e os sermões de Schleiermacher, colega de Hegel, eram vigiados (*Nipperdey*, pp. 279, 282-5). Na crise ministerial de 1819, que opôs, no interior da ala reformista, Von Humboldt a Hardenberg em torno de uma ação colegial do ministério, proposta pelo primeiro, contra o sistema da primazia do chanceler, Humboldt e a ala reformista queriam também limitar a dois anos a vigência dos "Decretos". Essa crise, desencadeada também por outras questões mais explosivas, como a disputa entre facções do exército em torno do seu controle civil e do seu caráter nacional como "povo em armas", terminou com a demissão de Humboldt, em 31 de dezembro de 1819, o que marca politicamente o fim da era das reformas na Prússia. Foi para o chanceler Hardenberg uma vitória de Pirro, pois, com a demissão de Humboldt e Beyme, a ala reformista se tornou minoritária no ministério, e a promessa de uma constituição escrita, que era um desiderato político importante de Hegel, ficou para as calendas gregas. A Prússia só teria uma constituição escrita após a Revolução de Março de 1848 (*id.*, pp. 276-8).

[25] Hegel alude ao fato de a filosofia ter nascido na pólis grega como um exercício argumentativo e dialético independente de qualquer ligação com as instituições públicas. Nesse sentido, e em oposição à "existência pública" que ela adquire na Alemanha a partir da segunda metade do século XVIII, pois exercida por professores na qualidade

Estado, que afeta o público. Se os governos demonstraram a seus homens de saber dedicados a essa disciplina a confiança de delegar inteiramente a eles o desenvolvimento e o teor da filosofia — mesmo que, aqui e ali, se se quiser, o motivo dessa delegação não tivesse sido tanto a confiança na própria ciência quanto a indiferença para com ela, e se o cargo de ensino de filosofia só tivesse sido mantido por tradição (como na França se deixou, tanto quanto é do meu conhecimento, extinguir pelo menos as cátedras de metafísica) —, essa confiança lhes foi de fato mal retribuída de muitas maneiras, ou então, no outro caso, onde se queria ver indiferença, seria de se considerar o resultado, a deterioração do conhecimento fundamentado, como uma expiação por essa indiferença. Inicialmente, a superficialidade até parece ser eminentemente compatível pelo menos com a ordem e a tranquilidade externas, porque ela não chega a tocar a substância das Coisas, nem mesmo sequer a pressenti-la; por conseguinte, ela não teria, pelo menos inicialmente, nada a temer contra si de parte da polícia administrativa, se o Estado não encerrasse dentro de si ainda a carência de uma formação e de um discernimento mais profundos e não exigisse da ciência a sua satisfação. Mas a superficialidade, no que respeita ao ético, ao direito e ao dever em geral, conduz por si àqueles princípios que constituem nessa esfera o superficial, aos princípios dos *sofistas*, de que tomamos conhecimento de maneira tão determinada em Platão — princípios que colocam o que é direito nos *fins subjetivos e nas opiniões subjetivas*, no *sentimento subjetivo* e na *convicção particular* —, princípios dos quais se seguem a destruição tanto da eticidade interna e da reta consciência moral, do amor e do direito entre as pessoas privadas, quanto a destruição da ordem pública e das leis do Estado. A importância que semelhantes fenômenos necessariamente adquirem para os governos não pode ser descartada pelo endosso à confiança atribuída e que se apoia na autoridade de uma função oficial, a fim de exigir do Estado, como se isso lhe conviesse, que ele consinta garantir e deixe viger o que corrompe a fonte substancial dos atos, os princípios e, mesmo, o desafio a ele.[26] "A quem Deus

---

de funcionários públicos, como Hegel, a filosofia pode ser dita uma "arte privada" na Grécia.

[26] Hegel parte do caráter público que a filosofia entrementes assumiu, não só do ponto de vista de sua repercussão junto ao grande público, mas, sobretudo, do ponto de vista da sua "existência pública" como atividade e função "no serviço do Estado" (embora não "a serviço do Estado"), a fim de abordar neste e no parágrafo seguinte a relação entre a política cultural do Estado para com a filosofia e a desejada contrapartida que ele legitimamente pode e tem de esperar dela enquanto ciência, especialmente enquanto

dá uma função, também dá o entendimento" é um antigo gracejo, que em nossa época certamente não há de se querer levar a sério.

Na importância que a maneira de filosofar [tem para o Estado], reavivada por essas circunstâncias junto aos governos, não se pode desconhecer o momento de proteção e de apoio que o estudo da filosofia, sob muitos outros aspectos, parece requerer. Com efeito, lê-se em tantas publicações no campo das ciências positivas, também no da edificação religiosa e de outras formas indeterminadas de literatura, como nelas não só se atesta o já mencionado desprezo para com a filosofia (a ponto de aqueles que ao mesmo tempo demonstram que estão completamente atrasados no cultivo do pensamento e que a filosofia lhes é algo de todo estranho, contudo, a tratam como estando em si liquidada), porém, como aí mesmo expressamente se investe contra a filosofia e se declara seu conteúdo, o *conhecimento conceitual de Deus* e da natureza física e espiritual, o *conhecimento da verdade*, uma presunção tola, pecaminosa mesmo, como a *razão*, e de novo a *razão*, e, em

---

ciência dos fundamentos do Estado e elemento de formação cívica. Essa contrapartida é a "retribuição" que o Estado espera em troca de "proteção e apoio", que Hegel expressamente pleiteia para o estudo da filosofia, haja vista a "superficialidade" e o "desprezo" a que as versões populares da filosofia do sentimento e do saber imediato degradaram a filosofia, cuja existência pública a tradição, por si só, não mais poderia assegurar. Nessa perspectiva, Hegel realça a importância das consequências políticas negativas dessas filosofias para os governos, na medida em que elas "corrompe[m] a fonte substancial [...] dos princípios" do direito e do mundo ético, e também justifica, em grande parte, as providências de "polícia administrativa" tomadas recentemente pelos governos, mediante a invocação da tradicional crítica platônica "aos princípios dos sofistas", responsáveis pela "destruição da ordem pública". Essas consequências decorrem, por um lado, do fato de que a "confiança" delegada pelos governos aos "homens de saber" filosóficos para o exercício de sua atividade e a determinação do "teor da filosofia" "lhes foi de muitas maneiras mal retribuída"; por outro, da "expiação" que o Estado tem de fazer por não ter reagido a tempo, e pela sua "indiferença" em face das consequências politicamente nocivas dessa superficialidade e do "desafio ao Estado" que elas representavam. Mas o apelo de Hegel à proteção e à tolerância pelo Estado da existência pública da filosofia, oriunda da sua crítica às pseudofilosofias do sentimento e da convicção subjetiva, não visa a tolher a liberdade de pesquisa, de determinação do teor dos programas e da docência filosóficas, mas tem, mormente, outro endereço certo, que é o combate contra a antifilosofia reinante em alguns círculos ministeriais, cujas "imprecações e presunções correntes em nosso tempo contra a filosofia" não são senão formas reativas de oposição à pseudofilosofia vigente, em cujo "elemento elas mesmas estão enraizadas". Assim, juntamente com a sua diatribe contra as pseudofilosofias, Hegel combate a antifilosofia governamental ao exigir do Estado proteção e tolerância para com a existência pública da filosofia (ver *Peperzak*, pp. 84-5).

infinita repetição, a razão é acusada, rebaixada e condenada — ou como, pelo menos, é dado a conhecer quão incômodas são as pretensões todavia incontornáveis do conceito numa grande parte da atividade que deveria ser científica — quando, digo eu, se tem diante de si tais fenômenos, então se gostaria quase de dar lugar ao pensamento de que, *sob esse aspecto*, a tradição não seria mais digna nem suficiente para assegurar ao estado da filosofia a *tolerância* e a existência pública.* — As imprecações e presunções correntes em nosso tempo contra a filosofia oferecem o espetáculo estranho, por um lado, de terem sua justificação naquela superficialidade à qual a ciência filosófica foi degradada, e, por outro, de estarem elas mesmas enraizadas nesse elemento contra o qual ingratamente estão dirigidas. Pois, como esse assim chamado filosofar declarou o conhecimento da verdade uma tentativa insensata, ele *nivelou* todos os pensamentos e todas as matérias, tal como o despotismo dos imperadores *romanos igualou* aristocracia e escravos, virtude e vício, honra e desonra, conhecimento e ignorância — de sorte que os conceitos do verdadeiro, as leis do elemento-ético, nada mais são do que opinião e convicções subjetivas, e os princípios mais criminosos, enquanto *convicções*, são equiparados em dignidade àquelas leis, e igualmente todos e quaisquer objetos, por mais rasos e particulares, e todas e quaisquer matérias, por mais insignificantes que sejam, são equiparados em dignidade ao que constitui o interesse de todos os homens que pensam e aos laços do mundo ético.

Por isso é de se considerar uma *sorte* para a ciência — de fato, como se notou, é a *necessidade da Coisa* — que esse filosofar que gostaria de continuar a urdir a sua trama dentro de si como um *saber de escola* se pôs numa relação mais próxima com a efetividade, na qual os princípios do direito e dos deveres são uma coisa séria e que vive à luz da consciência dos mesmos, e que desse modo se chegou à ruptura *pública*. É precisamente a *essa posição da filosofia para com a efetividade* que se referem os mal-entendidos, e

---

* [Nota de Hegel] Tais considerações ocorreram-me ao ler uma carta de Johannes v. Müller (*Werke* [Tübingen, 1810-19], parte VIII, p. 56), na qual, entre outras coisas, fala sobre a situação de Roma no ano 1803: "Interrogado sobre a situação dos estabelecimentos públicos de ensino, um professor respondeu: *On les tolère comme les bordels* [São tolerados como os bordéis]". — Pode-se mesmo ainda ouvir com toda a certeza que a assim chamada *doutrina da razão*, a saber, *lógica*, seja *recomendada*, talvez com a convicção de que, de toda maneira, ninguém mais se ocupa de tal ciência árida e estéril, ou, quando isso ocasionalmente ocorre, de que só se obtém dela fórmulas privadas de conteúdo, que, portanto, não levam a nada e são inócuas, e de que, por conseguinte, a recomendação de modo algum prejudicará como também de nada servirá.

com isso retorno ao que assinalei anteriormente, que a filosofia, porque ela é o *perscrutar do racional*, é, precisamente por isso, o *apreender do presente e do efetivo*, não o estabelecer de um *além*, sabe Deus onde deveria estar — ou do qual bem se sabe de fato dizer onde está, a saber, no erro de um raciocínio vazio, unilateral. Assinalei no decurso do tratado que segue que mesmo a República *platônica*, tida como um exemplo proverbial de um *ideal vazio*, não apreende outra coisa senão a natureza da eticidade grega, e que Platão, tendo então consciência do princípio mais profundo que nela irrompia, que só podia aparecer nela de maneira imediata como uma aspiração ainda não satisfeita e, por isso, apenas como corrupção, teve de buscar o auxílio contra esse princípio precisamente na aspiração, mas só podia procurar esse auxílio, que tinha de vir do alto, inicialmente numa forma particular *externa* dessa eticidade, através da qual ele imaginava dominar essa corrupção, e pela qual lesou da maneira mais profunda o impulso profundo dessa aspiração, a personalidade livre infinita. Mas, desse modo, ele se demonstrou como um grande espírito, pelo fato de que justamente o princípio em torno do qual gira o caráter distintivo de sua ideia é o eixo em torno do qual girou a revolução então iminente do mundo.[27]

> O que é racional, isso é efetivo;
> e o que é efetivo, isso é racional.[28]

---

[27] O advérbio *damals*, "então", foi adicionado à mão na margem direita da página do exemplar de curso.

[28] Essa dupla equivalência entre o que é racional e o que é efetivo foi desde logo, nas primeiras resenhas da obra, interpretada como uma justificação da realidade política existente. Na formulação posteriormente consagrada da crítica liberal de Haym, o "Prefácio" é avaliado como "o enunciado clássico do espírito da restauração, a *fórmula absoluta do conservadorismo, do quietismo e do otimismo políticos*" (Haym, R., *Hegel und seine Zeit* [1857], Hildesheim, Olms, 1962, p. 365). Este mal-entendido se insinuou tanto mais facilmente quanto no parágrafo anterior Hegel atribui à filosofia a tarefa de sondar ou perscrutar o racional que é efetivo no presente em contraposição a uma crítica abstrata do presente efetivo derivada de um dever-ser normativo "além" desse presente. Duas formulações anteriores à publicação das *Linhas fundamentais* estão menos expostas a tais mal-entendidos, como assinalou Jaeschke (*Hegel-Handbuch*, p. 276): os Apontamentos do primeiro curso sobre filosofia do direito, que Hegel profere ainda em Heidelberg, condensam a dupla formulação no enunciado simples "o que é racional tem que [*muss*] acontecer" (*VRph 1817-18*, p. 192), e os do curso de 1819-20 apresentam uma formulação conversa alternativa: "o que é racional torna-se [*wird*] efetivo, e o que é efe-

tivo torna-se racional" (*VRph 1819-20* (*Henrich*), p. 51). Nessas formulações transparece o potencial crítico da razão enquanto conceito, contido na relação tensa entre conceito e ideia, que perpassa a identidade dinâmica entre a razão ou o conceito, e a efetividade presente em toda a obra. Por isso, essa equivalência entre racionalidade e efetividade tem de ser compreendida primariamente a partir dessa relação especulativa dinâmica entre conceito e ideia, formulada programaticamente no § 1 da obra, em que a efetividade é um momento da ideia e o resultado da autodeterminação e da efetivação do conceito. Essa relação articula ao mesmo tempo a efetivação do conceito na realidade fenomenal e a correlata correspondência dessa realidade ao conceito, que define, aliás, o conceito hegeliano de verdade. O § 1 condensa numa frase lapidar o conceito especulativo de "ciência filosófica do direito" e, mais fundamentalmente, o próprio conceito de filosofia enquanto ciência, bem como a tese central que rege a "apresentação" (*Darstellung*) dialético-especulativa: "*a ciência filosófica* [...] tem por objeto a *ideia* [...], [isto é], o conceito [...] e sua efetivação". A justificação desse conceito de filosofia como ciência e a da sua tese principal é o tema da *Ciência da lógica*. Sua proposta é fundamentar um conceito paradigmático de ciência que se justifique a si mesmo enquanto ciência e que, assim, demonstre essa "convicção" fundamental da qual parte a filosofia especulativa, bem como a "consciência sem prevenções", "para a consideração do universo espiritual e natural" (Prefácio, *GW*, v. 14, 1, p. 14; *TWA*, v. 7, p. 25): a convicção de que a razão "e só ela é o seu próprio pressuposto" e o "seu fim último absoluto", e que ela contém em si "a potência infinita" da sua autoefetivação (*VG*, pp. 28-9). Essa convicção parece inicialmente uma pressuposição exterior à filosofia. Mas é justamente a tarefa da filosofia, enquanto "apresentação" sistemática do todo, demonstrar este seu único pressuposto, o de que a razão "não é tão impotente que ela só poderia levar até o ideal, até o dever-ser" (*ibid.*), e desmentir "a representação de que as ideias e os ideais seriam algo demasiado excelente para ter efetividade (*E*, § 7 A). É essa convicção que fundamenta o primeiro enunciado da fórmula da equivalência nas *Preleções de 1817-18*: "o que é racional, isso é efetivo", ou "tem de acontecer", ou "torna-se efetivo". E é essa convicção que preside também à reconstrução especulativa da história do mundo e que fundamenta o conceito de "bem vivo", o fundamento do "universo ético", na medida em que esse conceito abrange ao mesmo tempo o mundo histórico-institucional e a autoconsciência da liberdade subjetiva e objetiva (§§ 142-3).

A "hostilidade" das reações às duas proposições conversas do Prefácio de 1821 e a suspeita de quietismo político levaram Hegel, na segunda edição (1827) da *Enciclopédia*, a ressaltar a diferença entre a "efetividade", enquanto "conteúdo da filosofia" (*E*, § 7), no sentido enfático em que a lógica da essência a concebe (a que a *Enciclopédia* remete), e a realidade faticamente existente no que nela é fenômeno e contingência. Hegel concebe aí a efetividade como a unidade tornada imediata da essência e do fenômeno. A efetividade é uma externação (*Äusserung*) do fundamento essencial, cuja exterioridade é identicamente a reflexão em si mesma da essência enquanto fundamento, de sorte que a efetividade torna-se a pura manifestação de si mesma, uma manifestação que não remete mais a uma essência que estaria atrás dela, como ainda é o caso na relação entre o fenômeno e o seu fundamento (cf. *WL II*, pp. 380-1; *TWA*, v. 6, pp. 200-1; *E*, § 142). Nesse

Nessa convicção se situa toda consciência sem prevenções, assim como a filosofia, e daqui parte igualmente a filosofia para a consideração do universo *espiritual* assim como do *natural*. Quando a reflexão, o sentimento ou qualquer figura que tenha a consciência subjetiva olha o *presente* como *algo vão*, quando está acima dele e julga saber melhor a seu respeito, então essa consciência se encontra no que é vão, e porque ela só tem efetividade no presente, ela mesma é, assim, tão só vaidade. Se, inversamente, a *ideia* é tida como apenas uma ideia, uma representação num opinar, a filosofia, ao contrário, proporciona a intelecção de que nada é efetivo a não ser a ideia. O que importa, então, é conhecer na aparência do temporal e do passageiro a substância que é imanente e o eterno que é presente. Pois o racional, que é sinônimo da ideia, quando na sua efetividade entra ao mesmo tempo na existência externa, emerge e sobressai numa riqueza infinita de formas, fenômenos e configurações, e envolve seu núcleo com a casca colorida em que a consciência inicialmente habita, e que só o conceito penetra, a fim de encontrar a pulsação interna e de igualmente senti-la ainda batendo nas configurações externas. Mas as relações infinitamente variadas que se formam nessa exterioridade através do aparecer da essência que nelas brilha, esse material infinito e sua organização, não são objeto da filosofia. Ela se imiscuiria com isso em coisas que não lhe dizem respeito; Platão poderia ter-se abstido de recomendar às amas de leite que nunca ficassem paradas com as crianças,

---

sentido, o conceito de manifestação desmente parcialmente e corrige a metáfora do caroço ou núcleo essencial envolto pela casca colorida dos fenômenos e da contingência externa, a que Hegel em seguida recorre. Como reitera o "Segundo projeto" (1830) da *História filosófica do mundo*: "A consideração filosófica não tem outra *intenção que não seja a de afastar o contingente. Contingência é o mesmo que necessidade exterior, quer dizer, uma necessidade que remonta a causas, que são apenas circunstâncias exteriores*" (*VG*, p. 29, itálicos de Hegel). Mas, ao ressaltar essa diferença entre a exterioridade essencial do efetivo que manifesta a si mesmo e a exterioridade fenomenal e contingente, Hegel não faz valer neste contexto explicitamente o momento crítico da reflexão sobre o presente. Com efeito, a reflexão crítica do entendimento pode estabelecer uma distância em face do presente, a qual não permanece necessariamente um além e uma quimera impotente, na medida em que ela discerne o que nele não é racional e efetivo, e reconhece essa distância crítica atuando nele em vista de uma ampliação e um aprofundamento da sua racionalidade no âmbito da diferença e da dinâmica entre o conceito e a ideia. Essa reflexão crítica brota da autonomia do discernimento racional do sujeito (ver parágrafos 5 e 6 do Prefácio), cujo "direito supremo", todavia "formal", é o de "só reconhecer como válido" o que ele "discerne" como bom e verdadeiro, desde que respeitado "o *direito da objetividade*", isto é, "o direito do racional enquanto direito do objetivo sobre o sujeito" (§ 132 A).

que sempre as embalassem em seus braços; igualmente Fichte, de construir, como se disse, o aperfeiçoamento da *polícia de passaportes* ao ponto de que, no passaporte dos suspeitos, devesse não só constar a descrição de seus sinais exteriores, mas também que fosse pintado seu retrato.[29] Em semelhantes detalhamentos, não se vê mais vestígio de filosofia, e ela pode tanto mais deixar de lado tal ultrassabedoria quanto mais ela deve se mostrar o mais liberal possível a respeito dessa multidão infinita de objetos. Com isso, a ciência mostrar-se-á o mais distante do ódio que a vaidade do saber-tudo desperta quando se projeta sobre uma quantidade de circunstâncias e instituições — um ódio no qual a mesquinhez mais se compraz, porque só através dele ela chega a um sentimento de si.

Assim, esse tratado, na medida em que ele contém a ciência do Estado, não deve ser outra coisa do que a tentativa de *conceituar e apresentar* o *Estado enquanto algo em si mesmo racional*. Como escrito filosófico, ele deve estar o mais distante possível de dever construir um *Estado tal como ele deve ser*; o ensinamento que pode residir nesse tratado não pode pretender a ensinar ao Estado como ele deve ser, porém, antes, como ele, o universo ético, deve ser conhecido.[30]

---

[29] Platão, "Nomoi", 790 c-d, in: *Platon, Werke*, v. VIII, 2, pp. 8-9; Fichte, "Grundlagen des Naturrechts", in: *Fichtes Werke*, v. II, p. 146.

[30] Hegel reitera neste parágrafo a sua recusa ao normativismo abstrato, que constrói ou postula um dever-ser que se situa fora e além do presente efetivo. A tarefa da filosofia é apreender conceitualmente a racionalidade intrínseca do universo ético e do Estado e, na apresentação dessa racionalidade, que é ao mesmo tempo uma crítica do apresentado, mostrar os limites das figuras historicamente constituídas do Estado quando confrontadas com essa racionalidade imanente atuante no presente. Sua pretensão de "ensinar como o Estado, o universo ético, deve ser conhecido" e não como "ele deve ser", significa que a filosofia só pode contrapor a racionalidade profunda do presente efetivo à realidade faticamente existente quando ela assumiu a forma de um ideal ("um reino intelectual"), tomando consciência dessa racionalidade profunda que excede o presente histórico, depois que "a efetividade completou o seu processo de formação" (parágrafo 19). Este é o significado da "república platônica", que apreende precisamente, naquilo que ela combate, a partir do seu ideal substancial, a "aspiração profunda" da eticidade grega no seu presente histórico, a subjetividade livre. Essa subjetividade, que desponta nos Sofistas e em Sócrates, indica os limites e o impulso de superação dessa eticidade, "o eixo em torno do qual girou a revolução então iminente do mundo" (parágrafo 12), levada a termo pelo cristianismo.

Ἰδοὺ Ῥόδος, ἰδοὺ καὶ τὸ πήδημα
Hic Rhodus, *hic* saltus.[31]

Conceituar o *que é* é a tarefa da filosofia, pois o *que é* é a razão.[32] No que concerne ao indivíduo, cada um é de toda maneira um *filho do seu tempo*; assim, a filosofia também é o *seu tempo apreendido em pensamentos*.[33]

---

[31] Alusão à fábula "O fanfarrão", cuja versão em francês, transcrita por Kervégan (p. 132, nota 2), traduz-se aqui: "Um participante do pentatlo [que consistia em corrida, arremesso de disco, salto, lançamento de dardo e luta], cuja falta de vigor era criticada a todo momento pelos seus concidadãos, partiu um dia para o estrangeiro. Tendo retornado após certo tempo, jactava-se de ter realizado muitas proezas em diferentes cidades, e que, sobretudo em Rodes, dera um salto que nenhum atleta vencedor dos jogos olímpicos seria capaz de dar; e acrescentava que qualquer um que tivesse lá estado poderia testemunhar se viesse de Rodes até aqui. Então um dos presentes tomou a palavra e lhe disse: 'mas se isso é verdade, meu amigo, não precisa de testemunhas; aqui é Rodes, dá o salto'" (Fábula 51, trad. Chambry, Paris Les Belles Lettres, 1967, pp. 25-6). Peperzak sugere que Hegel, na sua citação, tem presente implicitamente a moral da estória — "esta fábula torna claro que cada palavra é supérflua em se tendo à mão uma prova por atos" —, pois "ter à mão uma prova por atos" é uma referência à efetividade do presente aqui e agora, que é especulativamente idêntica ao que nele é racional. Nessa perspectiva compreende-se e justifica-se a identidade estabelecida na primeira asserção do parágrafo seguinte: "o *que é*", na medida em que é apreendido pelo conceito, portanto, na sua efetividade, "é a razão" (*Peperzak*, p. 105).

[32] Este enunciado é uma reformulação do segundo enunciado ("o que é efetivo, isso é racional") da fórmula da dupla equivalência entre racionalidade e efetividade. No contexto da relação da filosofia com o presente, ele equipara "o *que é*" a "o que é efetivo", visto que ambos os enunciados se referem ao presente efetivo, isto é, ao presente apreendido conceitualmente em pensamento, de sorte que "o *que é*" é especulativamente idêntico com a razão.

[33] A tese de que a filosofia "é o seu tempo apreendido em pensamentos" não conflita com a tarefa atribuída à filosofia pouco antes (parágrafo 13), a de "conhecer na aparência do temporal e do passageiro a substância que é imanente e o eterno que é presente". Com efeito, o presente que ela tem de conhecer é o presente efetivo, isto é, o teor de racionalidade que lhe é imanente como uma atualidade que é pura "manifestação" do presente absoluto, de sorte que a "externação" (*Äusserung*) da essência enquanto fundamento na efetividade é identicamente a "sua reflexão dentro de si". "Por isso, o efetivo é *manifestação [Manifestation]*, ele não é atraído por sua exterioridade na esfera da *alteração*, [...] é *ele mesmo* na sua exterioridade e somente nela, a saber, é *ele mesmo* somente enquanto movimento que se diferencia de si e se determina" (*WL II*, pp. 380-1; *TWA*, v. 6, pp. 200-1). Essa manifestação da efetividade, subtraída à alteração, "é o eterno que é presente". Ao mesmo tempo, essa racionalidade atuante nesse presente efetivo contém

É tão tolo presumir que qualquer filosofia vá além de seu mundo presente, como que um indivíduo salte por cima do seu tempo, para além de Rodes. Se sua teoria vai de fato além do seu tempo, se o indivíduo constrói para si um mundo *tal como deve ser*, então ele certamente existe, mas apenas em seu opinar — um elemento mole no qual qualquer coisa se deixa imprimir.

Com uma pequena alteração, o teor daquela sentença seria:

Aqui está a rosa, dança *aqui*.[34]

O que jaz entre a razão enquanto espírito autoconsciente e a razão enquanto efetividade aí-presente, o que separa aquela razão desta e não a deixa encontrar a satisfação na efetividade é o grilhão de um abstrato qualquer que não se libertou para o conceito. Conhecer a razão enquanto a rosa na cruz do presente[35] e, com isso, alegrar-se com este, essa intelecção racional

---

o impulso e o critério que o leva a ir além da sua realidade temporal e contingente e, assim, a ultrapassar suas figurações limitadas em direção à sua formação completa enquanto ideia. É esta que então permite à filosofia, uma vez que "a efetividade completou o seu processo de formação" (parágrafo 19), se contrapor como um ideal às limitações e contradições do presente histórico.

[34] "Jogo de palavras que faz passar de *Rhodus* ("Rodes") a *Rhodon* ("rosa", em grego) e de *saltus* ("salto") a *salta* (imperativo do verbo que, em latim, significa "dançar"), e cujo sentido aparece subsequentemente na expressão "a rosa na cruz do presente" (cf. *Prefácios*, p. 203, nota 40).

[35] Contando com o deslocamento semântico de "Rodes" para *rhodon* ("rosa"), Hegel alude com a expressão "a rosa na cruz do presente" ao símbolo central do cristianismo e, ao mesmo tempo, ao emblema dos rosa-cruzes, uma confraria secreta, inspirada nos mistérios egípcios, que surgiu na Alemanha no século XVI, e da qual, no século XVIII, faziam parte membros da maçonaria em posições políticas importantes, e cujo brasão tem uma rosa vermelha cravada no centro da cruz. Lasson e Löwith mencionam também uma alusão ao brasão semelhante de Lutero, no qual, todavia, a rosa é branca e simboliza a alegria da fé, a fim de sugerir a afinidade profunda da filosofia de Hegel com a teologia de Lutero e a clara conotação religiosa das palavras "cruz" e "reconciliação" (ver *Peperzak*, p. 109). Mas Hegel interpreta a rosa como símbolo da razão, do conceito que penetra no "núcleo" racional do presente e que no processo de efetivação da ideia é envolto pela "casca colorida" do aparecer fenomenal e das configurações contingentes e suas contradições, conforme a metáfora que explicita a fórmula da dupla equivalência entre razão e efetividade no parágrafo 13. O símbolo da cruz alude a essas contradições, à hostilidade da realidade presente, ao erro, ao mal e à ausência de sentido a que o entendimento abstrato se restringe, introduzindo assim um "grilhão", um "entrave" entre as duas figuras, subjetiva e objetiva, da razão, entre a razão autoconsciente e a razão

é a *reconciliação*[36] com a efetividade que a filosofia concede àqueles a quem

substancial. O conceito tem de encontrar nas "configurações externas" a "pulsação interna" do "núcleo" racional que habita o presente efetivo. Assim, ele prepara a "satisfação", a "alegria" (sugeridas pela mencionada alteração de *saltus* para *salta* enquanto imperativo do verbo que, em latim, significa "dançar") e a "reconciliação" filosófica com esse presente, que ela, a filosofia, "concede àqueles a quem alguma vez atingiu a exigência interna de *conceituar*". Essa reconciliação filosófica é uma forma de liberdade concreta que resulta da unificação da "razão enquanto espírito autoconsciente" e da "razão enquanto efetividade aí-presente". As notas manuscritas de Hegel preparatórias das *Preleções de 1821-22*, ao abordarem a relação entre o direito filosófico e o direito positivo (§ 3), esclarecem essa diferença entre o núcleo racional e o aparecer externo, uma diferença central que preside à explicação hegeliana da fórmula da dupla equivalência. Hegel diz que a "exigência" "ideal" de "uma situação de direito" e de "um "sistema de direito" "puramente racionais" "tem algo de correto e algo de incorreto". "Correto [:] a razão deve ser o dominante, e ela o é num Estado bem formado — também no todo —; [há] mais razão aí do que se crê, disso já se falou; o presente aparece à reflexão, particularmente à presunção, como uma cruz, todavia, com necessidade constringente; a rosa, isto é, a razão na cruz do presente, é a filosofia que ensina a conhecê-la. Mas [esse ideal tem algo de] incorreto, a partir do que já foi indicado. [A] razão efetiva entra na exterioridade do *ser-aí* [...], uma ampla esfera, que é deixada livre pela razão, indiferente a esta ou aquela maneira — *onde somente o entendimento* tem seu domínio — [onde] regem *circunstâncias naturais* etc." (*GW*, v. 14, 2, pp. 298-301; *TWA*, v. 7, pp. 42-3).

[36] O conceito de "reconciliação", na sua origem teológico-cristã, significa a atividade mediadora e vicária de Jesus Cristo, graças à qual ele assume e expia, por sua morte na cruz, a culpa e a alienação da humanidade perante Deus, restabelecendo assim a comunidade desta com Deus (cf. Alpers, H., "Versöhnung", in: *HWPhil.*, v. 11, col. 891-8). Na *Fenomenologia do espírito*, a figura da reconciliação se apresenta como a primeira forma positiva do reconhecimento recíproco das duas autoconsciências em confronto, daquela que reflete e julga e da que age e atua, na figura do "perdão": "A palavra da reconciliação é o espírito sendo-aí, que intui o puro saber de si mesmo, enquanto saber da essência universal, no seu contrário, no puro saber de si enquanto singularidade sendo absolutamente dentro de si — um reconhecer recíproco que é o espírito absoluto" (*PhdG*, p. 361; *TWA*, v. 3, p. 493; *FE*, § 670). Assim, a reconciliação antecipa, no conteúdo absoluto da comunidade religiosa cristã, o "saber absoluto" que o espírito tem de si, no qual a efetividade desse conteúdo é, para a autoconsciência, ao mesmo tempo um saber do si-próprio singular e o puro saber da essência universal (*id.*, pp. 424-5; *id.*, v. 3, pp. 578-9; *id.*, § 793). A "unificação" desse saber do si-próprio singular e do puro saber universal "é a unidade simples do conceito" (v. 11, p. 425; v. 3, p. 580; *FE*, § 795). Essa transformação especulativa que seculariza parcialmente o conceito cristão de reconciliação no saber absoluto e no conceito ocorre aqui, no Prefácio, no horizonte da equivalência entre racionalidade e efetividade e da tese da identidade entre a razão autoconsciente e a razão substancial: a "intelecção" (*Einsicht*) da rosa na cruz do presente, isto é, da racionalidade atuante no coração da eticidade e do mundo histórico expostos à contingên-

alguma vez atingiu a exigência interna de *conceituar* e de manter igualmente no que é substancial a liberdade subjetiva, assim como de estar com a liberdade subjetiva não num particular e contingente, porém no que é em si e para si.³⁷

---

cia e às contradições, abre o caminho para a reconciliação filosófica com o presente efetivo. Essa reconciliação, promovida pelo conceito, tem a sua origem e o seu pano de fundo no pensamento fundamental da "unificação" (*Vereinigung*), que Hegel partilha com Hölderlin, mas ela se realiza não mais na esfera do belo, mas no âmbito da teoria e da prática, assumindo dois sentidos principais: 1) o sentido de dissolução das oposições e abstrações que separam a razão autoconsciente e a razão substancial na apresentação do movimento de determinação do conceito em direção à ideia, adquirindo uma função análoga à do conceito de "suspensão" (*Aufhebung*); 2) o sentido prático de reconciliação do princípio moderno da subjetividade com o mundo ético objetivo na forma da interpenetração recíproca entre a liberdade subjetiva e a liberdade objetiva (§ 258 A). Assim, a filosofia concede a reconciliação àqueles que se deixam concernir "pela exigência interna de *conceituar* e manter igualmente no que é substancial a liberdade subjetiva" (Prefácio) (cf. Loock, R., "Versöhnung", in: *HWPhil.*, v. 11, col. 898-904; Rózsa, E., "Versöhnung", in: *Hegel-Lexikon*, pp. 264-7). Por fim, mesmo se a filosofia da história, em sua consideração reflexiva dos meios pelos quais o espírito se efetiva na história, destaca a "violência", a "incompreensão", o "mal", o "sofrimento", e compara a história do mundo a um "*matadouro, no qual são sacrificadas a felicidade dos povos, a sabedoria dos Estados e a virtude dos indivíduos*" (VG, p. 80, itálicos de Hegel), contudo "*surge também com necessidade a questão de a quem, para que fim-último esses sacrifícios monstruosos foram feitos*" (*ibid.*). Assim, malgrado a "indignação" e a profunda "tristeza moral" que a "reflexão pensativa" (*sinnende Reflexion*) sobre esses meios desperta, aos quais, Hegel reconhece, "*nenhum resultado reconciliador pode contrabalançar*" (*ibid.*), ele reitera aí a pergunta pelo "*verdadeiro resultado da história do mundo*" (*ibid.*) a partir da convicção metodológica fundamental de sua reconstrução filosófica dessa história: a de que a razão tem "a potência infinita" de se efetivar como "o conteúdo infinito" na história (*id.*, p. 28). Essa é a razão pela qual "*em princípio recusamos desde o início seguir* [o caminho da reflexão sobre os meios]" (*id.*, pp. 80-1). É essa convicção que também repõe a "reconciliação" como categoria conclusiva do último parágrafo das *Linhas fundamentais*, na perspectiva da confluência entre "o reino intelectual" e "o reino mundano", a religião e a filosofia, a Igreja e o Estado: "o presente se desfez de sua barbárie e do seu arbítrio in-justo, e a verdade se desfez do seu além e da sua violência contingente, de sorte que se tornou objetiva a verdadeira reconciliação que desdobra o *Estado* até ele ser a imagem e a efetividade da razão": "[...] na *ciência* [a autoconsciência] encontra o conhecimento livre, conceitualizado, dessa verdade" (§ 360).

³⁷ Se o "em si" (*an sich*) — expressão que Wolff propôs para traduzir o καθ' αὐτό aristotélico e também a independência ontológica da forma ou ideia platônica (*Inwood*, pp. 109-12) — significa nesta conjunção com o "para si" a Coisa enquanto tal no seu ser próprio, na sua substancialidade, o "para si" a ele conjugado reforça essa independência

Isso é também o que constitui o sentido concreto do que acima foi mais concretamente designado como *unidade da forma e do conteúdo*, pois a *forma* na sua significação mais concreta é a razão enquanto conhecer conceitualizante, e o *conteúdo* é a razão enquanto essência substancial da efetividade tanto ética como natural. A identidade consciente de ambas é a ideia filosófica.[38] — É uma grande obstinação, a obstinação que honra o homem, não querer reconhecer nada em sua disposição de ânimo que não seja justificado pelo pensamento — e essa obstinação é a característica dos Tempos Modernos, em todo caso, é o princípio próprio do protestantismo. O que Lutero iniciou como fé no sentimento e no testemunho do espírito é o mesmo que o espírito mais amadurecido se esforçou por apreender no *conceito* e, assim, por se libertar no presente e, através disso, por se encontrar nele.[39] Tal como

---

no sentido específico do idealismo de Hegel: este concebe a efetividade (a "enérgeia" aristotélica) e o presente efetivo como resultando da sua mediação pela "subjetividade *enquanto forma infinita*" (§ 144), mediação graças à qual esse idealismo pode propor ao homem moderno a reconciliação da sua liberdade subjetiva com o presente em sua efetividade racional através da intelecção filosófica como figura do "saber absoluto".

[38] Hegel retoma aqui, ao final do Prefácio, o princípio central da sua lógica especulativa, a unidade inseparável e essencial da forma e do conteúdo, formulado no início do Prefácio (fim do parágrafo 3) como critério de validação e discussão do seu tratado. Entrementes, esse princípio foi desenvolvido e enunciado em seu "sentido concreto" na fórmula da equivalência entre o que é efetivo e o que é racional mediante a identidade dinâmica entre a razão autoconsciente (a razão na forma do conhecimento conceitual) e a razão substancial ("a razão enquanto efetividade aí-presente", parágrafo 17). Essa identidade dinâmica, que se desenvolve e concretiza no âmbito da autodeterminação e da efetivação do conceito em direção à sua determinação completa na ideia, é o que preside ao conhecimento filosófico da natureza e do espírito e toma consciência de si na "ideia filosófica".

[39] Hegel vincula aqui o fundamento último da sua filosofia especulativa e a justificação do seu "método científico", a autonomia da razão e do pensamento conceitual (parágrafos 4, 5 e 6 do Prefácio), a esta "obstinação" (*Eigensinn*) característica do homem moderno, a qual, "em todo caso, é o princípio próprio do protestantismo". Em seguida, estiliza a sua tese da reconciliação filosófica com o presente efetivo e a libertação do homem neste presente como o desdobramento direto do que Lutero iniciara no âmbito da fé e que, graças ao "espírito mais amadurecido", coube à filosofia especulativa consumar "no conceito", que proporciona "uma paz mais calorosa" com este mundo do que um mero conhecimento aproximativo. Nas *Preleções sobre a filosofia da história*, Hegel põe no centro do Luteranismo a fé individual, pela qual "o homem tem *uma relação imediata no espírito* a Cristo", no sentido de que "cada um tem de consumar em si mesmo a obra da reconciliação" (*TWA*, v. 12, pp. 495-6). A liberdade de espírito "de todos os homens" é agora a bandeira que os reúne, e a reconciliação subjetiva se desdobra essencial-

o dito que se tornou célebre, de que uma meia filosofia afasta de Deus — e é essa mesma meia medida que põe o conhecer numa *aproximação* à verda-

mente no processo histórico da reconciliação objetiva que inclui todos. "O tempo, desde então até nós, não teve e não tem a operar outra coisa senão introduzir esse princípio no mundo, formando-o segundo ele, visto que a reconciliação em si e também a verdade se tornam objetivas segundo a forma [isto é, segundo a forma do pensamento conceitual]" (*id.*, p. 496). "O desenvolvimento e o progresso do espírito a partir da Reforma consiste em que o espírito, tal como ele é agora consciente de sua liberdade, na certeza do processo objetivo enquanto processo da própria essência divina, graças à mediação que se passa entre o homem e Deus, captura agora também esse processo e avança na formação ulterior do que é mundano. Pela reconciliação [assim] alcançada, está dada a consciência de que o mundano é capaz de ter nele a verdade, ao passo que anteriormente o mundano só valia como mal, incapaz do bem, que permanecia um além" (*id.*, p. 502). Na extensa Anotação ao parágrafo conclusivo da seção sobre o espírito objetivo na *Enciclopédia* (§ 552 A), Hegel retoma no horizonte de um confronto explícito do Luteranismo com a religião católica, insinuado no final da citação anterior, a tese central do que veio a se chamar de protestantismo político, a penetração do espírito divino no mundo e a sua imanência a ele e às instituições políticas, de sorte que o núcleo substancial da eticidade e do Estado torna-se a religião. "[Os] princípios da liberdade jurídica" e "as instituições políticas em sua efetividade racional têm a sua confirmação última e suprema na consciência religiosa, na subsunção sob a consciência da verdade absoluta" (*E*, § 552 A; *TWA*, v. 10, p. 360). Assim, a racionalidade imanente à eticidade e ao Estado não pode estar em contradição com a consciência religiosa, pois, neste caso, como ocorre nos países de religião católica, o conteúdo ético é deslocado como algo negativo para um além transcendente e sagrado, que fica numa relação de oposição à efetividade da autoconsciência, de sorte que esta não é mais imanente a esse conteúdo. Mesmo leis legalmente sancionadas e verdadeiras em seu conteúdo "fracassariam na consciência cujo espírito difere do espírito das leis e não as sanciona" (*ibid.*). Tudo se passa como se a consciência religiosa que surge da penetração do espírito divino no mundo e da sua imanência a ele ocupasse, no protestantismo político, o lugar da soberania popular. "É de se considerar tão só uma insensatez dos Tempos Modernos mudar um sistema de eticidade corrompida, sua constituição e sua legislação, sem modificar a religião; ter feito uma revolução sem ter feito uma Reforma, imaginar que, com a velha religião e suas santidades, uma constituição política a ela oposta poderia ter em si tranquilidade e harmonia, e que por garantias externas [...] poder-se-ia proporcionar estabilidade às leis" (*id.*, pp. 360-1). O final dessa longa Anotação confronta novamente, de um lado, a consciência da cisão que aparece na *República* de Platão entre "as exigências mais profundas da liberdade ao tornar-se então consciente de sua interioridade" (*id.*, p. 361) e a religião e a constituição política existentes, e, de outro, o saber "do espírito absolutamente livre, e tendo a sua efetividade na atividade da sua libertação", o qual se exprime no protestantismo político como "a absoluta possibilidade e necessidade de que coincidam em um só o poder do Estado, a religião e os princípios da filosofia, e de que, assim, se cumpra a reconciliação da efetividade em geral com o espírito, a do Estado com a consciência religiosa e o saber filosófico" (*id.*, p. 364).

de —, mas a verdadeira filosofia conduz a Deus, o mesmo se passa com o Estado. Assim como a razão não se contenta com a aproximação, a qual não é nem fria nem quente e, por isso, é vomitada,[40] tampouco se contenta com o frio desespero, que admite que neste mundo temporal as coisas andem bastante mal ou, quando muito, mediocremente, mas que nele precisamente não se pode ter nada de melhor, e que só por isso haveria que se manter em paz com a efetividade; é o conhecimento que proporciona uma paz mais calorosa com ela.

Para dizer ainda uma palavra sobre o *ensinar* como o mundo deve ser, a filosofia chega para isso de toda maneira sempre tarde demais. Enquanto *pensamento* do mundo, ela aparece no tempo somente depois que a efetividade completou o seu processo de formação e se tornou acabada. Aquilo que o conceito ensina a história igualmente o mostra de maneira necessária, a saber, que, somente quando a efetividade atingiu a maturidade, o ideal aparece defronte ao real e edifica para si esse mesmo mundo, apreendido em sua substância, na figura de um reino intelectual. Quando a filosofia pinta seu cinza sobre cinza, então uma figura da vida envelheceu, e com cinza sobre cinza ela não se deixa rejuvenescer, porém somente conhecer; a coruja de Minerva só começa seu voo quando irrompe o anoitecer.

Mas é tempo de concluir este prefácio; de resto, como prefácio, só lhe cabia falar do ponto de vista do escrito ao qual é destinado de maneira exterior e subjetiva. Se se deve falar filosoficamente de um conteúdo, ele só comporta um tratamento objetivo, científico, assim como também toda réplica de outra espécie que não seja um tratamento científico da própria Coisa só terá que valer para o autor como uma resposta[41] subjetiva e uma asseveração qualquer, e terá que lhe ser indiferente.

Berlim, 25 de junho de 1820

---

[40] "Conheço tua conduta: não és frio nem quente. Oxalá fosses frio ou quente! Assim, porque és morno, nem frio nem quente, estou para te vomitar de minha boca" (*Apocalipse*, 3, 15-6).

[41] *Nachwort* não tem aqui primariamente o sentido de "epílogo" ou de "posfácio", mas é usado por Hegel no registro da fala e da palavra falada ("falar filosoficamente"), como ocorre em Lutero e em Stieler, e, assim, é mais bem traduzido por "resposta" (*DW*, p. 688).

Introdução[42]

§ 1

A ciência filosófica do direito tem por ob-jeto a *ideia do direito*, o conceito do direito e a sua efetivação.[43]

---

[42] Como para Hegel o conhecimento filosófico enquanto ciência (*Wissenschaft*) só se constitui verdadeiramente na forma do sistema, pois só o todo é o verdadeiro e o concreto, a Introdução visa a situar genericamente a filosofia do direito no interior da organização sistemática da *Enciclopédia das ciências filosóficas*, composta pelas suas três grandes esferas, a da ciência da lógica, a da filosofia da natureza e a da filosofia do espírito. Em sua amplitude temática, a filosofia do direito corresponde à parte intermediária dessa última esfera, ao espírito objetivo, situado entre o espírito subjetivo e o espírito absoluto. A função específica dessa Introdução é reconstituir de maneira concisa e condensada a gênese imanente do objeto da ciência filosófica do direito, destacada da *Enciclopédia* e desdobrada nas *Linhas fundamentais da filosofia do direito*, a fim de dar uma abordagem mais extensa e aprofundada do conceito de direito, concebido no seu sentido abrangente como a efetivação da vontade livre na figura do espírito objetivo. "Um conteúdo tem a sua significação unicamente como momento do todo, fora do qual, porém, é só um pressuposto infundado e uma certeza subjetiva" (*E*, § 14). Assim, essa gênese sistemática do objeto e do ponto de partida da filosofia do direito, apresentada na Introdução, tem ao mesmo tempo por função a "demonstração" ou "dedução" desse ponto de partida, aqui pressuposto, de tal sorte que o resultado dessa gênese constitui a "verdade do que precede" (§ 2).

[43] O substantivo *Verwirklichung* ("realização efetiva" ou, na concisão de um termo, "efetivação") e o verbo *verwirklichen* ("realizar efetivamente" ou, respectivamente, "efetivar"), que se formam na segunda metade do século XVIII, assim como os termos afins do mesmo campo semântico, tais como *wirklich* ("real-efetivo" ou "efetivo"), usados como adjetivo ou advérbio, *Wirklichkeit* ("realidade efetiva" ou "efetividade'), *wirksam* ("atuante", "eficaz"), *Wirksamkeit* ("atuação", "eficácia"), *Wirkung* ("efeito"), são derivados de *wirken*, verbo formado a partir do substantivo germânico *Werk* ("obra"), remotamente aparentado ao *ergon* grego. *Wirklichkeit* e *wirklich* surgem na linguagem mística dos séculos XIII e XIV com o significado geral do que é ativo e atuante, de "atividade" e "atualidade", esta última correspondente em Eckhart à *actualitas* latina, ao

A filosofia tem a ver com ideias e, por isso, não com o que se costuma chamar de *meros conceitos*; ela mostra, antes, a unilateralidade e

---

que está em ato, e é só a partir do século XVIII que assumem o significado de "realidade" e "real" em oposição ao que é meramente possível, pensado ou aparente (cf. *DW*, pp. 1.113 e 1.176; *Kluge*, p. 795).

Hegel retoma o significado ativo de *verwirklichen* e da sua substantivação *Verwirklichung*, distinguindo-os dos termos *real* e *Realität*, para marcar uma das teses fundamentais da sua filosofia, a de que o real-efetivo ou o efetivo tem em si o poder de sua autoefetivação. *Wirklich* e *Wirklichkeit*, no sentido amplo, não significam, portanto, apenas a realidade oposta ao pensamento, à possibilidade ou à aparência, mas, como Hegel os caracteriza na *Ciência da lógica*, a unidade da essência e da existência, do interior e do exterior, o existente enquanto efetuado e contendo em si o poder de sua efetuação, e que, na sua "externação" (*Äusserung*) — enquanto automanifestação do absoluto —, "permanece essencial e que só é essencial enquanto é, igualmente, existência exterior imediata" (*E*, § 142; cf. *WL II*, p. 369; *TWA*, v. 6, p. 186). Assim, no seu significado estrito, a efetividade é a automanifestação do absoluto, no sentido de que a sua externação e a exterioridade daí resultantes são, simultânea e identicamente, absoluta reflexão dentro de si: "Unidade *posta* de reflexão e da imediatidade" (*WL II*, p. 380; *TWA*, v. 6, p. 201). Enquanto pura "manifestação" (*Manifestation*) para si mesma, coincidem na efetividade o poder da sua efetuação e da sua reflexão sobre si: "a sua *exterioridade* [do efetivo] é a sua energia, ele está nela refletido dentro de si mesmo; seu ser-aí é somente *manifestação de si mesmo*, não de um outro" (*E*, § 142 A; cf. *WL II*, pp. 375, 380-1; *TWA*, v. 6, pp. 193-4, 200-2). O termo "energia" (*Energie*), que descreve, aqui, a efetividade em sua exterioridade e em sua simultânea reflexão sobre si, inusitado neste contexto, não fosse sua referência implícita à *enérgeia* aristotélica, marca precisamente a distinção fundamental entre *Wirklichkeit e Realität*, e antecipa, enquanto pura automanifestação, a singularidade do conceito, entendida como autoefetuação (*das Wirkende seiner selbst*) (*E*, § 163 A).

Esse enunciado inicial do *caput* do § 1 não só condensa a tese fundamental do idealismo especulativo, como também preside a toda a apresentação do sistema enciclopédico e, por inclusão, da ciência do direito. Com efeito, basta eliminar do enunciado a especificação do conceito de direito para obter-se a tese fundamental da dialética especulativa e de seu "método", que tem na ciência da lógica a sua justificação: "A ciência filosófica [...] tem por objeto a ideia [...], isto é, o conceito [...] e a sua efetivação". Essa efetivação do conceito, que é ao mesmo tempo o processo de sua determinação progressiva, alcança precisamente na ideia a sua completude sistemática, a qual, em contrapartida, se põe, então, no procedimento "retrocedente" ou "regressivo" da "apresentação" (*Darstellung*), como o fundamento e o sujeito desse processo. Transposta para o âmbito da "ciência filosófica do direito", a tese diz que esta não é senão a apresentação do processo de efetivação do conceito de direito, concebido num sentido extremamente abrangente como objetivação do conceito de vontade livre — por isso, coextensivo à esfera do espírito objetivo — em direção à sua determinação plena enquanto "ideia do Estado" e à sua suspensão no "espírito universal do mundo" (§§ 33, 340), que se constitui através da história universal.

a inverdade desses, assim como, que é o *conceito* (não o que se entende frequentemente denominar assim, que é, porém, apenas uma determinação abstrata do entendimento) o que unicamente tem *efetividade*, e que a tem de modo tal que ele dá essa efetividade a si mesmo.[44] Tudo o que não é essa efetividade posta pelo próprio conceito é *ser-aí*[45] pas-

---

[44] Nas Notas Manuscritas em seu exemplar de curso (*NM*, p. 293; *TWA*, v. 7, pp. 29-30), Hegel ressalta a diferença do conceito especulativo em face do conceito no seu sentido usual, que é o de uma representação universal abstrata do entendimento e que exprime basicamente a nota comum a várias representações singulares, convertida, então, em sua determinação fundamental. Como a nota comum fundamental não resulta do próprio processo de abstração, pode haver várias definições conforme a nota escolhida como fundamental, as quais eventualmente se opõem, de sorte que a definição "é nessa medida contingente" (*VRph 1824-25*, p. 97). "O cultivo formal em nada ajuda à decisão sobre a Coisa" (*NM*, p. 293). O conceito especulativo, em contrapartida, quer apreender o conteúdo da coisa na forma do pensamento, isto é, "a natureza da Coisa" (*ibid.*) na sua necessidade intrínseca, precisamente enquanto ela é apresentada como resultando do pleno desenvolvimento das determinações contidas no conceito, concebido como princípio da sua própria efetivação e do modo de efetividade que o resultado alcança nesse desenvolvimento. Por isso, o objeto da "ciência filosófica do direito" não consiste na mera ordenação formal ou classificatória, segundo regras de coerência interna, das representações abstratas que o entendimento jurídico denomina conceitos (pessoa, propriedade, contrato, crime, responsabilidade, família, sociedade, aplicação da lei, Estado etc.), extraídas de casos singulares e/ou das determinações jurídicas positivas, e expressas em definições, porém na "apresentação" (*Darstellung*) do desenvolvimento imanente e completo, segundo uma ordem de complexidade crescente, das determinações necessárias contidas no conceito de direito, concebido ele mesmo como objetivação e efetivação do conceito de vontade livre, que é o fundamento e a determinação essencial do direito.

[45] O *Dasein*, o "ser-aí" é, na *Ciência da lógica*, precisamente, na *Lógica do ser*, a primeira figura do ser-determinado, a unidade imediata do ser e do nada, resultante do "vir-a-ser" (*Werden*). Mas, enquanto este é a passagem ininterrupta dos seus momentos (o ser e o nada, o nascer e o perecer, um no outro), o ser-aí é o vir-a-ser já posto na determinação unilateral do ser. Como tal, o ser-aí é uma primeira figura estável dessa unidade imediata e unilateral, que já tem a sua gênese imediata, a sua mediação, às suas costas (*WL I*, pp. 93-4, 97; *TWA*, v. 5, pp. 113-4, 116-7). A tradução de *Dasein* por "ser-aí", além da vantagem da literalidade, merece primazia sobre as outras propostas ("ser-determinado", "existência empírica"), por ser etimológica, no sentido de evidenciar o momento dêitico destacado por Hegel: "Ser-aí etimologicamente tomado, é ser num certo *lugar*" (*id.*, p. 97; *id.*, p. 117), embora Hegel afaste, em seguida, qualquer representação espacial dessa categoria, pois ela é uma determinação do puro pensamento. O ser-aí apresenta, assim, a forma incoativa da determinação e, nesse sentido, ele é a primeira dêixis do pensamento especulativo, pois ele mostra, na sua gênese, como surge em prin-

sageiro, contingência exterior, opinião, fenômeno desprovido de essência, inverdade, ilusão etc. A *configuração*⁴⁶ que o conceito se dá na sua efetivação é, para o conhecimento do próprio *conceito*, o outro momento essencial da ideia, diferente da *forma* de ser somente como *conceito*.

Adendo (H). O conceito e a sua existência são dois lados, separados e unidos, como corpo e alma. O corpo é a mesma vida que a alma, e, contudo, ambos podem ser considerados como estando separados. Uma alma sem corpo não seria algo de vivo e inversamente, do mesmo modo. Assim, o ser-aí do conceito é o seu corpo, do mesmo modo como este obedece à alma que o produziu. As sementes têm dentro de si a árvore, e elas contêm toda a sua força, embora não sejam ainda a própria árvore. A árvore corresponde inteiramente à imagem simples da semente. Se o corpo não corresponde à alma, isto é, de certo, algo lastimável. A unidade do ser-aí e do conceito, do corpo e da alma é a ideia. Ela é não só harmonia, mas também interpenetração perfeita. Nada vive que não seja de alguma maneira ideia. A ideia do direito é a liberdade, e para ser verdadeiramente apreendida, ela tem de ser conhecida no seu conceito e no ser-aí desse conceito.

§ 2

A ciência do direito é *uma parte da filosofia*. Por isso, [como ciência]

---

cípio a determinação. Um segundo aspecto evidenciado na tradução literal é o de dar a entender que a unidade imediata do ser e do nada, posta na determinação unilateral do ser, constitutiva do ser-aí, é fruto da reflexão externa, e não posta por ele mesmo: o momento dêitico presente no *aí* remete à reflexão externa.

⁴⁶ "Configuração" traduz, aqui, *Gestaltung*, para distingui-la do termo *Gestalt*, traduzido por "figura". A configuração é o modo do ser-aí, isto é, do existir imediato de uma determinação conceitual ou momento lógico do conceito, enquanto conceito determinado. Ela é, na apresentação dialética do desenvolvimento do conceito de vontade livre, o correlato fenomênico da determinação desse conceito, e significa o modo como essa aparece ou se configura como fenômeno na efetividade, como um todo dotado de estruturas internas próprias. O encadeamento das configurações na apresentação se dá segundo uma ordem de sucessão que é temporal, e que é diferente da ordem lógica de desenvolvimento das determinações conceituais ou conceitos determinados, a qual lhe proporciona a sua estrutura racional profunda, como a Anotação ao § 32 expõe. Marx tornará essa distinção um dos fundamentos do seu método de apresentação da crítica da economia política na Introdução aos *Grundrisse*.

ela tem de, a partir do conceito, desenvolver a *ideia*, enquanto esta é a razão de um ob-jeto ou, o que é o mesmo, ela tem de dirigir o seu olhar[47] ao próprio desenvolvimento imanente da Coisa mesma. Como parte, ela tem um *ponto de partida* determinado, que é o *resultado* e a verdade do que *precede*, e isso que precede constitui a assim chamada *demonstração*[48] do resultado. Por isso, o conceito do direito, segundo o seu *vir-a-ser*, cai fora da ciência do direito, a sua dedução é aqui pressuposta, e ele tem de ser admitido como *dado*.

Adendo (G). A filosofia forma um círculo: ela tem um primeiro, um imediato, um não demonstrado, que não é resultado, já que, em princípio, ela tem de começar. Mas com o que a filosofia começa é imediatamente relativo, uma vez que ele tem de aparecer no outro extremo como resultado.

---

[47] O verbo *zusehen* significa "olhar ativamente para", "acompanhar ou seguir com a vista", "fitar", "observar", mas sem intervir ou interferir no que é visto; é somente um presenciar aquilo que ocorre, aqui no sentido etimológico de "espelhar", verbo que, aliás, está na origem do conceito de "especulativo", cujo desenvolvimento reflete o movimento imanente da própria coisa.

[48] O vir-a-ser do surgimento de um conceito determinado no interior do sistema enciclopédico equivale à sua gênese conceitual, à sua "demonstração" (*Beweis*). A gênese próxima do conceito de direito é desenvolvida na teoria da vontade livre, do "espírito prático" e do "espírito livre", exposta no final da *Psicologia* (C.), que integra a *Filosofia do espírito subjetivo* na primeira edição da *Enciclopédia* (1817), à qual a *FD* remete no § 4 A. Hegel reitera aí a tese de que "a dedução" da vontade livre "só pode ocorrer na conexão do todo", dedução cujo resultado é pressuposto pela *FD* e, assim, constitui o seu ponto de partida e a sua base. Essa gênese conceitual *próxima* é retomada, e ampliada em vários aspectos, na Introdução (§§ 5-28), com a intenção precípua de demonstrar e salientar a forma específica de vontade livre que fundamenta o direito, e que define o ponto de partida da ciência do direito. Essa forma da vontade é a vontade livre em si e para si (§ 21), que se efetiva enquanto espírito objetivo "em direção à efetividade de um mundo", que se torna, então, o mundo do direito *lato senso*, no qual as determinações dessa vontade livre adquirem "a forma de necessidade" (*E*, § 484). A gênese conceitual *remota* é constituída pelo conjunto da *Filosofia do espírito subjetivo*, pela *Filosofia da natureza*, que remontam, em última instância, à gênese lógica do conceito especulativo de conceito, exposta na *Ciência da lógica*, que fornece a matriz do conceito de vontade livre, apresentado condensadamente nos §§ 5 a 7 da *FD*. O conjunto dessa gênese próxima e remota constitui, portanto, a "demonstração" do ponto de partida da respectiva ciência filosófica particular, no caso, a do direito, e contém a justificação do conteúdo racional desse conceito e do desenvolvimento necessário das suas determinações.

Ela é uma sequência, que não está suspensa no ar, não é algo que começa imediatamente, senão que ela existe perfazendo-se em círculo.

Segundo o método formal, não filosófico, das ciências, busca-se e requer-se primeiro a *definição*, pelo menos por causa da forma científica externa. De resto, a definição não pode importar muito à ciência positiva do direito, pois esta visa sobretudo a indicar o *que* é de direito, isto é, quais são as determinações legais particulares, razão pela qual se dizia em advertência: *omnis definitio in jure civili periculosa* [em direito civil, toda definição é perigosa]. E, de fato, quanto mais desconexas e contraditórias em si são as determinações de um direito, tanto menos são nele possíveis definições, pois estas devem conter antes determinações universais, mas estas tornam imediatamente visível em sua nudez o que há de contraditório, nesse caso, o que há de contrário ao direito.[49] Assim, por exemplo, nenhuma definição de *homem* seria possível para o Direito Romano, pois o escravo não poderia ser subsumido a ela, [pois] o seu *status* antes fere esse conceito;[50] igualmente perigosa em muitos contextos apareceria a definição de propriedade e proprietário. — Mas a dedução da definição é às vezes tirada da etimologia, mormente a partir da sua abstração dos casos particulares, e nisso ela tem por fundamento o sentimento e a representação dos homens. A correção da definição está posta, então, na concordância com as representações aí-presentes. No caso desse método, coloca-se de lado a única coisa que é essencial cientificamente, a saber, com respeito ao conteúdo, a *necessidade da Coisa* em si e por si (aqui, a do direito), mas, com respeito à forma, a natureza do conceito. No conhecimento filosófico, o

---

[49] "Contrário ao direito" traduz aqui *das Unrechtliche*, que, conforme o contexto, poderá ser traduzido também por "o ilícito" ou "o in-justo" (no caso, com o prefixo "in" separado por traço de união, para diferenciar do substantivo *das Ungerechte*, "o injusto". O mesmo vale para o substantivo *das Unrecht* e o adjetivo *unrecht*, que, também conforme a exigência contextual, poderão ser traduzidos por "ilícito", "contrário ao direito" e "in-justo" ou "não justo".

[50] A propósito da divisão romana dos homens em livres ou servos, conforme o seu *status*, consagrada no *Corpus Juris Civilis* (Livro I, Título 5, Fragmento 3), escreve Hegel nas *NM*: "Graças a Deus, em nossos Estados, pode-se pôr a definição do homem, enquanto capaz de direito, à testa do código, sem correr perigo de dar com determinações sobre direitos e deveres do homem que contradiriam o conceito de homem" (*NM*, p. 295; *TWA*, v. 7, p. 33).

principal é, antes, a *necessidade* de um conceito, e o andamento do seu ter vindo a ser enquanto *resultado* é a sua demonstração e dedução. Como, assim, o seu *conteúdo* é *por si* necessário, o segundo passo é olhar em torno o que lhe corresponde nas representações e na linguagem. Mas o modo como esse conceito é por si em sua *verdade* e como ele é na *representação* não só podem ser diversos um do outro, senão que eles têm de sê-lo também quanto à forma e à figura. Se, entretanto, a representação também não é falsa quanto ao seu conteúdo, o conceito pode, certamente, ser mostrado como contido nela, e, quanto à sua essência, como estando nela presente, isto é, a representação pode ser erguida à forma do conceito. Mas ela é tão pouco padrão de medida e critério do conceito necessário e verdadeiro por si mesmo, que é antes ela que tem de tomar dele a sua verdade, e a partir dele corrigir-se e reconhecer-se. — Se, por um lado, esse modo de conhecer com os seus procedimentos formais de definições, inferências, demonstrações e semelhantes, mais ou menos desapareceu, é pior, em contrapartida, substituí-lo por esta outra maneira que é a de agarrar a esmo e afirmar imediatamente as ideias em geral, portanto também a do direito e suas determinações ulteriores, como *fatos da consciência*,[51] e de converter o sentimento natural ou um sentimento mais exaltado, o *próprio ardor* e o *entusiasmo*, em fonte do direito. Se esse método é o mais cômodo de todos, ele é também, ao mesmo tempo, o mais antifilosófico — para não mencionar aqui outros aspectos de um tal ponto de vista, que têm relação não apenas ao conhecimento, mas, imediatamente, ao agir. Se o

---

[51] A expressão remete indiretamente em sua origem à tese kantiana da lei moral como "fato da razão" (*KpV*, A, pp. 9, 56, 72, 74, 81, 96; *CRPr.*, pp. 10, 52-3, 67, 69, 75, 89), que, no contexto kantiano imediato, foi rapidamente reduzida por filósofos como Reinhold, Maimon, Schulze e outros à dimensão da psicologia empírica, na qual ela passa a designar fatos da consciência no plural (*Tatsachen des Bewusstseins*), que designam dados supostamente indubitáveis e ligados imediatamente à consciência. Fichte vai criticar, em 1795, em artigo publicado no *Philosophisches Journal* (republicado em *Fichtes Werke*, v. II, pp. 421-58), a teoria dos fatos da consciência de Christian Erhard Schmid, então seu colega na Universidade de Jena. *Os fatos da consciência* é o título das preleções de Fichte, em Berlim, no semestre de inverno de 1810-11 (*id.*, v. II, pp. 535-691), que são mencionadas por Hegel, em carta de 1º de fevereiro de 1818 (*Briefe*, II, carta nº 330). Mas é, inicialmente, o ceticismo moderno de Schulze e, posteriormente, antes de tudo, a interpretação psicologizante da filosofia transcendental de Kant por Fries e a sua teoria da evidência imediata dos sentimentos, que é aqui o objeto principal das reiteradas críticas de Hegel (cf. indicação de *Nisbet*, pp. 392-3).

primeiro método, de certo formal, ainda exige na definição, todavia, a *forma* do conceito e, na demonstração, a forma de uma *necessidade* do conhecer, a maneira da consciência imediata e do sentimento imediato converte a subjetividade, a contingência e o arbítrio do saber em princípio. — Aqui, é preciso pressupor, a partir da lógica filosófica, em que consiste o procedimento científico da filosofia.[52]

§ 3

O direito é *positivo*[53] em geral:
a) pela *forma* de ter validade num Estado, e esta autoridade legal é o princípio para o conhecimento do mesmo, da *ciência positiva do direito*; b) segundo o *conteúdo*, esse direito recebe um elemento positivo — α) median-

---

[52] *WL III*, pp. 236 ss.; *TWA*, v. 6, pp. 548 ss.: *Die absolute Idee*.

[53] Hegel explicita nas *NM* a positividade do direito positivo pela necessidade de que ele seja posto (*gesetzt*), de que ele se torne válido e vigente na "exterioridade do ser-aí", enquanto lei (*Gesetz*). "Positivo aqui não é oposto ao *negativo*, mas, ao contrário, positivo [significa que]: ele é *posto*, ele *vale e vige*." A exigência de que exista um "sistema jurídico" e um "estado de direito" "que seja puramente racional", "ideal", escreve Hegel, contém algo de correto e de incorreto ao mesmo tempo: o correto é que "a razão deve ser o elemento dominante, e num Estado bem formado — também no todo — existe mais razão do que se crê"; mas há também nessa crença algo de incorreto, porque a "razão na efetividade entra na exterioridade do ser-aí — entra em aplicação, na *forma* do positivo —, uma ampla esfera, *onde só o entendimento* exerce a sua dominação, e que é deixada livre pela razão" (*NM*, pp. 299-301; *TWA*, v. 7, pp. 42-3). Se a positividade do direito, sua vigência como lei, brota da necessidade de que a razão, imanente à efetividade, penetre na esfera da exterioridade do ser-aí, na qual o entendimento domina, esfera que a razão libera à contingência que lhe é própria, o enrijecimento e a independização dessa esfera do entendimento e da contingência em face da razão privam a positividade da imanência da razão que lhe dá vida. "O *direito positivo* é, em geral, um direito que tem validade e vigência num Estado e, por isso, tem de ser respeitado enquanto autoridade, que é afirmado por coerção ou temor ou por confiança e crença, mas que também pode ser observado por discernimento racional. O direito positivo, segundo o seu conteúdo universal, pode ser racional, ou como habitualmente ocorre, ser uma mistura de estatutos racionais e de estatutos contingentes e arbitrários, que provêm em parte da violência e da opressão ou da inabilidade dos legisladores, em parte, também, de um estado imperfeito da sociedade, estatutos que ainda se conservam num estado mais perfeito da sociedade, fundado numa consciência mais elevada da liberdade, visto que as alterações foram prescritas isoladamente e segundo a carência do momento, sem a conexão do todo" (*VRph 1817-18*, p. 5).

te o *caráter nacional* particular de um povo, pelo grau do seu desenvolvimento *histórico* e pela conexão de todas as relações que pertencem à *necessidade natural*; β) mediante a necessidade de que um sistema de direito legal precisa conter a *aplicação* do conceito universal à conformação particular dos ob-jetos e casos, constituição esta que se dá *a partir de fora* — uma aplicação que não é mais pensamento especulativo e desenvolvimento do conceito, porém subsunção do entendimento; γ) mediante as determinações últimas requeridas para a *decisão* na efetividade.

Quando se contrapõe ao direito positivo e às leis o sentimento do coração, a inclinação e o arbítrio, a filosofia é a última a poder reconhecer tais autoridades. — O fato de que a violência e a tirania possam ser um elemento do direito positivo lhe é contingente e não concerne à sua natureza. Posteriormente, nos §§ 211-4, mostrar-se-á o lugar em que o direito tem de tornar-se positivo. As determinações que resultarão lá são aqui aduzidas tão só a fim de assinalar os limites do direito filosófico e remover em seguida a eventual representação ou mesmo a exigência de que do seu desenvolvimento sistemático deveria provir um código positivo, isto é, um código tal como o Estado efetivo precisa ter. — Seria um grande equívoco inverter o fato de que o direito natural ou o direito filosófico é diverso do direito positivo na afirmação de que eles se opõem um ao outro e conflitam entre si; aquele está para com este, antes, na relação das *Institutas* para com as *Pandectas*.[54] — Com res-

---

[54] Os estudiosos concordam em que a elucidação da relação entre direito natural e direito positivo mediante a analogia com a relação entre as *Institutas* e *Pandectas*, as duas primeiras partes, respectivamente, do *Corpus Juris Civilis*, promulgado pelo imperador Justiniano em 529 d.C., não é correta e gera, antes, mal-entendidos. Com efeito, as *Institutas* de Justiniano, que se inspiram basicamente nas *Institutas* de Gaius, jurisconsulto do século II da nossa era, são um tratado elementar para o ensino do direito, que contém os princípios gerais da dogmática jurídica romana, organizados principalmente a partir da prática da "arte" jurídica, e cuja divisão em quatro livros contém a tripartição, que se tornará clássica, em direito concernente às pessoas, às coisas e às ações, que será criticada por Hegel no § 4 A. As *Pandectas*, ou o *Digesto*, na sua designação latina, contém a compilação das fontes mais antigas da lei e os comentários dos grandes jurisconsultos sobre os casos e suas respectivas leis, organizados em rubricas conforme as matérias jurídicas (cf. Arangio-Ruiz, V., *Historia del Derecho Romano*, Madri, Reus, 1980, pp. 453-72). Assim, se as *Pandectas* são uma consolidação do direito positivo vigente, que inclui as suas fontes históricas, as *Institutas*, cujo plano teórico o próprio Hegel julgaria antes uma "unidade externa", uma simples "ordenação" do material jurídico (cf. *E*, § 16 A), não preenchem as exigências do direito filosófico, que visa a expor os princípios racionais

peito ao elemento histórico do direito positivo, mencionado primeiro no *caput*, foi *Montesquieu* quem estabeleceu a verdadeira visão histórica, o legítimo ponto de vista filosófico: considerar a legislação em geral e as suas determinações particulares não isolada ou abstratamente, porém muito mais como momento dependente de *uma* totalidade, em conexão com todas as determinações restantes que constituem o caráter de uma nação e de uma época; nessa conexão elas adquirem a sua verdadeira significação, assim como a sua justificação. — O empenho *puramente histórico* de considerar o surgimento e o desenvolvimento das determinações jurídicas tais como *aparecem no tempo*, assim como considerar o conhecimento da sua coerência inteligível do ponto de vista do entendimento, a qual provém da comparação dessas com as situações jurídicas já aí-presentes, tem seu mérito e sua valia na sua esfera própria, mas está fora de toda relação com a consideração filosófica, na medida em que, com efeito, o desenvolvimento a partir de razões históricas não se confunde com o desenvolvimento a partir do conceito, e a explicação e a justificação históricas não alcançam o significado de uma justificação *válida em si e por si*.[55] Essa distinção, que é muito im-

---

do direito a partir do conceito da sua natureza intrínseca e da derivação imanente e necessária das suas determinações (§ 2 A).

[55] O núcleo e o centro de gravidade desta longa Anotação é a diferença entre a gênese e a justificação histórica a partir das circunstâncias e causas das instituições e disposições jurídicas, de um lado, e a sua gênese racional e justificação filosófica a partir da necessidade intrínseca da coisa apreendida no conceito, de outro. Mediante essa distinção, Hegel pretende tanto fazer jus à "verdadeira visão histórica" de Montesquieu, que compreende os costumes, as leis e instituições na conexão da sua época e da cultura de um povo, quanto, sobretudo, criticar a Escola Histórica do Direito, a sua investigação histórica de tipo "pragmático" (*VG*, pp. 16-20; *E*, § 140 Ad.) e a redução, no seu projeto de constituição do direito como ciência jurídica positiva, do elemento formal, sistemático-metódico dessa ciência (denominado de "filosófico" por Savigny), à simples coerência interna do sistema das leis e instituições, o que se reduz, para Hegel, à inteligibilidade do entendimento. O pioneiro da Escola Histórica do Direito é Gustav Hugo (1764-1844), cujo *Manual da história do Direito Romano até Justiniano* (*Lehrbuch der Geschichte des römischen Rechts bis auf Justinian*), publicado em primeira edição em 1790, Hegel cita logo adiante como um exemplo de transformação da mencionada diferença entre gênese histórica e gênese conceitual em uma relação de oposição entre ambas, e que ele critica ironicamente, visando, através dele, certamente, o fundador e a figura dominante da Escola, Friedrich Carl von Savigny (1779-1861). Este foi seu prestigiado e influente colega na Universidade de Berlim, para a qual fora convidado, desde a sua fundação, em 1810, por W. v. Humboldt, e da qual foi igualmente reitor, tornando-se, em 1829, conselheiro

portante e precisa certamente ser mantida, é ao mesmo tempo muito esclarecedora; uma determinação jurídica pode, a partir das *circunstâncias* e das instituições jurídicas *aí-presentes*, mostrar-se como perfeitamente *fundada* e *consequente* e, contudo, ser em si e por si contrária ao direito e à razão, como uma multidão de determinações do direito privado romano, que derivam de modo inteiramente consequente de instituições tais como o pátrio poder romano ou o *status* matrimonial romano. Mas mesmo que as determinações jurídicas sejam também conformes ao direito e racionais, mostrar que elas são tais, o que pode ocorrer verdadeiramente tão só pelo conceito, é algo inteiramente diferente do que apresentar o elemento-histórico do seu surgimento, as circunstâncias, os casos, as carências e os eventos que conduziram ao seu estabelecimento. Um tal mostrar e um tal conhecer (pragmático) a partir das causas históricas mais próximas ou mais remotas chama-se, frequentemente, *explicar*, ou melhor ainda, *conceituar*, como se nessa opi-

---

de Estado e, em 1841, responsável pelo Ministério da Legislação do governo prussiano conservador de Frederico Guilherme IV. A sua monumental *Geschichte des römischen Rechts im Mittelalter* (*História do Direito Romano na Idade Média*), em sete volumes (Heidelberg, 1815-1831), e seu *System des heutigen römischen Rechts* (*Sistema do Direito Romano atual*), publicado a partir de 1839 — fortemente inspirados na filosofia da história e da cultura das *Ideen zur Philosophie der Geschichte der Menschheit* (*Ideias para uma filosofia da história da humanidade*) (1784-1791), de Herder, e na renovação do conceito de ciência pela filosofia crítica de Kant —, buscam a constituição de uma ciência jurídica que seja ao mesmo tempo positiva e histórica. Nela, a exposição do direito positivo como sistema e a sua articulação "orgânica" em "instituições" que exprimem a cultura e o caráter nacional de um povo, de um lado, e uma pesquisa histórica das fontes romanas, que fornece o conteúdo do direito vigente apreendido na profundidade das suas raízes e na continuidade histórica do passado e do presente, de outro, se unem e interpenetram em vista da constituição de uma "filosofia do direito positivo" (*Wieacker*, p. 453), que é inseparavelmente ciência positiva e histórica do direito (cf. *id.*, pp. 397-454). A crítica de Hegel ao descuido de não levar em conta a distinção entre explicação histórica pelas causas e apreensão da natureza da coisa através do desenvolvimento do conceito, que equivale, para ele, a "escamotear a questão da verdadeira justificação" racional, é, no fundo, uma crítica da insuficiência do conceito de ciência e de forma lógica da Escola Histórica, que a impede de julgar como sendo "em si e por si contrária[s] ao direito e à razão" instituições (como a escravidão, o direito matrimonial romano e outras), cujo "conhecimento pragmático a partir das [suas] causas históricas" as tornaria já por si "fundadas" e justificadas. O princípio da concreção orgânica das antigas fontes romanas com o direito alemão vigente no presente, que permitiria a Savigny distinguir o que é ainda vivo do que está morto no processo cultural, não é suficiente aos olhos de Hegel para estabelecer uma "justificação válida em si e por si".

nião tudo, ou antes, o essencial, que é o que unicamente importa a fim de *conceituar* a lei ou a instituição jurídica, ocorresse através desse mostrar o que é histórico, ao passo que, ao invés disso, o verdadeiramente essencial, o conceito da Coisa, não foi nem mesmo mencionado nessa explicação. — Costuma-se também falar dos *conceitos jurídicos* romanos, germânicos, de *conceitos* jurídicos tais como estão determinados neste ou naquele código, enquanto que aí nada se encontra que seja conceito, porém exclusivamente *determinações jurídicas universais, proposições do entendimento*, princípios, leis e coisas semelhantes. — Por descuidar essa distinção, chega-se a deslocar o ponto de vista e a escamotear a questão da verdadeira justificação, ocultando-a em uma justificação a partir de circunstâncias, em uma inferência a partir de pressupostos que talvez valem por si tão pouco quanto as conclusões etc., e, em geral, a pôr o relativo no lugar do absoluto, o fenômeno exterior no lugar da natureza da Coisa. Quando a justificação histórica confunde o surgimento exterior com o surgimento a partir do conceito, sucede-lhe fazer inconscientemente o contrário do que tenciona. Quando o surgimento de uma instituição se atesta perfeitamente conforme ao fim e necessária nas suas circunstâncias determinadas, e, com isso, se satisfaz o que exige o ponto de vista histórico, então, se isso deve valer como uma justificação universal da Coisa mesma, segue daí antes o contrário, a saber, que a instituição perde com isso o seu sentido e o seu direito, visto que tais circunstâncias não mais existem.[56] Assim, por exemplo, se a favor da manutenção dos *mosteiros* se fez valer o seu mérito para o arroteamento e o povoamento de regiões desertas, para a preservação da erudição mediante o ensinamento e a transcrição de manuscritos etc., e se esse mérito foi considerado como o fundamento e a determinação do seu subsistir ulterior, segue-se então desse mérito que em circunstâncias inteiramente mudadas, pelo menos nesse tanto, eles se tornaram supérfluos e desconformes ao seu fim. — Mas dado que o significado histórico, a explanação histórica e a conceituação do surgimento da Coisa, e igualmente o modo de ver filosófico sobre o surgimento e o conceito da coisa, estão radicados em esferas diversas, eles podem manter, nessa medida, uma posição indiferente um em face do outro. Mas como eles nem sempre mantêm essa posição tranquila, tam-

---

[56] [à mão, no exemplar do curso] Inglaterra — sabedoria dos antepassados [*NM*, p. 309].

bém no domínio científico, cito ainda algo concernente a esse contato entre eles, tal como aparece no *Manual de história do Direito Romano*, do sr. Hugo, do qual, ao mesmo tempo, pode provir uma elucidação ulterior daquela maneira de opô-los. O sr. Hugo refere nesse Manual (5ª edição [1818], § 53) "que Cícero louva as Doze Tábuas com um olhar de *soslaio* para os filósofos", "mas que o filósofo Favorino as trata exatamente da mesma maneira, como desde então muitos grandes filósofos trataram o direito positivo". O sr. Hugo, nessa mesma passagem, enuncia a réplica definitiva a um tal tratamento com o argumento de "que Favorino *compreendeu tão pouco* as Doze Tábuas quanto os filósofos *compreenderam* o direito positivo". — No que concerne à correção do filósofo Favorino pelo jurisconsulto *Sexto Cecílio*, em Aulo Gélio (*Noctes atticae*, XX, I), ela enuncia, sobretudo, o princípio permanente e verdadeiro da justificação do que é meramente positivo segundo o seu conteúdo.[57] Cecílio diz muito bem a Favorino: "*Non ignoras legum* opportunitates *et medelas* pro temporum *moribus et pro rerum publicarum* generibus, *ac pro utilitatum* praesentium *rationibus, proque* vitiorum, *quibus medendum est,* fervoribus, mutari *ac* flecti, neque uno statu consistere, *quin, ut facies coeli et maris, ita* rerum *atque* fortunae tempestatibus varientur. *Quid salubrius visum est rogatione*

---

[57] Hugo menciona a reconstituição fictícia por Aulo Gélio, em *Noites áticas*, de uma discussão imaginária entre o filósofo Favorino e o jurisconsulto Sexto Cecílio, ambos frequentadores da corte do imperador Adriano (117-138 d.C.), a propósito do que lhe parece a vezeira incompreensão do direito positivo pelos filósofos, com a intenção de criticar o jusracionalista filósofo, que, querendo derivar as leis positivas de princípios da razão ou da dogmática jurídica, revela-se incapaz de compreendê-las a partir das suas causas e circunstâncias históricas (cf. *Nisbet*, p. 395, nota 7). "Favorino fala a partir da natureza da Coisa, Cecílio, ao contrário, justifica a lei a partir do efeito — dissuadir" (*NM*, p. 319; *TWA*, v. 7, p. 45). Hegel aceita a "apreciação histórica" do surgimento exterior das leis e instituições positivas, transitórias, a partir das suas circunstâncias como "o princípio permanente e verdadeiro da justificação do que é meramente positivo segundo o seu conteúdo" (§ 3 A), mas critica a tendência de Hugo a reduzir a justificação racional a partir do conceito da natureza da Coisa à simples explicação histórica das instituições, a qual se limita a compreendê-las na sua gênese e obsolescência e na sua coerência interna no conjunto das demais instituições passadas, o que para Hegel permanece no nível da inteligibilidade do entendimento, sem investigar a sua racionalidade intrínseca no presente: "O racional, o direito, é o que é presente, tem de ser racional no presente, não a partir de uma circunstância que ocorreu outrora — não boas razões, isto é, determinações tomadas desta ou daquela perspectiva. — Razão é presente" (*NM*, p. 303; *TWA*, v. 7, p. 43).

illa Stolonis..., quid utilius plebiscito Voconio..., quid tam necessarium existimatum est, quam lex Licinia...? Omnia tamen *haec* obliterata *et operta sunt civitatis opulentia*".[58] Essas leis são positivas na medida em que elas têm o seu significado e a sua conveniência nas *circunstâncias*, na medida em que, portanto, têm somente um valor histórico; por causa disso são, também, de natureza transitória. A sabedoria dos legisladores e dos governos no que fizeram pelas circunstâncias aí-presentes e no que estabeleceram para as situações do seu tempo é uma questão por si e cabe à apreciação histórica, que reconhecerá essa sabedoria tanto mais profundamente quanto mais uma tal apreciação é sustentada por pontos de vista filosóficos. — Mas dentre as justificações ulteriores das Doze Tábuas contra Favorino, quero citar um exemplo, porque Cecílio apresenta aí a fraude imorredoura do método do entendimento e do seu arrazoar, que é a de alegar *uma boa razão para uma má causa* e, com isso, supor tê-la justificado. A favor da lei abominável que dava ao credor, decorridos os prazos, o direito de matar o devedor ou de vendê-lo como escravo, e, até mesmo, quando os credores eram vários, de *cortá-lo em pedaços e, assim, dividi-lo entre si*, e isso de tal modo que, *se um credor tivesse seccionado demais ou de menos daí não lhe deveria advir nenhum prejuízo jurídico* (uma cláusula que teria sido proveitosa ao Shylock de Shakespeare no *Mercador de Veneza* e que teria sido aceita por ele com a maior gratidão), Cecílio aduz a *boa razão* de que a boa-

---

[58] "Não ignoras que as *vantagens* e os remédios oferecidos pelas leis *mudam* e *variam* de acordo com os costumes dos *tempos*, os *gêneros* de repúblicas e de acordo com as razões de utilidade *imediata* e da *intensidade* dos *vícios* a serem remediados. *Nem podem* as leis *permanecer sempre no mesmo estado*, sem que elas mudem pelas tempestades dos acontecimentos e da fortuna, como as tempestades mudam o aspecto do mar e do céu. O que há de mais salutar do que o projeto de lei de Stolon..., o que de mais útil do que o plebiscito de Voconius..., o que pode ser estimado tão necessário quanto a lei Licínia? Todas elas, contudo, foram esquecidas e sepultadas com o crescimento da cidade" (tradução apoiada nas traduções de *Knox*, p. 308, e de *Derathé*, pp. 67-8). A lei do tribuno C. Licinius Stolon, adotada em 367 a.C., propôs, no contexto da luta entre patrícios e plebeus em torno da reforma agrária, a limitação da propriedade agrícola a 500 *jugera* (geiras; sendo a geira equivalente a aproximadamente 2.500 m² ou 0,25 hectares, a limitação da propriedade fundiária era, portanto, de 125 hectares, cf. *Saraiva/Quicherat*, p. 646). A lei foi considerada obsoleta a partir do século II d.C. (cf. *Nisbet*, p. 395, nota 8). A *lex Voconia*, votada em 169 a.C., considerada injusta por Cícero, excluía as mulheres da sucessão testamentária e proibia legar-lhes por testamento mais da metade da riqueza disponível (cf. Cicero, *De Republica*, livro III, seção 10, trad. C. Appuhn, Paris, Garnier, 1954, pp. 148-9).

-fé contratual estaria muito mais protegida por essa lei, e que, precisamente por causa do seu caráter abominável, nunca se foi obrigado a aplicá-la. À sua ausência de pensamento a esse respeito, escapa não apenas a reflexão segundo a qual essa disposição anula precisamente aquela intenção de proteger a boa-fé, senão que ele próprio aduz, imediatamente depois, um exemplo do efeito frustrado da lei sobre os falsos testemunhos em razão da sua pena desmedida. — Mas não se consegue perceber o que o sr. Hugo pretende, quando diz que Favorino não *compreendeu* a lei; qualquer aluno é capaz de compreendê-la bem, e melhor ainda também o mencionado Shylock teria compreendido a cláusula acima aduzida, para ele tão proveitosa — por *compreender* o sr. Hugo teria de considerar somente aquele cultivo do entendimento que, a propósito de uma tal lei, contenta-se com uma *boa razão* a seu favor. — Uma outra incompreensão que Cecílio reprova a Favorino nessa mesma passagem pode um filósofo, de resto, admitir sem corar de vergonha — a saber, que quando, segundo a lei, se tem de fornecer como transporte a um doente, para trazê-lo a juízo como testemunha, somente um *jumentum*[59] e "não uma *arcera*",[60] *jumentum* deve ter significado não só um cavalo, mas, também, um coche ou um veículo. Cecílio pôde tirar dessa determinação legal uma prova ulterior da excelência e da precisão das leis antigas, que é a de elas, para a citação em juízo de uma testemunha doente, se importarem até mesmo em levar a determinação não apenas à diferença entre um cavalo e um veículo, mas inclusive entre veículo e veículo, um coberto e forrado e um que não é tão confortável, como explica Cecílio. Ter-se-ia, por conseguinte, a escolha entre a dureza daquela lei e a insignificância de tais determinações — mas declarar a insignificância de tais coisas e, mais ainda, a das elucidações eruditas a seu respeito seria uma das maiores afrontas contra este e outro tipo de erudição.

Mas, no manual citado, o sr. Hugo também vem a falar da *racionalidade* com respeito ao Direito Romano; o que me chocou nisso é o seguinte. Depois de ter dito, ao tratar do *Período do surgimento do Estado até às Doze Tábuas* no § 38 e no § 39, "que havia muitas carên-

---

[59] *Jumentum* é qualquer animal de carga ou de tração (cf. *Saraiva/Quicherat*, p. 647).

[60] *Arcera* é um carro coberto, puxado por animais, em que eram transportados enfermos ou pessoas incapazes de andar (cf. *ibid.*).

cias (em Roma) e que se era obrigado a trabalhar, para cuja finalidade se precisava de animais de tração e de cargas como *auxiliares, tal como* ocorre *entre nós*, que o terreno era uma sucessão alternada de colinas e vales, e que a cidade se situava sobre uma colina etc." — indicações pelas quais o intento de Montesquieu talvez devia ser realizado, mas dificilmente se presumirá que o seu espírito tenha sido captado por elas —, ele acrescenta, então, no § 40, "que a situação *jurídica* estava ainda muito distante de satisfazer as exigências *mais altas* da *razão*" (isso é inteiramente correto; o direito de família romano, a escravidão etc. não satisfaz as mais ínfimas exigências da razão), esquecendo Hugo todavia de indicar se nos períodos seguintes, e em qual deles, o Direito Romano *satisfez as exigências mais altas da razão*. Contudo, no § 289, diz-se a propósito dos juristas clássicos, no período do mais alto amadurecimento do Direito Romano como ciência, "que há muito se notara que os juristas clássicos eram formados pela filosofia"; mas "poucos sabem (muitos mais agora o sabem com certeza pelas numerosas edições do manual do sr. Hugo) que nenhuma outra espécie de escritores mereça, mais que precisamente os jurisconsultos romanos, ser tanto *equiparada* aos matemáticos no deduzir consequente a partir de princípios, e ao mais recente criador da metafísica numa originalidade de todo surpreendente no que concerne ao desenvolvimento dos conceitos: isso é atestado por essa circunstância *digna de nota*, a de que em parte alguma se apresentam tantas *tricotomias* quanto nos juristas clássicos e em Kant". — Essa coerência lógica, celebrada por Leibniz, é certamente uma propriedade essencial da ciência do direito, como da matemática e de toda outra ciência do entendimento; mas essa coerência do entendimento não tem nada a ver com as exigências da razão nem com a ciência filosófica. Mas, afora isso, é preciso certamente respeitar como uma das maiores virtudes a *incoerência* dos jurisconsultos e dos pretores romanos, pois graças a ela se afastavam das instituições injustas e abomináveis, mas se viam constrangidos a excogitar *callide* [habilmente] distinções verbais vazias (como, por exemplo, a de denominar *Bonorum possessio*[61] aquilo que, não obstante, era também uma herança) e até subterfúgios tolos (e a tolice é igualmente uma incoerência) para salvar a letra

---

[61] Como a Lei das Doze Tábuas, exposta no fórum romano em 451 a.C., não permitia que os filhos emancipados da *patria potestas* herdassem, o direito pretoriano, com o tempo, sem revogar completamente o dispositivo, permitiu que os presumidos herdeiros excluídos herdassem, mediante a ficção legal da *bonorum possessio* ("posse dos bens"),

das Tábuas, como pela *fictio*, ὑπόκρισις, que uma *filia* seria um *filius* (Heineccius, *Antiquitatum Romanarum...* liber I [Frankfurt, 1771], tit. II, § 24). — Mas é grotesco ver os clássicos jurídicos comparados com Kant por causa de algumas divisões *tricotômicas* — sobretudo segundo os exemplos aí citados na Anotação 5 — e chamar-se tal coisa de desenvolvimento dos conceitos.

§ 4

O solo do direito é, em geral, o elemento-*espiritual*, e o seu lugar mais preciso e o seu ponto de partida são a *vontade* que é *livre*, de modo que a liberdade constitui a sua substância[62] e a sua destinação, e que o sistema do direito é o reino da liberdade efetivada, o mundo do espírito produzido a partir do próprio espírito como uma segunda natureza.[63]

---

que dava outro nome àquilo que de fato equivalia à herança civil (cf. *Knox*, p. 309, nota 25; *Nisbet*, p. 396, nota 15).

[62] Para enfatizar que a liberdade é a determinação fundamental e constitutiva da vontade, e não apenas uma propriedade entre outras, desdobrando a tese segundo a qual ela é a "essência do espírito" (*E [1817]*, § 301), Hegel diz que ela constitui a substância da vontade, comparando nas *Preleções* (*VRph 1822-23*, pp. 107-8; *VRph 1824-25*, pp. 101-2), cujos apontamentos Gans retoma livremente no início do Adendo, o que é a liberdade para a vontade com o que é a gravidade para a matéria. Esta comparação é retomada no texto do *Segundo projeto* (1830) para as *Preleções sobre filosofia da história mundial*: "Assim como a gravidade é a substância da matéria, assim também temos de dizer, a liberdade é a substância do espírito. Cada um pode crer imediatamente que o espírito possui a liberdade entre outras propriedades; mas a filosofia nos ensina que todas as propriedades do espírito só subsistem pela liberdade, que todas são somente meios para a liberdade, que todas só a esta buscam e produzem. É conhecimento da filosofia especulativa que a liberdade é o único elemento verdadeiro do espírito. A matéria é pesada na medida em que há nela um impulso em direção ao centro [...]. O espírito, ao contrário, consiste precisamente em ter o seu centro dentro de si; ele também tende para o centro, mas ele próprio é o centro em si mesmo." (*VG*, p. 55.)

[63] O conceito aristotélico de "segunda natureza", já na sua origem, está intimamente unido ao conceito de hábito, de exercício habitual de uma atividade que transforma a "primeira natureza" e resulta na efetividade mais duradoura de uma "outra natureza", diferente daquela. Isso vale tanto, genericamente, para a formação do conceito no curso da história da filosofia ocidental, como também para a sua gênese sistemática na tópica da *Enciclopédia* hegeliana. No interior desta, o conceito de segunda natureza surge na

Adendo (H, G). A melhor maneira de explicar-se a liberdade da vontade é por uma referência à natureza física. É que a liberdade é uma determinação fundamental da vontade, do mesmo modo como o ser-pesado o é dos corpos. Quando se diz que a matéria é pesada, poder-se-ia crer que esse predicado seja apenas acidental; mas ele não o é, pois na matéria nada é sem peso; ela é, antes, o próprio ser-pesado. O ser-pesado constitui o corpo e é o corpo. O mesmo se passa com a liberdade e com a vontade, pois o ser-livre é a vontade. Vontade sem liberdade é uma palavra vazia, assim como a liberdade só é efetiva enquanto vontade, enquanto sujeito. No que concerne à conexão da vontade com o pensamento, convém observar a propósito o

---

sua vinculação tradicional ao "hábito" na *Antropologia*, subseção A. da *Filosofia do espírito subjetivo*, antes de designar especificamente o hábito mediante o qual o indivíduo assume a objetividade do *ethos lato senso* (costumes, leis, instituições) como estrutura universal da sua ação (§ 151). "O hábito foi denominado com razão uma segunda natureza — *natureza*, pois ele é um ser imediato da alma, *segunda*, pois ele é uma imediatidade *posta* pela alma, uma formação integral e completa da corporeidade [pela alma]" (*E*, § 410 A).

No sulco da ampliação por Fichte do conceito de "outra natureza" para designar os costumes, enquanto princípios universalmente válidos que regem o intercâmbio entre os homens, e estão subtraídos à sua consciência e liberdade, Hegel caracteriza como segunda natureza, no sentido amplo, a esfera em que a liberdade, enquanto essência do espírito, se objetiva e se "configura em direção à efetividade de um mundo", e, assim, "recebe a *forma de necessidade*" (*id*., § 484). Na medida em que esse mundo da objetivação e efetivação do espírito enquanto liberdade é concebido como direito, uma vez que o direito "é a liberdade enquanto ideia" (§ 29), o "sistema do direito" torna-se uma segunda natureza. Mais especificamente, a segunda natureza caracteriza a eticidade hegeliana, ela é "*o conceito de liberdade tornado mundo aí-presente e natureza da autoconsciência*" (§ 142). Estrita e precisamente, segunda natureza designa o "*hábito*" do costume, a assunção e incorporação do elemento ético objetivo (*o ser imediato* do costume) pelo hábito, que se torna então a sua "alma" e a "sua efetividade" (*posição* da imediatidade do costume), na exata medida em que, correlatamente, o costume passa a ser a universalidade (habitualizada) da ação individual (§ 151). Essa segunda natureza, como imediatidade *posta*, vai adquirir para o sujeito "uma autoridade e um poder" "infinitamente mais sólidos" do que o ser imediato da primeira natureza (§ 146), em cujo lugar ela entra. Por isso, também, a primeira natureza, seja enquanto natureza objetiva, seja enquanto natureza subjetiva, não pode ser mais o princípio do direito: o princípio do direito é a vontade livre (cf. *VRph 1818-19*, p. 239). "O nome de *direito natural* merece ser abandonado e ser substituído pela designação "doutrina filosófica do direito", ou, como também se mostrará, "doutrina do espírito objetivo" (*VRph 1817-18*, p. 6). Com isso, Hegel sela a suspensão especulativa do direito natural antigo e moderno. (Para o contexto geral, ver Rath, N., "Natur, zweite", in: *HWPhil.*, v. 6, pp. 484-94.)

seguinte. O espírito é o pensamento em geral, e o homem distingue-se do animal pelo pensamento. Mas não se deve imaginar que o homem seja pensar, de um lado, e querer, de outro, e que ele tenha num bolso o pensar e no outro o querer, pois isso seria uma representação vazia. A distinção entre pensamento e vontade é somente a distinção entre comportamento teórico e comportamento prático, mas eles não são como duas faculdades, senão que a vontade é um modo particular do pensamento: ela é o pensamento enquanto em via de transpor-se no ser-aí, enquanto impulso de dar-se ser-aí. Essa diferença entre pensamento e vontade pode ser expressa da seguinte maneira: ao pensar um ob-jeto, eu faço dele um pensamento e lhe tiro o elemento--sensível; eu faço dele algo que é essencialmente e imediatamente meu, pois só no pensamento estou junto de mim, só o conceituar é o transpassar o ob--jeto, que não mais está defronte a mim, e do qual eu tirei o que lhe é próprio, o que ele tinha por si em face de mim. Assim como Adão diz a Eva: "Tu és carne da minha carne, e osso do meu osso", assim, também, o espírito diz: "Isto é espírito do meu espírito, e a estranheza desaparece". Toda representação é uma universalização, e esta pertence ao pensamento. Tornar algo universal significa pensá-lo. "Eu" é o pensamento e, igualmente, o universal. Se digo "eu", abandono nesse dizer toda particularidade, o caráter, as determinações naturais, os conhecimentos, a idade. O eu é inteiramente vazio, puntiforme, simples, mas ativo nessa simplicidade. A pintura colorida do mundo está diante de mim; eu estou em frente dela e suspendo neste comportamento a oposição, torno este conteúdo meu. O eu está em casa no mundo quando ele o conhece, mais ainda quando o concebeu. Até aqui o comportamento teórico. O comportamento prático, ao contrário, começa no pensamento, no próprio eu, e aparece, antes de tudo, como contraposto [ao mundo], porque ele estabelece em seguida uma separação. Enquanto sou prático, ativo, isto é, enquanto ajo, me determino, e determinar-me significa precisamente pôr uma diferença. Mas essas diferenças que eu ponho são novamente minhas, as determinações cabem a mim, e os fins aos quais sou impelido pertencem a mim. Mas mesmo que eu também exteriorize essas determinações e diferenças, isto é, as ponha no assim chamado mundo externo, elas permanecem, contudo, minhas: elas são o que eu pratiquei, o que eu fiz, elas portam o vestígio do meu espírito. Se essa é, então, a diferença entre o comportamento teórico e o comportamento prático, convém agora indicar a relação entre ambos. O teórico está essencialmente contido no prático: isso vai contra a representação de que ambos estão separados, pois não se pode ter vontade alguma sem inteligência. Ao contrário [de tal representação], a vontade mantém o teórico dentro de si: a vontade se determina; essa determinação é inicialmente algo interno: o que eu quero, eu mo represento, é ob-jeto para mim. O animal age por instinto, é impelido por algo interno, e é, então, também prático, mas ele não tem nenhuma vontade, porque ele não se representa o que deseja. Mas tampouco pode alguém comportar-se teoricamente ou pensar sem vontade, pois enquanto pensamos somos precisamente ativos. O conteúdo do que é pensado recebe a forma do ser, mas este ser é algo mediado, posto pela nossa atividade. Esses comportamentos diferentes são, portanto, inseparáveis: eles são um e o mesmo, e em cada atividade, tanto na do pensar quanto na do querer, encontram-se ambos os momentos.

Com respeito à liberdade da vontade, pode-se lembrar o modo de proceder do conhecimento praticado outrora. De acordo com ele, pressupunha-se a *representação* da vontade e tentava-se extrair daquela uma definição da vontade e fixá-la; então, à maneira da psicologia empírica de outrora, conduzia-se a assim chamada *demonstração* da liberdade da vontade a partir dos diversos sentimentos e fenômenos da consciência habitual, como o arrependimento, a culpa e semelhantes, que se devem deixar *explicar* somente a partir da vontade *livre*. Mas mais cômodo é ater-se sem rodeios a que a liberdade seria *dada* como um *fato* da consciência[64] e que seria preciso acreditar nela. A dedução *de que* a vontade é livre e *o que* é a vontade e a liberdade pode ocorrer unicamente, como já foi assinalado (§ 2), no contexto do todo. Os traços

---

[64] Reinhold refere-se à liberdade como um "fato da consciência", todavia, não como algo em que se crê, como acrescenta Hegel. "A liberdade me é inteiramente compreensível a partir dos seus efeitos, graças aos quais ela se encontra entre os fatos da consciência [*Tatsachen des Bewusstseins*]; nessa medida, ela não é objeto a crer, mas do saber mais próprio que é para mim" (Reinhold, K. L., *Décima carta. Sobre a incompatibilidade entre os habituais fundamentos de convicção filosófica sobre a existência de Deus e os conceitos corretos sobre a liberdade e a lei da vontade*, citado por Grotsch, K., in: *GW*, v. 14, 3, p. 1.061). Também Fichte, na *Doutrina dos costumes*, fala sobre "o fenômeno da liberdade como o fato imediato da consciência, [...] que não é nenhuma inferência de um outro pensamento" ("Sittenlehre", *Fichtes Werke*, I, p. 53). A continuação do texto reitera o estatuto de "fato da consciência" mediante a recusa de qualquer explicação teórica do fenômeno da liberdade, invocando a tese kantiana do primado da razão prática: "Não há nenhum fundamento teórico para que não se explique ulteriormente [este fenômeno], mas, sim, um fundamento de razão prática: a resolução firme de reconhecer o primado da razão prática [e] se tratar a lei moral como a verdadeira determinação última da sua essência" (*id.*, pp. 53-4).

fundamentais dessa premissa — que o espírito é antes de tudo *inteligência* e que as determinações pelas quais esta, no seu desenvolvimento, progride do *sentimento* ao *pensamento*, passando pela *representação*, são o caminho de a inteligência produzir-se como *vontade*, esta que, enquanto espírito prático em geral, é a verdade mais próxima da inteligência — apresentei-os na minha *Enciclopédia das ciências filosóficas* (*E [1817]*, §§ 363-99), dos quais espero, algum dia, dar uma exposição mais ampla.[65] É para mim uma necessidade ainda mais imperiosa dar, por esse intermédio, a minha contribuição ao conhecimento mais profundo da natureza do espírito, já que, como foi aí assinalado no § 367 Anotação [*E*, § 444], não é fácil encontrar-se uma ciência filosófica num estado tão negligenciado e deteriorado quanto o da *doutrina do espírito*, que se chama habitualmente de Psicologia. — No que concerne aos momentos do conceito de vontade, indicados neste parágrafo e nos seguintes da Introdução, e que são o resultado daquela premissa, pode-se, de resto, para auxílio da representação, apelar à autoconsciência de ca-

---

[65] Hegel remete à terceira e última seção (C.) da *Filosofia do espírito subjetivo*, intitulada, na primeira edição da *Enciclopédia (1817)*, *Espírito*, e que recebe na segunda e na terceira edições o sobretítulo de *Psicologia* (§§ 440-82), que contém a mencionada "dedução" (§ 4) da vontade livre, cuja objetivação define o direito no sentido amplo. Essa seção final reconstitui, assim, a gênese conceitual do "ponto de partida" (§ 2) da filosofia do direito, que é "o *resultado* e a verdade do que *precede*" (*ibid.*). Ela apresenta os diferentes degraus ou estágios (intuição, representação, pensamento; sentimento prático, impulsos e arbítrio, felicidade) por meio dos quais a razão, que sabe ser ela mesma toda a realidade e, por isso, está na base do espírito, se desenvolve até ser inteligência e vontade, respectivamente, até ser "espírito teórico" e "espírito prático". Estes, por sua vez, na unidade da sua interpenetração recíproca, configuram uma identidade, que poderia ser kantianamente denominada de identidade de razão teórica e de razão prática, e que Hegel designará ulteriormente de "espírito livre" (*FD*, § 27; *E*, § 482). Este, a unidade de inteligência e vontade, torna-se, então, o ponto de partida e a base da exteriorização da vontade livre enquanto direito, que constitui precisamente a esfera do espírito objetivo. A *Introdução* refaz, assim, com especificidades próprias, a parte conclusiva da filosofia do espírito subjetivo (*E*, §§ 469-82), isto é, o percurso, pelo qual a vontade livre, que já é pensamento na sua raiz (*E*, § 468), se ergue novamente a partir da sua figura imediata (a vontade natural) e da vontade enquanto arbítrio à universalidade do pensamento. Graças a essa universalidade do pensamento, que lhe é intrínseca, a vontade se constitui, então, como vontade plenamente autônoma — "a vontade livre em si e para si" (*FD*, § 21), "o espírito livre" (*FD*, § 27; *E*, § 481) —, que tem a própria universalidade do seu querer, enquanto "forma infinita", "por conteúdo, ob-jeto e fim" (§ 21), e assim, é o princípio da sua efetivação como direito.

da um. Cada um encontrará dentro de si, num primeiro momento, o poder de abstrair do que quer que seja e igualmente de se determinar a si mesmo, o poder de pôr por si todo conteúdo dentro de si, assim como o de ter em sua autoconsciência o exemplo para as determinações ulteriores.

§ 5

A vontade[66] contém α) o elemento da *pura indeterminidade* ou da pura reflexão do eu (a)dentro[67] de si, na qual estão dissolvidas toda restrição,

---

[66] Os §§ 5 a 7 apresentam o que Hegel denomina "conceito *abstrato* de vontade" (§ 278 A, § 279, grifo nosso), abstrato não no sentido de uma representação abstrata do entendimento, mas no sentido de que o conceito especulativo é apresentado em sua estrutura interna antes e independentemente do seu desenvolvimento em direção à sua determinação plena. Esse conceito abstrato de vontade, que se desenvolve em seus três momentos internos (universalidade, particularidade e singularidade), é concebido isomorficamente a partir da estrutura lógica do conceito especulativo de conceito, que Hegel já desenvolvera longamente no segundo volume da *Ciência da lógica*, *A lógica subjetiva ou doutrina do conceito*, Primeira seção: *A subjetividade*, 1º capítulo: *O conceito* (*WL III*, pp. 32-52; *TWA*, v. 6, pp. 273-301; *E*, §§ 163-5). Se a consciência simultânea da universalidade do eu penso (todos podem dizer eu) e da sua singularidade enquanto plenamente determinado (este eu à exclusão dos outros) é a base fenomenológica para o que Hegel denomina "conceito" no sentido lógico-especulativo, que exprime, também, a estrutura lógica da autoconsciência (*WL III*, p. 17; *TWA*, v. 6, p. 253), esta concepção especulativa do conceito torna-se, por sua vez, a matriz lógica de explicitação da vontade livre em sua autodeterminação, isto é, do conceito de vontade livre tal como ele é desenvolvido em sua estrutura triádica nos §§ 5 a 7. Embora a vontade livre seja aqui analisada na sua dimensão real, enquanto essência formal do espírito subjetivo, ela é inicialmente apresentada no seu movimento lógico próprio, interno, anterior e independentemente do desenvolvimento das suas configurações específicas enquanto espírito subjetivo, isto é, da sua configuração como vontade imediata ou natural (§§ 10-3), vontade enquanto arbítrio (§§ 14-20) e vontade livre em si e para si (§§ 21-4). Esta última configuração constitui, então, o princípio e a base da sua objetivação e efetivação como direito (ver a excelente articulação prévia da Introdução, explanada por Hegel nas *Preleções de 1824-25* — *VRph 1824-25*, p. 110).

[67] Embora o advérbio "adentro" possa ser entendido tanto no sentido de "dentro", "no interior", quanto no sentido de "para dentro", "para o interior" (*Aurélio*, p. 35; *Houaiss*, p. 48), a grafia com o "a" entre parênteses visa a realçar a possibilidade de compreendê-lo no duplo sentido, estático de lugar ("dentro"), e de movimento ("para dentro"), ambos presentes na dupla regência da preposição alemã *in*, que exige dativo para

todo conteúdo imediatamente aí-presente pela natureza, pelas carências, pelos desejos e impulsos, ou dado e determinado pelo que quer que seja; a infinitude irrestrita da *abstração absoluta* ou a *universalidade*, o puro *pensamento* de si mesmo.

Os que consideram o pensamento como uma *faculdade* específica, particular, separada da vontade como de outra *faculdade* igualmente específica e, ademais, até mesmo o tomam por prejudicial à vontade, particularmente à vontade boa, mostram logo, e de antemão, que nada sabem sobre a natureza da vontade; eis uma observação a ser feita ainda muitas vezes sobre o mesmo ob-jeto. — Se esse *um lado* da vontade, aqui determinado — essa *possibilidade absoluta* de poder *abstrair* de toda determinação na qual eu me encontro ou que pus em mim, a fuga de todo o conteúdo como de uma barreira —, é aquilo a que a vontade se determina ou é aquele lado por si retido pela representação como sendo a liberdade, então esta é a liberdade *negativa*[68] ou liberdade do entendimento. — É a liberdade do vazio, que, erigida em figura efetiva ou paixão e, no caso, permanecendo meramente teórica, torna-se no domínio religioso o fanatismo da contemplação pura dos hindus, mas, volvendo-se para a efetividade, torna-se no domínio político bem como no religioso o fanatismo do destroçamento de toda ordem social subsistente e a eliminação dos indivíduos suspeitos a uma determinada ordem, assim como o aniquilamento de toda organização que queira novamente vir à tona. Somente quando destrói algo é que essa vontade negativa tem

---

indicar o lugar ("dentro"), e o acusativo para indicar o movimento em direção a ("adentro"). Sempre que as duas possibilidades existirem ou forem igualmente plausíveis, e que o contexto não permita optar claramente por uma delas, utilizo a grafia "(a)dentro", deixando ao leitor a liberdade de interpretação. Como advertido na Apresentação inicial, utiliza-se hifens nas expressões compostas tais como "reflexão-(a)dentro-de-si" só quando Hegel também o fizer.

[68] A liberdade negativa não deve ser entendida, aqui, no sentido da tradição empirista de Hobbes, Locke, Bentham e outros ou da tradição liberal, no quadro da estilização que Isaiah Berlin lhe emprestou em contraposição ao que compreende por liberdade positiva (*Dois conceitos de liberdade*, in: *Quatro ensaios sobre a liberdade*, trad. W. H. Ferreira, Brasília, Editora UnB, 1981, pp. 133-75). O seu sentido é antes o da filosofia transcendental, sobretudo de Fichte, tal como Hegel a critica no artigo *Differenz des Fichteschen und Schellingschen Systems der Philosophie* [*Escrito sobre a diferença*] (1801): "ela [a liberdade no sistema de Fichte] não é, pois, o suspender dos opostos, mas, sim, a oposição a eles, e, nessa oposição, ela é fixada como liberdade negativa; a razão constitui-se pela reflexão como a unidade, à qual está absolutamente contraposta uma multiplicidade" (*Differenzschrift*, p. 45; *TWA*, v. 2, p. 69).

o sentimento do seu ser-aí; ela acredita mesmo que quer um estado de coisas positivo, por exemplo, um estado de igualdade universal ou de vida religiosa universal, mas, de fato, ela não quer a efetividade positiva desse estado, pois essa efetividade traz consigo em seguida alguma ordem, uma particularização, tanto das instituições quanto dos indivíduos; mas é a partir do aniquilamento da particularização e da determinação objetiva que surge para esta liberdade negativa a sua autoconsciência. Assim, o que ela acredita querer só pode ser, já por si, uma representação abstrata, e a efetivação desta, somente a fúria da destruição.[69]

Adendo (H, G). Nesse elemento do querer, reside que eu possa me desprender de tudo, abandonar todos os fins e abstrair de tudo. Só o homem pode desistir de tudo, inclusive da sua vida: ele pode cometer suicídio. O animal não pode fazê-lo; ele permanece sempre somente negativo, numa determinação que lhe é estranha, à qual ele apenas se habitua. O homem é o

---

[69] A expressão "fúria da destruição" remete diretamente à análise que Hegel já empreendera na *Fenomenologia do espírito* (VI. B. III. *A liberdade absoluta e o terror*) do período do Terror durante a Revolução Francesa, o qual é concebido como resultante da pretensão de efetivação política de uma liberdade "universal" e "absoluta", descrita como sendo "somente a *fúria* do desaparecer" (*PhdG*, p. 319; *TWA*, v. 3, 436; *FE*, § 589). Essa liberdade é uma universalidade abstrata, "pura negação totalmente não mediatizada", que, por isso, se cinde nos "extremos igualmente abstratos", de um lado "na universalidade fria, simples e inflexível", concentrada no topo da individualidade tirânica, seja ela a assembleia legislativa, e, de outro, "na rigidez dura, absoluta e discreta, a teimosia puntiforme da autoconsciência efetiva" do indivíduo excluído daquela universalidade, suspeito a ela, e objeto de uma morte sem significado, rasa e sem espessura (*id*., pp. 319-20; *id*., v. 3, pp. 435-6; *id*., §§ 589-90). Na *FD*, Hegel diferencia figuras efetivas dessa liberdade negativa, conforme ela atua no campo político ou religioso, compreendendo-as como figuras históricas do "fanatismo", que quer efetivar imediatamente a universalidade ou a igualdade em sua forma abstrata, e só se sente e sabe efetivo na aniquilação de toda ordem e de toda diferenciação institucional. "O fanatismo reconhece em todo ser-aí uma barreira e, para ser livre, quer destruí-la, ele é, portanto a liberdade nesta forma negativa, o destruir tudo. Tal liberdade foi um período da Revolução Francesa, na qual a grandeza da liberdade foi medida somente pela grandeza do aniquilar." (*VRph 1822-23*, pp. 113-4; v. também: *VRph 1824-25*, pp. 113-5.) "Em tempos recentes, essa recusa de toda restrição veio ao mundo também em outra forma. É a assim chamada bela alma, que não se restringe a nada, não se envolve com nada, visto que ela se enodoa com qualquer limite tão logo se ocupa com algo, mas a esta indeterminidade só resta, contudo, extinguir-se em si mesma. Essa beleza da alma é ausência de ação, ela cavalga a sua excelência, mas não tem nenhum ser-aí, é desprovida de força e consome-se em si mesma" (*VRph 1824-25*, p. 117).

puro pensamento de si mesmo e, somente enquanto pensante, o homem é essa força de dar-se universalidade, quer dizer, de extinguir toda particularidade, toda determinidade. Essa liberdade negativa ou esta liberdade do entendimento é unilateral, mas essa unilateralidade sempre contém em si uma determinação essencial: por isso, não é de se rejeitá-la, mas a deficiência do entendimento está em que ele ergue uma determinação unilateral à condição de única e suprema. Historicamente, essa forma de liberdade aparece de maneira frequente. Entre os hindus, por exemplo, toma-se pelo que há de mais alto o persistir meramente no saber de sua identidade simples, o permanecer nesse espaço vazio da sua interioridade, como a luz incolor na intuição pura, e renunciar a toda atividade da vida, a todo fim e a toda representação. Dessa maneira o homem torna-se Brahma: não há mais distinção alguma entre o homem finito e o Brahma; muito mais, toda diferença desapareceu nessa universalidade. Essa forma aparece de maneira mais concreta no fanatismo ativo da vida política, assim como no fanatismo da vida religiosa. Exemplo disso é o período do Terror durante a Revolução Francesa, no qual toda diferença de talentos e de autoridade devia ser suspensa. Esse período significou um estremecimento, um terremoto, uma incompatibilidade com todo particular, pois o fanatismo quer algo abstrato, não quer articulação alguma: onde emergem diferenças, julga-as contrárias à sua indeterminidade e suprime-as. Por causa disso, na Revolução Francesa o povo destruiu as instituições que tinha criado, porque toda instituição repugna à autoconsciência abstrata da igualdade.

§ 6

β) O *eu* é igualmente o passar da indeterminidade indiferenciada à *diferenciação*, ao *determinar* e ao *pôr* uma determinidade enquanto um conteúdo e um ob-jeto. — Esse conteúdo pode, então, ou ser dado pela natureza ou gerado a partir do conceito do espírito. Por esse pôr a si mesmo enquanto eu *determinado*, o *eu* entra no *ser-aí* em geral — [é] o momento absoluto da *finitude* ou da *particularização* do eu.

O segundo momento, o da *determinação*, tanto quanto o primeiro, é *negatividade*, suspender[70] — ele é, com efeito, o suspender da pri-

---

[70] É conhecida a polissemia do verbo *aufheben* e do substantivo *Aufhebung*, que Hegel explora para moldar um dos conceitos operativos principais da dialética especulativa, e que são aqui traduzidos, respectivamente, conforme o contexto, por "suprimir"

ou "suspender" e por "supressão" ou "suspensão". "Suprimir/suspender" e "o suprimido/o suspenso" ("o *ideal*") são dos conceitos mais importantes da filosofia, determinações fundamentais que retornam absolutamente em toda parte (*WL I*, p. 94; *TWA*, v. 5, p. 113). Sem considerar a história e o nexo dos deslocamentos semânticos contidos nessa polissemia, o seu significado moderno, relevante para Hegel, se condensa em torno de três sentidos principais: 1) "elevar, levantar(-se), erguer(-se)" (lat. *elevare*); 2) "suprimir, pôr fim, anular, abolir, abrogar, revogar, cancelar, compensar-se" (lat. *tollere*); 3) "guardar, conservar, guardar e entregar em custódia" (lat. *conservare*) (cf. *Duden*, p. 104; *DW*, p. 104; Fulda, F. "Aufheben", in: *HWPhil.*, v. 1, pp. 618-20). Hegel observa, na *Ciência da lógica*, que os sentidos 1) e 2) de *aufheben* já estão contidos no latim *tollere*, com a ressalva, porém, de que, no *tollere*, o momento afirmativo só chega ao "elevar, erguer", e não ao "conservar", enquanto sentido oposto ao "suprimir", de modo que o seu duplo sentido permanece aquém da oposição completa entre os sentidos 2) e 3), que interessa ao pensamento especulativo (*WL I*, pp. 94-5; *TWA*, v. 5, pp. 113-4; *E*, § 96, Ad.; *Enc.*, I, § 96, Ad., pp. 194-5). Hegel parte do sentido negativo ("suprimir"), e o põe em primeiro plano, pois "o próprio conservar já inclui em si o negativo" (*WL I*, p. 94; *TWA*, v. 5, p. 113). A Hegel interessa principalmente o duplo significado negativo e positivo de *aufheben* ("suprimir"—"*conservar*"), já contido na linguagem comum. Esse sentido não é contingente e não se pode censurar essa linguagem corrente por "dar azo à confusão", uma vez que ele remete ao espírito especulativo nela implícito e aponta para a superação das limitações do entendimento, dilacerado entre a alternativa de determinações opostas excludentes (*E*, § 96, Ad.; *Enc.*, I, § 96, Ad., pp. 194-5). Hegel procura, assim, enraizar nessa ambivalência da linguagem comum uma das teses principais da lógica especulativa: a de que as determinações abstratas e opostas, resultantes da análise que o entendimento faz da unidade imediata, uma vez apreendidas na negatividade imanente à sua unilateralidade e finitude, se resolvem, isto é, se suprimem/se suspendem na unidade integrativa e superior da razão, na qual são conservadas e erguidas à sua verdade (*E*, §§ 79-82). Por isso, diz Hegel, o que foi suprimido ou suspenso não é um mero não ser, mas, enquanto mediado, guarda "em si a determinidade da qual provém" (*WL I*, p. 94; *TWA*, v. 5, pp. 113-4). "Assim, o suprimido/suspenso é, ao mesmo tempo, algo conservado (*ein Aufbewahrtes*), que só perdeu a sua imediatez, mas não por isso foi aniquilado" (*ibid.*). Nesse contexto, elogiando as virtualidades especulativas da língua alemã, Hegel diz que o pensamento especulativo pode regozijar-se em encontrar na linguagem comum palavras que têm, nelas mesmas, um sentido especulativo, por conterem, ao mesmo tempo, um significado positivo e negativo.

Os neologismos "suprassumir" e "suprassunção", propostos pela primeira vez em língua francesa (*sursumer, sursomption*) por Yvon Gauthier ("Logique hégélienne et Formalisation", *Dialogue: Revue Canadienne de Philosophie*, set. 1967, p. 152, nota 5), e utilizados sistematicamente por G. Jarczyk e P.-J. Labarrière nas traduções francesas da *Ciência da lógica* (*Science de la Logique*, Paris, Aubier/Montaigne, v. 1 — 1972, v. 2 — 1976, v. 3 — 1981); e, posteriormente, da *Fenomenologia do espírito* (*Phénoménologie de l'esprit*, Paris, Gallimard, 1993), foram incorporados na tradução brasileira da *Fenomenologia do espírito* e da *Enciclopédia das ciências filosóficas*, tornando-se, entremen-

meira negatividade abstrata. — Assim como, em geral, o particular está contido no universal, assim também, por isso, esse segundo momento já está contido no primeiro, e ele é somente um *pôr* o que o primeiro

---

tes, bastante corrente entre nós. Os tradutores franceses justificam os neologismos etimologicamente pela proximidade com os termos "assumir/assunção", e, semanticamente, por oposição e antonímia às operações lógicas de "subsumir/subsunção", de sorte que "suprassumir" indicaria a operação contrária a "subsumir", a "que consiste em pôr a parte na ou sob a totalidade" (Labarrière, P. J., *Structures et mouvement de la dialetique dans la "Phénoménologie de l'esprit" de Hegel*, Paris, Aubier/Montaigne, 1968, p. 309).

Duas razões teóricas tornam essa proposta insatisfatória ou não de todo convincente: 1) o sentido negativo de *aufheben*, que, em muitos contextos, é o principal, se não o único, permanece encoberto em "suprassumir", e só transparece na medida em que o "suprassumido" é conservado e elevado a uma nova determinação, o que nem sempre é o caso, pois a polissemia não implica que em todas as ocorrências do termo os três significados principais estejam sempre presentes; 2) a determinação semântica do *aufheben* como "suprassumir" por antonímia de "subsumir", primeiro, não é inteiramente correta, pois "pôr a parte na ou sob a totalidade" (*ibid.*) não é o contrário de subsumir (subordinar) uma instância ou um caso sob uma regra, e, segundo, porque a pretensa "operação contrária à da subsunção" (*ibid.*) não caracteriza o sentido principal de *aufheben*, pois a ultrapassagem do oposto unilateral e a sua "conservação" e "elevação" no todo mais amplo se dá antes de tudo pela apresentação (*Darstellung*) da sua negatividade imanente (*E*, § 81 A), isto é, pela supressão do sentido que ele tinha separadamente enquanto oposto.

Dentro do espírito hegeliano de encontrar nos termos da linguagem corrente o seu potencial semântico especulativo (*WL I*, p. 21; *TWA*, v. 5, p. 114), a palavra da língua portuguesa usual que melhor reproduz o tríplice sentido especulativo do *aufheben* é "suspender": além do significado de "pendurar", aqui não pertinente, "suspender" adquire em alguns contextos o significado de "erguer", "levantar", noutros, o de "cancelar", "anular", "fazer cessar", e, no sentido químico, remete também ao significado de "conservar", como no caso de uma mistura líquida de dois elementos de densidade diferente e que se repelem, em que o menos denso se separa e flutua na solução líquida, dizendo-se que ele "se suspende". A "suspensão" do azeite na água, por exemplo, remete, no caso, tanto à "elevação" quanto à "conservação" do elemento menos denso no composto. Devo a Kathrin H. Rosenfield a sugestão de traduzir *aufheben* por "suspender". Como em muitos contextos em que os referidos termos ocorrem o sentido negativo é o predominante, se não, muitas vezes, o exclusivo, utilizar-se-á, neste caso, "suprimir", e nos contextos em que é evocada a polissemia plena, "suspender". Essa proposta implica certamente discriminar as ocorrências do sentido negativo e do sentido pleno, o que envolve certamente uma decisão hermenêutica, mas que tem a vantagem de não enrijecer a linguagem e deixar aberta ao leitor a outra opção. Recorre-se, assim, aos dois termos "suprimir" e "suspender" para traduzir *aufheben*, a fim de não se imputar a Hegel que ele esteja sempre utilizando o termo na sua polissemia plena, o que não só provoca um contrassenso em muitos contextos, mas também contraria a plasticidade da linguagem comum que ele quer fazer valer no pensamento teórico, a fim de evitar termos técnicos artificiais.

já é *em si* — o primeiro momento, a saber, enquanto para si o primeiro, não é a infinitude verdadeira ou a universalidade *concreta*, o conceito; porém, é somente algo *determinado*, unilateral; com efeito, porque ele é a abstração de toda determinidade, ele mesmo não é *sem* uma determinidade; e ser como algo abstrato, unilateral, constitui a sua determinidade, a sua deficiência e a sua finitude. — A diferenciação e a determinação dos dois momentos indicados encontram-se na filosofia *fichtiana*, assim como na *kantiana* etc.; para ater-se apenas à apresentação fichtiana, o *eu* enquanto o ilimitado (na primeira proposição da *Doutrina da ciência* de Fichte)[71] é tomado como algo inteiramente só *positivo* (ele é, assim, a universalidade e a identidade do entendimento), de sorte que este eu abstrato deve ser *por si o verdadeiro*, e que por isso, além do mais, a *restrição* — o *negativo* em geral, seja como uma barreira externa dada, seja como atividade própria do eu — *sobrevém ulteriormente* (na segunda proposição).[72] — Apreender a *negatividade* imanente no universal ou no idêntico, assim como no *eu*, era o passo ulterior que a filosofia especulativa tinha a dar — uma carência inteiramente insuspeitada para os que não apreendem o *dualismo* da *infinitude* e da *finitude* nem mesmo na imanência e na abstração, como o faz Fichte.

Adendo (H, G). Esse segundo momento aparece como o contraposto [ao primeiro]; trata-se de apreendê-lo no seu modo universal: ele pertence à liberdade, mas não constitui a liberdade toda. O eu passa aqui da indetermi-

---

[71] Fichte, "Grundlage der gesamten Wissenschaftslehre" (1794), in: *Fichtes Werke*, v. I, § 1, pp. 91-101. A tradução brasileira por Rubens Rodrigues Torres Filho, *A doutrina da ciência de 1794*, publicada nas sucessivas edições da coleção Os Pensadores (São Paulo, Abril Cultural), traz à margem a indicação da página desta edição. Os enunciados mais significativos para a interpretação de Hegel, segundo a qual o eu fichtiano "é tomado como algo inteiramente só *positivo*", estão ao final do inciso número 6 das explicações de Fichte sobre o "primeiro princípio pura e simplesmente incondicionado" (§ 1): "Assim, o pôr do eu por si mesmo é a sua atividade pura. — O eu *põe a si mesmo* e é. Em virtude desse mero pôr-se por si mesmo; e vice-versa: o eu é e, em virtude de seu mero ser, *põe* seu ser. Ele é, ao mesmo tempo, o agente e o produto da ação; o ativo e aquilo que é produzido pela atividade; a ação e o feito são um e o mesmo; e, por isso, o *eu sou* é expressão de um estado-de-ação; mas também do único possível, como resultará da doutrina-da-ciência inteira" (*Fichtes Werke*, v. I, p. 96).

[72] Fichte, *id.*, § 2, pp. 101-5. Como assinala Kervégan, o conceito de *Beschränkung*, "restrição", é de fato introduzido só no § 3 (*Kervégan*, p. 156, nota 1).

nidade indiferenciada à diferenciação, à posição de uma determinidade enquanto conteúdo e ob-jeto. Eu não apenas quero, porém quero *algo*. Uma vontade que só quer o universal abstrato, tal como foi analisada no parágrafo precedente, não quer *nada*, e por isso não é vontade nenhuma. O particular que a vontade quer é uma restrição, pois a vontade, para ser vontade, tem que, em princípio, restringir-se. O fato de que a vontade queira *algo* é a barreira, a negação. A particularização é, assim, aquilo que em regra chama-se de finitude. Habitualmente, a reflexão toma o primeiro momento, a saber, o indeterminado, pelo absoluto e mais alto, em contrapartida toma o que é restringido por uma mera negação dessa indeterminidade. Mas essa indeterminidade é ela mesma apenas uma negação em face do determinado, em face da finitude: o eu é esta solidão e esta negação absoluta. A vontade indeterminada é, nessa medida, tão unilateral quanto a que fica meramente na determinidade.

§ 7

γ) A vontade é a unidade desses dois momentos — ela é a *particularidade* refletida *dentro de si* e reconduzida mediante essa reflexão à *universalidade* —, a *singularidade*; ela é a *autodeterminação* do eu, a um só tempo pôr-se como o negativo de si mesmo, a saber, como *determinado*, *restringido*, e permanecer junto a si, isto é, em sua *identidade consigo* e em sua universalidade, e na determinação encadear-se[73] somente consigo mesmo. — O

---

[73] O verbo composto *zusammenschliessen* ("encadear", aqui na forma reflexiva) remete à teoria hegeliana do silogismo (*Schluss*) na *Lógica do conceito* e à concepção especulativa da teleologia como finalidade imanente, ela mesma desenvolvida a partir da teoria aristotélica do silogismo prático, interpretada especulativamente. Hegel pensa a singularidade da vontade livre como resultante da sua autodeterminação, graças à qual o universal nega a indeterminidade da sua universalidade imediata para pôr-se como determinado (primeira negação, momento da particularidade) e, de uma só vez, nega essa determinação, a particularidade no sentido meramente negativo enquanto restrição, para reafirmar-se nela como universal idêntico a si (segunda negação, momento da singularidade enquanto universalidade concreta). Essa reunião consigo pela mediação da determinação, pensada em sua matriz especulativa como dupla negação na forma da negação que se relaciona a si mesma, é descrita como um encadear-se consigo mesmo, em que o universal permanece junto de si na sua determinação. Esse encadear-se do universal consigo na determinação particular, a qual funciona como o termo-médio de um silogismo, dá origem à singularidade. Esse encadear é pensado especulativamente a partir do silo-

eu se determina na medida em que ele é a relação da negatividade a si mesma;[74] enquanto é essa *relação a si*, ele é igualmente indiferente em face dessa determinidade, ele a sabe como sua e como *ideal*, como uma mera *possibilidade*, pela qual não está vinculado, mas na qual ele só está porque é ele quem nela se põe. — Isso é a *liberdade* da vontade, que constitui o conceito

---

gismo do conceito, em que este, enquanto fim subjetivo (premissa maior), mediante a objetividade do meio, que funciona como termo-médio, e a objetividade da realidade pressuposta, transformada pelo conceito como fim, se encadeia consigo mesmo e na figura do fim executado (*WL III*, pp. 169-72; *TWA*, v. 6, pp. 458-61). A tradução de *zusammenschliessen* por "encadear" tem a vantagem de ser mais atenta à etimologia do verbo *schliessen* ("fechar", "concluir") e aos dois substantivos afins *Schluss* ("conclusão", mas também "silogismo") e *Schloss* ("cadeado", "fecho", e também "castelo", pois cingido por muralhas), donde, "encadear(-se)": a singularidade, enquanto estrutura lógica da autodeterminação da vontade, é o resultado do encadeamento da universalidade consigo mesma na particularidade e através dela.

[74] O momento da singularidade constitui a estrutura lógica da autodeterminação da vontade livre, concebida por Hegel na *Ciência da lógica* (*id.*, p. 17; *id.*, v. 6, p. 253), a partir da relação da negação a si mesma, que constitui a negatividade autorreferente, que então suspende a negatividade própria da universalidade e a da particularidade. Nas *Preleções de 1824-25*, a tese recebe a seguinte elucidação: "O eu determina-se enquanto ele é a relação da negação a si mesma. Essa negatividade absoluta chama-se também infinitude. Se consideramos as determinações precedentes segundo essa perspectiva, temos, primeiro, a universalidade vazia do eu, o espaço puro da minha autoconsciência; o segundo [momento] foi a particularização, eu tenho fins e, assim, saio do espaço universal, [e] isso é o negativo em face do universal, a determinação é, então, a restrição dessa universalidade. Ela [a determinação] é assim, primeiro positiva, depois, negativa. Examinando melhor, já a primeira indeterminidade não é a afirmação, não é verdadeiramente, porém já é o negativo, é somente abstrata, o não verdadeiro. Quando me determino a algo, me restrinjo, ponho em mim uma restrição, uma negação, e esta apareceu como a primeira negação; mas se cuidarmos que a primeira indeterminidade já é o negativo, então a restrição é a negação de uma negação, o vazio é negado, ele é o negativo, portanto, a negação é negada. Mas, mais precisamente, a negação da negação é a afirmação, portanto, o primeiro indeterminado em si não é algo afirmativo, porém um negativo, e a restrição já é em si a segunda negação, e isso que então sabemos é o terceiro [momento], a negação da negação, a absoluta negatividade, a negação da negatividade. [...] Assim, a execução plena do fim é negação da negação, negação da deficiência do fim [subjetivo], essa deficiência é suspensa, e a deficiência negada é o fim objetivado. Também o objetivo, o material, é igualmente negado, ele é outro do que quero que ele seja, e, na execução plena do fim, eu nego, assim, o que há de negativo no objetivo. Assim, suspendo a deficiência de ambos, meu fim é objetivo e a exterioridade lhe é conforme, ela não é mais meramente objetiva. Todas as ações são assim" (*VRph 1824-25*, pp. 122-3).

ou a substancialidade da vontade, o seu ser-pesado, assim como o ser-pesado constitui a substancialidade do corpo.

Toda autoconsciência sabe-se como universal — como a possibilidade de abstrair de todo o determinado — e como particular, com um ob-jeto, conteúdo e fim determinados. Esses dois momentos são, contudo, somente abstrações; o concreto e verdadeiro (e todo verdadeiro é concreto) é a universalidade que tem o particular por oposto, mas um particular que pela sua reflexão dentro de si igualou-se ao universal. — Essa unidade é a *singularidade*,[75] mas não na sua imediatidade, enquanto um [singular], tal como a singularidade é na representação, porém a singularidade segundo o seu conceito (*E [1817]*, §§ 112-4; *E*, §§ 163-5) — ou melhor, essa singularidade não é propriamente senão o conceito mesmo. Aqueles dois primeiros momentos, o de a vontade poder abstrair de tudo e o de estar *também* determinada — por si ou por outro —, são facilmente concedidos e apreendidos, porque são para si momentos não verdadeiros, momentos do entendimento; mas o terceiro momento, o verdadeiro e o especulativo (e todo o verdadeiro, na medida em que ele é concebido, só pode ser pensado especulativamente), é aquele no qual o entendimento se recusa a adentrar, precisamente o entendimento que sempre chama o conceito de inconcebível. Cabe à *Lógica*, enquanto filosofia puramente especulativa, fornecer a prova e a discussão mais detalhada desta dimensão mais interna da especulação, da infinitude enquanto negatividade relacionando-se a si mesma, dessa fonte última de toda atividade, de toda vida e de toda consciência. — Aqui se pode somente ainda notar que, quando se diz: *a vontade é* universal, *a vontade* se determina, exprime-se a vontade já como um *sujeito* ou um *substrato* pressuposto; mas ela não é algo acabado e universal antes do seu determinar e antes do suspender esse determinar e a idealidade desse determinar, porém ela só é vontade enquanto é essa atividade que se medeia dentro de si e enquanto retorno (a)dentro de si.[76]

---

[75] [à mão, no exemplar do curso] melhor, subjetividade [*NM*, p. 327].

[76] Na perspectiva do entendimento, os três momentos constitutivos da vontade livre surgem como propriedades atribuídas predicativamente a ela enquanto "um *sujeito* ou um *substrato* pressuposto". Em contrapartida, em sua apresentação progressiva, a dialética especulativa do conceito de vontade livre mostra o terceiro momento, a singularidade, como resultando da negatividade dos dois primeiros (§ 6 A), de sorte que o sujeito enquanto vontade só se constitui como livre em sua autodeterminação, isto é, na

Adendo (H). O que chamamos propriamente de vontade contém os dois momentos precedentes dentro de si. O eu enquanto tal é, antes de tudo, atividade pura, o universal que está junto de si; mas esse universal determina-se, e nessa medida não está mais junto de si, mas põe-se como um outro e cessa de ser universal. O terceiro momento consiste em que o eu na sua restrição, nesse outro, está junto de si mesmo e, ao determinar-se, permanece junto de si e não cessa de reter firmemente o universal: esse momento é então o conceito concreto de liberdade, ao passo que os dois momentos precedentes foram considerados abstratos e unilaterais. Já temos essa liberdade na forma do sentimento, por exemplo, na amizade e no amor. Aqui não se está mais unilateralmente dentro de si, mas cada um se restringe de bom grado em relação a um outro e sabe-se como si mesmo nessa restrição. Na determinidade, o homem não deve sentir-se determinado, porém tem o sentimento de si próprio somente ao considerar o outro enquanto outro. Portanto, a liberdade não reside nem na indeterminidade nem na determinidade, porém ela é as duas. A vontade que se restringe apenas a um "isto" é própria do teimoso, que presume não ser livre se ele não tem *esta* vontade. Mas a vontade não está ligada a um conteúdo restrito, porém tem de ir mais além, pois a natureza da vontade não é essa unilateralidade e essa vinculação, senão que a liberdade está em querer algo determinado, mas ela consiste em estar nessa determinidade junto de si e retornar novamente ao universal.

§ 8

O caráter ulteriormente determinado da *particularização* (β. § 6) constitui a diferença das formas da vontade: a) na medida em que a determinidade é a oposição *formal* do *subjetivo* e do *objetivo* enquanto existência exterior imediata, isso é então a vontade *formal* enquanto autoconsciência,

---

atividade da sua automediação através da negação dos seus dois primeiros momentos, da qual emerge, precisamente, a singularidade. Por isso, na perspectiva da fundação retrocedente ou regressiva, em que o resultado enquanto fim e fundamento é o primeiro, é a singularidade que se põe como o fundamento e o verdadeiro sujeito da diferenciação dos dois outros momentos e da sua mediação. "É o momento da *singularidade* que primeiro e só ele *põe* os momentos do conceito como diferenças, enquanto ela é a reflexão-dentro-de-si negativa do conceito, por isso, *primeiramente*, o seu livre diferenciar enquanto a *primeira negação*, com a qual é posta a *determinidade* do conceito, mas como *particularidade*" (*E*, § 165; *Enc.*, tradução modificada). "Cada momento é o conceito todo [*E*, § 160]; mas a singularidade, o sujeito, é o conceito *posto* como totalidade" (*id.*, § 163 A).

vontade que *encontra diante* de si um mundo exterior e, enquanto singularidade retornando na determinidade adentro de si, é o processo de *transpor*[77] o *fim subjetivo na objetividade* pela mediação da atividade e de um meio. No espírito, tal como ele é em si e para si, enquanto nele a determinidade é absolutamente a *sua* e a verdadeira (*E [1817]*, § 363) [*E*, § 440], a relação da consciência constitui somente o *lado do aparecimento* da vontade, o qual aqui não entra mais por si em consideração.[78]

---

[77] *Übersetzen*, "transpor" ou "traduzir", é um conceito operativo central na concepção especulativa da finalidade, segundo a qual a realização do fim, através da ação, significa a transposição/tradução do seu conteúdo, enquanto fim subjetivo, na objetividade externa, na qual ele se realiza plenamente e se encadeia consigo, de sorte que o conteúdo domina a atividade da sua transposição/tradução, permanecendo nela idêntico consigo, e suspendendo a separação entre o conceito, enquanto fim subjetivo, e a objetividade imediata, na medida em que o fim se realiza plenamente nela. "O processo teleológico é 'transposição' ou 'tradução' do conceito existindo distintamente enquanto conceito na objetividade; mostra-se que esse transpor/traduzir num outro, [que é] pressuposto, é o coincidir *por si mesmo e consigo mesmo* do conceito. O conteúdo do fim é, agora, essa identidade existindo na forma do idêntico" (*WL III*, p. 167; *TWA*, v. 6, p. 454). Ver, a propósito, o capítulo "Teleologia", na *Lógica do conceito* (*id.*, pp. 154-72; *id.*, v. 6, pp. 436-61). "O que, aqui, deve ser inteiramente realizado é o *conceito da liberdade* — ele *[é]* o *fim*; a sua realização plena, [a sua] *objetivação* é o seu desenvolvimento, o pôr dos *momentos* (enquanto determinações da liberdade, que estão nele contidas), momentos que [constituem] o conceito — objetivação quer dizer esta diferença —, ora eles estão incluídos no conceito, ora estão postos diferenciadamente (*auseinandergesetzt*)" (*NM*, p. 331; *TWA*, v. 7, p. 59). O mundo do direito resulta, assim, dessa atividade teleológica que articula a efetivação e a objetivação desse conceito "*na forma de necessidade*" (*E*, § 484), suspendendo a "oposição formal" entre o conceito de liberdade, enquanto fim subjetivo, e a realidade exterior pressuposta, na qual este se transpõe. O direito enquanto espírito objetivo é o âmbito em que essa oposição se suspende e o conceito de liberdade se desenvolve em direção à sua determinação sistemática e completa na figura da ideia ética e do Estado (ver § 28).

[78] Para compreender adequadamente a tese de que aqui "a relação de consciência constitui somente o *lado do fenômeno* da vontade", convém ter presente o lugar sistemático e o degrau/estágio de desenvolvimento do espírito: o espírito "em si e para si" se constitui a partir da universalidade intrínseca da razão, na qual tanto o saber do eu puro abarca e perpassa como forma o objeto quanto este, tornado universal, penetra e compreende o eu (*id.*, § 438). Essa abrangência e interpenetração recíprocas entre sujeito e objeto, entre o eu e o mundo, se enraíza, por sua vez, na "autoconsciência universal", que resulta da "universalidade real" do reconhecimento recíproco das autoconsciências (*id.*, § 436). Por isso, o conteúdo das determinações do espírito, cuja estrutura é, assim,

Adendo (H). A consideração da determinidade da vontade pertence ao entendimento e, inicialmente, não é especulativa. De maneira geral, a vontade está determinada não só no sentido do conteúdo, porém também no sentido da forma. A determinidade segundo a forma é o fim e a execução do fim: ele é inicialmente apenas algo que me é interior, *subjetivo*, mas deve também tornar-se *objetivo*, rejeitar a falha da mera subjetividade. Pode-se perguntar aqui por que ele é essa falha? Se o que tem falta de [algo] não está, ao mesmo tempo, acima do seu ter-falta-de, então o faltar não é para ele um faltar. Para nós o animal é algo falto, para si não é. O fim, na medida em que ele é apenas nosso, é para nós um ter-falta-de, pois a liberdade e a vontade são para nós a unidade do subjetivo e do objetivo. Portanto, o fim tem de ser posto objetivamente e, por meio disso, não chega a uma nova determinação unilateral, porém somente à sua realização.

§ 9

b) Na medida em que as determinações da vontade são, em geral, suas determinações *próprias*, sua particularização[79] refletida *dentro-de-si*, elas são [seu] *conteúdo*. Esse conteúdo, enquanto conteúdo da vontade, é para ela um *fim* segundo a forma indicada em a), em parte um fim interior ou subje-

---

a razão consciente de si como sendo ela própria o seu mundo, e consciente do mundo como sendo o seu si mesmo, é, no seu "começo" e no seu surgimento, inteiramente "seu", posto por ele "segundo a liberdade" e, ao mesmo tempo, um conteúdo que vige como sendo, que é um ente (*id.*, §§ 440, 443). O conteúdo de suas determinações já tem a universalidade intrínseca da razão. "Oposição somente da vontade racional e da vontade subjetiva. Oposição no interior da vontade mesmo — não [oposição] da consciência. *Os dois* lados são *espirituais*. — Aqui, *objetivação* da vontade *dentro de si*" (*NM*, p. 329; *TWA*, v. 7, pp. 58-9). Assim, "a *oposição formal* do subjetivo e do objetivo", que reincide na "relação da consciência", concerne apenas ao aspecto fenomênico da vontade livre, isto é, ao modo como ela aparece para a consciência, e o percurso ulterior dessa vontade consiste em suspender a oposição entre o fim subjetivo e o fim subjetivo mediante a atividade pela qual o conteúdo do fim em sua racionalidade intrínseca e em sua identidade se transpõe/traduz na efetividade mundana (ver também §§ 109 e 112).

[79] "b. particularização enquanto posta nela [vontade], — [é] *seu conteúdo* —, portanto, segundo o lado da consciência da vontade singular, [ele é] fim" (*NM*, p. 333; *TWA*, v. 7, p. 60).

tivo no querer que representa, em parte um fim executado, efetivado pela mediação da atividade que transpõe o subjetivo na objetividade.

§ 10

Esse conteúdo ou a determinação diferenciada da vontade é inicialmente *imediato*. Assim, a vontade é *livre* somente *em si* ou *para nós*, ou, de maneira geral, é a vontade no *seu conceito*.[80] Somente quando a vontade tem a si mesma por ob-jeto,[81] ela é *para si* o que ela é *em si*.[82]

---

[80] A terminologia de Hegel distingue o conceito de vontade livre plenamente determinado, que é a "ideia verdadeira" (§ 21), o conceito "abstrato" de vontade livre, isto é, apresentado na sua estrutura lógica interna (§§ 5-7), anterior à sua autoefetivação através do outro, e a "vontade no *seu conceito*", a vontade "imediata", que, considerada fenomenologicamente, "é *livre* somente *em si* ou *para nós*" (§ 10), e, tomada na sua não efetivação, é ainda um outro para si mesma, o "ser-outro da vontade", como diz o enunciado final do texto que segue. "Vontade *imediata* — vontade *em si* —, no seu conceito, [ela] é só imediata. Essa é uma observação da mais alta importância especulativa — o verdadeiro só [é] através do movimento — do seu ser-outro — e do seu ser-retornado adentro de si —, e essa vontade *imediata* é ela própria o *ser-outro* da vontade" (*NM*, p. 333; *TWA*, v. 7, p. 61).

[81] [à mão, no exemplar do curso] por objeto, isto é, por conteúdo e fim [*NM*, p. 333].

[82] Os §§ 10 a 24 reconstituem o núcleo da gênese conceitual da vontade livre racional e autônoma no âmbito do espírito subjetivo, "a vontade livre em si e para si" (§ 21), cuja efetivação e objetivação vão constituir o mundo do direito e o conteúdo da filosofia do direito. Essa gênese consiste no desenvolvimento do conceito inicialmente "abstrato" de vontade livre através das três etapas da sua determinação: 1) a vontade livre imediata ou natural (em si) (§§ 10-3); 2) a vontade livre reflexiva ou vontade do arbítrio (para si) (§§ 14-20); 3) a vontade livre em si e para si (§§ 21-4). Essas etapas, correspondentes a três figuras da realização da vontade livre subjetiva, são derivadas da "determinação ulterior da particularização" (§ 8), quer dizer, do conteúdo da vontade e do seu modo de ser dado nessa diferenciação: 1) o conteúdo imediatamente dado dos impulsos, ainda não posto enquanto meu, e pelo qual a vontade se encontra determinada naturalmente; 2) o conteúdo dado "enquanto indeterminado" (§ 14) em face da reflexão formalmente infinita do arbítrio, que já se põe acima deste ou daquele conteúdo e, assim, pode também escolher um dentre os demais conteúdos; 3) o conteúdo enquanto ele é a própria "forma infinita" da vontade que se quer a si mesma como livre, que tem a própria universalidade autodeterminante por "conteúdo, objeto e fim" (§ 21). Essas três figuras da determinação e realização do conceito abstrato de vontade livre se articulam conforme a sequência dos três momentos lógicos desse conceito (universalidade, parti-

Segundo essa determinação, a finitude consiste em que aquilo que algo é *em si* ou segundo o seu conceito é uma existência diversa ou um fenômeno diverso do que ele é *para si*; assim, por exemplo, o abstrato ser-um-fora-do-outro da natureza é *em si* o espaço, mas *para si*, o tempo. Convém assinalar duas coisas a esse respeito: primeiro, porque somente a ideia é o verdadeiro, quando se apreende um ob-jeto ou uma determinação somente tal como é em si, ou no conceito, não se o tem ainda em sua verdade; em seguida, algo tal como é enquanto *conceito* ou *em si* igualmente existe, e essa existência é uma figura própria do ob-jeto (como anteriormente o espaço); a separação do ser-em-si e do ser-para-si, que está presente no finito, constitui, simultaneamente, o seu mero *ser-aí* ou *fenômeno* (tal como logo se observará num exemplo no âmbito da vontade natural e, depois, do direito formal etc.). O entendimento se detém no mero *ser-em-si* e, assim, denomina a liberdade, segundo esse ser-em-si, uma *faculdade*, posto que, assim, ela é, de fato, somente a *possibilidade*. Mas ele considera essa determinação como absoluta e perpétua, e toma a sua relação ao que ela quer, à sua realidade em geral, somente por uma *aplicação* a um material dado, aplicação que não pertence à própria essência da liberdade. Dessa maneira, o entendimento só tem a ver com o abstrato, não com a sua ideia e a sua verdade.

Adendo (G). A vontade, que é vontade apenas segundo o conceito, é livre em si, mas é também ao mesmo tempo não livre, pois ela só seria verdadeiramente livre enquanto conteúdo verdadeiramente determinado;[83] ela é,

---

cularidade e singularidade), numa dinâmica presidida pela singularidade enquanto princípio lógico da autodeterminação e do desenvolvimento pleno do conceito de vontade em direção à ideia. Essa dinâmica, por sua vez, visa à suspensão da diferença entre forma e conteúdo, que perpassa as figuras finitas da vontade imediata e da vontade do arbítrio, na vontade livre em si e para si, que tem então por conteúdo e fim da sua atividade precisamente a própria forma universal que o querer alcança graças ao pensamento que nele "atua e se impõe" (*durchsetzt*) (ver E, § 469) (cf. Peperzak, A., *Zur Hegelschen Ethik*, in: Henrich, D., e Horstmann, R.-P. (eds.), *Hegels Philosophie des Rechts. Die Theorie der Rechtsformen und ihre Logik*, Stuttgart, Klett-Cotta, 1982, pp. 103-31; Pippin, R., "Hegel, Freedom, The Will. *The Philosophy of Right* (§§ 1-33)", in: Siep, L. (ed.), *Grundlinien der Philosophie des Rechts*, Berlim, Akademie Verlag, 1997, pp. 31-53).

[83] As *Preleções de 1822-23* explicam o caráter imediato, não verdadeiramente determinado desse conteúdo da vontade natural pelo seu aspecto "somente formal", na medida em que o impulso intervém entre minha decisão e o seu conteúdo. "O conteúdo

então, livre para si, tem a liberdade por ob-jeto, é a liberdade. O que é somente segundo o seu conceito, o que é apenas em si, é só imediato, só natural. Isso é também notório na representação. A criança é homem *em si*, tem razão primeiro só *em si*, é primeiro só possibilidade de razão e de liberdade, e, assim, é livre somente segundo o conceito. O que primeiro é só em-si, não está em sua efetividade. O homem que é racional *em si* tem que, pela produção de si mesmo, trabalhar-se plenamente saindo de si, mas igualmente cultivando-se interiormente, a fim de que seja racional também *para si*.

§ 11

A vontade num primeiro momento livre somente *em si* é a vontade *imediata* ou *natural*. As determinações da diferença que o conceito se determinando a si mesmo põe na vontade aparecem na vontade imediata como um conteúdo *imediatamente* aí-presente — são *impulsos*,[84] *desejos*, *inclinações*,

---

do meu impulso não é meu, é o próprio impulso que me determina e intermedeia aí." "Depende de mim se eu quero tornar meu o conteúdo do impulso; é esse aspecto formal que me cabe [...]. Esse conteúdo mesmo não é posto por mim, ao contrário, ele me é dado pelo impulso, e o aspecto formal da vontade está em querer acolher ou não esse conteúdo. A vontade em si e para si, em contrapartida, só quer a si mesma, não qualquer outro conteúdo" (*VRph 1822-23*, pp. 126-7).

[84] O substantivo *der Trieb* ("o impulso") tem a sua base no verbo *treiben*, "impelir", "impulsionar", e o seu sentido dinâmico de "automovimento" é pensado em sua estrutura lógica a partir do conceito especulativo de contradição, que se apresenta na lógica da essência como "a raiz de todo movimento e de toda vitalidade": "é somente na medida em que algo tem dentro de si mesmo uma contradição que ele se move, que tem impulso e atividade" (*WL II*, p. 286; *TWA*, v. 6, p. 75). O teor desse enunciado já adverte que Hegel não pensa a contradição primeiramente a partir do princípio de não contradição enquanto lei do pensamento lógico, que, de resto, ele não recusa, mas a pensa a partir da negatividade imanente a toda positividade, enquanto a negatividade é determinada como princípio de todo movimento e de toda atividade, os quais passam então a ser a "apresentação" (*Darstellung*) da contradição: "a contradição [...] é o negativo em sua determinação essencial, o princípio de todo automovimento, que não consiste senão numa apresentação da mesma [contradição]" (*id.*, p. 287; *id.*, p. 76). Assim como "o movimento sensível exterior", que é "o ser-aí imediato" da contradição, só se dá na medida em que o móvel "num só e mesmo agora está aqui e não aqui, enquanto neste aqui ele ao mesmo tempo é e não é", assim também o "impulso em geral", que é "o automovimento propriamente dito, o automovimento interno" (e Hegel dá como exemplos o *appetitus* da mônada leibniziana e a entelequia aristotélica) consiste em que "algo, numa só e

pelos quais a vontade se acha determinada pela natureza. Esse conteúdo, junto com as suas determinações desenvolvidas, provém, com efeito, da racionalidade da vontade e, assim, é em si racional, mas deixado em tal forma da imediatidade ele não está ainda na forma da racionalidade.[85] *Para mim* certamente esse conteúdo é, de maneira geral, o *meu*; mas essa forma e esse conteúdo são ainda diversos — a vontade é, assim, vontade *finita dentro de si*.

    A Psicologia empírica refere e descreve esses impulsos e inclinações e as carências que neles se fundam tais como ela os encontra aí ou supõe encontrá-los na experiência, e procura classificar do modo habitual esse material dado. O que é o *elemento-objetivo* desses impulsos e como o mesmo está configurado na sua verdade sem a forma da irracionalidade na qual é impulso, e como, ao mesmo tempo, esse conteúdo está configurado na sua existência, isso será tratado adiante.

    Adendo (H). Também o animal tem impulsos, desejos, inclinações, mas ele não tem vontade, e tem que obedecer ao impulso quando nada de externo o impede. Mas o homem enquanto o inteiramente indeterminado está

---

mesma perspectiva, seja *em si mesmo e* seja carente de [*Mangel*], o *negativo de si mesmo*" (*ibid.*). Por isso, se o ser vivo, em sua positividade, não é capaz de "abarcar" (*übergreifen*) a sua negatividade imanente, e, assim, suportar a contradição dentro de si, ele não é uma "unidade viva", "não é fundamento, mas afunda na contradição" (*ibid.*). Mais especificamente, o impulso (juntamente com a "carência", *Bedürfnis*) exemplifica e tem também a estrutura do conceito especulativo de fim: o impulso é uma "contradição sentida" e, como tal, "a certeza de que o seu aspecto-subjetivo é somente unilateral, de sorte que essa sua determinação formal, enquanto meramente subjetiva, implica "a *realização plena* (*Ausführung*) dessa sua certeza" e a "suspensão" desse aspecto meramente subjetivo, à maneira da atividade do fim, que contém nele mesmo o impulso à sua realização (*E*, § 204 A).

[85] "A racionalidade *formal* do impulso e da inclinação consiste somente no seu ímpeto geral de não ser algo subjetivo, mas em suspender, mediante a atividade do próprio sujeito, a subjetividade, em ser realizado" (*id.* § 474, tradução de MLM). "Nem todos os impulsos são racionais, mas todas as determinações racionais da vontade existem também enquanto impulsos. A vontade enquanto vontade natural pode também ser não racional, ela pode ser, em parte, contra a razão, em parte, contingente. Mas esses [impulsos não racionais] não concernem a nós, só têm interesse para nós [numa filosofia do direito] os impulsos que podem ser postos mediante um desenvolvimento racional. Impulsos não racionais, da inveja, impulsos malignos não têm conteúdo substancial algum, nenhum conteúdo determinado pelo conceito, são contingentes [...]" (*VRph 1824-25*, p. 128).

acima dos impulsos e pode determiná-los e pô-los como seus. O impulso está na natureza, mas que eu o ponha neste eu, isso depende da minha vontade, que não pode alegar que ele reside na natureza.

§ 12

O sistema desse conteúdo, tal como ele *já* se *encontra* imediatamente na vontade, é somente uma multidão variada de impulsos, cada um dos quais juntamente com outros é, de maneira geral, o meu e, ao mesmo tempo, algo universal e indeterminado, que tem os mais variados ob-jetos e modalidades de satisfação. Pelo fato de que, nessa dupla indeterminidade,[86] a vontade se dá a forma da *singularidade* (§ 7), ela é vontade que decide, e somente enquanto vontade que em geral decide é vontade efetiva.

Ao invés de *decidir* algo, isto é, de suspender a indeterminidade na qual tanto um conteúdo quanto outro é, de início, um conteúdo somente possível, nossa língua tem também a expressão *resolver-se*,[87] visto

---

[86] Para a dialética especulativa do conceito de vontade livre, ela se torna efetiva no movimento pelo qual suspende a "dupla indeterminidade" dos impulsos e desejos, e, assim, por uma decisão concludente se dá a "forma da singularidade". Essa dupla indeterminidade a ser negada é: 1) a de que "cada um deles [impulsos e desejos] é, juntamente com os outros de maneira geral, o meu" (a vontade pode se pôr neste ou naquele); e 2) a indeterminidade do seu conteúdo, pois cada um deles é um universal indeterminado, que pode ter "os mais variados objetos e modalidades de satisfação" (*ibid.*). A singularidade exprime logicamente a efetividade que a vontade alcança na decisão resultante da negação dessa dupla indeterminidade.

[87] "Decidir" e "resolver(-se)" são utilizados aqui para traduzir, respectivamente, *beschliessen* e *(sich) entschliessen*. Os dois verbos contêm a raiz comum *schliessen*, cujo sentido principal é "fechar", "encerrar", "concluir", e articulam o enunciado da tese principal do § 12: é só a decisão que, negando a "dupla indeterminidade" dos impulsos da vontade natural (a sua multiplicidade, bem como, correlatamente, a de seus objetos e a variedade dos seus modos de satisfação), lhe dá, "a forma da singularidade", conclui e resolve o processo deliberativo e torna, assim, a vontade efetiva. Essa convergência semântica dos dois verbos na sua raiz comum é confirmada na explanação oral de Hegel: "Decidir e resolver é, aqui, uma e a mesma coisa" (*VRph 1824-25*, p. 129). O verbo "decidir", cuja etimologia latina provém de *caedere* ("cortar", "separar cortando"), traduz, literalmente do ponto de vista etimológico, antes o verbo alemão *entscheiden*. Rigorosamente, *beschliessen* e *beschliessender Wille*, por causa do significado básico de sua raiz comum, deveriam ser traduzidos por "decidir conclusivamente" e por "vontade concludente", no sentido de "fechar" ou "pôr um fecho" (*Schloss*) na indeterminação que atra-

que a própria indeterminidade da vontade, enquanto algo neutro, mas infinitamente fecundado, o germe originário de todo o ser-aí, contém dentro de si as determinações e os fins, e produz umas e outros somente a partir de si.

---

vessa a deliberação confrontada a vários possíveis e que antecede a decisão. Esse sentido conclusivo de "levar a um resultado" está também primariamente presente no "resolver" (*entschliessen*), que remete ao latim *resolvere*, proveniente de *soluere*, "desligar", "desamarrar", "dissolver", mais tarde, também, no sentido de "dissolver/resolver o nó de uma questão" (nó que, por exemplo, impede de tomar uma resolução) e de "resolver(-se)", num processo deliberativo. Se, em ambos os verbos alemães, pela sua raiz comum, Hegel destaca o sentido conclusivo de "pôr termo a" ou "resolver/solucionar" a indeterminação de um estado ou processo, ele, ao mesmo tempo, mobiliza teoricamente um elemento semântico pré-moderno de *entschliessen*, seguindo um dos sentidos primordiais do prefixo alemão *ent*, que também pode significar "contra" (que remete ao grego ἀντι e ao latim *ante*), e que, incorporado em alguns compostos verbais, como no caso de *entschliessen*, significa a ação contrária, anulatória daquilo que o verbo simples enuncia (cf. *DW*, p. 274; *Ernout/Meillet*, pp. 36-7).

Assim, *entschliessen* adquire o significado contrário de *schliessen*, o de "descerrar" no sentido de "abrir" (*aufschliessen*), inclusive no seu uso reflexivo: *sich entschliessen* significa então "abrir-se", que é o sentido que Hegel explora ao contrapor os dois verbos (*statt etwas beschliessen... hat unsere Sprache auch den Ausdruck: sich entschliessen*) e ao remeter à indeterminidade da vontade, entendida metaforicamente como um "germe originário", "infinitamente fecundado", que "contém dentro de si as determinações e os fins", e que "produz umas e outros somente a partir de si" (§ 12 A). "Decidir e resolver é, aqui, uma e a mesma coisa. Ao querer algo, resolvo-me a partir de uma multidão de determinações, que repousam em mim como modos possíveis. Quando me determino, abro-me (*öffne mich*), ou ponho a possibilidade como efetividade" (*VRph 1824-25*, p. 129).

Nessa perspectiva, "resolver-se" implica um abrir-se da vontade a essa indeterminidade repleta de determinações possíveis, para trazê-las, pela decisão/resolução, ao ser-aí e, assim, efetivar-se enquanto vontade singular. Esse sentido de *entschliessen* é corroborado, na *Ciência da lógica*, pela descrição especulativa da realização do fim, concebida como decisão, graças à qual o conceito se abre à sua autodeterminação. O impulso (*Trieb*) do fim à sua autorrealização implica, simultaneamente, primeiro, um movimento de autorrepulsão do conceito enquanto fim, movimento pelo qual ele se cinde na subjetividade do fim subjetivo e na objetividade enquanto pressuposta, e, segundo, um duplo comportamento negativo, por um lado, contra esta objetividade pressuposta e dada, por outro, contra a mera subjetividade do fim. "Esse repelir [de si mesmo] é de maneira geral a *resolução* [*Entschluss*] da relação da unidade negativa a si [do conceito], mediante a qual essa unidade negativa é singularidade *excludente*; mas, por meio desse *excluir* [*ausschliessen*], a singularidade se *resolve* [*entschliesst sich*] ou *se abre* [*schliesst sich auf*], porque esse repelir é *autodeterminar*, é [o] pôr *de si mesmo*" (*WL III*, p. 162; *TWA*, v. 6, p. 447).

§ 13

Pelo decidir, a vontade se põe como vontade de um indivíduo determinado e como vontade se diferenciando exteriormente em face de outro. Mas afora essa *finitude* enquanto consciência (§ 8), a vontade imediata é *formal*[88] por causa da diferença entre a sua forma e o seu conteúdo, à qual cabe somente o *decidir abstrato* enquanto tal, e o conteúdo não é ainda o conteúdo e a obra da sua liberdade.

Para a inteligência, enquanto *pensante*, o ob-jeto e o conteúdo permanecem algo *universal*, [e] ela mesma se comporta como atividade universal. Na vontade, o universal tem, ao mesmo tempo, essencialmente a significação do que é meu, enquanto *singularidade*, e na vontade imediata, isto é, formal, tem a significação da singularidade abstrata ainda não preenchida por sua livre universalidade. Por isso, na vontade começa a *finitude própria* da inteligência, e somente pelo fato de que a vontade se ergue novamente ao pensamento e dá aos seus fins a universalidade imanente, ela suspende a diferença entre forma e conteúdo e faz-se, assim, vontade objetiva, infinita. Por isso, pouco compreendem da natureza do pensar e do querer aqueles que são da opinião que na vontade em geral o homem seria infinito, mas que no pensamento seria limitado, ou mesmo que limitada seria a razão. Na medida em que pensar e querer são ainda diferentes, a verdade é, antes, o inverso, e a razão pensante é, enquanto vontade, o resolver-se pela *finitude*.

Adendo (H). Uma vontade que nada decide não é uma vontade efetiva; o homem sem caráter não chega nunca à decisão. O fundamento do hesitar também pode residir numa delicadeza de ânimo, que sabe que, no determinar, envolve-se com a finitude, põe a si uma restrição e abandona a infinitude: mas ele não quer renunciar à totalidade que tem em vista. Um tal ânimo

---

[88] Apesar do caráter dado e contingente dos impulsos, a decisão ou resolução pela qual a vontade põe como *seu* esse conteúdo dos impulsos e inclinações é uma atividade, *formal* certamente, mas que inclui o momento da autodeterminação, tanto aquela atuante na singularidade do conceito de vontade, como a da singularidade imediata que a vontade se confere ao se efetivar mediante a decisão/resolução: a primeira autodeterminação é formal enquanto momento lógico, a segunda é formal enquanto singularidade excludente e efetiva da vontade natural.

é algo morto, ainda que queira ser um ânimo belo.[89] "Quem quer algo de grande", diz Goethe, "tem que poder restringir-se."[90] Somente pelo decidir o homem entra na efetividade, por mais árduo que isso lhe seja, pois a preguiça não quer sair do ruminar dentro de si, no qual ela guarda para si uma possibilidade universal. Mas possibilidade ainda não é efetividade. Por isso, a vontade que está segura de si não se perde também no determinado.

§ 14

Enquanto *eu infinito* refletindo-se dentro de si e estando junto de si somente segundo o lado da forma (§ 5), a vontade finita *está acima* do conteúdo, dos diferentes impulsos, assim como acima dos demais tipos singulares da sua efetivação e satisfação, do mesmo modo como esse eu infinito, enquanto só formalmente infinito, está ligado a esse conteúdo como às determinações da sua natureza e da sua efetividade externa, todavia, enquanto indeterminado, *ligado* não a esse ou àquele conteúdo (§§ 6 e 11). Nessa medida, para a reflexão do eu dentro de si, esse conteúdo é somente um conteúdo possível, enquanto pode ser meu ou também não sê-lo, e o eu é a *possibilidade* de determinar-se a esse ou a um outro conteúdo — de *escolher* entre essas determinações que, segundo esse lado, são externas para o eu.

§ 15

Segundo essa determinação, a liberdade da vontade é arbítrio[91] — no

---

[89] Eco da descrição mordaz que Hegel faz na *Fenomenologia do espírito* da figura da "bela alma", que se compraz na certeza vazia da sua pureza moral e "vive na angústia de manchar pela ação a magnificência do seu interior" (cf. *PhdG*, pp. 354-5; *TWA*, v. 3, pp. 483-4; *FE*, § 658).

[90] Hegel cita, de maneira aproximada, o primeiro verso do terceto final de um soneto de Goethe ("Natur und Kunst"): "Wer Grosses will, muss sich zusammenraffen;/ In der Beschränkung zeigt sich erst der Meister,/ Und das Gesetz nur kann uns Freiheit geben", *Goethes Werke, Hamburger Ausgabe*, Trunz, C. (ed.), Hamburgo, Wegner Verlag, 1966, v. I, p. 245. Em versão literal: "Quem quer algo de grande tem de concentrar suas forças;/ Somente na restrição mostra-se o mestre,/ E só a lei pode nos dar liberdade" (tradução de MLM).

[91] *Willkür* ("arbítrio") é um termo composto de *Wille* ("vontade") e *Kur/Kür* ("de-

qual estão contidos estes dois elementos, a livre reflexão que abstrai de tudo e a dependência do conteúdo ou o material dado interior ou exteriormente. Porque esse conteúdo, *em si* necessário enquanto fim, é simultaneamente determinado como possível em face dessa reflexão, o arbítrio é a *contingência* tal como ela é enquanto vontade.

A representação mais usual que se tem a respeito da liberdade é a do *arbítrio* — o termo-médio da reflexão entre a vontade enquanto meramente determinada pelos impulsos naturais e a vontade livre em si e para si. Quando se ouve dizer que a liberdade em geral consiste em que *se pode fazer o que se quiser*, tal representação só pode ser tomada por uma falta completa de cultivo do pensamento, na qual não se encontra pressentimento algum do que seja a vontade livre em si e para si, o direito, a eticidade etc. A reflexão, a universalidade e a unidade *formais* da autoconsciência são a certeza *abstrata* que a vontade tem de sua liberdade, mas elas não são, ainda, a *verdade* da liberdade, porque ainda não tem a si mesma por conteúdo e fim, o lado subjetivo, portanto, é ainda outro que o objetivo; por causa disso, o conteúdo dessa autodeterminação permanece, também, pura e simplesmente, algo apenas fi-

---

cisão"/"escolha"), cujo segundo componente remete ao antigo verbo *küren* ("escolher"), que passa a ser o significado dominante do termo, principalmente para a crítica que Hegel empreende da insuficiência do arbítrio como forma da liberdade. O arbítrio é *uma* das formas de efetivação do conceito de vontade livre, a que corresponde à "representação mais usual" (§ 15 A) da liberdade, e que exerce a função de "termo-médio" (*ibid.*) reflexivo entre a vontade natural e a vontade livre em si e para si (§ 21). Desdobrando numa perspectiva especulativa a diferenciação que já Kant, ao termo de um longo percurso, estabelecera entre *Wille* e *Willkür* ("Metaphysik der Sitten, Einleitung", AB 26-28, in: *Kant, Werke*, v. IV, pp. 332-3), Hegel procura mostrar que a reflexão contida na escolha deliberada é um momento constitutivo da vontade livre, mas que ela é também uma forma insuficiente de sua efetivação, e necessita, por isso, ser suspensa na vontade verdadeiramente autônoma, na vontade livre em-si e para-si. Assim, *Willkür*, tanto em Kant como em Hegel, não deve ser traduzido por "livre-arbítrio" no sentido da tradição filosófica anterior. A Hegel, interessa destacar a estrutura contraditória do arbítrio (o arbítrio é "a vontade enquanto *contradição*", § 15 A), oriunda da oposição entre a infinitude meramente formal da autodeterminação do arbítrio, de um lado, e a sua dependência recorrente de um conteúdo dado, finito e contingente, de outro, cujas consequências são analisadas nos §§ 16 a 18. A necessidade de superação dessa contradição da vontade reflexiva e finita do arbítrio e das suas consequências é, para Hegel, o argumento principal para justificar a suspensão do arbítrio na vontade livre em-si e para-si, aquela vontade que se quer a si mesma enquanto "conteúdo objeto e fim" (§ 21), e, por isso, é efetivamente infinita (§ 22).

nito. Ao invés de ser a vontade em sua verdade, o arbítrio, pelo contrário é a vontade enquanto *contradição*.[92]

---

[92] A contradição do arbítrio, junto com o desdobramento das suas três consequências analisadas nos parágrafos subsequentes (§§ 16-8), constitui o argumento principal que justifica a passagem categorial da vontade reflexiva do arbítrio para a vontade livre em si e para si, que resulta da suspensão do arbítrio nela. Hegel detecta essa contradição na oposição entre a infinitude formal da reflexão do arbítrio, a qual o eleva acima de todo conteúdo dado e finito, e a sua concomitante dependência de um conteúdo que não é imanente à atividade autodeterminante da vontade. Pode surpreender que Hegel, leitor de Aristóteles, tome por contradição uma oposição cujos termos (embora se opondo ao mesmo tempo) não se oponham sob o mesmo ponto de vista, uma vez que suas formalidades são diferentes: de um lado, a vontade livre, que, na sua autodeterminação, é formalmente infinita e, de outro, a vontade livre, que, no conteúdo da sua determinação natural, é finita. Essa oposição interna e própria da vontade enquanto arbítrio só se torna uma contradição quando, por um lado, ela é remetida ao momento da singularidade do conceito de vontade livre, enquanto momento lógico estruturante da sua autodeterminação, isto é, do encadeamento e da identificação da vontade consigo mesma em sua determinação (§ 7) e, de outro, quando essa oposição, impelida pela tese fundamental da identidade entre forma e conteúdo na autodeterminação, é projetada em direção ao *télos* que o desenvolvimento do conceito de vontade livre alcança naquela figura da vontade que tem a própria forma universal do querer por seu conteúdo, objeto e fim (§ 21). É ao ser confrontado com esse *télos* do seu desenvolvimento, prefigurado na autodeterminação do conceito de vontade livre enquanto singularidade, que o arbítrio se torna uma contradição, a saber, quando ele se toma (absolutizando o ponto de vista da reflexão) como a forma adequada e a figura última da realização da liberdade: na absolutização da vontade do arbítrio como forma mais alta da liberdade, a oposição entre autodeterminação formalmente infinita e conteúdo finito emergente da vontade natural torna-se, então, uma contradição.

Essa contradição torna-se visível na relação dos arbítrios singulares entre si. Com efeito, se cada vontade singular toma a infinitude formal do arbítrio como fim último de sua ação, no sentido de fazê-la valer irrestritamente contra o outro arbítrio singular, confrontando-lhe a certeza abstrata e puramente negativa de que o seu arbítrio pode ultrapassar todo conteúdo finito e que ele não está condicionado por nada, ela vai se defrontar com uma igual autocerteza do outro arbítrio, que igualmente quer lhe mostrar que não está condicionado por nenhum conteúdo finito. Daí resulta a contradição mais explosiva, graças à qual as vontades singulares, na autoconsciência da liberdade puramente negativa dos seus arbítrios, recaem na violência da luta de vida e morte, que se desencadeava no nível fenomenológico das autoconsciências desejantes. Mas essa recaída na oposição da consciência fenomenológica é, aqui, categorialmente incompatível com a universalidade da autoconsciência e da razão (*E*, §§ 436-9), resultantes da superação da luta de vida e morte entre as autoconsciências singulares, universalidade que está na base da inteligência e da vontade, do pensar e querer, como atividades superiores, constitu-

Na controvérsia travada principalmente no tempo da metafísica wolffiana, sobre se a vontade seria efetivamente livre ou se o saber da sua liberdade seria apenas uma ilusão, era o arbítrio o que se tinha diante dos olhos. O *determinismo*[93] confrontou, com razão, à certeza daquela autodeterminação abstrata, o *conteúdo*, que, enquanto algo *previamente encontrado*, não está contido naquela certeza e, por isso, lhe advém *de fora*, embora este "fora" signifique, no caso, o impulso, a representação, em geral a consciência preenchida seja de que maneira for, de sorte que o conteúdo não é algo próprio dessa atividade autodeterminante enquanto tal. Assim, visto que somente o elemento formal da autodeterminação livre é imanente ao arbítrio, mas que, em contrapartida, o outro elemento lhe é algo dado, o arbítrio, se é que ele deve ser a liberdade, pode com certeza ser chamado uma ilusão. Em toda filosofia da reflexão, como na de *Kant* e, em seguida, na sua completa tri-

---

tivas do espírito no sentido estrito em que ele é objeto da *Psicologia* (seção C. da *Filosofia do espírito subjetivo*, E *[1830]*).

[93] Hegel menciona, aqui, o determinismo no contexto da controvérsia da metafísica dogmática do século XVIII em torno do caráter efetivo ou ilusório da liberdade, especialmente no contexto da acusação feita a Christian Wolff (1679-1754) de ter defendido o determinismo; e o faz com a intenção precípua de mostrar que a origem e a base dessa controvérsia e da alternativa excludente entre as teses opostas estão na concepção insuficiente da liberdade como arbítrio. É a finitude da vontade livre enquanto arbítrio, bem como a conversão da infinitude meramente formal da reflexão, contida no arbítrio, em uma liberdade de indiferença ilimitada, sempre capaz de negar um conteúdo e escolher outro em seu lugar, que constituem o fundamento da oposição rígida que o entendimento estabelece entre, por exemplo, a liberdade e a necessidade como determinações unilaterais do pensamento, as quais, no seu isolamento e na sua exclusão mútua, são por ele tomadas como determinações substanciais e verdadeiras (*E*, § 35 Ad., e § 32 Ad.; *TWA*, v. 8, pp. 98-9 e 102; *Enc.*, I, § 32, Ad., e § 35, Ad., pp. 94-5 e 97-8). É por recusar a restrição da liberdade à autodeterminação somente formal da vontade reflexiva que Hegel ressalta o caráter finito do conteúdo "previamente encontrado" (*vorgefundener*) e externo à certeza reflexiva abstrata da liberdade de escolha: em primeiro lugar, a fim de lembrar a verdade relativa do determinismo contra a ilusão de um arbítrio ilimitado, em segundo, a fim de mostrar que esse conteúdo enquanto dado só se torna meu pela escolha contingente do arbítrio, em terceiro, a fim de introduzir a superioridade da consideração ideal-especulativa da oposição, para a qual as determinações unilaterais do pensamento só são válidas enquanto suspensas numa totalidade mais abrangente, na qual determinismo e liberdade de escolha adquirem cada um a sua verdade relativa (cf. *E*, § 32 Ad., *loc. cit.*; *Enc.*, § 32 Ad., *loc. cit.*). Assim, a controvérsia entre determinismo e liberdade passa a ser um elemento da refutação especulativa do arbítrio e da necessidade da sua suspensão na vontade livre em si e para si.

vialização em *Fries*, a liberdade nada mais é do que aquela autoatividade formal.

Adendo (G). Já que tenho a possibilidade de determinar-me nesta ou naquela direção, quer dizer, já que posso escolher, então possuo o arbítrio, que se chama usualmente de liberdade. A escolha que eu tenho reside na universalidade da vontade, em que eu possa fazer meu isto ou aquilo. Esse "meu", enquanto conteúdo particular, não me é adequado, portanto, está separado de mim e só é na possibilidade de ser meu, assim como eu sou a possibilidade de me encadear com ele. Por isso, escolha reside na indeterminidade do eu e na determinidade de um conteúdo. Por causa desse conteúdo, portanto, a vontade não é livre, embora ela tenha em si formalmente o lado da infinitude; nenhum desses conteúdos lhe corresponde: em nenhum ela possui verdadeiramente a si mesma. O arbítrio implica que o conteúdo não está determinado a ser meu pela natureza da minha vontade, porém pela *contingência*; portanto, sou igualmente dependente desse conteúdo, e essa é a contradição que reside no arbítrio. O homem comum crê ser livre se lhe é permitido agir arbitrariamente, mas reside precisamente no arbítrio que ele não seja livre. Se eu quero o que é racional, não ajo enquanto indivíduo particular, porém segundo os conceitos da eticidade em geral: numa ação ética faço valer não a mim mesmo, porém a Coisa. Mas ao fazer algo avesso, o homem mais ressalta a sua particularidade. O racional é a estrada principal, na qual cada um segue, na qual ninguém se distingue. Quando grandes artistas concluem uma obra, pode-se dizer: assim é que tem que ser; quer dizer, a particularidade do artista desapareceu completamente e nenhuma *maneira* aparece na obra. Fídias não tem maneira; é a própria figura que vive e sobressai. Mas, quanto pior o artista, tanto mais se entrevê ele mesmo, a sua particularidade e o seu arbítrio. Se na consideração [da liberdade] se permanece no arbítrio, no fato de que o homem poderia fazer isto ou aquilo, isso é certamente a sua liberdade, mas se firmemente levamos em conta que o conteúdo é dado, então o homem será determinado por ele e, sob esse aspecto, precisamente, ele não é mais livre.

§ 16

O que foi escolhido na resolução (§ 14), a vontade pode igualmente abandonar de novo (§ 5). Mas com essa possibilidade de também ultrapassar qualquer outro conteúdo que ela põe em seu lugar, e assim por diante ao *infinito*,⁹⁴ a vontade não vai além da finitude, porque cada um desses conteúdos é algo diverso da forma, por conseguinte, algo finito, e o oposto da determinidade, a indeterminidade, a indecisão ou a abstração, é somente o outro momento igualmente unilateral.

§ 17

A contradição que o arbítrio é (§ 15), enquanto *dialética* dos impulsos e inclinações,⁹⁵ tem como *fenômeno* o fato de que eles se estorvam recipro-

---

⁹⁴ A possibilidade de ultrapassar indefinidamente todo conteúdo particular posto pelo arbítrio, bem como a satisfação parcial obtida na sua realização, numa "alternância tediosa que prossegue até o infinito" (*E*, § 429 Ad.) entre o novo conteúdo e a sua satisfação, isso constitui o que a *Ciência da lógica* denomina "progresso ao infinito" ou "infinitude ruim", analisados logicamente no contexto da dialética do finito e do infinito (*WL I*, pp. 116-37; *TWA*, v. 5, pp. 139-66). A infinitude ruim do progresso ao infinito consiste na iteração indefinida da negação de todo conteúdo determinado, a qual recai recorrentemente na posição de outro conteúdo finito, de sorte que o infinito em direção ao qual e pelo qual o finito é ultrapassado se torna um além vazio e inalcançável, que permanece numa irredutível relação de alteridade e oposição com o finito, um "infinito finitizado" (*id.*, p. 124; *id.*, p. 149). Por isso, o sujeito desse progresso ao infinito, no caso, a vontade enquanto arbítrio, de maneira análoga ao desejo (*Begierde*) no nível da autoconsciência imediata, "não vai além da finitude" (§ 16). Do ponto de vista da estrutura lógica do próprio finito, a infinitude ruim do processo consiste na reiteração da fugacidade e da nulidade intrínsecas do finito, contraposta a um infinito posto como um absoluto imperecível e como o verdadeiro, de sorte que o finito lhe permanece perpetuamente oposto no seu caráter passageiro, que se torna assim o seu constituinte último (*WL I*, p. 118; *TWA*, p. 141), e que é reposto recorrentemente no outro conteúdo escolhido pelo arbítrio em seu lugar. O progresso ao infinito é, assim, a relação recíproca entre o finito, que só é finito na sua ultrapassagem, portanto na sua oposição ao infinito, e o infinito, que só é infinito em oposição ao finito como um novo limite a ser ultrapassado. Assim, na perspectiva da infinitude ruim, da infinitude do entendimento, o finito é passageiro, mas o seu caráter passageiro não passa — Hegel diz, "no [seu] perecer, ele não perece" —, embora nessa negação contida no seu perecer já esteja implícito que ele "coincide consigo mesmo", isto é, que precisamente na sua perecibilidade ele "alcança o seu ser-em-si" (*id.*, p. 123; *id.*, p. 148) e, assim, se afirma e se encontra na infinitude verdadeira, na medida em que assume a sua perecibilidade enquanto tal.

⁹⁵ A "dialética dos impulsos e inclinações", cujo fenômeno é o ímpeto de cada um/uma à sua satisfação exclusiva, resultante da ausência de medida imanente que lhes é própria — "o impulso é o sem medida" (*VRph 1822-23*, p. 139) — exprime a contradição da vontade enquanto arbítrio. "Dialética", aqui, não tem o sentido especulativo de "prin-

camente, a satisfação de um exigindo a subordinação ou o sacrifício da satisfação do outro etc.; e como o impulso é somente a direção simples da sua determinidade, não tendo, portanto, a medida dentro de si mesmo, segue-se que esse determinar que subordina ou sacrifica [um ao outro] é o decidir contingente do arbítrio, quer ele proceda ele aí com um entendimento que calcula em qual impulso se pode obter mais satisfação ou segundo qualquer outra consideração.

Adendo (H). Os impulsos e as inclinações são, num primeiro momento, o conteúdo da vontade, e só a reflexão está acima deles; mas esses impulsos tornam-se eles mesmos impetuosos, urgem uns aos outros, estorvam-se e querem todos ser satisfeitos. Quando então, pospondo todos os outros, coloco-me apenas em um deles, encontro-me, assim, numa restrição destruidora, pois precisamente por isso abandonei a minha universalidade, que é um sistema de todos os impulsos.[96] Mas tampouco adianta uma mera subordi-

---

cípio motor do conceito" (§ 31 A), que preside ao desenvolvimento da razão imanente à Coisa. O termo não se refere nem ao momento "positivo-racional" (*E*, § 82) da produção das determinações do conceito e da superação das oposições pela sua integração numa totalidade de ordem superior, nem ao momento "negativo-racional" (*id.*, § 81) da dissolução das determinações opostas, mediante a apresentação da negatividade interna que elas têm enquanto determinações do entendimento. *Dialética* é tomada, aqui, antes, no sentido usual, predominantemente negativo, ao qual se refere o § 31 A, o de contraposição de um conteúdo (da proposição, do impulso, do sentimento) contrário a um outro anteriormente já afirmado, e de alternância ou oscilação entre tais opostos unilaterais (ver a descrição do sentido habitual de dialética como artifício do entendimento na *Enciclopédia*, § 81 A). Assim, cada impulso, ao se afirmar em sua positividade finita, concorre e conflita com os outros e, por isso, é em seguida posto como negativo mediante a sua subordinação ou sacrifício a um outro pela decisão contingente do arbítrio. "Entregar-se a *um* impulso — é destrutivo —, isto é a sua dialética — considerá-lo como puramente positivo — como algo em nada negativo, a não ser restringido, isto é a sua unilateralidade — [é preciso] restringir, não deixar que fique no seu ser" (*NM*, p. 347; *TWA*, v. 7, p. 68). Mas, na medida em que o ímpeto e a "pretensão" de cada impulso à ilimitação e à exclusividade se revela em seguida finito e negativo, devido ao aspecto destrutivo que a sua satisfação positiva e limitada faz emergir (*VRph 1822-23*, pp. 139-40), essa dialética da finitude do arbítrio, ligada à sua ausência de medida, termina por remeter ao momento negativo-racional da dialética especulativa (*E*, § 81 A) e torna-se, indiretamente, um argumento a favor da suspensão do arbítrio na vontade livre em si e para si.

[96] Essa concentração de toda a impulsividade e de todo o interesse do sujeito num impulso é a "paixão" (*Leidenschaft*), que tem para Hegel não só o aspecto negativo, aqui destacado, mas também positivo: "A *paixão* contém em sua determinação o fato de ser

nação dos impulsos, a que o entendimento habitualmente recorre, pois nenhuma medida dessa ordenação pode ser dada aqui e a exigência de uma tal ordenação desemboca normalmente num palavrório genérico tedioso.

§ 18

Com respeito à *apreciação* dos impulsos, a dialética tem por fenômeno que as determinações da vontade imediata, enquanto *imanentes*, por isso, *positivas*, são *boas*; assim, diz-se que o *homem é bom por natureza*. Mas, na medida em que elas são *determinações da natureza*, portanto, em geral opostas à liberdade e ao conceito do espírito, e na medida em que são o *negativo*, têm que ser *extirpadas*; assim, diz-se que o *homem é mau por natureza*. O decisivo para uma ou outra afirmação é, desse ponto de vista, igualmente o arbítrio subjetivo.

Adendo (H). A doutrina cristã, que diz ser o homem mau por natureza, é superior à outra que o considera bom; portanto, ela tem que ser compreendida segundo a sua explicitação filosófica. Enquanto espírito, o homem é um ser livre, que tem a posição de não se deixar determinar pelos impulsos naturais. Na sua condição imediata e inculta, ele está por isso numa situação em que não deve estar e da qual tem de se libertar. A doutrina do pecado original, sem a qual o cristianismo não seria a religião da liberdade, tem essa significação.

---

restrita a uma *particularidade* da determinação do querer, na qual a subjetividade toda do indivíduo imerge, seja qual for o teor dessa determinação. Mas por causa desse aspecto formal, a paixão não é nem boa nem má: essa forma só exprime que o sujeito colocou todo o interesse vivo do seu espírito, do seu talento, do seu caráter, de seu prazer, em um só conteúdo. Nada de grande se consumou sem paixão, nem pode ser consumado sem ela. Só uma moralidade morta, ou mesmo, muitas vezes hipócrita, se desencadeia contra a forma da paixão enquanto tal" (*id.*, § 474 A, tradução modificada). "Mas impulso e paixão não são outra coisa que a vitalidade do sujeito, segundo a qual ele mesmo está no seu fim e na execução deste" (*id.*, § 475 A).

§ 19

Na exigência da *purificação dos impulsos*[97] reside a representação universal de que eles sejam libertados da *forma* da sua determinidade natural imediata e do que há de subjetivo e contingente no *conteúdo* e, assim, reconduzidos à sua essência substancial. O que há de verdadeiro nessa exigência indeterminada é que os impulsos venham a ser o sistema racional das determinações da vontade; apreendê-los assim, a partir do conceito, é o conteúdo da ciência do direito.

O conteúdo desta ciência, em todos os seus momentos singulares, por exemplo, o direito, a propriedade, a moralidade, a família, o Estado etc., pode ser exposto sob a forma de que o homem *teria* por natureza o *impulso* para o direito, *também* o impulso para a propriedade, para a moralidade, *também* o impulso para o amor sexual, o impulso para a sociabilidade etc. Se, ao invés dessa forma da psicologia empírica, se quiser recorrer de maneira mais elegante a uma figura filosófica,

---

[97] Hegel pensa aqui o conceito de purificação (*Reinigung*) no horizonte da filosofia do espírito objetivo, pois o sentido ético da "purificação dos impulsos significa ir além deles e libertá-los da sua naturalidade e da sua particularidade subjetiva, para reconduzi-los à racionalidade intrínseca e à objetividade do conteúdo que lhes pertence ("à sua essência substancial"), tanto do ponto de partida da sua gênese sistemática, na medida em que a naturalidade ainda atuante na vontade do espírito finito é exteriorização da ideia, de sorte que o conteúdo do impulso já é em si racional (*E*, § 471), quanto do ponto de chegada, que é o desenvolvimento objetivo desse conteúdo em si racional em um sistema de direitos e deveres, que passa a constituir "o conteúdo da ciência do direito". O escopo é o "desenvolvimento essencial do conteúdo substancial da ideia" de liberdade em direção à ideia ética, isto é, "em direção à totalidade do sistema da ideia de liberdade" (§ 28), na qual espírito subjetivo e espírito objetivo alcançam a sua unidade e verdade (*E*, § 513). Assim, purificação dos impulsos se consuma na eticidade. A evocação de Platão no contexto correlato da *Enciclopédia* (*id.*, § 474 A) corrobora esse sentido ético da purificação, pois, para este, a autêntica purificação está no conhecimento filosófico da virtude: a temperança, a justiça, a bravura e a prudência "são purificações" ("Fedon", 69 b-c; 109 d-e, in: *Platon, Werke*, v. III, pp. 40-3, 180-3). "Mas a reflexão imanente do próprio espírito está em ir além de sua [dos impulsos] *particularidade*, como também da sua *imediatidade* natural, e em dar ao seu conteúdo racionalidade e objetividade, nas quais eles são, enquanto relações *necessárias, direitos* e *deveres*. É, pois, essa objetivação que atesta o seu teor (*Gehalt*), bem como a relação de uns aos outros, a sua verdade em geral; *Platão* mostrou, na medida em que também compreendia sob *o direito do espírito* toda a sua natureza, como ele só podia apresentar com sentido verdadeiro o que era a *justiça* em si e para si na figura *objetiva* da justiça, isto é, na *construção* do Estado enquanto construção da vida *ética*" (*E*, § 474 A; tradução modificada).

segundo o que nos tempos mais recentes passou e ainda passa por filosofia, como foi observado acima, tal figura pode ser *trivialmente* obtida, dizendo que o homem descobriria dentro de si, como *fato da sua consciência*, que ele quer o direito, a propriedade, o Estado etc. Adiante,[98] intervirá uma outra forma do mesmo conteúdo, que aparece aqui na figura de impulsos, a saber, a dos *deveres*.

§ 20

A reflexão que se refere aos impulsos, enquanto ela os representa, os calcula e os compara entre si e, em seguida, com seus meios, com suas consequências etc., e com um todo de satisfação — com a *felicidade*[99] —, traz

---

[98] No § 148.

[99] A purificação dos impulsos e a sua integração hierárquica mediante o seu cultivo num "todo de satisfação", caracterizado kantianamente como "felicidade" (*Glückseligkeit*), articulam a passagem categorial do arbítrio à vontade livre. Por um lado, Hegel retoma o cerne da crítica kantiana ao caráter indeterminado do conceito de felicidade e à sua incapacidade para constituir o fim último da vontade e o critério da ação racional e da autodeterminação livre, pois o conceito de "um máximo de bem-estar em meu [...] estado presente e em todo estado futuro", que implica "um todo absoluto", é constituído exclusivamente por elementos empíricos, de sorte que ele é tão só uma ideia da imaginação (Kant, "Grundlegung der Metaphysik der Sitten", BA 46, in: *Kant, Werke*, v. IV, p. 47; *Fundamentação da metafísica dos costumes*, trad. Guido Almeida, São Paulo, Martins Fontes, 2011, p. 203). Para Hegel, a felicidade é igualmente "um todo de satisfação" (§ 20), cujo conteúdo positivo são os impulsos (*E*, § 479) que, mesmo purificados e elevados por seu cultivo (*Bildung*) à "universalidade formal" do pensamento, não superam a finitude do arbítrio, definida pela diferença entre a autodeterminação formal e o conteúdo dado da vontade. O conteúdo da felicidade é, assim, contingente, e não brota da própria forma da autodeterminação. Por outro lado, essa retomada da crítica kantiana não se dá no interior do dualismo entre puro e empírico, mas no sentido de conceber a hierarquização e integração dos impulsos na totalidade aditiva (*Allheit*) da felicidade como correlato subjetivo e contraface fenomenal de uma integração sistemática do conteúdo racional dos impulsos na ideia de vontade livre efetivada enquanto ideia ética. A diferença crucial entre Kant e Hegel está, portanto, em que a felicidade exerce uma função mediadora na passagem da vontade do arbítrio à vontade livre em si e para si, na medida em que a harmonização dos impulsos no todo fenomenal da felicidade é pensada por Hegel como a sua integração em um "sistema racional das determinações da vontade" (§ 19). Integrados nesse sistema, eles passam então a ser vetores da efetivação de uma vontade de segundo grau, que, tendo a forma universal do querer por conteúdo e fim, transforma o todo da felicidade no reverso fenomênico da vontade livre em si e para si, que se

a esse material a *universalidade formal* e, dessa maneira, purifica-o de sua crueza e de sua barbárie. Esse brotar da universalidade do pensar é o valor absoluto do *cultivo* (§ 187).

Adendo (H). Na felicidade, o pensamento já tem um poder sobre a violência natural dos impulsos, visto que ele não se contenta com o instantâneo, mas requer um todo de felicidade. Isso está necessariamente ligado ao cultivo, na medida em que ele faz igualmente valer um universal. Há dois momentos no ideal de felicidade: primeiro, um universal que é superior a todas as particularidades; mas como o conteúdo desse universal é, por sua vez, somente a fruição universal, reaparecem aqui ainda uma vez o singular e o particular, portanto, um finito, e é preciso retornar ao impulso. Visto que o conteúdo da felicidade reside na subjetividade e no sentimento de cada um, esse fim universal, de sua parte, é particular, e nele, portanto, não está presente ainda nenhuma verdadeira unidade do conteúdo e da forma.

§ 21

Mas a verdade dessa universalidade formal, indeterminada para si e que encontra diante de si a sua determinidade naquele material, é *a universalidade que se determina a si mesma, a vontade, a liberdade*. Como a vontade tem a universalidade, tem-se a si mesma enquanto forma infinita[100] por seu

---

objetiva e efetiva como ideia ética. O conteúdo dos impulsos adquire, assim, a forma de direitos e deveres (*FD*, § 149 A; *E*, § 474 A), e a vontade livre em si e para si, efetivada enquanto "ideia ética", torna-se a organização racional da satisfação legítima e adequada desses impulsos nas diferentes formas de comunidade ética (Peperzak, A., *Zur Hegelschen Ethik*, op. cit., pp. 125, 130).

[100] "Forma infinita", conceito explicitado no capítulo conclusivo da *Ciência da lógica*, "A ideia absoluta", é a forma reflexiva da ideia lógica enquanto ideia absoluta, a qual tem por único conteúdo a totalidade das determinações do conceito que se desenvolve em direção a ela e, através do processo de desenvolvimento dessas determinações, se constitui e se apreende como o sujeito último destas. Assim, nessa reflexão sobre si mesma ela tem um saber em sinopse da totalidade dessas determinações "formais" como o seu conteúdo último e único, de sorte que essa identidade de forma e conteúdo se torna o seu próprio conteúdo (*WL III*, p. 237; *TWA*, v. 6, p. 550). Aqui, a universalidade da vontade livre em si e para si é forma infinita, porque ela se dá por conteúdo e fim do seu querer reflexivo de segundo grau a própria identidade entre forma e conteúdo da auto-

conteúdo, ob-jeto e fim, ela é não só vontade livre *em si*, mas igualmente vontade livre *para si* — a ideia verdadeira.

A autoconsciência da vontade enquanto desejo, impulso, é *sensível*, assim como o sensível em geral designa a exterioridade e, com isso, o estar-fora-de-si da autoconsciência. A vontade *reflexionante* tem dois elementos, esse elemento sensível e a universalidade pensante; a *vontade em si e para si* tem por seu ob-jeto a própria vontade enquanto tal, por conseguinte, a si mesma em sua universalidade pura — universalidade que consiste em que nela estão suspensas a *imediatidade* da naturalidade e a *particularidade*, com a qual a naturalidade está igualmente afetada enquanto ela [a particularidade] é produzida pela reflexão. Esse suspender e erguer ao universal é o que se chama atividade do *pensar*. A autoconsciência purifica e ergue o seu ob-jeto, o seu conteúdo e o seu fim até essa universalidade, e o faz enquanto *pensamento que atua e se impõe*[101] na vontade. Este é o ponto *em que se torna claro* que a vontade só é vontade verdadeira, livre, enquanto inteligência *pensante*. O escravo[102] não sabe da sua essência, da sua infinitude, da liberdade, ele não sabe de si enquanto essência e não o sabe porque não *pensa* a si mesmo. Essa autoconsciência, que se apreende enquanto essência pelo pensamento e, com isso, se desfaz do contingente e do não verdadei-

---

determinação, de modo que, enquanto forma infinita, ela passa a ser o padrão de medida absoluto de efetivação dessa liberdade no espírito objetivo.

[101] Traduz-se o verbo *durchsetzen*, aqui usado na forma reflexiva, pela conjunção dos dois verbos "impor-se" e "atuar", o segundo para tornar visível o significado da proposição *durch* no composto verbal, no sentido de que o "impor-se" do pensamento "atua na vontade" "através" da sua atividade de impregná-la e se fazer valer nela.

[102] A determinação especulativa do escravo (*Sklave*) como aquele que não tem acesso reflexivo à universalidade do pensar, que está na raiz da liberdade — o escravo não a pensa, nem a quer —, por um lado remete à fundação lógica dessa universalidade e autonomia do pensar no pensamento puro da *Ciência da lógica*; por outro, ela torna prospectivamente essa autonomia do pensar, atuante na ideia de liberdade, a "efetividade mesma" do espírito, de sorte que a efetivação dessa ideia na história mundial adquire uma "força indomável" (*unbezwingliche Stärke*), que produz "consequências práticas das mais assombrosas" (*E*, § 482 A). A autonomia do pensar e a ideia especulativa da liberdade revelam-se, no âmbito da vida ética e da história mundial, princípio de autoefetivação e de universalização da liberdade. "Se o saber da ideia, isto é, se o saber que os homens têm de que sua essência, fim e ob-jeto é a liberdade, é especulativo, essa ideia mesma enquanto tal é a efetividade dos homens, não a ideia que eles *têm*, mas a ideia que eles *são*" (*ibid.*).

ro, constitui o princípio do direito, da moralidade e de toda eticidade. Os que falam filosoficamente do direito, da moralidade, da eticidade, e querem disso excluir o pensamento para remeter ao sentimento, ao coração, ao ardor, ao entusiasmo, exprimem com isso a posição do mais profundo desprezo em que caíram o pensamento e a ciência, uma vez que até mesmo a ciência, assim mergulhada no desespero de si e na mais profunda lassidão, toma a barbárie e a ausência de pensamento por princípio, e, assim, no que dependesse dela, despojaria o homem de toda verdade, de todo valor e de toda dignidade.[103]

Adendo (H). Verdade, na filosofia, significa que o conceito corresponda à realidade. Um corpo, por exemplo, é a realidade, a alma, o conceito. Mas alma e corpo devem ser adequados um ao outro; por isso, um homem morto é ainda uma existência, mas não mais uma existência verdadeira; ele é um ser-aí privado de conceito: por causa disso o corpo morto apodrece. Assim, a verdadeira vontade está em que o que ela quer, o seu conteúdo, seja idêntico com ela, em que a liberdade, portanto, queira a liberdade.

§ 22

A vontade em si e para si é *verdadeiramente infinita* porque o seu objeto é ela mesma, portanto, ele não é para ela um *outro*, nem uma barreira, mas, ao contrário, nele ela somente retornou adentro de si. Ademais, ela não é mera possibilidade, disposição, *faculdade* (*potentia*), porém o *efetivamente-infinito*[104] (*infinitum actu*), porque o ser-aí do conceito ou a sua exterioridade objetiva é o próprio interior.

---

[103] Alusão crítica a Fries e às filosofias do sentimento, dentre outras. Ver também "Prefácio" e § 140.

[104] A infinitude meramente formal da vontade reflexiva do arbítrio é a infinitude do entendimento, que, pela negação simples e recorrente de todo conteúdo finito posto, se projeta como um além inalcançável; em contrapartida, a infinitude positiva da vontade livre em si e para si é a infinitude da razão: esta é "relação de si a si mesmo", não mais enquanto ser indeterminado, mas enquanto negação da negação, não mais a progressão indefinida da linha reta, mas o "ser-retornado-adentro-de-si" da linha que se alcança a si mesma, o círculo (*WL I*, p. 136; *TWA*, v. 5, p. 164). O que é destacado nessa infinitude verdadeira e efetiva é o seu caráter autorreferencial, pois se trata de pôr em primeiro plano as propriedades da ideia de liberdade no seu sentido mais amplo de estar-junto-de-si

Por isso, quando se fala somente da vontade livre enquanto tal, sem a determinação de ser ela a vontade livre em si e *para si*, na verdade só se fala da *disposição* para a liberdade ou da vontade natural e finita (§ 11), e, precisamente por isso, apesar das palavras e da opinião, não se fala da vontade livre. — Como o entendimento apreende o infinito somente como algo negativo e, assim, como um *além*, crê honrar tanto mais o infinito quanto mais o repele de si para longe, à distância, e o afasta de si como um estranho. Na vontade livre, o verdadeiramente infinito tem efetividade e presença — ela mesma é esta ideia presente dentro de si.

Adendo (H). Com razão representou-se a infinitude mediante a imagem de um círculo, pois a linha reta se prolonga indefinidamente e indica a infinitude meramente negativa, a infinitude ruim, que não tem um retorno para dentro de si mesma como a verdadeira infinitude. A vontade livre é verdadeiramente infinita, pois ela não é meramente uma possibilidade e uma disposição, mas, ao contrário, o seu ser-aí exterior é a sua interioridade, é ela mesma.

§ 23

Somente nessa liberdade a vontade está pura e simplesmente *junto de si*, porque ela não se relaciona a nada que não seja ela mesma, com o que, assim, desaparece nela toda relação de *dependência* de alguma *outra coisa*. — Ela é *verdadeira*, ou melhor, é a própria *verdade*,[105] porque o seu deter-

---

no seu ser-outro: a vontade livre em si e para si é infinita, "porque o seu objeto é ela mesma". A infinitude atual da ideia de liberdade, contraposta à liberdade enquanto simples faculdade, disposição ou possibilidade, é apresentada a partir dessa relação do infinito a si mesmo. Por isso, essa liberdade infinita não tem outra medida da sua atividade senão a própria efetivação e a universalização da liberdade, isto é, nenhum conteúdo dado ou nenhuma natureza anterior ou extrínseca ao seu exercício pode ser a sua medida tendo em vista essa sua infinitude autorreferencial, de sorte que tudo o que lhe é outro, adquire para ela o caráter da idealidade do finito: "o ideal (*das Ideelle*) é o finito tal como ele é no verdadeiro infinito — enquanto uma determinação, enquanto um conteúdo que é diferente, mas não é *sendo subsistente por si*, porém, é enquanto *momento*" (*id.*, p. 137; *id.*, v. 5, p. 165).

[105] A vontade livre em si e para si é não só a liberdade verdadeira, mas, enquanto ideia, isto é, enquanto "conceito adequado", que está plenamente determinado, e no qual

minar consiste em ser, no seu *ser-aí*, isto é, no seu estar em face de si mesma, o que é o seu conceito, ou seja, ela é a verdade porque o puro conceito tem a intuição de si mesmo por seu fim e por sua realidade.

§ 24

A vontade é *universal*, porque nela estão suspensas toda restrição e toda singularidade particular, que enquanto tais residem somente na diversidade do conceito e do seu ob-jeto ou conteúdo, ou, dito de outra forma, na diversidade do seu ser subjetivo para si e do seu ser em si, da sua singularidade que é *excludente* e decide — e da sua universalidade mesma.

As diversas determinações da *universalidade* se depreendem da Lógica (ver *E [1817]*, §§ 118-26; *E*, §§ 169-78).[106] O que primeiro ocorre à representação a propósito desse termo é a universalidade abstrata e exterior. Mas em relação à universalidade que é em si e para si, tal como ela se determinou aqui, não se deve pensar nem na universalidade da reflexão, isto é, *na característica comum* [*a todos os singulares*] ou *na* [*sua*] *totalidade aditiva*,[107] nem na universalidade *abstrata*, que

---

a diferença entre forma e conteúdo está suspensa na forma infinita — ela é a "própria *verdade*" (*WL III*, p. 173; *TWA*, v. 6, p. 462; *E*, § 213). "Nesse acabamento, no qual ele [o conceito], na sua objetividade, tem igualmente a forma da liberdade, o *conceito adequado* é a *ideia*. A *razão*, que é a esfera da ideia, é a *verdade desvelada* a si mesma, na qual o conceito tem a realização que lhe é absolutamente adequada, e na qual ele é livre, na medida em que ele conhece este seu mundo na sua subjetividade, e esta, naquele" (*id.*, p. 30; *id.*, v. 6, p. 271).

[106] Hegel se reporta aqui (cf. *Kervégan*, p. 170, nota 4) não aos momentos internos da diferenciação do conceito (universalidade, particularidade e singularidade), mas ao diferente estatuto que a universalidade assume nas respectivas funções de sujeito e de predicado do juízo, nas diferentes formas do juízo analisadas nos mencionados parágrafos da *Enciclopédia*.

[107] Hegel caracteriza na *Ciência da lógica* a universalidade da reflexão, própria do juízo de reflexão, como uma "universalidade empírica", que apreende conjuntamente os singulares enquanto já dados e imediatamente pressupostos mediante uma reflexão que mantém a relação de exterioridade recíproca entre o universal, pressuposto na forma do predicado como característica comum, e os singulares a ele subsumidos (*WL III*, p. 75; *TWA*, v. 6, p. 332). Por isso, eles perfazem somente uma totalidade que é aditiva, subjetiva, denominada *Allheit*, para diferenciá-la do conceito enfático de *totalidade* (*Ganzheit*, *Totalität*), entendida no sentido objetivo e intensivo. "A universalidade, tal como ela é

está fora dos singulares, do outro lado, isto é, na identidade abstrata do entendimento (§ 6 A). É a universalidade *concreta* dentro de si e, assim, sendo para si, a qual é a substância, o gênero imanente ou a ideia imanente da autoconsciência — é o conceito da vontade livre como o *universal* que *se estende sobre* o seu ob-jeto *e o abarca*,[108] que *perpassa a sua determinação*, que nela é idêntico consigo. — O universal sendo

---

no sujeito do juízo universal, é a universalidade-de-reflexão externa, *totalidade aditiva*, *todos* são todos os *singulares*; o singular permanece nela inalterado" (*id.*, p. 74; *id.*, p. 331). Essa totalidade aditiva permanece uma "*tarefa*", "um *dever-ser* que, como tal, não pode ser apresentado como ser" (*id.*, p. 75; *id.*, p. 332), e o universal que lhe corresponde, enunciado numa "proposição empírico-universal", resulta de um mero "acordo tácito", pois somente enquanto não surgir uma instância contrária a ele a maioria dos casos pode valer como sua totalidade, que, por isso, é aditiva (*id.*, p. 75; *id.*, p. 332).

[108] O verbo *übergreifen*, composto pela preposição *über* ("sobre") e o verbo simples *greifen* ("agarrar"), que Hegel frequentemente utiliza com o reforço da preposição *über* com regência de acusativo (*übergreifen über*), descreve o movimento principal do "conceber" (*begreifen*) enquanto atividade do "conceito" (*Begriff*), tomado na sua universalidade concreta: é o movimento de "alastrar-se ou estender-se sobre" e, assim, "agarrar ou abarcar", no sentido do verbo latino *comprehendere*, a realidade (o outro, as suas determinações) sobre a qual se estendeu ou se alastrou. Nessa atividade, o conceito instaura a esfera da sua realização, precisamente mediante o processo da sua autodeterminação, de sorte que, em sua universalidade concreta, ele permanece idêntico consigo na realidade e nas determinações que ele se dá, abarcando-as. *Übergreifen* tem, assim, tanto o sentido expansivo de "estender-se sobre", já contido na proposição integrante do verbo composto, reforçado pela sua reduplicação (*übergreifen über*), quanto o de "agarrar, abarcar, abraçar" ("abarcar" remonta ao latino *brachium*, "braço", donde "envolver com os braços") o objeto da sua expansão, contido no verbo simples, na exata medida em que o universal do conceito permanece idêntico consigo na sua realidade e nas suas determinações. Na lógica do conceito, esse verbo descreve a "potência" do conceito enquanto universal concreto, que "se estende sobre e abarca o seu outro". Como o conceito especulativo de conceito é a matriz lógica do conceito de liberdade, Hegel pensa essa potência do conceito como uma "potência livre", que não domina o outro mediante a violência, que não o subjuga, mas que, pelo contrário, o liberta à sua alteridade e à sua diferença própria, na exata medida em que, nesse outro, o conceito retorna a si e se reencontra consigo. "Assim como ele [o universal concreto do conceito] foi denominado potência livre, poderia ser também chamado de *livre amor* e *irrestrita beatitude*, pois ele é um relacionar-se de si mesmo ao *diferenciado* somente como *a si mesmo*; nesse diferente, ele retornou a si mesmo" (*WL III*, p. 35; *TWA*, v. 6, p. 277).

em si e para si é, em princípio, o que se chama de *racional* e o que só pode ser apreendido dessa maneira especulativa.[109]

§ 25

O *subjetivo*, no que diz respeito à vontade em geral, significa o lado da sua autoconsciência, da singularidade (§ 7), à *diferença* do seu conceito sendo *em si*; por isso, a subjetividade da vontade quer dizer:

α) a *pura forma*, a *unidade absoluta* da autoconsciência consigo mesma, unidade na qual a autoconsciência, enquanto eu = eu, é pura e simplesmente interior e [um] repousar *abstrato* sobre si — a pura *certeza* de si mesmo, diferente da verdade;

β) a *particularidade* da vontade enquanto arbítrio e conteúdo contingente de fins quaisquer;

γ) a forma unilateral da vontade em geral (§ 8), na medida em que o que é querido, seja qual for o seu conteúdo, é primeiro somente um conteúdo pertencente à autoconsciência e um fim não executado.

---

[109] Depois que o desenvolvimento do conceito de vontade livre (§§ 10-20) alcançou a figura da vontade livre em si e para si, a da sua autodeterminação, graças à qual ela quer em todas as suas determinações a própria universalidade do livre querer (§ 21), Hegel, nos três parágrafos seguintes (§§ 22-4), deriva três propriedades dessa vontade, que ele denomina "ideia verdadeira" da vontade livre (§ 21). O elemento comum dessas propriedades — a infinitude em ato (§ 22), a coincidência do conceito de vontade livre com a sua efetivação, que se torna, assim, objeto de si mesma, denominada de "a própria verdade" (§ 23), e a universalidade concreta (§ 24) — é a autorreflexividade teórica e prática dessa vontade em sua autodeterminação, pois ela só se efetiva em plena autonomia se pensa e se quer a si mesma em todas as suas volições determinadas como universalmente livre. Enquanto tal, essa figura conclusiva da vontade livre no âmbito do espírito subjetivo torna-se o ponto de partida e o solo da sua objetivação na esfera do espírito objetivo, que define o direito. As diferenciações conceituais dos termos "subjetivo" e "objetivo", referidas nos dois parágrafos subsequentes, visam, então, a: 1) mostrar o sentido instável e polissêmico desses termos, graças ao qual eles se invertem dialeticamente um no outro, de sorte que seu sentido é dado antes de tudo pelo contexto do lugar sistemático em que são usados; 2) esclarecer os dois sentidos em que o direito, enquanto objetivação da vontade livre em si e para si, é objetivo, primeiro no sentido de que o desdobramento sistemático das determinações da ideia tem de ser conforme à ideia enquanto "ideia ética" (cf. § 26 α), segundo no sentido de que esse sistema adquire em sua efetividade uma exterioridade imediata e uma consistência (substancialidade) própria em face do subjetivo (cf. § 26 γ).

§ 26

A vontade:

α) na medida em que ela tem a si mesma por sua determinação e, assim, é conforme ao seu conceito e verdadeira, é a *vontade objetiva por excelência*;

β) mas a vontade *objetiva*, enquanto *desprovida da forma infinita* da autoconsciência, é a vontade imersa no seu objeto ou no seu estado, [isto é] tal como está constituída segundo o seu conteúdo — a vontade infantil, a vontade ética, assim como a vontade escrava, supersticiosa etc.;

γ) a *objetividade* é, enfim, a forma unilateral em oposição à determinação subjetiva da vontade, por isso a imediatidade do ser-aí enquanto existência *exterior*; nesse sentido, a vontade torna-se *objetiva* a si somente através da execução dos seus fins.

Essas determinações lógicas de subjetividade e objetividade foram aqui especialmente cotejadas na intenção de assinalar expressamente, já que serão adiante utilizadas com frequência, que com elas ocorre o mesmo que com outras diferenças e determinações-da-reflexão contrapostas entre si, a saber, que elas passam ao seu oposto por causa da sua finitude e, portanto, da sua natureza dialética. Em outras determinações semelhantes da oposição, a sua significação permanece, contudo, fixa para a representação e para o entendimento, visto que a sua identidade é ainda algo *interior*. Na vontade, ao contrário, que só pode ser sabida *como o concreto*, tais oposições, que devem ser abstratas e simultaneamente determinações *dessa vontade*, conduzem por si mesmas a essa sua identidade e à troca das suas significações — uma troca que ao entendimento só sucede inconscientemente. — Assim, a vontade, enquanto liberdade *sendo dentro de si*, é a própria subjetividade; esta, por isso, é o conceito da vontade e, assim, a sua objetividade; mas a subjetividade da vontade, em contraposição à objetividade, é finitude; no entanto, precisamente nessa oposição a vontade não está junto a si, ela está emaranhada com o objeto, e a sua finitude consiste, exatamente do mesmo modo, em não ser subjetiva etc. — Por isso, a significação que o elemento-subjetivo ou o elemento-objetivo da vontade devem ter daqui em diante tem de ficar clara, cada vez, a partir da conexão que a sua posição contém em relação à totalidade.

Adendo (H). Habitualmente se crê que o subjetivo e o objetivo estão *fixamente* um em face do outro. Mas não é esse o caso, já que eles, antes, passam um ao outro, pois não são determinações abstratas, como o positivo e o negativo, porém têm uma significação mais concreta. Considerando primeiramente a expressão "subjetivo", ela pode denotar um fim que é próprio só de um sujeito determinado. Nesse sentido, uma obra de arte muito precária, que não alcança a Coisa [*Sache*], é meramente subjetiva. Mas essa expressão também pode, além disso, estender-se ao conteúdo da vontade e, então, é sinônima de arbitrário: o conteúdo subjetivo é o que pertence apenas ao sujeito. Assim, por exemplo, más ações são meramente subjetivas. Mas, então, pode igualmente ser chamado de subjetivo aquele puro eu vazio, que só tem a si mesmo como ob-jeto e que possui a força de abstrair de todo conteúdo ulterior. A subjetividade tem, portanto, em parte, uma significação inteiramente particular, em parte, uma significação altamente legítima, já que tudo o que eu devo reconhecer tem também a tarefa de tornar-se algo meu e de obter validade em mim. Essa é a infinita cobiça da subjetividade, tudo reunir e consumir nessa fonte simples do puro eu. O objetivo também pode ser apreendido de modo igualmente diverso. Podemos entender por esse termo tudo o que tornamos ob-jetivo para nós, quer existências efetivas, quer meros pensamentos que contrapomos a nós; compreende-se igualmente por esse termo também a imediatidade do ser-aí, no qual o fim deve se realizar: mesmo quando o fim é inteiramente particular e subjetivo, chamamo-lo, contudo, "objetivo" quando ele aparece. Mas a vontade objetiva é também aquela em que está a verdade. Assim, a vontade divina, a vontade ética é uma vontade objetiva. Finalmente, pode-se também denominar objetiva a vontade que está inteiramente mergulhada no seu objeto, a vontade infantil, que, carecendo de liberdade subjetiva, repousa na confiança, bem como a vontade escrava, que não se sabe ainda como livre e é, por isso, uma vontade desprovida de vontade. Objetiva nesse sentido é toda vontade que age guiada por uma autoridade externa e que ainda não completou o retorno infinito para dentro de si.

§ 27

A destinação absoluta, ou se se quiser, o impulso absoluto do espírito livre (§ 21), é que a sua liberdade seja ob-jeto para ele — que lhe seja objetiva tanto no sentido de que ela seja o sistema racional do próprio espírito quanto no sentido de que esse sistema seja efetividade imediata (§ 26) —, a fim de ser para si, enquanto ideia, o que a vontade é em si: o conceito abstrato da ideia de vontade é, em princípio, *a vontade livre que quer a vontade livre*.[110]

§ 28

A atividade da vontade de suspender a contradição da subjetividade e da objetividade e de transpor os seus fins daquela determinação nesta, e, ao mesmo tempo, permanecer na objetividade *junto de si*, é — afora a modalidade apenas formal da consciência, na qual a objetividade é somente enquanto efetividade imediata — o *desenvolvimento essencial* do conteúdo substancial da ideia (§ 21), um desenvolvimento em que o conceito determina a *ideia*, *ela mesma* inicialmente *abstrata*, em direção à totalidade do seu sistema, totalidade que, enquanto o elemento-substancial, independente da oposição de

---

[110] Essa "vontade livre que quer a vontade livre", ou também, conforme a fórmula da *Enciclopédia* (*E*, § 481), "a vontade livre que é para si enquanto vontade livre", é o que Hegel, no início daquele parágrafo, denomina "espírito livre", concebido como "a unidade do espírito teórico e do espírito prático", da inteligência e da vontade. Ele é a vontade livre que se ergueu e purificou até a universalidade do pensamento, mediante a suspensão do caráter formal, contingente e finito do conteúdo prático dado e a suspensão da diferença entre forma e conteúdo do querer. Sua "destinação absoluta" é, agora, superar a autorreflexividade de uma vontade prática vazia, diferenciando-se em sua objetivação de si mesma para se efetivar como espírito objetivo no "sistema" das determinações do direito. Na medida em que ela também suspende as figuras anteriores da sua gênese, a vontade natural e a vontade do arbítrio, ela se torna novamente uma "*singularidade imediata* posta por si mesma" (*E*, § 481): não mais uma "singularidade *excludente*" (§ 24), pois esta se efetiva pela decisão contingente do arbítrio, mas, considerada prospectivamente, uma nova "*singularidade imediata*", que será progressivamente suspensa no desdobramento da ideia de liberdade como direito. Analogamente, o "espírito livre", a ideia de liberdade, é aqui, de novo, enquanto ponto de partida da objetivação do espírito subjetivo, somente "o conceito abstrato da ideia de vontade" (§ 27), pois essa autorreflexividade cognitiva e prática da vontade livre em si e para si, que se sabe e se quer enquanto "vontade pensante", precisa ir além de si e se exteriorizar na alteridade de um conteúdo, sob pena de se fechar sobre si em sua reflexividade. Ela inicia, assim, um novo círculo da sua realização, opondo a si a sua objetivação, que então se configura como um "mundo efetivo", que "*adquire a forma de necessidade*". A coesão interna desse mundo aparece para as liberdades singulares "enquanto poder" (*E*, § 484), como uma "segunda natureza", cuja objetividade é "infinitamente mais sólida que o ser da natureza" (§ 146).

um fim meramente subjetivo e da sua realização, é *a mesma*[111] nessas duas formas.

§ 29

O fato de que um ser-aí em geral é o *ser-aí da vontade livre*, isto é o direito. — Ele é, por conseguinte, de modo geral, a liberdade enquanto ideia.[112]

---

[111] Embora o texto original traga o pronome neutro "o mesmo" (*dasselbe*), que se refere ao "elemento-substancial", ele denota aqui a totalidade substancial do sistema das determinações da ideia de liberdade, totalidade que, por ser identicamente totalidade subjetiva e totalidade objetiva (§ 143), constitui o que Hegel denominará "ideia ética" (§ 257). Nela, a oposição entre subjetividade e objetividade, entre o fim meramente subjetivo e o fim plenamente realizado já está suspensa, de sorte que cada uma dessas totalidades, a subjetiva, o "sistema racional" das determinações da ideia, e a objetiva, a efetividade substancial desse sistema configurado como mundo, "são, para si, a totalidade da ideia" (§ 143). O espírito objetivo é, assim, o processo pelo qual a atividade teleológica da ideia de liberdade, no seu *status* categorial transindividual — mas que só "existe" e "aparece" na "atividade formal" das vontades singulares que sabem essa ideia como o conteúdo e o fim de sua atividade — se dá uma efetividade substancial adequada àquela totalidade sistemática das suas determinações (*E*, § 482). Graças a essa atividade autotélica transindividual, a ideia ética já é também em si o "acabamento" (*Vollendung*) do espírito objetivo", na medida em que ela já suspendeu as respectivas unilateralidades do espírito subjetivo e do espírito objetivo (*id*., § 513). Nesse sentido, considerada prospectivamente, Hegel diz que a vontade livre em si e para si, uma vez plenamente efetivada como ideia ética, isto é, já estruturada como Estado na esfera da história mundial, é o "*conceito* do *espírito absoluto*", mas no sentido de que, por enquanto, ela é "somente o *conceito*" dele: "O espírito que é ciente de si como livre e quer esse seu objeto — isto é, que tem sua essência [ser universalmente livre] por destinação e por fim — é inicialmente, *de maneira geral*, a vontade racional ou a ideia *em si*, portanto, somente o *conceito* do *espírito absoluto*" (*id*., § 482).

[112] No desdobramento da tese especulativa central do § 1, que preside a toda a obra, o direito é primeiramente concebido nessa amplitude que o torna coextensivo à esfera do espírito objetivo, à diferença do seu conceito estrito, enquanto "direito abstrato", abordado na "Primeira Parte" da obra. Esse conceito amplo de direito, "a liberdade enquanto ideia", designa, assim, para além do ordenamento jurídico e do conjunto das prestações jurisdicionais do poder judiciário que o tornam vigente no âmbito da sociedade civil, a efetividade e a exterioridade imediata (o ser-aí) da ideia de liberdade: ele é a ideia de liberdade, a "vontade livre em si e para si" plenamente desdobrada e objetivada no "sistema racional próprio" das suas determinações e configurada como um mundo, no qual ela então adquire a "forma de necessidade" e uma substancialidade própria, na

A definição kantiana (Kant, *Doutrina do direito*, Introdução[113]), que é também a mais geralmente aceita, cujo momento principal é "a *restrição* da minha liberdade ou *arbítrio*, de modo que ele possa coexistir com o arbítrio de cada um segundo uma lei universal", de uma parte contém somente uma determinação *negativa*, a da restrição, de outra parte, o positivo, a lei universal ou a assim chamada lei da razão, que é a concordância do arbítrio de cada um com o arbítrio do outro, redunda na conhecida identidade formal e no princípio de contradição.[114]

---

qual unicamente o conceito de liberdade existe como espírito objetivo (*FD*, § 27; *E*, § 484). "A posição eminente do *direito*", escreve Hegel em suas notas manuscritas, "[é que] o espírito se faça efetivo; [...] que o espírito — enquanto uma [segunda] *natureza* — *seja* como o sistema de um *mundo* — [como] costume, [como] uma ordem — [...] como ideia necessariamente — para si" (*NM*, pp. 363, 365; *TWA*, v. 7, p. 81). "O direito funda-se sobre a liberdade, esta tem que ser ideia, ter ser-aí, realidade, e esta é o que o direito é. Direito tem também, frequentemente, a significação de uma *linea recta*, de que algo tem de ser conforme a outro, a uma regra, aqui, todavia, direito é o ser-aí da vontade livre. [...] Não começamos com a representação do direito, com o que se toma em geral por direito, a nossa destinação é a liberdade, esta tem que se realizar, essa realização é o direito" (*VRph 1824-25*, p. 149).

[113] "O direito é o conjunto integral das condições, sob as quais o arbítrio de um pode ser unificado com o arbítrio de outrem segundo uma lei universal da liberdade" (Kant, *Introdução à doutrina do direito*, § B, AB 33, in: *Kant Werke*, v. 4, p. 337). "A lei universal do direito é, portanto: age exteriormente de tal modo que o livre uso do teu arbítrio possa coexistir com a liberdade de qualquer um segundo uma lei universal" (*id.*, § C, AB 34, v. 4, p. 338). No contexto da sua dedução do conceito de direito, mais precisamente, no contexto dos corolários do terceiro teorema do *Fundamento do direito natural segundo os princípios da doutrina da ciência*, Fichte retoma os termos da definição kantiana: "A relação entre seres racionais [aqui] deduzida, segundo a qual cada um restringe a sua liberdade pelo conceito da possibilidade da liberdade de outrem, sob a condição de que este restrinja igualmente a sua pela do outro, denomina-se *relação jurídica*; e a fórmula agora estabelecida é o *teorema do direito*" (*Grundlage des Naturrechts nach Principien der Wissenschaftslehre* [Fundamento do direito natural segundo os princípios da doutrina da ciência], § 4, in: *Fichtes Werke*, v. III, p. 52).

[114] "Este conteúdo [da lei universal do direito] é, assim, por um lado, correto, mas, por outro, falso, pois ele se refere somente ao direito pessoal em geral, à propriedade, e nesta, com efeito, há arbítrio e contingência. Mas o direito não concerne unicamente ao ser-aí de um arbítrio, não tem por fundamento a liberdade enquanto arbítrio, porém a liberdade, na medida em que ela é em si racional, ética. A seguir, Kant diz que os diversos arbítrios devem poder tolerar-se segundo leis universais e, assim, o universal tem que se tornar um meio. Mas isso não é verdadeiro, o universal é essencialmente o fundamento, e somente na medida em que algo de universal reside em meu arbítrio é permitido que

A mencionada definição do direito contém o ponto de vista, difundido mormente desde Rousseau,[115] segundo o qual o que deve ser a base substancial e o primeiro não é a vontade enquanto sendo em si e para si, enquanto vontade racional, não é o espírito enquanto espírito *verdadeiro*, porém o espírito como indivíduo *particular*, como vontade do singular em seu arbítrio próprio. Uma vez aceito este princípio, segundo ele o racional só pode vir à luz enquanto restringindo essa liberdade, assim como também não enquanto algo imanentemente racional, porém como um universal externo, formal. Esse ponto de vista está desprovido de todo pensamento especulativo e é rejeitado pelo conceito filosófico, porquanto ele produziu nas cabeças e na efetividade fenômenos cujo horror só tem paralelo na trivialidade dos pensamentos nos quais se fundavam.[116]

---

este se dê um ser-aí. A liberdade no meu arbítrio é o universal, este é o fundamento a ser salientado e não a ser considerado como meio para o arbítrio, que encerra dentro de si o contingente. Além disso, isso implicaria que eu teria de restringir o meu arbítrio segundo os outros, e isso não é correto, pois é falso que também a minha liberdade deva ser restringida segundo a liberdade de outros, pois a liberdade não é para ser restringida, não deve ser restringida, deve ser realizada completamente, ela é absoluta. Restringir a liberdade seria de modo geral in-justo, pois seria não lhe dar um ser-aí, ou tirar-lho. Nada merece respeito [*Beachtung*] que seja contra a liberdade, ela é o universal que deve chegar ao ser-aí afirmativo, nada é sua restrição, sua negação" (*VRph 1824-25*, p. 150).

[115] Ver, a propósito do pensamento político de Rousseau, a avaliação mais diferenciada da relação entre vontade geral e vontade particular na Anotação ao § 258: o conceito de vontade geral, cujo verdadeiro *status* categorial é, para Hegel, o de um universal intrinsecamente racional ("o racional em si e para si da vontade", *ibid.*), é criticado na sua dimensão contratualista, não só pela sua gênese nas vontades contratantes individuais, imediatamente pressupostas na particularidade do seu arbítrio, mas, também, pela sua subordinação categorial a elas, que encobre o perigo da redução dessa universalidade racional à vontade somente comum posta pelos contratantes, portanto, à vontade empírica da maioria (ver também § 75 A e Ad.); mas Rousseau é elogiado por romper com os pressupostos empiristas de todo jusnaturalismo, seja na sua vertente empirista, seja na sua vertente formal, na medida em que a vontade geral é um princípio racional, "não só segundo a forma", mas também "segundo o conteúdo" (§ 258 A), pois a sua essência é a relação ativa da universalidade do pensamento a si mesmo.

[116] A redução da universalidade racional da ideia de liberdade — que, pela sua infinitude, é categorialmente anterior aos arbítrios e condição do jogo da sua restrição recíproca — à universalidade formal e abstrata da lei que rege a coexistência exterior dos arbítrios, já pressupostos em suas respectivas particularidades como anteriores a ela, é concebida, por Hegel, não só como uma base do contratualismo, mas também do fana-

§ 30

O direito é *em princípio* algo de *sagrado*,[117] unicamente porque ele é o ser-aí do conceito absoluto, da liberdade autoconsciente. — Mas o *formalismo*[118] do direito (e, mais adiante, o do dever) surge da diferença [resultante]

---

tismo do Terror durante a Revolução Francesa, ao qual as últimas linhas desse parágrafo remetem (ver § 5 A), e que, segundo Hegel, pretendeu efetivar politicamente essa universalidade abstrata enquanto tal.

[117] O direito no sentido amplo, em que ele é coextensivo ao espírito objetivo, é sagrado não só no seu princípio, o ser-junto-de-si da liberdade infinita, "que está também na determinação fundamental da essência de Deus" (*VRph 1817-18*, p. 10), mas igualmente no seu ser-aí, porque ele é o fundamento comum das relações substanciais, a partir das quais e nas quais unicamente os indivíduos singulares realizam as suas respectivas liberdades, anteriormente à limitação recíproca das mesmas enquanto arbítrios, pelo direito no sentido estrito do direito abstrato ou formal. Nas Notas Manuscritas, Hegel explicita o significado dessa sacralidade do direito mediante a citação livre dos dísticos 76 e 77 da poesia "Jahreszeiten" ("As estações"), de Goethe, que aludem à unificação duradoura e mais íntima dos homens nas relações éticas substanciais, mediante as quais as liberdades singulares se constituem positivamente, anteriormente à delimitação negativa recíproca dos seus arbítrios. "O que é o sagrado? — o que mantém juntos os homens, ainda que os ligasse tão levemente como o junco ata o ramalhete —, o que é o mais sagrado? O que torna os espíritos eternamente unidos e mais unidos [até aqui, a citação livre de Goethe] — [uma] ligação efetivamente substancial —, na qual precisamente aquela subjetividade que se isola, que eu quero conservar para mim, afundou e está absolutamente pacificada — [ligação] tão infinitamente potente em si mesma, que nela eu mesmo estou integralmente" (*NM*, p. 645; *TWA*, v. 7, p. 249). Essa referência à união íntima (*Einigkeit*) das vontades singulares na universalidade da comunidade ética, que reaparece nas notas manuscritas ao parágrafo que introduz o conceito de eticidade (ver § 142), retoma o cerne da crítica que Hegel faz ao conceito negativo de liberdade de Fichte no *Differenzschrift*: "A comunidade [...] tem de ser considerada essencialmente não como uma restrição da verdadeira liberdade do indivíduo, mas, sim, como uma ampliação da mesma; a comunidade suprema é a liberdade suprema, tanto quanto à potência como quanto ao exercício" (*Differenzschrift*, p. 54; *TWA*, v. 2, p. 82).

[118] O caráter em princípio sagrado do direito não impede que os degraus ou estágios (etapas) (*Stufen*) anteriores da determinação progressiva do seu conceito sejam considerados formais e mais abstratos em relação aos degraus ou estágios ulteriores, mais desenvolvidos e concretos. Desse gradualismo na sequência horizontal das determinações do conceito, que constitui simultaneamente uma hierarquia normativa vertical, resulta o "formalismo do direito" (§ 30): "[ele] surge da diferença do desenvolvimento do concei-

do desenvolvimento do conceito de liberdade. Em contraste com o direito mais formal, isto é, *mais abstrato* e, por isso, mais restrito, a esfera e a etapa do espírito, nas quais ele levou à determinação e à efetividade dentro de si os momentos ulteriores contidos na sua ideia, têm também, enquanto *mais concretas*, mais ricas em si mesmas e mais verdadeiramente universais, precisamente por isso, um direito mais alto.[119]

Cada degrau [ou etapa, estágio] do desenvolvimento da ideia de liberdade tem o seu direito próprio, porque ele é o ser-aí da liberdade numa de suas determinações próprias. Quando se fala da oposição da moralidade, da eticidade ao *direito*, entende-se por direito somente o

---

to de liberdade" (*ibid.*). Esse desenvolvimento gradual e progressivo, em seus dois níveis, o lógico e o histórico, permite estabelecer tanto uma hierarquia normativa entre os diferentes direitos, enquanto graus mais ou menos concretos de efetivação da liberdade (oferecendo, assim, um critério para a resolução dos conflitos de direitos), quanto à legitimação de uma dinâmica histórica de relativização e dissolução de configurações jurídicas vigentes, de tradições e, mesmo, de acordos pactuados, quando esses e aquelas estão reduzidos à sua mera positividade histórica, por serem contrárias ao direito em si e por si. "A determinação progressiva ulterior é sempre uma libertação maior" (*VRph 1822-23*, p. 178). Como exemplos desse formalismo nos dois níveis mencionados, Hegel cita, respectivamente, 1) a suspensão do direito do credor, no caso em que a execução jurídica do devedor provocaria a sua ruína completa, que equivaleria a uma "lesão infinita do ser-aí" da liberdade (§ 127), quando confrontado com o direito mais alto à vida em sua totalidade, visto que "nessa medida, o direito moral é mais concreto que o direito estrito, abstrato" (*VRph 1817-18*, p. 11); 2) a escravidão institucionalizada legalmente, vigente em certas épocas e sociedades, pois embora ela também corresponda a um certo grau de efetivação histórica da liberdade, ela é absolutamente contrária ao direito em si e por si (*FD*, § 57 A; *NM*, p. 431; *TWA*, v. 7, p. 124). Por isso, na explicação oral ao parágrafo equivalente (§ 8), nas *Preleções de 1817-18*, Hegel diz: "No direito positivo, é direito o que está nas leis. No direito filosófico, a lei é o que é direito; nele, nenhuma lei é padrão de medida do direito. A lei tem de enunciar a vontade racional e o seu modo de entrar na existência. [...] Por isso, não é porque algo é direito positivo e antigo que ele é direito em si e por si" (*VRph 1817-18*, p. 11).

[119] Traduz-se literalmente o termo *Stufe* por "degrau", para evocar a conhecida metáfora metodológica da "escada" no "Prefácio" da *Fenomenologia do espírito*, explicitando-se também o seu significado de movimento por "estágio" (ou "etapa"), contido no desenvolvimento do conceito. Nessa passagem, traduz-se *Stufe des Geistes* por "etapa do espírito", e não "degrau de espírito", a fim de facilitar a concordância gramatical com o substantivo feminino *die Sphäre*, "a esfera" e com o restante da frase, que se refere a ambas. Cabe também assinalar que Hegel usa o singular, e a tradução recorre ao plural para designar conjuntamente "a esfera e a etapa", uma vez que ambas (e não só uma delas), por serem mais "concretas", "ricas" "e 'universais', "têm um direito mais alto".

primeiro, o direito formal da personalidade abstrata. A moralidade, a eticidade, o interesse do Estado, cada um é um direito próprio, porque cada uma dessas figuras é uma determinação e um ser-aí da *liberdade*. Eles só podem entrar em *colisão* na medida em que estão no mesmo plano de serem direitos; se o ponto de vista moral do espírito não fosse também um direito, não fosse a liberdade em uma de suas formas, ele não poderia, de maneira nenhuma, colidir com o direito da personalidade ou com um outro [direito], porque um tal direito contém dentro de si o conceito de liberdade, a determinação mais alta do espírito, em face do qual um outro [direito] é desprovido de substância. Mas a colisão contém, simultaneamente, este outro momento, o de que ela é restrita e, com isso também, o de que um [direito] está subordinado ao outro; somente o direito do espírito do mundo é o irrestritamente absoluto.[120]

§ 31

O método segundo o qual, na ciência, o conceito se desenvolve a partir de si mesmo e é somente um progredir *imanente* e um produzir de suas determinações, segundo o qual a progressão não ocorre pela asseveração de que *há* situações diversas e em seguida pela *aplicação* do universal a um tal material tomado dalhures, é aqui, igualmente, pressuposto a partir da Lógica.[121]

---

[120] Ver § 340 e o Adendo ao § 259, que retoma os Apontamentos de Griesheim (*VRph 1824-25*, pp. 633-4).

[121] Sobre o sentido específico de "método" na dialética especulativa, como sendo a "forma absoluta", a "*atividade universal absoluta*" de autodeterminação do conceito, à diferença do seu sentido genérico, como modo regrado de procedimento do pensamento "subjetivo", no sentido de atividade do sujeito cognoscente e de instrumento do conhecimento investigativo, que em seguida aplica conceitos no sentido de representações universais abstraídas dos singulares a conteúdos previamente dados, ver o capítulo final da *Ciência da lógica*, "A ideia absoluta" (*WL III*, pp. 236-53, esp. pp. 237-9; *TWA*, v. 6, pp. 548-73, esp. pp. 550-3). "O método emergiu daí [do percurso lógico] como *o conceito que tem o saber de si mesmo* e *por objeto a si* como o absoluto, tanto subjetivo quanto objetivo, portanto, como o puro corresponder do conceito e da sua realidade, como uma existência que é ele mesmo. O que, assim, tem de se considerar como método é somente o movimento do *conceito* mesmo, [...] e seu movimento é a *atividade universal absoluta*, o movimento que se determina e se realiza a si mesmo. [...] Ele é, por isso, a *alma e a substância*, e toda e qualquer coisa só é concebida e sabida em sua verdade, en-

Chamo de *dialética* o princípio motor do conceito, enquanto não só dissolvendo, mas também produzindo as particularizações do universal — dialética, portanto, não no sentido de que ela dissolve, confunde e conduz daqui para lá e de lá para cá um ob-jeto, uma proposição etc., dados ao sentimento, à consciência imediata em geral, e que só tem a ver com a derivação do seu contrário —, uma modalidade negativa da dialética,[122] tal como ela frequentemente aparece também em Platão.[123] Ela pode, assim, considerar como o seu resultado último o contrário de uma representação, ou, decididamente, como o antigo ceticismo,[124] a contradição dessa representação, ou também, mais tibiamente, uma *aproximação* à verdade, [que é] uma meia verdade mo-

---

quanto *perfeitamente submetida* ao *método*, ele é o método próprio de cada coisa mesma, porque a atividade do método é o conceito" (*id.*, p. 238; *id.*, v. 6, pp. 551-2).

[122] Uma exposição mais detalhada das modalidades insuficientes da dialética, "*que têm um resultado somente negativo*", e não se alçam à apreensão do resultado positivo contido na negação determinada, consta igualmente no capítulo final da *Ciência da lógica* (*WL III*, pp. 242-4; *TWA*, v. 6, pp. 557-60).

[123] Se o lado negativo e puramente cético da dialética "também aparece frequentemente" em Platão, Hegel faz seu o elogio de Ficino ao "estudo sagrado" do *Parmênides* de Platão, como sendo o arquétipo precursor da dialética especulativa, na medida em que esta obra apresenta o "sistema mais acabado do autêntico ceticismo", aquele que está "unido o mais intimamente" com a verdadeira filosofia e que se incorpora a ela enquanto o lado negativo-racional da dialética, "o lado negativo do conhecimento do absoluto" (cf. *Verhältnis des Skeptzismus zur Philosophie, Darstellung seiner verschiedenen Modifikationen, und Vergleichung des neuesten mit dem alten* [1802] [*Relação do ceticismo à filosofia. Apresentação das suas diferentes modificações e comparação do novíssimo ceticismo com o antigo*], in: *GW*, v. 4, pp. 207-8; *TWA*, v. 2, pp. 228-9). O ceticismo filosófico não é senão "o elemento-dialético do entendimento tomado separadamente", razão pela qual "ele contém a simples negação como resultado do elemento-dialético" (*E*, § 81 A).

[124] A propósito do ceticismo antigo e do seu princípio fundamental, o de que a todo argumento se opõe um outro argumento de igual força, e especialmente do ceticismo pirrônico e da sua superioridade sobre o ceticismo moderno na versão mais recente de Ernst Schulze, que parte da indubitabilidade (para o ceticismo antigo, aos olhos de Hegel, dogmática) dos fatos da consciência, ver o artigo de Hegel sobre o ceticismo, citado na nota anterior (*GW*, v. 4, pp. 204-16; *TWA*, v. 2, pp. 223-42). Ver também a descrição do ceticismo como figura da liberdade da autoconsciência na *Fenomenologia do espírito* (*PhdG*, pp. 119-21; *TWA*, v. 3, pp. 159-91; *FE*, §§ 202-6; cf. também *Vorlesungen über die Philosophie der Geschichte* [Preleções sobre a história da filosofia], v. 8, Garniron, P. e Jaeschke, W. (eds.), Hamburgo, Meiner, 1986, pp. 134-59; *TWA*, v. 19, pp. 358-402).

derna. A dialética superior do conceito[125] não consiste em produzir e apreender a determinação meramente como barreira e como contrário, porém em produzir e apreender a partir dessa determinação o [seu] conteúdo e o resultado *positivos*, enquanto unicamente por essa via a dialética é um *desenvolvimento* e um progredir imanente. Essa dialética não é, pois, um fazer *externo* de um pensar subjetivo, mas a *alma própria* do conteúdo, a qual faz brotar organicamente os seus ramos e os seus frutos. Para esse desenvolvimento da ideia, enquanto atividade própria da sua razão, o pensar enquanto subjetivo apenas olha,[126] sem adicionar ingrediente algum de sua parte. Considerar algo racionalmente não significa acrescentar de fora uma razão ao ob-jeto e assim elaborá-lo, senão que o ob-jeto é racional por si mesmo; aqui é o espírito na sua liberdade, o ápice da razão autoconsciente, que se dá efetividade e

---

[125] A propósito dos momentos lógicos da articulação interna da dialética especulativa, concebida como a forma do automovimento do conteúdo presente na consciência que a própria forma tem de si mesma, ver *Enciclopédia*, §§ 79-82 e as passagens do capítulo final da *Ciência da lógica*, "A ideia absoluta" (*WL III*, pp. 244-8; *TWA*, v. 6, pp. 561-6).

[126] Hegel explora dois sentidos principais do verbo *zusehen*, "olhar para" ou "observar", composto da preposição *zu* mais o verbo básico *sehen*, para descrever a atitude fundamental do pensamento especulativo, que "olha para" ou "observa" o desenvolvimento do conceito, enquanto razão imanente à própria Coisa, sem interferir nele, e, assim, o apresenta (*darstellt*) discursivamente. *Zusehen* significa, assim, primeiro, "dirigir ativamente ou acompanhar atentamente com o olhar algo, observar, sondar", segundo, "presenciar ou assistir como espectador a um espetáculo ou evento, sem nele interferir ou nada lhe acrescentar". Hegel insiste no trabalho ativo presente nesse "puro olhar para" ou "puro observar" (*das reine zusehen*) a que se refere a *Fenomenologia* (*PhdG*, p. 59; *TWA*, v. 3, p. 77; *FE*, § 85). Esse trabalho nos "obriga" a que nos abstenhamos de qualquer intervenção do nosso opinar ou de algum procedimento metodológico do nosso pensar no movimento de autodeterminação do conceito (ver § 32 Ad.) ou, como na *Fenomenologia*, no autoexame reflexivo da consciência, a nos abster de usar qualquer outro "padrão de medida" (*Maßstab*) para medir o seu saber do objeto (*ibid.*) que não aquele que a própria consciência oferece (*PhdG*, p. 59; *TWA*, v. 3, pp. 76-7; *FE*, §§ 84-5). "Exige-se da vaidade [do raciocínio abstrato] o esforço de abrir mão de tal liberdade [em face do conteúdo]; e, em vez de ser o arbitrário princípio motor do conteúdo, mergulhar nele essa liberdade, deixar o conteúdo mover-se conforme a sua própria natureza, isto é, através do Si como Si do próprio conteúdo, e contemplar esse movimento. Renunciar à própria incursão no ritmo imanente do conceito, não intervir nele arbitrariamente por meio de uma sabedoria adquirida alhures, é uma forma de abstenção que pertence também à atenção ao conceito" (*PhdG*, pp. 41-2; *TWA*, v. 3, p. 56; *FE*, § 58, trad. H. Lima Vaz, in: Os Pensadores, *Hegel*, v. XXX, São Paulo, Abril, 1974, p. 38).

se engendra como um mundo existente; a ciência tem somente a tarefa de trazer à consciência esse trabalho próprio da razão da Coisa.

§ 32

As *determinações* no desenvolvimento do conceito são, de um lado, elas mesmas conceitos, de outro, porque o conceito é essencialmente enquanto ideia, elas estão na forma do ser-aí, e a série dos conceitos resultantes desse desenvolvimento é, por isso, ao mesmo tempo, uma série de *configurações*; é assim [enquanto conceitos e configurações] que elas devem ser consideradas na ciência.[127]

No sentido mais especulativo, o *modo do ser-aí* de um conceito e a sua *determinidade* são uma e a mesma coisa. Mas é de se assinalar que os momentos cujo resultado é uma forma ulteriormente determinada precedem, enquanto determinações do conceito, a esse resultado no desenvolvimento científico da ideia, mas não no desenvolvimento temporal enquanto configurações. Assim, a ideia, tal qual ela é deter-

---

[127] Este parágrafo retoma a tese especulativa fundamental do § 1, segundo a qual a "ciência filosófica" tem por objeto a determinação e a efetivação progressivas do conceito até a ideia, a fim de mostrar que a "ciência" tem de considerar as determinações do desenvolvimento do conceito no duplo registro 1) do seu "conteúdo ideal" (*E*, § 213), enquanto "elas mesmas são conceitos" que se determinam progressivamente em direção à ideia; e 2) do seu "conteúdo real" (*ibid.*), que, no âmbito do espírito objetivo, é o ser-aí das determinações conceituais enquanto configurações (por exemplo, a personalidade, a propriedade, o contrato, o dever, a consciência moral, a família, a sociedade civil, o Estado etc.). Essas configurações se apresentam "na forma do seu ser-aí exterior" (*ibid.*), de sorte que elas não são senão o modo como as determinidades do conceito (da ideia de liberdade) se configuram e aparecem como fenômenos, apreendidos, por sua vez, pelas representações do entendimento, que, para ser verdadeiras, devem, por sua vez, corresponder às determinidades do conceito. A complexa articulação entre o desenvolvimento conceitual dessas determinações e o desenvolvimento temporal das suas configurações fenomênicas — que não são necessariamente paralelos, embora mantenham uma correspondência entre si — é o que torna possível e modula o conceito hegeliano de filosofia, entendido como diagnóstico do presente histórico, apreendido conceitualmente em sua efetividade racional enquanto "sistema", tal como o *Prefácio* o caracteriza: "a filosofia, porque é o *perscrutar do racional*, é precisamente por isso, o *apreender do presente e do efetivo*" (*GW*, v. 14, 1, p. 13; *TWA*, v. 7, p. 24). Sobre a filosofia como "ciência" e como "sistema", ver também *Fenomenologia do espírito* (*PhdG*, pp. 11, 21-2; *TWA*, v. 3, pp. 14, 27-8; *FE*, §§ 4-5, pp. 24-5).

minada como família, tem por pressuposto as determinações do conceito, das quais, no que segue, ela será apresentada como resultado. Mas o fato de que esses pressupostos internos já estejam também aí-presentes para si como *configurações*, como direito de propriedade, contrato, moralidade etc., é o outro lado do desenvolvimento que só numa cultura mais plenamente acabada levou os seus momentos a essa sua configuração própria como ser-aí.[128]

Adendo (H). A ideia tem que se determinar sempre mais adiante, já que ela no começo é somente, primeiro, conceito abstrato. Mas esse conceito

---

[128] Embora haja uma correlação direta entre as determinações progressivas do conceito e as suas configurações no nível do fenômeno na efetividade exterior, não há necessariamente um paralelismo entre o desenvolvimento lógico dessas determinações e o desenvolvimento temporal das configurações correlatas no âmbito do espírito objetivo. Quanto mais complexo e acabado for um todo ético na sua constituição econômica e social, jurídica e política, tanto mais nele a série lógica dos momentos, enquanto "pressupostos internos" do todo, pode diferir da série das respectivas configurações em seu desenvolvimento temporal; tanto mais, também, esses pressupostos podem se independizar na apresentação conceitual como configurações específicas ("presentes para si"). Além do caso mencionado por Hegel da anterioridade lógica do direito de propriedade privada pessoal em relação à família e à propriedade familiar no sentido moderno do termo, outro exemplo clássico é o da relação entre sociedade civil e Estado. Com efeito, a formação plena daquela é historicamente tardia e muito posterior à existência da figura do Estado, e também da família, ao passo que, na apreensão especulativa do presente histórico em sua efetividade racional na forma do sistema enquanto ideia, a sociedade civil, e também a família, do ponto de vista da progressão categorial, são anteriores ao Estado e, como pressupostos internos da sua constituição, assumindo uma configuração objetiva própria na esfera da eticidade. Em contrapartida, o Estado, que emerge como resultado dessa apresentação conceitual progressiva, se põe, ao mesmo tempo, teleologicamente, do ponto de vista da fundação retrocedente ou regressiva, como o fundamento da sociedade civil e da família (ver § 182 Ad. e § 256 A). "Desse andamento de nossa consideração [a progressão conceitual], não se segue, contudo, de modo algum que pretendemos fazer da eticidade algo *posterior* no tempo ao direito e à moralidade; ou apresentar a família e a sociedade civil como *algo vindo antes* do Estado na efetividade. Ao contrário, sabemos muito bem que a eticidade é a *base* do direito e da moralidade, como também que a família e a sociedade civil, com suas diferenças bem ordenadas, já *pressupõem* o estar-presente do Estado. No *desenvolvimento filosófico* do ético, não podemos começar pelo *Estado*, já que, no Estado, o ético se desdobra até a sua forma *a mais concreta*, ao passo que o *começo*, ao contrário, é necessariamente algo *abstrato*" (*E*, § 408 Ad.; *TWA*, v. 10, p. 171; *Enc.*, III, pp. 156-7, tradução ligeiramente modificada). Essa diferenciação será seminal para o projeto marxiano de crítica à economia política, tal como ele é apresentado na Introdução aos *Grundrisse*.

abstrato inicial nunca é abandonado, ao contrário, ele se torna sempre mais rico dentro de si, e a última determinação é, por conseguinte, a mais rica.[129] As determinações que eram antes apenas em si chegam por essa via à sua livre autonomia, mas de tal maneira que o conceito permanece a alma que mantém tudo coeso e que só por um procedimento imanente alcança suas próprias diferenças. Por isso, não se pode dizer que o conceito chega a algo novo, senão que a última determinação coincide novamente com a primeira. Embora o conceito pareça, assim, ter-se dispersado no seu ser-aí, isso é tão só uma aparência, que na progressão se atesta como tal, visto que todas as singularidades retornam novamente, por fim, ao conceito do universal. Nas ciências empíricas analisa-se habitualmente o que é encontrado na representação, e, quando se reconduziu o singular ao que é comum, chama-se isso, a seguir, de conceito. Nós não procedemos assim, pois queremos somente olhar para o modo como o conceito se determina a si mesmo, e forçamo-nos a não adicionar nada do que é nosso opinar e nosso pensar. Mas o que obtemos dessa maneira é uma série de pensamentos e outra série de figuras sendo-aí, com as quais pode suceder que a ordem do tempo no fenômeno efetivo é em parte outra que a ordem do conceito. Por exemplo, não se pode dizer que a propriedade tenha estado-aí antes da família, e, apesar disso, ela é tratada antes desta. Portanto, poder-se-ia levantar aqui a questão de saber por que não começamos com o mais elevado, isto é, com o concretamente verdadeiro. A resposta é que, precisamente porque queremos ver o verdadeiro na forma de um resultado, é essencial para isso conceber primeiro o próprio conceito abstrato. O que é efetivo, a figura do conceito, é para nós, por conseguinte, somente o que segue e o que é ulterior, ainda que na efetividade fosse o primeiro. Nossa progressão consiste em que as formas abstratas se demonstrem não enquanto autônomas, porém enquanto não verdadeiras.

---

[129] "O conceito no método absoluto mantém-se no seu ser-outro, o universal na sua particularização, no juízo e na realidade; ele eleva a massa inteira do seu conteúdo precedente a cada degrau da sua determinação ulterior, e não só não perde nada através do seu progredir dialético, nem deixa nada para trás, senão que carrega tudo consigo e se enriquece e se condensa dentro de si" (*WL III*, p. 250; *TWA*, v. 6, p. 569).

DIVISÃO

§ 33

Segundo o andamento gradual do desenvolvimento da ideia da vontade livre em si e para si, a vontade é:

A. *imediata*; seu conceito, por isso, é abstrato — [é] a *personalidade*, e o seu *ser-aí* é uma Coisa exterior imediata; — a esfera do *direito abstrato* ou *formal*;

B. a vontade refletida *dentro de si* a partir do ser-aí externo, determinada como *singularidade subjetiva* em face do *universal*; — sendo este, em parte, enquanto algo interno, o *bem*, em parte, enquanto algo externo, um *mundo aí-presente*, e esses dois lados da ideia sendo somente enquanto *mediados um pelo outro*; a ideia na sua cisão[130] ou na sua existência *particular*, o di-

---

[130] *Entzweiung* remete ao adjetivo do médio alto-alemão *enzwei*, oriundo literalmente de *in zwei*, "(cindido) em dois, bipartido", com a assimilação posterior do *in* ao prefixo *ent* (*Kluge*, p. 181). Mas Hermann Paul (*DW*, p. 281) assinala que o verbo *entzweien* não é derivado semanticamente de *entzwei*, no sentido acima, mas da composição do prefixo *ent*, aqui no sentido de "exprimir a direção a um estado", e *zweien* ("bipartir"), verbo que já tinha em si o significado do composto *entzweien*. Como o sentido original (*in zwei*) se obscureceu, predomina como sentido geral o de "oposição ao que é um, inteiro, todo", portanto, o de "ser ou vir a ser *não um ou não uno*; de cindir, dividir, separar", em oposição a *ser-um ou ser-uno* (*ibid.*). Em vista dessa significação principal e mais ampla de *Entzweiung*, preferiu-se a tradução por "cisão" a "bipartição" ou "desunião", opção parcialmente consagrada e tornada corrente entre nós pela tradução francesa da *Fenomenologia do espírito* de Jean Hyppolite (*La phénoménologie de l'esprit*, Paris, Aubier/Montaigne, 1947). *Entzweiung* ("cisão") e *entzweien* ("cindir") vão se tornar um conceito filosófico no idealismo e no romantismo alemão, como conceito oposto à unidade perdida ou a ser reconquistada numa reconciliação estética, religiosa ou filosófica com o presente. No *Differenzschrift*, a *Entzweiung* descreve o desaparecimento "da potência da união [*die Macht der Vereinigung*] da vida dos homens", bem como a perda da relação recíproca e de copertença entre os opostos, os quais então se independizam e enrijecem um em face do outro (*GW*, v. 4, p. 14; *TWA*, v. 2, p. 22): ela resulta do progresso da *Bildung* ("cultivo/cultura") moderna e do avanço da racionalidade formal de uma razão que renuncia a si em prol do entendimento, enquanto este é a faculdade da limitação e da diferenciação infinita, que fixa o limitado na sua finitude em oposição ao infinito (*id.*, p. 16; *id.*, p. 26). Ela não tem, em Hegel, o sentido romântico nostálgico de "perda", que tornaria desejável um retorno a um estado anterior ou primordial qualquer, mas aponta, sobretudo, para as rupturas que a eticidade moderna traz, e que são condições necessárias para o surgimento do saber de si da liberdade enquanto ideia,

reito da vontade subjetiva em relação ao direito do mundo e ao direito da ideia, mas da ideia somente *sendo em si*; — *a esfera da moralidade*;

C. a *unidade* e a *verdade* desses dois momentos abstratos — a ideia pensada do bem, realizada na *vontade refletida* (a)dentro de si e no *mundo exterior*;[131] — de modo que a liberdade, enquanto *substância*, existe tanto como *efetividade* e *necessidade* quanto como vontade *subjetiva*; — a *ideia* em sua existência universal em si e para si; a *eticidade*.

Mas a substância ética é, desse modo:

a) espírito *natural*; — *a família*,

b) na sua *cisão* e no seu *fenômeno*; — *a sociedade civil*,

c) o *Estado*, como a liberdade que na livre autonomia da vontade particular é igualmente universal e objetiva; — este espírito efetivo e orgânico α) de um povo β) através da relação dos espíritos-dos-povos particulares γ) torna-se efetivo e revela-se na história do mundo até ser o espírito universal do mundo, cujo *direito* é o direito *supremo*.

O fato de que uma coisa ou conteúdo, que é posto somente segundo o seu *conceito* ou como ele é *em si*, tenha a figura da *imediatidade* ou do ser, isso é pressuposto a partir da lógica especulativa; outra coisa é o conceito que é para si *na forma do conceito*; este não é

---

que, precisamente, contém em si a "oposição absoluta" e, assim, "chegou à consciência da sua absoluta cisão" (*Vorlesungen über die Philosophie der Geschichte*, TWA, v. 20, p. 458). As oposições entre espírito e matéria, corpo e alma, fé e intelecto, liberdade e necessidade, e outras, que, em várias épocas, "em esferas mais limitadas da vida", "fizeram gravitar em torno de si todo o peso dos interesses humanos", e tomam agora, com o "avanço da cultura", entenda-se, com as "filosofias da reflexão" de Kant, Fichte e Jacobi, "a forma das oposições entre razão e sensibilidade, espírito e natureza, e entre subjetividade absoluta e objetividade absoluta" (*GW*, v. 4, p. 13; *TWA*, v. 2, pp. 20-1). O interesse da razão é "suspender tais oposições enrijecidas" (*ibid.*, *ibid.*), mas não simplesmente para eliminá-las e curar as cisões da vida moderna, mas para integrá-las como o seu fenômeno, o seu sintoma, "pois a cisão necessária é um fator da vida, que se forma eternamente pondo oposições, e a totalidade na suprema vitalidade só é possível através do [seu] restabelecimento a partir da suprema separação [*Trennung*]. Ao contrário, a razão se põe contra a fixação absoluta da cisão pelo entendimento, e tanto mais [se opõe a essa fixação] quanto os opostos absolutos eles mesmos brotaram da razão" (*id.*, pp. 13-4; *id.*, pp. 21-2). Por isso, "a cisão é a fonte *da carência da filosofia*" (*id.*, p. 12; *id.*, p. 20), e, como o interesse da razão é suspender essas oposições enrijecidas sem simplesmente recusá-las, "a tarefa da filosofia consiste em [...] pôr a cisão no absoluto, como o seu fenômeno, pôr o finito no infinito, como vida" (*id.*, p. 16; *id.*, p. 25).

[131] [à mão, no exemplar do curso, na margem direita, sublinhado com tinta] isto é, outros sujeitos (*GW*, v. 14, 1, p. 48).

mais um imediato. — Do mesmo modo é pressuposto o princípio que determina a divisão. A divisão pode também ser vista como uma indicação preliminar *histórica* das partes, pois os diversos degraus ou estágios têm de produzir-se a partir da natureza do próprio conteúdo, como momentos do desenvolvimento da ideia. Uma divisão filosófica não é, de modo algum, uma divisão exterior, uma classificação externa feita segundo um critério qualquer ou vários critérios de divisão, porém, é o diferenciar imanente do próprio conceito.[132] — *Moralidade* e *eti-*

---

[132] De maneira análoga a como o conceito de vontade livre se estrutura a partir da matriz lógica dos momentos do conceito especulativo, da universalidade, da particularidade e da singularidade, que correspondem, respectivamente, às três partes da *Ciência da lógica*, à lógica do ser, à lógica da essência e à lógica do conceito (*WL I*, p. 49; *TWA*, v. 5, p. 62), assim também as três partes da *Filosofia do direito*, "O direito abstrato", "A moralidade" e "A eticidade", estão numa relação de correspondência interna com essa dupla articulação, a do conceito e a da *Ciência da lógica*. Como mostrou Theunissen (1982, p. 330), não se trata de uma simples correlação entre os momentos do conceito de vontade livre, concebido isomorficamente ao conceito especulativo de conceito, e as três partes respectivas da *Ciência da lógica* e da *Filosofia do direito*. Como a *Filosofia do direito*, como esfera do espírito objetivo, é um desenvolvimento da vontade livre em si e para si enquanto "conceito abstrato da ideia de vontade" (§ 27), o seu todo e as suas três partes se estruturam segundo a lógica do conceito. Mas, tendo em vista a correlação das três partes das duas referidas obras, a esfera do direito abstrato vai se estruturar conforme a lógica do ser, mas sobredeterminada conceitualmente pelo momento da universalidade; a esfera da moralidade, por sua vez, segundo a lógica da essência, mas sobredeterminada conceitualmente pelo momento da particularidade; e a eticidade, enfim, segundo a lógica do conceito enquanto singularidade, que é o fundamento da particularidade e da universalidade, resultante da reflexão sobre si mesmas dessas duas últimas (*E*, § 163). Por isso, na singularidade, enquanto atividade concomitante de diferenciação e de suspensão dos três momentos do conceito, o todo do conceito é posto enquanto tal, tornando-se, assim, o sujeito da sua mediação dentro de si (*FD*, § 7 A; *E*, § 163 A). Portanto, na singularidade, o todo da mediação conceitual se torna sujeito, isto é, o momento dessa singularidade que não é mais abstrata, mas idêntica ao todo, constitui a sua subjetividade. "Cada momento do conceito é, ele mesmo, o conceito todo (§ 160), mas a singularidade, o sujeito, é o conceito *posto* como totalidade" (*E*, § 163 A). Nesse sentido, o fundamento do espírito objetivo enquanto esfera do direito é a eticidade que corresponde ao momento lógico da singularidade da ideia de liberdade. A eticidade é, assim, essa ideia posta na totalidade das suas determinações, o Estado, a efetividade plena dessa totalidade posta, e a sua soberania, enquanto personalidade do Estado, o ápice dessa totalidade. A sequência das três grandes esferas do direito no sentido amplo, o direito abstrato, a moralidade e a eticidade, segue, assim, a ordem da fundamentação progressiva, que é a autodeterminação crescente desse "conceito abstrato da ideia de vontade" (§ 27), objetivando-se nas diferentes configurações do direito; mas, segundo a ordem inversa da fun-

cidade,[133] que habitualmente quase se equivalem como sinônimos, são

---

dação regressiva, o momento da singularidade, enquanto subjetividade do todo — portanto, a singularidade da ideia ética, a da ideia do Estado, a da soberania do Estado e a do "espírito universal do mundo" que se constitui na esfera da história mundial —, é o fundamento do todo, que resulta da determinação completa e da efetivação plena da ideia de vontade livre enquanto direito, mas que se põe como o que é primeiro e o que é fundamento pela suspensão do processo da sua mediação.

[133] "Moralidade" (*Moralität*) e "eticidade" (*Sittlichkeit*) remetem, respectivamente, em sua etimologia, à raiz latina (*mos, moris*) e grega (*ethos*) dos dois conceitos abstratos, que se referem ao "modo de agir, hábito, costume", donde também a dupla designação da sua consideração teórica como "Moral" e *Ética*. Como observa Hegel, no século XVIII vige uma quase sinonímia entre ambos os termos, tanto em latim como em alemão. Ela é atestada, por exemplo, no título da obra de C. Wolff, *Philosophia moralis sive Ethica metodo scientifica pertractata* (1750-53) e na linguagem kantiana da *Grundlegung der Metaphysik der Sitten* [*Fundamentação da metafísica dos costumes*] (Kant, *Werke*, v. IV), que, buscando estabelecer o princípio supremo da moralidade, usa para designá-lo tanto a expressão *Prinzip der Moralität* (BA, 15), como *Prinzip der Sittlichkeit* (BA, 73). Com a separação tipicamente moderna entre moral e direito, que anteriormente tinha a sua fundamentação conjunta no quadro do direito natural tradicional, consolida-se progressivamente, a partir de meados do século XVII, a busca de uma fundação da ética na interioridade do sujeito e nos princípios determinantes puramente internos da ação, independentemente das instituições da sociedade e do Estado e, também, da relação a um conhecimento de Deus e a uma teologia moral. Kant e Fichte representam o apogeu desse processo de subjetivação da ética, correlato de uma "deseticização" da moral, que, tanto na versão empirista do sentimento moral imediato como critério da moralidade, implantado pela natureza ou por Deus, quanto na versão apriorista do racionalismo e, posteriormente, da filosofia transcendental, desvincula e purifica a ética de toda relação intrínseca aos usos, costumes e instituições, própria da ética clássica, platônico-aristotélica. Significativo desta subjetivação da ética, é que os costumes, enquanto objeto da ética ou moral, são, para C. Wolff, exclusivamente *mores animi*, no sentido de princípios internos de determinação da ação. A fundação kantiana da lei moral na autolegislação da vontade pura e a lei formal dos costumes, em Fichte, que ordena a cada um a agir absolutamente segundo a convicção do seu dever, recusam todo conteúdo dos fins queridos como princípio de determinação moral da vontade, buscando uma origem puramente racional e *a priori* dos conceitos morais. Ambas concebem o eu empírico e o mundo histórico antes de tudo como âmbitos de apresentação e de realização de uma lei moral absoluta. O conceito de "eticidade" (*Sittlichkeit*) vai adquirir um perfil próprio, e o seu sentido moderno estrito precisamente com a crítica e a polêmica de Hegel contra o formalismo da "lei moral pura", que se apoia sobre o dualismo entre sensibilidade e razão, e elimina todo conteúdo e toda relação institucional como elemento constitutivo da fundamentação moral. Para os princípios dessa moral da autonomia, Hegel reserva, então, a expressão moralidade, para contrapô-la à sua concepção institucional da ética, designada pelo termo eticidade. Hegel procura reatualizar a concepção ético-política de Aris-

aqui tomados em sentido essencialmente diverso. Entrementes, mesmo a representação parece distingui-los; a linguagem kantiana serve-se, de preferência, da expressão *moralidade*, pois os princípios práticos dessa filosofia restringem-se inteiramente a esse conceito, tornam até impossível o ponto de vista da *eticidade*, e, mesmo, expressamente a aniquilam e resistem a ela. Mas mesmo que moralidade e eticidade fossem sinônimos segundo a sua etimologia, isso não obstaria a que se usasse essas palavras, uma vez que são diversas, para conceitos diversos.

Adendo (H). Quando falamos aqui do direito, não visamos meramente o direito civil, o que se entende usualmente por direito, porém a moralidade, a eticidade e a história do mundo, que pertencem igualmente a essa esfera, porque o conceito reúne os pensamentos segundo a verdade. A vontade livre, para não permanecer abstrata, tem que, antes de tudo, dar-se um ser-aí, e o primeiro material sensível desse ser-aí são as Coisas, isto é, as coisas externas. Esse primeiro modo da liberdade é o modo que devemos conhecer como *propriedade*, a esfera do direito formal e abstrato, à qual a proprieda-

---

tóteles, que concebe o agir individual e suas virtudes éticas como fundadas nos costumes, nas leis e nas instituições da pólis, sob as condições da modernidade, do princípio da subjetividade e da liberdade infinita, a fim de fundar a liberdade concreta numa eticidade reflexiva, articulada modernamente nas três esferas da família, da sociedade civil e do Estado. Este, por sua vez, se torna o centro e a esfera de integração na qual se entrelaçam as relações intersubjetivas, os costumes, as leis e as instituições sociais e políticas. Enquanto o artigo sobre o *Direito natural* (*Wissenschaftliche Behandlungsarten des Naturrechts* [*Diferentes maneiras de tratar cientificamente o direito natural*], 1802-03), ainda concebe a eticidade do indivíduo singular numa identidade imediata e substancial com a "eticidade absoluta", isto é, "a eticidade do indivíduo-singular é a pulsação do sistema todo" (*GW*, v. 4, p. 467; *TWA*, v. 2, p. 504), a *Filosofia do direito*, em contrapartida, procura desenvolver, no quadro de uma teoria do espírito que tem por matriz as relações intersubjetivas de reconhecimento, um conceito reflexivo de eticidade: é uma eticidade essencialmente mediada pelos princípios modernos da personalidade jurídica e da subjetividade moral, apresentados, respectivamente, na "Primeira Parte" e na "Segunda Parte" como condições necessárias de realização da liberdade e, ao mesmo tempo, criticados, como formas insuficientes da mesma. Essa eticidade moderna se constitui, assim, como o conjunto integrativo das condições objetivas de efetivação das liberdades subjetivas, na exata medida em que, em contrapartida, estas sabem que o seu agir autoconsciente e universal é o princípio de efetivação e de significação dessas condições (*FD*, §§ 142, 151; cf. Kersting, W., "Sittlichkeit, Sittenlehre", in: *HWPhil.*, v. 9, col. 907-12; Ritter, J., "Ethik", in: *HWPhil.*, v. 2, col. 779-84; ver também, Inwood, M., "Ethical Life and Custom", in: *A Hegel Dictionary*. Cambridge: Blackwell, 1992, pp. 91-3).

de, em sua figura mediada, enquanto *contrato*, não pertence menos do que o direito em sua lesão, enquanto *crime* e *pena*. A liberdade que temos aqui é o que denominamos pessoa, quer dizer, o sujeito que é livre, e, no caso, livre para si e que se dá um ser-aí nas Coisas. Mas essa mera imediatidade do ser-aí não é adequada à liberdade, e a negação dessa determinação é a esfera da *moralidade*. Eu sou livre não mais simplesmente nesta Coisa imediata, porém o sou também na imediatidade suspensa, quer dizer, eu sou livre em mim mesmo, no subjetivo. Nessa esfera, o que importa é o meu discernimento, a minha intenção e o meu fim, ao passo que a exterioridade é posta como indiferente. Mas o bem, que é aqui o fim universal, não deve permanecer meramente no meu interior, mas deve realizar-se. Pois a vontade subjetiva exige que o seu interior, isto é, o seu fim, receba um ser-aí externo, que, portanto, o bem deva ser consumado na existência exterior. A moralidade, tal como o momento anterior do direito formal, uma e o outro são abstrações, cuja verdade é somente a *eticidade*. A eticidade é, assim, a unidade da vontade no seu conceito e da vontade do singular, quer dizer, do sujeito. Seu primeiro ser-aí é novamente algo natural que está na forma do amor e do sentimento: a *família*; o indivíduo suspendeu aí a sua rigidez de personalidade, e aí se encontra com a sua consciência num todo. Mas no degrau ou no estágio seguinte há de se ver a perda da eticidade propriamente dita e da unidade substancial: a família desagrega-se, e os seus membros relacionam-se uns aos outros enquanto autônomos, visto que somente o vínculo da carência recíproca os entrelaça. Esse estágio, o da *sociedade civil*, foi frequentemente visto como sendo o Estado. Mas o *Estado* é somente o terceiro, a eticidade e o espírito, no qual ocorre a prodigiosa união da autonomia da individualidade e da substancialidade universal. O direito do Estado é, por isso, superior ao direito dos outros degraus ou estágios: ele é a liberdade em sua configuração mais concreta, que só se subordina ainda à suprema verdade absoluta do espírito do mundo.

Primeira Parte

O direito abstrato[134]

---

[134] O direito de que trata Hegel aqui é "abstrato" em vários sentidos. O sentido primeiro e mais original de "abstrato", em Hegel, é o de que esse abstrato, aqui, no caso do direito, tem uma existência efetiva enquanto abstrato: "Pensamento *abstrato ainda não* determinado *em si mesmo* — tal existe também" (*NM*, p. 383; *TWA*, v. 7, p. 92; cf. também *FD*, § 192). Essa existência efetiva do direito abstrato remete a uma determinidade histórica específica sua, na medida em que ele é a efetivação e objetivação imediata e mais elementar da vontade livre em si e para si na sociedade civil moderna. Nessa determinidade específica, ele assume, enquanto pressuposto sistemático da ideia ética, uma "configuração" (§ 32) própria, que, "no desenvolvimento científico da ideia, precede" (*ibid.*) a ideia ética em sua determinação completa, que, por sua vez, se apresenta como o "resultado" (*ibid.*) desse desenvolvimento. Isso significa que as determinações do direito abstrato, a começar pela determinação fundamental da "pessoa" e também das determinações ulteriores como "propriedade", "contrato", "ilícito" etc., não são determinações intemporais ou omnitemporais válidas para todas as épocas, mas determinações fundamentais específicas do direito tal como ele se configura no âmbito da eticidade moderna, articulada segundo a lógica própria da sua tripartição em família, sociedade civil e Estado, das quais aquelas determinações anteriores do direito abstrato são pressupostos. Assim, nessa "Primeira Parte", Hegel desenvolve somente os princípios e conceitos fundamentais do moderno direito privado e, parcialmente, do direito penal, os quais estruturam filosoficamente o direito considerado independentemente da sua respectiva positivação pelo Estado e da sua aplicação jurisdicional no âmbito da sociedade civil e do Estado. Nesse sentido estrito, o direito abstrato é uma esfera ainda parcial, e por isso "abstrata", que se distingue do direito no sentido amplo, coextensivo a toda a esfera do espírito objetivo e ao conjunto das formas de objetivação do conceito de vontade livre, tal como caracterizado no § 29. Contudo, por ser a primeira e mais elementar objetivação da vontade livre no âmbito do ser-aí, o "direito abstrato" tem uma "efetividade imediata", e não se reduz, assim, ao ordenamento jurídico entendido apenas na sua validade normativa, embora ele seja "inicialmente somente como um *dever-ser* [*Sollen*]" (§ 86), "algo *somente* exigido", "direito *em si*" (§ 87), e, por isso, "abstrato" no sentido de que a liberdade se efetiva nele de maneira somente "imediata". A própria personalidade, que é o fundamento positivo não só da capacidade de ser sujeito de direitos, mas de toda essa esfera do direito abstrato, é, na lógica especulativa, "simples conceito" que ainda não se determinou e efetivou até a ideia, até a figuração que esta adquire na esfera do espírito objetivo como "ideia ética", concebida como o "sistema" das condições de efetivação da liberdade (cf. § 27). Por isso, mesmo essa positividade da personalidade é também ainda "abstrata", porque ela "constitui o conceito e a base, ela mesma abstrata, e, por isso, formal, do direito abstrato" (§ 36).

§ 34

A vontade livre em si e para si, tal como ela é no seu conceito *abstrato*, está na determinidade da *imediatidade*. Segundo essa determinidade a vontade é a sua própria efetividade negativa em face da realidade, efetividade que só se relaciona abstratamente a si — a vontade *em si mesma singular* de um *sujeito*. Segundo o momento da sua *particularidade*, a vontade tem um conteúdo ulterior de fins determinados e, enquanto *singularidade excludente*, tem esse conteúdo, ao mesmo tempo, como um mundo externo que ela encontra imediatamente diante de si.

Adendo (H). Quando se diz que a vontade livre em si e para si, tal como ela é no seu conceito abstrato, está na determinidade da imediatidade, é preciso com isso entender o seguinte. A ideia completa da vontade seria o estado no qual o conceito teria se realizado plenamente e no qual o ser-aí do conceito não seria senão o desenvolvimento de si mesmo. Mas, no começo, o conceito é abstrato, quer dizer, todas as determinações estão certamente contidas nele, mas também somente contidas: elas são apenas em si e não estão ainda desenvolvidas até a totalidade em si mesma. Quando digo "eu sou livre", então o eu é ainda este ser-dentro-de-si desprovido de oposição; no elemento-moral, em contrapartida, já há uma oposição, pois aí sou enquanto vontade singular e o bem é o universal, embora ele esteja em mim mesmo. Aqui a vontade, pois, já tem dentro de si as diferenças da singularidade e da universalidade e, por conseguinte, está determinada. Mas, no começo, tal diferença ainda não está aí-presente, pois não há ainda nenhuma progressão e nenhuma mediação na primeira unidade abstrata: a vontade está, assim, na forma da imediatidade, do ser. O discernimento essencial, que teria de ser alcançado aqui, consiste agora em que essa primeira indeterminidade seja ela própria uma determinidade, pois a indeterminidade reside em que entre a vontade e o seu conteúdo ainda não há diferença alguma; mas a indeterminidade contraposta ao determinado cai na determinação de ser algo determinado; é a identidade abstrata que, aqui, constitui a determinidade; por essa via a vontade torna-se vontade singular — a *pessoa*.

§ 35

A *universalidade* dessa vontade livre para si é a universalidade formal, relação *simples*, autoconsciente, de resto desprovida de conteúdo, dessa vontade a si na sua singularidade — o sujeito, nessa medida, é *pessoa*.[135] Na

---

[135] "Pessoa" e "personalidade" são termos que, no seu sentido jurídico amplo, provêm do Direito Romano, mas o substrato histórico e teórico imediato da elaboração hegeliana dos respectivos conceitos é a figura jusnaturalista do indivíduo singular, originariamente portador de direitos subjetivos, e inicialmente desvinculado das relações intersubjetivas, sociais e políticas nas quais, para Hegel, o exercício efetivo da sua liberdade já está sempre inserido e é por elas mediado. É como se Hegel inicialmente assumisse como ponto de partida e base do "direito abstrato" a ficção jusnaturalista do indivíduo isolado, imediatamente portador de direitos naturais, dotado da capacidade de ter propriedade sem a mediação dos outros (como em Locke) e também da capacidade de construir contratualmente a sua sociabilidade. Mas essa retomada fictícia do ponto de partida do jusnaturalismo na apresentação da lógica do seu desenvolvimento é inseparável da sua reconstrução crítica, presidida pela lógica da efetivação do conceito de vontade livre em si e para si enquanto essência do espírito que se objetiva. Essa retomada e sua reconstrução crítica pretendem mostrar que as determinações conceituais progressivas da pessoa na esfera do direito abstrato são insuficientes para pensar a liberdade concreta na amplitude das sua relações éticas. Se essas determinações abstratas forem tomadas como a determinação plena ou como exprimindo as condições suficientes de realização da liberdade, elas revelam a sua falsidade enquanto mera aparência. Especulativamente, a pessoa é concebida a partir da relação consciente do sujeito singular a si mesmo em sua universalidade formal, graças à qual, na completude das determinações subjetivas e das relações objetivas da sua autoconsciência concreta, ele, ao mesmo tempo, se alça à "infinitude simples" da sua pura relação a si. Essa unidade objetiva da autoconsciência concreta em sua finitude completamente determinada e da infinitude da pura relação abstrata a si ("desprovida de conteúdo") constitui a "contradição assombrosa" da pessoa, cuja "dignidade [*Hoheit*] está em poder suportar essa contradição" (*VRph 1822-23*, p. 191). "Enquanto pessoa, sou livre e, ao mesmo tempo, este, e não obstante o fato de eu ser este singular, neste tempo, neste espaço, dependente, submetido a contingências, sou contudo livre para mim; a pessoa contém ambos. O homem é carente, pobre, dependente, mas isso não o impede de ter uma autoconsciência infinita da sua liberdade, de ter o seu estar junto a si, [e] a despeito disso, exijo ser respeitado como ser livre. O que objetivamente está na personalidade, [é:] que eu, enquanto este singular, enquanto ser empírico, sou livre, sou universal para mim, penso a mim mesmo. Isso é o encadeamento dos absolutamente extremos, que só existe no espírito. O espírito tem isto de assombroso, que o assim chamado senso comum denomina de louco, que conecta os assim totalmente opostos, e, assim, grande é a força do espírito. Eu sou falto de forças, efêmero como qualquer pedra e, contudo, nessa fraqueza sou ob-jeto para mim enquanto infinitamente livre" (*VRph 1824-25*, pp. 172-3).

personalidade reside que eu, enquanto *este*, sou uma relação finita e completamente determinada por todos os lados (no arbítrio, no impulso e no desejo interiores, assim como [determinado] segundo o ser-aí exterior imediato) e, contudo, uma relação absolutamente pura a mim e, assim, na finitude tenho o saber de mim como o *infinito*, o *universal* e o [que é] *livre*.

A personalidade começa só na medida em que o sujeito tem não apenas uma autoconsciência em geral de si como de um eu concreto, determinado de uma maneira qualquer, porém muito mais, na medida em que tem uma autoconsciência de si enquanto eu completamente abstrato, no qual toda restrição e toda validade concretas são negadas e desprovidas de validade. Por isso, na personalidade está o saber *de si* enquanto *ob-jeto*, porém enquanto ob-jeto alçado pelo pensamento à infinitude simples e, por esse intermédio, puramente idêntico consigo. Indivíduos e povos não têm ainda personalidade alguma, na medida em que não chegaram ainda a esse puro pensar e saber de si. O espírito sendo em si e para si distingue-se do espírito que aparece [ver § 8] pelo fato de que na mesma determinação em que este último é somente *autoconsciência*, consciência *de si*, mas apenas segundo a vontade natural e suas oposições ainda exteriores (*PhdG*, Bamberg e Würzburg, 1807, p. 101; e *E [1817]*, § 344) [*PhdG*, GW, v. 9, pp. 109 ss.; *TWA*, v. 3, pp. 137 ss.; *FE*, §§ 178 ss.; *E*, § 424], o primeiro tem por ob-jeto e fim a si mesmo enquanto eu abstrato, vale dizer, enquanto eu livre e, assim, é *pessoa*.

Adendo (H). A vontade sendo para si, ou abstrata, é a pessoa. O que há de mais alto no homem é ser pessoa, mas, apesar disso, a mera abstração "pessoa", já na expressão, é algo desprezível.[136] A pessoa é essencialmente distinta do sujeito, pois este é apenas a possibilidade da personalidade, já que todo ser vivo em geral é um sujeito. Portanto, a pessoa é o sujeito para o qual esta subjetividade é, pois na pessoa eu sou absolutamente para mim: ela é a singularidade da liberdade no puro ser-para-si. Enquanto esta pessoa, eu tenho o saber de mim como livre em mim mesmo e posso abstrair de tudo, já que nada fica de pé diante de mim enquanto pura personalidade, e, contudo, enquanto este, sou algo inteiramente determinado: de certa idade, de tal altura, ocupando este espaço e sejam lá que outras particularidades ainda possam existir. A pessoa é de uma só vez algo elevado e algo de todo

---

[136] Ver *PhdG*, GW, v. 9, p. 262; *TWA*, v. 3, p. 135; *FE*, § 480.

comum; reside nela essa unidade do infinito e do pura e simplesmente finito, do limite determinado e do inteiramente ilimitado. A dignidade da pessoa é o que pode sustentar essa contradição, que nada do que é natural tem dentro de si nem poderia suportar.

§ 36

1. A personalidade contém em geral a capacidade de direito e constitui o conceito e a base ela mesma abstrata do direito abstrato e, por isso, *formal*. O imperativo jurídico é por conseguinte: *sê uma pessoa e respeita os outros enquanto pessoas*.

§ 37

2. A *particularidade* da vontade é, com certeza, um momento do todo da consciência da vontade (§ 34), mas ainda não está contida na personalidade abstrata enquanto tal. Por isso, ela está decerto aí-presente, mas enquanto ainda diversa da personalidade, da determinação da liberdade, enquanto desejo, carência, impulsos, capricho contingente etc.[137] — No direito formal, por conseguinte, não importa o interesse particular, a minha utilidade ou o meu bem-próprio — tampouco o fundamento particular da determinação da minha vontade, o discernimento e a intenção.

Adendo (H). Enquanto[138] a particularidade na pessoa ainda não está aí-presente como liberdade, tudo o que diz respeito à particularidade é algo

---

[137] Há, assim, uma relação de diversidade imediata e indiferença entre a particularidade e a universalidade formal da personalidade, que torna o momento da particularidade meramente contingente em face da liberdade tal como ela se realiza na pessoa. Essa diversidade e indiferença, presente na consciência abstrata que a pessoa tem da sua liberdade, é a raiz especulativa da diferença entre posse e propriedade e, igualmente, da diferença entre a igualdade formal das pessoas (momento da universalidade) e a desigualdade material de riqueza entre elas, expressa na determinação quantitativa da posse de cada uma (momento da particularidade).

[138] *Weil* tem não só o sentido da conjunção causal "porque", mas guarda ainda no século XVIII, como forma abreviada de *dieweil*, o sentido de *solange als*, e, mesmo, de *während*, traduzido aqui por "enquanto".

indiferente. Se alguém não tem nenhum interesse a não ser o seu direito formal, isso pode ser então pura teimosia, como convém frequentemente a um coração e a um ânimo estreitos; pois é, sobretudo, o homem rude que se obstina em seu direito, ao passo que o magnânimo olha para os demais lados que a Coisa[139] ainda tem. Portanto, o direito abstrato é primeiramente só mera possibilidade e, nessa medida, algo formal em face de todo o âmbito da relação. Por causa disso, a determinação jurídica dá uma autorização, mas não é absolutamente necessário que eu persiga o meu direito, porque ele é só um lado de toda a relação. Pois a possibilidade é ser que tem a significação de também não ser.

§ 38

No que se refere à ação *concreta* e às relações morais e éticas, o direito abstrato é, em face do conteúdo ulterior dessas relações, somente uma *possibilidade*; por isso, a determinação jurídica é somente uma *permissão* ou *autorização*. A necessidade desse direito restringe-se, pela mesma razão dessa sua abstração, ao negativo, a não lesar a personalidade e o que dela decorre. Daí que só haja *proibições jurídicas*, e a forma positiva dos preceitos jurídicos, em seu conteúdo último, tem por fundamento a proibição.[140]

---

[139] Como já assinalado na nota 311, grafa-se "Coisa" (*Sache*) com maiúscula para diferenciar o termo de *Ding*, traduzido por "coisa", com minúscula. Aqui, Coisa (*Sache*) designa "o que é exterior em si e para si" (§ 42 A), portanto, não a exterioridade do objeto da consciência, mas a exterioridade "em si e para si" do que é "imediatamente diverso do espírito livre" (§ 42), e, por isso, desprovido de fins e de qualquer direito, passível, assim, de "apropriação absoluta" pelo homem (§ 44), que afirma o seu senhorio absoluto sobre tudo (*ibid.*). Na propriedade, ela é inteiramente investida pela vontade pessoal, "em face da qual a Coisa não guardou para si algo que lhe seja próprio" (§ 52 A). "Coisa" é, assim, toda "existência natural" imediata, seja externa, seja interna (§ 43), que, pela formação ou cultivo (*Bildung*), "recebe a minha vontade por seu fim substancial, por sua destinação e por sua alma" (§ 44) e, assim, é integrada no intercâmbio jurídico entre os homens. "A Coisa é o *termo-médio* [*Mitte*] através do qual se encadeiam os extremos, as pessoas, que, no saber de sua identidade enquanto livres são, ao mesmo tempo, autônomas umas em face das outras. Minha vontade tem para elas o seu *ser-aí cognoscível determinado* na Coisa pela apreensão corporal imediata da posse, ou pelo dar-forma [*Formierung*] a ela ou pela sua simples designação" (*E*, § 491).

[140] "Eu devo respeitar a propriedade de outrem, nisso reside somente uma proibição. Enquanto pessoa singular, eu sou no direito para mim e devo deixar também o outro

§ 39

3. A singularidade da pessoa, que é *imediata* e que decide, relaciona-se a uma natureza que se encontra aí previamente, com a qual, por conseguinte, se defronta a personalidade da vontade enquanto algo *subjetivo*; mas para esta última, enquanto infinita e universal dentro de si, a restrição de ser somente subjetiva é contraditória e *nula*. A personalidade é o que atua para suspender essa restrição e para dar-se realidade ou, o que é o mesmo, para pôr esse ser-aí como o seu.[141]

---

na sua singularidade, não tocá-lo, não perturbá-lo, e ele deve fazer o mesmo em relação a mim. A determinação fundamental é o excluir recíproco, o deixar o outro como ele é. Respeitar a propriedade do outro é, de certo, uma expressão positiva, afirmativa, mas propriamente é só um comportamento negativo para com o outro. Daqui em diante, esse comportamento vai aparecer como uma determinação positiva.

No contrato, tenho de executar o que está estipulado, isso parece uma relação afirmativa ao outro, o executar a prestação aparece como um comportamento positivo, mas, visto mais de perto, a determinação fundamental é de tipo negativo. Pois a prestação que executo a favor do outro já é, pela estipulação, sua propriedade. Se eu quero ou não contratar, compete ao meu arbítrio; no contrato, ocorre a transmissão da minha propriedade ao outro, ela se torna propriedade sua, isso reside no contrato, e a execução não é senão pôr o outro na posse do que já é sua propriedade, do que eu ainda só possuía. Se não executo a prestação, leso sua propriedade. Assim, execução da prestação se configura, segundo o direito, também negativamente, [mas] do ponto de vista empírico, ela é certamente positiva" (*VRph 1824-25*, pp. 176-7).

[141] Este parágrafo apresenta a dedução lógica da propriedade, extraída da relação de implicação direta entre a universalidade formal da personalidade e a singularidade imediata da pessoa, que é a contraface dessa universalidade. Na medida em que a pessoa em sua singularidade imediata tem consciência de si enquanto personalidade, enquanto relação simples e infinita a si, ela se defronta com uma realidade imediatamente dada, considerada em sua pura exterioridade. Hegel argumenta que, para a personalidade enquanto autoconsciência infinita e universal da liberdade, essa restrição de ser meramente subjetiva é "contraditória" e, além disso, "nula", pois a finitude do que é apenas subjetivo está em princípio negada nessa infinitude da personalidade. A resolução dessa contradição consiste em que a personalidade "atua" na pessoa singular "para suspender essa restrição" de ser apenas subjetiva e, assim, tornar o ser-aí na sua exterioridade imediata o "meu" da pessoa, sua propriedade. Quer dizer, a universalidade formal e abstrata da autoconsciência da liberdade enquanto personalidade tem a sua realização e o seu "preenchimento" (*Erfüllung*) (*E*, § 488) na Coisa exterior, da qual me apodero na posse, e que passa a ser minha propriedade ao objetivar e depositar nela a minha vontade pessoal (*FD*,

§ 40

O direito é, primeiramente, o ser-aí imediato que a liberdade se dá de modo imediato:

a) *Posse* que é *propriedade*; — a liberdade é, aqui, a da vontade abstrata *em geral* ou, por isso mesmo, a de *uma* pessoa *singular* que se relaciona somente a si.

b) A pessoa, diferenciando-se de si, relaciona-se a uma *outra pessoa*, e, na verdade, ambas têm ser-aí uma para a outra somente como proprietários. A sua identidade sendo *em si* adquire existência pela passagem da propriedade de um à de um outro por vontade comum e com a mantenção do direito de ambos; — no *contrato*.

c) A vontade enquanto a) na sua relação a si, b) diferenciada não de outra pessoa, mas diferenciada dentro de si mesma, é, como vontade *particular*, diversa de si e oposta a si *enquanto vontade sendo em si e para si*, ela é o *ilícito* e o *crime*.[142]

A divisão do direito em direito das *pessoas*, em direito das *Coisas* e em direito das *ações*,[143] tem inicialmente por finalidade, como muitas outras divisões semelhantes, pôr em uma ordem exterior a grande quan-

---

§ 45; *E*, § 489). Como a ênfase está aqui na "singularidade *imediata* da pessoa", a Coisa externa de que me aproprio na correlação com essa singularidade enquanto imediata é necessariamente *"propriedade privada"* (§ 46). Mas é importante ressaltar que esse "meu" exterior, resultante da objetivação da minha vontade pessoal, é não só o que me pertence como "minha" propriedade, mas também, propriedade no sentido lato de um mundo que minha liberdade põe como a esfera de sua atuação (§ 41).

[142] As Notas Manuscritas ressaltam o caráter fundamental da propriedade na esfera do direito abstrato e nos três momentos em que ela se divide, a propriedade, o contrato e o ilícito. "A propriedade é o que atravessa — em a, b, c." [...] "a) como *adquiro* propriedade b) como [adquiro] propriedade *de um outro* c) como *recupero* meu direito lesado — ou antes, como se restabelece o direito lesado? —

a) a liberdade se dá ser-aí de maneira imediata, *natural* — b) *mediatamente*, a saber, *mediante* a vontade de um outro — c) *mediante o ilícito* — contra a vontade particular — aqui [,] separação da vontade particular e do seu conceito —, assim, o universal sobressai livre para si — reaquisição da propriedade, mas também [do] direito enquanto direito [...] *Identidade* do direito consigo —, *mediante a negação do direito"* (*NM*, pp. 392-5; *TWA*, v. 7, pp. 100-1).

[143] O *Digesto* de Justiniano (Livro I, Título 5, Fragmento 1) retoma esta divisão de

tidade de matéria inorgânica aí-presente. Nessa divisão reside precipuamente a confusão de misturar desordenadamente direitos que têm por seu pressuposto relações substanciais, como a família e o Estado, e direitos que se referem à simples personalidade abstrata. Nessa confusão incide a divisão kantiana, que, de resto, se tornou de grande apreço, em direitos *reais*, direitos *pessoais* e direitos *pessoais-reais*. Levar-nos-ia muito longe desenvolver o que há de falho e privado de conceito na divisão em *direitos pessoais* e *direitos reais*, que está no fundamento do Direito Romano (o direito das ações concerne à administração do direito e não pertence a essa ordem). Aqui já se torna bastante claro que somente a *personalidade* confere um direito a *Coisas* e que, por isso, o direito pessoal é essencialmente *direito real ou das Coisas* — Coisa[144] no sentido universal, como o que em geral é exterior à liberdade, e que inclui também o meu corpo, a minha vida. Esse direito real é o direito da *personalidade enquanto tal*. Mas no que concerne ao assim chamado *direito das pessoas* no Direito Romano, o homem deve ser uma pessoa só quando considerado com um certo *status* (Heineccius, *Elementa Juris civilis*, [1728], § 75); com isso, no Direito Romano, a própria personalidade, enquanto contraposta à escravidão, é somente um *estado*, uma *condição*.[145] O conteúdo do assim chamado direito das pessoas romano concerne, então, afora o direito sobre *escravos*, do qual fazem parte também mais ou menos as crianças, e, afora a condição de *privação de direito* (*capitis diminutio*), às *relações familiares*. Em Kant, as relações familiares são inteiramente direitos *pessoais de espécie real*.[146] — Por isso, o direito das pessoas romano não é o direito das pessoas enquanto tais, porém, quando muito, o da pessoa *particular* — posteriormente mostrar-se-á que a relação familiar tem por sua base subs-

---

toda matéria jurídica das *Institutas* de Gaius (Livro I, capítulo 8). Essa divisão se torna posteriormente canônica.

[144] Ver o ulterior desdobramento semântico do conceito de Coisa nos §§ 42-4, 66.

[145] A crítica principal de Hegel ao Direito Romano visa à sua incapacidade de elaborar um conceito universal de pessoa, que não subordine a capacidade de ser sujeito de direito, a personalidade enquanto tal, a um *status*, uma condição histórico-social, que, no Direito Romano era o tríplice *status*: *status libertatis* (não ser escravo), o *status civitatis* (o direito de cidadania) e o *status familiae* (ser chefe de família e possuir propriedade) (cf. *Kervégan*, p. 183, nota 3).

[146] Kant, "Metaphysik der Sitten. Rechtslehre" (1797), §§ 22-30, in: *Kant, Werke*, v. IV, pp. 388-95.

tancial muito mais o abandono da personalidade.[147] Então, só pode aparecer como algo às avessas tratar o direito da pessoa *particularmente determinada* antes do direito universal da personalidade. — Os *direitos pessoais* em *Kant* são os direitos que surgem de um contrato, que eu dê ou execute algo — é o *jus ad rem* no Direito Romano, que brota de uma *obligatio*. Todavia, é somente uma pessoa que tem de executar uma prestação derivada de um contrato, assim como é também somente uma pessoa que adquire o direito a uma tal prestação, mas um tal direito não pode, por isso, chamar-se de direito pessoal; *cada* espécie de direito compete somente a uma pessoa e, objetivamente, um direito derivado de um contrato não é direito sobre uma pessoa, mas apenas um direito sobre algo que lhe é exterior ou sobre algo a ser por ela alienado, [é] sempre [um direito] sobre uma Coisa.

Primeira seção

A PROPRIEDADE

§ 41

A pessoa tem de se dar uma *esfera* externa *da sua liberdade* a fim de ser enquanto ideia. Porque a pessoa é a vontade infinita sendo em si e para si nesta primeira determinação ainda inteiramente abstrata, esse elemento-diferenciado da vontade, que pode constituir a esfera da sua liberdade, é, as-

---

[147] Ver os §§ 159, 177, 178. "O direito de família consiste precisamente em que, nele, a personalidade é abandonada, e os direitos particulares que se determinam em relação ao direito de família têm uma outra base, a saber, o elemento-ético, a relação familiar enquanto tal, [e] o que isso tem por efeito jurídico com respeito à propriedade, à personalidade. A relação familiar é pela sua relação substancial o abandonar da personalidade, do direito de propriedade. Por isso, os cônjuges têm, segundo o conceito de união conjugal, uma propriedade comum, [e] a restrição da mesma é contrária ao conceito puro de união conjugal. A criança não tem propriedade nenhuma em face dos mais velhos. Somente no caso da ruptura da relação familiar é que as crianças entram numa relação de propriedade umas em face das outras. O que compete à personalidade enquanto tal é absorvido na família. Assim, também no Estado entra em cena uma autoridade ética mais alta, que pode igualmente dispor sobre a propriedade, que pode restringir o direito formal abstrato" (*VRph 1824-25*, pp. 180-1).

sim, igualmente determinado como o que é *imediatamente diverso* e *separável* dessa vontade.

Adendo (H). O racional da propriedade não reside na satisfação das carências, porém em que a mera subjetividade da personalidade se suspende. Só, e primeiro na propriedade, a pessoa é enquanto razão. Ainda que essa primeira realidade da minha liberdade esteja numa Coisa exterior, seja, por conseguinte, uma má realidade, a personalidade abstrata, precisamente na sua imediatidade, não pode ter outro ser-aí a não ser na determinação da imediatidade.

§ 42

O imediatamente diverso do espírito livre é, para ele e em si, o *exterior* em geral — uma *Coisa*, algo de não livre, impessoal e desprovido de direito.

Coisa tem, como o "objetivo", significados opostos; num caso, quando se diz: *isto é a Coisa*, é a *Coisa* e não a pessoa o que importa, ela tem o significado do *substancial*; noutro caso, confrontada à pessoa (não ao sujeito particular, vale dizer), a Coisa é o *contrário* do *substancial*, o que é somente exterior segundo a sua determinação. — O que é exterior para o espírito livre, que tem de ser diferenciado certamente da mera consciência, o é em si e para si; por isso, a determinação conceitual da *natureza* é ser o *exterior nela mesma*.[148]

Adendo (H). Já que à Coisa falta a subjetividade, ela não é exterior meramente ao sujeito, porém exterior a si mesma. Espaço e tempo são, dessa maneira, exteriores. Eu mesmo, enquanto sensível, sou exteriormente, espacial e temporalmente. Enquanto tenho intuições sensíveis, tenho-as de algo que é exterior para si mesmo. O animal pode intuir, mas a alma do animal não tem por ob-jeto a alma, a si mesma, porém algo de exterior.

---

[148] Hegel diferencia aqui, quanto à relação da exterioridade ao espírito livre, entre a exterioridade própria e intrínseca à natureza, e a exterioridade relativa da propriedade, a qual é "suspensa" pelo espírito livre mediante a apropriação da Coisa. "Coisa que é propriedade — α) da pessoa — enquanto é exteriormente minha —; β) do espírito — enquanto não exterior — porém interior — precisamente a exterioridade suspensa e *apropriada por mim*" (*NM*, p. 403; *TWA*, v. 7, p. 103).

§ 43

A pessoa, enquanto é o conceito *imediato* e, por isso, também essencialmente singular, tem uma existência *natural*, em parte nela mesma, em parte enquanto existência natural de um mundo externo em relação ao qual se comporta. — É somente destas Coisas enquanto imediatamente tais, não de determinações capazes de tornar-se Coisas pela mediação da vontade, que aqui se fala a propósito da pessoa, que está ela própria ainda na sua imediatidade primeira.

Habilidades espirituais, ciências, artes, mesmo o que é do domínio religioso (pregações, missas, orações, bênçãos de coisas a serem consagradas), invenções etc. tornam-se ob-jetos de contrato, equiparadas a *Coisas* reconhecidas [como tais] no modo do comprar, vender etc.[149] Pode-se perguntar se o artista, o erudito etc. estão na posse jurídica da sua arte, de sua ciência, de sua capacidade de pregar, de dizer missa etc., isto é, se tais ob-jetos são *Coisas*. Hesitar-se-á em chamar tais habilidades, conhecimentos, capacidades etc. de *Coisas*; já que, por um lado, se negocia e contrata sobre a sua posse como sobre Coisas, mas, por outro, essa posse é algo interno e espiritual, o entendimento pode ficar embaraçado com a sua qualificação jurídica, uma vez que ele só vislumbra a alternativa entre algo ser Coisa *ou* não Coisa (como entre ser infinito *ou* finito). Conhecimentos, ciências, talentos etc. são certamente próprios do espírito livre e são algo que lhe é interior, não exterior, mas ele pode igualmente pela externação[150] lhes dar um ser-aí exterior e

---

[149] "Habilidades etc. tornam-se Coisas só e primeiro pela minha alienação [*Entäusserung*], isto é, pela exterioridade que lhes dou na externação [*Äusserung*], que elas recebem na externação (tempo) — na relação em que eu as entrego a um outro para o uso ou para o seu proveito (por exemplo, rezo, digo missa) —, igualmente os trabalhos corporais — (no tempo) na exterioridade — pertencem por isso à alienação da propriedade, porque só nessa alienação eles se tornam Coisas" (*id.*, p. 403; *id.*, v. 7, pp. 105-6).

[150] Traduzo *Äusserung*, substantivo formado a partir do verbo *äussern* ("externar", "exprimir", "manifestar"), por "externação", para distingui-lo de *Entäusserung*, "exteriorização". *Entäusserung*, além deste significado genérico de "exteriorizar", no sentido literal de "pôr para fora algo interior" — que exprime o sentido básico de atividade para o idealismo e que *Äusserung* também contém —, tem também o significado de "esvaziamento", "despojamento". Aqui, no contexto da propriedade, *Entäusserung* designa a

aliená-los (ver abaixo), pelo que são postos na determinação de *Coisas*. Não são, portanto, de início, um imediato, mas vêm primeiramente a sê-lo só pela mediação do espírito, que rebaixa o que lhe é interno à imediatidade e à exterioridade. — Segundo a determinação in-justa[151] e não ética do Direito Romano, os filhos eram *Coisas* para o pai, e este estava, por isso, na posse jurídica dos seus filhos e, contudo, seguramente também numa relação ética de amor a eles (a qual tinha certamente de estar muito enfraquecida por essa in-justiça). Ocorre aí, portanto, uma união, porém totalmente injusta, das duas determinações de ser Coisa e não Coisa. — No direito abstrato, que tem por ob-jeto somente a pessoa enquanto tal, por conseguinte também o particular que pertence ao ser-aí e à esfera da liberdade da pessoa, mas somente na medida em que esse particular é algo dela separável e imediatamente diverso dela — quer essa separabilidade constitua a determinação essencial desse particular, quer ele só possa recebê-la mediante a vontade subjetiva —, as habilidades espirituais, as ciências etc. entram em consideração exclusivamente segundo a sua posse jurídica; da posse do corpo e do espírito, que é adquirida pela formação, pelo estudo e pelo exercício do hábito etc., e é uma *propriedade interna* do espírito, não cabe tratar aqui. Mas da *passagem* de uma tal propriedade espiritual à exterioridade, na qual ela cai sob a determinação da propriedade no sentido jurídico-legal, convém falar só a propósito da *alienação*.[152]

"alienação" no sentido estritamente jurídico de transferência da propriedade (ver §§ 65 ss.), para o qual Hegel utiliza também, e o mais das vezes, o substantivo *Veräusserung*.

[151] No original, *unrechtlich*. Utiliza-se aqui o hífen para diferenciar o adjetivo *unrechtlich* ("in-justo") de *ungerecht* ("injusto"), assim como se verte o substantivo *das Unrecht* por "in-justiça" (literalmente, o "não-direito") a fim de diferenciá-lo de *die Ungerechtigkeit*, "a injustiça". Na "Terceira seção", intitulada "Das Unrecht", que aborda as três formas principais e progressivamente mais graves de negação do direito, traduziremos *Unrecht* pelo conceito jurídico mais corrente de "ilícito". Pareceu-nos uma tradução mais convincente, na crítica de Hegel ao pátrio poder do Direito Romano, segundo o qual o pai detinha a posse jurídica do filho, verter tal caracterização como "in-justa" do que "ilícita".

[152] Em nota de rodapé e à mão: "Seria melhor, aqui, apresentar [essa propriedade espiritual] como uma espécie de algo exterior — *alienação* [*Veräusserung*] é o abandonar de algo *já exterior*, que é minha propriedade —, não é primeiramente o *externar* [*Äussern*]" (*NM*, p. 405; *TWA*, v. 7, p. 105).

§ 44

A pessoa tem o direito de colocar a sua vontade em cada Coisa, que por essa via é *minha*, e recebe a minha vontade por seu fim substancial, por sua determinação e por sua alma, já que ela não tem em si mesma tal fim — *direito de apropriação* absoluto do homem sobre todas Coisas.

Aquela pretensa filosofia que atribui às coisas singulares imediatas, ao impessoal, realidade no sentido de subsistência própria e de verdadeiro ser-para-si e em-si-mesmo, assim como aquela que assegura que o espírito não pode conhecer e saber a verdade, o que é a coisa *em si*, é imediatamente refutada pelo comportamento da vontade livre em face dessas coisas.[153] Se, para a consciência, para o intuir e para o representar, as assim chamadas *coisas-externas* têm a aparência de subsistência própria, a vontade, ao contrário, é o idealismo, a verdade de tal efetividade.[154]

---

[153] Hegel refere-se aqui, de um lado, a Hume ou aos materialistas franceses, ou, ainda, possivelmente, à sua crítica a Jacobi em *Glauben und Wissen* (*GW*, v. 4, pp. 350-2; *TWA*, v. 2, pp. 287-433); de outro, certamente, a Kant (cf. *GW*, v. 14, 3, p. 1.067).

[154] Esse idealismo da propriedade mostra que a própria exterioridade em si da Coisa na sua valência epistêmica, "a matéria da Coisa", desaparece juridicamente em face da vontade proprietária, de sorte que ele reforça na esfera do direito abstrato a completa impotência da natureza, inteiramente privada de direito e de fins próprios: "em face desta [da vontade livre], a Coisa não guardou para si algo que lhe seja próprio, embora na posse, enquanto relação exterior, ainda reste uma exterioridade" (§ 52 A). Essa apropriação jurídica exaustiva da Coisa pela vontade proprietária, que exerce o domínio total sobre ela, retoma e radicaliza subjetivamente o conceito romano de propriedade como direito real pleno, o direito de usar, fruir e abusar da Coisa, que tem em Hegel a sua expressão mais cabal na atribuição da "soberania" (*Hoheit*) à vontade proprietária (cf. *VRph 1822-23*, p. 209; *FD*, § 44 Ad.). Se no Direito Romano clássico *proprietas* e *dominium* eram sinônimos, na época moderna eles passam a se diferenciar, na medida em que, com o desaparecimento da dominação direta sobre as pessoas, o conceito de *dominium* se restringe progressivamente à esfera política da soberania (*imperium*). Assim, ao conceber a vontade proprietária como soberana, a teoria hegeliana da propriedade antecipa, nesse aspecto, a posição dos pandectistas alemães da segunda metade do século XIX, os quais, para acentuar o poder pleno do proprietário sobre a Coisa, vão concebê-la por analogia com a dominação política do soberano. O proprietário privado em sua relação às Coisas é, assim, equiparado a um soberano, no sentido de que só ao proprietário restava ainda uma forma de dominação absoluta, precisamente não mais sobre as pessoas, mas sobre as Coisas (Schwab, Dieter, "Eigentum", in: *GGrb.*, v. 2, 1975, pp. 65-115, es-

Adendo (H). Todas as coisas podem vir a ser propriedade do homem, porque este é vontade livre e, enquanto tal, em si e para si, mas o que se lhe defronta não tem essa qualidade. Cada um tem, portanto, o direito de fazer da sua vontade Coisa ou de fazer da Coisa sua vontade, quer dizer, com outras palavras, suspender a Coisa e recriá-la como sua; pois a Coisa enquanto exterioridade não tem nenhum fim próprio, não é a relação infinita dela a si mesma, porém algo exterior a si mesma. Tal exterior é também o ser vivo (o animal) e nessa medida ele próprio é uma Coisa. Somente a vontade é o infinito, o *absoluto* em face de tudo o mais, ao passo que o outro, por sua vez, é somente *relativo*.[155] Por conseguinte, apropriar-se quer dizer no fundo somente manifestar e atestar a soberania da minha vontade perante a Coisa, que ela não é em si e para si, que ela não é auto-fim [*Selbstzweck*]. Essa manifestação ocorre pelo fato de eu colocar na Coisa outro fim que o que ela

---

pecialmente pp. 75-9). "Homem senhor de tudo na natureza — somente por ele o ser-aí [é] enquanto ser-aí da liberdade. — Esse ser-aí não tem alma alguma para si, não é auto-fim — somente o homem enquanto livre [o é] —, [mas] não enquanto ser vivo[,] mesmo a natureza viva não [é auto-fim] — a vida [é] certamente auto-fim —, [mas] não para si" (*NM*, p. 391).

[155] Compare-se os Apontamentos de Griesheim, que retomam o tema do senhorio absoluto do homem em sua liberdade autoconsciente sobre a natureza e os animais, e que comparam o modo como o homem se apodera das coisas do ponto de vista teórico e prático: "Esse é o direito do homem em face de todas as Coisas [*Sachen*]. Já na Bíblia, Adão é tornado o senhor de todas as coisas [*Dingen*]. O homem é tal, porque ele é livre, as coisas, em contrapartida, não são livres, não têm de ser respeitadas pelo espírito, não são substanciais. O espírito é o verdadeiro. Se o homem faz suas as coisas, ele lhes dá, assim, a determinação suprema de que são capazes.

Ao apreender conceitualmente as coisas, compreendo-as na sua universalidade, no seu gênero, nas suas leis etc. Mas o gênero, a lei só existem nos singulares, e esses estão, assim, na imediatidade externa. De um gênero não posso me apoderar, mas certamente do singular, e sobre esse tenho um direito absoluto; e os singulares só têm este em-si que consiste em receber o predicado de serem meus, eles não têm subsistência própria em face de mim, um ser livre, que o é absolutamente em si.

Decorre somente de um nível mais alto de formação que o homem tenha a consciência de que, entre as coisas externas, nada há que devesse ser pura e simplesmente respeitado. Num nível inferior de formação, vemos os homens terem respeito diante dos animais. Muitos povos adoram animais, mesmo os judeus não estão autorizados a ingerir o sangue de um animal, porque no sangue está a vida do animal. Nas mais variadas superstições, encontra-se sempre esse respeito pela vida. Mas a questão é que o homem enquanto pessoa, enquanto espírito, não tem de respeitar o que é externo, a sua liberdade é a mais alta, para a qual, se ele quiser, tudo o que é outro pode ser tão só material" (*VRph 1824-25*, pp. 184-5).

imediatamente tinha; eu dou ao ser vivo enquanto minha propriedade uma outra alma que não aquela que ele tinha; eu lhe dou a minha alma. A vontade livre, por conseguinte, é o idealismo que não toma as coisas como elas são por coisas em si e para si, ao passo que o realismo declara as mesmas absolutas, embora elas só se encontrem na forma da finitude. Já o animal não tem mais essa filosofia realista, pois ele consome as coisas e prova por esse meio que elas não são absolutamente subsistentes por si.

§ 45

O fato de que eu tenha algo em meu próprio poder externo constitui a *posse*, da mesma maneira como o lado particular segundo o qual eu faço algo ser meu por carência natural, por impulsos e pelo arbítrio, é o interesse particular da posse. Mas o lado segundo o qual, enquanto vontade livre, sou ob-jetivamente para mim na posse e só com isso sou também vontade efetiva, constitui o que nesta esfera há de verdadeiro e jurídico, a determinação da *propriedade*.[156]

Quando a carência é convertida no que é primeiro, ter propriedade aparece como meio com respeito a ela; mas a posição verdadeira está em que, do ponto de vista da liberdade, a propriedade, enquanto o primeiro *ser-aí* dessa liberdade, é fim essencial por si.[157]

---

[156] Propriedade e posse se diferenciam segundo a sua correlação respectiva aos momentos lógicos do conceito de vontade livre: se a propriedade é o correlato objetivo da universalidade formal da personalidade da pessoa singular e representa o momento especificamente racional da liberdade, a posse surge do interesse particular da vontade e representa o momento do "próprio poder externo" que a pessoa enquanto ser natural exerce sobre a coisa. Daí a clara preeminência do momento jurídico-racional da propriedade, no qual a liberdade se torna objetiva para si na coisa possuída, sobre o momento do "poder [*Gewalt*] externo", pelo qual o indivíduo se "apodera" (§ 59) da Coisa em vista de suas carências. O substantivo alemão aqui traduzido por "poder", *Gewalt*, tem uma grande amplitude e ambivalência semântica, que abrange como um de seus significados fundamentais o conceito de "violência", que está conotado no fato de que o exercício desse poder externo na posse é um "apoderar-se" (*Bemächtigung, ibid.*) da coisa.

[157] Os Apontamentos de Griesheim retomam a diferença entre o "interesse da paixão" na posse e o "interesse absoluto da razão" na propriedade: "Com respeito à carência, convertida no que é primeiro, ter propriedade aparece como um meio; mas a posição verdadeira é a de que, do ponto de vista da liberdade, a propriedade é o seu primeiro ser--aí, fim essencial por si. Diz-se, entretanto, que a propriedade só importaria a fim de po-

§ 46

Como na propriedade a minha vontade enquanto pessoal, por conseguinte, enquanto vontade do singular, torna-se objetiva a mim, ela adquire assim o caráter de *propriedade privada*, e a propriedade comunitária, que segundo a sua natureza pode ser possuída separadamente, adquire a determinação de uma comunidade *em si dissolúvel*, e deixar nela a minha parcela é por si questão de arbítrio.[158]

A utilização de ob-jetos *elementares* segundo a sua natureza não é passível de ser particularizada na forma da propriedade privada. — As *leis agrárias* em Roma contêm uma luta entre o caráter comunitário e o caráter de propriedade privada da posse da terra; o caráter privado, como o momento mais racional, tinha de prevalecer, ainda que às cus-

---

der satisfazer as minhas carências, e este é o interesse da paixão, que o direito somente protegeria a minha propriedade e que ela seria, assim, também um meio. Mas o meu interesse enquanto conceito é ter propriedade, a fim de que a minha liberdade tenha ser-aí, este é o interesse absoluto da razão.

As carências de um escravo são satisfeitas no seu senhor; alguns escravos têm, assim, uma condição melhor do que, entre nós, o camponês livre, e há exemplos frequentes de indivíduos que rogaram para ser servos da gleba, pois nessa condição o círculo de suas necessidades estaria satisfeito. O conteúdo necessário do interesse mais alto, conteúdo que com essa satisfação [das carências] não pode ser abandonado, é o de que a posse seja ao mesmo tempo minha propriedade, [e,] assim, constitua a satisfação.

A posse não é, portanto, o fim último, porém o fim essencial é ser livre, e este fim está somente na propriedade" (*VRph 1824-25*, pp. 186-7).

[158] "O meu não é o meu universal, é o meu enquanto pessoa, enquanto este eu. A determinação essencial está em que a propriedade tem de ser propriedade privada.

Tem-se a representação de que comunidade dos bens seria vantajosa, e isto aparece até como mais ético do que essa dureza, essa rigidez da propriedade privada, na qual cada um quer ter propriedade para si. Isso está representado no Estado platônico. Nele, partiu-se do elemento-ético: a eticidade é a consciência da união, da essencialidade, da espiritualidade, esta é universal em si e para si; agir no sentido da união é ético. A esse elemento-ético aparece como contraditório esse ser para si, essa não união, que é o princípio da pessoa, pois, enquanto pessoa, sou pura e simplesmente para mim. Enquanto pessoa, ponho-me como rígida impenetrabilidade, sem largueza de qualquer espécie, como o cume mais pontiagudo. Em face desse isolamento, a eticidade é o outro princípio que, segundo a natureza do espírito, insta à união, à fusão, à dissolução dessa rigidez" (*id.*, v. 4, pp. 187-8).

tas do outro direito.[159] — A propriedade *familiar fideicomissária*[160] contém um momento ao qual se opõe o direito da personalidade e, junto com ele, o da propriedade privada. Mas as determinações que concernem à propriedade privada podem ter que ser subordinadas a esferas mais altas do direito, a uma comunidade, ao Estado, como, no que tange ao caráter privado da propriedade, é o caso da propriedade de uma assim chamada pessoa moral, da propriedade de mão morta.[161] Tais

---

[159] "Os patrícios detinham a posse de uma grande parte do *ager publicus*, propriamente só para o usufruto; tinha-se, portanto, na época dos Gracos, o direito de contestar aos patrícios uma parte enquanto propriedade privada, a destinação da terra era a de que o *ager publicus* era um campo coletivo (*gemeinsam*), [todavia] o impulso, o ímpeto, não o direito, foi, ao contrário, na direção da propriedade privada, e foi então esta que se fez valer" (*id.*, v. 4, pp. 189-90).

[160] A propriedade familiar fideicomissária é uma instituição regulamentada pelo direito imperial, que atribui ao testador o direito de legar a um beneficiário designado (fideicomissário) o todo ou uma parte dos seus bens, obrigando o herdeiro (fiduciário), em detrimento dos seus direitos de dispor da propriedade herdada, a transmissão sob certa condição do bem designado (fideicomisso) ao fideicomissário. Esse fideicomisso hereditário, instituído para manter um bem, geralmente fundiário no âmbito da propriedade familiar, é para Hegel uma limitação indevida do direito de propriedade privada. Por outro lado, Hegel critica, em nome do caráter comum da propriedade familiar, o direito ilimitado de testar do *pater familias* (ver *FD*, §§ 178-80; cf. *Kervégan*, p. 194, nota 1; *Nisbet*, p. 407, nota 2). "Na propriedade fideicomissária, a determinação da comunidade de bens chegou à efetividade. Aqui, um bem pertence à família, de tal sorte que é inalienável, permanece propriedade familiar, de modo que os membros fazem dele uma utilização comum, sem poder dividi-los. É preciso diferenciá-la do morgadio, que se transmite ao filho mais velho, no qual não é toda a família que permanece possuidora, usuária, mas somente o senhor morgado, que não pode aliená-la. Não é desta que se fala aqui, mas dos bens que pertencem à família toda.

A propriedade familiar não é uma propriedade privada no sentido aqui referido. A família é uma pessoa moral, não uma pessoa singular, e aqui se entende por pessoa o indivíduo, o sujeito singular. Reside na propriedade fideicomissária um momento ao qual se contrapõe o direito da personalidade e, com ele, o direito da propriedade privada" (*VRph 1824-25*, p. 190).

"Tais fideicomissos familiares são instituídos somente para o *splendor* [lustre] das famílias. [...] [Mas] o nome [familiar] não pesa o bastante para poder fazer contrapeso ao direito da pessoa de ter propriedade privada, para suprimir esse direito do indivíduo. [...] Tão logo a família cessa de ser uma família viva, entra em cena o direito da pessoa, a saber, o direito de que a propriedade exista na forma da propriedade privada" (*id.*, p. 191).

[161] "Propriedade de mão morta" designa a condição de posse permanente e inalie-

nável de terras e construções por pessoas morais, como igrejas, mosteiros, confrarias e outras corporações. A intenção crítica de Hegel é marcar a clara diferença entre a reivindicação do direito de propriedade privada pelas "assim chamadas" pessoas morais, cuja legitimação depende do conteúdo do fim a que elas se destinam, e o direito de propriedade privada da pessoa singular, que decorre intrinsecamente da sua personalidade jurídica enquanto tal, a fim de mostrar que o caráter privado da propriedade das primeiras está submetido à apreciação de que seu fim corresponde efetivamente "a esferas mais altas do direito". Daí a longa denúncia, nos Apontamentos de Griesheim, da in-justiça da propriedade privada e da inalienabilidade das terras da Igreja Anglicana, bem como do dízimo eclesiástico, em face de "distúrbios ligados à pobreza e falta de educação do povo" (*id.*, v. 4, p. 193).

"As pessoas morais, igreja, mosteiros etc. são também capazes de possuir propriedade. Essa propriedade tem um outro direito de propriedade privada, que não é de se equiparar à propriedade privada do sujeito pessoal.

São pessoas morais. O que significa isso? São associações com uma certa destinação para um certo fim. Aqui, o fim, o conteúdo da destinação, constitui o essencial. No caso da propriedade da pessoa, isso não tem importância. Eu quero porque eu quero, o interesse, a intenção etc. é indiferente. Não é o que se passa no caso da pessoa moral, ela está vinculada, ela é pessoa somente em virtude do seu fim, este é a sua destinação. O seu interesse depende de uma apreciação mais alta, esse fim pode ser abandonado, pode-se determinar a seu respeito que ele não pode ser realizado pela posse de propriedade privada. [...] Esse fim pode se alterar, uma comunidade, um reino, um Estado pode mudar sua religião, assim muda [também] o fim da pessoa moral, ela não existe mais então na sua determinidade anterior e a propriedade sofre uma alteração.

[...] Na Alemanha, isso se determinou de modo exterior na forma da violência, do direito de guerra e de tratados de paz. Na Inglaterra, ao contrário, isso [a alteração do fim a que se destina a pessoa moral] é particularmente importante, visto que a maior parte da propriedade da Igreja Católica permaneceu propriedade da Igreja Anglicana, e, assim, é considerada como propriedade privada sobre a qual o Estado não tem nenhum controle, nenhuma disposição. A igreja, aqui, está na posse [dessa propriedade] como qualquer pessoa particular.

Aí surgem, então, coisas descabidas, mas muito mais ainda no caso da Irlanda. A Irlanda era toda católica; na conquista pelo rei Guilherme, em 1688, a Igreja Católica foi na maior parte expropriada e a sua propriedade foi transferida à Igreja Anglicana episcopal, sem que os irlandeses mudassem sua religião. Há vários anos ocorrem na Irlanda distúrbios internos e, desde que se entendeu que esses distúrbios estão ligados à pobreza e à falta de educação do povo, fizeram-se propostas de empregar a riqueza da Igreja para a educação dos habitantes. Todos os católicos têm de pagar o dízimo aos párocos evangélicos. O dízimo é destinado à manutenção da Igreja viva, isto é, à Igreja à qual o doador não pertence, e isso repugna ao homem do povo.

Todos os anos fizeram-se no Parlamento tentativas de aplicar essas riquezas à educação da juventude e à conservação dos prédios das igrejas, mesmo daquelas nas quais não se celebra o culto anglicano. Todas as tentativas foram infrutíferas. Há bispos que

exceções, contudo, não podem estar fundadas no acaso, no arbítrio privado, no proveito privado, porém somente no organismo racional do Estado. — A ideia do Estado *platônico* contém, como princípio universal, a in-justiça contra a pessoa de tornar esta incapaz de propriedade privada.[162] A representação de uma fraternidade piedosa, amigável ou

---

têm rendimentos de dez a doze mil libras esterlinas, e enquanto elas brotam dos dízimos e são destinadas à manutenção do bispo, pode ocorrer que as suas catedrais desmoronem, porque nenhum fundo está disponível para reparar a igreja, e o Parlamento deve então aprovar dinheiro para isso.

Os turcos não foram tão ruins com os gregos como os ingleses na Irlanda, pois deixaram aos gregos as suas igrejas e nada exigiram para manter as suas mesquitas. Os irlandeses têm de manter as igrejas anglicanas e igualmente as suas. Cromwell procedeu de maneira ainda mais insensata, ao comprimir toda a população irlandesa num quarto do país, repartindo e presenteando os outros três quartos; posteriormente, essa situação terrível foi revertida e não permaneceu tão deteriorada.

O ponto de vista principal, sempre reiterado, é o de que os bens da Igreja Anglicana são propriedade privada, de sorte que nem o rei nem o parlamento nada podem determinar a respeito. Aí a Igreja é vista como pessoa moral e está até restringida à pessoa do clérigo de uma outra religião, que não a dos que são obrigados a pagar o dízimo. O descabido de tais receitas e do fim [a que se destinam] salta aos olhos, mas persiste-se no conceito abstrato de propriedade privada. Mas isso só se tornou uma propriedade privada por um antigo ato do Parlamento. A apreciação [disso] depende do fato de que a pessoa moral só é pessoa pelo fim, por isso, é do fim que depende a propriedade, e ela é diferente da propriedade de uma pessoa privada" (*id.*, v. 4, pp. 192-4).

[162] "É de modo geral por isso que Platão, convertendo a eticidade em princípio, obteve o princípio da união e suprimiu a propriedade privada. Por esse lado, a propriedade privada aparece como não ética, e pode-se desenvolver isso ulteriormente pelo lado das consequências. Pode-se expor num vasto e horrendo painel as consequências inauditas, a infelicidade ilimitada que surgiu dessa solidez da propriedade. Pela separação da propriedade, pode-se dizer, vieram ao mundo todas estas paixões, este ódio, esta inveja, esta luta, esta desavença, esta miséria; visto do alto da razão, quanto esforço tem o homem de empreender, quanto tem de trabalhar, de ocupar-se com as coisas mais ínfimas, para satisfazer as suas carências etc.

O que importa sempre nesse caso é que o elemento-ético é essa união e a pessoa se defronta com ele. Adiante temos de conhecer o ético como o mais elevado e considerar aí esta separação, considerar que a própria união ética avança em direção a esse ápice da personalidade. A tarefa do ponto de vista ético é precisamente ir tão longe nas diferenças até chegar à personalidade e à propriedade.

Platão não foi tão longe, ele se deteve somente na eticidade em sua união, sem avançar na efetivação [da eticidade] até a pessoa. Nós não partimos do ético, porém do conceito da liberdade, consideramos a liberdade enquanto imediata como pessoa e, enquanto tal, ela possui em seguida propriedade, pois o ser-aí da pessoa é a propriedade.

mesmo forçada, dos homens com *comunidade dos bens* e com a proscrição do princípio da propriedade privada pode facilmente apresentar-se àquela disposição de ânimo que desconhece a natureza da liberdade do espírito e do direito e que não apreende essa natureza nos seus momentos determinados. No que diz respeito ao aspecto moral ou religioso, Epicuro dissuadiu os seus amigos de instituir uma tal confraria com comunidade de bens, quando estes se propunham a instituí-la, precisamente pela razão de que isso demonstrava uma desconfiança, e os que desconfiam uns dos outros não são amigos (Diógenes Laércio, X, 6).

Adendo (H). Na propriedade, a minha vontade é pessoal, mas a pessoa é um este; portanto, a propriedade vem a ser o elemento pessoal desta vontade. Já que pela propriedade eu dou ser-aí à minha vontade, a propriedade também tem de ter, por isso, a determinação de ser esta, a minha. Esse é o importante ensinamento sobre a necessidade da *propriedade privada*. Se exceções podem ser feitas pelo Estado, é unicamente este, contudo, que pode fazê-las: frequentemente, sobretudo em nossa época, a propriedade privada foi restabelecida pelo mesmo. Assim, por exemplo, muitos Estados suprimiram com justa razão os mosteiros, porque uma coletividade não tem, em última instância, um tal direito à propriedade como a pessoa.

§ 47

Enquanto pessoa sou, eu mesmo, *imediatamente indivíduo-singular*; o que em sua determinação ulterior quer dizer primeiramente: eu sou *vivo* neste *corpo orgânico*, que, quanto ao conteúdo, é meu ser-aí externo, indiviso, *universal*, a possibilidade real de todo ser-aí ulteriormente determinado.[163]

A determinação com a qual começamos é, para nós, a necessária; no que concerne ao ponto de vista da eticidade, é de assinalar que, se a eticidade deve ter em si mesma verdadeira liberdade, ela exige a liberdade dos indivíduos, que a subjetividade seja nela perfeita, que os sujeitos sejam para si, de modo que sejam pessoas e possuam propriedade, de sorte que a própria eticidade avance até à pessoa. É necessário que a eticidade tenha de se dispersar (*auseinandergehen*) na pessoa, a fim de que a liberdade esteja aí-presente em todas as suas formas. Esse modo [de a liberdade estar aí-presente] é, aqui, a livre subjetividade, que na sua imediatidade é a livre personalidade" (*id.*, v. 4, pp. 188-9).

[163] "Proprietário privado enquanto *este* — e precisamente enquanto *este* eu sou um ser vivo natural" (*NM*, p. 413; *TWA*, v. 7, p. 111).

Mas, enquanto pessoa, tenho simultaneamente a *minha vida* e o *meu corpo*, bem como outras Coisas, somente *na medida em que é minha vontade*.[164]

O fato de que eu sou *vivo* e tenho um corpo orgânico, não segundo o lado pelo qual existo como o conceito sendo para si, porém como o conceito imediato, repousa sobre o conceito da vida e o do espírito enquanto alma — sobre os momentos que são tomados da *Filosofia da natureza* (E *[1817]*, §§ 259 ss.; cf. §§ 161, 164 e 298) e da *Antropologia* (*ibid.*, § 318) [E, §§ 366 ss., cf. §§ 213, 216, 376 e 388].

Eu tenho estes membros, a vida, somente *na medida em que quero*; o animal não pode mutilar-se a si mesmo ou se matar, o homem, porém, pode.

Adendo (G). Os animais têm certamente a posse de si mesmos: a sua alma está na posse do seu corpo; mas eles não têm direito algum à sua vida, porque não a querem.[165]

§ 48

O corpo, na medida em que ele é ser-aí imediato, não é adequado ao espírito; para ser um órgão dócil e um meio animado deste, ele tem de ser primeiramente *tomado em posse* pelo espírito (§ 57). — Mas *para outros* eu sou essencialmente um ser livre em meu corpo, tal como o tenho imediatamente.

Somente porque eu sou vivo enquanto livre no corpo não é permitido abusar desse ser-aí vivo fazendo dele um animal de carga. Na medida em que eu vivo, a minha alma (o conceito e, num sentido mais alto, o ser livre) e o corpo não estão separados, este é o ser-aí da liberdade e nele sou capaz de sentir. Daí que só o entendimento sofístico, desprovido de ideia, pode fazer a distinção segundo a qual a *coisa em si*, a alma, não é atingida ou atacada quando o *corpo* é maltratado e a *existência* da pessoa é submetida à violência de um outro. *Eu* posso me re-

---

[164] "Eu possuo o meu corpo orgânico de maneira natural, mas aquilo que eu tenho como propriedade tem de ser meu primeiro e somente pela minha vontade. Meu corpo, portanto, tem de tornar-se minha propriedade pela minha vontade. A minha vida, a totalidade da minha atividade orgânica, só é também minha pela minha vontade. O animal não pode mutilar-se, não pode tomar-se a vida" (*VRph 1822-23*, p. 214).

[165] "Os animais não têm direito ao seu corpo" (*NM*, p. 413).

tirar da minha existência para dentro de mim e torná-la exterior — manter a sensação particular fora de mim e ser livre nos grilhões. Mas isso é a *minha* vontade; *para o outro*, eu sou no meu corpo; "*livre para o outro* eu só o sou enquanto livre no *ser-aí*", é uma proposição idêntica (ver minha *Ciência da lógica*, v. I, pp. 49 ss.).[166] A violência infligida por outros *a meu corpo* é violência infligida *a mim*.

Porque eu sou capaz de sentir, o contato com o meu corpo e a violência contra ele me atingem imediatamente enquanto *efetivo* e *presente* [;] isso constitui a diferença entre a ofensa pessoal e a lesão da minha propriedade externa, enquanto a minha vontade não tem nela presença e efetividade imediatas.

§ 49

Na relação às coisas exteriores, o *racional* é que eu possua propriedade; mas o lado do *particular* compreende os fins subjetivos, as carências, o arbítrio, os talentos, as circunstâncias externas etc. (§ 45); disso depende a posse tomada simplesmente como tal, mas esse lado particular, nessa esfera da personalidade abstrata, ainda não está posto como idêntico com a liberdade. O *que* e *quanto* eu possuo é, por isso, uma contingência jurídica.

Na personalidade as *várias* pessoas são iguais, caso se queira falar aqui de várias, onde ainda não intervém uma tal distinção. Mas essa é uma proposição tautológica, vazia; pois a pessoa, enquanto algo abstrato, é precisamente o ainda não particularizado e o ainda não posto na diferença determinada. — *Igualdade* é a identidade abstrata do entendimento, na qual incorre sobretudo o pensamento reflexionante e, com ele, a mediocridade do espírito em geral, quando se lhe apresenta a relação da unidade a uma diferença. Aqui a igualdade seria somente a igualdade das pessoas abstratas enquanto tais, *fora da qual*, precisamente por isso, cai tudo o que concerne à posse, esse *solo da desigualdade*.[167] — A exigência, por vezes feita, de *igualdade* na repartição da

---

[166] "Wissenschaft der Logik, Erstes Buch, Das Sein" (1812), in: *GW*, v. 11, pp. 60 ss. O texto da primeira edição da *Ciência da lógica* (1812) não consta nas *TW* da edição Suhrkamp.

[167] A relação de diversidade e indiferença entre o momento da universalidade formal e o da particularidade na realização imediata da liberdade enquanto pessoa é o que justifica a separação de princípio entre a igualdade formal das pessoas e a desigualdade

terra ou mesmo do patrimônio ademais existente é um entendimento tanto mais vazio e superficial quanto mais nessa particularidade incide não só a contingência natural externa, mas também todo o âmbito da natureza espiritual em sua infinita particularidade e diversidade, bem como em sua razão desenvolvida organicamente. — Não se pode falar de uma *injustiça da natureza* na repartição desigual da posse e do patrimônio, pois a natureza não é livre e, por isso, nem justa nem injusta.

---

material da posse, que é para Hegel a condição necessária da propriedade livre, da liberdade subjetiva concreta e da dinâmica antagônica de diferenciação da sociedade civil. Por isso, na esfera do direito abstrato, a exigência de uma repartição igual da riqueza é não só abstrata, mas in-justa. E na sociedade civil a desigualdade natural e material não só tem a esfera legítima de sua expansão, mas é potenciada pela desigualdade espiritual dos talentos e da formação (*Bildung*) individual (ver § 200 A). Que "a determinação abstrata da personalidade constitui a *igualdade* efetiva dos homens" (*E*, § 539 A) é para Hegel um dos aspectos positivos do formalismo do direito abstrato e da "segurança da propriedade" (*ibid.*), pois estes aspectos liberam o "sentido afirmativo da liberdade subjetiva", isto é, para "a liberdade da atividade que se experimenta por todos os lados, que se difunde a seu capricho entre interesses particulares e universais", e que "contém o supremo aprimoramento [*Ausbildung*] da particularidade daquilo em que os homens são desiguais e se tornam ainda mais desiguais por esse aprimoramento" (*ibid.*, § 539 A). Mas se Hegel retoma aqui o elogio da liberdade dos modernos de Benjamin Constant, ele diverge em seguida da sua tese de que os povos modernos seriam "mais capazes de igualdade do que de liberdade" (*ibid.*), pois, na época moderna, conforme o diagnóstico de Hegel, "não se poderia conseguir na efetividade a participação de todos na coisa pública e nas ações do Estado" (*ibid.*). Ocorre precisamente o contrário dessa prevalência da igualdade, e por duas razões: primeiro, porque "a liberdade é mais racional e ao mesmo tempo mais poderosa do que as pressuposições abstratas" do igualitarismo, e, segundo, porque é "justamente o mais alto desenvolvimento e aprimoramento dos Estados modernos que produz na efetividade a suprema desigualdade concreta dos indivíduos" (*ibid.*). Por outro lado, "somente sob a condição da liberdade objetiva a liberdade pôde crescer até esta altura nos Estados modernos" (*ibid.*). Há, assim, uma contraface dessa avaliação positiva do formalismo e da desigualdade material, que é a sua suspensão na "obra" (*Werk*) do Estado, que consiste na tarefa de conservar os indivíduos como pessoas, fazer do direito uma efetividade necessária e promover o seu bem-próprio (*Wohl*), reconduzindo o direito e o bem-próprio desses "à vida substancial universal" mediante a regulação dessas esferas subordinadas do direito abstrato e da sociedade civil (cf. *id.*, § 537). A garantia de um mínimo social, o direito a ter o suficiente para prover as suas carências, a que se refere o final da Anotação ao § 49, só pode ser efetivada na sociedade civil, quer mediante a "regulação" do mercado por providências administrativas do Estado (§ 236), quer pela iniciativa moral individual (§ 241), quer mediante a auto-organização cooperativa dos interesses dos diferentes ramos da divisão social do trabalho que integram o "estamento da industriosidade" (*Stand des Gewerbes*, §§ 204 e 251).

O fato de que todos os homens devam ter o suficiente para atender suas carências é, por um lado, um *anelo* moral e, expresso nessa indeterminidade, é certamente bem-intencionado, mas, como o meramente bem-intencionado em geral, um *anelo* que em nada é objetivo; por outro lado, ter o suficiente é algo distinto da *posse* e pertence a uma outra esfera, à da sociedade civil.

Adendo (H). A igualdade que se gostaria de introduzir em relação à repartição dos bens seria de toda maneira, em pouco tempo, novamente destruída, uma vez que o patrimônio depende da diligência. O que não pode ser levado a termo não deve também ser executado. Com efeito, os homens são certamente iguais, mas somente enquanto pessoas, isto é, com respeito à fonte da sua posse. Em consequência disso, todo homem deveria ter propriedade. Por isso, caso se queira falar de igualdade, é essa igualdade que tem de se considerar. Mas a determinação da particularidade, a pergunta pelo "quanto eu possuo?", fica fora dessa igualdade. É falsa aqui a afirmação de que a justiça exige que a propriedade de cada um seja igual à dos outros, pois a justiça só exige que cada um deva ter propriedade. A particularidade é, antes, o elemento em que precisamente a desigualdade tem o seu lugar, e a igualdade seria aqui algo injusto. Está inteiramente correto que os homens frequentemente cobiçam os bens dos outros; mas isso é precisamente o ilícito, pois o direito é o que permanece indiferente em face da particularidade.

§ 50

Que a Coisa pertence a quem *por contingência* é *o primeiro* no tempo a tomar posse dela é uma determinação supérflua, que se compreende imediatamente, porque um segundo indivíduo não pode tomar posse do que já é propriedade de um outro.

Adendo (H). As determinações apresentadas até aqui concerniam principalmente à proposição que dizia que a personalidade tem de ter ser-aí na propriedade. Do que foi dito depreende-se então que o primeiro a tomar posse seja também o proprietário. O primeiro não é proprietário de direito porque ele é o primeiro, mas porque ele é vontade livre, pois somente pelo fato de que um outro vem depois dele é que ele se torna o primeiro.

§ 51

Para a propriedade enquanto *ser-aí* da personalidade, a minha representação *interior* e a vontade de que algo deva ser *meu* não são suficientes, mas para isso exige-se, além disso, a *apreensão da posse*.[168] O ser-aí que esse querer obtém por essa via inclui em si mesmo a cognoscibilidade[169] por outros. — O fato de que a coisa de que eu tomo posse seja *sem dono* é (como no § 50) uma condição negativa que se compreende por si ou, antes, que se refere à relação antecipada a outros.

Adendo (H, G). O fato de a pessoa colocar a sua vontade numa Coisa é somente o conceito da propriedade, e o ulterior é precisamente a realização do mesmo. Meu ato interno de vontade, que diz que algo é meu, tem também de ser cognoscível por outros. Se eu faço minha a Coisa, então eu lhe confiro esse predicado, que tem de aparecer nela de forma exterior, e não ficar retido meramente na minha vontade interna. Entre as crianças costuma acontecer que, em face da apreensão da posse por outros, elas enfatizem o querer anterior; mas aos adultos este querer não é suficiente, pois a forma da subjetividade precisa ser afastada e elaborar-se em direção à objetividade.

§ 52

A apreensão da posse faz da *matéria* da Coisa a minha propriedade, já que a matéria por si não pertence a si mesma.

---

[168] Hegel utiliza os conceitos próximos de *Besitznahme* e *Besitzergreifung*, traduzidos respectivamente por "tomada de posse" e "apreensão da posse", para designar a *occupatio* do Direito Romano. É pertinente assinalar essa diferença, porque o primeiro indica a figura jurídica no seu todo (que dá o título à subseção A, da "Primeira seção", "A propriedade"), e o segundo, a ser entendido no sentido do genitivo subjetivo, a saber, da apreensão da Coisa pela posse, indica um "fazer exterior" (§ 52 A), que designa uma das modalidades da "tomada de posse", aquela por "apreensão corporal imediata" (§ 54). Hegel insiste que a propriedade exige não só a vontade expressa objetivamente de se apropriar da Coisa, mas também a posse efetiva dela mediante a sua apreensão.

[169] As Notas Manuscritas explicitam essa "cognoscibilidade" mediante o conceito de "apresentação": "[É] necessária — a tomada de posse — tornar *apresentável* [*darstellig*] — a minha vontade numa Coisa" (*NM*, p. 419; *TWA*, v. 7, p. 115).

A matéria me oferece resistência (e ela é somente isso, oferecer-me resistência), isto é, ela me mostra o seu ser-para-si abstrato somente enquanto sou espírito abstrato, a saber, enquanto espírito *sensível* (o representar sensível toma, às avessas, o ser sensível do espírito pelo concreto, e o racional, pelo abstrato), mas, em relação à vontade e à propriedade, este ser-para-si da matéria não tem verdade alguma. O apreender da posse enquanto *fazer exterior*, graças ao qual o direito universal de apropriação das coisas naturais se efetiva, está submetido às condições da força física, da astúcia, da habilidade, da mediação em geral, mediante as quais alguém se apossa corporalmente de algo. Segundo a diversidade qualitativa das coisas naturais, as maneiras de apoderar-se e de apossar-se delas são infinitamente variadas e têm uma restrição e uma contingência igualmente infinitas. De toda maneira, o gênero e o elementar, enquanto tais, não são *ob-jeto da singularidade pessoal*; para virem a sê-lo e poderem ser apreendidos, eles têm de ser singularizados (uma aspiração de ar, um gole d'água). Na impossibilidade de poder tomar posse de um gênero exterior enquanto tal e do elementar, não há que se considerar a impossibilidade física exterior como última instância, porém o fato de que a pessoa, enquanto vontade, se determina como singularidade e, enquanto pessoa, é simultaneamente singularidade imediata e, com isso, se relaciona também enquanto tal ao exterior como a singularidades (§ 13 A, § 43). — Por isso, o apoderar-se[170] e o possuir exterior tornam-se, de infinitas maneiras, mais ou menos indeterminados e incompletos. Mas nunca há matéria sem uma forma essencial, e somente por esta ela é algo. Quanto mais me aproprio dessa forma, tanto mais também chego à posse *efetiva* da Coisa. Consumir alimentos é uma penetração e uma alteração da sua natureza qualitativa, pela qual, antes de serem consumidos, eles são o que são. A formação do meu corpo orgânico para adquirir habilidades, assim como o

---

[170] Embora Kant, na *Metafísica dos costumes, doutrina do direito*, § 14 ("Metaphysik der Sitten. Rechtslehre" (1797), § 14, in: *Kant, Werke*, v. IV, p. 374), insira, após o termo alemão *Bemächtigung*, entre parênteses, a equivalência latina *occupatio*, traduz-se *Bemächtigung* por "apoderar-se", porque o termo tem, em Hegel, um sentido mais amplo do que a "ocupação", e, segundo, porque, embora esta seja classicamente considerada a modalidade primeira e fundamental da tomada de posse, Hegel não a considera tal, pois denomina essa primeira modalidade da ocupação de "apreensão corporal imediata" (§ 54), donde se depreende que ele deve ter tido suas razões para não utilizar *Bemächtigung* no sentido estrito de "ocupação".

cultivo do meu espírito, são igualmente uma tomada de posse e uma penetração mais ou menos completas; o espírito é aquilo de que posso me apropriar da maneira mais perfeita. Mas essa *efetividade da apreensão da posse* é diversa da propriedade enquanto tal, que é completada pela vontade livre. Em face desta, a Coisa não reteve para si algo que lhe seja próprio, mesmo que na posse, enquanto relação exterior, reste ainda uma exterioridade. É o pensamento que tem de se tornar senhor desse abstrato vazio de uma natureza sem propriedades, que, na propriedade, deve permanecer fora de mim e próprio à Coisa.[171]

Adendo (G). Fichte lançou a pergunta para saber se, quando formo a matéria, a mesma é também minha.[172] Segundo ele, teria de ser possível a outro indivíduo, depois de eu ter moldado um cálice a partir do ouro, tomar novamente esse ouro, contanto somente que com isso não lesasse o meu trabalho. Mas por mais que eles sejam também separáveis na representação, esta distinção é de fato uma sutileza vazia, pois quando me aposso de um campo e o lavro, não é só o sulco que é minha propriedade, mas também o restante, a terra em que ele se entranha. Eu quero, com efeito, me apossar dessa matéria, do todo: por isso, ela não permanece sem dono, própria a si mesma. Pois, mesmo que a matéria permaneça fora da forma que eu dei ao ob-jeto, a forma é, todavia, precisamente um signo de que a Coisa deve ser minha; por isso, ela não permanece fora da minha vontade, fora daquilo que eu quis. Não há aí nada, portanto, de que outro indivíduo pudesse se apossar.

§ 53

A propriedade tem as suas determinações mais precisas na relação da vontade à Coisa: essa relação é α) imediatamente *tomada de posse*, na medida em que a vontade tem o seu ser-aí na Coisa como algo *positivo*; β) na medida em que a Coisa é algo negativo em face da vontade, esta tem o seu ser-aí nela como algo a ser negado — *uso*; γ) a reflexão da vontade adentro

---

[171] À mão: "α) A matéria nada é em face da vontade β) Naquilo de que eu tomo posse permanece algo restante de que eu não tomei posse — mas não como matéria —, pois tomar posse é um fazer exterior" (*NM*, p. 421; *TWA*, v. 7, p. 117).

[172] Fichte, "Grundlage des Naturrechts", 1796 (§ 19 A), in: *Fichtes Werke*, v. III, p. 219.

de si a partir da Coisa — *alienação*; — juízo *positivo*, juízo *negativo* e juízo *infinito* da vontade sobre a Coisa.[173]

---

[173] Os juízos positivo, negativo e infinito são, na lógica do conceito, as três figuras do juízo imediato ou do juízo do ser-aí. Os dois primeiros enunciam, respectivamente, a inerência e a não inerência de um predicado a um sujeito. O juízo infinito negativo ("a rosa não é um elefante" ou "a rosa é um não elefante") nega do sujeito a extensão total do predicado a ele atribuído, exprimindo uma negatividade vazia, que destrói a própria forma do juízo; o juízo infinito positivo, em contrapartida, afirma do sujeito singular a totalidade das determinações do universal enquanto conceito, enunciando, assim, que o singular "é *posto* como *tendo a continuação* de si mesmo no *predicado*, que é idêntico com ele" (*WL III*, p. 70; *TWA*, v. 6, p. 325), de sorte que, especulativamente, sujeito e predicado venham ambos a exprimir a totalidade das determinações do conceito (ver *id.*, pp. 69-70; *id.*, v. 6, pp. 324-6). Hegel vê nesta última figura do juízo a base lógica do conceito jurídico de alienação da propriedade, na medida em que a universalidade do valor da Coisa subjaz à alienação da coisa singular, ao mesmo tempo que o proprietário permanece vontade universal e indiferente à qualidade específica da Coisa singular alienada.

De maneira rente às notas manuscritas de Hegel a este parágrafo (*NM*, pp. 423-7; *TWA*, v. 7, pp. 118-9), os Apontamentos de Griesheim explicitam essa divisão: "As diferenças que podem nos interessar repousam somente sobre as determinações do conceito. O interesse da liberdade enquanto vontade é que eu me comporte enquanto vontade pensante. Sou um homem que pensa, o que eu quero tem de ser universal, o que possuo tem de receber a determinação do universal, só nessa medida é que eu adquiro a determinação de uma vontade universal. O interesse é o avançar do singular imediato, primeiro, ao universal, o interesse é que a Coisa que possuo receba a determinação de uma Coisa universal. Essa é a forma apreendida no interesse do conceito. Os momentos acima arrolados também comparecem, mas enquanto momentos subordinados em face desse ponto de vista, o de que aquilo que eu possuo seja um universal, porque eu sou um universal. Cabe indicar mais precisamente estes degraus ou estágios.

Primeiro, eu tenho propriedade, propriedade imediata, esta é a propriedade de uma coisa singular, imediata.

O segundo [momento], a própria Coisa não é só uma Coisa singular, porém cindida em si mesma, dividida na determinação da sua singularidade e da sua universalidade, [e] eu me relaciono em parte à Coisa em sua singularidade, em parte a ela em sua universalidade. A singularidade é a sua constituição externa, o lado do acidental, a sua negação. Segundo o lado do relacionamento à sua singularidade, enquanto diferente da universalidade, a Coisa é desbastada, esse relacionamento é negativo. Portanto, o relacionamento a ela segundo o seu lado desprovido de substância é o de que nesta relação a Coisa perece, [é] o uso. Esse segundo aspecto é em geral o relacionamento a um conteúdo que é minha propriedade e que se diferencia no lado da singularidade e da universalidade.

O terceiro [momento] é a universalidade da propriedade enquanto tal, indiferente em face da sua constituição específica, universalidade segundo a qual a propriedade pode ser alienada; essa [universalidade] é o valor, o caráter universal da Coisa. As coisas mais

A. Tomada de posse

§ 54

A tomada de posse se dá seja por *apreensão corporal* imediata, seja pelo *dar forma*, seja por simples *designação*.

Adendo (G). Esses modos de tomada de posse contêm a progressão da determinação da singularidade à da universalidade. A apreensão corporal só pode ocorrer com a Coisa singular; a designação, em contrapartida, é a tomada de posse pela representação. Nesse caso, comporto-me de maneira representativa e creio que a Coisa é minha em sua totalidade, e não apenas na parte de que eu posso tomar posse corporalmente.

---

heterogêneas são iguais quanto ao valor, e nessa posse não me importa a constituição específica, porém somente o valor.

Mas na segunda determinação [no uso], na separação dos lados da singularidade e da universalidade um do outro, intervém ainda uma diferença ulterior.

Quando perguntamos como o universal existe, como ele está presente, ele se divide num duplo universal, o primeiro enquanto universal exterior, a Coisa, o valor da Coisa, a substância da Coisa, diferente do lado segundo o qual ela se consome no uso. O segundo universal não está presente enquanto Coisa externa, este universal sou eu, este eu universal enquanto ativo, meu talento, minha habilidade, minha perícia [;] eu, enquanto produtivo, tenho propriedade pela minha universalidade. Aí eu sou o universal.

O uso é, portanto, de um lado, consumo, de outro lado, ele é produtivo, eu uso a minha perícia, sou, assim, produtivo. No caso da universalidade, emergem, portanto, em seguida, estes dois lados, o valor da Coisa e eu mesmo, minha habilidade, minha atividade.

Cabe ainda assinalar que aqui reside o momento principal da passagem da posse ao contrato. O interesse da razão é de possuir o universal, o de que a minha posse tenha o caráter da universalidade. A vontade, com isso, é determinada como universal, intervém com isso a universalidade da vontade, de sorte que a minha propriedade não é apenas a minha vontade, mas também a vontade de um outro. Essa é a passagem ao contrato. Inicialmente, a universalidade da vontade apresenta-se, assim, na forma subordinada da concordância de duas vontades. Essas são as determinações essenciais adequadas ao conceito" (*VRph 1824-25*, pp. 202-3).

§ 55

α) A *apreensão corporal*, pelo lado sensível, é o modo mais completo de tomada de posse, visto que nesse modo de tomar posse eu estou imediatamente presente e, com isso, a minha vontade é igualmente cognoscível; mas ela é em geral somente subjetiva, temporária e sumamente restrita quanto ao seu âmbito, assim como, também, pela natureza qualitativa dos ob-jetos. — O âmbito dessa tomada de posse é ampliado em certa medida pela conexão que eu posso estabelecer entre alguma Coisa e outras que já me são próprias por outras vias, ou pela conexão na qual algo lhes sobrevém de resto casualmente ou por outras mediações.

Forças mecânicas, armas, instrumentos ampliam o alcance do meu poder. — Conexões tais como as do mar ou do rio que banham o meu solo, de um terreno apropriado à caça, ao pasto ou a outra utilização, que confina com a minha propriedade imobiliária, das pedras e outras jazidas minerais sob o meu campo, tesouros que estão na ou sob a minha propriedade fundiária etc., ou conexões que só ocorrem no tempo e por acaso, tais como uma parte das assim chamadas acessões naturais, aluvião e similares, também restos de naufrágio — a *foetura* é, certamente, uma acessão ao meu patrimônio, mas, enquanto relação orgânica, não é algo que se acrescenta do exterior a uma outra Coisa possuída por mim e, por isso, é de espécie totalmente diferente das demais acessões —, tais conexões são, por um lado, *possibilidades* mais fáceis, em parte exclusivas, de tomar posse de alguma Coisa ou de utilizá-la em benefício de um possuidor contra um outro, por outro lado, pode-se considerar o que foi acrescentado como um *acidente* não subsistente por si *da Coisa* a que ele se acrescentou. Esses são em geral vínculos *exteriores*, que não têm por laço o conceito nem a vida. Por isso, cabe ao entendimento aduzir e ponderar as razões a favor e contra, e à legislação positiva, a decisão concernente a esses vínculos, segundo o caráter mais ou menos essencial ou inessencial das relações [entre essas Coisas conectadas].

Adendo (G). A tomada de posse é de espécie inteiramente parcelada: eu não tomo posse de nada mais do que eu posso tocar com o meu corpo, mas, em segundo lugar, ocorre em seguida que as coisas externas têm uma extensão maior do que a que eu posso apreender. Enquanto tenho, assim, alguma coisa em minha posse, outra coisa está também em ligação com ela. Exerço a tomada de posse pela mão, mas o seu alcance pode ser ampliado. A mão é este grande órgão que nenhum animal tem, e o que eu apreendo com ela pode tornar-se um meio com o qual alcanço mais longe. Quando possuo algo, o entendimento passa em seguida à conclusão de que meu não é apenas o imediatamente possuído, mas também o que lhe é conexo. Aqui o direito positivo tem de estabelecer suas disposições, pois do conceito não se pode derivar nada mais.

§ 56

β) Pelo *dar forma*, a determinação segundo a qual algo é meu recebe *uma* exterioridade *subsistente por si* e cessa de estar restrita à minha presença *neste* espaço e *neste* tempo e à presença do meu saber e querer.

O dar forma é a tomada de posse mais adequada à ideia, na medida em que une em si mesma o subjetivo e o objetivo, de resto, de maneira infinitamente variada, segundo a natureza qualitativa dos ob-jetos e a diversidade dos fins subjetivos. — A este tópico pertence também o dar forma ao orgânico, ao qual o que eu nele efetuo não permanece como algo exterior, mas é assimilado: a lavra da terra, o cultivo das plantas, o domesticar, o alimentar e o cuidar dos animais; pertencem ainda a este tópico, ademais, os dispositivos mediadores para a utilização dos materiais ou das forças elementares, a atuação organizada de um material sobre um outro etc.

Adendo (H). Este dar forma pode assumir empiricamente as mais variadas figuras. O campo recebe uma forma pelo fato de eu lavrá-lo. Em relação ao inorgânico, o dar forma nem sempre é direto. Se eu construo um moinho de vento, não dei forma ao vento, mas crio uma forma para utilizá-lo, e este não pode me ser tirado pelo fato de que não tenha dado forma ao próprio vento. Também o fato de que eu tenha preservado a caça pode ser considerado como um modo de dar forma, pois é um procedimento que diz respeito à conservação do ob-jeto. Só o adestramento de animais é, certamente, um modo mais direto de dar forma, que provém mais de mim mesmo.

§ 57

O homem, segundo a sua existência *imediata*, é nele mesmo algo natural, externo ao seu conceito; só e primeiro pelo *cultivo pleno* do seu próprio corpo e espírito, *essencialmente* pelo fato de que *a sua autoconsciência se apreende como livre*, é que toma posse de si mesmo e torna-se a propriedade de si mesmo e em face de outros.[174] Este tomar posse é também, inversamente, pôr na *efetividade* o que ele é segundo o seu conceito (enquanto uma *possibilidade*, faculdade ou disposição); só e primeiro por esta efetivação, o que ele é segundo o seu conceito tanto é posto enquanto seu como também enquanto ob-jeto e enquanto diferente da simples autoconsciência, e, por essa via, torna-se capaz de receber a *forma da Coisa*[175] (cf. Anotação ao § 43).

---

[174] A relação estreita e originária entre a personalidade jurídica e a propriedade privada tem o seu fundamento nessa necessidade do cultivo pleno e de uma prévia tomada de posse e apropriação do próprio corpo e espírito, enquanto condição da autoconsciência da liberdade. Isso mostra em que medida Hegel retoma inicialmente e aprofunda o conceito amplo de propriedade de Locke, para o qual o direito de propriedade das coisas externas não é senão a extensão da propriedade que o indivíduo tem originariamente da sua vida, da sua liberdade, das suas ações e do seu trabalho. Com efeito, para Locke, o senhorio sobre as coisas é o prolongamento direto do fato de ser o indivíduo "senhor" (*master*) de si mesmo e de investir diretamente "o trabalho do seu corpo e a obra de suas mãos" em qualquer coisa da natureza (cf. Locke, John, *The Second Treatise of Government: An Essay Concerning the True Original, Extent, and End of Civil Government*, ed. Peter Laslett, Cambridge University Press, 1960, cap. V, §§ 27, 44; tradução brasileira da edição de P. Laslett por Júlio Fischer, São Paulo, Martins Fontes, 1998). Essa relação indissolúvel entre pessoa, direito de propriedade privada e apropriação do próprio corpo e espírito enquanto fundamento da autoconsciência da liberdade torna-se, assim, a condição fundamental dos direitos civis e da atualização que terão na sociedade civil.

[175] O "receber a *forma da Coisa*", a "Coisificação" (*Versachlichung*) é, na interpretação de J. Ritter ("Person und Eigentum", in: *Metaphysik und Politik. Studien zu Aristoteles und Hegel*, Frankfurt a. M., Suhrkamp, 1969, pp. 256-80), uma das dimensões fundamentais da emancipação do indivíduo e da sociedade civil moderna. A Coisificação remete, primeiramente, à libertação do homem da submissão ao poder da natureza, mediante a dominação racional e técnica da mesma, que se desenvolve e consolida plenamente mediante a propriedade privada na sociedade civil moderna. "Na Coisificação de todas as relações [sociais] reside o princípio universal da sociedade civil" (*ibid.*, p. 274). Assim, a natureza só é plenamente objetiva para o espírito e deixa de ter a aparência de algo pré-dado e subsistente por si para a consciência subjetiva na medida em que é constituída como Coisa na relação de apropriação, cuja contrapartida é a possibilidade de "Coisificação" universal dos produtos da atividade humana mediante o direito de propriedade privada e sua expressão na correlata "Coisificação" das demais relações contratuais da sociedade civil moderna (ver § 192). Nesse sentido, ela é também a condição mais elementar da atualização dos direitos de liberdade civil e, mediatamente, dos direitos de liberdade políticos.

A alegada legitimação da *escravidão* (em todas as suas fundamentações mais precisas, pela violência física, pela captura em guerra, pelo salvamento e pela preservação da vida, pela alimentação, pela educação, pelos benefícios, pelo próprio consentimento etc.), assim como a legitimação de uma *dominação* enquanto mero senhorio em geral e todo o modo de ver *histórico* sobre o direito de escravidão e de senhorio, repousa sobre o ponto de vista que toma em geral o homem como *ser-natural*, segundo *uma existência* (a que pertence também o arbítrio) que não é adequada ao seu conceito. A afirmação da absoluta in-justiça da escravidão, ao contrário, se atém ao *conceito* do homem como espírito, enquanto o que é livre *em si*, e ela é unilateral ao tomar o homem enquanto livre *por natureza*, ou, o que é o mesmo, ao tomar o conceito enquanto tal na sua imediatidade, não a ideia, como o verdadeiro. Essa *antinomia* repousa, como toda antinomia, sobre o pensamento formal, que mantém e afirma ambos os momentos de uma ideia enquanto separados, cada um por si, portanto, como não adequados à Ideia e na sua não verdade. O espírito livre consiste precisamente (§ 21) nisso: não ser como o mero conceito ou *em si*, porém suspender esse formalismo de si mesmo e, com ele, a existência natural imediata, e dar-se a existência somente enquanto sua, enquanto existência livre. O lado da antinomia que afirma o conceito da liberdade tem, por isso, a vantagem de conter o *ponto de partida* absoluto para a verdade, mas também só o ponto de partida, ao passo que o outro lado da antinomia, o que permanece na existência desprovida de conceito, não contém nem mesmo o ponto de vista da racionalidade e do direito. O ponto de vista da vontade livre, com o qual principia o direito e a ciência do direito, já está para além do ponto de vista não verdadeiro, segundo o qual o homem enquanto ser natural e enquanto conceito somente sendo em si é, por isso, suscetível de escravidão. Este fenômeno anterior, não verdadeiro, concerne ao espírito que está ainda apenas no ponto de vista da sua consciência; a dialética do conceito e da consciência primeiro só imediata da liberdade provoca aí a *luta pelo reconhecimento* e a relação do *senhorio* e da *servidão* (ver *FE*, pp. 115 ss.; *E [1817]*, §§ 325 ss.) [*PhdG*, pp. 109 ss.; *FE*, §§ 178 ss.; *E*, §§ 430 ss]. Mas, que o espírito objetivo, o conteúdo do direito, não seja ele mesmo de novo apreendido somente no seu conceito subjetivo e, com isso, que o homem em si e para si não esteja destinado à escravidão, não seja de novo apreendido como um mero *dever-ser*, isso ocorre unicamente no conhecimento de que a ideia da liberdade só é verdadeiramente enquanto *Estado*.[176]

Adendo (H). Se retivermos o lado segundo o qual o homem é livre em si e para si, condenamos, com isso, a escravidão. Mas o fato de alguém ser escravo reside em sua vontade, assim como reside na vontade de um povo se ele é subjugado. Por conseguinte, a escravidão não é uma in-justiça apenas dos que fazem escravos ou dos que subjugam, mas dos próprios escravos e subjugados. A escravidão incide na transição da condição natural dos homens à verdadeira situação ética; ela faz parte de um mundo em que uma in-justiça ainda é direito. Aqui *vige* o in-justo, e ele se encontra de maneira igualmente necessária no lugar que é o seu.

---

[176] "[...] A escravidão é algo histórico — isto é, ela incide *numa situação anterior ao direito*, pertence *a ela* — é relativa — Toda essa situação não deve existir, não é uma situação de direito absoluto — mas no interior de uma tal situação a escravidão é necessariamente de direito, isto é, [ela é] aquela autoconsciência da liberdade que tem o seu ser-aí num tal estágio [*Stufe*]. — Quando se diz que a escravidão é em si e por si in-justa —, isso é inteiramente correto, *necessidade* do Estado. — Mas o direito *objetivo* é, também, essencialmente, um direito subjetivo *para si*, isto é, ele não é uma pedra, algo exterior, somente sólido, porém ele é a vontade do espírito —, do espírito universal, da cultura universal. — O in-justo o é *em si* e *por si*, isto é, faz parte da própria autoconsciência universal não querer ser escravo nem senhor — nenhum senhor, nenhum escravo — mas igualmente, nenhum escravo, nenhum senhor. — Não se pode falar da responsabilidade deste ou daquele indivíduo — destes ou daqueles pelo fato de que eles sejam escravos — mas de todos, do todo. — Os negros se rebelaram frequentemente nas Índias Ocidentais, ainda agora lê-se todos os anos e, muitas vezes, no mesmo ano, sobre conspirações nas ilhas — mas eles tornam-se vítimas da situação geral. — Eles podem, contudo, morrer como livres; a situação do indivíduo singular é condicionada pelo universal. — As próprias conspirações são prova de uma simples disposição de ânimo parcial — Tampouco pode tratar-se da responsabilidade deste ou daquele o fato de que sejam senhores. — A mudança disso depende da situação geral. — [...]

[É uma] pergunta em geral vazia, contraditória, o que seja direito no estado de natureza — sob a condição de uma situação in-justa. — Na medida em que se pergunta só pelo conceito em si, não se pode dizer que a escravidão seja incorreta — pois o conceito em si não é ideia, não contém a autoconsciência em si e para si. — [...] O dar forma [*Formierung*] à liberdade, a própria realização e a conservação da mesma é o Estado" (*NM*, pp. 431-7; *TWA*, v. 7, pp. 124-5) (ver Buck Morss, Susan, *Hegel e o Haiti*, trad. Sebastião Nascimento, São Paulo, n-1 edições, 2017).

§ 58

γ) A tomada de posse que não é efetiva por si, mas que somente *representa* a minha vontade, é um *signo* aposto na Coisa, cuja significação deve ser a de que coloquei nela a minha vontade.[177] Essa tomada de posse é muito indeterminada quanto ao âmbito objetivo e à significação.

Adendo (H). A tomada de posse pela aposição de um signo é a mais perfeita de todas, pois também as demais espécies de tomada de posse têm em si mais ou menos o efeito do *signo*. Quando apreendo a Coisa ou quando lhe dou forma, o significado último é igualmente um signo e, no caso, um signo para os outros, para excluí-los e para mostrar que coloquei a minha vontade na Coisa. O conceito do signo é, com efeito, o de que a Coisa não vale como o que ela é, mas como o que ela deve significar. O cocar, por exemplo, significa o ser cidadão de um Estado, embora a cor não tenha conexão com a nação e não apresente a si mesma, mas a nação. No fato de o homem ser capaz de atribuir um signo e, mediante ele, poder adquirir algo, mostra-se precisamente o seu domínio sobre as coisas.[178]

---

[177] "Signo (a isso pertence também o uso) é representação em geral — e para a representação o sentido é outro que a imediatidade —, a tomada de posse do *todo* só pode ser pela *representação*, e a minha vontade deve estar representando, comportar-se como representando. — Ao mesmo tempo, com a determinação de que a Coisa permanece *objetiva*. *Consumir* é uma tomada de posse perfeita. [...] Minha posse é, no signo, algo *representado* — no uso, eu a faço algo somente representado. [...] Coisas [*Dinge*] externas, que, enquanto tais, devem permanecer subsistentes, só podem ser tomadas em posse segundo o todo que elas são pela representação. [...] No signo se reconhece que a *tomada de posse* imediata é algo parcial, mas que, por isso, a Coisa é *inteiramente* minha — minha vontade na propriedade [é um] todo" (*NM*, pp. 441, 443; *TWA*, v. 7, p. 127).

[178] Os Apontamentos de Griesheim mostram que Hegel compreende a tomada de posse pelo signo aposto à Coisa não só como a forma mais perfeita de tomada de posse, mas também como a união das duas primeiras formas, da apreensão corporal direta e do dar forma, pois a posse mediante o signo se apropria não só do todo da Coisa — como é o caso da sua apreensão corporal completa pelo consumo, o qual, no entanto, a destrói —, mas, além disso, mantém a objetividade da Coisa, tal como o dar forma, apreendendo-a, contudo, não apenas de modo parcial, mas penetrando e perpassando o todo do objeto com a representação, ao passo que o dar forma "não toca a matéria toda" (cf. *VRph 1824-25*, p. 212). "O signo mostra-se inicialmente como forma do predicado 'meu', mas representa, além disso, a minha vontade de que o todo deve ser meu. Essa é a tomada de posse do todo como um todo, que, ao mesmo tempo, permanece objetivo" (*ibid.*).

B. O USO DA COISA

§ 59

Pela tomada de posse, a Coisa recebe o predicado de ser *minha* e a vontade tem uma relação *positiva* a ela. Nesta identidade a Coisa é igualmente posta como um *negativo* e minha vontade nesta determinação é uma vontade *particular*, carência, capricho etc. Mas a minha carência, enquanto particularidade de *uma* vontade, é o positivo que se satisfaz, e a Coisa, enquanto o negativo em si, é somente *para essa carência* e lhe *serve*. — O *uso* é essa realização da minha carência pela alteração, pela aniquilação e pelo consumo da Coisa, cuja natureza desprovida de ipseidade é por esse meio revelada e que, assim, preenche a sua destinação.[179]

O fato de que o uso seja o lado *real* e a efetividade da propriedade é o que paira diante da representação quando ela considera a propriedade de que não se faz uso como morta e sem dono, e, no caso de um apoderar-se ilícito da mesma, a representação aduz como razão a de que não foi usada pelo proprietário. — Mas a vontade do proprietário, segundo a qual uma Coisa é sua, é a base substancial primeira, da qual a determinação ulterior, o uso, é somente o fenômeno e a modalidade particular, que é subordinado àquela base universal.

Adendo (H, G). Enquanto no signo em geral tomo posse da Coisa de maneira universal, no uso reside uma relação ainda mais universal, visto que a Coisa então não é reconhecida na sua particularidade, porém é negada por mim. A Coisa é rebaixada a meio de satisfação da minha carência. Quando o eu e a Coisa nos juntamos, é preciso que um deles perca a sua qualidade para que venhamos a ser idênticos. Mas eu sou vivo, sou o que quer e o ver-

---

[179] Hegel considera o uso um elemento constitutivo da propriedade, que expressa plenamente a universalidade da vontade do proprietário, embora ele seja um elemento subordinado a esta última. "A *destinação* da Coisa é ser *usada* — realização plena da minha propriedade —, efetivação do fato de que ela é *minha*. [...] O uso da Coisa tem duas significações no sentido jurídico (afora uma terceira, ser a satisfação de minhas carências) — a saber α) ser a apreensão física imediata e β) ser uma apreensão do universal — signo" (*NM*, p. 443; *TWA*, v. 7, pp. 128-9).

dadeiramente afirmativo; a Coisa, ao contrário, é o natural. Esta, portanto, tem de perecer, mas eu me conservo, o que é em princípio o privilégio e a razão do orgânico.

§ 60

Na apreensão imediata, a *utilização* de uma Coisa é, por si, uma tomada de posse *singular*. Mas na medida em que a utilização se funda numa carência duradoura e é a utilização repetida de um produto que se renova, em que ela também até mesmo se restringe em vista da preservação dessa renovação, essas e outras circunstâncias fazem, assim, desta apreensão singular imediata um *signo* de que ela deve ter a significação de uma tomada de posse universal, e, com isso, da tomada de posse da *base* elementar ou orgânica ou das outras condições de tais produtos.[180]

§ 61

Como a substância da Coisa que é minha propriedade é, por si, a sua exterioridade, isto é, a sua não substancialidade — ela não é, em face de mim, fim-último [*Endzweck*] em si mesma (§ 42) —, e como esta exterioridade realizada é o uso ou a utilização que eu dela faço, *o uso pleno* ou a ple-

---

[180] "O uso é também um signo de que a Coisa deva ser minha, a saber, primeiro, na utilização imediata. A utilização tem a determinação mais precisa de [ser] um uso mediante o qual, contudo, a Coisa fica preservada. Essa utilização é um signo de que a Coisa deva ser minha para o uso, quer dizer, para um uso repetido e ulterior. A utilização é, portanto, um signo universal não do uso imediato, mas de um uso universal, duradouro. Se os povos nômades utilizam um solo para pasto, tomam inicialmente posse deste capim, e isso é o signo mais preciso de que esse solo deva ser seu e de que outros, agora e futuramente, devem ser excluídos do uso. A utilização desse solo é o signo de que a eles deve pertencer não a propriedade imediata, porém todo o solo com a sua possível tomada de posse no futuro. Adiante, no que segue, vem à consideração uma diferença numa forma importante. A utilização é um uso tal que a Coisa permanece o que ela é ou ela se renova organicamente. A árvore, por exemplo, cujos frutos são utilizados, pode continuar a produzi-los. Nessa medida, pode-se estabelecer ulteriormente a diferença no sentido de que o uso é meu, mas a Coisa não. Aqui se diferencia utilização e propriedade uma da outra, e essa diferença cabe determinar mais precisamente" (*VRph 1822-23*, pp. 230-1).

na utilização é, assim, *a Coisa em seu âmbito total*, de sorte que, se esse uso me toca, sou eu o proprietário da Coisa,[181] da qual, além do âmbito total do uso, nada resta que pudesse ser propriedade de um outro.

Adendo (G). A relação do uso à propriedade é a mesma que a da substância ao acidental, do interior ao exterior, da força à sua externação. A força só existe na medida em que ela se externa; o campo só é campo na medida em que produz frutos. Quem, portanto, tem o uso de um campo, é o proprietário do todo, e é uma abstração vazia reconhecer ainda outra propriedade sobre o mesmo ob-jeto.[182]

§ 62

Por isso, somente um *uso parcial* ou *temporário*, assim como uma *posse parcial* ou *temporária* que me cabe (enquanto *possibilidade*, ela mesma parcial ou temporária, de usar a Coisa), é *distinto* da *propriedade* da Coisa mesma. Se o âmbito total do uso da Coisa fosse meu, mas a propriedade abstrata devesse ser de um outro, a Coisa seria, enquanto minha, inteiramente penetrada pela minha vontade (§ precedente e § 52) e, ao mesmo tempo, nessa penetração, seria algo impenetrável para mim, seria a vontade, na verdade vazia, de um outro — enquanto vontade positiva, eu [seria] para mim na Coisa ao mesmo tempo objetivo e não objetivo — a relação de uma con-

---

[181] A argumentação de Hegel avança mediante as teses de que o uso, enquanto signo da apreensão da coisa inteira, é a forma mais perfeita da tomada de posse, de que ele constitui a destinação da Coisa e de que a utilização, enquanto uso repetido, é uma "tomada de posse universal" da Coisa (§ 60) e, além disso, enquanto *"uso pleno"*, equivale à propriedade plena sobre ela (§ 61). "Todas as utilizações singulares constituem a Coisa efetivamente" (*NM*, p. 443; *TWA*, v. 7, p. 130). Como assinala Kervégan, a recusa da distinção entre propriedade e o direito de uso pleno (*jus utendi*), recusa que torna o usufrutuário um proprietário de pleno direito, mesmo que não tenha o *jus abutendi*, leva Hegel a rejeitar por razões políticas a noção de propriedade-nua como "abstração vazia" (§ 61 Ad.). Essa recusa é motivada fundamentalmente pela sua crítica à propriedade feudal e às suas graduações (*Kervégan*, p. 209, nota 1).

[182] "O [elemento] lógico é este [:] a substância, a base, é essencialmente exterior, a substância tem o acidental e é a totalidade dos acidentes, isso é inseparável, a força tem de se externar, do contrário não é uma força, ela só aparece na externação" (*VRph 1824-25*, p. 217).

tradição absoluta. — Por isso, propriedade é essencialmente propriedade *plena, livre*.[183]

A distinção entre o direito ao âmbito todo do uso e a *propriedade abstrata* pertence ao entendimento vazio, para o qual a ideia, aqui enquanto unidade da propriedade ou também da vontade pessoal em geral e da *realidade* desta, não é o verdadeiro, mas para o qual esses dois

---

[183] Como a crítica da distinção entre a propriedade nua e o uso pleno da Coisa no parágrafo anterior indica e a crítica da distinção do direito feudal entre o domínio direto ou eminente do suserano e o domínio útil do vassalo na Anotação que segue mostra, a "propriedade plena, livre" é principalmente a propriedade fundiária. Sua função exemplar aflora no contexto dessa última distinção, em que ela é interpretada prospectivamente no horizonte das reformas prussianas do latifúndio, na perspectiva da "passagem" (*Übergang*) da oposição feudal entre o que efetivamente é o senhorio diferente de dois proprietários — o suserano, que tem o direito "inamissível" (*unablösbar*) aos foros e corveias e o direito de receber a homenagem, de um lado, e o vassalo, que tem o usufruto, o direito de transmissão hereditária (no caso da enfiteuse) e, sob certas condições restritas, o direito de alienação, de outro — à equiparação progressiva do vassalo usufrutuário (principalmente o enfiteuta) ao proprietário de pleno direito. Essa "passagem" da propriedade feudal à propriedade fundiária moderna ocorre pela incorporação progressiva pelo vassalo de direitos reais e prerrogativas que cabiam originariamente apenas ao senhor feudal enquanto *dominus directus*, de sorte que o vassalo, embora não adquirisse o direito de disposição pleno (*jus abutendi*) do senhor direto, passa a ser considerado também proprietário. Essa "passagem" se efetua e se manifesta pela importância crescente que assume o "rendimento" (*Ertrag*) da terra, e, ao mesmo tempo, pelo correlato esvaziamento da função de dominação política do senhorio direto, que se exprime na primazia do rendimento da propriedade fundiária, o "útil", sobre o valor nobiliárquico, "incalculável" desse senhorio. Lino Rizzi interpreta essa "propriedade livre" hegeliana, concebida teoricamente a partir do uso pleno da Coisa, e, historicamente, a partir da importância crescente e do papel "essencial" que o rendimento agrícola da propriedade fundiária tiveram na progressiva transformação do vassalo usufrutuário em proprietário de pleno direito, como uma prova de que a propriedade privada para Hegel é, embora não exclusivamente, predominantemente a propriedade fundiária. Surgiria, assim, uma tensão entre o horizonte liberal burguês da legitimação da propriedade privada pela objetivação da vontade pessoal na Coisa, independentemente do papel fundamental ou não que o trabalho exerceria na segunda modalidade de tomada de posse discriminada por Hegel, o "dar forma" à Coisa (§ 56), e o horizonte histórico específico da reforma prussiana do latifúndio, que se revelaria no posicionamento favorável de Hegel à figura do novo proprietário rural livre (*Landwirt*), que, ao incorporar "o direito ao âmbito todo do uso da Coisa" (§ 62 A), no caso, da terra, transforma-se no responsável pelo seu rendimento agrícola e, assim, acede à propriedade fundiária privada plena e livre (Rizzi, L., "Possesso e proprietà nella filosofia del diritto", *Rivista Critica di Storia della Filosofia*, ano XXXV, v. III, jul.-set. 1980, pp. 238-51).

momentos pretendem ser[184] algo de verdadeiro na sua separação um do outro. Por isso, essa distinção, enquanto relação efetiva, é uma relação de senhorio vazio, que poderia ser chamada de loucura da personalidade (se pudéssemos falar de loucura a propósito de outra coisa que não da mera representação do sujeito e da sua efetividade, que num só e mesmo ato estão em contradição imediata), porque o *meu* deveria ser a minha vontade singular excludente e uma outra vontade singular excludente, [reunidas] sem mediação *num* objeto. — Nas *Institutas* (livro II, título IV), se diz: "*ususfructus est jus* alienis *rebus utendifruendi salva rerum* substantia".[185] E, mais adiante, na mesma passagem, "*ne tamen in universum* inutiles *essent proprietates* semper *abscendente usufructu,* placuit, *certis modis extingui usumfructum et ad proprietatem reverti*".[186] — *Placuit* [*foi do agrado*] — como se dependesse só e antes de tudo de um capricho ou de uma decisão dar por esta determinação um sentido a essa distinção vazia. Uma "*proprietas* semper *abscedente usufructu*" [propriedade cujo usufruto estivesse *sempre* separado dela] seria não só "*inutilis*", mas não seria mais uma "*proprietas*". — Não cabe aqui discutir outras distinções da propriedade, como "*in res mancipi*" e "*nec mancipi*", o "*dominium Quiritarium*" e "*Bonitarium*", e outras semelhantes, uma vez que não se referem a nenhuma determinação conceitual da propriedade, e são meras sutilezas históricas desse direito. — Mas as relações do "*dominii directi*" e do "*dominii utilis*", do contrato *enfitêutico* e as demais relações concernentes aos feudos com as suas rendas hereditárias[187] e outras, seus censos, suas corveias etc., em suas múltiplas determinações, quando tais encargos são inamissíveis, contêm, por um lado, a distinção acima, por outro, não a

---

[184] *Gelten* tem, aqui, o sentido de um mero "erguer a pretensão", donde a tradução por "pretender ser" (cf. *DW*, pp. 391-2).

[185] "O usufruto é o direito de usar e fruir as coisas *alheias*, salvaguardada a *substância* das coisas." Definição do jurista Paulus, nas *Institutas* de Justiniano (cf. *Kervégan*, p. 210, nota 2).

[186] "Para evitar, contudo, que as propriedades não sejam completamente inúteis se o usufruto estivesse *sempre* separado delas, *prouve* que, em determinadas circunstâncias, o usufruto se extinga e retorne à propriedade."

[187] A "renda hereditária" (*Erbzins*) é, no caso do contrato enfitêutico, o foro anual, em dinheiro ou em frutos, que o enfiteuta tem de pagar ao proprietário direto, que lhe cedeu o direito real de usufruto e o pleno domínio útil do imóvel, inclusive o direito de transmissão aos herdeiros.

contêm, precisamente na medida em que, ao *"dominio utili"*, estão vinculados encargos pelos quais o *"dominium directum"* se torna ao mesmo tempo um *"dominium utile"*. Se essas relações não contivessem senão aquela distinção em sua rigorosa abstração, aí se defrontariam propriamente não *dois senhores* (*"domini"*), mas um *proprietário* e um senhor *vazio*. Mas, por causa dos encargos, são *dois proprietários* que estão em relação. Contudo, eles não estão numa relação de propriedade *comum*. É nessa relação que reside a passagem mais curta daquele [domínio direto] a este [domínio útil] — uma passagem que já começou quando, no *"dominium directum"*, o rendimento é calculado e considerado como o *essencial*, [e] por conseguinte, o incalculável no senhorio sobre uma propriedade, o qual possivelmente foi tomado pelo que [nela] há de *nobre*, é posposto ao *"utile"*, que é, aqui, o racional.[188]

Há bem um milênio e meio que a *liberdade da pessoa* começou a florescer graças ao cristianismo e se tornou princípio universal entre uma parte, de resto, pequena do gênero humano.[189] Mas só ontem, por assim dizer, a *liberdade da propriedade* foi reconhecida como princípio, aqui e ali. — Um exemplo, tirado da história do mundo, do longo tem-

---

[188] "Pertencem à determinação da propriedade, por exemplo, como aconteceu entre nós, leis de repartição entre os ocupantes do solo e o senhor feudal. Gratos, temos de reconhecer que nossos antigos príncipes não permitiram que existissem escravos em suas terras, e temos também de erguer monumentos àqueles que libertaram a propriedade. Os ocupantes do solo estavam onerados com encargos, com prestações, que eram em parte determinadas, em parte, indeterminadas. A repartição tinha, por isso, suas dificuldades, é preciso proceder com justiça, pois o senhor do *dominii* é também verdadeiro proprietário.

Em outros países aconteceram coisas cruéis a esse respeito. Se o *dominus* é considerado como o proprietário, pode resultar daí que ele expulse os outros que vivem em sua propriedade. Assim se passou na Escócia, onde os senhores feudais transformaram as lavouras em pastagens e centenas de moradores foram expulsos. Aí o proprietário de terras é considerado como o único proprietário e se desconsidera que os moradores têm, para alimentar-se, um direito de propriedade a um solo e sobre um solo.

O outro extremo é o que se praticou na Revolução Francesa; aí os ocupantes do solo foram considerados os verdadeiros e únicos proprietários e a posse foi declarada propriedade plena e livre, sem indenização para os proprietários fundiários. Não se fez a passagem, no que tange à determinação do conceito, pela determinação da propriedade comunitária. O senhor do *dominii utilis* é proprietário comunitário juntamente com o outro, [e], na medida em que a um deles não é concedida uma cota-parte, o seu direito de propriedade é ferido" (*VRph 1824-25*, p. 222).

[189] Ver § 124 A e § 185 A.

po que o espírito precisa para progredir na sua consciência de si — e um exemplo contra a impaciência do opinar.

§ 63

A Coisa no uso é uma Coisa singular, determinada segundo a qualidade e a quantidade e em relação a uma carência específica. Mas a sua utilidade específica é, ao mesmo tempo, enquanto *quantitativamente* determinada, *comparável* com outras Coisas da mesma utilidade, assim como a carência específica a que ela serve é simultaneamente *carência em geral* e, nisso, igualmente comparável, quanto à sua particularidade, com outras carências e, em consequência disso, a Coisa também é comparável com outras que são utilizáveis para outras carências. Essa sua *universalidade*, cuja determinidade simples provém da particularidade da Coisa, de modo que ao mesmo tempo se abstrai dessa qualidade específica, é o *valor*[190] da Coisa, no qual a verda-

---

[190] O valor da Coisa não resulta da quantidade comparativa de trabalho necessário para sua produção, como em Ricardo, e menos ainda, do trabalho socialmente necessário nela cristalizado, como na teoria do valor-trabalho de Marx, mas da comensurabilidade das Coisas em sua utilidade, enquanto elas têm em comum a sua qualidade de satisfazer as diferentes carências. A própria Coisa passa a valer não como ela mesma, mas como signo do valor, no qual reside a universalidade e "a verdadeira substancialidade da Coisa". Mas, mediatamente, essa comensurabilidade enquanto medida abstrata da utilidade das Coisas e a universalidade do valor derivam da comparabilidade das diversas carências entre si, que se exprime na "carência em geral". O elemento quantitativo e a universalidade do valor surgem, assim, da abstração da particularidade das Coisas, que as torna comensuráveis, e, mediatamente, da comparabilidade das diferentes carências, a qual aparece na carência em geral como sua indiferença em face da qualidade específica das Coisas que podem satisfazer essas carências. Por isso, numa Nota Manuscrita ao parágrafo, Hegel escreve que "o valor é a possibilidade que se mantém, de satisfazer uma carência" (*NM*, p. 455; *TWA*, v. 7, p. 136; ver os Apontamentos de Hotho incorporados por Gans no Adendo ao § 63 e outros, traduzidos na nota a esse Adendo). É interessante assinalar que os Apontamentos de Griesheim a propósito das explicações orais de Hegel sobre a alienação da propriedade no § 65 aprofundam o aspecto objetivo da universalidade do valor, examinando três modos de sua apresentação: 1) o valor enquanto determinação quantitativa das Coisas, que as torna "mercadorias"; 2) a objetividade em si e para si do valor enquanto dinheiro: "na medida em que a propriedade é dinheiro, ela só tem sentido enquanto valor, aqui existe o valor enquanto tal" (*VRph 1824-25*, p. 229); 3) o valor enquanto universalidade objetiva "ulterior" do dinheiro enquanto tal, de que não é possível se desfazer (para além de sua determinação quantitativa), à qual corresponde a universalidade subjetiva, "interna", da capacidade de ser proprietário e de tor-

nar essa interioridade objetiva, mediante o uso das habilidades e talentos na produção de algo.

"Na medida em que as Coisas têm valor consideramo-las como mercadorias. Elas valem pelo valor e somente por ele, não pelo lado específico. A determinidade quantitativa, quão grande é o valor, depende da natureza qualitativa da Coisa, mas não só, porém também de muitas outras circunstâncias. O esforço maior ou menor para produzir, a raridade, se a mercadoria é procurada ou não, essas são determinações que se transformam, todas, em quantitativas.

O segundo ponto é que o valor se torna objetivo em si e para si, que há Coisas que são essencialmente valor enquanto tal, [e] isso é o dinheiro. Ele é a posse mais conforme ao entendimento, a que é digna do pensamento do homem. Assim, possuímos Coisas para as nossas carências somente enquanto valor. O lado do uso, no caso, é inteiramente outro. Na medida em que a propriedade é dinheiro, ela só tem sentido como valor, aqui existe o valor enquanto tal.

A carência externa de dinheiro é a de possuir um meio de troca, um padrão de medida universal para coisas especificamente diversas. O lado do entendimento é o de que as coisas em que estamos [presentes] como proprietários existem de modo universal. O dinheiro é, por essa razão, a externação do entendimento, e é preciso um alto grau de formação para que o dinheiro exista num povo.

Muito se disputou a respeito do dinheiro, disse-se que ele é um meio de troca, a representação da riqueza, certamente ele é isso como valor enquanto tal trazido à existência. Como coisa [*Ding*] o dinheiro é também, de novo, uma Coisa [*Sache*] particular, e, assim, vem à consideração como mercadoria; contudo, isso é uma outra relação a que ele próprio recua e, assim, não nos concerne aqui.

As formas de mercadoria e de dinheiro são formas da nossa propriedade e, na medida em que temos aqui a determinação da alienação abstrata, desfazemo-nos das mercadorias ou do dinheiro em geral, mas, ao mesmo tempo, se oculta aí uma universalidade ulterior de que não podemos nos desfazer. Do dinheiro como um *quantum* posso me desfazer, só o tenho porque o quero, porque posso retirar daí essa vontade.

Cabe examinar agora o terceiro modo do valor. O universal enquanto eu o possuo é o universal das coisas externas, o dinheiro é, assim, a existência real do universal. Esse universal não é só exterior, objetivamente universal, mas também subjetivamente universal, um universal de espécie inteiramente diferente. Eu sou proprietário de um universal que pertence à minha própria universalidade interna. Possuo habilidades, talentos, isso também é uma posse, [e] nelas tomei posse de mim. Isso também se pode chamar de uso, pois só pelo uso as habilidades e os talentos tornam-se aptidões para produzir algo, e os produtos dessas aptidões caem na qualidade de Coisas enquanto tais. Pelas minhas habilidades produzo uma forma nas coisas, dou-lhes uma figura adequada à minha carência. Aqui, na minha propriedade, eu torno não só a minha vontade ob-jetiva, mas também o meu espírito, o meu interior ob-jetivo.

A esta rubrica pertencem as prestações de serviço a outros, o servente também produz, produz modificações. Também as produções artísticas e científicas tornam-se ob--jetos externos. Em todas essas produções reside algo de universal, de espiritual, que per-

deira substancialidade da Coisa é *determinada* e é ob-jeto da consciência. Enquanto proprietário pleno da Coisa, eu o sou tanto do seu *valor* quanto do seu uso.

A propriedade do feudatário se diferencia pelo fato de que ele deve ser somente o proprietário do *uso*, não do *valor* da Coisa.[191]

Adendo (H). Aqui o elemento qualitativo desaparece na forma do quantitativo. Ao falar, pois, da carência, ela é a rubrica a que as coisas mais diversas podem ser reconduzidas, e a comunidade entre elas faz com que eu possa então medi-las. Por conseguinte, a progressão do pensamento vai aqui da qualidade específica da Coisa à indiferença dessa determinidade, portanto, à quantidade. Algo semelhante ocorre na matemática. Eu defino, por exemplo, o que é círculo, o que são a parábola e a elipse, e vemos que foram descobertas como especificamente diversas. Apesar disso, determina-se a diferença dessas diversas curvas de forma meramente quantitativa, assim que, com efeito, só importa a diferença quantitativa, que se refere unicamente ao coeficiente, a uma mera grandeza empírica. Na propriedade, a determinidade quantitativa que emerge a partir da qualitativa é o *valor*. O elemento qualitativo dá, aqui, o *quantum*[192] para a quantidade e é, enquanto tal, tanto

---

tence à habilidade. Isso também é algo universal e pertence ao valor das coisas, é um momento do seu valor em geral" (*id.*, v. 4, pp. 228-30).

[191] "Quem possui um feudo é proprietário, é senhor do uso inteiro da propriedade, mas não é senhor do valor da Coisa, não pode vendê-la, não pode transformar a sua propriedade numa outra propriedade determinada. Não precisa prestar nenhum serviço, pagar nenhum tributo, mas na medida em que a tem como feudo, não é proprietário do valor, não é proprietário segundo a qualidade universal, não pode trocá-la. Pertence à propriedade plena também a do valor, não meramente a do uso. Um tal feudo não é, por isso propriedade plena. O senhor não tem, no que concerne ao feudo, nenhum *utile*, afora que o feudo recai em [suas] mãos por ocasião da morte [do feudatário], e mesmo isso é restringido, como no império alemão, no qual a comuna propriamente tinha o *utile*, já que todo feudo tinha de ser novamente cedido.

Abstraindo disso, o que existe aqui é meramente um senhorio inteiramente abstrato, isto é, um *dominium* sem *utile*, e uma tal propriedade é um senhorio vazio, *dominium* que não é propriedade, uma vontade sobre algo sem ser-aí, a qual, por outro lado, não tem propriedade. É somente uma restrição da vontade do outro, mas não pelo lado em que ele é proprietário" (*id.*, v. 4, pp. 227-8).

[192] O "*quantum*" (a palavra latina, incorporada por Hegel na terminologia da *Ciência da lógica* para estabelecer a diferença conceitual entre "*quantum*" e quantidade, é geralmente retomada como tal, sem tradução) exprime a quantidade dotada de um li-

conservado quanto suprimido. Considerando-se o conceito de valor, a própria Coisa só é vista como um signo, e ela não vale enquanto ela mesma, porém somente enquanto ela é valor. Uma letra de câmbio, por exemplo, não representa a sua natureza de papel, mas é só um signo de um outro universal, o valor. O valor de uma Coisa pode ser muito variado em relação à carência; mas caso se queira expressar não o elemento específico do valor, porém o seu elemento abstrato, este é o *dinheiro*. O dinheiro representa todas as coisas, mas como ele não apresenta a própria carência, sendo apenas um signo dessa carência, ele próprio é regido novamente pelo valor específico, que ele, enquanto algo abstrato, somente expressa. Pode-se ser proprietário de uma Coisa sem sê-lo, ao mesmo tempo, do seu valor. Uma família que não pode vender ou hipotecar os seus bens não é proprietária do valor. Mas já que essa forma de propriedade não é adequada ao seu conceito, essas restrições (tais como o feudo, o fideicomisso) estão em via de desaparecimento.[193]

---

mite em geral, e "é, na sua determinidade perfeita, o *número*" (*WL I*, p. 193; *TWA*, v. 5, p. 231).

[193] Gans reestruturou com grande liberdade e concisão os extensos Apontamentos de Hotho a este parágrafo (*VRph 1822-23*, pp. 236-42), de cujos trechos intermediários, não incorporados por Gans, seguem algumas passagens. "A Coisa é inteiramente específica, mas a utilidade é ao mesmo tempo determinada quantitativamente e, por conseguinte, comparável com outras Coisas de mesmo uso. O qualitativo desaparece na forma de ser quantitativo. Algo é útil em geral quando a utilidade não é mais especificamente qualitativa para um determinado fim, porém, quando o 'para' é deixado indiferente, a utilidade se torna quantitativa.

A utilidade é um predicado da Coisa, o elemento-subjetivo correlato da utilidade é a carência. Esta é inicialmente específica; mas se a tomamos universalmente ela é carência em geral, e a Coisa em geral, meio de satisfação. Uma carência é, assim, comparável com uma outra, e as Coisas em geral têm a comunidade de ser a satisfação da carência. [...]

A carência específica é, portanto, relação de uma Coisa enquanto esta Coisa qualitativa, mas se eu a tomo abstratamente enquanto útil, e a comparo com outras em sua utilidade determinada em geral, não na [sua] diversidade específica, de tal sorte que a sua determinidade não é mais qualitativa, então esta última tem de se transformar numa determinidade segundo a qual as Coisas são iguais, na qual a diversidade somente subsiste num mais ou num menos, portanto, num quantitativo. [...]

Assim se passa também com as Coisas. Elas são, primeiro, qualitativas para o uso, [mas] comparadas enquanto utilizáveis em geral desaparece a sua utilidade específica e, segundo a sua determinidade, a sua utilidade universal é agora determinada quantitativamente, onde, portanto, o qualitativo, o específico, desaparece como indiferente na universalidade da utilidade, que, então, segundo a determinidade, se torna novamente um

§ 64

A forma dada à posse e o signo são, eles mesmos, circunstâncias exteriores sem a presença subjetiva da vontade, que, ela só, constitui a sua significação e o seu valor. Mas essa presença, que é o uso, a utilização ou qualquer outra externação da vontade, incide no *tempo*, em consideração ao qual a *objetividade* é a *perduração* desse externar. Sem essa perduração, a Coisa, enquanto abandonada pela efetividade da vontade e da posse, torna-se sem dono; por isso, eu perco ou adquiro propriedade por *prescrição*.

Por essa razão a prescrição não foi introduzida no direito por uma consideração meramente exterior, que iria de encontro ao direito estrito e visaria eliminar as controvérsias e confusões que afetariam a segurança da propriedade por causa de antigas reivindicações etc. Ao contrário, a prescrição funda-se na determinação da *realidade* da propriedade, na necessidade de que a vontade de ter algo se externe. — *Monumentos públicos* são propriedade nacional, ou, propriamente, como as obras de arte em geral em relação à *utilização*, valem pela alma da lembrança e da honra que neles habita enquanto fins vivos e subsistentes por si; abandonados por essa alma, tornam-se para a nação, segundo esse aspecto, sem dono e posse privada contingente, como, por exemplo, as obras de arte gregas e egípcias na Turquia. — O *direito de propriedade privada* da família de um *escritor* a suas produções prescreve por uma razão semelhante; elas tornam-se sem dono (de maneira oposta à desses monumentos), no sentido de que passam a propriedade universal e, segundo a utilização particular que a família faz da Coisa, passam a posse privada contingente. — Mera *terra*, consagrada a túmulos ou, também, dedicada por si ao *não uso* perpétuo, contém um arbítrio vazio, não presente, em cuja lesão nada de efetivo é lesado, cujo respeito, por isso, também não pode ser garantido.

Adendo (H). A prescrição repousa sobre a suposição de que eu tenha cessado de considerar a Coisa como minha. Pois para que algo permaneça meu é preciso perduração da minha vontade, e essa perduração mostra-se

---

mais ou menos da Coisa. A determinidade, portanto, permanece, em geral, e só o seu [elemento] qualitativo é suprimido" (*id.*, v. 3, pp. 237-9).

pelo uso ou pela guarda da Coisa. — Durante a Reforma, a perda de valor dos monumentos públicos se comprovou frequentemente no caso das fundações eclesiásticas. O espírito da antiga confissão, quer dizer, dessas fundações, tinha se evadido, e, assim, delas se pôde tomar posse como propriedade [privada].

C. ALIENAÇÃO DA PROPRIEDADE

§ 65

Eu posso me *desfazer*[194] da minha propriedade, uma vez que ela só é minha na medida em que eu coloco nela a minha vontade — de sorte que,

---

[194] O verbo *(sich) entäussern* tem tanto um uso reflexivo quanto transitivo, podendo significar "desfazer-se de", "despojar-se de" e, também, "renunciar a", "alienar(-se)", "exteriorizar(-se)". O verbo *entäussern* e o substantivo *Entäusserung* traduzem em alemão, desde a Idade Média, as expressões latinas *alienare* e *alienatio* no seu sentido jurídico de transferir a propriedade, usual na linguagem do Direito Romano desde a época de Cícero. No caso do seu uso reflexivo, o verbo será traduzido por "desfazer-se de", e, no caso do seu uso transitivo, recorre-se à expressão jurídica consagrada "alienar", e para o substantivo, respectivamente, "alienação". No contexto do contratualismo jusnaturalista, a expressão se amplia, e passa a designar a "alienação" dos direitos do contratante em estado de natureza e a sua correspondente reapropriação no estado civil. É no contexto do Idealismo Alemão que os termos *entäussern* e *Entäusserung* iniciam a sua carreira filosófica e tornam-se um conceito filosófico fundamental: inicialmente na tentativa fichtiana de transferir o modelo contratualista da alienação e da reapropriação para a atividade autônoma do eu, a fim de pensá-la como processo de engendramento e gênese transcendental; posteriormente, no contexto da filosofia da identidade do jovem Schelling e na dialética especulativa de Hegel, na qual a "exteriorização" e a "alienação" tornam-se a matriz universal de toda objetividade engendrada pelo conceito e pelo espírito; por fim, na incorporação da linguagem hegeliana por Marx para pensar o conceito de trabalho sob as condições da produção capitalista.

Em Hegel, foi inicialmente a recepção do conceito de trabalho da economia política inglesa e a sua interpretação como atividade de exteriorização de conteúdos e figurações do espírito — que se reconhece na alteridade objetiva desses conteúdos exteriorizados e neles retorna a si —, e, posteriormente, a concepção especulativa da estrutura teleológica da atividade do espírito, o que cunhou o sentido idealista e identitário do conceito. Ele se torna, então, o conceito operatório central para pensar a relação dialética sujeito-objeto, descrita como processo no qual o interior se torna exterior (se exterioriza e, conforme os contextos, se aliena), e essa exterioridade, reconhecida como objetivi-

de maneira geral, eu abandono (*derelinquiere*) a minha Coisa como sem dono, ou a cedo à vontade de um outro para a posse — mas somente na medida em que a Coisa, segundo a *sua natureza*, é *algo exterior*.

Adendo (H). Se a prescrição é uma alienação com vontade não diretamente declarada, a verdadeira alienação, em contrapartida, é uma declaração da vontade de que eu não quero mais considerar a Coisa como minha. Isso tudo pode também ser compreendido no sentido de que a alienação é uma verdadeira tomada de posse. A tomada de posse imediata é o primeiro momento da propriedade; pelo uso igualmente se adquire propriedade, e o terceiro momento é, a seguir, a unidade de ambos, a tomada de posse pela alienação.

§ 66

Inalienáveis são, por isso, os bens ou, antes, aquelas determinações substanciais que constituem a minha pessoa mais própria e a essência universal da minha autoconsciência, como minha personalidade em geral, minha vontade livre universal, minha eticidade, minha religião, assim como é *imprescritível* o direito a elas.

    O fato de que o espírito seja também no ser-aí e para si o que ele é segundo o seu conceito ou *em si* (por conseguinte, que ele seja pessoa, capaz de propriedade, que tenha uma eticidade, uma religião) — essa ideia é ela mesma o conceito do espírito (como *causa sui*, isto é, como causa livre, ele é aquilo *cuius natura non potest concipi nisi existens*[195] — Spinoza, *Ética*, P. I, Def. I.). Precisamente nesse conceito, de ser o que ele é *somente por si mesmo* e enquanto *retorno infinito adentro de si* a partir da naturalidade imediata do seu ser-aí, reside a possibilidade da oposição entre o que ele é somente *em si* e não, também, *para si* (§ 57), assim como, inversamente, entre o que ele é somente *para si*, mas não é *em si* (como, na vontade, o mal) — e nisso reside a *possibilidade da*

---

dade que realiza e exprime o espírito, é "suspensa" (cf. Rötgers, K., "Entäusserung", in: *HWPhil.*, v. 2, colunas 504-6).

[195] "*Per causa sui intelligo id cujus essentia involvit existentiam, sive id cujus natura non potest concipi, nisi existens*" [Por causa de si entendo aquilo cuja essência envolve a existência, ou seja, aquilo cuja natureza não pode ser concebida senão como existente"] (Espinosa, *Ética*, Parte I, Definição 1).

alienação da personalidade e do seu ser substancial, que essa alienação aconteça de um modo desprovido de consciência ou expresso.[196] —

---

[196] A estrutura especulativa da ideia de liberdade enquanto identidade integrativa de seus dois momentos, o conceito e a sua efetividade posta na existência imediata, e a determinação dessa ideia como constituindo o núcleo do "conceito do espírito", no sentido da *causa sui* espinosana — definição que Espinosa, na proposição 7, aplica à substância, e com a qual Hegel apreende conceitualmente o espírito enquanto substância em processo de vir a ser sujeito, pois como o "espírito é o que ele é somente por si mesmo", a sua essência, a liberdade, só pode ser concebida como a potência de autoefetivação do conceito (§ 1) — permitem a Hegel articular a relação entre a dimensão lógica e a dimensão histórico-universal da sua teoria da liberdade e, ao mesmo tempo, três questões centrais implicadas na apropriação ativa do homem por si mesmo. 1) Essa estrutura interna da ideia permite explicar a *"possibilidade da alienação da personalidade* e do seu ser substancial", juntamente com as consequências mencionadas na Anotação. 2) Ela permite equacionar a antinomia a respeito da avaliação jurídica e histórica da escravidão, mencionada na Anotação ao § 57, bem como fundamentar a sua resolução. A antinomia reside, precisamente, na afirmação unilateral de um dos momentos da ideia como existindo separadamente por si e pretendendo, na sua unilateralidade, ser adequado à ideia. Ater-se ao lado do *"conceito* do homem enquanto espírito" (§ 57 A) e afirmá-lo na sua imediatidade como já sendo a ideia, equivale a afirmar que o homem é "livre por natureza"; mas com isso, esse lado da antinomia se inverte dialeticamente no lado oposto, que toma o espírito na sua "existência natural imediata, enquanto diversa e oposta ao conceito de liberdade, como já sendo também adequada à ideia, esquecendo que essa existência imediata, fora do processo de efetivação do conceito de liberdade "já é *em si* violência contra a ideia sendo em si da liberdade" (§ 93 A). Esse seria o ponto de vista da consideração meramente histórica da escravidão, a sua naturalização, correlata da "consciência primeiro somente imediata da liberdade", que precisa ainda atravessar a luta pelo reconhecimento e a relação de senhorio e servidão (§ 57 A). A resolução teórica da antinomia consiste na integração concreta dos dois momentos (o conceito e a sua efetividade imediata) na ideia; do ponto de vista do espírito objetivo, na sua integração na ideia de Estado, pois esta não é senão o processo de efetivação e determinação completa da ideia ética (§ 257); do ponto de vista da autoconsciência do indivíduo singular, no "conhecimento de que a ideia da liberdade só é verdadeiramente como Estado" (§ 57 A). A resolução prática da antinomia é o tempo de maturação da história do mundo necessário para que os indivíduos singulares, enquanto agentes do processo de objetivação do espírito, se alcem à consciência de que a ideia de liberdade é o que constitui a sua verdadeira efetividade. 3) Ela fornece, por fim, o fundamento da inalienabilidade e imprescritibilidade dos direitos de liberdade, enquanto determinações universais e essenciais da sua autoconsciência, sempre ameaçados na sua realização jurídica e institucional de serem reduzidos à sua efetividade imediata enquanto mera positividade histórica. "Se o saber da ideia — isto é, [o saber] do saber que os homens têm de que a sua essência, fim e objeto é a liberdade — é especulativo, essa ideia enquanto tal é a efetividade dos homens, portanto, não a ideia que eles *têm*, mas a ideia que eles *são*. O cristianismo fez desse saber

Exemplos de alienação da personalidade são a escravidão, a servidão, a incapacidade de possuir propriedade, a não liberdade desta etc.; a alienação da racionalidade inteligente, da moralidade, da eticidade, da religião ocorrem na superstição, na concessão de autoridade e de pleno poder a outros para determinar e me prescrever que ações devo praticar (como quando alguém se deixa expressamente empreitar[197] para o roubo, para o assassínio etc., ou para a possibilidade de praticar crimes), o que é para mim dever de consciência, verdade religiosa etc. — O direito a um tal bem inalienável é imprescritível, pois o ato pelo qual tomo posse da minha personalidade e da minha essência substancial, pelo qual faço de mim um ser capaz de direito e imputável, um ser moral, religioso, subtrai essas determinações precisamente à exterioridade, que, ela só, as tornava suscetíveis de estarem na posse de um outro.[198] Com essa supressão da exterioridade desaparecem a determinação temporal e todas as razões que poderiam ser tomadas do meu consentimento ou da minha aquiescência anteriores. Esse retorno de mim em mim mesmo, pelo qual me torno existente enquanto ideia, enquanto pessoa jurídica e moral, suprime a relação precedente e a in-justiça que eu e o outro tínhamos infligido ao meu conceito e à minha razão, em ter tratado e deixado tratar a existência infinita da autoconsciência como algo exterior.[199] — Esse retorno adentro de mim descobre a contradição de ter

---

entre seus adeptos a efetividade deles, por exemplo, não ser escravo; se eles fossem feitos escravos, se a decisão sobre a sua propriedade fosse entregue ao capricho, não às leis e aos tribunais, eles achariam lesada a substância do seu ser-aí" (*E*, § 482).

[197] O verbo *verdingen* significa não apenas "empenhar-se" ou "engajar-se" na prática de uma ação, no caso ilícita, mas a prestação de um trabalho ou a prática de uma ação, no caso, dos ilícitos mencionados, em contrapartida de um pagamento, portanto, "empenhando" a sua liberdade a outrem, no sentido de penhorá-la, conforme mostra o uso do termo nos Apontamentos de Hotho, incorporados no Adendo, ao mencionar a faculdade legítima de qualquer um "rescindir esse contrato". "Se alguém num conflito de consciência se deixa determinar por outrem a respeito do que deve fazer, se concede a este o direito, a disposição ética sobre a sua faculdade, sobre suas ações, se ele firma isso da maneira mais sagrada, isso, contudo, não o vincula, um tal direito é inalienável, e cada um pode suprimir esse relacionamento" (*VRph 1824-25*, p. 239).

[198] "Também o direito a viver é inalienável, isto é, para o arbítrio" (*NM*, p. 467; *TWA*, v. 7, p. 144).

[199] Donde o corolário ético, apontado por Hotho e incorporado por Gans na primeira frase do Adendo, e também, nos Apontamentos de Griesheim ao § 66 A, que tiram, além disso, as consequências políticas desse direito imprescritível à liberdade do escravo:

cedido a outros a posse de minha capacidade jurídica, de minha eticidade, de minha religiosidade, daquilo que eu mesmo não possuía e que, tão logo eu o possua, precisamente só existe essencialmente como meu e não como algo exterior.

Adendo (H). Reside na natureza da Coisa que o escravo tenha um direito absoluto de fazer-se livre, que, se alguém empreitou a sua eticidade para o roubo e o assassínio, isso é em si e por si nulo, e qualquer um possui a faculdade de rescindir esse contrato. O mesmo sucede com o empenho da religiosidade a um padre que é meu confessor, pois o homem tem de acertar tal interioridade religiosa unicamente consigo mesmo. Uma religiosidade em que uma parte é depositada nas mãos de outrem não é religiosidade de espécie alguma, pois o espírito é um só, e ele deve habitar em mim; *a mim* deve pertencer a reunião do ser-em-si-e-para-si.

§ 67

Das *minhas habilidades particulares, corporais e espirituais*, e das possibilidades de atividade, eu posso *alienar* a outrem produções *singulares* e um uso *limitado no tempo*,[200] porque, segundo essa limitação, elas adquirem uma relação exterior à minha *totalidade* e *universalidade*. Pela alienação de *todo* o meu tempo, tornado concreto pelo trabalho, e da totalidade da minha produção, eu faria do elemento-substancial destes, da minha atividade e da minha efetividade *universais*, da minha personalidade, a propriedade de um outro.

"O direito é imprescritível, o escravo tem sempre o direito absoluto de escapar à escravidão, isso é imprescritível, mesmo quando a escravidão é também autorizada, garantida por leis, o escravo não tem, contudo o dever de ficar; de que modo é indenizado o senhor que comprou e manteve o escravo *bona fide*, isto é assunto do Estado. Na América do Norte, onde o Estado inicialmente sancionara a escravidão por lei e, posteriormente, a ab-rogou, ele os resgatou. Mas o escravo tem a toda hora o direito de romper os seus grilhões; mesmo se nasceu escravo, mesmo se todos os seus antepassados eram escravos, o seu direito é imprescritível" (*VRph 1824-25*, p. 239).

[200] Na divisão sistemática dos contratos, Hegel classifica essa alienação somente parcial do tempo de trabalho para a produção ou prestação de serviços como "contrato de salário" (§ 80, B, 3).

É a mesma relação que a abordada acima, § 61, entre a substância da *Coisa* e sua *utilização*; assim como esta só é diversa daquela na medida em que é limitada, também o uso de minhas forças só é diferente delas mesmas e, com isso, de mim, na medida em que é quantitativamente limitado; — a *totalidade* das externações de uma força é a própria força, — a dos acidentes, é a substância, — a das particularizações, é o universal.

Adendo (H). A diferença explicada aqui é a diferença entre um escravo e a hodierna criadagem ou um diarista. O escravo ateniense tinha talvez afazeres mais leves e um trabalho mais espiritual do que, em regra, os nossos criados, mas ele era, apesar disso, escravo, porque o âmbito inteiro da sua atividade estava alienado ao senhor.

§ 68

O que há de próprio na produção espiritual pode, pelo modo da sua externação, inverter-se imediatamente nessa exterioridade de uma Coisa, que, então, pode ser igualmente produzida por outros; desse modo, com a sua aquisição, o novo proprietário, além de poder, assim, apropriar-se dos pensamentos comunicados ou das invenções técnicas — possibilidade essa (no caso das obras literárias) que constitui em parte a única determinação e o valor da aquisição —, acede ao mesmo tempo à posse do *modo universal* de assim se externar e produzir tais Coisas em múltiplos exemplares.

No caso das obras de arte, a forma que plasma imageticamente o pensamento num material exterior enquanto coisa é a tal ponto o que é próprio ao indivíduo produtor, que uma reprodução dessa forma é essencialmente o produto da habilidade espiritual e técnica própria. No caso de uma obra literária, a forma pela qual a obra é uma Coisa exterior, assim como no caso da invenção de um dispositivo técnico, é de *tipo mecânico* — no primeiro caso, porque o pensamento é apresentado somente numa série de *signos* abstratos, isolados, não numa imagética concreta, no segundo, porque ele tem um conteúdo mecânico em geral — e o modo de produzir tais Coisas enquanto Coisas pertence às práticas habituais. — De resto, entre os extremos da obra de arte e da produção artesanal há transições, que têm em si ora mais, ora menos de uma ou de outra.

§ 69

Como o adquirente de um tal produto possui no exemplar, enquanto *singular*, o uso pleno e o valor do mesmo, ele é proprietário perfeito e livre desse produto enquanto singular, embora o autor do escrito ou o inventor do dispositivo técnico permaneça proprietário do modo *universal* de multiplicar tais produtos e Coisas, o qual, enquanto modo universal, ele não alienou imediatamente, mas o reservou para si como externação própria.

O substancial do direito do escritor e do inventor não deve ser a pricípio buscado em que ele, por ocasião da alienação do exemplar singular, imponha arbitrariamente como *condição* o fato de que a possibilidade de igualmente produzir doravante tais produtos como Coisas — possibilidade, que, agora, com a alienação, está na posse do outro — não se torne propriedade do outro, mas permaneça propriedade do inventor. A primeira pergunta é se uma tal separação entre a propriedade da Coisa e a possibilidade, dada com ela, de igualmente produzi-la, é admissível no conceito e não suprime a propriedade plena, livre (§ 62) — daí que cabe somente ao arbítrio do primeiro produtor espiritual reter para si essa possibilidade [de reprodução], ou de aliená-la como um valor, ou de não depositar nela nenhum valor para si e de abandoná-la com a Coisa singular. Essa possibilidade [de reprodução] tem como efeito peculiar de ser na Coisa o lado segundo o qual esta é não só uma posse, mas um *patrimônio* (ver abaixo §§ 170 ss.), de sorte que este reside no modo particular do uso externo que é feito da Coisa e que é distinto e separável do uso ao qual a coisa está imediatamente destinada (o uso não é, como se diz, uma *acessio naturalis* tal como a *foetura*). Já que a diferença, naquilo que por sua natureza é divisível, incide no uso exterior, a retenção de uma parte do uso por ocasião da alienação da outra parte não é a reserva de um senhorio sem o *utile*. — O primeiríssimo fomento das ciências e das artes, mas meramente negativo, é garantir contra o *furto* aqueles que nelas trabalham e assegurar-lhes a proteção da sua propriedade, assim como o primeiríssimo fomento do comércio e da indústria foi o de protegê-los do banditismo nas estradas nacionais. — Como, de resto, o produto do espírito tem a destinação de ser aprendido por outros indivíduos e apropriado por sua representação, sua memória, seu pensamento etc., e como a sua externação, pela qual eles fazem do que foi *aprendido* uma *Coisa alienável*, tem sempre facilmente alguma *forma* própria qualquer (pois aprender não significa somente aprender as palavras de cor pela memória — os pensamentos de outros só podem se apreendidos pelo pensamento, e esse repensar é também aprender), segue-se que aqueles indivíduos podem considerar a faculdade proveniente dessa aprendizagem como propriedade sua e, a partir disso, reivindicar para si o direito de tal [re]produção. A propagação das ciências em geral e a tarefa determinada do ensino em particular consistem, segundo a sua destinação e o seu dever, [e] de modo o mais determinado no caso das ciências positivas, da doutrina de uma igreja, da ciência jurídica etc., na *repetição* de pensamentos em geral já externados e adotados de fora, por conseguinte, também fixados em escritos que têm por fim essa tarefa de ensino e a propagação e difusão das ciências. Em que medida, no entanto, a *forma* resultante da externação repetitiva transforma o tesouro científico existente e, particularmente, os pensamentos desses outros que ainda têm a propriedade exterior dos produtos do seu espírito em uma propriedade espiritual especial do indivíduo que os reproduz, e, com isso, lhe dá ou não o direito de também fazer deles a sua propriedade exterior — em que medida tal repetição, numa obra literária, torna-se um *plágio*, isso não se deixa indicar por uma determinação precisa e, assim, fixar de maneira jurídica e legal.[201] O plágio, por isso, teria de ser uma questão de *honra* e ser por ela contido. — Por isso, as leis contra a *reimpressão clandestina* preenchem o seu fim de assegurar juridicamente a propriedade dos escritores e editores num âmbito certamente determinado, mas muito restrito.[202] A facilidade que há em alterar intencionalmente algo na forma ou em inventar uma modificaçãozinha numa grande ciência, numa teoria abrangente que é obra de um outro, ou já a impossibilidade de se ater às palavras do autor na exposição oral do apreendido, ocasionam por si mesmas, além dos fins particulares para os quais uma tal repetição é necessária, a multiplicidade infinita de mo-

---

[201] "A maior parte da literatura alemã é de natureza fabril [*ist Fabrikwesen*], tornou-se mera indústria" (*NM*, p. 475; *TWA*, v. 7, p. 150).

[202] "Leis contra a reimpressão clandestina — α) proteção dos escritores e editores — seus representantes comissionados [atuam] em comum contra a reimpressão clandestina — β) o editor [atua] contra impressos clandestinos — assim como contra o público —, propriedade em comum da nação — cada um pode reimprimir essa propriedade comum — privilégio —, provimento, garantia do comércio editorial" (*id.*, p. 473; *id.*, v. 7, p. 150).

dificações que imprimem à propriedade alheia o selo mais ou menos superficial do *seu*, como mostram as centenas e centenas de compêndios, de excertos, de coletâneas etc., de livros de aritmética e de geometria, de escritos edificantes etc., da mesma forma que cada nova ideia de uma revista crítica, de um almanaque das musas, de um dicionário de conversação etc., pode, em seguida, ser igualmente repetida sob o mesmo título ou sob um título modificado, mas afirmada como algo de próprio — pelo que, então, facilmente o ganho que a obra prometia ao escritor ou o achado, ao empresário inventivo, é para ambos eliminado ou rebaixado, ou arruinado para todos. — No que concerne à *atuação da honra* contra o plágio, chama a atenção, a propósito, que não mais se ouve a expressão *plágio* ou mesmo *furto intelectual*, seja porque a honra obteve a sua eficácia em coibir o plágio, ou porque ele tenha deixado de ser contra a honra, e o sentimento correspondente tenha desaparecido, ou porque uma invenção insignificante e a modificação de uma forma externa se estimam em tão alto grau como originalidade e como produto de um pensar autônomo, que em si mesmos nem permitem que o pensamento de um plágio venha à tona.

§ 70

A totalidade *compreensiva* da atividade exterior, *a vida*, não é algo de exterior em face da personalidade, enquanto ela mesma é *esta* personalidade e o é *de maneira imediata*. A alienação ou o sacrifício da vida é, muito mais, o contrário do ser-aí *desta* personalidade. Por isso, eu não tenho em absoluto *direito* algum a essa alienação,[203] e somente uma ideia ética, enquanto

---

[203] Nas suas Notas Manuscritas a este parágrafo, Hegel vincula o suicídio a um grau inferior de consciência ética do indivíduo. "Quando o homem se precipita nestas profundezas [perguntando se o suicídio é 'juridicamente e eticamente permitido', a fim de 'furtar-se à infelicidade, à vergonha, à desonra — no caso imerecidas'] — ele traz sua vida em toda a sua amplitude para a comparação, o confronto, o questionamento — com isso intervém, assim, a exigência de que ele também desça à profundidade do seu espírito — antes que julgue que esta vida não tem *valor*. — Se não existe nada nele pelo qual poderia proporcionar-se um valor — é que ele está num degrau inferior da sua consciência ética" (*id.*, p. 477; *id.*, v. 7, p. 151).

"O suicídio pressupõe uma dilaceração interna, uma contradição que o sujeito não pode mais suportar. Essa contradição em face do mundo, tal que este não pode mais satisfazer o lado interno é, assim, uma infelicidade. Considerando o ponto de vista ético,

nela *esta* personalidade *imediatamente* singular está em si submersa e enquanto ela é a potência *efetiva* dessa personalidade, tem um direito a essa alienação, de sorte que, assim como a vida enquanto tal é *imediata*, a morte também é a negatividade *imediata* dessa vida e, por isso, tem de ser aceita de fora, como uma Coisa da natureza ou de uma mão estranha a serviço da ideia.

Adendo (H). A pessoa singular é, certamente, algo subordinado, que tem de se consagrar ao todo ético. Por isso, se o Estado lhe exige a vida, o indivíduo tem então de dá-la; mas é permitido ao homem tirar-se a vida? Dar-se a própria morte pode ser considerado, em primeiro lugar, como um ato de bravura, porém como uma má bravura, a de alfaiates e criadas. Pode-se, por sua vez, considerar essa morte como uma infelicidade, quando uma

---

exige-se contudo do homem, se ele sofreu perdas, se uma tal negatividade está nele, que não se contente diante dessas perdas, diante desse lado insatisfatório, que deve existir um lado superior que lhe dê um interesse para viver, para ser ativo, atuar, conservar o seu ser-aí, de sorte que pela apresentação desse aspecto superior ele deve obter uma satisfação que lhe torne a vida ainda suportável. O homem pode ter perdido muito, os interesses mais elevados, a consciência da sua realidade pode estar inteiramente empobrecida, [mas] isso é ainda um lado somente particular, subordinado, em face da profundidade absolutamente infinita e para si do seu espírito. Quando o homem põe assim em questão o âmbito total da sua realidade, é de se exigir dele que desça às profundezas do seu espírito e aí encontre um interesse universal, com o qual tenha a certeza de se suster, por menor que seja o âmbito externo da sua atuação" (*VRph 1824-25*, pp. 242-3).

"Cato de Utica privou-se da vida quando a República estava perdida, Cassius e Brutus precipitaram-se, em Philippi, sobre sua espada, para não cair nas mãos de Antonius. Aqui, o persistir da constituição romana nesses indivíduos era a sua realidade mais profunda, última. Como, então, tanto a realidade da constituição estava perdida, como também eles estavam em perigo, esses heróis, que tudo apostaram nessa realidade [da constituição], nada tinham de mais profundo a contrapor a essa perda que ainda lhes pudesse restar como um interesse, cuja fruição ainda pudesse ocupá-los. Assim como essa representação e esse pensamento estavam perdidos, esgotara-se para eles a satisfação da vida, isso e a sua honra foi o que os levou a se darem à morte. Esses indivíduos tinham uma representação elevada de si mesmos, de si enquanto republicanos romanos, lhes era insuportável ver essa representação profanada pelo cativeiro, pela vida em outras circunstâncias, em que um só dominaria em Roma. Esse opróbrio lhes era insuportável, eles não queriam ver a sua elevada individualidade sob tais condições. Esta representação é aqui a última instância e, no caso de tais romanos, isso bem pode ser a última instância; quando em época recente Werther se deu um tiro porque não podia casar-se com uma moça, isso é debilidade, fraqueza, ignomínia. — Esses são os momentos que aqui entram em linha de conta" (*id.*, v. 4, p. 244).

dilaceração interior leva a ela. Mas a pergunta principal é: tenho o direito a isso? A resposta será que eu, enquanto este indivíduo, não sou senhor da minha vida, pois a totalidade compreensiva da atividade, a vida, não é algo exterior em face da personalidade, totalidade que é ela mesma, imediatamente, esta personalidade. Falar de um direito que a pessoa tem sobre a sua vida é uma contradição, pois isso significaria que a pessoa tem um direito sobre si. Mas ela não tem esse direito, pois ela não está acima de si mesma e não pode julgar a si mesma. Se Hércules entregou-se às chamas, se Brutus precipitou-se sobre a sua espada, esse é um comportamento de um herói contra a sua personalidade; mas quando se trata do simples direito de dar-se a morte, cabe negá-lo inclusive aos heróis.

PASSAGEM DA PROPRIEDADE AO CONTRATO

§ 71

O ser-aí, enquanto ser determinado, é essencialmente ser para outro (ver acima a Anotação ao § 48); a propriedade, segundo o lado em que ela é um ser-aí enquanto Coisa exterior, é para outras exterioridades e está no contexto dessa necessidade e dessa contingência. Mas enquanto ser-aí da *vontade*, ele é para outro somente enquanto *para a vontade* de outra pessoa. Essa relação de vontade a vontade é o terreno peculiar e verdadeiro no qual a liberdade tem *ser-aí*. Esta mediação de ter propriedade não mais só mediante uma Coisa e mediante a minha vontade subjetiva, mas igualmente pela mediação de uma outra vontade e, com isso, em uma vontade comum, constitui a esfera do *contrato*.[204]

---

[204] O aspecto central na passagem da propriedade ao contrato é a derivação conceitual do surgimento da pluralidade de vontades "enquanto [são] pessoas e proprietárias", implicado na aquisição da propriedade pela mediação de outra vontade, mediação que contém o processo de reconhecimento das vontades contratantes enquanto o verdadeiro solo de existência da liberdade. Embora, portanto, na lógica da apresentação progressiva, a propriedade implique uma relação de reconhecimento recíproco entre duas pessoas proprietárias no contrato, e o contrato seja o "*ser-aí real* da propriedade" (*NM*, p. 485; *TWA*, v. 7, 155), Hegel mantém, num primeiro momento, a fundação individualista e pré-social do direito subjetivo de propriedade, pois o reconhecimento recíproco ainda não intervém na objetivação da vontade singular imediata na propriedade. Certamente, "o momento do reconhecimento já está contido e pressuposto no espírito objeti-

É pela razão tão necessário que os homens entrem em relações contratuais — doar, trocar, comerciar etc. — quanto que possuam propriedade (§ 45 A). Se para a sua consciência é a carência em geral, a benevolência, a utilidade etc. o que os leva a contratos, em si é a razão que os leva, a saber, a ideia do ser-aí real da personalidade livre ("real" porque aí-presente só na vontade). O contrato pressupõe que aqueles que o contraem se *reconheçam* como pessoas e como proprietários; uma vez que ele é uma relação do espírito objetivo, o momento do reconhecimento já está nele contido e pressuposto (cf. § 35, § 57 A).

Adendo (H). No contrato eu tenho propriedade por vontade comum: pois é o interesse da razão que a vontade subjetiva se torne universal e se eleve a essa efetivação. Assim, no contrato permanece a determinação *desta* vontade, mas em comunidade com outra vontade. A vontade universal, em contrapartida, aparece, aqui, ainda, somente na forma e na figura do ser-em--comum.²⁰⁵

---

vo" (§ 71 A), pois o reconhecimento recíproco das autoconsciências e o seu resultado, a "autoconsciência universal (*E*, § 436), estão na base da razão (*id.*, §§ 438-9), da inteligência ("espírito teórico") e da vontade ("espírito prático"), cuja unidade é o "espírito livre" (*id.*, § 481), que então se efetiva no espírito objetivo enquanto esfera do direito, e cuja determinação imediata e elementar é a personalidade da pessoa singular. Mas esse reconhecimento não é ainda o reconhecimento mediado pelo contrato, pois a figuração do espírito objetivo na personalidade e a justificação do direito subjetivo à propriedade é anterior ao contrato. "Na personalidade, as várias pessoas são iguais, caso se quiser falar aqui de várias, onde ainda não intervém tal distinção" (*id.*, § 49 A).

²⁰⁵ "O *interesse da razão* [no contrato é o de que] α) eu seja e permaneça proprietário — β) meu ser-aí enquanto proprietário [tenha] objetividade — que ele seja a autoconsciência livre de um outro" (*NM*, p. 487; *TWA*, v. 7, p. 156). Ver, no Adendo ao § 81, a análise da progressão conceitual do contrato ao ilícito, baseada na insuficiência dessa figura da vontade universal enquanto vontade comum do contrato.

Segunda seção

O CONTRATO

§ 72

A propriedade, cujo *lado* do ser-aí ou *da exterioridade* não é mais só uma Coisa, porém contém em si mesmo o momento de uma vontade (e, com isso, de uma outra vontade), vem a constituir-se pelo contrato — como o processo no qual se apresenta e medeia a contradição de que eu *sou* e *permaneço* proprietário sendo para mim e excluindo a outra vontade, na medida em que, numa vontade idêntica com a outra vontade, eu *cesso* de ser proprietário.

§ 73

Eu *posso* não só me desfazer de uma propriedade como de uma Coisa exterior (§ 65), mas *tenho de*, pelo conceito, me desfazer dessa propriedade enquanto propriedade, a fim de que a *minha* vontade me seja ob-jetiva enquanto *sendo-aí*. Mas, segundo este momento, a minha vontade, enquanto exteriorizada,[206] é ao mesmo tempo uma *outra* vontade. Por conseguinte,

---

[206] Como o contexto destes parágrafos iniciais sobre o contrato é inteiramente determinado pelo tema da alienação da propriedade, o verbo *entäussern* é interpretado no sentido estritamente jurídico de "alienar", no qual ressoa, todavia, o seu outro sentido fundamental, o de "exteriorizar". A presença desses dois sentidos neste enunciado ressalta a tese central do parágrafo: a transferência da propriedade da Coisa, enquanto objeto do contrato, implica não só a alienação da Coisa, mas também a da propriedade enquanto tal, a qual exige a exteriorização e alienação da própria vontade proprietária, que, assim, se torna outra que ela mesma, a fim de ser para si mesma "objetiva enquanto *sendo-aí*", isto é, enquanto outra vontade. Quer dizer, essa exteriorização da vontade, exigida pela alienação da propriedade enquanto tal, torna essa vontade própria outra para si mesma, de sorte que o surgimento da outra vontade exigida pelo contrato é explicada a partir do tornar-se outro da primeira vontade. "Alienação da minha propriedade — [...] para que eu, enquanto vontade, seja *objetivamente livre* para mim —, isto é, enquanto outra vontade livre" (*ibid.*, p. 487; *ibid.*, v. 7, 156). Aqui, atuam na *Entäusserung*, simultaneamente, o sentido jurídico de "alienar" e o sentido idealista do "exteriorizar" a própria vontade numa outra, na qual, enquanto exterior a mim, reconheço objetivamente a

aquilo em que essa necessidade do conceito é real é *a unidade* de vontades diferentes, unidade na qual se abandona, assim, a sua diferenciação e o caráter próprio de cada uma. Mas nesta identidade das vontades está contido igualmente (neste degrau ou estágio) o fato de que cada uma é e permanece para si uma vontade própria, não idêntica com a outra.

§ 74

Por conseguinte, essa relação é a mediação de uma vontade idêntica na diferenciação absoluta de proprietários sendo-para-si, e ela implica que cada um com a sua vontade e com a do outro *deixa* de ser, *permanece* e *torna-se* proprietário;[207] — é a mediação da vontade de ceder uma propriedade, no caso, uma propriedade singular, e da vontade de aceitar uma proprieda-

---

minha liberdade. Assim, no contrato civil, cuja base é a propriedade e a sua alienação, as duas vontades são idênticas e, ao mesmo tempo, permanecem para si mutuamente exteriores e excludentes (§ 74). Hegel recorrerá a essa mesma figura argumentativa para mostrar como a ação do sujeito moral, ao executar e objetivar os seus fins, suspende a sua singularidade imediata para tornar-se uma subjetividade exteriorizada ou "exterior", que, "assim idêntica comigo, é a vontade de outros" (§ 113 A), remetendo em seguida ao § 73. Essa gênese conceitual da outra vontade e da pluralidade das vontades proprietárias, aqui descrita como implicação do contrato, é desenvolvida na *Enciclopédia* por meio do conceito de "autorrepulsão" da vontade que retorna a si a partir da exterioridade que ela se dá enquanto proprietária. "Na propriedade, a pessoa se encadeou consigo mesma. Mas a Coisa é uma Coisa abstratamente exterior, e eu nela sou abstratamente exterior. O retorno concreto de mim a mim na exterioridade é que eu, a relação *infinita* de mim a mim mesmo, sou enquanto pessoa a minha repulsão de mim mesmo, e tenho o ser-aí da minha personalidade no *ser de outras pessoas*, na minha relação a elas, e no ser reconhecido por elas, o qual, assim, é recíproco" (*E*, § 490).

[207] A esta contradição processual do contrato de alienação e à sua mediação, subjaz como base objetiva e termo-médio a identidade do valor da Coisa alienada, que, precisamente, possibilita a vontade proprietária deixar de ser, permanecer e tornar-se proprietária da universalidade intrínseca da Coisa, enquanto valor que perdura no processo. Essa identidade objetiva do valor explica, assim, por que o reconhecimento recíproco do contrato é ao mesmo tempo uma mediação e uma exclusão recíproca, por que essas vontades são ao mesmo tempo idênticas e excludentes, pois, uma vez executado o que foi estipulado no contrato, os proprietários refluem à sua mútua indiferença. Daí que o reconhecimento implicado pelo contrato permanece na esfera do direito abstrato um reconhecimento "por si formal": "Essa *unidade* de *dois reconhecendo-se* enquanto livres — obtém ela mesma ser-aí — processo — reconhecimento é somente essa unidade abstrata [...] — reconhecer por si formal" (*NM*, p. 487; *TWA*, v. 7, p. 156).

de, que é, portanto, propriedade de outrem, e isso na conexão idêntica pela qual um querer só chega à decisão na medida em que o outro querer está aí--presente.

§ 75

Já que ambas as partes contratantes relacionam-se uma à outra como pessoas autônomas *imediatas*, o contrato α) procede do *arbítrio*; β) a vontade idêntica que entra pelo contrato no ser-aí é somente *uma vontade posta pelos contratantes*, por conseguinte, uma vontade somente *comum*, não uma vontade universal em si e para si; γ) o ob-jeto do contrato é uma Coisa *singular exterior*,[208] pois só uma tal Coisa está submetida ao mero arbítrio dos contratantes em aliená-la (§§ 65 ss.).

Por isso, o *casamento* não pode ser subsumido sob o conceito de contrato; essa subsunção é exposta — na sua ignomínia, é preciso dizer — em Kant (*Metaphys. Anfangsgründe der Rechtslehre*, pp. 106 ss.).[209] — Tampouco a natureza do *Estado* reside na relação contratual, seja o Estado tomado como um contrato de todos com todos, seja como con-

---

[208] A restrição do âmbito do contrato à sua incidência sobre Coisas singulares acentua esse caráter formal, negativo e essencialmente excludente da relação de reconhecimento entre proprietários, acentua-o até o limite da indiferença, entendida como ausência de relação, que aparece inicialmente no caráter individualista e pré-social da aquisição originária e imediata da propriedade (Theunissen, M., "Die verdrängte Intersubjektivität in Hegels Philosophie des Rechts", in: Henrich e Horstmann, *op. cit.*, pp. 316-81; a tese referida está na p. 352). Mas essa restrição visa principalmente a invalidar na sua raiz toda construção contratualista do Estado, comum à tradição jusnaturalista, pois se o Estado se fundasse nesse conceito essencialmente privado de contrato e no arbítrio que lhe é inerente, ele se transformaria numa associação de proprietários privados, cuja finalidade principal seria a proteção da liberdade pessoal e da propriedade (ver § 258 A). Na perspectiva da crítica de Hegel à versão paradigmática do contratualismo jusnaturalista em Hobbes, a transposição da relação contratual de direito privado para a esfera do direito público tornaria sem sentido a figura do pacto (*covenant*) fundador, que institui o Estado (a *commonwealth*, isto é, a sociedade civil no seu sentido clássico e político, enquanto conceitualmente idêntica ao Estado) e o soberano. Mas cabe aqui uma ressalva importante à crítica hegeliana ao contratualismo, porque o pacto fundador hobbesiano não tem por objeto direitos sobre coisas exteriores, que são da alçada do *dominium* do proprietário, mas ações que autorizam e instituem a "autoridade" do representante (cf. *Leviathan*, cap. XVIII, pp. 228-30 e cap. XVI, pp. 217-8; *Leviatã*, pp. 149-51 e 138-9).

[209] *Metafísica dos costumes*, Iª Parte, §§ 24-7, in: *Kant, Werke*, v. IV, pp. 389-93.

trato de todos esses com o príncipe e o governo. — A intromissão dessa relação contratual, bem como das relações da propriedade privada em geral na relação estatal, provocou as maiores confusões no direito público e na efetividade. Assim como, em períodos anteriores, os direitos e os deveres políticos foram considerados e afirmados como uma propriedade privada imediata de indivíduos particulares em face do direito do príncipe e do Estado, assim, num período mais recente, os direitos do príncipe e do Estado foram considerados como ob-jeto de contrato e fundados nele, como um *elemento* meramente *comum* da vontade e proveniente do arbítrio dos que se uniram num Estado.[210] — Por mais diversos que sejam, de um lado, esses dois pontos de vista, eles têm em comum, de outro, o ter transferido as determinações da propriedade privada para uma esfera que é de natureza inteiramente distinta e mais alta.[211] — Ver adiante: a Eticidade e o Estado.

---

[210] "Toda a passagem — dos Tempos Antigos aos Tempos Modernos — gira em torno deste ponto [a origem não contratual e a natureza de direito público da relação estatal] — a revolução no mundo —, isto é, não meramente a revolução ruidosa — [mas a] revolução que todos os Estados fizeram conjuntamente. *Estado, pensamento universal* — fim —, que é em si e para si. — Não mais *propriedade privada do príncipe*, direito privado do príncipe — [com o] rei filósofo —, os domínios tornaram-se *propriedade do Estado* — Frederico II, rei filósofo — justiça — não jurisdição patrimonial [em que] singulares se colocam sob a proteção de alguém — não mais tributos sobre os contratos dos singulares: foros, censos — porém padrão universal de medida. Repartição do universal, não obrigatoriedade particular da nobreza — porém de todos —, não direitos especiais e privilégios a respeitar" (*NM*, p. 491; *TWA*, v. 7, p. 158). Ver, adiante, § 277, no contexto da teoria da soberania do Estado, a tese de que as funções, tarefas e atividades do Estado são momentos próprios do Estado e, essencialmente, pertencentes a ele, e que elas só estão ligadas aos indivíduos que as exercem de maneira externa e contingente.

[211] No mesmo sulco da sua crítica à moderna fundação contratual do Estado, Hegel critica igualmente a concepção medieval de direito, que não diferencia claramente direitos políticos de soberania e direitos patrimoniais, e que se prolonga nos resquícios feudais do Estado estamental (*Ständestaat*) absolutista protomoderno. Assim, para Hegel, tanto o contratualismo jusnaturalista quanto a interpenetração medieval entre direitos de soberania e direitos patrimoniais provêm de uma intrusão indevida da relação contratual de direito privado na esfera do "direito público racional", que remonta ao direito medieval, este que conceberia, segundo uma interpretação hoje controversa, os direitos políticos como sendo de natureza privada. No primeiro caso, essa intrusão reduz a universalidade intrínseca (em si e para si) do Estado e os direitos públicos à vontade meramente comum, oriunda do arbítrio dos contratantes privados, e, no segundo, ela trans-

Adendo (H). Em época recente tornou-se voga considerar o Estado como um contrato de todos com todos. Todos concluiriam um contrato com o príncipe e este, por sua vez, com os súditos. Essa maneira de ver provém de que se pensa superficialmente só em *uma* unidade de vontades diversas. Mas no contrato há duas vontades idênticas, que são, ambas, pessoas e querem permanecer proprietárias; o contrato parte, portanto, do arbítrio da pessoa, e o casamento tem igualmente esse ponto de partida em comum com o contrato. Mas no caso do Estado isso é desde o início diferente, pois não cabe no arbítrio dos indivíduos separar-se do Estado, já que o indivíduo é por natureza cidadão do mesmo. A destinação racional do homem é de viver num Estado e, se ainda não existe algum, é uma exigência da razão que ele seja fundado. É precisamente um Estado que tem de dar a sua permissão para se entrar nele ou dele sair; isso não depende do arbítrio dos singulares e, por isso, o Estado não se baseia no contrato, que pressupõe o arbítrio. É falso dizer que fundar um Estado reside no arbítrio de todos: é, muito mais, absolutamente necessário para cada um que ele viva no Estado. O grande progresso do Estado em época recente é o de que ele permanece fim em si e para si, e que ninguém está autorizado, como na Idade Média, a se conduzir em relação a ele segundo a sua estipulação privada.[212]

---

forma os direitos e deveres políticos em "propriedade privada imediata de indivíduos particulares em face do direito do príncipe e do Estado". Como ressalta Kervégan, Hegel atinge de um golpe dois adversários: "o contratualismo moderno na sua variante radical (Rousseau) é remetido a uma matriz teórica que é a mesma do *Ständestaat*, do Estado pós-feudal ao qual ele se opõe politicamente" (*Kervégan*, pp. 226-7, nota 4).

[212] A esse respeito, compare-se os Apontamentos de Hotho com os de Griesheim, a seguir. "Aquilo pelo qual os indivíduos de um Estado são idênticos, esse elemento comum não é o elemento comum do arbítrio, mas um universal necessário em si e para si. O fato de estarem no Estado é o fim substancial, essencial, dos cidadãos, que não depende da realização efetiva do fim singular. Por isso, a relação contratual não deve ser aplicada às relações estatais.

Por um lado, atribuiu-se as relações estatais ao arbítrio mediante o qual os governos chegaram a ter autoridade sobre os integrantes do Estado. Isso pode ter se passado na história seja como for, de modo patriarcal ou pela violência, como no caso de Nimrod, ou talvez singulares possam ter escolhido um rei para regê-los; empiricamente, o fato de um poder ter se estabelecido no seio de uma multidão pode ter ocorrido seja como for, é possível que a coesão do Estado tenha surgido assim, e que ela tenha sido representada como uma aquisição surgida graças ao poder acidental de um regente, e que o direito do governo tenha assumido, assim, a forma da propriedade privada.

Isso foi o que mais ou menos aconteceu na Europa, especialmente no Império Alemão, a tal ponto que se tornou propriedade de uma família designar os encarregados das

§ 76

O contrato é *formal* na medida em que os dois consentimentos pelos quais a vontade comum vem a se constituir, o momento negativo da alienação de uma Coisa e o momento positivo da aceitação da mesma, estão repartidos entre os dois contraentes; — *contrato de doação*. — Mas ele pode ser chamado de contrato *real*, na medida em que *cada uma* de *ambas* as vontades contratantes é a totalidade desses momentos mediadores, por conseguinte, nele se torna e igualmente permanece proprietária; — *contrato de troca*.

Adendo (H). O contrato requer dois consentimentos sobre duas Coisas: eu quero adquirir propriedade e quero ceder propriedade. O contrato real é aquele em que cada parte executa o todo, cede e adquire propriedade e, no

---

funções judiciais, os alcaides, uma propriedade que era comprada do imperador inteiramente ao modo do direito privado. As cidades livres adquiriram por compra uma quantidade de tais direitos.

Esse modo de ver, segundo o qual o direito do regente assim brotou das contingências da aquisição e ele os possui como qualquer outra propriedade privada, foi posto pelo sr. Von Haller como fundamento da sua *Restauração da ciência do Estado* [ver nota ao § 258 A sobre Von Haller], na qual considera todos os direitos do governo como uma aquisição do domínio de um modo contingente.

Na Inglaterra, o direito político da comuna, do país, é mais ou menos uma propriedade privada. [...] Entrementes, isso mudou, nós exigimos que a essência do Estado deva ser compreendida segundo princípios, que determinações universais devam ser o elemento dominante. Nosso grande rei Frederico II, o rei filósofo, foi o primeiro que começou a não respeitar os direitos particulares em relação ao Estado, ele colocou antes de mais nada o bem comum como fundamento. Agora o Estado é governado segundo princípios, isto é, segundo determinações universais, de sorte que o particular é ordenado em conformidade a elas.

Essa mudança da determinação da propriedade privada, da posse privada em relação ao Estado, é uma revolução prodigiosa, uma transformação do século passado. O que anteriormente se chamava de propriedade do príncipe, propriedade privada do príncipe, assim como seu direito de prover os cargos, nomear os juízes e assim por diante, tudo isso ou senão a maior parte disso passou à determinação de propriedade do Estado, de domínios do Estado, sobre os quais o príncipe dispõe, mas não segundo o seu arbítrio privado, mas em prol do Estado. Essa forma desapareceu, foi um dever ter posto uma determinação universal, um pensamento no lugar dessa relação de propriedade privada, de pura dominação" (*VRph 1824-25*, pp. 251-3).

ceder, permanece proprietário; o contrato formal é aquele em que só uma parte adquire ou cede propriedade.

§ 77

Visto que no contrato real cada um conserva a *mesma* propriedade, aquela com a qual entra no contrato e a que, ao mesmo tempo, cede, essa propriedade que permanece *idêntica* no contrato enquanto propriedade sendo *em si* distingue-se das Coisas exteriores que na troca mudam os seus proprietários. Essa propriedade é o *valor*, no qual os ob-jetos de contrato, malgrado toda a diversidade qualitativa externa das Coisas, são iguais uns aos outros, é o *universal* das mesmas (§ 63).[213]

A determinação segundo a qual uma *laesio enormis* suprime a obrigação contraída no contrato tem sua fonte, por conseguinte, no conceito de contrato e, mais especificamente, no momento pelo qual o contratante, na alienação da sua propriedade, permanece *proprietário* e, numa determinação mais precisa, *permanece* proprietário da mesma quantidade. Mas a lesão é não só enorme (ela é aceita como tal quando supera a *metade* do valor), porém seria *infinita* se fosse contraído um contrato ou uma estipulação em geral para a alienação de um bem *inalienável* (§ 66). — De resto, uma *estipulação* é distinta do contrato sobretudo segundo o seu conteúdo, pelo fato de que ela significa uma parte singular ou um momento qualquer do contrato todo, e em seguida, também pelo fato de que ela é a fixação do mesmo *em formalidades*, do que se tratará mais adiante. Segundo esse lado do conteúdo, a estipulação contém somente a determinação formal do contrato, a de ser o consentimento de um contratante em executar alguma prestação, e a concordância do outro em aceitá-la; por isso, ela foi incluída entre os assim chamados contratos *unilaterais*. A distinção dos contratos em unilaterais e bilaterais, assim como outras suas divisões no Direito Romano, são, em parte, justaposições superficiais baseadas num aspecto singular e frequentemente exterior, como o dos tipos de formalidade, em parte, misturam também, entre outras coisas, determinações que concernem à natureza do próprio contrato e outras que se referem so-

---

[213] Ver o § 494 da *Enciclopédia* para ulterior esclarecimento do conceito de valor enquanto "Coisa abstrata, universal"; e também a nota ao § 74.

mente à administração do direito (*actiones*) e aos efeitos jurídicos decorrentes das leis positivas, efeitos que frequentemente provêm de circunstâncias totalmente exteriores e lesam o conceito do direito.

§ 78

A distinção entre propriedade e posse, entre o lado substancial e o lado exterior (§ 45), torna-se no contrato a distinção entre a vontade comum enquanto *acordo* e a efetivação deste pela *execução*. Esse acordo a que se chegou, considerado por si à diferença da execução, é algo representado, ao qual tem de ser dado, por isso, segundo o modo peculiar do *ser-aí das representações em signos* (E [1817], § 379 ss. [E, §§ 458 ss.]), um ser-aí particular na expressão da *estipulação* pelas formalidades dos *gestos* e de outras ações simbólicas e, particularmente, numa declaração determinada pela *linguagem*, que é o elemento o mais digno da representação espiritual.

A estipulação, segundo essa determinação, é, com efeito, a forma pela qual o conteúdo *firmado* no contrato, enquanto um conteúdo primeiro só *representado*, tem seu ser-aí. Mas o representar é somente forma e não tem o sentido de que, por isso, o conteúdo seria ainda algo subjetivo, algo a ser desejado ou querido deste ou daquele modo, mas, ao contrário, o conteúdo é o que foi firmado a esse respeito e consumado pela vontade.

Adendo (H). Assim como na doutrina da propriedade tínhamos a distinção entre a propriedade e a posse, entre o substancial e o meramente exterior, assim temos no contrato a diferença entre a vontade comum enquanto acordo e a vontade particular enquanto execução. Reside na natureza do contrato que tanto a vontade comum como também a vontade particular se externem, porque, aqui, a vontade se relaciona a outra vontade. Por isso, entre os povos cultivados, o acordo que se manifesta num signo e a execução estão separados, enquanto que no caso dos povos primitivos eles podem coincidir. Nas florestas do Ceilão existe um povo que pratica o comércio e depõe aí a sua propriedade e espera tranquilamente até que cheguem outros e ponham em face os seus bens: aqui a declaração muda da vontade não é distinta da execução.

§ 79

A estipulação contém o lado da vontade, contém por isso o elemento *substancial* do que é jurídico no contrato [;] em face desse substancial, a posse que ainda subsiste, na medida em que o contrato ainda não foi cumprido, é por si somente o elemento exterior, que tem a sua destinação somente neste lado da vontade. Pela estipulação, eu cedi uma propriedade e o arbítrio particular sobre ela, e ela *já* se tornou *propriedade de outrem*, por isso, pela estipulação estou, de maneira imediata, juridicamente vinculado à *execução*.[214]

A diferença entre uma mera promessa e um contrato reside em que, naquela, o que eu quero doar, fazer, executar, está expresso como algo *futuro* e permanece ainda uma determinação *subjetiva* da minha vontade, que, por isso, ainda posso mudar. A estipulação do contrato, ao contrário, é já ela mesma o *ser-aí* da minha decisão de vontade, no sentido de que por ela alienei a minha Coisa, de que ela *agora* cessou de ser minha propriedade e que eu já a reconheço como propriedade de outrem. A distinção romana entre *pactum* e *contractus* é uma distinção de má qualidade.[215] — Fichte[216] sustentou anteriormente a tese de que a *obrigação* de respeitar o contrato só *começa* para mim com o *início* da execução pela outra parte, porque antes da execução eu desconheceria se o outro *levou a sério* a sua externação; antes da execução a obrigação seria, portanto, de natureza só *moral*, não jurídica.[217] Só que

---

[214] "Minha vontade está *vinculada*, vontade comum *posta* como *uma só* com a vontade do outro — de sorte que a unidade tem *realidade* — α) pela execução da prestação — β) [pela] estipulação — segundo o modo da vontade enquanto algo espiritual *por signos* — formalidade, minuciosidade, aperto de mão — palavra, gesto, escrita; — a vontade comum está aí *para ambas* — a minha vontade não é mais subjetiva *para mim* [...]. O que *está aí* é a exteriorização da minha vontade e o entrelaçamento da mesma com uma outra; eu dei ser-aí a essa exteriorização — de sorte que ela não é mais só uma exteriorização subjetiva —, assim, [ela está] em *ação* — posta *fora de mim*" (*NM*, p. 497; *TWA*, v. 7, p. 164).

[215] "*Pactum* é, no sentido romano, um contrato — em *parte*, igual a uma simples promessa —, mas à qual falta a estipulação — a saber, a estipulação como formalidade solene —; contudo, o direito pretoriano, pouco a pouco, e Justiniano, finalmente, aboliram essa diferença" (*id.*, p. 499; *id.*, v. 7, p. 65).

[216] "Beiträge zur Berichtigung der Urteile über die französische Revolution", in: *Fichtes Werke*, v. VI, pp. 111 ss.

[217] "[Em] Fichte — como no Direito Romano mais antigo: *Thibaut*, p. 125 [*Theorie der logischen Auslegung des römischen Rechts*, 1799] —, 'no caso dos contratos *ino-*

a externação da estipulação não é uma externação em geral, mas contém a *vontade comum* que veio a se constituir, na qual se suprimiu o arbítrio da *disposição de ânimo* e da sua alteração. Não se trata, por isso, da possibilidade de que o outro tenha estado e venha a estar *interiormente* disposto de modo diferente, mas sim se ele tem direito a isso. Também quando o outro começa a executar [a sua parte] resta-me igualmente o arbítrio de infringir o direito. Este modo de ver mostra em seguida a sua nulidade pelo fato de que o elemento jurídico do contrato seria colocado na infinitude ruim, no processo ao infinito, na divisibilidade infinita do tempo, da matéria, do fazer etc. O *ser-aí* que a *vontade* tem na formalidade dos gestos ou na linguagem determinada para si já é o ser-aí completo da vontade enquanto ser-aí da vontade intelectual, do qual a execução é apenas a consequência desinteressada.[218] — De resto, o fato de que haja no direito positivo os chamados *contratos reais* — que, diferentemente dos chamados *contratos consensuais*, só são considerados como plenamente válidos quando ao consentimento se acrescenta a execução efetiva (*res, traditio rei*) — em nada afeta a questão. De um lado, os contratos reais são os casos particulares em que somente esta transferência me põe em condições de executar a minha prestação, e a minha obrigação de executar a prestação só se refere à Coisa na medida em que a tenha recebido em minhas mãos, como no

---

minados (isto é, dos tipos especiais que não eram nomeados no direito civil) a obrigatoriedade se baseara somente na prestação executada; mas, com isso, só o beneficiário é obrigado; ele podia, portanto, propor a ação visando ao cumprimento [da prestação]; mas ele podia também, enquanto não se seguia a contraprestação ou o beneficiário não fizesse para o cumprimento do contrato nenhuma utilização equivalente ao recebido — pura e simplesmente reivindicar de volta o que foi dado por causa da mudança de opinião, *ob poenitentiam* [por arrependimento]" (*NM*, p. 499; *TWA*, v. 7, p. 165).

[218] "Tais palavras são atos e ações [.] — No mundo das representações, não se liquida um assunto com porretes, o intercâmbio aí não é com ouro, prata etc. —, tampouco como uma letra de câmbio, porque nela há somente palavras, certamente escritas, mas só em papel, com tinta negra, deixa de representar cabalmente o lugar do dinheiro, como o dinheiro, o lugar das mercadorias — não só o lugar, porém, por causa do conteúdo dessas palavras, elas são dinheiro plenamente válido e *valor*" (*id.*, p. 497; *id.*, v. 7, p. 164).

caso do mútuo,[219] do comodato[220] e do depósito (o que pode ser ainda o caso de outros contratos) — circunstância esta que não concerne à natureza da relação da estipulação à execução, porém o modo da execução; — de outro lado, fica de todo entregue ao arbítrio a possibilidade de estipular num contrato que a obrigação de executar de uma das partes não resida no próprio contrato enquanto tal, porém que ela deva depender primeiro da execução da outra parte.

§ 80

A *divisão* dos contratos e um tratamento inteligível das suas espécies, fundado nessa divisão, não devem ser tirados de circunstâncias exteriores, mas de diferenças que residem na própria natureza do contrato. — Essas diferenças são a do contrato formal e do contrato real, em seguida, a da propriedade e da posse e uso, a do valor e da coisa específica. Daí resultam, portanto, as *seguintes espécies* (a divisão aqui dada coincide, no geral, com a divisão kantiana, *Metaphys. Anfansgründe der Rechtslehre*, pp. 120 ss.,[221] e teria sido de se esperar, há muito tempo, que a rotina habitual da divisão dos contratos em contratos reais e consensuais, nomeados e inominados etc. tivesse sido abandonada em prol da divisão racional):

A. *Contrato de doação*, a saber:
1. de uma Coisa; a *doação* propriamente dita,
2. o *empréstimo* de uma Coisa, enquanto doação de uma *parte* da Coisa ou do *gozo* e do *uso restritos* da mesma; quem empresta permanece aí *proprietário* da Coisa (*mutuum* e *commodatum* sem juros). A Coisa, nesse caso, ou é uma Coisa *específica*; ou, mesmo se é específica, é considerada todavia como uma Coisa universal; ou vale (como o dinheiro) como uma Coisa universal por si.

---

[219] *Darlehn* é o "mútuo" (*mutuum*, do Direito Romano), um contrato de empréstimo, em princípio gratuito, para o consumo de coisa fungível a ser devolvida em espécie (ver § 80, A 2).

[220] *Leihkontrakt* é o "comodato" (*commodatum*, do Direito Romano), um empréstimo, também em princípio gratuito, para o uso de coisa não fungível, a ser ela mesma restituída em tempo convencionado pelas partes (ver § 80, A 2).

[221] *Metafísica dos costumes*, Iª Parte, § 31, in: *Kant, Werke*, v. IV, pp. 397-400 (ver nota ao § 75 A).

3. *doação* de uma *prestação de serviço* em geral, por exemplo, da mera conservação de uma propriedade (*depositum*) — a disposição *testamentária*, a doação de uma Coisa com a condição particular de que o outro só venha a ser proprietário no *instante da morte* do doador, isto é, no instante em que este, de toda maneira, não for mais proprietário, não reside no conceito do contrato, mas pressupõe a sociedade civil e uma legislação positiva.

B. *Contrato de troca*:
1. *troca* como tal:
α) de uma *Coisa* em geral, isto é, de uma Coisa *específica* por uma outra da mesma espécie.
β) *compra* ou *venda* (*emtio venditio*); troca de uma Coisa *específica* por uma que é determinada como universal, isto é, que conta só como *valor*, sem a outra destinação específica à utilização — por *dinheiro*.
2. *Locação* (*locatio conductio*), alienação do *uso temporário* de uma propriedade por *aluguel*, a saber
α) de uma Coisa *específica*, locação propriamente dita ou
β) de uma *Coisa universal*, de sorte que aquele que empresta permanece proprietário somente dessa Coisa universal, ou, o que vem a ser o mesmo, do *valor* — *empréstimo* (*mutuum*, também o *commodatum* com um aluguel; — a ulterior disposição empírica da Coisa, se é um fundo, se são instrumentos, se é uma casa etc., se é *res fungibilis* ou *non fungibilis*, introduz, como no empréstimo enquanto doação nº 2, outras determinações particulares, mas de resto, não importantes[222]).
3. *Contrato de salário* (*locatio operae*) [:] a alienação do meu *poder de produzir* ou *de prestar serviços*, na medida em que são alienáveis, por um tempo restrito ou segundo uma outra restrição qualquer (ver § 67).
Aparentam-se a ele o *mandato* e outros contratos em que a execução repousa no caráter e na confiança ou em talentos superiores, e em que intervém uma *incomensurabilidade* entre o conteúdo da prestação e um valor externo (que, de resto, neste caso, não se chama *salário*, mas *honorário*).

C. *Cumprimento pleno*[223] de um contrato (*cautio*) por *penhora*.

---

[222] [à mão, no exemplar do curso] "não importantes para as determinações universais".

[223] "Cumprimento pleno", *Vervollständigung*, literalmente "completamento", é o que torna o contrato completo mediante a garantia antecipada da sua execução por um penhor (*Pfand*, no latim *pignus*), no sentido de que "já no acordo a execução está asse-

No caso dos contratos em que alieno a utilização de uma Coisa eu não estou na posse da Coisa, mas sou ainda o proprietário dela (como no caso da locação). Ademais, no caso de contratos de troca, compra e doação, eu posso ter me tornado proprietário sem estar ainda na posse, assim como essa separação intervém em geral a propósito de qualquer prestação que não ocorre *concomitantemente*. O penhor faz com que, num caso, eu permaneça também na *posse* efetiva *do valor* que, como tal, ainda é ou já se tornou minha propriedade ou que, noutro caso, eu seja imitido na posse do valor, sem que esteja na posse da Coisa *específica*, que eu cedo ou que deve tornar-se minha — o penhor é uma Coisa específica, mas que é minha propriedade somente segundo o *valor* da propriedade que me foi cedida como posse ou que me é devida, [e] que, no entanto, segundo a sua qualidade específica e seu mais-valor [*Mehrwerte*], permanece propriedade do penhorante. Por isso, a penhora não é ela mesma um contrato, mas somente uma estipulação (§ 77), é o momento que torna completo o contrato concernente à posse da propriedade. — A *hipoteca*, a *fiança* são formas particulares da penhora.

Adendo (H). No caso do contrato estabeleceu-se a distinção segundo a qual pelo acordo (estipulação) a propriedade torna-se, com efeito, minha, mas eu não tenho a posse e só devo adquiri-la pela execução do contrato. Se, no entanto, já de início sou proprietário da Coisa, a intenção da penhora é a de que eu entre, ao mesmo tempo, na posse do valor da propriedade e, por conseguinte, já no acordo esteja assegurada a execução. Uma espécie particular da penhora é a fiança, na qual alguém investe a sua palavra, o seu crédito, para garantir a minha execução. Aqui se efetua pela pessoa o que na penhora só ocorre mediante a Coisa.

§ 81

Na relação de pessoas imediatas umas às outras em geral, a sua vontade, assim como ela é *em si idêntica* e posta *em comum* por elas no contrato,

---

gurada", como diz o Adendo. O credor está aí, de antemão, na posse efetiva do valor equivalente daquilo que emprestou ao devedor, de modo que, como observa Griesheim (*VRph 1824-25*, p. 262), ambos, credor e devedor, permanecem na posse do valor.

é também uma vontade *particular*. Porque são pessoas *imediatas*, é contingente que a sua vontade *particular* esteja em concordância com a vontade *sendo em si*, que só tem a sua existência graças àquela. Enquanto vontade particular *para si*, *diversa* da vontade universal, ela intervém, por arbítrio e contingência do discernimento e do querer, contra o que é direito *em si* — o *ilícito*.

    A passagem ao ilícito é constituída pela necessidade lógica superior de que os momentos do conceito, aqui o direito *em si* ou a vontade enquanto *universal* e o direito em sua *existência*, que é precisamente a *particularidade* da vontade, sejam postos como *diversos para si*, o que pertence à *realidade abstrata* do conceito. — Mas essa particularidade da vontade para si é arbítrio e contingência, aos quais no contrato eu renunciei somente enquanto arbítrio sobre uma coisa *singular*, não enquanto arbítrio e contingência da própria vontade.

Adendo (H). No contrato tínhamos a relação de duas vontades enquanto uma vontade comum. Mas essa vontade idêntica é só relativamente universal, é uma vontade universal posta e, por conseguinte, está ainda em oposição à vontade particular. No contrato, no acordo reside, todavia, o direito de exigir a execução da prestação; mas esta é novamente da alçada da vontade particular, que, enquanto particular, pode agir contra o direito sendo em si. Portanto, aqui vem à luz a negação que antes já se encontrava na vontade sendo em si, e essa negação é, precisamente, o *ilícito*. O andamento em geral é o de purificar a vontade da sua imediatidade e, assim, a partir do que é comum na mesma, suscitar a particularidade que entra em cena contra essa vontade comum. No contrato, os que entram em acordo guardam ainda a sua vontade particular, portanto, o contrato ainda não deixou o estágio do arbítrio e permanece, por conseguinte, entregue ao ilícito.

Terceira seção

O ILÍCITO

§ 82

No contrato, o direito *em si* é enquanto algo *posto*, a sua universalidade interna é enquanto um *elemento-comum* do arbítrio e da vontade particular.

Esse *aparecimento*[224] do direito, no qual o direito e o seu ser-aí essencial, a vontade particular, concordam de modo imediato, isto é, de modo contingente, progride no *ilícito* até a *aparência* — até a contraposição do direito em si e da vontade particular, enquanto nela ele se torna um direito particular. Mas a verdade dessa aparência é que ela é nula e que o direito se restabelece mediante o negar dessa sua negação, [e] por esse processo de sua mediação, a de retornar a si a partir de sua negação, ele se determina enquanto *efetivo* e *vigente*, já que ele primeiro era somente *em si* e algo de *imediato*.[225]

Adendo (H). O direito em si, a vontade universal, enquanto essencialmente determinada pela vontade particular, está em relação a um inessencial. O direito em si é a relação da essência ao seu aparecimento. Mesmo se o aparecimento é também conforme à essência, visto de outro lado, ele é, por sua vez, não conforme à mesma, pois o aparecimento é o degrau ou estágio da contingência, é a essência em relação ao inessencial. Mas no ilícito o aparecimento progride até à aparência. Aparência é um ser-aí que é inadequado à essência, é o separar vazio e o ser-posto da essência, de sorte que no caso de ambas [da essência e da aparência] a diferença é enquanto diversidade. Por isso, a aparência é o não verdadeiro que desaparece ao querer ser por si e, nesse desaparecer, a essência mostrou-se como essência, isto é, como o poder sobre a aparência. A essência negou a negação de si e é, assim, o corroborado. O ilícito é uma aparência dessa ordem e, mediante o desaparecer da mesma, o direito recebe a determinação do que é sólido e vigente. O que acabamos de chamar de essência é o direito em si, em face do qual a vonta-

---

[224] Traduz-se aqui *Erscheinung* por "aparecimento", e não pelo termo sinônimo corrente "fenômeno", a fim de pôr em relevo o fundamento etimológico do deslocamento semântico do "aparecimento" em direção à "aparência" (*Schein*), deslocamento fundado na progressão lógica do contrato enquanto "aparecimento do direito" ao ilícito enquanto "aparência". Afora isso, a dialética entre a aparência e o "direito em si", enquanto essência, preside à apresentação progressiva do ilícito, segundo uma lógica da intensificação progressiva da aparência e da sua crescente independização em face da universalidade somente em si do direito abstrato, concebido logicamente como a essência contraposta à aparência do ilícito.

[225] Nas suas Notas Manuscritas, Hegel salienta que o tema central dessa "Terceira seção" é o "*fazer-se valer do direito em si*", no sentido de que, mediante a negação do ilícito, paradigmaticamente do crime, que é uma primeira negação do direito enquanto tal, ele retorna a si, restabelecendo a sua vigência e efetividade, de sorte que "o sujeito essencial agora não é a personalidade singular, porém o direito em si" (*NM*, p. 513; *TWA*, v. 7, p. 173).

de particular, enquanto não verdadeira, se suprime. Se o direito, antes, tinha somente um ser imediato, agora ele torna-se *efetivo* ao retornar a si a partir da sua negação, pois efetividade é o que atua e se mantém no seu ser-outro, ao passo que o imediato ainda está receptivo para a negação.

§ 83

O direito, enquanto algo *particular* e, com isso, múltiplo em face da sua universalidade e simplicidade sendo *em si*, recebe a forma de uma *aparência* [;] ele é uma tal aparência seja *em si* ou imediatamente, seja posto pelo *sujeito como aparência*, seja posto *como absolutamente nulo — ilícito sem dolo*[226] *ou ilícito civil, fraude e crime.*[227]

Adendo (H). O ilícito é, portanto, a aparência da essência, aparência que se põe como subsistente por si. Se a aparência é somente em si e não também para si, quer dizer, se o ilícito vale para mim como se fosse direito, nesse caso ele é sem dolo. A aparência é, aqui, para o direito, mas não para mim. A segunda modalidade de ilícito é a fraude. Aqui o ilícito não é uma aparência para o direito em si, porém ele ocorre de maneira que eu simulo uma aparência para [enganar] o outro. Ao fraudar, o direito é para mim uma aparência. No primeiro caso, o ilícito era uma aparência para o direito. No segundo caso, o direito é somente uma aparência para mim mesmo, enquanto aparência para [quem pratica] o ilícito. A terceira modalidade de ilícito, enfim, é o crime. Esse é ilícito em si e para mim: mas aqui eu quero o ilícito e também não utilizo a aparência do direito. O outro, contra o qual o crime é cometido, não deve perceber como direito o ilícito sendo em si e para si. A diferença entre o crime e a fraude está em que nesta há ainda, na for-

---

[226] *Unbefangenes Unrecht*, literalmente "o ilícito não intencional, espontâneo, desenvolto", aqui traduzido por "ilícito sem dolo", que o próprio Hegel denomina, também, de ilícito civil, atestando a equivalência das duas expressões.

[227] As três figuras do ilícito correspondem a três graus de adensamento da aparência, a aparência em si do ilícito não intencional ou civil, a aparência da fraude, em que o próprio direito é posto pelo sujeito enquanto aparência, e a aparência absoluta do crime, em que o direito enquanto tal é posto como absolutamento nulo, conforme as Notas Manuscritas: "α) O título jurídico é aparência; β) o direito em si é aparência [,] de tal sorte que a aparência seja *posta* como direito; que a aparência apareça como direito; γ) direito é *enquanto* aparência — é posto como nulo" (*id.*, p. 515; *id.*, v. 7, p. 175).

ma do agir, um reconhecimento do direito, precisamente o que falta no caso do crime.

A. O ILÍCITO CIVIL

§ 84

A tomada de posse (§ 54) e o contrato, sendo por si e segundo as suas espécies particulares antes de tudo externações e consequências diversas da minha vontade em geral, são, porque a vontade é o universal em si mesmo, títulos de direito em relação ao reconhecimento de outros. Na multiformidade e exterioridade desses títulos uns em face dos outros,[228] reside o fato de que, em relação a uma e mesma coisa, eles podem pertencer a diferentes pessoas, cada uma das quais, a partir do seu título jurídico particular, considera a Coisa como propriedade sua, com o que surgem os *conflitos de direito*.

§ 85

Este conflito, no qual a Coisa é reivindicada *a partir de um título de direito* e que constitui a esfera do *litígio civil*, contém o *reconhecimento* do direito como o que é universal e decisivo, de sorte que a Coisa deve pertencer àquele que a ela tem direito. O litígio concerne somente à *subsunção* da Coisa sob a propriedade de um ou de outro — [é] um juízo *pura e simplesmente negativo*, onde somente o particular é negado no predicado "meu".

§ 86

Nas partes, o reconhecimento do direito está ligado aos seus interesses

---

[228] Incorporo a versão corrigida por Hegel no seu exemplar de curso: em vez de *In ihrer Äusserlichkeit gegeneinander und Mannigfaltigkeit* ("Na sua [dos títulos] exterioridade uns em face dos outros e multiformidade"), a correção à mão: *In der Mannigfaltigkeit und der Äusserlichkeit derselben gegeneinander* ("Na multiformidade e exterioridade desses títulos uns em face dos outros") (*ibid.*, p. 515; *id.*, v. 7, p. 177).

e maneiras de ver igualmente opostos e particulares. Em confronto com essa *aparência* emerge simultaneamente *nela mesma* (§ precedente) o direito *em si*, enquanto representado e exigido. Mas de início ele é somente como um *dever-ser*, porque a vontade não está ainda aí-presente como uma vontade que teria se libertado da imediatidade do interesse, que teria, enquanto particular, a vontade universal por fim; nem está ela aqui determinada como uma efetividade reconhecida, tal que em face dela as partes teriam de renunciar às suas maneiras de ver e aos seus interesses particulares.

Adendo (H). O que é direito em si tem um título determinado, e o ilícito praticado que tomo por meu direito eu o defendo também por uma razão qualquer. Pertence à natureza do finito e do particular dar espaço a contingências; aqui, portanto, têm de ocorrer conflitos, pois estamos no nível do finito. Esta primeira forma de ilícito nega só a vontade particular, ao passo que o direito universal é respeitado; ele é, assim, a forma mais leve de ilícito em geral. Quando digo que uma rosa não é vermelha, reconheço, contudo, que ela ainda tem cor, não nego, por conseguinte, o gênero, mas somente o particular, o vermelho. Da mesma forma, o direito é aqui reconhecido; toda pessoa quer o direito, e só deve lhe suceder o que é direito; o seu ilícito consiste somente em que ela toma por direito aquilo que ela quer.

B. FRAUDE

§ 87

O direito *em si*, na sua diferença com o direito enquanto particular e sendo-aí, é determinado como um direito *exigido*, na verdade, como o essencial, mas nesse aspecto ele é, ao mesmo tempo, *somente* um direito exigido e, por este lado, algo meramente subjetivo, com isso, algo de inessencial e meramente aparente. O universal, assim rebaixado pela vontade particular a algo apenas aparente, rebaixado inicialmente no contrato ao ser-em-comum apenas exterior da vontade, é a *fraude*.[229]

---

[229] Na fraude, utiliza-se a aparência do direito para fazer o fraudado crer que se lhe faz direito e que a ação do fraudador é lícita. A propósito, anota Hegel: "faz-se da aparência predicado, determinação do próprio direito", "faz-se valer o *aspecto subjetivo*

Adendo (H). Nesse segundo estágio do ilícito a vontade particular é respeitada, mas não o direito universal. Na fraude a vontade particular não é lesada, uma vez que se imputa ao fraudado a crença de que o direito se realiza para ele. O direito exigido é, portanto, posto como algo subjetivo e meramente aparente, o que constitui a fraude.

§ 88

No contrato, eu adquiro uma propriedade por causa da constituição particular da Coisa e, ao mesmo tempo, segundo a sua universalidade interna, [determinada] em parte segundo o *valor*, em parte enquanto proveniente da *propriedade* do outro. Pelo arbítrio do outro pode me ser impingida uma falsa aparência da Coisa adquirida, de sorte que o contrato está correto enquanto livre consentimento bilateral a respeito da troca *desta* Coisa na sua singularidade *imediata*, mas falta aí o lado do universal sendo *em si*. (O juízo infinito em sua expressão positiva ou em sua significação idêntica. Ver *E [1817]*, § 121; *E*, § 173.)[230]

§ 89

O fato de que, contra essa aceitação da Coisa meramente *enquanto esta* e contra a vontade do mero opinar e também do arbítrio, o elemento-objetivo ou universal seja em parte cognoscível como *valor*, em parte, vigente

---

da aparência para si, o direito torna-se um ser-aí vazio" (*id.*, p. 517; *id.*, v. 7, p. 176). Este o sentido da contraposição entre a fraude e o ilícito civil: "o ilícito sem dolo vai contra a vontade subjetiva do outro, mas não contra a Coisa — a fraude não vai contra a vontade (particular) do outro, mas contra o direito em si e contra a Coisa. A fraude me priva da Coisa, mas deixa livre a minha vontade subjetiva" (*ibid.*, p. 517; *id.*, v. 7, p. 177).

[230] "A fraude não se dirige contra a liberdade subjetiva do outro. Quando eu fraudo alguém, ele acha que eu não agi ilicitamente para com ele, ele está de acordo; por esse lado o direito é ainda reconhecido, eu o iludo com a aparência de que ele obteria direito, de que não cometi um ilícito, assim que, também da minha parte, está aí presente o reconhecimento do direito. Mas esse direito ao qual ele deve ter acesso é somente aparência; é a minha subjetividade, a minha intenção particular a esse respeito que provoca isso" (*VRph 1824-25*, pp. 269-70).

como direito, que seja em parte suprimido o arbítrio subjetivo oposto ao direito — é aqui, primeiro, igualmente, só uma exigência.

Adendo (H). Nenhuma pena é imposta ao ilícito civil e sem dolo, pois, aí, eu nada quis contra o direito. Na fraude, ao contrário, as penas intervêm, porque aqui se trata do direito que é lesado.

C. Coação e crime

§ 90

Que na propriedade a minha vontade se coloca numa *Coisa exterior*, nisso reside que, na exata medida em que tal vontade está refletida nessa Coisa, ela pode ser atingida nela e submetida à necessidade. A vontade pode aí, de um lado, sofrer *violência* em geral ou, de outro, ser forçada pela violência a um sacrifício ou a uma ação como condição de uma posse ou de um ser positivo qualquer — a vontade pode sofrer *coação*.[231]

Adendo (H). O ilícito no sentido próprio é o crime, no qual nem o direito em si nem [o direito] como ele me aparece é respeitado, no qual, portanto, ambos os lados são lesados, o objetivo e o subjetivo.

§ 91

Como ser vivo o homem pode certamente ser *subjugado*, isto é, o seu lado físico e qualquer lado exterior seu pode ser submetido à violência de outros, mas a vontade livre não pode em si e por si ser *coagida* (§ 5), a não ser na medida em que ela não *se retira a si mesma da exterioridade* na qual

---

[231] Hegel designa essa figura da vontade submetida à necessidade da coação de "ilícito real", em comparação com o "ilícito abstrato" das duas figuras anteriores, que são "negações parciais", no sentido de que representam o "ilícito no direito". No ilícito real, atua uma negação que atinge ao mesmo tempo a Coisa e a universalidade em si do direito: "negação α) da vontade subjetiva do outro — β) da vontade sendo em si, objetiva", de sorte que "nem a vontade particular nem a vontade universal [são] respeitadas" (*NM*, p. 519; *TWA*, v. 7, p. 178).

está retida, ou da representação desta (§ 7). Só pode ser coagido a algo quem *quer* se deixar *coagir*.[232]

§ 92

Porque a vontade só é ideia ou efetivamente livre na medida em que ela tem ser-aí, e porque o ser-aí no qual ela se pôs é o ser da liberdade, segue-se que a violência ou coação se destrói imediatamente a si própria no seu conceito, enquanto externação de uma vontade que suprime a externação ou o ser-aí de uma vontade. Por isso, a violência ou coação, tomada abstratamente, é *ilícita*.

---

[232] Hegel contrapõe aqui dois verbos de raiz etimológica comum, *zwingen* ("coagir") e *bezwingen* ("subjugar"), para introduzir a sua tese de que o homem, enquanto ser vivo, pode ser subjugado, mas que a sua vontade livre só pode ser coagida enquanto ainda está retida ou se deixa reter pela vida, isto é, que o seu querer enquanto tal, na "infinitude irrestrita" (§ 5) da sua capacidade de poder abstrair de tudo, inclusive da própria vida, não é passível de coação. Essa distinção remete em última instância ao núcleo especulativo do conceito de vontade livre, à diferença entre o momento da universalidade enquanto "abstração absoluta" do puro querer, que pode negar todas as determinações e conteúdos da vontade (*ibid.*), e o momento da particularidade, graças ao qual a vontade livre se determina e se objetiva numa exterioridade que faz parte da sua racionalidade. Assim como a violência do crime não atinge o núcleo desse querer, ela também não destrói a universalidade intrínseca do direito e da lei que permanece em si invulnerável ("o que não pode ser lesado", § 99). Os Apontamentos de Hotho e Griesheim explicitam essa tese e o seu corolário político: "Pelo lado da sua exterioridade o homem pode ser subjugado, mas coagido ele não é; a vontade livre não lhe pode ser tirada. A vontade pode suportar a privação da prisão corporal, nessa medida ela não pode ser coagida, e só pode sê-lo se ela não abandona algo que era o seu ser-aí. Um povo pode ser subjugado, mas pode, todavia, morrer livre e, nesse caso, não ser coagido. Na coação não reside, portanto, nenhuma justificação absoluta para a vontade; pois ela só pode ser subjugada enquanto quer se deixar coagir" (*VRph 1822-23*, pp. 292-3). "Coação propriamente dita só pode ocorrer mediante a vontade daquele que é coagido, quem não quer se deixar coagir não pode sê-lo, na medida em que abandona tudo o que é exterior, e ele pode abandonar tudo, mesmo a vida, pode retirar-se na pura abstração de si mesmo e fazer desaparecer todo modo particular do ser-aí. Ele pode ser subjugado, não coagido, na medida em que ele quer conservar para si um modo particular do ser-aí, em que quer se manter nesse aí" (*VRph 1824-25*, p. 271).

§ 93

A apresentação real *de que* a coação[233] se destrói no seu conceito reside no fato de *que a coação é suprimida pela coação*; ela é, por isso, não só condicionalmente, porém necessariamente [de natureza] jurídica — a saber, enquanto *segunda* coação, que é o suprimir de uma primeira coação.

A lesão de um contrato por não execução do que foi estipulado, ou a dos deveres jurídicos para com a família, para com o Estado, por ação ou omissão, é uma primeira coação ou, pelo menos, uma violência, na medida em que eu retenho ou subtraio a propriedade de outrem ou uma prestação que lhe é devida. — Coação pedagógica ou coação contra a selvageria e a crueza aparece, com efeito, como uma coação primeira, que não segue a uma coação primeira que a precederia. Mas a vontade somente natural é *em si* uma violência contra a ideia sendo em si da liberdade, a qual tem de ser protegida contra tal vontade inculta e tem de se fazer valer nela. Ou um ser-aí ético já está posto na família ou no Estado, contra os quais aquela naturalidade é um exercício de violência, ou só existe um estado de natureza, um estado de violência em geral, contra o qual, então, a ideia funda um *direito dos heróis*.[234]

---

[233] "Coação é violência contra um ser-aí natural no qual está depositada uma vontade — se esta vontade é uma vontade particular contra a vontade universal, então isso é violência em si —, ou a vontade é somente em si — assumir esta vontade sendo em si — que [ainda] não tem o saber de si — surge no caminho em direção à vontade consciente" (*NM*, p. 521; *TWA*, v. 7, p. 179).

[234] O herói encarna a figura originária, mitológica ou histórica, da violência segunda que é de natureza política, não reconhecida juridicamente, porém legítima (ver § 350), exercida contra a violência primeira do estado de natureza, contra a "sua selvageria e crueza". O herói remete, assim, à negatividade paradigmática da luta pelo reconhecimento, à submissão disciplinadora ao senhor e, na sistemática enciclopédica, à superação do estado de natureza mediante o reconhecimento recíproco das autoconsciências, o qual, por sua vez, está na base da razão, do espírito, do direito no sentido amplo e da eticidade. Nesse sentido, a violência, a luta e a dominação são, historicamente, "um momento *necessário* e *legítimo*" na passagem do estado de natureza ao estado de cultura e de direito, e estão, assim, na origem do direito; mas a violência "não é por isso fundamento do direito", de sorte que, se ela é "o *começo* exterior ou o começo *fenomênico* dos Estados, ela não é o seu *princípio substancial*" (*E*, § 433 A). Como escreve Kervégan, "o direito dos heróis é, assim, a ilustração da impossibilidade histórico-empírica de uma autofundação da ordem jurídica" (*Kervégan*, p. 244, nota 1).

Adendo (H). No Estado não pode mais haver heróis: esses só surgem num estado de incultura. O fim que eles buscam é um fim jurídico, necessário e ético, e eles implementam esse fim como uma causa que é sua. Os heróis que fundaram Estados, que introduziram o casamento e a agricultura, não o fizeram, certamente, enquanto direito reconhecido, e essas ações ainda aparecem como sua vontade particular; mas, enquanto direito mais alto da ideia contra a naturalidade, essa coação dos heróis é uma coação conforme ao direito, pois com bondade pouco se pode conseguir contra a violência da natureza.[235]

§ 94

O direito abstrato é um *direito coercitivo*, porque o ilícito praticado contra ele é uma violência contra o ser-aí da minha liberdade em uma Coisa *exterior*; por isso, a própria preservação desse ser-aí contra a violência é uma ação exterior e uma violência que suprime aquela primeira violência.

Definir logo, de antemão, o direito abstrato ou o direito no sentido estrito como um *direito* que se vale da coerção, significa apreendê-lo a partir de uma consequência que só intervém pelo desvio do ilícito.

Adendo (H). Aqui há que se ter principalmente em conta a diferença entre o jurídico e o moral. No âmbito moral, quer dizer, da reflexão dentro de mim, existe também uma dualidade, pois o bem é fim para mim, e eu devo me determinar segundo essa Ideia. O ser-aí do bem é a minha decisão, e eu o efetuo dentro de mim: mas esse ser-aí é de todo interior e, por isso, aqui não pode ocorrer nenhuma coação. Portanto, as leis do Estado não podem

---

[235] "A crueza, a imediatidade da vontade é determinada como uma violência contra o estado ético. Os heróis têm a sua época determinada na transição do estado inculto ao estado de cultura. O herói, aí, é aquele que tem conhecimento de um direito, de uma ideia, que traz ambos em si mesmo e exerce o direito mais alto contra os que se encontram no estado de natureza, a fim de coagi-los. Em todos os povos houve heróis que eliminaram a selvageria, que puseram fim à afronta criminosa; não tinham um direito externo a fazer isso, porém, o direito dos heróis. Tais heróis são os fundadores de Estados, e, na medida em que usaram de violência nessas circunstâncias, coagiram os homens a uma situação de direito, legitimada pela ideia que os habitava. Nesse sentido, não há mais heróis no Estado" (*VRph 1824-25*, p. 274).

estender-se à disposição de ânimo, pois no âmbito moral eu sou para mim mesmo, e a violência não tem aí nenhum sentido.[236]

§ 95

A primeira coação exercida pelo ser livre, enquanto violência que lesa o ser-aí da liberdade no seu sentido *concreto*, o direito enquanto direito, é o *crime* — um *juízo negativamente infinito* em seu sentido completo (ver a minha *Lógica*, v. II, p. 92),[237] pelo qual é negado não só o particular, a subsunção de uma Coisa sob a minha vontade (§ 85), porém, simultaneamente, o universal, o infinito no predicado do "meu", a *capacidade jurídica* e, no caso, sem a mediação da minha opinião (como na fraude, § 88), e mesmo contra a minha opinião — a esfera do *direito penal*.[238]

---

[236] "Pergunta-se: é permitido coagir a quê? Por que não coagir à ajuda moral, a exercícios religiosos etc.? Seria também ilícito deixar de fazê-lo — há o ilícito moral, religioso, o ilícito interior —, há também ações exteriores às quais estou obrigado, que devem provir essencialmente da minha interioridade *moral*, que afora isso não têm razão alguma, isto é, que, segundo o seu conteúdo, não estão restritas à personalidade e à propriedade, a prestações de serviços exteriores; que não são apenas essas abstrações. Também ações jurídicas, observar o contrato, pagar imposto, prestar serviço militar, devem ser morais, provir da minha vontade moral; mas a sua razão não é essencialmente a disposição de ânimo, porém, a personalidade abstrata — esta também não pode ser diretamente coagida, por exemplo, a tornar algo minha propriedade, porém somente por ter praticado um ilícito — contra o direito já adquirido de um outro sobre uma Coisa exterior; direito à ajuda moral tem de ser obtido primeiro e só por intermédio do meu arbítrio, que é ainda algo interior; o arbítrio, aqui, é momento essencial" (*NM*, p. 523; *TWA*, v. 7, pp. 180-1).

[237] *WL III*, pp. 69-70; *TWA*, v. 6, pp. 324-6. Ver nota ao § 53.

[238] Enquanto juízo infinito, o crime nega não só a personalidade jurídica do lesado, mas a própria universalidade do direito enquanto tal. "Agora, no crime, tanto o direito em si quanto também a vontade particular do outro são negados. Isto é um juízo negativamente infinito. O predicado é inteiramente negado. É exatamente como se eu dissesse, o homem não é uma mesa. Isso seria absurdo, porém correto, pois o homem não é nem o particular da mesa nem o seu universal, um utensílio doméstico. O mesmo se dá de todo com o crime. Pois na fraude pelo menos um lado da vontade particular é [ainda] respeitada. No crime o direito em si é lesado, assim como ele o é para si, isto é, enquanto posto na vontade. Na fraude o direito da vontade não é lesado. Pelo crime sou lesado enquanto pessoa, segundo a determinação fundamental que tenho; a minha capacidade jurídica é negada. Esse não é o caso no ilícito civil. O direito em si não é negado, somen-

O direito, cuja lesão é o crime, tem até aqui, na verdade, somente as configurações que tínhamos visto, por isso, também o crime tem inicialmente somente a significação mais precisa que se refere a essas determinações.[239] Mas o que é substancial nessas formas é o universal, que permanece o mesmo no seu desenvolvimento e na sua configuração ulteriores e, por isso, igualmente a sua lesão, o crime, permanece a mesma, segundo o seu conceito. Por isso, as determinações a serem levadas em consideração no parágrafo seguinte concernem ao conteúdo particular ulteriormente determinado, por exemplo, o perjúrio, os crimes de Estado, a falsificação de moeda ou de letras de câmbio etc.

§ 96

Na medida em que é unicamente a vontade *sendo-aí* que pode ser lesada, mas esta, no ser-aí, entrou na esfera de uma amplitude quantitativa bem como de determinações qualitativas, por conseguinte, de acordo com isso, é diversa, segue-se que constitui igualmente uma diferença para o lado objetivo dos crimes se esse ser-aí e a sua determinidade em geral são lesados em toda a sua amplitude, com isso, na infinitude igual ao seu conceito (como no homicídio, na escravidão, na coação em matéria religiosa etc.), ou somente numa parte, bem como em alguma determinação qualitativa.

A maneira de ver estoica, de que só há *uma* virtude e *um* crime, a legislação draconiana, que pune todo crime com a morte, assim como a crueza da honra formal, que põe a personalidade infinita em cada lesão, têm em comum que elas se atêm ao pensamento abstrato da vontade livre e da personalidade, e não as tomam no seu ser-aí concreto e determinado, que elas têm que ter enquanto ideia. — A diferença entre *roubo* e *furto* refere-se ao aspecto qualitativo, consistindo em que naquele o eu é lesado também como consciência presente, portanto, enquanto *esta* infinitude *subjetiva*, e uma violência pessoal é exercida con-

---

te a subsunção da Coisa particular sob o meu direito, não a qualidade mesma de que eu seja capaz de direito. No crime, porém, não sou tratado como pessoa; e a personalidade é a determinação fundamental, o direito em si. No furto não só sou prejudicado, porém é atacada a validade da minha pessoa, a da minha propriedade" (*VRph 1822-23*, pp. 299-300).

[239] [à mão, no exemplar de curso:] "a saber, à propriedade, enquanto propriedade de coisas singulares — do corpo, de partes do mesmo, da vida" (*NM*, p. 527).

tra mim. — Certas determinações qualitativas, como *a periculosidade para a segurança pública*, têm o seu fundamento nas relações ulteriormente determinadas, mas frequentemente elas são também apreendidas pelo caminho indireto das consequências, ao invés de o serem a partir do conceito da Coisa — como, precisamente, o crime por si mais perigoso no seu caráter imediato é uma lesão mais grave segundo a amplitude ou a qualidade. — A qualidade *moral* subjetiva refere-se à diferença mais alta, a de saber em que medida um acontecimento e um ato são, em geral, uma ação, e concerne à própria natureza subjetiva desta, da qual trataremos mais adiante.

Adendo (H). Não se pode indicar pelo pensamento como se deve punir cada crime, mas para isso são necessárias determinações positivas. Com o progredir da cultura, as opiniões sobre os crimes tornam-se entrementes mais mitigadas, e hoje em dia não se pune mais nem de longe tão duramente como se fazia há cem anos. Não são os crimes ou as penas que mudam, mas a relação entre eles.

§ 97

A lesão do direito enquanto direito, uma vez acontecida, é certamente uma *existência* exterior *positiva*, mas que é nula *em si mesma*. A *manifestação* dessa sua nulidade é a aniquilação dessa lesão, que igualmente entra na existência — é a efetividade do direito enquanto sua necessidade mediando-se consigo pela supressão da sua lesão.

Adendo (H). Por meio de um crime uma coisa qualquer é alterada, e a Coisa existe nesta alteração; mas esta existência é o contrário de si mesma e, nessa medida, nula em si mesma. O nulo é isto, ter suprimido o direito enquanto direito. Com efeito, o direito, enquanto algo absoluto, não é suprimível, portanto, a externação do crime é em si nula, e essa nulidade é a essência da efetuação do crime. Mas o que é nulo tem de se manifestar enquanto tal, quer dizer, ele próprio tem de se apresentar como passível de ser lesado. O ato do crime não é algo primeiro, positivo, ao qual adviria a pena como negação, porém algo negativo, de sorte que a pena é somente negação da negação. O direito efetivo é, assim, a supressão dessa lesão, o qual precisamente nisso mostra a sua validade e se verifica como um ser-aí mediado e necessário.

§ 98

A lesão enquanto lesão só ao ser-aí exterior ou à posse é um mal, um *dano* a um modo qualquer da propriedade ou do patrimônio; a supressão da lesão enquanto danificação é a reparação civil como *indenização*, na medida em que esta pode em geral ocorrer.[240]

Já nesse lado da reparação, na medida em que a danificação é uma destruição e em geral irreparável, o caráter *universal* da danificação enquanto *valor* precisa entrar no lugar do caráter qualitativo específico do dano.[241]

§ 99

Mas a lesão que veio de encontro à vontade sendo *em si* (e por ela, na verdade, também à vontade do causador da lesão, assim como à do lesado e à de todos) não tem nenhuma *existência positiva* nessa vontade sendo *em si* enquanto tal, nem tampouco no mero resultado [da lesão]. *Por si* essa vontade sendo em si (o direito, a lei em si) é, antes, o que não existe exteriormente e, nessa medida, o que não pode ser lesado. Da mesma forma, a lesão é somente algo negativo para a vontade particular do lesado e dos restantes. *A existência positiva da lesão* só é enquanto *vontade particular do criminoso*. A lesão desta, enquanto lesão da vontade sendo-aí é, portanto, o supri-

---

[240] "Inicialmente, nulidade do dano provocado — nenhum mal *de direito* [aí] —, algo de exterior foi aniquilado para a minha carência. Aniquilar novamente este aniquilar — a indenização do dano está em que eu esteja novamente em minha situação, em minha propriedade anterior — No caso de povos em que em compensação do homicídio se pagava somente uma indenização em dinheiro — como no caso dos antigos alemães —, quando esse dinheiro só tinha este sentido — não [há] crime —, não é o direito enquanto tal que é lesado — [mas há uma] expiação pelo fato de que a paz foi quebrada —, [mas] na medida em que se aposta numa *determinada soma* [como reparação] [há aí um estado de] ausência de direito" (*NM*, p. 533; *TWA*, v. 7, pp. 186-7).

[241] Ver, a propósito do conceito de valor, os §§ 63 e 77 e as respectivas notas.

mir do crime, *que, do contrário, teria validade*,[242] e ela é o restabelecimento do direito.[243]

A teoria da pena é, na ciência positiva do direito da época recente, uma das matérias que recebeu o pior tratamento, porque nessa teoria não basta o entendimento, porém é o conceito o que importa essencialmente. — Se o crime e a sua supressão, que se determina ulteriormente como pena, forem reputados somente como um *mal* em geral, pode-se certamente considerar como irracional querer um mal meramente *porque um outro mal já está aí presente* (Klein, *Princípios do direito penal*, §§ 9 ss.).[244] Esse caráter superficial de um mal é pressuposto como o elemento primordial nas diferentes teorias sobre a pena, nas teorias da prevenção, da dissuasão, da ameaça, da correção etc., e, em contrapar-

---

[242] [à mão, no exemplar do curso] "isto é, teria existência universal, pois o ser singular é aqui universal — para todos" (*id.*, p. 537; *id.*, v. 7, p. 187).

[243] "O direito é lesado, ele precisa ser restabelecido, a nulidade da lesão deve ser manifestada, nisso está presente a necessidade. O crime é em si nulo, a pena é somente a manifestação dessa nulidade; na pena, nada vem à tona, senão aquilo que já reside no crime. Ambos os lados, a pena e o crime, aparecem na figura externa, contudo, como diversos, embora tenham interiormente essa identidade; a pena tem um semblante inteiramente diferente do crime. Mas é uma necessidade da pena ter essa conexão, em que ambos, por outro lado, têm essa identidade substancial. A diferença é somente uma diferença da forma" (*VRph 1824-25*, pp. 282-3).

[244] Klein, E. F., *Grundsätze des gemeinen deutschen peinlichen Rechts*. Halle, 1795. A justificação da pena como aplicação de um mal que reage a outro mal praticado remonta ao *De jure belli ac pacis* (Liber II, caput XX, De poenis I) [1625], de Hugo Grotius. A pergunta crítica formulada por Hegel, por que querer um mal porque outro já existe, mesmo que redunde em benefício da sociedade, já fora formulada como pergunta por Ernst Ferdinand Klein no seu livro *Über die Natur und den Zweck der Strafe* [Sobre a natureza e o fim da pena] (1799), sem que essa ressalva o levasse a renunciar a essa teoria. A resposta de Hegel é que o ato criminoso e a pena não se defrontam como dois males, porém, como o ilícito e a justiça, e que a pena é a manifestação da nulidade jurídica intrínseca do crime (ver Mohr, G., "Unrecht und Strafe", in: Siep (ed.), *op. cit.*, pp. 109-10). Para Hegel, "Compaixão, melhora, fim visado pelo Estado; fins particulares da sociedade — empalidecem em face da pergunta: o que exige a justiça? [...] A justiça soçobra, assim como a verdade, se tudo só é abordado de maneira subjetiva — arbítrio, opinião. — Se tais [razões] são assumidas como essenciais, isto é, fundamentais na administração do direito, então os tribunais *indultam* — mistura, confusão. Indultar e julgar são duas coisas diferentes. Trata-se de justiça, isto é, de razão — isto é, de que a *liberdade* receba seu ser-aí —, não de que móveis subjetivos sejam honrados, de que compaixão, sentimento sejam implementados" (*NM*, p. 537; *TWA*, v. 7, pp. 189-90).

tida, o que deve resultar dessa pena é também determinado superficialmente como um *bem*. Mas nem se trata meramente de um mal nem deste ou daquele bem, porém, decididamente, de *ilícito* e de *justiça*. Esses pontos de vista superficiais deixam de lado a consideração objetiva da justiça, que é o ponto de vista primeiro e substancial no crime, e daí segue-se por si que o essencial passa a ser o ponto de vista moral, o lado subjetivo do crime, misturado com representações psicológicas triviais dos estímulos e da força dos móveis sensíveis contra a razão, da coação psicológica e de sua influência sobre a representação (como se tal representação não fosse rebaixada pela liberdade igualmente a algo somente contingente). As diversas considerações que dizem respeito à pena enquanto fenômeno e à sua relação com a consciência particular e as que concernem às suas consequências sobre a representação (dissuadir, corrigir etc.) são certamente de importância essencial em seu lugar, a saber, principalmente na mera consideração da *modalidade* da pena, mas essas considerações pressupõem a fundamentação de que o punir seja em si e por si *justo*. Nesta discussão importa unicamente que o crime tem que ser suprimido, e não como produção de um *mal*, porém como uma lesão do direito enquanto direito e, em seguida, importa qual é a *existência* que o crime tem e que tem de ser suprimida; essa existência é o verdadeiro mal a ser removido, e o ponto essencial é [determinar] onde ela reside.[245] Enquanto os conceitos sobre este ponto não forem conhecidos de maneira determinada, reinará necessariamente confusão na teoria da pena.

Adendo (H). A teoria da pena de *Feuerbach* funda a pena sobre a ameaça, e é de opinião que, quando alguém pratica o crime apesar dela, a pena tem de seguir à infração, porque o criminoso a conhecia previamente. Mas o que se passa com o caráter jurídico da ameaça? Essa teoria pressupõe o homem como não livre, e ela quer coagir pela representação de um mal. Mas o direito e a justiça têm de ter a sua sede na liberdade e na vontade, e não na falta de liberdade, à qual se dirige a ameaça. Fundamentar a pena desse modo é como erguer um bastão contra um cachorro, e o homem, assim, não é tratado segundo a sua honra e a sua liberdade, mas como um cachorro. Mas

---

[245] "Todas as *determinações* da pena extraídas de outras razões [que não a nulidade jurídica do ato criminoso] não dizem respeito à vontade do ato enquanto *vontade* desse ato — [querem] melhorar o homem mau —, sua vontade má universal — não sua vontade *neste* ato, enquanto nesta vontade efetiva" (*id.*, p. 535; *id.*, v. 7, p. 189).

a ameaça que pode no fundo instigar o homem a demonstrar a sua liberdade contra ela coloca inteiramente de lado a justiça. A coerção psicológica pode referir-se somente à diferença qualitativa e quantitativa do crime, não à natureza do próprio crime, e os códigos que eventualmente surgiram dessa doutrina ficaram, por isso, privados do fundamento próprio [da pena].

§ 100

A lesão que recai sobre o criminoso não só é justa *em si* — enquanto justa ela é, ao mesmo tempo, a sua vontade sendo *em si*, um ser-aí da sua liberdade, o *seu* direito —, mas é também um *direito do criminoso* mesmo [ínsito a ele], isto é, *posto* na sua vontade *sendo-aí*, na sua ação. Pois reside em sua ação, enquanto ação de um *ser racional*, que ela seja algo universal, que por meio dela seja estabelecida uma lei que ele reconheceu para si na sua ação, sob a qual, portanto, ele pode ser subsumido como sob o *seu* direito.[246]

---

[246] A tese de que a pena é um direito do próprio criminoso e de que ele encontra nela a contrapartida subjetiva do seu ato e a satisfação que a justiça lhe exige pela ação cometida constitui o aspecto subjetivo da justificação da pena. A lesão ou coação punitiva que ele sofre é, assim, "o seu direito", não tanto um direito que ele teria sobre algo, mas um direito que se impõe de maneira imanente a ele e, assim, se exerce como seu próprio direito sobre ele: por isso a tradução da expressão *ein Recht an den Verbrecher selbst* por "um *direito do criminoso* mesmo" não conota a nuance de que é um direito "seu", mas que, de tal maneira adere ao seu ato, que é o próprio sujeito que o executa a seu despeito: "na execução da lei na sua pessoa ele mesmo [o criminoso] encontra, por conseguinte, a satisfação da justiça, somente o que pertence ao seu ato" (§ 220). Hegel reforça ainda essa imanência da pena ao crime do ponto de vista da teoria da ação por um argumento extraído da autonomia racional do agente, do que ele chama a "racionalidade formal" de toda ação, que contém o reconhecimento da lei implicitamente estabelecida pela ação, sob a qual o criminoso então se "subsume". Se a racionalidade formal da lei universal querida implicitamente pela ação do criminoso manifesta o caráter imediatamente contraditório da universalização da máxima do crime e, também, a sua nulidade jurídica em si, a autosubsunção do criminoso à pena como ao seu direito pode ser interpretada como a autonegação da sua vontade particular pela universalidade interna da sua vontade, implicitamente reconhecida pela sua ação enquanto racional. Os Apontamentos das *Preleções de 1817-18* (Wannenmann) reforçam essa imanência, não só como o texto das *Linhas fundamentais*, dizendo que o criminoso "*pode* [*darf*] ser subsumido sob a pena como sob seu direito", no sentido de que "cabe" e "é legítimo" que assim ocorra, mas também que ele "*tem que*" (*muss*) lhe ser subsumido, uma vez que a universalidade imanente à própria vontade, lesada por sua ação, retroage contra esta última e anula a existência positiva que ela tem na sua vontade enquanto particular (*VRph 1817-*

Beccaria,[247] como se sabe, denegou ao Estado o direito à pena de morte, pela razão de que não se poderia presumir que no contrato social esteja contido o consentimento dos indivíduos a se deixarem matar, mas, antes, é o contrário que teria de ser admitido. Só que o Estado não é, de maneira nenhuma, um contrato (ver § 75), nem a sua essência substancial é tão incondicionadamente a *proteção* e a *garantia* da vida e da propriedade dos indivíduos enquanto singulares, ao contrário, ele é uma instância superior, que reclama essa vida e essa propriedade mesmas e exige o seu sacrifício. — Além disso, não é somente o *conceito* do crime, o racional *em si e por si* do conceito o que o Estado tem de fazer valer *na ação* do criminoso, *com* ou *sem* consentimento dos singulares, senão que reside na *ação* do criminoso também a racionalidade formal, o *querer* do *singular*. No fato de que a pena, aí, seja considerada como contendo o próprio *direito do criminoso*, ele é *honrado* como um ser racional. — Essa honra não lhe é concedida se o conceito e a medida da sua pena não são tomados do seu próprio ato — tampouco, se ele é considerado somente como um animal nocivo, que deva ser tornado inofensivo, ou somente em vista da dissuasão e da correção. — Além do mais, atendendo ao modo de existência da justiça, a forma que

---

18, p. 52). "Por essa via são anulados tanto a validade positiva de sua ação como o seu elemento negativo, a lesão que infligiu a si mesmo pela lesão do outro e de todos os outros, e [assim] o ilícito é invertido em direito" (*ibid.*). Os seguintes Apontamentos de Hotho, não incorporados no Adendo, explicitam ainda mais a questão: "A nulidade chega à existência no próprio ato do criminoso. Essa nulidade é uma existência da vontade livre do criminoso; o seu direito em si é, portanto, o de que ele seja punido, mas [isso] é não só seu direito em si, mas é da natureza do conceito que essa necessidade exista. O criminoso é um ser racional em si, portanto, a sua ação é ao mesmo tempo um universal; reconhecendo-o para si, ele estabelece pela sua ação um universal. O seu ato contém, ao mesmo tempo, o consentimento de que a lesão do suprimir [o crime] lhe seja infligida" (*VRph 1822-23*, pp. 314-5).

[247] Beccaria, C., *Dei delitti e della pene*, Livorno, 1764. Embora recuse a justificação contratualista a favor da abolição da pena de morte, defendida por Beccaria, e seja também favorável à sua abolição progressiva, isto é, à redução ao mínimo dos casos de sua aplicação, Hegel transforma essa justificação em um argumento a favor da punição do criminoso, recorrendo ao conceito da "racionalidade formal" da ação, graças à qual o criminoso reconhece implicitamente na regra de sua ação a universalidade da lei, reconhecimento que, assim, já contém o seu consentimento à sua subsunção sob o direito e à aplicação da pena a ele.

em todo o caso ela tem no Estado, a saber, como *pena*, não é a única forma, e o Estado não é o pressuposto condicionante da justiça em si.

Adendo (H, G). O que Beccaria exige, a saber, que o homem tenha de dar o seu assentimento à punição é inteiramente correto, mas o criminoso já o deu pelo seu próprio ato. É tanto da natureza do crime quanto da própria vontade do criminoso que a lesão que procede dele seja suprimida. A despeito disso, esse esforço de Beccaria em fazer suprimir a pena de morte produziu efeitos proveitosos. Ainda que nem José II nem os franceses jamais tenham conseguido impor a completa abolição da mesma, começou-se, contudo, a discernir quais crimes são merecedores da pena de morte e quais não. A pena de morte tornou-se, por essa via, mais rara, como, aliás, convém a essa pena suprema.

§ 101

O suprimir do crime é *retribuição*,[248] na medida em que ela é, segundo seu conceito, lesão da lesão, e na medida em que o crime, segundo seu ser-aí, tem uma determinada amplitude qualitativa e quantitativa e, com isso, também a sua negação, enquanto ser-aí, tem uma tal amplitude. Mas essa identidade, que repousa no conceito, não é a *igualdade* no caráter específico da lesão, porém no seu caráter sendo *em si* — [igualdade] segundo o *valor* da mesma.[249]

---

[248] No original, *Wiedervergeltung*. O verbo *vergelten* e o substantivo dele derivado, *Vergeltung*, já têm o significado de "restituir" ou "devolver" um empréstimo ou uma soma de dinheiro, mas também um bem ou um mal, neste último caso no sentido de "reparação", pois o prefixo alemão significa, neste caso, "dar de volta". O advérbio *wieder* ("de volta", "de novo"), adicionado como prefixo respectivamente ao verbo e ao substantivo, reforça o sentido principal e a tese sobre a conexão necessária e a "identidade interna", do ponto de vista do conceito, entre a lesão provocada pelo crime e a lesão que recai sobre o criminoso, de sorte que a primeira retroage contra o criminoso a lesão que ele infligiu à vítima. Assim, a pena como "lesão da lesão", dupla negação, aniquila a nulidade de direito e intrínseca da infração.

[249] A concepção da pena como retribuição, em que a violência segunda da lesão infligida ao criminoso visa a negar e suprimir a violência primeira do seu ato, atuando, portanto, como uma "lesão da lesão", visa primeiramente a mostrar a conexão e a identidade internas entre o crime e a pena, no sentido de que esta última, no registro da justificação, não é senão a retroação do ato criminoso contra si mesmo, que põe e manifes-

Dado que na ciência ordinária a definição de uma determinação, aqui a da pena, deve ser tomada da *representação geral* da experiência psicológica da consciência, essa experiência mostraria, certamente, que o sentimento universal dos povos e dos indivíduos a respeito do crime é e foi o de que ele *mereceria* ser punido, e de que ao *criminoso deveria acontecer aquilo que ele cometeu*.[250] Não é possível deixar de levar em conta como essas ciências, que têm a fonte de suas determinações na representação geral, admitem também doutra feita proposições que contradizem um tal pretenso *fato* universal da consciência. — Mas a determinação da *igualdade* introduziu uma dificuldade capital na represen-

---

ta a sua nulidade jurídica e a sua aparência enquanto tal. O conceito de retribuição visa, assim, antes de tudo, a fundamentar a "justiça em si" (§ 100 A) da pena pela manifestação dessa identidade de direito entre a primeira e a segunda lesão. Essa identidade remonta à tese da autodestruição do próprio conceito de violência e de coação, a qual tem a sua "apresentação real" na supressão da coação pela coação (§ 93). Daí o enunciado dos Apontamentos de Hotho, de que "é o próprio conceito que executa a pena" (*VRph 1822-23*, p. 320). Mas como as duas lesões, a do crime e a da pena, são no seu ser-aí diversas e desiguais em sua "amplitude qualitativa e quantitativa", o conceito de retribuição não contém em si a medida para determinar a qualidade e a quantidade específicas da pena. Derivar a sua figura específica daquela identidade conceitual seria confundir o conceito de retribuição com a lei do talião, seria, como diz Hegel sarcasticamente, representar-se de antemão o agente criminoso como "caolho ou desdentado". Hegel recorre então ao conceito de valor, enquanto universalidade intrínseca e comum a Coisas diversas, já presente como fundamento do intercâmbio contratual, para fazer a mediação entre aquela identidade conceitual interna do crime e da pena, de um lado, e a comensurabilidade das suas respectivas determinações qualitativas e quantitativas, no sentido de torná-los "comparáveis" enquanto lesões do direito, de outro. Nessa dimensão fenomênica da aplicação da pena pelos tribunais na esfera da sociedade civil, na qual cabe ao entendimento aproximar-se indefinidamente do tipo adequado e da justa medida da pena, Hegel reconsidera e integra então positivamente os critérios de prevenção, de intimidação, de melhora do criminoso e de periculosidade do crime para a ordem jurídica e a segurança da sociedade civil (§§ 99, 100, 218), que criticara anteriormente como insuficientes para justificar juridicamente a pena.

[250] "Iahweh falou a Moisés e disse: Se um homem golpear [mortalmente] um ser humano, quem quer que seja, deverá morrer. Quem ferir mortalmente um animal, deve dar a compensação por ele: vida por vida. Se um homem ferir o próximo, desfigurando--o, como ele fez assim se lhe fará: fratura por fratura, olho por olho, dente por dente. O dano que se causa a alguém, assim se sofrerá: quem matar um animal, deverá dar compensação por ele, e quem matar um homem, deve morrer. A sentença entre vós é a mesma, quer se trate de um natural ou de um estrangeiro, pois eu sou Iahweh, vosso Deus" (*Levítico*, 24, 13 e 17-22).

tação da retribuição; mas a justiça das determinações da pena segundo o seu caráter qualitativo e quantitativo é, de toda maneira, algo posterior ao elemento substancial da Coisa mesma. Ainda que fosse preciso procurar para essa determinação ulterior outros princípios que para o universal da pena, este permanece o que ele é. É unicamente o conceito mesmo que tem de conter, em geral, o princípio fundamental também para o particular. Mas esta determinação do conceito é precisamente essa conexão de necessidade, segundo a qual o crime, enquanto vontade em si nula, contém, por isso, dentro de si mesmo a sua aniquilação, que aparece como pena. É a *identidade* interna que se reflete para o entendimento no ser-aí exterior enquanto *igualdade*. O caráter qualitativo e quantitativo do crime e do seu suprimir cai então na esfera da exterioridade; nessa, de toda maneira, não é possível nenhuma determinação absoluta (cf. § 49); *no campo da finitude*, essa determinação permanece somente uma exigência que o entendimento tem de limitar sempre mais precisamente, o que é da maior importância, mas essa determinação progride ao infinito e só permite uma *aproximação* que é perpétua. — Não só ao se desconsiderar essa natureza da finitude, mas ao se ater também inteiramente à *igualdade específica*, abstrata, surge, assim, não só uma dificuldade insuperável em determinar as penas (uma dificuldade completa se, além disso, a psicologia aduz a intensidade dos impulsos sensíveis e, ligada a esta, a *força tanto maior* da vontade má ou também — *como se quiser* — a *força* e a liberdade *tanto menor* da vontade em geral), senão que é muito fácil apresentar a retribuição própria à pena como um absurdo (como furto por furto, roubo por roubo, olho por olho, dente por dente, podendo no caso imaginar-se ainda por cima o agente como caolho ou desdentado), absurdo com o qual, entretanto, o conceito nada tem a ver, que teria de ser imputado, ao contrário, exclusivamente àquela *igualdade específica* aduzida. O *valor*, enquanto *igualdade interna* de Coisas que na sua existência são especificamente de todo diversas, é uma determinação que já se apresenta nos contratos (ver acima [§ 77]) e, igualmente na ação civil contra o crime (§ 95), e pela qual a representação é elevada a partir do caráter *imediato* da Coisa em direção ao universal. No caso do crime, enquanto nele a determinação fundamental é o *elemento-infinito* do ato, o elemento específico meramente exterior desaparece ainda mais, e a igualdade permanece a regra fundamental só para o *essencial*, para o que o criminoso mereceu, mas não para a figura externa específica dessa retribuição. Somente segundo essa figura exterior é que furto, roubo e multa, pena de prisão etc. são absolutamente desiguais; mas, segundo o seu valor, segundo a sua propriedade universal de serem lesões, eles são *comparáveis*. É então, como se notou, tarefa do entendimento buscar a aproximação na igualdade desse valor. Se não se apreende a conexão sendo em si do crime e da sua aniquilação e, em seguida, o pensamento do *valor* e o da comparabilidade de um e outro quanto ao valor, pode-se chegar ao ponto de ver numa pena propriamente dita uma ligação somente *arbitrária* de um mal com uma ação não permitida (Klein, *Princípios do direito penal*, § 9).

Adendo (H). A retribuição é a conexão interna e a identidade de duas determinações que aparecem como diversas e que têm também uma existência diversa uma em face da outra. Impor ao criminoso a retribuição tem o aspecto de uma determinação estranha, que não lhe pertence; mas a pena, no entanto, como vimos, é somente a manifestação do crime, isto é, a outra metade que pressupõe necessariamente a primeira. O que a retribuição tem antes de tudo contra si é que ela aparece como algo imoral, como vingança, e que ela pode, assim, ser tomada como algo pessoal. Mas não é algo pessoal, porém, é o próprio conceito que executa a retribuição. "*A vingança me pertence*", diz Deus na Bíblia, e se, na palavra *retribuição* [*Wieder*vergeltung], se quisesse eventualmente ter a representação de um capricho particular da vontade subjetiva, então é preciso dizer que ela significa somente a inversão da própria figura do crime contra si mesmo. As Eumênides dormem, mas o crime as desperta e, assim, é o ato próprio [do criminoso] que se faz valer [na retribuição]. Se, entretanto, na retribuição não se pode chegar à igualdade específica, isso é, contudo, diferente no caso do homicídio, ao qual necessariamente está cominada a pena de morte. Pois como a vida compreende o âmbito todo do ser-aí, a pena não pode, assim, consistir num *valor* [equivalente] que não existe para a vida, porém somente por sua vez na privação da vida.

§ 102

Nessa esfera da imediatidade do direito, o suprimir do crime é inicialmente *vingança*, justa quanto ao *conteúdo*, na medida em que ela é retribuição. Mas quanto à *forma* ela é a ação de uma vontade particular *subjetiva*, que pode colocar a sua *infinitude* em toda lesão ocorrida, e cuja justiça é, por isso, em geral contingente, assim como essa vontade é *para o outro* somente enquanto *vontade particular*. A vingança, pelo fato de que ela é enquanto ação positiva de uma vontade *particular*, torna-se *uma nova lesão*: enquanto é essa contradição, ela decai no progresso ao infinito e se lega como herança de geração em geração, sem limites.[251]

Onde os crimes são perseguidos e punidos não enquanto *crimina publica*, mas enquanto *crimina privata* (como o furto, o roubo entre os judeus, entre os romanos e entre os ingleses ainda em alguns casos etc.), a pena ainda tem em si pelo menos uma parte de vingança. Diversa da vingança privada é a vingança exercida pelos heróis, cavaleiros errantes etc., que incide no surgimento dos Estados.

---

[251] "A pena pode realizar-se primeiro e só no Estado, fora dele ela é justiça vingativa. A própria palavra justiça provém de vingança. Em épocas incultas do Estado, a justiça é vingança, aí tudo depende da vontade subjetiva do lesado, de se ele quer executar no criminoso aquilo que lhe cabe. Se, por exemplo, alguém é morto, a família assume retaliá-lo. Aqui, a vingança em geral é ação de retribuição, que pertence à vontade particular; importa se ela quer vingar-se [e], por isso, ela pode, em segundo lugar, abstrair da extensão qualitativa e quantitativa daquilo que lhe aconteceu e tomar a lesão como sendo infinita. Isso porque ela foi lesada enquanto sujeito livre. A liberdade abstrata, enquanto abstrata, não é limitada, não tem uma amplitude determinada, assim, a lesão da liberdade abstrata é uma lesão infinita, e a retribuição pode, por isso, também ser convertida em infinita. Mas a infinitude da liberdade enquanto tal não pode ser lesada, porém só pode sê-lo em sua existência. Na vingança, na medida em que ela é a ação da vontade particular, não há inicialmente medida alguma, da mesma forma como também não é necessário que a vingança seja exercida. A vingança é a retribuição na forma da contingência" (*VRph 1824-25*, pp. 293-4). A mencionada proveniência da palavra *Gerechtigkeit* ("justiça") do termo *Rache* ("vingança") não indica uma origem etimológica, porém antes uma derivação especulativa, fundada no conceito especulativo de pena como uma segunda lesão ou coação, que nega uma primeira lesão ou coação praticada pelo criminoso, conceito que se desdobra na tese de que a supressão do crime pela pena enquanto retribuição é justa no seu conteúdo, mas arbitrária e contingente na forma da vingança. Assim, conceitualmente, na esfera do direito abstrato, e historicamente, nas sociedades pré-estatais em que não há juízes nem leis, a pena ainda tem a forma da vingança, embora ela seja justa no seu conteúdo enquanto retribuição e restabelecimento do direito. Daí a proximidade entre justiça e vingança, que remete, antes, a uma gênese histórica e conceitual dos dois conceitos, na qual talvez ainda ecoe a concepção cósmica da justiça como *diké*, presente no fragmento de Anaximandro, segundo o qual os elementos naturais opostos no seu processo de geração e destruição, em que voltam à fonte donde provieram, "pagam castigo e retribuição uns aos outros pela sua injustiça", quando um oposto viola os seus limites e prevalece à custa do seu contrário (Kirk, G. S. e Raven, J. E., *Os filósofos pré-socráticos*, Lisboa, Fundação Gulbenkian, 2ª ed., 1982, p. 113).

Adendo (H). Num estado da sociedade em que não há juízes nem leis, a pena tem sempre a forma da vingança, e esta permanece deficiente, na medida em que é a ação de uma vontade subjetiva, portanto, não conforme ao conteúdo. Os membros de um tribunal são, no caso, também pessoas, mas a sua vontade é a vontade universal da lei, e elas não querem introduzir na pena nada que não se encontre na natureza da Coisa. Em contrapartida, o ilícito aparece ao lesado não em sua limitação quantitativa e qualitativa, porém, somente enquanto ilícito em geral, podendo aquele exceder-se na retribuição, o que levaria a um novo ilícito. No caso dos povos incultos, como, por exemplo, entre os árabes, a vingança é imortal, e ela só pode ser reprimida por uma violência maior ou pela impossibilidade de exercê-la; em muitas legislações atuais perdura um resto de vingança ao se conceder aos indivíduos a iniciativa de trazer ou não a juízo a lesão.[252]

§ 103

A exigência de que seja resolvida essa contradição[253] (assim como a contradição nas outras formas do ilícito, §§ 86, 89), que, aqui, está aí-pre-

---

[252] "Na Inglaterra encontram-se tais vestígios com respeito à administração do direito e a crimes menores, pois com muita frequência deixa-se ao acusador a iniciativa a respeito do conteúdo da acusação ou de se ele quer retirar a acusação. O juiz não toma a causa inteiramente a seu encargo. [...] Na época feudal, havia uma mistura do juiz enquanto tal e enquanto pessoa singular. Era obrigação apresentar-se em juízo, mas o condenado podia desafiar o juiz a duelo quando não estava satisfeito com a sua decisão. Os juízes não tinham ainda o caráter de juiz, porém só o de uma pessoa particular, de cujo arbítrio dependia a decisão" (*VRph 1824-25*, p. 295).

[253] A perpetuação ilimitada da violência na justiça vingativa, que repõe indefinidamente a oposição da vontade particular a si mesma enquanto vontade universal na forma da oposição entre a forma e o conteúdo da segunda lesão, definidora da punição, constitui uma contradição. Sua resolução é conceitualmente exigida, primeiro, a fim de que a esfera do direito abstrato não tenha na perpetuação da violência a sua determinação conclusiva, segundo, porque não se trata só de uma "exigência" (*Forderung*) moral, do registro do dever-ser, mas de uma exigência lógica da apresentação progressiva do conceito de vontade livre, cuja determinação ulterior é a de "uma vontade que, enquanto subjetiva, quer o universal enquanto tal". Essa nova determinação conceitual contém a gênese lógica de uma justiça liberada do arbítrio subjetivo, portanto, não mais vingativa, mas "punitiva", que, por um lado, remete à esfera da moralidade e, por outro, se concretiza na figura do juiz judiciário, que decide e age estritamente em nome da universalidade objetiva da lei e antecipa o "ponto de vista moral" (§ 104). Mas a figura do juiz judiciário

sente na maneira de suprimir o ilícito, é a exigência de uma justiça liberada do interesse e da figura subjetivos, assim como da contingência do poder, portanto, a exigência de uma justiça *não vingativa*, mas *punitiva*. Aí reside *antes de tudo* a exigência de uma vontade que, enquanto vontade *subjetiva* particular, queira o universal enquanto tal. Mas esse conceito da *moralidade* não é só algo exigido, mas algo que emergiu nesse próprio movimento.

PASSAGEM DO DIREITO À MORALIDADE

§ 104

O crime e a justiça vingativa apresentam, com efeito, a *figura* que o desenvolvimento da vontade assume enquanto avançou em direção à diferenciação entre a vontade *universal* sendo *em si* e a vontade *singular* sendo *para si* em face daquela e, além disso, [a] apresentam de tal sorte que a vontade *sendo em si*, pelo suspender dessa oposição, retornou adentro de si e, com isso, tornou-se ela mesma *para si* e *efetiva*.[254] Assim, confirmado contra a vontade singular *sendo meramente para si*, o direito, pela sua necessidade, é e *tem validade* enquanto *efetivo*. — Essa figuração é igualmente, ao mesmo tempo, uma determinidade conceitual interna mais avançada da vontade. A efetivação da vontade nela mesma, segundo o seu conceito, é suspender (§ 21) o ser em si e a forma da imediatidade em que ela está inicialmente e que ela assume como figura no direito abstrato — por conseguinte, é pôr-se primeiro na oposição da vontade universal *em si* e da vontade singular sendo *para si*, para então, pelo suspender dessa oposição, pela negação da negação, determinar-se como vontade tal que, *no seu ser-aí*, não só é vontade livre em

---

só surge na esfera da sociedade civil, que é o solo da administração e da vigência efetiva do direito na forma da lei e da sua aplicação pelo poder público dos tribunais (§ 219). Mas essa aplicação judiciária da pena tem o seu fundamento sistemático, ainda que "abstrato", nessa identidade conceitual interna entre crime e pena (§ 101 A), expressa na retribuição, visto que "o Estado não é o pressuposto condicionante da justiça em si" (§ 100). Não há enunciado mais claro para enfatizar que o Estado hegeliano se funda no direito, embora este o pressuponha para a sua administração.

[254] "A efetivação do direito — é o movimento *infinito* da vontade a partir da sua oposição a si mesma —, isto é, a subjetividade — a *particularidade* infinita —, o ser dentro de si — contra — diferente da — objetividade" (*NM*, p. 551; *TWA*, v. 7, p. 201).

si, porém *para si mesma*, como negatividade que se refere a si. A vontade, que no direito abstrato é somente enquanto *personalidade*, tem, doravante, essa personalidade por seu *ob-jeto*; a subjetividade da liberdade, que é assim infinita *para si*, constitui o princípio do *ponto de vista moral*.

Se olharmos retrospectivamente mais de perto os momentos através dos quais o conceito de liberdade avançou, a partir da determinidade inicialmente abstrata da vontade até a sua determinidade que se relaciona a si mesma, e com isso, até a *autodeterminação da subjetividade*, veremos, assim, que essa determinidade é, na propriedade, o *meu abstrato* e, por isso, está numa Coisa exterior; no contrato, essa determinidade é o meu *mediado* pela *vontade* das partes e somente meu *em--comum* — no ilícito, a vontade da esfera do direito, o ser em si abstrato da vontade ou a sua imediatidade, é posta como *contingência* pela vontade singular ela mesma *contingente*.[255] No ponto de vista moral, a

---

[255] As notas manuscritas a este parágrafo reconstituem esquematicamente os três degraus ou estágios da progressão dialética das determinações, respectivamente, da pessoa, da Coisa e do conceito de direito, que articulam a apresentação do direito abstrato e o conduzem à sua superação na moralidade. Progressão:

"a) da *pessoa* (da vontade), que no seu ob-jeto [se torna] objetiva a si:

    α) ser-aí enquanto singular, enquanto vontade sendo-aí que se quer [como] esta;

    β) ser-ai *singular* enquanto *ao mesmo tempo* vontade de um outro. Ser-aí da vontade *comum* no valor;

    γ) *direito*, ser-aí da vontade universal *em si*, da vontade *em si*, isto é, verdadeira, é *ideia*.

b) da *Coisa*:

    α) *esta* Coisa singular;

    β) Coisa *comum* — valor — e propriedade de cada um e enquanto separada, [Coisa *comum*] entre proprietários. Ser-aí da liberdade; a *Coisa singular* desaparece;

    γ) a *Coisa* mesma, a *substância*, o direito.

c) da determinação conceitual do direito:

    α) direito em geral imediato, para nós, somente em si;

    β) direito *posto*, ser-posto particular enquanto vontade *comum* — vinculante enquanto em si, todavia contingente" (*id*., pp. 533-9; *id*., v. 7, p. 201).

    γ) "*direito enquanto direito, para si* — é enquanto válido — enquanto ser-aí necessário; o que se defronta com o direito é somente ilícito — o direito é *válido, é confirmado* — [...] direito para si —, infinitamente retornado adentro de si — enquanto tal, [é] infinitude dentro de si. Retornado dentro de si, ele não é meramente determinação conceitual, mas existência enquanto *subjetividade*, enquanto vontade dentro de *si* mesma" (*NM*, p. 553; *TWA*, v. 7, p. 200). Seguimos, aqui, na tradução dessas Notas Manuscritas, a ordena-

contingência é superada de tal maneira que ela mesma, enquanto refletida *adentro de si* e *idêntica consigo*, é a contingência infinita sendo dentro de si da vontade, é a sua *subjetividade*.²⁵⁶

Adendo (H). Pertence à verdade que o conceito seja e que este ser-aí lhe corresponda. No direito, a vontade tem o seu ser-aí em algo exterior; mas o momento ulterior é que a vontade tenha o seu ser-aí nela mesma, em algo interior: ela tem que ser para si, ser subjetividade e ter-se a si mesma em face de si. Esse relacionamento a si é o *afirmativo*, que ela só pode alcançar pela supressão da imediatidade. A imediatidade suprimida no crime conduz, assim, pela pena, quer dizer, pela nulidade dessa nulidade, à afirmação — à *moralidade*.

ção da edição Suhrkamp, mais próxima da de Hoffmeister (pp. 370-2), que torna a progressão lógica mais clara e didática no seu conjunto do que a edição de Grotsch nas *GW*.

²⁵⁶ Esta sinopse retrospectiva da progressão das determinidades conceituais da vontade livre na propriedade, no contrato e no ilícito é apresentada na perspectiva da "superação" (o verbo é *überwinden*) da contingência e da imediatidade que perpassam toda a esfera do direito abstrato. Essa superação resulta da reflexão da própria contingência "adentro de si", que descreve fenomenologicamente a emergência da nova figuração do conceito de vontade livre que é o sujeito moral. Assim, a contingência da vontade, que afeta o aparecimento do direito no contrato, e à qual a vontade contratante em princípio ainda não renunciara, e que explica, além disso, a passagem lógica do contrato ao ilícito (§ 81), é, agora, graças à reflexão dessa contingência radical da vontade criminosa sobre si mesma, superada na figura da subjetividade moral. Portanto, a superação da contingência e da imediatidade do direito abstrato remetem-no além de si, à sua suspensão na esfera da moralidade e ao seu fundamento na subjetividade moral, enraizada nessa contingência infinita da vontade livre refletida dentro de si.

Segunda Parte

A moralidade[257]

---

[257] A rubrica que intitula a "Segunda Parte", "A moralidade", inserida entre "O direito abstrato" e "A eticidade" no interior da construção triádica do espírito objetivo, não remete propriamente a uma teoria dos deveres e das virtudes: esta surgirá, reformulada no quadro da normatividade objetiva da eticidade, nos parágrafos introdutórios (§§ 142-56) da "Terceira Parte", como um "desenvolvimento sistemático do círculo da necessidade ética" (§ 148 A). "A moralidade" desenvolve, antes, uma teoria da ação moral no sentido largo, que abrange "o moral" e "o imoral" (*FD*, § 108 A; *E*, § 503), bem como as figuras opostas da consciência moral boa e da consciência moral má (§ 139). Essa teoria tem um duplo foco principal: 1) a relação entre a ação e a autodeterminação da vontade subjetiva, autodeterminação essa concebida ao mesmo tempo como o "elemento formal" constitutivo da vontade livre enquanto tal (§ 108) e como a raiz do dever (§ 135 A); 2) a determinação dessa ação como livre "externação" (*Äusserung*) — "externação ativa" (*E*, § 503) — do conteúdo da vontade, concebido especulativamente como fim que preside a essa externação. Ela é, assim, uma teoria da racionalidade teleológica do agir considerado em sua livre autodeterminação, uma racionalidade que é construída segundo a lógica especulativa do fim. Essa posição mediadora da moralidade entre o direito e a eticidade assinala a originalidade e a novidade da construção sistemática do espírito objetivo quando comparada ao dualismo da filosofia prática de Kant e Fichte, criticados pela separação estrita entre legalidade e moralidade. Ao intercalar a moralidade entre a *Doutrina do direito* e a *Doutrina das virtudes* (Kant) ou entre a *Doutrina do direito* e a *Doutrina dos costumes* (Fichte), Hegel realça o caráter ético do Estado e a necessidade de que as instituições societárias e especificamente estatais sejam aceitas pelos sujeitos não só por uma conformidade externa, mas também por um discernimento autônomo da sua validade objetiva e da sua efetividade. A posição mediadora da moralidade significa, assim, tanto a relação intrínseca das instituições éticas e do Estado à liberdade subjetiva e à autonomia da consciência moral, que elas têm por fim promover, quanto, em contrapartida, a necessidade de a consciência moral assumir o movimento de superação de sua certeza meramente formal e subjetiva a respeito do motivo de suas ações, reconhecendo as estruturas normativas da eticidade enquanto condições objetivas da realização comunitária da liberdade subjetiva de todos.

§ 105

O ponto de vista moral é o ponto de vista da vontade na medida em que ela é *infinita* não apenas *em si*, mas *para si* (§ precedente). Essa reflexão da vontade dentro de si e sua identidade sendo para si em face do ser em si, da imediatidade e das determinidades que aí se desenvolvem, determinam a *pessoa* a ser *sujeito*.[258]

§ 106

Como a subjetividade constitui doravante a determinidade do conceito e é diferente dele enquanto tal, da vontade sendo em si, e, mais precisamente, como a vontade do sujeito, enquanto vontade do singular sendo para si, ao mesmo tempo *é*[259] (ela tem ainda também a imediatidade na vontade), a subjetividade constitui o *ser-aí* do conceito. — Com isso, determinou-se para a liberdade um *terreno* mais elevado: na ideia, agora, a *subjetividade*[260] da vontade é o lado da *existência* ou o seu momento real. Somente na vontade enquanto subjetiva a liberdade, ou a vontade sendo *em si*, pode ser efetiva.

---

[258] As Notas Manuscritas de Hegel e os Apontamentos de Griesheim introduzem uma perspectiva fenomenológica na descrição do surgimento do "ponto de vista moral": ela surge como resultando da "nossa" objetivação do ponto de vista anterior, do direito abstrato, de sorte que a vontade subjetiva, que, na sua reflexão, se sabe como sendo para si, tem agora por objeto o que antes era "nosso" objeto, a vontade livre como pessoa. "Segundo degrau ou estágio — para ele *o primeiro degrau ou estágio é objeto* —, eu sou *para mim* enquanto vontade sendo para mim" (*NM*, p. 571; *TWA*, v. 7, p. 203). "O ponto de vista anterior é, assim, nosso objeto, que nós consideramos; o próximo ponto de vista, mais elevado, é o de que aquilo que até agora era ponto de vista torna-se objeto, é objeto para o sujeito em geral. Aqui o sujeito é determinado como vontade livre, esta tem o mesmo objeto que nós tínhamos antes; o ser livre somente queria a liberdade, agora ele tem o ser-aí da liberdade por objeto, tem a si por objeto, é para si, é para ele que a liberdade tem ser-aí" (*VRph 1824-25*, pp. 300-1).

[259] O verbo "ser" tem aqui o sentido de existência imediata, pois, como explicita a proposição que segue, a subjetividade da vontade singular constitui "o lado da existência" da ideia de liberdade.

[260] "Subjetividade da vontade é α) [o] ser-aí da vontade em geral (§ 106); β) (é a ideia em si mesma) [que] tem ela mesma um ser-aí — ser (§ 107); γ) é o elemento-formal (§ 108)" (*NM*, p. 565; *TWA*, v. 7, p. 204).

A segunda esfera, a moralidade, apresenta, por isso, no todo, o lado real do conceito de liberdade, e o processo dessa esfera[261] consiste em suspender, segundo esta diferença em que ela se aprofunda adentro de si, a vontade inicialmente sendo somente para si, que, imediatamente, é só *em si* idêntica com a vontade sendo em si ou universal, e em pô-la para si como *idêntica* com a vontade sendo em si. Esse movimento, segundo esse processo, é a elaboração do que, de agora em diante, é o terreno da liberdade, isto é, da subjetividade, é tornar esta, que inicialmente é *abstrata*, a saber, diferente do conceito, igual a ele e, por esse intermédio, alcançar para a ideia a sua verdadeira realização — de sor-

---

[261] Correlatamente à diferença entre a "moralidade" ou a "esfera moral" (§ 106 A) e "o ponto de vista moral" (§§ 104 A, 105, 107), Hegel distingue entre o "processo dessa esfera [moral]" (§ 106) e o "processo do ponto de vista moral" (§ 107 A). Com efeito, sistematicamente, a "moralidade" está situada entre a dialética do crime e da pena, que contém a gênese da subjetividade moral, de um lado, e a afirmação absoluta desta, que, na figura da "consciência moral formal" (§ 137 A), consiste "pura e simplesmente em estar a ponto de inverter-se no *mal*" (§ 139 A), e que remete à sua ulterior suspensão na eticidade, de outro. A lógica da esfera moral inclui um processo de desenvolvimento das determinações progressivas da subjetividade moral através do qual se explicitam as estruturas motivacionais e normativas cada vez mais profundas da ação moral, que é, ao mesmo tempo, um aprofundamento e, ao fim, uma absolutização e um abismamento da subjetividade numa autodeterminação puramente abstrata e formal, que é a raiz do mal. Esse desenvolvimento tem, assim, uma dupla face dialética, positiva e negativa. A dialética positiva, que preside ao que Hegel denomina de "processo da esfera moral" (§ 106 A), apresenta o aprofundamento reflexivo e a elevação do sujeito em direção às condições universais de sua autodeterminação e de sua ação, no sentido de erguer a particularidade dos seus fins à universalidade, primeiro formal do dever e, depois, na esfera ética, à universalidade concreta do "bem vivo" (§ 142). A dialética negativa, que preside ao que Hegel denomina de "processo do ponto de vista moral" (§ 107 A), apresenta a progressiva absolutização da autonomia puramente formal e subjetiva, que desemboca nas figuras do mal e da desagregação da consciência moral. Elas são analisadas na Anotação ao § 140 e culminam na ironia romântica, na qual essa subjetividade se põe reiteradamente como a medida de todas as coisas e como estando recorrentemente acima dessa medida recém-estabelecida. Esse "ápice da subjetividade do ponto de vista moral" é, ao mesmo tempo, a forma "mais abstrusa" do mal moderno (§ 140 A) e a figura que articula a suspensão do ponto de vista moral no "ponto de vista ético" (§ 151 Ad.). Essa distinção entre os dois processos e suas respectivas lógicas foi analisado no monumental artigo de M. Theunissen (*op. cit.*, pp. 317-81).

te que a vontade subjetiva se determina a ser igualmente uma vontade objetiva e, com isso, verdadeiramente concreta.[262]

Adendo (H). No caso do direito estrito não importava o que era o meu princípio ou a minha intenção. Esta pergunta pela autodeterminação e pelo móvel da vontade, assim como pelo propósito, entra agora em questão no campo moral. Como o homem quer ser julgado segundo a sua autodeterminação, ele é livre nesse respeito, sejam quais forem também as determinações externas. Não se pode irromper adentro desta convicção interior; nenhuma violência pode lhe acontecer e, por isso, a vontade moral é inacessível. O valor do homem é estimado segundo a sua ação interna, e, assim, o ponto de vista moral é a liberdade sendo para si.

§ 107

A *autodeterminação* da vontade é, simultaneamente, um momento de seu conceito, e a subjetividade é não só o lado do ser-aí da vontade, mas a sua determinação própria (§ 104).[263] A vontade livre para si, determinada como subjetiva, inicialmente enquanto conceito, tem ela mesma *ser-aí*, a fim de ser enquanto *ideia*. Por isso, o ponto de vista moral é, em sua figura,[264] o

---

[262] É importante ressaltar que, antes de introduzir no § 107 "a autodeterminação da vontade" como sendo sua "determinação própria", Hegel insere aqui o aprofundamento infinito da autodeterminação da subjetividade adentro de si, ao fim do qual ela se põe como a medida do bem e do mal. Trata-se de um movimento processual pelo qual a subjetividade visa a suspender esse aprofundamento puramente subjetivo bem como a esfera moral em direção à sua identidade não só em si, imediata, mas até a sua identidade para si com a vontade sendo em si, isto é, em direção à vontade ética.

[263] Hegel concebe aqui a subjetividade singular a partir da autodeterminação da vontade enquanto tal, e, ambas, como sendo, ao mesmo tempo: 1) o ser-aí e a existência que o conceito de vontade livre se dá como "o terreno" para a "elaboração" e elevação dessa vontade subjetiva à ideia de vontade livre (§ 106); 2) como a "determinação própria", constitutiva da vontade, na medida em que a "subjetividade" e a "autodeterminação" são a "forma infinita" ("o elemento-formal", § 108), que dá efetividade e atualidade à ideia de vontade livre, que na figura da "ideia ética" se torna, então, o fundamento substancial da liberdade moderna. "Essa liberdade subjetiva ou moral é, principalmente, o que se chama liberdade no sentido europeu. [...] A subjetividade da vontade é na própria vontade auto-fim, momento absolutamente essencial" (*E*, § 503 A).

[264] Ver as notas ao § 32.

direito da vontade subjetiva.²⁶⁵ Segundo esse direito, a vontade *reconhece* e *é* algo somente na medida em que esse algo é *seu*, em que ela está nele presente a si como algo subjetivo.

O mesmo processo do ponto de vista moral (ver a Anotação ao § precedente) tem, segundo esse lado, a figura do desenvolvimento do *direito* da vontade subjetiva — ou do modo do seu ser-aí —, de sorte que aquilo que ela reconhece no seu objeto como o que é seu, ela o determina ulteriormente a ser o seu verdadeiro conceito, o objetivo no sentido da sua universalidade.

Adendo (H). Essa determinação integral da subjetividade da vontade é, novamente, um todo que, enquanto subjetividade, tem também de ter objetividade. Só e primeiro no sujeito a liberdade pode realizar-se, pois ele é o verdadeiro material para essa realização; mas esse ser-aí da vontade, que chamamos de subjetividade, é diverso da vontade sendo em si e para si. Com efeito, a vontade tem que libertar-se dessa outra unilateralidade da mera subjetividade, a fim de tornar-se vontade sendo em si e para si. Na moralidade o que está em questão é o interesse próprio do homem, e o que constitui, precisamente, o valor elevado do homem é que ele se sabe como absoluto e se determina. O homem inculto deixa-se impor tudo pela violência da força e pelas determinações naturais; as crianças não têm vontade moral, porém deixam-se determinar pelos pais; mas o homem cultivado, o homem em via de se interiorizar, quer que ele mesmo esteja presente em tudo o que faz.

§ 108

A vontade subjetiva, enquanto imediatamente para si e distinta da vontade sendo em si (§ 106, A), é, por isso, abstrata, restrita e formal. Mas a

---

²⁶⁵ Esse direito da vontade subjetiva, que exprime o direito à autodeterminação e à efetivação da liberdade singular, se desenvolve em três etapas principais: 1) o direito de reconhecer no seu ato como sua ação somente aquilo que ela sabia estar contido no conteúdo do fim de sua ação e, assim, só ser responsável por aquilo que ela sabia estar contido nesse conteúdo (§ 117); 2) o direito da subjetividade moral à satisfação da sua particularidade (§ 124); 3) o direito de só reconhecer como válido o que ela discerne como bom (§ 132). A absolutização desses direitos na reflexão infinita da subjetividade moral adentro de si, que termina por transformá-la em medida do bem e do mal, do verdadeiro e do falso e de todo ser-aí (§§ 138-9), envolve essa subjetividade nas contradições do ponto de vista moral, que são o objeto principal da crítica dessa esfera.

subjetividade não é só formal, porém constitui, enquanto o autodeterminar infinito da vontade, o *elemento-formal*[266] desta. Porque neste seu primeiro emergir na vontade singular, esse elemento-formal não está ainda posto como idêntico ao conceito de vontade, o ponto de vista moral é o ponto de vista da *relação* e do *dever-ser*, ou o da *exigência*. — E como a diferença da subjetividade contém igualmente a determinação que se defronta com a objetividade enquanto ser-aí exterior, intervém aqui, também, o ponto de vista da *consciência* (§ 8) — em geral, o ponto de vista da diferença, da *finitude* e do *fenômeno* da vontade.

O elemento-moral inicialmente não está já determinado como oposto ao imoral, assim como o direito não está imediatamente oposto ao ilícito; ele é, porém, o ponto de vista universal, ponto de vista que repousa sobre a subjetividade da vontade, tanto do moral quanto do imoral.[267]

---

[266] Kervégan lembra em nota (*Kervégan*, p. 262, nota 1) que "o elemento-formal", não tem aqui o sentido negativo que o termo assume no contexto da crítica de Hegel ao formalismo kantiano, do que é somente formal em oposição ao conteúdo, mas, sim, o sentido "positivo e dinâmico" de forma entendida como "princípio de dar forma e de configuração" (*ibid.*). É esse sentido que permite a Hegel dizer que a *Ciência da lógica* é a "ciência *formal*", enquanto "ciência da *forma absoluta*, que é em si totalidade e contém a *ideia pura da própria verdade*" (WL III, p. 25; TWA, v. 6, p. 265). Os Apontamentos de Hotho remetem "formal" à "forma pura", à "atualidade ativa" (*Aktuosität*): "O autodeterminar infinito é a própria forma pura. A forma pura é atividade (*Tätigkeit*), atualidade ativa" (*VRph* 1822-23, p. 337). De maneira análoga, na Introdução, a vontade livre em si e para si tem a universalidade do querer "enquanto forma infinita por conteúdo, objeto e fim" (§ 21), precisamente nesse sentido positivo e dinâmico de que o querer universal, enquanto "forma pura", que se tem a si mesma por conteúdo, é o princípio constitutivo da ideia de vontade livre. Também na introdução do conceito de "eticidade", no início da "Terceira Parte", a subjetividade enquanto "forma infinita" (§ 144) é o princípio que dá concretude à substância ética objetiva.

[267] Na esfera moral no sentido lato de "moral", em que o termo não se opõe a "imoral", mas antes, como indica o termo francês "*le moral*", invocado por Hegel, se opõe ao "*physique*", no sentido do "espiritual", do "intelectual em geral" (*E*, § 503), Hegel não analisa somente as ações morais que visam ao bem, mas ações que expressam em geral o direito da liberdade subjetiva como prerrogativa da vontade singular, independentemente de ser o conteúdo da ação adequado ou não ao conceito de vontade livre e à sua objetividade enquanto vontade universal em si (§ 111). "Aqui o moral tem o sentido de uma determinação da vontade, na medida em que ela está no interior da vontade em geral e, portanto, abrange em si o propósito e a intenção, assim como o moralmente

Adendo (H). Na moralidade o autodeterminar é para ser pensado enquanto pura inquietação e pura atividade, que ainda não pode chegar a nenhum *o que é*. Só e primeiro no elemento-ético a vontade é idêntica com o conceito de vontade, e tem somente este último por seu conteúdo. No elemento-moral a vontade se relaciona ainda àquilo que é em si; ele é, portanto, o ponto de vista da diferença, e o processo desse ponto de vista é a identificação da vontade subjetiva com o seu conceito. O dever-ser que, por isso, está ainda presente na moralidade só é alcançado[268] no elemento-ético, e este outro com o qual a vontade subjetiva está numa relação é, na verdade, duplo: primeiro, o substancial do conceito, segundo, o que exteriormente está-aí. Mesmo que o *bem* estivesse posto na vontade subjetiva, ele não estaria ainda, com isso, plenamente realizado.

---

mau" (*E*, § 503). Se o direito da vontade subjetiva singular não reconhece e não leva em conta que o verdadeiro fundamento da liberdade está na "interpenetração" (§ 258 A) da liberdade subjetiva e da liberdade objetiva, que a liberdade só é verdadeira se ela se sabe como mundo objetivo da liberdade, então o "direito da liberdade subjetiva" (§ 124 A) de só reconhecer como válido aquilo que ela discerne como o bom (§ 132 A) — ainda que a "subjetividade" seja "um momento pura e simplesmente essencial" (*E*, § 503 A) — pode negar a liberdade efetiva. Por isso, o "ponto de vista moral" (§ 107) permanece na esfera da finitude enquanto "ponto de vista do *dever-ser* e da *exigência*", pois ele é perpassado pela oposição entre a liberdade subjetiva e a liberdade objetiva. Assim, o "processo do ponto de vista moral" (*ibid.*), que conduz à suspensão desse ponto de vista e da moralidade na esfera da eticidade, passa necessariamente pela apresentação da "contradição" (§ 112 A) que marca os diferentes níveis e etapas dessa oposição no interior da esfera moral (propósito, intenção, bem-próprio, consciência moral, mal).

[268] Este enunciado só adquire o seu sentido cabal na sequência dos Apontamentos de Hotho que o precedem imediatamente (*VRph 1822-23*, p. 339): "O conceito [de vontade] era a base do primeiro degrau ou estágio [o do direito abstrato], o segundo é a vontade que se adentrou em si, que se relaciona ao primeiro. O processo do ponto de vista moral é a identificação da vontade subjetiva com o conceito de vontade. Desse ponto de vista, isso [essa identificação] é somente um dever-ser, a qual só é alcançada no elemento--ético". O que é propriamente alcançado no elemento-ético é a identificação da vontade subjetiva com o seu conceito, e não o dever-ser, como diz o Adendo: o pronome relativo "que" (*das*) deve ser entendido como se reportando ao pronome demonstrativo neutro 'isso' (*dies*), que designa o processo de identificação, e não ao "dever-ser" (*Sollen*), entendimento que na reformulação sintática de Gans não mais é possível.

§ 109

Esse elemento-formal, segundo a sua determinação universal, contém a contraposição da subjetividade e da objetividade, e a atividade que se refere a essa contraposição (§ 8) — cujos momentos são, mais precisamente, estes: *ser-aí* e *determinidade* são idênticos no conceito (cf. § 104), e a vontade enquanto subjetiva é ela mesma esse conceito —; atividade essa de diferenciar ambos os momentos [o da subjetividade e o da objetividade], no caso, diferenciá-los *para si* e pô-los como idênticos. Na vontade que se determina a si mesma, a determinidade é, α) inicialmente, enquanto posta *na vontade* pela própria vontade, é a particularização da vontade nela mesma, um *conteúdo* que ela se dá. Isso é a *primeira* negação e o seu limite formal, o de ser somente algo *posto*, subjetivo. Enquanto *reflexão infinita* dentro de si, esse limite é *para a própria vontade*, e esta é β) o querer suprimir essa barreira — a *atividade* de transpor esse conteúdo da subjetividade para a objetividade em geral, em um *ser-aí imediato*. γ) A *identidade* simples da vontade consigo nessa contraposição [da subjetividade e da objetividade] é o *conteúdo* que permanece igual em ambas e que é indiferente em face destas diferenças de forma, o *fim*.[269]

§ 110

Mas, do ponto de vista moral, em que a liberdade, essa identidade da vontade consigo é para ela (§ 105), essa identidade de conteúdo recebe as seguintes determinações próprias mais precisas:

a) O conteúdo é determinado para mim como *meu*, de tal modo que, em sua identidade, ele *contém* a minha subjetividade *para mim* não só co-

---

[269] Antes de introduzir explicitamente o conceito de ação e sua estrutura teleológica, Hegel antecipa aqui, na análise do elemento-formal da vontade subjetiva enquanto autodeterminação, seu conceito especulativo de fim, já anteriormente elaborado na *Fenomenologia do espírito*, na *Ciência da lógica* e na primeira edição da *Enciclopédia*, como sendo o conteúdo que permanece igual e idêntico consigo na atividade de sua transposição da forma da subjetividade (fim subjetivo) para a forma da objetividade (fim executado), à qual ele preside. A tensão daí resultante entre a autodeterminação subjetiva e o conteúdo idêntico do fim, que "é indiferente" à oposição entre sujeito e objeto, é superada pela construção teleológica do próprio "autodeterminar infinito da vontade" (§ 108) nos parágrafos subsequentes.

mo meu fim *interno*, mas também na medida em que recebeu a *objetividade exterior*.

Adendo (H). O conteúdo da vontade subjetiva ou moral contém uma determinação própria: com efeito, mesmo que tenha recebido a forma da objetividade, ele deve, contudo, sempre continuar a conter a minha subjetividade, e o ato deve valer somente na medida em que estava determinado interiormente por mim, em que era o meu propósito, a minha intenção. Na externação eu não reconheço enquanto meu mais do que residia em minha subjetividade, e exijo reencontrar naquela a minha consciência subjetiva.

§ 111

b) O conteúdo, embora contenha algo particular (tomado, de resto, donde se quiser), enquanto conteúdo da vontade *refletida dentro de si* em sua determinidade, por conseguinte, idêntica consigo e universal, tem α) nele mesmo a determinação de ser adequado à vontade sendo em si ou de ter a *objetividade do conceito*; mas, β) como a vontade subjetiva enquanto sendo para si é ao mesmo tempo ainda formal (§ 108), essa adequação é somente uma *exigência*, e o conteúdo contém igualmente a possibilidade de não ser adequado ao conceito.

§ 112

c) Visto que na execução dos meus fins eu *conservo* a minha subjetividade (§ 110), eu suspendo *ao mesmo tempo* nessa execução, enquanto objetivação dos mesmos, essa subjetividade enquanto *imediata*, por conseguinte, enquanto esta subjetividade singular minha. Mas a subjetividade exterior, assim idêntica comigo, é a *vontade* de outros (§ 73). — O terreno da *existência* da vontade é, agora, a *subjetividade* (§ 106), e a vontade dos outros é a existência, para mim outra, que eu dou ao meu fim. — Por isso, a execução do meu fim tem dentro de si essa identidade da minha e de outras vontades — ela tem uma relação *positiva*[270] à vontade de outros.

---

[270] Esta terceira característica da ação moral — a primeira é a transposição ou tradução do seu fim subjetivo num mundo exterior previamente dado (§§ 108-9), e a segun-

A *objetividade* do fim executado inclui, por isso, dentro de si, as três significações, ou melhor, contém em um os três momentos: α) ser o ser-aí exterior imediato (§ 109), β) ser adequada ao conceito (§ 112), γ) ser uma subjetividade *universal*. A subjetividade que se *conserva* nessa objetividade está α) em que o fim objetivo seja o meu fim, de modo que nele eu me mantenho enquanto *este sujeito* (§ 110); os momentos β) e γ) da subjetividade já coincidiram com os momentos β) e γ) da objetividade. — O fato de que essas determinações [da objetividade e da subjetividade], diferenciando-se uma da outra no ponto de vista moral, estejam assim unidas somente para [formar] uma *contradição*, isso constitui a dimensão *fenomenal* ou a *finitude* dessa esfera (§ 108), e o desenvolvimento desse ponto de vista é o desenvolvimento dessas contradições e das suas resoluções, que, todavia, no interior do mesmo, só podem ser *relativas*.

---

da é a adequação do seu conteúdo particular à ideia de liberdade como sendo "só uma exigência" (§ 111) — é a de que nela a relação das vontades subjetivas entre si é uma "relação positiva", no sentido de que o indivíduo singular deve estar ciente de que seus fins subjetivos concordam com os fins subjetivos de outros indivíduos singulares. Não se trata mais da relação em parte negativa e excludente, em parte de indiferença, entre as pessoas enquanto proprietárias na esfera do direito abstrato. Todavia, a objetividade alcançada nessa relação positiva é ainda fruto de um acordo entre as vontades singulares, o qual não contém a substancialidade e a universalidade que o reconhecimento recíproco alcança na relação ética e que dá consistência objetiva à liberdade. Assim, os sujeitos singulares, que agem do ponto de vista moral, inseridos na "finitude" de uma relação de "dever-ser" e de "exigência" (§ 108), ainda não estão cientes de que o "direito da vontade moral" (§ 114) e seus fins subjetivos só alcançam o seu fundamento objetivo na sua adequação às estruturas supraindividuais das relações de reconhecimento, condensadas na efetivação da ideia ética e desdobradas nas instituições da comunidade ética. A objetividade dos fins na esfera moral não é ainda a universalidade substancial da relação com os outros sujeitos, mas a da execução do fim pela "vontade *formal* enquanto autoconsciência" (§§ 8, 108), que se defronta com a objetividade de um mundo previamente dado, no qual traduz o seu fim subjetivo. Por isso, a liberdade do ponto de vista moral é, primeiramente, o direito subjetivo da vontade moral de reconhecer a permanência do conteúdo do seu fim, executado mediante sua ação, numa objetividade que é ainda resultado do acordo das vontades individuais. Mas convém notar antecipadamente que essa "relação positiva" da vontade moral às outras vontades vai desaparecer no decurso da dialética negativa da "Terceira seção", que descreve o processo de aprofundamento e afundamento da subjetividade em sua certeza de si, que acaba se invertendo na consciência má (§ 139).

Adendo (H). A propósito do direito formal fora dito que ele só contém proibições, que, portanto, a ação rigorosamente jurídica só tem uma determinação negativa a respeito da vontade dos outros. No elemento-moral, ao contrário, a determinação da minha vontade em relação à vontade dos outros é positiva, quer dizer, a vontade subjetiva tem naquilo que ela realiza a vontade sendo em si como algo interior. Aqui, está presente uma produção ou alteração do ser-aí, e isso tem uma relação à vontade dos outros. O conceito de moralidade é o relacionar-se interior da vontade a si mesma. Mas aqui não há somente *uma* vontade, porém a objetivação tem simultaneamente dentro de si a determinação de que a vontade singular se suspende na objetivação, e, portanto, precisamente com isso, ao eliminar-se a determinação da unilateralidade, são postas duas vontades e uma relação positiva delas uma à outra. No direito, não é relevante que a vontade dos outros queira algo em relação à minha vontade que se dá ser-aí na propriedade. No elemento-moral, pelo contrário, trata-se do bem-próprio também de outros, e somente aqui pode intervir essa relação positiva.

§ 113

A externação da vontade enquanto *subjetiva* ou *moral* é a ação.[271] A ação contém as determinações indicadas: α) ser sabida por mim na sua ex-

---

[271] "Externação" (*Äusserung*) define a ação num sentido estrito, especificamente, a ação da vontade "subjetiva ou moral", enquanto esta é o momento ou o degrau reflexivo e para-si do próprio espírito objetivo (ver também *E*, § 503), à diferença da "exteriorização" (*Entäusserung*), que caracteriza um conceito amplo de ação e define o movimento pelo qual o "espírito livre" (*FD*, § 27; *E*, §§ 481-2) se objetiva a fim de realizar a sua liberdade como mundo objetivo. A "exteriorização" implica geralmente o movimento de "objetivação" e abrange, ou pode conter em si, atividades tais como "fazer ou atuar" (*tun*), "operar" (*wirken*), "efetuar" (*bewirken, betätigen*), "efetivar" (*verwirklichen*), "formar ou cultivar" (*bilden*), "trabalhar" (*arbeiten*), que remetem todas à "atividade" (*Tätigkeit*) como modo de ser fundamental do espírito. Hegel vai conceber tanto o agir, no sentido lato de "exteriorização", como a ação moral e a própria autodeterminação da vontade, teleologicamente (ver *FD*, § 28; *E*, §§ 482-3; respectivamente, *FD*, §§ 109, 112, 118, 122-4, 129; *E*, §§ 505, 509-10). A estrutura profunda da ação enquanto autodeterminação da vontade é, assim, construída a partir do conceito especulativo de finalidade interna, no sulco da sua recepção da teleologia aristotélica, já presente na fase de Jena, e que se intensificará mais tarde na sua discussão do Livro II da *Física* de Aristóteles nas *Lições sobre a história da filosofia* (*TWA*, v. 19, pp. 170-82). Mas a finalidade que articula a ação enquanto externação da vontade moral é uma finalidade finita, e seus

terioridade como minha, β) ser a relação essencial ao conceito como a um dever-ser e γ) ser a relação essencial à vontade dos outros.

Só e primeiro a externação da vontade moral é *ação*. O *ser-aí* que a vontade se dá no direito formal está em *uma coisa imediata*, é ele mesmo imediato e inicialmente não tem para si nenhuma relação *expressa* ao conceito, que, enquanto ainda não confrontado à vontade subjetiva, não é diferente dela, nem esse ser-aí tem uma relação *positiva* à vontade dos outros; o mandamento jurídico, segundo a sua determinação fundamental, é somente *proibição* (§ 38). O contrato e o ilícito começam, na verdade, a ter uma relação à vontade de outros — mas o *acordo* que intervém naquele se funda sobre o arbítrio, e a relação *essencial* à vontade do outro que existe aí é, enquanto jurídica, o negativo, reter a minha propriedade (segundo o valor) e deixar ao outro o que é seu. O lado do crime, ao contrário, enquanto proveniente da *vontade subjetiva* e segundo o modo como ele tem nela sua existência, só entra primeiro aqui em consideração. — A *ação* judicial (*actio*) enquanto não me é imputável segundo o seu conteúdo, que é determinado por pres-

---

três termos no silogismo teleológico (a intenção como fim subjetivo, a própria ação como "termo-médio" que "transpõe ou traduz" o fim subjetivo na objetividade e o fim executado no mundo exterior e intersubjetivo — cf. *FD*, § 109; *E*, §§ 206-12; já *WL III*, esp. pp. 165-72; *TWA*, v. 6, pp. 451-61) estão ainda numa diferença de forma entre si. Assim, há no conteúdo da ação moral ainda um resto de arbítrio, mas, por ser a vontade moral um momento do espírito objetivo, não se trata mais do arbítrio oriundo dos impulsos e desejos da vontade natural no interior do espírito subjetivo, mas do arbítrio presente na reflexão que unifica os fins particulares na universalidade ainda formal da felicidade e do "bem-próprio" (*Wohl*). O conteúdo da ação moral já superou "o formalismo, a contingência e a restrição do conteúdo prático" (*E*, § 481) que ainda marcava a vontade enquanto figura do espírito subjetivo, de sorte que a subjetividade, aqui, deixa de ser "mera fruição" para se tornar "ato e ação" (*id.*, § 469 Ad.; *FD*, § 123 A). Mas o conteúdo desse fim subjetivo, que pode ou não ser conforme ao bem enquanto dever e pode ou não se realizar nas circunstâncias do mundo objetivo, é perpassado, do ponto de vista da apresentação retrocedente ou regressiva, pela atuação da ideia do bem enquanto fundamento e "fim último absoluto do mundo" (§ 129). É essa presença anterior e antecipada da ideia do bem enquanto fim, na figura da ideia ética, atuando como "autodeterminação infinita do conceito" (*WL III*, p. 169; *TWA*, v. 6, p. 457) no interior da finalidade finita da ação moral, o que garante e justifica especulativamente a progressão categorial do "processo da esfera moral" em direção à sua suspensão na eticidade (ver Müller, M. L., "Racionalidade da ação e direito da subjetividade na *Filosofia do direito* de Hegel", in: Rohden, V., (org.), *Racionalidade e ação*, Porto Alegre, Editora UFRGS/Instituto Cultural Brasileiro-Alemão, 1992, pp. 145-64).

crições, contém apenas alguns momentos da relação propriamente moral e, no caso, *de maneira exterior*; ser uma ação propriamente moral é, por isso, um aspecto diferente dessa ação enquanto judicial.

§ 114

O direito da vontade moral contém os três aspectos seguintes:

a) o direito *abstrato* ou *formal* da ação, o de que, tal como ela é executada no ser-aí *imediato*, o seu conteúdo seja em geral o *meu*, de que ela seja, assim, o *propósito* da vontade subjetiva.

b) o *elemento-particular* da ação é seu conteúdo *interno*, α) o modo como seu caráter universal é determinado para mim, o que constitui o valor da ação e aquilo segundo o que ela tem validade para mim — [é] a *intenção*; — β) seu conteúdo, enquanto *meu* fim *particular* do meu ser-aí subjetivo particular — é o *bem-próprio*.

c) esse conteúdo, enquanto *interno*, ao mesmo tempo elevado à sua *universalidade* como à *objetividade* sendo em si e por si, é o fim absoluto da vontade, o *bem*, que na esfera da reflexão está em oposição à universalidade *subjetiva*, em parte a universalidade subjetiva do *mal*, em parte a da *consciência moral*.[272]

---

[272] As notas manuscritas de Hegel a este parágrafo reiteram a tese de que uma oposição interna perpassa o desenvolvimento de toda a esfera moral (ver o final da Anotação ao § 113) e articula os três momentos principais que constituem a ação moral.

"O todo [dessa esfera] se move em oposições [entre] α) o que é, e β) o que é para mim e está em mim.

a) *Propósito* — o que é *imediatamente* e o *modo como* esse *ser-aí* é para mim.

b) *Intenção* autorrefletida α) o valor da Coisa — o *universal* [...]; β) reflexão *abstrata* dentro de mim, *subjetividade* formal indeterminada, reflexão dentro de mim, *interesse* — contra o *ser-aí* — [contra] a Coisa; γ) [o] *conteúdo* — [é] minha particularidade diversa — contra o direito — [contra o] interesse pleno — é a unidade formal.

c) Reflexão absoluta do conteúdo e da *singularidade* — do meu, dentro de mim, da particularidade — α) determinação do *bem* enquanto *dever* — para mim; β) do seu conteúdo; γ) *formalismo* α) *mal*; β) *consciência moral*; γ) *passagem* [à eticidade]" (*NM*, p. 575; *TWA*, v. 7, p. 213).

Os Apontamentos de Griesheim ao § 114 explicitam alguns aspectos da divisão sistemática:

"Toda vontade se determina como vontade particular, mas aqui, do ponto de vista moral, a particularidade pertence a mim mesmo, incide na minha vontade, concerne à

Adendo (H). Toda ação, para ser moral, tem de primeiramente concordar com o meu propósito, pois o direito da vontade moral está em que seja reconhecido no ser-aí dessa vontade somente aquilo que existia interiormente como propósito. O propósito concerne somente ao elemento formal, o de que a vontade exterior seja também algo interior em mim. Ao invés disso, no segundo momento pergunta-se pela intenção da ação, quer dizer, pelo valor relativo da ação em relação a mim; finalmente, o terceiro momento não é apenas o valor relativo da ação, mas o seu valor universal, o *bem*. A primeira fratura da ação é a que se dá entre o que foi proposto e o que está-aí e foi produzido; a segunda fratura se dá entre o que está-aí exteriormente como vontade universal e a determinação particular interior que eu lhe dou; o terceiro momento, finalmente, está em que a intenção seja também o conteúdo universal. O bem é a intenção erguida ao conceito da vontade.

Primeira seção

O PROPÓSITO E A RESPONSABILIDADE

§ 115

Na imediatidade do agir, a *finitude* da vontade subjetiva consiste ime-

---

minha vontade. Como o ponto de vista moral chega a um conteúdo particular? Como este tem de estar constituído? Donde a vontade toma esta determinação? É o que chamamos anteriormente de paixões, impulsos, inclinações. Do ponto de vista estritamente jurídico o meu interesse não importa, mas o que importa é somente a minha pessoa; mas aqui [na esfera moral], só importa o meu interesse e, assim, o fim particular é o meu interesse. A sua satisfação é o bem-próprio. Do ponto de vista moral ainda não sou concretamente subjetivo, mas só subjetivo em geral, de sorte que o sujeito só tem por interesse o imediato, o que ele encontra-aí por natureza e o fim particular, a fim de que isso seja satisfeito em suas ações. O particular recebe também a determinação do universal, e esta determinação mais precisa do que é o meu fim, a determinação do universal, é o bem. [...] Donde pode o bem receber a sua determinação? Ele é num primeiro momento, abstratamente, o particular que é adequado ao conceito. Esta é a determinação abstrata. Mas o que é o bem em sua determinação concreta? Isso não se consegue encontrar nesta esfera [moral]. A subjetividade permanece o determinante, ela não é ainda determinada como idêntica com a universalidade. Assim, o que pode estar aí-presente é a consciência moral, o bem, como também a consciência má" (*VRph 1824-25*, pp. 311-2).

diatamente em ter para seu agir um objeto exterior *pressuposto* com múltiplas circunstâncias. O *ato* põe uma alteração nesse ser-aí previamente dado, e a vontade tem em geral *responsabilidade* pelo ato, na medida em que o predicado abstrato de ser *meu* reside no ser-aí alterado.

Um evento, uma situação que surgiu, é uma efetividade exterior *concreta*, que por causa disso tem nela circunstâncias em número indeterminável. Cada momento singular que se mostra como *condição*, *fundamento*, *causa* de uma tal circunstância e, assim, contribuiu com *sua parte*, pode ser visto como *sendo responsável* por ela, ou pelo menos, como *tendo* aí alguma responsabilidade. Por isso, no caso de um acontecimento rico em circunstâncias (por exemplo, a Revolução Francesa), o entendimento formal tem a escolha, dentre a sua multidão inumerável, de qual delas ele quer afirmar como sendo a responsável pelo acontecimento.

Adendo (H). Pode me ser imputado o que residiu no meu propósito, e no caso do crime é isso o que precipuamente importa. Mas na responsabilidade reside tão só o julgamento inteiramente exterior, de se fiz ou não algo; e do fato de que eu seja responsável por algo não se segue que a coisa possa me ser imputada.

§ 116

Não é, certamente, meu ato próprio se coisas de que sou proprietário e que, enquanto exteriores, estão e operam em múltiplas conexões (como pode ser o caso do que se passa comigo mesmo enquanto corpo mecânico ou ser vivo), causam por meio delas dano aos outros. Esse dano corre *mais* ou *menos* por minha conta, porque aquelas coisas são em princípio minhas, contudo, segundo a sua natureza peculiar, também estão só mais ou menos submetidas ao meu domínio, à minha atenção etc.[273]

---

[273] Hegel antecipa aqui, com essa descrição, como mostrou Karl Larenz, uma figura jurídica introduzida posteriormente na ciência jurídica, a qual prevê um tipo de responsabilidade objetiva que escapa à alternativa clássica entre a responsabilidade por premeditação ou por negligência, que é a responsabilidade por risco de dano, causado involuntariamente ("não é, certamente, meu ato próprio") por coisas que estão em minha propriedade, mas que não estão inteiramente sob meu domínio. É só no parágrafo seguinte que Hegel introduzirá a distinção entre "ato" ou "feito" (*Tat*) e "ação" (*Hand-*

§ 117

A vontade agindo por si mesma tem no seu fim, dirigido para o ser-aí previamente dado, *a representação das circunstâncias* desse ser-aí. Mas porque, em razão desse pressuposto, a vontade é *finita*, o fenômeno objetivo é para ela contingente e pode conter em si algo distinto do que está na representação da vontade. Mas é o direito da vontade reconhecer no seu *ato* como sua *ação* somente aquilo que ela sabe, no seu fim, dos pressupostos do ato, e de só ter responsabilidade pelos pressupostos que residiam no seu *propósito*.[274] — O ato só pode ser *imputado* enquanto é da *responsabilidade da vontade* — [é] o *direito do saber*.

Adendo (H). A vontade tem diante de si um ser-aí sobre o qual ela age; mas, para podê-lo, tem de ter uma representação desse ser-aí, e só há verdadeira responsabilidade em mim na medida em que o ser-aí previamente dado residia no meu saber. A vontade é finita porque tem tal pressuposto, ou melhor, é porque ela é finita que tem tal pressuposto. Na medida em que penso e quero racionalmente, não me situo nesse ponto de vista da finitude, pois o objeto sobre o qual ajo não é algo de outro em face de mim; mas a finitude tem o limite e a restrição permanentes em si. Eu me defronto com outro que é somente contingente, algo necessário meramente de um ponto de vista exterior e que pode coincidir comigo ou ser diverso de mim. Entretanto, eu só sou aquilo que está em relação com a minha liberdade e o ato só é responsabilidade da minha vontade na medida em que estou ciente dele. Édipo, que abateu o seu pai sem o saber, não pode ser acusado de parricida; mas nas antigas legislações não se atribuiu tanto valor quanto hoje ao subjetivo, à

---

lung), segundo a qual a vontade só é responsável no seu ato, inicialmente caracterizado como compreendendo todo o âmbito dos efeitos que provocou no mundo exterior (§ 115), por aquilo que ela sabe a respeito daqueles pressupostos objetivos do seu ato contidos no fim de sua ação (§ 117; cf. Jermann, C., "Die Moralität", in: Jermann, C., (ed.), *Anspruch und Leistung von Hegels Rechtsphilosophie*. Stuttgart-Bad Cannstatt: Frommann-Holzboog, 1987, p. 106).

[274] "Tomar um fuzil por não carregado — numa mata, na escuridão, tomar um movimento — um homem por um animal selvagem — alguém cruza a linha de tiro — homicídio culposo, não homicídio doloso — Édipo" (*NM*, p. 581; *TWA*, v. 7, p. 217).

imputação. Por isso, surgiu entre os Antigos o asilo junto aos santuários, a fim de proteger e acolher aquele que fugia à vingança.

§ 118

A ação, além disso, enquanto transposta num ser-aí exterior que, segundo as suas conexões de necessidade externa, se desenvolve para todos os lados, tem múltiplas *consequências*. Estas, enquanto são a *figura* que tem por *alma* o *fim* da ação, são consequências suas (que pertencem à ação) — mas, ao mesmo tempo, enquanto fim posto na *exterioridade*, a ação está entregue às potências exteriores, que vinculam a ela algo de inteiramente outro do que ela é para si, e a arrastam a consequências distantes, estranhas.[275] É igualmente o direito da vontade, de só *imputar*-se o primeiro tipo de consequências, porque somente essas residem no seu *propósito*.

A distinção entre o que são consequências *contingentes* e consequências *necessárias* contém uma indeterminidade pelo fato de que no finito a necessidade interna entra no ser-aí enquanto necessidade *externa*, como uma relação de coisas singulares umas às outras que, enquanto autônomas, são indiferentes umas em face das outras e concorrem exteriormente. O princípio: desprezar nas ações as consequências, e o outro: julgar as ações a partir das consequências e fazer delas o padrão de medida do que é justo e bom — são ambos igualmente do entendimento abstrato. As consequências, enquanto são a configuração *imanente* própria da ação, manifestam somente a sua natureza e não são senão ela mesma; por isso, a ação não pode nem renegá-las nem desprezá-las. Mas, inversamente, compreende-se entre elas também o que intervém exteriormente e o que sobrevém de maneira contingente, o que em nada concerne à natureza da própria ação. — O desenvolvimento da contradição, que a *necessidade do finito* contém, é, no ser-aí, precisamente, o inverter-se da necessidade em contingência e vice-versa. Agir,

---

[275] Conforme indicação de Grotsch (*Anhang*, p. 1.131), Hegel, provavelmente, tem aqui presente o monólogo de Wallenstein, no drama de mesmo nome de Schiller: "Não sem um calafrio deita o homem a mão/ na urna cheia de segredos da fatalidade./ No meu peito o ato ainda era meu:/ uma vez destituído do recanto seguro/ do coração, do seu solo materno,/ uma vez dado e deixado ao estranho da vida,/ ele pertence àquelas potências insidiosas,/ que arte de homem algum torna confiáveis" ("Wallensteins Tod", in: Schiller, F., *Werke in drei Bänden*, Munique, Hanser Verlag, v. 3, p. 132 [tradução de MLM]).

por isso, segundo esse aspecto, significa *entregar-se a essa lei*. — A isso se deve que redunde em proveito do criminoso se a sua ação tem consequências menos graves, assim como a boa ação tem de conformar-se com o fato de não ter tido consequências ou só poucas, e a isso se deve também que elas corram por conta do crime a partir do qual se desenvolveram mais completamente. — A autoconsciência *heroica* (como nas tragédias dos Antigos, Édipo etc.) não avançou ainda de sua simplicidade inteiriça até a reflexão da diferença entre *ato* e *ação*, entre o evento exterior e o propósito e o saber das circunstâncias, assim como não avançou até a fragmentação das consequências, porém toma sobre si a responsabilidade pela amplitude total do ato.

Adendo (H). A passagem à intenção reside no fato de que só reconheço o que fora minha representação das circunstâncias. Pois somente o que eu sabia acerca delas pode me ser imputado. Mas há consequências necessárias que se vinculam a cada ação, mesmo que eu só produza um singular, um imediato, e que são, nessa medida, o universal que o singular tem dentro de si. Não posso, certamente, prever as consequências que poderiam ser inibidas, mas eu tenho que conhecer a natureza universal do ato singular. O que está em questão aqui não é o singular, mas o todo, que não se refere ao que há de determinado na ação particular, mas à natureza universal da mesma. A passagem do propósito à intenção consiste em que eu deva estar ciente não meramente da minha ação singular, mas também do universal que está conexo com ela. O universal que assim se apresenta é o que é querido por mim, é a minha *intenção*.

Segunda seção

A INTENÇÃO E O BEM-PRÓPRIO[276]

---

[276] O bem-próprio (*Wohl*) designa o conteúdo particular da ação, emergente da vontade natural, que compreende suas "carências, interesses e fins", reunidos num todo e "condensados num fim", na medida em que ele é "representado como moralmente legítimo em relação à moralidade" (*E*, § 505). A tradução de *Wohl* por "bem-próprio" foi proposta por B. Bourgeois (Hegel, *Encyclopédie des Sciences Philosophiques*, v. 3, *Philosophie de l'esprit*, Paris, Vrin, 1988, pp. 152-3, nota 1) como alternativa às duas tra-

§ 119

O ser-aí exterior da ação é uma multiplicidade de conexões, que pode ser considerada como infinitamente dividida em *singularidades*, e a ação pode ser considerada como se tivesse inicialmente só *tocado uma tal singularidade*. Mas a verdade do *singular* é o *universal*, e a determinidade da ação é para si não um conteúdo isolado, reduzido a uma singularidade exterior, mas um conteúdo *universal* que contém dentro de si essa multiplicidade de conexões. O propósito, enquanto procede de um *ser pensante*, contém não meramente a singularidade, mas, essencialmente, aquele lado *universal* — a *intenção*.[277]

---

duções correntes, que, na esfera moral, permanecem uma aquém do termo, e a outra vai além do seu significado. A tradução por "bem-estar", além de traduzir igualmente a palavra alemã *Wohlstand*, não leva em conta a diferença entre felicidade e bem-próprio, estabelecida por Hegel no mencionado parágrafo da *Enciclopédia*, pois, embora ambos os conceitos tenham o mesmo conteúdo (§ 123), a felicidade o representa no seu "ser-aí imediato", enquanto o bem-próprio o refere formalmente à sua legitimação pela vontade moral reflexiva. Mas é precisamente por essa identidade de conteúdo entre ambos os termos que a outra tradução de *Wohl* por "felicidade moral" significa demais, se se entende o adjetivo como determinando e especificando o substantivo, pois o verdadeiro correlato da vontade moral, estritamente falando, é o "bem" (*das Gute*), "a essência da vontade em sua *substancialidade* e em sua *universalidade*" (§ 132 A). O bem-próprio contém uma relação essencial ao sentimento de satisfação da liberdade subjetiva em sua particularidade, o que leva Hegel, em suas Notas Manuscritas ao § 125, a falar da dimensão "privado-burguesa" do bem-próprio e do caráter "tedioso" das palavras felicidade e bem-próprio (*NM*, p. 623; *TWA*, v. 7, p. 236). Isso mostra claramente que a legitimação moral deste último remete a uma universalidade relativa e vazia, ainda vinculada à particularidade deste ou de outros sujeitos. Na perspectiva da crítica de Hegel à moral subjetivista, a tendência desta "Segunda Parte" da obra a identificar o ponto de vista moral com o ponto de vista do bem-próprio torna-se clara na oposição que Hegel estabelece entre a compreensão moral do bem-próprio, que é o bem-próprio sem o direito, de um lado, e o direito enquanto abstrato, que é o direito sem o bem-próprio (§ 128), de outro, de sorte que só a integração e a suspensão de ambos no conceito enfático de bem (§ 130), enquanto antecipação do ponto de vista ético, introduzem uma dimensão de universalidade objetiva no bem-próprio, entendido como "bem comum" (§ 126 A). É um ponto importante para se compreender a diferença que Hegel estabelece entre moralidade e eticidade.

[277] "Passagem do propósito à intenção: propósito: esta ação, mas em conexão múltipla, consequências — contingentes ou necessárias —, assim [a ação] é um acontecer natural constituído do ponto de vista da reflexão — mas a verdade dessa necessidade e dessa conexão comuns é o *universal*. Eu [enquanto] pensante, e esse universal — referindo-se a si mesmo —, isso é o *meu*, com isso, fraturado, as consequências reconduzidas aden-

Intenção, etimologicamente, contém a *abstração*,[278] seja a forma da *universalidade*, seja a extração de um aspecto *particular* da coisa concreta. O esforço de justificação pela intenção está em isolar um aspecto singular em geral, que é afirmado como a essência subjetiva da ação. — O juízo sobre uma ação enquanto ato exterior, ainda sem a determinação do seu lado lícito ou ilícito, confere-lhe um predicado *universal*, o de que ela é [por exemplo] um incêndio proposital, um homicídio etc. — A determinidade *isolada* da efetividade externa mostra o que é a sua *natureza*, a de uma *conexão* exterior. *Inicialmente* a efetividade é tocada somente num ponto singular (tal como o incêndio proposital só atinge imediatamente um pequeno ponto da madeira, o que redunda somente em uma proposição, não em um juízo), porém a natureza universal desse ponto contém a sua extensão. No ser vivo, o singular existe imediatamente não como parte, porém como órgão, no qual está presente o universal enquanto tal, de sorte que no assassinato não é um pedaço de carne enquanto algo singular que é lesado, porém a própria vida. De uma parte, a reflexão subjetiva, que não conhece a natureza lógica do singular e do universal, deixa-se levar pela fragmentação em singularidades e consequências, de outra parte, é da natureza

---

tro de si — a reflexão [é] ao mesmo tempo uma oposição contra o singular —, o homem precisa ter uma intenção no agir, não só um propósito — porque é pensante" (*NM*, pp. 595-7; *TWA*, v. 7, p. 222).

[278] A etimologia sugerida por Hegel de *Absicht* ("intenção") — termo que foi introduzido no vocabulário filosófico alemão por C. Wolff, na sua "metafísica alemã" de 1719 (*Von Gott, der Welt und der Seele des Menschen, auch allen Dingen überhaupt* [De Deus, do mudo e da alma do homem, também de todas as coisas em geral]), para traduzir a palavra latina *intentio* — e de *Abstraktion* como termos oriundos do verbo alemão *absehen* (aqui no sentido de "prescindir de", "não levar em conta"), é mais um parentesco especulativo do que uma etimologia, pois, segundo o dicionário alemão dos irmãos Grimm, é só em meados da segunda metade do século XVIII que o verbo *absehen* adquire o sentido translato acima mencionado, a que Hegel se refere (cf. *Anhang*, p. 1.131). A intenção é aquele aspecto da ação que a abstração lhe torna essencial — ela é a "essencialidade subjetiva da qual a ação é uma consequência" — e que a abstração eleva a uma universalidade sabida pelo agente — como tal, ela é "a qualidade moral da ação, isto é, o seu *fim universal*" —, de sorte que não só a ação é consequência da intenção — "ela não permanece interior, mas é *dada juntamente à ação*" —, mas, inversamente, a intenção, na sua externação, é também consequência da ação — "ela mesma é também consequência, segundo a determinação da exterioridade, que ela tem nela [na exterioridade, na ação]" (*NM*, pp. 607, 619; *TWA*, v. 7, pp. 226, 234).

da própria ação finita conter tais ramificações das contingências. — A invenção do *dolus indirectus* tem seu fundamento nessas considerações.

Adendo (H). Sucede, com efeito, que um número maior ou menor de circunstâncias pode sobrevir a uma ação: num incêndio proposital o fogo pode não pegar ou, por outro lado, ele pode alastrar-se mais do que o autor queria. Apesar disso, não cabe aqui nenhuma distinção entre sorte e má-sorte, pois, ao agir, o homem tem de se avir com a exterioridade. Um antigo provérbio diz com razão: a pedra, uma vez lançada, é do diabo. Enquanto ajo, exponho-me à má-sorte; esta tem, por isso, um direito sobre mim e é um ser-aí do meu próprio querer.

§ 120

O *direito da intenção* é que a qualidade *universal* da ação não seja somente *em si*, mas que ela seja *sabida* pelo agente, portanto, que ela já tenha estado na vontade subjetiva, assim como, inversamente, o direito da *objetividade* da ação, como pode ser denominado, é de afirmar-se como sabida e querida pelo sujeito enquanto *ser-pensante*.

Esse direito a um tal discernimento traz consigo a *inimputabilidade* total ou menor das crianças, dos débeis mentais, dos loucos etc., em suas ações. — Mas, assim como as ações segundo o seu ser-aí exterior encerram dentro de si a contingência das consequências, assim também o ser-aí *subjetivo* contém a indeterminidade que se refere ao poder e ao vigor da autoconsciência e da circunspecção[279] — uma indeterminida-

---

[279] *Besonnenheit*, aqui traduzida por "circunspecção", seguindo a proposta de Knox, designa na escolástica alemã do século XVIII uma das virtudes cardeais, a *temperantia* latina, que remonta à *sophrosyne* grega. No atual contexto, todavia, Hegel parece empregar o termo menos no seu sentido aristotélico do meio-termo ou mediania entre os extremos, no que se refere aos prazeres corporais, e também não primariamente no sentido do autodomínio, enquanto controle racional da parte mais nobre da alma sobre a menos nobre e enquanto busca de harmonização de ambas. O termo apresenta, aqui, antes o sentido mais geral, independente do contexto da teoria das virtudes, de "ter plena consciência", de "estar presente a si", de "presença de espírito", a que se refere a sua etimologia alemã, que remete aos verbos *besinnen* e *sinnen* e ao adjetivo *besonnen*, no sentido de alguém que está na plena posse dos seus sentidos (*Sinne*) — aparentado ao latim *sensus*, *sentire* — e das suas faculdades mentais, que inclui reflexão, ponderação, prudência, cautela, circunspecção na avaliação da ação e de suas consequências (*DW*, p. 161;

de que só pode entrar em consideração no que respeita à debilidade mental, à loucura e semelhantes, como também à infância, porque somente tais estados decididos suprimem o caráter do pensamento e da liberdade da vontade e permitem não tratar o agente segundo a honra de ser um ser-pensante e uma vontade.

§ 121

A qualidade universal da ação é o *conteúdo* multíplice da ação em geral, reconduzido à *forma simples* da universalidade. Mas o sujeito, enquanto refletido dentro de si, por conseguinte, enquanto *particular* em face da particularidade objetiva, tem no seu fim o seu próprio conteúdo particular, que é a alma determinante da ação. O fato de que esse momento da *particularidade* do agente esteja contido e seja executado na ação constitui a *liberdade subjetiva* na sua determinação mais concreta, o *direito do sujeito* de encontrar na ação a sua *satisfação*.

Adendo (H). Refletido dentro de mim, ainda sou para mim um particular em face da exterioridade da minha ação. Meu *fim* constitui o conteúdo determinante da mesma. Assassínio e incêndio proposital, por exemplo, enquanto universais, não são ainda o meu conteúdo positivo, de mim enquanto sujeito. Se alguém cometeu tais crimes, pergunta-se por que os praticou. O assassínio não foi cometido por causa do assassínio, porém havia nele, além disso, um fim particular positivo. Mas se disséssemos que o assassínio ocorreu pelo prazer de assassinar, então seria o prazer mesmo o conteúdo positivo enquanto tal do sujeito, e o ato é então a satisfação do querer desse conteúdo. Por conseguinte, o *móvel* de um ato é o que mais precisamente se denomina de *elemento-moral*, e este tem, nesse respeito, um duplo sentido, do universal no propósito e do particular da intenção. Em época mais recente sobretudo começou-se a perguntar sempre pelos móveis das ações, ao passo que outrora se perguntava meramente: este homem é honesto? Ele cumpre o que é seu dever? Agora se quer olhar no coração e pressupõe-se aí uma ruptura entre o elemento-objetivo das ações e o interior, o elemento-subjetivo dos móveis. Todavia, há que se considerar a determinação do sujeito: ele

---

Bubner, R., Langenbach, W., Heintel, E., "Besonnenheit", in: *HWPhil.*, v. 1, 1971, col. 848-50).

quer algo que está fundado nele, ele quer satisfazer o seu prazer, contentar a sua paixão. Mas o bem e o justo não são também tal conteúdo meramente natural da ação, porém, um conteúdo posto pela minha racionalidade; minha liberdade, tornada conteúdo da minha vontade, é uma determinação pura da minha própria liberdade. Por isso, o ponto de vista moral mais elevado consiste em encontrar a satisfação na ação e não em se deter na ruptura entre a autoconsciência do homem e a objetividade da ação, ainda que este modo de compreensão tenha suas épocas na história mundial e na história dos indivíduos.

§ 122

Graças a esse elemento particular a ação tem um *valor* subjetivo, um *interesse* para mim. Em face desse fim, da *intenção* segundo o *conteúdo*, o caráter imediato da ação no seu conteúdo ulterior é rebaixado a meio. Na medida em que esse fim é algo finito, ele pode ser rebaixado novamente a um meio para uma intenção ulterior etc., e assim ao infinito.

§ 123

Para o conteúdo desses fins, aqui α) só está aí-presente a própria atividade formal[280] — que o sujeito esteja empenhado com a sua *atividade* em tudo o que ele deve considerar e promover como seu fim; os homens querem

---

[280] É interessante assinalar que Hegel, nas notas manuscritas a este parágrafo, compara a "própria atividade formal" do sujeito, graças à qual está ativamente empenhado e interessado na realização dos seus fins, com a "razão prática kantiana". Essa comparação mostra indiretamente que para ele a ação moral é não só o resultado do componente puramente racional da ação, que a reduziria ao seu "elemento-formal", mas que o seu conteúdo particular, o seu componente natural e impulsivo é também parte essencial da ação moral singular e do direito subjetivo da vontade moral de encontrar a sua satisfação na ação. "Porque a subjetividade abstrata [é] ainda formal — um determinar abstrato, [ela é] somente um aceitar das determinações aí-presentes de modo natural. Essa subjetividade abstrata é o mesmo que a razão prática kantiana. — Esse elemento-formal não é nada mais do que [o] interesse, [a] atividade da subjetividade em geral. Autonomia é aquele autodeterminar formal — heteronomia [,] impulsos" (*NM*, p. 633; *TWA*, v. 7, p. 231; ver *FD*, § 108). Nesse sentido, o "bem-próprio", juntamente com o "elemento formal" enquanto "autodeterminar infinito da vontade" (§ 108), que está na raiz da ativi-

ser ativos a favor daquilo pelo que se interessam ou devem se interessar como o seu. β) Mas a liberdade ainda abstrata e formal da subjetividade tem um conteúdo mais determinado somente no seu *ser-aí natural subjetivo*, nas carências, inclinações, paixões, opiniões, fantasias etc. A satisfação desse conteúdo é o *bem-próprio* ou a *felicidade* em suas determinações particulares e, de modo universal, os fins da finitude em geral.[281]

Enquanto ponto de vista da *relação* (§ 108), no qual o sujeito está destinado à sua diferenciação e vale, por conseguinte, como um *particular*, é este o lugar onde intervém o conteúdo da vontade natural (§ 11); mas ela não é aqui tal como ela é imediatamente, porém esse conteúdo, enquanto pertencente à vontade refletida dentro de si, é erguido a um fim *universal*, o do *bem-próprio* ou da *felicidade* (E [1817], §§ 395 ss.)[282] — erguido ao ponto de vista do pensamento que ainda não

---

dade e do interesse de promover os seus fins, é o outro componente igualmente essencial da ação moral.

[281] Inclinações, impulsos, sentimentos e o conteúdo dos fins da vontade têm "o seu fundamento na razão. São momentos do seu desenvolvimento, mas ainda não possuem [na esfera moral] a forma da racionalidade — isso só ocorre na esfera da eticidade", na qual "a subjetividade abandonou a sua unilateralidade enquanto singularidade que se põe e sabe a si mesma dentro de si, enquanto é momento — Por isso, inclinações, impulsos, o conteúdo [dos meus fins] — não estão aqui [na esfera moral] meramente no seu modo natural, [...] não são indômitos como selvagens, rudes — senão que eu me comporto como refletido em mim mesmo — universalidade formal — esses impulsos não são imediatos, mas estão referidos a um todo, inicialmente ao *seu* todo — ao pensamento reflexivo, ao bem-próprio, à felicidade — estou ciente deles como subordinados. Inibição do impulso, da naturalidade" (*NM*, p. 615; *TWA*, v. 7, pp. 231-2).

[282] Ver *E*, §§ 478 ss. Diferentemente dessa sinonímia aqui estabelecida entre a felicidade e o bem-próprio, a primeira edição da *Enciclopédia* diferencia implicitamente ambas as categorias, ao caracterizar a felicidade no contexto da teoria do espírito subjetivo como "uma representação confusa da satisfação de *todos* os impulsos" (*E [1817]*, § 396). A terceira edição da *Enciclopédia* retoma essa distinção entre a felicidade e o bem-próprio ao remeter explicitamente este último à esfera da moralidade, situada no interior da teoria do espírito objetivo. "A felicidade é diferente do bem-próprio pelo fato de que é representada como um ser-aí imediato, ao passo que o bem-próprio é representado como justificado em relação à moralidade" (*E*, § 505). Mas essa justificação moral do bem-próprio ainda permanece no "ponto de vista moral" em uma relação de oposição à universalidade objetiva do direito: em parte, porque a universalidade moral é formal e a ideia de liberdade só alcançou até agora a universalidade objetiva na figura do direito, como validade jurídica, em parte porque nenhuma intenção moral, seja a do meu bem-próprio, seja a do bem-próprio dos outros, pode "justificar uma ação contrária ao direito" (§

apreende a vontade na sua liberdade, mas que *reflete* sobre o seu conteúdo enquanto conteúdo natural e dado — como, por exemplo, nos tempos de Creso e Sólon.[283]

Adendo (H). Na medida em que as determinações da felicidade são previamente encontradas, elas não são verdadeiras determinações da liberdade, que somente é verdadeiramente liberdade *para si* no bem enquanto seu auto-fim. Aqui podemos levantar a questão: tem o homem um direito a se pôr tais fins não livres, que repousam unicamente em que o sujeito é um ser vivo? Mas o fato de que o homem seja um ser vivo não é contingente, mas conforme à razão, e nessa medida ele tem um direito a fazer de suas carências o seu fim. Não há nada de degradante em que alguém viva, e não lhe faz face nenhuma espiritualidade superior na qual pudesse existir. Somente o soerguer do que é previamente dado a um criar-a-partir-de-si atinge o círculo mais elevado do bem, embora essa diferenciação entre ambos os níveis não comporte em si nenhuma incompatibilidade entre eles.

§ 124

Como também a satisfação *subjetiva* do próprio indivíduo (aí incluído o reconhecimento da sua honra e glória)[284] está contida na execução de *fins*

---

126), com exceção da ação praticada em situação de perigo de vida extremo, no caso do "direito de necessidade constringente" (§ 127).

[283] Alusão provável à conversa entre Creso e Sólon, relatada por Heródoto, na qual Creso, referindo-se às suas riquezas e ao fato de reinar sobre muitos súditos, procura convencer Sólon de que é um homem feliz, ao passo que Sólon, já tendo atuado como legislador de Atenas, em nada se mostra impressionado pela riqueza e pelo reinado de Creso, insistindo que não se pode dizer de nenhum homem se é ou não feliz antes de sua morte, mas, apenas, se ele tem ou não os favores da sorte. Sólon assim conclui sua fala: "pois é preciso considerar antes de tudo o fim, pois a muitos homens o céu lhes concedeu a felicidade para em seguida aniquilá-los inteiramente" (Hérodote, *L'Enquête* I, 32, in: Hérodote, Thucydide, *Oeuvres complètes*, Paris, Gallimard, 1964, pp. 63-4).

[284] O direito à satisfação subjetiva que o indivíduo tem de encontrar na ação que realiza o seu fim próprio é um momento essencial da liberdade moderna: por isso a validade objetiva dos princípios e das leis passa pela mediação da subjetividade moral, embora essa validade objetiva não possa ser determinada e fundada exclusivamente pelo discernimento da consciência moral enquanto prerrogativa do sujeito singular e da sua atividade. "As leis, os princípios não vivem, não valem imediatamente por si mesmos. A

válidos em si e por si, tanto a exigência de que só um tal fim apareça como querido e alcançado, quanto a maneira de ver segundo a qual, no querer, os fins objetivos e subjetivos se excluiriam uns aos outros, são, ambas, uma afirmação vazia do entendimento abstrato. Ela se torna mesmo algo nocivo se passa a afirmar que tal satisfação subjetiva, porque aí-presente (como *sempre* numa obra consumada), teria sido a *intenção essencial* do agente e que o fim objetivo seria somente um *meio* para aquela satisfação. — O que o sujeito *é, é a série de suas ações*. São estas uma série de produções sem valor, então a subjetividade do querer será igualmente sem valor; se, ao contrário, a série dos seus atos é de natureza substancial, então também o será a vontade interna do indivíduo.

O direito da *particularidade* do sujeito a encontrar-se satisfeito, ou, o que é o mesmo, o direito da *liberdade subjetiva* constitui o ponto de inflexão e o ponto central na diferença entre a *Antiguidade* e a época *moderna*. Esse direito, na sua infinitude, foi enunciado no cristianismo e tornou-se um princípio efetivo universal de uma nova forma de mundo. Pertencem às suas configurações mais específicas o amor, o elemento romântico, a beatitude eterna do indivíduo como fim etc. — em seguida, a moralidade e a consciência moral e, mais adiante, as outras formas que, no que segue, em parte vão se destacar enquanto princípio da sociedade civil e enquanto momentos da constituição política, mas que, em parte, entram em geral em cena na história, em particular na história da arte, das ciências e da filosofia. — Ora, esse princípio da particularidade é certamente um momento da oposição e, inicialmente pelo menos, é *tanto* idêntico com o universal *quanto* diferente dele. Mas a reflexão abstrata fixa esse momento na sua diferença em face do universal e na sua contraposição a ele e, assim, traz à luz uma maneira de

---

atividade que os põe em obra e no ser-aí é a carência, o impulso do homem e, além disso, a sua inclinação e a sua paixão. É preciso que eu seja concernido por algo para que o leve até o ato e o ser-aí; tenho de estar aí presente, quero ser satisfeito por levar isso a termo — é preciso que seja do meu interesse. Interesse quer dizer estar aí presente; um fim a favor do qual devo ser ativo tem de ser também, de algum modo, *meu* fim, ainda que o fim pelo qual me empenho tenha ainda muitos outros aspectos que em nada me concernem. Isso é o direito infinito do sujeito, o segundo momento essencial da liberdade [o primeiro consiste em que o fim seja um universal em si, mas inicialmente somente abstrato] consiste em que o sujeito esteja satisfeito em uma atividade, em um trabalho" (*VG*, pp. 81-2).

ver a moralidade segundo a qual esta se perpetua somente como uma luta hostil contra a própria satisfação — a exigência de

"fazer com aversão o que ordena o dever".²⁸⁵

É precisamente esse entendimento abstrato que produz aquela visão psicológica da história que sabe tornar pequenos e degradar todos os grandes feitos e todos os grandes homens, transformando as inclinações e paixões que encontravam igualmente a sua satisfação na atividade substancial, bem como a glória e a honra e outras consequências, em suma, transformando o lado particular que esse entendimento decretava previamente como algo ruim por si, em intenção principal e em móvel eficaz das ações — porque as grandes ações e a eficácia que consistia numa série de tais ações produziram algo de grande no mundo e tiveram como consequência, para o *indivíduo que age*, o poder, a honra e a glória, esse entendimento assegura que não é essa grandeza que pertence ao indivíduo, mas somente esse aspecto particular e exterior que dela lhe coube; porque esse aspecto particular é uma consequência, ele teria sido *por isso* também o fim, e, no caso, o único fim. — Tal reflexão atém-se ao aspecto subjetivo dos grandes homens, enquanto ela mesma fica nesse aspecto, e nesta vaidade caseira passa por alto o que há neles de substancial; é a visão "dos camareiros psicológicos, para os quais não há heróis, não porque estes não o sejam, mas porque aqueles são só camareiros" (*FE*, p. 616).²⁸⁶

Adendo (H). "*In magnis voluisse sat est*"²⁸⁷ tem o sentido correto de que se deve querer algo de grande; mas há também que se poder levar a termo o que é grande, senão esse querer é nulo. Os louros do mero querer são folhas secas que nunca verdejaram.

---

²⁸⁵ Cf. o dístico de Schiller "*Decisum*" ("... E então fazer com aversão, aquilo que te ordena o dever").

²⁸⁶ Cf. *GW*, v. 9, p. 358; *TWA*, v. 3, p. 489; *FE*, pp. 452-3, § 665.

²⁸⁷ "Nas grandes coisas, é suficiente o ter querido." A máxima provém das *Elegias* de Propércio (2, 10, 6). Cf. indicação de *Nisbet*, p. 425, nota 4.

§ 125

O elemento-subjetivo com o conteúdo *particular* do *bem-próprio*, enquanto refletido dentro de si, infinito, está ao mesmo tempo em relação ao universal, à vontade sendo em si. Este momento do universal, inicialmente posto nessa particularidade mesma, é o *bem-próprio também de outros* — ou em uma determinação completa, mas inteiramente vazia, é o bem-próprio *de todos*. O bem-próprio *de muitos outros* particulares em geral é então também um fim essencial e um direito da subjetividade. Mas como o *universal sendo em si e para si*, distinto de tal conteúdo particular, ainda não se determinou aqui mais do que como *direito*,[288] segue-se que aqueles fins do particular, diversos desse último, podem lhe ser conformes, mas também não ser.

§ 126

Mas a minha particularidade, assim como a dos outros, só é em princípio um direito na medida em que sou *um ser livre*. Por isso, não pode afir-

---

[288] O parágrafo anterior (§ 124) criticou o moralismo abstrato, que destaca como sendo a intenção principal de uma ação a satisfação subjetiva e interessada que sempre acompanha uma ação que se consuma num ato e numa obra, satisfação que, pretensamente, invalidaria o seu conteúdo substancial e objetivo. Esse moralismo, oriundo do entendimento abstrato, estabelece uma oposição entre a satisfação do agente individual em sua ação, de um lado, e o valor objetivo do querer determinado pelo conteúdo de fins intrinsecamente válidos, de outro. A crítica de Hegel visa a mostrar que não há essa incompatibilidade entre, de um lado, as carências, os desejos, as paixões etc., enquanto determinações provenientes da vontade natural e fazendo parte da totalidade do ser vivo e do seu bem-próprio, e, de outro, a distância que a vontade deles toma, integrando-os reflexivamente no todo do bem-próprio e erguendo-os à universalidade relativa do "bem-próprio dos outros". Daí a validação da satisfação subjetiva da ação e do bem-próprio como integrando o direito da vontade moral e sendo uma dimensão necessária da liberdade moderna. Mas, na esfera moral, mesmo que esse acordo entre o bem-próprio do indivíduo e o bem-próprio de todos seja "um fim essencial e um direito da subjetividade", ele permanece, contudo, uma exigência e um dever-ser. A razão disso é que os fins subjetivos e o seu acordo entre si podem também ser ou não ser conformes àquela universalidade intrínseca e objetiva da "vontade sendo em si e por si", que o reconhecimento recíproco só alcança enquanto "bem comum" (§ 126 A) na esfera ética da sociedade civil e do Estado. Por isso, do ponto de vista moral, essa universalidade enquanto objetiva é ainda somente uma universalidade jurídica, nas palavras de Hegel, ela ainda "não se determinou mais precisamente do que como direito".

mar-se em contradição a essa sua base substancial; e uma intenção visando ao meu bem-próprio assim como ao bem-próprio de outros — em cujo caso ela é denominada especialmente uma *intenção moral* —, não pode justificar uma *ação contrária ao direito*.[289]

Uma das máximas perversas preferidas do nosso tempo é a de interessar-se, no caso de ações *contrárias ao direito*, pela assim chamada *intenção moral* e representar maus sujeitos com um coração devendo ser bom, isto é, um coração que quer o seu bem-próprio e, eventualmente, também o bem-próprio de outros: essa máxima, em parte, provém do período pré-kantiano do bom coração e constitui, por exemplo, a quintessência de conhecidas representações dramáticas comovedoras; mas, em parte, essa doutrina foi requentada em figura exacerbada, convertendo-se o entusiasmo interior e o sentimento, isto é, a *forma* da particularidade enquanto tal, em critério do que é justo, racional e excelente, de sorte que os crimes e os pensamentos que o guiam, sejam eles os devaneios mais triviais e vazios ou as opiniões mais tolas, seriam conformes ao direito, racionais e excelentes, porque provêm do *sentimento* e do *entusiasmo*;[290] para mais detalhes, adiante, § 140 A — De resto, há que se prestar atenção ao ponto de vista sob o qual o direito

---

[289] No conflito entre o bem-próprio (meu e de outros) e o direito privado, sobretudo o direito de propriedade, mesmo numa situação de injustiça social e de contraste entre pobreza e riqueza, Hegel reitera nos Apontamentos de Hotho que se trata de uma oposição entre a particularidade daquele e a personalidade livre enquanto fundamento da universalidade do direito, de sorte que, na esfera do direito abstrato, a intenção moral de combater a pobreza em nome da realização concreta do bem-próprio, mesmo o de outros, por ações contrárias ao direito de propriedade é algo ilícito. "Poderia remediar-se a infelicidade de muitos com meios ínfimos, mas que estão na livre propriedade de outros. Assim, observa-se a luta da necessidade constringente e, justo ao lado, os meios para ajudá-la, mas os dois estão separados por um abismo intransponível. Esse abismo é o direito, cuja contradição ao bem-próprio não é mera colisão casuística, porém uma oposição necessária sempre aí-presente, e mais claramente chocante numa sociedade cultivada. O bem-próprio só tem direito enquanto ser-aí de um ser livre, e a esse está subordinado o direito do mero estar-vivo [*Lebendigkeit*], e, no caso, por [uma] necessidade em si e por si" (*VRph 1822-23*, pp. 397-8).

[290] Os Apontamentos das *Preleções de 1821-22* sugerem que essas observações críticas visariam, sobretudo, às peças de Kotzebue, esse prolífico autor, assassinado pelo estudante de teologia Karl Sand, um dos episódios que agravaram a repressão oficial da liberdade acadêmica e a perseguição aos assim chamados "demagogos", a que se refere o Prefácio. "Nas peças de Kotzebue, há sempre um canalha que tem uma intenção excelente. Os sentimentos são aí apresentados como algo magnífico, e o direito, como aquilo

e o bem-próprio são aqui considerados, a saber, como direito formal e como bem-próprio particular do indivíduo-singular; o assim chamado *bem comum*, o *bem-próprio* do Estado, isto é, o direito do espírito efetivo e concreto, é uma esfera inteiramente outra, na qual o direito formal é um momento subordinado, tanto quanto o são o bem-próprio particular e a felicidade do indivíduo-singular. Já se notou acima [§ 29] que um dos enganos mais frequentes da abstração é fazer valer o direito privado assim como o bem-próprio-privado como um *em si e para si* contra o universal do Estado.

Adendo (H). Aqui cabe citar a resposta famosa dada [por Richelieu] ao autor de um libelo, que se desculpava dizendo "*il faut donc que je vive*": "*je n'en vois pas la nécessité*". A vida não é necessária em face da esfera mais alta da liberdade. Quando São Crispino roubava couro para fazer sapatos para os pobres, a ação era [ao mesmo tempo] moral e contrária ao direito e, portanto, não válida.

§ 127

A *particularidade* dos interesses da vontade natural, apreendida e reunida em sua *totalidade* simples, é o ser-aí pessoal enquanto *vida*. Esta, *no perigo extremo* e em conflito com a propriedade jurídica de outrem, tem a invocar um *direito de necessidade constringente*[291] (não como equidade, mas como direito), visto que, de um lado, encontra-se a lesão infinita do ser-aí da liberdade e, nisso, a total privação de direito, de outro, somente a lesão de

---

que traz esta concórdia. O universal, o racional não se encontram aí" (*VRPh 1821-22*, p. 125; cf. *Anhang*, p. 1.137).

"Com o bem-próprio, [com] o melhor — caímos numa situação inteiramente tranquila, por assim dizer, privado-burguesa [*privat-bürgerliches Verhältnis*] —, [ela] não é o melhor de um homem, isto é, o melhor de sua destinação. Felicidade — há um tédio próprio nestas palavras 'bem-próprio' e 'felicidade' — [isso] porque a reflexão é tão vazia, indeterminada" (*NM*, p. 623; *TWA*, v. 7, p. 236).

[291] *Notrecht* verte para o alemão o conceito latino de *jus necessitatis*, um direito que visa a assegurar a vida ameaçada na situação presente, enquanto ela é o suporte da personalidade jurídica e da existência da liberdade, colocando-a acima dos direitos de propriedade. As notas manuscritas destacam que se trata de uma prioridade de direito — e não somente moral, baseada na compaixão ou na equidade — da vida e do seu direito absoluto sobre o direito restrito de propriedade, insistindo na diferença entre o con-

um ser-aí restrito e singular da liberdade, em cujo caso o direito enquanto tal e, ao mesmo tempo, a capacidade jurídica de quem foi lesado somente *nesta* propriedade é reconhecido.²⁹²

---

junto dos interesses e fins particulares integrados no todo do bem-próprio e a vida enquanto "totalidade simples" da particularidade.

"A vida também tem um verdadeiro *direito* contra o direito formal, isto é, [ela é] igualmente momento absoluto. Ela é a *particularidade* segundo o *conteúdo* em sua totalidade — não como meu bem-próprio, somente uma universalidade da reflexão —, o bem-próprio não [é] algo de efetivo por si.

Vida é o *lado real* — o modo real da personalidade mesma. *Vida, um infinito — algo determinado em si e por si —*, não uma opinião.

Bem-próprio, uma palavra abstrata — o bem-próprio não está numa Coisa —, mas a vida está numa situação, num momento — *Fiat justitia, pereat mundus* —, palavra vazia.

Necessidade constringente é uma palavra sagrada, se verdadeiramente tal — [é o] todo da situação —, necessidade constringente de um todo — vida, família.

Para os outros a necessidade constringente [é] uma legitimação superior.

Direito de necessidade constringente — enquanto ser-aí —, a saber, enquanto ser-aí universal, não enquanto ser-aí restrito — mas o ser-aí abstrato enquanto tal; o ser-aí pela sua amplitude universal coloca-se à frente do direito formalmente infinito, mas restrito no seu ser-aí. Os dois momentos universais do próprio direito estão em conflito — revolta da necessidade constringente da vida" (*id.*, p. 631; *id.*, v. 7, p. 240).

"O entendimento abstrato está inclinado a afirmar como absoluta toda lesão de direito, mas aquele [o homem morrendo de fome que furta um pedaço de pão] lesa somente o elemento-particular, não o direito enquanto direito, e o que está em jogo nesse confronto não é o direito contra o direito, porém esta propriedade restrita e a vida de um homem; é esta que está em jogo e, com isso, está posta uma lesão completa do ser-aí e uma privação total de direitos. Quem perde a vida desse modo torna-se completamente desprovido de direitos; de um lado, se pretende essa total privação de direito, e, de outro, se encontra somente esse direito inteiramente restrito, somente a lesão do direito particular. Portanto, um infinito está defronte à lesão do direito particular, o direito inteiro é lesado pela lesão da realidade do direito. Há nisso algo de revoltante para cada homem, e a razão disso é que o homem se torna desprovido de direitos quando se pretende que ele deveria respeitar aqui o direito restrito" (*VRph 1824-25*, pp. 341-2).

²⁹² Enquanto nas três edições da *Enciclopédia* o direito de necessidade constringente não é abordado, a sua justificação aqui se concentra no caso do furto por necessidade, no qual se defrontam um direito subordinado, o direito de propriedade, e um direito maior, superior, da vida enquanto substrato da vontade livre e da personalidade. A lesão da personalidade enquanto sujeito de direitos em nome do direito de propriedade seria uma lesão infinita do ser-aí da liberdade, ao passo que no furto por necessidade não há uma lesão do direito enquanto tal do outro. Uma situação diferente representa a famosa e clássica hipótese da tábua de salvação que não comporta a sobrevivência dos dois náu-

Do direito de necessidade constringente deriva o benefício da imunidade, pelo qual se deixam ao devedor os instrumentos de trabalho, as ferramentas agrícolas, roupas, em geral tanto do seu patrimônio, isto é, da propriedade dos credores, quanto é considerado de serventia para a possibilidade do seu [isto é, do credor] sustento, até mesmo em conformidade com o seu *status* social.

Adendo (H). Enquanto conjunto integral dos fins, a vida tem um direito contra o direito abstrato. Se, por exemplo, ela pode ser prolongada pelo furto de um pão, a propriedade de alguém é certamente lesada pelo furto, mas seria in-justo considerar essa ação um furto ordinário. Não fosse permitido ao homem em perigo de vida proceder assim, de modo a conservar a sua vida, ele seria determinado como desprovido de direitos, e ao recusar-lhe a vida sua liberdade toda seria negada. Para assegurar a vida é preciso uma multiplicidade de coisas, e se olharmos para o futuro, temos de nos ocupar desses pormenores. Necessário, porém, é somente viver *agora*, o futuro não

---

fragos que a disputam, a qual remonta ao cético grego Carnéades e que chegou até nós por Cícero (cf. Schild, W., "Hegels Lehre vom Notrecht", in: Hösle, V., *Die Rechtsphilosophie des deutschen Idealismus*, Hamburgo, Meiner, 1989, pp. 148-9). Ela foi abordada por Hegel pela primeira e única vez no primeiro ciclo de *Preleções* proferidas em Heidelberg, das quais seguem alguns extratos a esse respeito. "No perigo da lesão infinita está posto o perigo da completa ausência de direito. É diante dessa ausência de direito que o direito em geral, o bem-próprio de outros, seus fins morais particulares e seu direito desapareçam, porque meu ser-aí, que é minha liberdade, está em perigo. Aqui surge a igualdade, segundo a qual o outro não deve ter nenhuma vantagem sobre ele [meu ser-aí] e o seu direito desaparece diante desse meu ser-aí. [...] Mas em face da pretensão absoluta de liberdade de um homem, da vida, desaparece a particularidade dos direitos do outro. Mas se dois estão em perigo de vida e só um pode manter-se sobre a tábua, se está, aqui, na situação de ausência de direito, e então a decisão é deixada para o sentimento subjetivo. Aqui não se trata mais de direito ou de ser contrário ao direito, porém de grandeza de ânimo. É assim que se na viagem de uma mulher com seu marido e seus filhos, ao verem-se cercados por lobos e correndo todo o risco de estarem perdidos, ela lança um de seus filhos aos lobos e, assim, salva a si, a seu marido e aos outros filhos, não pode dizer-se que agiu contra o direito, mas sua tranquilidade de espírito nunca voltou" (*VRph 1817-18*, pp. 74-5). Esses dois casos limites não configuram propriamente um direito de necessidade constringente, razão pela qual Hegel não os retoma posteriormente, porém apontam antes para a mencionada situação de ausência de direito, na qual não se pode mais rigorosamente falar de "direito" ou de "contrário ao direito", mas na qual seria mais pertinente dizer, como sugere o intérprete acima citado, que ambos, o direito e o não direito, podem ser invocados (*id.*, p. 156).

é absoluto e permanece entregue à contingência. Daí que só a necessidade constringente do presente imediato pode justificar uma ação contrária ao direito,[293] porque a omissão desta implicaria novamente a prática de uma in-justiça, a maior delas, a saber, a total negação do ser-aí da liberdade — o *beneficium competentiae* [benefício da imunidade] tem o seu lugar aqui, visto que em relações de parentesco ou em outras relações de proximidade reside o direito de exigir que ninguém seja inteiramente sacrificado ao direito.

§ 128

A necessidade constringente revela a finitude e, com isso, a contingência tanto do direito como do bem-próprio — tanto do ser-aí abstrato da liberdade, quando ele não é a existência da pessoa particular, como da esfera da vontade particular, quando desprovida da universalidade do direito. Com isso, a unilateralidade e a idealidade de ambos [do direito e do bem-próprio] é *posta*, tal como já está neles mesmos determinada no conceito;[294] o direito já determinou (§ 106) seu *ser-aí* como a vontade particular, e a subjetividade, na sua particularidade compreensiva, é ela mesma o ser-aí da liberdade (§ 127), assim como ela[295] é em si, enquanto relação infinita da vontade a si, o universal da liberdade. Os dois momentos, assim integrados um no outro até a sua verdade, até a sua identidade, mas, inicialmente, ainda referidos *relativamente* um ao outro, são o *bem*, enquanto universal *preenchido*, de-

---

[293] A continuação da frase nos Apontamentos de Hotho enfatiza que essa coincidência entre liberdade e vida se restringe ao momento presente e que cabe ao homem ir além dela, pois também o futuro está entregue à contingência: "Necessário, porém, é somente viver agora; só o agora encerra dentro de si este ser-um da liberdade e da vida. De certo, cabe evidentemente ao homem ir além desse ser-um" (*VRph 1822-23*, p. 402).

[294] A necessidade constringente revela a finitude do direito abstrato e a do bem-próprio da subjetividade particular e, ao mesmo tempo, põe a idealidade e a unilateralidade constitutiva da finitude de ambos, preparando, assim, a suspensão e identificação desses momentos finitos no infinito da ideia ética (§ 142). Mas, enquanto momentos finitos no interior da esfera moral, eles ainda estão numa oposição relativa, de modo que a sua respectiva finitude em via de suspensão no infinito assume, nessa oposição relativa, uma dupla figuração, a do bem universal enquanto fim-último e a da "consciência moral enquanto subjetividade infinita".

[295] [à mão, no exemplar do curso] a subjetividade [explicitação do *sie* (ela) sublinhado à tinta no texto impresso] (cf. *NM*, p. 633; *TWA*, v. 7, p. 241).

terminado em si e por si, e a *consciência moral*, enquanto subjetividade infinita, que dentro de si sabe o conteúdo e dentro de si o determina.[296]

Terceira seção

O BEM E A CONSCIÊNCIA MORAL

---

[296] Este parágrafo explicita as consequências do direito de necessidade constringente sobre a respectiva finitude do direito e do bem-próprio e delineia, assim, os termos da passagem especulativa, ainda no interior da esfera moral, à consciência moral e ao bem enquanto ideia. Essa passagem ocorre pela resolução na ideia do bem da oposição, que se desenvolve até a contradição, entre a finitude do direito enquanto direito privado e juridicamente determinado, de um lado, e a finitude do bem-próprio e da vida enquanto totalidade simples da particularidade, de outro. Nessa resolução, a respectiva idealidade do direito e do bem-próprio, assim como a sua unidade, são postas "em si", "no conceito". Mas elas são postas somente para nós, na figura da ideia do bem "enquanto nosso objeto", isto é, somente enquanto conceito da ideia do bem, que não é ainda o bem em si e por si como ideia ética, que, na dialética retrocedente, é o operador e o fundamento dessa coincidência entre a personalidade e a subjetividade moral. Wannenmann se refere a essa passagem como uma dialética efetuada pela necessidade constringente: "A passagem à consciência moral e ao bem é uma dialética. A necessidade constringente efetua um momento dialético" (*VRph 1817-18*, p. 76). Os Apontamentos de Hotho explicam-na mais detalhadamente: "Se o direito estrito deve ser rigorosamente executado, ele é algo in-justo, e o bem-próprio da personalidade rigorosamente levado a termo mostra-se igualmente como in-justo. A resolução dessa contradição está em que ambos os lados são em si uma unidade, que se mostra na ponta extrema da oposição, onde esta se aniquila. A verdade de ambos os lados é a unidade de ambos. Abstratamente cada um deles é válido em face do outro; falando assim, eles mesmos não se puseram um contra o outro; mas o ponto em que se confrontam é aquele em que eles têm de se reunir. O que com isso é posto é o que o conceito é em si. Temos aqui, portanto, o desenvolvimento do conceito. O que agora está posto é essa unidade da personalidade, enquanto personalidade do direito formal abstrato, e da particularidade da vontade subjetiva. Essa unidade é agora nosso objeto. Ela própria contém uma referência relativa, mas que agora se precisa ainda pôr de lado. Essa unidade, quando a exprimimos em forma objetiva, é o bem; mas ela mesma é ainda uma forma meramente unilateral, subjetiva, e essa subjetividade para si é a consciência moral. Agora portanto temos de considerar o bem" (*VRph 1822-23*, pp. 405-6).

§ 129

O *bem* é a *ideia* enquanto unidade do *conceito* da vontade e da vontade *particular* — unidade na qual o direito abstrato, assim como o bem-próprio e a subjetividade do saber e a contingência do ser-aí exterior estão suspensos enquanto *autônomos por si*, mas, com isso, estão aí contidos e conservados segundo *a sua essência* — a *liberdade realizada, o fim-último absoluto do mundo.*[297]

Adendo (H). Cada degrau ou estágio é propriamente a ideia, mas os degraus anteriores só a contêm em forma abstrata, Assim, por exemplo, o

---

[297] Hegel retoma aqui o conceito kantiano de *Endzweck* (traduzido por "fim-último", com traço de união, a fim de marcar a diferença em relação ao conceito de *letzter Zweck*, traduzido como "último fim") para definir o bem enquanto Ideia. Este incorpora o conceito clássico de "sumo bem" (*summum bonum, das höchste Gut*) na sua versão kantiana para, em seguida, transformá-la na perspectiva do que será ulteriormente determinado como "ideia ética", que é a objetivação e a efetivação do conceito de liberdade no mundo objetivo e é concebido como o "bem vivo" (*das lebendige Gute*, § 142). Hegel reconhece, assim, o conceito kantiano de sumo bem como objeto total da vontade enquanto razão prática, o qual inclui a destinação integral do homem como ser ao mesmo tempo moral e natural, que é determinado pelo mandamento de realizar o sumo bem possível no mundo, buscando a harmonia entre moralidade e felicidade por um progresso moral ao infinito (Kant, *CRPr.*, A 197, 204, 214-5; *CFJ*, B 423). Nesse sentido, o sumo bem em Kant já contém a superação da oposição e da heterogeneidade completa que, na Analítica, existe entre os seus dois componentes, a razão e a sensibilidade, a lei moral e a felicidade, embora sua coincidência só seja alcançável assintoticamente no infinito, mediante a garantia dos postulados da imortalidade da alma e da existência de Deus. O "fim-último absoluto do mundo" antecipa, nesta "Terceira seção", a coincidência, que é ainda somente em si, entre a vontade subjetiva, como princípio de efetivação do bem, e o bem, enquanto constituindo a essência e a própria substância da vontade em sua autonomia. Assim, na "ideia do bem", o bem-próprio subjetivo e a universalidade objetiva do direito, o direito da vontade subjetiva que só age em vista do seu bem-próprio singular e o direito da objetividade do mundo ainda restrita à universalidade do direito abstrato, estão suspensos em sua oposição. Mas, na esfera moral, essa ideia permanece ainda "abstrata" (§§ 131, 133), porque ela se efetiva como finalidade imanente do mundo exclusivamente pela "mediação" da vontade subjetiva, quer dizer, esta última não está ainda posta como princípio de determinação imanente ao bem, que, aqui, somente "deve" ser um fim que ela "leva a termo" (§ 131). É somente quando a vontade for uma autodeterminação imanente ao próprio bem, e este for o universal substancial daquela, que os deveres podem organizar-se em uma conexão objetiva e estável enquanto sistema dos deveres na "ideia ética".

eu enquanto personalidade já é também ideia, mas na [sua] figura mais abstrata. Por isso, o bem é a ideia *ulteriormente determinada*, a unidade do conceito da vontade e da vontade particular. Ele não é algo abstratamente jurídico, porém pleno de conteúdo, cujo teor constitui tanto o direito quanto o bem-próprio.

§ 130

Nessa ideia, o bem-próprio não tem nenhuma validade por si enquanto ser-aí da vontade singular particular,[298] porém somente enquanto bem-próprio *universal* e essencialmente enquanto *universal em si*, isto é, segundo a liberdade — o bem-próprio não é um bem sem o *direito*. Do mesmo modo, o direito não é o bem sem o bem-próprio (*fiat justitia* não deve ter por consequência *pereat mundus*).[299] Por conseguinte, o bem enquanto [tem] a necessidade de ser efetivo através da vontade particular e, ao mesmo tempo,

---

[298] Entendemos essa formulação da seguinte maneira: "da vontade singular em sua particularidade" ou "da vontade particular do indivíduo singular".

[299] O aforisma *fiat justitia, pereat mundus* ("faça-se justiça, ainda que o mundo pereça"), nessa formulação, não parece ter origem clássica, aparecendo pela primeira vez como divisa (o *Symbolum*) do imperador Ferdinando I (1503-1564) (cf. *Anhang*, pp. 1.131-2). A crítica de Hegel não visa primeiramente à sua interpretação por Kant, que o utiliza no primeiro Apêndice ao opúsculo *À paz perpétua*, com o sentido atenuado de "reine a justiça, mesmo que com isso todos os canalhas no mundo pereçam", com a ressalva suplementar de que ele não deve ser mal interpretado, "quase que como uma permissão de utilizar o seu próprio direito com o máximo rigor" (*Zum ewigen Frieden*, B, 92, in: *Kant, Werke*, v. VI; *À paz perpétua*, Porto Alegre, L&PM, 1989, p. 90 [tradução modificada]). A crítica de Hegel se endereça sobretudo à compreensão que Fichte tem do Estado como um "Estado do entendimento" e um "Sistema da atomística", uma crítica que remonta já ao *Escrito sobre a Diferença*, de 1801, no qual Hegel se refere à necessidade absoluta com que o direito para Fichte é um "dever ser" e "deve ser imposto, mesmo que com isso ninguém esteja bem" ("Das System der Sittenlehre nach den Prinzipien der Wissenschaftslehre", in: *Fichtes Werke*, v. IV, p. 358). "*Fiat justitia, pereat mundus*, essa é a lei, não no sentido em que Kant a explicitou: o direito tem de se realizar, ainda que todos os canalhas no mundo pereçam, porém, [no sentido de que] o direito tem de se realizar, ainda que por causa disso a confiança, o prazer, o amor, todas as potências de uma autêntica identidade ética fossem extirpadas pela raiz" (*Differenzschrift*, p. 58; *TWA*, v. 2, p. 87). Devo essa interpretação de ser Fichte o visado principal da crítica hegeliana ao livro de Cafagna, E., *La libertà nel mondo*, Bolonha, Mulino, 1998, p. 78, nota 11.

enquanto [é] a substância da mesma, tem o *direito absoluto* contra o direito abstrato da propriedade e contra os fins particulares do bem-próprio. Cada um desses momentos, na medida em que se diferencia do bem, tem validade somente na medida em que lhe é conforme e lhe está subordinado.

§ 131

Do mesmo modo, para a vontade *subjetiva* o bem é o pura e simplesmente essencial, e ela só tem valor e dignidade enquanto lhe é conforme no seu discernimento e na sua intenção. Na medida em que o bem é aqui ainda esta *ideia abstrata* do bem, segue-se que a vontade subjetiva ainda não está posta como acolhida nele e como conforme a ele; ela está, por conseguinte, numa *relação* ao mesmo, a saber, na relação pela qual o bem[300] deve ser o substancial para ela, pela qual ela *deve* fazer dele um fim e realizá-lo plenamente — assim como o bem, por seu lado, somente na vontade subjetiva tem a mediação pela qual entra na efetividade.[301]

---

[300] [à mão, no exemplar do curso] que deve ser o seu [, o bem] da vontade subjetiva. (*NM*, p. 639; *TWA*, v. 7, p. 244).

[301] Embora Hegel defenda contra o formalismo kantiano e um moralismo abstrato que a satisfação subjetiva pertença positivamente à ação moral que realiza fins conforme ao direito, e que não há nesta última incompatibilidade e exclusão recíproca entre os fins objetivos e a satisfação da particularidade subjetiva (§ 124), instaura-se novamente nesta "Terceira seção", na passagem do bem-próprio à consciência moral e na do direito abstrato ao bem enquanto dever, respectivamente, uma incompatibilidade entre a consciência moral e o universal formal do dever. Ela não pode ser resolvida na esfera moral porque o bem que deve ser o elemento substancial e a universalidade intrínseca da vontade, só pode aí "ser efetivo pela vontade particular" (§ 130), de sorte que a vontade subjetiva enquanto consciência moral e o bem enquanto "ideia abstrata do bem" estão entre si ainda numa relação de dever-ser. Com isso, visto que a vontade não se ergueu ainda a princípio de determinação imanente do bem, e o bem ainda depende da mediação da vontade subjetiva para se efetivar, a universalidade substancial do bem não pode ser alcançada na esfera da subjetividade moral. O conceito de bem-próprio e de felicidade não põe à disposição do sujeito na esfera moral uma universalidade objetiva, mediadora e integradora dos seus múltiplos fins particulares, mas apenas a universalidade formal do direito abstrato, cujas limitações o direito de necessidade constringente já revelou. Assim, essa integração e interpenetração entre a vontade subjetiva e a universalidade objetiva do bem emerge somente na práxis da comunidade ética e de suas instituições, na medida em que estas já existem antes da vontade subjetiva e são a sua base. Por isso, a lógica da

Adendo (H). O bem é a verdade da vontade particular, mas a vontade é somente aquilo em direção ao que ela se põe: ela não é boa por natureza, mas somente pelo seu trabalho pode tornar-se o que ela é. Por outro lado, o bem sem a própria vontade subjetiva é somente uma abstração sem realidade, que só deve lhe advir primeiro pela vontade. Em conformidade com isso, o desenvolvimento do bem contém as três etapas seguintes: 1) que o bem seja para mim enquanto sujeito que quer, enquanto vontade particular, e que eu o conheça; 2) que se diga o que é bom e que se desenvolvam as suas determinações particulares; 3) finalmente, contém a determinação do bem por si, a particularidade do bem enquanto subjetividade infinita sendo para si. Esse determinar interior é a consciência moral.

§ 132

O *direito da vontade subjetiva* consiste em que o que ela deve reconhecer como válido seja por ela *discernido como bom* e em que uma ação, enquanto fim que penetra na objetividade exterior, lhe seja imputada como lícita ou ilícita, boa ou má, legal ou ilegal, segundo o seu *conhecimento* do valor que a ação tem nessa objetividade.

Em princípio, o *bem* é a essência da vontade em sua *substancialidade* e *universalidade* — a vontade em sua verdade; por causa disso, ele é pura e simplesmente tão só *no pensar* e *mediante o pensar*. Por isso, a afirmação de que o homem não poderia conhecer o verdadeiro, mas só teria a ver com fenômenos, de que o pensar prejudica a boa vontade, essas e outras representações semelhantes retiram do espírito não só o valor intelectual, como também todo valor ético e toda dignidade. — O direito de não reconhecer nada que eu não tenha discernido como racional é o direito supremo do sujeito, mas, pela sua determinação subjetiva, é ao mesmo tempo um direito *formal*, e contra ele permanece

---

apresentação dessa "Terceira seção", à diferença da progressão conceitual positiva das duas primeiras seções, é sobretudo uma dialética negativa dessa subjetividade que se afunda em sua certeza de si. Ela aprofunda essa oposição entre a universalidade formal do bem e a subjetividade infinita da consciência moral em direção a uma oposição crescente, que desemboca na contradição entre a consciência moral formal, que acaba se invertendo no mal, de um lado, e a ideia ainda abstrata do bem, que se torna uma mera "*disposição de* ânimo boa do *bem abstrato*" (*E*, § 512), de outro. A resolução dessa contradição, que será analisada no § 141, constitui então a passagem à esfera da eticidade.

firmemente estabelecido o *direito do racional* enquanto direito do objetivo sobre o sujeito. — Por causa da sua determinação formal, o discernimento é capaz de ser tanto *verdadeiro* quanto mera *opinião* e *erro*. Que o indivíduo alcance esse direito ao seu discernimento pertence, segundo o ponto de vista da esfera ainda moral, à sua formação subjetiva particular. Eu posso fazer a mim a exigência e considerar como um direito subjetivo em mim discernir uma obrigação por causa de suas *boas razões* e ter a *convicção* de que ela é uma obrigação e, mais ainda, conhecê-la a partir do seu conceito e da sua natureza. O que eu exijo para satisfazer minha convicção a respeito do bem, do permitido ou não permitido de uma ação e, com isso, da sua imputabilidade, em nada prejudica o *direito da objetividade*.[302] — Esse direito ao discernimento do bem é distinto do direito ao discernimento relativo à ação enquanto tal (§ 117); segundo esta, o direito da objetividade assume a seguinte figura: já que a ação é uma alteração que deve existir num mundo efetivo e, portanto, quer ser reconhecida nele, ela tem de ser, em geral, conforme ao que nele *tem vigência*. Quem quer agir nessa efetividade submeteu-se, *precisamente por isso*, às suas leis e reconheceu o direito da objetividade. — Do mesmo modo, no *Estado*, enquanto *objetividade* do conceito de razão, a *imputação judicial* não há de se deter no que alguém tem por adequado ou não à sua razão, no discernimento subjetivo da licitude ou ilicitude, do bem e do mal e nas exigências que ele põe à satisfação da sua convicção. Nesse campo objetivo vale o direito ao discernimento enquanto discernimento do que é *legal* ou *ilegal*, en-

---

[302] "Eu posso errar, mas as leis, os governantes também — [...] O direito do sujeito ao discernimento, à convicção — é formal, unilateral —, algo pode ser muito verdadeiro e, contudo, não ser discernido por um indivíduo. Considera-se o direito ao discernimento subjetivo como algo infinito, absoluto, do qual deve depender *exclusivamente* se eu estaria ou não obrigado a algo — isto é, obrigado não apenas exteriormente, mas, interiormente — Ora, é preciso α) que a possibilidade do erro seja concedida — e daí resulta, logo, que um está convencido disso, outro, daquilo —, [há] portanto, uma contingência do discernimento e da convicção e, contudo, esse elemento-contingente deve para mim — porque [ele é] para mim — ser o que há de último — sou, assim, algo contingente, que persiste em sua contingência. Mas o bem, as razões são aquilo mesmo em que a contingência deve ter se esvanecido — um universal. [...] Vaidade, soberba e outros tais modos de sentir — não querem se deixar persuadir, ser levados à razão —, isso é o que há de mais sublime, *de mais lisonjeiro* [:] *eu só preciso seguir o meu discernimento* — [...] o entendimento arrazoador é invencível — ou teimosia: não vejo precisamente por quê" (*NM*, p. 643; *TWA*, v. 7, pp. 248-9).

quanto discernimento do direito *vigente*, e o discernimento restringe-se à sua significação mais próxima, ao *conhecimento* enquanto *familiaridade* com o que é legal e, nessa medida, obrigatório. Mediante a publicidade das leis e mediante os costumes universais o Estado tira do direito ao discernimento o lado formal e a contingência que esse direito ainda tem para o sujeito no atual ponto de vista [moral]. O direito do sujeito a conhecer a ação na determinação do bem e do mal, do legal e do ilegal, tem a consequência de atenuar ou suprimir a imputabilidade de crianças, débeis mentais e loucos também a esse respeito. Não é possível, contudo, fixar um limite determinado para esses casos e para a sua imputabilidade. Mas transformar a cegueira do momento, a excitação das paixões, a embriaguez e, de modo geral, o que se chama a força dos impulsos sensíveis (na medida em que está excluído o que fundamenta um direito de necessidade constringente (§ 127)) em razões para estabelecer a imputação e a determinação do próprio crime e de sua *punibilidade*, como se mediante a consideração de tais circunstâncias se afastasse a *responsabilidade moral* do criminoso, isso quer dizer igualmente (cf. §§ 100, 119 A) não o tratar segundo o direito e a honra do ser humano, cuja natureza, precisamente, é ser por essência um universal e não um ser cujo saber é, abstratamente, momentâneo e isolado. — Assim como o incendiário não pôs fogo isoladamente nesta superfície de madeira do tamanho de uma polegada que ele tocou com a chama, porém no universal dessa superfície, na casa, assim também ele não é, enquanto sujeito, o indivíduo singular desse *instante* ou este sentimento isolado do ardor da vingança; nesse caso, ele seria um animal a ser abatido por causa da sua nocividade, e da insegurança por estar sujeito a acessos de raiva. — O fato de que o criminoso, no instante da sua ação, deveria ter se *representado claramente* o ilícito e a punibilidade da ação para que ela lhe possa ser imputada como crime — essa exigência, que parece lhe preservar o direito da sua subjetividade moral —, lhe denega, ao contrário, a natureza inteligente inerente a ela, a qual, em sua presença ativa, não está ligada à figura *das representações claras* à moda da psicologia wolffiana, e só nos casos de loucura está tão transtornada a ponto de estar separada do saber e do fazer de coisas singulares. — A esfera em que aquelas circunstâncias entram em linha de conta como atenuantes da pena é outra que a do direito, é a esfera da *graça*.

§ 133

O bem, na sua relação ao sujeito particular, consiste em ser o *essencial* da sua vontade, que, assim, tem nessa relação pura e simplesmente a sua *obrigação*. Como a *particularidade* é diferente do bem e incide na vontade subjetiva, o bem tem inicialmente só a determinação da *essencialidade universal abstrata* — do *dever*; por causa dessa sua determinação o *dever* deve ser cumprido *pelo dever*.

Adendo (H). O essencial da vontade é um dever para mim; se nada sei senão que o bem é dever para mim, ainda fico no caráter abstrato do dever. Devo praticar o dever em vista dele mesmo, e o que eu realizo plenamente no dever é a minha própria objetividade no sentido verdadeiro: ao cumpri-lo, permaneço junto a mim e sou livre. É o mérito e o ponto de vista elevado da filosofia *kantiana* no domínio prático ter salientado a significação do dever.

§ 134

Porque o agir exige para si um conteúdo particular e um fim determinado, mas o abstrato do dever não contém ainda nem um nem outro, surge a pergunta: *o que é o dever?*[303] Para essa determinação, inicialmente ainda nada está à disposição senão isto: fazer o *direito* e cuidar do *bem-próprio*, do seu e do bem-próprio em sua determinação universal, o bem-próprio de outros (ver § 119).

Adendo (H). Esta é a mesma pergunta que foi dirigida a Jesus, quando se quis saber dele o que se devia fazer para alcançar a vida eterna; visto que o universal do bem, o abstrato enquanto abstrato, não é suscetível de ser realizado, para isso ele tem de receber ainda a determinação da particularidade.

---

[303] "[...] a pergunta não é *quem* é *aquele que põe* [os deveres] — [não] somente a forma (que é indiferente) —, porém, precisamente, [qual] o *princípio*: [o princípio] da *determinação* na vontade essencial. Aqui, a particularidade está [posta] na determinação do universal abstrato do bem ou do dever em vista do dever — [ela é] somente o predicado do *bem* —, aquilo pelo qual ele [o particular] é bom é o universal — o belo em Platão —, [é o] particular comparado com o universal — não é ainda a particularidade que nela mesma é universal" (*id.*, p. 651; *id.*, v. 7, p. 251).

§ 135

Mas essas determinações não estão contidas na determinação do próprio dever, porém, como são ambas condicionadas e restritas, provocam precisamente por isso a passagem à esfera mais elevada do *incondicionado*, do dever. Na medida em que o próprio dever é na autoconsciência moral o essencial e o universal da mesma, tal como ela no interior de si mesma se relaciona somente a si, resta ao dever, por conseguinte, apenas a universalidade abstrata, e ele tem por sua determinação a *identidade sem conteúdo* ou o *positivo* abstrato, o que está privado de determinação.

Por mais essencial que seja salientar a pura e incondicionada autodeterminação da vontade como a raiz do dever, assim como o fato de que primeiro e só graças à filosofia *kantiana* o conhecimento da vontade adquiriu o seu fundamento sólido e seu ponto de partida, mediante o pensamento da autonomia infinita da vontade (ver § 133), apegar-se ao mero ponto de vista moral, que não faz a passagem ao conceito de eticidade, rebaixa esse ganho a um *formalismo vazio* e a ciência moral a uma *falação sobre o dever pelo dever*. Desse ponto de vista, nenhuma doutrina imanente dos deveres é possível; pode-se, certamente, introduzir *de fora* um material e graças a ele chegar a deveres *particulares*, mas a partir dessa determinação do dever enquanto *ausência de contradição*, enquanto *concordância formal consigo*, a qual nada mais é do que a fixação da *indeterminidade abstrata*, não se pode passar à determinação de deveres particulares; nem reside nesse princípio, quando um tal conteúdo particular para o agir entra em consideração, critério algum a respeito de se esse conteúdo é ou não um dever. Ao contrário, dessa maneira qualquer modo de agir ilícito e imoral pode ser justificado. — A fórmula *kantiana* ulterior, a capacidade de uma ação para ser representada como uma máxima *universal*, traz certamente consigo a representação *mais concreta* de uma situação, mas não contém por si nenhum princípio ulterior além dessa ausência de contradição e dessa identidade formal. — O fato de não existir *propriedade alguma* contém por si tão pouco uma contradição quanto o fato de não existir este ou aquele povo singular, esta ou aquela família etc., ou, de um modo geral, o fato de *não haver vida humana*. Se, de resto, já está por si estabelecido e pressuposto que a propriedade e a vida humana devem existir e ser respeitadas, então é uma contradição cometer um roubo ou um homicídio;

uma contradição só pode se dar com algo que é, com um conteúdo que, enquanto princípio sólido, já subjaz como fundamento. Só e primeiro com um tal princípio é que uma ação pode estar em concordância ou em contradição. Mas o dever que só deve ser querido enquanto tal e não pelo seu conteúdo, a *identidade formal*, consiste precisamente em excluir todo conteúdo e toda determinação.

Desenvolvi as antinomias e figurações ulteriores do dever-ser que se pereniza, pelas quais o mero ponto de vista moral da *relação* somente vagueia, sem poder resolvê-las, nem ir além do dever ser, na *FE*, pp. 550 ss.; cf. *E [1817]*, §§ 420 ss.[304]

Adendo (H). Embora tenhamos também destacado acima o ponto de vista da filosofia *kantiana*, ponto de vista sublime na medida em que estabelece o ser-conforme do dever com a razão, é preciso, contudo, pôr aqui a descoberto a falha desse ponto de vista, que está em lhe faltar toda articulação. Com efeito, a proposição "considera se a tua máxima possa ser estabelecida como um princípio universal" seria muito boa, se já tivéssemos princípios determinados a respeito do que se teria de fazer. Como exigimos de um princípio que ele também deve poder ser a determinação de uma legislação universal, segue-se que essa legislação pressupõe um conteúdo, e se ele estivesse aí disponível, a aplicação teria de ser fácil. Mas aqui o próprio princípio ainda não está aí-presente, e o critério de que não deve existir nenhuma contradição nada produz, já que onde nada há também não pode haver contradição alguma.

§ 136

Em vista da constituição abstrata do bem, o outro momento da ideia, a *particularidade* em geral, incide na subjetividade, a qual, em sua universalidade refletida sobre si, é dentro de si a certeza absoluta de si mesma, [é] o que põe a particularidade, o que determina e o que decide — a *consciência moral*.

---

[304] *PhdG*, pp. 324 ss.; *TWA*, v. 3, pp. 442 ss.; *FE*, pp. 411 ss.; *E [1830]*, §§ 507 ss. Ver Müller, M. L., "A crítica de Hegel aos postulados da razão prática como deslocamentos dissimuladores", *Studia Kantiana*, v. 1, nº 1, set. 1998, pp. 101-50. Também *Veritas*, v. 43, nº 4, dez. 1998, pp. 927-59.

Adendo (H). Pode-se falar no tom mais sublime sobre o dever, e esse discurso alteia o homem e alarga o seu coração; mas quando tal discurso não avança a determinação alguma, torna-se por fim tedioso: o espírito exige uma particularidade à qual esteja legitimado. Ao invés disso, a consciência moral é esta mais profunda solidão interior consigo, onde desaparece todo exterior e toda restrição, é este completo recolher-se adentro de si mesmo. O homem, enquanto consciência moral, não está mais encadeado aos fins da particularidade e esse é, por conseguinte, um ponto de vista mais elevado, um ponto de vista do mundo moderno, que, pela primeira vez, chegou a essa consciência, a este ir ao fundo de si. Os tempos precedentes, mais próximos do sensível, têm diante de si algo de exterior e de dado, seja a religião ou o direito, mas a consciência moral tem o saber de si mesma enquanto pensar, e sabe que este meu pensar é o que unicamente me obriga.

§ 137

A consciência moral verdadeira é a disposição de ânimo [*Gesinnung*] de querer o que é bom *em si e por si*; ela tem, por isso, princípios estáveis e estes são para ela, no caso, determinações objetivas e deveres objetivos por si. [Enquanto] diferente desse seu conteúdo, da verdade, ela é somente o *lado formal* da atividade da vontade, que, enquanto *esta* vontade, não tem conteúdo algum que lhe seja próprio. Mas o sistema objetivo desses princípios e deveres e a união do saber subjetivo com o mesmo só estão presentes no ponto de vista da eticidade. Aqui, no ponto de vista da moralidade, a consciência moral está sem esse conteúdo objetivo, ela é, assim, a certeza formal infinita de si mesma para si, que, precisamente por isso, é ao mesmo tempo enquanto certeza *deste* sujeito.[305]

---

[305] "Ponto de vista da consciência moral abstrata, da liberdade subjetiva abstrata dentro de si — este é o principal ponto de vista e a doença deste tempo —, [...] dissolução — do temor em face do elemento-objetivo presente nos costumes —, reflexão — só se quer vê-lo [esse elemento-objetivo] na forma em que eu, este, o quer. [...] *Ao justo, nenhuma lei é dada* α) [mas] somente ao justo — [o mote é] assim facilmente deturpado —, se cada um em seguida já se toma em si e para si por justo — [e na certa], com o fato de que nenhuma lei é reconhecida, a negatividade constitui o justo." (*NM*, p. 659; *TWA*, v. 7, p. 260.) "Há um padrão de medida absoluto da consciência moral — a saber, ele é a própria consciência moral, ela mesma o tem — eu não sabia, minha consciência moral não me disse isso — precisamente, [isto é] má consciência — divina consciência —, Deus por testemunho — Deus é o Deus da verdade —, não ceder a si mesmo — má consciên-

A *consciência moral* exprime a absoluta legitimação da autoconsciência subjetiva, isto é, saber *dentro de si* e *a partir de si* o que é direito e dever, e nada reconhecer, a não ser o que ela assim sabe como o bem, na afirmação simultânea de que o que ela assim sabe e quer é, em *verdade*, direito e dever. Enquanto é essa unidade do saber subjetivo e daquilo que é em si e por si, a consciência moral é um santuário, e seria um *sacrilégio* atentar contra ele.[306] Se, entretanto, a consciência moral de um *indivíduo determinado* é conforme a essa ideia da consciência moral, se o que ela *tem por bom* ou faz passar por tal também é efetivamente bom, isso se conhece unicamente a partir do *conteúdo* do que deve ser bom. O que é direito e dever, enquanto é o elemento-racional em si e por si das determinações da vontade, não é essencialmente nem propriedade *particular* de um indivíduo nem o que está na *forma* do sentimento ou de algum outro saber singular, isto é, sensível, porém, o que está essencialmente na forma de determinações pensadas, *universais*, isto é, na forma de *leis* e *princípios*. Por isso, consciência moral está submetida a esse julgamento de se ela é *verdadeira* ou não, e seu apelo somente *ao seu si-próprio* é imediatamente contrário àquilo que ela quer ser: a regra de um modo de ação racional, universal e válido

---

cia —, este juízo não me concerne — é justamente *minha* consciência moral, porque não existem nela princípios do direito etc., assim, ela não possui nenhuma exigência dirigida a mim; só assumo o que *eu* encontro *na minha consciência moral*, afora isso [não há] nenhuma fonte —, consciência moral errônea — com isso o homem abandona sua dignidade, sua substancialidade" (*id.*, p. 657; *id.*, v. 7, p. 257).

[306] É só nessa unidade do discernimento autônomo do que é direito e é bom com o pensar do que "em verdade é tal" e, por isso, é "racional em si e por si", que a consciência moral é "um santuário" cuja violação seria um "sacrilégio". Santuário absoluto ela é somente enquanto unidade da subjetividade determinante do saber e querer e das determinações universais do direito e do dever em sua efetividade e objetividade próprias. Essa unidade de mediação recíproca entre a subjetividade singular e a objetividade da liberdade é o que constitui a "consciência moral verdadeira. Nela, a autonomia da vontade moral e o bem, este inicialmente apenas na forma do dever-ser, se interpenetram, para tornar-se, aquela, o princípio imanente de determinação e de efetivação do bem, e este, a universalidade concreta da subjetividade. Numa referência antecipada ao seu conceito especulativo de eticidade — ela "é a ideia de liberdade enquanto o bem vivo" (§ 142) —, e numa clara referência à ideia do bem em Platão, Hegel caracterizará logo adiante a consciência moral verdadeira como a "ideia da consciência moral" (§ 137 A). Ela assinala a antecipação da "disposição de ânimo ética" e do "ponto de vista da eticidade" no interior da esfera da subjetividade moral (*ibid.*).

em si e por si.³⁰⁷ Por essa razão, o Estado não pode reconhecer a consciência moral na sua forma peculiar, isto é, enquanto *saber subjetivo*, e tampouco na ciência tem validade a *opinião* subjetiva, a *asseveração* e o *apelo* a uma opinião subjetiva.³⁰⁸ O que na consciência moral verdadeira não está diferenciado pode, todavia, ser diferenciável e é a subjetividade determinante do saber e do querer que pode separar-se do conteúdo verdadeiro, pôr-se para si e rebaixar esse conteúdo a uma *forma*

---

³⁰⁷ Há uma tensão interna à consciência moral moderna entre o seu "apelo" exclusivo à "certeza formal infinita de si mesma" e "o que ela quer ser" na sua intenção verdadeira, tensão que só se resolve quando ela se torna igualmente "a regra de um modo de ação racional, universal e válido em si e para si" na figura da "disposição de ânimo ética" (ver também §§ 151-3). Essa identidade entre a certeza infinita da consciência moral subjetiva e a racionalidade intrínseca das determinações universais da vontade, que define a consciência moral verdadeira, e que na esfera moral é somente antecipada, implica conforme as notas manuscritas de Hegel uma conformidade recíproca entre o "direito da vontade subjetiva" a saber e discernir o que é o bem, de um lado, e o "direito [objetivo] do dever, do bem sobre a consciência, o "tu terias de dever saber", de outro. Mas na perspectiva dessa identidade, aqui antecipada, "a consciência moral é o bem enquanto (subjetivamente) determinando-se, querendo, decidindo — o bem em identidade com *a certeza de si mesmo* [...], a *certeza* substancial *de si mesmo*", a que Hegel se refere como envolvendo uma identidade de "ser e pôr", como "mistério da liberdade" (*NM*, p. 653; *TWA*, v. 7, p. 254).

³⁰⁸ Jaeschke lembra o contexto político que levou Hegel a estabelecer aqui esse contraste incisivo entre a consciência moral e o seu não reconhecimento pelo universal do Estado: o da controvérsia que se seguiu ao assassinato do conselheiro de Estado russo Kotzebue pelo estudante Karl Ludwig Sand, em torno da justificação teológico-moral que o professor Fries fez do ato, partindo de uma ética radical da intenção. Hegel critica essa justificação do ato pela convicção subjetiva do agente, toma posição a favor do direito do Estado de qualificar o ato como um homicídio, de punir o homicida e de demitir o professor, contanto que o Estado lhe deixe o salário (cf. *Hegel-Handbuch*, pp. 42-3, 384). Essa crítica parte precisamente da sua tese de que a consciência moral não é por si só, pela reflexão mais íntima sobre sua convicção e pela certeza formal a seu respeito, necessariamente a consciência moral verdadeira, mas que ela está submetida ao julgamento de um conhecimento racional do conteúdo a ser avaliado — um conhecimento "a partir do seu conceito e da sua natureza" (§ 132 A). Nesse sentido, não é o sentimento, o saber intuitivo ou a certeza subjetiva, mas o pensamento, a dimensão incontornável e última da consciência moral. A verdadeira autonomia da consciência moral consiste em elevar o seu discernimento próprio, mediante o confronto com as instituições e normas objetivas vigentes no mundo efetivo — mediante o confronto com o "direito da objetividade" (*ibid.*) —, a essa identidade entre o saber e querer subjetivos e a universalidade do bem que define "a consciência moral verdadeira" (§ 137 A).

e a uma *aparência*. A ambiguidade a respeito da consciência moral reside, por isso, em que ela é pressuposta na significação dessa identidade do saber e querer subjetivos e do bem verdadeiro, e, assim, é afirmada e reconhecida como algo sagrado e em que, igualmente, enquanto reflexão somente subjetiva da autoconsciência dentro de si, ela pretende, contudo, à legitimação que compete àquela identidade mesma somente graças ao conteúdo racional válido em si e por si.[309] No ponto de vista

---

[309] Essa ambiguidade, que se manifestará plenamente na dialética da inversão da consciência moral formal na consciência má (§ 139), provém da diferença que, no nível de uma eticidade moderna, reflexiva, portanto não puramente substancial e imediata, pode se estabelecer entre o discernimento moral autônomo da consciência moral singular, de um lado, e a normatividade vigente numa comunidade ética e em suas instituições, de outro. A origem última dessa ambiguidade da consciência moral moderna está no duplo sentido que o conceito de "formal" (§ 108) e de "forma" adquire graças à radicalização ontológica a que Hegel submete o princípio kantiano da autonomia. Este é interpretado como a autodeterminação incondicionada e infinita da vontade na forma da universalidade e é concebido como sendo a raiz do dever (§ 135) e, ao mesmo tempo, como o princípio do qual o bem recebe a sua efetividade (§ 138). Formal se refere ao direito da vontade subjetiva de só reconhecer a validade do que ela discerne como sendo um bem e, nesse sentido, refere-se ao caráter abstrato que o bem adquire na esfera da moralidade, entendida a partir da tese kantiana do dever praticado em vista do dever. Como o critério e a motivação moral residem aqui, kantianamente, no respeito pela forma universal da lei, que para Hegel é incapaz de gerar a partir de si deveres determinados, a sua determinação termina por incidir na vontade subjetiva que, em sua universalidade, "se relaciona somente a si". Ela permanece, assim, uma universalidade somente formal e uma autodeterminação meramente abstrata (§ 135), que remete a determinação da vontade ao polo oposto da singularidade particular. Aqui "formal" designa o aspecto da indeterminidade e da interioridade vazia da autoconsciência moral, de sorte que é a sua própria particularidade o que confere determinação e realidade objetiva à liberdade, tornando o seu arbítrio o critério para determinar o universal e decidir sobre toda objetividade, isto é, tornando-se má (§ 139). É esse sentido de "forma" que está na base da radicalização subjetivista da autonomia, já presente em Fichte (§ 140 Ad.), e que Hegel vai criticar nos seus desdobramentos românticos (Novalis, Schlegel, mas também Jacobi), mas cuja origem última ele detecta no formalismo kantiano. Mas essa "infinita certeza formal de si mesma para si" (§ 137) — a que a consciência moral tende a se reduzir no aprofundamento da sua diferença em face do bem entendido como dever, reforçada pela redução da consciência moral (*Gewissen*) à autocerteza epistêmica (*Gewissheit*) — resulta, ao mesmo tempo, da atuação da pura atividade do pensar que, como negatividade e "abstração absoluta" (§ 5), se impõe e se afirma através da vontade subjetiva, e a transforma na "subjetividade enquanto forma infinita", graças à qual a substância ética se torna "concreta" (§ 144). É por isso que a subjetividade enquanto consciência moral é não só "o poder judicante", que "*volatiliza*" tudo o que pretende ser válido e efetivo por estar

moral, tal como neste tratado ele é diferenciado do ponto de vista ético, só entra a consciência moral formal; a consciência moral verdadeira só foi mencionada para indicar a sua diferença e afastar o possível mal-entendido de se pensar que seria aqui, onde só se considera a consciência moral formal, o lugar de se tratar da consciência moral verdadeira contida na disposição de ânimo ética, que só se apresenta na sequência deste tratado. Mas a consciência moral religiosa de maneira nenhuma pertence a esse círculo.

Adendo (H). Ao falarmos da consciência moral pode-se pensar facilmente que, em vista da sua forma que é a interioridade tomada abstratamente, ela já seja a verdadeira em si e por si. Mas a consciência moral enquanto algo verdadeiro é essa determinação de si mesma a querer o que é bom em si e por si e um dever. Mas aqui temos a ver só com o bem tomado abstratamente, e a consciência moral ainda está desprovida desse conteúdo objetivo, ela é somente a certeza infinita de si mesma.

---

previamente dado ou ser faticamente vigente, mas é também o princípio de efetivação e validação de todos direitos, deveres e de todas as instâncias éticas. Mas ela só o é na medida em que os "desenvolve" e se supera como consciência moral meramente subjetiva a partir do movimento de suspensão do seu próprio formalismo e de sua transformação em consciência moral verdadeira (§ 138). É nesse sentido que Hegel concebe a "autodeterminação infinita da vontade" como o seu *elemento formal* (*das Formelle*), que a constitui enquanto livre (§ 108), e também como "forma" constitutiva do ser, a "enérgeia" aristotélica, cuja expressão especulativa mais alta é a "atividade universal absoluta" do conceito e da ideia (*WL III*, p. 238). É esse sentido de forma que motiva a radicalização ontológica do princípio da autonomia empreendida por Hegel, radicalização que vai conceber a própria subjetividade, enquanto "forma absoluta", como o princípio de efetivação da substância ética: "a subjetividade ela mesma é a forma absoluta e a efetividade existente da substância" (§ 152); "a subjetividade, que constitui o solo para o conceito de liberdade (§ 106) e que, do ponto de vista moral, está ainda na diferença para com esse seu conceito, é, no elemento-ético, a existência adequada a esse conceito" (§ 152 A). Ver a propósito Müller, M. L., "A ambiguidade da consciência moral moderna e da dialética da sua resolução na eticidade", *Escritos de Filosofia*, "El sistema filosófico de Hegel", Academia Nacional de Ciências, Centro de Estudios Filosóficos, ano XIII, n°s 25-26, Buenos Aires, jan.-dez. 1994, pp. 209-38; também in: De Boni, L. A. (org.), *Finitude e transcendência. Festschrift em homenagem a Ernildo J. Stein*, Petrópolis, Vozes, 1996, pp. 499-529.

§ 138

Essa subjetividade, enquanto autodeterminação abstrata e pura certeza só de si mesma, assim como ela *volatiliza* dentro de si toda *determinidade* do direito, do dever e do ser-aí, é igualmente o poder *judicante* de determinar somente a partir de si mesmo qual conteúdo é bom e, ao mesmo tempo, [é] o poder do qual o bem, primeiro somente representado e *devendo* ser, recebe a sua *efetividade*.

A autoconsciência que, em princípio, chegou a essa reflexão absoluta (a)dentro de si mesma, está nessa reflexão ciente de si como uma autoconsciência tal que nenhuma determinação aí-presente e dada pode nem deve infligir-lhe algo. A tendência a buscar dentro de si, *voltando--se para o interior*, o que é justo e bom, e a sabê-lo e determiná-lo a partir de si, aparece, enquanto configuração mais geral na história (em Sócrates, nos Estoicos etc.), em épocas em que o que vige na efetividade e nos costumes como justo e como bom não pode satisfazer a vontade melhor; assim, quando o mundo aí-presente da liberdade tornou-se infiel a essa vontade, ela não se encontra mais a si mesma nos deveres vigentes e deve procurar recuperar somente na interioridade ideal a harmonia perdida na efetividade. Como a autoconsciência assim apreendeu e adquiriu o seu direito formal, importa então saber como está constituído o conteúdo que ela se dá.

Adendo (H). Se considerarmos mais de perto esse volatilizar e virmos que todas as determinações têm de dissolver-se nesse conceito simples e dele provir novamente, veremos que o volatilizar consiste inicialmente em que tudo o que reconhecemos como direito ou como dever pode ser mostrado pelo pensamento como algo nulo, restrito e de modo algum absoluto. Em contrapartida, assim como a subjetividade volatiliza dentro de si todo conteúdo, ela também pode e tem de novamente desenvolvê-lo a partir de si. Tudo o que surge na eticidade é produzido por essa atividade do espírito. Por outro lado, a insuficiência desse ponto de vista está em que ele é meramente abstrato. Quando estou ciente da minha liberdade como substância em mim, permaneço inativo e não ajo. Mas se avanço até ações, se procuro por princípios, então recorro a determinações, e a exigência a seguir é a de que essas sejam derivadas do conceito de vontade livre. Por isso, se é justo volatilizar o direito e o dever na subjetividade, não é justo, por outro lado, que essa base abstrata não se desenvolva por sua vez. Somente em épocas em que a efetividade é uma existência oca, sem espírito e sem consistência, pode ser permitido ao indivíduo fugir da efetividade e refugiar-se na sua vida interior. Sócrates surgiu na época da corrupção da democracia ateniense: ele volatilizou o mundo sendo-aí e refugiou-se adentro de si a fim de buscar aí o direito e o bem. Também em nossa época ocorre em maior ou menor medida que o temor respeitoso diante do subsistente não está mais aí-presente e que o homem quer ter o que é válido enquanto sua vontade, enquanto o que é reconhecido por ele.

§ 139

A autoconsciência, na inanidade de todas as determinações senão vigentes e na pura interioridade da vontade, é a possibilidade de tomar por princípio tanto o *universal em si e para si*, quanto o *arbítrio*, a *particularidade própria*, erguendo-a acima do universal, e de realizá-la pelo agir — de ser *má*.

A consciência moral, enquanto subjetividade formal, consiste pura e simplesmente em estar a ponto de inverter-se no *mal*;[310] ambos, a

---

[310] A expressão alemã *auf dem Sprunge sein*, "estar a ponto de", "estar na iminência de", "estar em via de dar o salto" para "inverter-se" na figura oposta do mal, reforça metaforicamente a tese formulada na sequência da frase: a de que a "moralidade", aqui na figura mais alta da consciência moral, "e o mal têm a sua raiz comum" nesse "ápice" ou nessa "ponta" da subjetividade constituída pela "certeza de si mesma que é para si". É interessante assinalar que, embora a segunda e a terceira edições da *Enciclopédia* tenham alterado o título dessa "Terceira seção" de "O bem e a consciência moral" para "O bem e o mal", elas mantêm a tese de que a consciência moral e o mal são as duas formas de aparecimento dessa raiz comum que é o "ápice da certeza formal de si mesma", e que essas formas "passam imediatamente uma à outra" (*E*, § 511), uma "passagem" dialética que reforça a instabilidade dessa diferença entre a consciência moral e o mal, e também a proximidade entre elas, uma instabilidade, de resto, já sugerida pelo termo "ápice" ou "ponta". Essa tese a respeito da raiz comum se desdobra em seguida na afirmação de que "a *origem do mal* em geral reside no mistério da liberdade, isto é, no elemento-especulativo da liberdade", que consiste na necessidade da cisão ou divisão tanto da vontade natural na sua unidade imediata consigo como da universalidade abstrata e indeterminada do bem enquanto puro dever. Mas, na medida em que os momentos resultantes dessa cisão necessária ficarem em oposição um ao outro, a vontade determina-se como má: de um lado, porque, na necessidade de romper com a sua naturalidade e de lhe opor a sua interioridade, a vontade decide ficar na sua particularidade natural enquanto oposta a essa interioridade, ou, de outro, porque, podendo tomar as suas determinações unicamente da vontade natural, ela se atém a essa interioridade formal e inefe-

moralidade e o mal, têm a sua raiz comum na certeza de si mesma que é para si, que sabe e decide por si.

A *origem do mal*, em princípio, reside no mistério da liberdade, isto é, no elemento especulativo da liberdade, na necessidade de ela sair da *naturalidade* da vontade e de ser *interior* em face da naturalidade. É essa naturalidade da vontade que nessa oposição vem à existência enquanto contradição de si mesma e enquanto incompatível consigo mesma, e é, assim, essa *particularidade* da vontade que se determina ulteriormente como o mal. A particularidade, com efeito, só existe como *algo duplo*: aqui ela é a oposição da naturalidade em confronto com a interioridade da vontade, interioridade que nessa oposição é um ser-para-si somente *relativo* e formal, que pode, por isso, tirar o seu conteúdo unicamente das determinações da vontade natural, do desejo, do impulso, da inclinação etc. Desses desejos, impulsos etc., diz-se então que *podem* ser bons *ou* maus. Mas como a vontade os toma nesta determinação de *contingência* que eles têm enquanto naturais e, com isso, faz da forma que a vontade tem aqui, a particularidade, a determinação mesma do seu conteúdo, segue-se que a vontade é oposta à *universalidade* enquanto elemento-objetivo interno, é oposta ao bem, o qual, concomitantemente com a reflexão da vontade (a)dentro de si e com a consciência cognoscente, intervém como o outro extremo em face da objetividade imediata, do meramente natural, e, assim, essa interioridade da vontade é má. Por isso, o homem é mau, tanto *em si* ou *por natureza* quanto, ao mesmo tempo, por sua *reflexão (a)dentro de si*, de sorte que nem a natureza enquanto tal, isto é, se ela não for a naturalidade da vontade que permanece no seu conteúdo particular, nem a reflexão que *se adentra em si*, o conhecer em geral, se esse conhecer não se detiver naquela oposição, é o mal. — A esse lado da *necessidade do mal* está unido de maneira igualmente absoluta a determinação desse mal

---

tiva, que, nessa oposição, é igualmente má. Há, assim, uma necessidade especulativa de que o mal seja, isto é, o mal é necessário do ponto de vista especulativo da cisão. Mas o especulativo implica, ao mesmo tempo, a unidade dos momentos opostos, a unidade do subjetivo e do objetivo no conceito, e com isso o mal é determinado igualmente "como o que necessariamente não deve ser, como o que deve ser suspenso" (§ 139 A). Assim, é a negatividade infinita da subjetividade moral a raiz comum da consciência moral e do mal, assim como ela é também a origem do mal, que só se torna efetivo enquanto o sujeito singular se sabe decidindo ora pela particularidade, ora pela interioridade em sua oposição abstrata uma a outra, assumindo a culpa pelo mal (cf. *E*, § 511).

como o que necessariamente *não deve ser*, isto é, como o que deve ser suspenso; *não* que aquele primeiro ponto de vista da cisão não deva em princípio vir à tona — ao contrário, ele constitui o que separa o homem do animal desprovido de razão —, porém, não há que se quedar nele e reter a particularidade como o essencial contra o universal, senão que esse ponto de vista tem que ser superado como nulo. Ademais, no que concerne a essa necessidade do mal, é a *subjetividade*, enquanto infinitude dessa reflexão, que tem essa oposição diante de si e que está nela; se ela fica na oposição, isto é, se ela é má, então ela é, assim sendo, *para si*, mantém-se como singular e é ela mesma esse arbítrio. Por essa razão, é o *sujeito* singular enquanto tal que tem pura e simplesmente a *responsabilidade moral pelo mal que é seu*.

Adendo (H). A certeza abstrata que se sabe como a base de tudo tem dentro de si a possibilidade de querer o universal do conceito, mas também a de tomar por princípio um conteúdo particular e realizá-lo. Ao *mal*, que é esta última possibilidade, pertence sempre, por conseguinte, a abstração da certeza de si mesmo, e *somente* o homem é bom, precisamente na medida em que pode ser mau. O bem e o mal são inseparáveis e a sua inseparabilidade reside em que o conceito torna-se para si objetivo e, enquanto objeto, tem imediatamente a determinação da diferença. A vontade má quer algo oposto à universalidade da vontade; a vontade boa, ao contrário, comporta-se de maneira conforme ao seu verdadeiro conceito. A dificuldade a propósito da questão de saber como a vontade pode também ser má provém habitualmente de que se pensa a vontade somente em relação positiva a si mesma, e se representa o bem como algo determinado que é para ela. Mas a pergunta pela origem do mal tem, agora, um sentido mais preciso: como o negativo penetra no positivo? Se na criação do mundo Deus é pressuposto como o absolutamente positivo, podem se dar tantas voltas quantas se quiser, não se conhecerá algo negativo nesse positivo, pois se quisermos supor, da parte de Deus, um permitir o mal, tal relacionamento passivo é algo insuficiente e que nada diz. Na representação mitológico-religiosa a origem do mal não é apreendida conceitualmente, quer dizer, um [o negativo] não é conhecido no outro [o positivo], mas só há a representação de uma sucessão ou justaposição, de sorte que o negativo advém ao positivo de fora. Mas isso não pode satisfazer ao pensamento, que pede por um fundamento e uma necessidade e quer apreender o próprio negativo como se enraizando no positivo. Agora, a solução de como o conceito apreende isso já está contida no conceito, pois este, ou falando mais concretamente, a ideia, tem essencialmente em si o diferenciar-se e o pôr-se negativamente. Permanecer meramente no positivo, quer dizer, no puramente bom, que deve ser bom no seu caráter originário, é uma determinação vazia do entendimento, que se apega a tal abstrato e unilateral e, pelo fato de colocar a questão, torna-a precisamente uma questão difícil. Mas do ponto de vista do conceito a positividade é apreendida de maneira a ser a atividade e a autodiferenciação de si mesma. Portanto, o mal, assim como o bem, tem a sua origem na vontade, e a vontade é no seu conceito tanto boa como má. A vontade natural é em si a contradição de diferenciar-se de si mesma, de ser para si e de ser interior. Se então dissermos que o mal contém esta determinação mais precisa, a saber, que o homem é mau enquanto ele é vontade natural, isso seria oposto à representação habitual, que precisamente pensa a vontade natural como inocente e boa. Mas a vontade natural está defronte do conteúdo da liberdade, e a criança e o homem não cultivado, que têm essa vontade, estão por causa disso sujeitos a um grau menor de imputabilidade. Agora, quando se fala do homem, não se tem em vista criança, mas o homem autoconsciente; quando se fala do bem, tem-se em vista o saber do mesmo. O natural em si, com certeza, é isento de prevenção, não é bom nem mau, mas o natural referido à vontade enquanto liberdade e enquanto saber da mesma contém a determinação do que é não livre e, por isso, é mau. Na medida em que o homem quer o natural, este não é mais o meramente natural, mas sim o negativo confrontado ao bem, enquanto conceito da vontade. — Mas, se então se quiser dizer que o homem não teria culpa se escolhesse o mal, porque o mal reside no conceito e é necessário, ter-se-ia que replicar que a decisão do homem é seu próprio fazer, o fazer da sua liberdade e da sua responsabilidade. No mito religioso diz-se que o homem é semelhante a Deus por ter o conhecimento do bem e do mal, e a semelhança a Deus está efetivamente aí-presente, visto que a necessidade, aqui, não é nenhuma necessidade natural, mas a resolução é precisamente a suspensão dessa duplicidade do bem e do mal. Já que o bem como o mal se me defrontam, tenho a escolha entre ambos, posso decidir-me por cada um deles e acolher tanto um como outro na minha subjetividade. Portanto, é da natureza do mal que o homem possa querê-lo, mas não que necessariamente tenha de querê-lo.

§ 140

Como a autoconsciência sabe ressaltar no seu fim um lado *positivo*, e lados positivos o fim necessariamente os tem, porque o fim pertence ao propósito do agir *efetivo concreto*, ela é capaz, por causa de um tal lado positivo considerado como um *dever e* como uma *intenção excelente*, de afirmar como boa *para os outros* e *para si mesma* uma ação, cujo conteúdo essencial *negativo* — que está ao mesmo tempo *nela* [autoconsciência] enquanto refletida dentro de si e, por conseguinte, é consciente do universal da vontade — fica na comparação com esse universal; afirmar tal ação como boa [para]³¹¹ *outros* é a *hipocrisia*, como boa [para] *si mesmo*, é a ponta ainda mais alta da *subjetividade se afirmando como o absoluto*.

Esta última forma do mal, a mais abstrusa, pela qual o mal é pervertido em bem e o bem em mal,³¹² pela qual a consciência se sabe como esse poder de perversão, e por causa disso se sabe como absoluta, é o pico mais alto da subjetividade do ponto de vista moral, a forma em direção à qual o mal prosperou em nossa época, mais precisamente graças à filosofia, isto é, graças a uma superficialidade do pensamento, que transtornou [*verrückt hat*] um conceito profundo nessa figura, e se arroga o nome de filosofia, assim como usurpa para o mal o nome do bem. Nesta Anotação quero indicar, brevemente, as figuras principais dessa subjetividade, que se tornaram correntes.

a) No que concerne à *hipocrisia*, estão contidos nela os seguintes momentos: α) o saber do verdadeiro universal, seja na forma do sentimento do *direito* e do *dever*, seja na forma de uma tomada de conheci-

---

³¹¹ A proposição "para" (*für*) é um aditamento à mão de Hegel no seu exemplar de curso (*GW*, v. 14, 1, p. 123; *TWA*, v. 7, p. 265).

³¹² "Relação [entre o mal e o bem] — de sorte que se faz do bem uma aparência. Ele é aparência, em si, porque ainda abstrato, somente algo posto — não para si, não se mantendo a si mesmo, não verdadeiramente substancial —, porque sem conteúdo, indeterminado dentro de si. Somente o concreto é acabado em si mesmo — mas é preciso que haja um conteúdo; portanto, [determinado] arbitrariamente [...]. Objetividade de espécie alguma, senão a da autodeterminação — e, na verdade, da autodeterminação abstrata —, ausência de determinação, por isso, toda determinação somente através do meu arbítrio. A ironia é a consciência a esse respeito [...]. O elemento-objetivo da ironia é a dialética, mas o resultado é apenas negativo. — Aqui a dialética [é] a negatividade na forma da idealidade absoluta de todo o elemento-objetivo (filosofia fichtiana) — reflexão sobre o agir, as leis, os deveres, o divino, o eterno —, isso só tem conteúdo, determinação através da minha subjetividade — eu estou convencido, e [tenho] saber, essa convicção é meu arbítrio —, e esse saber reside imediatamente no estar-convencido — pois razões são postas como algo meramente relativo etc., enquanto o meu estar-convencido é tornado critério, isto é, a Coisa só vale através da minha subjetividade — nada que tenha ser" (*NM*, pp. 667, 669; *TWA*, v. 7, pp. 280-1).

mento e de uma compreensão mais ampla destes; β) o querer desse *particular* conflitante com o universal e, no caso, γ) enquanto saber que *compara* esses dois momentos, de modo que para a própria consciência volitiva o seu querer particular está determinado como mau. Essas determinações exprimem o agir com *má consciência moral*, mas não ainda a hipocrisia enquanto tal. — Houve uma questão que se tornou muito importante em certa época, a de saber *se uma ação é má somente na medida em que ela ocorre com má consciência moral*, isto é, com uma consciência desenvolvida dos momentos agora mesmo indicados. — Pascal (*Les Provinciales, quatrième lettre*) tira muito bem a consequência da resposta afirmativa à questão: "*Ils seront tous damnés ces démi-pécheurs qui ont quelque amour pour la vertu. Mais pour ces francs pécheurs, pécheurs endurcis, pécheurs sans mélange, pleins et achevés, l'enfer ne les tient pas: ils ont trompé le diable à force de s'y abandonner*" [Eles serão todos condenados, esses pecadores pela metade, que têm algum amor pela virtude. Mas, para esses pecadores confessos, pecadores endurecidos, pecadores sem mistura, plenos e acabados, o inferno não os comporta: eles enganaram o diabo à força de se entregar a ele].* — O direito subjetivo da autoconsciência de *saber* que a ação na determinação pela qual ela é boa ou má em si e para si não deve ser pensado como estando em conflito com o direito absoluto da *objetividade* dessa determinação, de tal modo que ambos sejam representados como *separáveis*, *indiferentes* e *contingentes* um em face do outro, relação essa que foi posta também especialmente como fundamento das

---

* [Nota de Hegel] Pascal cita aí mesmo também a intercessão de Cristo na cruz pelos seus inimigos: "Pai, perdoai-lhes pois não sabem o que fazem" — um pedido supérfluo, se a circunstância de não terem sabido o que fizeram conferira à sua ação a qualidade de não ser má, por conseguinte, de não precisar de perdão. Ao mesmo tempo, ele cita a opinião de *Aristóteles* (*Ética a Nicômaco*, III, 2 [1110 b 27-32]), que distingue se o agente é οὐκ εἰδώς ou ἀγνοῶν; no primeiro caso, da ignorância, ele age *involuntariamente* (esta ignorância se refere às *circunstâncias externas*; ver acima § 117), e não há de se lhe imputar a ação. Mas sobre o outro caso diz Aristóteles: "Todo homem que age mal não reconhece o que deve fazer e deixar de fazer, e precisamente esta falha [ἁμαρτία] é o que torna os homens injustos e, em geral, maus. O desconhecimento na escolha do bem e do mal não faz com que uma ação seja involuntária (não possa ser imputada), *mas somente com que ela seja má*". Aristóteles tinha, certamente, uma visão mais profunda da conexão entre o conhecer e o querer do que aquela que se tornou corrente numa filosofia superficial, que ensina que o *desconhecer*, o *ânimo* e o *entusiasmo* são os verdadeiros princípios do agir ético.

controvérsias de outrora sobre a *graça eficaz*. O mal, pelo seu lado formal, é o que há de mais próprio ao indivíduo, por ser precisamente a subjetividade do indivíduo pondo-se absolutamente separada para si e por ser ele, com isso, pura e simplesmente da responsabilidade moral do indivíduo (ver § 139 e a Anotação ao § precedente); pelo lado objetivo, o homem, *segundo o seu conceito* enquanto espírito, é um ser racional em geral e tem a determinação da universalidade que é o saber de si pura e simplesmente dentro de si. Por isso, não o tratar segundo a honra do seu conceito significa separar dele o lado do bem e, com isso, não lhe imputar como má a determinação de sua ação má enquanto má. Quão determinada ou com que grau de clareza ou obscuridade a consciência desses momentos em sua distinção entre si está *desenvolvida* até um *conhecimento*, e em que medida uma ação má é mais ou menos levada a termo com uma consciência moral *formalmente* má, isso é a questão menos importante, que concerne mais ao aspecto empírico.

b) Mas agir mal e com má consciência não é ainda *a hipocrisia*; a esta se acrescenta a determinação formal da inverdade, que é afirmar inicialmente *para os outros* o *mal* como *bom* e apresentar-se exteriormente como bom, consciencioso, devoto e coisas semelhantes, o que dessa maneira é somente um artifício *para* enganar *os outros*. Mas o homem mau pode, além disso, nas suas demais boas obras ou na sua piedade, em suas *boas razões* em geral, encontrar *para si* mesmo uma legitimação para o mal, invertendo para si o mal em bem graças a elas. Essa possibilidade reside na subjetividade, a qual, enquanto negatividade abstrata, submeteu a si todas as determinações e as sabe como provindo dela.

c) Nessa perversão há de incluir-se primeiramente a figura conhecida como o *probabilismo*. Este adota como princípio que é permitida uma ação para a qual a consciência saiba arranjar uma boa razão *qualquer*, e que a consciência moral pode estar segura a esse respeito — ainda que seja apenas a *autoridade* de um teólogo, e mesmo sabendo que outros teólogos divirjam consideravelmente do juízo daquele. Mesmo no caso dessa representação ainda está presente a reta consciência de que tal razão e tal autoridade só fornecem *probabilidade*, embora isso seja suficiente para a segurança da consciência moral; admite-se nessa representação que só é boa uma razão cuja índole é tal que possa haver ao seu lado outras razões pelo menos igualmente boas. Também há que se reconhecer aqui ainda esse vestígio de objetividade, que o que determina deve ser uma *razão*. Mas como a decisão pelo bem e pelo mal está baseada nas muitas *boas razões*, e essas razões são tantas e opostas, entre as quais estão também compreendidas aquelas autoridades, reside nisso, ao mesmo tempo, que *não* é essa objetividade da Coisa, porém a *subjetividade* quem tem de decidir — sob esse ângulo, o capricho e o arbítrio são transformados no elemento que decide sobre o bom e o mau e pelo qual a eticidade assim como a religiosidade são solapadas. Mas ainda não se enunciou expressamente como princípio que é a própria subjetividade a instância na qual incide a decisão, senão que, como já foi assinalado, uma razão é dada como o que decide; nessa medida, a probabilidade é ainda uma figura da hipocrisia.

d) O degrau imediatamente superior é aquele em que a boa vontade deve consistir *em querer o bem*; este querer o que é *abstratamente bom* deve ser suficiente ou, mesmo, ser a única exigência para que a ação seja boa. Visto que a ação, entendida como querer *determinado*, tem um conteúdo, e o *bem abstrato*, entretanto, nada determina, é reservado à subjetividade particular dar-lhe a sua determinação e a sua realização plena. Assim como no Probabilismo, para quem não é ele mesmo um douto *Révérend Père*, a subsunção de um conteúdo determinado sob a determinação universal do *bem* pode ser feita em vista da autoridade de um tal teólogo, assim, aqui, cada sujeito está imediatamente investido dessa dignidade de colocar o conteúdo no bem abstrato, ou, o que é a mesma coisa, de subsumir um conteúdo sob um universal. Na ação concreta enquanto concreta esse conteúdo é, em geral, um aspecto entre muitos outros, os quais, talvez, até poderiam conferir-lhe o predicado de uma ação criminosa ou má. Essa minha determinação subjetiva do bem, porém, é o bem presente na ação, do qual estou *ciente*, a *boa intenção* (§ 114). Com isso intervém uma oposição de determinações; segundo algumas delas a ação é boa, mas, segundo outras, é criminosa. Com isso parece também surgir, a propósito da ação efetiva, a questão de se a *intenção é efetivamente boa*. Mas que o bem seja a intenção *efetiva*, isso pode não só ser em geral o caso, mas tem mesmo de ocorrer sempre do ponto de vista em que o sujeito tem por fundamento da determinação o bem abstrato. O que da boa intenção é lesado por tal ação, que sob outros aspectos se determina como criminosa e má, é certamente também bom, e pareceria que o que importa é qual desses aspectos seria o *mais essencial*. Mas essa questão objetiva desaparece aqui, ou antes, é a subjetividade da própria consciência em sua decisão o que unicamente constitui o aspecto-objetivo. *Essencial* e *bom* são, de toda maneira, sinônimos: tanto este como aquele são uma abstração; bom é aquilo que com respeito à vontade é essencial, e o essencial a esse respeito deve ser precisamente o que determina uma ação como boa para mim. Mas a subsunção de um conteúdo qualquer sob o bem resulta por si imediatamente do fato que esse bem abstrato, por não ter absolutamente conteúdo algum, reduz-se inteiramente a só significar algo de *positivo* em geral — algo que é válido a qualquer respeito e que pode valer também, segundo a sua determinação imediata, como um fim essencial, por exemplo, fazer o bem aos pobres, cuidar de mim, de minha vida, de minha família e assim por diante. Além do mais, como o bem é o abstrato, assim também, com isso, o mal é o que carece de conteúdo, que recebe da minha subjetividade a sua determinação; e desse aspecto resulta também o fim moral de odiar e exterminar o mal indeterminado. — Roubo, covardia, homicídio etc., enquanto ações, isto é, enquanto em geral cometidas por uma vontade subjetiva, têm imediatamente a determinação de serem a *satisfação* de tal vontade, com isso, de ser algo *positivo*, e para fazer da ação uma ação boa importa somente saber esse lado positivo como sendo a minha *intenção* na sua execução, e esse lado positivo é o *essencial* para a determinação da ação como boa, porque eu sei que ele é o bem na minha intenção. Roubar para fazer o bem aos pobres, roubar simplesmente, fugir da batalha por causa do dever para com a sua vida, para cuidar da sua família, ainda por cima talvez pobre — homicídio por ódio e vingança, isto é, para satisfazer o sentimento próprio do seu direito, do direito em geral, e para satisfazer o seu sentimento a respeito da maldade de outrem, da sua in-justiça contra mim ou contra outros, contra o mundo ou o povo em geral, pela eliminação desse homem mau, que tem o próprio mal dentro de si, com o que, pelo menos, se dá uma contribuição em vista da extirpação do mal —, todas essas ações, por causa do aspecto positivo do seu conteúdo, são dessa maneira transformadas numa ação bem-intencionada e, com isso, numa ação boa. Basta o *mais diminuto* cultivo do entendimento para descobrir em cada ação, como faziam aqueles teólogos eruditos, um lado positivo e, desse modo, uma boa razão e uma boa intenção. É assim que se disse que não há propriamente nenhum *homem mau*, pois ele não quer o mal pelo mal, isto é, não quer o *puramente negativo* enquanto tal, porém ele quer sempre algo de *positivo* e, com isso, segundo esse ponto de vista, quer um bem. Nesse bem abstrato desapareceram a distinção entre *bom* e *mau* e todos os deveres efetivos; por isso, querer meramente o bem e ter uma boa intenção em cada ação é, antes, o mal, na medida em que o bem é querido somente nessa abstração, e com isso a sua *determinação* está reservada ao arbítrio do sujeito.

Aqui vem a propósito o mal-afamado princípio: *o fim santifica os meios*. — Tomada inicialmente por si, essa frase é trivial e nada diz. Pode-se replicar de maneira igualmente indeterminada que um fim santo santifica certamente os meios, mas que um fim não santo não os santifica. "Se o fim é justo, então os meios também o são" é uma frase tautológica na medida em que o meio é precisamente o que por si nada é, porém é por causa de um outro e nesse, no fim, tem a sua determinação e o seu valor — *contanto que ele seja na verdade um meio*. — Mas com essa proposição não se visa meramente ao sentido formal, porém nela se compreende algo de mais determinado, a saber, que é permitido e é até mesmo um dever usar como meio para um fim bom o que absolutamente não é um meio, lesar algo que é por si sagrado, portanto, fazer de um crime um meio para um fim bom. Paira a propósito dessa proposição, de um lado, a consciência indeterminada da dialética do *elemento-positivo*, anteriormente assinalado nas determinações jurídicas ou éticas isoladas, ou, de outro, a da dialética de proposições universais igualmente indeterminadas, tais como: *não deves matar*, ou, *deves cuidar do teu bem-próprio, do bem-próprio de tua família*. Os tribunais, os soldados têm não só o direito, porém o dever de matar homens, só que aí está *exatamente determinado* que qualidade de homens e em que circunstâncias isso é permitido e é um dever. Assim, também o meu bem-próprio, o de minha família, têm de ser pospostos a fins mais elevados e, portanto, rebaixados a meio. Porém, o que se designa como crime não é uma universalidade deixada assim indeterminada, que ainda estaria submetida a uma dialética, porém tem já a sua limitação objetiva determinada. Agora, o que se contrapõe no fim a uma tal determinação, que deveria tirar do crime a sua natureza criminosa, o fim santo, nada mais é do que a *opinião subjetiva* sobre o que seria bom e melhor. É a mesma coisa que acontece quando o querer se detém no bem abstrato, quando toda determinidade válida e sendo em si e por si do bem e do mal, do direito e do ilícito, é suprimida e é atribuída ao sentimento, ao representar e ao capricho do indivíduo.

e) Finalmente, a *opinião subjetiva* é expressamente enunciada como a regra do direito e do dever, quando *a convicção que toma algo por direito* deve ser o que determina a natureza ética de uma ação. O bem que se quer não tem ainda conteúdo algum; o princípio da convicção contém então esta precisão ulterior, que a subsunção de uma ação sob a determinação do bem compete ao *sujeito*. Com isso, também desapareceu completamente a aparência de uma objetividade ética. Tal doutrina está imediatamente conexa com aquela autodenominada filosofia, já frequentemente mencionada, que nega a cognoscibilidade do *verdadeiro*[313] — e o verdadeiro do espírito volitivo, a sua racionalidade, na medida em que ele se efetiva, são os mandamentos éticos. Como tal modo de filosofar faz passar o conhecimento do verdadeiro por uma presunção vazia, que sobrevoa o círculo do conhecer, que só contém o que aparece, ele tem de também imediatamente fazer do aparente um princípio com respeito ao agir e, por conseguinte, de pôr o elemento-ético na visão de mundo *própria* do indivíduo e na sua *convicção particular*. A degradação em que a filosofia assim se precipitou aparece inicialmente ao mundo como um evento altamente indiferente, que só teria afetado o ocioso palavrório de escola; mas tal maneira de ver necessariamente penetra e conforma a visão do ético, enquanto este é uma parte essencial da filosofia, e somente então aparece na efetividade e para ela o que está contido nessas maneiras de ver. — A difusão dessa maneira de ver, que é a convicção subjetiva o que unicamente determina a natureza ética de uma ação, fez com que outrora se falasse muito de *hipocrisia*, mas, hoje em dia, muito menos; pois a qualificação do mal como hipocrisia tem por fundamento que certas ações sejam *em si e por si* transgressões, vícios e crimes, que aquele que as comete necessariamente as saiba como tais, na medida em que sabe e reconhece os princípios e as ações externas da piedade e da retidão, de cuja aparência precisamente ele abusa. Ou, no que se refere ao mal, valia a pressuposição de que era dever conhecer o bem e saber distingui-lo do mal. Mas em todo caso valia a exigência absoluta de que o homem não cometesse ações viciosas ou criminosas e, na medida em que é um homem e não uma besta, que elas devessem lhe ser imputadas enquanto tais. Mas se o bom coração, a boa intenção e a convicção subjetiva são declaradas como o que dá às ações o seu valor, então não há mais hipocrisia e, de maneira geral, mais mal nenhum, pois cada um, pela reflexão sobre as boas intenções e pelos motivos do agir, saberá transformar o que faz em algo de bom, e pelo componente da sua *convicção* isso é bom.* Assim,

---

[313] Certamente, outra referência crítica à moral da convicção defendida por Fries. Ver nota sobre Fries no Prefácio, parágrafo 8.

* [Nota de Hegel] "Não duvido minimamente de que ele se sinta perfeitamente

não há mais crime e vício em si e por si, e em lugar do pecar franco e livre, endurecido, límpido, acima citado, entrou a consciência da justificação perfeita pela intenção e pela convicção. A minha intenção do bem em minha ação e a minha convicção da sua bondade *convertem-na em um bem*. Na medida em que se trata de apreciar e julgar a ação, é, em virtude desse princípio, somente segundo a intenção e a convicção do agente, segundo a sua *crença* que ele deveria ser julgado — não no sentido em que Cristo exige uma fé na verdade *objetiva*, assim que àquele que tem uma fé ruim, isto é, uma convicção má segundo o seu *conteúdo*, também o juízo lhe cairá mal, a saber, conforme a este conteúdo mau —, mas, somente no sentido da fé como fidelidade à convicção de se o homem na sua ação permaneceu *fiel* à sua *convicção*, no sentido da fidelidade subjetiva formal, a qual unicamente contém o que é conforme ao dever. — No caso desse princípio da convicção, porque ela é determinada como algo *subjetivo*, tem certamente de se impor ao pensamento também a possibilidade de *um erro*, no que, por conseguinte, reside a pressuposição de uma lei sendo em si e por si. Mas *a lei não age*, é só o homem real que age e, segundo aquele princípio, a única coisa que importa quanto ao valor das ações humanas é até que ponto ele assumiu essa lei *na sua convicção*. Mas, se de acordo com isso, não são as ações que devem ser julgadas segundo essa lei, isto é, em geral medidas por ela, não se consegue ver para que essa lei ainda deve existir ou servir. Tal lei está rebaixada a mera *letra morta*, de fato, a uma palavra vazia, porque somente pela minha convicção ela é *tornada uma lei*, algo que me obriga e vincula. — Que tal lei tenha para si a autoridade de Deus, do Estado, inclusive a autoridade de milênios, durante os quais ela foi o laço no qual os homens e todo o seu fazer e o seu destino se mantiveram coesos e tiveram subsistência — autoridades que encerram em si uma infinidade de *convicções de indivíduos* —, e que *eu*

---

convencido. Mas quantos homens não começam com uma tal convicção sentida para [chegar] às piores atrocidades. Portanto, se tal razão tudo pode desculpar, não mais existe, consequentemente, *juízo racional algum* sobre *decisões boas e más, honradas e desprezíveis*; o delírio tem, então, direitos iguais aos da razão, ou a razão não tem mais, em geral, direito algum, mais consideração alguma; a sua voz é absurda; *quem apenas não duvida é que está na verdade*! Horrorizo-me diante das consequências de uma tal tolerância, que o seria exclusivamente em proveito da desrazão." Fr. H. Jacobi ao conde Holmer, Eutin, 5 de agosto de 1800, a propósito da conversão do conde Stollberg ao catolicismo (*Brennus*, Berlim, agosto de 1802).

a isso contraponha a *autoridade* da minha convicção *singular* — enquanto ela é minha convicção subjetiva a sua validade é somente autoridade —, essa pretensão, que parece à primeira vista monstruosa, é eliminada pelo princípio mesmo que transforma a convicção subjetiva em regra. — Se agora, na verdade, a *possibilidade de um erro* é admitida por uma superior inconsequência que a ciência e a consciência moral introduzem, e que uma ciência superficial e uma má sofística não conseguem expulsar, então, com a afirmação de que o crime e o mal seriam em geral um erro, a falta é reduzida ao seu mínimo. Pois, *errar é humano* — quem não teria se enganado sobre isto ou aquilo, se ontem comi couve ou repolho e sobre incontáveis coisas menos ou mais importantes? Contudo, a diferença entre importante e não importante desaparece quando a única coisa que importa é a subjetividade da convicção e o persistir nela. Mas essa superior inconsequência, oriunda da natureza da Coisa, acerca da possibilidade de um erro, transforma-se, de fato, mediante o enunciado que diz que uma má convicção é só um erro, nessa outra inconsequência, que é a má-fé: uma vez, é sobre a convicção que se deve colocar o elemento-ético e o valor supremo do homem, e por isso ela é declarada suprema e santa; outra vez, não se trata de nada mais do que um errar, e o fato de eu estar convencido é algo irrisório e contingente, algo propriamente exterior, que pode me *suceder desta ou daquela maneira*. De fato, estar eu convencido é algo supremamente irrisório se não posso conhecer algo verdadeiro; assim, é indiferente *como* eu penso, e a pensar me resta aquele bem vazio, o abstrato do entendimento. — De resto, para observar ainda isto, desse princípio da legitimação fundada na convicção resulta, como consequência para o modo de agir dos outros em relação ao meu agir, que eles estão *em pleno direito* de tomar, segundo a *sua* crença e convicção, a minha ação por *crime* — uma consequência na qual não só não conservo nenhuma vantagem como, ao contrário, sou rebaixado do ponto de vista da liberdade e da honra a uma situação de falta de liberdade e de desonra, a saber, de experimentar na justiça, que é em si também algo meu, apenas uma convicção subjetiva estranha, e no exercício da justiça crer-me tratado apenas por uma violência externa.

f) Por fim, a forma suprema na qual essa subjetividade se apreende e se exprime perfeitamente é a figura que se denominou de *ironia*, nome tomado de Platão — pois só o nome é tomado de Platão, que o utilizava numa acepção que Sócrates empregava na conversação pessoal contra a presunção da consciência inculta e sofística, tendo em vista a ideia da verdade e da justiça, mas tratando ironicamente apenas essa consciência, não a ideia mesma. A ironia concerne somente a um comportamento de diálogo entre *pessoas*; sem essa direção pessoal o movimento essencial do pensamento é a dialética, e Platão estava tão longe de tomar o dialético por si ou mesmo a ironia pela realidade última e pela ideia mesma, que, ao contrário, imergia o balanço pendular do pensamento e, mais completamente ainda, o de uma opinião subjetiva na substancialidade da ideia, e punha fim a ele.* — O ápice dessa sub-

---

* [Nota de Hegel] Meu falecido colega, prof. Solger, adotou, é verdade, a expressão *ironia*, introduzida pelo sr. Friedrich von Schlegel numa fase anterior de sua carreira literária, e por ele intensificada até aquela forma de subjetividade que se sabe como o elemento-supremo, mas seu melhor entendimento, distante dessa determinação, e o seu discernimento filosófico captou e reteve na ironia precipuamente só o aspecto propriamente dialético, o pulso motor da consideração especulativa. Todavia, não posso considerar isso inteiramente claro, nem concordar com os conceitos que ele desenvolveu ainda no seu último e substancial trabalho, uma *crítica* pormenorizada das *Lições do sr. August Wilhem von Schlegel sobre a arte e a literatura dramática* (*Wiener Jahrbuch*, v. VII, pp. 90 ss.). "A verdadeira ironia", diz Solger na p. 92, "parte do ponto de vista de que o homem, enquanto viver neste mundo presente, só pode também cumprir a sua destinação no sentido mais alto da palavra neste mundo. Tudo aquilo com que cremos *ir além dos fins finitos* é fantasia *vã* e *vazia*... Também o elemento-supremo só está *aí presente* para o nosso agir numa *figuração limitada e finita*." Isso, corretamente entendido, é platônico e muito verdadeiro contra aquele esforçar-se vazio em direção ao infinito (*abstrato*) mencionado anteriormente. Mas dizer que o mais alto como o ético existe numa *figuração* limitada e *finita* — e o ético é essencialmente enquanto realidade efetiva e ação —, é muito diverso do que dizer que o mais alto é um fim *finito*; a figuração, a forma do finito, não tira do conteúdo, do ético, nada da sua substancialidade e da infinitude que ele tem dentro de si mesmo. E adiante continua: "E precisamente por causa disso, ele (o elemento-supremo) é *em nós tão nulo* quanto o mais ínfimo e ele *perece necessariamente conosco e com o nosso sentir nulo*, pois, na verdade, ele só existe em Deus, e nesse fundamento transfigura-se em algo divino, do qual não participaríamos se não houvesse uma presença imediata desse divino, que se revela precisamente no desaparecer da nossa efetividade; mas o estado de ânimo afetivo ao qual esse divino se manifesta imediatamente com claridade nos próprios acontecimentos humanos é a ironia trágica". Pouco importaria o nome arbitrário *ironia*, mas há algo de pouco claro nisto que o elemento-supremo seria o que perece com a nossa nulidade, e que o divino só viria a se revelar no desaparecimento de nossa efetividade, como ali mesmo (p. 91) é dito: "Vemos os heróis desatinar no que há de mais nobre e belo em suas disposições de ânimo e em seus sentimentos, não apenas a respeito do sucesso, mas também *da fonte e do valor dessas disposições e desses sentimentos*; até mesmo nos enaltecemos *com o perecimento do melhor*". Expus extensamente na *Fenomenologia do espírito* (pp. 404 ss., cf. pp. 683 ss.) [*GW*, v. 9, pp. 251 ss., cf. pp. 392 ss.; *TWA*, v. 3, pp. 343 ss., cf. pp. 534 ss.; *FE*, pp. 691 ss. (§§ 466 ss.), cf.

jetividade que se apreende como instância última, que aqui resta ainda a considerar, só pode ser isto: ter além disso *saber* de si como esse resolver e decidir sobre a verdade, o direito e o dever, *saber* que já está presente em si nas formas precedentes. Esse ápice consiste, portanto, bem entendido, em saber o que é eticamente objetivo, mas em não se aprofundar na seriedade do mesmo e em agir a partir dele, esquecendo-se de si e renunciando a si, porém, na relação a ele, em mantê-lo ao mesmo tempo afastado de si, e em ter um saber de *si* como aquele que *quer* e *resolve* assim e, também, pode igualmente querer e resolver de outra maneira. — Aceitais de fato e honestamente uma lei como sendo em si e por si, eu também estou nisso de acordo, mas estou ainda mais adiante do que vós, estou também além dessa lei e posso fazê-la *assim ou assado*. Não é a Coisa o excelente, mas o excelente sou eu, e eu sou o mestre da lei e da Coisa,[314] mestre que *somente brinca* com ela como com o seu capricho, e nessa consciência irônica, na qual deixo soçobrar o mais alto, só desfruto *de mim mesmo*. — Essa figura é não só a *inanidade* de todo *conteúdo* ético dos direitos, dos deveres, das leis — é o mal, na verdade, o mal inteiramente universal dentro de si —, porém

---

pp. 493 ss. (§ 473)] como o perecimento trágico de figuras altamente éticas (o justo perecimento de puros canalhas e criminosos presunçosos, como o é, por exemplo, o herói numa tragédia moderna, *Die Schuld* [tragédia de Adolf Müllner, que estreou em 1813 no Burgtheater, em Viena], tem certamente um interesse jurídico-criminal, mas nenhum interesse para a verdadeira arte, de que aqui se fala) só pode interessar, enaltecer e reconciliar consigo mesmo, na medida em que tais figuras com diferentes potências éticas de igual legitimidade entram em cena se opondo umas às outras, figuras que, por infelicidade, entraram em *colisão* e que, agora, por meio dessa sua oposição a algo ético, têm *responsabilidade moral*, donde emerge o direito e o in-justo de cada uma e, com isso, a verdadeira ideia ética, purificada e triunfante sobre essa *unilateralidade*, portanto reconciliada em nós; por conseguinte, [expus] como não é o *elemento-supremo* o que perece em nós e como não nos *enaltecemos com o perecimento do melhor*, porém, ao contrário, com o triunfo do verdadeiro — como esse é o interesse ético verdadeiro e puro da tragédia antiga (na tragédia romântica essa determinação sofre ainda uma modificação ulterior). Mas a ideia ética é *efetiva* e está *presente* no mundo ético *sem aquela infelicidade da colisão* e sem o perecer dos indivíduos enleados nessa infelicidade, e o fato de que esse elemento-supremo *não* se apresenta *em sua efetividade* como *algo nulo* é o que a existência ética real, o Estado, tem por fim e efetua, e é o que a autoconsciência ética *nele* possui, intui e sabe, e o que o conhecimento pensante conceitualiza.

[314] Aditamento à mão de Hegel: "virtuosidade, genialidade — mestre do ético" (*NM*, p. 691; *TWA*, v. 7, p. 279). "Ironia, consciência da subjetividade absoluta" (*NM*, p. 673).

ela lhe acrescenta também a forma, a vaidade *subjetiva* de saber-se a si mesma como essa inanidade de todo conteúdo e, nesse saber, de saber-*se* como o absoluto. — Até que ponto essa absoluta autocomplacência não permanece um culto divino solitário de si mesmo, mas eventualmente pode também formar uma *comunidade* cujo vínculo e cuja subsistência é eventualmente também a mútua asseveração de ser consciencioso e ter boas intenções, o regozijar-se nessa pureza recíproca, mas, principalmente, o deleitar-se na magnificência desse saber e dessa expressão de si e na magnificência desses cuidados e afagos — até que ponto o que foi chamado de *bela alma*, essa subjetividade mais nobre, que na inanidade de toda objetividade e, com isso, na sua própria inefetividade, vai se consumindo, até que ponto além disso outras figurações são variantes aparentadas com o estágio aqui considerado —, de tudo isso tratei na *Fenomenologia do espírito* (pp. 605 ss.) [*GW*, v. 9, pp. 352 ss.; *TWA*, v. 3, pp. 481 ss.; *FE*, §§ 655 ss.], na qual se pode conferir a seção inteira c) *A consciência moral*, especialmente também no que diz respeito à passagem a um estágio superior em geral, que, aliás, lá foi determinado de outra maneira.[315]

Adendo (H). A representação pode ir mais longe e inverter para ela a vontade má numa aparência do bem. Ainda que não possa alterar o mal segundo a sua natureza, ela pode, contudo, conferir-lhe a aparência de que ele seja o bem. Pois toda ação tem algo positivo e como a determinação do bem defronte ao mal se reduz igualmente ao positivo, posso afirmar a ação como boa em relação à minha intenção. Portanto, o bem está em ligação com o

---

[315] O resultado da dialética da consciência moral na mencionada seção da *Fenomenologia do espírito* apresenta a emergência do saber de si do espírito absoluto na forma da consciência do perdão recíproco, em que se efetiva plenamente o reconhecimento das autoconsciências e que prepara a passagem para a religião. Naquela obra essa dialética representava a culminação do percurso do espírito pelas suas três figuras principais, "o espírito verdadeiro", na figura da eticidade substancial e imediata, "o espírito estranhado de si", na figura do seu processo de formação, e "o espírito certo de si mesmo", na figura da moralidade, e, assim, estabelecia o elo com a religião e o saber absoluto. Agora, na *Filosofia do direito*, devido à nova construção enciclopédica do espírito, ela passa a articular, no interior da esfera do espírito objetivo, a passagem da subjetividade moral não mais à religião, porém à eticidade e à sua resolução nela, transformando essa subjetividade em um elemento constitutivo e no princípio de uma eticidade reflexiva e não heterônoma, nesse sentido, moderna (ver Kohler, D., "Hegels Gewissensdialektik", *Hegel-Studien* 28 (1993), pp. 127-41).

mal não apenas na consciência, porém também pelo seu lado positivo. Se a autoconsciência faz passar a ação como sendo boa somente para os outros, essa forma é a *hipocrisia*; mas se ela consegue afirmar para si mesma o ato como bom, isso é o ápice ainda mais alto da subjetividade que se sabe como absoluta, para a qual desapareceram o bem e o mal em si e por si, e que pode fazer passar por bem e por mal o que ela quiser e para o que tiver o poder. Esse é o ponto de vista do sofismar absoluto, que se arvora a legislador e refere a distinção entre o bom e o mau ao seu arbítrio. No que concerne à hipocrisia, são exemplos dela, precipuamente, os hipócritas religiosos (os *Tartüffes*), que se submetem a todas as cerimônias e podem mesmo ser piedosos para si, mas que, por outro lado, fazem tudo o que querem. Hoje em dia fala-se muito menos de hipócritas, porque, de um lado, essa acusação parece muito dura, mas, de outro, porque a hipocrisia, em sua figura imediata, mais ou menos desapareceu. Essa franca mentira, esse encobrimento do bem,[316] se tornaram agora por demais transparentes para que não se enxergue através deles, e a separação entre fazer o bem, por um lado, e o mal, por outro, não está mais presente desde que o cultivo crescente [da subjetividade] tornou oscilantes as determinações opostas. Em contrapartida, a figura mais sutil que a hipocrisia assumiu agora é a do *probabilismo*, que implica em procurar apresentar para a própria consciência moral uma transgressão como algo de bom. Essa figura só intervém onde o que é moral e o bem são determinados por uma autoridade, de sorte que há tantas autoridades quantas razões para afirmar o mal como bem. Teólogos casuístas, em particular os jesuítas, esmiuçaram laboriosamente tais casos de consciência e os multiplicaram ao infinito.

Como esses casos são levados à mais alta sutileza, surgem muitos conflitos, e as oposições entre o bem e o mal tornam-se tão oscilantes que, em relação ao caso singular, estes se mostram como se invertendo um no outro. O que se exige é apenas o *provável*, quer dizer, o bem aproximativo, que pode ser comprovado por qualquer razão ou autoridade. Esse ponto de vista, portanto, tem a determinação peculiar de que só contém algo abstrato e que o conteúdo concreto é estabelecido como algo de inessencial, que é, antes,

---

[316] Os Apontamentos de Hotho registram o termo "mal" ao invés de "bem": "A hipocrisia também mais ou menos desapareceu na sua figura imediata, que, por um lado, é uma franca mentira e encobre o mal de tal modo que ele só passa por bem para outros, de sorte que se sabe que ele é mal. Mas essa mentira, esse encobrimento, tornou-se como que por demais transparente, confia-se que o outro possa enxergar através do encobrimento" (*VRph 1822-23*, p. 455).

abandonado à mera opinião. Assim, pois, alguém pode ter cometido crimes e ter querido o bem: se um indivíduo mau é assassinado, pode alegar-se como aspecto positivo que se quis resistir ao mal e diminuí-lo. O avanço ulterior do probabilismo está em que tudo depende não mais da autoridade e da afirmação de um outro, porém do próprio sujeito, quer dizer, da *sua* convicção e de que algo pode ser bom somente por *ela*. O precário, aqui, está em que tudo deve referir-se apenas à convicção e em que não há mais algo que é direito em si e por si, para o qual essa convicção só seria a forma. Todavia, não é indiferente se eu faço algo por hábito e por costume ou compenetrado da sua verdade, mas a verdade objetiva é também diversa da minha convicção, pois esta última não tem absolutamente a distinção do bom e do mau, já que a convicção é sempre convicção e só seria mau aquilo de que não estou convencido. Como esse é, agora, um ponto de vista supremo, que apaga a distinção entre o bem e o mal, admite-se que esse supremo esteja também exposto ao erro e, nessa medida, ele é rebaixado da sua altura e torna-se novamente contingente, e parece não merecer respeito nenhum. Essa forma é agora a *ironia*, a consciência de que com tal princípio da convicção não se vai muito longe e de que nesse critério supremo só o arbítrio domina. Esse ponto de vista proveio propriamente da filosofia fichtiana, que exprime o eu como o absoluto, isto é, como a certeza absoluta, como a egoidade universal, que pelo seu desenvolvimento ulterior avança até a objetividade. Não se pode propriamente dizer que Fichte tenha convertido no domínio prático o arbítrio do sujeito em princípio, mas, posteriormente, esse mesmo particular, no sentido da egoidade particular, foi divinizado por Friedrich von Schlegel, no que se refere ao bem e ao belo, de sorte que o objetivamente bom seria somente um construto da minha convicção, só de mim receberia o seu suporte, e que eu, enquanto senhor e mestre, posso fazê-lo surgir e desaparecer. Quando me relaciono a algo objetivo, ele ao mesmo tempo já soçobrou para mim, e eu pairo sobre um espaço enorme, evocando e destruindo figuras. Esse ponto de vista supremo da subjetividade só pode surgir numa época de cultura elevada, em que a seriedade da fé pereceu e só tem ainda a sua essência na vaidade de todas as coisas.

Passagem da moralidade à eticidade

§ 141

Para o *bem*, enquanto o universal substancial da liberdade, mas ainda *abstrato*, por isso tanto são *exigidas* determinações em geral e o princípio das mesmas, mas enquanto princípio [de determinação] *idêntico* ao bem, quanto são exigidas para a *consciência moral*, que é somente princípio abstrato do determinar, a universalidade e a objetividade de suas determinações. Ambos [o bem e a consciência moral], assim intensificados até serem cada um para si a totalidade, tornam-se algo sem determinação, que *deve* ser determinado.[317] — Mas a integração de ambas as totalidades relativas até a identidade absoluta já está *em si* consumada, visto que precisamente essa subjetividade da *pura certeza* de si mesma, pairando indecisa na sua vaidade para si, é *idêntica* com a *universalidade abstrata* do bem — por conseguinte, a identidade *concreta* do bem e da vontade subjetiva, a verdade de ambas, é a *eticidade*.[318]

---

[317] "O bem, o em-si abstrato é volatilizado, tornado um puro abstrato pela subjetividade — a subjetividade é ela mesma o conceito, a idealização de todo dever determinado —; o determinar passa à subjetividade. Esta, se isolando abstratamente, não tem nenhum em-si, tem somente o arbítrio por determinação — ela quer, precisamente, ser sem-determinação —, isso é seu ápice. Mas essa ausência de determinação é, para o arbítrio, antes, o contrário — esse contrário é o igual a si mesmo, o universal da vontade —, quando essa ausência-de-determinação assim se reconhecer, ela abandonará então a subjetividade — ela [será], antes, o conceito da vontade" (*NM*, p. 695; *TWA*, v. 7, p. 288).

[318] Manifesta-se aqui uma simetria entre o bem e a consciência moral devido à respectiva falta de determinação de cada um: o bem, que na figura do dever é ainda um universal abstrato privado de determinação própria e, assim, exige um princípio imanente de determinação e efetivação, e a consciência moral, que na sua certeza formal de si é um princípio de determinação também abstrato, que pode tornar o seu arbítrio particular o critério de sua determinação, ao invés do universal do bem. "O bem — e a consciência moral; [ambos] formas —, [esta] forma infinita, para si — sem conteúdo, consciência moral enquanto o determinar —, atividade, idealidade, inquietude — não tendo e deixando nada de sólido —, o bem em si, o que é, o eterno, o imutável — conteúdo infinito sem forma, por isso conteúdo nenhum" (*id.*, p. 693; *id.*, v. 7, pp. 287-8). Na medida em que cada um deles, na sua falta de determinação própria, pretende se pôr como totalidade unilateral e autossuficiente que prescinde do seu oposto — o bem sem a subjetividade como princípio de determinação, e a subjetividade determinante sem o universal do bem sendo em si —, eles terminam por afundar e soçobrar nessa indeterminidade intrínseca

da sua pretensa e fracassada autossuficiência. Mas, ao mesmo tempo, na medida em que, para ser totalidade autossuficiente, cada um precisa incluir o seu outro em si mesmo — o bem universal tem de conter nele o princípio imanente de sua efetividade, e a subjetividade conter nela a universalidade do bem (cf. § 141 A) —, eles se integram na identidade concreta da eticidade como fundamento, suspendendo, assim, a oposição excludente entre suas totalidades unilaterais. De um lado, surge o "determinar indeterminado" do bem ainda abstrato na forma de múltiplos deveres, que, enquanto tais, têm a pretensão, cada um, de serem absolutos, mas que, ao mesmo tempo, devem ser integrados na unidade da vontade (*E*, § 508); de outro, a consciência moral, enquanto princípio de determinação, "surge também fora daquele universal do bem" (*ibid.*), permanecendo na sua subjetividade particular um princípio igualmente abstrato, que pode pôr-se acima dos deveres e decidir-se pelos seus interesses subjetivos, tornando-se má. Essa é "a contradição mais profunda" da subjetividade moral (*ibid.*). Ela é construída segundo a estrutura lógica da "contradição posta", a etapa final e resolutiva da lógica das "determinações da reflexão" na lógica da essência: nela, ambos opostos, enquanto totalidades unilaterais pretensamente autossuficientes, destroem a si mesmos e a sua autossubsistência por "autoexclusão", visto que cada oposto só é ele mesmo pela simultânea exclusão e inclusão integral do seu outro dentro de si, que implica a autoexclusão de si de cada um (*WL II*, pp. 279-83; *TWA*, v. 6, pp. 64-70; cf. Theunissen, M., "Krise der Macht. Thesen zur Theorie des dialektischen Widerspruches", in: *Hegel-Jahrbuch, 1974*, Colônia, Anton Hain, 1974, pp. 318-29). Essa dissolução interna de cada um dos opostos (do bem abstrato enquanto dever e da consciência moral enquanto certeza formal de si mesma), que passa pela contradição que se instaura entre eles — visto que cada um, ao incluir o oposto integralmente dentro de si, se identifica com o oposto que ao mesmo tempo exclui de si, e, assim, termina por se autoexcluir de si mesmo —, significa a emergência do fundamento da identidade concreta entre eles, que se manifesta e define como a eticidade. Esse é o argumento, "a dedução" da passagem especulativa da moralidade à eticidade, exigida por Hegel ao final da Anotação ao § 141. Na perspectiva da *Enciclopédia* (§ 512), essa resolução especulativa da "mais profunda contradição da subjetividade moral" (*E*, § 509) é apresentada a partir das figuras opostas da consciência moral e do mal, na medida em que elas têm a sua raiz comum "nesse ápice supremo da vontade" que é certeza formal de si mesma: "O *mal*, enquanto a mais íntima reflexão da subjetividade adentro de si em confronto com o objetivo e o universal, que é para ela apenas aparência, é o mesmo que a *boa disposição de ânimo* do bem *abstrato*, que reserva para a subjetividade a determinação desse bem — o *aparecer aparente* [*das Scheinen*] totalmente abstrato, o inverter e o aniquilar imediatos de si mesmo. O resultado, a verdade desse aparecer aparente é, segundo o seu lado negativo, a absoluta nulidade desse querer que é *para si* em confronto com o bem, assim como a absoluta nulidade desse bem, que deve ser apenas abstrato; segundo o lado afirmativo no conceito, esse aparecer aparente, colapsando em si mesmo, é a própria universalidade simples da vontade, universalidade que é o bem. A subjetividade, nessa sua *identidade* com o bem, é somente a forma infinita, a ativação e o desenvolvimento do bem: com isso, se abandona o ponto de vista da mera *relação* dos dois momentos um em frente do outro e o do *dever-ser*, e se passa à *eticidade*" (*E*, § 512).

A compreensão mais pormenorizada de uma tal passagem do conceito dá-se na Lógica.[319] Aqui basta lembrar que é da natureza do que é restrito e do que é finito — e tais são aqui o bem abstrato somente *devendo ser* e a subjetividade igualmente abstrata, somente *devendo ser boa* — que eles tenham o seu contrário *neles mesmos*, que o bem tenha nele a sua efetividade, e a subjetividade (o momento da *efetividade* do ético) tenha nela o bem, mas que, enquanto unilaterais, eles ainda não estão *postos* como o que são *em si*. Esse ser posto, eles o alcançam na sua negatividade, nisso que eles se constituem *unilateralmente* como totalidades para si, cada um não devendo ter nele o que *em si* está nele — o bem se constituindo sem a subjetividade e sem a determinação, e o determinante, a subjetividade, sem o que é sendo em si —, nisso eles

---

[319] Essa passagem mobiliza três teses especulativas principais da *Ciência da lógica*: 1) a da idealidade do finito, explicitada na dialética do finito e do infinito no contexto da crítica ao dever-ser (*Sollen*), na lógica do ser; essa passagem se faz valer, aqui, pondo, primeiro, por meio do direito de necessidade constringente, a idealidade finita do bem-próprio e do direito abstrato, e, em seguida, por meio da radicalização da autocerteza formal da subjetividade moral, pondo a idealidade finita da própria consciência moral formal e do bem enquanto "ideia ainda abstrata do bem" (§ 131), que aparecem como figuras desse "ápice supremo" (*E*, § 512) da vontade subjetiva; 2) a da resolução da contradição entre a consciência moral e o bem, concebida como uma "contradição posta" (*WL II*, p. 280; *TWA*, v. 6, p. 65), no fundamento (ético), na lógica da essência; 3) a passagem da teleologia à ideia na lógica do conceito; nessa passagem, o fim interno, enquanto "autodeterminação infinita do conceito", que atua regressivamente na ação moral finita, se realiza na objetividade do mundo, ao mesmo tempo que retorna a si nessa objetividade posta, agora, como idêntica a ele; transpondo a tese lógica para a esfera da eticidade, trata-se de uma passagem em que a subjetividade, enquanto princípio de determinação imanente do bem, que, em contrapartida, se tornou a sua universalidade intrínseca e substancial, se realiza na comunidade ética e em suas instituições, e tem nelas o seu fundamento substancial. Mas o operador dialético principal dessa passagem é a teoria da resolução da contradição no fundamento, isto é, aqui, no âmbito do espírito objetivo, a resolução da "mais profunda contradição" (*E*, § 508) entre a consciência moral e o bem, que se constituem como totalidades pretensamente autônomas e autossuficientes uma em face da outra, mas que, sendo finitas (o bem abstrato, que somente deve ser, a consciência moral, que somente deve ser boa), se "afundam" (*zugrundegehen*) e, assim, se "rebaixam" a momentos da ideia ética enquanto seu fundamento. Ambos, a consciência moral e o bem, aparecem, assim, postos na sua unilateralidade e finitude como "não devendo ter nele[s] o que em si já está nele[s]", pois o bem aparece reduzido à sua universalidade abstrata sem um princípio imanente de determinação e efetivação, e a consciência moral, reduzida a um princípio indeterminado e abstrato de determinação, sem a universalidade e a objetividade, e que, assim, está "a ponto de inverter-se no mal" (§ 139).

se suspendem, e por essa via se rebaixam a momentos, a momentos do *conceito* que se revela como a sua unidade e que, precisamente mediante esse ser posto dos seus momentos, adquiriu *realidade* e, por conseguinte, é agora enquanto *ideia* — enquanto conceito que formou a partir de si as suas determinações até a realidade e, ao mesmo tempo, na identidade dessas é a sua essência *sendo em si*. — O ser-aí da liberdade, que era imediatamente enquanto *direito*, está determinado na reflexão da autoconsciência a [ser] o *bem*; o terceiro termo, aqui, na sua passagem, enquanto verdade desse bem e da subjetividade, é, por isso, igualmente a verdade desta e do direito.[320] — O ético é a disposição de ânimo, mas do direito sendo em si; o fato de que essa ideia seja a *verdade* do conceito de liberdade não pode ser algo pressuposto, tirado do sentimento ou de onde quer que seja, porém, na filosofia, só pode ser algo *demonstrado*. Essa dedução do ético está contida unicamente nisso, a saber, que o direito e a autoconsciência moral mostram-se neles mesmos retornando ao elemento-ético como ao seu *resultado*. — Os que, na filosofia, creem poder estar dispensados do demonstrar e do deduzir mostram que estão ainda distantes do pensamento elementar do que é filosofia e, de resto, podem discorrer como quiserem, mas, na filosofia, não têm nenhum direito a participar no discurso os que querem falar sem conceito.

Adendo (H). Os dois princípios que consideramos até agora, o bem abstrato, assim como a consciência moral, carecem do seu oposto: o bem abstrato se volatiliza em algo completamente desprovido de força, no qual posso introduzir qualquer conteúdo, e a subjetividade do espírito não se torna menos desprovida de teor, visto que lhe foge a significação objetiva. Daí pode surgir a nostalgia por uma objetividade na qual o homem prefere rebaixar-se à servidão e à completa dependência tão só para escapar do tormento do vazio e da negatividade. Se, recentemente, muitos protestantes se converteram à Igreja Católica, é porque o seu interior se lhes deparou sem consistência e porque buscavam algo de sólido, um apoio, uma autoridade, ainda que não fosse precisamente a solidez do pensamento o que obtinham. A uni-

---

[320] "A eticidade é a ideia enquanto vida *efetiva* — verdade —, em si e para si — é agora *ob-jeto* da autoconsciência —, como *para nós* desde o início. Para apreender e determinar a ideia dessa maneira, é preciso que a subjetividade não seja apreendida só em geral, mas na sua determinação segundo a forma, tal como ela é *posta* enquanto idêntica com o universal" (*NM*, p. 699; *TWA*, v. 7, p. 289).

dade do bem subjetivo e do bem objetivo sendo em si e para si é a *eticidade*, e nela realizou-se a reconciliação segundo o conceito. Pois se a moralidade é a forma da vontade em geral segundo o lado da subjetividade, a eticidade não é meramente a forma subjetiva e a autodeterminação da vontade, porém ela consiste em ter por conteúdo o conceito dessa autodeterminação, a saber, a liberdade. O jurídico e o moral não podem existir por si, e necessitam ter o ético por suporte e por base, pois ao direito falta o momento da subjetividade, que, em contrapartida, somente a moral tem por si, e assim ambos os momentos não têm nenhuma efetividade por si. Só o infinito é efetivo, só a ideia é efetiva: o direito só existe como ramo de um todo, como a hera que serpenteia em torno de uma árvore estável em si e por si.

Terceira Parte

A eticidade

§ 142

A eticidade é a *ideia da liberdade* enquanto bem vivo, o qual tem na autoconsciência o seu saber, o seu querer e, pelo agir desta, a sua efetividade, assim como esse agir tem no ser ético a sua base sendo em si e por si e o seu fim motor — [a eticidade é] *o conceito da liberdade tornado mundo aí--presente* e *natureza da autoconsciência*.[321]

§ 143

Visto que esta unidade do *conceito* da vontade e de seu ser-aí, que é a vontade particular, é saber, a consciência da diferença desses momentos da ideia está aí-presente, mas de tal modo que cada um, de ora avante, é para si mesmo a totalidade da ideia e a tem por base e conteúdo.

---

[321] "O que é *eticidade*? [Consiste em] que minha vontade *seja posta* como conforme ao conceito — [em] que sua subjetividade seja suspensa, portanto, [em que] α) [a vontade seja] direito, direito ob-jeto da vontade; β) [em que a vontade seja] subjetividade, reconhecimento do objetivo, conceito.

A *união da concórdia*, a vontade enquanto intrinsecamente universal, [consiste em] que eu — pensando — isto é, enquanto universal — queira o universal — seja esse querer do universal. — No [elemento] empírico — *casamento, Estado* — são os únicos grandes todos éticos —, eles são as substâncias — [...].

Sagrado, o que liga os espíritos, ainda que fosse tão levemente como o junco ata o ramalhete; o que há de mais sagrado, o que pensado intimamente — torna os espíritos eternamente unos na concórdia — [...].

Três determinações: α) conceito; β) subjetividade como minha vontade; γ) subjetividade — como ser universal, [como segunda] natureza, costume" (*id.*, p. 705; *id.*, v. 7, p. 293).

§ 144

α) O elemento-ético objetivo, que entra no lugar do bem abstrato, é a substância [que se tornou] *concreta* graças à subjetividade *enquanto forma infinita*. Daí que essa substância põe dentro de si as *diferenças* que são com isso determinadas pelo conceito, mediante as quais o elemento-ético tem um *conteúdo* estável,[322] que é por si necessário e que é um subsistir elevado acima do opinar subjetivo e do capricho, as *leis e instituições sendo em si e por si*.[323]

Adendo (H). No todo da eticidade está aí-presente tanto o momento objetivo quanto o momento subjetivo: mas ambos são somente formas da mesma. O bem é aqui substância, isto é, implementação[324] do objetivo com

---

[322] A estabilidade das leis e instituições surge da autodiferenciação da substância ética, que se tornou concreta pela forma infinita da subjetividade enquanto conceito. Essa concretude da substância ética, resultante da sua autodiferenciação imanente operada e posta pela liberdade enquanto conceito, é o fundamento especulativo da estabilidade das leis e instituições.

[323] A expressão *für sich* — que no seu uso filosófico por Hegel se combina com *an sich* (em si), como na expressão *an sich und für sich* (em si e para si), mas se opõe também a *für anderes* (para outro) — é, no mais das vezes, traduzida por "para si". Como tal, ela remete primordialmente à reflexividade do conteúdo, seja à reflexividade subjetiva e fenomenológica da consciência de si oposta à objetividade no sentido lato, seja à reflexividade "objetiva" da essência, enquanto negatividade que se relaciona a si e atua como princípio de autodeterminação do conceito. O "para si" destaca, assim, a dimensão moderna da prioridade do pensamento em face do ser e a suspensão (*Aufhebung*) da herança cartesiana e transcendental na formação do idealismo especulativo. Mas, em certos contextos, convém traduzir *für sich* por "por si", pois ele designa prioritariamente a autonomia ontológica no sentido da subsistência própria (*Selbständigkeit*), daquilo que é por si e a partir de si, porém, no idealismo de Hegel, na medida em que essa "subsistência por si" alcança a sua efetividade concreta "graças à subjetividade *enquanto forma infinita*" (§ 144). Assim, aqui, *für sich* realça a subsistência própria, a estabilidade e a necessidade das instâncias e leis, porém na medida em que elas resultam da diferenciação da substância ética pela subjetividade infinita do conceito de liberdade.

[324] "Implementação" como tradução de *Erfüllung* retoma tanto o sentido predominante que o termo tem atualmente na língua portuguesa, o de "pôr em execução", "realizar", quanto o sentido primeiro da palavra na sua origem etimológica latina, o de "encher", "completar", "acabar", que sobressai no termo alemão. O bem enquanto subs-

a subjetividade. Considerando a eticidade do ponto de vista objetivo pode-se dizer que o homem ético não é consciente de si. Nesse sentido, Antígona proclama que ninguém sabe donde vêm as leis: elas são eternas.[325] Isso quer dizer, elas são a determinação sendo em si e por si, que flui da natureza da Coisa. Mas esse substancial não deixa de ter também uma consciência, embora a posição que lhe cabe é sempre somente a de um momento.

§ 145

O fato de que o elemento-ético é o *sistema* dessas determinações da ideia constitui a *racionalidade* do mesmo. Ele é, desse modo, a liberdade ou a vontade sendo em si e para si enquanto o elemento-objetivo, círculo da necessidade, cujos momentos são as *potências éticas* que regem a vida dos indivíduos e que têm neles, enquanto seus acidentes, a sua representação, a figura do seu aparecer e a sua efetividade.

Adendo (H). Porque as determinações éticas constituem o conceito da liberdade, elas são a substancialidade ou a essência universal dos indivíduos que se relacionam a elas somente enquanto algo acidental. Se o indivíduo existe [ou não], é indiferente para a eticidade objetiva, a qual, unicamente, é o permanente e a potência pela qual a vida dos indivíduos é regida. Eis por que a eticidade foi representada aos povos como a justiça eterna, como deuses sendo em si e por si, em face dos quais a vã agitação dos indivíduos permanece um jogo de ondas.[326]

---

tância ética, aqui, é a implementação e o preenchimento do elemento-ético objetivo com a subjetividade.

[325] Antígona respondendo a Creonte: "Porque não foi Zeus quem a ditou [a lei que proibia sepultar seu irmão], nem foi/ a que vive com os deuses subterrâneos — a Justiça (*Diké*) — quem aos homens deu tais normas./ Nem nas tuas ordens reconheço força/ que a um mortal permita violar aquelas/ não escritas e intangíveis leis dos deuses./ Estas não são de hoje, ou de ontem: são de sempre;/ ninguém sabe quando foram promulgadas" (versos 450-7 da *Antígona*, de Sófocles, na recriação de Guilherme de Almeida, in: *Três tragédias gregas: Antígona, Prometeu Prisioneiro, Ájax*, tradução de Guilherme de Almeida e Trajano Vieira, São Paulo, Perspectiva, 1997, p. 62).

[326] Os Apontamentos de Hotho mencionam a contraposição que a representação mítica faz entre a "agitação dos indivíduos" e a "justiça eterna e os deuses sendo-em-e-por-si", mas não contém a metáfora que compara essa agitação, qualificada como "vã",

§ 146

β) A substância nessa sua *autoconsciência efetiva* tem o saber de si e é com isso objeto do saber. Para o sujeito, a substância ética, as suas leis e os seus poderes [*Gewalten*] têm, por um lado, enquanto ob-jeto, a relação segundo a qual elas *são*, no sentido mais alto da subsistência por si — uma autoridade e uma potência [*Macht*] absoluta, infinitamente mais estáveis do que o ser da natureza.

O sol, a lua, as montanhas, os rios e em geral os objetos naturais que nos circundam *são*; eles têm para a consciência a autoridade não somente de *ser* em geral, mas, também, a de ter uma natureza particular, cuja validade a consciência aceita, orientando-se na sua relação a eles, na sua ocupação com eles e no uso que deles faz segundo a natureza desses objetos. A autoridade das leis éticas é infinitamente mais elevada, porque as coisas naturais somente apresentam a racionalidade de modo inteiramente *exterior* e *isolado*, e a ocultam sob a figura da contingência.

§ 147

Por outro lado, elas [a substância ética, as suas leis e os seus poderes] não são para o sujeito algo de *estranho*, senão que este dá o *testemunho do espírito* acerca delas enquanto são *sua própria essência*, na qual ele tem o seu *sentimento de si* e vive como num elemento seu, não diferenciado de si — uma relação que é imediatamente ainda mais idêntica do que a própria *fé* e a *confiança*.

Fé e confiança pertencem à reflexão incipiente e pressupõem uma representação e uma diferença; como, por exemplo, seria diverso crer na religião pagã e ser um pagão. Aquela relação ou, antes, aquela identidade desprovida de relação, na qual o elemento-ético é a vitalidade efetiva da autoconsciência, pode certamente passar a uma relação de fé e de convicção e a uma relação mediada por uma *reflexão ulterior*, a

---

a um "jogo de ondas" (*anwogendes Spiel*), que é presumivelmente um acréscimo de Gans, inspirado, como assinala *Nisbet* (p. 190), pelo poema de Goethe, "Grenzen der Menschheit" ["Limitações da Humanidade"].

um discernimento por razões, que também podem ter o seu começo em quaisquer fins, interesses e perspectivas particulares, por temor ou esperança ou por pressupostos históricos. Mas o *conhecimento adequado* dessa identidade[327] pertence ao conceito pensante.[328]

§ 148

Enquanto determinações substanciais, elas são — para o indivíduo que se distingue delas como o que é subjetivo e indeterminado dentro de si ou como o que é determinado particularmente, e, *assim*, está *em relação* a elas como o que lhe é substancial — *deveres* que vinculam a sua vontade.

A *doutrina* ética dos *deveres*[329] — isto é, tal como ela é *objetivamente*, não como ela deve ser apreendida no princípio vazio da subjetividade moral, que enquanto tal nada determina (§ 134) — é, por isso, o desenvolvimento sistemático do círculo da necessidade ética, que se seguirá nesta "Terceira Parte". A diferença entre esta apresentação e a forma de uma *doutrina dos deveres* reside tão só em que, no que segue, as determinações éticas demonstram-se como relações necessárias, junto às quais se permanece firme e não se acrescenta ainda a cada uma delas o arremate: *portanto, esta determinação é um dever*[330] para o ho-

---

[327] Interpreta-se o pronome *derselben* como genitivo feminino singular, que se refere àquela "identidade desprovida de relação" entre a substância ética e a autoconsciência do sujeito ético, que "é mais idêntica do que a própria fé e a confiança", e não como genitivo plural, que designaria neste caso "a substância ética, as suas leis e os seus poderes".

[328] "Os gregos não tinham *nenhuma consciência moral* contrária a costumes — [...]. Não podem *prestar contas*, não [têm] nenhuma *consciência moral*, nenhuma *convicção* — não [agem] por *razões* — [por] escolha, aprovação — postas [como] idênticas comigo. — À convicção pertence que eu tenha me tornado antes subjetivamente vazio — indeterminado —, que eu tenha colocado o conteúdo enquanto outro em face de mim — mediação perfeita —, não sentimento e ser de maneira imediata (embora estes estejam no fundamento e constituam precisamente as razões às quais eu reconduzo a Coisa) — [à convicção pertence] discernimento, eu estou consciente dessa mediação, dessa conexão" (*NM*, p. 711; *TWA*, v. 7, p. 296).

[329] [à mão, no exemplar do curso] Ético [*Ethisch*] — ao invés de moral — ético [no sentido de "segundo os costumes", "*sittlich*"].

[330] [à mão, no exemplar do curso] dever — é direito, ser-aí da *sua* vontade.

mem. — Uma doutrina dos deveres, na medida em que ela não é ciência filosófica, toma o seu material das relações enquanto aí-presentes e mostra a conexão desse material com as representações próprias, com os princípios e os pensamentos, com os fins, os impulsos, as sensações etc. que em geral se encontram já ali, e pode acrescentar como razões as consequências ulteriores de cada dever referentes às outras relações éticas, bem como ao bem-próprio e à opinião. Mas uma doutrina imanente e consequente dos deveres não pode ser outra coisa senão o desenvolvimento *das relações*, que, no Estado, são necessárias pela ideia de liberdade e que, por isso, são *efetivas* em toda a sua amplitude.

§ 149

O dever que vincula pode aparecer como uma *restrição* somente em face da subjetividade indeterminada ou da liberdade abstrata e em face dos impulsos da vontade natural ou da vontade moral que determina a partir do seu arbítrio seu bem indeterminado. Mas no dever o indivíduo tem muito mais a sua *libertação*, em parte, a da dependência em que ele se encontra no mero impulso natural, assim como a da aflição em que se encontra enquanto particularidade subjetiva envolvida nas reflexões morais sobre o dever-ser e o que pode ou gosta de fazer, em parte, libertação da subjetividade indeterminada, que não chega ao ser-aí e à determinidade objetiva do agir e permanece *dentro de si* enquanto uma inefetividade. No dever o indivíduo se liberta para a liberdade substancial.

Adendo (H). O dever restringe somente o arbítrio da subjetividade e se choca somente com o bem abstrato que a subjetividade retém. Quando os homens dizem "queremos ser livres", isso quer dizer, sobretudo, apenas "queremos ser abstratamente livres", e toda determinação e articulação no Estado passa por uma restrição dessa liberdade. Nessa medida, o dever não é uma restrição da liberdade, mas somente da abstração da mesma, isto é, da não liberdade; ele é o alcançar a essência, o conseguir a liberdade afirmativa.

§ 150

O elemento-ético, na medida em que se reflete no caráter individual determinado pela natureza enquanto tal, é a *virtude*, que, na medida em que não mostra senão a conformidade simples do indivíduo aos deveres inerentes às relações às quais pertence, é a *retidão*.

Numa comunidade ética é fácil dizer *o que* o homem tem de fazer, *quais* são os deveres que deve cumprir para ser virtuoso — ele não tem outra coisa a fazer senão aquilo que nas suas relações está assinalado, expresso, e é por ele conhecido. A retidão é o universal que se pode exigir dele, seja jurídica, seja eticamente. Mas, do ponto de vista moral, ela aparece facilmente como algo subordinado, além do qual teria de se exigir mais ainda dele e dos outros; com efeito, a ânsia de ser algo *especial* não se satisfaz com o que é em-si-e-por-si e com o universal; ela só encontra na *exceção* a consciência da sua peculiaridade. — Os *diversos lados* da retidão podem, com igual razão, ser chamados também de *virtudes*, porque eles são igualmente propriedade do *indivíduo* — embora não algo que lhe seja particular em comparação com outros [indivíduos]. O discorrer sobre *a* virtude, porém, raia facilmente à declamação vazia, porque nele só se fala de algo abstrato e indeterminado, assim como tal discurso, com suas razões e exposições, se dirige também ao indivíduo como a um arbítrio e a um capricho subjetivo. Numa situação ética aí-presente, cujas relações estão plenamente desenvolvidas e efetivadas, a *virtude propriamente dita* tem o seu lugar e a sua efetividade somente em circunstâncias extraordinárias e em colisões entre aquelas relações — isso em *colisões* verdadeiras, pois a reflexão moral pode forjar para si colisões em toda parte e dar-se a consciência de algo especial e de ter feito *sacrifícios*. Por isso, a forma da virtude enquanto tal encontra-se mais no estado inculto da sociedade e da comunidade, porque aí o elemento-ético e a sua efetivação são mais um capricho individual e uma natureza genial própria do indivíduo, como aliás é o caso dos Antigos, que atribuíram a virtude especialmente a Hércules. Também nos Estados antigos tinha que ser a genialidade própria dos indivíduos que compensava essa falta, porque neles a eticidade não tinha prosperado até esse livre sistema de um desenvolvimento e de uma objetividade dotados de subsistência própria. A doutrina da virtudes, na medida em que ela não é meramente doutrina dos deveres, abrange portanto o elemento-particular do caráter fundado sobre a determinidade da natureza, torna-se com isso uma *história natural do espírito*.

Visto que as virtudes são o elemento-ético na sua aplicação ao particular e, segundo esse lado subjetivo, algo de indeterminado, intervém na sua determinação o elemento-quantitativo do mais e do menos; sua consideração traz consigo a dos defeitos e vícios que se contrapõem a elas, como em Aristóteles, que, por isso, determinou a virtude particular, no seu justo sentido, como o meio-termo entre um *demais* e um *de menos*. — O mesmo conteúdo que assume a forma de *deveres* e, depois, de *virtudes*, é também o que tem a forma de *impulsos* (§ 19 A). Também eles têm o mesmo conteúdo por base; mas porque neles esse conteúdo ainda pertence à vontade imediata e ao sentimento natural, e não está cultivado e erguido à determinação da eticidade, eles têm em comum com o conteúdo dos deveres e das virtudes somente o objeto abstrato, que, enquanto privado de determinação em si mesmo, não contém para eles os limites do bem e do mal — ou seja, abstraindo o seu aspecto positivo, os impulsos são *bons* e, inversamente, abstraindo o seu aspecto negativo, *maus* (§ 18).

Adendo (H, G). Se um homem pratica este ou aquele [ato] ético, ele não é já por isso virtuoso, mas sim, bem entendido, quando este modo de conduzir-se é uma constante do seu caráter. A virtude é mais a virtuosidade ética, e quando hoje em dia não se fala tanto de virtude quanto outrora, isso tem o seu fundamento em que a eticidade não tem mais tanto a forma de um indivíduo particular. Os franceses, principalmente, são o povo que mais fala de virtude, porque entre eles o que conta do indivíduo é mais a sua peculiaridade e uma maneira natural do agir. Os alemães, ao contrário, são mais pensativos, e entre eles o mesmo conteúdo adquire a forma da universalidade.

§ 151

Mas na *identidade* simples com a efetividade dos indivíduos,[331] o elemento-ético aparece, enquanto modo de ação universal destes, como *costu-*

---

[331] As notas manuscritas de Hegel insistem na "consciência" que os indivíduos éticos têm dessa identidade, bem como no caráter objetivo da consciência da sua "união", do seu "ser-um (*Einigkeit*) α) enquanto substância; β) enquanto costume no indivíduo-singular". Ambas, essa união e a consciência que os indivíduos dela têm, existem na objetividade ética. "Consciência não em *mim* (reflexão moral), mas sim enquanto sendo, isto é, fora de mim — minha união fora de mim —, união dos indivíduos". Assim, o costume enquanto espírito é "conteúdo absoluto" e, ao mesmo tempo, "liberdade, testemunho do espírito". "Consciência moral [*Gewissen*], reflexão, moralidade, não é espírito, assim como também não o é a inocência obtusa." "Naquela, o sujeito se determina dentro de si mesmo, segundo o bem, o dever"; nela vige o "*direito* da autoconsciência *sub-*

me — o *hábito*[332] desse elemento-ético aparece como uma *segunda natureza*, que é posta no lugar da vontade primeira meramente natural, e que é a alma que perpassa o ser-aí do costume, é a sua significação e a sua efetividade, o *espírito* vivo e aí-presente enquanto mundo, cuja substância somente assim é como espírito.

Adendo (H, G). Assim como a natureza tem as suas leis e como o animal, as árvores, o sol cumprem plenamente a sua lei, do mesmo modo o costume é o que pertence ao espírito da liberdade. O que o direito e a moral ainda não são, a saber, espírito, isto o costume o é. Pois no direito a particularidade não é ainda a do conceito, mas somente a da vontade natural. Igualmente, do ponto de vista da moralidade, a autoconsciência não é ainda uma consciência espiritual. O que aí importa é somente o valor do sujeito dentro de si, quer dizer, o sujeito que se determina segundo o bem, contra o mal, tem ainda a forma do arbítrio. Aqui, do ponto de vista ético, ao contrário, a vontade é enquanto vontade do espírito e tem um conteúdo substancial que lhe corresponde. A pedagogia é a arte de tornar os homens éticos; ela considera o homem como natural e mostra o caminho para fazê-lo renascer, para transformar a sua primeira natureza em uma segunda, espiritual, de modo que esse elemento-espiritual se torne nele um *hábito*. Nele desaparece a oposição entre a vontade natural e a vontade subjetiva, a luta do sujeito é aplacada, e nessa medida o hábito pertence ao elemento-ético, assim

---

jetiva", que enquanto reflexão moral "não é o bem *vivo*", pois aí a "subjetividade aparece enquanto *arbítrio* da escolha". "Nesta [na inocência] não há consciência de um fim *universal* — ou seja (caso dos chineses), o elemento-ético foi convertido em algo jurídico — em leis externas" (*id.*, p. 719; *id.*, v. 7, pp. 301-2).

[332] O hábito enquanto "*segunda natureza*", prática reiterada do costume ético, torna-se uma vontade de segundo grau, universal, que efetiva e vivifica o ser-aí objetivo do costume ético. Griesheim relaciona a estabilidade do costume no seu aspecto normativo-substancial à universalidade do agir individual, fundada nessa identidade entre a substância ética e a autoconsciência individual, identidade esta que torna precisamente a vontade substancial uma vontade espiritual, que é igualmente consciente de si mesma e da sua presença nas outras autoconsciências (*VRph 1824-25*, pp. 406, 409). Mas, na medida em que o costume é compreendido como hábito, "ele é somente formal, pois pode ter um conteúdo bom ou mau". Griesheim continua: "entre os gregos o elemento-ético existiu na forma do costume de modo ainda mais determinado do que nos Tempos Modernos, já que entre eles a reflexão não estava tão desenvolvida quanto entre nós; os Antigos nada sabem da consciência moral, o modo de ação era costume e assim eram éticos sem ser morais" (*id.*, p. 407).

como ele pertence ao pensamento filosófico, já que este exige que o espírito seja formado contra as fantasias arbitrárias, e que estas sejam cortadas e superadas, a fim de que o pensamento racional tenha curso livre. O homem também morre pelo hábito, quer dizer, quando por hábito se instalou inteiramente na vida, quando se tornou física e espiritualmente obtuso e a oposição entre a consciência subjetiva e a atividade espiritual desapareceu, pois o homem só é ativo na medida em que não alcançou algo e quer se forjar e se fazer valer em relação a ele. Quando esse algo está de todo realizado, desaparecem a atividade e a vitalidade, e a ausência de interesse que então intervém é a morte espiritual ou física.

§ 152

Dessa maneira [pela identidade do elemento ético com a efetividade dos indivíduos], a *substancialidade ética* alcançou o seu *direito*, e este, a sua *validade*, assim que a vontade teimosa e a consciência moral própria do singular, que seria para si e faria oposição a essa substancialidade, nela desapareceram, visto que o caráter ético sabe que seu fim motor é o universal imóvel, mas aberto em suas determinações à racionalidade efetiva, e reconhece que a sua dignidade, assim como toda a subsistência dos fins particulares, está fundada e é efetiva nesse universal. A subjetividade ela mesma é a forma absoluta e a efetividade existente da substância, e a diferença do sujeito para com a substância enquanto seu objeto, seu fim e sua potência é tão só a diferença da forma, diferença que, ao mesmo tempo, desaparece de modo igualmente imediato.

A subjetividade, que constitui o solo da existência para o conceito de liberdade (§ 106) e que, do ponto de vista moral, ainda está na diferença para com esse seu conceito, é, no elemento-ético, a existência que lhe é adequada.

§ 153

O *direito dos indivíduos* à sua *destinação subjetiva à liberdade* tem o seu cumprimento no fato de que eles pertencem à efetividade ética, visto que a *certeza* da sua liberdade tem a sua verdade em tal objetividade e que eles *efetivamente* possuem no elemento-ético *sua* essência *própria*, sua universalidade *interna* (§ 147).

À pergunta de um pai pela melhor maneira de educar eticamente o seu filho um pitagórico deu a seguinte resposta (também atribuída a outros):[333] fazendo-o *cidadão de um Estado de boas leis*.

Adendo (H). As tentativas pedagógicas de subtrair o homem à vida universal do presente e educá-lo no campo (Rousseau no *Emile*) foram vãs, porque não se pode conseguir tornar o homem alheio às leis do mundo. Ainda que a formação da juventude tenha que ocorrer em solidão, isso não autoriza a crer que a aragem do mundo espiritual finalmente não sopre por essa solidão e que o poder do espírito do mundo seja demasiado fraco para se apoderar desses sítios remotos. É por ser cidadão de um bom Estado somente que o indivíduo alcança o seu direito.

§ 154

O direito dos indivíduos à sua *particularidade* está igualmente contido na substancialidade ética, pois a particularidade é o modo de aparecer exterior no qual o elemento-ético existe.

§ 155

Nessa identidade da vontade universal e da vontade particular, dever e direito vêm, portanto, a coincidir, e o homem, graças ao elemento-ético, tem direitos na medida em que tem deveres e deveres na medida em que tem direitos. No direito abstrato, eu tenho o direito e um outro tem o dever em face do mesmo — no elemento-moral, o direito do meu saber e do meu querer próprios, assim como o do meu bem-próprio, apenas *devem* estar unidos com os deveres e ser objetivos.[334]

---

[333] [à mão, no exemplar do curso] a Sócrates.

[334] "*Deveres* são relações que vinculam, comportamentos relacionados à eticidade substancial — mas esta é a *minha* essência, tem graças a mim mesmo ser-aí — o seu ser-aí, isto é, o seu direito de que eu a respeite, de que respeite o seu ser-aí, [é] meu *dever* —, [mas] é também meu *direito*, [pois ela] é o *ser-aí* da minha liberdade. [...]
Não apenas: outros têm direito, eu sou igual a eles, sou pessoa como eles, eu devo

Adendo (H). O escravo não pode ter deveres, somente o homem livre os tem. Se todos os direitos estivessem de um lado e todos os deveres de outro, o todo se dissolveria, pois somente a identidade deles é a base que aqui temos que reter.

§ 156

A substância ética, ao conter a autoconsciência sendo para si enquanto unificada com o seu conceito, é o *espírito efetivo* de uma família e de um povo.

Adendo (H). O elemento-ético não é abstrato como o bem, porém, efetivo em sentido intensivo. O espírito tem efetividade, e os acidentes desta são os indivíduos. Por isso, no caso do elemento-ético só são possíveis dois pontos de vista: ou se parte da substancialidade, ou se procede atomisticamente e se faz o ascenso a partir da singularidade enquanto base. Este último ponto de vista é desprovido de espírito, porque só conduz a algo composto, ao passo que o espírito não é nada de singular, mas sim a unidade do singular e do universal.

§ 157

O conceito dessa ideia [ética] é somente enquanto espírito, enquanto tem um saber de si e é efetivo, visto que ele é a objetivação de si mesmo, o movimento através da forma de seus momentos. Por isso ele é:

A. o espírito ético imediato ou *natural* — a *família*.

Essa substancialidade passa à perda da sua unidade, à cisão e ao ponto de vista do relativo,[335] e é, assim,

---

ter deveres em face dos seus direitos — enquanto igual a eles, graças a esses deveres, devo ter também direitos — nexo mediante *comparação*.

[Na eticidade há] mediação absoluta do ser-aí substancial, do direito do substancial, isto é, [do] meu dever — pelo meu *ser-aí*, isto é, pelo meu direito — e vice-versa.

Diversidade dos direitos e dos deveres — refere-se ao particular —, diferença de estamentos, de ofício" (*NM*, p. 925; *TWA*, v. 7, pp. 304-5).

[335] "Relativo" aqui no sentido próprio de estar em relação a outro, de implicar uma diferença em relação a algo, diferença que marca a finitude e a determinação dos relatos

B. *sociedade civil*, uma ligação dos membros enquanto *singulares subsistentes por si*, numa *universalidade* que é por isso *formal*, pelas suas *necessidades* e pela *constituição jurídica* enquanto meio de segurança das pessoas e da propriedade, e por uma *ordem exterior* para os seus interesses particulares e comuns,[336] *Estado exterior* esse que

C. se retoma e se reúne no fim e na efetividade do universal substancial e da vida pública dedicada a esse universal — na *constituição do Estado*.

Primeira seção

A FAMÍLIA

§ 158

A família enquanto *substancialidade imediata* do espírito tem por determinação sua a unidade *autossensitiva*[337] do espírito, o *amor*, de sorte que

---

nela contidos. Num sentido, o relativo se opõe ao absoluto e ao que é em-si, mas, na medida em que o próprio absoluto é concebido como relação a si, como infinito autorreferente, o relativo é abrangido pelo absoluto enquanto verdadeiro infinito, que é, assim, a identidade da sua irrelacionalidade e do relativo.

[336] "A sociedade civil é a perda do espírito, o pôr-se do espírito na diferença, na qual ele se desconhece e permanece em unidade consigo somente em si. Essa é a forma na qual unicamente ele é apreendido. O que aqui pode vir a realizar-se é somente uma relação exterior, portanto, algo desprovido de espírito, que, como tal, frequentemente se apreende como sendo o Estado. O que na família está numa unidade imediata se dispersa em [singulares] subsistentes por si; a relação entre estes é, primeiro, a relação natural da carência, uma relação de necessidade exterior. Nesse relacionamento exterior intervém então o direito, e aqui o direito formal, rigoroso, tem o seu lugar. Aqui se parte do princípio da personalidade, e a liberdade enquanto direito se apresenta como meio para a liberdade do singular" (*VRph 1822-23*, p. 505).

[337] A expressão "sua [do espírito] unidade *autossensitiva*" ("*seine sich* empfindende *Einheit*") remete ao sentimento de si dessa unidade espiritual imediata, no significado mais geral do "sentir" (*empfinden*) da "alma natural" (*E*, § 400), que está na "fonte e na origem" de todos os conteúdos do psiquismo, dos mais imediatos, oriundos da unidade psicossomática ("alma"), aos mais concretos, elaborados pela consciência e pelo espírito no sentido estrito do espírito teórico e prático. Esse "sentir" tem a forma do "surdo tecer do espírito em sua individualidade desprovida de consciência e de entendimento", que ainda não configura uma atividade no sentido próprio. As determinidades do seu con-

a disposição de ânimo do indivíduo aí é ter a autoconsciência da sua individualidade *nessa unidade* enquanto essencialidade sendo em si e para si, a fim de ser nela não como uma pessoa para si, mas como *membro*.

Adendo (H, G). Amor, em geral, quer dizer a consciência da minha unidade com outrem, de sorte que eu não esteja isolado para mim, porém alcance a minha autoconsciência somente pela renúncia a meu ser-para-si e pelo saber de mim em minha unidade com outrem e na unidade dele comigo. Mas o amor é sentimento, isto é, a eticidade na forma do natural; no Estado ele não mais existe: aí se está consciente da unidade enquanto lei, aí o conteúdo tem de ser racional e eu preciso conhecê-lo. O primeiro momento no amor está em não querer ser uma pessoa autônoma para mim e, se o fosse, me sentiria carente e incompleto. O segundo momento consiste em que numa outra pessoa eu conquisto a mim mesmo, em que eu nela sou estimado, o que ela por sua vez alcança em mim. Por isso, amor é a mais prodigiosa contradição que o entendimento não pode resolver, já que não há nada de mais duro do que este ápice puntiforme da autoconsciência, que é negada e, contudo, devo ter como afirmativa. O amor é o produzir da contradição e ao mesmo tempo a sua resolução: enquanto resolução, ele é a união ética.

§ 159

O *direito* que compete ao *singular* sobre o fundamento da unidade familiar e que é inicialmente a sua vida nessa unidade mesma só vem à tona

---

teúdo são imediatas e ainda não estão postas na oposição sujeito-objeto (*ibid.*), ou, como diz Hegel, "estão postas como não desenvolvidas", de sorte que, em contrapartida à sua imediatidade e particularidade, o conteúdo pertence imediatamente à "realidade própria [*Eigenheit*] mais particular e natural" do indivíduo em sua totalidade imediata. "Ele está posto como o que me é mais próprio" (*id.*, § 400 A). Mas a reflexividade dessa "unidade autossensitiva" é incoativa e não desenvolvida. O substantivo correlato do verbo *empfinden* é *Empfindung*, normalmente traduzido em contexto epistêmico por "sensação", mas, aqui, em se tratando do "amor", deve ser traduzido mais propriamente por "sentimento", no sentido amplo daquele "sentir" que está na origem de todos os conteúdos do espírito. Estritamente, ele é distinto, todavia, do *Gefühl*, "sentimento", como estágio mais interiorizado do sentir pertencente à "alma sensitiva" (*fühlende Seele, id.*, § 403). O conteúdo da "sensação/sentimento" (*Empfindung*), enquanto determinidade mais própria e inseparável do "eu concreto efetivo" no seu todo imediato (*id.*, § 400 A), está numa "unidade imediata da alma natural com a sua substância".

na *forma do que é de direito*, entendido como momento abstrato da singularidade determinada, quando e na medida em que a família passa à dissolução e aqueles que devem ser enquanto membros tornam-se pessoas autônomas na sua disposição de ânimo e na sua efetividade, e [quando] aquilo que na família dela tiravam[338] para um momento determinado [enquanto membros], o conservam, agora, na separação, portanto, somente segundo aspectos exteriores (o patrimônio, a alimentação, os custos da educação e semelhantes).[339]

Adendo (G). O direito da família consiste propriamente em que a sua substancialidade deve ter ser-aí; ele é por isso um direito contra a exterioridade e contra o sair dessa unidade. Mas, em contrapartida, para dizer novamente, o amor é um sentimento, algo subjetivo, em face do qual a união não pode se fazer valer. Quando, portanto, a união é exigida, ela só pode ser exigida em relação àquelas coisas que por sua natureza são exteriores e que não são condicionadas pelo sentimento.

§ 160

A família se perfaz nestes três lados:
a) na figura do seu conceito imediato como *casamento*;
b) no ser-aí exterior, na *propriedade* e nos *bens* da família e no cuidado deles;
c) na *educação* dos filhos e na dissolução da família.

---

[338] *Ausmachen* não tem aqui o significado corrente de "constituir", escolha interpretativa que faz a dificuldade de quase todas as traduções, mas o de "colher", "tirar ou tomar", eventualmente da terra ou da casca, em que se destaca um dos sentidos principais de *aus* enquanto prefixo do verbo *ausmachen* (*DW*, p. 120). Aqui, no seu direito enquanto membro da família, o indivíduo "colhe", "toma" ou "tira" para si, isto é "para um momento determinado" da família, aquilo que ele "tira" da unidade substancial imediata e do patrimônio da família, e que ele passa então a conservar de forma exterior, segundo o direito, "na separação", enquanto pessoa autônoma.

[339] "O direito não se pode fazer valer em relação ao amor — porque [este é um] sentimento natural enquanto disposição de ânimo própria; no Estado, o que deve ser cumprido é também exigido [mas] na forma do direito estrito — sem e contra [a] disposição de ânimo" (*NM*, p. 729; *TWA*, v. 7, pp. 308-9).

A. O CASAMENTO

§ 161

O casamento, enquanto *relação ética imediata*, contém, *em primeiro lugar*, o momento da vitalidade *natural* e, enquanto relação substancial, mais precisamente, a vitalidade na sua totalidade, a saber, enquanto efetividade do *gênero* e do seu processo (ver *E [1817]*, §§ 167 ss., 288 ss. [*E*, §§ 220 ss., 366 ss.]).[340] Mas, na autoconsciência, *em segundo lugar*, a *unidade* dos sexos naturais, que é somente *interior* ou sendo *em si* e, por isso mesmo, em

---

[340] Os Apontamentos de Griesheim trazem uma espécie de derivação conceitual da diferença sexual, na perspectiva da dialética descendente, a partir do caráter ético-espiritual da união conjugal: sendo esta uma união posta por duas autoconsciências diferentes, a fim de que possa haver uma união igualmente na esfera da naturalidade do ser vivo, ela pressupõe uma diversidade natural de indivíduos enquanto seres vivos, que só podem igualmente constituir uma união natural se forem de sexos diversos, pois a diversidade na esfera da universalidade só pode existir para quem pode se diferenciar do seu gênero e dizer "eu". "Os que entram na relação conjugal são por natureza diversos; surge [então] a pergunta, por que é assim, por que o casamento é essencialmente uma relação de dois sexos diversos. É porque essa união no elemento-vivo, assim como no elemento-espiritual, é posta, que ela não é somente em si e não deve permanecer em si. A união só pode ser posta enquanto os que se unem são diversos, eles têm de ser diversos porque ela não é uma união morta. Mas, além disso, ela tem de ser, em segundo lugar, uma diversidade no elemento-natural. Somente o espírito, na consciência, pode dizer eu para si mesmo, pode produzir, enquanto consciência, essa diversidade essencial do outro. O animal só se distingue de coisas naturais, mas, para distinguir-se do que é seu gênero, para isso seria preciso que pudesse pensar-se, pois seria uma diferença não em face da natureza inorgânica, mas no terreno da universalidade, do gênero; essa diferença em face de outro da sua espécie seria uma diferença universal, que só é possível para quem pode se pôr como eu. Porque, segundo o conceito, os que devem se pôr em união têm de ser diversos, e isso não é possível na [esfera da] universalidade, assim, isso tem de ocorrer no elemento-imediato, no elemento-natural, o ser-vivo tem de encontrar-se inconscientemente como diferenciado. [...] Nessa determinação [da esfera da individualidade natural] a diferença só pode ocorrer graças ao elemento-natural, [pois] no elemento do universal o diferenciar seria o pôr-se da autoconsciência enquanto eu. Dessa maneira, a unidade natural pressupõe a diferença natural dos sexos" (*VRph 1824-25*, pp. 427-8).

sua existência somente exterior, é transformada numa unidade *espiritual*, em amor autoconsciente.

Adendo (G). O casamento é essencialmente uma relação ética. Anteriormente, sobretudo na maioria das teorias de direito natural, ele só foi examinado segundo o aspecto físico, naquilo que ele é por natureza. Considerou-se assim o casamento somente como uma relação sexual e todo caminho para as suas demais determinações ficou fechado. Mas é igualmente grosseiro conceber o casamento meramente como um contrato civil, uma representação que ainda ocorre em Kant, na qual o arbítrio recíproco estabelece, então, um contrato sobre os indivíduos, e o casamento é degradado à forma de um contrato de uso recíproco. A terceira representação, a ser igualmente rejeitada, é aquela que põe o casamento somente no amor, pois o amor, que é sentimento, está exposto à contingência sob todos os aspectos, uma figura que o elemento-ético não pode ter. Por isso, há que se determinar o casamento mais precisamente como o amor ético conforme o direito, eliminando, em virtude disso, o que nele é passageiro, caprichoso e meramente subjetivo.

§ 162

Como ponto de partida subjetivo do casamento pode aparecer mais a *inclinação particular* das duas pessoas que entram nessa relação ou a *prevenção* e o arranjo dos pais etc.; mas o ponto de partida objetivo é o livre assentimento das pessoas, a saber, o assentimento a *constituir uma pessoa*, a renunciar à sua personalidade natural e singular nessa unidade, a qual é, a esse respeito, uma autorrestrição, mas que, justamente enquanto elas adquirem a sua autoconsciência nessa unidade, é a sua libertação.

A destinação objetiva, portanto, o dever ético, é entrar no estado matrimonial. O modo como se dispõe o ponto de partida exterior é por sua natureza contingente e depende especialmente do cultivo da reflexão. Um dos extremos é, aqui, aquele em que o arranjo dos pais bem-intencionados constitui o início, e a inclinação nas pessoas destinadas à união do amor mútuo surge pelo fato de se conhecerem como destinadas a essa união — o outro extremo é aquele em que a inclinação aparece primeiro nas pessoas enquanto *estas* pessoas infinitamente particularizadas. — Aquele extremo, ou, em geral, o caminho em que a resolução a favor do casamento constitui o início e tem a inclinação por consequência, de sorte que no enlace matrimonial efetivo ambos os aspectos estejam agora reunidos, pode ser visto como o caminho mais ético. — No outro extremo, é o caráter próprio *infinitamente particular* que faz valer as suas pretensões e se vincula com o princípio subjetivo do mundo moderno (ver acima § 124 A). — Mas nos dramas modernos e em outras apresentações artísticas em que o amor sexual constitui o interesse fundamental, o elemento de penetrante frieza que aí se encontra é levado ao ardor da paixão, representada pela total *contingência* ligada a ela, a saber, pelo fato de que todo o interesse é representado como repousando somente nessas pessoas, o que bem pode ser de infinita importância para elas, mas não o é *em si*.

Adendo (H). Entre os povos em que o sexo feminino goza de menor respeito, os pais dispõem sobre o casamento segundo o seu arbítrio, sem consultar os indivíduos concernidos, e esses convêm, já que a particularidade do sentimento não tem ainda nenhuma pretensão. À moça, só importa ter um homem, e a este, em geral, só ter uma mulher. Em outras situações, considerações de fortuna, de relacionamentos proveitosos, fins políticos podem ser o determinante. Aí podem ocorrer grandes crueldades ao se fazer do casamento um meio para outros fins. Nos Tempos Modernos, em contrapartida, o ponto de partida subjetivo, o *estar enamorado*, é a única coisa importante. Imagina-se, aqui, que cada um tenha de esperar até que tenha soado a sua hora e que só se possa doar o seu amor a um indivíduo determinado.

§ 163

O *elemento*-ético do casamento consiste na consciência dessa unidade enquanto fim substancial e, com isso, no amor, na confiança e na comunidade de toda a existência individual. Nessa disposição de ânimo e nessa efetividade o impulso natural é rebaixado à modalidade de um momento natural, que, precisamente na sua satisfação, está destinado a extinguir-se, [ao passo que] o laço espiritual se salienta em *seu direito* como o que é substancial, *em si* indissolúvel, portanto, como o que está elevado acima da contingência das paixões e do capricho particular e transitório.[341]

---

[341] "Onde o divórcio é muito fácil — como na época de Cícero —, [ele é um] elemento de dissolução do Estado — quando o divórcio é absolutamente proibido, [no caso do] casamento católico — não se dá nenhuma satisfação à *disposição de ânimo*, à reflexão" (*NM*, p. 751; *TWA*, v. 7, p. 321).

Já se assinalou acima (§ 75) que o casamento na sua base essencial não é uma relação contratual, pois ele consiste justamente em sair do ponto de vista contratual da personalidade subsistente por si em sua singularidade, *a fim de suprimi-lo*. A identificação das personalidades, pela qual a família é *uma pessoa* e seus membros acidentes (mas a substância é essencialmente a relação a ela mesma dos acidentes — ver *E [1817]*, § 98 [*E*, § 150]), é o espírito ético. Este — despojado da exterioridade multiforme que ele tem no seu ser-aí, a saber, nesses indivíduos e nos interesses do âmbito fenomênico determinados no tempo e de vários modos —, enquanto ressaltado para si como uma figura da representação, foi venerado como os *penates* etc., e constitui, em geral, aquilo em que reside o caráter *religioso* do casamento e da família, a *piedade*. É uma abstração a mais separar o divino, o substancial do seu ser-aí e, assim, fixar também o sentimento e a consciência da unidade espiritual como o que, erroneamente, assim se chama de *amor platônico*; essa separação se conecta com a visão monacal, que determina o momento da vitalidade natural como o pura e simplesmente *negativo* e precisamente por essa separação lhe dá uma importância infinita por si.

Adendo (H, G). O casamento distingue-se do *concubinato* pelo fato que a este último importa, principalmente, a satisfação do impulso natural, enquanto que no casamento este é refreado. Por essa razão, no casamento fala-se sem ruborizar dos eventos naturais, que nas relações extramatrimoniais produziriam um sentimento de vergonha. Mas por isso também há que se respeitar o casamento como indissolúvel *em si*, pois o fim do casamento é o fim ético, que é tão elevado, que tudo o mais aparece em face dele desprovido de força e submetido a ele. O casamento não deve ser perturbado pela paixão, pois esta lhe está subordinada. Mas ele é somente indissolúvel *em si*, pois como diz Cristo: somente por causa da dureza do seu coração foi-lhes concedida a separação.[342] Porque o casamento contém o momento do sentimento, ele não é absoluto, mas oscila, e ele tem dentro de si a possibilidade da dissolução. Mas as legislações têm que dificultar ao máximo essa possibilidade e manter o direito da eticidade contra o capricho.

---

[342] Cf. Mateus, 19, 8; Marcos, 10, 5.

§ 164

Assim como a estipulação do contrato já contém por si a verdadeira transferência da propriedade (§ 79), assim também a declaração solene do assentimento ao laço ético do casamento, bem como o reconhecimento e a confirmação correspondentes desse laço pela família e pela comunidade (o fato de que a *Igreja* intervenha nesse aspecto é uma determinação ulterior, a respeito da qual não cabe estender-se aqui), constituem a *conclusão* formal e a *efetividade* do casamento,[343] de sorte que este vínculo só é constituído como um vínculo ético pelo *desenrolar* dessa cerimônia enquanto consumação do *elemento-substancial* pelo *signo*, pela linguagem enquanto o ser-aí mais espiritual do que é espiritual (§ 78). Com isso, o momento sensível próprio à vida natural é posto na sua relação ética como uma consequência e uma acidentalidade que pertencem ao ser-aí natural do vínculo ético, que também pode se esgotar e completar[344] unicamente no amor recíproco e na ajuda mútua.[345]

Se perguntarmos por aquilo que teria de ser considerado como o *fim principal* do casamento para poder daí extrair as determinações le-

---

[343] Nas Notas Manuscritas a este parágrafo, Hegel assinala sucintamente a função diferente que a estipulação desempenha no contrato jurídico simples e no casamento: "no caso do contrato simples não faz diferença se é a estipulação ou a entrega imediata [que constitui a conclusão do contrato]. Aqui, o caráter espiritual do casamento é expresso pela estipulação" (*NM*, p. 743; *TWA*, v. 7, p. 317).

[344] Desdobra-se, aqui, o potencial semântico do verbo *erschöpfen* nos dois sentidos aqui mobilizados, o de "esgotar-se" e de "completar-se".

[345] A primazia da fundamentação ético-espiritual da união conjugal no "amor recíproco" sobre a "unidade apenas exterior dos sexos naturais" (§ 161) torna o casamento já uma primeira figura da família, "seu conceito imediato" (§ 160), de sorte que, mesmo tendo ele a sua objetivação plena e sua consumação nos filhos e na sua educação (§§ 173-4), "ele pode se esgotar e completar no amor recíproco e na ajuda mútua" (§ 164). Essa é, de resto, uma formulação próxima à do Código Civil Prussiano de 1794, no segundo parágrafo da legislação sobre o casamento: "Os casamentos podem ser realizados também unicamente (*allein*) para o apoio mútuo". Interpreta-se o advérbio *allein* no sentido de "unicamente", e não de "apenas", o que daria ao enunciado o sentido oposto, como em outras traduções: "a união ética [...] também apenas pode ser completada no amor e na ajuda recíprocos". Assim, o enunciado de Hegel não exclui em princípio a pergunta a respeito de se a família, no sentido hegeliano, não poderia alcançar a sua completude na "família conjugal", independentemente dos filhos (ver, a propósito, Jermann, C., "Die Familie. Die bürgerliche Gesellschaft", in: Jermann, *op. cit.*, pp. 147-8, nota 3).

gais ou emitir um juízo sobre elas, então, por esse fim principal entende-se qual dos aspectos singulares da efetividade do casamento teria de ser tomado antes dos outros como essencial. Mas nenhum deles por si só constitui o âmbito integral do seu conteúdo sendo em si e por si, e um ou outro aspecto da sua existência pode faltar, sem dano para a sua essência. — Se o *ato de concluir o casamento* enquanto tal, a solenidade pela qual a essência desse vínculo é expressa e *certificada* como um elemento-ético que se eleva acima da contingência do sentimento e da *inclinação particular*, é tomado por uma *formalidade exterior* e por um assim chamado mero *preceito civil*, então nada resta a este ato senão, eventualmente, ter por fim a edificação e a atestação da relação civil ou, mesmo, ser o mero arbítrio positivo de um preceito civil ou eclesiástico. Esse preceito, na medida em que, por sua causa, o ânimo coloca um valor nessa conclusão formal e considera o preceito como a condição prévia da perfeita entrega recíproca, é não só indiferente à natureza do casamento, mas, também, desfaz a união[346] da disposição de ânimo do amor e vai de encontro, como algo estranho, à intimidade dessa união. Tal opinião, ao ter a pretensão de dar o mais elevado conceito da liberdade, da intimidade e da perfeição do amor, nega, pelo contrário, o elemento-ético do amor, o refreamento mais alto do mero impulso natural e a sua postergação, que já estão contidos de um modo natural no *pudor* e que são erguidos pela consciência espiritual mais determinada à *castidade* e à *disciplina*. Mais precisamente, por essa maneira de ver, recusa-se a determinação ética, que consiste em que a consciência se recolhe da sua naturalidade e subjetividade ao pensamento do que é substancial e, ao invés de se reservar sempre mais uma vez o que há de contingente e de arbítrio na inclinação sensível, subtrai o vínculo ético a esse arbítrio e, comprometendo-se com os *penates*, entrega esse vínculo ao elemento-substancial e rebaixa o momento sensível a um momento apenas *condicionado* pelo que há de verdadeiro e ético na relação, e pelo reconhecimento desse vínculo enquanto ético. — São o atrevimento e o entendimento que o sustenta que não conseguem captar a natureza especulativa da relação substancial, natureza à qual, porém, corres-

---

[346] As edições de Lasson e Hofmeister leem *verunreinige* ("macula, mancha"), no que várias traduções as seguem, ao invés de *veruneinige* ("desfaz a união, desune"), que consta na edição das *GW* e na *TWA*, que retomam o texto da edição original e das edições de Gans.

pondem o ânimo ético incorrupto assim como as legislações dos povos cristãos.

Adendo (G). Friedrich v. Schlegel, em *Lucinda*, e um seu seguidor,[347] em cartas anônimas (Lübeck e Leipzig, 1800), sustentaram que a cerimônia da conclusão do casamento seria supérflua e uma formalidade que poderia ser deixada de lado, porque o amor é o substancial e até perderia valor por esta solenidade. A entrega sensível é aí representada como exigida para a prova da liberdade e da intimidade do amor, uma argumentação que não é alheia aos sedutores. A propósito da relação entre homem e mulher é de se assinalar que a moça, na entrega sensível, abandona a sua honra, o que não é o caso do homem, que tem ainda outro campo da sua atividade ética que a família. A destinação da moça consiste essencialmente só na relação matrimonial; a exigência é, portanto, a de que o amor receba a figura do casamento e que os diversos momentos que existem no amor obtenham a verdadeira relação racional que têm entre si.

§ 165

A determinidade *natural* de ambos os sexos obtém graças à sua racionalidade significação *intelectual* e ética. Essa significação é determinada pela diferença na qual a própria substancialidade ética, enquanto conceito, se divide nela mesma, a fim de conquistar, a partir dessa diferença, a sua vitalidade enquanto unidade concreta.[348]

---

[347] *Nachtreter*, "seguidor", é aqui uma designação pejorativa para Friedrich Schleiermacher, que na mencionada data publicou as *Vertraute Briefe über Friedrich Schlegels "Lucinde"* [Cartas confidenciais sobre *Lucinde* de Friedrich Schlegel], a quem Hegel se refere ocasionalmente nas *Lições* como "Herr Schläuermacher", "fazedor de espertezas", substituindo no seu nome próprio *Schleier*, "véu", por *Schläue*, "esperteza" (cf. Klenner, H., ed., *Grundlinien der Philosophie des Rechts*, Berlim, Akademie Verlag, 1981, nota 4 ao § 164, pp. 467-8).

[348] Este parágrafo e o seguinte explicitam o ponto de vista da dialética descendente, segundo o qual a diferença sexual e a dimensão natural do casamento obtêm a sua significação ética graças à autodivisão (*Selbstdiremption*) da substância ética enquanto ideia, que se diferencia na sua componente natural e na sua componente racional, a fim de "conquistar a partir dessa diferença" a sua unidade concreta enquanto espírito vivo.

§ 166

Por isso, *um* sexo é o elemento-espiritual enquanto se cindindo na autonomia pessoal sendo *para si* e no saber e querer da *livre universalidade*, na autoconsciência do pensamento conceitualizante e no querer do fim último objetivo — o *outro* é o elemento-espiritual que se mantém na união enquanto saber e querer do substancial na forma da *singularidade* concreta e do *sentimento*; aquele, na relação voltada para fora, é o potente e atuante, este, o passivo e subjetivo. Por essa razão, o homem tem a sua vida substancial efetiva no Estado, na ciência e semelhantes e, afora isso, no trabalho e na luta com o mundo externo e consigo mesmo, de sorte que só a partir da cisão ele conquista a união consigo que é autônoma; ele tem a intuição serena dessa união e a eticidade subjetiva do sentimento na família, na qual a *mulher* tem a sua destinação substancial e, nessa *piedade*, a sua disposição de ânimo ética.[349]

---

[349] Essa caracterização dos papéis sociais, políticos e intelectuais dos dois sexos é histórica e culturalmente condicionada pela época, pois Hegel é o primeiro a reconhecer que "todo indivíduo é filho do seu tempo" e que "é insensato julgar que o indivíduo saltaria por cima do seu tempo" (Prefácio, *GW*, v. 14, 1, p. 15; *TWA*, v. 7, p. 26). Mas Hegel estabelece aí uma correlação da "significação intelectual e ética" que a diferença sexual adquire em sua racionalidade (§ 165) com uma diferenciação especulativa do espírito em dois momentos, que pode ir além dessa caracterização datada dos papéis sexuais. Um dos momentos dessa diferença da "própria substancialidade ética" (*ibid.*) é o da "unidade substancial", referido à mulher, que "sabe e quer o substancial na forma da singularidade concreta e do sentimento"; o outro, referido ao homem, é o da "cisão na autonomia pessoal para si e no saber e querer da livre universalidade". Ora, se, por um lado, Hegel deriva daí as referidas oposições tradicionais de gênero, por outro, a fundamentação especulativa e sistemática da diferença sexual em sua racionalidade a partir dos momentos do espírito pode relativizar e subverter a caracterização tradicional dos papéis masculinos e femininos, juntamente com a sua base normativa. Com efeito, como momentos constitutivos do espírito, tanto a unidade substancial quanto a sua cisão são igualmente constitutivos do homem e da mulher enquanto indivíduos ético-espirituais, para além dos papéis histórico-culturais que a diferença sexual assume em cada época. Por isso, conclui Jermann, "para o homem e a mulher enquanto seres espirituais a sua respectiva unilateralidade (antes de tudo, aquela condicionada histórico-socialmente) não pode ser normativa, porém normativa é sua suspensão" (Jermann, *op. cit.*, pp. 152-3). Essa perspectiva pode ser reforçada com a consideração da igualdade de direitos e deveres entre homem e mulher (§ 167), com a fundação ético-espiritual da monogamia na

Por isso, a piedade, numa das suas mais sublimes apresentações, na *Antígona* de Sófocles, é enunciada prioritariamente como a lei da mulher e apresentada enquanto lei da substancialidade subjetiva do sentimento, da interioridade que não atingiu ainda a sua efetivação perfeita, enquanto lei dos antigos deuses, do reino subterrâneo, enquanto lei eterna que ninguém sabe de onde surgiu, em oposição à lei manifesta, à lei do Estado — uma oposição que é a suprema oposição ética e, por isso, a suprema oposição trágica, individualizada nessa peça na oposição entre feminilidade e virilidade; cf. *FE*, pp. 383 ss., 417 ss.[350]

Adendo (H, G). As mulheres podem, certamente, ser cultivadas, mas não são feitas para as ciências mais elevadas e para certas produções da arte que exigem um universal. As mulheres podem ter ideias inventivas, gosto, gracilidade, mas não têm o ideal. A diferença entre o homem e a mulher é a que há entre o animal e a planta: o animal corresponde mais ao caráter do homem, a planta, mais ao da mulher, pois ela é mais um tranquilo desdobrar que mantém a união mais indeterminada do sentimento como seu princípio. Se mulheres estão à testa do governo, o Estado está em perigo, pois elas não agem segundo as exigências da universalidade, mas segundo a inclinação e a opinião contingentes. A formação das mulheres ocorre não se sabe como, quase graças à atmosfera da representação, mais graças à vida do que pela aquisição de conhecimentos, ao passo que o homem alcança a sua posição somente pela conquista do pensamento e por muitos esforços técnicos.

§ 167

O casamento é essencialmente *monogamia*,[351] porque é a personalidade, a *singularidade* imediata excludente quem se coloca nessa relação e a ela

---

"entrega mútua *indivisa*" (*ibid.*) dos cônjuges, com a crítica hegeliana à poligamia, à família patriarcal, ao culto idealizado da mulher na lírica cavalheiresca, à libertinagem na "galantaria" vigente nos Estados absolutistas (*NM*, p. 749; *TWA*, v. 7, p. 321) e, inclusive, com a crítica não só da procriação consanguínea, mas também do incesto (§ 168).

[350] *PhdG*, pp. 241 ss., 257 ss.; *TWA*, v. 3, pp. 328 ss., 351 ss.; *FE*, §§ 446 ss., 474 ss.

[351] As Notas Manuscritas de Hegel e os Apontamentos de Hotho e Griesheim situam a monogamia — na qual "o homem não deve valer mais do que a mulher" e na qual existe "igualdade, mesmidade dos direitos e deveres" — entre os extremos da poligamia oriental e do culto idealizado da mulher na poesia cavalheiresca da Idade Média.

se entrega, relação cuja verdade e *intimidade* (*a forma subjetiva da substancialidade*) provêm, assim, somente da entrega mútua *indivisa* dessa personalidade;[352] esta só chega ao seu direito de ser consciente de si mesma no *outro* na medida em que o outro está nessa identidade enquanto pessoa, isto é, enquanto singularidade atômica.

O casamento, e essencialmente a monogamia, é um dos princípios absolutos sobre os quais repousa a eticidade de um ser-em-comum; daí que a instituição do casamento seja apresentada como um dos momentos da fundação divina ou heroica dos Estados.[353]

§ 168

Além disso, porque é da *livre entrega* dessa personalidade infinitamente própria de cada um dos sexos que o casamento provém, ele tem de ser

---

Naquela, as mulheres permanecem "escravas", "têm de fazer a corte ao homem", não existindo "a confiança de que a mulher vale para si" e de que o homem deve "*respeitar* e pôr a mulher como *igual a si*" (*NM*, p. 749; *TWA*, v. 7, pp. 320-1); nessa, em contrapartida, o "homem permanece ainda um particular em face da mulher" que, "se entregando inteiramente, não recebe de volta o todo do homem", ao passo que "no casamento o homem é um singular que entrega a sua singularidade toda" (*VRph 1822-23*, p. 535). "Na cavalaria, [há] elevação infinita da mulher", o homem "tem na mulher a sua religião" e "cria para si, por causa dela, [uma] aventura infinita, [um] heroísmo", tornando-se "objetivo somente enquanto individualidade particular", "[um] servidor de sua individualidade particular" (*NM*, p. 749; *TWA*, v. 7, p. 321).

[352] Hegel apresenta aqui uma fundamentação moderna da monogamia: a unidade ético-espiritual do casamento, fundada no amor mútuo, parte da "singularidade imediata excludente", que, enquanto sujeito de direitos e deveres iguais, "se entrega" livremente a uma relação cuja "verdade" reside na "entrega mútua *indivisa*", e cujo pressuposto é a relação de reconhecimento.

[353] A instituição do casamento está não só historicamente "na fundação divina e heróica dos Estados" (§ 167 A), mas na fundamentação conceitual do Estado moderno, na medida em que as instituições racionais do Estado racional têm a sua primeira raiz ética na coesão da relação familiar (§ 255), visto que "a relação primeira e necessária de um indivíduo a um outro é a relação de família" (*Rechts-, Pflichten- und Religionslehre für die Unterklasse*, *TWA*, v. 4, p. 264); a contrapartida é que só o Estado moderno fornece a plena garantia jurídica para que a família se consolide como espaço de intimidade ética e de confiança mútua necessário para a socialização primeira do indivíduo (cf. Jermann, *op. cit.*, pp. 151-2, a quem devo a indicação do texto acima citado da *Propedêutica* de Nuremberg).

concluído não dentro do círculo já *naturalmente-idêntico*, que se conhece e é familiar em todos os pormenores, no qual os indivíduos não têm uns em face dos outros uma personalidade que lhes é própria, mas a partir de famílias separadas e de personalidade originariamente diversa. Por isso, o casamento entre *consanguíneos* repugna ao conceito, para o qual o casamento é uma ação ética da liberdade, não um vínculo da naturalidade imediata e de seus impulsos, repugnando por conseguinte também ao verdadeiro sentimento natural.

Quando se considera o próprio casamento como fundado não no *direito natural*, mas, meramente no impulso sexual natural e como um contrato arbitrário, quando igualmente se invocaram a favor da monogamia razões externas, até mesmo oriundas da relação física entre o número de homens e mulheres, assim como quando se invocou a favor da proibição de casamento entre consanguíneos somente sentimentos obscuros, é que no fundamento dessas opiniões residia a representação habitual de um estado de natureza e de um naturalismo do direito, bem como a deficiência no conceito de racionalidade e liberdade.[354]

Adendo (H). O casamento entre consanguíneos já de início se opõe ao pudor, mas este recuar de arrepio diante dele está justificado pelo conceito da Coisa. Pois o que já está unido não pode ser primeiro unido pelo casamento. É sabido do ponto de vista meramente natural que o acasalamento no interior de uma família de animais gera frutos mais débeis, pois o que deve se unir tem de ser algo anteriormente separado; a força da geração, bem como a do espírito, é tanto maior quanto maior também forem as oposições a partir das quais ela se restabelece. A confiança mútua, a familiaridade, o hábito do fazer comum ainda não devem existir antes do casamento: eles devem ser encontrados primeiramente no casamento, e este encontrar tem um valor tanto mais alto quanto mais rico for e mais partes ele tiver.

---

[354] Como assinala Kervégan em nota à sua tradução, Hegel se reivindica aqui como representante de um direito natural "bem compreendido", que é contra o naturalismo de teorias empiristas do direito natural, mas também contra a teoria formalista do direito racional kantiano, fundadas numa concepção deficiente de razão e liberdade, denunciando suas consequências "marcadas pelo selo do juridicismo (o casamento como puro ato contratual: Kant), de um hedonismo sumário (primado da pulsão sexual) e de um sociologismo (a monogamia como técnica de gestão da escassez de mulheres)" (*Kervégan*, p. 335, nota 2).

§ 169

A família, enquanto pessoa, tem a sua realidade exterior numa *propriedade*, na qual ela tem o ser-aí da sua personalidade substancial somente na forma de um *patrimônio*.

B. O PATRIMÔNIO DA FAMÍLIA

§ 170

A família tem não só propriedade, senão que surge para ela, enquanto pessoa *universal* e *que perdura*, a necessidade e a determinação de uma posse *permanente* e *segura* de um *patrimônio*. O que na propriedade abstrata é o momento arbitrário da carência particular do *mero indivíduo-singular* e o egoísmo do desejo transforma-se aqui em cuidado por *algo comum* e em ganho para ele, em algo ético.

Nas sagas a respeito da fundação dos Estados ou, pelo menos, de uma vida social civilizada, a introdução da propriedade estável e do casamento aparecem ligadas. De resto, em que consiste esse patrimônio e qual seja o verdadeiro modo da sua consolidação, isso se estabelece na esfera da sociedade civil.

§ 171

Cabe ao homem, enquanto chefe de família, representá-la enquanto pessoa jurídica perante outras. Além disso, compete a ele, precipuamente, o ganho fora, o cuidado pelas carências, assim como a disposição e a administração do patrimônio da família. Este é propriedade comum, de sorte que nenhum membro da família tem uma propriedade particular, mas cada um tem o seu direito ao que é comum.[355] Este direito e aquela disposição que

---

[355] "A determinação principal [é aqui] o *domínio-em-comum* (*Gemeinsamkeit*) — este é aqui racional e essencial, o que ele não é entre indivíduos autônomos" (*NM*, p. 755; *TWA*, v. 7, p. 324).

cabe ao cabeça da família podem, entretanto, vir a colidir, visto que o elemento ainda imediato da disposição de ânimo ética na família (§ 158) está aberto à particularização e à contingência.

§ 172

Por um casamento se constitui uma *nova família*, que é para si algo *autônomo* em face das *linhagens* ou casas das quais provém; o vínculo com estas tem por base a consanguinidade natural, a nova família, porém, o amor ético. Por isso, a propriedade de um indivíduo está também em conexão essencial com a sua relação matrimonial e apenas em conexão mais distante com a sua linhagem ou casa.

Os *pactos matrimoniais*, quando neles consta uma restrição para a comunidade de bens dos cônjuges, a implantação de uma assistência jurídica permanente para a mulher e semelhantes, têm, nessa medida, o sentido de estarem dirigidos para o caso de uma separação do casamento por morte natural, por divórcio e semelhantes, e de serem tentativas pelas quais em tal caso se assegura aos diferentes membros a manunteção da sua cota-parte naquilo que é comum.

Adendo (H). Em muitas legislações se retém o âmbito mais largo da família, e este é considerado como o laço essencial, enquanto que o outro laço, o de cada família especial, aparece em face daquele como mais débil. Assim, no Direito Romano mais antigo, a mulher, no casamento laxo,[356] está em relação mais próxima aos seus parentes do que aos seus filhos e ao seu marido e, nos tempos do direito feudal, a manutenção do *splendor familiae* tornava necessário que só os membros masculinos fossem contados nela e que o todo da família valesse como o principal, ao passo que a família recém-fundada desaparecia em face dela. Apesar disso, cada nova família é o mais essencial em face da conexão mais ampla da consanguinidade, e cônjuges e crianças formam o núcleo propriamente dito em oposição àquilo que, em

---

[356] "Na época da Lei das XII Tábuas existia no Direito Romano, ao lado do assim chamado casamento estrito (*manus*) do *jus civile*, no qual a mulher se colocava sob a dominação familiar (*manus*) do homem, o assim chamado casamento livre (*sine manus*) do *jus gentium*, no qual a mulher conservava as suas relações patrimoniais, isto é, permanecia sob a autoridade do seu pai ou sob a tutela dos seus parentes" (Klenner, *op. cit.*, nota 1 ao § 172, p. 469).

certo sentido, também se chama família. Por isso, a relação patrimonial do indivíduo precisa ter uma conexão mais essencial com o casamento do que com a consanguinidade mais larga.

C. A EDUCAÇÃO DOS FILHOS E A DISSOLUÇÃO DA FAMÍLIA

§ 173

A *unidade* do casamento, que, enquanto substancial, é somente *intimidade do sentimento* e *disposição de ânimo*, mas que, enquanto existente, está dividida nos dois sujeitos, torna-se nos filhos, enquanto *unidade mesma, uma existência sendo para si* e *ob-jeto*, que eles amam como seu próprio amor, como seu ser-aí substancial. — Segundo o lado natural, a pressuposição de pessoas *imediatamente* existentes — enquanto pais — torna-se aqui *resultado*, um processo que se perde no progresso ao infinito das gerações que se engendram e se pressupõem — o modo como na naturalidade finita o espírito simples dos penates apresenta a sua existência.[357]

Adendo (H). Entre homem e mulher a relação de amor não é ainda objetiva, pois se o sentimento é também unidade substancial, esta não tem ainda nenhuma objetividade. Tal objetividade, os pais alcançam somente nos filhos, nos quais eles têm o todo da união diante de si. A mãe ama nos filhos o marido, este, neles, a esposa; um e outro têm neles diante de si o seu amor mútuo. Enquanto no patrimônio a unidade está somente numa coisa exte-

---

[357] Os Apontamentos de Griesheim explicitam o conceito de "intimidade" (*Innigkeit*), no início do parágrafo, com o atributo "intimidade do sentimento" (*Innigkeit der Emplindung*), que é incorporado à tradução (*VRph 1824-25*, p. 455). "O espírito simples dos penates apresenta-se na naturalidade simples como gênero, mas de tal modo que a criança tem uma existência que não é adequada ao gênero, ela é existência exterior, é indivíduo e, por isso, não adequada ao universal, ao gênero. Esta existência não adequada é, por isso, igualmente passageira, [e] porque não é adequada ao gênero ela é só natural e, assim, o universal na natureza só pode se apresentar enquanto progressão ao infinito. É como no número, uma vez que ele não tem limite imanente, é só a tentativa de superar a inadequação, uma tentativa infindável, [pois] o universal permanece a potência, o singular se suprime, mas não se torna a existência afirmativa da universalidade, ele sempre permanece a apresentação do gênero só de maneira negativa" (*id.*, p. 456).

rior, nos filhos ela está em algo espiritual, no qual os pais são amados e que eles amam.

§ 174

Os filhos têm o direito de serem *sustentados* e *educados* com os recursos do patrimônio comum da família. O direito dos pais aos *serviços* dos filhos enquanto serviços funda-se no elemento comum do cuidado da família em geral e restringe-se a ele. Do mesmo modo, o direito dos pais sobre o *arbítrio* dos filhos determina-se pelo fim de mantê-los e de educá-los na disciplina.[358] O fim das punições não é a justiça enquanto tal, senão que é de natureza subjetiva, moral, é a dissuasão da liberdade que está ainda enredada na natureza e a elevação do universal em sua consciência e na sua vontade.

Adendo (H). O que o homem deve ser, ele não o tem por instinto, porém tem que, primeiro, adquiri-lo para si. Sobre isso se funda o direito da criança a ser educada. Da mesma maneira se passa com os povos sob governos patriarcais: aí os homens são alimentados com provisões de armazéns e não são considerados como autônomos e maiores. Por isso, só é permitido exigir dos filhos serviços que têm por fim a educação e se referem a ela: esses serviços não podem ter a pretensão de ser algo por si, pois a relação mais contrária à eticidade é a da escravidão dos filhos. Um momento principal da educação é a disciplina, cujo sentido é o de quebrar a vontade própria caprichosa da criança, para que o meramente sensível e natural seja extirpado. Aqui não há como imaginar que se venha a termo meramente com benevolência, pois precisamente a vontade imediata age segundo fantasias e anseios, não segundo razões e representações. Quando se apresenta razões às crianças, deixa-se a elas a decisão de levar ou não em conta essas razões, e se co-

---

[358] "O homem que não é educado é mal-educado, teimoso, que se apega aos seus interesses particulares só porque são seus, que busca e toma o que quer segundo o conteúdo que é seu e não se determina segundo o conteúdo universal. O homem teimoso tem uma vontade inteiramente formal. A disciplina consiste em adquirir o hábito da renúncia à vontade própria caprichosa e a ter uma vontade que lhe seja digna, que tenha um conteúdo universal. Confunde-se frequentemente caráter e vontade própria caprichosa. O caráter é um modo particular de firmeza da vontade, e isso é o que caráter tem em comum com a vontade própria caprichosa, mas, no caráter, o modo particular da vontade tem de estar submetido a um conteúdo universal válido" (*VRph 1824-25*, p. 458).

loca tudo, por isso, à disposição do seu capricho. Do fato de que os pais constituem o universal e o essencial segue-se que as crianças precisam obedecer. Se o sentimento de subordinação que lhes desperta a aspiração a se tornarem grandes não é nelas alimentado, surge uma criatura atrevida e a petulância.

§ 175

As crianças são *em si* livres, e a vida é somente o ser-aí imediato dessa liberdade, por isso elas não pertencem nem aos outros nem aos pais enquanto Coisas. No que diz respeito à relação familiar, sua *educação* tem a destinação *positiva* de que a eticidade se torne nelas *sentimento* imediato, ainda desprovido de oposição, e que nessa relação, enquanto *fundamento* da vida ética, o ânimo tenha vivido a sua primeira vida em amor, confiança e obediência — mas depois, no que diz respeito à mesma relação, a educação tem a destinação *negativa* de elevar as crianças da sua imediatidade natural, na qual originariamente se encontram, à autonomia e à personalidade livre e, com isso, à capacidade de sair da unidade natural da família.

A situação de escravidão dos filhos romanos é uma das instituições que mais macula a sua legislação, e esta ofensa à eticidade na sua vida mais íntima e delicada é um dos momentos mais importantes para compreender o caráter histórico-mundial dos romanos e a sua orientação para o formalismo jurídico. — A necessidade de serem educadas existe nas crianças como o sentimento próprio de estarem interiormente insatisfeitas consigo tais como elas são — como o impulso a pertencer ao mundo adulto, que elas pressentem ser um mundo superior, como o desejo de se tornar grandes. A pedagogia lúdica[359] toma o propriamente infantil como algo que já vale em si, o oferece como tal às crianças e rebaixa para elas o que é sério, e ela mesma se rebaixa a uma forma infantil menosprezada pelas próprias crianças. Visto que ela se empenha, assim, em fazer com que essas se representem, antes, como completas no estado de incompletude em que se sentem, e em torná-las satisfeitas nesse estado, ela perturba e macula a verdadeira carência própria das

---

[359] A crítica de Hegel visa aos autores alemães do "filantropinismo", que privilegiam o jogo, o aprendizado lúdico e os conhecimentos práticos, em detrimento da apropriação teórica e mnemônica do saber, tais como J. B. Basedow, Ernst Christian Trapp (cf. *Anhang*, p. 1.156).

crianças por algo melhor e suscita nelas, em parte, o desinteresse pelas relações substanciais do mundo espiritual e o embotamento em face destas, em parte, o desprezo pelos homens, já que eles mesmos se apresentaram a elas de maneira infantil e desprezível como crianças e, enfim, suscita nelas a vaidade e a presunção que se deleita na sua própria excelência.

Adendo (H, G). Enquanto criança, o homem deve ter estado no círculo do amor e da confiança junto dos pais, e o racional tem de aparecer nela como a sua subjetividade mais própria. A educação materna é importante principalmente nos primeiros tempos, pois a eticidade tem de ser plantada na criança como sentimento. É de se notar que, no geral, os filhos amam os pais menos do que os pais, os filhos, pois estes vão ao encontro da autonomia e tornam-se mais fortes, têm, portanto, os pais atrás de si, ao passo que os pais possuem neles a concretude objetiva da sua ligação.

§ 176

Porque o casamento é apenas a ideia ética imediata e tem, com isso, a sua efetividade objetiva na intimidade da disposição de ânimo subjetiva e do sentimento, nisso reside, assim, a contingência primeira da sua existência. Assim como não pode haver uma coação a casar-se, tampouco, de resto, há um vínculo só de direito positivo que seja capaz de manter juntos os sujeitos quando surgem disposições de ânimo e ações adversas e hostis entre eles. É exigida, porém, uma terceira autoridade ética, que mantenha firme o direito do casamento, da substancialidade ética contra a mera opinião de tal disposição de ânimo e contra a contingência de um humor meramente temporário etc., que distinga esse do estranhamento total e comprove este último, para só nesse caso poder *dissolver o casamento*.

Adendo (H). Porque o casamento repousa somente sobre o sentimento subjetivo contingente, ele pode ser dissolvido. O Estado, em contrapartida, não está submetido à separação, pois ele repousa sobre a lei. O casamento *deve*, contudo, ser indissolúvel, mas aqui também se fica somente no *dever--ser*. Mas visto que é algo ético, não pode ser dissolvido por arbítrio, mas somente por uma autoridade ética, seja esta a Igreja ou o tribunal. Se ocorrer um estranhamento total, por exemplo, por adultério, então a autoridade religiosa também tem de permitir o divórcio.

§ 177

A dissolução ética da família reside em que os filhos, educados para a livre personalidade, sejam reconhecidos na *maioridade* enquanto pessoas de direito e enquanto capazes, em parte, de ter propriedade livre própria, em parte, de fundar suas próprias famílias — os filhos enquanto chefes de família e as filhas enquanto mulheres —, uma família na qual eles têm doravante sua destinação substancial, em face da qual a sua primeira família, enquanto ela é apenas fundamento primeiro e ponto de partida, passa ao segundo plano, e contra a qual o elemento abstrato da linhagem tem menos ainda algum direito.

§ 178

A dissolução natural da família pela morte dos pais, em particular do homem, tem por consequência, no que concerne ao patrimônio, a *sucessão*; esta é, segundo a sua essência, um imitir-se na posse própria do patrimônio *em si* comum — um imitir que, com os graus mais afastados de parentesco e no estado de dispersão da sociedade civil em via de autonomizar as pessoas e as famílias, torna-se tanto mais indeterminado quanto mais se perde a disposição de ânimo de unidade e cada casamento torna-se o abandonar das relações familiares anteriores e a fundação de uma nova família autônoma.

A ideia fantasiosa de considerar como fundamento da sucessão a circunstância de que pela morte o patrimônio se tornaria um *bem sem dono* e, como tal, caberia àquele que primeiro dele se apossasse, mas que essa tomada de posse seria certamente efetuada *na maioria dos casos* pelos parentes, como aqueles que estão *habitualmente* na cercania mais próxima — ocorrência habitual que, por razões de ordem, seria então erigida em regra pelas leis positivas —, essa ideia fantasiosa não leva em consideração a natureza da relação familiar.[360]

---

[360] "Hegel refere-se aqui — como comprova a nota manuscrita 'Fichte, *primus occupans*' [*NM*, p. 765; *TWA*, v. 7, p. 331] e segundo o testemunho de Hotho e Griesheim — a Fichte, em cujo pensamento, porém, essa *ideia fantasiosa* [*Einfall*] não se encontra na amplitude afirmada, nem a ele pertence originariamente; trata-se, antes, de uma suposição de direto natural, a que Fichte se refere como pressuposto da sua argumentação.

§ 179

Dessa desintegração [da família] surge para o arbítrio dos indivíduos a liberdade, em parte, de empregar em geral o seu patrimônio mais segundo o capricho, as opiniões e os fins da singularidade, em parte, de considerar de algum modo um círculo de amigos, conhecidos etc. ao invés de uma família, e fazer nesse sentido uma declaração em um *testamento* com as consequências jurídicas da sucessão.

Na formação de um tal círculo, em que residiria a legitimação ética para uma tal disposição sobre o patrimônio, particularmente na medida em que a formação desse círculo já traz consigo a relação ao legar--por-testamento, entra tanta contingência, tanto arbítrio, tanta premeditação visando a fins egoístas, que o momento ético é algo muito vago, e o reconhecimento da competência para testar arbitrariamente torna-se muito facilmente motivo para a lesão das relações éticas e para intentos e dependências igualmente vis; da mesma maneira, após[361] a ocorrência da morte, em que minha propriedade de toda maneira cessa de ser minha, [essa liberdade de testar] dá também ocasião e legitimação ao arbítrio insensato e à perfídia para vincular os pretensos[362] benefícios e

---

Fichte discute o problema acerca de como se poderia ainda adquirir propriedade e quem a caucionaria quando tudo já está na posse de alguém" (*Anhang*, pp. 1.156-7). Em seguida, o texto de Fichte é citado.

[361] A proposição *auf* pode exprimir também uma sequência temporal, que pode ser ou não causal (*DW*, 100), de sorte que se interpreta a expressão *auf den Fall des Todes* nesse sentido temporal e causal, para tornar mais clara a consequência crítica de Hegel, segundo a qual a vontade do testador perdura depois da sua morte na forma de "condições de vaidade" e de "vexame despótico" (*herrisch*) impostas aos legatários.

[362] Hegel qualifica os benefícios e as doações resultantes da liberdade de testar como "pretensos", respectivamente "pretensas" (*sogennanten*), primeiro, porque ela conflita com o sentido e a finalidade do patrimônio familiar, que pertence à família toda enquanto uma "pessoa" e no qual a unidade da família se objetiva; segundo, porque ela rigorosamente "não reside na natureza da Coisa" (*VRph 1824-25*, p. 467), isto é, no sentido e na finalidade do patrimônio da família, mas "apenas na legislação positiva", que faz valer perante a sociedade civil a vontade do testador, que com a ocorrência da morte já cessou de ser proprietário e não poderia mais rigorosamente doar (*VRph 1822-23*, p. 55): "Um testamento vale, porque as leis o fazem valer, ele não é um ato da vontade livre enquanto tal. É mediante a natureza [a morte] que o indivíduo aliena o seu pa-

as pretensas doações a condições da vaidade e de um vexame despótico [da parte do testador].

§ 180

O princípio de que os membros da família tornam-se pessoas de direito autônomas (§ 177) deixa entrar no interior do círculo da família algo desse arbítrio e dessa diferenciação entre os herdeiros naturais, mas isso só pode ocorrer de modo extremamente restrito, a fim de não lesar a relação fundamental.

    O mero arbítrio direto do falecido não pode ser transformado em princípio para o *direito de testar*, particularmente na medida em que esse arbítrio se contrapõe ao direito substancial da família, cujo amor e veneração para com o seu antigo membro é porém a única coisa que levaria especialmente a respeitar o seu arbítrio após a sua morte. Tal arbítrio não contém *de per si* nada que estaria acima do próprio direito da família e devesse ser respeitado; pelo contrário. Senão a validade de uma disposição de última vontade residiria unicamente no reconhecimento arbitrário dos outros. Tal validade só lhe poderia ser especialmente concedida na medida em que a relação de família em que essa disposição é absorvida se torna mais distante e mais ineficaz. Mas essa ineficácia da relação familiar, onde ela está efetivamente aí-presente, é algo de não ético, e a validade ampliada daquele arbítrio contra essa relação familiar contém dentro de si o enfraquecimento da sua eticidade. — Fazer, porém, desse arbítrio no interior da família o princípio capital da sucessão pertencia à dureza e ao caráter não ético das leis romanas, anteriormente assinalados,[363] segundo as quais o filho também podia ser vendido pelo pai e, quando era alforriado por outros, retornava ao pátrio poder e somente com a terceira alforria se tornava efetivamente livre da escravidão. De acordo com elas, o filho em geral não se tornava maior *de jure*, nem uma pessoa de direito, e só podia possuir como propriedade o espólio de guerra, o *peculium castrense*, e se por essa tríplice venda e soltura saía do pátrio poder, não herdava junta-

---

trimônio, não é a sua vontade, [pois] o ser-aí dessa vontade incide na vontade da sociedade, nas leis" (*VRph 1824-25*, p. 467).

[363] Ver § 175 A.

mente com aqueles que ainda tinham permanecido na servidão familiar, salvo intervenção testamentária. Da mesma maneira, a mulher (na medida em que ela não entrava no casamento como numa relação de escravidão, *in manum conveniret*, *in mancipio esset*, mas, sim, enquanto *matrona*) continuava a pertencer não tanto à família que por sua parte fundara mediante casamento e que doravante é efetivamente a *sua*, mas muito mais àquela da qual descendia, e por isso tanto era excluída da herança do patrimônio dos *efetivamente seus*, quanto estes não podiam herdar dela enquanto esposa e mãe. — O caráter não ético desses e de outros direitos foi eludido pelo sentimento da racionalidade que foi despertando ulteriormente por via da administração do direito, por exemplo, com o auxílio da expressão *bonorum possessio* (e que ela seja distinguida novamente da *possessio bonorum* pertence àqueles conhecimentos que constituem um jurista erudito), ao invés de *hereditas*, pela ficção de redenominar uma *filia* como *filius*. Isso já foi assinalado acima (§ 3 A) como a triste necessidade para o juiz de introduzir furtivamente, *de maneira astuciosa*, o racional contra as más leis, pelo menos contra algumas de suas consequências. A isso se vincula a terrível instabilidade das instituições mais importantes e um legislar tumultuoso contra a irrupção dos males que brotam dessa instabilidade. — As consequências não éticas que esse direito do arbítrio no fazer o testamento tinha entre os romanos são fartamente conhecidas graças à história, a Luciano e a outras descrições. Reside na natureza do próprio casamento, enquanto eticidade imediata, a mistura de relação substancial, contingência natural e arbítrio interno; se contra o direito do substancial se concede então a prioridade ao arbítrio, mediante a relação de escravidão dos filhos e outras determinações já indicadas, conexas aliás com essa relação, e de todo também pela facilidade do divórcio entre os romanos, a ponto de que Cícero — e quantas belas coisas não escreveu sobre o *Honestum* e o *Decorum* no seu *De Officiis* e por toda parte noutras passagens! — especulava em repudiar a sua esposa a fim de pagar as suas dívidas com o dote de uma nova mulher, então está aberto um caminho legal à corrupção dos costumes, ou melhor, as leis são a necessidade dessa corrupção.

A instituição do direito sucessório que exclui da herança, por meio de *substituições* e *fideicomissos familiares*, seja as filhas em prol dos filhos, seja os demais filhos em prol do mais velho, em vista da *preservação* e do *esplendor* da família, ou que introduz em geral uma desigualdade, em parte lesa o princípio da liberdade da propriedade (§ 62), em parte repousa sobre um arbítrio, que em si e por si não tem nenhum direito a ser reconhecido — mais precisamente, repousa sobre o pensamento de querer manter intata *esta* linhagem ou *esta* casa, e não tanto *esta* família. Mas não *esta* casa ou *esta* linhagem, porém a *família enquanto tal* é a ideia que tem tal direito, e pela liberdade do patrimônio e pela igualdade do direito sucessório são preservadas tanto a configuração ética quanto as *famílias*, muito mais do que pelo contrário.[364] — Em instituições tais como as romanas o direito do casamento é em princípio desconhecido, pelo fato de que o casamento é a fundação completa de uma família efetiva própria e, em face dela, o que se chama família em geral, *stirps*, *gens*, é somente um abstrato, que com as gerações se torna sempre mais distante e inefetivo (§ 177). O amor, o momento ético do casamento, é, enquanto amor, um sentimento para com indivíduos presentes, efetivos, não para com um abstrato. — Que a abstração do entendimento se mostra como princípio histórico-mundial do Império Romano, ver abaixo § 356. — Mas que a esfera política superior traz consigo um direito de primogenitura e um patrimônio vinculado ferreamente à linhagem, não todavia enquanto um arbítrio, porém enquanto necessários a partir da Ideia do Estado, ver abaixo § 306.

Adendo (H, G). Entre os romanos, nos primeiros tempos, o pai podia deserdar os seus filhos, bem como também matá-los; posteriormente, ambas as coisas não eram mais permitidas. Tentou-se conciliar num sistema essa incongruência de tornar ético o que é não ético, e o apego a esse sistema constitui o que há de difícil e defeituoso no nosso direito sucessório.[365] Testamentos podem certamente ser permitidos, mas nessa matéria o ponto de vista tem de ser o de que esse direito do arbítrio surge ou se torna maior com a desintegração da família e o afastamento dos seus membros, e que a assim chamada *família da amizade*, que o testamento produz, só pode entrar em cena na falta da família mais próxima do casamento e dos filhos. Ao testa-

---

[364] Ver as indicações e citações detalhadas, empreendida por Grotsch, das obras consultadas por Hegel a respeito das referidas instituições do Direito Romano por ele criticadas (*Anhang*, pp. 1.159-67).

[365] Esta avaliação crítica sobre o direito de sucessão alemão não se encontra nos Apontamentos de Hotho e Griesheim e, certamente, é da lavra de Gans, que dedicou ao direito sucessório uma obra fortemente marcada pela filosofia do direito de Hegel: *Das Erbrecht in weltgeschichtlicher Entwickelung* [O direito de sucessão no seu desenvolvimento histórico-mundial], 1824-35.

mento em geral se vincula algo de embaraçoso e desagradável, pois eu declaro no mesmo quem são aqueles aos quais me afeiçoo. Mas a afeição é arbitrária: ela pode ser obtida sub-repticiamente desta ou daquela maneira, estar atrelada a este ou àquele motivo fútil, e pode-se exigir que um herdeiro se submeta às maiores baixezas. Na Inglaterra, onde muitas excentricidades são endêmicas, atrela-se aos testamentos uma multidão infinita de extravagâncias fúteis.

Passagem da família à sociedade civil

§ 181

A família se dispersa de maneira natural e, essencialmente, graças ao princípio da personalidade, em uma *pluralidade* de famílias, que se comportam de modo geral como pessoas concretas e autônomas e, por isso, exteriormente umas em relação às outras. Ou seja, os momentos ainda ligados na unidade da família, enquanto ideia ética que ainda está no seu conceito, têm de ser por ele liberados e entregues à realidade autônoma; — o degrau ou estágio da *diferença*. Expresso inicialmente de maneira abstrata, isso dá a determinação da *particularidade*, que se refere, certamente, à *universalidade*, de sorte que essa é a base, mas ainda só *interior* e, por causa disso, é de maneira só formal, somente *aparecendo*[366] [no modo da *aparência*] no par-

---

[366] Hegel concebe os dois momentos conceituais da particularidade e da universalidade, que na família, enquanto ela é a ideia ética ainda imediata, estão unidos, como sendo liberados e entregues na sociedade civil à sua respectiva autonomia relativa, estando, assim, numa "relação de reflexão". Essa é marcada pela dialética interna entre um aparecer aparente (*scheinen*), que está na raiz da "mera aparência" (*blosser Schein*), da ilusão e do erro, e um "aparecer" (*erscheinen*) próprio da essência, que só é verdadeiramente essência no seu "aparecimento" ou "fenômeno" (*Erscheinung*). A ambivalência dessa tensão interna ao aparecer, que se enraíza na própria Coisa que se diz na metáfora da luz (origem da "reflexão" no sentido óptico), torna-se, na língua portuguesa, ainda mais acentuada do que na língua alemã, porque a forma verbal e sua conjugação não reproduzem sempre de maneira clara a distinção que existe entre os substantivos "aparência" e "aparecimento ou fenômeno", como ocorre em alemão, entre *scheinen* ("brilhar", "resplandecer", mas também "parecer") e *erscheinen* ("aparecer"), a começar pelo fato de que muitas vezes não faz sentido traduzir *scheinen* pelo infinitivo "parecer". "O ponto de vista da essência é, em geral, o ponto de vista da reflexão. O termo 'reflexão' é em-

ticular. Essa relação de reflexão apresenta, por isso, inicialmente, a perda da eticidade, ou, já que a eticidade, enquanto essência, é necessariamente *apa-*

pregado inicialmente a partir [do fenômeno] da luz, na medida em que sua propagação em linha reta encontra uma superfície espelhante e é por ela retrojetada" (*E*, § 112 Ad.; *TWA*, v. 8, p. 232). Hegel determina então a essência especulativamente, no sentido óptico do reflexo e no sentido filosófico do dobrar-se sobre si, como uma "relação de reflexão", na qual a essência é inseparavelmente relação a si e relação a um outro, posto por ela, enquanto ela é, ao mesmo tempo, um aparecer dentro de si mesmo que é inseparavelmente um aparecer no outro. Na relação de reflexão entre o particular e o universal, que define estruturalmente a sociedade civil, a particularidade é para o indivíduo o "ponto de partida" da universalidade e "deve ser o determinante para mim"; "desse ponto de vista a eticidade parece [*scheint*] perdida" e "eu nisso estou propriamente apenas no erro" (§ 181 Ad.). Assim, na medida em que a universalidade "é a base, mas ainda somente *interior*", da particularidade, ela "somente *aparece* [no modo da aparência] no particular" (*in das Besondere nur scheinende Weise*). Mas na medida em que a universalidade aparece, no sentido de que ela "se mostra e demonstra" (*erweisen*) "como fundamento" da particularidade e "como potência sobre ela" (§ 184), a relação de reflexão, própria da essência, "constitui o *mundo do aparecimento ou fenômeno* do elemento-ético, a *sociedade civil*" (§ 181). Por isso, quando for preciso assinalar expressamente a dimensão de "mera aparência" do aparecer, emprega-se o verbo aparecer com o aditivo "no modo da aparência", porque a conjugação de "parecer" em certas formas verbais não é possível: os dois gerundivos de *scheinen* no *caput* do parágrafo são, assim, traduzidos por "aparecendo" e "aparecente", entendidos como um aparecer no modo da aparência. Mas o campo semântico dos dois verbos, *scheinen* e *erscheinen*, é inseparável da ambivalência que perpassa a tensão imanente à significação de "aparecer", que é reforçada na língua alemã pelo sentido primeiro do verbo *scheinen*, que é "brilhar", "luzir", mas também "parecer", e que atua como uma raiz comum dos dois sentidos que se apresentam claramente diferenciados nos substantivos "aparência" e "aparecimento" ou "fenômeno". De resto, é um recurso expositivo central da dialética especulativa, e não só no campo da estética, a mobilização desse espectro semântico ampliado e ambivalente, conforme os diferentes contextos em que é usado. "A própria aparência é pois essencial para a essência: a verdade nada seria se não se tornasse aparente e aparecesse [*schiene und erschiene*], se não fosse *para* um [*für Eines*], *para* si mesma tanto quanto para o espírito em geral" (*Vorlesungen über die Ästhetik*, *TWA*, v. 13, p. 21). A diferenciação interna desse espectro é explicitada no desenvolvimento categorial progressivo dos diferentes níveis em que, na *Ciência da lógica*, a essência se relaciona, enquanto fundamento, ao outro que ela põe: "aparência", "existência", "fenômeno", "efetividade", que culminando esta última na categoria da "manifestação" — em que não há mais diferença entre o que se manifesta e a própria manifestação — e na "relação absoluta", que é autoexposição e autoposição do absoluto: "mas a essência enquanto relação absoluta é a *aparência posta enquanto aparência*, a qual, enquanto esse relacionar a si, é a *efetividade absoluta*" (*WL II*, p. 393; *TWA*, v. 6, pp. 217-8).

recente (E [1817], §§ 64 ss., §§ 81 ss.) [E, §§ 112 ss., §§ 131 ss.], essa relação constitui o *mundo do aparecimento* do elemento-ético, a *sociedade civil*.

A ampliação da família, enquanto passagem desta a um outro princípio, é, na existência, ora a ampliação tranquila da mesma em direção a um povo, a uma *nação*, que, por conseguinte, tem uma origem natural comunitária, ora a reunião de comunidades familiares dispersas, seja por um poder senhorial, seja por uma união voluntária, introduzida pelas necessidades que entrelaçam e pela ação recíproca da sua satisfação.

Adendo (H). A universalidade tem aqui por ponto de partida a autonomia da particularidade e a eticidade parece, assim, desse ponto de vista, perdida, pois para a consciência a ideia da família é propriamente o primeiro, o divino e o que impõe deveres. Mas agora surge a situação segundo a qual o particular é o que deve ser o determinante primeiro para mim e, por isso, a determinação ética está suspensa. Mas eu nisso estou propriamente apenas no erro, pois quando creio reter o particular, o universal e a necessidade da conexão permanecem, contudo, o primeiro e o essencial: eu estou, portanto, em geral, no degrau ou estágio da aparência, e enquanto minha particularidade permanece o determinante para mim, isto é, o fim, eu sirvo com isso à universalidade, que propriamente guarda o poder último sobre mim.

Segunda seção

A SOCIEDADE CIVIL[367]

---

[367] A teoria hegeliana da sociedade civil é o núcleo e o cadinho das transformações profundas a que a concepção especulativa da liberdade submete o campo teórico e o conteúdo da filosofia prática tradicional (na sua clássica tripartição aristotélica em ética, política e economia) em seu confronto com as disciplinas teóricas privilegiadas dos Tempos Modernos, tais como o jusnaturalismo, a teoria política do Estado moderno, a moral esclarecida da autonomia e a economia política. Ela busca neste confronto não só uma suspensão dos resultados da filosofia política clássica através da sua mediação com as mencionadas disciplinas modernas, mas, sobretudo, um diagnóstico conceitual adequado do presente histórico pós-revolucionário, interpretado no horizonte do ideário da Revolução Francesa e do surgimento da revolução industrial inglesa. Conceitualmente, a sociedade civil incorpora, no interior da estrutura dialético-especulativa da eticidade, a esfera da

§ 182

A pessoa concreta que, enquanto *particular*, enquanto um todo de carências e uma mistura de necessidade natural e de arbítrio, é para si fim, é *um princípio* da sociedade civil — mas a pessoa particular enquanto está essencialmente em *relação* a outra particularidade semelhante, assim que cada uma se faça valer e se satisfaça *mediada* pela outra e, ao mesmo tempo, pura e simplesmente só enquanto *mediada* pela forma da *universalidade*, é o outro *princípio*.

Adendo (H, G). A sociedade civil é a diferença que intervém entre a família e o Estado, embora a sua formação plena ocorra mais tarde do que a do Estado, pois enquanto diferença ela pressupõe o Estado, que ela, para existir, tem de ter diante de si como algo subsistente por si. De resto, a criação da sociedade civil pertence ao mundo moderno, que pela primeira vez faz justiça a todas as determinações da ideia. Se o Estado é representado como uma unidade de pessoas diversas, como uma unidade que é somente ser-em-comum,[368] então com isso só se tem em vista a determinação da sociedade civil. Muitos teóricos modernos do Estado não puderam alcançar nenhuma outra maneira de ver o Estado.[369] Na sociedade civil cada um é para

---

diferença e da mediação; ela é, do ponto de vista histórico, a esfera moderna do trabalho emancipado e da atividade econômica e social despolitizada, da particularidade autônoma em face da universalidade somente formal da mediação social e jurídica dos interesses e fins privados, por contraposição à sociedade civil-política, que exprimia numa estrutura homogênea de dominação a identidade clássica entre a sociedade civil (*societas civilis*, *koinonia politikè*) e o Estado (*civitas*, *polis*), à qual se opunha a esfera econômica da sociedade doméstica (*oikos*), baseada no trabalho doméstico, servil e escravo. Assim, a sociedade civil moderna é o solo histórico do "desenvolvimento autônomo da particularidade" (§ 185), fundada na pessoa enquanto sujeito de direitos iguais e na subjetividade moral autônoma, as duas condições fundamentais da modernidade, apresentadas nas duas primeiras partes "abstratas" da obra, que na sociedade civil se apresentam e se efetivam na figura da "pessoa particular", "concreta", que é "fim para si" (§ 182).

[368] Traduz-se aqui o substantivo *Gemeinsamkeit*, que pode ter também o sentido de "comunidade", por "ser-em-comum", para diferenciá-lo de *Gemeinschaft*, "comunidade", no sentido de "coletividade", e de *Gemeinde*, também vertido por "comunidade", por exemplo, a "comunidade religiosa", mas que pode também ter o sentido administrativo de "municipalidade", "paróquia".

[369] A observação de Hegel a propósito da tendência dos teóricos modernos de considerar o Estado somente como o "ser-em-comum" das pessoas singulares, quando para

si fim, e tudo o mais nada é para ele. Mas sem relação aos outros ele não pode atingir a amplitude dos seus fins; esses outros são, por isso, meios para o fim do particular. Mas, pela sua relação aos outros, o fim particular se dá a forma da universalidade e se satisfaz, satisfazendo ao mesmo tempo conjuntamente o bem-próprio de outrem. Como a particularidade está ligada à condição da universalidade, o terreno da mediação é o todo, no qual todas as singularidades, todas as disposições, todas as contingências de nascimento e da felicidade se dão livre curso, no qual jorram as ondas de todas as paixões, que só são regidas pela razão que brilha adentro delas.[370] A particularidade restringida pela universalidade é a medida pela qual unicamente cada particularidade fomenta o seu bem-próprio.

§ 183

Na sua efetivação, o fim egoísta, assim condicionado pela universalidade, funda um sistema de dependência omnilateral, de modo que a subsistência e o bem-próprio do singular, bem como o seu ser-aí jurídico, estão entrelaçados com a subsistência, o bem-próprio e o direito de todos, estão fundados nesse entrelaçamento e são efetivos e assegurados somente nessa cone-

---

ele é evidente que "com isso só se visa à determinação da sociedade civil", mostra a que ponto ele só consegue ainda entender a tese da identidade clássica entre sociedade civil e Estado — segundo a qual o ser-em-comum político das pessoas (a *koinonia politikè*) é precisamente o Estado — do ponto de vista da sociedade civil moderna, cuja diferença específica em relação à sociedade civil política clássica ele estabeleceu pela primeira vez em toda a sua clareza conceitual (cf. Riedel, M., *Studien zu Hegels Rechtsphilosophie*, Frankfurt a. M., Suhrkamp, 1969, pp. 121-2, 145).

[370] A tradução de *hineinscheinende Vernunft* por "razão que brilha adentro de" remete implicitamente aos dois significados principais do verbo *scheinen*, ao significado original e, em muitos contextos, ainda hoje fundamental e usual ("brilhar", "luzir", "resplandecer"), mas, também, ao significado de "parecer", que indica "como algo se apresenta aos olhos de", "tem o semblante de", donde o sentido de algo que "brilha só enquanto aparência", em oposição ao que é real. No enunciado em questão, "a razão brilha adentro das paixões" se refere a um "brilhar", um "luzir" da razão que aparece nelas só enquanto aparência, de modo que a razão não as rege como um universal imanente, concreto, mas como um universal formal do entendimento, como lei externa, que é nelas inseparavelmente aparecer e aparência.

xão. Pode-se, inicialmente, considerar esse sistema como o *Estado externo* — o *Estado da necessidade* e do *entendimento*.[371]

§ 184

A ideia nesta sua cisão confere aos *momentos um ser-aí que lhes é pró-*

---

[371] O "conceito de Estado da necessidade e do entendimento" (*Not- und Verstandesstaat*) e a sua distinção do conceito de "Estado da razão" (*Vernunftstaat*) remontam a Schiller e Fichte, e tem a sua origem na oposição kantiana entre necessidade e liberdade enquanto formas da causalidade respectiva dos seres desprovidos de razão e dos seres dotados de razão. Esse conceito caracteriza em Hegel a sociedade civil como uma ordem social constituída pelo entrelaçamento dos interesses privados, regida pela satisfação recíproca das carências e pela proteção jurídica da pessoa singular e de sua propriedade. Hegel utiliza conjuntamente e de maneira complementar os conceitos de "Estado da necessidade" e "Estado do entendimento", ambos sinônimos do conceito de "Estado externo" (*äusseren Staat*), mas as *Preleções de 1817-18*, no parágrafo inicial referente à sociedade civil, explicitam e justificam o sentido de cada um deles: "a sociedade civil é assim inicialmente o *Estado externo ou Estado do entendimento*, porque a universalidade não é enquanto tal fim em si e para si, porém meio para a existência e conservação dos singulares, ou [ela é] o *Estado da necessidade*, porque o fim principal é a garantia das carências" (*VRph 1817-18*, § 89, p. 112). Esse conceito e sua oposição ao conceito de Estado racional adquirem o seu significado pleno em Hegel mediante a sua referência crítica a Fichte. Isso porque Hegel concebe precisamente o Estado racional de Fichte como sendo um Estado da necessidade, na medida em que o poder do Estado e a obrigação política, seguindo o conceito kantiano de direito, fundam-se na limitação recíproca das liberdades individuais e que o objeto da vontade universal é a segurança recíproca (Fichte, *Grundlage des Naturrechts nach Prinzipien der Wissenschafstlehre*, § 16, *Fichtes Werke*, pp. 150-1). Nesse sentido, a justificação do poder estatal e do vínculo político do indivíduo ao Estado reside primariamente na garantia jurídica da realização comum dos fins privados, de sorte que a necessidade natural da satisfação das carências passa a constituir o fundamento da comunidade política dos seres racionais e o poder de Estado é, sobretudo, um poder coercitivo, que visa a assegurar, mediante a limitação da liberdade individual, a submissão dos fins privados à vontade universal. Já no seu artigo *Diferença entre o sistema filosófico de Fichte e o de Schelling* (1801), Hegel criticava a contradição implícita nessa justificação do poder estatal pela garantia da segurança recíproca mediante uma instância de coerção jurídica, que acaba negando a liberdade individual justamente em nome do seu direito à segurança enquanto fundamento da adesão racional ao Estado. "A liberdade [...] é o que em si suspende toda restrição e é o ponto mais alto do sistema fichtiano; mas na comunidade com os outros é preciso *renunciar* a ela, a fim de que seja possível a liberdade de todos os seres racionais que vivem em comunidade; a liberdade deve suspender-se a si mesma para ser liberdade" (*Differenzschrift*, p. 54).

prio — à *particularidade*, o direito de desenvolver-se e difundir-se para todos os lados e à universalidade, o direito de demonstrar-se enquanto fundamento e forma necessária da particularidade, e também como a potência sobre ela e como o seu fim último.[372] — É o sistema da eticidade perdida nos seus extremos que constitui o momento abstrato da *realidade* da ideia, a qual é aqui, nesse *fenômeno* externo, somente como *a totalidade relativa* e *a necessidade interna*.

Adendo (H). O elemento-ético está aqui perdido nos seus extremos e a unidade imediata da família desagregou-se numa multiplicidade. A realidade aqui é exterioridade, dissolução do conceito, subsistência própria dos momentos sendo-aí que se tornaram livres. Ao mesmo tempo que na sociedade civil a particularidade e a universalidade estão dissociadas, estão ambas, contudo, reciprocamente ligadas e condicionadas. Enquanto um momento parece fazer o que é oposto ao outro e crê poder ser somente mantendo o outro à distância de si, cada um, no entanto, tem o outro por sua condição. Assim, a maior parte dos indivíduos considera o pagamento de impostos como uma lesão da sua particularidade, como algo que lhes é hostil, que atrofia o seu fim; mas, por mais verdadeiro que isso *pareça*, a particularidade do fim não pode, todavia, ser satisfeita sem o universal, e um país no qual não se pagassem impostos também não se distinguiria pelo fortalecimento da particularidade. Poderia parecer igualmente que a universalidade se sairia melhor se ela absorvesse em si as forças da particularidade, como, por exemplo, está exposto no Estado platônico; mas também isso é, novamente, tão só uma aparência, visto que ambas só são uma pela outra e uma para a outra e ambas se convertem uma na outra. Fomentando o meu fim, fomento o universal, e este, por sua vez, fomenta o meu fim.

---

[372] "Esses momentos contidos na ideia adquirem ser-aí subsistente por si, a ideia é graciosa, ela lhes dá subsistência por si, totalidade, tanto quanto a possam suportar; a ideia permite aos momentos unilaterais que, cada um a seu modo, se formem plenamente em direção à totalidade. A universalidade aparece, então, na forma da particularidade e é, assim, uma potência externa, isto é, o fato de viver-se num Estado aparece como questão de necessidade constringente. Se eu só não necessitasse dos outros, não precisaria do Estado, isto é, da sociedade civil; ela é representada, aqui, só como um meio, como uma triste necessidade. Ela se demonstra, assim, enquanto potência, com a aparência da universalidade externa, mas, também, enquanto último fim" (*VRph 1824-25*, p. 474).

§ 185

A particularidade para si, por um lado, enquanto satisfação das suas carências, do arbítrio contingente e do capricho subjetivo se expandindo para todos os lados, destrói nas suas fruições a si mesma e o seu conceito substancial; por outro lado, enquanto infinitamente excitada e em completa dependência da contingência externa e do arbítrio, e também restringida pela potência da universalidade, a satisfação da carência, seja necessária, seja contingente, é [ela própria] contingente. A sociedade civil, nessas oposições e no seu emaranhamento, oferece o espetáculo da extravagância,[373] bem como da miséria e da corrupção física e ética comum a ambas.

O desenvolvimento autônomo da particularidade (cf. § 124 A) mostra-se como o momento em que, nos Estados antigos, irrompe a corrupção dos costumes, e como o fundamento último do declínio destes. Esses Estados, construídos em parte sobre o princípio patriarcal e religioso, em parte sobre o princípio de uma eticidade mais espiritual, porém mais simples — em geral sobre uma intuição natural *originária* —, não podiam suportar dentro de si a cisão dessa intuição e a reflexão infinita da autoconsciência dentro de si, e [, assim,] sucumbiram a essa reflexão quando ela começou a sobressair na disposição de ânimo e, depois, na efetividade, porque faltava ao princípio ainda simples desses Estados a força verdadeiramente infinita, que reside unicamente naquela unidade que *deixa* a *oposição* da razão *divergir em todo o seu vigor* e que a dominou, unidade que, portanto, se mantém nessa oposição e *a mantém coesa dentro de si*.[374] — Platão, em seu Estado, apresenta a

---

[373] Mobiliza-se aqui o sentido primeiro da palavra na sua etimologia oriunda do latim medieval eclesiástico (*Houaiss*, p. 863), a saber, o de "vagar", "andar errante", "perambular", que exprime bem o substantivo alemão *Ausschweifung*, e que aponta também para o fenômeno da mobilidade crescente da sociedade civil, ao arrancar cada vez mais o indivíduo dos seus laços telúricos e familiares (ver § 238). Essa a origem do sentido derivado de "transgressão da justa medida", "desregramento", "dissipação", "excesso", que a sequência do enunciado desdobra.

[374] Esta é a formulação especulativa mais condensada do princípio da modernidade, no sentido de que somente e pela primeira vez o mundo moderno "faz justiça a todas as determinações da ideia" (§ 182 Ad.). Ela se desdobra na tese de que o "cultivo" (*Bildung*) da autonomia da particularidade a eleva à universalidade, tornando essa particularidade autônoma "o verdadeiro ser-para-si da singularidade", que passa a ser um "momento imanente do absoluto" (§ 187 A). Mais especificamente no plano político, no § 260, essa tese reaparece como "princípio dos Estados modernos" (ver também § 124 A).

eticidade substancial em sua *beleza* e *verdade* ideais; mas ele não pôde dar conta do princípio da particularidade autônoma, que em seu tempo irrompera na eticidade grega, a não ser contrapondo-lhe o seu Estado somente substancial e excluindo inteiramente o mesmo princípio, até mesmo nos começos que ele tem na *propriedade privada* (§ 46 A) e na *família* e, depois, na sua formação mais madura, enquanto arbítrio próprio e escolha do estamento etc. É essa falha que leva a desconhecer a grande verdade *substancial* do seu Estado e a considerar este, habitualmente, como uma fantasia visionária do pensamento abstrato, como o que frequentemente se costuma chamar de *ideal*.[375] O princípio da *personalidade infinita dentro de si, subsistente por si*, do singular, o princípio da liberdade subjetiva, que despontou interiormente na religião *cristã* e exteriormente no mundo *romano*, ligado por isso à universalidade abstrata, não chega ao seu direito nessa forma somente substancial do espírito efetivo. Esse princípio é historicamente posterior ao mundo grego, e a reflexão filosófica que desce até essa profundidade é igualmente posterior à ideia substancial da filosofia grega.[376]

---

[375] Esse confronto crítico do princípio da eticidade moderna, o princípio da autonomia da particularidade, em sua formulação especulativa, com o "ideal" da eticidade somente substancial do Estado platônico, é desdobrado e aprofundado na metade final da longa Anotação ao § 552 da *Enciclopédia* no contexto da discussão das relações e da reconciliação especulativa entre o Estado, a religião e a filosofia, defendida por Hegel no horizonte da sua interpretação especulativa da ideia e do Estado em Platão.

[376] "Essa infinitude da personalidade, que está ao mesmo tempo na sua infinita particularidade, é a força superior do espírito do mundo de cindir a si mesmo em direção a esses extremos prodigiosos, de sorte que o indivíduo, enquanto este particular, se torna fim para si mesmo, se põe enquanto ponto infinitamente duro, e que a ideia, contudo, tem a força de manter esse indivíduo coeso com o universal, embora sem consciência.

O Estado ateniense não podia mais subsistir tão logo surgiu a individualidade subsistente por si, que, nos Tempos Modernos, chamamos especialmente de liberdade, esse arbítrio dos indivíduos. Este é então o princípio dos Estados cristãos dos tempos posteriores.

O Estado tem de ser de tal modo que, por um lado, ele seja indiferente em face desse arbítrio, mas, por outro, que o arbítrio permaneça ligado a ele, que o arbítrio não possa se exercer sem entrar no sistema do Estado, que ele não possa se satisfazer de outro modo a não ser no princípio do Estado. Se os indivíduos são, nele, livres para si, por exemplo por discernimento, é novamente um problema dos indivíduos. Por conseguinte, o Estado tem de cuidar, primeiro, de que os indivíduos possam se expandir conforme o seu arbítrio, segundo, de que eles permaneçam ligados ao Estado, terceiro, de que esse

Adendo. A particularidade para si é o extravagante e o sem medida, e as formas dessa extravagância são elas próprias sem medida. O homem amplia pelas suas representações e reflexões os seus desejos, que não são um círculo fechado como o instinto do animal, e os leva ao mal infinito. Mas, por outro lado, a privação e a penúria são igualmente algo sem medida, e a confusão dessa situação só pode chegar à harmonia através do Estado, que exerce o seu poder sobre ela. Quando o Estado platônico quis excluir a particularidade, isso em nada ajuda, pois tal ajuda estaria em contradição com o direito infinito da ideia de deixar a particularidade livre. É precipuamente na religião cristã que surgiu o direito da subjetividade, bem como a infinitude do ser-para-si, e nesse caso a totalidade tem de, ao mesmo tempo, adquirir o vigor para pôr a particularidade em harmonia com a unidade ética.

§ 186

Mas, precisamente pelo fato de que o princípio da particularidade se desenvolve para si até a totalidade, ele passa à *universalidade* e tem exclusivamente nesta a sua verdade e o direito da sua realidade efetiva positiva. Essa unidade, que não é a identidade ética, em virtude da subsistência por si de ambos os princípios desse ponto de vista da cisão (§ 184), é, precisamente por isso, não enquanto *liberdade*, mas sim enquanto *necessidade*,[377] a de que o *particular* se eleve à *forma da universalidade* e nessa forma procure e tenha o seu subsistir.

---

estar-ligado não lhes apareça como violência externa, como triste necessidade a que é preciso submeter-se, de que este discernimento se reconcilie com essa ligação e não reconheça o estar ligado como uma cadeia, mas como necessidade ética superior" (*VRph 1824-25*, p. 479).

[377] "Necessidade consiste em que esteja presente uma identidade, uma conexão de momentos postos enquanto autônomos uns em face dos outros. Na verdadeira identidade estão também contidos momentos, pois ela é concreta, mas eles estão nela enquanto suspensos, enquanto postos idealmente; aqui, porém, na necessidade, eles são autônomos uns defronte os outros, e o que lhes advém aparece como algo externo. Portanto, a identidade aqui, no mundo do aparecer, é posta só enquanto necessidade. Necessidade impositiva (*Not*), violência é o elemento externo que chega à existência da ideia, que vale enquanto autônoma; o fato de que esse elemento externo chegue a ela está contido na identidade, nada pode chegar a algo que não esteja igualmente em si nesse algo, que não seja momento nele" (*id.*, v. 4, p. 480).

§ 187

Enquanto cidadãos desse Estado[378] [do entendimento], os indivíduos são *pessoas privadas*, que têm por fim o seu interesse próprio. Como este

---

[378] A expressão *als Bürger dieses Staates* tem para os nossos ouvidos modernos uma ressonância histórica híbrida, pois o Estado a que pertencem estes "cidadãos" (*Bürger*) é o "Estado externo", o "Estado do entendimento", que designa, para Hegel, a moderna sociedade civil. Esta é agora constituída como a esfera da atividade econômica e social do indivíduo burguês, emancipado dos vínculos estamentais e corporativos da sociedade estamental ainda restantes no Estado absolutista, esta última figura da fase tardia da sociedade civil clássica, que é ainda política na sua constituição. Com esta expressão, Hegel delineia o campo semântico em que a sua novíssima terminologia se constitui no interior das transformações revolucionárias recentes da sociedade europeia. Como mostrou Riedel, Hegel desenvolve o seu conceito de *Bürger* em oposição tanto à concepção patrimonialista-estamental do pensamento conservador, como a de Ludwig von Haller, que prefere evitar os conceitos de *Bürger* ou *Staatsbürger*, associados à Revolução Francesa, e falar do súdito, visto primariamente em sua inserção no respectivo estamento e na sua respectiva relação ao príncipe, quanto à concepção abstrata do cidadão do liberalismo político constitucionalista contemporâneo, que pensa em "criar", "instituir" uma constituição pelos cidadãos associados enquanto "membros do Estado". Para Hegel, o *Bürger* é primariamente o indivíduo burguês enquanto "pessoa privada", que resume na sua figura historicamente constituída as transformações revolucionárias da sociedade europeia dos últimos dois séculos e constitui, assim, a base oculta do desiderato constitucionalista liberal de uma emancipação universal da cidadania. Nesse sentido, *Bürger* é o *bourgeois*, que "tem o seu interesse próprio por fim" e age se inserindo como um elo no "sistema das carências" e na divisão do trabalho. Como sujeito de direitos privados, é membro da sociedade civil, expressamente diferenciada por Hegel do Estado, e que não é mais a sociedade civil-política que o pensamento político clássico pensava, na fórmula "*civitas sive societas civilis*", como idêntica com o Estado. Mas o conceito de *Bürger*, de acordo com a sua dupla valência no final do século XVIII e início do século XIX, designa também o *citoyen*, conforme a terminologia da Revolução Francesa, que remonta a Rousseau (*CS*, I, 6, v. 3, pp. 360-2) e caracteriza o estatuto unitário e universal do indivíduo que não está mais apenas submetido às leis, na qualidade de súdito ou protegido (*Schutzgenosse*), mas que tem em princípio a capacidade de participar ativamente da sua elaboração, conforme a distinção já presente em Kant ("Über den Gemeinspruch: Das mag in der Theorie richtig sein, taugt aber nicht für die Praxis", A 244-245, in: *Kant*, *Werke*, v. VI, p. 150). Hegel inicia a sua preleção sobre a sociedade civil no curso de 1824-25 referindo esta oposição da terminologia revolucionária francesa. "A sociedade civil tem por sua base e por seu ponto de partida o interesse particular dos indivíduos. Os franceses fazem uma distinção entre *bourgeois* e *citoyen*, o primeiro é a situação do indivíduo na

fim é mediado pelo universal que, assim, lhes *aparece* como *meio*, tal fim só pode ser por eles alcançado na medida em que eles mesmos determinam o seu saber, querer e atuar de modo universal e se façam um *elo* da cadeia dessa *conexão*. O interesse da ideia aqui, que não reside na consciência desses membros da sociedade civil enquanto tais, é o *processo* de elevar, pela necessidade natural assim como pelo arbítrio das carências, a singularidade e a naturalidade dos mesmos à *liberdade formal* e à *universalidade* formal *do saber e do querer*, de *formar pelo cultivo*[379] a subjetividade na sua particularidade.

---

sua comunidade em consideração à satisfação das suas carências, ele não tem [aí], portanto, nenhuma relação política, esta somente o *citoyen* a tem. Aqui consideramos os indivíduos enquanto *bourgeois*" (*VRph 1824-25*, p. 472).

Já na época de Jena, o jovem Hegel opunha a figura do cidadão, pensada historicamente a partir da pólis ateniense, ao surgimento do burguês, relacionado historicamente com a decadência da República Romana. "No tempo dos imperadores, os *cives* tinham decaído e assumido o caráter de pessoas privadas, que têm os seus interesses próprios e encaram a sua ligação [social] como meio desses interesses" (*VRph 1822-23*, p. 580). Nesse sentido, a figura do cidadão assinala para Hegel a superioridade do político sobre o social, pensada paradigmaticamente na figura da cidadania republicana clássica. A figura do *cives* reduzido à personalidade jurídica e à dimensão privada passa a ter a sua concretização histórica plena no burguês moderno, enquanto "pessoa privada" dotada de liberdade subjetiva, que pressupõe a diferenciação e a independização da sociedade civil em face do Estado.

Riedel sublinha que o conceito hegeliano de *Bürger* permanece constitutivamente entrelaçado com as transformações históricas que põem em primeiro plano o homem como *bourgeois*. Este é primariamente a pessoa jurídica de direitos privados na sociedade civil, e não o cidadão membro do Estado (*Staatsbürger*). Com efeito, o conceito de *Staatsbürger* do constitucionalismo liberal permanece, para Hegel, abstrato, na medida em que o indivíduo não é, ao mesmo tempo, considerado em sua inserção social num determinado estamento, numa associação cooperativa e numa comunidade distrital, uma vez que é só no "elemento estamental" que o indivíduo pode se alçar a uma dimensão e a uma significação políticas (§ 308), conforme a tentativa hegeliana de repolitizar a sociedade civil moderna mediante a sua teoria da representação estamental. Com essa tentativa de rearticulação política da sociedade civil mediante a representação estamental, Hegel pretende suspender a diferença e a oposição moderna entre o *bourgeois* e o *citoyen*, entre a sociedade civil e o Estado, tornando dispensável e superada a exigência posta pelo constitucionalismo liberal de ampliar e erguer a pessoa privada do *bourgeois* ao estatuto de cidadão de um Estado (Riedel, M., "Bürger", in: *GGrb.*, v. 1, pp. 672-725).

[379] O rico e complexo conceito de *Bildung* (*bilden*) será traduzido ora por "formação", ora por "cultivo", conforme as exigências ou conveniências do contexto e a intenção de ressaltar nuances da língua, recorrendo às vezes às expressões compósitas "for-

As representações acerca da *inocência* do estado de natureza, da simplicidade dos costumes dos povos incultos, por um lado, e a opinião que considera as carências, a sua satisfação, as fruições e as comodidades da vida particular etc. como fins *absolutos*, por outro, levam a considerar a *formação* naquele caso como algo somente *exterior*, que concerne à corrupção e, neste caso, como um mero *meio* para aqueles fins; uma e outra maneira de ver mostram o desconhecimento da natureza do espírito e do fim da razão. O espírito tem a sua efetividade somente graças ao fato de que ele se cinde em si mesmo, de que ele se dá esta restrição nas carências naturais e na conexão dessa necessidade externa e esta finitude e que, precisamente pelo fato de que ele *se adentra nelas para formá-las*, as supera e, nisso, adquire o seu ser-aí *objetivo*. Por causa disso, o fim da razão não é nem aquela simplicidade natural de costumes nem as fruições enquanto tais, que são alcançadas no desenvolvimento da particularidade pela formação, porém está em que a *simplicidade natural* — isto é, em parte a ausência passiva de si, em parte a rudeza do saber e do querer, isto é, a *imediatidade* e a *singularidade*, nas quais o espírito está mergulhado — seja removida por um trabalho e, antes de tudo, em que essa sua exterioridade receba a racionalidade *de que ela é capaz*, a saber, a *forma da universalidade, a inteligibilidade do entendimento*. Somente dessa maneira o espírito está nessa *exterioridade* como tal *em casa* e *junto de si*. A sua liberdade tem, assim, um ser-aí nessa exterioridade e nesse elemento *em si* estranho à sua destinação à liberdade o espírito torna-se *para si*, e ele só tem a ver com aquilo a que está aposto o seu selo e com o que foi *produzido* por ele. — Precisamente com isso, portanto, a *forma da universalidade* vem à existência para si no pensamento — forma que só ela é o elemento digno para a existência da ideia. A *formação* é, por conseguinte, na sua destinação absoluta, a *libertação* e o *trabalho* da libertação superior, a saber, o ponto de passagem absoluto à substancialidade infinitamente subjetiva da eticidade, que não é mais imediata, natural, porém espiritual, elevada igualmente à figura da universalidade. Essa libertação é, no sujeito, o árduo trabalho contra a mera subjetividade do comportamento, contra a imediatidade do desejo, assim como contra a vaidade subjetiva do sentimento e o arbítrio do capricho. O fato de que a for-

---

mação pelo cultivo" e "cultivo que forma ou formador", para assinalar essa riqueza do conceito. *Bildung* pode também, em certos contextos, ter o significado de "cultura".

mação seja este duro trabalho constitui uma parte do desfavor que recai sobre ela. Mas é por esse trabalho de formação que a própria vontade subjetiva ganha dentro de si a *objetividade*, na qual, unicamente, por sua parte, ela é digna e capaz de ser a *efetividade* da ideia. — É igualmente essa forma da universalidade à qual a particularidade chegou pelo trabalho e se elevou pela formação, a inteligibilidade do entendimento, que faz com que a particularidade *se torne* o verdadeiro *ser-para-si* da singularidade e, como essa particularidade dá à universalidade o conteúdo que a preenche e a sua autodeterminação infinita, ela mesma [a particularidade] é, na eticidade, enquanto subjetividade sendo infinitamente para si, livre. Este é o ponto de vista que demonstra a *formação* como momento imanente do absoluto e o seu valor infinito.

Adendo (H). Pode-se inicialmente entender por homens cultivados os que fazem tudo como os outros o fazem[380] e não realçam a sua particularidade, ao passo que é precisamente esta que se mostra nos homens incultos, já que o seu comportamento não se orienta segundo as propriedades universais do objeto. Da mesma maneira, na relação aos outros homens o homem inculto pode facilmente melindrá-los, uma vez que ele se entrega à sua espontaneidade e não reflete sobre os sentimentos dos outros. Ele não quer ferir os outros, mas a sua conduta não está em acordo com a sua vontade. A formação é, portanto, o polimento da particularidade, mediante o qual ela se comporta segundo a natureza da Coisa. A verdadeira originalidade enquanto produtora da Coisa exige verdadeira formação, ao passo que a não verdadeira acolhe futilidades de mau gosto, que só ocorrem aos não cultivados.

---

[380] Os organizadores da edição Suhrkamp (*TWA*, v. 7, p. 345, nota 12) assinalam que se trata de uma passagem deteriorada. Os Apontamentos de Hotho, que estão na base deste Adendo, dizem aqui *"dass sie alles machen wie Andere"* ("que eles fazem tudo como os outros o fazem") (*VRPh 1822-23*, p. 582), ao invés da leitura de Gans *"solche die alles machen können, was Andere tun"* ("aqueles que podem fazer tudo o que outros fazem"). O conceito de *Bildung* acentua o "polimento da particularidade" e a exigência de um comportamento segundo a natureza universal da Coisa, de modo que o teor do enunciado em Hotho nos parece mais conforme a esse conceito do que a formulação de Gans. Isso é confirmado por uma passagem dos referidos Apontamentos não incorporada por Gans neste Adendo: "A natureza da Coisa é uma só e todos os [homens] cultivados comportar-se-ão da mesma maneira no que concerne a esta Coisa. A verdadeira originalidade é somente aquela cujo conteúdo é a própria Coisa" (*id.*, p. 583).

§ 188

A sociedade civil contém os três momentos:

A. A mediação da *carência* e a satisfação do *singular* pelo seu trabalho e pelo trabalho e pela satisfação das carências *de todos os demais* — o sistema das *carências*.

B. A efetividade do universal da *liberdade* aí contido, a proteção da propriedade pela *administração do direito*.

C. A prevenção contra a contingência que resta nesses sistemas e o cuidado do interesse particular como algo de *comum* mediante a *polícia*[381] e a *corporação*.

A. O SISTEMA DAS CARÊNCIAS

§ 189

A particularidade, enquanto o que está determinado em face do universal da vontade em geral (§ 6), é inicialmente uma *carência subjetiva*, que alcança a sua objetividade, isto é, a sua *satisfação* α) por meio das coisas externas, que são agora igualmente a *propriedade* e o produto de outras carências e vontades e β) pela atividade e pelo trabalho, enquanto elemento-mediador de ambos os lados. Visto que o fim da carência é a satisfação da *particularidade* subjetiva, mas, na relação às carências e ao livre arbítrio dos outros, a *universalidade* se faz valer, segue-se que esse brilhar[382] da racionalidade na esfera da finitude é o *entendimento*, que é o lado que importa nesta consideração e o que constitui ele mesmo elemento-reconciliador no interior desta esfera.

A *Economia Política* é a ciência que tem o seu começo nesses pontos de vista, mas ela tem então de expor a relação e o movimento das massas na sua determinidade qualitativa e quantitativa e no seu emaranhamento. — É uma das ciências que surgiram em época recente como seu terreno. O seu desenvolvimento mostra o aspecto interessante

---

[381] Ver nota ao § 231.

[382] A propósito da tradução de *scheinen* por "brilhar", ver nota 366, pp. 436-7.

de como o *pensamento* (veja-se Smith, Say, Ricardo)[383] extrai da multidão infinita de singularidades que estão inicialmente diante dele os princípios simples da Coisa, o entendimento que nela opera e que a rege. — Assim como, de um lado, o elemento-reconciliador é conhecer na esfera das carências esse brilhar da racionalidade que reside na Coisa e nela atua, assim também, inversamente, esse é o campo onde o entendimento dos fins subjetivos e das opiniões morais dá vazão à sua insatisfação e à sua irritação moral.

Adendo (H, G). Há certas carências universais como comer, beber, vestir-se etc., e a maneira como elas são satisfeitas depende inteiramente de circunstâncias contingentes. O solo é aqui ou lá mais ou menos fértil, os anos são diversos no seu rendimento, um homem é diligente, o outro preguiçoso; mas este pulular de arbítrios engendra a partir de si determinações universais, e isto que é aparentemente disperso e desprovido de pensamento é mantido por uma necessidade que intervém de si mesma. Descobrir aí esse elemento necessário é o objeto da Economia Política, uma ciência que honra ao pensamento, porque ela encontra as leis para uma massa de contingências. É um espetáculo interessante observar como todas as conexões aqui atuam retroativamente, como as esferas particulares se agrupam, têm influência sobre as outras e delas experimentam o seu fomento ou impedimento. Esse entrosamento, em que inicialmente não se acredita, porque tudo parece entre-

---

[383] Smith, A., *An Inquiry into the Nature and Causes of the Wealth of Nations*, Londres, 1775; Say, J. B., *Traité d'économie politique*, Paris, 1803; Ricardo, D., *On the Principles of Political Economy, and Taxation*, Londres, 1817. Embora não citado aqui, sabemos, graças à biografia de Karl Rosenkranz, que Hegel estudou intensamente em 1799 a obra de James Steuart (*Inquiry into the Principles of Political Economy*, Londres, 1767), rapidamente traduzida para o alemão (*Untersuchung der Grundsätze der Staatswirtschaft*, Hamburgo 1769-1770), da qual fez glosas e comentários. "Todos os pensamentos de Hegel sobre a essência da sociedade civil, sobre as carências e o trabalho, a divisão do trabalho e o patrimônio dos estamentos, sobre a pobreza e a polícia, os impostos etc., concentram-se finalmente num *comentário* em glosas da tradução alemã da *Staatswirtschaft* de Steuart, que ele redigiu de 19 de fevereiro até 16 de maio de 1799 e que ainda está inteiramente preservada [entrementes, este comentário é dado por perdido]. Encontram-se aí muitas visões grandiosas sobre política e história, muitas observações finas. Steuart ainda era um partidário do mercantilismo. Hegel combatia com um nobre *páthos*, com uma profusão de exemplos interessantes, o que havia de morto no sistema mercantil, esforçando-se por salvar no meio da concorrência e no mecanismo do trabalho e do comércio o ânimo do homem" (Rosenkranz, K., *Georg Wilhelm Friedrich Hegel's Leben*, Berlim, 1844, p. 86; cf. *Anhang*, p. 1.168).

gue ao arbítrio do singular, é especialmente notável e tem semelhança com o sistema planetário, que para o olho sempre mostra somente movimentos irregulares, mas cujas leis podem, contudo, ser conhecidas.

a. *O modo da carência e da satisfação*

§ 190

O *animal* tem um círculo restrito de meios e modos de satisfação de suas carências, igualmente restritas. O *homem*, mesmo nessa dependência, prova o seu ir além da mesma e a sua universalidade, inicialmente pela *multiplicação* das carências e dos meios e, em seguida, pela *decomposição* e *diferenciação* da carência concreta em partes e aspectos singulares, que se tornam carências distintas, *particularizadas* e, por isso, mais *abstratas*.

No direito, o objeto é a *pessoa*, no ponto de vista moral, é o *sujeito*, na família, é o *membro da família*, na sociedade civil em geral, é o *cidadão* (enquanto *bourgeois*) — aqui, do ponto de vista das carências (cf. § 123 A), é o concreto *da representação* que se chama *homem*; portanto, é pela primeira vez aqui e também propriamente somente aqui que se fala do *homem* nesse sentido.

Adendo (H). O animal é um ser particular, ele tem o seu instinto e os meios de satisfação limitados e que não podem ser ultrapassados. Há insetos que estão ligados a determinadas plantas, outros animais que têm um círculo mais amplo, que podem viver em climas diversos; mas sempre intervém algo restrito em comparação com o círculo que existe para o homem. A carência de habitação e vestuário, a necessidade de não mais deixar cru o alimento, mas de torná-lo adequado a si e destruir a sua imediatidade natural, faz com que a existência do homem não lhe seja tão cômoda quanto ao animal e que, enquanto espírito, ela não lhe deva ser tão cômoda. O entendimento que apreende as diferenças introduz a multiplicação nessas carências e, enquanto o gosto e a utilidade tornam-se critérios de apreciação, as próprias carências são também por eles afetadas. No fim de contas, não é tanto aquilo de que se carece, mas é a opinião que tem de ser satisfeita, e cabe precisamente ao cultivo formador decompor o concreto em suas particularizações. Na multiplicação das carências reside exatamente uma inibição do desejo, pois, quando os homens consomem muitas coisas, o ímpeto para uma delas de que careceriam não é tão forte, e isso é um sinal de que a urgência não é tão imperiosa.

§ 191

Da mesma maneira, os *meios* para as carências particularizadas e, de maneira geral, os modos da sua satisfação, que se tornam, por sua vez, fins relativos e carências abstratas, *dividem*-se e *multiplicam*-se — uma multiplicação que prossegue ao infinito, que, exatamente nessa medida, é uma *diferenciação* dessas determinações e uma *apreciação* da conformidade dos meios a seus fins — o *refinamento*.

Adendo (H). Aquilo que os ingleses denominam *"comfortable"* é algo inteiramente inesgotável e que prossegue ao infinito, pois cada conforto mostra novamente o seu desconforto, e essas invenções não têm fim. Por isso, uma carência é produzida não tanto por aqueles que a têm de modo imediato, quanto, muito mais, por aqueles que graças ao seu surgimento buscam um ganho.

§ 192

As carências e os meios, enquanto ser-aí real, tornam-se um *ser* para *outros*, por cujas carências e por cujo trabalho a satisfação está reciprocamente condicionada. A abstração, que se torna uma qualidade das carências e dos meios (ver o § precedente), torna-se também uma determinação da relação recíproca dos indivíduos uns aos outros; essa universalidade, enquanto *ser reconhecido*, é o momento que as torna, em sua singularização e em sua *abstração*, carências, meios e maneiras de satisfação que, enquanto *sociais*, são *concretas*.[384]

---

[384] A satisfação social das carências na sociedade civil burguesa torna-se efetiva e concreta precisamente mediante a "abstração" crescente que as relações recíprocas entre os indivíduos adquirem enquanto particularidades autônomas, resultante do processo de análise, isto é, de "decomposição e diferenciação" ao infinito das carências, dos modos e meios de sua satisfação e do processo de trabalho na sua divisão social e técnica. Especulativamente, é a análise, a força negativa do entendimento, quem opera no interior da

Adendo (H). É pelo fato de eu ter de me orientar em função do outro que se introduz aqui a forma da universalidade. Adquiro dos outros os meios da satisfação e tenho de aceitar, por conseguinte, a sua opinião. Ao mesmo tempo, sou obrigado a produzir os meios para a satisfação dos outros. Uma coisa remete à outra e se conecta com ela. Tudo o que é particular torna-se, nessa medida, algo social; na maneira de vestir, na hora do comer, reside certa conveniência, que se tem de aceitar, porque nessas coisas não vale a pena querer mostrar a sua maneira de ver própria, mas o mais sensato nisso é proceder como os outros.

§ 193

Esse momento [da universalidade] torna-se, assim, uma determinação de fim particular para os meios tomados por si e para a sua posse, assim como para o modo de satisfação das carências. Ademais, ele contém imediatamente a exigência da *igualdade* com os outros nessa esfera [da satisfação]; a carência dessa igualdade e o tornar-se igual aos outros, a *imitação*, por um lado, assim como a carência da *particularidade*, igualmente aí presente, de se fazer valer por uma distinção, por outro, tornam-se, elas próprias, uma fonte efetiva da multiplicação e propagação das carências.[385]

---

esfera do espírito objetivo e da eticidade: ela transforma continuamente a estrutura desejante do indivíduo e, por consequência, os processos de consumo, produção e distribuição cada vez mais complexos, ao mesmo tempo contingentes e necessários, que regem as mediações da esfera do mercado em sua base, o "sistema das carências". Nessas mediações se constitui então um nexo social estruturado por um reconhecimento recíproco universal, porém formal, pois igualmente determinado pela abstração.

[385] Esta universalidade de mediação formal, que, graças à análise e à abstração das carências, dos seus meios e modos de satisfação, as torna sociais (§ anterior), atua também como um fim que determina de maneira particular os meios em si mesmos e a sua posse, bem como o modo de satisfação das carências, de tal sorte que, tanto a exigência de igualdade de todos na sua satisfação (a imitação), quanto essa particularidade que leva cada um a querer distinguir-se dos outros (a particularização no sentido de querer ser especial), tornam-se uma causa suplementar da multiplicação e propagação das carências. "A exigência da igualdade, a identidade com os outros, de sorte que não se antecipem a mim, está relacionada com a imitação e, além disso, ulteriormente, com o fato de não se estar contente com essa igualdade, e que se quer outra coisa, algo a mais, algo especial" (*VRph 1822-23*, p. 596). "As carências se multiplicam graças à reciprocidade, que é, concomitantemente, um lado da universalidade. Imita-se, isto é a origem das modas, quer-se

§ 194

Visto que na carência social, enquanto ligação da carência imediata ou natural e da carência espiritual da *representação*, é esta última que, enquanto universal, se torna preponderante, o lado da *libertação* reside nesse momento social, de sorte que a rigorosa necessidade natural da carência é ocultada e o homem se relaciona à *sua* opinião,[386] na verdade, a uma *opinião* universal e a uma necessidade só criada por ele mesmo, [e] ao invés de se relacionar a uma contingência somente exterior, relaciona-se a uma contingência interna, ao *arbítrio*.[387]

A representação segundo a qual, com respeito às carências, o homem viveria em *liberdade* num pretenso estado de natureza, no qual só teria carências pretensamente naturais e só usaria para a sua satisfação meios que uma natureza contingente lhe proveria imediatamente — des-

---

ter como os outros têm, uma vez isso alcançado, não se está mais contente, quer-se algo de especial, então os outros novamente imitam, e assim infindavelmente" (*VRph 1824-25*, p. 491).

[386] "A opinião e a representação tornam-se o principal. A carência é arrancada das mãos da necessidade natural e entregue à opinião e à representação" (*VRph 1822-23*, p. 596).

[387] Essa visão otimista do caráter socialmente emancipatório da libertação da natureza pela formação e multiplicação das carências imaginárias é desdobrada nas *Lições de 1822-23*: "Aqui reside um lado da libertação, e não é de se imputar aos homens como vexaminoso que tenham multiplicado as suas carências. Pois precisamente as carências resultantes da opinião dão ao homem o sentimento da sua liberdade do [elemento] natural, o sentimento de um repousar em si mesmo. Essa é a liberdade que o homem consegue alcançar nessa esfera. Depender da natureza significa não ser livre; depender da sua opinião é um modo da liberdade, pois, no depender de si, aquilo de que ele depende é ele mesmo e não lhe é algo de outro" (*VRph 1822-23*, pp. 597-8). Nas *Preleções de 1824-25*, a primazia do modo de satisfação da carência sobre o momento da necessidade objetiva nela contido destaca o exercício da liberdade subjetiva: "Quando a carência está tão particularizada, o modo de satisfazê-la é indiferente, subjetivo, não mais residindo na natureza da Coisa, porque essa carência não é mais a carência concreta, universal, mas a carência na sua divisão, na qual qualquer lado pode ser destacado. O que importa, por conseguinte, é o modo particular de satisfazer a carência, e, por essa razão, torna-se questão de arbítrio subjetivo, de opinião. As carências tornam-se, nessa medida, imaginárias e, até certo ponto, desaparece a necessidade da carência, somente o seu modo é considerado" (*VRph 1824-25*, p. 492).

considerando o momento da libertação que reside no trabalho, do que se tratará mais adiante —, é uma opinião falsa, porque a carência natural enquanto tal e a sua satisfação imediata seria somente o estado da espiritualidade imersa na natureza, e, portanto, um estado de rudeza e de não liberdade, ao passo que a liberdade reside unicamente na reflexão do espiritual (a)dentro de si, na sua diferenciação do que é natural e no seu reflexo[388] sobre esse.

§ 195

Essa libertação é *formal*, visto que a particularidade dos fins permanece o conteúdo que lhe serve de fundamento. O direcionamento da situação social para multiplicação indeterminada e a especificação das carências, dos meios e das fruições, o qual, assim como a diferença entre a carência natural e a cultivada,[389] não tem limite — o *luxo* —, é igualmente um aumento infinito da dependência e da penúria, a qual tem de lidar com uma matéria que oferece resistência infinita, a saber, com meios externos dotados da natureza particular de serem propriedade da vontade livre [de outros], por conseguinte, com o que é absolutamente duro e resistente.

Adendo (H). Diógenes, em toda a sua figura cínica, é propriamente tão só um produto da vida social ateniense, e o que o determinava era a opinião contra a qual a sua maneira de ser em princípio agia. Por isso, essa maneira de ser não é independente, mas ela só surge graças a esse elemento-social, e é ela própria um produto tosco do luxo. Onde, por um lado, esse se encontra no seu auge, aí, também, por outro lado, a penúria e a abjeção são igualmente grandes, e o cinismo é então suscitado pelo contraste com o refinamento.

---

[388] *Reflex*, "reflexo" num duplo sentido, óptico, do que reflete, espelha a liberdade do espiritual do espírito no elemento natural; e ativo, do que atua sobre esse elemento. Ambos são contrapostos ao sentido da "reflexão (a)dentro de si", enquanto momento puramente interior da liberdade.

[389] "As carências naturais não podem ser separadas das imaginárias. Diógenes tinha uma tigela para beber, mas quando viu alguém beber da mão, jogou fora a tigela. Não é possível indicar um limite nesse caso" (*VRph 1822-23*, p. 598).

b. *O modo do trabalho*

§ 196

A mediação que consiste em preparar e obter para as carências *particularizadas* meios adequados, igualmente *particularizados*, é o *trabalho*, que, através dos mais variados processos, especifica para esses múltiplos fins o material imediatamente fornecido pela natureza. Este dar forma confere, então, ao meio o seu valor e a sua conformidade ao fim, de sorte que o homem no seu consumo se relaciona precipuamente a produções *humanas*, e o que ele consome são precisamente tais esforços.

Adendo (H). É ínfimo o material imediato que não precisa ser elaborado: mesmo o ar há que adquiri-lo, posto que é preciso aquecê-lo; somente a água, talvez, pode-se beber como é encontrada. São o suor e o trabalho humanos que obtêm para o homem os meios para as carências.

§ 197

Na multiplicidade das determinações e dos objetos que despertam interesse desenvolve-se a *formação teórica*, que é não só uma multiplicidade de representações e conhecimentos, mas, também, uma mobilidade e uma rapidez do representar e do passar de uma representação a outra, o captar relações intrincadas e universais etc. — a formação do entendimento em geral, por conseguinte, também a da linguagem. — A *formação prática* pelo trabalho consiste na carência autogerada de uma *ocupação* em geral[390] e no hábito *dessa ocupação*, em seguida, na *restrição do próprio fazer*, em parte segundo a natureza do material, em parte, sobretudo, segundo o arbítrio dos outros e, [enfim,] num hábito que se adquire por essa disciplina de exercer uma atividade *objetiva* e ter habilidades *universalmente válidas*.[391]

---

[390] Os Apontamentos de Hotho incorporados no Adendo, que definem a formação prática como o "hábito e o carecer de uma ocupação" (*id.*, v. 3, p. 607), confirmam a interpretação de que não se trata apenas de uma "carência autogerada e do hábito da ocupação em geral", mas de um carecer de uma ocupação em geral, o qual gera a si mesmo.

[391] O assistente responsável pelo repetitório das *Preleções de 1822-23*, cujo texto

Adendo (H). O bárbaro é preguiçoso e diferencia-se do homem cultivado por ficar ruminando às tontas no seu embotamento, pois a formação prática consiste precisamente no hábito e no carecer de uma ocupação. O inábil produz sempre algo diferente do que ele quer, porque ele não é senhor do seu fazer, ao passo que pode ser chamado hábil o trabalhador que produz a Coisa como ela deve ser e que no seu fazer subjetivo não encontra nenhuma rigidez em relação ao fim.

§ 198

Mas o universal e objetivo no trabalho reside na *abstração*, a qual efetua a especificação dos meios e das carências e, com isso, especifica igualmente a produção e produz a *divisão dos trabalhos*. Pela divisão, o trabalho do singular torna-se *mais simples* e, através disso, torna-se maior a sua habilidade no trabalho abstrato bem como o conjunto das suas produções. Ao mesmo tempo, essa abstração da habilidade e do meio completam, até uma necessidade total, a *dependência* e a *relação recíproca* entre homens para a satisfação das demais carências. A abstração do produzir torna, além disso, o trabalho sempre mais *mecânico* e, com isso, ao fim, apto para que o homem dele possa se retirar e deixe a *máquina* entrar em seu lugar.[392]

Hotho copiou à margem do manuscrito dos seus Apontamentos, também editado por Ilting no mesmo volume ao lado destes, destaca e articula os três momentos presentes respectivamente na formação teórica e na formação prática. Na formação teórica: a) a análise que diferencia e fixa as determinidades de um objeto concreto, as eleva à forma da universalidade e, assim, introduz pontos de vista universais que orientam a percepção e a consideração do objeto; b) a síntese que relaciona umas às outras essas determinidades abstratas, mediante a qual elas se tornam meios para fins; c) a atividade e a mobilidade de passar de um objeto ao outro, a qual é igualmente diferenciação e sinopse (*id.*, v. 3, pp. 602-5). Na formação prática, que consiste em pôr ativamente esse elemento espiritual do saber formado ou cultivado no material imediato que ele encontra diante de si, os momentos são: a) o hábito da atividade em geral, segundo a qual o sujeito só é enquanto ele põe o seu saber; b) a restrição e a determinação do fazer quanto ao material, pela qual se adquire a habilidade de realizar a formação teórica, e depois, quanto à relação aos outros, pela qual se introduz a reciprocidade da universalidade; c) a atividade, que não é mais só atividade em geral, mas atividade objetiva e reconhecidamente universal, que intervém no todo do objeto (*id.*, v. 3, pp. 606-7).

[392] "Quanto mais singular o trabalho, mais ele se torna mecânico. O elemento-mecânico tem por seu fundamento meramente uma conexão abstrata do entendimento; esse

c. *O patrimônio*

§ 199

Nessa dependência e reciprocidade do trabalho e da satisfação das carências o *egoísmo subjetivo* se inverte na *contribuição para a satisfação das carências de todos os outros* — na mediação do particular pelo universal enquanto movimento dialético, de sorte que, ao mesmo tempo que cada um adquire, produz e frui para si, precisamente com isso produz e adquire para a fruição dos demais.[393] Essa necessidade, que reside no entrelaçamento da dependência omnilateral de todos, é doravante para cada um o *patrimônio*

é um atuar nessa habilidade abstrata. O elemento-espiritual e vivo é individual e concreto, o mecânico é abstrato segundo uma lei, segundo uma maneira.

Por isso, esses trabalhadores se embotam, eles estão ligados a uma tarefa e, assim, estão à beira do abismo; por outro lado, o seu espírito se degrada. E, visto que se perde o elemento espiritual do trabalho, que é um apreender no conjunto, um estar atento a várias coisas e ter um domínio delas, a consequência dessa perda é que, por fim, a máquina pode entrar no lugar do homem. [...]

O resultado da formação acabada do trabalho é a máquina, que poupa o trabalho do homem e produz barateamento. Os homens então se queixam das máquinas, e na Inglaterra elas foram parcialmente destroçadas por trabalhadores desempregados; mas os homens poderiam ser utilizados para algo melhor do que para tarefas que as máquinas são capazes de executar.

São essas as determinações que há que estabelecer em relação à formação do trabalho. O entendimento tem aqui o seu lugar, e tudo se funda, aqui, na penetração da inteligibilidade do entendimento, da forma do universal nessas tarefas" (*id.*, v. 3, pp. 611-3).

[393] Esse é o lado luminoso do "movimento dialético", que converte o desenvolvimento autônomo da particularidade enquanto "fim para si" em satisfação das carências de todos. Os Apontamentos de Hotho sublinham essa confiança otimista, smithiana, na mediação do mercado: "O maravilhoso é essa necessidade interna de que, enquanto cada um acredita trabalhar para si, o egoísmo se inverte e na elaboração do seu fim realiza os fins dos outros. Quanto mais um homem dissipa e consome para si, quanto mais emprega tudo para as suas fruições, a sua riqueza, o seu tempo, os seus pensamentos, tanto mais ele satisfaz as carências de outros, e nenhum pode levar um pedaço de pão à sua boca sem, graças a isso, proporcionar pão para um outro. Em tudo o que o homem faz para si, ele fomenta os fins dos outros, de sorte que os fins dos outros têm por condição um trabalho para ele mesmo. [...] Alguém que consome muito cria mais utilidade para a sociedade civil do que aquele que gastasse a mesma soma em esmolas, pois à primeira

universal permanente (ver § 170), que contém para cada um a possibilidade de dele participar pela sua formação e sua habilidade, a fim de estar assegurado em sua subsistência — assim como esse ganho mediado pelo seu trabalho conserva e aumenta o patrimônio universal.[394]

§ 200

Mas a *possibilidade de participação* no patrimônio universal, o patrimônio *particular*, está *condicionada*, em parte por uma base própria imediata (capital), em parte pela habilidade que, por sua vez, ela mesma novamente está condicionada por aquela, mas em seguida pelas circunstâncias contingentes, cuja multiplicidade produz a *diversidade* no *desenvolvimento* das disposições naturais, corporais e espirituais, já por si desiguais — uma diversidade que nessa esfera da particularidade se salienta em todas as direções e em todos os níveis e, junto com a contingência e o arbítrio que restam, tem por consequência necessária a *desigualdade do patrimônio e das habilidades* dos indivíduos.

Contrapor ao *direito* objetivo *da particularidade* do espírito[395] contido na ideia, o qual na sociedade civil não só não suprime a desi-

---

maneira de gastar está ligada a atividade dos outros, a utilização do seu entendimento" (*id.*, v. 3, pp. 614-5).

[394] "Uma sociedade civil cultivada, na qual existe bem-estar e a possibilidade de que cada um satisfaça as suas carências, concede a cada um a permissão de juntar-se a ela, de trabalhar e de receber o que é seu pelo seu trabalho.

Isso é o patrimônio universal, que está aberto a cada um, e o direito que o homem tem de satisfazer as suas carências. O direito da sua particularidade tem, aí, o seu ser-aí, a sua efetivação, a sua base estável, cada indivíduo tem aí o sentimento próprio de repousar em si mesmo e de ter a honra de satisfazer pelo seu trabalho as carências que conhece a partir de si mesmo. Cada um está ciente de si enquanto autônomo mesmo com respeito à sua dependência, visto que ele a supera pela sua atividade. Isso é a raiz da sua riqueza, é uma situação racional.

Quando se opina que a indústria, o luxo etc. são desnecessários e se tem aversão a eles por causa da miséria associada a eles, é de se replicar que isso é, antes, a segurança, que em relação à natureza externa é muito mais contingente, uma segurança a que o homem deve o seu entendimento, a sua atividade. Por causa disso, um povo industrioso tem de si uma autoestima inteiramente diferente do que um povo onde não há indústria" (*VRph 1824-25*, p. 505).

[395] "A particularidade adquire aqui o seu direito pleno, incontestado, expandido.

gualdade dos homens posta pela natureza — [que é] o elemento da desigualdade —, porém a produz a partir do espírito e a eleva a uma desigualdade da habilidade, do patrimônio e mesmo da formação intelectual e moral,[396] contrapor a esse direito a exigência da igualdade é próprio do entendimento vazio, que toma esse seu abstrato e seu *dever-ser* pelo real e racional. Essa esfera da particularidade, que se imagina o

---

Tudo o que ela determina tem a sua eficácia. — A queixa de que a sociedade civil é injusta para com a igualdade é uma queixa desprovida de pensamento. — Tudo parte do conceito que o homem em si mesmo tem de si; é precisamente a vontade particular do indivíduo o que aqui alcança a sua maturidade plena, o que tem toda a ocasião de mostrar de que ela é capaz. As fantasias vazias do seu espírito também alcançam aqui o seu direito, ao mostrarem-se como meras fantasias. Na sociedade civil, portanto, aquilo que verdadeiramente existe na particularidade é o que está menos restringido" (*VRph 1822-23*, pp. 620-1).

[396] "Quando a reflexão subjetiva, a vontade própria, a infinitude do indivíduo dentro de si é apreendida, o indivíduo enquanto tal entra em cena fazendo valer o direito da sua particularidade, a particularidade no seu todo se separa nessas diferenças.

O homem em geral tem de pagar caro o fato de que possa ser assim subjetivamente livre para si. Essa possibilidade da sociedade civil, de que tudo o que reside no espírito humano e também na particularidade da sua individualidade, de que tudo isso possa ser trazido à existência, à sua formação mais alta, leva, por outro lado, à degradação de uma grande maioria com respeito à sua formação, produz a diferença entre uma formação profunda, grande, de um lado, e a falta de toda formação, de outro. Essa formação depende dos estamentos e cada um tem o seu próprio tipo de formação.

Frequentemente os homens levam isso a mal, já que, seja qual for o estamento a que o indivíduo pertence, tantas coisas estão entregues ao acaso, que facilmente lhes aparece como algo in-justo o fato de que também com respeito à formação espiritual, à formação teórica e prática, uma esfera na qual cada um enquanto homem tem direitos iguais, a contingência tenha tanta influência. Tolera-se, ainda, que haja desigualdade de patrimônio, mas dificilmente se aceita que a formação, que parece pertencer inteiramente ao espírito, fique entregue ao acaso, que nela ocorra uma diferença, portanto, uma desigualdade de direito.

Mas a existência, a formação plena do espírito teórico e prático é, no que concerne aos indivíduos, essencialmente condicionada, [pois] assim como um povo depende da história mundial, assim também o indivíduo é dependente no interior do seu povo. O espírito é o que ele é por si mesmo, ele tem de produzir a sua existência, mas justamente enquanto ele chega à esfera da existência, ele encontra algo exterior e seu comportamento é um romper a exterioridade, uma luta contra ela, que precisamente com isso encerra a contingência dentro de si. Mas não se pode dizer que o indivíduo enquanto tal está atado a esse seu estamento, [pois] ele pode se livrar da sua restrição, mas isso ocorre de novo somente pela sua particularidade, pela energia do seu espírito, do seu caráter, é, portanto, sua responsabilidade" (*VRph 1824-25*, p. 513).

universal, guarda dentro de si nessa identidade somente relativa com esse universal tanto a particularidade natural quanto a particularidade arbitrária [e guarda], com isso, o resto do estado de natureza. Além disso, é a razão imanente no sistema das carências e no seu movimento que articula esse sistema num todo orgânico de diferenças; ver o § seguinte.

§ 201

Os meios infinitamente variados e o seu movimento de entrecruzamento igualmente infinito na produção e na troca recíprocas *reúnem*-se graças à universalidade ínsita no seu conteúdo e *diferenciam*-se em *massas universais*, de sorte que toda essa conexão se estrutura em *sistemas particulares*[397] de carências, de meios e de trabalhos correspondentes, de modos de satisfação

---

[397] "Aqui, entretanto, o meio, a carência, o trabalho não são mais representados enquanto tais, mas eles são tomados conjuntamente enquanto totalidade, e, assim, esta se organiza essencialmente em si mesma.

A totalidade verdadeira não é um coletivo, mas algo necessário dentro de si, esse coletivo só existe onde muitas singularidades estão ligadas de modo exterior, mas aqui o laço é essencialmente interior. Essa totalidade, esse todo tem de se particularizar dentro de si. Uma espécie de divisão é a imediata, segundo os trabalhos. A totalidade tem de se dividir ulteriormente em espécies, que são por sua vez [cada uma] um todo, um sistema, uma totalidade inteira. Esta divisão é, portanto, essencialmente organização, [pois] vivo é só o que se organiza dentro de si em diferenças. Assim, o todo tem de se organizar dentro de si em diferenças, ele tem de se articular em sistemas. — Esses sistemas dessa esfera da sociedade civil, sistemas particulares da particularidade universal, do modo universal de satisfazer as carências, são os estamentos da sociedade civil.

Os estamentos têm um duplo significado, por um lado, enquanto pertencentes à sociedade civil, são o estamento dos agricultores, o estamento industrial e o estamento universal; o segundo significado tem o seu lugar no Estado político, eles são aí os estados nacionais, provinciais e os estados do império etc. — Mas esse duplo significado não é duplo por acaso, ele é o ponto da conexão essencial entre o que constitui a esfera da particularidade na sociedade civil e o que é necessário no corpo político. É da maior importância que o Estado político se diferencie dentro de si, que ele se organize, se decomponha em órgãos para que tenha vida, e isso é igualmente necessário no caso da sociedade civil, a fim de que ambos acordem entre si, isso é da mais alta, de absoluta importância. Os estamentos da sociedade civil civil são os que se referem às carências, aos interesses particulares enquanto tais, esse lado da particularidade tem, agora, de se conectar, ser idêntico com os interesses do Estado" (*id.*, v. 4, pp. 510-2).

e de formação teórica e prática — sistemas entre os quais os indivíduos estão repartidos — em uma diferença de *estamentos*.[398]

---

[398] O termo alemão *Stand*, atestado desde o século XIV na grafia antiga *Stant*, aqui traduzido por "estamento", é um substantivo verbal derivado de *stehen*, antigo alto alemão *stanten*, que significa "o lugar, o modo ou a ação de estar, estar de pé ou parado", e que se forma analogamente ao substantivo latino *status* a partir do verbo *stare*. O *status* latino está na raiz do termo que, no seu significado político, as línguas latinas utilizam para designar o Estado (*estat* ou *état*, *state*, *stato*, *estado*) e, também, do termo alemão *Stat*, depois *Staat*, que, embora surgido já no século XV, só a partir do século XVII, quando as significações de *Stand* e *Staat* se separam, passa a designar a entidade política soberana que conhecemos por este nome. É interessante assinalar que o próprio Hegel, no seu escrito político *A constituição da Alemanha* (*Die Verfassung Deutschlands*), de 1801-1802, chama a atenção para a equivalência entre *Stand* e *Staat*. O campo semântico de *Stand* e *Staat* é extremamente amplo e compreende, além de *status*, os termos latinos *conditio*, *dignitas*, *genus*, *gradus* e, antes de tudo, *ordo*, o que se reflete nas várias palavras que a língua portuguesa usa conforme o contexto para cobrir estes diversos significados: além de "estamento" e "ordem", "estado" — por exemplo, ao referir-se aos três estados da sociedade absolutista francesa e à sua representação política nos "Estados gerais" (*États généraux*) e, mais genericamente, "posição", "condição" e "grau" nas diferentes ordens da vida (cf. Oexle, O. G., Konze, W., Walter, R., "Stand, Klasse", in: *GGrb.*, v. 6, p. 156; v. também o verbete "Staat und Souveränität", in: *GGrb.*, v. 6, pp. 1-154).

O uso do conceito está originariamente ligado a uma reflexão sobre: 1) a desigualdade, as diferenças e as graduações que se estabelecem numa determinada multiplicidade social; e sobre 2) a coordenação e a ordem (τάξις, *ordo*) dessas diferentes posições e graduações para alcançar uma harmonia num todo. Na Antiguidade clássica e na Idade Média, a reflexão sobre o "estamento" adquire uma dimensão metafísica, em que a ordem cósmica e/ou divina do mundo é o fundamento do seu conhecimento, e este, a base normativa do comportamento ético e da organização social e política do mundo. Com a dissolução dessa ligação interna entre ontologia, teoria do conhecimento e ética no sulco do funcionalismo que inspira as ciências modernas, e especificamente no confronto com a industrialização capitalista, com o Iluminismo e a Revolução Francesa, especialmente no último terço do século XVIII e no início do século XIX, o conceito de estamento e de Estado se torna um conceito político-ideológico. A contrapelo das principais convicções sociais e políticas da modernidade, ele assume a conotação de tudo o que há de obsoleto, ilegítimo e injusto numa ordem social. Ele se torna, assim, um conceito polêmico, que, ao remeter a graus de ser ou hierarquias sociais e políticas pretensamente fundadas na natureza ou na tradição, propaga e legitima a desigualdade. Com isso ele perde o seu significado teológico, e, depois, jurídico-político, sendo paulatinamente substituído no século XIX pelo seu significado sociológico de estamento profissional e social pelo conceito de classe (cf. *id.*, pp. 156-9).

A formação progressiva da ordenação estamental da sociedade europeia ocorre durante os séculos XIII e XIV e chega ao seu desenvolvimento pleno no século seguinte. É um fenômeno especificamente europeu, cujas condições de surgimento são a estrutura político-social do feudalismo ocidental e a influência das doutrinas cristãs no quadro do dualismo Igreja e Estado, de um lado, e da pluralidade dos Estados nacionais emergentes, de outro. Condição essencial para surgimento dessa constituição estamental da sociedade europeia foi a existência de um amplo estamento de trabalho livre, que compreende o burguês citadino e o camponês, pois a acentuada diferença entre senhores e escravos e, posteriormente, a forma da dominação imperial na Antiguidade clássica não oferecia condições para que ela se desenvolvesse. Além disso, o surgimento de um estamento clerical na Idade Média, profundamente marcada pelo pensamento cristão, faz surgir a ideia de "direitos subjetivos públicos" de um grupo social privilegiado, que se torna então um modelo para o posterior surgimento de estamentos políticos com os seus direitos, privilégios e liberdades, bem como para o exercício da figura jurídica da representação, decisiva, posteriormente, para se compreender a teoria hegeliana da representação estamental (*id.*, pp. 196-7).

Desde o final do século X e no início do século XI, dissemina-se na sociedade e no imaginário feudal, espelhando uma diferenciação social baseada na divisão do trabalho e das profissões, o velho esquema interpretativo da divisão funcional tripartida dos estamentos ou ordens: o dos que rezam (*oratores*), o dos que lutam (*bellatores*) e o dos que trabalham (*laboratores*), esquema que ajuda na configuração social principalmente das figuras do cavaleiro e do camponês (*id.*, pp. 185-6). As profundas transformações econômicas e sociais dos séculos XI e XII acrescentam ao esquema tripartido clássico o estamento dos comerciantes: na sua figura aparece pela primeira vez o burguês citadino, o cidadão da cidade (*Stadtbürger*), iniciando-se a distinção entre o estamento camponês e o estamento burguês no sentido do habitante do burgo, que aos poucos conquista um *status* político próprio em face da nobreza e do clero. Porém, a plena configuração de um estamento burguês só se dá claramente no final da Idade Média, pois ainda no século XV, na França, o conceito que então surge de *tiers état* não diferencia campesinato e burguesia urbana (*id.*, p. 188).

Este é só um dos exemplos da extraordinária continuidade da história conceitual do termo "estamento". Ele reflete pouco e não imediatamente as transformações sociais, o que se explica pela estreita ligação do conceito de estamento e da diferenciação estamental com o pensamento cristão da ordem da criação e da conservação do mundo, e com o problema da capacidade de o homem pecador cumprir as obrigações institucionalizadas do seu estamento. O conceito tinha uma dimensão primariamente ético-normativa e não empírico-social, pois a doutrina dos estamentos era primariamente da competência dos teólogos. No início dos Tempos Modernos há mesmo uma intensificação desse vínculo teológico do conceito com Lutero, que, ao mesmo tempo, rompendo radicalmente com a tradição eclesiástica, desencadeia a secularização do conceito, ao negar a posição especial do estamento eclesiástico e ao equipará-lo ao estamento político e ao estamento econômico, que deixam, para Lutero, de ser primariamente segmentos de uma sociedade tripartida, mas passam a ser âmbitos ou ordens da vida a que cada homem pertence. A dimensão teológica do conceito perde com isso a sua primazia e a sua validade universal, até que, como conceito ontológico e político-jurídico, ele se torna problemático e obsoleto (*id.*, pp. 200-2).

À medida que, a partir do final da Idade Média, a alta e baixa nobreza, os religiosos dotados de poderes e dignidades seculares (prelados) e as cidades livres se institucionalizam — conjuntamente com o príncipe ou em oposição a ele — como uma representação nacional de um território, reunindo-se em dietas, para antes de tudo aprovar os impostos, configura-se a ordenação estamental clássica da sociedade europeia absolutista. As propriedades conceituais fundamentais deste Estado estamental (*Ständestaat*) vão perdurar do século XV ao século XVIII, e, de forma modificada, até o século XIX, apesar das consideráveis diferenças de país para país no que diz respeito à posição e à força política dos estamentos (*id.*, pp. 207-8). Assim, no Sacro Império Romano de Nação Germânica o conceito de *Reichstände*, os "estamentos ou estados do Império", significa a dieta imperial, que reúne representativamente o imperador e o império, e congrega numa corporação política de notáveis os príncipes eleitores, os príncipes religiosos e seculares, e os demais estamentos, prelados, condes e cidadãos, estes últimos não pessoalmente representados (*id.*, p. 208).

A progressiva penetração da doutrina da soberania de Bodin na Alemanha, a consolidação do poder monárquico dos príncipes e o princípio da razão de Estado atuam contra e enfraquecem os velhos direitos e as velhas liberdades dos estamentos, iniciando um processo de transformação e dissolução do próprio conceito de estamento. Para o jusnaturalismo de Puffendorf e seus seguidores, os direitos estamentais passam a ser derivados da competência do soberano e são rebaixados a privilégios contratualmente negociados e concedidos, ao mesmo tempo em que se acentua um nivelamento das diferenças jurídico-políticas dos indivíduos pertencentes a diferentes estamentos no conceito geral de súdito. Essas diferenças não são mais consideradas como instituídas por Deus, mas como objeto de contrato e juramento recíproco entre o príncipe e os estamentos e, com isso, para o pensamento jusnaturalista, como contrárias à ausência de desigualdade no estado de natureza e ao princípio da igualdade jurídica fundado moralmente. Tudo isso solapa a consistência e a validade do conceito de estamento (*id.*, pp. 210-2). Mas todo o século XVIII e, na Alemanha, ainda quase toda a primeira metade do século XIX, com as imposições do Congresso de Viena (1815) de restaurar a representação estamental, são atravessados pela tensão entre o peso que os estamentos e a sua representação política ainda possuíam nos parlamentos nacionais e regionais e as tendências de centralização monárquica de reformar as instituições estamentais.

Com o nível do pensamento político alcançado pelo jusnaturalismo de Puffendorf, o conceito de estamento perde, em princípio, o seu objeto, e com as teorias econômicas dos "cameralistas" ele se mostra progressivamente inutilizável para descrever as diferenciações sociais e econômicas, de sorte que atuam durante o século XVIII duas tendências contrárias. De um lado, um esvaziamento e uma eliminação do conceito na sua fundação teológico-metafísica e na sua função de legitimação da velha ordenação estamental da sociedade, com a sua paulatina substituição pelo conceito de classe, introduzido pelos fisiocratas como termo técnico moderno. De outro lado, a busca de uma nova determinação do conceito com novos conteúdos e campos de aplicação, correspondentes às novas condições político-sociais, nas quais ele permanece em concorrência com o novo conceito de classe. Por isso, os limites entre os dois conceitos apagam-se já antes da Revolução

Francesa, sendo frequentemente usados pelos contemporâneos de Hegel como conceitos equivalentes. A radicalização e a popularização das ideias de liberdade e igualdade da pessoa no último terço do século XVIII tornam progressivamente inaceitáveis a realidade social dos estamentos e o seu próprio conceito, principalmente quando determinados hereditariamente. Em consequência, ele é substituído como princípio de seleção para as diferentes funções sociais pelo princípio da competência e do desempenho, segundo o postulado ético da dignidade do homem (*id.*, pp. 213-6).

À liquidação política do princípio estamental, principalmente dos estamentos hereditários, pela Revolução Francesa, corresponde na Alemanha a crítica de Kant à sua inadequação e ilegitimidade de princípio. Ao fundar a condição de cidadão na "liberdade de cada membro da sociedade enquanto homem", na "igualdade [...] enquanto súdito" e na sua "independência [...] enquanto cidadão", definido principalmente pela capacidade de ser senhor de si e prover autonomamente a sua subsistência, Kant estabelece, como corolário da igualdade, o princípio do acesso universal de cada membro da sociedade a qualquer estrato social ao qual "o seu talento, a sua diligência e a sua sorte o possam levar" ("Über den Gemeinspruch; das mag in der Theorie richtig sein, taugt aber nicht für die Praxis", A 234-51, in: *Kant, Werke*, v. VI, pp. 144-54; "Sobre a expressão corrente: isto pode ser correto na teoria mas nada vale na prática", tradução de A. Morão, modificada, in: Kant, *A paz perpétua e outros opúsculos*, Lisboa, Edições 70, 2018, pp. 59-109).

"Ora, visto que o nascimento não é um *feito* de quem nasce, por conseguinte, não lhe está adscrita nenhuma desigualdade do estado jurídico e nenhuma submissão a leis coercitivas a não ser aquela que lhe é comum com todos os outros, enquanto súdito do único poder legislativo supremo, não pode haver nenhum privilégio inato de um membro do corpo comum, enquanto cossúdito, sobre os outros, e ninguém pode transmitir o privilégio do *estamento* que ele possui no interior da comunidade aos seus descendentes; por conseguinte, também não pode, como se por nascimento estivesse qualificado para a condição senhorial (*Herrenstände*), impedir coercitivamente os outros de chegarem por seu próprio mérito aos graus superiores da hierarquia (do superior e do inferior, dos quais, porém, nenhum é *imperans* e o outro *subjectus*)" ("Über den Gemeinspruch; das mag in der Theorie richtig sein, taugt aber nicht für die Praxis", A 240-1, p. 58; *Kant, Werke*, v. VI, p. 148).

À medida que se consolidava a separação entre a sociedade civil moderna, concebida como a esfera de realização dos interesses privados dos indivíduos, e o Estado, enquanto esfera política, avançava, com ela, a dissolução da ordenação estamental da sociedade. Na França, a retórica e o princípio da igualdade política vai varrer da linguagem político-social os conceitos de *état*, *ordre* e *corps*, que se tornam odiosos. Em contrapartida, na Alemanha, o conceito de *Stand* permanece em uso no final do século XVIII e ainda na primeira metade do século XIX, embora o seu campo semântico tenda a se recobrir com o do moderno conceito de classe, guardando todas as ambivalências de uma longa transição em que perduram elementos da sociedade e da representação estamental. Todas as controvérsias teóricas em torno desses dois conceitos e da sua respectiva recusa ou aceitação são, mais ou menos explicitamente, formas de confronto com a Revolução

Francesa e com a eliminação dos *États généraux*, no sulco da universalização da igualdade política de todos os homens como cidadãos (*GGrb.*, v. 6, pp. 230-3). Mas também na Alemanha a diminuição das barreiras estamentais graças à crescente mobilidade cultural e à restrição das garantias da propriedade e à possibilidade de aquisição da propriedade imóvel por todos, que transformavam os velhos privilégios em títulos de propriedade de direito privado, sem significação política imediata, subvertem o conceito de estamento (*id.*, p. 235).

O Código Civil Prussiano (*Allgemeines Landrecht*), de 1794, projeta ainda uma sociedade estamental, em que sociedade e Estado ainda não estão separados e, sem identificar expressamente esses dois conceitos, também não os diferencia. Embora ele estabeleça uma prioridade do Estado sobre a ordenação estamental, ele não renuncia de todo a ela, principalmente no que concerne à relação entre direitos estamentais e direitos pessoais, pois o indivíduo só se torna sujeito de direito enquanto é parte de um estamento da velha sociedade civil (*id.*, p. 236). Os reformadores prussianos dos quais Hegel sentia-se próximo, Stein, Altenstein e Hardenberg, principalmente os dois últimos, empenhados numa reforma constitucional e administrativa que o desmoronamento do Império, em consequência do expansionismo napoleônico, tornava um imperativo político, procuraram abolir as prerrogativas estamentais e os próprios estamentos. Sua proposta de representação nacional visava a substituir a hierarquia dos estamentos e de suas representações por uma ordenação racional dos cidadãos em classes, não mais estruturadas hierarquicamente, que indicariam àqueles o lugar em que melhor poderiam contribuir para as verdadeiras necessidades do Estado. Essa tentativa de uma mediação precária entre a velha ordenação estamental da sociedade, que ainda sobrevivia na forma de estamentos profissionais e assembleias estamentais, e a sua organização em classes por iniciativa do Estado e executada por funcionários, exprimia a compreensão que os reformadores tinham, em face da crescente diferenciação entre sociedade civil e Estado, da necessidade de liquidar a velha estrutura estamental, evitando, ao mesmo tempo, a ruptura revolucionária (*id.*, pp. 237-41).

A promessa constitucional de Frederico Guilherme III da Prússia, de 18 de maio de 1815, de que em todos os Estados confederados se realizassem assembleias constituintes, a fim de negociar uma constituição com o príncipe, despertou, nas correntes do protoliberalismo constitucional, nacionalista e monarquista, a perspectiva de uma reorganização nacional. A esses Estados, marcados pelas guerras napoleônicas, e aos que nelas tomaram parte, seria concedida uma maior participação política na forma de uma maior importância dos estamentos e de suas assembleias na mediação entre o monarca e o povo. Embora esses liberais admitissem a inadequação do conceito de estamento, ele se tornou um conceito apelativo, dotado de uma carga nacional para mobilizar e estabelecer uma convergência ideológica de forças econômicas e políticas divergentes, graças a uma frágil mediação entre o povo e o monarca, a ser exercida pela representação estamental. Ela devia prolongar para os tempos posteriores o precário equilíbrio econômico, social e político alcançado durante as invasões napoleônicas, mas que estava ameaçado, de baixo, pelas reivindicações de igualdade política e, do alto, pela ambição da nobreza em reconquistar os seus privilégios. Assim, a equiparação entre os dois conceitos de estamento e

Adendo (H). O modo da participação no patrimônio universal é deixado à particularidade de cada indivíduo, mas a diversificação geral da sociedade civil em sistemas particulares é algo necessário. Se a primeira base do Estado é a família, os estamentos são a segunda. Esta é tão importante, porque as pessoas privadas, embora egoístas, têm a necessidade de se voltar para os outros. Aqui está, portanto, a raiz pela qual o egoísmo se vincula com o universal, com o Estado, cujo cuidado tem de ser o de que essa conexão seja sólida e estável.[399]

---

de classe encobria as oposições desencadeadas pela emancipação social e política. Por um lado, as concessões econômicas feitas para conformar os velhos estamentos com uma parte das reformas modernizadoras não conseguiram equiparar os seus velhos direitos senhoriais-estamentais e as suas ambições políticas a meras oposições de classe e de interesse de grupos. Por outro lado, a emancipação dos camponeses e artesãos promovida pelas reformas econômicas não conseguiu fazer deles uma classe burguesa consciente de si, ao mesmo tempo que a plena igualdade de direitos políticos lhes era recusada (*id.*, pp. 242-5).

Às disparidades e ao desigual desenvolvimento econômico e social nos diferentes países europeus corresponde também um desenvolvimento conceitual diferente, que faz com que — enquanto na Inglaterra e na França já surgiam no final do século XVIII e no início do século XIX as primeiras tentativas de uma análise sociopolítica de classe social — na Alemanha a discussão em torno de ambos os conceitos permanecia primeiramente determinada por problemas político-constitucionais, de modo que só nos anos 1840, com os trabalhos de Lorenz von Stein e de Marx, a discussão alemã alcançou o nível dos seus vizinhos europeus, cujo desenvolvimento capitalista estava mais avançado (*id.*, pp. 241-2).

O uso que Hegel faz desses dois conceitos na sua teoria da sociedade civil e a sua tentativa de repolitizar o conceito de estamento em sua teoria do Estado como uma forma de mediar a diferença e a oposição entre a sociedade civil e o Estado exprime a sua inserção e intervenção nesse complexo processo de reorganização da sociedade europeia e são dela tributários. O conhecido atraso alemão condiciona poderosamente o seu esforço conceitual de pensar de maneira mais larga as transformações revolucionárias da sociedade europeia nesse campo de tensão definido pela sua crítica ao liberalismo econômico e político, de um lado, e à restauração conservadora do romantismo político, de outro. Esse esforço partia da sua convicção fundamental de que a unidade entre o povo e o Estado só podia ser alcançada pela sua representação conjunta na personalidade do Estado, incorporada pelo poder monárquico.

[399] "Essa diversidade [da sociedade civil] é da maior importância, ela contém a carência do interesse particular, e a firmeza do organismo do Estado repousa em que cada um encontre o seu interesse na particularidade das diferenças do Estado. Pois o homem é este ser bipartido, que ora trabalha para um fim universal, ora para um interesse parti-

§ 202

Os estamentos determinam-se segundo o conceito como o estamento *substancial* ou imediato, como o estamento reflexivo ou *formal* e, por fim, como o estamento *universal*.[400]

---

cular. — Não se tem o direito de exigir de ninguém que deva sacrificar-se. A particularidade tem de ser satisfeita e esse interesse particular está contido no estamento. Essas massas que se formam por si mesmas têm de ser acolhidas no organismo do Estado, e elas devem se harmonizar com as massas que se formam para a execução do interesse universal, a fim de que a vida privada esteja em concordância com o que o Estado enquanto tal exige e com aquilo de que ele necessita. [...]

A segunda base do Estado são os estamentos. Vimos no parágrafo anterior a particularidade quanto ao lado contingente da mera naturalidade. O particular e a necessidade [juntas] são o estamento, o modo universal de satisfação das carências. O particular necessário é o particular enquanto universalmente válido. Esses estamentos são as raízes da individualidade, segundo as quais ela está simultaneamente voltada para fora. [...]

Aqui [...] nos estamentos está a raiz pela qual o egoísmo se vincula ao universal, ao Estado. Para que essa conexão seja firme, o Estado tem de instituí-la, conservá-la, de tal maneira que o cuidado das pessoas privadas consigo também contenha a satisfação do Estado. Portanto, a vantagem privada tem de ser considerada, pois à pessoa privada são impostos trabalhos para o Estado" (*VRph 1822-23*, pp. 621-2).

[400] Essa divisão dos estamentos segundo os três momentos do conceito tem um substrato econômico e social, que reside nos respectivos modos de participação dos estamentos e dos indivíduos que os integram na riqueza social e na divisão do trabalho, bem como na qualificação profissional e no modo de os indivíduos satisfazerem suas carências. Esses estamentos se diferenciam pelo conteúdo da função econômica e social, mas também pela função política e administrativa que eles desempenham na organização da sociedade, e, no caso do estamento universal, pela sua dedicação às tarefas do Estado. Sua divisão tripartite corresponde, assim, a três níveis de atividades necessárias à reprodução da sociedade moderna, a produção agrária, a produção industrial no sentido lato, que inclui o artesanato, a produção fabril e o comércio, e a atividade político-administrativa de organização do poder estatal em sua relação com a sociedade civil. Nesse sentido, os estamentos não designam e não são classes sociais da sociedade capitalista, primeiro, porque esses "sistemas particulares" (§ 201) estão destinados a assumir uma função de mediação política entre a sociedade civil e o Estado, especialmente no sentido da integração e resolução dos antagonismos sociais no âmbito do universal concreto do Estado racional (§§ 184, 243-5, 304, 308), segundo, porque essa divisão estamental fica aquém da especificidade histórico-social da formação capitalista da sociedade civil burguesa, cujos antagonismos Hegel ressalta com vigor (§§ 243-5). Exemplo disso é a inclusão indiferenciada no primeiro estamento dos camponeses e da aristocracia fundiária e, no segundo, afora a atividade artesanal remanescente, é omitida a distinção de função e

§ 203

a) O estamento *substancial* tem o seu patrimônio nos produtos naturais de um *solo* que ele trabalha — de um solo que é suscetível de ser propriedade privada exclusiva e que exige não só uma exploração indeterminada, mas que se lhe dê forma objetiva. Em face da vinculação do trabalho e do seu rendimento a épocas naturais fixas *singulares* e à dependência da colheita das características mutáveis do processo natural, o fim da carência converte-se em uma *provisão* para o futuro, mas conserva, devido às suas condições, o modo de uma subsistência menos mediada pela reflexão e pela vontade

---

a respectiva posição no processo de trabalho dos trabalhadores da indústria e do comércio, de um lado, e dos proprietários, de outro. Além disso, na tripartição interna do estamento da industriosidade, a análise enfoca prioritariamente o modo particular com que a atividade artesanal, fabril e comercial atende à satisfação das carências, portanto ao consumo: "seus três níveis distinguem-se pela particularidade das carências" (*VRph 1824-25*, p. 520). Hegel vai tematizar essa diferença de posição no processo produtivo entre os trabalhadores diretos e os proprietários no contexto da expansão industrial e populacional da sociedade capitalista, ao contrastar a "acumulação das riquezas" por parte da "classe mais rica" (§ 244) e "a dependência e penúria da classe atada ao trabalho", tornada incapaz "de fruir as demais liberdades e, particularmente, as vantagens espirituais da sociedade civil" (§ 243). Aliás, não é por acaso que, ao se referir implicitamente a essa dinâmica da acumulação capitalista da riqueza, Hegel vai utilizar o conceito moderno de classe (*Klasse*) e não mais o de "estamento" (*Stand*) para designar os atores sociais desse processo, reconhecido por ele como antagônico, de uma sociedade que "no excesso da riqueza [...] não é rica o suficiente [...] para obviar ao excesso de pobreza e à geração da plebe" (§ 245). De resto, a descrição do surgimento da plebe, contraposta à "maior facilidade de concentrar riquezas desproporcionadas em poucas mãos" (§ 244), e a do fenômeno endêmico da "massa que se encaminha à pobreza na condição do seu modo de vida regular" (§ 243), apontam implicitamente a uma certa artificialidade econômico-social, senão a uma precariedade analítica da divisão estamental hegeliana, derivada da estrutura do conceito, para dar conta das classes sociais que a concentração da riqueza fazia surgir na sociedade capitalista, "quando ela atua com eficácia desimpedida" (*ibid.*). Nesse sentido, essa divisão estamental fundada no conceito, afora a importante função de mediação política que Hegel vai lhe atribuir na construção do Estado racional, remete ainda a resquícios da estrutura da sociedade civil protomoderna, oriundos das limitações objetivas do atraso alemão, no horizonte do que os alemães e ainda Kant designam como *Staatsgesellschaft*, na qual a diferenciação histórica e conceitual entre sociedade civil e Estado ainda não se formara e se explicitara de modo pleno.

própria e conserva nisso, em geral, a disposição de ânimo substancial de uma eticidade imediata, que repousa na relação familiar e na confiança.

A justo título situou-se o verdadeiro início e a primeira fundação dos Estados na introdução da *agricultura* ao lado da introdução do *casamento*, já que esse princípio traz consigo o dar forma ao solo e, em decorrência disso, a propriedade privada exclusiva (cf. § 170 A), e ele reconduz a vida errante do selvagem, que busca a sua subsistência vagueando, à tranquilidade do direito privado e à segurança da satisfação da carência; com isso se vincula a ampliação desse laço a uma união *duradoura*, em si mesma universal, a ampliação da carência ao *cuidado da família* e a da posse aos *bens de família*. Segurança, consolidação, satisfação duradoura das carências etc. — características pelas quais essas instituições se recomendam num primeiro momento — não são nada mais do que formas da universalidade e configurações de como a racionalidade, o fim último absoluto, se fazem valer nesses objetos. — O que pode haver de mais interessante nessa matéria do que os *esclarecimentos* tão engenhosos quanto doutos que o meu muito honrado amigo, o senhor Creuzer, nos deu, particularmente no quarto volume da sua *Mitologia e simbólica*,[401] sobre as festas, as imagens e os santuários *agrários* dos Antigos, que se tornaram conscientes da introdução da agricultura e das instituições conexas como fatos divinos e lhes dedicaram, assim, uma veneração religiosa.

O fato de que o caráter substancial desse estamento traga consigo modificações da parte das leis do direito privado, especialmente da administração do direito, assim como da parte do ensino e da formação, bem como da religião, *não* a respeito do *conteúdo substancial*, mas a respeito da *forma* e do *desenvolvimento da reflexão*, é uma consequência ulterior, que igualmente ocorre nos outros estamentos.

Adendo (H). Em nossa época a economia [agrícola] também é conduzida de uma maneira reflexiva, tal como uma fábrica, e ela assume, então, um caráter próprio do segundo estamento que contraria a sua naturalidade. Apesar disso, esse primeiro estamento conservará sempre mais o modo da vida patriarcal e a sua disposição de ânimo. Aqui o homem acolhe com sentimento imediato o que é dado e recebido, ele é grato a Deus por isso e vive

---

[401] Creuzer, F., *Symbolik und Mythologie der alten Völker, besonders der Griechen*, 4 volumes, 1810-12.

na crença confiante de que essa bondade perdurará. O que ele recebe lhe basta; ele o consome até o fim, pois voltará a lhe ser dado. Esta é uma disposição de ânimo simples, que não está orientada à aquisição da riqueza; pode-se também chamá-la de disposição de ânimo da *velha nobreza*, que consome o que está aí. No caso desse estamento a natureza faz o principal, e o esforço próprio, em contrapartida, é algo subordinado, ao passo que no segundo estamento o essencial é precisamente o entendimento, e o produto natural só pode ser considerado como material [para outra coisa].

§ 204

O *estamento da industriosidade*[402] tem por ocupação o *dar forma* ao produto natural e, para adquirir os meios da sua subsistência, ele está remetido ao seu *trabalho*, à *reflexão* e ao entendimento, assim como, essencialmente, à mediação com as carências e os trabalhos dos outros. O que ele produz e frui deve-o precipuamente a *si mesmo*, à sua própria atividade. — Sua ocupação diferencia-se por sua vez, enquanto trabalho voltado concretamente para carências singulares e a pedido de singulares, *em estamento do artesanato*; enquanto massa total mais abstrata de trabalho para carências singulares, mas correspondente a uma procura mais universal, *em estamento dos fabricantes*; e enquanto ocupação incumbida da troca dos meios isolados uns em face dos outros, principalmente através do meio de troca uni-

---

[402] *Stand des Gewerbes*. *Gewerbe* é um substantivo derivado do verbo *werben*, que, no seu sentido primeiro de "*esforçar-se por algo*", indica uma ocupação profissional regular e independente, que envolve perícia e habilidade, com vista a um ganho. Nesse sentido amplo, *der Stand des Gewerbes* designa o estamento da atividade industriosa, que exige iniciativa, diligência, engenho, aplicação, zelo, eventualmente astúcia, e que inclui, na sua tripartição, as atividades do artesanato, do comércio e da indústria, no sentido da produção fabril propriamente dita, bem como os seus respectivos estamentos. São excluídos dessa categoria os profissionais liberais propriamente ditos, os funcionários, os cientistas e os artistas, bem como os que se dedicam às atividades agrícolas e de mineração.
"O estamento da industriosidade, da indústria, é o estamento principal da sociedade civil. Nos Estados modernos ele alcançou uma grande importância, e toda a história moderna gira em torno do fato de que o estamento da indústria e do comércio trabalharam para se elevar a este prestígio, tanto em face dos camponeses, como também em face do estamento da nobreza, que tem de ter o seu patrimônio em bens imóveis. Nesse estamento existe a insaciabilidade, a ausência de medida e de limites em relação às fruições que podem ser adquiridas pela riqueza" (*VRph 1824-25*, p. 520).

versal, o dinheiro, no qual o valor abstrato de todas as mercadorias é efetivo, em *estamento do comércio*.

Adendo (H). O indivíduo no estamento da industriosidade está remetido a si, e esse sentimento de si está vinculado da maneira mais estreita à exigência de uma situação de direito. O sentido da liberdade e da ordem surgiu, por isso, principalmente nas cidades. O primeiro estamento, ao contrário, tem pouco a pensar por si: o que ele ganha é dom de um estranho, da natureza; este sentimento de dependência é nele algo de primeiro, e a isso se liga também facilmente o fato de o indivíduo suportar tudo o que lhe possa advir dos homens. Por isso, o primeiro estamento está mais inclinado à submissão, o segundo, mais à liberdade.

§ 205

c) O *estamento universal* tem por sua ocupação *os interesses universais* do estado de sociedade;[403] por isso ele tem de estar dispensado do trabalho direto para [a satisfação] das carências, seja graças a um patrimônio privado, seja graças ao fato de que ele é ressarcido pelo Estado que reivindica a sua atividade, de sorte que o interesse privado encontre a sua satisfação no seu trabalho para o universal.

§ 206

Enquanto particularidade que se tornou objetiva para si, o *estamento* se divide, assim, por um lado, segundo o conceito, em suas diferenças universais. Mas, por outro lado, a que estamento particular o *indivíduo* perten-

---

[403] Seguimos aqui a sugestão de Kervégan (*Kervégan*, p. 371, nota 1), que traduz *des gesellschaftlichen Zustandes* por "estado de sociedade" de preferência a "estado social", a fim de marcar a oposição do estado de sociedade a um estado de natureza. Kervégan aponta duas razões para essa opção: 1) a expressão "estado social" designaria antes a sociedade civil em contraposição à família e ao Estado, ao passo que a tarefa dos servidores do Estado é mais ampla do que as de administração do direito e de política administrativa, que se referem à gestão da sociedade civil; 2) Hegel utiliza na *Enciclopédia* (*E [1817]*, § 416 A; *E*, § 502 A) o termo "sociedade" na acepção clássica do jusnaturalismo, como se referindo ao estado no qual vige o direito, em oposição ao arbítrio e à violência do estado de natureza, que devem ser abandonados.

ce, sobre isso têm influência as disposições naturais, o nascimento e as circunstâncias, mas a determinação última e essencial reside na *opinião subjetiva* e no *arbítrio particular*, que se dá nessa esfera o seu direito, o seu mérito e a sua honra, de sorte que *o que* nela acontece por *necessidade interna* é, ao mesmo tempo, *mediado pelo arbítrio* e tem para a consciência subjetiva a figura de uma obra de sua vontade.

 Também a esse respeito, relativamente ao princípio da particularidade e do arbítrio subjetivo, se salienta a diferença entre vida política do Oriente e do Ocidente e entre o mundo antigo e o mundo moderno. No Oriente e no Mundo Antigo a divisão do todo em estamentos se engendra, na verdade, *objetivamente por si mesma*, porque ela é *em si* racional; mas o princípio da particularidade subjetiva não adquire aí, simultaneamente, o seu direito, visto que, por exemplo, a repartição dos indivíduos em estamentos está entregue aos governantes, como no Estado *platônico* (*De Republica III* [415], p. 320, ed. Bip. T. VI),[404] ou ao *mero* nascimento, como nas *castas hindus*. Desse modo, não sendo assumida na organização do todo e não estando reconciliada nele, a particularidade subjetiva, porque ela igualmente vem à tona como momento essencial, mostra-se, por essa razão, como algo hostil, como corrupção da ordem social (ver § 185 A), seja subvertendo-a, como [ocorreu] nos Estados gregos e na República Romana, seja — se essa ordem se mantém por deter o poder ou, porventura, por autoridade religiosa — como corrupção interna ou completa degradação, tal como foi o caso de certa maneira entre os Lacedemônios e, agora, o é, da maneira mais completa, entre os indianos. — Mas, mantida pela ordem objetiva em sua conformidade com ela e, ao mesmo tempo, no seu direito, a particularidade subjetiva torna-se o princípio de toda a vivificação da sociedade civil, do desenvolvimento da atividade pensante, do mérito e da honra. O reconhecimento e o direito de que aquilo que na sociedade civil e no Estado é necessário pela razão aconteça ao mesmo tempo *pela mediação do arbítrio* é uma determinação mais precisa disso que, nomeadamente na representação geral, se chama *liberdade* (§ 121).

---

[404] Ver Platão, *República*, III, 415 b-c.

§ 207

O indivíduo se dá efetividade somente entrando no ser-aí em geral, por conseguinte, na *particularidade determinada*, restringindo-se, com isso, *exclusivamente* a uma das esferas *particulares* da carência. Por isso, a disposição de ânimo ética nesse sistema é a *retidão* e a *honra* ligada ao estamento, é fazer de si e, no caso, por determinação própria, por sua atividade, diligência e habilidade, um membro de um dos momentos da sociedade civil e manter-se enquanto tal, e [assim] prover para si somente por essa mediação com o universal, assim como ser *reconhecido* na sua representação e na representação dos outros somente por essa mediação. — A *moralidade* tem a sua localização própria nessa esfera em que domina a reflexão [do indivíduo] sobre o seu fazer, o fim das carências particulares e do bem-próprio e em que a contingência na satisfação dessas carências torna também dever um auxílio contingente e singular.

O fato de que o indivíduo inicialmente recalcitra (isto é, particularmente na juventude) contra a representação de ter de se decidir por um estamento particular e considera isso como uma restrição da sua determinação universal e como uma necessidade meramente *exterior* reside no pensamento abstrato, que se detém no universal e, por isso, no inefetivo, e não reconhece que o conceito em geral, *para ser-aí*, entra na diferença do conceito e da sua realidade e, portanto, na determinidade e na particularidade (§ 7), e que só com isso o indivíduo pode ganhar efetividade e objetividade ética.

Adendo (H). Quando dizemos que o homem tem de ser *algo*, entendemos que ele deve pertencer a um estamento determinado; pois esse algo quer dizer que ele é então algo de substancial. Um homem sem estamento é mera pessoa privada e não está numa universalidade efetiva. Por outro lado, o singular na sua particularidade pode se tomar pelo universal e presumir erradamente que se entregaria a algo inferior se ele se inserisse num estamento. Esta é a falsa representação segundo a qual, se algo obtém um ser-aí que lhe é necessário, nisso se restringe e abdica de si.

§ 208

O princípio desse sistema das carências, enquanto particularidade própria do saber e do querer, tem dentro de si a universalidade sendo *em si pa-*

ra si, a universalidade da *liberdade* só *de maneira abstrata*, por conseguinte, enquanto *direito de propriedade*, mas que aqui não é mais só *em si*, porém na sua efetividade vigente, enquanto *proteção da propriedade* pela *administração da justiça*.[405]

B. A ADMINISTRAÇÃO DO DIREITO

§ 209

O *elemento-relacional* da relação recíproca entre as carências e o tra-

---

[405] "O direito enquanto tal é o absolutamente estável, mas o que pode apresentar-se aqui é somente o direito de propriedade, a liberdade abstrata da personalidade, mas não mais somente em si, porém em sua efetividade, enquanto proteção pela administração do direito. A verdade da esfera da particularidade e do arbítrio é o direito da pessoa, enquanto a universalidade mais próxima.

A transição [do sistema das carências para a administração do direito] se faz externamente, para a representação, da seguinte maneira. O homem trabalha, tem de satisfazer as suas carências, os meios para tanto têm de lhe ser assegurados, esse asseguramento dos meios, da propriedade, da riqueza, torna as minhas carências um fim, e o direito, um meio. O Estado torna-se um meio e, mais precisamente, a administração do direito enquanto tal torna-se um meio de proteger a propriedade, e o fato de que as pessoas tenham propriedade tem por fim satisfazer as carências, portanto, essa satisfação torna-se finalmente o último fim.

Essa é a transição externa, mas a verdadeira, porém, está em que a liberdade enquanto tal, a liberdade racional, pessoal, é a essência do arbítrio, da particularidade etc., portanto, o fim do racional não é que as carências sejam satisfeitas.

Mas a particularidade pode considerar também o direito como meio. Num Estado bem formado, estão ambos presentes, [assim] no caso do interesse do Estado, da razão, também o interesse particular encontra a sua satisfação; este pode oscilar, mas o verdadeiro é que o interesse da razão exista.

Em relação ao que precede, é preciso ainda observar o seguinte. Tornando a indústria um fim e o direito um meio, pode-se dizer que essa só existe num Estado se o direito também existe, este é o meio absoluto, não é possível introduzir nenhuma indústria, nenhum comércio etc. enquanto a administração do direito oscila, é arbitrária, ruim, lenta, e quanto mais intenso o intercâmbio, tanto mais rápida tem de ser a administração do direito.

Os comerciantes têm uma administração do direito própria, o direito comercial. A experiência da indústria leva a um Estado onde vige o direito, como já se observou" (*VRph 1824-25*, pp. 528-9).

balho para elas tem inicialmente a sua *reflexão dentro de si*, em geral, na personalidade infinita, *no direito* (abstrato). Mas é essa esfera do relacional ela mesma, enquanto *formação*, que dá ao direito o *ser-aí*, que consiste em ser algo *universalmente reconhecido, sabido* e *querido*, e em ter validade e efetividade objetiva pela mediação desse ser sabido e ser querido.

Pertence à formação, ao *pensar* enquanto consciência do singular na forma da universalidade, que eu seja apreendido enquanto pessoa *universal*, no que *todos* são idênticos. O *homem vale, assim, porque ele é homem*, não porque seja judeu, católico, protestante, alemão, italiano etc. Essa consciência para a qual *pensamento* tem valor é de uma importância infinita — ela só é defeituosa quando ela se fixa, por exemplo, como *cosmopolitismo*, em permanecer em confronto com a vida concreta do Estado.

Adendo (H). De um lado, é graças ao sistema da particularidade que o direito se torna exteriormente necessário enquanto proteção da particularidade. Embora ele provenha do conceito, ele só entra, todavia, na existência, porque é útil às necessidades. Para que se tenha o pensamento do direito é preciso ter sido formado para o pensar, e não mais delongar-se no meramente sensível; é preciso conferir aos objetos a forma da universalidade e igualmente orientar-se na vontade segundo um universal. Só depois que os homens inventaram para si múltiplas carências e que a aquisição das mesmas se entrelaça com a sua satisfação é que as leis conseguem formar-se.

§ 210

A efetividade objetiva do direito consiste, em parte, em ele ser para a consciência, em ser *sabido* em geral, em parte, em ter o poder da efetividade e em *ter validade*, e, com isso, também em ser *sabido* enquanto *universalmente válido*.[406]

---

[406] "O material do direito são o absolutamente universal e o indivíduo. Por isso, este tem de ser algo que apreende o universal e se orienta por ele. Aqui são três os degraus ou estágios a considerar: a) o direito tal como ele é posto; a forma da universalidade do direito. b) Nessa forma de direito, ele tem de ser conhecido por todos, ser para todos. Assim ele entra na existência. c) Nessa efetividade, ele tem de ser conhecido como válido" (*VRph 1822-23*, p. 644).

"Não pudemos passar do direito em si para a administração do direito, porque não

a. *O direito enquanto lei*

§ 211

O que é *em si* direito — *posto* [*gesetzt*] no seu ser-aí objetivo, isto é, determinado pelo pensamento para a consciência e *conhecido* como o que é direito e tem validade — é a lei [*Gesetz*]; e o direito, graças a essa determinação, é direito *positivo* em geral.

Pôr algo como *universal* — isto é, trazê-lo à consciência enquanto universal — é, como se sabe, *pensar* (cf. acima § 13 A e § 21 A); ao reconduzir, assim, o conteúdo à sua forma mais simples, o pensar lhe dá a sua *determinidade* última. Somente pelo fato de tornar-se lei é que o direito recebe não só a *forma* da sua universalidade, mas a sua determinidade verdadeira. Por isso, na representação da atividade de legislar é preciso ter diante de si não apenas esse primeiro momento, graças ao qual algo é enunciado como a regra de conduta válida para todos; porém, antes desse outro, o momento essencial interno é o *conhecimento do conteúdo* na sua universalidade determinada. Mesmo os *direitos consuetudinários* contêm o momento de ser enquanto *pensamentos* e de ser *sabidos*, já que só os animais têm a sua lei enquanto instinto, mas são só os homens que a têm enquanto costume. A diferença desses direitos para com as leis consiste somente em que eles são sabidos de uma maneira subjetiva e contingente, por isso são mais indeterminados e a universalidade do pensamento está neles mais enturvada, além do que o conhecimento do direito segundo tal ou tal aspecto, e em geral, é aí uma propriedade contingente de poucos. É uma ilusão crer que os di-

---

tínhamos ainda o solo no qual o direito pode existir, pode ser administrado. [a] O fato de que o direito agora é sabido, de que ele vige como algo universalmente válido, pertence a esta existência [do direito]. Mais precisamente, a carência do próprio direito tem de residir na particularidade, na existência enquanto tal, portanto, o próprio direito é a carência suprema. [b] Segundo, o direito que pertence à liberdade, ao espírito, ao pensamento, pode e tem de ter, segundo este lado, para existir enquanto direito, a forma que lhe seja adequada, e essa forma adequada ao espírito é a universalidade. [c] Para que o direito venha à existência, seja sabido na existência, a consciência subjetiva de que ela venha a existir, a consciência da carência disso tem de ser formada, e somente então o direito em si, o verdadeiro direito pode vir à existência" (*VRph 1824-25*, pp. 531-2).

reitos consuetudinários, pela sua forma de ser enquanto *costumes*, deveriam ter a vantagem de ter passado à vida (fala-se aliás hoje em dia com mais frequência de *vida* e *passagem à vida* precisamente quando se está enfronhado na matéria mais morta e nos pensamentos mais mortos), já que as leis vigentes de uma nação, por serem escritas e coligidas, não deixam de ser seus costumes. Quando os direitos consuetudinários vêm a ser coligidos e compilados, o que num povo que atingiu uma certa cultura tem de em breve ocorrer, essa compilação é então um *código*, que, por ser mera compilação, certamente se distinguirá por seu *caráter informe*, indeterminado e lacunoso. Ele se diferenciará de um código propriamente dito precipuamente pelo fato de que este apreende e enuncia pelo pensamento os princípios do direito na sua *universalidade* e, com isso, na sua determinidade. O *direito nacional* ou direito comum[407] da *Inglaterra* está contido, como se sabe, em *estatutos* (leis formais) e numa assim chamada *lei não escrita*; essa lei não escrita é, de resto, tanto quanto a outra, uma lei escrita, e o seu conhecimento pode e tem de

---

[407] Knox observa (*Knox*, p. 357, nota 58) que Hegel tinha provavelmente presente o texto de Blackstone (*Commentaries on the Law of England* [1765-1769], v. I, p. 63), o qual chamava a atenção para o fato de que as regras para a conduta civil dos habitantes da Inglaterra, oriundas dos costumes e das decisões judiciais das cortes locais, compreendiam "a *lex non scripta*, a lei não escrita ou comum, e a *lex scripta*, a lei escrita ou estatuída [*statute law*]", e que, por isso, não seria correto traduzir *gemeines Recht* na expressão "*Englands Landrecht oder gemeines Recht*" por "direito comum", pois este é só uma espécie do direito inglês. Mas, ao propor que se traduza *gemeines Recht* por "direito municipal", esquece que houve na Inglaterra, já na Idade Média, principalmente com os quatro Estatutos do rei Eduardo I (1275, 1278, 1285 e 1290), uma centralização precoce do direito e da jurisdição pela corte real, quando comparada com a situação continental, onde, na Alemanha, na Itália e mesmo nos ducados e condados franceses, vigia uma pluralidade de direitos territoriais e jurisdições particulares. Por isso, a *common law* adquire cedo o sentido de uma lei geral para todos os habitantes da Inglaterra, distinta dos costumes e privilégios locais e superior a eles. Assim, nos Tempos Modernos, os Estatutos anteriores a 1285 são muitas vezes chamados de *common law*, pois tendiam a reafirmar a lei já existente ou explicá-la mais detalhadamente. Nesse sentido lato, o "direito comum" compreende tanto a lei não escrita, oriunda dos costumes municipais e das decisões das cortes de equidade, a *common law* no sentido estrito, quanto a lei escrita, a *statute law*, proveniente dos decretos reais no período anterior à criação da Câmara dos Comuns no século XIII. Assim, a tradução "o *direito nacional*" ou "o direito comum da *Inglaterra*" não apaga a diferença entre as duas espécies do direito inglês, mencionada a seguir por Hegel a partir dos comentários de Blackstone (cf. Kiralfy, A. R., "Common Law", in: *The New Enciclopaedia Britannica*, *Macropaedia*, 15ª ed., v. 4, 1980, pp. 998-1.005).

ser adquirido pela leitura (dos numerosos volumes *in quarto* que ela preenche). Mas os conhecedores da mesma descrevem a confusão monstruosa que também lá reina, tanto na administração do direito quanto no próprio direito. Assinalam, particularmente, a circunstância que, por estar essa lei não escrita contida nas decisões dos tribunais e dos juízes, os juízes continuamente se fazem de *legisladores*, que eles tanto estão submetidos à autoridade dos seus predecessores, enquanto nada mais fizeram do que ter enunciado a lei não escrita, quanto *não* o estão, uma vez que eles próprios têm dentro de si a lei não escrita, e têm daí o direito de julgar se as decisões precedentes são ou não conformes à mesma. — Contra uma confusão semelhante, que na administração do Direito Romano do período tardio podia surgir das autoridades de todos os diversos ilustres jurisconsultos, foi inventado por um imperador um expediente engenhoso, que leva o nome de *lei das citações*, e que implantou uma espécie de instituição colegiada de juristas *mortos há muito tempo* com maioria de votos e um presidente (ver a *História do Direito Romano* do senhor Hugo [1799], § 354).[408] — Denegar a uma nação cultivada ou ao estamento dos juristas[409] dessa nação a capacidade de fazer um código seria uma das maiores afrontas que se poderia fazer a uma nação ou àquele estamento, já que não pode estar em questão elaborar um sistema de leis *novas* segundo o seu *conteúdo*, porém de conhecer na sua universalidade determinada o conteúdo legal aí-presente, isto é, de apreendê-lo *pelo pensamento*, acrescentando-lhe a aplicação ao particular.[410]

---

[408] "O imperador de que fala o texto é Valentiniano III (425-55); a lei das citações é de 446; o 'colégio' era formado por Papiniano (presidente), Paulo, Gaio, Ulpiano, Modestino" (Hugo, G., *Lehrbuch der Geschichte des römischen Rechts bis auf Justinian*, 6. Aufl., Berlim, 1818, § 385; cf. Ilting, K.-H., *VRph 1820, 1821-25*, p. 98, nota 5; cf. Hegel, *Lineamenti di Filosofia del Diritto*, a cura di Giuliano Marini, Roma/Bari, Laterza, 1987, p. 171, nota 28).

[409] Embora na terminologia atual e corrente fosse mais adequado traduzir o termo *Juristenstand* por "ordem dos juristas", manteve-se a tradução mais próxima da linguagem de Hegel, no intento de indicar a amplitude do campo semântico que o conceito de *Stand* cobria.

[410] Alusão crítica às teses de F. C. von Savigny (que, como colega de Hegel na Universidade de Berlim, nunca é aqui citado pelo nome), dirigida principalmente ao seu escrito polêmico *Vom Beruf unserer Zeit für Gesetzgebung und Rechtswissenschaft* [Da

vocação do nosso tempo para a legislação e para a ciência do direito], de 1814, que é uma réplica ao ensaio de Thibaut *Über die Notwendigkeit eines allgemeinen bürgerlichen Gesetzbuchs für Deutschland* [Sobre a necessidade de um código civil geral para a Alemanha], publicado no mesmo ano, e, também, uma crítica ao *Code Civil* de Napoleão (1806). Thibaut defendia a necessidade de um código civil para toda a Alemanha, na linha da tradição jusnaturalista, que criasse uma unidade jurídica alemã para além da fragmentação dos direitos particulares das respectivas dinastias territoriais, capaz de promover uma "reforma do sistema social" e de fortalecer a consciência da nação contra os ataques da reação conservadora, que se consolidaria no ano seguinte com o Congresso de Viena (cf. *Wieacker*, p. 445). Duas são as razões principais pelas quais Savigny se opunha veementemente à exigência de uma codificação. Primeiro, especificamente no campo do direito civil, devido à avaliação (oposta à de Hegel) da importância atual do Direito Romano como fonte e base para o aperfeiçoamento do direito civil vigente nos diferentes principados alemães, principalmente no sentido de que a completude de conteúdo e o acabamento formal exigidos para uma codificação deveriam aguardar tempos mais favoráveis para um conhecimento mais aprofundado do Direito Romano e a elaboração de uma linguagem jurídica mais acurada. Além disso, é consenso entre os intérpretes que os argumentos de Savigny tendiam, antes, a negar em princípio, e não só para o tempo presente, a conveniência de uma codificação. Isso é confirmado por Gierke, que chama a atenção para o fato de que Savigny, ao ser convidado por Frederico Guilherme IV, em 1842, para dirigir o ministério da Legislação, criado para promover uma revisão no sentido restaurador do *Allgemeines Landrecht*, de 1794, qualificava a codificação como um "mal em si" (*id.*, p. 436). Mas a razão principal da sua hostilidade não só à codificação do direito civil, mas também, no campo do direito público, à elaboração de uma constituição, provém da sua rejeição a qualquer código, estilizado indevidamente por ele como sendo a criação *a priori* e arbitrária de uma razão legisladora a-histórica, que bloquearia o futuro amadurecimento jurídico do espírito do povo e o transformaria, segundo a metáfora de Savigny, num "bezerro de ouro", cuja adoração traria como consequência a quebra das tábuas da verdadeira lei, existente nos costumes, e cuja substância é o espírito do povo. Afora isso, a exigência de uma constituição escrita, ainda que outorgada, estava desde 1792 associada, para os círculos restauradores, à Revolução Francesa e às suas consequências jurídicas e políticas. Nesse sentido, a crítica conjunta de Hegel à recusa conservadora da codificação do direito civil e de uma constituição escrita não é apenas fruto de um mal-entendido, mas o discernimento agudo das razões políticas e da diferença de argumentação filosófica que motivavam essa recusa (cf. Jaeschke, W., "Die Vernünftigkeit des Gesetzes. Hegel und die Restauration im Streit um Zivilrecht und Verfassungsrecht", in: Lucas, H. C. e Pöggeler, O. (eds.), *Hegels Rechtsphilosophie im Zusammenhang der europäischen Verfassungsgeschichte*, Stuttgart-Bad Cannstatt, Frommann-Holzboog, 1986, pp. 246-9). Tanto mais que Hegel é também, como Savigny, um defensor da orientação histórica e da criação do direito a partir do desenvolvimento orgânico do espírito do povo, haja vista sua crítica ao fato de que a constituição não é do registro do fazer, porém o resultado do trabalho de séculos (§ 274 Ad.). Mas, como assinala Jaeschke (*op. cit.*, pp. 249-50), embora partilhe com Savigny essa orientação histórica e a tese da

Adendo (H, G). O sol como os planetas têm também as suas leis, mas não as conhecem; os bárbaros são regidos por impulsos, costumes, sentimentos, mas não têm consciência alguma disso. Pelo fato de que o direito é posto e sabido, desaparece tudo o que há de contingente no sentimento, na opinião, desaparece a forma da vingança, da compaixão, do egoísmo, e somente assim o direito alcança a sua verdadeira determinidade e chega à sua honra. É só pela disciplina da compreensão que ele se torna capaz da universalidade. É de todo necessário que haja conflitos na aplicação das leis, no que o entendimento do juiz tem o seu lugar, porque do contrário a execução seria precisamente algo de inteiramente mecânico. Mas chegar ao ponto de querer abolir os conflitos, abandonando muitas coisas ao parecer dos juízes, esta é uma saída muito pior, porque também o conflito é da alçada do pensamento, da consciência pensante e da sua dialética, enquanto que a pura e simples decisão pelo juiz seria arbítrio. Geralmente se aduz a favor do direito con-

---

origem do direito no espírito do povo, Hegel tira daí consequências jurídicas e políticas opostas, pois sendo também para ele o direito civil fruto do desenvolvimento histórico e a constituição a expressão da consciência que um povo tem da sua liberdade, Hegel crê, sem se dar talvez plenamente conta das complexidades de uma codificação, que esse direito já presente e efetivo no espírito do povo pode ser elevado formalmente à forma universal da lei, ainda que para ele também essa elaboração formal não seja da alçada do conjunto do povo, mas de "sábios" e estudiosos da lei, que devem todavia formulá-la na língua própria do povo. Isso mostra como a hostilidade de Savigny à codificação não resulta da sua abordagem histórica do direito a partir do espírito do povo e da herança do pensamento histórico do romantismo e do idealismo, como é geralmente apresentado, mas, antes, de uma repugnância política ao movimento de codificação e constitucionalização da virada do século XVIII para o século XIX, própria dos círculos da restauração (cf. *id.*, p. 253). Daí a conclusão de Jaeschke, de que "'o direito natural' [entre aspas] de Hegel aparece aqui como um melhor defensor do ponto de partida histórico" (*ibid.*), pois, apesar da tese programática do desenvolvimento do direito em conexão interna com a formação e o amadurecimento do espírito do povo, a análise jurídica concreta de Savigny se desdobra antes de tudo no plano da pesquisa histórica erudita das fontes do Direito Romano, ao qual são superpostos os direitos particulares dos principados alemães e seus respectivos espíritos do povo (cf. *id.*, pp. 240-1). A originalidade da posição de Hegel diante da rejeição por Savigny de uma criação *a priori* e arbitrária do direito por uma razão a-histórica está em reconhecer os seus motivos legítimos e tirar as consequências jurídicas e políticas opostas, a partir de um ponto de partida histórico análogo com o conceito de espírito do povo. Por isso, a *Filosofia do direito* foi situada muitas vezes na vizinhança da Restauração, embora a combatesse energicamente. Mas a posição de Hegel a favor da codificação e seu empenho teórico e político por uma constituição escrita permaneceram, como é sabido, sem consequências até 1848 (*id.*, pp. 254-5).

suetudinário o fato de que ele é vivo, mas essa vida, isto é, a identidade da [sua] determinação com o sujeito ainda não constitui a essência da Coisa; o direito tem de ser conhecido pelo pensamento, ele tem de ser um sistema em si mesmo, e somente como tal pode ter validade nas nações cultivadas. Se em época mais recente negou-se aos povos a vocação para a legislação, isso não só é uma afronta, mas contém a absurdidade que, em face da multidão infinita de leis existentes, nem mesmo aos indivíduos singulares se confie a habilidade de reuni-las num sistema consequente, quando precisamente a atividade de sistematizar, quer dizer, de elevar ao universal, é o anseio infinito do tempo presente. Da mesma maneira, considerou-se que coletâneas de decisões, como se encontram no *Corpus Juris*, eram preferíveis a um código elaborado no sentido mais universal, porque em tais decisões sempre é mantida uma certa particularidade e uma recordação histórica de que não se quer abrir mão. A prática do direito inglês mostra suficientemente como são ruins tais coletâneas.

§ 212

Nessa identidade do *ser-em-si* e do *ser-posto*, só tem obrigatoriedade enquanto *direito* o que é *lei*. Visto que o ser-posto constitui o lado do ser-aí, no qual pode intervir o elemento contingente da vontade caprichosa e de outra particularidade, assim, o que é lei, no seu conteúdo, pode ser ainda diverso do que é em si direito.

Por isso, no direito positivo, o que é *conforme à lei* é a fonte do conhecimento do que é direito, ou propriamente, do que é *de direito* — a ciência positiva do direito é, nessa medida, uma ciência histórica, que tem a autoridade por seu princípio. O que de resto pode ainda ocorrer é assunto do entendimento e concerne à ordem externa, à compilação das leis, à coerência, à aplicação ulterior e a outras coisas semelhantes. Quando o entendimento se intromete na natureza da própria Coisa, então as teorias, por exemplo, a do direito criminal, mostram o que ele engenha com o seu raciocínio a partir de razões. — Dado que a ciência positiva, por um lado, tem não só o direito, mas também o necessário dever de deduzir a partir dos seus dados positivos tanto os desenvolvimentos históricos como as aplicações e as ramificações das determinações jurídicas dadas em todos os detalhes, e de mostrar a sua coerência, ela não tem, por outro lado, o direito de estranhar, pelo menos não absolutamente, quando se pergunta, depois de todas essas demonstrações, se uma determinação jurídica é *racional*, ainda que considere isso uma *pergunta impertinente* para a sua ocupação.[411] — Cf. sobre a *compreensão* [da lei], ver § 3 A.

§ 213

Como o direito entra no ser-aí inicialmente na forma do ser-posto, ele entra também enquanto *aplicação*, segundo o *conteúdo*, em relação com a *matéria* das relações e dos tipos de propriedade e contrato que se singularizam e emaranham ao infinito na sociedade civil — além disso, [também] com a matéria das relações éticas que repousam sobre o ânimo, o amor e a confiança, porém somente na medida em que essas relações contêm o lado do direito abstrato (§ 159); o lado moral e os mandamentos morais, enquanto concernem à vontade segundo a sua subjetividade e sua particularidade mais próprias, não podem ser objeto da legislação positiva. Matéria ulterior fornecem-na os direitos e deveres que decorrem da própria administração do direito, do Estado etc.

Adendo (G). Nas relações mais elevadas do casamento, do amor, da religião, do Estado, só podem tornar-se objeto da legislação os aspectos que segundo a sua própria natureza são suscetíveis de ter neles a exterioridade. Entretanto, nesse caso, a legislação dos diversos povos apresenta grandes diferenças. Entre os chineses, por exemplo, é lei do Estado que o homem deva amar a sua esposa mais do que as outras mulheres que ele tem. Se lhe for demonstrado que fez o contrário, será punido com bastonadas. Encontra-se igualmente em legislações mais antigas muitas prescrições sobre a fidelidade e a honestidade, que são inadequadas à natureza da lei, porque elas caem no

---

[411] "Quanto ao seu conteúdo, a lei pode ser diversa do que é direito, pois o ser posto é para si a existência externa, ele é este viger, este ser enunciado, este poder e esta força imperativa [*Gewalt*], de sorte que se lhe obedece, [e] o que tem validade segundo o conceito pode ser diverso dessa forma de existência. Pode até haver determinadas legislações que contêm dentro de si tais determinações injustas.

Há, assim, uma legislação sobre a escravidão, um *Codex* concernente aos pretos nas ilhas das Índias Ocidentais, mas em si a escravidão é in-justa; ambas as coisas, o que vige e o que é em si direito, podem ser diversas. Por isso, no direito positivo, o que é legal é a fonte do conhecimento do que é direito, ou propriamente, do que é de direito. Há duas categorias, o que é direito em si, segundo a razão, e o que é enunciado como o direito vigente numa determinada legislação" (*VRph 1824-25*, p. 538).

domínio da interioridade. Só no caso do juramento, em que as coisas são entregues à consciência moral, a honestidade e a fidelidade têm de ser consideradas como algo substancial.

§ 214

Mas, além da aplicação ao *particular*, o ser-posto do direito inclui dentro de si a *aplicabilidade* ao *caso singular*. Com isso ele entra na esfera do que não é determinado pelo conceito, na esfera do *quantitativo* (do quantitativo por si ou como determinação do valor no caso da troca de um qualitativo contra outro qualitativo). A determinidade do conceito só dá um limite universal, no interior do qual ocorre um vaivém. Mas esse vaivém tem de ser interrompido em vista da efetivação [do direito], com o que intervém uma decisão contingente e arbitrária no interior desse limite.

É nesse *aguçamento* do universal, não só em direção ao particular, mas à singularização, isto é, à *aplicação imediata*, que reside precipuamente o elemento *puramente positivo* das leis. Não se pode determinar *racionalmente*, nem decidir pela aplicação de uma determinidade proveniente do conceito, se, para um delito, o justo é uma pena corporal de quarenta açoites ou de quarenta menos um,[412] nem se é uma pena pecuniária de cinco ou de quatro táleres e 23 vinténs etc., nem se é uma pena de prisão de um ano ou de 364 dias etc., ou de um ano e um, dois ou três dias. E, contudo, uma chicotada a mais, um táler ou um vintém, uma semana, um dia de prisão a mais ou a menos já é uma injustiça. — É a própria razão que reconhece que a contingência, a contradição e a aparência têm a sua esfera e o seu direito, *porém delimitados*, e ela não se empenha em igualar ou retificar tais contradições; aqui, o interesse ainda presente é unicamente o da *efetivação*, o interesse em que em princípio se determine e se decida, seja lá de que maneira for (no interior de um certo limite). Esse decidir pertence à certeza formal de si mesmo, à subjetividade abstrata, a qual deve se ater inteiramente, *no interior desse limite*, somente a interromper a ponderação e a fixar a fim de que seja fixado — ou a razões determinantes tais como as que um número *redondo* ou o número quarenta menos um podem conter.

---

[412] O exemplo da pena corporal e do número quarenta ou quarenta menos um é uma referência ao *Deuteronômio* (25, 3), a qual é retomada por Paulo na sua segunda *Epístola aos coríntios* (2, 14).

— O fato de a lei não fixar essa determinidade última que a efetividade exige, porém de confiá-la à decisão do juiz e de restringi-lo somente por um mínimo e um máximo, em nada afeta a questão, pois esse mínimo e esse máximo são, cada um, um número redondo, e eles não suprimem o fato de que uma tal determinação finita, puramente positiva, seja então fixada pelo juiz, senão que a confiam ao juiz, como é necessário.

Adendo (H, G). Nas leis e na administração do direito há essencialmente um lado que contém uma contingência e que reside em que a lei seja uma determinação universal que deve ser aplicada ao caso singular. Quem quisesse se declarar contra essa contingência enunciaria uma abstração. O que há de quantitativo numa pena não pode, por exemplo, ser tornado adequado a nenhuma determinação do conceito, e o que quer que se decida, será por esse lado um arbítrio para sempre. Mas essa contingência é ela mesma necessária; e se porventura a partir dela se argumenta em geral contra um código por não ser ele completo, desconsidera-se precisamente o lado no qual um acabamento total não pode ser alcançado e que por isso precisa ser tomado como ele é.

b. *O ser-aí da lei*

§ 215

A obrigatoriedade para com a lei inclui, da parte[413] do direito da autoconsciência (§ 132, com a Anotação), a necessidade de que as leis sejam dadas a *conhecer universalmente*.

---

[413] A tradução francesa de *Kervégan* (p. 381, nota 2) chama a atenção para o plural da expressão *von den Seiten*, literalmente, "das partes", que visa a sublinhar a pluralidade dos pontos de vista da autoconsciência moral (que conduz à multiplicidades dos deveres, cf. *Enciclopédia*, § 511) e a pluralidade das autoconsciências confrontadas com a universalidade da norma legal. Traduzo, contudo, pelo singular, porque o plural dessa expressão em português é inusual e, principalmente, porque o "direito supremo" da vontade subjetiva, o de só dever reconhecer como válido aquilo que ela discerniu como bom (§ 132), ao qual Hegel remete, se refere, aqui, exclusivamente ao direito da autoconsciência de que as leis sejam publicamente conhecidas.

Pendurar as leis tão alto que nenhum cidadão possa lê-las, como fez Dionísio, o Tirano — ou enterrá-las no vasto aparato de livros eruditos, de compilações de decisões oriundas de juízos, opiniões e costumes divergentes etc., e, ainda por cima, numa língua estrangeira, de sorte que o conhecimento do direito vigente seja acessível somente àqueles que se dedicam doutamente a isso — é uma e a mesma in-justiça.[414] — Os governantes que deram aos seus povos, ainda que somente uma compilação informe, como Justiniano, porém, mais ainda os que deram um *direito nacional* na forma de um código ordenado e determinado,[415]

---

[414] Lembramos que o substantivo *Unrecht* é traduzido por "in-justiça", escrito com traço de união, para diferenciá-lo de *Ungerechtigkeit*, "injustiça", assim como o adjetivo *unrechtlich* por "in-justo", para diferenciá-lo do adjetivo *ungerecht*, "injusto", e que significa a negação do direito, cujas formas são analisadas nos §§ 82-103, da "Primeira Parte", "O direito abstrato". A tradução brasileira da *Enciclopédia* [1830] traduziu *Unrecht* por "não-direito", uma solução boa, mas à qual prefiro "in-justo", que é mais flexível para traduzir o uso adjetivo do termo, *unrechtlich*.

[415] Referência ao *Allgemeines Landrecht* (*ALR*) prussiano, promulgado em julho de 1794 no reinado de Frederico II da Prússia, mas preparado de longa data, em várias etapas, desde o início do século XVIII, tendo permanecido em vigência na Prússia e nas províncias prussianas até primeiro de janeiro de 1900, quando de sua substituição pelo BGB (*Bürgerliches Gesetzbuch*), o atual Código Civil Alemão. Ele rompe na sua ordem sistemática com a ordenação da matéria jurídica do *Corpus Juris*, predominante até então. Sua inspiração jusnaturalista, marcada pelo absolutismo esclarecido tardio, foi objeto de louvor de Kant no seu opúsculo *Resposta à pergunta: o que é Esclarecimento*, de dezembro de 1793 ("Beantwortung der Frage: Was ist Auklärung", A 491-493, in: *Kant, Werke*, v. VI, pp. 59-60), pela ampla discussão que precedeu sua redação final por uma comissão de juristas, presidida por Carl G. Svarez. Em suas *Preleções sobre a história da filosofia*, no contexto de um elogio a Frederico II como tendo sido o primeiro governante que soube pôr o interesse e o fim universal do Estado acima dos interesses particulares, Hegel se refere ao *ALR* como "obra imortal" de Frederico II (*Vorlesungen über die Philosophie der Geschichte*, TWA, v. 12, p. 523). Ele é mais do que um código civil, pois compreende matérias de direito civil, direito comercial, direito penal, direito marítimo, mas também matérias referentes aos estamentos no Estado e aos direitos e deveres do Estado para com seus cidadãos, buscando pela sua linguagem clara e concisa atingir pedagogicamente um público amplo, principalmente a burguesia prussiana e as populações do campo. Perpassado pela convicção iluminista de criar uma sociedade mais justa e um futuro melhor, ele procura concretizar a ideia de um "direito natural histórico" (Dilthey o caracterizou, por isso, como "direito natural prussiano") no quadro de um programa de transformação social, conduzido por um soberano concebido como servidor do Estado (cf. *Wieacker*, pp. 367-78).

O *ALR* apresenta o plano bifronte de uma construção do Estado a partir das suas

não só se tornaram os maiores benfeitores desses povos e foram por eles louvados com gratidão por isso, como também realizaram com isso um grande *ato de justiça*.

Adendo (G). O estamento dos juristas, que tem o conhecimento especial das leis, considera-o frequentemente o seu monopólio, e quem não é do ramo não tem direito à palavra. Assim os físicos levaram a mal a teoria das cores de Goethe, porque ele não era do ofício e, ainda por cima, um poeta. Mas assim como não é preciso ser sapateiro para saber se os sapatos se ajustam bem, tampouco é preciso alguém pertencer ao ofício para ter conhecimento sobre os objetos que são de interesse geral. O direito concerne à liberdade, o que há de mais digno e sagrado no homem, que ele próprio tem de conhecer na medida em que esse direito deve ser obrigatório para ele.

---

bases sociais estamentais, promovido, todavia, mediante um planejamento esclarecido do Estado, visando a transformar a autonomia dos antigos estamentos em órgãos a serviço do Estado, a fim de que os súditos pudessem mesmo em sua inserção estamental entrar numa relação direta com o Estado. Assim, por um lado, ele protegia a moderna propriedade individual enquanto base e garantia da personalidade livre contra o arbítrio privado do monarca; mas, por outro, precisamente graças ao aspecto moderno dessa barreira contra a intervenção estatal, ele assegurou, mediante cláusulas indenizatórias, uma proteção jurídica da propriedade privada, que corroborou os antigos direitos e privilégios de dominação que a nobreza mantinha em face do príncipe ou dos súditos por meio de contratos efetivos ou impostos. E o inverso também ocorreu, no sentido de que muitos direitos de propriedade burguesa receberam o *status* de privilégios estamentais. O *ALR* colocou, assim, antes que se constituísse uma economia de mercado, ao mesmo tempo as balizas e os limites legais para as futuras reformas em prol de uma moderna sociedade civil, capaz de enfraquecer os antigos privilégios estamentais, delineando ao mesmo tempo o quadro legal e forense para o confronto da administração com a nobreza. Esta invocava a garantia da propriedade e as cláusulas indenizatórias, a administração, por sua vez, o direito absoluto eminente de desapropriação pelo Estado. Na realidade, aqueles acabaram historicamente prevalecendo com o apoio da monarquia ilimitada. Todavia, embora o código não tenha podido estatuir um limite constitucional ao poder monárquico, houve uma transmutação do poder ilimitado do monarca no poder ilimitado do Estado enquanto entidade de direito público (jusnaturalisticamente, o Estado não é mais o feixe dos direitos de majestade exercidos pessoalmente pelo monarca). Em consequência, os antigos privilégios e direitos de dominação estamentais pactuados e protegidos sob a égide do direito privado deixaram de ter um amparo de direito público e foram transformados em serviços ao encargo do Estado (cf. Koselleck, R., *Preussen zwischen Reform und Revolution*, Stuttgart, Klett-Cotta, 1967, pp. 23-51).

§ 216

Para um código público, de um lado, cabe exigir determinações universais *simples*, de outro lado, a natureza *da matéria finita* conduz a uma determinação progressiva sem fim. O âmbito das leis deve ser, de um lado, um todo fechado, *acabado*, de outro, esse âmbito carece continuamente de novas determinações legais.[416] Mas como essa antinomia incorre na *especialização* dos princípios universais, que perduram firmes, o direito a um código acabado permanece, assim, intacto, bem como o direito a que esses princípios universais simples, distintos da sua especialização, sejam capazes de ser apreendidos e expostos por si.

Uma fonte principal do emaranhado da legislação está, na verdade, no processo pelo qual o racional, o que é em si e por si direito, penetra, com o tempo, nas instituições originárias que continham uma in-justiça e que, por isso, eram meramente históricas, como foi assinalado acima (§ 180 A) no caso das instituições romanas, do antigo direito feudal etc. Mas é essencial discernir que a própria natureza da matéria finita traz consigo que, nessa matéria, mesmo a aplicação das determinações racionais em si e por si, determinações em si mesmas universais, conduz ao progresso ao infinito. — Exigir de um código acabamento pleno, que ele seja algo absolutamente concluso, que não deva ser capaz de nenhuma determinação progressiva ulterior — uma exigência que é especialmente uma doença *alemã* — e, pela razão de que ele não pode assim ser acabado, não deixá-lo chegar a um estado pretensamente imperfeito, quer dizer à efetividade, repousa sobre duas coisas, sobre o desconhecimento da natureza dos objetos finitos, como o é o direito privado, objetos nos quais a assim chamada perfeição é o *perpetuar* da *aproximação*, e sobre o desconhecimento da diferença entre o universal da razão e o universal do entendimento e a sua aplicação à matéria do que é finito e singular, a qual se estende ao infinito. — "*Le plus grand ennemi du bien c'est le mieux*",[417] esta é a expressão do ver-

---

[416] Literalmente, "o âmbito das leis [...] é a carência contínua de novas determinações legais". A antinomia consiste em que o próprio ideal de completude legal, que se exprime na exigência de um código "acabado", remete ao seu contrário, ao fato de que a legislação precisa ser continuamente aperfeiçoada e ulteriormente determinada.

[417] Em francês, no texto: "O ótimo é o inimigo do bom". A primeira edição traz "*meilleur*" ao invés de "*mieux*", que seria o termo correto do provérbio.

dadeiro bom senso do entendimento[418] contra o vão entendimento arrazoador e reflexionante.

Adendo (H, G). Completude significa a coleção acabada de todos os elementos singulares que pertencem a uma esfera e, nesse sentido, nenhuma ciência pode ser completa. Quando então se diz que a filosofia ou qualquer ciência está incompleta, se dá a entender que se tem de esperar até que ela tenha se completado, pois o melhor poderia ainda faltar. Mas dessa maneira nada se leva adiante, nem a geometria, que parece conclusa, na qual surgem, contudo, novas determinações, nem a filosofia, que certamente tem a ver com a ideia universal, mas, no entanto, pode se especializar sempre mais. A lei universal, de resto, consistiu sempre dos dez mandamentos; porém, não estatuir a lei "não matarás", porque um código não pode ser acabado, revela-se, em seguida, à evidência, como uma absurdidade. A vã reflexão pode mesmo afirmar que todo código poderia ser ainda melhor, pois o mais grandioso, elevado e belo pode ser pensado num grau superior como ainda mais grandioso, elevado e belo. Mas uma árvore grande e velha ramifica-se cada vez mais sem por isso tornar-se uma nova árvore; seria tolo, no entanto, não querer plantar árvore alguma por causa dos ramos novos que ainda poderiam vir.

§ 217

Assim como na sociedade civil o direito *em si* torna-se lei, assim também o ser-aí até então *imediato* e *abstrato* do meu direito singular passa à significação de ser-reconhecido enquanto um ser-aí do saber e do querer universal existente. Por isso, as aquisições e as ações relativas à propriedade têm

---

[418] "*Gesunder Menschenverstand*" ("o sadio entendimento humano") foi a expressão que Hegel utilizou na *Fenomenologia do espírito* e nas *Preleções sobre a história da filosofia* para traduzir o *sensus communis* de Reid, Oswald e Beatie, que está na origem do *common sense* dos empiristas ingleses. Aqui, por razões da contraposição estabelecida por Hegel entre o senso comum verdadeiro (no sentido do repositório dos preconceitos vigentes, eventualmente verdadeiros, embora ele não tenha consciência do pensamento que os governa e da sua verdade) e o senso comum falso, nos termos da oposição entre "entendimento sadio" do senso comum verdadeiro e o "vão entendimento" que se apega à sua capacidade de arrazoar sem fim, é preciso marcar na tradução a presença da palavra "entendimento", donde a razão de não recorrer somente à expressão "senso comum" para retraduzir o *common sense*.

de ser empreendidas e revestidas com a *forma* que lhes dá esse ser-aí. Agora [na sociedade civil], a propriedade repousa sobre o *contrato* e sobre as *formalidades* que a tornam suscetível de prova e lhe dão força jurídica.

Os modos de aquisição e os títulos originários, isto é, imediatos (§§ 54 ss.), desaparecem propriamente na sociedade civil e só aparecem como contingências singulares ou momentos limitados. — É em parte o sentimento que permanece no subjetivo, em parte a reflexão que se detém no abstrato das suas essencialidades, que rejeita as formalidades que o entendimento morto, por sua vez, pode reter novamente contra a Coisa e multiplicar ao infinito. — Aliás, reside no próprio andamento da cultura, que, por meio de um longo e penoso trabalho, a partir da forma sensível e imediata de um conteúdo, este alcance forma do seu pensamento e, com isso, uma expressão simples que lhe seja conforme, [e] que, no estado de uma cultura jurídica só incipiente, as solenidades e as formalidades sejam extremamente complicadas e valham mais como se fossem a Coisa mesma do que como signo; eis também porque no Direito Romano foram mantidas uma multidão de determinações e, particularmente, de expressões provenientes das solenidades, em vez de terem sido substituídas por determinações de pensamento e por uma expressão que lhes seja adequada.

Adendo (H, G). A lei é o direito enquanto posto como o que ele era em si. Eu possuo algo, tenho uma propriedade de que me apoderei como sendo sem dono: esta, agora, tem ainda de ser reconhecida e posta enquanto minha. Por essa razão, existem na sociedade as formalidades em relação à propriedade: põem-se marcos limítrofes como sinais para o reconhecimento dos outros, organizam-se livros hipotecários, registros de propriedade. A maior parte da propriedade na sociedade civil repousa sobre contratos, cujas formalidades são fixas e determinadas. Pode-se talvez sentir repugnância por tais formalidades e crer que elas só existam com o fim de render dinheiro às autoridades; pode-se até considerá-las como algo ofensivo e signo de desconfiança, uma vez que o princípio "um homem, uma palavra"[419] deixa de ser válido; mas o essencial da forma é que aquilo que em si é direito seja também posto enquanto tal. Minha vontade é uma vontade racional, ela vale, e esse valer deve ser reconhecido pelo outro. Aqui a minha subjetividade e a

---

[419] Sem aspas no original.

do outro têm de desaparecer, e a vontade tem de alcançar uma segurança, uma estabilidade e uma objetividade, que ela só pode obter pela forma.

§ 218

Visto que na sociedade civil a propriedade e a personalidade têm reconhecimento legal e validade, o *crime* não é mais só a lesão de algo *subjetivamente infinito*, mas uma lesão da *Coisa universal*, que tem em si mesma uma existência estável e forte. Com isso, intervém [aqui] o ponto de vista da *periculosidade* da ação para a sociedade, pelo qual, de um lado, a gravidade do crime é reforçada; mas, de outro lado, o poder da sociedade, tornado seguro de si mesmo, reduz a *importância* exterior da lesão e provoca, por isso, um maior abrandamento na sua punição.

O fato de que em *um* membro da sociedade *todos* os outros são lesados não altera a natureza do crime segundo o seu conceito, porém, segundo o lado da sua *existência* externa, o da lesão, a qual atinge agora a representação e a consciência [que se tem] da sociedade civil, não só o ser-aí do imediatamente lesado. Nos tempos heroicos (veja-se as tragédias dos Antigos), os cidadãos não se consideravam lesados pelos crimes que os membros das casas reais cometiam uns contra os outros. — Visto que o crime, *em si* uma lesão infinita, enquanto um *ser-aí*, tem de ser medido segundo diferenças qualitativas e quantitativas (§ 96), ser-aí que é essencialmente determinado como *representação* e como *consciência da validade das leis*, segue-se que a *periculosidade para a sociedade civil* é uma determinação da sua grandeza ou, também, *uma* de suas determinações qualitativas. — Mas essa qualidade ou essa grandeza são agora variáveis segundo a *situação* em que se encontra a sociedade civil, e nessa situação reside a legitimação, tanto de punir com a morte um furto de alguns vinténs ou de uma beterraba, quanto de punir com uma pena mais branda um furto que importa no cêntuplo ou mais desses mesmos valores. O ponto de vista da periculosidade para a sociedade civil, mesmo que pareça agravar o crime, é, muito mais, principalmente, aquele que diminui a sua punição. Um código penal pertence sobretudo ao seu tempo e à situação da sociedade civil nele.

Adendo (H). A circunstância de que o crime cometido na sociedade aparece como um crime maior e, apesar disso, seja punido mais brandamente, parece contradizer-se. Mas se, por um lado, seria impossível para a sociedade deixar o crime impune, porque ele seria então posto como direito, por outro lado, contudo, como a sociedade está segura de si mesma, o crime é sempre só uma singularidade em face dela, algo instável e isolado. Graças à estabilidade da própria sociedade o crime adquire a condição de algo meramente subjetivo, que parece ter surgido não tanto da vontade que cismou o crime quanto dos impulsos naturais. Essa maneira de ver mitiga a importância do crime e, por causa disso, a pena também se torna mais branda. Se a sociedade é em si ainda vacilante, então é preciso estatuir exemplos por meio de penas, pois a pena é ela própria um exemplo contra o exemplo do crime. Mas na sociedade que é em si mesma estável, o ser-posto do crime é tão fraco que também a supressão dessa fraqueza tem de ser medida por ela. Penas duras não são, portanto, em si e por si algo injusto, mas estão em relação com a situação da época em questão: um código penal não pode valer para todas as épocas, e crimes são existências aparentes que podem atrair a si uma repulsa maior ou menor.

c. *O tribunal*

§ 219

O direito, tendo entrado no ser-aí na forma da lei, é por si; ele defronta, subsistindo por si, *a opinião e o querer particulares* que se tem do direito, e ele tem de se fazer valer enquanto *universal*. Esse *conhecimento* e essa *efetivação* do direito no caso particular, sem o sentimento subjetivo do interesse *particular*, cabem a um poder público, ao *tribunal*.[420]

O surgimento histórico do juiz e dos tribunais pode ter tido a forma da relação patriarcal, ou a da violência ou a da livre escolha; isto é indiferente para o conceito da Coisa. Considerar a introdução da jurisdição por parte dos príncipes e dos governos como mera questão de um *favor discricionário* ou de uma graça, como faz o sr. Von Haller (na sua

---

[420] "O tribunal nada mais é do que a lei que se dá efetividade, de sorte que o determinante é a lei enquanto tal, o tribunal é a lei atuante, cumprindo-se plenamente, e para isso, é preciso homens, indivíduos. A lei é o universal em forma universal, falta-lhe a individualidade, a subjetividade, estas são só os homens efetivos, portanto, o tribunal é a lei revestida da efetividade" (*VRph 1824-25*, p. 554).

Restauração da ciência do Estado),[421] pertence àquela indigência de pensamento que não tem o menor pressentimento, em se tratando da lei e do Estado, de que as suas instituições em geral, enquanto racionais, são necessárias em si e por si, e que a forma como elas surgiram e foram introduzidas não é o que importa na consideração do seu fundamento racional. — O outro extremo em relação a essa maneira de ver é a rudeza de considerar a administração da justiça nos tempos do direito do mais forte[422] como uma violência indevida, como uma opressão da liberdade e como um despotismo. A administração do direito deve ser considerada tanto como um dever quanto como um direito do poder público, direito que tampouco repousa sobre um capricho dos indivíduos de incumbirem ou não disso um poder.

§ 220

O direito que se exerce contra o crime (§ 102) na forma da *vingança* é somente direito *em si*, não na forma do que é de direito, isto é, ele não é justo na sua existência. No lugar da parte lesada intervém o *universal* lesado, que no tribunal tem efetividade própria e toma a si a perseguição e a punição do crime, a qual cessa, com isso, de ser a retaliação somente *subjetiva* e contingente mediante a vingança e se transforma na verdadeira reconciliação do direito consigo mesmo, em *pena*: do ponto de vista objetivo, essa reconciliação é reconciliação da lei, que se restabelece a si mesma pela supressão do crime, e que, por isso, *se efetiva enquanto válida* e, do ponto de vista subjetivo do criminoso, enquanto reconciliação da *sua lei* [com ele], *por ele sabida* e *válida* para ele e para a *sua proteção*; por conseguinte, na execução da lei contra ele, encontra ele mesmo a satisfação da justiça, encontra somente o ato que é *seu*.[423]

---

[421] Von Haller, C. L., *Restauration der Staatswissenschaft oder Theorie des natürlich-geselligen Zustands der Chimäre des künstlich-bürgerlichen entgegengesetzt* [Restauração da ciência do Estado ou teoria da condição social natural, oposta à quimera da condição burguesa artificial], v. 1-4, Winterthur, Steinersche Buchhandlung, 1816-20; v. 6, *id.*, 1825, v. 5, *id.*, 1834; no caso em tela, v. 2, p. 254.

[422] *Faustrecht* significa "o direito de fazer justiça pelas próprias mãos" e, num sentido lato, "o direito do mais forte", tradução aqui proposta.

[423] A pena, concebida conceitualmente como "retribuição" ou "retaliação" (*Wiedervergeltung*), tem o sentido de uma segunda coação ou lesão que suprime a primeira

§ 221

O membro da sociedade civil tem o *direito de estar em juízo*,[424] bem como o *dever de se apresentar em juízo* e de recuperar o seu direito em litígio somente do tribunal.

Adendo (H). Porque cada indivíduo tem o direito de estar em juízo, tem também de conhecer as leis, pois do contrário essa faculdade de nada lhe adiantaria. Mas o indivíduo também tem o dever de se apresentar em juízo. No sistema feudal, muitas vezes, o poderoso não se apresentava, desafiava o tribunal e considerava como uma injustiça por parte do tribunal citar o poderoso a comparecer. Mas essas são situações que contradizem àquilo que um tribunal deve ser. Nos Tempos Modernos, em questões privadas, o príncipe tem de reconhecer os tribunais como estando acima dele e, nos Estados livres, ele habitualmente perde os seus processos.

§ 222

Diante dos tribunais o direito recebe a determinação de ter de ser *capaz de prova*. O *processo jurídico* põe as partes na condição de fazer valer os seus meios de prova e as suas razões de direito, e põe o juiz na condição de

---

coação ou lesão. Ela é, para Hegel, o "restabelecimento do direito" (§ 99), de modo que a pena não é uma coação externa feita ao criminoso, mas a "outra metade necessária" da lesão contida no crime, e neste sentido, "a manifestação da nulidade" do crime. Ela é concebida, assim, como "um direito para o próprio criminoso" (§ 100), no sentido de que a pena o honra como o ser racional que ele é (§ 100 A). Por isso, a pena enquanto execução da lei é a consumação daquilo que o ato criminoso já contém. Daí o enunciado final elíptico do § 220, cuja tradução literal seria que o criminoso encontra na pena "somente o ato do que é *seu*", isto é, "o ato que lhe é próprio".

[424] Hegel recorre à tradução alemã literal (*das Recht, im Gericht zu stehen*) da fórmula latina *in judicio stare*, cujo sentido é o de "ter o direito de recorrer ao tribunal, de estar de pé, firme, com consciência e discernimento na defesa do seu direito". Os Apontamentos de Hotho, em parte selecionados no Adendo, confirmam esse sentido, ao dizer que "um escravo não pode estar diante do tribunal" e que "o direito de comparecer [*treten*] perante o tribunal é de todo aniquilado se o indivíduo não tem conhecimento do direito" (*VRph 1822-23*, pp. 671-2).

tomar conhecimento do caso. Esses *passos são eles mesmos direitos*; o seu andamento, por conseguinte, tem de ser legalmente determinado, e eles constituem uma parte essencial da ciência do direito teórica.

Adendo (H). Pode revoltar alguém que ele saiba ter um direito que lhe é negado por não ser capaz de prova; mas o direito que eu tenho tem de ser concomitantemente um direito posto; eu tenho de poder apresentá-lo, de poder prová-lo, e ele só pode ter vigência na sociedade pelo fato de que o que é em si é também posto.

§ 223

Pela fragmentação dessas ações em ações sempre mais isoladas e em seus direitos correspondentes, fragmentação que não contém em si mesma nenhum limite, o processo jurídico, que já é *em si* um meio, entra em confronto, enquanto algo de exterior, com o seu fim. — Visto que cabe às partes o direito de percorrer inteiramente tal extenso formalismo, o qual é *seu* direito, e visto que esse formalismo pode ser igualmente transformado num mal e, mesmo, num instrumento da in-justiça, é preciso impor às partes por via judiciária — a fim de protegê-las e proteger o próprio direito como a Coisa substancial, que é o que importa, contra o processo jurídico e o seu abuso — o dever de se submeterem a um tribunal simples (tribunal arbitral, tribunal de paz) e à tentativa de conciliação, antes de ingressar naquele [processo jurídico].

A *equidade* contém uma ruptura do direito formal por considerações morais ou outras e refere-se, num primeiro momento, ao *conteúdo* do litígio. Mas um *tribunal de equidade*[425] terá o significado de decidir

---

[425] Hegel visa aqui, primeiro, às explicações de Kant no Apêndice à "Introdução" à "Doutrina do direito" da *Metafísica dos costumes*, a respeito da equidade, esta figura de um direito no sentido lato (também chamada de *jus aequivocum*), que é um direito, mas sem coerção, "uma divindade surda, que não pode ser ouvida". Assim, uma vez que o direito implica para Kant essencialmente a coerção e, além disso, a pretensão jurídica apresentada perante tal tribunal não está contida no contrato, um "tribunal da equidade" implicaria uma "contradição", porque faltariam ao juiz as condições necessárias para determinar como e quanto caberia à pretensão jurídica invocada (*Kant, Werke*, AB 39-40, v. 4, pp. 341-2). "O lema (*dictum*) da *equidade* é propriamente: "o direito mais estrito é o supremo não-direito" (*summum jus summa injuria*), mas não se pode remediar a este malefício pela via do direito, ainda que esse malefício se refira a uma exigência de

sobre o caso singular sem se ater às formalidades do processo jurídico e, em particular, aos meios de prova objetivos, tais como podem ser formulados legalmente, assim como de decidir segundo o interesse próprio do caso singular enquanto tal, não no interesse de uma disposição legal que haveria que tornar universal.

§ 224

Assim como tornar publicamente conhecidas as leis está entre os direitos da consciência subjetiva (§ 215), assim também está a possibilidade de conhecer a *efetivação* da lei no caso particular, a saber, conhecer o decurso das ações exteriores, das razões jurídicas etc. — visto que esse decurso [do julgamento] é em si uma história dotada de validade universal, e se, de certo, o caso em seu conteúdo particular diz respeito somente às partes, o conteúdo universal, todavia, diz respeito ao direito aí em questão, cuja decisão concerne ao interesse de todos — *a publicidade da administração do direito*.[426]

---

direito, porque esta pertence unicamente ao *tribunal da consciência* (*jus soli* [do céu]), ao passo que toda questão de direito tem de ser trazida perante o *direito civil* (*forum poli* [da terra])" (*id.*, AB 40, v. 4, p. 342). Mas é, antes de tudo, às *courts of equity*, uma instituição que se formou historicamente no direito inglês, que Hegel, apoiado nos *Commentaries on the Laws of England*, de Blackstone, se refere (ver os largos estratos dessa obra citados por Grotsch em *Anhang*, pp. 1.176-9).

[426] Merecem transcrição alguns Apontamentos de Griesheim, nos quais Hegel enfatiza a importância da publicidade das leis na perspectiva de uma crítica à reintrodução do Direito Romano pela Escola Histórica do Direito, que levou ao enfraquecimento da jurisdição pública dos tribunais. "Esse ponto [a publicidade] é muito importante. A primeira observação no caso é que, relativamente à situação atual, poderia parecer a alguém que isto é uma inovação, uma instituição revolucionária. A isso há que responder que a publicidade da administração do direito é uma instituição de todo alemã, que ainda era praticada em várias regiões há não muito tempo. [...] A segunda observação é que o caráter não público da administração do direito está ligada à introdução do Direito Romano, quando então nada mais se entendia das discussões jurídicas, [pois] de nada adianta a publicidade onde vige um direito estranho ou em língua estranha, ou não existe um código determinado. — Como na Inglaterra não existe Direito Romano, manteve-se lá a publicidade. Devido à introdução do Direito Romano, e ali onde se fez dele em geral a base [da jurisdição], os tribunais não doutos foram obrigados por lei a enviar os autos a um *doctor juris* ou a uma faculdade de direito, que assim se tornavam tribunais de sentença. Os tribunais não mais proferiam sentenças, e os autos tinham de ser enviados a

As deliberações dos membros do tribunal entre si sobre a sentença a ser pronunciada são externações de opiniões e maneiras de ver ainda *particulares*, portanto, segundo a sua natureza, em nada públicas.

Adendo (H). O reto bom senso toma a publicidade das leis pelo que é direito e correto. Uma razão importante contra essa publicidade foi sempre o caráter aristocrático dos senhores juízes, que não se queriam mostrar a toda gente e se consideravam como um refúgio protetor do direito, em que os leigos não podiam penetrar. Mas pertence ao direito, nomeadamente, a confiança que os cidadãos têm nele, e é esse aspecto que a publicidade da jurisdição fomenta. O direito à publicidade repousa em que o fim do julgamento é o direito, o qual, *enquanto* universalidade, também tem de estar *diante* da universalidade [dos cidadãos]; mas repousa também, além disso, em que os cidadãos se convençam de que o direito foi efetivamente pronunciado.

§ 225

Na tarefa jurisdicional, enquanto aplicação da lei ao *caso singular*, distinguem-se dois aspectos: *o primeiro* é o conhecimento da natureza do caso segundo a sua *singularidade imediata*, a saber, se existe um contrato etc., se foi cometida uma ação lesiva e quem é o seu autor, e, no direito penal, a reflexão enquanto determinação da ação segundo o seu caráter *substancial*, criminal (§ 119 A) — o segundo é a subsunção do caso sob a *lei* do restabelecimento do direito, subsunção na qual, no direito penal, está compreendida a pena. As decisões sobre esses dois aspectos distintos são funções distintas.[427]

---

jurisconsultos, mesmo lá onde ainda havia, por último, publicidade. Por essa via, a administração do direito, a jurisdição, foi arrebatada ao povo e jogada nas mãos dos jurisconsultos, e isso teve naturalmente por efeito imediato que a administração do direito cessasse de ser pública" (*VRph 1824-25*, pp. 561-2).

[427] Embora Hegel mencione logo em seguida, na primeira parte da Anotação, o sentido dessas duas funções no sistema judiciário romano, ele tem em mente, sobretudo, a diferença moderna entre a figura do juiz leigo no tribunal do júri, o jurado, e a figura do juiz judiciário que declara o que é de direito e pronuncia a sentença. "O primeiro aspecto cabe aos jurados, o segundo, aos juízes. O tribunal do júri tem de julgar só o primeiro aspecto do processo legal, o ulterior cabe aos juízes judiciários processar e decidir. Essa distinção se encontra na natureza do próprio processo legal e dela resulta também

Na constituição judiciária romana a distinção dessas funções se apresentava da seguinte maneira: o pretor dava a sua decisão *no caso de* os fatos da causa se passarem desta ou daquela maneira e encarregava um *judex* especial de investigar esses fatos.[428] — No processo judiciário inglês, a caracterização de uma ação quanto à sua qualidade criminal determinada (por exemplo, se é um homicídio doloso ou culposo) está entregue ao discernimento ou ao arbítrio do acusador, e o tribunal não pode adotar nenhuma outra determinação [da qualidade do crime] se considera aquela incorreta.

§ 226

A condução de todo o andamento da investigação, em seguida, a das ações jurídicas das partes, enquanto ações que são elas própria direitos (§ 222), depois, também, o segundo aspecto do julgamento jurídico (ver o § precedente), são, nomeadamente, tarefas próprias do juiz judiciário, para o qual, enquanto órgão da lei, o caso deve ter sido preparado para a possibilidade da subsunção, isto é, erguido da sua natureza empírica fenomênica a fato reconhecido e à qualificação universal.

---

uma distinção concernente ao próprio julgamento. — De resto, não convém, como ocorre muitas vezes, opor o tribunal do júri aos outros tribunais, como se ele só constasse de jurados e não também de juízes no sentido próprio. Os jurados podem decidir só um aspecto da questão" (*id.*, v. 4, pp. 567-8). "O principal é que na administração do direito possa se separar o juízo sobre os fatos do caso [*Tatbestand*] e o juízo sobre o que é de direito nesse caso. Os jurados são só uma parte do tribunal, aquela que se pronuncia sobre os fatos do caso, mas nem todos os juízes são jurados; aí o interesse está em que ambas as frações sejam separadas, de modo que o estabelecimento do que é de direito só compete aos juízes no sentido próprio" (*id.*, v. 4, p. 569).

[428] A caracterização da função do *judex* como restrita a investigar os fatos implicados na causa é, antes de tudo, uma estilização da defesa que Hegel faz do tribunal do júri, no qual o julgamento deverá ser presidido por um juiz togado, ao passo que a descrição legal dos fatos da causa a serem submetidos ao juiz para pronunciar a sentença são da alçada dos jurados enquanto juízes leigos. No Direito Romano, o *judex* que pronunciava a sentença (*judicium*) não era necessariamente um profissional do direito, sendo frequentemente escolhido pelas partes, e quando estas não se punham de acordo, sorteado dentre os elegíveis, que, nos primeiros tempos da República, eram apenas os senadores, depois da reforma dos Gracos, os integrantes da ordem equestre, e, mais tarde, no Império, inclusive os plebeus (cf. *Nisbet*, pp. 448-9, nota 1).

§ 227

O primeiro aspecto, o *conhecimento* do caso na sua singularidade *imediata* e a sua qualificação, não contém por si nenhuma decisão jurisdicional. Ele é um conhecimento, como compete *a todo homem cultivado*. Na medida em que, para a qualificação da ação, o momento subjetivo do discernimento e da intenção do agente é essencial (ver II ª Parte), e a prova, de toda maneira, não concerne aos objetos da razão ou aos objetos abstratos do entendimento, mas somente às singularidades, às circunstâncias e aos objetos da intuição sensível e da certeza subjetiva, não contendo por isso em si mesma nenhuma determinação absolutamente objetiva, o elemento último na decisão são a *convicção subjetiva* e a consciência moral (*animi sententia*), assim como, no que se refere à prova, que assenta em depoimentos e asseverações de outros, o *juramento* é a confirmação, na verdade, subjetiva, porém última.[429]

---

[429] "Todo homem cultivado pode avaliar os depoimentos das testemunhas e em que medida eles são suficientes para provar a ocorrência de um ato; isso não é propriamente assunto do juiz juridicamente formado. Este tem de conhecer as leis, subsumir o caso a elas e conduzir a investigação. — Porque esse conhecimento todo inclui o lado da subjetividade, a convicção no tribunal do júri é, em última instância, subjetiva. Prova plena, meia prova ou um quarto de prova etc., tais distinções não cabem aqui, [pois] também a prova plena é um conteúdo que concerne precisamente ao sujeito, ou seja, é a consciência moral, a convicção moral, que tem de se pronunciar; e também a convicção jurídica objetiva é subjetiva quanto ao seu conteúdo, é sempre a consciência que se pronuncia por último. — Os juízes que se pronunciam sobre os fatos do caso tem de fazê-lo segundo a sua honesta convicção, segundo a sua consciência moral; pode então ocorrer que uma consciência moral defronta uma outra consciência; os juízes se pronunciam conforme sua consciência moral, sua convicção, [mas] outros podem ter outra convicção, outra consciência moral. Só que aqui intervém a diferença, que uma convicção é privilegiada e outra não, a consciência moral dos juízes, a dos funcionários, a dos governantes etc. é a privilegiada.

Todos os que exercem uma função, fazem-no segundo o seu juízo, a sua consciência moral, a sua opinião, a sua convicção; investir alguém no cargo de juiz significa privilegiar a sua consciência moral, a sua opinião. No tribunal do júri os doze jurados têm uma consciência moral e falam por ela; entre o público, cada um tem também uma consciência moral e opina por ela. Todo juiz tem de ter uma consciência moral, é ela que vale, e este é o privilégio do juiz, a consciência moral dos outros não vale, isto é, eles não são juízes. — No que diz respeito à consciência moral, ambos se equivalem, mas à cons-

No caso do objeto que está em discussão, um dos pontos principais é ter em vista a natureza da *prova*, de que aqui se trata, e distingui-la de outras espécies de conhecimento e de prova. Demonstrar uma determinação da razão, como o próprio conceito de direito o é, isto é, conhecer a sua necessidade, exige um outro método que o da demonstração de um teorema geométrico. Além do mais, neste último, a figura está determinada pelo entendimento e já tornada abstrata em conformidade a uma lei; mas no caso de um conteúdo empírico, como um *fato* o é, a matéria do conhecer é a intuição sensível dada e a certeza subjetiva sensível, bem como o enunciar e asseverar dessa intuição e certeza — sobre essa matéria, então, atuam o concluir e o combinar a partir de tais enunciados, testemunhos, circunstâncias e semelhantes. A verdade objetiva que provém de tal matéria e do método que lhe é conforme — o qual, na tentativa de determinar para si objetivamente essa matéria, conduz a *meias provas* e, numa coerência ulterior verdadeira que contém ao mesmo tempo em si mesma uma incoerência formal, conduz a *penas extraordinárias* —, essa verdade objetiva tem um sentido inteiramente diferente que o da verdade de uma determinação racional ou de uma proposição cuja matéria o entendimento já determinou para si abstratamente. Ora, mostrar que conhecer tal verdade empírica de um

---

ciência do juiz foi conferido o direito de pronunciar o direito. A consciência moral dos jurados se pronuncia sobre os fatos do caso, este se compõe de elementos sensíveis, a que pertencem a intuição sensível do criminoso, das testemunhas, do comportamento de todos etc.; isso tem a sua influência e deve tê-la, pois pertence à esfera da consciência moral. Uma vez que os jurados se pronunciaram, ninguém tem mais nada a dizer, as circunstâncias que os moveram não precisam ser protocoladas, é a evidência subjetiva que fala pela sua boca, e o mesmo se dá no caso dos tribunais do júri, bem como no de qualquer outro tribunal. [...] — Esse ponto de vista da separação [das duas funções] surge também na administração do direito e é da maior importância. Em tempos mais recentes polícia e tribunal são separados; antes o juiz era, ao mesmo tempo, o funcionário de polícia, além disso, administrador dos domínios públicos, recebedor de impostos etc. À polícia cabe investigar o réu quanto à suspeita, às circunstâncias e à probabilidade [do seu ato]; a suspeita, a suposição [de que ele é o criminoso], tem de ser então investigada pelo tribunal. É da maior importância que a tarefa da investigação policial seja desempenhada separadamente da administração do direito, e nos Estados cultivados dos tempos mais recentes ambas as tarefas foram sempre mais separadas uma da outra. — Portanto, existe, antes de tudo, o interesse em geral de que essas duas funções sejam separadas, porque elas são distintas. Mesmo onde elas são exercidas conjuntamente, é importante que a avaliação dos fatos do caso seja relatada separadamente do estabelecimento do que é de direito; más instituições confundem-nas, boas, separam-nas" (*VRph 1824-25*, pp. 574-5).

evento reside na destinação propriamente judiciária de um tribunal, e que nessa destinação residem uma qualidade própria a tal conhecimento e, com isso, um direito exclusivo *em si* e uma necessidade, isso constituía um ponto de vista capital na questão de saber em que medida é de se atribuir às cortes de justiça judiciárias formais o juízo sobre o fato, assim como sobre a questão de direito.

Adendo (H). Não existe nenhuma razão para supor que unicamente o juiz togado deva constatar o estado dos fatos [*Tatbestand*], já que isso é questão de cultura geral de cada um e não de uma cultura apenas jurídica: a apreciação do estado dos fatos parte de circunstâncias empíricas, de testemunhos sobre a ação e outras intuições sensíveis, mas também, novamente, de fatos dos quais se podem inferir conclusões sobre a ação e que a tornam provável ou improvável. Aqui se deve alcançar uma *certeza*, não uma verdade no sentido mais alto, que é algo de todo modo eterno: essa certeza, aqui, é a convicção subjetiva, é a consciência moral, e a pergunta é: que forma essa certeza deve adquirir no tribunal? A exigência de que o criminoso confesse a sua culpa, que se encontra habitualmente no direito alemão, tem isto de verdadeiro, que mediante a confissão se dá satisfação ao direito da autoconsciência subjetiva; pois o que os juízes pronunciam não deve ser diferente do que está na consciência, e somente quando o criminoso confessou não há mais nada de estranho contra ele na sentença. Mas aqui intervém, então, a dificuldade de que o criminoso possa negar, o que põe em perigo o interesse da justiça. Agora, se deve valer novamente a convicção subjetiva do juiz, ocorre outra vez um endurecimento, visto que o criminoso não é mais tratado como um homem livre. A mediação [entre esses opostos] está agora em exigir que o veredicto que exprime a culpa ou a inocência seja dado a partir da alma do criminoso — *o tribunal do júri*.

§ 228

Na sentença do juiz, segundo o aspecto em que ela é a *subsunção* do caso qualificado sob a *lei*, o direito da autoconsciência da parte está preservado, no que concerne à *lei*, pelo fato de que a lei é conhecida e, com isso, é a lei da própria parte, e no que concerne à *subsunção*, pelo fato de que o processo jurídico é público. Mas no que concerne à decisão sobre o conteúdo *particular*, subjetivo e exterior da causa, conteúdo cujo conhecimento incide no primeiro dos aspectos indicados no § 225, esse direito encontra a sua satisfação na *confiança* na subjetividade dos que decidem. Essa confiança funda-se, precipuamente, na igualdade da parte com os que decidem quanto à sua particularidade, ao seu estamento e a aspectos semelhantes.

O direito da autoconsciência, o momento *da liberdade subjetiva*, pode ser considerado como o ponto de vista substancial na questão acerca da necessidade da administração pública do direito e dos assim chamados *tribunais do júri*. A este ponto de vista reduz-se o essencial do que pode ser aduzido a favor dessas instituições na forma da *utilidade*. Pode-se disputar indefinidamente segundo outras perspectivas e razões sobre estas ou aquelas vantagens ou desvantagens [dos tribunais do júri]; essas são, como todas as razões do raciocínio abstrato, razões secundárias e não decisivas ou tomadas de outras esferas, talvez superiores. Que a administração do direito *possa* em si ser bem exercida por tribunais puramente judiciais, talvez melhor do que por outras instituições, é uma possibilidade que não está aqui em questão, na medida em que, embora essa possibilidade pudesse também intensificar-se até à probabilidade, até mesmo à necessidade, é sempre, de outro lado, o *direito da autoconsciência* que mantém a esse respeito as suas pretensões e não as considera satisfeitas. — Se o conhecimento do direito pela natureza do que constitui as leis no seu âmbito, do andamento das discussões judiciárias e pela possibilidade de mover uma ação são *propriedade* de um estamento, que se torna excludente devido a uma terminologia que é uma língua estranha para aqueles cujo direito está em questão, entre outras razões, então os membros da sociedade civil, que para a sua subsistência dependem da *sua atividade* e do seu *saber e querer próprios*, são mantidos como *estranhos* e postos sob *tutela* em face de um tal estamento, até mesmo numa espécie de servidão, não somente em relação ao que há de mais pessoal e de mais próprio no direito, mas também do que há nele de substancial e racional. Mesmo se *eles* têm o direito de estar presentes em juízo corporalmente, com seus *pés* (*in judicio stare*), isso é pouco se não estiverem *espiritualmente* presentes com o seu próprio *saber*, e [nesse caso] o direito que obtém permanece para eles um *destino* exterior.

§ 229

Na administração do direito, a sociedade civil, na qual a ideia se perdeu na particularidade e se dissociou na separação do interno e do externo, se reconduz ao seu *conceito*, à unidade do universal sendo em si com a particularidade subjetiva, esta, todavia, [tomada] no caso singular, e aquela, no significado *do direito abstrato*. A efetivação dessa unidade na [sua] extensão a todo o âmbito da particularidade, inicialmente enquanto união relativa, constitui a destinação da *polícia* e, numa totalidade restrita mas concreta, a *corporação*.[430]

Adendo (H). Na sociedade civil a universalidade é somente necessidade: no relacionamento das carências só o direito enquanto tal é o elemento-estável. Mas esse direito, um mero círculo restrito, refere-se somente à proteção daquilo que eu tenho; o bem-próprio é algo exterior para o direito enquanto tal. Esse bem-próprio, contudo, é uma determinação essencial no sistema das carências. Por isso, o universal, que inicialmente é só direito, tem de se estender sobre o campo inteiro da particularidade. A justiça é algo de grande na sociedade civil: boas leis farão o Estado florescer e a propriedade livre é uma condição fundamental do seu brilho; mas, como estou inteiramente enredado na particularidade, tenho um direito a exigir que nessa conexão também o meu bem-próprio seja promovido. É preciso que se tenha consideração pelo meu bem-próprio, e isso acontece mediante a polícia e a corporação.

---

[430] "Polícia é, aqui, o termo mais conveniente, embora no sentido usual ele tenha uma significação mais restrita. [...] Polícia provém de *polis*, *politia*, originariamente ela é a atuação integral do Estado, agora, ela não é mais a atuação do universal ético enquanto tal, mas somente do universal com respeito à sociedade civil, do Estado enquanto Estado externo. Ela é o universal que se ativa com respeito à sociedade civil. — A determinação universal da polícia é a de ser o governo da existência externa, ela tem por fim o direito e o bem-estar, mas de maneira externa, trata-se do Estado em relação à sociedade civil, do Estado externo, do entendimento, que não tem dentro de si o fim universal para si" (*id.*, v. 4, p. 587).

"A corporação tem um cuidado de outra espécie, uma precaução que se exerce de modo mais interior, mais afetivo. O fim da corporação é mais o de apreender a unidade ética, um fim comum, que é substancial para todos os seus membros, o seu fim imanente próprio, de sorte que ele é ao mesmo tempo fim universal comum, pelo fato de que é produzido pela atuação conjunta dos próprios membros. Na corporação há uma atividade em vista de um fim pelo menos relativamente substancial, que os membros têm e ativam enquanto universal a partir de si mesmos. — A corporação constitui, por isso, a passagem do Estado externo para o Estado ético. Ela contém um todo ético e a atuação em prol dele, mas que é relativo segundo o seu conteúdo, ela é uma comunidade que ainda não é o Estado" (*id.*, v. 4, p. 588).

C. A POLÍCIA E A CORPORAÇÃO

§ 230

No *sistema das carências*, a subsistência e o bem-próprio de cada singular são uma *possibilidade*, cuja efetividade está condicionada pelo seu arbítrio e pela sua particularidade natural, assim como pelo sistema objetivo das carências; pela administração do direito é anulada a *lesão* da propriedade e da personalidade. Mas o direito *efetivo na particularidade* inclui tanto que sejam *suspensas* as *contingências* que vão contra um ou outro fim e que a *segurança imperturbada* da *pessoa* e da *propriedade* seja efetuada quanto inclui que a *garantia* da subsistência e do bem-próprio do singular — que o *bem-próprio particular* seja *tratado e efetivado* como *direito*.

a. *A polícia*[431]

§ 231

Na medida em que a vontade particular é ainda o princípio para um ou

---

[431] O conceito de polícia funda-se, como palavra, remotamente no grego *politeia*, é incorporado no latim *politia*, e, no final da Idade Média, a partir do século XV, através das chancelarias da Borgonha, penetra na linguagem político-jurídica oficial do Império Germânico, a fim de designar inicialmente a ordenação e regulamentação pela autoridade constituída de todos os domínios do bem comum que não eram suficientemente abrangidos pelo conceito de "paz" e de "direito" (cf. Knemeyer, F.-L., "Polizei", in: *GGrb.*, v. 4, pp. 875-97).

O conceito material e abrangente de polícia, à diferença do moderno conceito institucional, mais restrito, se forma durante os séculos XV a XVII, num campo semântico constituído por três vertentes conceituais principais: 1) pelos dispositivos jurídicos do legislador imperial, que visam ao estabelecimento e à manutenção da boa ordenação da comunidade social, na qual os súditos se comportam de maneira ordeira, disciplinada, honrada e respeitosa dos bons costumes e do bom governo, de sorte que os contemporâneos podiam dizer que o bem-estar da comunidade repousa numa boa polícia; 2) pela linguagem especializada dos teólogos e humanistas, que ampliam o conteúdo do conceito pela sua referência ao pensamento político antigo, de sorte que "polícia", além de compreender a ordenação da comunidade toda, incluindo a constituição, significa, também, a própria comunidade, conforme o duplo significado que o termo *politeia* tinha na *Ética a Nicômaco* e na *Política* de Aristóteles, constituição no sentido ideal de paradigma, enquanto lei básica, e constituição no sentido ontológico da estrutura estatal atuante do *politeuein*; Hegel conservará uma consciência clara dessa conexão entre a polícia e a política clássica e o seu conceito de *politeia*, de sorte que na construção dialética da sociedade civil a polícia é um remanescente da velha política na forma da atuação administrativa do Estado moderno no interior da sociedade civil; no final da Idade Média, associa-se a este sentido aristotélico um conceito teologicamente determinado pela doutrina cristã dos estamentos, graças ao qual "polícia" passa, então, a significar, também, a ordenação estamental da sociedade; 3) pela "Ciência da Polícia" (*Polizeiwissenschaft*) dos séculos XVII e XVIII, em que se enraíza o direito público alemão, e que tem por objeto a determinação científica do conteúdo dessa boa ordenação da comunidade, visada pelos dispositivos normativos da polícia, e que, portanto, precisa se confrontar com a questão da finalidade do Estado e com as funções necessárias que ele deve exercer para estabelecer essa ordenação. Assim, a Ciência da Polícia discutia questões relativas ao fundamento jurídico do poder de polícia enquanto fundado na soberania (*jus politiae*) e relativas à sistematização das diferentes matérias que ela abrangia, tais como, por exemplo, a garantia da ordem e da paz jurídica, a garantia do bem-estar e a assistência pública, e a polícia financeira, educacional e eclesiástica (*id.*, pp. 875-80, 883-4).

Em meados do século XVIII essas três vertentes conceituais convergem, adquirindo o conceito, apesar de sua amplitude, contornos relativamente definidos, que são determinantes não só para a compreensão do conceito hegeliano de polícia, mas para o desenvolvimento histórico do conceito nos dois séculos seguintes. No processo de independização do político e de constituição do moderno Estado soberano, o conceito de polícia compreende toda a esfera da regulamentação e da regulação administrativa pelo Estado desta sociedade civil moderna que se diferencia e independiza do Estado. O âmbito desse conceito material de polícia, definido pelas leis de polícia, vai se entrelaçar crescentemente com dispositivos de direito privado (contratos de compra e venda, leis sobre a usura, direito de tutela e de herança) à medida que a estrutura estamental da sociedade começa a desmoronar e não pode mais preencher a sua função ordenadora, conforme a tese de Hans Maier (*Die ältere deutsche Staats- und Verwaltungslehre*, Berlim, Neuwied, 1966, citado em *id.*, p. 881). Paralelamente, à medida que o Estado assumia e centralizava essa função regulamentadora da ordem, no bojo da desestruturação da sociedade estamental, estreita-se o conceito material de polícia. Isso ocorre devido à separação que se configura no início do século XVIII entre questões de polícia, compreendidas como o conjunto das tarefas de administração do bem-estar da comunidade, e questões de justiça no sentido estrito da administração do direito pela via jurisdicional ordinária, criando-se uma especial "jurisdição de polícia" para julgar a juridicidade dos atos administrativos. Em decorrência, a "jurisdição de polícia" separa-se da jurisdição normal dos tribunais ordinários e estabelece-se uma clara separação, do ponto de vista da proteção do direito, entre questões de polícia e questões de justiça (*id.*, pp. 881-2).

O conceito material abrangente de polícia, que recobre toda a atividade administrativa, e cuja vigência se estendeu por três séculos, passa, então, por um estreitamento que conduz à introdução do conceito propriamente moderno de polícia. Esse adquire então o sentido de uma instituição especializada, encarregada da prevenção das violações do direito e da segurança interna, separada da função judicial da magistratura, que não se revelava suficientemente forte para a manutenção da segurança pública. Com isso se introduz uma bipartição do conceito material de polícia: de um lado, permanecem as tarefas de polícia no sentido da atividade de administração interna, de outro, cindem-se as tarefas específicas e imediatas de segurança, que são transferidas às instituições específicas no sentido de um conceito formal de polícia (*id.*, pp. 886-7).

O Código Nacional Prussiano (*Preussisches Allgemeines Landrecht*), de 1794, assinalou com clareza o ponto de chegada desse processo de formação do conceito formal de polícia, ao lado do qual, porém, subsistem as antigas tarefas gerais de polícia no sentido da equiparação anterior entre polícia e administração interna, característica do conceito material de polícia. Conforme o § 10, II, 17 do mencionado Código Civil: "O ofício da polícia é tomar as medidas necessárias para a manutenção da ordem, da segurança e da tranquilidade públicas e para evitar o perigo iminente que ameaça o público ou os seus membros". A coexistência do moderno conceito formal de polícia, institucionalizado numa repartição específica do Estado, e do antigo conceito material, posteriormente denominado de "polícia administrativa" (*Verwaltungspolizei*), é o substrato histórico-jurídico do conceito hegeliano de polícia, cujas amplas funções são descritas nos §§ 230 a 242.

Na apresentação sistemática da sociedade civil, depois da análise da estrutura econômico-social ("A. O sistema das carências") e da sua regulação jurídico-privada ("B. A administração do direito"), a polícia, juntamente com a corporação ("C. A polícia e a corporação"), são o degrau ou estágio em que Hegel introduz e sobrepõe a esses dois níveis anteriores elementos e dimensões das estruturas tradicionais do político e do ético no interior das modernas relações econômicas e sociais regidas pelo direito privado. Em face da dinâmica "desimpedida" da expansão industrial e populacional da sociedade civil (§ 243), do isolamento do indivíduo, da oposição necessária entre opulência e riqueza e da geração da plebe daí decorrente, desencadeadas pelo princípio do "desenvolvimento autônomo da particularidade" (§ 185 A), a polícia atua, pela via da atividade administrativa do Estado, como "polícia do bem-estar" (*Wohlfahrtspolizei*), contra essas tendências de desintegração ética imanentes ao "sistema das carências", que caracterizam a sociedade civil como a esfera da "perda" e da "cisão" da eticidade (§ 157) (ver Riedel, M., *Bürgerliche Gesellschaft und Staat bei Hegel*, Neuwied/Berlim, Luchterhand, 1970, pp. 55-65). Assim, enquanto a função da administração do direito é a prevenção e a defesa do indivíduo singular contra as lesões da sua propriedade e da sua personalidade e o restabelecimento da vigência da lei (§ 229), a função principal da polícia é garantir, pela via administrativa da "polícia do bem-estar", o fim primordial da sociedade civil, a "satisfação universal segura" das carências (*E*, § 532).

A constituição de um conceito material mais estreito de polícia, que elimina do seu domínio de atuação a finalidade de promover o bem-estar social, e que a restrinja às tarefas de garantia da ordem e da segurança interna, paralela ao surgimento de um conceito formal de polícia como instituição especializada, é um processo que dura mais de um século. Durante esse longo processo, que dura até meados do século XIX, as funções de segurança interna e de fomento do bem-estar (*Wohlfahrtspolizei*) permaneceram fortemente entrelaçadas e confundidas na maior parte das esferas de atuação administrativa, de sorte que toda a administração é ainda, em maior ou menor medida, polícia administrativa. Por isso, a diferenciação clara entre promoção do bem-estar social e restrição da atividade de polícia ao manejo da segurança pública e da ordem interna, no sulco da concepção de que o fim principal do Estado é o domínio do direito (Estado de Direito), tornou-se uma bandeira liberal do período que precede a Revolução de Março de 1848 e, também, um instrumento de limitação de uma polícia abrangente e todo-poderosa, vista cada vez mais como uma tutela indevida da liberdade do cidadão, pela sua vinculação estreita ao direito. A "polícia do bem-estar" é, então, aproximada pelos constitucionalistas liberais da polícia de segurança secreta criada segundo o modelo napoleônico, donde a expressão "Estado Policial" (*Polizeistaat*), expressão pejorativa que se consolida antes e durante a Revolução de 1848 (cf. *GGrb.*, v. 4, pp. 891-3).

O conceito de polícia de Hegel, de resto, como em toda tradição jurídica prussiana, que não o restringia à polícia de segurança, mas incluía a prevenção contra os perigos da violação do direito e o fomento do bem-estar, é de grande abrangência material. Nele ainda predomina um entendimento de administração como polícia administrativa, situado historicamente a meio caminho entre a antiga "polícia do bem-estar" dos "cameralistas" alemães dos séculos XVII e XVIII, à qual Hegel dá filosoficamente foros de atualidade contra as mazelas do *laisser-aller, laissez-faire* e a administração pública do Estado moderno (a propósito, ver os §§ 245 e 254 e os Apontamentos de Griesheim a este último parágrafo, *VRph 1824-25*, pp. 624-8). Embora Hegel não mais reconheça a teoria jusnaturalista do eudaimonismo social, ele ainda caracteriza a função geral da polícia como sendo a de tratar o bem-próprio particular do indivíduo singular como direito e de garantir que ele seja efetivado (§ 229). Enquanto "poder protetor do universal" que atua no interior do "sistema das carências", a polícia exerce várias funções de prevenção e proteção do indivíduo contra as contingências que afetam a formação, a habilidade, a saúde e a riqueza prévia, as quais impedem a sua participação na riqueza social: 1) reparação dos danos preterintencionais provocados por ações privadas e pelo uso privado da propriedade conformes ao direito; 2) inspeção das condições do intercâmbio comercial e do abastecimento; 3) regulação do mercado; 4) inspeção da escola pública, das corporações e associações cooperativas sem fim lucrativo; 5) tutela e assistência pública. Na construção especulativa da relação entre a sociedade civil e o Estado, a polícia representa a atividade administrativa do Estado, que procura restabelecer em toda extensão das relações sociais consideradas na sua particularidade a "união relativa" entre os momentos da universalidade formal objetiva e da particularidade subjetiva, que definem a sociabilidade burguesa no nível do sistema das carências como uma cisão da ideia ética (*ibid.*). A mediação entre sociedade e Estado não é, aqui, especificamente política, mas administrativa, na forma da "inspeção e da prevenção do poder público". Hegel institucionaliza, neste nível da moderna sociedade civil, a antiga constituição ética dessa sociedade civil clássica, as suas "potências éticas" (§ 145) na forma da corporação (§§ 252, 255) (cf.

outro fim [a segurança da pessoa e da propriedade], o poder que garante do universal permanece inicialmente, em parte restrito ao círculo das *contingências*, em parte, permanece uma *ordem externa*.

§ 232

Afora os crimes que o poder universal tem de impedir ou de levar a tratamento judiciário — afora a contingência enquanto arbítrio do mal —, o arbítrio permitido em ações por si conformes ao direito e no uso privado da propriedade tem, também, relações exteriores a outros singulares, bem como às demais instituições públicas dotadas de um fim comum. Por esse aspecto universal, as ações privadas tornam-se uma contingência que escapa ao meu poder e que ocasiona ou pode ocasionar dano e in-justiça aos outros.

§ 233

Essa é, na verdade, *somente* uma *possibilidade* de causar dano, mas o fato de que a [propriedade da] Coisa[432] não cause nenhum dano não é, igualmente, mais do que uma contingência; esse é o aspecto da *in-justiça* que reside em tais ações e, por conseguinte, a razão última da justiça penal policial.[433]

Riedel, *op. cit.*, pp. 60-1). Essa conexão entre polícia e a política clássica e seu conceito de *politeia* é mencionada explicitamente por Hegel desde as suas *Preleções* de Jena de 1805-06 (Hegel, *Jenaer Systementwürfe III, Naturphilosophie und Philosophie des Geistes*, Hamburgo, Meiner, 1987, p. 249), passando pelos Apontamentos de Homeyer da primeira série das *Preleções* berlinenses sobre filosofia do direito dos anos 1818-19 (*Die Philosophie des Rechts. Die Mitschriften Wannenmann, Heidelberg, 1817-18 und Homeyer [1818-19]*, ed. Ilting, K. H., Stuttgart, Klett-Cotta, 1982, § 92, p. 259) até os Apontamentos de Griesheim da última série de *Preleções de 1824-25* (*VRph 1824-25*, p. 587).

[432] Apoiado nas Anotações de Hotho aos §§ 232 e 233, e no final do parágrafo precedente, interpreto aqui *Sache* como se referindo à "propriedade enquanto Coisa externa", cujo uso privado, por estar ela numa conexão exterior múltipla com outras Coisas singulares, pode causar dano, "sem que se possa dizer, que um tal uso da minha propriedade seja em si in-justo" (*VRph 1822-23*, p. 692). Por isso, é uma mera contingência que esse uso legítimo não cause dano.

[433] "Fazem parte disso impedir os delitos, as proibições de certos usos da proprie-

§ 234

As relações do ser-aí exterior caem na esfera da infinitude do entendimento; por isso não está aí-presente *em si* nenhum limite entre o que seja danoso ou inócuo, também com respeito ao crime, entre o que seja suspeito ou insuspeito, entre o que seja proibido ou vigiado e o que tenha de ficar isento de proibições, de vigilância e de suspeita, de inquirição e de prestação de contas. São os costumes, o espírito do resto da constituição, a situação própria de cada caso, o perigo do momento etc. que dão as determinações mais precisas.

Adendo (H). Não se podem dar aqui determinações fixas nem traçar limites absolutos. Tudo é aqui pessoal; a opinião subjetiva intervém e o espírito da constituição, o perigo do momento têm de tornar conhecidas as circunstâncias mais próximas. Em tempo de guerra, por exemplo, é preciso considerar como danosas muitas coisas que em outras circunstâncias são inócuas. Por esses aspectos de contingência e de arbítrio pessoal a polícia adquire algo de *odioso*. Ela pode, quando a reflexão estiver muito desenvolvida, inclinar-se a atrair tudo o que é possível para o seu domínio, pois em tudo pode se encontrar uma relação mediante a qual algo poderia tornar-se nocivo. Nisso a polícia pode proceder muito meticulosamente e incomodar a vida habitual dos indivíduos. Mas seja qual for o inconveniente disso, aqui não se pode traçar uma linha limítrofe objetiva.

---

dade. Minhas ações abstratamente permitidas exigem consideração pelos outros, porque por elas a minha propriedade se põe em relação com a propriedade de outro. Quando graças ao uso da minha propriedade anulo o uso de uma outra propriedade, é preciso haver a esse respeito determinações especiais. O exercício de profissões do comércio e indústria relaciona-se à saúde, ao bem-estar de outros, por isso é preciso tomar consideração por eles no uso da propriedade abstratamente livre. Nessa medida, no entanto, o uso da propriedade é restringido, porque por ele se pode causar um dano aos outros e quando isso é sabido ocorre uma in-justiça. Somente num povo cultivado surge a polícia, nos povos incultos domina ainda uma rudeza sobre os conceitos de direito e não-direito, falta consciência sobre o caráter prejudicial para os outros do uso da minha propriedade, [assim] importa qual é o fim mais alto a que se presta atenção. Entre nós a saúde dos outros é um direito mais importante do que o exercício de uma profissão ligada ao comércio e à indústria" (*VRph 1824-25*, p. 591).

§ 235

Na multiplicação e no entrecruzamento indeterminados das carências diárias, tanto no que diz respeito ao *fornecimento* e ao *intercâmbio dos meios* para a sua satisfação, em cuja possibilidade desimpedida todos se fiam, como no que diz respeito às investigações e negociações sobre essas atividades, a serem abreviadas tanto quanto possível, surgem aspectos que são do interesse comum e, ao mesmo tempo, são a tarefa *de um* para *todos* — e meios e organizações que podem ser para uso comunitário. Essas tarefas *universais* e organizações de *utilidade comum* exigem a vigilância e a prevenção do poder público.

§ 236

Os diversos interesses dos produtores e consumidores podem entrar em colisão uns com os outros, e se, com efeito, a relação correta *no todo* se estabelece por si mesma, esse ajustamento requer, igualmente, uma regulação que seja empreendida com consciência e esteja acima de ambos. O direito a uma tal regulação para as coisas singulares (por exemplo, a avaliação e determinação[434] do preço dos artigos para as carências vitais mais comuns) reside em que, através da exposição pública de mercadorias que são de uso inteiramente geral, cotidiano, elas não são tanto oferecidas a um indivíduo enquanto tal, porém a ele enquanto universal, ao público, cujo direito de não ser enganado, assim como a inspeção das mercadorias, são tarefas que podem ser representadas e desempenhadas como uma tarefa comum por um poder público. — Mas o que principalmente torna necessária uma prevenção e uma direção universais é a dependência dos grandes ramos da indústria das circunstâncias exteriores e das combinações longínquas, que os indivíduos que dependem dessas esferas e estão ligados a elas não podem abranger com a vista em sua conexão.

O outro extremo em face da liberdade da indústria e do comércio na sociedade civil é a prevenção, assim como a determinação do traba-

---

[434] *Taxation*, em alemão, como já em latim o verbo *taxare*, tem o sentido principal de "avaliação, estimativa e determinação do valor de algo" (*Duden*, p. 1.257), e não o sentido de imposição de taxas.

lho de todos pela organização pública — como, por exemplo, o antigo trabalho [de construção] das pirâmides e das outras obras colossais do Egito e da Ásia, que foram produzidas para fins públicos, sem que o trabalho do indivíduo singular fosse mediado pelo seu arbítrio particular e pelo seu interesse particular. Esse interesse invoca aquela liberdade contra a regulação superior, no entanto, quanto mais ele se afunda cegamente no fim egoísta, tanto mais requer uma tal regulação a fim de ser reconduzido ao universal e abreviar e atenuar as perigosas convulsões e a duração do intervalo no qual as colisões devem se aplainar pela via de uma necessidade inconsciente.

Adendo (H). A vigilância e a prevenção da polícia têm por fim mediar o indivíduo com a possibilidade universal, que está disponível para alcançar os fins individuais. Elas têm de cuidar da iluminação pública, da construção de pontes, da avaliação e da determinação das carências cotidianas, assim como da saúde. Ora, aqui prevalecem duas maneiras de ver. Uma afirma que compete à polícia tudo inspecionar, a outra, que a polícia nada tem a determinar, visto que cada um se orientará segundo a carência do outro. O indivíduo singular há de ter, certamente, um direito de ganhar o seu pão desta ou daquela maneira, mas, por outro lado, o público tem, também, o direito de exigir que o necessário seja executado de maneira conveniente. Ambos os lados precisam ser satisfeitos, e a liberdade de empreendimento não deve ser de tal espécie que ponha em perigo o bem geral.

§ 237

Se para os indivíduos a possibilidade de participação no patrimônio universal está então aí-presente e se ela é garantida pelo poder público, tal possibilidade permanece — afora que essa garantia, de toda maneira, há de ficar incompleta — ainda sujeita às contingências pelo lado subjetivo, e isso tanto mais quanto ela pressupõe condições de habilidade, de saúde, de capital etc.

§ 238

Inicialmente a família é o todo substancial ao qual compete a prevenção desse lado particular do indivíduo, tanto no que diz respeito aos meios e às habilidades para poder adquirir para si [algo] do patrimônio universal, como também no que diz respeito à sua subsistência e ao seu provimento no caso de incapacidade interveniente. Mas a sociedade civil arranca o indivíduo desse laço familiar, torna os membros da família estranhos uns aos outros e os reconhece como pessoas autônomas; além disso, ela substitui a natureza orgânica externa e o solo paterno, no qual o singular tinha a sua subsistência, pelo seu [próprio] solo, e submete o subsistir de toda a família à dependência da sociedade, à contingência. Assim, o indivíduo tornou-se *filho da sociedade civil*, a qual tanto tem pretensões dirigidas a ele quanto ele tem direitos sobre ela.

Adendo (H). A família tem, certamente, de providenciar o pão para os indivíduos singulares, mas, na sociedade civil, ela é algo subordinado e tem nela apenas as suas fundações; ela não tem mais uma eficácia tão abrangente. A sociedade civil é, antes, esse poder prodigioso que arrebata o homem a si, exige dele que trabalhe para ela, que seja tudo através dela e que faça tudo por seu intermédio. Assim, se o homem deve ser um membro da sociedade civil, então ele tem igualmente direitos e pretensões dirigidos a ela, tal como os tinha na família. A sociedade civil tem de proteger o seu membro, defender os seus direitos, assim como o indivíduo singular tem obrigações correlatas aos direitos da sociedade civil.

§ 239

Nesse [seu] caráter *de família universal* a sociedade civil tem o dever e o direito, contra o *arbítrio* e a contingência *dos pais*, de exercer uma vigilância e uma influência sobre a *educação*, na medida em que esta se refere à capacidade de vir a ser membro da sociedade, precipuamente quando essa educação deve ser levada a termo não pelos próprios pais, mas por outros — igualmente na medida em que disposições comuns podem ser tomadas para isso, a sociedade civil tem o dever e o direito de tomá-las.

Adendo (H, G). Aqui é muito difícil traçar os limites entre os direitos dos pais e os da sociedade civil. Os pais creem habitualmente ter plena liberdade no que concerne à educação e poder fazer tudo, contanto que simplesmente o queiram. Com todo o caráter público da educação, a oposição principal provém habitualmente dos pais, e são eles que clamam e falam contra os professores e as escolas, porque o seu capricho se põe contra os mesmos.

Não obstante, a sociedade tem o direito de proceder a esse respeito segundo as suas maneiras de ver comprovadas, de coagir os pais a enviar os seus filhos à escola, a fazê-los vacinar contra a varíola etc. A essa questão se referem as controvérsias que subsistem na França entre a exigência do ensino livre, quer dizer, a do capricho dos pais, e a vigilância do Estado.

§ 240

Da mesma maneira, a sociedade civil tem o dever e o direito de pôr sob tutela aqueles que por prodigalidade aniquilam a segurança da sua subsistência e a subsistência da sua família, e de cumprir em seu lugar o fim da sociedade e o fim que lhes é próprio.

Adendo (G). Em Atenas era lei que todo cidadão tinha de prestar contas do que ele vivia; hoje, tem-se a opinião de que isso não concerne a ninguém. Certamente, cada indivíduo é, de um lado, para si, mas, de outro, também é membro do sistema da sociedade civil e, na medida em que cada homem tem o direito de reclamar dela a sua subsistência, esta tem de protegê-lo também contra si mesmo. O que está em questão não é somente o morrer de fome, mas o ponto de vista mais amplo de que se deve impedir o surgimento da plebe. Porque a sociedade civil é responsável pela alimentação dos indivíduos, ela também tem o direito de compeli-los a providenciar a sua subsistência.[435]

§ 241

Mas, do mesmo modo como o arbítrio, as circunstâncias contingentes, físicas e as que residem nas relações externas (§ 200), podem reduzir os indivíduos à *pobreza*, uma situação que lhes deixa as carências da sociedade civil e que, em contrapartida — visto que ela lhes subtraiu ao mesmo tempo os meios naturais de aquisição (§ 217) e suprime o laço mais amplo da fa-

---

[435] A última frase dos Apontamentos de Griesheim (*VRph*, *1824-25*, p. 604) é mais diferenciada que a formulação de Gans: "São os próprios indivíduos que reivindicam perante a sociedade civil o direito segundo o qual ela é responsável por alimentá-los, e porque isso é assim a sociedade tem também o direito de compelir os indivíduos a providenciar a sua subsistência".

mília enquanto linhagem (§ 181) —, os faz perder mais ou menos todas as vantagens da sociedade, a capacidade de adquirir habilidades e a cultura em geral, também o acesso à administração do direito, o cuidado da saúde e até mesmo, muitas vezes, o consolo da religião etc. O poder universal assume o lugar da família junto aos *pobres*, tanto a respeito do que imediatamente lhes falta, quanto a respeito da disposição de ânimo da aversão pelo trabalho, da malignidade e de outros vícios mais, que surgem de tal situação e do sentimento da sua in-justiça.

§ 242

O elemento-subjetivo da pobreza e, em geral, da penúria de toda espécie, a que todo indivíduo já está exposto no seu círculo natural, exige também um auxílio *subjetivo*, tanto em consideração das circunstâncias *particulares* como em consideração do *coração* e do *amor*. Aqui é o lugar onde, malgrado todos os dispositivos universais, a *moralidade* tem suficientemente o que fazer. No entanto, porque esse auxílio por si e nos seus efeitos depende da contingência, o esforço da sociedade vai na direção de descobrir e organizar o que há de universal na miséria e no socorro a ela, e a tornar aquele auxílio dispensável.

O elemento-contingente da esmola, das fundações, assim como do acender lamparinas diante das imagens de santos etc., é complementado pelos estabelecimentos públicos para pobres, por hospitais, pela iluminação das ruas etc. À benevolência caritativa ainda resta suficientemente o que fazer por sua conta, e é uma falsa maneira de ver a que quer saber reservado esse socorro à penúria exclusivamente à *particularidade* do coração e à *contingência* da sua disposição de ânimo e do conhecimento próprio a ela, e que se sente lesada e melindrada pelos regulamentos e mandamentos universais *obrigatórios*. Ao contrário, é de se considerar a situação pública tanto mais perfeita quanto menos resta a fazer ao indivíduo por si segundo a sua opinião particular, em comparação com aquilo que é organizado de maneira universal.

§ 243

Quando a sociedade civil se encontra em atividade desempedida, ela está envolvida no interior de si mesma num crescimento progressivo da população e da indústria. — Por um lado, graças à *universalização* da conexão entre os homens através das suas carências e dos modos de preparar e pôr à disposição os meios para satisfazê-las, aumenta a *acumulação das riquezas* — pois dessa dupla universalidade tira-se o maior lucro —, assim como, por outro, aumenta o *isolamento* e o *caráter restrito* do trabalho particular e, com isso, a *dependência* e a *penúria* da classe atada a esse trabalho, ao que se conecta a incapacidade de sentir e de fruir as demais liberdades e, particularmente, as vantagens espirituais da sociedade civil.

§ 244

O decair de uma grande massa abaixo da medida de um certo modo de subsistência, que se regula *de per si* como o modo necessário para um membro da sociedade — e, com isso, o decair até perder o sentimento do direito, da retidão e da honra de subsistir mediante uma atividade e um trabalho próprios —, produz a geração da *plebe*,[436] geração que, por sua vez, traz

---

[436] O conceito de *Pöbel*, "plebe", não é idêntico ao de pobreza, e não designa apenas um fenômeno passageiro, mas um elemento estrutural da dinâmica industrial e populacional da sociedade civil. Como adverte E. Cafagna, o que levou Hegel a dar atenção a essa penúria específica da plebe não foi tanto o seu manifesto interesse pelo debate contemporâneo, sobretudo inglês, a respeito do imposto para os pobres (§ 245 A), atestado pelos excertos que Hegel fez dos artigos de Southey na *Quarterly Review* de Edimburgo e pela leitura provável da obra de Say (*De l'Angleterre et des anglais*), que constava de sua biblioteca (Cafagna, E., *La libertà nel mondo*, Bolonha, Mulino, 1998, p. 192, nota 84). A razão principal está em que a plebe revela uma antinomia profunda da sociedade civil moderna, que vai muito além das discussões sobre o crescimento populacional e as crises de superprodução tais como eram tratadas por Malthus, Say e Ricardo (*id.*, pp. 183-4), descrita no § 245: gravar a classe rica com impostos e criar instituições públicas para impedir que a "grande massa" possa "decair" até a plebe é contra o princípio da sociedade civil moderna de assegurar a subsistência e promover a autonomia do indivíduo pela mediação do seu próprio trabalho; por outro lado, assegurar essa subsistência mediante a criação de oportunidades de trabalho, respeitando o princípio da autonomia individual, acarreta crises de superprodução e "falta de consumidores" para essa produção aumentada. A dimensão profunda dessa antinomia afeta a função fundamental que Hegel atribui à *Bildung* na sociedade civil (seu "valor infinito", "enquanto momento do absoluto") (§ 187 A). Isso porque parte da população passa a viver fora de qualquer *status*, não só socioprofissional, mas também jurídico, ético, político e, mesmo, religioso (§§ 241, 243 fim), devido à concentração desproporcional da riqueza em poucas mãos (§

consigo, ao mesmo tempo, uma maior facilidade de concentrar riquezas desproporcionais em poucas mãos.

Adendo (G). O nível mais baixo de subsistência, o da plebe, constitui-se *de per si*: esse mínimo é, contudo, muito diverso entre os diferentes povos. Na Inglaterra, mesmo o mais pobre acredita ter o seu direito, o que é diferente daquilo com que os pobres se dão por satisfeitos noutros países. A pobreza em si não torna ninguém parte da plebe: esta é determinada somente pelo estado de ânimo que se combina com a pobreza, pela revolta interna contra os ricos, contra a sociedade, contra o governo etc. A isso está ligado, ademais, que o homem, porque está entregue à contingência, torna-se leviano e avesso ao trabalho, como, por exemplo, os *lazzaroni* em Nápoles. Em consequência, surge na plebe o mal de não ter a honra de assegurar a sua subsistência mediante o seu trabalho e de pretender assegurá-la, contudo, como um direito seu. Ninguém pode afirmar um direito contra a natureza,

---

244), que faz com que a sociedade civil "não seja suficientemente rica" para impedir o "excesso de pobreza e a geração da plebe" (§ 245). Quer dizer, a dinâmica de acumulação da riqueza nacional não promove a *Bildung* enquanto formação de todos os indivíduos à autonomia, antes impede estruturalmente uma parte da população der ter acesso à *Bildung* e ao padrão de inclusão social necessário para ser membro dessa sociedade.

A importância da plebe como ponto de condensação dessa antinomia fundamental é corroborada, paradoxalmente, pelo fato de que seu caráter estrutural extravasa três elementos principais da própria construção sistemática da sociedade civil hegeliana, o que mostra o realismo e a agudeza do diagnóstico histórico de Hegel. Primeiro, a plebe não se enquadra na organização estamental da sociedade civil por ele delineada, nem no sentido socioprofissional nem no sentido político que o estamento adquire na representação estamental. Segundo, a plebe ultrapassa o âmbito das tarefas administrativas da polícia do bem-estar, pois ela não se explica apenas pelas circunstâncias contingentes que regulam a participação do indivíduo na riqueza nacional e que poderiam ser objeto de prevenção corretiva pela polícia. Terceiro, e este é o aspecto mais surpreendente, ela extrapola a polarização dessa sociedade em duas "classes", oriunda da "acumulação das riquezas" (§ 243), visto que a plebe, vivendo "abaixo da medida de subsistência" (§ 244) definida historicamente e marcada pela "disposição de ânimo" da aversão ao trabalho e da revolta interna contra os ricos, não faz parte rigorosamente da "classe atada a esse trabalho" de acumulação da riqueza, pois o indivíduo inserido no sistema do trabalho e das carências tem, de alguma forma, a disposição de ânimo da "retidão", oriunda do exercício regular de uma ocupação (ver também: Ruda, F., *Hegels Pöbel. Eine Untersuchung der "Grundlinien der Philosophie des Rechts"*, Constança, Konstanz University Press, 2011).

mas no estado de sociedade a provação adquire em seguida a forma de uma in-justiça infligida a esta ou àquela classe. A pergunta importante, sobre como remediar a pobreza, é uma pergunta que move e atormenta prioritariamente as sociedades modernas.[437]

§ 245

Caso se imponha à classe mais rica o encargo direto de manter a massa que se encaminha à pobreza na condição do seu modo de vida normal, ou se, em outras instituições de propriedade pública (hospitais, fundações, mosteiros que são ricos), estiverem presentes os meios diretos para isso, a subsistência dos carentes estaria assegurada sem ser mediada pelo trabalho, o que seria contra o princípio da sociedade civil e do sentimento que os indivíduos a ela pertencentes têm da sua autonomia ou da sua honra; ou essa subsistência seria mediada pelo trabalho (pela oportunidade de trabalho), mas então a quantidade de produtos aumentaria, em cujo excesso, e na falta de um número de consumidores eles próprios produtivos, consiste precisamente o mal, que, de ambos os modos, só se amplia. Aqui se torna manifesto que, no seu *excesso de riqueza*, a sociedade civil *não é suficientemente rica*, isto é, não possui no patrimônio que lhe é próprio o suficiente para obviar ao excesso de pobreza e à geração da plebe.

Pode-se estudar esses fenômenos em grande escala no exemplo da *Inglaterra*, bem como, em pormenor, os resultados que aí tiveram o imposto para os pobres, as fundações imensas e igualmente a ilimitada beneficência privada e, sobretudo, a supressão das corporações. O que lá (especialmente na Escócia) comprovou-se como o meio mais direto

---

[437] Nos Apontamentos de Griesheim, o sujeito da penúltima frase é a plebe, e não o homem em geral: "a plebe não tem em face da natureza um direito no sentido próprio" (*VRph 1824-25*, p. 609). O final desses Apontamentos a este parágrafo é o seguinte: "Quanto maior é um capital, tanto maior são os empreendimentos que com ele se pode efetuar, e o seu detentor pode se contentar com um lucro tanto menor, graças a isso o capital novamente aumenta. Isso ocorre também na agricultura, como, por exemplo, era o caso dos romanos, entre os quais a posse das terras aráveis se concentrou, por fim, em poucas mãos. No caso de grande empobrecimento, o capitalista encontra muitos [dispostos] a trabalhar por um salário [*Lohn*] ínfimo; por essa via aumenta o seu ganho e isso, de novo, acarreta que os capitalistas menores recaem na pobreza. A questão é somente a de como remediar a pobreza" (*id.*, pp. 609-10). A parte final da última frase do Adendo é, portanto, da lavra de Gans.

contra a pobreza, assim como em particular contra a perda do pudor e da honra, as bases subjetivas da sociedade, e contra a preguiça e o esbanjamento etc., dos quais procede a plebe, foi o de abandonar os pobres ao seu destino e encaminhá-los à mendicância pública.

§ 246

Por essa sua dialética a sociedade civil, inicialmente *esta* sociedade *determinada*, é impelida para fora e além de si mesma, a fim de procurar fora dela consumidores e, com isso, os meios de subsistência necessários, em outros povos que lhe estão atrás quanto aos meios que ela tem em abundância ou, em geral, quanto ao engenho técnico.

§ 247

Assim como o princípio da vida familiar tem por condição a terra, um *solo* firme e um *bem imóvel*,[438] assim a indústria tem o *mar* por elemento natural que a anima e a impele para fora. Na ânsia do ganho, pelo fato de expô-lo ao perigo, a indústria se ergue ao mesmo tempo acima dele e permeia [*versetzt*] com o elemento da fluidez, do perigo e da ruína a fixação ao torrão e aos círculos limitados da vida civil, as suas fruições e os seus desejos. Além disso, ela leva, assim, através desse maior meio de ligação, países distantes a relações de intercâmbio, a um relacionamento jurídico que introduz o contrato, intercâmbio no qual se situa o maior meio de cultura e no qual o comércio encontra a sua significação histórico-mundial.

Os rios *não* são *fronteiras naturais*, pelo que se pretendeu recentemente fazê-los passar,[439] porém eles antes ligam os homens como o fazem igualmente os mares, e Horácio expressa um pensamento incorreto quando diz (*Carmina*, I, 3):

---

[438] A expressão composta *Grund und Boden* tem o significado corrente de "solo", que é um "bem imóvel", e, qualificada pelo adjetivo *fester*, remete ao "solo firme", por oposição ao mar.

[439] Kervégan assinala a alusão à obra de Fichte, *Der geschlossene Handelstaat* [O Estado comercial fechado], "mas que poderia também visar a Napoleão, para quem o Reno até o mar deveria ser a fronteira com a França" (*Kervégan*, p. 306, nota 1).

> ... *deus* abscidit
> *prudens Oceano dissociabili*
> *terras*...[440]

É o que mostram não só as bacias dos rios povoados por uma estirpe ou um povo, mas também, por exemplo, as demais relações entre a Grécia, a Jônia e a Grande Grécia — entre a Dinamarca e a Noruega, a Suécia, a Finlândia, a Lituânia etc. —, especialmente também é o que mostra, por oposição, a pequena conexão dos habitantes da costa com os do interior do país. — Mas, [para avaliar] que meio de cultura reside na conexão com o mar, compare-se, para isso, a relação com o mar das nações nas quais o engenho técnico floresceu com aquelas que se recusaram à navegação e que, como os egípcios, os hindus, tornaram-se apáticos em si mesmos e submergiram na mais terrível e vergonhosa superstição — e, como todas as grandes nações animadas dentro de si por uma ambição, se compelem em direção ao mar.

§ 248

Essa ampliação da conexão oferece também o meio da *colonização*, para a qual — seja ela esporádica ou sistemática — a sociedade civil plenamente formada é impelida e pela qual ela, ora proporciona a uma parte da sua população o retorno ao princípio familiar num novo solo, ora proporciona a si mesma com isso uma nova demanda e um novo campo para o seu trabalho diligente.

Adendo (G). A sociedade civil é impelida a fundar colônias. O aumento da população já tem, por si só, esse efeito; mas, sobretudo, surge uma multidão que não pode obter a satisfação das suas carências pelo trabalho quando a produção excede as carências do consumo. Na Alemanha, particularmente, ocorre uma colonização esporádica. Os colonos partem para a América, para a Rússia, permanecem sem conexão com a sua pátria e não lhe proporcionam nenhum benefício. A segunda modalidade de colonização, inteiramente diferente da primeira, é a sistemática. Ela é induzida pelo Esta-

---

[440] "... um deus previdente *cortou* as terras *separando-as* por um oceano dissociador" (tradução de MLM).

do com a consciência e a regulação do modo conveniente à sua execução. Essa espécie de colonização foi muito frequente no caso dos Antigos, notadamente no caso dos gregos, entre os quais o trabalho duro não era tarefa para o cidadão, cuja atividade se voltava muito mais para as coisas públicas. Quando a população crescia a tal ponto que pudesse surgir a necessidade constringente de provê-la, a juventude era então enviada a uma nova região, em parte especialmente escolhida [para isso], em parte entregue ao acaso da descoberta. Em tempos mais recentes não se concederam às colônias direitos semelhantes aos dos habitantes da mãe-pátria, e dessa situação resultaram guerras e, finalmente, emancipações, como mostra a história das colônias inglesas e espanholas. A libertação das colônias revela-se ela própria como a maior vantagem para o Estado da mãe-pátria, assim como a libertação dos escravos o é para o senhor.

§ 249

A prevenção por parte da polícia efetiva e mantém, antes de tudo, o universal que está contido na particularidade da sociedade civil como *uma ordem externa* e *uma organização* para a proteção e a segurança das massas de fins e interesses particulares, enquanto estes têm o seu subsistir nesse universal, assim como ela assegura, enquanto direção superior, a prevenção dos interesses que conduzem para além dessa sociedade.[441] Como, segundo a

---

[441] A última tarefa de regulação da polícia administrativa, visando a assegurar a unidade interna da sociedade civil, malgrado a crescente polarização entre a acumulação da riqueza, de um lado, e a pobreza, de outro, é a prevenção das crises de superprodução e do crescimento populacional para além da capacidade produtiva da nação, mediante o envio, "induzido pelo Estado" (§ 248 Ad.), do excedente produtivo e populacional para as colônias, criando novos mercados e novas oportunidades de trabalho vantajosas para o "Estado da mãe-pátria", no caso, a Inglaterra. É provável que esses três últimos parágrafos, que descrevem a expansão colonial inglesa (associada por Hegel à colonização grega antiga), sejam fruto da leitura da obra de Colquhoun (*Über den Wohlstand, die Macht und Hülfsquellen des britischen Reichs in jedem Theile der Welt, Ostindien eingeschlossen*, Nuremberg, 1815), da qual Hegel possuía um exemplar em sua biblioteca. Essa obra vincula as transformações aceleradas da Revolução Industrial e o crescimento do poder econômico da Inglaterra, no início do século XIX, às tarefas preventivas de controle e educação exercidas pela polícia relativamente à plebe, no sentido de integrá-la no processo produtivo com salários baixos, o que era uma condição indispensável da riqueza de um país comercial, mas as vincula principalmente às consequências positivas da

ideia, a particularidade mesma faz desse universal, que é imanente aos seus interesses, o fim e o objeto da sua vontade e da sua atividade, o *elemento ético retorna* à sociedade civil como algo imanente a ela; isso constitui a destinação da *corporação*.⁴⁴²

imigração, da colonização e da exportação. Assim, o remédio principal ao problema da plebe, no horizonte da universalização do intercâmbio entre os homens pelo comércio e "sua significação histórico-mundial" (§ 247), consiste em projetar a sociedade civil "para fora e além de si" (§ 246) mediante a colonização (cf. Cafagna, *op. cit.*, pp. 195-202).

⁴⁴² A corporação (*Korporation*) a que Hegel aqui se refere não é uma revivescência da corporação de ofício medieval (*Zunft*), das guildas (ver o Adendo ao § 255) — o que já o recurso ao termo de origem latina assinala, além de que Hegel designa também as igrejas (§ 270 A) e as comunas municipais (§ 288) como corporações —, mas uma forma de organização comunitária das profissões ligadas ao estamento médio, a ser reconhecida pelo Estado, mas que atua no interior da sociedade civil. Ela visa à proteção dos indivíduos que exercem alguma das três formas de atividade reunidas no estamento da industriosidade (artesanato, indústria fabril e comércio, § 204) contra as contigências e os antagonismos da sociedade de mercado, na forma de uma integração ética dos seus interesses particulares comuns, baseada na confiança recíproca dos seus membros. Conceitualmente, a corporação tem uma função de mediação entre a sociedade civil e o Estado, do qual ela constitui "a segunda raiz ética" (§ 255), de modo que ela articula na "apresentação" (*Darstellung*) progressiva a passagem da sociedade civil ao Estado ético, enquanto este é concebido como a esfera do universal concreto que abrange a sociedade civil e o próprio Estado no sentido estrito do "organismo" político (§ 269). É significativo que, na passagem do conceito de polícia ao conceito de corporação, Hegel retome nas *Preleções de 1824-25* a sua crítica à visão fichtiana, que estabelece uma equivalência entre o Estado, na sua função de segurança, e a polícia, à qual cabe então garantir a relação do indivíduo ao Estado no "Estado da necessidade" (cf. "Grundlage des Naturrechts nach Prinzipien der Wissenschaftslehre", *Fichtes Werke*, v. III, pp. 295, 304). "Com esse ponto de vista [da polícia no sentido de Hegel] saímos do Estado do entendimento, que apreende a ordem externa. Essa não é a forma última, o modo mais alto da regulação. Fichte se deteve aí. — Ele começa, como nós, com a liberdade dos indivíduos; ela precisa ter realidade, ser assegurada, mas é preciso ir além dela enquanto individualidade singular; a essência tem de ser posta na interioridade, na unidade da consciência subjetiva e do que é posto pelo conceito, que inicialmente é só em si. Daí resulta que, em Fichte, a relação de restrição recíproca da liberdade, a relação de umas para com as outras é negativa; essa restrição é então uma ordem externa; o elemento interno permanece fora dessa restrição, a liberdade subjetiva não está nela. Todo o Estado de Fichte é polícia, e ele chega ao específico de maneira inteiramente não-filosófica. A polícia deve saber o que cada cidadão faz a todo momento, onde ele está, mas a sua interioridade não pode ser inspecionada. Se alguém compra uma faca, a polícia tem de saber para que, tem de segui-lo de perto

b. *A corporação*

§ 250

O *estamento agrícola* tem imediatamente nele mesmo, na substancialidade da sua vida familiar e natural, o seu universal concreto, no qual ele vive; o *estamento universal*, em sua destinação, tem como fim da sua atividade e como seu solo o universal para si. O termo-médio entre ambos, o estamento da industriosidade [ver § 204], está essencialmente dirigido ao *particular* e, por isso, a ele, sobretudo, a corporação é própria.

§ 251

A organização do trabalho[443] da sociedade civil divide-se, segundo a natureza da sua particularidade, em diversos ramos. Como um tal aspecto em si igual na particularidade vem à existência na *associação cooperativa* enquanto *elemento-comum*, o fim *egoísta*, dirigido àquilo que lhe é particular, se apreende e atua ao mesmo tempo como um fim universal, e o membro da sociedade civil, segundo a sua *habilidade particular*, é membro da corporação, cujo fim universal é, por isso, inteiramente *concreto* e não tem nenhuma amplitude maior do que a que reside na [respectiva] atividade industriosa, na sua tarefa e no interesse que lhe são próprios.[444]

---

para evitar que mate alguém a facadas. Um viajante é logo suspeito, um mero passaporte, uma mera descrição dos sinais característicos não basta para sua legitimação, é preciso que haja um retrato no passaporte. — Quando se desenvolve o Estado externo, dessa maneira se chega a detalhes tais que eles se destroem a si mesmos. A polícia tem de ser, por sua vez, inspecionada etc., todas essas coisas levam, na sua execução, a um processo ao infinito. O universal deve ser essencialmente não exterior, porém fim interno, imanente, ele deve ser a atividade dos próprios indivíduos" (*VRph 1824-25*, p. 617). A corporação hegeliana visa precisamente a instaurar, já no interior da sociedade civil enquanto Estado da necessidade, uma relação de adesão ética do indivíduo a um fim universal, embora ainda relativo, "uma totalidade concreta, mas restrita" (§ 229).

[443] *Wesen*, no substantivo composto *Arbeitswesen*, assim como em *Staatswesen*, *Gemeinwesen*, tem o sentido de um todo cujas partes interagem, donde a tradução por "organização do trabalho", dividida "em diversos ramos".

[444] São significativas, aqui, as explicitações de Hegel nas *Lições de 1824-25* sobre

a importância da corporação e da articulação corporativa da sociedade para a representação política, na medida em que a corporação é o "elo intermediário" (*Mittelglied*) entre o indivíduo singular e a família, de um lado, e o universal do Estado, de outro, exercendo a função de "termo-médio" (*Mitte*), que instaura na construção especulativa da representação política a mediação entre os extremos opostos do silogismo do Estado.

"A comuna municipal, a corporação, é a grande questão que, presentemente, importa ao mundo no que diz respeito à constituição. A corporação tem contra si o princípio da igualdade abstrata, e este conflito é o ponto em torno do qual gira o interesse no caso da formação atual do entendimento. [...]

Na corporação é fim, sobretudo, o interesse particular, [e] a esse respeito vale o princípio de que cada um está aí remetido a si mesmo, e o indivíduo exprime esse estar remetido a si como seu direito absoluto, de sorte que está inteiramente ao seu cuidado o modo como ele se associa à sociedade civil e como ele garante a sua subsistência a partir do patrimônio da sociedade.

Isso deve permanecer, mas o segundo ponto é que aí [na corporação], ao mesmo tempo, a singularidade do interesse se organiza, se forma enquanto um universal e constitui um círculo particular, que está, contudo, em relação essencial com o Estado. Essa ligação com o Estado é um ponto da mais alta importância. — Existem aqui dois extremos que estão determinados pelo conceito, o primeiro [é] a singularidade da individualidade, esta singularidade considerada concretamente, e, portanto, eticamente é a família, é o material do Estado; o segundo [é] o Estado enquanto tal, o todo ético, o fim universal enquanto tal; esses são os extremos, não há elo intermediário entre esses dois grandes todos éticos. O que assim existe em suas oposições tem de ser mediado segundo a razão, segundo o conceito, por um termo-médio, de sorte que o conceito se apresente como silogismo" (*VRph 1824-25*, p. 619).

"A natureza do conceito exige, assim, o elo intermediário. Este tem de unir dentro de si ambos os extremos, de um lado, o fim da família, de outro lado, conter também dentro de si este fim enquanto universal, de modo imanente, interior. Ele é, assim, um elo intermediário ético, não como a polícia, só de modo externo. — O elo intermediário é portanto ético como o Estado, de um lado, ele tem dentro de si o interesse dos singulares segundo a sua particularidade, mas, de outro, ele tem em comum com o Estado o fato de que também o interesse particular enquanto universal é aí visado como fim e ativado. Esse é o grande elo orgânico que aprendemos a conhecer de perto no estudo da constituição.

A representação habitual [que se tem] do Estado salta do Estado para o cidadão singular e, assim, acha-se também habitualmente, no caso da representação política, que os singulares votam enquanto indivíduos singulares ou enquanto representantes escolhidos por eleição. Aí se faz um salto do interesse, do arbítrio do indivíduo singular ao outro extremo da participação nos interesses universais.

Entre ambos reside esse elo intermediário. Os homens são egoístas, dizem-no de si mesmos, segundo, eles querem ser atuantes a favor do universal, não se reduzir ao *bourgeois*, querem também ativar o universal através do seu discernimento, da sua vontade. Um tal campo de sua atuação em prol do universal, uma atuação que é ética, que não é

§ 252

Segundo essa determinação a corporação tem o direito, sob a vigilância do poder público, de cuidar dos seus próprios interesses incluídos no seu interior, de aceitar membros segundo a qualificação objetiva da sua habilidade e da sua retidão, num número que vem a se determinar pela conexão universal [da sociedade], e de tomar a seu cuidado os seus integrantes em face das contingências particulares, assim como de cuidar da formação da sua capacidade para serem incorporados a ela — em suma, de intervir em seu favor como uma *segunda* família, posição que no caso da sociedade civil universal permanece mais indeterminada, mais distante dos indivíduos e da condição da sua penúria particular.[445]

---

só prescrita, que surge do seu próprio discernimento, da sua vontade, é dado aos indivíduos na comuna municipal, na corporação [...]" (*id.*, v. 4, p. 620).

"Constitui uma dificuldade o modo de dar conta deste impulso em prol do universal, é preciso lhe indicar um campo, e isso ocorre no círculo da corporação. A corporação tem inicialmente a mesma destinação, o mesmo fim que a polícia, a saber, o interesse particular, o qual, contudo, não é só objeto de uma atividade de ordenação externa, como no caso da polícia, porém de uma atividade que também quer o universal, mas de tal sorte que o próprio indivíduo participa dessa atividade. A corporação constitui o elo intermediário entre a família e o Estado, na verdade, enquanto elo ético; na polícia, enquanto ela é uma ordem externa, a forma da eticidade não está posta [...]" (*id.*, v. 4, p. 621).

"Os direitos da comuna municipal são igualmente os da corporação, mas a municipalidade é ela mesma ainda um todo abstrato, que contém dentro de si muitos interesses particulares. Ela é, todavia, uma totalidade concreta, um pequeno Estado, mas a sua direção só acontece em prol do interesse universal abstrato, o interesse sobre o qual a subsistência dos indivíduos repousa não é fim imediato por si e destinação, ele ainda não está contido na municipalidade. O *bourgeois* é membro de uma municipalidade, mas seu interesse é sua ocupação profissional, o fim individual está contido nela, é o seu fim mais interior, o que lhe está mais próximo. Este fim tem de ser necessariamente sabido e querido pelos membros também na forma da universalidade e, assim, a municipalidade contém vários desses círculos" (*ibid.*).

[445] Se a sociedade civil moderna "arranca o indivíduo do seu laço familiar" (§ 236) e o "lado egoísta da indústria", da sua ocupação (§ 253 A), o reduz ao seu isolamento, a corporação, em contrapartida, complementa e leva a termo as funções preventivas e assistenciais da polícia na forma de "uma segunda família", inserindo-o numa "totalidade [ainda] restrita" e particular, mas "concreta" (§ 229), que assegura a sua reprodução autônoma e estável. Enquanto "associação cooperativa", ela reagrupa no interior da divisão social do trabalho os indivíduos pertencentes ao mesmo ramo de atividade industriosa e unidos por um interesse profissional comum, visando a promover a sua "forma-

O homem de ofício⁴⁴⁶ é diferente do trabalhador diarista, como daquele que está disposto a um serviço contingente singular. Aquele, o *mestre*, ou que quer vir a sê-lo, é membro da associação cooperativa não para um ganho contingente singular, mas para *todo* o âmbito, o universal da sua subsistência particular. — *Privilégios*, enquanto direitos de um ramo da sociedade civil constituído em uma corporação, e privilégios propriamente ditos, no sentido etimológico, distinguem-se uns dos outros por serem estes últimos exceções à lei universal, feitas segundo a contingência, ao passo que aqueles são somente determinações tornadas legais, que residem na *natureza da particularidade* de um ramo essencial da própria sociedade.

§ 253

Na corporação, a família não só *tem* o seu solo firme, enquanto *garantia* da subsistência condicionada pela *capacitação*, não só *tem* um patrimônio estável (§ 170), senão que ambos [a capacitação e o patrimônio] são

---

ção [*Bildung*] prática" (§ 197) e constituir um patrimônio comum, que, sob a supervisão do Estado, ela gere de maneira independente. No prolongamento das funções da polícia administrativa, sua finalidade é garantir a subsistência estável dos seus membros em face dos desequilíbrios e das crises cíclicas da economia industrial, que excluem os "filhos da sociedade civil" (§ 236) da participação no patrimônio nacional, prevenindo, assim, a formação da plebe. É um traço específico e inovador da abordagem hegeliana do processo econômico, se comparada com a de economistas como Smith e Say e de outros teóricos liberais, que advogam a eliminação de todos os empecilhos impostos pela corporação à livre iniciativa, o tratamento paritário, numa só rubrica, das funções da polícia e da corporação (subseção C.), no qual esta desdobra e complementa funções preventivas daquela. Mesmo se na Alemanha autores importantes e, sobretudo, o *Allgemeines Landrecht*, avaliavam positivamente as corporações, os reformadores prussianos vão atribuir muitas de suas funções à polícia administrativa em sua gestão centralizada do processo econômico, enquanto que para Hegel elas têm uma independência na gestão do seu respectivo patrimônio comum e na admissão dos seus membros, que será importante para a descentralização e a articulação interna do Estado em "círculos particulares" (§ 308 A) (cf. Cafagna, *op. cit.*, pp. 203-5).

⁴⁴⁶ A expressão "homem de ofício" traduz, aqui, *Gewerbsmann*, referindo-se ao indivíduo singular que integra genericamente o "estamento da indústria" naquele sentido amplo em que indústria inclui as atividades artesanais, comerciais e fabris ou industriais propriamente ditas (cf. § 204).

também *reconhecidos*, de sorte que o membro de uma corporação não tem necessidade de atestar por alguma espécie de *provas externas* ulteriores a sua aptidão, bem como o seu rendimento e a sua prosperidade regulares, [isto é,] que ele é algo.[447] Assim, está também reconhecido que ele pertence a um todo, que ele próprio é um elo da sociedade universal, e que ele tem interesse e realiza esforços para o fim mais desinteressado desse todo; — ele tem, assim, *a sua honra* no seu *estamento*.

A instituição da corporação, na medida em que garante a segurança do patrimônio, corresponde à introdução da agricultura e da propriedade privada numa outra esfera (§ 203 A). — Se é para proferir lamentos a respeito do luxo das classes empreendedoras e da sua mania de esbanjamento, concomitantes à geração da plebe (§ 244), não se deve deixar de ver, entre as outras causas (por exemplo, a mecanização sempre maior do trabalho), o fundo ético disso, tal como está exposto acima. Sem ser membro de uma corporação autorizada (e somente enquanto juridicamente autorizado algo-de-comum [*ein Gemeinsames*] é uma corporação), o singular está desprovido de *honra estamental*, reduzido pelo seu isolamento ao lado egoísta da [sua] ocupação, não sendo a sua subsistência e a sua fruição nada de *estável*. Ele procurará, por conseguinte, alcançar o *seu reconhecimento* por meio de demonstrações exteriores do seu sucesso na sua ocupação, demonstrações que não têm limites, porque não há como viver conforme ao seu estamento, uma vez que ele não existe — pois na sociedade civil só existe o elemento-comum que está constituído e reconhecido legalmente —, porque o singular também não se dá nenhum modo de vida mais universal que lhe seja adequado. — Na corporação, o auxílio que a pobreza recebe perde o seu caráter contingente, assim como o seu caráter in-justamente humilhante, e a riqueza, no seu dever para com a associação corporativa, perde a arrogância que ela pode suscitar no seu possuidor bem como a inveja que ela pode suscitar nos outros; — a retidão obtém aí o seu verdadeiro reconhecimento e a sua honra.

---

[447] A inserção estamental e corporativa do indivíduo impede que ele se reduza à figura do *bourgeois* no sentido de "uma mera pessoa privada" (§ 207 Ad.), de sorte que ele venha a ser "algo", isto é adquira a efetividade e a concretude de uma universalidade, todavia ainda particular (ver *ibid.* e § 267).

§ 254

Na corporação reside uma restrição ao pretenso *direito natural* de exercer a sua habilidade e de ganhar com ela o que é para ser ganho, somente na medida em que essa habilidade, na corporação, está determinada à racionalidade, a saber, liberada da opinião própria e da contingência, liberada do perigo para si mesmo e para os outros, na medida em que ela é reconhecida, assegurada e, ao mesmo tempo, elevada à atividade consciente em vista de um fim comum.[448]

---

[448] As corporações não negam, portanto, a personalidade jurídica do indivíduo, sua propriedade privada e o princípio de que o indivíduo está remetido a si mesmo para prover a sua subsistência, mas a sua determinação racional introduz um limite à vigência ilimitada do princípio da autonomia da particularidade (§ 185 A) e ao princípio que torna a sociedade civil moderna um "Estado da necessidade" (§ 183). Na construção sistemática da sociedade civil, elas são um meio essencial para enfrentar o surgimento da plebe, sem recorrer ao modelo inglês das colônias e da imigração, impondo também um limite à vigência irrestrita do princípio da liberdade de iniciativa e de empreendimento. As *Preleções de 1824-25* desenvolvem longamente o confronto crítico de Hegel com este "princípio do nosso tempo", que é a "liberdade de empreendimento" (*Gewerbefreiheit*).

"Não há dúvida alguma, de maneira abstrata, que cada membro da sociedade tem o direito de obter a sua subsistência graças à sua habilidade, mas o que está imediatamente ligado a isso é o seguinte. O indivíduo pode exercer a atividade que quiser, e a escolha fica ao seu critério, ela reside no seu arbítrio; o outro lado disso é que o indivíduo não só quer exercer a atividade de que é capaz, mas ele tem por fim essencial que sua subsistência lhe seja assegurada por essa atividade, este deve ser o resultado. Uma coisa é a sua vontade, outra, é a realidade da sua atividade, o fato de que o fim também seja cumprido. — Habitualmente fica-se no aspecto formal do querer exercer a atividade, mas o essencial é o outro lado, o de que o fim seja alcançado, e isso é o que a corporação faz" (*VRph 1824-25*, p. 624). "Não importa ao homem exercer a atividade que quiser, mas, sim, a garantia do seu sustento. O princípio do nosso tempo é *laissez-aller, laissez-faire*, cada um tem de saber o que fazer, cada um já o conseguirá. — Isso, com certeza, é correto. Um ramo industrial floresce, muitos o escolhem, as vendas abundantes causam uma forte afluência de produtores, de sorte que o seu número aumenta de tal modo que muitos não mais encontram aí a sua parte. O outro lado, então, é o que tudo novamente se arranja *de per si*, mas a questão é como isso ocorre? Por qual via tudo se arranja? [...] Também a peste cessa, a vida se reergue, mas centenas de milhares morreram dela, estão todos mortos e assim também tudo se arranjou novamente. [...] Diz-se que, mediante a liberdade de empreendimento, comércio e indústria florescem, e cita-se a propósito o exemplo da Inglaterra; mas as comparações são via de regra equívocas e raramente leva-

§ 255

Com a *família*, a *corporação* constitui a segunda raiz ética do Estado, a que está fundada na sociedade civil. A primeira contém os momentos da particularidade subjetiva e da universalidade objetiva numa unidade *substancial*; a segunda, porém, une de maneira interior esses momentos, que, inicialmente, na sociedade civil, estão cindidos na particularidade *refletida adentro de si* da carência e da fruição e na universalidade jurídica *abstrata*, de sorte que nessa reunião o bem-próprio particular é enquanto direito e é efetivado.[449]

-se em conta todas as circunstâncias; a Inglaterra tem o mundo inteiro como mercado e como território de colonização; essa é a circunstância principal. A Inglaterra tem agências comerciais [*Komptoirs*] no mundo inteiro, só na América do Sul várias centenas, uma multidão de homens podem afluir por toda a parte, no mundo inteiro encontram-se ingleses. Se, por isso, diz-se que a liberdade de empreendimento faz prosperar o comércio e a indústria, isso está correto, mas para tanto é preciso que ocorram circunstâncias particulares" (*id.*, pp. 625-6). "Como floresce o comércio? [...] nele os indivíduos vão e vêm, a cada momento outros estão no ápice da felicidade e são novamente desalojados por outros. O abstrato do comércio e da indústria não é o fim, porém o fato de que mediante o comércio a família tenha a sua subsistência assegurada. Nesse florescimento do comércio o bem-estar da família não é a coisa essencial" (*id.*, p. 626).

"Diz-se, além disso, que as corporações de ofícios teriam um monopólio ['do preço dos produtos', ao passo que 'a concorrência pode ter o efeito de baixar os preços' (*id.*, p. 626)], mas com a liberdade de empreendimento isso é muito pior. Na Inglaterra, os grandes capitalistas oprimem os outros, desse modo um ramo da indústria acaba nas mãos de poucos, eles não têm monopólio autorizado, mas o tem de fato, mediante o seu grande capital, e este é o pior de todos os monopólios" (*id.*, pp. 626-7).

[449] Se a polícia visa a corrigir e prevenir mediante uma "regulação" do processo econômico as circunstâncias contingentes que põem em perigo a segurança da pessoa e da propriedade, organizando "uma ordem externa" que cobre todo o âmbito da sociedade, a corporação anuncia e determina o "retorno do elemento ético" ao interior da sociedade civil, porém no âmbito apenas particular de cada corporação do respectivo ramo da divisão do trabalho relativa ao segundo estamento. A "passagem" especulativa, no sentido da derivação lógica, da polícia à corporação, se articula conceitualmente pela "unificação" dos momentos opostos, nos quais a sociedade civil se cindiu no nível do sistema das carências e da administração do direito; especificamente, mediante a unificação da particularidade subjetiva, refletida em si mesma na satisfação de suas carências e interesses, e da universalidade formal e objetiva do sistema do trabalho e do ordenamento jurídico. Dessa passagem resulta uma superação ética da polícia pela corporação, expressa socialmente na garantia que esta oferece, enquanto "autorizada" e "reconhecida legalmente" (§ 253 A) pelo poder público, de que o bem-próprio de cada indivíduo singu-

O caráter sagrado do casamento e a honra na corporação são os dois momentos em torno dos quais gira a desorganização da sociedade civil.[450]

Adendo (H). O sentido de se ter suprimido em época recente as corporações é o de que o singular deva prover a si mesmo. Mas, mesmo que se possa também conceder isso, a corporação não altera a obrigação do indivíduo singular de ganhar o seu sustento. Nos nossos Estados modernos os cidadãos têm somente uma participação restrita nas tarefas universais do Estado; mas é necessário proporcionar ao homem ético uma atividade universal, afora o seu fim privado. Esse universal que o Estado moderno nem sempre lhe põe ao alcance, ele o encontra na corporação. Vimos anteriormente que o indivíduo, provendo para si mesmo na sociedade civil, age também para os outros. Mas essa necessidade desprovida de consciência não é suficiente: ela só se torna eticidade sabida e pensante na corporação. Acima desta, certamente, deve estar a supervisão do Estado, porque, senão, ela se ossi-

---

lar será tratado como "direito" e "efetivado" (§§ 230, 255); isso se realiza socialmente, de maneira concreta, através da contribuição do trabalho de cada indivíduo para a constituição de um patrimônio comum da corporação, que confere uma estabilidade ao seu *status* profissional, e constitui a dimensão ética da sua adesão a um fim universal, e não mais meramente privado, desse todo particular. Mas essa "eticização" (Adendo) da sociedade civil através das corporações, vinculadas ao segundo estamento, não elimina a autonomia da particularidade, assim como a necessidade do trabalho de "formar" e elevar essa particularidade ao universal não significa ainda o restabelecimento da vida ética do conjunto da sociedade através da sua unidade política no Estado. A corporação, considerada do ponto de vista da fundamentação regressiva da sociedade civil pelo Estado, resulta de uma forma de atuação antecipada e restrita do universal concreto do Estado no interior da sociedade civil, o que explica por que a corporação é o ponto de passagem da sociedade civil ao Estado (§ 256).

[450] "O casamento é o todo ético na determinação da individualidade, da singularidade, onde o indivíduo está enquanto tal num todo ético; na corporação, em contrapartida, o indivíduo está enquanto particular num todo ético. Esses dois momentos pertencem ao todo do silogismo, o conceito os desenvolve e eles são, enquanto seus momentos, totalidades éticas, espírito. Em tempos recentes entrou em voga considerar o Estado por si, determinar como a organização, o governo têm de ser constituídos. Houve um empenho em construir o andar superior, se organizou em cima, mas as bases, o casamento e a corporação, foram, em parte, negligenciadas, em parte, inteiramente destroçadas; mas uma organização, uma construção, não pode ficar suspensa no ar. O elemento ético tem de existir não só na forma da universalidade, do Estado, mas essencialmente também na forma da particularidade" (*VRph 1824-25*, p. 628).

ficaria, se encasularia em si mesma e se degradaria em um mísero corporativismo [*Zunftwesen*] à moda antiga. Mas em si e por si a corporação [*Korporation*] não é nenhuma corporação de ofícios [*Zunft*] fechada: ela é, antes, a eticização da ocupação isolada e a sua assunção num círculo em que esta adquire vigor, honorabilidade e honra.

§ 256

O fim da corporação enquanto fim restrito e finito — assim como a separação aí-presente e a identidade relativa dos seus momentos separados [a particularidade e a universalidade][451] na ordenação exterior da polícia — tem a sua verdade no *fim universal* em si e para si e na efetividade absoluta desse fim; por isso, a esfera da sociedade civil passa ao Estado.[452]

A cidade e o campo — aquela, a sede da industriosidade burguesa, da reflexão que se absorve e se isola dentro de si, este, a sede da eticidade que repousa sobre a natureza —, os indivíduos que medeiam a sua autoconservação pela relação às outras pessoas jurídicas e a família constituem, de maneira geral, os dois momentos, ainda ideais, a partir dos quais o Estado *emerge* como o *fundamento* verdadeiro desses mo-

---

[451] O enunciado diz literalmente "a separação aí-presente e a sua [dela] identidade relativa na ordenação exterior da polícia", mas ele deixa implícito o que está separado e é identificado, a saber, os momentos da particularidade e da universalidade, em princípio cindidos no interior da sociedade civil (§ 184), especificamente no nível do sistema das carências (A) e da administração do direito (B), mas que no nível da polícia e da corporação (C) readquirem uma identidade ética relativa, numa ordenação exterior, mas extensiva a toda a sociedade, no caso da polícia, e numa unidade concreta, mas restrita, no caso da corporação (ver § 229).

[452] Esta passagem da sociedade civil ao Estado só se justifica como "demonstração científica do conceito de Estado" em virtude de sua construção teleológica e de sua face especulativa complementar, formulada na Anotação: o resultado da apresentação categorial progressiva, enquanto ele é "fim universal em si e para si", se põe e autopressupõe como "fundamento verdadeiro" do que precede, da família, da sociedade civil e das suas condições abstratas, a pessoa de direito e a subjetividade moral. Quer dizer, essa construção teleológica só se sustenta se esse fundamento, na figura do Estado moderno, enquanto universal abrangente e auto-fim, atua, do ponto de vista da fundação regressiva, como a garantia de que a expansão irrestrita da autonomia da particularidade e do sistema de produção e satisfação das carências não destrói as condições de manutenção e reprodução da eticidade cindida da sociedade civil.

mentos. — Esse desenvolvimento da eticidade imediata, através da cisão da sociedade civil, até o Estado, o qual se mostra como o verdadeiro fundamento de ambas, e tal desenvolvimento somente é a *demonstração científica* do conceito do Estado. — Porque, no andamento do conceito científico, o Estado aparece como *resultado*, ao mesmo tempo que ele se produz e se mostra enquanto fundamento *verdadeiro*, tanto aquela *mediação* [através da sociedade civil] quanto aquela aparência [do Estado como resultado] se *suspendem* em direção à *imediatidade*. Por causa disso, na efetividade, o *Estado* em geral é, antes, o que é *primeiro*, somente no interior do qual a família se forma plenamente em direção à sociedade civil, e é a ideia mesma do Estado que se divide nesses dois momentos; no desenvolvimento da sociedade civil a substância ética adquire a sua forma *infinita*, que contém dentro de si os dois momentos seguintes: 1) o da *diferenciação* infinita até o *ser-dentro-de-si* sendo-para-si da autoconsciência; e 2) o da forma da *universalidade*, que está no cultivo, o momento da forma do *pensamento*, pela qual o espírito é objetivo e efetivo para si enquanto totalidade *orgânica*, em *leis* e *instituições*, [que são] a sua vontade *pensada*.

Terceira seção

O ESTADO

§ 257

O Estado é a efetividade da ideia ética — o espírito ético enquanto vontade substancial, *manifesta*, clara a si mesma, que se pensa e se sabe e realiza plenamente o que ela sabe e na medida em que o sabe. No *costume* ele tem a sua existência imediata e, na *autoconsciência* do singular, no saber e na atividade do mesmo, a sua existência mediada, assim como essa autoconsciência, através da [sua] disposição de ânimo, tem no Estado, enquanto sua essência, seu fim e produto da sua atividade, a sua *liberdade substancial*.

Os *penates* são os deuses *inferiores*, internos, o *espírito do povo*[453] (*Atena*) é o divino que *sabe e quer a si*; a *piedade* é o sentimento e a eti-

---

[453] Embora seja Herder, inspirado pelo conceito de *esprit de la nation* de Montes-

cidade que se comporta como sentimento, a *virtude política*,[454] o querer do fim pensado sendo em si e por si.

quieu, quem estabeleça pela primeira vez na língua alemã o vínculo entre os conceitos de espírito e de povo ou nação (*Geist des Volkes*, *Nationalgeist*), é Hegel quem cunha a expressão *Volksgeist*, incorporando-a como um termo técnico, sobretudo no quadro sistemático de suas reflexões políticas e histórico-filosóficas. A explicitação do conceito pela referência entre aspas a Atena, a deusa tutelar da pólis grega paradigmática, aponta para o sentido político proeminente que o termo adquire nas *Linhas fundamentais*. O espírito de um povo é o espírito objetivo, considerado numa "racionalidade substancial" determinada e intrinsecamente histórica ("ele tem a história no interior de si mesmo", *E*, § 548), que é um "princípio particular" (*ibid.*) a presidir à formação histórica da consciência que um povo tem de si graças às suas leis e costumes e, mais especificamente, à constituição enquanto organização política desse povo. No horizonte da filosofia da história do mundo, o espírito de um povo é o saber que ele tem do grau historicamente alcançado de liberdade subjetiva, que, precisamente, a sua constituição política exprime (§ 274). Segundo a tese de que "o espírito só é efetivo enquanto o que ele sabe de si" (*ibid.*) — o conhecer-se a si mesmo é a "lei do seu *ser*" e o princípio dinâmico do seu devir (§ 343 A) —, é no espírito do povo, isto é, na consciência que ele tem da sua liberdade subjetiva, que reside "a efetividade da constituição"; como tal, ele é "a lei que *penetra e perpassa todas as situações desse povo*" (§ 264). É na medida em que o conceito de espírito do povo incorpora essa importância que a autoconsciência e a liberdade subjetiva adquirem no conceito hegeliano de eticidade e na sua teoria do Estado constitucional moderno, que o povo deixa de ser, nas *Grundlinien*, o conceito político fundamental, como era para o jovem Hegel. Se ele o compreende no artigo sobre *Direito natural* [1802] (*GW*, v. 4, p. 449) como a "totalidade ética absoluta", na obra de 1820 o conceito de povo, fora da sua organização política no Estado, passa a ser uma "representação caótica", que designa a multiplicidade como "massa informe" (§ 279 A). Nesse sentido, o conceito de espírito do povo remete primariamente ao conhecimento que um povo tem da sua história e da organização constitucional da sua liberdade como sua segunda natureza. Mas é no contexto do direito estatal externo e da história mundial que o conceito assume a sua função teórica principal, pois é nas relações interestatais (sincrônicas) dos espíritos do povo, considerados na sua pluralidade como totalidades éticas individuais, que cada um deles se torna "um princípio particular" de "um desenvolvimento determinado" (*E*, § 548) e adquire o seu conteúdo concreto. Além disso, é através da "dialética fenomênica da finitude desses espíritos" que se forma, na história do mundo (diacronicamente), o espírito universal, que fundamenta e articula teleologicamente essa história como um processo de crescente tomada de consciência da liberdade e como um "tribunal" no qual ele exerce o seu direito supremo sobre a respectiva realização limitada da liberdade por esses espíritos do povo (§ 340).

[454] A virtude política, para Hegel a forma mais alta da realização da vida ética, é concebida numa dupla dimensão: subjetiva, como uma "disposição de ânimo" (*Gesin-*

§ 258

O Estado, enquanto efetividade da *vontade* substancial, efetividade que ele tem na *autoconsciência* particular erguida à sua universalidade, é o *racional* em si e por si. Esta unidade substancial é auto-fim imoto, absoluto, no qual a liberdade chega ao seu direito supremo, assim como este fim-último[455] tem o direito supremo em face dos singulares, cujo *dever supremo* é ser membro do Estado.

---

nung) (§ 268), na qual se sedimentou o hábito de um querer do fim-último universal, que na esfera do espírito objetivo é o Estado enquanto efetivação institucional (substancial) da vontade racional (§ 258); objetiva, por ser ela "o resultado" da inserção e do exercício desse querer individual nas instituições éticas e políticas, que se tornam estruturas universais (costumes) do agir individual, na medida em que este as assume e se adéqua a elas (§ 268). É neste último sentido que Hegel faz sua a sentença de um pitagórico, de que a melhor maneira de educar o indivíduo é torná-lo cidadão de um Estado de boas leis (§ 153), e que ele, em seguida, torna a virtude política sinônimo de "patriotismo em geral" (§ 268), num sentido próximo do que hoje chamaríamos de "patriotismo constitucional", pois ele é concebido como uma disposição de ânimo "habituada a considerar a comunidade [ético-política] como fim", baseado na consciência e na confiança de que os fins particulares estão contidos e preservados no fim universal (*ibid.*). Por isso, Hegel distingue expressamente esse "patriotismo" que é a base e o resultado de uma eticidade reflexiva, moderna, daquela virtude política que se faz valer, antes de tudo, de ações extraordinárias e sacrifícios, própria de uma eticidade menos desenvolvida, substancial (§ 150 A). Assim, vista nessa dupla dimensão, a virtude política é caracterizada pela união do par de conceitos opostos, sujeito e substância, como uma "substancialidade subjetiva", correlata e integrada à "substancialidade objetiva" do Estado institucional (§ 267). Enquanto subjetiva ela é hábito, concebido como "alma" que dá vida e efetividade ao *ethos* político, e este é o reflexo "no caráter individual enquanto determinado pela natureza" (§ 150) das instituições ético-políticas que determinam a universalidade do seu querer e agir.

[455] A expressão "fim-último", com traço de união, traduz o termo *Endzweck*, já utilizado anteriormente no § 129 para determinar o bem como "fim-último absoluto do mundo". Logo abaixo, na Anotação (A), ocorre o termo *letzter Zweck*, referido aos interesses singulares na perspectiva contratualista, e que foi traduzido por "último fim", sem traço de união, para marcar a diferença entre os dois conceitos. Esta distinção terminológica tem a sua origem no contexto da crítica da faculdade de julgar teleológica e da sua teologia moral, em que Kant distingue entre o homem enquanto "último fim" (*letzter Zweck*) da natureza e o homem considerado na sua dimensão numenal, enquanto sujeito da legislação moral incondicional e, por isso, dotado de uma liberdade inteligível, que ele se propõe como o "sumo bem do mundo", sendo por isso o "fim-último" (*Endzweck*) da criação (*Kritik der Urteilskraft*, §§ 83 e 84, in: *Kant, Werke*, v. V, pp. 551-9).

Se o Estado é confundido com a sociedade civil e se a sua determinação é posta na segurança e na proteção da propriedade e da liberdade pessoal, então *o interesse dos singulares enquanto tais* é o último fim em vista do qual eles estão unidos, e daí segue-se, igualmente, que ser membro do Estado depende do capricho. — Mas o Estado tem uma relação inteiramente diferente ao indivíduo; como ele é espírito objetivo, o indivíduo só tem objetividade, verdade e eticidade enquanto é membro do Estado. A *união* enquanto tal, ela mesma, é o verdadeiro conteúdo e fim, e a destinação dos indivíduos é levar uma vida universal; a sua ulterior satisfação particular, a sua atividade e as suas modalidades de comportamento têm esse elemento-substancial e universalmente válido por ponto de partida e por resultado. — Considerada abstratamente, a racionalidade consiste, em geral, na unidade em que se interpenetram a universalidade e a singularidade, e aqui, concretamente, segundo o conteúdo, na unidade da liberdade objetiva, isto é, da vontade substancial universal, e da liberdade subjetiva enquanto liberdade do saber individual e da vontade que busca os seus fins particulares — e, por causa disso, segundo a forma, [consiste] num agir que se determina segundo leis e princípios *pensados*, isto é, *universais*. — Essa ideia é o ser em si e por si eterno e necessário do espírito. — Mas qual foi ou teria sido, então, a origem *histórica* do Estado em geral ou, antes, a de cada Estado particular, dos seus direitos e das suas determinações, se ele proveio primeiramente de relações patriarcais, do medo ou da confiança, da corporação etc., e como, em seguida, o fundamento de tais direitos foi apreendido e consolidado na consciência, se enquanto direito divino, enquanto direito positivo ou contrato, enquanto costume, e assim por diante, isso não concerne à ideia mesma do Estado, porém, em relação ao conhecimento científico do Estado, de que unicamente aqui se fala, constitui, enquanto fenômeno, uma questão histórica; em consideração à autoridade de um Estado efetivo, na medida em que ela se deixa concernir por razões, essas são tomadas das formas do direito nele vigente. — A consideração filosófica só tem a ver com a face interna de tudo isso, com o conceito pensado. No que concerne ao perquirir desse conceito, Rousseau[456] teve o mérito de ter estabelecido como prin-

---

[456] A teoria da "vontade geral" de Rousseau, repensada a partir a autonomia da vontade racional de Kant, é um elemento decisivo na formação do conceito de Estado enquanto ideia, pensado por Hegel como a efetividade da "vontade substancial universal" (§ 258). Apesar do seu ponto de partida contratualista, criticado a seguir, a concep-

cípio do Estado um princípio que é *pensamento* não só segundo a sua forma (como, por exemplo, o impulso à sociabilidade, a autoridade divina), mas também segundo o seu conteúdo, e que, na verdade, é o próprio *pensar*, a saber, a *vontade*. Só que, como ele tomou a vontade somente na forma determinada da vontade *singular* (como posteriormente também Fichte) e apreendeu a vontade universal não como o em si e por si racional da vontade, porém somente como o *elemento-comum*

ção democrático-republicana de Estado de Rousseau rompe, segundo Hegel, com os pressupostos empiristas implícitos em todas as teorias jusnaturalistas, presentes mesmo nas versões formalistas de Kant e Fichte, ao colocar a vontade em sua universalidade como fundamento e princípio do Estado. A "vontade geral", posta como "princípio do Estado", é, para Hegel, um princípio racional "não só segundo a forma", mas também "segundo o seu conteúdo", que, na sua leitura especulativa, é "pensamento", porque é a relação ativa do pensamento a si mesmo o que constitui a universalidade do querer, de sorte que, assim, é o próprio pensamento que está na base do Estado enquanto ideia, por isso chamado de Estado racional. A crítica de Hegel ao contratualismo de Rousseau visa primariamente à subordinação lógica da vontade geral às vontades contratantes enquanto particulares, pois Hegel detecta aí a redução da universalidade da vontade ao que nela há de apenas comum (*das Gemeinschaftliche*) e, com isso, o perigo da sua redução à vontade empírica de todos ou da maioria (Bourgeois, B., "Der Begriff des Staates", in: Siep (ed.), *op. cit.*, pp. 225-7). Mas Hegel incorpora e transforma, a partir do seu conceito especulativo de vontade livre, o núcleo da vontade geral rousseauniana: como o objeto sobre o qual a vontade geral delibera e estatui é, segundo Rousseau, ele mesmo universal, pois é o bem comum enquanto fim do Estado, a vontade geral tem de ser geral não só no seu objeto, mas também na sua essência (*Du contrat social ou Essai sur la forme de la République* (première version), in: Gagnebin, B. e Raymond, M. (eds.), *Oeuvres complètes*, Paris, Gallimard, Bibliothèque de la Pléiade, 1964, v. III, livro I, capítulo 6, p. 306). É precisamente para evitar o perigo da redução da vontade geral à extensão empírica da vontade de todos ou à da maioria que Hegel reformula e radicaliza o teorema rousseauniano, segundo o qual ela tem de ser geral tanto no seu objeto quanto na sua essência, exigindo que, enquanto vontade universal objetiva, ela seja intrinsecamente ("em si e por si") racional, "ideia da vontade racional". Assim, para que a vontade geral possa querer sempre e somente o bem comum, portanto ser geral na sua essência, ela não pode resultar de um contrato feito por atos volitivos e conscientes de vontades particulares. Hegel atribui à natureza contratual da vontade geral — na medida em que interpreta o Terror, durante a Revolução Francesa, como resultante da tentativa e do "mal-entendido" jacobino de realizar uma identidade imediata da vontade geral rousseauniana, na sua universalidade abstrata, com a "vontade de todos os singulares enquanto tais" — as consequências destruidoras do Estado, que converteram essa experiência "no mais terrível e chocante acontecimento" (*PhdG*, p. 317; *TWA*, v. 3, p. 432; *FE*, § 584; ver Müller, M. L., "A liberdade absoluta entre a crítica à representação e o Terror", *Revista Eletrônica de Estudos Hegelianos*, ano 5, nº 9, 2008, pp. 75-99).

que provém dessa vontade singular enquanto vontade *consciente*, a união dos singulares no Estado torna-se um *contrato*, o qual, por conseguinte, tem como base o arbítrio dos indivíduos singulares, a sua opinião e o seu assentimento expresso, eivado de capricho, donde se seguem as consequências ulteriores do mero entendimento, destruidoras do divino sendo em si e por si[457] e da sua autoridade e majestade abso-

---

[457] A atribuição do predicado teológico "divino" ao Estado não visa a um Estado particular, nem aos Estados considerados apenas em sua institucionalidade objetiva, porém ao Estado enquanto ideia, no seu âmago racional, que consiste na unidade de interpenetração entre a universalidade da vontade substancial (a "liberdade objetiva") e a singularidade da "liberdade subjetiva" (§ 258 A), unidade que se efetiva como uma vontade universal substancial consciente de si. O caráter divino dessa racionalidade intrínseca ("em si e por si") da vontade racional institucionalmente objetivada e perpassada pela "subjetividade *enquanto forma infinita*" (§ 144), que define o Estado enquanto ideia, resulta da transformação especulativa da tese rousseauniana, segundo a qual o princípio do Estado é o "pensamento não só segundo a sua forma, [...] mas também segundo o seu conteúdo"; mas ele exprime também, simultaneamente, a crítica hegeliana ao contrato enquanto fundamento do Estado, pois o contrato dissolve essa universalidade intrínseca ("em si e por si") da vontade geral, que é o fundamento do Estado, numa "comunidade" de interesses, proveniente da associação de vontades singulares e resultante de uma adesão explícita, autoconsciente, e, nessa medida, oriunda dos arbítrios individuais. Por isso, a universalidade da vontade torna-se externa a eles, e passa a atuar antes de tudo como um poder coercitivo, que se introduz na base do vínculo social mediante a integração, a garantia e a tutela dos interesses particulares. A equiparação do Estado ao "andamento de Deus no mundo" no Adendo, que transcreve literalmente o apontamento de Griesheim (*VRph 1824-25*, p. 632), retoma a "convicção" e a "pressuposição" fundamental da filosofia da história, a de que a razão é a "potência infinita" (*unendliche Macht*) da sua efetivação enquanto vontade (*VG*, pp. 28-9), e que essa efetivação, enquanto Estado, acontece no mundo através do agir dos indivíduos, porém independentemente do seu saber e querer conscientes. Por isso, o Estado é "este Deus efetivo", mas não apenas em sua universalidade substancial, em suas leis e poderes, mas nessa união de "liberdade objetiva" e "liberdade subjetiva", que o constitui para Hegel como "fim absoluto da razão" e resultado histórico-mundial do desenvolvimento político-constitucional.

Essa atribuição de uma divindade terrena ao Estado insere Hegel na linhagem hobbesiana da secularização do poder do Estado, com uma intenção política paradoxal, análoga à de Hobbes: assim como este denominou o Estado que garante a paz interna e a defesa contra os inimigos externos de "Deus mortal" (*Leviathan*, II, XVII, p. 227; *Leviatã*, p. 147), a fim de assegurar a sua independência em face do poder eclesiástico e das disputas religiosas, Hegel quer impedir que o Estado, enquanto poder de efetivação e objetivação da vontade racional no mundo, se submeta aos fins religiosos pretendidos pela Restauração (*Hegel-Handbuch*, pp. 390-1). Daí a sua insistência em afirmar que esse deus terreno "não é uma obra de arte", mas que ele "fica no mundo". Assim, se a defesa de

lutas. Por essa razão, tendo prosperado e se tornado poder, essas abstrações, de um lado, proporcionaram o primeiro espetáculo prodigioso, desde que temos memória do gênero humano, de instaurar inteiramente a partir do início e do *pensamento* a constituição de um grande Estado efetivo, subvertendo tudo o que subsistia e estava dado, e de *querer* dar por base a essa constituição apenas o *pretensamente racional*; de outro lado, porque não eram senão abstrações desprovidas de ideia, elas converteram essa tentativa no mais terrível e chocante acontecimento. — Contra o princípio da vontade singular, é preciso lembrar o conceito fundamental de que a vontade objetiva é o racional em si no seu *conceito*, seja ele conhecido ou não, querido ou não pelo capricho do singular, de que o oposto, a subjetividade da liberdade (o saber e o querer) que *unicamente* está retida nesse princípio, só contém *um* dos momentos, por isso unilateral, da *ideia da vontade racional*, vontade essa que só é racional pelo fato de que ela é tanto *em* si quanto ela é *por si*. — O outro contrário do pensamento que apreende no conhecimento o Estado como algo racional por si é tomar a *exterioridade* do fenômeno, da contingência da penúria, da carência de proteção, da força, da riqueza etc. não como momentos do desenvolvimento histórico, porém pela *substância* do Estado. Aqui, igualmente, é a singularidade dos indivíduos que constitui o princípio do conhecimento, contudo, não é nem mesmo o *pensamento* dessa singularidade, porém, ao contrário, o princípio são as singularidades empíricas segundo suas propriedades contingentes, a força e a fraqueza, a riqueza e a pobreza etc. Tal invenção fantasiosa de deixar passar inapercebido o que é em si e por si *infinito* e *racional* no Estado e de *banir* o *pensamento* da apreensão da sua natureza interna nunca veio à tona de maneira tão inconfundível como na *Restauração da ciência do Estado*, do sr. V. Haller — *inconfundível*, pois em todas as tentativas de apreender a essência do Estado, por mais unilaterais e superficiais que sejam os seus princípios, essa própria intenção de *conceber* o Estado traz consigo pensamentos, determinações universais; mas aqui não só se renuncia conscientemente ao conteúdo

---

um "Estado racional" mediante a reivindicação do seu caráter divino foi, na época de Hegel, também uma provocação política contra a Restauração, que soa para as sociedades secularizadas contemporâneas quase como um atavismo, ela mantém, ainda que sustentada por uma convicção metafísica num poder de autoefetivação da razão no mundo, uma atualidade emblemática na luta contemporânea pela separação e independência da esfera política e jurídica contra as pretensões de fundamentação religiosa ou teológica.

racional que o Estado é e à forma do pensamento, mas se investe com apaixonado ardor contra um e outro. Uma parte da influência disseminada dos seus princípios, como assegura o sr. V. Haller, deve esta *Restauração*, certamente, à circunstância de que ele soube, na apresentação, se desembaraçar de *todos* os pensamentos e manter assim o todo como *uma só* peça, desprovido de pensamento, pois dessa maneira desaparecem a confusão e o incômodo que enfraquecem a impressão provocada por uma apresentação em que sob o contingente se imiscui uma alusão ao substancial e sob o meramente empírico e exterior, uma lembrança do universal e do racional e, assim, na esfera do que é indigente e desprovido de teor é lembrado o mais alto e infinito. — Por isso, essa apresentação é igualmente *consequente*, pois ao se tomar a esfera do contingente em vez do substancial pela essência do Estado, a consequência lógica de um tal conteúdo consiste, precisamente, na completa inconsequência de uma ausência de pensamento, que se entrega inconsideradamente ao seu curso e que está igualmente à vontade no contrário do que agora mesmo aprovou.*

---

* [Nota de Hegel] O mencionado livro, pelas suas características indicadas, é de espécie original. O mau humor do autor poderia por si ter algo de nobre, visto que ele foi suscitado pelas falsas teorias mencionadas acima, provenientes mormente de Rousseau e, principalmente, das tentativas de sua realização. Mas, para pôr-se a salvo delas, o sr. V. Haller lançou-se num contrário que é uma completa falta de pensamento e a propósito da qual, por isso, não se pode falar de teor substantivo — isto é, lançou-se no mais acerbo ódio contra todas as *leis*, toda *legislação*, *todo direito determinado formalmente e legalmente*. O ódio à *lei*, ao *direito* determinado *legalmente* é o *Schiboleth* [a propósito ver notas 21 e 22, pp. 132-3], no qual o fanatismo, a imbecilidade, a hipocrisia das boas intenções se revelam e dão a conhecer infalivelmente o que são, quaisquer que sejam as vestimentas com que queiram se recobrir.

Uma originalidade como a de V. Haller é sempre um fenômeno digno de nota e, para os meus leitores que não conhecem ainda o livro, citarei algumas passagens à guisa de amostra. Depois de ter estabelecido (v. I, pp. 342 ss.) o seu princípio fundamental, "que assim como no mundo *inanimado* o maior suplanta o menor, o que é poderoso [*das Mächtige*], o que é fraco etc., assim também entre os *animais* e, em seguida, entre os homens reaparece a *mesma* lei sob figuras mais nobres (frequentemente talvez também sob figuras ignóbeis?)" e "que *portanto* isto é *a imutável ordem eterna de Deus*, que o *mais poderoso* [*der Mächtigere*] domine, tenha de dominar e dominará sempre"[;] — já se vê daí e do que segue em que sentido se entende aqui a palavra *poder*, não o poder do que é justo e ético, mas a violência contingente da natureza; — assim ele alega mais adiante como prova disso, entre outras razões, também (ver pp. 365 ss.) que a natureza ordenou tudo com tão admirável sabedoria, que precisamente o sentimento da *superioridade própria* enobrece irresistivelmente o caráter e favorece o desenvolvimento justamente daquelas virtudes que são as mais necessárias para os subordinados. Ele pergunta com prolixa retórica de escola, "se, no reino da ciência, são os fortes [*die Starken*] ou os fracos os que mais abusam da autoridade e da confiança para [alcançar] baixos fins egoístas e para arruinar os homens crédulos, se, entre os juristas, os mestres na ciência são os leguleios e rábulas que enganam as esperanças dos seus crédulos clientes, fazem do branco preto e do preto, branco, utilizam as leis como veículo da in-justiça, levam à mendicidade os que carecem de proteção e, como *abutres* famintos, dilaceram o *cordeiro* inocente" etc. Aqui, esquece o sr. V. Haller que ele aduz tal retórica justamente para sustentar a proposição segundo a qual a *dominação do mais poderoso* é a ordem eterna de Deus, a ordem segundo a qual o abutre dilacera o cordeiro inocente, que, portanto, os mais poderosos pelo conhecimento da lei agem de todo corretamente ao pilharem os mais fracos, os crédulos que carecem de proteção. Mas seria exigir demais que aí se coadunassem dois pensamentos, onde não se encontra sequer um.

Que o sr. V. Haller seja um inimigo dos *códigos*, entende-se por si; segundo ele, as leis civis são, de um lado, em princípio "desnecessárias, visto que elas se compreendem *de per si* a partir *da lei natural*" — desde que existem Estados ter-se-ia poupado muito esforço que se dedicou à legislação e aos códigos, e que ainda se dedica a eles e ao estudo do direito legal, caso os homens tivessem se contentado, desde sempre, com o pensamento fundamental *de que tudo isso se compreende por si*; "de outro lado, as leis não são propriamente destinadas às pessoas privadas, porém aos juízes inferiores, como *instruções*, a fim de fazer-lhes conhecer a vontade do senhor judicante. De toda maneira, a *jurisdição* (v. I, pp. 297 ss., *passim*) não é um dever do Estado, mas um ato beneficente, a saber, uma ajuda prestada pelos mais poderosos e meramente supletiva; entre os meios para assegurar o direito a jurisdição, não é o mais perfeito, ao contrário, é um meio *inseguro* e *incerto*, o único que nos deixam os nossos jurisconsultos modernos, enquanto nos roubam os *três outros meios*, precisamente os que *conduzem* de maneira *mais rápida* e *mais segura à meta*, e que, afora aquele da jurisdição, a natureza *amiga* deu ao homem para a *salvaguarda da sua liberdade jurídica*". Estes três meios são (o que se pode porventura supor?) "1. *a observância por conta própria* e *a inculcação* da lei natural; 2. *a resistência* à in-justiça; 3. *a fuga*, onde não houver ajuda alguma". (Como são, pois, inamistosos os jurisconsultos, em comparação com a natureza amiga!) "Mas *a lei natural divina*, que a natureza infinitamente bondosa deu a cada um (v. I, p. 292) é a seguinte: honra em cada um o teu semelhante" (segundo o princípio do autor, ter-se-ia que enunciá-la assim: honra aquele que *não* é teu semelhante, mas é mais poderoso); "não ofendas a ninguém *que não te ofenda*; não exijas de alguém nada daquilo que ele não te *deva*" (mas de que é ele devedor?), "sim, mais ainda: ama o teu próximo e seja-lhe útil onde puderes."

A *implantação dessa lei* deve ser o que torna supérfluas a legislação e a constituição. Seria curioso ver como o sr. V. Haller torna compreensível que, a despeito dessa implantação, legislações e constituições tenham, contudo, vindo ao mundo!

No volume III, pp. 362 ss., o autor aborda as "assim chamadas liberdades nacio-

Adendo (G). O Estado em si e para si é o todo ético, a efetivação da liberdade, e o fim absoluto da razão é que a liberdade seja efetiva. O Estado

---

nais" — isto é, as leis jurídicas e constitucionais das nações; nesse sentido amplo todo direito determinado legalmente chamou-se *uma liberdade*; — dessas leis, ele diz, entre outras coisas, "que o seu conteúdo é habitualmente *assaz insignificante*, ainda que se atribua em *livros* um grande valor a tais liberdades *documentadas*". Quando se atenta em seguida a que as liberdades, de que o autor fala, são as liberdades nacionais dos estados imperiais alemães, da nação inglesa — a Carta Magna, "*que, no entanto, é pouco lida e ainda menos compreendida*, por causa das *expressões antiquadas*", o *Bill of Rights* etc. —, as liberdades da nação húngara etc., espanta saber que tais conquistas, tidas, aliás, por tão importantes, sejam algo de insignificante, e que nessas nações se atribua *meramente em livros* um valor às suas leis, que concorreram e a cada dia e a cada hora em tudo concorrem para a obtenção de cada peça de vestuário que os indivíduos usam, de cada pedaço de pão que comem.

Do *Código Geral Prussiano*, para mencionar ainda esse ponto, o sr. V. Haller fala particularmente mal (v. I, pp. 185 ss.), porque os erros não filosóficos (pelo menos não é ainda questão da filosofia *kantiana*, contra a qual o sr. V. Haller mais se exaspera) exerceram uma influência *incrível* sobre ele, que se atesta, entre outras coisas, sobretudo porque aí se fala do *Estado*, do patrimônio do Estado, do fim do Estado, do chefe de Estado, dos *deveres* do chefe, dos servidores do Estado etc. O que mais agasta o sr. V. Haller é "o direito de gravar com *impostos* o patrimônio privado das pessoas, a sua indústria, os seus produtos ou o seu consumo para *atender às necessidades do Estado*; porque, com isso, o próprio rei, já que o patrimônio do Estado não é qualificado como propriedade privada do príncipe, porém como patrimônio estatal, assim também os *cidadãos prussianos*, não têm mais *nada de próprio*, nem o seu corpo, nem os seus bens, e todos os súditos seriam legalmente *servos da gleba* [*Leibeigene*], pois *não têm o direito de furtar-se ao serviço do Estado*".

Dentre toda essa incrível crueza, o que há de mais cômico é o enternecimento com que o sr. V. Haller descreve o inefável deleite com as suas descobertas (v. I, Prefácio, pp. XXIII ss.): "uma alegria como só um amigo da verdade pode sentir, quando, depois de honrada investigação, adquire a certeza de que [...] ele, *por assim dizer*" (sim, por assim dizer!), "encontrou o ditado da *natureza*, a palavra do *próprio Deus*" (a palavra de Deus distingue, pelo contrário, muito expressamente as suas revelações dos ditados da natureza e do homem natural). Ele relata "como teria podido cair desvanecido de tanta admiração, como uma torrente de lágrimas de alegria brotou dos seus olhos e como a religiosidade viva, desde então, surgiu nele".

O sr. V. Haller deveria, por religiosidade, ter, antes, pranteado como a mais severa punição divina — pois é a pena mais severa em que o homem pode incorrer — o ter se apartado tanto do pensamento e da racionalidade, da veneração das leis e do conhecimento de como é infinitamente importante, divino, que os deveres do Estado e os direitos dos cidadãos, assim como os direitos do Estado e os deveres dos cidadãos sejam *legalmente* determinados, ter se apartado tanto que nele o absurdo se substitui sorrateiramente à *palavra de Deus*.

é o espírito que fica [*steht*] no mundo e que se realiza nele com *consciência*, ao passo que na natureza o espírito só se efetiva enquanto o outro de si mesmo, enquanto espírito dormente. O espírito é Estado somente enquanto ele está aí-presente na consciência, sabendo-se como objeto existente. No que concerne à liberdade, tem de se partir não da singularidade, da autoconsciência singular, porém somente da essência da autoconsciência, pois, que o homem o saiba ou não, essa essência realiza-se enquanto poder imperioso [*Gewalt*], no qual os indivíduos singulares são só momentos: é o andamento de Deus no mundo que faz com que o Estado seja, seu fundamento é o poder imperioso da razão se efetivando enquanto vontade. No que concerne à ideia do Estado, é preciso ter diante dos olhos não os Estados particulares, não as instituições particulares, mas, antes, considerar a ideia, este Deus efetivo por si. Todo Estado, mesmo que seja declarado como ruim conforme os princípios que se tenha, e mesmo que se reconheça nele esta ou aquela deficiência, possui em si mesmo sempre os momentos essenciais da sua existência, especialmente se ele pertence aos Estados mais aprimorados do nosso tempo. Mas, porque é mais fácil descobrir defeitos do que conceber o afirmativo, cai-se facilmente no erro de, ao considerar aspectos singulares, esquecer-se o organismo interno do Estado.[458] O Estado não é uma obra de

---

[458] Essa passagem retoma e explicita, em termos quase idênticos aos da *Ciência da lógica*, no início da seção final sobre a "ideia", o Estado como exemplo paradigmático da tese especulativa central a respeito da relação entre conceito, ideia e realidade, na medida em que essa relação é perpassada pela dimensão do poder. Este texto, citado a seguir, mostra como o poder penetra no âmago do conceito de Estado tanto enquanto esfera finita mais abrangente e fundante da coesão social quanto no núcleo da lógica do conceito e da ideia, porque é a adequação ou correspondência da realidade ao seu conceito e, correlatamente, a "potência do conceito" de tornar essa realidade adequada a ele, o que constitui a efetividade da coisa naquilo que ela verdadeiramente é, isto é, na sua ideia (*E*, § 213). O texto que segue mostra em que medida a ideia de Estado, enquanto sistema das determinações objetivadas da liberdade, apresenta um paradigma normativo e um critério de crítica da maior ou menor conformidade dos Estados particulares à ideia de Estado e, ao mesmo tempo, na perspectiva de um realismo político de extração maquiaveliana, que se origina já na experiência política de Hegel com o colapso do Império Romano-Germânico, em que medida o pior Estado, enquanto seu poder ainda obtém a obediência dos indivíduos, é todavia um Estado efetivo, isto é, sua realidade ainda corresponde em alguma medida ao seu conceito. "Mas se um objeto, por exemplo, o Estado, *não* fosse *absolutamente* conforme à sua ideia, isto é, não fosse, antes, absolutamente, a ideia de Estado, se a sua realidade, que são as individualidades autoconscientes, não correspondesse inteiramente ao conceito, sua alma e seu corpo teriam se separado, aquela escaparia para as regiões remotas do pensamento, este se desagregaria nas individualida-

arte, ele fica no mundo, por conseguinte, na esfera do arbítrio, do acaso e do erro; o mau comportamento pode desfigurá-lo em muitos aspectos. Mas o homem mais feio, o criminoso, um doente e um aleijado são ainda, sempre, homens vivos; o afirmativo, a vida, subsiste apesar da falha, e é esse afirmativo que importa aqui.

§ 259

A ideia do Estado tem:
a) efetividade *imediata* e é o Estado individual enquanto organismo se referindo a si, *constituição* ou *direito estatal interno*;
b) ela passa à *relação* do Estado singular aos outros Estados — *direito estatal externo*;
c) ela é a ideia universal enquanto *gênero* e potência absoluta em face dos Estados individuais, o espírito que se dá a sua efetividade no processo da *história do mundo*.

Adendo (G). O Estado, enquanto efetivo, é essencialmente um Estado individual e, além disso, também um Estado particular. Há que se distinguir a individualidade da particularidade: a individualidade é um momento da própria ideia do Estado, enquanto que a particularidade pertence à história. Os Estados, enquanto tais, são independentes uns dos outros, e a relação entre eles, portanto, só pode ser exterior, de sorte que tem de existir acima deles um terceiro [elemento] que os vincule. Esse terceiro é, então, o espírito que se dá efetividade na história mundial e constitui o juiz absoluto acima deles. Vários Estados podem, certamente, enquanto confederação, formar um tribunal sobre outros, coligações entre Estados podem intervir, como, por exemplo, a Santa Aliança, mas essas são sempre apenas relativas e limitadas, como a paz perpétua. O único juiz absoluto que se faz valer sempre e preva-

---

des singulares; mas, visto que o conceito de Estado constitui essencialmente a natureza dessas individualidades, ele é nelas, assim, um impulso tão potente que elas são impelidas, ainda que também somente na forma da finalidade externa, a transpô-lo na realidade ou a aceitá-lo assim, ou elas teriam que sucumbir. O pior Estado, cuja realidade menos corresponde ao conceito, na medida em que ele existe ainda, é ainda ideia; os indivíduos obedecem ainda a um conceito que tem potência" (*WL III*, pp. 175-6; *TWA*, v. 6, pp. 465-6).

lece em face do particular é o espírito sendo em si e para si, que se apresenta como o universal e como o gênero operante na história mundial.

A. O DIREITO ESTATAL INTERNO

§ 260

O Estado é a efetividade da *liberdade* concreta; ora, a *liberdade concreta* consiste em que a singularidade pessoal e os seus interesses particulares tanto tenham o seu *desenvolvimento* completo e o *reconhecimento do seu direito* para si (no sistema da família e da sociedade civil) quanto, em parte, *passem* por si mesmos ao interesse do universal, em parte, com saber e vontade, reconheçam-no como o seu *espírito substancial* e sejam *ativos* a favor do universal como seu *fim-último*, e isso de tal maneira que nem o universal valha e possa ser consumado sem o interesse, o saber e o querer particulares, nem os indivíduos vivam apenas para estes últimos como pessoas privadas sem querê-los simultaneamente no universal e para o universal, e sem que tenham uma atuação consciente desse fim. O princípio dos Estados modernos[459] tem este vigor e esta profundidade prodigiosos de deixar o princípio da subjetividade completar-se até o *extremo autônomo* da particularidade

---

[459] Enquanto o Estado antigo impede ou tolhe o que modernamente se designaria como a liberdade subjetiva do indivíduo, ao determiná-la somente por um estatuto de cidadania particularista ligada ao seu nascimento livre, e o Estado cristão moderno desvincula o indivíduo de tal maneira do cidadão que ele é inteiramente privatizado, o Estado moderno, mediante a universalização do princípio da cidadania e a instauração de uma esfera pública distinta da esfera privada, liberta o indivíduo na sua liberdade subjetiva da cidadania estatutária antiga, permitindo, ao mesmo tempo, que a liberdade subjetiva se realize para além da esfera ética restrita da família, dos vínculos éticos tradicionais e dos horizontes culturais particularistas dos seus interesses imediatos. Correlatamente, na medida em que possibilita e legitima, na esfera da moderna sociedade civil, o pleno desenvolvimento da particularidade autônoma, ele garante uma esfera de liberdade negativa e de ação independente dele e, até mesmo, contra ele. Embora Hegel não conheça a figura dos direitos públicos subjetivos, que possam se fazer valer processualmente contra o Estado, a tese da complementaridade (§ 261) entre a sua atuação como poder coercitivo contra os interesses particulares que querem instrumentalizá-lo para seus fins próprios, de um lado, e a sua atuação integrativa como fim imanente e universal abrangente das esferas da família e da sociedade civil, que as integra e, ao mesmo tempo, as

pessoal e, ao mesmo tempo, de *reconduzi*-lo à *unidade substancial* e, assim, de manter essa unidade no princípio mesmo da subjetividade.

Adendo (H, G). A ideia do Estado tem, na época moderna, a peculiaridade de ser ele a efetivação da liberdade, não segundo o capricho subjetivo, porém segundo o conceito da vontade, isto é, segundo a sua universalidade e divindade. Os Estados imperfeitos são aqueles nos quais a ideia de Estado ainda está encoberta e as determinações particulares dessa ideia ainda não chegaram à sua livre autonomia. Nos Estados da Antiguidade Clássica já se encontra certamente a universalidade, mas a particularidade não estava ainda desvinculada de suas peias e liberada, e nem reconduzida à universalidade, isto é, ao fim universal do todo. A essência do Estado moderno está em que o universal esteja ligado com a plena liberdade da particularidade e com a prosperidade dos indivíduos, em que, portanto, o interesse da família e da sociedade civil tem de convergir para o Estado, mas em que também a universalidade do fim não pode progredir sem o saber e o querer próprios da particularidade, que deve reter o seu direito. O universal, por conseguinte, tem de ser ativado, mas, por outro lado, a subjetividade tem de ser inteira e

---

libera à sua diferença própria, de outro, não exclui a possibilidade teórica de direitos públicos subjetivos.

A justificação lógico-especulativa desse princípio dos Estados modernos e dessa oposição complementar entre o "desenvolvimento autônomo da particularidade" (§ 185 A) e a sua "recondução" à unidade substancial da vontade universal, é o que Bourgeois chama de "concretização política da essência ontológica da ideia absoluta". Assim como a ideia absoluta realiza a forma mais alta da sua liberdade na livre decisão de exteriorizar-se (*sich entäussern*) e, assim, "despojar-se" da sua própria liberdade infinita em direção à alteridade da natureza e como natureza (*E*, § 244), de maneira análoga, o Estado moderno enquanto ideia — este "deus mortal", na linguagem de Hobbes, ou o "divino--terreno" efetivo, na linguagem de Hegel — manifesta o "vigor e a profundidade" do seu poder soberano na liberdade de entregar (*entlassen*) essa particularidade autônoma à sua diferença própria, que pode expandir-se até o extremo da oposição, reintegrando-a na sua vontade universal substancial, que só se "mantém" e é plenamente efetiva graças ao princípio moderno da liberdade subjetiva e da autonomia da particularidade na esfera da sociedade civil (Bourgeois, B., *op. cit.*, p. 230). Nessa perspectiva, o Estado moderno enquanto ideia, que, pelo seu "vigor" (*Stärke*) libera e entrega o direito da liberdade subjetiva, a diferença da sociedade civil e o desenvolvimento autônomo da particularidade à sua dinâmica própria, ao mesmo tempo que "se mantém" e adquire a sua plena efetividade através delas, torna-se o fundamento da almejada reconciliação especulativa entre o princípio da modernidade e o diagnóstico racional do presente, que a forma sistemática da filosofia hegeliana pretende conter.

vivamente desenvolvida. Somente pelo fato de que ambos os momentos subsistem no seu vigor é que o Estado pode ser encarado como um Estado articulado e verdadeiramente organizado.

§ 261

Em face das esferas do direito privado e do bem-próprio privado, da família e da sociedade civil, o Estado é, por um lado, uma necessidade *exterior* e a potência superior a elas, a cuja natureza estão subordinadas as leis bem como os interesses dessas esferas e de cuja natureza dependem; mas, por outro lado, ele é o seu fim *imanente*, e tem o seu vigor na unidade do seu fim-último universal e do interesse particular dos indivíduos, nisso que os indivíduos têm *deveres* para com ele na medida em que, ao mesmo tempo, têm direitos em face dele (§ 155).[460]

Como já foi assinalado acima, no § 3 A, foi sobretudo Montesquieu, na sua famosa obra *O espírito das leis*, quem levou em conta e tentou expor em seus detalhes o pensamento segundo o qual as leis, particularmente também as leis do direito privado, dependem do caráter determinado do Estado, assim como o ponto de vista filosófico de que a parte há de ser considerada somente em sua relação ao todo. — Já que o *dever* é, primeiramente, o relacionamento *com* algo de *substancial* para mim, em si e por si universal, e o direito, pelo contrário, em geral o *ser-aí* desse substancial, [e] com isso, o lado da sua *particularidade* e da minha liberdade *particular*, ambos aparecem dessarte, nos degraus formais, repartidos entre diversos lados ou pessoas. O Estado, enquanto [elemento] ético, enquanto interpenetração do substancial e do particular, implica que a minha obrigação para com o substancial seja, simultaneamente, o ser-aí da minha liberdade particular, isto é, que, nele, dever e direito estejam *unidos numa e mesma relação*. Mas porque, ademais, no Estado os diferentes momentos alcançam ao mes-

---

[460] Hegel vê nessa dupla face do Estado, a de ele ser, de uma parte, "uma necessidade *exterior* e a potência superior", e, de outra, "o fim *imanente*" das esferas da família e da sociedade civil, a identidade e a reconciliação especulativas entre a sua dimensão coercitiva e a dimensão de plena adesão ética do indivíduo a ele. Para Marx, essa dupla face exprime a "antinomia efetiva", "não resolvida" da diferença e da cisão entre o homem e o cidadão, que exprime a "contradição manifesta" entre a sociedade civil e o Estado (*KHRph*, *MEGA*, I, v. 2, p. 6; *CFD*, p. 28).

mo tempo uma configuração e uma realidade que lhes é *própria*, e, com isso, novamente intervém a distinção entre direito e dever, segue-se que, em sendo idênticos *em si*, isto é, formalmente, eles são ao mesmo tempo *diversos segundo seu conteúdo*. Na esfera do direito privado e da moral falta a necessidade *efetiva* da relação entre direito e dever e, por isso, está aí presente só a igualdade *abstrata* do conteúdo; *o que* nessas esferas abstratas é direito para um, deve também sê-lo para outrem, e *o que* é dever para um, deve também sê-lo para outrem. Aquela identidade absoluta do dever e do direito enquanto igual identidade do *conteúdo* só ocorre na determinação em que esse conteúdo é inteiramente universal, a saber, em que o princípio uno do dever e do direito é a liberdade pessoal do homem. Por causa disso, os escravos não têm deveres, porque não têm direitos, e reciprocamente (aqui não se trata de deveres religiosos). — Mas na ideia concreta, em via de desenvolver-se dentro de si, os seus momentos se diferenciam, e a determinidade deles torna-se, ao mesmo tempo, um conteúdo diverso: na família, o filho não tem direitos *de igual conteúdo* que os seus deveres para com o pai, nem o cidadão tem direitos *de igual conteúdo* que os seus deveres para com o príncipe e o governo. — Aquele conceito da união do dever e do direito é uma das determinações mais importantes do Estado e contém o vigor interno dos Estados. — O lado abstrato do dever se atém a desconsiderar e proscrever o interesse particular como um momento inessencial e, até mesmo, indigno. A consideração concreta, a ideia, mostra que o momento da particularidade é igualmente essencial e, com isso, que a sua satisfação é absolutamente necessária; ao mesmo tempo, o indivíduo tem de encontrar no cumprimento do seu dever, de alguma maneira, o seu próprio interesse, a sua satisfação e o seu proveito, e, da sua situação no Estado, tem de lhe resultar um direito graças ao qual a Coisa universal [pública] torna-se a *sua própria* Coisa *particular*. O interesse particular não deve, verdadeiramente, ser posto de lado ou, mesmo, reprimido, porém posto em concordância com o universal, graças ao que ele mesmo e o universal são preservados. O indivíduo, súdito por seus deveres, encontra no seu cumprimento enquanto cidadão[461]

---

[461] No contexto dessa reciprocidade plena entre dever e direito, Hegel tem presente e mobiliza aqui o duplo sentido do termo *Bürger*, que Rousseau e a língua francesa distinguem como *bourgeois* e *citoyen*, e que reaparece em Kant como a diferença entre *Stadtbürger* e *Staatsbürger*: o primeiro remete ao indivíduo burguês enquanto "pessoa privada" e ao "homem", esse "concreto da representação" (§ 190 A), inserido no "sis-

a proteção da sua pessoa e da sua propriedade, a consideração do seu bem-próprio particular e a satisfação da sua essência substancial, a consciência e o sentimento do valor próprio de ser membro desse todo, e nesse cumprimento dos deveres, enquanto prestações e tarefas em prol do Estado, ele tem a sua preservação e a sua subsistência. Segundo o lado abstrato, o interesse do universal estaria somente em que suas tarefas, as prestações que ele exige, sejam plenamente realizadas como deveres.

Adendo (H). No Estado tudo depende da unidade da universalidade e da particularidade. Nos Estados antigos o fim subjetivo era absolutamente uma só coisa com o querer do Estado; nos Tempos Modernos, ao contrário, exigimos uma maneira de ver própria, um querer e uma consciência moral que nos sejam próprios. Os Antigos, nesse sentido, não tinham nada disso;

---

tema das carências", e que, no cumprimento dos seus deveres, tem a garantia da sua pessoa, da sua propriedade e do seu bem-estar particular; o segundo remete ao cidadão e aos seus direitos de participação política, que, no cumprimento dos seus deveres, alcança a sua destinação ética ("a satisfação da sua essência substancial") e o sentimento de pertencer ao todo ético estatal. Hegel mobiliza positivamente esse duplo sentido de *Bürger* para criticar a separação rousseauniana, que se consolidou posteriormente na linguagem e na realidade político-jurídica, entre a dupla figura do cidadão e do súdito, que articula a reciprocidade entre os direitos de participação na vontade soberana e os deveres de obedecer às suas leis, resultante do contrato originário, de um lado, e o homem concreto, de outro, cujos interesses particulares podem entrar em conflito com o interesse comum e com a vontade geral, nele presente enquanto cidadão, a qual o obrigará, por causa dessa colisão, a abandonar a sua vontade particular e, assim, "o compelirá a ser livre" ("*on le forcera d'être libre*") (CS, I, 7, v. III, pp. 363-4). É essa anulação da vontade particular pelo poder coercitivo do Estado que Hegel quer evitar, mobilizando, precisamente, o sentido duplo e abrangente do termo *Bürger*, na intenção de superar a oposição "*bourgeois-citoyen*" e a relação apenas abstrata e direta do cidadão enquanto indivíduo singular ao Estado. Essa superação se realiza incorporando a condição concreta que o *Bürger* assume na vida civil e profissional, enquanto membro de um estamento e de uma corporação, no interior do seu estatuto de cidadão enquanto sujeito de direitos políticos. No âmbito do seu conceito amplo de constituição, Hegel quer pensar uma cidadania que integre a vida civil concreta e o bem-estar particular do indivíduo, a cuja proteção ele tem direito pela sua inserção estamental e corporativa, no exercício de seus direitos e deveres políticos, a fim de que a coisa pública seja sua própria causa particular. Somente quando a vontade particular encontra a sua implementação na vontade universal é que a finalidade principal do Estado deixa de ser a de garantir a segurança da pessoa e da propriedade pelo exercício do seu poder coercitivo, o que para Hegel equivale a reduzi-lo à figura do "Estado exterior" e à sua função de polícia administrativa na esfera da sociedade civil.

a vontade do Estado era para eles a última instância. Enquanto que nos despotismos asiáticos o indivíduo não tem nenhuma interioridade e nenhuma legitimação em si mesmo, o homem moderno quer ser respeitado na sua interioridade. A ligação entre dever e direito tem esta dupla face, consistindo em que o exigido pelo Estado enquanto dever é também, imediatamente, o direito da individualidade, visto que eles[462] nada são senão a organização do conceito de liberdade. As determinações da vontade individual adquirem um ser-aí objetivo mediante o Estado, e só por meio dele elas alcançam a sua verdade e a sua efetivação. O Estado é a condição única da consecução do fim e do bem-próprio particulares.

§ 262

A ideia efetiva, o espírito que se divide a si próprio nas duas esferas ideais do seu conceito, a família e a sociedade civil, enquanto esferas da sua finitude, a fim de ser, a partir da idealidade[463] delas, espírito efetivo infinito para si, com isso reparte nessas esferas o material da sua efetividade finita,

---

[462] No texto estabelecido dos Adendos da editora Suhrkamp (*TWA*), lê-se o pronome pessoal neutro *es*, que só pode referir-se a "direito", o que não faria sentido. Lasson lê *er*, de sorte que "o Estado" é a "organização do conceito de liberdade". A origem imediata dessa passagem são os Apontamentos das *Lições* de 1822-23, nos quais o sujeito da frase está no plural, *sie*, referindo-se aos "direitos e deveres" como sendo a "organização do conceito de liberdade", assim que preferimos esta última leitura (*VRph* 1822-23, p. 719).

[463] Uma das teses político-especulativas mais centrais para a teoria do Estado racional hegeliano é a da "idealidade" da família e da sociedade civil como sendo as esferas finitas da ideia de Estado, considerada como "espírito efetivo infinito". Ela tem o seu núcleo metafísico na teoria da idealidade do finito, segundo a qual o finito só "é" verdadeiramente na sua relação ao infinito, como um dos momentos da sua infinitude processual, que, por sua vez, só é efetiva através da negação do finito e da própria relação de oposição finito-infinito. A idealidade do finito enuncia, assim, a relação essencialmente negativa do finito a si mesmo, no sentido de que ele só "é", precisamente, na sua transitoriedade, que Hegel concebe como sua nadidade intrínseca e seu ir além de si mesmo e, por isso, como sendo um momento "ideal" do infinito. O "ser em si" do finito, sua coincidência consigo, resolve-se, assim, no processo pelo qual o infinito se "rebaixa" a um momento de si mesmo (o infinito finitizado do entendimento, que se opõe ao finito), ao mesmo tempo que ele nega e suspende essa sua relação de oposição ao finito, para se afirmar, através dele, como infinito efetivo, que é verdadeiramente para si somente enquanto processo (*WL I*, pp. 135-6: *TWA*, v. 5, pp. 162-4). Ele só é infinitude efetiva processualmen-

os indivíduos enquanto *multidão*, de modo que essa repartição aparece, no singular, *mediada* pelas circunstâncias, pelo arbítrio e pela escolha própria da sua destinação (§ 185 e A).[464]

---

te por essa mediação do seu descenso à finitude, que é simultaneamente o suspender da sua finitização e do finito.

Aqui, o Estado enquanto ideia, mais precisamente, enquanto ainda é só conceito da ideia de Estado, só se concretiza mediante a sua divisão ou partição nestas "duas esferas ideais do seu conceito", a família e a sociedade civil, que são também as "esferas da sua finitude", a partir das quais alcança, enquanto espírito objetivo, a sua infinitude efetiva. Este movimento descendente e ascendente, de partição e de retorno à unidade, que está no cerne da dialética especulativa, formula, aqui a relação de subordinação dessas esferas, bem como "do direito privado e do bem-próprio privado" (§ 261) à "potência superior" do Estado, que atua nelas, simultaneamente, como "necessidade exterior" e seu "fim *imanente*" (*ibid*.). Onde Marx detectará, aqui, uma "antinomia efetiva", "não resolvida", e uma "unidade aparente" entre "necessidade externa" e "fim imanente" (Marx, *KHRph*, *MEGA*, I, v. 2, p. 6; *CFD*, p. 28), baseada na diferença e na cisão moderna entre homem e cidadão, Hegel busca o fundamento de uma unidade de interpenetração recíproca entre o Estado enquanto "fim-último universal" (§ 261) e os fins particulares do indivíduo, em vista de superar essa cisão mediante a transformação ético-política do homem em cidadão.

Essa tese da idealidade do finito, em seus desdobramentos político-constitucionais, será o foco central da crítica marxiana ao "misticismo lógico, panteísta" (Marx, *KHRph*, *MEGA*, I, v. 2, p. 8; *CFD*, p. 29) da teoria do Estado de Hegel. Para este, ela é o cerne especulativo da construção do Estado racional como ideia em sua relação com a sociedade civil, com as suas instituições e os indivíduos em seus interesses particulares e direitos civis, na organização constitucional dos poderes, concebidos como momentos ideais do todo (§§ 266, 267, 271, 272, 276, 278 e 319) e nas relações aos outros Estados soberanos (§§ 320-7), isto é, tanto na sua soberania interna quanto na sua soberania externa.

[464] Nesse movimento da dialética descendente, em que o Estado enquanto "ideia efetiva", isto é, "espírito", se divide e separa a si próprio nas duas esferas finitas e ideais do seu conceito, a família e a sociedade civil, Marx detecta "o mistério da filosofia do direito" e "de toda a filosofia hegeliana em geral" (Marx, *KHRph*, *MEGA*, I, v. 2, p. 10; *CFD*, p. 31). Aí reside, com efeito, a especificidade e o núcleo especulativo da dialética hegeliana, para a qual a autodeterminação completa do conceito enquanto ideia se constitui como o fundamento da progressão conceitual que levou a ela e, por isso, preside à "comunicação" (*Mitteilung*), aqui, à "repartição" (*Zuteilung*) do seu conteúdo aos momentos finitos que ela abrange e que a antecedem na via "progressiva", ascendente da dialética categorial. Assim, no registro da filosofia política especulativa, o Estado ético, no sentido amplo, enquanto "espírito efetivo infinito" e "universal abrangente" (*über-

Adendo (H). No Estado platônico a liberdade subjetiva ainda não tem valia alguma, visto que é ainda a autoridade que destina aos indivíduos as tarefas. Em muitos Estados orientais essa indicação se dá pelo nascimento. A liberdade subjetiva, que tem de ser levada em conta, exige, porém, a livre escolha dos indivíduos.

§ 263

Nessas esferas, nas quais os seus momentos, a singularidade e a particularidade, têm a sua realidade imediata e refletida, o espírito é enquanto a sua universalidade objetiva *aparecendo adentro delas*, [é] enquanto potência do racional na necessidade (§ 184), a saber, enquanto [sendo] as *instituições*[465] consideradas anteriormente.

Adendo (H). O Estado enquanto espírito se diferencia nas determinações particulares do seu conceito, do seu modo de ser. Se quisermos aduzir um exemplo tirado da natureza, o sistema nervoso é o sistema propriamente sensitivo; ele é o momento abstrato de estar junto a si e de ter nisso a sua identidade consigo. Ora, a análise da sensação oferece dois lados que se distinguem de tal modo que as diferenças aparecem como sistemas completos. O primeiro é o sentir abstrato, o manter-se junto de si, o surdo movimento dentro de si, a reprodução, a nutrição própria, o crescimento e a digestão. O segundo momento consiste em que esse estar junto de si tem em face de si o momento da diferença, o movimento do ir para fora. Este último momen-

---

greiffendes Allgemeine), contém no seu âmbito, enquanto seus momentos finitos, a família, a sociedade civil e o próprio "Estado político propriamente dito" enquanto organização (§ 267), e nesse sentido da via fundacional retrocedente (*das Rückwärts gehende Begründen des Anfangs*, "a fundação retrocedente [ou regressiva] do começo", *WL III*, p. 251; *TWA*, v. 6, p. 570), a via descendente da dialética, ele é "o *prius*" (§ 256 A), que se "divide" nos momentos que o antecedem e condicionam.

[465] Hegel refere-se às instituições éticas, nas quais se enraíza a "liberdade pública" (§ 265), que são principalmente, no nível da família, o casamento (monogâmico), o patrimônio privado familiar e a herança e, no nível da sociedade civil, a sua diferenciação estamental, a administração do direito, a polícia administrativa, as associações cooperativas (confrarias) e as corporações no plano da organização do trabalho. Graças a estas duas últimas, "o *elemento ético retorna* à sociedade civil como algo imanente a ela" (§ 249), constituindo, ao lado da família, "a segunda raiz ética do Estado" (§ 255).

to é a irritabilidade, o movimento para fora da sensação. Essa constitui um sistema próprio, e há espécies animais inferiores que só formaram em si esse sistema e não a unidade anímica da sensação. Comparando agora essas relações naturais com as do espírito, pode-se correlacionar a família com a sensibilidade, a sociedade civil com a irritabilidade. O terceiro momento é, então, o Estado, o sistema nervoso para si, organizado dentro de si; mas ele só é dotado de vida na medida em que os dois momentos anteriores, no caso a família e a sociedade civil, estão desenvolvidos nele. Mas o fundamento, a verdade última dessas instituições, é o espírito, que é o seu fim universal e o seu objeto sabido. A família, na verdade, é também ética, só que o fim não é para ela um fim sabido; na sociedade civil, ao contrário, a separação é o elemento-determinante.

§ 264

Os indivíduos da multidão — uma vez que eles próprios são naturezas espirituais e, com isso, contêm dentro de si o duplo momento, a saber, o extremo da *singularidade* que sabe e quer *para si* e o extremo da *universalidade* que sabe e quer o substancial, e por isso só atingem o direito pertencente a esses dois lados, na medida em que eles são efetivos tanto como pessoas privadas quanto como pessoas substanciais — alcançam nessas esferas da família e da sociedade civil, em parte, imediatamente, o primeiro direito [o da singularidade], em parte, o outro direito [o da universalidade], de tal modo que eles tenham a sua autoconsciência essencial nas instituições, enquanto [elas são] o *universal* sendo em si dos seus interesses particulares, em parte, de tal modo que as instituições lhes garantam, na corporação, uma atividade e uma ocupação dirigida a um fim universal.

§ 265

Essas instituições formam a *constituição*,[466] isto é, a racionalidade desenvolvida e efetivada *no âmbito do particular*, e elas são, por isso, a base

---

[466] De maneira análoga e correlata à distinção entre o Estado no sentido lato, como todo ético abrangendo em si a família e a sociedade civil enquanto seus momentos

sólida do Estado, bem como da confiança do indivíduo no Estado e da sua disposição de ânimo a favor dele e são os pilares da liberdade pública, já que nelas a liberdade particular está realizada e é racional, com o que está presente nelas mesmas *em si* a união da liberdade e da necessidade.

Adendo (G). Já foi anteriormente observado [§ 255 A] que o caráter sagrado do casamento e as instituições, nas quais a sociedade civil aparece como ética, constituem a solidez do todo, quer dizer, que o universal é, ao mesmo tempo, Coisa de cada um, enquanto particular. O que importa nisso é que a lei da razão e a da liberdade particular se interpenetrem e que o meu fim particular se torne idêntico com o universal, pois, do contrário, o Estado fica no ar. O sentimento de si dos indivíduos constitui a efetividade do Estado, e a sua solidez é a identidade desses dois lados. Frequentemente se disse que o fim do Estado é a felicidade dos cidadãos e isso é certamente verdadeiro: se eles não se sentem bem, se o seu fim subjetivo não é satisfeito, se não acham que o Estado como tal é a mediação dessa satisfação, o Estado repousa sobre bases frágeis.

---

ideais, e o "Estado propriamente político" (§ 266), considerado na sua organização institucional, este parágrafo introduz um duplo sentido do conceito de "constituição". Primeiro, num sentido lato, que interliga o âmbito da vida civil e da vida política pela efetivação da "racionalidade substancial" do Estado nas instituições em que a sociedade civil aparece como ética (*"no âmbito do particular"*). Este ordenamento da sociedade civil através de suas instituições éticas próprias (§ 263), principalmente a sua diferenciação estamental, a administração do direito e polícia administrativa e a organização corporativa das profissões, se diferencia da constituição num sentido estrito, "a constituição política", que define o arcabouço jurídico-político e a organização do Estado nos seus diferentes poderes (Siep, L., *Praktische Philosophie im deutschen Idealismus*, Frankfurt a. M., Suhrkamp, 1992, pp. 287-8). Essa constituição *lato sensu* exerce uma função política integradora através das instituições éticas da sociedade civil, pois é graças a elas que 1) os indivíduos cultivam a sua disposição de ânimo em prol do interesse universal; e, 2) é assegurada a interpenetração entre a liberdade subjetiva e a liberdade objetiva (entendida esta como o conjunto das condições institucionais de universalização das liberdades subjetivas), que é a base da racionalidade concreta da vida política (§ 258 A). Hegel pode concebê-las como "os pilares da liberdade pública", porque o sentimento que os indivíduos têm de que a sua liberdade subjetiva é preservada e promovida pela sua união com a liberdade objetiva é o que "constitui a efetividade do Estado" e impede que ele fique "no ar" (*ibid.*).

§ 266

Mas o espírito é para si objetivo e efetivo não só enquanto essa necessidade e enquanto um reino do fenômeno, mas enquanto a *idealidade*[467] da necessidade e enquanto o que lhe é interno; assim, essa universalidade substancial é *para si* objeto e fim, e aquela necessidade, através disso, é para si[468] igualmente na *figura* da liberdade.

§ 267

A *necessidade* na idealidade é o *desenvolvimento* da ideia no interior de si mesma; enquanto substancialidade *subjetiva* ela é a *disposição de ânimo* política, enquanto substancialidade *objetiva*, à diferença daquela, ela

---

[467] O conceito de idealidade tem uma "dupla face" (*Doppelseite*), como diz Hegel (*WL I*, pp. 142-3; *TWA*, v. 5, p. 172): de um lado, a idealidade define a finitude do momento de um todo que o abrange e suspende, e nesse sentido Hegel se refere à "idealidade do finito", por exemplo, à família e à sociedade civil como "esferas ideais" e finitas da ideia de Estado enquanto "espírito efetivo infinito" (§ 262) ou aos poderes do Estado, que "permanecem absolutamente em sua idealidade" (§ 272) enquanto momentos do todo estatal; de outro, ela designa o infinito enquanto todo concreto como "o que verdadeiramente é", e, no âmbito ético-político, "a unidade substancial [do Estado] enquanto *idealidade* dos seus momentos" (§ 276) ou o "idealismo que constitui a soberania", no sentido de que "a soberania é a idealidade de toda legitimação particular (§ 278 A). Aqui, ao interpretar o genitivo *derselben* em "*die* Idealität *derselben*" como genitivo plural, e não singular (como fazem Marini, Nisbet e Kervégan), refiro o pronome "a *idealidade* dos mesmos" tanto à "necessidade" (*Notwendigkeit*) como ao "aparecimento" (*Erscheinung*), de sorte que o enunciado diz, nessa interpretação, que "o espírito é objetivo e efetivo para si enquanto idealidade de ambos, isto é, da necessidade e do aparecimento", no sentido de que a idealidade (no segundo significado) do espírito efetivo suspende a necessidade e a dimensão fenomênica do mundo ético e as constitui em sua verdade, isto é, na sua idealidade finita (no primeiro significado).

[468] Nas três vezes que ocorre o termo "para si" trata-se do mesmo pronome *sich* com regência de dativo, cuja tradução literal seria "a si", e não da expressão técnica *für sich*, "para si".

é o *organismo*[469] do Estado, o Estado propriamente *político* e a *sua constituição*.[470]

---

[469] A compreensão do Estado como "organismo" não implica uma visão organicista no sentido naturalista, pois os conceitos de organismo e de "vida orgânica" (§ 271) aplicados ao Estado não resultam de uma transposição direta dos conceitos biológicos de organismo e de vida natural ao Estado. Trata-se, antes, de um uso metafórico, que passa na CL, especificamente na *Lógica do conceito*, por uma transformação e decantação categorial prévias, mediante a qual Hegel procura elaborar a estrutura conceitual da vida no sentido amplo, tanto da vida orgânica como da vida do espírito (cf. o 2º capítulo da 3ª seção da *Lógica do conceito*, "A ideia do conhecer"). Essa estrutura, de resto, está presente inclusive na "ideia absoluta" enquanto determinação conceitual conclusiva e sinóptica da CL. Nesse sentido Hegel pode falar de uma "vida lógica enquanto ideia pura", concebida na *Ciência da lógica* como a efetividade imediata da ideia, a ser diferenciada da "vida natural", que é objeto da filosofia da natureza (*WL III*, p. 180; *TWA*, v. 6, pp. 470-1). Por isso, a concepção hegeliana da organização constitucional do Estado rompe com o uso político do conceito de corpo, muito rente à metáfora biológica e frequente na linguagem político-filosófica dos séculos XVII e XVIII, substituindo-o por um conceito lógico de organismo, fundado na lógica especulativa do conceito, a fim de compreender a constituição política do Estado como um todo articulado, que está presente e atua em cada uma das suas partes. Daí porque o monarca em Hegel não é a cabeça do corpo político, como a teologia política da Idade Média e do início da modernidade o definiu. Ele é primariamente, num sentido que certamente remonta a Hobbes, o portador da soberania, concebida por Hegel como a "personalidade do Estado" (§ 279 A), enquanto expressão político-constitucional do momento lógico da singularidade conceitual do todo estatal. Nesse sentido, a "vida orgânica" da constituição política é a "vida lógica" do Estado, que se organiza institucionalmente em seus três poderes segundo a estrutura triádica do conceito: a universalidade (poder legislativo), a particularidade (poder governamental) e a singularidade (poder do príncipe). Ela é um "processo", no sentido de que o organismo em sua "relação [negativa] a si mesmo" atua como um princípio de sua diferenciação interna e, simultaneamente, de resolução dessas diferenças na sua unidade. Como tal, essa vida tem o caráter de uma auto-organização processual por duas razões: 1) pela relação de pressuposição recíproca entre a universalidade abrangente do todo e os seus momentos, que continuamente produzem essa universalidade como seu resultado, o qual, por sua vez, se autopressupõe a eles (§ 269; *E*, § 539); 2) pela natureza substancial e estável desses momentos diferenciados (os poderes do Estado) que, por serem ao mesmo tempo momentos fluidos e ideais, se resolvem na unidade substancial do todo e no seu ápice, a soberania (§§ 276 e 278).

[470] A "constituição [*Verfassung*] política" é concebida primariamente no sentido ontológico, como a estrutura jurídico-política racional do "organismo do Estado" — ela é a "substancialidade objetiva" da ideia de Estado (§ 267) —, e só derivadamente como constituição escrita, seja no sentido de uma lei fundamental elaborada por um corpo de representantes do todo político (povo, nação), seja uma "carta constitucional", outorga-

Adendo (G). A unidade da liberdade que quer e que sabe a si mesma é inicialmente enquanto necessidade. O substancial é então, aqui, enquanto existência subjetiva dos indivíduos; mas o outro modo da necessidade é o organismo, quer dizer, o espírito é um processo dentro de si mesmo, ele se articula dentro de si, põe diferenças dentro de si, através das quais ele constitui o seu circuito.

§ 268

A *disposição de ânimo* política, o *patriotismo* em geral, como a certeza que está na *verdade* (a mera certeza subjetiva não provém da *verdade* e é tão só opinião) e como o querer que se tornou *hábito*, é somente o resultado das instituições subsistentes no Estado, enquanto nele a racionalidade está *efetivamente* aí-presente, assim como ela adquire a sua ativação pelo agir conforme a essas instituições. — Essa disposição de ânimo é, em geral, a *confiança* (que se pode transmudar num discernimento mais ou menos cultivado), a consciência de que o meu interesse substancial e particular está conservado e contido no interesse e no fim de um outro (aqui, do Estado), enquanto este está em relação comigo enquanto indivíduo singular, com o que esse outro por isso mesmo não é imediatamente nenhum outro para mim e, nessa consciência, eu sou livre.

Por patriotismo se entende frequentemente apenas a disponibilidade a sacrifícios e ações *extraordinárias*. Mas ele é essencialmente a disposição de ânimo que na situação e nas relações de vida ordinárias está habituada a considerar a comunidade como fim e como a base substancial. Essa consciência, que se põe à prova em todas as relações no

---

da pelo rei, tal como reivindicada pelos reformadores prussianos, reivindicação compartilhada por Hegel. Como constituição "política" desse organismo, ela organiza a diferenciação interna dos poderes, que apresentam cada um a respectiva efetividade institucional dos três momentos lógicos do conceito (§ 273). Esses poderes são modos específicos de organização e integração funcional das diferentes atividades do Estado, responsáveis pela formação da vontade universal substancial. Esta resulta, de acordo com o caráter autorreferencial desse organismo vivo que é a constituição política (§ 271), não só do entrelaçamento e da integração desses poderes entre si, mas, também, de uma implicação recíproca entre a "produção" constante do universal substancial pelo sistema integrado dos poderes e a autopressuposição deste universal à sua própria produção por esse sistema (§ 269, fim).

andamento ordinário da vida é, então, o que fundamenta também a disponibilidade a realizar esforços fora do comum. Mas como os homens frequentemente preferem ser magnânimos a serem justos, persuadem-se facilmente de possuir aquele patriotismo extraordinário para dispensar-se dessa verdadeira disposição de ânimo ou escusar-se pela sua falta. — Se, além do mais, a *disposição de ânimo* é considerada como aquilo que pode por si constituir o começo e pode provir de representações e pensamentos subjetivos, ela é então confundida com a opinião, já que nessa maneira de ver ela carece do seu fundamento verdadeiro, da realidade objetiva.

Adendo (H). Os homens sem formação comprazem-se no raciocinar e no apontar defeitos, pois encontrar defeitos é fácil, ao passo que o difícil é conhecer o bem e a necessidade interna do mesmo. A formação incipiente começa sempre apontando defeitos, ao passo que a formação acabada vê em tudo o que há nele de positivo. Na religião, também, logo se diz que isto ou aquilo é superstição, mas infinitamente mais difícil é compreender a verdade aí presente. Convém distinguir a disposição de ânimo política aparente daquilo que os homens verdadeiramente querem, pois o que eles querem interiormente, a bem dizer, é a Coisa, embora se apeguem aos pormenores e se comprazam na presunção do querer compreender sempre melhor. Os homens têm a confiança em que o Estado precisa existir e em que somente nele o interesse particular pode realizar-se, mas o hábito torna invisível aquilo sobre o que repousa toda a nossa existência. Se alguém anda à noite pelas ruas com segurança, não lhe ocorre que isso poderia ser diferente, pois esse hábito da segurança tornou-se uma segunda natureza, e ninguém precisamente reflete sobre como isso é o resultado de instituições específicas. A representação acredita muitas vezes que o Estado se mantém coeso pela violência; mas o que sustenta o Estado é unicamente o sentimento fundamental da ordem, que todos partilham.

§ 269

A disposição de ânimo toma o seu *conteúdo* especificamente determinado dos diversos lados do organismo do Estado. Esse *organismo* é o desenvolvimento da ideia em direção às suas diferenças e à efetividade objetiva delas. Esses diferentes lados são, assim, os *diversos poderes* e suas tarefas e atividades, através dos quais o universal *se produz* constantemente e, no caso, por serem eles determinados pela *natureza do conceito*, de maneira *necessária* e, por ser o universal igualmente pressuposto à sua produção, se *conserva*; — esse organismo é a *constituição política*.[471]

Adendo (G). O Estado é um organismo, quer dizer, um desenvolvimento da ideia em direção às suas diferenças. Esses diferentes lados são, assim, os diversos poderes e suas tarefas e atividades, através dos quais o universal se produz constantemente de maneira necessária e, por ser igualmente pressuposto à sua produção, se conserva. Esse organismo é a constituição política; ela provém perpetuamente do Estado, assim como ele se conserva graças a ela. Se a constituição e o Estado se separam um do outro, se os diferentes lados se tornam livres uns dos outros, a unidade que os produz não mais está posta. A eles ajusta-se bem a fábula do estômago e dos membros restantes. É da natureza do organismo que todas as suas partes tenham de perecer, se elas não passam à identidade ou se uma delas se põe como autônoma. Com predicados, princípios etc., não se avança na apreciação do Estado, que tem de ser apreendido como um organismo, assim como tampouco se pode conceber mediante predicados a natureza de Deus, cuja vida tenho que, antes, intuir em si mesma.

---

[471] A constituição política é concebida primariamente, no sentido lógico-ontológico, como a organização do organismo do Estado enquanto ideia, que se diferencia internamente segundo os três momentos lógico-conceituais em poderes, cujas atividades produzem continuamente esse organismo, que é, ao mesmo tempo, resultado e pressuposto dessa diferenciação e produção. Assim concebido, o Estado não é um organismo composto pelos indivíduos que seriam seus membros, mas é antes de tudo um organismo da vontade racional objetivada, isto é, da vontade substancial universal. Sua constituição é concebida como "essa [isto é, lógico-conceitual] articulação da *potência do Estado*" e como "a *justiça* existente, enquanto efetividade da liberdade no desenvolvimento de todas as suas determinações racionais" (*E*, § 539). Essa estrutura lógico-conceitual do organismo estatal em sua constituição política é para Hegel também um instrumento crítico, mediante o qual marcará a sua oposição ao mecanicismo das construções do jusnaturalismo contratualista e das representações absolutistas do Estado, bem como às tendências jacobinistas e centralizadoras da Revolução Francesa, de um lado, e ao organicismo romântico, que culmina na crítica enfurecida de Hegel à visão patrimonialista de Estado de Von Haller, fundada numa versão teológico-aristocrática do direito natural do mais forte, de outro (§ 258 A).

§ 270

O fato de que o fim do Estado seja o interesse universal enquanto tal e que nisso ele seja a conservação dos interesses particulares, enquanto eles têm nele a sua substância, é 1) a sua *efetividade abstrata* ou substancialidade; mas essa é 2) a *necessidade* do Estado, enquanto ela se divide[472] nas *di-*

---

[472] *Dirimiert*. O verbo *dirimieren* e o substantivo *Diremtion*, utilizados por Hegel, remetem etimologicamente ao latim *dirimere*, cujos significados principais, no sentido estrito, são os de "separar" (regiões, campos de batalha, inimigos, um casamento, os votos dos juízes), "dividir", "desunir", "segregar", "romper", "decompor". Em sentido amplo, o termo significa "interromper" e "fazer cessar" (uma reunião, um empreendimento, uma luta ou disputa), "anular", "suprimir", "dissolver", "dissolver", "resolver", "decidir", que são os sentidos ainda hoje presentes, na língua portuguesa, do verbo "dirimir" e do adjetivo "dirimente" (cf. *Georges*, v. 1, col. 2.186-7). O contexto teórico em que *dirimieren* e *Diremtion* assumem o seu significado central é o da lógica do conceito subjetivo. Este se constitui como "o universal" por ser uma "determinidade absoluta" autorreferente, que, na identidade simples e negativa consigo, contém simultaneamente o movimento de dividir-se e separar-se de si, de dissolver essa identidade simples e imediata consigo (*die Diremtion ihrer selbst*, "a divisão de si mesmo") e, assim, se diferenciar internamente e pôr o diferente como diferença "sua" (de si), mantendo no diferente e no múltiplo a sua unidade "inobstaculizada" e "inturvada" consigo (*WL III*, pp. 16, 34; *TWA*, v. 6, pp. 252, 276). Desse modo, o diferente não se enrijece em sua diferença, pois ele implica o movimento de reflexão sobre si, pelo qual ele na sua determinação se iguala ao universal, na exata contrapartida em que este reconhece, aqui, que ele, no particular, só se diferenciou e se determinou a si mesmo (*id.*, pp. 37-8; *id.*, v. 6, pp. 280-1).

Essa estrutura dialético-especulativa do conceito, elaborada na *Lógica do conceito*, é a matriz das grandes articulações internas do sistema, na *Filosofia do espírito objetivo*, do conceito e da ideia de "vontade livre" (§§ 5-7), que preside às suas divisões triádicas, da compreensão trinitária, especificamente cristã, de Deus (*Vorlesungen über die Philosophie der Religion*, TWA, v. 17, pp. 218-40), e, aqui, especificamente, da teoria do Estado racional, que, enquanto unidade substancial do interesse público-universal e dos interesses privados e particulares, só se torna efetivo mediante a diferenciação interna dos seus poderes e instituições.

O *dirimieren* e a *Diremtion* do conceito hegeliano (de Deus pai na concepção especulativa da trindade, do Estado) mobiliza em seu movimento três sentidos principais do *dirimere* latino, concebido especulativamente: 1) dividir, separar, partir, romper o todo em suas partes; 2) desunir, cindir ou bipartir, dissolver ou desfazer a unidade imediata nas suas diferenças, que, em sua "determinidade sólida e duradoura" (§ 270 Ad.), tornam-se bem definidas, separadas, resolvidas e resolutas (tanto no sentido latino originário de "soltas", quer dizer logicamente "diversas", como no sentido atual de "decidi-

ferenças conceituais da sua operatividade, que são igualmente, graças a essa substancialidade, determinações efetivas *estáveis*, poderes;[473] 3) mas, precisamente essa substancialidade é o espírito que, *tendo passado plenamente pela forma do cultivo*, se sabe e se quer. Por isso o Estado *sabe* o que ele quer e o sabe na sua *universalidade*, enquanto *algo pensado*; por causa disso ele opera e age segundo fins de que é ciente, segundo princípios conhecidos e segundo leis que são tais não somente *em si*, mas também para a consciência; e, na medida em que as suas ações se referem a circunstâncias e situações aí-presentes, opera e age também segundo o conhecimento determinado das mesmas.

Este é o lugar para abordar o *relacionamento do Estado com a religião*, já que em tempos recentes repetiu-se tantas vezes que a religião é a base do Estado, e já que esta afirmação foi feita também com a pretensão de que com ela a ciência do Estado estaria como que exaurida — e nenhuma afirmação é mais apropriada a produzir tanta confusão e a erigir a própria confusão em constituição do Estado, a erigi-la em forma que o conhecimento [do Estado] deveria ter. — Pode parecer suspeito de início que, principalmente em épocas de miséria pública, abalo e opressão, a religião seja recomendada e procurada, e que se remeta a ela para obter consolo contra o *in-justo* e esperança de compensação de alguma *perda*. Se, além disso, se considera que uma das instruções da religião é permanecer indiferente aos interesses mundanos, ao andamento e às ocupações da realidade efetiva, enquanto que o Estado, po-

---

das"), de modo que elas *aparecem* como totalidades completas; 3) suprimir, anular, extinguir a pretensa completude e diversidade dos próprios elementos diferentes, no sentido de que eles se "resolvem" e "fundam" no movimento de autodiferenciação do universal, pois a própria determinidade do diferente, a particularidade, "se engendra continuamente na sua dissolução [*Auflösung*]" (*ibid*.).

[473] A substancialidade desta vontade universal, que se diferencia no sistema de poderes e a eles está pressuposta (§ 269), torna esses poderes "determinações efetivas estáveis" (§ 270), "diferenças substanciais" (§ 273) do organismo estatal. Mas eles são, ao mesmo tempo, "membros fluidos" desse organismo vivo (§ 276), pois são concebidos como momentos ideais da sua "unidade substancial", que eles têm por finalidade assegurar. Daí essa simultânea "efetividade" e "idealidade" (*ibid*.) dos poderes, que resulta da sua concomitante diferenciação e dissolução no interior do organismo estatal e que, no registro lógico-conceitual, procura justificar a reiterada preocupação política de Hegel de garantir a unidade substancial do Estado (sua "determinação fundamental") (*ibid*.) contra a ameaça da sua fragmentação pelo conflito interno dos poderes entre si, que o curso da Revolução Francesa e suas sucessivas constituições o fez presenciar.

rém, é o espírito *que fica no mundo*, então, recorrer à religião ou parece não ser apropriado para erigir o interesse e os assuntos de Estado em um fim sério, essencial, ou, por outro lado, parece que, na condução do Estado, se faz passar tudo por Coisa de arbítrio indiferente, a menos que se diga apenas por dizer que no Estado tudo se passa como se as finalidades das paixões, da violência in-justa etc. fossem o elemento--dominante, ou que esse recurso à religião, daqui em diante, quisesse valer por si só e pretendesse determinar e manipular o que é direito. Assim como seria considerado um escárnio se todo sentimento contra a tirania fosse recusado com a alegação de que o oprimido encontraria consolo na religião, assim é igualmente preciso não esquecer que a religião pode assumir uma forma que tem como consequência a mais dura servidão nas cadeias da superstição e a degradação do homem abaixo do animal (como entre os egípcios e os hindus, que veneram animais como seres superiores). Esse fenômeno pode, pelo menos, chamar a atenção ao fato de que não convém falar de maneira inteiramente geral da religião, e que contra ela, em certas figuras que ela assume, é preciso muito mais uma potência salvadora que tome a si os direitos da razão e da autoconsciência. — Mas a determinação essencial do relacionamento entre a religião e o Estado só se obtém lembrando o seu conceito. A religião tem por conteúdo a verdade absoluta e, por isso, lhe toca a disposição de ânimo mais alta. Como intuição, sentimento, conhecimento representativo que se ocupa de Deus como a base ilimitada e a causa de que tudo depende, ela contém a exigência de que tudo seja também apreendido nessa relação e alcance nela a sua confirmação, a sua justificação e a sua certificação. O Estado e as leis, bem como os deveres, adquirem para a consciência nessa relação a confirmação e a obrigatoriedade supremas; pois mesmo o Estado, as leis e os deveres são, na sua efetividade, algo determinado, que passa além de si a uma esfera mais elevada como à sua base (ver *E [1817]*, § 453 [*E*, §§ 553 ss.]). Por isso, a religião contém também o lugar que, em meio a todas as mudanças e à perda dos fins, interesses e posses efetivas, garante a consciência do imutável e a da liberdade e satisfação supremas.* Se a

---

* [Nota de Hegel] A *religião*, assim como o *conhecimento e a ciência*, tem por seu princípio uma forma que lhe é própria, diversa da do Estado; elas intervêm, por isso, no Estado, em parte como *meios* para a formação e a disposição de ânimo dos indivíduos, em parte, na medida em que são *auto-fins*, segundo o lado em que elas têm um ser--aí exterior. Em ambos os aspectos, os princípios do Estado se relacionam a elas *no modo*

religião constitui, portanto, a *base* que contém o elemento-ético em geral e, mais especificamente, a natureza do Estado enquanto vontade divina, ela é ao mesmo tempo tão só a *base*, e este é o ponto em que ambos divergem. O Estado é vontade divina enquanto espírito presente, se *desdobrando* em figura efetiva e em *organização de um mundo*. — Os que querem se deter na forma da religião em seu confronto com o Estado comportam-se como aqueles que no conhecimento supõem ter razão quando ficam, sempre, somente na *essência* e não avançam desse elemento abstrato até o ser-aí, ou como aqueles (ver acima o § 140 A) que só querem o *bem abstrato* e reservam ao arbítrio determinar *aquilo que* é bom. A religião é o relacionamento ao absoluto *na forma do sentimento, da representação, da fé*, e no seu centro, que tudo contém, tudo é somente enquanto algo acidental e também evanescente. Se o apego a essa forma também em relação ao Estado vai ao ponto de que ela também seja para ele o essencialmente determinante e dotado de validade, então o Estado, enquanto organismo que se desenvolveu em direção às suas diferenças, leis e instituições subsistentes, é abandonado à instabilidade, à insegurança e à desintegração. O objetivo e o universal, as leis, ao invés de serem determinadas como o subsistente e válido, adquirem [então] um caráter negativo em face daquela forma que envolve tudo o que é determinado e que, precisamente com isso, se torna algo de subjetivo, resultando daí, para o comportamento dos homens, a seguinte consequência: ao justo não é dada nenhuma lei; sede piedosos e, de resto, podereis fazer o que quiserdes — podereis abandonar-vos ao vosso arbítrio e à vossa paixão, e remeter os outros, que sofrem por essa injustiça, ao consolo e à esperança da religião, ou, pior ainda, rejeitá-los e condená-los como irreligiosos. Mas, na medida em que esse comportamento negativo não se atém meramente a uma disposição de ânimo ou a uma maneira de ver, porém volta-se para a efetividade e nela se faz valer, surge o *fanatismo* religioso, que, como o fanatismo político, proscreve toda instituição de Estado e todo ordenamento legal como barreiras acanhadas e inadequadas à infinitude interna, à infini-

---

da aplicação; num tratado completamente concreto do Estado, esferas tais como a da arte, a das relações puramente naturais etc., teriam de ser consideradas igualmente na sua relação ao Estado e na posição que elas nele ocupam; mas aqui, neste tratado, em que é o princípio do Estado que é exposto segundo a sua ideia na sua esfera *própria*, só se pode falar incidentalmente dos princípios dessas outras esferas e da *aplicação* do direito do Estado a elas.

tude do ânimo e, por conseguinte, proscreve também a propriedade privada, o casamento, as relações e os trabalhos da sociedade civil etc. como sendo indignos do amor e da liberdade do sentimento. Como, no entanto, é preciso decidir-se por um ser-aí e por um agir efetivos, intervém o mesmo que no caso da subjetividade da vontade em geral que se sabe como o absoluto (§ 140), a saber, decide-se a partir da representação subjetiva, isto é, a partir do *opinar* e do *capricho do arbítrio*. — Mas o verdadeiro, em contraste com esse verdadeiro que se involucra na subjetividade do sentir e do representar, é o prodigioso ultrapassar [*Überschritt*] do interno para o externo, o ultrapassar pelo qual a razão impregna[474] a realidade, impregnação em que toda a história do mundo trabalhou, num trabalho pelo qual a humanidade cultivada conquistou a efetividade e a consciência do ser-aí racional, das instituições de Estado e das leis. Daqueles que *buscam o Senhor* e afiançam, em sua opinião inculta, possuir tudo *imediatamente*, ao invés de se impor o trabalho de alçar a sua subjetividade ao conhecimento da verdade e ao saber do direito objetivo e do dever, deles só pode provir o destroçamento de todas as relações éticas, a insensatez e a abominação; — são as consequências necessárias da disposição de ânimo religiosa que insiste em se ater exclusivamente à sua forma e que se volta contra a efetividade e contra a verdade aí-presente na forma do universal, isto é, das leis. Não é necessário, contudo, que essa disposição de ânimo prossiga assim até a efetivação; ela pode, com o seu ponto de vista negativo, permanecer também como algo puramente interno, conformar-se com as instituições e as leis e dar-se por satisfeita com a resignação e o sus-

---

[474] Traduz-se aqui o substantivo *Einbildung* ("impregnação") na forma verbal. O substantivo é formado a partir do verbo *einbilden*, termos que surgiram originariamente no contexto da linguagem da mística, com o significado de "dar forma", "imprimir", "impregnar", "gravar" (*einprägen*). No Mestre Eckhart, por exemplo, no sentido de "gravar ou imprimir Deus adentro da alma" (*hineinbilden*), sendo só mais tarde, a partir do século XVII, que *einbilden* assume o significado de "trazer à representação algo que não coincide com a realidade, que é imaginário ou falso", no uso reflexivo do verbo (*sich bilden ou einbilden*), com o sentido de "figurar-se", "presumir", "fazer-se ilusões". É só no século XVIII, com Christian Wolff, que o verbo *bilden* adquire o sentido de "figurar criativamente e imaginar", donde a significação, hoje corrente, de *Einbildung* como "imaginação". No contexto acima, Hegel mobiliza o sentido originário, segundo o qual a razão impregna, "in-forma" a realidade (literalmente, a "impregnação da razão na realidade"), donde o sentido de que a razão plasma a realidade no sentido de formá-la, cultivá-la (*DW*, pp. 171-2, 254; *Kluge*, p. 170).

pirar ou com o desprezar e o almejar. Não é a força, mas a fraqueza que fez da religiosidade em nossos tempos uma espécie *polêmica* de piedade, esteja ela ligada a uma carência verdadeira ou também, meramente, a uma vaidade não satisfeita. Ao invés de superar o seu opinar com o trabalho do estudo e de submeter o seu querer à disciplina e, por esse intermédio, erguê-lo à livre obediência, o menos custoso é renunciar ao conhecimento da verdade objetiva, guardar um sentimento de opressão e, assim, conservar a presunção e ter já nessa devota beatitude todos os requisitos necessários para devassar a natureza das leis e das instituições de Estado, para contestá-las definitivamente e indicar como elas deveriam ser ou teriam de ser, e isso porque tudo provém de uma maneira infalível e irretorquível de um coração piedoso; pois, pelo fato de que intenções e afirmações tomem a religião por base, não se poderia atacá-las, nem em sua superficialidade, nem em sua in-justiça.

Mas, na medida em que a religião, quando a sua índole é verdadeira, não adota uma tal orientação negativa e polêmica contra o Estado, mas antes o reconhece e o confirma, ela tem então, além disso, uma *situação* e uma *externação*[475] que lhe são próprias. A prática do seu culto consiste em *ações* e na *doutrina*; para isso ela necessita ter *posses* e *propriedade*, assim como *indivíduos* dedicados ao *serviço* da comunidade. Com isso surge um relacionamento entre o Estado e a comunidade eclesial. A determinação desse relacionamento é simples. Reside na natureza da Coisa que o Estado cumpre um dever ao conceder a essa comunidade toda ajuda e proteção para os seus fins religiosos, mais

---

[475] Proponho este substantivo (não registrado no *Dicionário Houaiss* e no *Novo Dicionário Aurélio*), formado a partir do verbo "externar" (*äussern*), para traduzir *Äusserung*, que define a ação no sentido estrito da ação moral na "Segunda Parte" das *Linhas fundamentais*. "Externação" deve ser distinguido de *Entäusserung*, "exteriorização", que tem na linguagem idealista da ação o sentido amplo de "tornar exterior" e "exteriorizar", todavia, com a conotação de "objetivar", "desdobrar", "realizar efetivamente" no mundo exterior um conteúdo interior (fim subjetivo), mas que possui, também, o sentido mais preciso, de origem teológica, de "despojamento", "esvaziamento", e que, às vezes, na *Fenomenologia do espírito* e nos *Manuscritos econômico-filosóficos* de Marx, é também traduzido por "alienação", principalmente para contradistinguir *Entäusserung* de *Entfremdung*, este último termo vertido então por "estranhamento". *Äusserung* e *äussern* tem, nesta "Terceira seção" da "Terceira Parte", o sentido corrente de "externação", "expressão", como quando se diz que alguém externa ou exprime o seu pensamento, a sua opinião, o seu afeto, e o termo será mantido uniformemente, mesmo em algumas passagens em que o seu uso não é tão corrente.

ainda, visto que a religião é o momento integrador do Estado no nível mais profundo da disposição de ânimo, ao exigir de todos os seus membros que pertençam a uma comunidade eclesial — de resto, a qualquer uma,[476] pois não compete ao Estado imiscuir-se no conteúdo, na medi-

---

[476] A força crescente da Restauração política a partir de 1820 e a agudização da controvérsia em torno da fundamentação religiosa cristã do Estado, que procurava vincular a concessão dos direitos políticos à pertença a uma comunidade religiosa, levou Hegel a rever posteriormente, nas edições da *Enciclopédia* de 1827 (§ 563) e de 1830 (§ 552) e nas *Lições sobre a filosofia da religião*, a tese a respeito de ser indiferente ao Estado a que confissão religiosa os indivíduos pertençam. Embora houvesse na época um acordo amplo acerca do potencial de integração política que o ordenamento estatal e suas instituições recebem da consciência religiosa — "visto que a religião [quando sua índole é verdadeira] é o momento integrador do Estado no nível mais profundo da disposição de ânimo" (§ 270 A) —, Hegel se dá conta de que a neutralização política das três confissões então predominantes na Alemanha não avançara tanto quanto esperava, e que a estabilidade da organização do Estado podia ser ameaçada por uma igreja que não reconhecesse a racionalidade intrínseca e a autonomia própria da eticidade estatal. Isso ocorria principalmente quando uma confissão religiosa se contrapunha negativamente ao Estado em nome de uma instância sagrada, invocando a "infinitude interna" da consciência religiosa para se colocar acima das leis e das instituições do Estado, no que Hegel detecta o perigo do fanatismo religioso. Esse perigo está presente, a seu ver, sobretudo na "religião católica", que não reconhece aquela "impregnação" (*Einbildung*) da realidade mundana pela razão e a consequente "imanência concreta" do "espírito divino" nas configurações da eticidade: "a eticidade do casamento contra a santidade do celibato ['voto de castidade'], a eticidade da riqueza e de sua aquisição contra a santidade da pobreza e de sua ociosidade ['voto de pobreza'], a eticidade da obediência consagrada ao direito do Estado contra a santidade da obediência sem dever e sem direito ['voto de obediência'], que é a servidão da consciência" (*E*, § 552 A). Se não se reconhece que a autoconsciência da liberdade é imanente ao conteúdo ético, isto é, se a consciência religiosa dessa confissão não admite a justiça interna e a racionalidade intrínseca da eticidade do Estado, de nada adianta reformar as leis e a ordem pública segundo uma "organização racional do direito", pois "a ordem pública e a religião" não são "um domínio separado", porém têm uma raiz comum na disposição de ânimo ética, que é, no seu fundamento último, religiosa (*ibid.*). "É de se julgar uma insensatez dos tempos mais recentes transmudar o sistema de uma eticidade corrompida, a sua constituição política e a legislação, sem alteração da religião, ter feito uma revolução, sem uma reforma; imaginar que, com a velha religião e suas santidades, uma constituição política a ela oposta poderia ter em si tranquilidade e harmonia" (*E*, § 552 A). Por isso para Hegel é tão importante a tese da racionalidade em si e para si da eticidade estatal, e, nesse sentido, seu caráter divino imanente, a fim de recusar a tese de que a legitimação do Estado lhe advenha externamente de uma instância religiosa "santa", enquanto "representante vicária" (*Stellvertreter*) do poder divino no mundo. Eticidade autônoma, moderna, e constituições livres podem sur-

gir somente de uma confissão que é portadora do princípio da liberdade autoconsciente e da convicção na autossuficiência de uma eticidade mundana penetrada pela razão e pelo espírito divino, de sorte que "a substancialidade da eticidade mesma e do Estado é a religião" (*ibid.*). Essa confissão é a protestante, e esse é o sentido do "protestantismo político" de Hegel: não se trata de pôr a consciência religiosa protestante no fundamento do Estado, mas de mostrar que só o "princípio protestante" é capaz de reconhecer a eticidade própria e intrínseca do Estado como não submetida a fundamentações, motivações e exigências religiosas externas, porque "santas" (*Hegel-Handbuch*, pp. 396-7). O Estado tem a sua base na religião, porque essa base "contém [...] a natureza do Estado enquanto vontade divina", mas "ela é, ao mesmo tempo, tão só a base" que precisa desenvolver-se como "organização de um mundo" efetivo da liberdade consciente de si (§ 270 A).

"O verdadeiro é, portanto, que o princípio do Estado e o da religião estejam em unidade, este é o caso nos Estados protestantes. Tomado abstratamente, o princípio do espírito protestante é a liberdade do espírito subjetivo dentro de si, é o princípio de que o espírito do homem seja livre, de que o espírito do homem deva estar de acordo quando deve valer para ele que nenhuma autoridade fica de pé. O espírito deve habitar no coração do homem, este deve estar aí com sua vontade, sua consciência. Este é também o princípio do Estado em geral, o de que o homem existe e age em sua liberdade e de que o Estado não é senão a efetivação da liberdade do homem. Assim, a religião não tem dentro de si outro princípio último que não o Estado, ambos brotam de uma fonte; na religião protestante não há leigos, cada um está remetido à sua convicção de que o espírito é um espírito [que está] nele. Esse princípio constitui a conexão interna entre a religião protestante e o Estado; o Estado protestante é profano [*weltlich*], mas este princípio profano, isto é, o de que a liberdade efetiva existe, é igualmente o princípio da religião evangélica. Essa unidade é uma circunstância importante. Todos os Estados católicos, todos os povos românicos, há trinta anos passaram por revoluções, França, Espanha, Portugal, Nápoles, Piemonte, Irlanda, esta desavença [entre religião e Estado] ainda não foi suplantada até o dia de hoje, as revoluções acabaram, mas a raiz dessa oposição não foi eliminada. Nos Estados protestantes, pelo contrário, o princípio religioso, o princípio mais interior e o princípio do mundo efetivo são um e o mesmo e, por isso, as leis, as instituições, os costumes etc. são de natureza inteiramente religiosa ou não essencialmente diferente da religião, são mais primorosos, verdadeiros, mais divinos do que nos Estados católicos" (*VRph 1824-25*, pp. 650-1).

Jaeschke salienta que o Hegel dos últimos anos da década de 1820, ao final de sua vida, não quer entronizar o protestantismo como religião de Estado, nem tornar a consciência religiosa protestante a garantia da liberdade individual e da eticidade do Estado, uma vez que o Estado constituído segundo o princípio protestante é precisamente, para ele, que o Estado, enquanto profano, tem o seu fundamento racional em si mesmo e que se institui para além de qualquer confissão religiosa determinada explícita. Mas, como avalia Jaeschke (*Hegel-Handbuch*, p. 397), Hegel não consegue de todo sair de sua vacilação e de sua dúvida a respeito desse fundamento racional próprio do Estado: de uma parte — a contrapelo do seu protestantismo político, para o qual "o princípio da consciência religiosa e o da consciência ética se tornam um só e o mesmo princípio na cons-

da em que este se refere ao lado interno da representação. O Estado plenamente formado em sua organização e, por isso, vigoroso, pode neste ponto comportar-se de maneira tanto mais liberal, descurar inteiramente pormenores que o afetariam e até suportar dentro de si comunidades que, por motivos religiosos, nem mesmo reconhecem os deveres para com ele (dependendo isso, é claro, do seu número), entregando, assim, os membros dessas comunidades à sociedade civil, submetendo-os às suas leis e dando-se por satisfeito com o cumprimento passivo, talvez mediado por comutação e troca, dos deveres diretos para com ele.* — Mas, na medida em que a comunidade eclesial possui *proprie-*

---

ciência protestante" (*E*, § 552 A) —, ele julga necessário que o Estado moderno e o seu ordenamento jurídico se separem daquela religião que não reconhece a substancialidade própria e a racionalidade em si da eticidade; de outra, essa separação não lhe parece uma solução feliz, pois se as instituições estatais e a "disposição de ânimo política" se desprendem inteiramente da sua certificação mais profunda na consciência religiosa, os princípios do Estado perdem o seu eixo central efetivo. "A eticidade do Estado e a espiritualidade religiosa do Estado são, desse modo, garantias recíprocas estáveis uma para a outra" (*ibid.*). Os diferendos e a cisão interna da escola hegeliana após a sua morte, primeiro os religioso-teológicos, e, depois, os políticos em torno da crescente Restauração conservadora na Prússia dos anos 1830-1840, se encarregarão de mostrar rapidamente o fracasso político dessa reconciliação especulativa, defendida por Hegel, entre religião e Estado e religião e filosofia (esta nota deve seus elementos principais ao *Hegel-Handbuch* de Walter Jaeschke).

* [Nota de Hegel] Dos quakers e anabatistas etc., pode-se dizer que são membros ativos somente da sociedade civil, e enquanto pessoas privadas, estão apenas em intercâmbio privado com os demais, e que, mesmo nessa relação, foram dispensados de prestar juramento; eles cumprem os deveres diretos para com o Estado de maneira passiva, e a propósito de um dos deveres mais importantes, o de defender o Estado contra os inimigos, que eles diretamente recusam, admite-se que o cumpram em troca de outra prestação. Em face de tais seitas, o que cabe em sentido próprio ao Estado é exercer a *tolerância*; pois, já que os seus adeptos não reconhecem os seus deveres para com ele, não podem pretender ao direito de serem membros do Estado. Quando, uma vez, no Congresso norte-americano se defendia com maior empenho a abolição da escravidão dos negros, um deputado do Sul replicou, certeiramente: "Concedei-nos os negros, que nós vos concederemos os quakers". — Somente pelo vigor que lhe advém por outros meios pode o Estado descurar e suportar tais anomalias, e, a esse propósito, confiar precipuamente na potência dos costumes e da racionalidade interna das suas instituições, confiar em que, não fazendo valer rigorosamente os seus direitos nesse ponto, ele atenuará e superará esta diferenciação [entre essas anomalias e a racionalidade de suas instituições]. Por mais que se tivesse o direito formal de ser contra a concessão de direitos civis aos *judeus*, visto que eles deviam considerar-se não apenas como um grupo religioso particular,

dade, em que pratica as demais *ações* do culto e tem para isso indivíduos a seu serviço, ela sai da esfera interna e entra na esfera mundana e, com isso, no domínio do Estado, e coloca-se, através disso, *imediatamente* sob as suas leis. O juramento, o elemento-ético em geral, assim como a relação matrimonial, trazem consigo aquela penetração interna e aquela elevação da *disposição de ânimo* que recebe da religião a sua certificação mais profunda; [mas] como as relações éticas são essencialmente relações *da racionalidade efetiva*, são os direitos dessa que têm de ser afirmados nessas relações em primeiro lugar, e a certificação eclesial se acrescenta a eles somente como o seu lado mais abstrato, interno. — No que diz respeito às demais externações que procedem da união [*Vereinigung*] eclesial, a preponderância do elemento-interno sobre o externo é maior em matéria de *doutrina* do que nas *ações* do culto e em outros comportamentos a ele conexos, nos quais o lado *jurídico* pelo menos aparece em seguida por si como assunto do Estado (é bem verdade que as igrejas tomaram a si a iniciativa de eximir os seus servidores e a sua propriedade da potência e da jurisdição do Estado, até mesmo tomaram a si o direito de jurisdição sobre pessoas leigas em matérias nas quais a religião concorre com o Estado, tais como questões de divórcio e de juramento etc.). — O aspecto do *controle público*[477] referente a tais ações é certamente mais indeterminado, mas isso reside na natureza desse aspecto [e] também igualmente na sua relação a outras ações inteiramente civis (ver acima § 234). Na medida em que indivíduos que partilham uma religião em comum se erigem numa co-

---

mas como pertencentes a um povo estrangeiro, a grita que se elevou contra essa concessão deste e doutros pontos de vista não levou em conta que eles são, antes de mais nada, *homens*, e que esta não é uma qualidade trivial, abstrata (§ 209 A), porém isso implica que é muito mais graças à atribuição dos direitos civis que a *autoestima* de valer como pessoa *detentora de direitos* na sociedade civil se torna real, e que dessa raiz infinita, livre de tudo o mais, resulta a equiparação exigida do modo de pensar e da disposição de ânimo. Não fosse assim, a separação de que se acusa os judeus ter-se-ia, ao contrário, mantido e seria imputada com razão ao Estado excludente como culpa e reprovação, pois ele teria com isso desconhecido o seu princípio, a instituição objetiva e a potência desta (cf. § 268 A, ao fim). A afirmação dessa exclusão, ao presumir ter razão no mais alto grau, revelou-se também na experiência como a mais insensata, e o modo de agir do governo, ao contrário, como sábio e digno.

[477] A expressão "controle público" traduz *polizeilich* ("de polícia"), no sentido amplo da supervisão administrativa e do controle que o poder público exerce sobre as organizações e instituições da sociedade civil.

munidade paroquial, numa corporação, ela fica em geral sob a supervisão da autoridade pública superior do Estado. — Mas a *doutrina*, ela própria, tem o seu domínio na consciência moral, ela reside no direito da liberdade subjetiva da autoconsciência — na esfera da interioridade, que, como tal, não constitui domínio do Estado. Entretanto, também o Estado tem uma doutrina, já que as suas instituições e o que em geral vale para ele segundo o direito, a constituição etc., existe essencialmente na forma do *pensamento* enquanto lei, e visto que ele não é nenhum mecanismo, porém a vida racional da liberdade consciente de si, o sistema do mundo ético, segue-se que a *disposição de ânimo* e, de pronto, a consciência da mesma, são, na forma de *princípios*, um momento essencial no Estado efetivo. Em contrapartida, a doutrina da igreja não é meramente algo da esfera interna da consciência moral, porém, como doutrina, ela é muito mais *externação*, e externação de um conteúdo interligado da maneira mais íntima com os princípios éticos e as leis do Estado, ou mesmo lhes concerne imediatamente. Portanto, aqui, Estado e igreja se encontram diretamente *em acordo* ou diretamente *em confronto*. A diversidade de ambos os domínios pode ser impulsionada pela igreja até a oposição frontal, de sorte que, contendo em si mesma o conteúdo absoluto da religião, ela considera o [elemento] *espiritual* em geral e, com isso, também o elemento ético, como sua parte, mas o Estado como um arcabouço mecânico para [obtenção de] fins externos não espirituais; a si concebe como o reino de Deus ou, no mínimo, o caminho e a antecâmara que levam a ele, o Estado, ao invés, como o reino do mundo, isto é, o reino do passageiro e do finito, por conseguinte, concebe a si como o seu próprio fim, mas o Estado somente como um mero *meio*. Com essa pretensão se associa então, no que diz respeito ao *ensinamento doutrinal*, a exigência de que o Estado permita à igreja não só atuar com plena liberdade nesse ponto, mas também que ele tenha um respeito incondicionado diante do seu ensinamento enquanto tal, seja qual for o seu conteúdo, pois a sua determinação compete somente a ela. Assim como a igreja chega a essa pretensão a partir do argumento alargado de que o elemento espiritual em geral é propriedade sua, mas a *ciência* e o conhecimento em geral estão igualmente nesse domínio e, tal como uma igreja, se desenvolvem por si até formar uma totalidade dotada de um princípio próprio, a qual também pode se considerar com ainda mais legitimação como ocupando o lugar da própria igreja, assim também a mesma independência é reclamada para a ciência em face do Estado, o qual, na condição de apenas meio para ela, teria de ocupar-se dela como um fim em si mesma. — De resto, é indiferente a essa relação [entre igreja e Estado] se os indivíduos que se dedicam ao serviço da comunidade eclesial e os que a ela presidem tenham chegado ao ponto de levar uma existência separada do Estado, de sorte que apenas os membros restantes [dessa comunidade] estariam submetidos ao Estado, ou se, ao invés, permanecem [todos] no Estado e a sua destinação eclesiástica seja somente um lado do seu *status*, que eles mantêm em separado em face do Estado. Convém notar de início que essa relação assim compreendida está vinculada a uma representação do Estado segundo a qual ele tem por destinação somente a proteção e a segurança da vida, da propriedade e do arbítrio de cada um, na medida em que este e aquelas não ferem a vida, a propriedade e o arbítrio alheios, e segundo a qual ele é, portanto, considerado somente como uma organização da necessidade. Dessa maneira, o elemento do espiritual no sentido superior, o elemento do verdadeiro em si e para si, enquanto religiosidade subjetiva ou enquanto ciência teórica, é colocado além do Estado, o qual, enquanto *laico* em si e para si, ele só teria de respeitar e, assim, o elemento-ético propriamente vem a lhe faltar inteiramente. O fato de ter havido historicamente tempos e situações de barbárie, em que tudo o que é espiritual no sentido superior estava sediado na igreja, em que o Estado era apenas um regime temporal do exercício da violência, do arbítrio e da paixão, e em que essa oposição abstrata era o princípio capital da realidade efetiva (ver § 359), pertence à história. Mas é um procedimento por demais cego e superficial declarar essa situação como a que é verdadeiramente conforme à ideia. O desenvolvimento dessa ideia demonstrou antes isto como verdade, a saber, que o espírito, enquanto livre e racional, é em si ético, que a verdadeira ideia é a racionalidade *efetiva* e que é esta que existe enquanto Estado. Dessa ideia, além disso, resultou igualmente que a *verdade* ética nela contida para a consciência *pensante* é enquanto *conteúdo* trabalhado na forma da *universalidade*, é enquanto *lei* — que o Estado em geral *sabe* os seus fins, os conhece e os torna ativos com uma consciência determinada e segundo princípios. Ora, como se notou acima, a religião tem o verdadeiro por seu objeto universal, porém enquanto conteúdo *dado*, que não é conhecido em suas determinações fundamentais pelo pensamento e por conceitos; da mesma forma, o relacionamento do indivíduo a esse objeto é uma obrigação fundada na autoridade, e o *testemunho* do *próprio* espírito e do próprio coração, enquanto nesse testemunho está contido o momento da liberdade, é *fé* e *sentimento*. É o discernimento filosófico que tem conhecimento de que igreja e Estado não estão em oposição quanto ao *conteúdo* da verdade e da racionalidade, mas, numa diferença de forma. Por isso, quando a igreja passa ao *ensinamento doutrinal* (há e houve também igrejas que só têm o culto; há outras, nas quais o principal é o culto, e o ensinamento doutrinal e a consciência mais cultivada são apenas algo acessório), e quando seu ensinamento concerne a *princípios objetivos*, aos pensamentos do que é ético e racional, então ela se transfere imediatamente nessa externação para o domínio do Estado. Em face da fé e da *autoridade* da igreja sobre o elemento-ético, o direito, as leis, as instituições, em face da sua *convicção subjetiva*, o Estado é antes aquele que tem o *saber*; em seu princípio, o conteúdo permanece essencialmente não na forma do sentimento e da fé, mas pertence ao pensamento determinado. Do mesmo modo como o conteúdo em si e por si aparece na figura da religião enquanto conteúdo particular, enquanto doutrinas próprias à igreja como comunidade religiosa, assim também elas permanecem fora do âmbito do Estado (no protestantismo não há nem mesmo um clero que seria o depositário exclusivo da doutrina eclesiástica, porque nele não há *leigos*); visto que os princípios éticos e a ordem do Estado se deixam em geral atrair para o domínio da religião, e não só se deixam pôr, mas devem também ser postos em relação com ela, assim, por um lado, essa relação dá a autenticação religiosa ao Estado; por outro lado, permanece-lhe o direito e a forma da racionalidade objetiva, autoconsciente, o direito de fazê-la valer e de impô-la em face das afirmações que brotam da figura *subjetiva* da verdade, seja qual for a *garantia* e a *autoridade* com a qual esta se cerque. Porque o princípio da sua forma, enquanto universal, é essencialmente o pensamento, foi *da parte do Estado* que também procedeu *a liberdade do pensamento e da ciência* (e foi uma igreja, ao contrário, que levou à fogueira Giordano Bruno e obrigou Galileu a pedir perdão de joelhos por causa da *Apresentação* do Sistema Solar *Copernicano* etc.*).[478] Por isso é também do lado do Es-

---

* [Nota de Hegel] Laplace, *Apresentação do sistema do mundo*, Livro V, cap. 4 [Paris, 1796]: "Quando Galileu tornou conhecidas as suas descobertas (das fases da luz de Vênus etc., feitas com o auxílio do telescópio), ele fez ver que elas provavam incontestavelmente o movimento da terra; mas a representação desse movimento foi declarada herética por uma congregação de cardeais, e Galileu, o seu mais ilustre defensor, foi citado perante o tribunal da Inquisição e forçado a se retratar para escapar de uma prisão severa. No homem de espírito, uma das mais fortes paixões é o amor da verdade. — Ga-

tado que a *ciência* tem o seu lugar, pois ela tem o mesmo elemento da forma que o Estado, ela tem como fim o *conhecer*, a saber, o da racionalidade e da verdade *objetiva*, pensada. O conhecimento pensante pode também, de fato, cair abaixo do nível da ciência no do opinar e do mero raciocinar a partir de razões e, voltando-se para os ob-jetos éticos e para a organização do Estado, pôr-se em contradição com os seus princípios, e isso, talvez, também com as mesmas pretensões que a Igreja estabelece para a esfera que lhe é própria, a pretensão a que esse *opinar* seja razão e a que a autoconsciência subjetiva tenha o direito de ser livre na sua opinião e na sua convicção. O princípio dessa subjetividade do saber foi acima considerado (§ 140 A); aqui cabe somente observar que o Estado, por um lado, pode exercer em face do *opinar* a mesma indiferença infinita que os pintores que se atêm na sua paleta às três cores fundamentais praticam em face da *sabedoria de escola* que trata das

---

lileu, convencido por suas próprias observações do movimento da terra, meditou muito tempo sobre uma nova obra, na qual ele se propunha a desenvolver as provas desse movimento. Mas para furtar-se à perseguição, da qual quase já tinha sido vítima, imaginou apresentar essas observações sob a forma de diálogos entre três interlocutores; vê-se, sem dúvida, que a vantagem ficava com o defensor do sistema copernicano; mas já que Galileu não decidiu entre eles e fez valer tanto quanto era possível as objeções dos partidários de Ptolomeu, julgava-se por certo autorizado a esperar fruir de uma tranquilidade que os seus trabalhos e sua avançada idade o faziam merecer. Aos setenta anos, foi novamente citado diante desse tribunal; foi enclausurado numa prisão e lhe foi exigida uma segunda retratação das suas opiniões, sob a ameaça da pena prevista para os heréticos reincidentes. Fez-se com que assinasse a seguinte fórmula de abjuração: 'Eu, Galileu, ao septuagésimo ano de minha vida, intimado pessoalmente diante deste tribunal, de joelhos, e tendo os olhos voltados para os santos evangelhos, que toco com as minhas próprias mãos, com coração sincero e fé verdadeira, abjuro, amaldiçoo e execro a absurdidade, o erro, a heresia da doutrina do movimento da terra etc.'. Que espetáculo, esse, de um ancião venerável, ilustre por uma longa vida consagrada inteiramente ao estudo da natureza, abjurando de joelhos, contra o testemunho de sua própria consciência, a verdade que provara com força convincente! Um decreto da Inquisição condenou-o à prisão perpétua: a sua perda enlutou a Europa, esclarecida por seus trabalhos e indignada com o julgamento pronunciado por um tribunal odioso contra um tão grande homem" (Hegel cita, com omissões e intercalações, a tradução alemã de J. K. Fr. Hauff, *Darstellung des Weltsystems*, Frankfurt, 1797, v. II, pp. 272-5; cf. *VRph 1820*, p. 722).

[478] "As ciências provieram do lado do Estado; desde a Reforma, as artes e as ciências prosperaram, mas a igreja católica tem somente a arte do seu lado, não a ciência, senão que esta só existe no Estado profano [*weltlich*], visto que esta pressupõe a liberdade do homem, sua liberdade efetiva, uma forma que é essencialmente um princípio protestante, não católico" (*VRph 1824-25*, p. 651).

sete cores fundamentais — precisamente na medida em que esse opinar é somente um conteúdo subjetivo de opinião e, por isso, sem nenhuma verdadeira força e poder dentro de si, por mais que se vanglorie. Mas, por outro lado, o Estado tem de tomar sob sua proteção a verdade objetiva e os princípios da vida ética contra esse *opinar* baseado em maus princípios, sempre que esse opinar se torne um ser-aí universal que corrói a efetividade e, em todo o caso, na medida em que o formalismo da subjetividade incondicionada quereria tomar por seu fundamento o ponto de partida científico e alçar as instituições de ensino do próprio Estado à pretensão de uma igreja, voltando-as contra ele, assim como, inversamente, ele tem de fazer valer no todo, contra a igreja que reclama uma *autoridade* irrestrita e incondicional, o direito formal da autoconsciência ao seu próprio discernimento, à sua própria convicção e, em geral, ao pensamento do que deve valer como verdade objetiva.

Pode-se ainda mencionar a *unidade do Estado e da Igreja*, uma determinação que também foi muito discutida e erigida como ideal supremo em tempos recentes. Se a unidade essencial dos mesmos é a da verdade dos princípios e a da disposição de ânimo, é igualmente essencial que, junto com essa unidade, chegue à *existência particular* também a *diferença* que eles têm na forma da sua consciência. No despotismo oriental está presente essa unidade tão frequentemente desejada da Igreja e do Estado, mas, com isso, não existe Estado — a saber, a configuração autoconsciente do espírito, a única digna dele, na forma do direito, da eticidade livre e do desenvolvimento orgânico. — Além disso, para que o Estado chegue ao ser-aí enquanto a efetividade ética do espírito *que se sabe*, é necessária a sua diferenciação da forma da autoridade e da fé; mas essa diferenciação só surge na medida em que o lado eclesial chega em si mesmo à separação; é somente assim, pondo-se acima das igrejas *particulares*, que o Estado adquiriu a universalidade do pensamento, o princípio da sua forma e que ele a leva à existência; para conhecer isso tem de se saber não só o que a universalidade é *em si*, mas o que é a sua *existência*. Por isso, é a tal ponto falso que a separação da Igreja seria ou teria sido uma desventura para o Estado, que *somente por ela* ele pôde chegar a ser o que é a sua destinação, a racionalidade e a eticidade conscientes de si mesmas. Essa separação é igualmente o que de mais propício poderia ter ocorrido à igreja e ao pensamento para a respectiva liberdade e racionalidade que lhes são próprias.

Adendo (H). O Estado é efetivo e a sua efetividade consiste em que o interesse do todo se realize nos fins particulares. A efetividade é sempre a unidade da universalidade e da particularidade, a explicação e o desdobramento [*Auseinandergelegtsein*] do universal na particularidade, que aparece como uma particularidade autônoma, embora ela seja sustentada e mantida somente no todo. Na medida em que essa unidade não está aí-presente, algo não é *efetivo*, ainda que fosse legítimo supor a [sua] *existência*.[479] Um Estado ruim é um Estado que meramente existe; um corpo doente também existe, mas ele não tem nenhuma realidade verdadeira. Uma mão que está decepada também parece ainda com uma mão e existe, sem ser, contudo, efetiva: o que é efetivo é necessário em si mesmo. A necessidade consiste em que o todo esteja dividido nas diferenças do conceito e que esse momento dividido ofereça uma determinidade estável e duradoura, que não é rígida como a morte, mas que se engendra continuamente na [sua] dissolução. Ao Estado acabado pertence essencialmente a consciência, o pensamento; o Estado, por isso, sabe o que ele quer e o sabe enquanto algo pensado. Ora, visto que o saber tem a sua sede no Estado, a ciência também a tem *aqui*, e não na Igreja. Apesar disso, muito se falou em tempos recentes de que o Estado tem de provir da religião. O Estado é o espírito desenvolvido e desdobra os seus momentos na luz da consciência; pelo fato de que o que reside na ideia irrompe na objetividade, o Estado aparece como algo finito e, assim, ele se mostra como um domínio da mundanidade, enquanto que a Igreja se apresenta como um domínio da infinitude. Por conseguinte, o Estado parece subordinado, e porque o finito não pode subsistir por si, o mesmo precisaria assim, diz-se, da base da Igreja. O finito, enquanto tal, não tem nenhuma legitimação e somente mediante a religião torna-se sagrado e pertencente ao infinito. Mas essa consideração da questão é extremamente unilateral. O Estado é, de certo, essencialmente mundano e finito, tem fins particulares e poderes particulares, mas o fato de que o Estado seja mundano é somente um lado, e só para a percepção desprovida de espírito o Estado é meramente fi-

---

[479] É importante assinalar aqui, como lembra Kervégan, que "esta frase, como a seguinte, pressupõe a distinção feita na lógica da essência entre a existência (*Existenz*), que é o aparecer da essência na exterioridade fenomenal ou 'o ser essencial', e a efetividade (*Wirklichkeit*), que designa, para além da estrutura dualista da essência/fenômeno, a plena coincidência *necessária* do ser e da razão de ser, sem que seja preciso fazer referência a 'um além' ou a um 'dentro'. Ademais, existência e efetividade se distinguem da simples realidade (*Realität*), que é do registro da economia simplesmente transitiva do ser e não daquela, reflexiva, da essência" (*Kervégan*, p. 710, nota 1).

nito. Pois o Estado tem uma alma vivificante, e esse elemento vivificante é a subjetividade, que, de um lado, cria as diferenças, mas, de outro, as mantém na unidade. No reino religioso também existem diferenças e elementos finitos. Deus, diz-se, é trinitário: nele há, portanto, três determinações, e somente a sua unidade é espírito. Por isso, quando se apreende concretamente a natureza divina, isso ocorre também somente através de diferenças. No reino divino, portanto, encontram-se elementos finitos, como no âmbito mundano, e o fato de que o espírito mundano, isto é, o Estado, seja somente um espírito finito, é uma maneira de ver unilateral, pois a efetividade não é nada de irracional. Um Estado ruim é, decerto, somente mundano e finito, mas o Estado racional é infinito em si mesmo. O segundo ponto consiste em que se diz que o Estado tem de tomar a sua justificação da religião. A ideia, enquanto na esfera da religião, é espírito que está no interior do ânimo, mas é a mesma ideia que, no Estado, se dá uma mundanidade e se proporciona, no saber e querer, um ser-aí e uma efetividade. Agora, se dissermos que o Estado tem de se fundar na religião, isso pode significar que o mesmo deva basear-se na racionalidade e provir dela. Mas essa proposição pode ser também mal compreendida, no sentido de que os homens cujo espírito está tolhido por uma religião sem liberdade seriam, graças a isso, os mais dispostos à obediência. A religião cristã, porém, é a religião da liberdade. Essa pode certamente sofrer de novo uma inflexão, pelo fato de que uma religião livre se inverte numa não livre quando ela é afetada pela superstição. Se com isso se entende que os indivíduos precisam ter religião para que o seu espírito tolhido possa ser tanto mais oprimido no Estado, esse é o mau sentido da proposição; se entendemos que os homens devem ter respeito diante do Estado enquanto esse todo do qual são ramificações, então isso certamente se realiza da melhor maneira pelo discernimento filosófico que penetra na essência do mesmo; mas, na falta desse discernimento, a disposição de ânimo religiosa pode também levar a esse resultado. Assim é que o Estado pode precisar da religião e da fé. Mas o Estado permanece essencialmente distinto da religião, pelo fato de que aquilo que ele exige tem a figura de um dever jurídico, e de que é indiferente com que disposição de ânimo esse dever é exercido. O campo da religião, pelo contrário, é a interioridade, e, assim como o Estado poria em perigo o direito da interioridade se ele fizesse suas exigências de maneira religiosa, do mesmo modo a igreja que age como Estado e impõe penas degenera numa religião tirânica. Uma terceira diferença, conexa com a anterior, está em que o conteúdo da religião é e permanece um conteúdo latente, e que, por conseguinte, o ânimo, o sentimento e a representação são o terreno no qual ele tem o seu lugar. Nesse terreno tudo tem a forma da subjetividade, o Estado, ao contrário, efetiva a si mesmo e dá às suas determinações um ser-aí estável. Ora, se a religiosidade quisesse se fazer valer no Estado tal como está habituada a ser no seu próprio terreno, ela subverteria a organização do Estado, pois as diferenças têm no Estado a amplitude de serem exteriores umas às outras; na religião, ao invés disso, tudo está sempre referido à totalidade. Se, agora, essa totalidade quisesse se apoderar de todas as relações do Estado, isso seria fanatismo; ela iria querer encontrar o todo em cada particular e não o poderia encontrá-lo senão pela destruição do particular, pois o fanatismo consiste somente em não conceder as diferenças particulares. Se alguém disser que "*aos homens piedosos não foi dado nenhuma lei*", isso nada mais é do que o lema desse fanatismo. Pois onde a piedade entra no lugar do Estado, ela não pode suportar o determinado e o destroça. É igualmente coerente com isso o que ocorre quando a piedade deixa a consciência moral, a interioridade, decidir, e quando ela não é determinada por *razões*. Essa interioridade não se desenvolve no sentido de dar razões e não presta contas de espécie alguma a si mesma. Se, portanto, a devoção deve valer como a efetividade do Estado, então todas as leis são atropeladas e o sentimento subjetivo é quem legisla. Esse sentimento pode ser mero arbítrio, e se ele de fato o é, isso tem que ser conhecido unicamente a partir das ações; mas, na medida em que elas se tornam ações, ordens, elas assumem a figura de leis, o que precisamente contradiz aquele sentimento subjetivo. Poder-se-ia fazer de Deus, que é o objeto desse sentimento, o determinante, mas Deus é a ideia universal e, nesse sentimento, ele é o indeterminado que não amadureceu até o ponto de determinar o que no Estado está aí enquanto desenvolvido. Justamente pelo fato de que no Estado tudo é estável e assegurado, ele é o reduto contra o arbítrio e a opinião positiva. A religião enquanto tal não tem o direito de ser a instância que governa.

§ 271

A constituição política é, *em primeiro lugar*: a organização do Estado e o processo da sua vida orgânica *em relação a si mesmo*, relação na qual ele diferencia os seus momentos no interior de si mesmo e os desdobra conferindo-lhes *subsistência*.

Em segundo lugar, o Estado, como uma individualidade, é um uno *excludente*, que, por isso, se relaciona a *outros*, volve, portanto, a sua diferenciação *para fora* e, segundo essa determinação, põe as suas diferenças subsistentes no interior de si mesmo na *idealidade* que lhes é própria.

Adendo (H). Assim como a irritabilidade no organismo vivo é, ela própria, por um lado, algo interior, pertencente ao organismo enquanto tal, assim também, aqui, a relação para fora é dirigida para a interioridade.[480] O Estado interior, enquanto tal, é o poder civil, sua direção para fora é o poder militar, que é no Estado, todavia, um lado determinado nele mesmo. Ora, o fato de que ambos se encontrem em equilíbrio constitui um fator capital na história[481] do Estado. Por vezes, o poder civil está inteiramente extinto e repousa somente sobre o poder militar, como no tempo dos imperadores romanos e dos pretorianos; por vezes, como nos Tempos Modernos, o poder militar só existe enquanto provindo do poder civil, quando todos os cidadãos estão obrigados ao serviço militar.

I. *A constituição interna para si*

§ 272

A constituição é racional na medida em que o Estado *diferencia* e determina dentro de si a sua atuação *segundo a natureza do conceito* e, precisamente, de modo que *cada* um desses *poderes* seja, ele próprio, em si mesmo a *totalidade*, pelo fato de conter e ter atuantes dentro de si os outros momentos e pelo fato de que estes, porque exprimem a diferença do conceito, permanecem pura e simplesmente na sua idealidade e constituem somente *um* todo *individual*.

Veio a público, em tempos recentes, um enorme e infindável palavrório sobre constituição, bem como sobre a razão mesma, o mais insosso particularmente na Alemanha, graças àqueles que se persuadiam de entender melhor e até mesmo com exclusão de todos os outros e, em

---

[480] Ver no Adendo ao § 263 a comparação mais desenvolvida do Estado ao sistema nervoso, na medida em que ele inclui dentro de si em unidade os momentos vitais da sensibilidade e da irritabilidade, correlacionados, respectivamente, à família e à sociedade civil (ver também *E*, §§ 353 ss.).

[481] Seguimos aqui os Apontamentos de Hotho, que registram *Geschichte* ("história") ao invés de *Gesinnung* ("disposição de ânimo"), que consta no Adendo de Gans. A sua parte final, a partir da referência aos "pretorianos", é da lavra de Gans (*VRph 1822-23*, p. 742).

primeiro lugar, dos governos, o que é uma constituição, e que acreditavam ter a legitimação irrecusável para isso no fato de que a religião e a piedade deviam ser a base de todas essas suas superficialidades. Não é de admirar que esse palavrório tenha tido como consequência que palavras como razão, esclarecimento, direito etc., bem como constituição e liberdade, tornaram-se repugnantes a homens racionais, e que se pudesse ter vergonha de ainda intervir numa discussão sobre a constituição política. Mas, ao menos, pode-se talvez esperar que esse fastio tenha por efeito tornar mais universal a convicção de que um *conhecimento* filosófico de tais ob-jetos não pode provir do raciocínio abstrato, da consideração de fins, razões e utilidades, muito menos ainda do ânimo, do amor e do entusiasmo, porém unicamente do conceito, e que aqueles que tomam o divino por inconcebível e o conhecimento do verdadeiro por um empreendimento vão tenham de se abster de intervir na discussão. O falatório indigesto e a edificação que do seu ânimo e do seu entusiasmo trazem à tona não podem, nem um nem outro, pretender minimamente à atenção filosófica.

Entre as representações correntes em relação ao § 269 é de se mencionar aquela sobre a *necessária divisão dos poderes* do Estado — uma determinação de suma importância, que, com justiça, se for tomada no seu sentido verdadeiro, pode ser considerada como uma garantia da liberdade pública — uma representação da qual, porém, precisamente aqueles que supõem falar por entusiasmo e amor nada sabem e nada querem saber, pois é exatamente nela que reside o momento da *determinidade racional*. O princípio da divisão dos poderes contém, vale dizer, o momento essencial da *diferença*, da racionalidade *real*; mas no modo como o entendimento o compreende reside, em parte, a falsa determinação da *absoluta autonomia* dos poderes uns em face dos outros, em parte, a unilateralidade de apreender a relação de uns aos outros como algo negativo, como uma *restrição* mútua. Nessa maneira de ver, o que cada um produz em face do outro, como em face de um mal, torna-se uma hostilidade, um medo em face do outro poder, com a determinação de que cada um se contrapõe ao outro e, por meio desses contrapesos, consegue um equilíbrio geral, mas não uma unidade viva. Somente a *autodeterminação* do conceito dentro de si mesmo, não quaisquer outros fins e utilidades, é o que contém a origem absoluta dos diferentes poderes, e, unicamente em virtude dessa autodeterminação, a organização do Estado existe como algo em si mesmo racional e como a imagem-cópia da razão eterna. — O modo como o *conceito* e, em seguida, de maneira concreta, a ideia se determinam neles mesmos e, com isso, põem abstratamente os seus momentos, o da universalidade, da particularidade e da singularidade, precisa ser conhecido a partir da lógica — certamente não da lógica aceita correntemente. Tomar em geral o negativo por ponto de partida e converter o querer do mal e a desconfiança a seu respeito no que vem primeiro e, a partir dessa pressuposição, engenhar astuciosamente barreiras, conceber a unidade enquanto apenas uma atuação recíproca de barreiras umas sobre as outras, caracteriza, do ponto de vista do pensamento, o *entendimento negativo* e, do ponto de vista da disposição de ânimo, a maneira de ver da plebe (ver acima § 244).[482] — Com a *autonomia* dos poderes, por exemplo, do poder *executivo* e do poder *legislativo*, como foram deno-

---

[482] A teoria clássica da separação dos poderes formulada por Montesquieu, e que inspira o constitucionalismo anglo-saxônico, as primeiras propostas de Sieyès e o pensamento constitucional liberal francês do início do século XIX (Benjamin Constant), é para Hegel tributária da analítica do entendimento e de uma inteligibilidade mecanicista, pois ela parte da sua separação ou divisão primeira, enquanto poderes "autônomos" (*selbständig*), e busca um equilíbrio entre eles através de um mecanismo de freios e contrapesos em sua ação recíproca entre si. A sua preocupação principal é impedir o abuso do poder. Por isso, a teoria hegeliana não é propriamente uma teoria da sua "separação" ou "divisão", mas antes da sua diferenciação orgânica, pois construída a partir do modelo da vida orgânica na sua estrutura lógico-conceitual, em que cada um dos poderes contém, segundo a lógica do conceito especulativo, os outros em si como momentos, em vista, sobretudo, de assegurar a "unidade substancial" (§ 276) do Estado. Essa diferenciação dos poderes é a expressão da racionalidade da constituição e, como na tradição liberal, a "garantia da liberdade pública" (§ 272 A), mas não porque ela visa primariamente impedir o abuso do poder e garantir os direitos individuais, mas porque ela é a organização efetiva do conceito de liberdade e da ideia ética, mediante a determinação concreta dos direitos e deveres do indivíduo e do Estado. Além dessa crítica de cunho mais sistemático à maneira como o entendimento compreende o princípio da divisão dos poderes e à fixação do entendimento no ponto de vista negativo da desconfiança de que um poder possa se intrometer na esfera de independência do outro, há uma crítica política reiterada às constituições francesas da época da revolução, cujo fracasso o diagnóstico hegeliano localiza no confronto entre poderes independentes. Este confronto levou à subordinação do poder governamental e do poder decisório (que para Hegel cabe em última instância ao poder monárquico) ao poder legislativo (como na constituição de 1791), ou à subordinação do poder legislativo ao Comitê de Segurança Nacional e ao Comitê de Salvação Pública (como acabou ocorrendo de fato durante a constituição de 1793), provocando a divisão da soberania interna e o enfraquecimento da soberania externa do Estado. A independência dos poderes, na ausência de um poder decisório de última instância no ápice do Estado, faz com que a unidade do Estado só possa ser então decidida na luta entre

minados, é posto imediatamente o esfacelamento do Estado, como também se viu em grande escala, ou, na medida em que o Estado se mantém no essencial, é posta a luta entre eles, pela qual um poder submete o outro a si, [e] mediante essa submissão efetua antes de tudo a unidade, seja ela qual for, e unicamente assim salva o essencial, a subsistência do Estado.

Adendo (H). No Estado não se pode querer ter nada que não seja a expressão da racionalidade. O Estado é o mundo que o espírito fez para si; por isso ele tem um andamento determinado, sendo em si e por si. Quantas vezes não se ouve falar da sabedoria de Deus na natureza! Mas não há que se crer que o mundo físico seja algo mais elevado do que o mundo do espírito, pois o Estado está tão acima da vida física quanto o espírito está acima da natureza. Por isso há que se venerar o Estado como algo divino-terreno, e ver com perspicácia que, se é difícil conceber a natureza, é ainda infinitamente mais árduo apreender o Estado. É da mais alta importância que se tenha alcançado, em tempos recentes, determinadas intuições sobre o Estado em geral e que se tenha tanto se ocupado em falar de e elaborar constituições. Mas com isso a questão ainda não está encerrada; para abordar uma questão racional, é necessário também trazer consigo a razão presente nessa intuição, que se saiba o que é o essencial, e que nem sempre o que mais chama a atenção constitui o essencial. É preciso, assim, que os poderes do Estado sejam, de fato, diferentes, mas cada um tem de formar em si mesmo um todo e conter os outros momentos dentro de si. Quando se fala do diferente modo de atuação dos poderes, não se deve cair no enorme erro de supor que cada poder deveria ficar-aí por si, abstratamente, já que, ao contrário, os poderes só devem ser diferentes como momentos do conceito. Se, ao invés disso, as diferenças subsistem abstratamente por si, é claro que duas entidades autônomas não podem constituir unidade alguma, mas têm de, certamente, dar origem à luta, pela qual ou o todo é abalado ou a unidade se restabelece pela violência. Assim, na Revolução Francesa, ora o poder legislativo engoliu o assim chamado poder executivo, ora o executivo, o poder legislativo, e é insensato fazer eventualmente aqui a exigência moral da harmonia. Pois se remetemos a questão ao ânimo, poupa-se então certamente todo esforço; mas ainda que o sentimento ético seja necessário, não cabe a ele determinar

---

eles próprios, de sorte que o próprio Terror surge como uma consequência da separação dos poderes (cf. *VRph 1817-18*, § 134 Ad., pp. 187-9).

a partir de si os poderes do Estado. O que, portanto, importa é que, visto que as determinações dos poderes são em si o todo, elas constituam também, todas, na existência, o conceito todo. Quando habitualmente se fala de três poderes, do legislativo, do executivo e do judiciário, o primeiro corresponde, então, à universalidade, o segundo, à particularidade, mas o judiciário não é o terceiro momento do conceito, pois a singularidade do judiciário reside fora dessas esferas.

§ 273

O Estado político divide-se, por conseguinte, nas diferenças substanciais:

a) o poder de determinar e de fixar o universal — o poder *legislativo*;

b) a subsunção das esferas *particulares* e dos casos singulares sob o universal — o *poder governamental*;

c) a subjetividade enquanto decisão última da vontade — *o poder do príncipe*, poder no qual os diferentes poderes são compreendidos numa unidade individual, que, portanto, é o ápice e o começo do todo, da *monarquia constitucional*.[483]

---

[483] Há uma tensão entre a construção especulativa da diferenciação dos poderes segundo a lógica do conceito e a necessária hierarquização destes poderes: aquela visa garantir a unidade interna do Estado, ao conceber cada poder como um momento total que contém os dois outros em si mesmo, de tal sorte que cada poder exerce alternadamente a função de termo-médio em relação aos dois outros; esta é exigida para assegurar a unidade subjetiva do Estado, pois Hegel a concebe, a partir da decisão política em última instância do monarca ("o autodeterminar absoluto", § 275) como uma unidade essencialmente individual, à diferença de Sieyès, que põe no ápice do Estado o poder legislativo como emanação da nação. O recurso à metáfora do "ápice da pirâmide" exprime esta hierarquia dos poderes, que torna o momento da singularidade o "princípio vivificante" do todo político e o fundamento da soberania do Estado, e a decisão política do monarca, que tem a sua origem em si mesma, o princípio de efetivação dessa "unidade viva" do todo. Mas permanece a tensão entre a unidade interna, pensada como totalidade orgânica de poderes diferenciados que se incluem reciprocamente, e a unidade subjetiva, pensada como o ápice da pirâmide, a partir da decisão política final do monarca. É a ausência deste "vértice" (*Spitze*) que, para Hegel, constitui o defeito principal das constituições revolucionárias francesas, nas quais a unidade do Estado só pode ser decidida pelo e no confronto entre os poderes independentes e opostos. Este defeito só será sanado com a constituição de 1799, que, após o golpe de Estado do 18 do Brumário do ano

O pleno amadurecimento do Estado em direção à monarquia constitucional é a obra do mundo moderno, no qual a ideia substancial adquiriu a forma infinita. A *história* desse aprofundamento do espírito do mundo (a)dentro de si ou, o que é o mesmo, esse livre amadurecimento, no qual a ideia libera a partir de si os seus momentos — e são somente seus momentos — como totalidades e, precisamente com isso, os contém na unidade ideal do conceito, enquanto nisso consiste a racionalidade do real — a história dessa configuração verdadeira da vida ética é o que está em causa na história universal do mundo.

A antiga divisão das constituições em *monarquia*, *aristocracia* e *democracia* tem por sua base a *unidade substancial ainda inseparada*, a qual ainda não chegou à sua *diferenciação interna* (a uma organização desenvolvida dentro de si) e, com isso, à *profundidade* e à *racionalidade concreta*. Daí que, para o ponto de vista do mundo antigo, essa divisão é a verdadeira e a correta; pois a diferença, enquanto ela ainda está naquela unidade substancial que não prosperou até o desdobramento absoluto dentro de si, é essencialmente uma diferença *exterior* e aparece, primeiramente, como diferença do *número* desses momentos nos quais aquela unidade substancial deve ser imanente (E [1817], § 82; E, § 132]). Essas formas, que, dessa maneira, pertencem a todos diversos, são, na monarquia constitucional, rebaixadas a momentos; o monarca é *um*; com o poder de governo, intervêm *alguns*, e com o poder legislativo, intervêm *os muitos*[484] em geral. Mas tais diferenças meramente quantitativas, como já se disse, são apenas superficiais e não fornecem o conceito da Coisa. Do mesmo modo, não é conveniente, como se fez em época recente, falar de elementos democráticos, aristocráticos *na monarquia*, pois essas determinações aí visadas, na medida em que precisamente se realizam *na monarquia*, não são mais algo democrático e aristocrático. — Há representações de constituições em que se coloca no topo somente o elemento-abstrato do Estado, o qual governaria e comandaria, e deixa-se indecidido e se encara como indi-

---

VIII (9 nov. 1799), restabelece "este vértice" do Estado na figura de Napoleão como primeiro cônsul, no Diretório, e, depois, como imperador (1804) (cf. *ibid.*).

[484] O original traz *die Vielheit*, literalmente a "multiplicidade" ou "pluralidade". Valendo-me da expressão que Hegel utiliza posteriormente em contexto análogo (§ 301 A, também § 281 A) para traduzir o grego οἱ πολλοί — *die Vielen*, "os muitos" —, sugiro aqui a tradução de *die Vielheit* por "os muitos", para melhor contrapor a "um" e "alguns".

ferente se no ápice desse Estado estão *um* ou *vários* ou *todos*. — "Todas essas formas", diz aliás Fichte, no seu *Direito natural* (Iª Parte, p. 196),[485] "são conformes ao direito e podem produzir e manter o direito universal no Estado, conquanto esteja presente um *Eforado* (uma instituição inventada por ele, que deveria ser um contrapeso ao poder supremo)." — Uma tal maneira de ver (como também essa invenção de um *Eforado*) provém da superficialidade do conceito de Estado antes mencionada. No caso de uma situação inteiramente simples da sociedade, essas diferenças têm, certamente, pouca ou nenhuma significação, como no caso de Moisés, por exemplo, que em sua legislação não prevê nenhuma mudança das instituições para o caso de que o povo exija um rei, mas somente acrescenta o mandamento dirigido ao rei, de que a sua cavalaria, as suas mulheres e o seu ouro e a sua prata não devam ser numerosos (Deuteronômio, XVII, 16). — De resto, pode-se, deveras, dizer num sentido que também para a ideia essas três formas são indiferentes (a *monárquica* aí incluída, a saber, na significação restrita em que ela é colocada *ao lado da* forma *aristocrática* e *democrática*), mas no sentido oposto [ao pretendido por Fichte], porque elas em conjunto não são conformes à ideia no seu desenvolvimento racional (§ 272), e esta não poderia alcançar o seu direito e a sua efetividade em nenhuma delas.[486] Por essa razão, tornou-se também uma questão inteiramente ociosa a de saber qual seria, dentre elas, a melhor — de tais formas, só se pode falar da maneira histórica. — Além do mais, é preciso reconhecer também nesse ponto, como em tantos outros, o olhar profundo de Montesquieu na sua exposição já célebre, que aponta os princípios dessas formas de governo;[487] mas para reconhecer a sua exatidão é preciso não compreendê-la equivocadamente. É sabido que ele apontou a virtude como princípio da democracia,[488] pois, de fato, tal constituição se baseia na *disposição de ânimo* enquanto forma somen-

---

[485] Fichte, "Grundlage des Naturrechts nach Prinzipien der Wissenschaftslehre" (1796), § 16, in: *Fichtes Werke*, v. III, pp. 167-87.

[486] Kervégan assinala a ironia de Hegel ao correlacionar o Estado fichtiano e a legislação mosaica, na medida em que ela apresenta esta última como exemplo de uma determinação arcaica do político (*Kervégan*, p. 463, nota 2).

[487] Montesquieu, *De l'esprit des lois*, III, 3: "Des Principes des Trois Gouvernements", Paris, Garnier, 1973, pp. 25-35.

[488] *Id.*, III, 3, pp. 26-8.

te substancial, na qual a racionalidade da vontade sendo em si e para si ainda existe nela. Mas quando Montesquieu acrescenta que a Inglaterra, no século XVII, deu o belo espetáculo de mostrar como impotentes[489] os esforços para erigir uma democracia, uma vez que faltou a virtude nos seus dirigentes — e quando, além disso, acrescenta que, se a virtude desaparece na república, a ambição se apodera daqueles cujo ânimo é capaz dela e a cobiça, de todos,[490] e que o Estado, [tornado] em seguida uma presa universal, tem o seu vigor somente no poder de alguns indivíduos e na licença de todos[491] — então é preciso notar, a esse respeito, que, no caso de uma sociedade mais amadurecida e cultivada, e de um desenvolvimento e de uma liberação das potências da *particularidade*, a virtude dos chefes de Estado é insuficiente, e que uma outra forma de lei racional que não somente a da disposição de ânimo é requerida, a fim de que o todo possua a força de manter-se coeso e de deixar as forças da particularidade desenvolvida prosperar tanto no seu direito positivo quanto no seu direito negativo. Da mesma maneira, é preciso afastar o equívoco segundo o qual, por ser a disposição de ânimo a forma substancial na república democrática, essa disposição de ânimo seria considerada dispensável ou mesmo ausente na monarquia, e afastar de todo o equívoco de considerar que a virtude e a atuação *legalmente determinada* numa organização *articulada* seriam opostas e incompatíveis entre si. — O fato de que na *aristocracia* o princípio seja a *moderação* traz aqui o início da separação do poder público e do interesse privado, os quais ao mesmo tempo se tocam de maneira tão imediata, que essa constituição está em si mesma na iminência de converter-se imediatamente na mais implacável situação de tirania ou de anarquia (veja-se a história romana) e de aniquilar-se. — Do fato de Montesquieu reconhecer a *honra* como princípio da *monarquia*, resulta já por si que ele entende por monarquia, de maneira geral, não a patriarcal ou a antiga, nem a que amadureceu até a forma de constituição ob-

---

[489] "*Ce fut un assez beau spectacle, dans le siècle passé, de voir les efforts impuissants des Anglais pour établir parmi eux la démocratie*" (*id.*, III, 3, p. 27).

[490] "*Lorsque cette vertu cesse, l'ambition entre dans les coeurs qui peuvent les recevoir, et l'avarice entre dans tous*" (*ibid.*).

[491] "*La république est une dépouille; et sa force n'est plus que le pouvoir de quelques citoyens et la licence de tous*" (*ibid.*).

jetiva, mas a *monarquia feudal*,⁴⁹² na medida em que nela as relações do seu direito estatal interno se consolidaram como direito de propriedade privada e como privilégios de indivíduos e corporações. Visto que

---

⁴⁹² Nas *Lições sobre a filosofia da história*, Hegel mostra como o "sistema feudal" (*Vorlesungen über die Philosophie der Geschichte*, in: *TWA*, v. 12, p. 460) surgiu historicamente da desagregação do império carolíngio, considerado por ele como a primeira formação estatal que brotou em solo cristão, na figura do que mais tarde viria a se designar como o "Sacro Império Romano de Nação Germânica", ou, sucintamente, de "império romano-germânico". Essa desagregação, além de restabelecer o particularismo das nacionalidades, compeliu os indivíduos desprotegidos a buscar proteção junto ao senhor feudal, que se apropria do poder de Estado e dá proteção em troca de uma obrigação de obediência e fidelidade, da qual resulta uma relação de dominação pessoal e patrimonial de natureza privada, e não um dever para com o universal (*id.*, v. 12, pp. 440-6), que somente no Estado moderno vai se tornar "fim em si e para si" (§ 75 Ad.). "A [situação de] universal injustiça, a universal ausência de direito, é transformada num sistema de dependência privada e de obrigação privada, de sorte que é o aspecto formal da relação de obrigação o que unicamente constitui o lado jurídico dessa obrigação" (*TWA*, v. 12, p. 446). A "passagem da dominação feudal à monárquica" (*id.*, v. 12, p. 477) se dá mediante a formação progressiva de um poder central, através do enfraquecimento das funções políticas dos estamentos. Mas, à diferença das monarquias absolutistas, como no caso paradigmático da França e da Inglaterra, na Alemanha o Estado protomoderno não se forma ao nível do império romano-germânico (uma vez que o imperador não é chefe de Estado), porém somente, e precariamente, no nível territorial dos múltiplos principados regionais, como um sistema de dominação monárquico-estamental (Lübbe-Wolff, G., "Über das Fehlen von Grundrechten in Hegels Rechtsphilosophie", in: Lucas e Pöggeler, *op. cit.*, pp. 427-8, 434-5). Assim, a formação da monarquia moderna nos principados alemães a partir do feudalismo, interpretada como "passagem" (*Übergang*) deste àquela, não eliminou todo um conjunto de heranças feudais, pois os príncipes ainda permaneceram senhores territoriais, que exercem restos do poder de jurisdição dos antigos suseranos. Os estamentos conservam o seu poder particular e suas assembleias negociam com o soberano territorial a concessão de privilégios fiscais (a autorização para tributar) e administrativos (*id.*, p. 432), assim chamados de "antigas liberdades". É isso, precisamente, o que leva Hegel a caracterizar essa figura do Estado protomoderno como uma "monarquia feudal".

Este conceito extrapola o conceito estrito de feudalismo como época histórica e justifica a sua ampliação pelo fato de essa monarquia incorporar "toda uma massa" de privilégios, que se cristalizam como direitos e obrigações particulares em face do universal, e que são exercidos não como funções público-estatais, mas como "propriedade jurídica privada" (§ 273 A) de indivíduos, cujo vínculo objetivo àquele tem seu princípio na honra. Assim, a base do conceito de "monarquia feudal" é a natureza jus-privatista dessas relações e atribuições estatais, que se consolidam e cristalizam no regime monárquico-estamental como privilégios e direitos privados contra o universal. Esse conceito aponta para a semelhança estrutural entre essas heranças feudais no sentido lato e a con-

nessa constituição a vida do Estado repousa sobre personalidades privilegiadas, em cujo capricho está depositada uma grande parte do que tem de ser feito para que o Estado subsista, segue-se que o elemento-objetivo dessas prestações [em vista dessa subsistência] não repousa em *deveres*, mas na *representação* e na *opinião*, por conseguinte, ao invés do dever, é somente a *honra* o que mantém coeso o Estado.

Uma outra questão apresenta-se facilmente: "*Quem deve fazer a constituição?*"[493] Esta questão parece clara, mas, a exame mais acura-

---

cepção da dominação feudal como uma relação de dominação privada baseada num direito patrimonial.

Essa tese do caráter de direito privado das relações de dominação feudais e do sistema monárquico-estamental, bem como o seu corolário, que contesta o caráter estatal do regime de dominação feudal, torna-se, então, no decorrer da história constitucional do século XIX, altamente controversa. Como indica Lübbe-Wolff (Lübbe-Wolff, *op. cit.*, pp. 429-31), esta prolongada discussão sobre a natureza privada das relações de dominação feudal não se desencadeou devido às posições de Hegel, que só se tornaram conhecidas mais tarde, mas pelas concepções de Von Haller, que compreende não só as relações de dominação feudais, mas também as do Estado monárquico moderno como relações privadas, fundadas no direito natural do mais forte. A tese de Hegel sobre o caráter privado e patrimonialista da dominação feudal, independentemente da discussão sobre o seu caráter estatal ou não, e malgrado os contornos às vezes imprecisos dos conceitos de direito público e direito privado, passa a ser dominante entre os grandes publicistas que tematizaram a questão no século XIX, de Dahlmann, Stahl, Bluntchli até O. v. Gierke, sem que Hegel tenha sido o seu ponto de apoio (*id.*, p. 431).

[493] A pergunta por um sujeito político da elaboração de uma constituição, por um poder constituinte, como na tradição inaugurada por Sieyès, é para Hegel "sem sentido", por três razões principais, entrelaçadas entre si. A mais imediata é a experiência contemporânea da rejeição pelos espanhóis da constituição de Bayonne, que lhes foi imposta *a priori* por Napoleão após a queda dos Bourbons em 1808. Apesar de considerá-la uma constituição "racional", Hegel explica sua não aceitação pelo insuficiente amadurecimento histórico do respectivo espírito do povo e da sua consciência jurídica (§ 274 Ad.). Uma segunda razão mais importante é a recusa da figura clássica, recentemente retomada por Rousseau, do "sábio legislador", que, para determinar o conteúdo das leis, recorre a uma "inteligência superior" e invoca uma "autoridade divina" (*CS*, II, 7, v. III, pp. 381-3). Movido por sua concepção de que o direito e a constituição se fazem por si mesmos no desenvolvimento histórico do espírito do povo, Hegel situa essa figura do legislador na "época dos heróis", porque a constituição e o direito já estão sempre presentes e atuantes nos povos que se constituíram em Estado. Além disso, essa figura também vai na contramão da concepção da racionalidade em si e por si, imanente à vontade universal enquanto fundamento do Estado e da sua constituição. Mas a razão decisiva é a tese especulativa a respeito do nexo de pressuposição recíproca e essencial entre o desenvolvimen-

do, mostra-se em seguida sem sentido. Com efeito, ela pressupõe que não exista nenhuma constituição, portanto, tão só um mero *aglomerado* atomístico de indivíduos juntos. O modo como um aglomerado chegaria a uma constituição, se graças a si ou a outros, se graças à bondade, ao pensamento ou à violência, teria de ser deixado a ele mesmo, uma vez que o conceito não tem nada a ver com um aglomerado. — Mas se essa questão já pressupõe uma constituição existente, então o *fazer* significa somente uma modificação, e a própria pressuposição de uma constituição implica imediatamente que a modificação só possa ocorrer por uma via conforme à constituição. — Em princípio, porém, é absolutamente essencial que a constituição, embora tendo surgido no tempo, não seja *considerada como algo feito*; pois ela é, ao contrário, o que pura e simplesmente é em si e por si, que por isso há que considerar como o divino e persistente e como situada acima da esfera daquilo que é feito.

---

to histórico do espírito e o de sua constituição, que aparece no parágrafo seguinte (§ 274), e é retomada mais explicitamente no § 540 da *Enciclopédia* [1830]. Segundo essa pressuposição recíproca, o espírito só é efetivo na medida em que ele tem uma consciência determinada dos seus princípios racionais e, reciprocamente, a constituição só é efetiva na medida em que esses princípios "estão presentes para ele enquanto existentes" e aí-presentes na autoconsciência do povo (*E*, § 540). Daí, também, o caráter derivado e secundário da elaboração de uma constituição escrita. Isso aproxima Hegel da Escola Histórica do Direito e da crítica que ela faz ao projeto jusnaturalista de elaborar uma constituição que desconheceria os vínculos históricos com a gênese e as transformações do direito a partir do "espírito do povo". Com efeito, quando essa não é adequada ao seu grau de amadurecimento, isto é, à autoconsciência efetiva que ele tem da sua liberdade (§ 274), ela é equiparada pejorativamente a um "produto do pensamento" (*Gedankending*) (§ 274, Ad.), no sentido de um artefato resultante de um "fazer" a-histórico. Por isso, ele pode tornar essa pergunta "sem sentido" equivalente a outra pergunta igualmente desprovida de sentido: "A pergunta: a quem e a que autoridade, e organizada de que modo, compete fazer uma constituição, é a mesma que esta: quem tem de fazer o espírito de um povo" (*E*, § 540 A). Essa sua proximidade à Escola Histórica do Direito, no que concerne à evolução histórica do direito e das leis e a seu enraizamento no espírito do povo, não o impediu, todavia, de criticar mordazmente a oposição de Savigny à conveniência e à necessidade de uma codificação do direito civil para a Alemanha e ao "ódio à lei" de V. Haller, tomando o partido de Thibaut a favor da redação de tal código (§§ 211 e 216), bem como a favor de uma outorga constitucional pelo rei, a exemplo da constituição outorgada por Luís XVI de França. "É o espírito [do povo] imanente [*inwohnende*] e a história — é, na verdade, a história e somente a *sua* história —, por quem as constituições são feitas e foram feitas" (*E*, § 540 A).

Adendo (H). O princípio do mundo moderno em geral é a liberdade da subjetividade, ele está em que todos os lados essenciais presentes na totalidade espiritual se desenvolvam, chegando ao seu direito. Partindo desse ponto de vista, mal se pode levantar a questão ociosa de saber qual forma seja a melhor, se a monarquia ou a democracia. Só é legítimo dizer que são unilaterais as formas de todas as constituições políticas que não conseguem suportar dentro de si o princípio da livre subjetividade e que não sabem corresponder à razão plenamente amadurecida.

§ 274

Uma vez que o espírito só é efetivo como aquilo que ele sabe de si, e o Estado, enquanto espírito de um povo, é simultaneamente a lei que *perpassa todas as situações desse povo*, os costumes e a consciência dos seus indivíduos, segue-se que a constituição de um povo determinado depende, em geral, da maneira de ser e da formação da autoconsciência do mesmo; nessa autoconsciência reside a liberdade subjetiva desse povo e, portanto, a efetividade da constituição.

Querer dar *a priori* a um povo uma constituição, ainda que mais ou menos racional quanto ao seu conteúdo — essa excogitação não atenta precisamente ao momento graças ao qual uma constituição é mais do que um produto do pensamento. Por causa disso, cada povo tem a constituição que lhe é adequada e que lhe convém.

Adendo (H, G). O Estado na sua constituição tem de perpassar todas as situações. Napoleão, por exemplo, quis dar *a priori* aos espanhóis uma constituição, mas isso se passou muito mal. Pois uma constituição não é algo meramente feito: ela é o trabalho de séculos, a ideia e a consciência do racional, tanto quanto essa consciência está desenvolvida num povo. Daí que nenhuma constituição é meramente criada por sujeitos. O que Napoleão deu aos espanhóis era mais racional do que o que tinham antes e, no entanto, repeliram-no como algo que lhes era estranho, já que não tinham se elevado ainda a esse grau de formação. O povo tem de ter por sua constituição o sentimento do seu direito e da sua condição, pois do contrário ela até pode estar exteriormente aí-presente, mas não tem significação nenhuma e valor nenhum. Com certeza pode-se, frequentemente, encontrar em indivíduos singulares a carência de uma constituição melhor e a aspiração por ela, mas que a massa toda de um povo esteja perpassada por tal representação é algo inteiramente diferente e que só se segue mais tarde. O princípio da moralidade ou da interioridade de Sócrates teve necessariamente a sua origem nos seus dias, mas tomou tempo para que ele se tornasse consciência universal.

a. *O poder do príncipe*[494]

§ 275

O poder do príncipe contém ele próprio dentro de si os três momentos da totalidade (§ 272), a *universalidade* da constituição e das leis, a consul-

---

[494] Foi assinalada e criticada por K. H. Ilting ("Die Struktur der Hegelschen Rechtsphilosophie", in: Riedel, M. (ed.), *Materialien zu Hegels Rechtsphilosophie*, Frankfurt a. M., Suhrkamp, 1975, v. 2, pp. 68-70), que por sua vez retoma a objeção de Plamenatz, uma suposta incoerência entre a apresentação geral da diferenciação dos poderes no § 273, na sequência poder legislativo, poder governamental e poder do príncipe, que segue a ordem expositiva dos momentos do conceito especulativo de vontade livre, universalidade, particularidade e singularidade (§§ 5-7), de um lado, e a apresentação desenvolvida dos poderes constitucionais (§§ 275-320), que começa com o poder do príncipe (singularidade) e conclui com o poder legislativo (universalidade), passando pelo poder governamental (particularidade), de outro. Essa inversão da ordem dos momentos lógicos do conceito não é uma incoerência no desenvolvimento da ideia de Estado ou uma infidelidade de Hegel à sua lógica especulativa e a uma posição inicialmente mais constitucionalista, segundo a qual o início com o poder legislativo aproximaria mais a soberania do Estado da soberania popular (cf. § 279 A). Nessa perspectiva, o tratamento do poder monárquico por último destacaria a função primariamente constitucional e o caráter antes de tudo formal da decisão do príncipe, conhecida pela formulação das *Preleções de 1823-24*, segundo a qual o monarca é somente um homem que põe o pingo no "i" (§ 280 Ad.). O início da exposição com o poder do príncipe seria, na conhecida interpretação de Ilting, uma acomodação de Hegel ao Estado prussiano e ao *status quo* político posterior ao Congresso de Viena (1815) e às resoluções de Karlsbad (1818), dirigidas contra as agitações "demagógicas" dos estudantes (*Demagogenverfolgung*). Sua função teórica principal seria a justificação especulativa da monarquia hereditária, a incorporação exclusiva da soberania do Estado no monarca hereditário, assim subtraído a toda legitimação democrática.

Ora, como mostrou Fulda, independentemente das conclusões políticas que a interpretação de Ilting daí deriva, este duplo movimento inverso da apresentação das determinações do conceito, um a contracorrente do outro, já existe no direito abstrato. Ela exprime, em princípio, a dupla direção própria à apresentação dialético-especulativa, assinalada pela diferença dos verbos "desenvolver" (*entwickeln*) e "desdobrar" (*entfalten*):

ta⁴⁹⁵ enquanto relação do *particular* ao universal, e o momento da *decisão* última enquanto *autodeterminação*, à qual tudo o mais retorna e da qual tudo toma o começo da sua efetividade. Esse autodeterminar absoluto constitui o princípio distintivo do poder do príncipe enquanto tal, o qual é o primeiro a ser desenvolvido.

Adendo (H). Começamos com o poder do príncipe, quer dizer, com o momento da singularidade, pois esta contém dentro de si os três momentos

---

de um lado, o movimento pelo qual o conceito de vontade livre, que atua no espírito objetivo, se desenvolve e se configura em direção à sua determinação plena enquanto ideia do todo, na sequência S — P — U; de outro, a ordem das determinações conceituais da ideia do todo já efetivado como organismo plenamente desenvolvido, que então desdobra o conteúdo racional da ideia na sequência U — P — S. Portanto, visto que a vontade substancial do Estado só se efetiva mediante a sua decisão, na qual a vontade se autodetermina dando-se a forma da singularidade (§ 7), a sequência: poder monárquico, concebido como o momento da "autodeterminação absoluta" (S) do todo (§ 275), poder governamental (P), poder legislativo (U), exprime o desenvolvimento e a determinação progressiva do conceito de vontade livre em direção à sua determinação plena enquanto universalidade concreta e objetiva da ideia de Estado, que se dá existência na decisão em última instância do príncipe. Na apresentação inversa do § 273 e seguintes, a sequência U — P — S, que parte do organismo político já pressuposto como ideia de Estado, ele se diferencia em suas determinações substanciais nas quais o todo do Estado existe imediatamente como o universal da constituição e das leis, isto é, como o universal que é "pressuposto à sua própria produção" (*FD*, § 269; Fulda, H. F., "Die Entwicklung des Begriffs in Hegels Rechtphilosophie", in: Angehrn, E., Fink-Eitel, H., Iber, C. e Lohmann, G. (eds.), *Dialektischer Negativismus, Michael Theunissen zum 60. Geburtstag*, Frankfurt a. M., Suhrkamp, 1992, pp. 316-9).

⁴⁹⁵ *Beratung*: substantivo formado a partir do verbo *beraten*, cuja significação fundamental deriva do substantivo *Rat*, "conselho", se refere tanto à atividade do aconselhar ou pedir conselho quanto à atividade de deliberar, no sentido de "refletir", "ponderar", "discutir no intuito de decidir o que fazer" (*Houaiss*, p. 932). O intuito da decisão e a competência para tal é essencial ao significado de deliberar na língua portuguesa. Hegel utiliza *beraten* e *Beratung* tanto para caracterizar a função específica do poder de governo e da burocracia ministerial, que é estritamente consultiva, quanto para designar a função deliberativa no sentido do debate, da discussão conjunta, em vista da informação e persuasão recíproca dos deputados, própria das assembleias estamentais (cf. § 309). Mas, na medida em que a competência da "decisão última" pertence ao monarca, seja do ponto de vista da iniciativa legislativa, seja do ponto de vista da sanção da lei, e na medida em que as assembleias estamentais não representam a universalidade dos cidadãos, mas a organização corporativa e estamental já existente na sociedade civil, a sua atividade deliberativa não contém a competência de uma decisão própria e independente,

do Estado enquanto uma totalidade. Com efeito, o eu é, ao mesmo tempo, o mais singular e o mais universal. Na natureza há também, inicialmente, um singular, mas a realidade, a não idealidade, a exterioridade recíproca não é o que está-junto-de-si, senão que as diversas singularidades subsistem umas ao lado das outras. No espírito, pelo contrário, todo o diverso é somente enquanto algo ideal e enquanto uma unidade. O Estado é assim, enquanto espiritual, a exposição de todos os seus momentos, mas a singularidade é, simultaneamente, a alma e o princípio vivificante, a soberania, que contém todas as diferenças dentro de si.

§ 276

1. A determinação fundamental do Estado político é a unidade substancial enquanto *idealidade* dos seus momentos,[496] na qual α) os poderes e

---

pois elas são só coparticipantes do processo de formação da vontade política e da decisão (§ 314), juntamente com os "conselhos consultivos superiores" (§ 283) da burocracia ministerial. Assim, sempre que *Beratung* se refere estritamente às funções de governo, que são atividades de subsunção, a palavra será traduzida por "consulta", respectivamente por "consultivo", no caso do adjetivo, mas, quando se referir às atividades dos foros representativos, recorre-se ao verbo "deliberar" ou ao substantivo "deliberação", com a ressalva de que essa deliberação não inclui uma competência decisória própria ou última, mas, no máximo, uma deliberação e uma decisão conjunta com o príncipe (*mitberaten und mitbeschliessen*, § 314). É importante também assinalar que, quando se trata da decisão em última instância do monarca, Hegel utiliza o verbo *entscheiden*, ao passo que, quando menciona expressamente a atividade decisória dos foros deliberativos, querendo explicitar o intuito da decisão contido na deliberação, ele recorre ao verbo *beschliessen*.

[496] Hegel fundamenta a sua concepção específica da diferenciação dos poderes, aqui, pelo entrelaçamento da tese da idealidade do finito com a sua construção lógico-conceitual dos poderes, que são, assim, concebidos como momentos finitos, ao mesmo tempo *ideais* e *totais* de uma "unidade substancial". Enquanto momentos *totais* que contêm dentro de si, cada um alternadamente, os dois outros poderes na sua idealidade, eles são diferenças substanciais, efetivas dessa unidade, mas de tal sorte que a sua diferenciação funcional não implica sua separação ou autonomização ("não têm nenhuma legitimação independente"), como na concepção liberal do equilíbrio dos poderes por pesos e contrapesos, pois eles permanecem, enquanto momentos totais, subordinados e integrados nessa unidade substancial. Como momentos *ideais* da "potência do todo", eles são, ao mesmo tempo, seus "membros fluidos", que se resolvem constantemente na sua unidade e, mais precisamente, conforme a sua necessária hierarquia, no si-mesmo do todo político, a "raiz última" dessa unidade, que é o momento da singularidade do todo en-

as tarefas particulares do mesmo estão tanto dissolvidos quanto mantidos, e mantidos somente enquanto não têm nenhuma legitimação independente, porém unicamente uma legitimação tal e tão ampla quanto ela está determinada na ideia do todo, quanto eles provêm da potência do todo e são membros fluidos desse, enquanto si-mesmo (*Selbst*) simples desses poderes e dessas tarefas.

Adendo (G). Com essa idealidade dos momentos ocorre o mesmo que com a vida no corpo orgânico: a vida está em cada ponto, só há uma vida em todos os pontos, e não há resistência alguma contra ela. Todo ponto, separado dela, está morto. Essa é, também, a idealidade de todos os estamentos, poderes e de todas as corporações singulares, por mais que tenham também o impulso de subsistir e de ser por si. Passa-se com eles o mesmo que com o estômago no organismo: aquele também se põe por si, mas, ao mesmo tempo, é suprimido e sacrificado, e se ultrapassa no todo.

§ 277

β) As tarefas e as atuações particulares do Estado, enquanto momentos essenciais do mesmo, lhe são próprias e estão ligadas aos *indivíduos* pelos quais elas são conduzidas e executadas, não em virtude da sua personalidade imediata, mas somente em virtude das suas qualidades universais e objetivas e, por isso, estão unidas de maneira exterior e contingente à sua personalidade particular como tal. Daí que as tarefas e os poderes do Estado não podem ser *propriedade privada*.

Adendo (G). A atuação do Estado está ligada a indivíduos; mas eles não são legitimados a se ocupar das tarefas pela sua maneira natural de ser, porém em virtude da sua qualidade objetiva. Capacidade, habilidade, caráter pertencem à particularidade do indivíduo: ele tem de ser educado e formado para uma tarefa particular. Por isso, um cargo oficial não pode ser nem vendido nem transmitido por herança. Na França, os lugares no Parlamento eram outrora passíveis de venda, no exército inglês, os postos de oficiais ain-

---

quanto princípio lógico da soberania estatal. O *télos* dessa construção especulativa dos poderes é mostrar que, assim como a vida está presente em todos os pontos do organismo, o poder indivisível do Estado, enquanto "vida lógica", está inteiramente presente em todos os poderes.

da o são hoje até certo grau, mas isso estava ou ainda está vinculado à constituição medieval de certos Estados, que, agora, está paulatinamente em via de desaparecer.

§ 278

A *soberania do Estado*[497] constitui essas duas determinações, que as tarefas e os poderes particulares do Estado não são autônomos e estáveis

---

[497] Hegel introduz o seu conceito especulativo de soberania estatal na rubrica "poder do príncipe", como a figuração política do momento da singularidade do todo ético em sua organização constitucional, que tem precisamente no poder do príncipe o princípio último da sua autodeterminação. Esse conceito é a expressão política dessa concepção igualmente especulativo-conceitual da "ideia de Estado" como todo orgânico, que se constitui pela diferenciação e resolução nele dos seus poderes, enquanto seus momentos ideais. Assim como o conceito é a alma do organismo vivo, entendido este como a forma de realização imediata da ideia lógica, analogamente, a soberania é a alma do organismo político, como de resto já o era para o *Leviatã* de Hobbes. Ela consiste na idealidade dos poderes, suas tarefas e atividades, e no seu enraizamento último na subjetividade substancial do Estado. Além de reformular especulativamente a indivisibilidade enquanto atributo canônico da soberania moderna, contra a teoria liberal da divisão dos poderes, Hegel quer com isso ressaltar o enraizamento especulativo da soberania na singularidade enquanto relação negativa do todo político a si mesmo — "a singularidade como negatividade infinita" (*E*, § 216) —, graças à qual o todo se põe como um "si-mesmo simples" através da idealidade dos seus poderes e funções. "O conceito de soberania deve ser considerado como o todo [...]. A soberania não é ainda o poder do príncipe enquanto tal, ela é o todo, e só enquanto a própria soberania faz de si mesma um momento, enquanto ela se diferencia dentro de si mesma, é que ela se torna um momento do todo, sendo, assim, poder monárquico, que se distingue do poder governamental e do poder legislativo" (*VRph 1824-25*, p. 664). Essa é a armação especulativa da reformulação hegeliana da soberania moderna, que recusa tanto a sua fundação na autoridade divina quanto nas diferentes formas contratuais do jusnaturalismo, deslocando a questão da soberania para um outro patamar conceitual e normativo, na medida em que a desvincula, neste aspecto, do paradigma hobbesiano, que a trata primeiramente a partir da pessoa ou da assembleia de pessoas, que seria o seu portador e detentor, a fim de concebê-la como a propriedade fundamental do próprio Estado enquanto ideia, como sua "personalidade" (§ 279 A). A inovação categorial dessa tese foi determinante para toda doutrina jurídica alemã do Estado durante o século XIX e início do século XX. Ela vai concebê-lo como um sujeito normativo transindividual dotado de personalidade, todavia, sem o embasamento lógico-conceitual da personalidade do Estado na negatividade autorreferencial da singularidade do todo ético-político e, em última instância, na singularidade do conceito de vontade livre (ver § 278 A), como em Hegel.

nem por si, nem na vontade particular dos indivíduos, mas têm a sua raiz última na unidade do Estado enquanto seu si-mesmo simples.

Isso é a soberania *interna*;[498] ela tem ainda um outro lado, a soberania *externa* (ver abaixo [§§ 321 ss.]). — Na *monarquia feudal* de outrora o Estado era, com certeza, soberano externamente, mas, internamente, não só o monarca, como também o Estado não eram soberanos. Em parte (cf. § 273 A), as tarefas e os poderes particulares do Estado e da sociedade civil estavam constituídos em corporações e comunas independentes, sendo o todo, por isso, mais um agregado do que um organismo, em parte, eram propriedade privada de indivíduos e, com isso, o que devia ser feito por eles mesmos em consideração ao todo era deixado à sua opinião e ao seu capricho. — O *idealismo* que constitui a soberania[499] é a mesma determinação em virtude da qual no organismo

---

[498] Literalmente, "a soberania [voltada] para dentro" (*Die Souveränität nach innen*), contraposta à "soberania [voltada] para fora" (*Die Souveränität gegen aussen*) (§ 321), expressões que, em ambos os casos, por razões de concisão, foram traduzidas por "soberania interna" e "soberania externa", respectivamente.

[499] A tese do "idealismo da soberania", numa formulação concisa, é o aspecto do conceito hegeliano de soberania que mais fundamente lança as suas raízes no núcleo da lógica especulativa, precisamente na tese da idealidade do finito, segundo a qual o verdadeiro em si do ente finito é a sua nadidade intrínseca, que o remete para além de si mesmo, a fim de se tornar, precisamente, um momento ideal do infinito efetivo, que é processual (*WL I*, pp. 118, 135-6; *TWA*, v. 5, pp. 141-2, 162-5). Terminologicamente, a diferença entre "idealidade" e "idealismo" remete à tese hegeliana de que toda verdadeira filosofia é, pelo menos em seu princípio, idealismo (*id.*, p. 142; *id.*, p. 172), enunciada na *Lógica do ser* como corolário do conceito de infinitude verdadeira. O "idealismo" é, assim, um atributo desse infinito, que precisamente "suspende" o finito enquanto momento ideal. O termo "ideal" (*ideell*) tem, assim, uma dupla face, a do "idealismo", que designa o infinito atual (efetivo), enquanto verdadeiro concreto (aqui, a ideia de Estado), e a da "idealidade" do finito, enquanto momento ideal suspenso no infinito, no qual ele adquire o seu estatuto verdadeiro. Assim, se para a concepção político-especulativa do Estado enquanto ideia, este se torna "espírito efetivo infinito para si" no seu movimento de retorno a si "a partir da idealidade" das esferas finitas da família e da sociedade civil, o ápice do Estado político-institucional, sua "personalidade", se manifesta como "idealismo da soberania" em face das instituições e interesses particulares da sociedade civil, mas também dos poderes estatais e suas funções. A constituição política e o seu ápice, a soberania do Estado, representam, assim, a dimensão da idealidade do todo ético-político. O conceito de idealidade designa, por conseguinte, tanto a infinitude da ideia, como sendo aquilo que é o mais concreto, quanto a finitude dos momentos ideais suspensos naquela.

Aqui, a tese da idealidade do finito, sobredeterminada pela lógica do conceito, se desdobra e concretiza na esfera política em três níveis: 1) no nível do Estado, no sentido

animal as suas assim chamadas partes não são partes, mas membros, momentos orgânicos, cujo isolamento e subsistir-por-si é a doença (ver *E [1817]*, § 293 [*E*, § 371]); esse idealismo é o mesmo princípio que interveio no conceito abstrato de vontade (ver próximo §, Anotação), como a negatividade se referindo a si mesma e, por isso, como a universalidade *se determinando à singularidade* (§ 7), negatividade na qual toda particularidade e toda determinidade são suspensas, o fundamento absoluto determinando a si mesmo; a fim de apreender essa negatividade é preciso possuir, em geral, o conceito do que é a substância e a verdadeira subjetividade do conceito. — Porque a soberania é a idealidade de toda legitimação particular, pode surgir facilmente o mal-entendido, que é também muito habitual, de tomá-la por um mero poder e um arbítrio vazio, e por sinônimo de despotismo. Mas o despotismo

---

lato, que, na sua infinitude enquanto espírito, é o universal abrangente das esferas da família e da sociedade civil, o qual as compreende em si enquanto esfera pública (§ 262); 2) no nível da constituição política do Estado institucional (Estado no sentido estrito), que se articula "*segundo a natureza do conceito*" (§ 272) pela diferença dos poderes, concebidos como momentos ideais e totais do organismo político; 3) no nível da singularidade desse todo, expressa politicamente pela soberania enquanto personalidade do Estado, incorporada na pessoa do monarca (§§ 278-9). O "idealismo da soberania" constitui, assim, o ápice dessa ordem hierárquica interna da esfera público-política, que, assim, faz aparecer a idealidade finita dos níveis e momentos subordinados: se a esfera público-política constitui a idealidade ética de toda a esfera "do direito privado e do bem-próprio privado", de toda vida familiar e civil (§ 261), o "idealismo da soberania", como "raiz última da unidade do Estado" (§ 278) torna efetiva "a idealidade de toda legitimação particular" (§ 278 A), isto é, a sua subordinação ao "fim do todo" ético-político.

Prolongando, portanto, a tese político-especulativa central do § 262, a soberania (interna e externa) só se torna efetiva trazendo à manifestação a idealidade de todas as esferas e momentos da diferenciação e organização do todo, as quais ela subordina e integra no seu "si-mesmo simples". As duas maneiras pelas quais ela manifesta essa idealidade do finito, em "estado de paz", e em estado de "necessidade constringente" (*Zustand der Not*), seja interna (estado de exceção, guerra civil), seja externa, nas relações interestatais (guerra) (§ 278 A), são, também, os modos através dos quais ela efetiva, para dentro e para fora, a relação negativa do todo político a si mesmo, "o momento próprio supremo do Estado" (§ 323), que remete, em última instância, à negatividade autorreferencial da liberdade enquanto princípio de todo idealismo especulativo (§ 278 A; § 321; Müller, M. L., "Estado e soberania: o 'idealismo da soberania'", in: Évora, F., Faria, P., Loparic, A., Santos, L. H. L. e Zingano, M. (orgs.), *Lógica e ontologia: ensaios em homenagem a Balthazar Barbosa Filho*, São Paulo, Discurso Editorial, 2004, pp. 263-90).

designa, em geral, a situação em que não há lei, na qual a vontade particular enquanto tal, seja a de um monarca ou a de um povo (oclocracia), vale então como lei ou no lugar da lei, ao passo que a soberania, justamente por ser uma situação legal, constitucional, constitui o momento da idealidade das esferas e tarefas particulares, de tal sorte que tal esfera não seja algo de independente, de autônomo nos seus fins e modos de operação e esteja apenas se aprofundando adentro de si, porém, que nesses fins e modos de operação ela seja determinada *pelo fim do todo* e dependente dele (fim que foi denominado, em geral, com uma expressão indeterminada, o *bem-estar do Estado*). Essa idealidade vem a aparecer de uma dupla maneira. — Em estado *de paz*, as esferas e tarefas particulares prosseguem o andamento normal da satisfação das suas tarefas e dos seus fins particulares e, de uma parte, é só segundo o modo da *necessidade* inconsciente da Coisa que o egoísmo dessas esferas e tarefas particulares se *inverte* na contribuição à [sua] conservação recíproca e à conservação do todo (ver § 183), mas, de outra parte, é a *atuação direta* de cima que as reconduz continuamente ao fim do todo e as restringe em conformidade com ele (ver o poder governamental, § 289), assim como as obriga a realizar prestações diretas para a conservação desse todo — em estado *de necessidade constringente*, porém, seja interno ou exterior, a soberania é aquilo em cujo conceito simples conflui o organismo, que, lá [no estado de paz], subsiste nas suas particularidades, e a ela é confiado o salvamento do Estado, com o sacrifício disso que de outra maneira é legítimo; é, pois, nesse estado que esse idealismo [da soberania] chega à sua efetividade própria (ver abaixo § 321).

§ 279

2. A soberania, que inicialmente é só o pensamento *universal* dessa idealidade, *existe* somente enquanto *subjetividade* certa de si mesma e enquanto *autodeterminação* abstrata da vontade, nessa medida desprovida de fundamento, autodeterminação na qual reside o elemento-último da decisão. Esse é o elemento-individual enquanto tal do Estado, que, ele próprio, só nesse elemento é *um*. Mas, em sua verdade, a subjetividade é somente enquanto *sujeito*, a personalidade, somente enquanto *pessoa*, e, na constituição amadurecida até a racionalidade real, cada um dos três momentos do conceito tem a sua configuração separada, *efetiva por si*. Por isso, esse momento ab-

solutamente decisivo do todo não é a individualidade em geral, mas *um* indivíduo, o *monarca*.

O desenvolvimento imanente de uma ciência, a *derivação de todo o seu conteúdo* a partir do *conceito* simples (se não uma ciência não merece tal nome, pelo menos não o nome de uma ciência filosófica), mostra propriamente que um só e o mesmo conceito, aqui a vontade,[500] que sendo inicialmente abstrata, porque se trata do começo, se mantém, mas ela condensa as suas determinações e, no caso, igualmente as condensa somente por si mesma e dessa maneira ganha um conteúdo concreto. Assim, é o momento fundamental da personalidade, primeiramente abstrata no direito imediato, que se cultivou progressivamente através das suas diferentes formas de subjetividade e, aqui, no direito absoluto, no Estado, [isto é,] na objetividade plenamente concreta da vontade, é a *personalidade do Estado*,[501] a sua *certeza de si mesmo* —

---

[500] Como o conceito em geral se modula e transforma segundo as características próprias de cada esfera em que ele atua, aqui, na esfera do espírito objetivo, ele se especifica como conceito do direito, que é a efetivação da vontade livre nas diferentes configurações objetivas que ela se dá. O enunciado textual refere-se, por isso, não ao "conceito de vontade", porém, literalmente, apenas à "vontade", isto é, à "vontade enquanto conceito", que é o fundamento próprio e específico da esfera do direito, e, aqui, mais precisamente, das configurações da ideia de Estado.

[501] O conceito de "personalidade do Estado", que designa a subjetividade categorial, supraindividual do Estado soberano moderno, fecha aqui o arco da construção especulativa e sistemática da obra: partindo do conceito abstrato de vontade livre, rigorosamente, no âmbito do espírito objetivo, do "conceito abstrato da ideia de vontade" (§ 27), isto é, daquela vontade que se quer a si mesma como livre, e, por isso, se objetiva como direito no sentido lato, a personalidade do Estado surge e se apresenta como a determinação última e completa dessa vontade, que condensa em si todas as determinações do seu desenvolvimento e da sua objetivação ("a objetividade plenamente concreta da vontade", isto é, a vontade universal substancial enquanto sujeito). Esse conceito designa, assim, a subjetividade supraindividual do Estado enquanto vontade universal objetivada, que se torna plenamente efetiva na decisão final do monarca enquanto pessoa individual. Daí que a soberania do Estado é, para Hegel, essencialmente monárquica, por razões antes de tudo sistemáticas. Com efeito, é o monarca que torna efetiva e incorpora institucionalmente a soberania (o momento da singularidade conceitual do Estado) na singularidade empírica da sua pessoa enquanto "*um* indivíduo", que passa a ser a instância da "autodeterminação última", no sentido da "certeza subjetiva" do Estado. A base lógico-especulativa dessa justificação do princípio monárquico é a correlação estreita que Hegel estabelece, abaixo, do vínculo entre a personalidade (a soberania) e a pessoa (o soberano), de um lado, e o conceito e a ideia, de outro, este último vínculo remetendo ao enunciado especulativo fundamental do § 1. Apesar dessa relação estreita, Klaus Hart-

é esse elemento-último que suspende todas as particularidades no si-mesmo simples e interrompe a ponderação das razões a favor e contra, entre as quais se pode sempre oscilar para cá e para lá, e que por um "*eu quero*" decide conclusivamente[502] e dá início a toda ação e a toda efetividade. — Mas, além disso, a personalidade e a subjetividade em geral, enquanto elemento-infinito se referindo a si mesmo, só tem *verdade* pura e simplesmente, e, no caso, sua verdade imediata, mais próxima, enquanto pessoa, enquanto sujeito sendo para si, e, em sendo para si, é justamente absolutamente *um*. A personalidade do Estado é efetiva somente enquanto uma *pessoa, o monarca*. — Personalidade exprime o conceito enquanto tal, a pessoa contém ao mesmo tempo a efetividade do mesmo, e só com essa determinação o conceito é *ideia*, verdade. — O que se denomina pessoa *moral*, sociedade, comunidade, família, por mais concreta que ela seja em si mesma, tem nela a personalidade apenas de maneira abstrata, como momento; nessa pessoa a personalidade não chegou à verdade de sua existência; mas o Estado é precisamente essa totalidade na qual os momentos da consciência alcançam a efetividade segundo a sua verdade própria. — Todas essas determinações já foram discutidas por si e nas suas configurações em

---

mann julga legítimo, mesmo do ponto de vista da lógica especulativa, distinguir entre a soberania enquanto subjetividade categorial do Estado e a singularidade empírica do soberano enquanto *este* indivíduo, de sorte que a tese da soberania como personalidade do Estado seria "indiferente" à vinculação essencial e imediata que Hegel estabelece entre ela e o princípio monárquico. Essa indiferença da soberania em relação à sua incorporação num monarca (princípio monárquico) e, mais ainda, em relação à designação hereditária deste por primogenitura (princípio dinástico, v. § 280), acontece, como aponta Hartmann, em Estados constitucionais com representação parlamentar e, mesmo, em Estados fundados na soberania popular, que podem delegar o exercício da soberania a um órgão do Estado, ao qual é atribuída, na função de governo, a decisão em última instância (Hartmann, K., *Politische Philosophie*, Friburgo/Munique, K. Alber, 1981, pp. 181-2). Trata-se de uma hipótese exploratória, que argui possibilidades conceituais que extrapolam o contexto imanente da teoria, definido não só pela justificação especulativa dos dois elementos constitutivos da "majestade do monarca", que será apresentada no § 281, mas pela "conexão absoluta" que Hegel estabelece entre "a liberdade pública" e "a hereditariedade do trono", concebidas como "garantias recíprocas" (§ 286 A).

[502] O verbo *beschliessen* ("decidir conclusivamente") significa mais do que apenas "decidir" (*entscheiden*), pois ele remete ao momento pelo qual a vontade se torna efetiva e se dá a forma da singularidade (§ 12), aqui, especificamente, o momento pelo qual a soberania, enquanto personalidade do Estado, se torna efetiva pela decisão conclusiva do monarca enquanto ápice da singularidade da vontade estatal.

todo o percurso deste tratado, mas elas foram retomadas aqui, porque na verdade é fácil admiti-las em suas configurações particulares, porém não se as reconhece e as apreende ali precisamente onde se apresentam na sua posição verdadeira, não isoladas, porém segundo a sua verdade, enquanto *momentos* da ideia. — O conceito de monarca é, por essa razão, o conceito mais difícil para o raciocínio, isto é, para a consideração reflexionante do entendimento, porque esse raciocínio se detém nas determinações isoladas e, por isso, só conhece pontos de vista finitos e o *derivar* a partir de razões. Ele apresenta então, assim, a dignidade do monarca como algo *derivado* não só segundo a forma, mas segundo a sua determinação; ao contrário, o seu conceito não é algo derivado, mas o que *pura e simplesmente inicia a partir de si mesmo*.[503] Daí que a representação mais próxima da verdade é a que considera o direito do monarca como fundado sobre a autoridade divina, pois aí está contido o elemento-incondicional do mesmo. Mas são conhecidos os mal-entendidos que se ligaram a essa representação, e a tarefa da consideração filosófica é precisamente apreender conceitualmente esse divino.

De *soberania popular*,[504] pode-se falar no sentido de que um povo em geral seja *externamente* um povo autônomo e constitua um Estado

---

[503] A tese de que o conceito de monarca, assim como, adiante, o de "majestade do monarca" (§ 281), só pode ser apreendido pela filosofia especulativa e escapa às razões que o entendimento raciocinativo deriva para justificá-las, é um corolário da concepção segundo a qual a decisão em última instância do soberano, que torna a personalidade do Estado efetiva na sua pessoa, tem a sua origem em si mesma. Essa tese mostra a ruptura da concepção hegeliana com a moderna fundamentação jusnaturalista da soberania e da representação política pela autorização, que dá a toda decisão do soberano a forma jurídica do consentimento pactuado por cada um com todos os outros, como no paradigma hobbesiano. Nesse sentido, mesmo que a decisão suprema do príncipe no exercício do poder governamental tenha de se inscrever no quadro legal e no espírito da constituição, e seja, assim, a expressão da unidade orgânica dos poderes, enquanto "puro decidir, sem mistura" ela é um elemento reiterado de ruptura da forma jurídica baseada na ficção jusnaturalista da autorização universal, pois a legitimidade e a efetividade do poder do Estado resultam, antes, da interpenetração entre as liberdades individuais e a liberdade universal objetiva no interior do todo ético-político. Daí, também, a aproximação entre essa justificação especulativa e o fundamento do caráter incondicional da decisão final na autoridade divina.

[504] O conceito de soberania popular deve a Rousseau a sua formulação teórica decisiva e a sua importante trajetória no pensamento político e na história constitucional posterior, a começar pela sua acolhida na constituição francesa de 1791, que a concebe como um atributo inalienável da nação. Formulado como conceito polêmico contra o

próprio, como o povo da Grã-Bretanha, mas os povos da Inglaterra ou da Escócia, da Irlanda, ou de Veneza, de Gênova, do Ceilão etc. não são mais povos soberanos desde que cessaram de ter príncipes próprios ou instâncias de governo supremo para si. — Pode-se, assim, dizer também da *soberania interna* que ela reside no *povo*, conquanto se fale em geral apenas do *todo*, justamente como se mostrou anteriormente (§§ 277, 278) que a soberania cabe ao *Estado*. Mas a soberania do povo, tomada como estando em *oposição à soberania existente no monarca*, é o sentido habitual em que se começou a falar de soberania em tempos recentes — nessa oposição a soberania está entre os pensamentos confusos, em cuja base está a representação *caótica* do *povo*. O povo, tomado *sem* o seu monarca e sem a *articulação* do todo, conexa necessária e imediatamente com ele, é a massa informe, que não é mais Estado e à qual não convém mais *nenhuma* das determinações que só estão presentes no todo *formado dentro de si mesmo* — tais como soberania, governo, tribunais, autoridade, estamentos e o que quer que seja. Com

---

absolutismo do poder monárquico, que considera a vontade legisladora soberana não inteiramente subordinada às leis por ela estabelecidas, Rousseau concebe o povo e a vontade soberana como formando uma única vontade, no sentido de que é o próprio povo quem deve se constituir como uma só vontade, mediante a formação, pela via do "contrato social", de uma "vontade geral", de tal sorte que a soberania popular, no seu cerne, não seja senão o exercício da vontade geral. Hegel retoma e reformula esse núcleo teórico no enunciado que diz que a "*soberania interna* reside no povo". Mas, em seguida, ressalva que soberania popular só é verdadeiramente um conceito, e não uma "representação caótica do povo", se ela residir no povo considerado na sua organização constitucional em Estado, enquanto "vontade substancial universal", que, por isso, do ponto de vista da soberania externa, possui um governo próprio e autônomo. Nesse sentido, o elemento decisivo do conceito hegeliano de soberania é a tese hobbesiana, de que só a organização jurídico-política da multidão em Estado transforma a multidão, no sentido de um aglomerado de opiniões e vontades contingentes, num povo, numa "unidade real de todos", cujas vontades, em Hobbes, são reduzidas pelo soberano representante "a uma só vontade" (*Leviathan*, II, 17, p. 227; *Leviatã*, p. 147). Mas há duas diferenças essenciais, uma vez que Hegel não incorpora nem a teoria hobbesiana da autorização com o seu núcleo contratual nem a sua teoria da representação. Por isso, "a soberania cabe ao Estado", enquanto organização política do todo ético, no sentido de que ela pertence primariamente a esse todo e só derivadamente ao príncipe enquanto poder monárquico diferenciado dos outros poderes. Mas permanece o acordo com Hobbes em que só a constituição do povo como um todo ético-político, cuja "unidade substancial" provém da soberania estatal, transforma a "massa informe" no sentido da *plebs* romana em povo no sentido de *populus* e, assim, permite, falar legitimamente de soberania popular.

o fato de que tais momentos que se referem a uma organização, à vida do Estado, emergem em um povo, ele cessa de ser esse abstrato indeterminado que na mera representação geral se chama *povo*. — Se por soberania popular se entende a forma da *república* e, no caso mais determinado, a democracia (pois por república compreendem-se múltiplas outras misturas empíricas, que, de toda maneira, não fazem parte de uma consideração filosófica), em parte já foi dito acima o necessário (no § 273 A), em parte, em face da ideia desenvolvida, tal representação não entra mais em questão. — Num povo que não é representado nem como uma *estirpe* patriarcal, nem no estado não desenvolvido em que as formas de democracia ou aristocracia são possíveis (ver Anotação ao § 273), nem, de resto, num estado arbitrário e inorgânico, mas que é pensado enquanto uma totalidade verdadeiramente orgânica desenvolvida dentro de si, a soberania é enquanto personalidade do todo e esta, em sua realidade adequada ao seu conceito, é enquanto *pessoa do monarca*.

No estágio anteriormente assinalado, em que se fez a divisão das constituições em democracia, aristocracia e monarquia, [isto é,] do ponto de vista da unidade substancial que permanece ainda dentro de si, que não chegou ainda à sua diferenciação infinita e ao seu aprofundamento infinito adentro de si, o momento da *decisão última da vontade determinando-se ela mesma* não irrompe por si na *efetividade* como momento orgânico *imanente* do Estado.[505] Na verdade, mesmo nessas

---

[505] Hegel apresenta duas justificações principais, no registro da filosofia especulativa da história, a favor da superioridade da monarquia constitucional em relação aos outros regimes políticos. Uma segundo a qual a monarquia é o *télos* ao qual se encaminha o pleno amadurecimento do Estado moderno, porque somente nela a ideia de liberdade integra em si as três formas clássicas de constituição, a monarquia, a aristocracia e a democracia, enquanto momentos totais e ideais da sua unidade, ao mesmo tempo que os "libera a partir de si" à sua diferença específica e à sua atuação própria, no sentido de que só ela, como constituição mista mais adequada ao Estado racional, os suspende histórica e politicamente no sentido pleno (§ 273 A). A segunda é a de que somente nela o "decidir puro" da autodeterminação última da vontade soberana adquire, na figura do monarca constitucional, a posição institucional de uma instância independente ("a posição do ápice que está *separado para si*") e, precisamente por isso, ao mesmo tempo, imanente à vontade estatal. Por isso, a monarquia constitucional é, também, "um dos resultados mais tardios da história" (§ 286), pois a diferenciação institucional, que independiza a decisão última como um poder efetivo (um "ápice que está separado para si") e, por isso, ao mesmo tempo, a torna um "momento orgânico imanente" da ideia de Esta-

configurações menos bem formadas do Estado, é sempre preciso que um ápice individual ou esteja presente por si, como nas monarquias que pertencem a essa época anterior, ou, como nas aristocracias, mas principalmente nas democracias, que se erga na figura de homens de Estado, de comandantes supremos, segundo a contingência e a carência *particular* das *circunstâncias*; pois toda ação e toda efetividade tem o seu início e a sua realização plena na unidade decidida de um condutor. Mas, inclusa na união dos poderes que permanece compacta, uma tal subjetividade do ato de decidir tem de ser, em parte, contingente no seu surgir e sobressair, em parte, em geral, subordinada; por isso, o ato de decidir puro, sem mistura, [que é] um *fatum* determinante a partir de fora, não pode residir em parte alguma senão além de tais ápices condicionados. Enquanto momento da ideia, esse ato de decidir tinha de entrar na existência, mas enraizando-se fora da liberdade humana e do seu círculo que o Estado compreende. — Aqui radica a origem da carência de auscultar *oráculos*, o *demônio* (no caso de Sócrates), as entranhas dos animais, o alimentar-se e o voo dos pássaros etc., em busca da *decisão última* sobre as grandes questões e para os momentos mais importantes do Estado — uma decisão que os homens, não apreendendo ainda a profundidade da autoconsciência e não tendo ainda chegado a esse ser para si a partir da compacidade da unidade substancial, não tinham, ainda, o vigor para vê-la *no interior* do ser humano. — No *demônio* de Sócrates (cf. acima § 138) podemos ver o início [do processo] pelo qual a vontade, que anteriormente só se transpunha para além de si mesma, se transferiu adentro de si e se conheceu no interior de si — [foi] o início da liberdade que *tem saber de si* e, por isso, da verdadeira liberdade. É essa liberdade real da ideia, visto que ela consiste precisamente em dar a cada momento da racionalidade a sua efetividade própria, presente, *consciente de si*, que, por conseguinte, concede à função de uma consciência a certeza última determinando-se a si mesma, que

---

do, é a expressão política correlata do aprofundamento da autoconsciência que o espírito, nos indivíduos, adquire da sua liberdade essencial. Se o demônio de Sócrates assinala, no nível da vontade singular, o princípio do processo histórico de aprofundamento da consciência desta liberdade que tem o saber de si, se quer e assume como livre, a diferenciação institucional da decisão última como poder monárquico permite, por sua vez, que ela se torne uma instância de decisão racional imanente, não mais entregue à contingência das circunstâncias e ao arbítrio pessoal de chefes ocasionais.

constitui o ápice no conceito de vontade. Mas essa última autodeterminação só pode incidir na esfera da liberdade humana, na medida em que ela tem a posição do ápice que está *separado para si*, erguido *acima de toda particularização e de toda condição*; pois somente assim ela é efetiva segundo o seu conceito.

Adendo (G). A propósito da organização do Estado, quer dizer, aqui, no caso da monarquia constitucional, a única coisa a ter presente é a necessidade da ideia em si mesma: todos os outros pontos de vista têm de desaparecer. O Estado tem de ser considerado como um grande edifício arquitetônico, como um hieróglifo da razão, que se apresenta na efetividade. Tudo o que se refere meramente à utilidade, à exterioridade etc. é de excluir-se da consideração filosófica. A representação concebe facilmente que o Estado é a vontade determinando-se si mesma e plenamente soberana, o decidir-se último. Mais difícil é apreender esse "eu quero" como pessoa. Com isso não se quer dizer que o monarca estaria autorizado a agir arbitrariamente; ao contrário, ele está vinculado ao conteúdo concreto das deliberações e, se a constituição é estável, frequentemente nada mais tem a fazer do que subscrever o seu nome. Esse *nome*, porém, é importante: ele é o ápice além do qual não se pode ir. Poder-se-ia dizer que uma articulação orgânica já existia na bela democracia de Atenas, mas vemos, em seguida, os gregos tomando a decisão última a partir de fenômenos de todo externos, dos oráculos, das vísceras dos animais sacrificados, do voo dos pássaros, e se comportando em face da natureza como uma potência, que anuncia e exprime em tais fenômenos o que é bom para o homem. A autoconsciência ainda não chegou, nessa época, à abstração da subjetividade, nem a dar-se conta de que um "eu quero" tem de ser enunciado pelo próprio homem a respeito do que está por ser decidido. Esse "eu quero" constitui a grande diferença entre o mundo antigo e o mundo moderno, e, assim, ele tem de ter a sua existência própria no grande edifício do Estado. Mas, infelizmente, essa determinação é considerada somente como uma diferença externa e qualquer.

§ 280

3. Esse si-mesmo último da vontade do Estado nessa sua abstração é simples e, por isso, é uma singularidade *imediata*; por conseguinte, reside no seu próprio conceito a determinação da *naturalidade*; eis por que o monarca é essencialmente enquanto *este* indivíduo, abstraído de todo outro conteúdo,

e este indivíduo é determinado à dignidade de monarca de maneira imediata, natural, pelo *nascimento* natural.[506]

Esta passagem do conceito da pura autodeterminação à imediatidade do ser e, com isso, à naturalidade, é de natureza puramente especulativa, o seu conhecimento pertence, por isso, à filosofia lógica. De resto, ela é de todo a mesma passagem, que é conhecida como [sendo] a natureza da vontade em geral, e que é o processo de traduzir[507] um conteúdo da subjetividade (enquanto fim representado) para o ser-aí (§ 8). Mas a forma própria da ideia e da passagem, que é aqui considerada, é o *inverter imediato* da pura autodeterminação da vontade (do próprio conceito simples) num *este* e num ser-aí natural, sem a mediação por um conteúdo *particular* (por um fim no agir). — Na assim chamada *prova ontológica* da *existência de Deus*,[508] é o mesmo inverter do conceito absoluto no ser o que constituíu a profundidade da ideia na época moderna, mas esse inverter foi dado em época mais recente como o que é *inconcebível* — em virtude disso renunciou-se, portanto, ao conhecer da *verdade*, porque somente a unidade do conceito e do ser-aí (§ 23) é a verdade. Como a consciência do entendimento não tem essa unidade em si mesma e se detém na *separação* de ambos os momentos da verdade, ela até concede ainda, no caso desse objeto [a existência de Deus], uma *crença* nessa unidade. Mas como a representação do monarca é considerada como incidindo inteiramente na alçada da consciência comum, o entendimento se detém aqui tanto mais na separação que lhe é própria e nos resultados decorrentes do seu tino raciocinador,

---

[506] Nas *Preleções sobre a filosofia da história*, Hegel compara o "nascimento natural", que assegura ao primogênito o direito da sucessão dinástica como elemento central ("um ponto central irremovível") da estabilidade do poder de Estado, com o oráculo entre os gregos, por ser como este um "poder exterior" que independe e está acima do arbítrio (*Vorlesungen über die Philosophie der Geschichte*, in: *TWA*, v. 12, p. 508).

[507] *Übersetzen* significa "traduzir" no sentido etimológico latino de *trans ducere*, do "conduzir além", "transpor", "transferir", "transportar" o conteúdo do fim subjetivo para a realidade externa, na qual o conteúdo se mantém, porém na forma do fim executado, realizado.

[508] No original, *Beweis vom Dasein Gottes*, literalmente, "do ser-aí de Deus". Aqui se respeita a formulação consagrada em português, que fala da "existência de Deus", embora Hegel insira no termo alemão corrente a pobreza semântica da categoria lógica do *Dasein* ("ser-aí") peculiar ao argumento ontológico no que se refere à determinação da natureza divina, em contraposição ao teor mais rico do conceito de *Existenz* como determinação lógica da essência.

e nega, então, que o momento da decisão última no Estado esteja ligado *em si e por si* (isto é, no conceito da razão) com a naturalidade imediata; donde se infere, primeiramente, a *contingência* dessa ligação e, como se afirma a absoluta diversidade desses momentos como sendo o racional, se infere ulteriormente a irracionalidade de tal ligação, de sorte que a isso se vinculam as outras consequências que desintegram a ideia de Estado.

Adendo (H). Quando frequentemente se alega contra o monarca que, devido a ele, os assuntos de Estado dependem da contingência, uma vez que ele pode ter sido educado mal, que ele talvez não seja digno de estar à sua frente e que é absurdo que tal situação deva existir como sendo racional, [esquece-se] que é nula precisamente a pressuposição dessa alegação, de que tudo depende da particularidade do caráter. Numa organização acabada, importa somente o ápice da decisão formal, e precisa-se para a função de um monarca somente de um homem que diga "sim" e que ponha o pingo sobre o "i"; pois o ápice do Estado deve ser tal, que a particularidade do caráter não seja o significativo.[509] O que o monarca tem ainda, além dessa decisão última, é algo que cai na alçada da particularidade, que aqui não deve importar. Pode certamente haver situações nas quais é unicamente essa particularidade o que entra em cena, mas nesse caso o Estado não está plenamente formado ou bem construído. Numa monarquia bem ordenada, o lado objetivo cabe unicamente à lei, à qual o monarca só precisa acrescentar o "eu quero" subjetivo.

§ 281

Os dois momentos na sua unidade inseparada, o si-mesmo último da

---

[509] Na segunda edição da obra [1840], o Adendo está acrescido da passagem seguinte: "Numa organização acabada do Estado importa somente o ápice da decisão formal e uma firmeza natural contra a paixão. Em decorrência, exigem-se indevidamente propriedades objetivas do monarca: ele só tem é de dizer 'sim' e de colocar o pingo sobre o 'i'. Pois o ápice deve ser tal que a particularidade do caráter não seja o significativo. Essa determinação do monarca é racional, pois ela é conforme ao conceito; mas porque é difícil apreender essa determinação, ocorre frequentemente que não se discerne a racionalidade da monarquia. A monarquia tem de ser estável em si mesma e o que o monarca tem ainda [...]".

vontade desprovido de fundamento e, com isso, a existência igualmente sem fundamento enquanto determinação entregue à discrição da *natureza* — essa ideia *do que não é movido* pelo arbítrio constitui a *majestade* do monarca. Nessa unidade reside a *unidade efetiva* do Estado, a qual somente graças a essa sua *imediatidade* interna e *externa* está subtraída à possibilidade de ser rebaixada à esfera da *particularidade*, ao seu arbítrio, aos seus fins e às suas maneiras de ver, à luta das facções entre si pelo trono e ao enfraquecimento e ao esfacelamento do poder do Estado.[510]

O direito de nascimento e de sucessão hereditária constituem o fundamento da *legitimidade*, não enquanto fundamento de direito meramente positivo, mas de um direito que, ao mesmo tempo, está na ideia. — O fato de que, por ocasião da vacância do trono, se previna o surgimento de facções mediante uma sucessão hereditária determinada de maneira estável, isto é, pela sucessão natural, é um dos lados da questão, que, com razão, há muito tempo se fez valer. Esse lado, contudo, é somente uma consequência e, constituído em *fundamento*, degrada a

---

[510] A passagem imediata da pura autodeterminação formal da vontade, enquanto ápice da vontade do Estado, a uma singularidade imediata, que é existência natural de um indivíduo, é para Hegel o fundamento do princípio dinástico da hereditariedade (a escolha do monarca pelo "nascimento natural"), que visa, precisamente, a pôr a escolha do monarca acima da disputa de facções. Os dois momentos dessa passagem imediata, que constituem "a majestade do monarca", tornam a sua pessoa individual inviolável, enquanto personificação e incorporação da soberania estatal (a personalidade do Estado) e, ao mesmo tempo, irresponsável pelas ações do governo, pois sua decisão última é puramente formal, é "o pingo sobre o 'i'" (§ 280 Ad.) da sua chancela final. Na unidade desses dois momentos, que é esta dupla imediatidade, interna, da decisão última "sem fundamento" (*grundlos*), e externa, a contingência do nascimento, Hegel procura fundar a racionalidade do princípio dinástico como garantia da unidade e da estabilidade do Estado. Por isso, à objeção de que o monarca introduz a contingência na condução dos assuntos de Estado, Hegel responde que o sentido político dessa dupla imediatidade é, precisamente, tornar irrelevante, na gestão de Estado bem formado, a particularidade do caráter do monarca, a sua boa ou má educação. À objeção do senso comum, de que nessas condições de "irresponsabilidade" do monarca qualquer um é capaz de ser rei, Hegel vê, precisamente, um argumento a favor da sua justificação do princípio dinástico, pois a única maneira de excluir o igual direito de todos, com exceção de um, a exercer essa função, é a indicação sem fundamento deste um pela contingência da natureza, pelo nascimento. "Assim, o 'eu quero', enquanto determinação natural, é estável, e [assim] são excluídos o arbítrio, a consideração particular dos talentos, as excelências dos indivíduos" (*VRph 1824-25*, p. 678). Estas tornam insegura a decisão última e a instância a quem atribuí-la, ao passo que "a estabilidade" (*Festigkeit*) que parte da contingência da natureza é uma garantia contra as paixões e os interesses das facções (*ibid.*).

majestade à esfera do raciocínio abstrato e lhe dá por fundamentação, a ela cujo caráter é essa imediatidade sem fundamento e esse ser-dentro-de-si-mesmo último, não a ideia de Estado que lhe é imanente, porém algo que está fora dela, um pensamento diverso dela, algo como o bem-estar do *Estado ou* do *povo*. A partir dessa determinação a sucessão hereditária pode, de certo, ser inferida através de *medios terminos*; mas ela admite, também, outros *medios terminos*, e com isso também outras consequências — e é suficientemente conhecido quais consequências foram tiradas desse *bem-estar* do povo (*salut du peuple*). — Por essa razão também, *somente* a filosofia *tem autoridade* para considerar pelo pensamento essa majestade, pois todo outro modo de investigação que não a investigação especulativa da ideia infinita, fundada em si mesma, suprime em si e por si a natureza da majestade. — O *reino eletivo*[511] parece facilmente ser a representação a *mais natural*, isto é, a que está mais próxima da superficialidade do pensamento; porque aquilo de que o monarca teria de cuidar seriam os assuntos e o interesse do povo, assim também seria preciso conceder ao povo a escolha de quem ele quereria incumbir do cuidado do seu bem-estar, e somente dessa incumbência surgiria o direito a governar. Essa maneira de ver, bem como a re-

---

[511] O conceito de *Wahlreich* ("reino eletivo"), como indica a alusão adiante à "capitulação eleitoral" (ver nota 807), se refere, primeiramente, ao império romano-germânico, no qual o imperador era escolhido por um colégio composto pelos príncipes eleitores, duques, marqueses e prelados (bispos e arcebispos), e pelas "cidades livres", subordinadas imediatamente ao imperador, assim chamadas "cidades imperiais" (*Reichstädte*), de sorte que o imperador, como defendem alguns juristas do século XVII, só tinha direitos de soberania na forma da sua majestade pessoal como resultado de um pacto de dominação, em que os príncipes, que são os detentores propriamente ditos da soberania, se submetem a ele em troca da concessão de privilégios (regalias). Mas, pela crítica de princípio que Hegel faz à sua raiz contratual na vontade particular como "última instância de decisão", esse conceito se estende a toda monarquia eletiva, em que o povo, já constituído como tal por um pacto de união dos indivíduos enquanto cidadãos, escolheria (Hegel não especifica se diretamente ou por meio de representantes) na base de uma relação contratual o monarca, a quem transferiria o poder do governar mediante um pacto de sujeição. A menção ao monarca como "o mais alto funcionário do Estado" alude à expressão "*premier serviteur de l'État*", com que Frederico II da Prússia (1712-1786), o rei soldado, pretendia caracterizar sua concepção "esclarecida" de governo monárquico. Que Hegel caracterize essa autodesignação como uma mera "representação" e a inclua na sua crítica ao fundamento contratual da monarquia eletiva mostra, mais uma vez (ver § 280), a sua convicção sistemática na justificação especulativa e política da monarquia hereditária.

presentação do monarca como o mais alto funcionário do Estado, a de uma relação contratual entre ele e o povo etc., procede da vontade enquanto *capricho*, opinião e arbítrio *dos muitos* — procede de uma determinação que, como já há muito se considerou,[512] vale, ou antes, somente quer se fazer valer como primeira na sociedade civil, mas que não é nem o princípio da família nem, muito menos, o do Estado, que é, em suma, oposta à ideia da eticidade. — O fato de que o reino eletivo seja antes a pior das instituições resulta já das *consequ*ências do raciocínio abstrato, as quais, de resto, lhe aparecem apenas como algo de *possível* e de *provável*, mas que, de fato, residem essencialmente nessa instituição. Em um reino eletivo, com efeito, em virtude da natureza da relação pela qual a vontade *particular* é constituída em instância última de decisão, a constituição torna-se uma *capitulação* eleitoral,[513] isto é, uma rendição do poder de Estado à discrição da vontade particular,

---

[512] Cf. §§ 183 e 206, principalmente.

[513] Historicamente, as capitulações eleitorais (a primeira foi a de Carlos V, em 1519, que se tornou exemplo para as ulteriores) designavam as promessas contratuais mediantes as quais o imperador do império romano-germânico negociava os votos necessários para a sua eleição e, uma vez eleito, a disposição de sujeição por parte dos príncipes eleitores, em troca da concessão de privilégios e liberdades que restringiam o poder imperial. O seu conteúdo específico era, cada vez, objeto de um juramento, o fundamento da obrigação contratual, e cuja validade era limitada ao tempo de vida de cada imperador. Independentemente da discussão juspublicista, durante os séculos XVII e XVIII, sobre se elas eram um elemento constitutivo da autoridade do poder (*potestas*) do monarca ou somente restrições desse poder, que não fazem parte da base da sua dominação, elas tinham o estatuto de leis constitucionais (*leges fundamentales*) do império (Gravert, R., "Gesetz", in: *GGrb.*, v. 2, pp. 887-9; Lübbe-Wolff, G., *op. cit.*, p. 436). A redução da constituição a "uma capitulação eleitoral" é, para Hegel, uma consequência efetiva direta da sua natureza contratual, responsável pela incapacidade de o império se constituir como um verdadeiro poder soberano e adquirir a qualidade de Estado. "Porque a Alemanha era um reino eleitoral [o império romano-germânico], por isso não se tornou um Estado, e, pela mesma razão, a Polônia desapareceu do concerto dos Estados independentes" (*Preleções sobre a filosofia da história*, TWA, v. 12, p. 508). A esse exemplo histórico da fraqueza dos reinos eletivos, baseados em capitulações eleitorais, Hegel contrapõe o seu conceito especulativo de monarquia hereditária, na qual o princípio dinástico fundamenta a escolha do indivíduo que exerce o poder não derivado da decisão última, e que o põe acima do arbítrio da escolha e das lutas de facções (Lübbe-Wolff, G., *op. cit.*, p. 437). Neste sentido, a declaração com que o imperador Francisco II da Áustria, obedecendo a um ultimato de Napoleão, abdica da coroa de imperador em 1806, data que marca formalmente o fim do império romano-germânico, fala de um "contrato eletivo" (*Wahlvertrag*) (Fisch, J., "Vertrag", in: *GGrb.*, v. 6, p. 949).

donde provém a transformação dos poderes particulares do Estado em propriedade privada, o enfraquecimento e a perda da soberania do Estado e, em consequência, a sua dissolução interna e o seu esfacelamento externo.

Adendo (G). Se quisermos apreender a ideia do monarca, não é suficiente dizer que Deus instituiu os reis, pois Deus fez tudo, também o que há de pior. Do ponto de vista da utilidade também não se vai longe, pois se pode sempre apontar de novo inconvenientes. Tampouco adianta se considerar o monarca como de direito positivo. O fato de que eu tenha propriedade é necessário, porém esta posse particular é contingente, e assim aparece também o direito de que uma pessoa tenha de estar no ápice do Estado, se esse direito é considerado como abstrato e positivo. Mas esse direito está presente como carência sentida e como carência da Coisa em si e por si. Os monarcas não se distinguem, precisamente, pela força física ou pelo espírito e, todavia, milhões aceitam que aqueles reinem sobre eles. Ora, é um contrassenso dizer que os homens se deixam governar contra os seus interesses, os seus fins, as suas intenções, pois tão bobos eles não são: é a carência que sentem, é a potência interna da ideia o que os constringe, mesmo contra a sua consciência aparente, e que os mantém nessa relação [de subordinação]. Se o monarca entra em cena como ápice e parte da constituição, então é preciso dizer que um povo conquistado não é constitucionalmente idêntico com o príncipe. Se ocorrer uma rebelião contra o príncipe numa província conquistada em guerra, isto é algo diferente de uma revolta num Estado bem organizado. Os conquistados não estão em rebelião contra o seu príncipe, não cometem crime contra o Estado, pois não estão com o seu senhor numa conexão de ideia, não estão na necessidade interna da constituição — só está aí-presente um contrato, nenhum vínculo de Estado. "*Je ne suis pas votre prince, je suis votre maître*", replicou Napoleão aos deputados de Erfurt.

§ 282

Da soberania do monarca[514] decorre o *direito de indultar* os criminosos, pois somente a ela compete a efetivação da potência do espírito, a de

---

[514] Kervégan assinala que se trata de uma das raras ocorrências desta expressão que atribui a soberania diretamente ao monarca (*Kervégan*, p. 482, nota 2), pois, rigorosamente, a soberania constitui a personalidade do Estado (§ 279 A), que tem na pessoa in-

tornar o acontecido não acontecido e de anular o crime no perdão e no esquecimento.

O direito de indulto é uma das formas mais elevadas da majestade do espírito. — Esse direito, aliás, faz parte das aplicações ou dos reflexos das determinações da esfera mais elevada a uma esfera precedente. — Mas tais aplicações fazem parte da ciência especial que tem de tratar o seu objeto no seu âmbito empírico (cf. § 270 A, nota de rodapé). — A tais aplicações pertence, também, o fato de que as lesões ao Estado em geral ou à soberania, à majestade e à personalidade do príncipe sejam subsumidas ao conceito de crime que se apresentou anteriormente (§§ 95 até 102), e o sejam, na verdade, enquanto crimes *da mais alta gravidade*, bem como o fato de que seja determinado o modo particular de procedimento [contra eles].

Adendo (H). O indulto é a remissão da pena, mas remissão que não suprime o direito. Este, ao contrário, permanece, e o indultado é um criminoso tanto antes como depois; o indulto não exprime o fato de que ele não tenha cometido um crime. Essa supressão da pena pode ocorrer através da religião, pois o acontecido pode, pelo espírito, ser tornado não acontecido no espírito. Na medida em que o acontecido é consumado no mundo, mas tem somente na majestade o seu lugar, só pode competir àquela a decisão desprovida de razões [torná-lo não acontecido].

§ 283

O *segundo* momento contido no poder do príncipe é o momento da *particularidade* ou do conteúdo determinado e o da subsunção do mesmo sob o universal. Na medida em que esse momento adquire uma existência particular, são os cargos consultivos mais altos e os seus ocupantes os que submetem ao monarca para sua decisão o conteúdo dos assuntos de Estado que se apresentam ou o das determinações legais que se tornam necessárias a partir das carências aí-presentes, com os seus lados *objetivos*, as razões para a decisão, as leis que se referem a essas razões, as circunstâncias etc. A escolha dos *indivíduos* para essas tarefas, assim como o seu afastamento, cabe

---

dividual do monarca a sua efetividade e a sua singularidade imediata, natural. Literalmente e mais exatamente, o monarca apenas a incorpora, ele é o sujeito no qual a soberania "in-habita" (*innewohnende*), ao qual ela é "imanente", "inerente" (§ 293).

ao irrestrito arbítrio do monarca, já que essa escolha e esse afastamento têm a ver com a pessoa.

§ 284

São unicamente esses cargos consultivos e os indivíduos que os ocupam que estão submetidos à responsabilidade, na medida em que o *elemento objetivo* da decisão, o conhecimento do conteúdo e das circunstâncias, os fundamentos legais e as outras razões de determinação, é o único suscetível de *responsabilidade*, isto é, da prova da objetividade, e, por isso, ele pode competir unicamente a uma consulta distinta da vontade pessoal do monarca enquanto tal; mas a majestade própria do monarca, enquanto subjetividade que decide em última instância, está acima de toda responsabilidade pelas ações do governo.[515]

---

[515] A majestade do monarca, que o torna irresponsável pelo conteúdo objetivo de suas decisões, é constituída pela subjetividade da decisão em última instância que tem a sua origem em si mesma (§§ 273, 279) e pela incorporação desse ápice subjetivo da vontade autodeterminante na existência singular *deste* indivíduo enquanto simples portador da função monárquica, uma vez que o seu "nascimento natural" se torna o fundamento para a sua qualificação dinástica (§ 280). Essa incorporação é implicada pelo caráter abstrato e simples dessa autodeterminação absoluta da vontade, que justifica o princípio dinástico. Ela ocorre na forma de uma "inversão imediata" desse ápice subjetivo do Estado na singularidade daquele indivíduo que é indicado à dignidade da função monárquica pelo nascimento. Essa implicação e inversão de natureza lógico-especulativa é concebida por analogia àquela da prova ontológica da existência de Deus e justificada pela "profundidade da ideia na época moderna" (§ 280 A). A majestade do monarca resulta, assim, dessa dupla contingência: interna, da autodeterminação abstrata e absoluta da vontade, que põe a decisão política no ápice do Estado; e externa, da naturalidade do nascimento, que justifica o princípio dinástico da sucessão hereditária. Mas a ligação entre essas duas formas de contingência é, segundo essa implicação-inversão, necessária. Uma necessidade que se manifesta no vínculo que Hegel estabelece entre a contingência desses dois extremos da decisão subjetiva e da naturalidade do nascimento com a "ideia *do que não é movido* pelo arbítrio" (§ 281). Este vínculo retoma visivelmente a tese aristotélica do primeiro motor não movido, imoto, por meio da qual Hegel já determinara inicialmente a natureza autotélica da unidade substancial do Estado (ela é "auto-fim imoto", § 258). O sentido político-estatal dessa unidade necessária dos dois extremos, subjetivo e objetivo, da contingência, que constitui a majestade do monarca e, em decorrência, a sua

§ 285

O *terceiro* momento do poder do príncipe concerne ao universal em si e para si, o qual consiste, subjetivamente, na *consciência moral* do *monarca*, objetivamente, no todo da *constituição* e nas *leis*; o poder do príncipe pressupõe, nessa medida, os outros momentos, assim como cada um desses o pressupõe.

§ 286

A *garantia objetiva* do poder do príncipe, da sucessão jurídica ao trono segundo a hereditariedade do trono etc., reside em que, assim como essa esfera tem a sua efetividade separada dos outros momentos determinados pela razão, assim também as outras esferas têm por si os direitos e os deveres próprios à sua destinação; cada membro, em se conservando por si, conserva, justamente por isso, os outros membros em sua peculiaridade própria no organismo racional.

Ter elaborado a constituição monárquica até fazer dela uma sucessão hereditária ao trono determinada de maneira estável pela primogenitura, de sorte que ela seja reconduzida assim ao princípio patriarcal do qual ela historicamente proveio, mas numa determinação superior desse princípio, como o ápice absoluto de um Estado desenvolvido organicamente, é um dos resultados tardios da história, um dos mais importantes para a liberdade pública e para a constituição racional, embora, como já se assinalou,[516] ele seja com frequência pouco compreendido conceitualmente, ainda que respeitado. As simples monarquias feudais de outrora, assim como os despotismos, mostram na história

---

irresponsabilidade, é assegurar a estabilidade do sistema constitucional dos poderes e a sua unidade viva. A irresponsabilidade da decisão em última instância tem, assim, como contrapartida, por um lado, o seu entrosamento com a função consultiva do poder de governo (ministérios e conselho de Estado), que prepara e traz o conteúdo dos assuntos de Estado e as suas razões objetivas para a decisão do monarca, por outro, a sua vinculação ao sistema constitucional, que leva aquele a decidir "segundo a sua consciência moral" (§ 285) situada dentro do quadro legal. Somente a integração orgânica dessa decisão última "desprovida de razões" (§ 279) no interior do sistema constitucional dos poderes pode impedir que ela se torne despotismo.

[516] Ver §§ 279 A e 280 A.

esta alternância de revoltas, atos de violência dos príncipes, guerras intestinas, decadência de indivíduos príncipes e de dinastias, com a universal e devastadora destruição interna e externa daí proveniente, porque, em tal situação, a divisão das tarefas do Estado, por serem as suas partes cedidas a vassalos e paxás etc., é somente mecânica, ela não é uma diferença da determinação e da forma, mas somente uma diferença de maior ou menor poder. Assim, cada parte, ao conservar-se a si mesma, conserva e produz *somente a si*, e não simultaneamente as outras, e tem nela mesma completamente todos os momentos requeridos para uma autonomia independente. Na relação orgânica, na qual membros, não partes, se relacionam uns aos outros, cada um conserva os outros enquanto preenche a *sua própria* esfera; para cada um, igualmente, a conservação dos *outros* membros é fim substancial e produto da *própria* autoconservação. As garantias que são reclamadas, seja para a estabilidade da sucessão ao trono, para a estabilidade do poder do príncipe em geral, seja para a justiça, a liberdade pública etc., são asseguradas mediante *instituições*. O amor do povo, o caráter, o juramento, o poder etc. podem ser consideradas garantias *subjetivas*, mas tão logo se fala de *constituição*, o que está em questão são somente garantias *objetivas*, as instituições, isto é, os momentos organicamente entrecruzados e que se condicionam mutuamente. Assim, a liberdade pública em geral e a hereditariedade do trono são garantias recíprocas e estão em conexão absoluta, porque a liberdade pública é a constituição racional, e a hereditariedade do poder do príncipe é, como se mostrou,[517] o momento que reside no seu conceito.

b. *O poder governamental*

§ 287

Diferente da decisão é a execução e a aplicação das decisões do príncipe e, em geral o prosseguimento e a sustentação do que já foi decidido, das leis vigentes, das instituições, dos estabelecimentos para fins comunitários e semelhantes. Essa tarefa da *subsunção* em geral, o *poder de governo* a com-

---

[517] Ver §§ 279 e 281 A.

preende dentro de si, no qual estão igualmente compreendidos o poder *judiciário* e o poder de *polícia*, que têm mais imediatamente relações com o elemento-particular da sociedade civil e fazem valer o interesse universal nesses fins [particulares].

§ 288

Os interesses *particulares* comunitários, que recaem no âmbito da sociedade civil e residem fora do universal em si e para si do Estado (§ 256), têm a sua administração nas corporações (§ 251) das municipalidades e dos demais ofícios e estamentos, e em suas autoridades, seus dirigentes, administradores e semelhantes. Na medida em que esses assuntos de que se ocupam, por um lado, são a *propriedade privada* e o *interesse* dessas esferas *particulares*, e, nesse aspecto, a sua autoridade repousa conjuntamente sobre a confiança dos seus companheiros de estamento e dos seus munícipes, e, por outro, esses círculos têm de estar subordinados aos interesses superiores do Estado, o preenchimento desses cargos resultará de uma mistura de escolha comum desses interessados e de uma confirmação e determinação superiores.[518]

---

[518] É no quadro do poder governamental que Hegel propõe uma mediação entre um modelo de administração centralizada de tradição napoleônica e um modelo de tradição germânica de autoadministração das municipalidades e das corporações. Esta é pensada não mais no contexto histórico da velha representação estamental (*alständisch*), que se tornara progressivamente um fator de desintegração da unidade estatal, mas na altura do presente, como uma renovação da colaboração entre as autoridades municipais e os dirigentes das corporações escolhidos a partir da base, de um lado, e os funcionários do poder central, no sentido de integrar essas autoridades num "estamento intermediário" que estabeleça a unidade entre o povo e o monarca, e no qual reside "a inteligência cultivada e a consciência jurídica da massa do povo" (§ 297). Assim, a organização corporativa não só dos ofícios e das profissões, mas também das comunas ou municipalidades, remete à importância que Hegel atribui à autoadministração dos círculos que formam a base da vida civil e da sua articulação concreta do Estado (§ 308 A), a essa organização a partir de baixo, que atua corretivamente contra o excesso de centralização administrativa característica da burocracia ministerial da França napoleônica, que deixa os indivíduos entregues a um estado inorgânico de dispersão. Nesta autogestão dos interesses particulares das corporações e das comunas, dirá Hegel nas *Preleções de 1824-25*, reside, "no que diz respeito à disposição de ânimo, o verdadeiro vigor dos Estados" (*VRph 1824-25*, p. 691; *FD*, § 290 Ad.). Mas essa auto-organização corporativa da vida ci-

§ 289

A *firme manutenção* do *interesse universal do Estado* e do que é *legal* nesses direitos particulares e a recondução desses àquele exigem um cuidado da parte dos delegados do poder governamental, dos *funcionários* públicos executivos e das autoridades[519] consultivas superiores, enquanto colegiadamente constituídas, que convergem nas instâncias supremas que estão em contato com o monarca.

Assim como a sociedade civil é o campo de batalha do interesse privado individual de todos contra todos, assim [também] tem aqui a sua sede o conflito do interesse privado com os assuntos particulares comunitários, e o destes e daquele conjuntamente com os pontos de vista e os ordenamentos superiores do Estado. O espírito de corporação, que se engendra na legitimação das esferas particulares, inverte-se simultaneamente, dentro de si mesmo, no espírito do Estado, visto que ele tem no Estado o meio da conservação dos fins particulares. Esse é o segredo do patriotismo dos cidadãos quanto ao aspecto de que eles sabem que o Estado é a sua substância, porque ele conserva as esferas particulares dos cidadãos, a legitimação e a autoridade dessas esferas assim como o seu bem-estar. Nessa medida, é no espírito de corporação, já que ele contém *imediatamente* o *enraizamento do particular no*

vil pela base tem de permanecer subordinada "aos interesses superiores do Estado" (§ 298), "sob a inspeção do poder público" (§ 252) e ser "autorizada" (§ 253 A), a fim de favorecer a convergência entre os interesses particulares e universais e evitar que, por sua excessiva autonomia, as corporações se tornem, como na Idade Média, "Estados no Estado" (*VRph 1824-25*, p. 691; *FD*, § 290 Ad.). Com isso, a auto-organização corporativa dos interesses particulares comunitários passa a fazer parte da constituição política do Estado e adquire uma função central de mediação, enquanto ela constitui uma reserva social para a seleção das autoridades municipais e dos funcionários do Estado, que juntos vão formar o "estamento intermediário" (§§ 204, 250 e 297) e permitir o enraizamento da representação política na vida civil. Como assinala Kervégan, essa perspectiva "antecipa a visão do corpo social que Otto von Gierke desenvolverá sistematicamente na sua obra monumental *Das deutsche Genossenschaftsrecht* (1868-1913)" (*Kervégan*, p. 487, nota 2). Todavia, essa auto-organização corporativa permanece fortemente inserida na hierarquia administrativa do Estado burocrático e não tem capacidade de iniciativa no âmbito das transformações sociais e, muito menos, na esfera política.

[519] O termo *Behörde* tem um duplo sentido: pode se referir às autoridades ou instâncias de um órgão oficial, não necessariamente administrativo, onde se discutem ou deliberam assuntos públicos, ou à sede, ao prédio da repartição em que o órgão se situa.

universal, que está a profundidade e o vigor que o Estado tem na *disposição de ânimo*.[520]

A administração dos assuntos das corporações por seus próprios dirigentes será frequentemente inábil, uma vez que, certamente, eles têm diante de si e conhecem os seus assuntos e interesses próprios, porém, de maneira menos completa, a conexão das condições mais remotas e os pontos de vistas universais — fora o fato de que outras circunstâncias contribuem para isso, por exemplo, o estreito contato privado e as demais formas de igualdade que os dirigentes têm com os que lhes devem ser subordinados, as várias formas de dependência destes etc. Mas essa esfera própria pode ser considerada como abandonada ao momento da *liberdade formal*, onde o conhecimento, a decisão e a execução próprias do indivíduo, bem como as pequenas paixões e fantasias, têm uma arena para espraiar-se — e isso tanto mais quanto o teor do assunto, assim deteriorado e conduzido menos bem ou mais penosamente etc., é de menor importância para o que é mais universal no Estado, e quanto mais a condução penosa ou tola de tais assuntos insignificantes está em relação direta com a satisfação e a autoestima que deles se extraem.

---

[520] A contrapelo do desenvolvimento constitucional do Estado prussiano nos anos 1830 e 1840, que levou Marx a diagnosticar concisa e incisivamente a contradição do poder governamental na frase: "a corporação é a burocracia da sociedade civil; a burocracia é a corporação do Estado" (*KHRph.*, *MEGA*, I, 2, p. 49; *CFD*, p. 64), Hegel propõe as corporações como instância de colaboração entre as administrações municipais reconhecidas em sua autonomia administrativa e os interesses particulares da sociedade civil organizados comunitariamente em associações cooperativas, de um lado, e os interesses universais do Estado, representados pelos funcionários, de outro. As corporações seriam instâncias de colaboração e controle recíproco dos agentes do poder governamental, de um lado, e dos administradores locais juntamente com os cidadãos pertencentes às corporações, de outro, e, assim, um meio de articulação e integração entre a esfera política e a realidade concreta da vida civil. A mediação entre a sociedade civil e o Estado não é, assim, tão só encargo da burocracia estatal, mas da sua ação conjunta com os administradores locais e as corporações juridicamente reconhecidas em sua autonomia. Os indivíduos (os "*Bürger*") associados em corporações, os administradores municipais e os dirigentes das corporações profissionais, na medida em que as comunas municipais e corporações são reconhecidas juridicamente ("legitimadas") pelo Estado, passam a fazer parte ativa do poder governamental, e, nesse sentido, elas se tornam a base do patriotismo e da representação política estamental.

§ 290

Nas tarefas do governo se apresenta igualmente a *divisão do trabalho* (§ 198). A *organização* das repartições administrativas tem, nessa medida, o encargo formal, mas difícil, de fazer com que a vida civil seja governada de maneira concreta a partir de baixo, lá onde ela é *concreta*, com que essa tarefa seja, porém, dividida nos seus ramos *abstratos*, que são geridos por repartições administrativas específicas enquanto centros distintos, cuja atuação voltada para baixo, assim como sua atuação no poder governamental supremo, convergem novamente numa visão geral concreta.

Adendo (G). O ponto capital, o que mais importa no poder de governo, é a divisão de tarefas: este poder tem a ver com a passagem do universal ao particular e ao singular, e as suas tarefas têm de se dividir segundo os diversos ramos. Mas o difícil é que, voltadas para cima umas, e para baixo outras, elas venham novamente a se encontrar. Pois o poder de polícia e o poder judiciário, por exemplo, agem de maneira divergente, mas convergem, contudo, novamente em alguma tarefa qualquer. O expediente que se emprega [para alcançar essa convergência] consiste frequentemente em nomear um chanceler, um primeiro-ministro, conselhos ministeriais, a fim de simplificar a direção que vem do alto. Mas por esse meio, também, tudo pode novamente partir de cima e do poder ministerial, e as tarefas, como se diz, podem ser centralizadas. A isso se vincula a maior facilidade, rapidez e eficácia para tudo aquilo que deve acontecer em prol do interesse universal do Estado. Esse regime foi introduzido pela Revolução Francesa, aperfeiçoado por Napoleão e subsiste ainda hoje na França. Em contrapartida, a França carece de corporações e comunas, quer dizer, de círculos onde os interesses particulares e universais possam convergir. Na Idade Média, esses círculos adquiriram, certamente, uma autonomia demasiada, eram Estados no Estado e, enquanto corporações subsistentes por si, obstaculizavam duramente o exercício dos fins universais;[521] mas, ainda que não seja isso o que tenha de ocorrer, é lí-

---

[521] Nos Apontamentos de Griesheim às *Preleções de 1824-25*, consta que as corporações na Idade Média *genirten auf harte Weise die Ausübung allgemeiner Zwecke* ("obstaculizavam duramente o exercício dos fins universais"), ao invés de *gerierten sich auf harte Weise als für sich bestehenden Körperschaften* ("se agenciavam de maneira dura como corporações subsistentes por si"), como aparece no texto de Gans, tudo indicando que este, em sua paráfrase, tenha treslido o verbo *genieren* como *gerieren* (*VRph 1824-25*, p. 691). Devo à tradução de *Nisbet* (p. 331) essa chamada. Kervégan enfatiza

cito, contudo, dizer que reside nas comunas municipais o verdadeiro vigor dos Estados. Nelas o governo se depara com interesses legítimos que têm de ser respeitados por ele, e na medida em que a administração só pode ser favorável a tais interesses, ainda que também tenha de vigiá-los, o indivíduo encontra nelas a proteção para o exercício dos seus direitos e, assim, o seu interesse particular vincula-se à conservação do todo. De algum tempo para cá, sempre se organizou a partir de cima e o esforço principal tem sido esse modo de organizar; no entanto, o que está embaixo, a grande massa do todo, é facilmente deixada num estado mais ou menos inorgânico; e, contudo, é da maior importância que ela se torne orgânica, pois só assim ela é potência, é poder imperativo;[522] em caso contrário, ela é somente um bando, uma multidão de átomos dispersos. O poder legítimo só existe num estado de relações orgânicas entre as diferentes esferas particulares.

§ 291

As tarefas do governo são de natureza *objetiva*, já por si decidida segundo a sua substância (§ 287), e a serem efetivadas e cumpridas por *indivíduos*. Entre ambos [o indivíduo e a sua tarefa] não há nenhum vínculo natural imediato; por isso, os indivíduos não são destinados a elas por sua personalidade natural e por seu nascimento. O momento objetivo para a sua destinação às mesmas é o conhecimento e a prova da sua capacitação — uma prova que assegura ao Estado o provimento de suas carências e, ao mesmo tempo, enquanto única condição [de sua nomeação], assegura a cada cidadão a possibilidade de se consagrar ao estamento universal.

§ 292

Já que o momento objetivo não reside aqui na genialidade (como, por exemplo, na arte), o lado subjetivo pelo qual *este* indivíduo — dentre *muitos* que necessariamente existem em número indeterminado, entre os quais não

---

o tom "fortemente anticentralista" dessas preleções, o qual "fustiga a burocracia do governo ministerial" (*Kervégan*, p. 724, nota 2).

[522] A multidão que se constitui organicamente é "potência" (*Macht*) e "poder imperativo" (*Gewalt*), e, por isso, na frase seguinte, Hegel qualifica esse poder de "legítimo" (*berechtigte Gewalt*).

se pode determinar a preferência de modo absoluto — é escolhido e nomeado para um cargo e investido plenamente na condução das tarefas públicas compete ao poder do príncipe enquanto poder decisório e soberano do Estado, pois a ele cabe essa vinculação do indivíduo e do cargo, como de dois lados que são sempre por si contingentes um em face do outro.

§ 293

As tarefas particulares do Estado que a monarquia confia às instâncias oficiais constituem uma parte do lado *objetivo* da soberania inerente ao monarca; a *diferença* determinada dessas tarefas é dada igualmente pela natureza da Coisa, e assim como a atividade das instâncias oficiais é o cumprimento de um dever, assim também a sua tarefa é um direito subtraído à contingência.

§ 294

O indivíduo que, pelo ato soberano (§ 292), é vinculado a um cargo oficial está adstrito ao cumprimento do seu dever, ao elemento-substancial da sua situação enquanto condição desse vínculo, no qual ele encontra, *como consequ*ência dessa relação substancial, o patrimônio e a satisfação assegurada da sua particularidade (§ 264), bem como liberta a sua situação externa e a sua atividade oficial de toda outra influência e dependência subjetiva.[523]

O Estado não conta com prestações arbitrárias e discricionárias (por exemplo, uma administração do direito tal como foi exercida por cavaleiros andantes), precisamente porque elas são discricionárias e ar-

---

[523] Compreende-se adequadamente essa caracterização do vínculo oficial do funcionário ao seu cargo, assim como as diferentes descrições do servidor do Estado que a Anotação expõe, somente levando em conta a transformação histórica da figura do servidor. Da sua origem enquanto "servidor do príncipe" (*fürstlicher Diener*), que administrava o patrimônio desse e exercia os encargos que lhe eram confiados enquanto possuidor de um "direito privado" de caráter feudal (ver § 277), com rendimentos por ele fixados arbitrariamente, chega-se à figura do "servidor do Estado" (*Staatsdiener*) no sentido do funcionário de uma administração centralizada, que não é mais emanação do poder do príncipe, que exerce direitos do Estado e cujos rendimentos são assegurados por este (ver *Verhandlungen in der Versammlung der Landstände des Königreiches Württemberg*, *TWA*, v. 4, pp. 478-9).

bitrárias, e porque os indivíduos reservam para si o cumprimento dessas prestações segundo maneiras de ver subjetivas, assim como se reservam a não prestação discricionária e a execução igualmente discricionária de fins subjetivos. O extremo oposto do cavaleiro andante, no que diz respeito ao serviço do Estado, seria o *serventuário do Estado*,[524] que estaria vinculado ao seu serviço por mera necessidade, sem verdadeiro dever e igualmente sem direito. — O serviço do Estado exige, antes, o sacrifício da satisfação autônoma e caprichosa de fins subjetivos e, precisamente por isso, dá o direito de encontrá-la na prestação conforme ao dever, mas somente nela. Nisso reside, por esse lado, o vínculo do interesse universal e do interesse particular, vínculo que constitui o conceito e a solidez interna do Estado (§ 260). — Do mesmo modo, a relação de funcionário não é uma relação *contratual* (§ 75), embora esteja presente um duplo assentimento e uma prestação de ambas as partes. O funcionário não é nomeado para uma prestação de serviço singular, contingente, como o mandatário, porém coloca o interesse principal da sua existência espiritual e particular nessa relação. Da mesma maneira, o serviço que ele tem de prestar e que lhe foi confiado não é uma Coisa exterior quanto à sua qualidade, uma Coisa somente particular; o *valor* de uma tal Coisa, enquanto algo interno, é diverso da

---

[524] É sobre o fundo dessa transformação histórica, lembrada na nota anterior, que se pode entender devidamente as três expressões utilizadas por Hegel para designar diferentes aspectos daquele que presta serviço ao Estado (*Staatsdienst*): *der Staatsbediente, der Bediente, der Staatsdiener*. O primeiro termo, vertido de maneira aproximada por "serventuário do Estado", indica quem "presta um serviço provisório ou em nome de outrem" (*Houaiss*, p. 1.737); ele se distingue do "servidor do Estado" (*Staatsdiener*) propriamente dito porque presta um serviço movido pela premência da necessidade (*nach der Not*) e sem verdadeiro vínculo jurídico com o Estado. Ele remete à figura do "servidor do príncipe" (*fürstlicher Diener*) enquanto doméstico do príncipe (*fürstlicher Bediente*) (*Verhandlungen...*, TWA, v. 4, p. 479), cujos serviços Hegel contrapõe também às prestações jurisdicionais discricionárias dos cavaleiros andantes, por não serem estas motivadas pela premência da satisfação de carências, como no caso do "serventuário". O segundo termo (*der Bediente*) designa o "funcionário público" que não está numa "relação contratual" de direito privado com o Estado ou o príncipe, por oposição ao "mandatário" (*Mandatarius*) como representante do Estado ou do príncipe. O terceiro termo designa o funcionário enquanto "servidor do Estado" no sentido pleno, na medida em que presta um serviço cujo conteúdo é universal e contém um "valor em si e por si", de sorte que a sua subsistência seja assegurada pelo Estado e ele não seja induzido a provê-la "às custas da atividade funcional e do dever".

sua exterioridade, e não é ainda lesado em caso de não prestação do que foi estipulado (§ 77). Mas o que o servidor do Estado tem de prestar é, no seu modo de ser imediato, um valor em si e por si. O in-justo por não prestação ou por lesão positiva (a ação contrária ao serviço, pois ambas são tal) é, por isso, uma lesão do próprio conteúdo universal (cf. § 95, um juízo negativamente infinito) e, por causa disso, um delito ou mesmo um crime. — Pela satisfação assegurada da carência particular é eliminada a necessidade externa, que pode induzir a procurar os meios para essa satisfação às custas da atividade funcional e do dever. Os encarregados das tarefas do Estado encontram no seu poder universal uma proteção contra o outro lado subjetivo, contra as paixões privadas dos governados, cujo interesse privado etc. é afrontado pelo fato de que o universal se faz valer contra ele.

§ 295

A proteção do Estado e dos governados contra o abuso de poder por parte das instâncias oficiais e de seus funcionários reside, por um lado, de maneira imediata, na sua hierarquia e na sua responsabilidade, por outro lado, na legitimação das comunas municipais, das corporações, enquanto por elas a ingerência do arbítrio subjetivo no poder confiado aos funcionários é por si inibida e o controle de cima, que não alcança o comportamento singular, é completado por um controle a partir de baixo.

Na conduta e na formação dos funcionários reside o ponto onde as leis e decisões do governo tocam a singularidade e se fazem valer na efetividade. Esse é, portanto, o ponto do qual dependem a satisfação dos cidadãos com o governo e a sua confiança nele, assim como a execução ou o enfraquecimento e o malogro dos intentos do governo, no sentido de que o *modo* da execução é facilmente avaliado pelo sentimento e pela disposição de ânimo [dos governados] como tão importante quanto o próprio *conteúdo* a ser executado, que pode já por si conter um ônus [para eles]. No caráter imediato e pessoal desse contato reside que o controle a partir do alto, por esse lado, alcança de maneira menos completa o seu fim, que também pode encontrar obstáculos no interesse comum dos funcionários enquanto estamento que se une corporativamente contra os subordinados e contra os superiores, obstáculos cuja eliminação — especialmente no caso de instituições que porventura seriam ainda mais imperfeitas noutros aspectos — exige e legítima a intervenção superior da soberania (como, por exemplo, a de Frederico II na mal-afamada causa do moleiro Arnold).[525]

§ 296

Mas o fato de que a ausência de paixão, a retidão e a polidez da conduta se tornem *costume* depende, de um lado, diretamente do *cultivo* ético e *do pensamento* que serve de contrapeso espiritual àquilo que o aprendizado das assim chamadas ciências dos objetos dessas esferas, a prática requerida das tarefas, o trabalho efetivo etc., têm em si mesmos de mecânico e de assemelhado;[526] de outro lado, o *tamanho* do Estado é um momento capital, pelo qual tanto o peso dos laços familiares e de outros laços privados é enfraquecido como também a vingança, o ódio e outras paixões semelhantes tornam-se menos poderosas e, com isso, menos aguçadas; na ocupação com os interesses maiores aí-presentes num grande Estado, esses aspectos subjetivos se dissipam por si, e gera-se o hábito dos interesses, das maneiras de ver e das tarefas universais.

---

[525] No litígio famoso entre o moleiro Arnold e o conde Schmettau, que se arrastou entre 1770 e 1780, em que o primeiro foi acionado pelo conde por não pagar a renda da terra em represália ao fato de que o conde tinha desviado a água do moinho para construir um açude de peixes, o rei Frederico II da Prússia interveio no processo por uma decisão autoritária, típica do absolutismo esclarecido, anulando as decisões judiciais desfavoráveis ao moleiro e ordenando, inclusive, a prisão de três magistrados do tribunal superior, com a justificação de que o mais ínfimo camponês, diante da justiça, é igual ao príncipe. Donde a controvérsia entre os defensores do despotismo esclarecido, que viam na decisão do monarca a defesa da prioridade da justiça sobre o direito, e os defensores do processo regular de administração do direito pelos tribunais. Após a morte do monarca, reabriu-se o processo e a sua decisão autoritária foi revogada (Klenner, *op. cit.*, pp. 536-7, nota 3; *Knox*, p. 371, nota 295).

[526] "É preciso, portanto [a fim de contrabalançar 'o caráter enfadonho' (*Geistlosigkeit*) dessas tarefas e 'uma certa rudeza' dos que a executam], um fundo ético, graças ao qual as tarefas sejam exercidas de maneira legal, cuidadosa e leve, de modo que aos governados se faça a honra que lhes cabe como cidadãos e homens" (*VRph 1822-23*, pp. 785-6).

§ 297

Os membros do governo e os funcionários do Estado constituem a parte principal do *estamento médio*, no qual se encontra a inteligência cultivada e a consciência jurídica da massa de um povo. As instituições da soberania, que atuam de cima para baixo, e os direitos das corporações, que atuam de baixo para cima, impedem que esse estamento assuma a posição isolada de uma aristocracia e que a cultura e a habilidade se tornem um meio de arbítrio e de dominação.

É assim que a administração do direito, cujo objeto é o interesse próprio de todos os indivíduos, transformou-se, outrora, num instrumento de ganho e de dominação, pelo fato de que o conhecimento do direito se encobria de erudição e por uma língua estrangeira, e o conhecimento do procedimento jurídico, de um formalismo intrincado.

Adendo (H, G). No estamento médio, ao qual pertencem os funcionários do Estado, está a consciência do Estado e a cultura mais proeminente. Por causa disso, ele constitui também o pilar fundamental do Estado no que concerne à retidão e à inteligência. O Estado no qual nenhum estamento médio existe não se encontra ainda, por isso, num grau muito elevado. É, por exemplo, o caso da Rússia, que tem uma massa de servos da gleba e outra que governa. É um interesse capital do Estado que esse estamento médio seja cultivado, mas isso só pode acontecer numa organização como a que examinamos, a saber, pela legitimação de círculos particulares que sejam relativamente independentes e por um corpo de funcionários, cujo arbítrio se rompa no embate com esses círculos legitimados. O agir segundo o direito universal e o hábito de assim agir são uma consequência da oposição formada pelos círculos autônomos por si.

c. *O poder legislativo*

§ 298

O *poder legislativo* concerne às leis enquanto tais, na medida em que elas precisam de contínua determinação ulterior, e aos assuntos internos inteiramente universais por seu conteúdo. Esse poder é, ele mesmo, parte da constituição que lhe é pressuposta e, nessa medida, está em si e por si inteiramente fora da determinação direta desse poder, mas ela adquire o seu desenvolvimento ulterior no aperfeiçoamento contínuo das leis e no caráter progressivo dos assuntos universais do governo.[527]

---

[527] Nessa relação entre o poder legislativo e uma constituição que lhe é ontologicamente anterior, ela se desenvolve ulteriormente de maneira progressiva, sem rupturas revolucionárias, mediante o trabalho contínuo de "aperfeiçoamento das leis" e de reformas administrativas, que exprimem o processo histórico de formação do espírito do povo e da consciência que ele tem da sua liberdade. Marx detecta nessa relação uma antinomia irresolvida e não superada (*KHRph*, *MEGA*, I, v. 2, p. 6; *CFD*, p. 28), porque ele interpreta a caracterização hegeliana do poder legislativo como "poder de determinar e fixar o universal" (§ 273) a partir da diferença estabelecida por Sieyès entre um "poder constituinte" e um "poder [legislativo] constituído", no sentido de que o poder legislativo é um "poder de organizar o universal" e que, enquanto poder constituinte, ele abrange a própria constituição. Hegel não aceita essa distinção estabelecida por Sieyès por causa do contexto e das implicações revolucionárias que ela acarretou, uma vez que ela implica uma delegação explícita do poder constituinte do povo, já pressuposto como sujeito político e jurídico, a um corpo legislativo investido por essa delegação de competência constitucional, o que é incompatível com o conceito primariamente ontológico que Hegel tem de constituição (*Verfassung*), uma estrutura político-jurídica objetiva do Estado, que não é da ordem do fazer. Assim, à pergunta sobre quem há de fazer (*machen*) a constituição, Hegel responde, nas *Preleções de 1817-18*, "ninguém", pois "ela se faz a si mesmo" (*VRph 1817-18*, § 134 A, v. I, p. 189). Nas *Linhas fundamentais*, Hegel descarta essa pergunta como sem sentido, e remete a fundamentação e a legitimidade da constituição à formação histórica do espírito do povo e da sua consciência da liberdade, que é a única forma em que um "poder constituinte" se exerceria. Como fruto do desenvolvimento progressivo do espírito de um povo, ela consiste na organização objetiva da consciência que o respectivo povo tem da sua liberdade (§ 274). Nesse sentido, a racionalidade de uma constituição está na sua concordância com o espírito do povo. Mesmo o conteúdo da "carta constitucional" outorgada ao povo francês "por um ato de autoridade" de Luís XVIII é concebido como resultado da maturação histórica do espírito de um povo, pois ela "não é senão o espírito do povo purificado" platonicamente pelo "saber dos mais cultivados, dos sábios", já que um tal saber "não pode ser assunto [*Sache*] de todo o povo" (*VRph 1817-18*, § 134 A, v. I, p. 190). Assim, Hegel pode elogiar essa carta outorgada como um "farol", uma vez que ela acolhe "todas as ideias liberais que o espírito do povo formou desde a Revolução", afirmando ao mesmo tempo que "a forma da inalterabilidade" lhe é essencialmente subjacente (*id.*, p. 191). "O todo da constituição tem que ter a base absoluta da inalterabilidade. Mas a constituição mesma, o espírito do povo, é algo divino, ele se faz na história por si mesmo. A autoridade do príncipe, em geral, foi considerada algo divino, mas é a constituição que tem de ser vista dessa maneira. É esse espírito do povo que produz e desenvolve a constituição. [...] O detalhe singular pode ser alterado, mas não o todo que se forma pouco a pouco; e o povo não pode alterar

Adendo (H). A constituição tem de ser em si e por si o solo firme e vigente sobre o qual se assenta o poder legislativo e, por isso, ela não precisa primeiro ser ainda feita. A constituição, portanto, é, mas ela também, essencialmente, *vem a ser*, quer dizer, ela progride em sua formação. Esse progredir é uma alteração que é inaparente e não tem a forma da alteração. Na

---

a consciência inteira do seu espírito de uma só vez, o que ocorreria através de uma derrubada total da constituição. [...] Pelo fato de que a constituição apareça como algo que foi conquistado pelos antepassados, ela recebe, então, a figura externa de uma autoridade superior; mas a verdadeira racionalidade é a autoridade interna, a concordância com o espírito do povo. A forma de criação [*Bildung*] da constituição por contratos não é exatamente o racional, mas algo meramente formal" (*id.*, § 134 A, pp. 191-2). Aqui transparece uma ambivalência profunda no pensamento jurídico de Hegel, como também no seu pensamento filosófico em geral, a respeito da relação entre razão e história, cujo conflito Hegel procura mediar com a tese especulativa segundo a qual o desenvolvimento histórico é na sua realidade profunda o livre e progressivo desenvolvimento do conteúdo da ideia na efetividade, graças à consciência que os espíritos do povo tomam do respectivo grau de liberdade alcançada.

"O poder legislativo absoluto que faz a constituição enquanto tal é a história, o fazer da constituição reside além da constituição, e só a constituição feita 'pela história' é a constituição racional" (*VRph 1824-25*, p. 696). Como universal político mais abrangente que organiza o povo num todo estatal, ela "não precisa primeiro ser ainda feita", pois ela "é" no sentido enfático de ser anterior e pressuposta à sua evolução e às suas alterações por via legislativa. "O espírito do povo é a substância; o que é racional, tem de acontecer", porque, continua o texto abaixo, "a verdadeira racionalidade é [...] a concordância com o espírito do povo" (*VRph 1817-18*, p. 192). Se para Marx esse recurso à formação histórica do espírito do povo como explicação das transformações constitucionais é um agravamento da antinomia entre constituição e poder legislativo, pois nada exclui que essas transformações não possam resultar numa "revolução formal" (*KHRph*, *MEGA*, I, v. 2, pp. 59-61), para Hegel elas não pertencem ao registro do "fazer" contingente, mas são fruto de um processo orgânico de desenvolvimento paulatino, que exclui a ruptura da estrutura constitucional, uma vez que esta é condição de toda alteração. É nesse sentido que deve ser entendido o apontamento de Hotho às *Preleções de 1822-23*, retomado por Gans no Adendo, segundo o qual "a alteração é inaparente; ela não tem a forma da alteração" (*VRph 1822-23*, p. 788). Os apontamento de Griesheim reiteram que as modificações da constituição resultam de um desenvolvimento orgânico que não é do registro da duração e da contingência. "O 'fazer' tem a figura da contingência, mas o que se desenvolve pela necessidade constringente do tempo são só as determinações contingentes. [...] Inovar destrói, a alteração da forma se faz pouco a pouco. A constituição é viva, [e] deste modo ativa, o ser vivo não traz à luz [*hervorbringt*] nada que ele já não seja; todo ser vivo é produtivo [*produktiv*], mas ele não traz nada à luz que *de per si* já não estivesse aí-presente. Esse conservar, assim, não é duração, mas a efetuação viva que traz à luz o que já existe" (*VRph 1824-25*, pp. 696-7).

Alemanha, por exemplo, o patrimônio dos príncipes e das suas famílias foi inicialmente um bem privado, mas depois se transformou sem luta e resistência em domínio da coroa, quer dizer, em patrimônio do Estado. Isso ocorreu porque os príncipes sentiram precisar manter a indivisibilidade dos bens, e exigiram, assim, do país e das suas assembleias estamentais a garantia dessa indivisibilidade, e entrelaçaram essa garantia com o modo de subsistir desse patrimônio, sobre o qual, agora, não tinham mais a disposição exclusiva. De maneira semelhante, o imperador era anteriormente juiz e percorria o reino exercendo a jurisdição. Graças ao avanço meramente aparente da cultura, tornou-se exteriormente necessário que o imperador cedesse cada vez mais esse ofício de juiz a outros, e, desse modo, se fez a passagem do poder judicial da pessoa do príncipe aos colegiados. Assim, portanto, o avanço a um estado mais adiantado de cultura ocorre de maneira aparentemente tranquila e inapercebida. Desse modo, após um longo tempo, uma constituição chega a um estado inteiramente distinto do anterior.

§ 299

Em relação aos indivíduos, esses objetos [do poder legislativo] determinam-se mais precisamente segundo os dois lados seguintes: α) o que graças ao Estado aproveita a eles e que eles têm a desfrutar e β) as prestações que eles devem ao Estado. Sob aquele aspecto estão compreendidas as leis do direito privado em geral, os direitos das comunas municipais e das corporações, e as disposições de caráter inteiramente universal, e, indiretamente (§ 298), o todo da constituição. Mas é só pelo fato de essas prestações serem reduzidas a *dinheiro*, enquanto *valor* universal existente das coisas e das prestações, que elas podem ser determinadas de maneira justa e, ao mesmo tempo, de tal modo que os trabalhos e serviços *particulares* que o singular pode prestar sejam mediados pelo seu arbítrio.

Pode-se certamente diferenciar em geral o que é objeto da legislação universal e o que é para se confiar à determinação das autoridades administrativas e à regulamentação do governo, de modo que, naquela, reside somente o que por seu conteúdo é inteiramente universal, as determinações legais, neste, porém, o particular e o modo da *execução*. Mas essa distinção não é plenamente determinada, já pelo fato de que a lei, para que seja lei e não meramente um mandamento em geral (como "não deves matar", compare-se com a Anotação ao § 140), tem de ser *determinada* em si mesma; mas quanto mais determinada ela é, tanto mais o seu conteúdo se aproxima da capacidade de ser executado assim como ele é. Mas, ao mesmo tempo, a determinação de que a lei fosse tão longe daria a ela um aspecto empírico, que na execução efetiva teria de estar submetido a alterações, o que prejudicaria o [seu] caráter de lei. Na própria unidade orgânica dos poderes do Estado reside o fato de que é *um* espírito que fixa o universal e que o leva à sua efetividade determinada e o executa. — Pode, à primeira vista, chamar a atenção no Estado o fato de que das muitas habilidades, posses, atividades, dos talentos e das *riquezas* vivas infinitamente variadas que nele residem e estão ao mesmo tempo ligadas a uma disposição de ânimo, ele não exija nenhuma prestação direta, porém reivindique somente *uma* forma de riqueza, a que aparece como dinheiro. — As prestações que se referem à defesa do Estado contra inimigos pertencem primeiramente ao dever de que trata a próxima seção. Mas, de fato, o dinheiro não é uma riqueza *particular* ao lado das restantes, porém é o elemento-universal das mesmas, na medida em que elas se produzem na exterioridade do ser-aí, na qual elas podem ser apreendidas como uma *Coisa*.[528] É somente nesse ápice de exterioridade que é possível a determinidade *quantitativa* das prestações e, com ela, a justiça e a igualdade das mesmas. — Na *República* de Platão os guardiães repartem os indivíduos entre os estamentos particulares e impõem a eles as suas prestações *particulares* (cf. § 185 A); na monarquia feudal, os vassalos tinham igualmente de prestar serviços indeterminados, mas também serviços determinados em sua *particularidade*, como, por exemplo, o ofício de juiz etc.; no Oriente, no Egito, as prestações para as imensas construções arquitetônicas etc. são igualmente de qualidade *particular* etc. Nessas situações falta o princípio da *liberdade subjetiva*, o princípio de que o fazer substancial do indivíduo, que em tais prestações é de toda maneira algo particular em seu conteúdo, seja mediado pela sua *vontade particular* — um direito que é somente possível pela exigência das prestações na forma do valor universal e que é o fundamento que provocou essa transformação.[529]

---

[528] Ver, acima, os §§ 63 e 77.

[529] Nos Estados modernos, a regra é a redução das prestações que o indivíduo deve ao Estado ao seu caráter puramente quantitativo, mediante a sua equiparação pelo dinheiro enquanto "forma do valor universal", portanto, a sua redução ao pagamento de impostos, com a exceção do serviço militar obrigatório, que é a única obrigação pes-

Adendo (H). Os dois lados da constituição referem-se aos direitos e às prestações dos indivíduos. No que concerne às prestações, elas se reduzem, entrementes, quase todas, a dinheiro. O dever do serviço militar é agora quase a única prestação pessoal. Em tempos passados reivindicou-se muito mais o que há de concreto nos indivíduos e convocaram-se os mesmos ao trabalho por sua habilidade. Entre nós, o Estado *compra* aquilo que precisa, e isso pode aparecer à primeira vista como algo abstrato, morto e insensível, e pode também parecer que o Estado teria entrado em decadência pelo fato de se contentar com prestações abstratas. Mas reside no princípio do Estado moderno que tudo o que o indivíduo faz seja mediado por sua vontade. Graças ao dinheiro, porém, a justiça da igualdade pode ser realizada com muito mais êxito. De outra maneira, se dependesse da capacidade concreta, o mais talentoso seria mais onerado com impostos do que o desprovido de talento. Mas o respeito pela liberdade vem agora à luz precisamente pelo fato de que só se toma de alguém aquilo que pode dele ser tomado.[530]

---

soal remanescente. Essa redução é não só condição da igualdade dos cidadãos e da justiça das prestações exigidas pelo Estado, mas, também, condição da efetivação do princípio da liberdade subjetiva na sociedade civil, expresso aqui pela livre escolha da atividade profissional, cujo conteúdo particular é mediado pela vontade particular do arbítrio. Hegel, assim, por um lado, vincula essencialmente a sua análise das condições materiais de justiça no Estado moderno com o princípio da liberdade subjetiva, portanto, vincula esse "ápice de exterioridade" da determinação puramente monetária das prestações com a concretização do princípio da subjetividade na sociedade civil; mas, por outro, conforme a tese especulativa central do § 1, promove o direito inerente ao princípio da liberdade subjetiva a "fundamento que provocou essa transformação" das prestações pessoais em monetárias.

Mas, precisamente devido a essa redução de todas as prestações à sua forma mais abstrata e exterior no dinheiro, as questões financeiras passam a constituir o assunto "principal" e "o mais universal" do Estado moderno e, mesmo, o "único objeto do poder legislativo" (*VRph 1824-25*, pp. 700, 703). Apesar disso, Hegel exclui a votação do orçamento, a que ele se refere como "lei orçamentária" (*Finanzgesetz*), da competência do poder legislativo, primeiro, porque ela, rigorosamente, não é uma lei, pois não tem por objeto o universal, mas o que é singular e passageiro, uma vez que muda a cada ano; segundo, porque a atribuição dessa função executiva e decisória ao poder legislativo, ao mesmo tempo que enfraqueceria a autoridade monárquica, enquanto ápice decisório do Estado, reforçaria a subordinação do poder governamental e do poder monárquico ao legislativo, o que é, para Hegel, uma das causas do malogro da constituição francesa liberal de 1791.

[530] É o respeito pela liberdade subjetiva que "suscitou" (*hat herbeigeführt*) a forma jurídica e monetária das prestações devidas ao Estado. Esta forma permite que o Estado

§ 300

No poder legislativo como totalidade[531] são atuantes primeiramente os dois outros momentos, o *monárquico*, enquanto lhe compete a decisão suprema — [e] o *poder de governo*, enquanto momento consultivo dotado especialmente do conhecimento concreto e da visão de conjunto do todo em seus múltiplos aspectos e nos princípios efetivos que aí se solidificaram, as-

---

"entregue o concreto à sua livre administração pelo indivíduo-singular", de sorte que este só seja, literalmente, "agarrado" (*ergriffen*) naquela exterioridade em que legitimamente "pode ser agarrado" (*VRph 1822-23*, p. 792).

[531] Esta concepção integrativa do poder legislativo tem de ser compreendida a partir da peculiar concepção especulativa da diferenciação dos poderes, segundo a qual cada um deles, enquanto todo, contém dentro de si os outros e a si mesmo enquanto momentos nele atuantes. Por isso, mesmo reconhecendo, segundo a tradição constitucionalista francesa e Locke, a eminência do poder legislativo enquanto instância de formação do universal político (§ 273; *Kervégan*, p. 501, nota 1), a elaboração da lei pelo poder legislativo é, para Hegel, o resultado conjunto do concurso das deliberações da assembleia bicameral dos estamentos, que mediatizam e filtram os interesses particulares na perspectiva do interesse universal, da atividade técnica preparatória e consultiva do governo e da sanção final pelo príncipe. Este mantém o monopólio da função decisória, mas nem por isso é ele a instância suficiente da integração e da unidade estatal. Na medida em que o monarca deve decidir segundo o espírito da constituição e do ordenamento jurídico, o seu poder decisório, em última instância, também não implica um decisionismo no sentido de Carl Schmitt. Não cabe, todavia, às assembleias estamentais gerais, os estados gerais, na designação francesa (cujos membros seriam eleitos indiretamente pelas assembleias provinciais), que representam o todo do Estado, acima das assembleias provinciais, a iniciativa legislativa nem a competência da deliberação conclusiva com força decisória vinculativa para os dois outros poderes que integram o todo do poder legislativo. Elas não são, por isso, instâncias independentes da formação da vontade universal, mas, primariamente órgãos de mediação e filtragem, segundo as forças políticas vigentes, dos interesses sociais corporativamente organizados, que graças a elas alcançam "significação e eficácia políticas" (§ 303), são elevados à "universalidade empírica" da "consciência pública" e tornam-se "assuntos universais" (§ 301). Abstraindo dessa construção especulativa especificamente hegeliana da diferenciação dos poderes e do seu entrelaçamento recíproco, essa concepção se aproxima da proposta de Sieyès durante os debates constitucionais da Convenção (25 de julho de 1795) de um "sistema político da cooperação [*concours*]" entre os poderes.

sim como do conhecimento das carências do poder de Estado — finalmente, o elemento estamental.[532]

Adendo (H, G). Pertence às falsas maneiras de ver o Estado querer excluir os membros do governo dos corpos legislativos, como fez a Assembleia Constituinte [na França]. Na Inglaterra os ministros têm de ser membros do parlamento, e isto é correto na medida em que os participantes do governo devem estar em conexão, e não em oposição, com o poder legislativo. A noção da assim chamada independência dos poderes contém em si o erro fun-

---

[532] Tradução literal da expressão *das ständische Element*, em que o termo "estamento" aparece na forma adjetiva. O termo "elemento", por sua vez, tem uma dupla significação: ele designa o componente primeiro, "elementar", de um todo composto, aqui, especificamente, o momento representativo do poder legislativo, realizado nas assembleias estamentais (provinciais ou nacionais) que o integram, nas quais reside o elemento deliberativo, que, juntamente com o elemento consultivo do poder governamental e a decisão última, política ou legislativa (sanção da lei) do poder monárquico, compõe as funções integradas do poder legislativo; mas "elemento" designa, também, o âmbito, o domínio próprio de "apresentação" (*Darstellung*) do conceito ou da ideia, aqui, especificamente, o âmbito em que os assuntos universais de Estado são apresentados e deliberados, adquirindo publicidade, "consciência pública", entendida como a "universalidade empírica" formada no confronto das opiniões dos representantes.

É interessante observar que, no ditado do § 147 das *Preleções de 1817-18*, o elemento representativo-estamental do poder legislativo é mencionado em primeiro lugar, como sendo o seu "momento principal", e não por último, como aqui. Hegel, então, nestas *Lições*, contemporâneas à conjuntura da sua avaliação crítica do debate constitucional de Württemberg à luz da sua admiração pela carta constitucional liberal, outorgada por Luís XVIII em 1814, não só destaca "a participação ativa e a confiança consciente de si da universalidade dos cidadãos" no estabelecimento da vontade universal, como, antes disso, recusa explicitamente que a atividade legislativa "seja entregue a um conselho de Estado, às autoridades ministeriais e a comissões legislativas governamentais" (*VRph 1817-18*, § 147, v. I, p. 221). Essa contraposição não é, necessariamente, um argumento a favor da controvertida tese da "acomodação" das *Linhas fundamentais* à situação prussiana, mas antes um indício do realismo político de Hegel na avaliação do debate constitucional nas respectivas conjunturas histórico-políticas do Reino de Württemberg e da Prússia. Mesmo mantendo a sua reivindicação fundamental de uma constituição e de uma representação nacional unificada da universalidade dos cidadãos, acima das representações provinciais, esse deslocamento de acento das formulações da obra publicada revela a sua aproximação à realidade do papel preponderante que as comissões consultivas ministeriais, o conselho de Estado e o monarca tinham, então, na elaboração legislativa na Prússia (ver Grawert, R., "Verfassungsfrage und Gesetzgebung in Preussen. Ein Vergleich der vormärzlichen Staatspraxis mit Hegels rechtsphilosophischem Konzept", in: Lucas e Pöggeler, *op. cit.*, pp. 257-310).

damental de que os poderes independentes, não obstante [sua independência], devem se limitar reciprocamente. Mas, por essa independência, é suprimida a unidade do Estado, que é o que cabe antes de tudo buscar.

§ 301

O elemento *estamental* tem a destinação de trazer os assuntos universais à existência não somente *em si*, mas também *para si*, isto é, de trazer nele à existência o momento da *liberdade formal* subjetiva, a consciência pública enquanto *universalidade empírica* das maneiras de ver e dos pensamentos dos *muitos*.[533]

A expressão *os muitos* (οἱ πολλοί) indica a universalidade empírica mais corretamente do que a expressão corrente *todos*. Pois, se quisermos dizer que é por si evidente que neste *todos*, inicialmente pelo menos não são visadas as crianças, as mulheres etc., então, com isso, é ainda mais evidente que não se deveria usar a expressão inteiramente determinada *todo*, onde ainda se trata de algo inteiramente indeterminado. — Entraram em circulação na opinião corrente, de modo geral, indescritivelmente tantas representações e maneiras de falar deformadas e falsas sobre o povo, a constituição e os estamentos, que seria um esforço vão querer listá-las, discuti-las ou retificá-las. A representação que

---

[533] Procedendo à sua habitual inversão feuerbachiana da tese especulativa, Marx vai criticar a formulação hegeliana segundo a qual os assuntos universais de Estado alcançam "a sua existência para si" na consciência pública, que se formaria no elemento das assembleias estamentais, pois tal formulação se baseia em dois pressupostos que, para ele, são tributários da "inversão especulativa": 1) que os assuntos universais, na condição de tarefas do governo, já existem como um conteúdo em si universal, "pronto", enquanto assunto real do povo, antes da elevação do assunto em pauta à sua universalidade mediante o debate na esfera pública; 2) que a consciência pública é rebaixada a uma simples "universalidade empírica", a uma mera subjetivação formal de um conteúdo que vale como substancial, de sorte que aquela seria, na reformulação irônica de Marx, "um mero *pot-pourri* dos pensamentos e maneiras de ver dos 'muitos'" (*KHRph*, *MEGA*, I, 2, p. 66; *CFD*, p. 80). Para Marx, ao contrário, a consciência pública é "a existência efetiva do espírito do Estado" e dos assuntos universais, que se concretizam enquanto assuntos do povo, de sorte que a representação política mediante a qual os assuntos universais alcançariam nas assembleias estamentais a universalidade da consciência pública, não seria senão a ilusão política da sociedade civil. "O elemento estamental é a existência ilusória dos assuntos do Estado enquanto causa do povo [*Volkssache*]" (*ibid.*; *ibid.*).

a consciência comum costuma inicialmente ter diante de si a respeito da necessidade e da utilidade do concurso dos estamentos é, sobretudo, por exemplo, a de que os deputados oriundos do povo ou mesmo o povo *teria de compreender da melhor maneira* o que melhor lhe convém e de que ele teria indubitavelmente a vontade melhor para esse melhor. No que concerne ao primeiro ponto, ocorre que o povo, ao contrário, enquanto com esta palavra se designa uma parte especial dos membros de um Estado, exprime a parte *que não sabe o que quer*. Saber o que se quer e, mais ainda, o que quer a vontade sendo em si e para si, a razão, é fruto de um conhecimento e um discernimento mais profundos, que não são precisamente Coisa própria do povo.[534] — A garantia que os estamentos oferecem para o bem comum e para a liberdade pública não se encontra, se refletirmos um pouco, no discernimento particular desses estamentos — pois os mais altos funcionários do Estado necessariamente têm um discernimento mais profundo e mais abrangente da natureza das instituições e das carências do Estado, assim como uma habilidade e um hábito maiores no trato dessas tarefas, e *podem* fazer o melhor sem os estamentos, assim como eles também têm de fazer permanentemente o melhor durante as assembleias estamentais; — em contrapartida, essa garantia reside em parte, certamente, num acréscimo de discernimento dos deputados, que, sobretudo, discernem melhor o agir dos funcionários que estão mais distantes da vigilância dos superiores e, particularmente, discernem melhor as carências e as falhas mais urgentes e especiais que eles têm diante de si na intuição concreta; mas, em parte, essa garantia reside em que a crítica esperada de muitos, no caso, uma crítica pública, tem o efeito de já aplicar antecipadamente o melhor discernimento às suas tarefas e aos projetos a serem apresentados, e de só implementá-los em conformidade com os motivos mais puros — uma pressão que atua igualmente sobre os próprios membros dos

---

[534] "Não é verdade que o povo sabe o que melhor lhe convém, nem que ele o queira. O homem, o indivíduo, raramente sabe o que ele verdadeiramente quer; é necessário um discernimento profundo para saber o que o homem, a vontade racional, quer, um discernimento que não está presente no povo enquanto tal, [pois] o povo só tem um sentimento a respeito disso, e quando isso lhe é dito todos consentem.

Os grandes indivíduos da história fazem aquilo que todos querem fazer, expressam o que todos acham, por isso são grandes. Esse consentimento ao que é preciso, o sentimento obscuro disso, é algo diferente do que fazer emergir na consciência o que está na ordem do dia do tempo presente" (*VRph 1824-25*, pp. 705-6).

estamentos. Mas no que concerne, sobretudo, à [opinião] de que os estamentos teriam de maneira preferencial *boa vontade* a favor do bem comum, já se assinalou acima (§ 272 A) que ela pertence à maneira de ver da plebe, ao ponto de vista do negativo em geral, que pressupõe da parte do governo uma má vontade ou uma vontade menos boa — uma pressuposição que, se devêssemos responder a ela no mesmo tom, teria por consequência antes de tudo a recriminação de que os estamentos, uma vez que eles provêm da singularidade, do ponto de vista privado e dos interesses particulares, estão inclinados a atuar a favor destes às custas do interesse universal, ao passo que os outros momentos do poder de Estado, ao contrário, já se colocam por si no ponto de vista do Estado e estão dedicados ao fim universal. Por isso, no que concerne em geral à garantia que deve residir particularmente nos estamentos, cada uma das outras instituições do Estado partilha com eles o caráter de ser uma garantia do bem-estar público e da liberdade racional, e há entre elas instituições, como a soberania do monarca, a sucessão hereditária ao trono, a organização judiciária etc., nas quais essa garantia reside em grau ainda muito maior do que nos estamentos. É por isso que a determinação conceitual própria dos estamentos tem de ser buscada no fato de que neles vêm *à existência em relação ao Estado* o momento subjetivo da liberdade universal, o discernimento próprio e a vontade própria da esfera que nesta exposição foi chamada de sociedade civil. Que esse momento seja uma determinação da ideia desenvolvida até a totalidade, esta necessidade interna, que não é para confundir com as *necessidades* e as *utilidades externas*, decorre, como em toda parte, do ponto de vista filosófico.

Adendo (H). A posição do governo em relação aos estamentos não deve ser essencialmente uma posição hostil, e a crença na necessidade desse relacionamento hostil é um triste erro. O governo não é nenhum partido que se defronta a outro, de tal sorte que ambos teriam de obter vantagem ou extorquir algo um do outro, e se um Estado chega a essa situação, isso é uma calamidade, e não pode ser um sinal de saúde. Além disso, os impostos que os estamentos aprovam não devem ser considerados como uma dádiva ao Estado, porém eles são aprovados em vista do que é melhor para aqueles mesmos que os aprovam. O que constitui a significação própria dos estamentos é que, através deles, o Estado entra na consciência subjetiva do povo, e que este começa a participar daquele.

§ 302

Enquanto órgão *mediador*, os estamentos estão entre o governo em geral, de um lado, e o povo dissolvido nas esferas particulares e nos indivíduos, de outro. A destinação desses estamentos exige deles tanto o *sentido* e a *disposição de ânimo* do *Estado* e do *governo* quanto dos *interesses* dos círculos *particulares* e dos *singulares*. Ao mesmo tempo, essa posição tem a significação de uma mediação exercida em comum com o poder de governo organizado, a fim de que nem o poder do príncipe apareça como *extremo* isolado e, por causa disso, como mero poder dominador e arbitrário, nem os interesses particulares das comunas, das corporações e dos indivíduos se isolem, ou, mais ainda, a fim de evitar que os singulares venham a se apresentar como uma *multidão* ou como um *aglomerado*, por conseguinte, venham a se converter em um opinar e um querer inorgânicos, e em um mero poder de massa contra o Estado orgânico.[535]

---

[535] A dupla função mediadora a que os estamentos estão destinados, e que exige deles tanto o "sentido" do Estado e do governo quanto o dos interesses particulares comunitários e singulares, ora coloca os estamentos sozinhos na posição de termo-médio entre o governo em geral e o povo enquanto multidão atomizada (enquanto "agregado"), ora os faz exercer conjuntamente com o governo a mediação entre o poder monárquico e o povo organizado em estamentos socioprofissionais, corporações e comunas no interior da sociedade civil. Essa dupla posição mediadora das "assembleias estamentais" (na designação antiquada, mas então corrente na Alemanha) visa a superar a oposição estrutural entre unidade e multiplicidade que está na base do Estado moderno, e que assume na representação jusnaturalista, a partir de Hobbes, a figura da oposição entre o atomismo da multidão na sociedade civil (no sentido da sua diferenciação moderna em face do Estado) e a majestade do Estado soberano, enquanto poder coercitivo sobre os indivíduos e unidade externa a eles. Por isso, à diferença da representação hobbesiana, na qual o representante soberano é que dá unidade à multidão para torná-la uma pessoa jurídico-política, os representantes parlamentares no Estado hegeliano não são nem representantes da unidade política do todo (que é assegurada, primariamente, pela singularidade conceitual do todo, encarnada na decisão jurídico-política em última instância do monarca) nem representantes da multidão que vota singularmente. Eles são representantes escolhidos a partir da articulação orgânica já existente na sociedade civil, graças aos estamentos socioprofissionais e às corporações. Esse enraizamento da representação política nesses círculos de universalidade intermediária da sociedade civil, nos quais se organizam "os interesses particulares comunitários" (§ 288), é para Hegel a única maneira de evitar a moderna "separação da vida civil e da vida política" (§ 303 A), de superar o atomismo e a dispersão social, que é a contrapartida da representação política jusnaturalista e liberal, mas também coibir a atuação política da multidão enquanto tal, enquan-

É uma das intelecções mais importantes da lógica a de que um momento determinado, que, estando em oposição, tem a posição de um extremo, deixa de sê-lo e passa a ser um momento *orgânico* pelo fato de que é, simultaneamente, *termo-médio*. No caso do objeto aqui considerado é da maior importância ressaltar esse aspecto, porque é um dos preconceitos frequentes, mas sumamente perigoso, representar os estamentos principalmente do ponto de vista da [sua] *oposição* ao governo, como se esta fosse a sua posição essencial. Organicamente, isto é, assumido na totalidade, o elemento estamental só se demonstra pela função da mediação.[536] Com isso, a própria oposição é rebaixada a uma

---

to agregado ou bando (*Haufen*), que a torna "mero poder de massa contra o Estado orgânico" (§ 302).

Daí a importância, para Hegel, de embasar essa dupla função mediadora dos estamentos no cerne da sua lógica especulativa, na lógica do conceito e do silogismo, para a qual os extremos de uma oposição, enquanto momentos da estrutura conceitual do todo, deixam de ser extremos irredutíveis ("efetivos", diria Marx) ao assumirem alternadamente uns em relação aos outros a função de termo-médio. A função rotativa da mediação dos poderes entre si e a dupla função mediadora dos estamentos, que embasam a teoria da representação política de Hegel, visam a impedir que a oposição entre os poderes, principalmente a que existe entre o poder legislativo e o poder governamental, mas também a oposição política, se torne "substancial" e, assim, ponha em perigo a unidade do Estado. Especificamente, a mediação conjunta da assembleia legislativa bicameral e do poder de governo visa a impedir a solidificação da oposição entre o poder monárquico, de uma parte, e a multidão, de outra, que tornaria o primeiro um "poder dominador e arbitrário" (*ibid.*), e a segunda uma "massa informe" e uma "coletividade inorgânica" (§ 303 A).

O sentido histórico-político dessa mediação conjunta se esclarece, em parte, na contraposição que Hegel delineia, nas *Preleções de 1824-25*, entre o sentido da oposição parlamentar na Inglaterra e na França, respectivamente. Enquanto na Inglaterra a oposição parlamentar contesta, antes de tudo, a política ministerial, "este ministério", respeitando, como a situação, os "princípios fundamentais do Estado", na França, onde a oposição é constituída pelos deputados republicanos, ela não mais "está no mesmo solo com o governo", e não mantém o "sentido e a disposição de ânimo" do governo e do Estado, assim que, se ela prevalece, ela destrói a constituição monárquica. Quando na Inglaterra a oposição prevalece, muda-se o ministério, sem pôr em perigo o Estado. Na França, se a assembleia não partilha mais com o governo o mesmo sentido do Estado, o veto do monarca, previsto na primeira constituição revolucionária de 1791 (capítulo III, seção III), ou é "um veto vazio sem força", e, se adquire força, é "só com a violência", ou, então, a assembleia (as assembleias estamentais, na linguagem obsoleta de Hegel) "tem de usar a violência e depor o rei violentamente" (*VRph 1824-25*, pp. 707-8).

[536] Há, na publicística alemã entre 1789 e 1848, um espectro extremamente diferenciado de teorias da representação (*Repräsentation*), todas perpassadas pela tensão en-

tre o princípio da concentração do poder do Estado na soberania monárquica, conforme a imposição do artigo 57 das "Decisões Finais" (*Schlussakte*) do Congresso de Viena (1815), de uma parte, e as inúmeras variantes do reconhecimento mais ou menos temperado, tíbio ou decidido, do princípio da soberania popular e/ou da representação nacional, implementados pela Revolução Francesa, de outra (ver Podlech, A., "Repräsentation", in: *GGrb.*, v. 5, pp. 509-47; Hofmann, H., "Repräsentation", in: *Repräsentation. Studien zur Wort-und Begriffsgeschichte von der Antike bis ins 19. Jahrhundert. Schriften zur Verfassungsgeschichte*, v. 22, Berlim, Duncker & Humblot, 1974, pp. 416-40, 446-54; nesses dois verbetes encontra-se uma bibliografia exaustiva das fontes a respeito desse tema, cuja relevância, principalmente na Alemanha, se prolonga até o início do século XX). No extenso campo teórico delineado por essa tensão se desenvolvem várias versões de uma teoria híbrida da dupla representação, que procura combinar, misturar ou harmonizar aspectos democráticos da soberania do povo com o princípio da soberania monárquica, com nítida preponderância desta última. A sua formulação mais expressiva, num registro conservador, foi a filosofia do direito de Friedrich Julius Stahl (*Die Philosophie des Rechts nach geschichtlicher Ansicht*, Heidelberg, 1830-37), segundo a qual o rei soberano e a representação estamental do povo são conjuntamente, de uma parte, representantes do poder do Estado, e, de outra, do povo não soberano, diretamente a contrapelo da tese de Sieyès acerca de uma concorrência entre a representação do monarca e a representação do parlamento, enquanto ambos são poderes delegados da nação soberana. "A relação entre o príncipe e os estamentos repousa [...] no modo diverso como eles representam a nação. O príncipe representa o Estado, a ordem ética, a qual deve subsistir acima dos homens, portanto, a nação na sua vocação para manejar essa ordem. Os estamentos representam o povo, isto é, a nação, na vocação que eles têm de obedecerem a essa ordem, os homens nas suas várias posições sociais, tal como estão submetidos à condução do Estado e tal como sentem essa condução se exercer de maneira favorável ou prejudicial sobre eles" (Stahl, *op. cit.*, v. 2, pp. 318 ss.; Podlech, A., "Repräsentation", in: *GGrb.*, v. 5, p. 541). A posição teórica e política de Hegel é muito própria e original, apesar das suas semelhanças, geralmente mais externas, com aspectos tanto do "constitucionalismo jusnaturalista" como do "constitucionalismo orgânico-romântico", segundo a caracterização de Podlech (*id.*, pp. 536-8). Hegel tenta elaborar uma teoria "pós-revolucionária" da representação, ao mesmo tempo política e estamental, que integra aspectos do sistema representativo no sentido de Sieyès, tais como o elemento individual e volitivo da delegação por mandato e a representação do conjunto do povo organizado estatalmente (embora não formalmente designada de "representação nacional"), com aspectos de uma representação estamental, porém não no sentido feudal ou protomoderno ("absolutista") das prerrogativas que os velhos estamentos pactuavam com o príncipe, mas de estamentos enraizados nos grandes ramos da moderna divisão do trabalho e na organização corporativa dos interesses socioprofissionais inseridos na sociedade civil moderna. O que separa Hegel da concepção liberal de representação é a recusa de atribuir às assembleias estamentais uma função de garantia jurídica e controle político do arbítrio do príncipe, até porque a decisão última do monarca pressupõe a universalidade da constituição e da lei e está, assim, normativamente integrada por elas (§ 285). É preciso tam-

aparência. Se essa oposição, no seu fenômeno, concernisse não apenas à superfície, mas se tornasse efetivamente uma oposição substancial, o Estado estaria em via de soçobrar. — O sinal de que o conflito não é dessa espécie resulta, segundo a natureza da Coisa, de que os objetos desse conflito não dizem respeito aos elementos essenciais do organismo do Estado, mas a coisas mais especiais e indiferentes, e a paixão que, no entanto, se vincula a esse conteúdo torna-se partidarismo a favor de um interesse meramente subjetivo, por exemplo, por cargos mais altos no Estado.

Adendo (H). A constituição é essencialmente um sistema de mediação. Nos Estados despóticos, onde só há príncipes e povo, o último atua, quando atua, meramente como uma massa destruidora contra a organização. Mas, intervindo organicamente, a multidão impõe os seus interesses de modo conforme ao direito e à ordem. Se, pelo contrário, esse meio não é disponível, então o exprimir-se da massa será sempre algo selvagem. É por causa disso que nos Estados despóticos o déspota poupa o povo, e a sua fúria só atinge o seu entorno. Pela mesma razão, também, o povo nesse Estado só paga poucos impostos, os quais, num Estado constitucional, são lançados graças à consciência mesma do povo. Em nenhum país pagam-se tantos impostos quanto precisamente na Inglaterra.

---

bém ressalvar que para Hegel o príncipe não é "representante" da unidade do povo e do poder do Estado, como na tradição jusnaturalista. A maior proximidade com as teorias dos seus contemporâneos está em que a representação é pensada fundamentalmente como "mediação", genericamente, entre a sociedade civil e o Estado, especificamente, na figura da dupla mediação, tematizada no *caput* do parágrafo, a primeira, a que as assembleias estamentais exercem entre governo e povo, e a segunda, a que elas exercem conjuntamente com o governo entre o príncipe e o povo (§ 302). Essa mediação só é "racional" se exercida "organicamente", isto é, integrada no todo do Estado, de modo que o sistema representativo moderno de deputação é combinado com uma representação estamental, no sentido de que o elemento da representação vicária (o "estar no lugar do outro", a *Vertretung*) da delegação é temperado e integrado por um aspecto de representação identitária, em que o próprio interesse representado "está efetivamente presente" no seu representante (§ 311), na medida em que este, por sua pertença estamental e corporativa, adquire no exercício de cargos de autoridade a experiência para "apresentá-lo" como universal. Essa institucionalização política da representação estamental, pensada antes de tudo como "mediação", é um tema que a filosofia do direito de Stahl posteriormente desenvolve em perspectiva conservadora, remetendo-se diretamente a Hegel (Hofmann, H., "Repräsentation", in: *Repräsentation. Studien zur Wort-und Begriffsgeschichte von der Antike bis ins 19. Jahrhundert, op. cit.*, p. 439).

§ 303

O estamento *universal*, mais precisamente aquele que se dedica ao *serviço do governo*, tem de ter na sua destinação imediatamente o universal por fim da sua atividade essencial; no elemento estamental do poder legislativo, o *estamento privado*[537] atinge uma *significação* e atuação *políticas*.[538] Ora,

---

[537] O "estamento privado" é introduzido e caracterizado, aqui, por oposição ao "estamento universal". Este, enquanto corpo de funcionários a serviço do governo, se dedica direta e essencialmente ao universal e, por isso, não participa do elemento estamental do poder legislativo. Aquele compreende o "estamento substancial" (§ 203) e o estamento, tripartido, da industriosidade burguesa (artesanato, indústria e comércio) (§ 204), no qual se articulam as diferentes atividades profissionais, mediadas pela divisão social do trabalho, e que constitui o solo em que se enraíza a representação política "orgânica" da sociedade civil, que parte da sua estruturação socioprofissional já existente.

[538] A tese segundo a qual a organização estamental e corporativa da sociedade civil readquire, mediante a representação política estamental, uma "significação e uma atuação políticas" é o fulcro da crítica de Marx à teoria hegeliana da representação política. O que torna essa crítica ainda mais interessante é que ela revela também certeiramente a intenção central dessa teoria: propor uma alternativa tanto à representação liberal quanto à representação por mandato imperativo, procurando enraizar a representação ao mesmo tempo política e estamental na própria diferenciação socioprofissional e na organização corporativa da sociedade civil, de sorte que a base da representação política seja a sociedade civil enquanto "estamento privado" "como aquilo que ele já é", a fim de suspender a diferença entre sociedade civil e Estado e impedir a sua separação. "Os estamentos políticos e os estamentos na sociedade civil têm de se engrenar um no outro [*ineinandergreifen*]. Como os cidadãos estão constituídos na sociedade civil, assim também devem entrar em cena no mundo político. A pior representação que se pode ter a propósito da constituição dos estamentos é a de que eles têm de ser escolhidos pelos indivíduos singulares. Pois os muitos são uma massa informe, mas o que se apresenta no Estado tem de ser organizado. Os estamentos políticos só são estáveis no Estado enquanto membros de algo já estável em si mesmo, como as corporações e as associações cooperativas" (*VRph 1822-23*, pp. 802-3). Ora, é esse entrosamento entre os estamentos sociais e os estamentos políticos o ponto preciso que Marx critica, mais exatamente, o de que a organização estamental e corporativa da sociedade civil, mediante o elemento estamental do poder legislativo, isto é, a representação estamental, adquire uma dimensão intrinsecamente política. Esse ponto é inseparável do que Marx vê como o acerto e a profundidade do diagnóstico de Hegel sobre a sociedade civil moderna, o de que ela é uma esfera autônoma e não política, um "estamento privado", que, de fato, não comporta esse enraizamento do político no social. "O mais profundo em Hegel é que ele percebe a separação

o mesmo não pode aparecer nesse elemento nem como uma massa indivisa nem como uma multidão dissolvida nos seus átomos, porém tem de aparecer como *aquilo que ele já* é, a saber, como diferenciado no *estamento* que se funda na relação substancial e naquele que se funda nas carências particulares e no trabalho que as medeia (§§ 201 ss.). Somente assim, com respeito a essa sua diferenciação, o *particular*, que é efetivo no Estado, vincula-se verdadeiramente ao universal.

Isso vai contra uma outra representação corrente, segundo a qual, visto que o estamento privado é alçado no poder legislativo à participação da Coisa universal, ele teria de aparecer aí na forma de *singulares*, seja que eles escolham mandatários[539] para essa função, seja até

---

da sociedade civil e da sociedade política como uma contradição" (*KHRPh*, *MEGA*, I, v. 2, p. 80; *CFD*, p. 93). Como Marx concebe a relação de diferença e de oposição entre sociedade civil e Estado, estabelecida por Hegel, como uma "separação" e uma "contradição", visto que na sociedade moderna "o elemento político-estamental não é senão a expressão factual da relação efetiva do Estado e da sociedade civil, que é a sua separação", (*id.*, pp. 80-5; *id.*, pp. 91-3), a sociedade civil enquanto "estamento privado" só pode alcançar uma "significação e uma atuação políticas" renunciando precisamente àquilo que ela pretensamente "já é". Com efeito, enquanto "estamento privado", ela não é política, e, na sua separação do Estado, ela "não só aparece, como é realmente, por toda parte, 'uma multidão dissolvida nos seus átomos', e tem de aparecer e apresentar-se enquanto atomística em sua atividade político-estamental" (*id.*, p. 86; *id.*, p. 94). "A *constituição estamental*, onde ela não é uma tradição da Idade Média, é a tentativa de, em parte, lançar o homem de volta dentro da própria esfera política na limitação da sua esfera privada, de fazer da sua particularidade a sua consciência substancial, e, como a distinção estamental existe politicamente, de também convertê-la novamente numa distinção social" (*id.*, p. 90; *id.*, p. 98). À "união" terminológica e "anteriormente presente" (§ 303 A) da significação social e da significação política do estamento, invocada por Hegel ao final da Anotação como corroboração da sua proposta de reatualizar, mediante a representação estamental, uma dimensão política imanente à articulação estamental e corporativa da sociedade civil moderna, Marx contrapõe o processo histórico irreversível da transformação dos estamentos políticos em estamentos sociais, consumada na Revolução Francesa, "que fez das distinções estamentais da sociedade civil simples distinções sociais, distinções da vida privada, sem qualquer significado na vida política. A separação da vida política e da sociedade civil foi, assim, consumada" (*KHRPh*, *MEGA*, I, v. 2, p. 89; *CFD*, p. 97).

[539] *Stellvertreter*. É importante marcar a diferença entre *Stellvertreter* ("mandatário", ver § 309) e *Repräsentanten* (§ 311 A). Os "representantes", no sentido moderno, inaugurado pela teoria hobbesiana da autorização, têm a função de erguer os interesses particulares à universalidade mediante o exercício do mandato livre, e, representando assim os interesses universais do todo político, instituir a unidade dos representados en-

mesmo que cada um deva exercer ele próprio o seu voto no poder legislativo. Essa maneira de ver abstrata, atomística, desaparece já na família, bem como na sociedade civil, onde o singular só vem a aparecer como membro de um universal. Mas o Estado é essencialmente uma organização de membros tais que eles são *círculos para si*, e nele nenhum momento deve mostrar-se como uma multidão inorgânica. *Os muitos*, enquanto singulares, o que se entende sem mais por povo, são certamente um *conjunto*, mas apenas enquanto *multidão* — uma massa informe, cujo movimento e atuar, precisamente por isso, seria somente elementar, irracional, selvagem e assustador. Quando, em relação à

---

quanto povo (Rousseau) ou enquanto nação (Sieyès), dando forma à vontade comum. Mas Hegel quer superar tanto as consequências dessa "maneira de ver atomística" da representação liberal que isola o indivíduo, na medida em que a ação política está concentrada, sobretudo, senão exclusivamente nos representantes, quanto a representação meramente substitutiva por mandatários, oriunda da figura jurídica do mandato de direito privado, na qual os representantes estão vinculados às instruções dos representados e que, mais tarde, noutro contexto histórico e político, assumirá a figura do "mandato imperativo".

Hegel procura reunir a representação política no sentido moderno com elementos de uma representação enraizada organicamente nos interesses particulares comunitários desses "círculos" (§ 308) de universalidade intermediária, constituídos pelas comunas, corporações, associações cooperativas e pelos grandes ramos da divisão social do trabalho (Hegel exemplifica com o comércio, a indústria), nos quais se organiza a sociedade civil. Os "representantes" que emergem da articulação socioprofissional da própria sociedade civil e dos seus principais ramos têm, assim, tanto a função de erguer, no "elemento político-estamental" (§ 304), esses interesses particulares comunitários à "participação na Coisa universal", na *res publica*, quanto a função de representar, não os indivíduos-singulares, mas esses interesses de universalidade intermediária, e não mais no sentido da representação substitutiva, mas no sentido de que "o próprio interesse [do representado] esteja *efetivamente presente* no seu representante", e que este permaneça vinculado por uma relação de confiança com o "elemento objetivo" do qual provém (§ 311 A).

Daí o caráter historicamente bifronte e conceitualmente híbrido dessa teoria da representação hegeliana. Hegel compartilha com os reformadores prussianos a proposta segundo a qual os deputados devem ser primeiramente representantes das corporações, e não dos distritos geográficos. No projeto constitucional elaborado pelo chanceler Hardenberg, de cujas posições Hegel estava próximo, os deputados das assembleias estamentais nacionais (Estados Gerais, na terminologia francesa) deviam ser escolhidos pelos deputados das assembleias regionais, e dentre eles, mas estes eram representantes (*Stellvertreter*) das corporações, e não dos distritos (cf. Nisbet, nota 1 ao § 303, p. 471).

constituição, se ouve falar ainda do *povo*, dessa coletividade[540] inorgânica, pode-se já saber de antemão que só há que esperar generalidades e declamações equívocas. — A representação [*Vorstellung*] que de novo dissolve numa multidão de indivíduos as comunidades já aí-presentes nesses círculos, lá onde elas entram no elemento-político, isto é, no ponto de vista da *suprema universalidade concreta*, mantém, precisamente com essa dissolução, a vida civil e a vida política separadas uma da outra e coloca por assim dizer esta última no ar, já que a sua base seria somente a singularidade abstrata do arbítrio e da opinião, por conseguinte, o contingente, e não um fundamento *estável* e *legitimado* em si e por si. — Embora nas representações dessas pretensas teorias os *estamentos* da sociedade *civil* em geral e os *estamentos* na sua significação *política* estejam muito distantes uns dos outros, a língua [alemã] manteve, contudo, ainda a união que, em todo caso, estava anteriormente aí-presente.

§ 304

O elemento político-estamental contém em sua própria determinação, ao mesmo tempo, a diferença dos estamentos já presente nas esferas anteriores. A sua posição inicialmente abstrata, a saber, a do *extremo* da *universalidade empírica* em face do *princípio do príncipe* ou do *princípio monárquico* em geral — posição na qual reside somente a *possibilidade da concordância* e, com isso, igualmente, a *possibilidade* da contraposição *hostil* —, essa posição abstrata só se torna uma relação racional (um *silogismo*, cf. Anotação ao § 302), pelo fato de que a sua *mediação* vem à existência. Assim como, da parte do poder do príncipe, o poder governamental (§ 300) já tem essa destinação, assim também, da parte dos estamentos, um momento dos seus momentos [a câmara baixa] tem de estar voltado para destinação de existir essencialmente enquanto momento do termo-médio.[541]

---

[540] A tradução de *Gesamtheit* por "coletividade" neste contexto sociopolítico é pertinente por trazer à luz o paralelismo etimológico dos dois substantivos, nas respectivas línguas. *Gesamtheit* remete diretamente ao advérbio *samt*, que origina *zusammen*, e, indiretamente, ao verbo *sammeln* ("reunir", "colher", "coletar", "coligir"), de maneira análoga à remissão de "coletividade" ao latim *colligere*, que, além dos sentidos mencionados de *sammeln*, tem também o sentido de "compreender", "abarcar".

[541] O termo-médio da representação política estamental, na sua dupla função me-

§ 305

Um dos estamentos[542] da sociedade civil contém o princípio que é por si capaz de ser constituído em vista dessa relação política, a saber, o estamento da eticidade natural, o qual tem por sua base a vida familiar e, no que diz

---

diadora (§ 302), integra em si dois momentos essenciais, o poder governamental, enquanto delegação do poder monárquico, e o elemento especificamente político da assembleia estamental, a câmara baixa, enquanto delegação ("deputação") dos estamentos socioprofissionais e das corporações. Ver a arguta e extensa crítica de Marx, extremamente esclarecedora da visada política e das teses hegelianas: 1) à dupla mediação que Hegel atribui às assembleias estamentais, a primeira, entre o governo e o povo enquanto multidão, e a segunda, exercida conjuntamente com o governo, entre o príncipe e a sociedade civil no conjunto dos seus interesses particulares (*ibid.*); 2) ao caráter "híbrido" assumido por esse termo-médio político que é o elemento estamental, analisado por Marx como um "*mixtum compositum* dos dois extremos" (o príncipe e a sociedade civil); estes, alternadamente, ora são "extremos efetivos", que, para Marx, não comportam mediação e, por isso, se armam numa "contradição irreconciliável", ora exerceriam a função mediadora de termo-médio, graças à qual se integrariam como momentos na totalidade orgânica do Estado, em vista da superação da oposição entre sociedade civil e Estado, como pretende Hegel (*KHRph*, *MEGA*, I, v. 2, pp. 91-100; *CFD*, pp. 99-107).

[542] Conforme a divisão triádica dos estamentos da sociedade civil segundo os três momentos lógicos do conceito, trata-se do primeiro estamento, o "estamento substancial" (§ 203). Mas, considerando em primeiro lugar a diferenciação interna desse estamento entre o "estamento dos proprietários fundiários" e o "estamento camponês", a que se refere o § 307, e que é explicitada nas *Preleções de 1823-24* (*VRph 1823-24*, p. 807; ver também § 306 Ad.), e, em segundo lugar, a destinação política natural desse estamento a ocupar a câmara alta, legitimada pela hereditariedade e pela independência da propriedade fundiária agrícola, que, por sua vez, é garantida pela prerrogativa estatal do morgadio, é claro que essa vocação política natural não inclui o "estamento camponês", mas só aquela parte do estamento substancial que, graças à propriedade fundiária, partilha com o poder monárquico o privilégio natural da primogenitura. Mas é a inalienabilidade jurídica da propriedade, assegurada pelo morgadio, o que funda a hereditariedade da propriedade e estabelece essa relação direta entre a propriedade fundiária e a atividade política não mediada pela "contingência de uma escolha", mas perpetuada pela primogenitura, de sorte que a "câmara alta" não está propriamente numa relação de representação política com o estamento substancial. Como assinalou Kervégan, a câmara alta constitui uma espécie de nobreza hereditária, que, na sistemática hegeliana, "vai de encontro à definição estritamente funcional dos estamentos (*Berufstände*), a favor da qual fala toda a teoria da sociedade civil" (*Kervégan*, p. 509, nota 1).

respeito à subsistência, a propriedade fundiária, por conseguinte, tem, com respeito à sua particularidade, um querer que repousa sobre si, e tem em comum com o elemento do príncipe a determinação natural, a qual esse elemento encerra em si mesmo.[543]

§ 306

Esse estamento é mais precisamente constituído para a [sua] posição e significação políticas na medida em que o seu patrimônio é independente tanto do patrimônio do Estado como da insegurança da indústria, da busca compulsiva do ganho e da mutabilidade da posse em geral — independente tanto do favor do poder governamental como do favor da multidão —, e é mesmo tornado estável *contra o próprio arbítrio* pelo fato de que os membros desse estamento, chamados a essa destinação, estão privados do direito que os outros cidadãos têm, em parte de dispor livremente da sua propriedade inteira, em parte de saber que ela será transmitida aos filhos segundo a igualdade do amor para com eles; — o patrimônio torna-se, assim, um *bem hereditário inalienável*, gravado pelo *morgadio*.[544]

---

[543] Embora essa nobreza hereditária tenha a sua base na grande propriedade fundiária, Hegel faz questão de assinalar que não se trata de uma "nobreza feudal". "Não se trata aqui de nobreza feudal, que teria direitos especiais em consideração de sua propriedade; a nobreza aqui em vista é de espécie inteiramente diferente, e pode-se chamá-la de nobreza ou também de não nobreza, é de todo indiferente. Esse estamento deve ser independente em face do poder do príncipe, e igualmente em face da multidão, independente do favor do governo, como do da multidão, e essa independência consiste, sobretudo, na grande propriedade" (*VRph 1824-25*, p. 713).

[544] Hegel revalida e justifica o morgadio unicamente pela sua finalidade política, que é a de garantir, mediante as cláusulas da indivisibilidade e da inalienabilidade da grande propriedade fundiária, a estabilidade da composição da câmara alta, enquanto órgão mediador entre o poder do príncipe e a sociedade civil (*id.*, v. 4, p. 715), uma vez que ele admite que o morgadio é um "sacrifício", e Gans acrescenta, ao final do Adendo, "um entrave" (*Fessel*) à liberdade do direito privado em geral, especificamente, à liberdade do direito de propriedade, à igualdade da partilha hereditária e à liberdade de testamento. Marx elogia inicialmente a "decência e a honestidade do entendimento" de Hegel por não querer o "morgadio em si e por si" (*KHRph*, *MEGA*, I, 2, p. 109; *CFD*, p. 115), mas como um meio político para estabilizar a câmara dos pares. Mas, como para ele a propriedade fundiária é a forma da "propriedade privada por excelência", "soberana", visto que ela não é mediada e "posta pela *vontade social*", o morgadio passa a ser

Adendo (H). Esse estamento tem um querer dotado de mais subsistência por si. No seu conjunto o estamento dos proprietários fundiários se distingue em sua parte cultivada e no estamento camponês.[545] Em contrapartida, a essas duas espécies se contrapõe o estamento da indústria, enquanto é dependente da carência e está a ela remetida, e o estamento universal, enquanto essencialmente dependente do Estado. A segurança e a estabilidade desse estamento pode ser ainda aumentada pela instituição do morgadio, que, todavia, só é desejável do ponto de vista político, pois ao morgadio está ligado um sacrifício para o fim político, a fim de que o primogênito possa viver de modo independente. A fundamentação do morgadio reside em que o Estado não deve contar com a mera possibilidade da disposição de ânimo, porém com algo necessário. Ora, a disposição de ânimo certamente não está ligada a um patrimônio, mas a conexão relativamente necessária [entre ambos] está em que quem possui um patrimônio autônomo não está restringido por circunstâncias externas e, assim, pode de maneira desimpedida proceder e agir em prol do Estado. No entanto, onde faltam instituições políticas, a fundação e o favorecimento de morgadios nada mais é do que um entrave

---

para ele um mero "efeito" da propriedade fundiária privada, que adquire, assim, "poder [...] sobre o Estado político", "ao passo que Hegel descreve o morgadio como o *poder do Estado político sobre a propriedade privada*" (*id.*, pp. 107-8; *id.*, pp. 113-4). Em consequência dessa inversão, a propriedade fundiária torna-se a "substância" de que o senhor do morgadio é apenas o "acidente", e "a qualidade política do senhor morgado" torna-se "a qualidade política do seu bem hereditário" (*id.*, p. 116; *id.*, p. 122). Daí a sua interpelação a Hegel: "Que filosofia do direito é essa, em que a independência da propriedade privada tem no direito privado um significado diverso daquele do direito público?" (*id.*, p. 111; *id.*, p. 118).

[545] *Bauernstand*. Embora o *Allgemeines Landrecht* (*ALR*, Código Geral) prussiano, promulgado em 1791, tivesse abolido juridicamente a servidão da gleba, os camponeses ainda estavam largamente envolvidos no processo de sua emancipação das corveias remanescentes do regime feudal e das demais obrigações que os ligavam ao solo e lhes impunham uma residência fixa. Esse regime, em geral, os vinculava a um estatuto de sujeição ao senhorio (*Untertänigkeit*), que retinha ainda parcialmente um poder de polícia e de jurisdição sobre eles. O fato de serem, em princípio, pessoas livres e potenciais cidadãos, o que deveria implicar uma relação imediata ao Estado, passava ainda, em larga medida, pela sua sujeição ao senhorio exercido pelos proprietários fundiários pertencentes à nobreza de sangue. Daí a avaliação de Kosellek de que, apesar de todas as agitações e revoltas por eles desencadeadas, a fim de reivindicar a implementação dos dispositivos que atenuavam por via administrativa a sua situação precária, eles nunca entraram em cena "enquanto estamento político". "Ligados ao solo e ao senhorio, permaneceram [em suas agitações] limitados aos seus distritos" (Koselleck, R., *op. cit.*, p. 172; cf. pp. 134-42).

posto à liberdade do direito privado, entrave ao qual ou é preciso acrescentar o sentido político ou ele se encaminha à sua dissolução.

§ 307

O direito dessa parte do estamento substancial está, dessa maneira, com efeito, por um lado, fundado no princípio natural da família, mas, ao mesmo tempo, esse princípio é invertido por duros sacrifícios para o *fim político*, com o que esse estamento está essencialmente remetido à atividade para esse fim e, igualmente em consequência disso, é chamado e *legitimado* a essa atividade pelo *nascimento*, sem a contingência de uma escolha. Por isso, esse estamento tem uma posição estável, substancial, entre o arbítrio subjetivo ou a contingência dos dois extremos, e, assim como ele traz em si mesmo uma imagem do momento do poder do príncipe (ver o § precedente), assim também partilha, de resto, com o outro extremo as mesmas carências e mesmos direitos e torna-se, assim, ao mesmo tempo, o sustentáculo do trono e da sociedade.

§ 308

Na outra parte do elemento estamental incide o lado *móvel* da *sociedade civil*, o qual, exteriormente por causa da multidão dos seus membros, mas essencialmente por causa da natureza da sua destinação e da sua ocupação, só pode intervir através de *deputados*. Na medida em que estes são delegados pela sociedade civil, é de se supor imediatamente que esta o faz *como aquilo que ela é* — por conseguinte, não enquanto dissolvida atomisticamente nos singulares e enquanto se reunindo somente por um instante sem sustentação ulterior para um ato isolado e temporário, porém, enquanto articulada nas suas corporações, comunas e associações cooperativas de todo modo já constituídas, que, dessa maneira, adquirem uma conexão política. Na legitimação da sociedade civil para uma tal deputação, convocada pelo poder do príncipe, assim como na legitimação do primeiro estamento a aparecer [na esfera política] (§ 307), a existência dos estamentos e das suas assembleias[546] encontra uma garantia própria, constituída.

---

[546] "Assembleia" (*Versammlung*) consta no singular, mas o parágrafo se refere cla-

O fato de que *todos*, singularmente, devem tomar parte na deliberação e na decisão sobre os assuntos universais do Estado, porque esses "todos" são membros do Estado e os seus assuntos são os assuntos de *todos*, pelos quais eles têm direito de ser concernidos em seu saber e na sua vontade — essa representação [*Vorstellung*], que quereria pôr o elemento *democrático sem nenhuma forma racional* no organismo do Estado, que só é tal mediante essa forma, vem tão facilmente à mente, porque ela se detém na determinação *abstrata* de ser membro do Estado, e o pensamento superficial se atém a abstrações. A consideração[547] racional, a consciência da ideia, é *concreta* e, nessa medida, se encontra com o verdadeiro sentido *prático*, que ele próprio nada mais é do que o sentido racional, o sentido da ideia — que, contudo, não há que se confundir com a mera rotina das tarefas e com o horizonte de uma esfera restrita. O Estado concreto é o *todo articulado* em *seus círculos particulares*; o membro do Estado é *membro* de um tal *estamento*; somente nessa sua determinação objetiva ele pode ser tomado em consideração no Estado. A sua determinação universal contém, em princípio, o duplo momento, o de ser *pessoa privada* e o de ser igualmente consciência e querer do *universal*, enquanto *ser-pensante*; mas essa consciência e esse querer só não são vazios, mas *dotados de conteúdo* e efetivamente *vivos*, quando estão preenchidos com a particularidade — e essa é o estamento particular e a determinação particular, ou seja, o indivíduo é *gênero*, mas tem a sua *efetividade* universal *imanente* como

---

ramente a duas câmaras: à câmara alta, composta pelos grandes proprietários fundiários, cuja legitimação para o cargo político é a independência do seu patrimônio (enquanto gravado pelo morgadio), uma independência que tem que se fazer valer tanto em face do príncipe quanto em relação às contingências do mercado e à "ânsia do ganho" — Hegel faz questão de assinalar que "não se fala, aqui, da nobreza feudal" e que "é de todo indiferente chamar [seus membros] de nobreza ou não" (*VRph 1824-25*, p. 720) —, e a câmara baixa, composta e legitimada por uma deputação ("convocada pelo príncipe") da sociedade civil em sua estrutura corporativa e comunal.

[547] *Betrachtung*, do verbo *betrachten*, tem o significado primeiro de "refletir atentamente sobre, de examinar e avaliar com cuidado" e, desde o século XV, o substantivo tem inclusive o sentido religioso de "contemplação e concentração absortiva", e só derivadamente o sentido, hoje usual, de "olhar, fitar, observar". A palavra portuguesa "consideração" capta muito bem o primeiro sentido, pois remete, na sua raiz, ao termo latino *sider* ("astro", "estrela") contido em *considerare*, que, conforme Ernout e Meillet, significa, na linguagem astrológica e dos augúrios, o exame cuidadoso e respeitoso dos astros (*DW*, p. 165; *Ernout/Meillet*, p. 623).

gênero *próximo*. — A sua destinação efetiva e viva ao *universal*, o indivíduo a alcança, por isso, antes de tudo, na esfera da corporação, da comuna etc. (§ 251) a que pertence, permanecendo-lhe aberta a possibilidade de, graças à sua habilidade, entrar em qualquer esfera para a qual se capacita, inclusive no estamento universal. Uma outra pressuposição reside na representação de que *todos* devem participar nos assuntos do Estado, a saber, a de que *todos entendem desses assuntos*, a qual é igualmente tão despropositada quanto, não obstante, difundida. Mas, na opinião pública (ver § 316) está aberto a cada um o caminho para externar e fazer valer também o seu opinar subjetivo sobre o universal.

§ 309

Como a deputação ocorre para a deliberação e a decisão sobre os assuntos *universais*, ela tem o sentido de que pela confiança sejam destinados a essas funções aqueles indivíduos que entendem melhor desses assuntos, do que os que delegam, assim como, também, de que façam valer não o interesse particular de uma comuna, de uma corporação, contra o interesse universal, porém, essencialmente este. Eles não estão, portanto, na situação de serem mandatários comissionados ou que transmitem instruções, tanto menos quanto a sua reunião tem a destinação de ser uma assembleia viva, cujos membros, deliberando em comum, se instruem e persuadem mutuamnte.[548]

Adendo (G). Na introdução da representação [*Repräsentation*], reside o fato de que o assentimento não deve ser dado imediatamente por todos, mas somente por delegados plenamente autorizados, pois o singular, agora, não concorre mais enquanto pessoa infinita. A representação se funda na

---

[548] Mesmo defendendo uma representação política enraizada na organização estamental e corporativa da sociedade civil, que parte de uma relação de confiança direta para com os deputados, baseada na sua competência e não passando pelo voto do indivíduo enquanto singular, Hegel recusa o mandato imperativo e a tese rousseauniana de que a vontade soberana do povo não pode ser representada. Ele advoga, assim, uma forma de mandato livre, que os deputados exercem num procedimento deliberativo comum, em que avaliam e filtram os interesses comunitários particulares à luz da anterioridade do interesse universal do conjunto da sociedade civil organizada em Estado, na direção de uma verdadeira "representação nacional", na acepção do conceito introduzido por Sieyès e retomado na Prússia por Von Stein e Von Hardenberg.

confiança: mas a confiança é algo diferente de eu dar o meu voto em pessoa, enquanto *este* [indivíduo]. O voto majoritário é igualmente contrário ao princípio segundo o qual eu devo estar presente enquanto este [indivíduo] àquilo que deve me obrigar. Tem-se confiança num homem quando se toma o seu discernimento pelo de alguém que tratará da minha causa como sendo sua causa, segundo o seu melhor saber e a sua melhor consciência moral. Portanto, o princípio da vontade subjetiva singular desaparece, pois a confiança se dirige a uma causa, aos princípios de um homem, do seu comportamento, do seu agir, em suma, ao seu sentido concreto. Importa, por isso, que aquele que passa a integrar um elemento estamental tenha um caráter, um discernimento e uma vontade que correspondam à tarefa de se ocupar de assuntos universais a que foi chamado. Pois o que importa não é que o indivíduo venha a tomar a palavra enquanto abstratamente singular, porém que os seus interesses se façam valer numa assembleia onde se trata do universal. Os eleitores precisam da garantia de que os deputados cumpram e promovam isso.

§ 310

A garantia de que os deputados tenham as propriedades e a disposição de ânimo correspondentes a esse fim — uma vez que o patrimônio independente já reclama o seu direito na primeira parte das assembleias estamentais[549] — mostra-se na segunda parte dessas assembleias, a que provém do elemento móvel e mutável da sociedade civil, sobretudo na disposição de

---

[549] Hegel se refere aos *Stände* para designar diretamente os "estamentos", mas, também, muitas vezes, no seu sentido especificamente político, as "assembleias estamentais". A diferença aqui mencionada entre uma "primeira parte" e uma "segunda parte" dos *Stände* só pode concernir às respectivas assembleias, uma composta pelos proprietários fundiários, a outra, por uma delegação da sociedade civil, designadas no § 312 como as "duas câmaras" em que se divide o "elemento estamental" (§ 312). A referência no final da Anotação a uma "tarefa estamental" (*das ständische Geschäft*) não remunerada também só pode se referir aos membros das assembleias estamentais, e não aos estamentos. A propósito, vale mencionar a aguda observação de Marx: "É digno de nota que Hegel desenvolve menos o conteúdo da atividade estamental, o poder legislativo, do que a *posição* das assembleias estamentais, o seu *status* político" (*KHRph*, MEGA, I, v. 2, p. 73; *CFD*, p. 86: aqui, na tradução, corrige-se "estamentos" por "assembleias estamentais"). Embora a confiança objetiva que está na base da delegação implique uma especialização do entendimento político por parte do representante (§ 309), Hegel insiste em que

ânimo, na habilidade e no conhecimento referente às instituições e aos interesses do Estado e da sociedade civil, disposições essas que são adquiridas pela execução *efetiva* de tarefas em cargos *de autoridade* ou *do Estado* e confirmadas *pelos atos*, e mostra-se também no *sentido da autoridade* e no *sentido do Estado* que se formam e põem à prova pelo exercício dessas tarefas.

A opinião subjetiva que se tem de si acha facilmente supérflua e talvez mesmo ofensiva a exigência de tais garantias, se ela é feita a respeito do assim-chamado povo. Mas o Estado tem por sua determinação o que é objetivo, não uma opinião subjetiva e a sua autoconfiança; os indivíduos só podem ser para ele aquilo que neles é objetivamente conhecível e comprovado, e isso ele precisa vigiar nessa parte do elemento estamental tanto mais quanto o mesmo tem a sua raiz nos interesses e nas ocupações orientadas para o particular, nos quais a contingência, a mutabilidade e o arbítrio têm o seu direito de se espraiar. — A condição externa, um certo patrimônio, tomado simplesmente por si, aparece como o extremo unilateral da exterioridade contra o outro extremo igualmente unilateral, que é a confiança meramente subjetiva e a opinião dos eleitores. Tanto um como o outro, na sua abstração [de extremo], formam um contraste com as propriedades concretas que são requeridas para a deliberação sobre as tarefas do Estado e que estão contidas nas determinações indicadas no § 302.[550] — De toda maneira, na

---

a atividade parlamentar na câmara baixa não deve ser remunerada, a fim de impedir o surgimento do político profissional.

[550] Dentre as condições objetivas para ser eleito e, igualmente, para ser eleitor dos representantes estamentais, Hegel prioriza a disposição de ânimo do "sentido do Estado", adquirida na experiência comprovada pelo exercício de "cargos de autoridade" (prefeitos e membros dos conselhos municipais, dirigentes prepostos às corporações) e "cargos de Estado" (magistrados, funcionários), criticando o projeto real de constituição para Württemberg, que não só excluía indevidamente os funcionários públicos da representação política, mas que adotava como condições restritivas do sufrágio universal o voto censitário e o critério de idade, vinculadas, assim como o sufrágio universal, às "abstrações francesas do puro número e do quanto de propriedade" (*Landständeschrift*, TWA, v. 4, p. 483). "A escolha tem de se restringir a pessoas com cargos de autoridade, [pois] elas é que de fato têm a disposição de ânimo para o universal, tem a habilidade para isso, e as confirmam por atos, no seu caso [a escolha] não depende mais de opinião e de confiança nela, e a contingência não entra tanto em jogo" (*VRph 1824-25*, p. 720). No caso de indivíduos ainda não reconhecidos objetivamente e que querem ser eleitos "enquanto indivíduos", "eles precisam se mostrar como competentes, mas isso produz muito falatório inútil, o exagero na oposição ao governo" (*ibid.*). "Outra situação ocor-

escolha para cargos de autoridade e outros cargos nas associações cooperativas e nas comunas, a qualificação do patrimônio tem já a esfera em que ela pôde exercer o seu efeito, particularmente se muitas dessas tarefas são administradas gratuitamente, e, no que diz respeito diretamente à tarefa das assembleias estamentais, se os seus membros não recebem remuneração alguma.

§ 311

A deputação, enquanto provindo da sociedade civil, tem além disso o sentido de que os deputados estejam familiarizados com as carências especiais, os obstáculos, os interesses particulares desta e os compartilhem. Como essa deputação provém, conforme a natureza da sociedade civil, das suas diversas corporações (§ 308), e como o modo simples dessa proveniência não é perturbado por abstrações e pelas representações atomísticas, essa deputação, assim, satisfaz imediatamente esse ponto de vista, e eleger ou é algo de todo supérfluo ou reduz-se a um jogo menor[551] da opinião e do arbítrio.[552]

---

re quando uma corporação, uma comuna, elege deputados; aqui é um corpo já constituído que elege, que tem o direito de deputar um membro para as assembleias estamentais; essa é uma distinção a que não se deu a devida atenção ultimamente. Quando os singulares deputam enquanto singulares, as assembleias estamentais pairam no ar, não têm uma base sólida; aqui, todavia, já existe algo orgânico, um corpo constituído por si, o conselho municipal" (*id.*, pp. 720-1).

[551] No original, *geringes Spiel*. O adjetivo *gering* tem a significação fundamental de "leve", "pouco pesado", donde se desenvolve, às vezes depreciativamente, o sentido de "de pouco valor, teor ou consistência", por oposição a algo de valor, de peso, de qualidade. A tradução por "jogo menor" não parece exagerada, em face da crítica severa à instituição do voto, que, para Hegel, é a contrapartida da representação abstrata e atomística da sociedade civil.

[552] Já na *Landständeschrift* de 1817 (a já citada resenha crítica das atas das *Negociações na assembleia dos estamentos do reino de Württemberg*), Hegel critica o direito de voto proposto no projeto constitucional apresentado pelo rei a essa assembleia, na medida em que esse direito está ligado "às abstrações francesas" (*TWA*, v. 4, p. 483) de uma representação quantitativa indiferenciada de indivíduos isolados, cujo voto censitário é um ato avulso e periódico, e, também, a uma representação nacional no sentido de Sieyès, incorporada pela *Charte constitutionelle* de Luís XVIII de junho de 1814, na qual se inspirava o mencionado projeto. A fim de integrar as esferas inferiores do povo, "depuradas de privilégios e injustiças", num Estado organicamente formado (*ibid.*), Hegel defende uma representação estamental enraizada nos interesses comunitários específicos

É por isso manifesto o interesse de encontrar entre os deputados, para cada grande ramo particular da sociedade, por exemplo, para o comércio, para as fábricas etc., os indivíduos que o conheçam a fundo e que pertençam a ele mesmo; — essa importante circunstância está entregue apenas à contingência na representação de um ato de eleger avulso, indeterminado. Mas cada um desses ramos tem perante os outros igual direito de ser representado. Se os deputados são considerados como *representantes*, isto só tem um sentido organicamente racional quando não o sejam enquanto *representantes* de *singulares*, de uma multidão, mas enquanto *representantes* de uma das *esferas* essenciais da sociedade, representantes dos grandes interesses de uma delas.[553] Com

---

das corporações e associações cooperativas, que têm que se fazer valer no quadro de um Estado constitucional monárquico, cujo fim racional é promover "uma unidade substancial, originária" de governo e povo (*id.*, v. 4, p. 505), do interesse universal e dos interesses particulares. A representação corporativo-estamental proposta por Hegel não visa, portanto, a restaurar o antigo dualismo entre o rei e os estamentos e entre eles e o povo nem, muito menos, o particularismo das "antigas liberdades" continuamente ampliadas e arrancadas contratualmente do rei pelos estamentos. Como crítico acerbo dessas prerrogativas estamentais juridicamente positivadas em nome do "antigo direito", ele faz valer contra elas a potência da transformação histórica: "dificilmente poderia haver um pilão mais terrível para triturar falsos conceitos de direito e preconceitos sobre constituições do que o tribunal desses [últimos] 25 anos" (*id.*, p. 507). Tirando a lição desses anos, "os mais ricos que a história do mundo de certo teve", Hegel tem em vista uma outra organização representativo-estamental da sociedade, que prevê uma nova mediação entre o monarca e o povo. Os estamentos não seriam mais integrados pelos quatorze prelados do ducado, por representantes dos notáveis citadinos e dessa nova "aristocracia burguesa" do "estamento dos escrivães" (*Schreiberstand*), que constituía uma "casta privilegiada", detestada pela população camponesa de Württemberg (*id.*, p. 574), mas por representantes que, emanando da diferenciação estamental e corporativa de uma sociedade civil moderna, deliberariam sobre o interesse universal do todo político, cuja implementação deve ser conduzida, sobretudo, pelo estamento universal dos funcionários (ver Jamme, C., "Die Erziehung der Stände durch sich selbst", in: Lucas e Pöggeler (eds.), *op. cit.*, pp. 149-73).

[553] Os deputados são primariamente representantes dos "grandes interesses" específicos dos "grandes ramos" da divisão social do trabalho e da sua organização corporativa, e não representantes do povo tomado na sua existência natural e pré-política, seja ele considerado atomisticamente como "multidão" ou "aglomerado" de singulares, seja coletivamente como "massa informe" (§ 303 A). A representação só é racional se esses interesses das "esferas essenciais da sociedade civil" se integrarem no Estado e forem por ele reconhecidos como seus "círculos particulares" (§ 308 A), nos quais esses interesses se tornam "efetivamente presentes" (§ 311 A) através dos representantes. Mas estes não

isso, o representar não tem mais também a significação de que um esteja no *lugar de um outro*, porém, de que o próprio interesse está *efetivamente presente* no seu representante, assim como o representante está aí a favor do seu próprio elemento objetivo. — A propósito do ato de eleger pela multidão dos singulares, pode-se ainda assinalar que, em particular nos grandes Estados, necessariamente intervém a *indiferença* em face do exercício do voto, enquanto ele, na multidão, tem uma influência insignificante, e os que têm direito a voto, por mais elevado que esse título jurídico lhes seja apregoado e representado, simplesmente não comparecem à votação; — de sorte que de uma tal instituição resulta antes o contrário da sua destinação, e a eleição cai sob o poder de poucos, de um partido, por conseguinte, sob o poder do interesse particular, contingente, que precisamente deveria ser neutralizado.

§ 312

Dos dois lados contidos no elemento estamental (§§ 305, 308), cada um traz para a deliberação uma modificação particular; e porque, além disso, um dos momentos tem a função própria da mediação no interior dessa esfera e, na verdade, a mediação entre duas realidades existentes, segue-se que esse momento terá igualmente uma existência separada;[554] por conseguinte, a assembleia dos estamentos se dividirá em *duas câmaras*.

são meros mandatários transmissores dos interesses particulares, aos quais estariam vinculados por um mandato imperativo, porque têm de apresentar esses interesses do ponto de vista dos "assuntos universais" do povo inteiro organizado estatalmente.

[554] Hegel justifica o bicameralismo como uma diferença que reside no conceito de assembleia estamental, e que tem de adquirir uma realidade existente; a existência separada da câmara alta, ele deriva da sua função específica de estabelecer a mediação entre as duas realidades *existentes* (*zwischen Existierenden*) enquanto extremos, o príncipe, de um lado, e o povo na sua articulação orgânica na sociedade civil, de outro (§ 303). "Na natureza da Coisa da assembleia estamental reside a diferença que, contudo, também tem de existir, pois o conceito da Coisa tem de ser realizado. A decisão através das duas câmaras aí-presentes adquire a forma de instâncias, e o principal é evitar que o governo fique de um lado e as assembleias estamentais de outro, e a relação [entre o governo e as assembleias] tem de ser algo mediado. Estes são os princípios da Coisa; como há de se arranjar os detalhes, depende da particularidade das circunstâncias, pois o Estado é algo temporal" (*VRph 1822-23*, pp. 818-9). Hegel atribui à câmara alta o exercício dessa mediação, porque assim como o monarca é escolhido para sua função pelo princípio natural

§ 313

Mediante essa separação, não só a maturidade da decisão adquire uma maior segurança por meio de uma pluralidade de *instâncias*, e são afastadas a contingência de um humor do momento, bem como a contingência que a decisão por maioria de votos pode assumir, porém, sobretudo, o elemento estamental incorre menos na eventualidade de se confrontar diretamente com o governo, ou, no caso de o momento mediador se encontrar igualmente do lado do segundo estamento, o peso da sua maneira de ver se reforça tanto mais quanto ela aparece assim mais imparcial, e a sua oposição neutralizada.

§ 314

Dado que a instituição das assembleias estamentais não tem por destinação que elas deliberem e decidam da melhor maneira sobre os assuntos do Estado *em si*, pois para isso só constituem um incremento (§ 301), porém a sua destinação distintiva consiste em que, no seu saber, deliberar e decidir conjuntamente [com o governo] sobre os assuntos universais, o momento da liberdade *formal* alcance o seu direito no que diz respeito aos membros da sociedade civil não participantes no governo, segue-se que, sobretudo, o momento do conhecimento *universal* adquire a sua extensão mediante a *publicidade* dos debates das assembleias estamentais.

§ 315

A abertura dessa oportunidade de [obter] conhecimentos tem o aspecto mais universal de que, assim, a *opinião pública*[555] chega pela primeira vez a

---

da sucessão hereditária (§ 281 A), o estamento da "eticidade natural", que constitui politicamente a nobreza fundiária e hereditária, tem uma destinação natural a exercer institucionalmente a representação política numa câmara específica e, eventualmente, em conjunto com a câmara baixa (§ 313).

[555] É esclarecedor observar que, antes mesmo de definir o conceito de opinião pública no § seguinte, Hegel a caracteriza no prolongamento direto da "*publicidade* dos debates das assembleias estamentais" (§ 314), a qual lhes abre, bem como ao povo, a

pensamentos verdadeiros e ao *discernimento* da situação e do conceito do Estado e dos seus assuntos e, com isso, a uma *capacidade* de *julgar mais racionalmente sobre isso*; a seguir ela conhece e aprende também a respeitar as tarefas, os talentos, as virtudes e as habilidades das autoridades do Estado e dos funcionários. Assim como esses talentos adquirem com tal publicidade uma poderosa oportunidade de desenvolvimento e um palco de elevada honra, assim, por sua vez, ela é o remédio contra a presunção dos singulares e da multidão e um meio de cultivo para esses, na verdade, um dos maiores.

Adendo (H, G). A publicidade dos debates das assembleias estamentais é um grande espetáculo, eminentemente formador dos cidadãos, e neles o povo aprende acima de tudo a conhecer o elemento-verdadeiro dos seus interesses. Em regra geral, domina a representação de que todos já sabem o que é bom para o Estado e de que na assembleia dos estamentos isso apenas vem à palavra, mas, de fato, é precisamente o contrário que se passa: somente aqui se desenvolvem as virtudes, os talentos, as habilidades que terão de servir de modelo. Tais assembleias são, de certo, penosas para os ministros, que têm de estar dotados de engenho e eloquência para aparar os ataques aí dirigidos contra eles; mas, não obstante, a discussão pública é o melhor meio de formação do público a respeito dos interesses do Estado em geral. Num povo em que essa discussão existe, mostra-se uma vivacidade muito maior em relação ao Estado do que num povo em que faltam as assembleias estamentais, ou onde elas não são públicas. É somente tornando conhecido cada um dos seus passos que as câmaras se comunicam com o resto da *opinião pública*, e então se mostra que uma coisa é o que vem à cabeça de cada um em casa, junto à sua mulher ou aos seus amigos, outra coisa é o que acontece numa grande assembleia, onde uma sagacidade devora a outra.

"oportunidade" de alcançar o conhecimento verdadeiro dos assuntos universais e de apreender a respeitar o desempenho das autoridades administrativas, mas que a torna, nessa subordinação, antes de tudo, um meio através do qual "os membros da sociedade civil não participantes do governo" (*ibid.*) podem cultivar a sua capacidade de avaliar os seus próprios interesses na perspectiva do interesse universal. Nessa perspectiva subordinada, como assinalou Habermas (*Strukturwandel der Öffentlichkeit*, Neuwied/Berlim, Luchterhand, 1962, pp. 134-5), ela não é mais um elemento de esclarecimento do público em vista da formação de uma esfera racional de crítica ou legitimação do poder, mas um princípio de integração "cívico-estatal a partir de cima" (*ibid.*, p. 134) desse opinar subjetivo na universalidade substancial da constituição, encarnada pelo espírito do povo (§ 274).

§ 316

A liberdade subjetiva, formal, que consiste em que os singulares enquanto tais tenham e externem os seus juízos, opiniões e conselhos *próprios* acerca dos assuntos universais, tem o seu fenômeno nesse complexo que se chama *opinião pública*. O universal em si e para si, o *substancial* e *verdadeiro*, está nela entrelaçado com o seu contrário, com aquilo que o *opinar* dos muitos *tem* por si *de peculiar* e de *particular*; por isso, essa existência [da opinião pública] é a contradição consigo mesma aí-presente[556] — o conhe-

---

[556] A opinião pública é o âmbito em que os princípios éticos que regem o Estado e, mesmo, "os princípios substanciais eternos da justiça" (§ 317) aparecem (têm "o seu fenômeno") inseparavelmente entrelaçados com o princípio moderno da liberdade subjetiva formal. Na medida em que este só reconhece como válido o que é justificado por razões e pelo discernimento próprio (§ 132; § 317 Ad.), ele quer fazer valer na esfera da opinião pública o direito de satisfazer a sua particularidade (ver § 124 A), exprimindo pela ação e pela palavra o seu juízo particular acerca "dos assuntos universais". Para a *Staatswissenschaft*, esse entrelaçamento da universalidade substancial, atuante na constituição de um povo, com a particularidade e a multiplicidade das opiniões subjetivas acerca do interesse universal, configura uma "contradição" interna, não só porque aí o "conhecer enquanto fenômeno" é simultânea e indissoluvelmente aparecer e aparência, mas, principalmente, porque a própria opinião pública não contém em si o critério da discriminação entre o que nela é fenômeno e o que nela é aparência, entre o essencial e o inessencial (§ 317). Essa "contradição [da opinião pública] consigo mesma" exprime, além disso, indiretamente, como mostrou Habermas (*op. cit.*, pp. 131-3), a ruptura de Hegel com o conceito iluminista e liberal de opinião pública enquanto esfera do exercício público da razão pelos sujeitos autônomos e ilustrados, que para Kant é o espaço de racionalização do poder. Ela não é mais a esfera pública em que se alcança uma "concordância" do juízo de todos e a superação das opiniões pelo empenho das pessoas privadas em fazer um uso público da razão; ela é antes a arena do confronto das opiniões particulares e peculiares, em que se exprime o antagonismo das relações sociais e a "desorganização" (§ 255) da moderna sociedade civil separada do Estado, reconhecida como esfera do "desenvolvimento autônomo da particularidade" (§ 185 A) e da legitimação e da potenciação da desigualdade (§ 200 A). Daí a tendência de Hegel a remeter e rebaixar a opinião pública à mera opinião, assinalada por Habermas (*op. cit.*, p. 132), tanto mais evidente quanto Hegel expressamente exclui as ciências e, por certo, a "Ciência do Estado", da esfera da opinião pública (§ 319 A). Mas esse rebaixamento é, por outro lado, a contrapartida de que para Hegel a racionalidade das leis econômicas, que regem o intercâmbio dos proprietários privados no interior do "sistema das carências", não é mais a expressão de uma ordem natural, mas da racionalidade do entendimento que é apenas aparente (§ 189), de antagonismos sociais que transformam progressivamente a esfera pública burguesa numa ficção.

cer enquanto *fenômeno*; ela é imediatamente a essencialidade tanto quanto a inessencialidade.

Adendo (G). A opinião pública é o modo inorgânico como se dá a conhecer aquilo que um povo quer e opina. O que efetivamente se faz valer no Estado tem de, sem dúvida, tornar-se ativo de um modo orgânico, e isso é o caso na constituição. Mas a opinião pública foi em todos os tempos um grande poder e o é particularmente nos dias atuais, em que o princípio da liberdade subjetiva tem tanta importância e significação. O que atualmente deve valer não vale mais pela força, pouco pelo hábito e pelo costume, mas, sim, por discernimento e por razões.

§ 317

Por isso, opinião pública contém dentro de si os princípios substanciais eternos da justiça, o verdadeiro conteúdo e o resultado de toda a constituição, da legislação e do estado de coisas universal em geral, [mas] na forma do *senso comum*[557] enquanto base ética que perpassa todos esses [elementos] na figura de pré-conceitos,[558] assim como contém as carências verdadeiras e

---

[557] *Gesunder Menschenverstand* é a expressão que Hegel utiliza na *Fenomenologia do espírito* e, mais tarde, nas *Preleções sobre a história da filosofia*, para traduzir o *sensus communis* de Reid, que está na origem do *common sense* dos empiristas ingleses, e é, aqui, traduzido por "senso comum", para qualificar o modo como o que há de verdadeiro e de justo nas tendências da opinião pública atua na forma de pré-conceitos partilhados pela maioria.

[558] *Vorurteil*, "pré-conceito", pode ter em alemão e, sobretudo, neste contexto da ambivalência da opinião pública, não só o sentido corrente, negativo e geralmente pejorativo, de mera opinião subjetiva ou convicção precipitada e irrefletida, que reproduz passivamente crenças sedimentadas pela tradição e pela autoridade — de acordo, aliás, com o significado antigo do termo "prejuízo" (que traduz literalmente *Vorurteil*), como juízo pré-concebido, que impede de julgar livremente, sem prevenção —, mas, também, um significado positivo, de um conceito ou um juízo prévio, que orienta crenças e convicções que dele dependem, e que exprime o que há de verdadeiro e de justo nas representações que circulam na opinião pública. Assim, se, por um lado, Hegel retoma como "princípio do mundo moderno" (Ad.) a exigência kantiana da autonomia do pensamento, do pensar por si mesmo (*Selbstdenken*) como "primeira condição formal" (§ 318) para se tornar independente da opinião pública e discriminar nela o que há de verdadeiro e falso, de justo e injusto, por outro lado, ele reconhece também que pré-conceitos da opinião pública podem ser a expressão e a sedimentação do elemento racional nela presente.

as tendências corretas da realidade efetiva. — Ao mesmo tempo, assim como esse conteúdo-interno entra na consciência e vem à representação em proposições universais, seja por si, seja para fins do raciocinar concreto sobre incidentes, regulamentos e situações envolvendo o Estado e sobre carências sentidas, assim também intervém [aqui] toda a contingência da opinião, a sua ignorância e a sua perversão, o seu conhecimento e o seu juízo falsos. Visto que está aí em questão a consciência da *peculiaridade* da maneira de ver e do tomar conhecimento [dos indivíduos], uma opinião é tanto mais peculiar quanto pior é o seu conteúdo; pois o ruim é o que é inteiramente particular e peculiar no seu conteúdo, ao contrário, o racional é o universal em si e para si, e o *peculiar* é aquilo com que o opinar *se envaidece*.

Por isso que não é de se considerar uma [mera] diversidade de maneiras de ver subjetivas, se uma vez se diz:

Vox *populi, vox dei,*

e uma outra vez (em Ariosto,* por exemplo):

Che'l Volgare ignorante ogn'un riprenda
E parli più di quel che meno intenda.[559]

As duas maneiras de ver residem, particularmente, na opinião pública; como a verdade e o erro sem fim estão nela imediatamente reunidos, não é de se levar verdadeiramente a *sério* nem uma nem outro. Pode parecer difícil discriminar o que é para levar a sério; de fato, isso será também difícil se nos ativermos à *externação imediata* da opinião pública. Mas como o substancial é o seu conteúdo-interno, somente esse é de se levar a sério; mas esse não pode ser conhecido a partir dela, ao contrário, precisamente porque ele é o substancial, ele só pode ser conhecido a partir de si mesmo e por si mesmo. Seja qual for a paixão investida também na opinião, e a seriedade com que se afirme ou ataque e dispute, isso não é critério para saber o que de fato está em questão; mas a última coisa de que este opinar se deixaria convencer é de

---

* [Nota de Hegel] Ou em Goethe: "Golpear a massa pode/ Nisso ela é respeitável/ *julgar lhe cai miseravelmente*".

[559] *Orlando furioso*, canto XXVIII, estrofe 1: "Que o vulgo ignorante censura todo mundo/ E mais fala daquilo de que menos entende".

que a sua seriedade não tem nada de sério.⁵⁶⁰ — Um grande espírito propôs à resposta pública a pergunta, *se é permitido enganar um povo*?⁵⁶¹ A resposta tinha de dizer que um povo não se deixa enganar acerca da sua base substancial, da *essência* e do caráter determinado do seu espírito, mas que — acerca do modo como ele tem um saber desse espírito e, segundo esse modo, julga as suas ações, os acontecimentos etc. — ele é enganado *por si mesmo*.

Adendo (H). O princípio do mundo moderno exige que o que cada um deve reconhecer se lhe mostre como algo legítimo. Além disso, cada um quer ter participado na discussão e dado o seu conselho. Se ele cumpriu a sua obrigação, quer dizer, se disse a sua palavra a respeito, até mesmo aquiesce

---

⁵⁶⁰ Esta ambivalência também se enraíza na contradição da opinião pública consigo mesma e se inscreve igualmente no seu assinalado rebaixamento à "contingência" da simples opinião, não só pela dificuldade de "discriminar o que é para levar a sério" nela, mas, principalmente, pelo fato de que o substancial "não pode ser conhecido a partir dela". Aí Hegel estabelece uma barreira entre o aparecer e a aparência, entre o conhecimento como fenômeno e a "falsa apreciação" da opinião, que neste contexto remonta à tese especulativa de que o "substancial só pode ser conhecido a partir de si mesmo". Daí o aparente paradoxo de que Hegel desqualifica a opinião pública como esfera do uso público da razão por indivíduos autônomos, e rompe, assim, com o conceito iluminista e liberal de opinião pública (Habermas, *op. cit.*, p. 134); mas isso ocorre na exata medida em que propõe como corretivo ao antagonismo e à desorganização sociais por ele diagnosticados uma integração política pelo alto, mediante uma representação dos estamentos sociais no poder legislativo, ancorada na sua organização corporativa e comunal.

⁵⁶¹ Induzido pela crítica iluminista radical a todos os pré-conceitos, por parte de d'Holbach, o rei Frederico II, o Grande, da Prússia, contesta, num escrito, a tese de que é preciso dizer sempre e em todas as ocasiões a verdade ao povo, e, por sugestão de d'Alembert, com o qual mantinha correspondência, propôs, em 1777, à Academia de Berlim a questão: "*s'il peut être utile de tromper un peuple?*". Em 1780, depois de muitas sessões, a Academia abre, então, inscrições para um concurso público (*Preisfrage*), tendo como tema a seguinte pergunta: "*Est-il utile au peuple d'être trompé, soit qu'on l'induise dans les nouvelles erreurs, ou qu'on l'entretienne dans celle où il est?*" (Reisinger, K. e Scholz, O. R., "Voruteil", in: *HWPhil.*, v. 11, col. 1.250-63.) A resposta que Hegel dá à pergunta é paradoxal e revela, mais uma vez, a sua descrença na opinião pública como uma esfera ou instância de formação do espírito do povo, pois o conhecimento que o povo tem da sua essência enquanto livre e da determinação dessa liberdade não passa pela opinião pública, e, por outro, é ele que "é enganado *por si mesmo* a respeito do modo como tem conhecimento de seu espírito", mostrando que, no que concerne à consciência da sua liberdade, é imune ao engano de parte das autoridades e também da opinião pública.

a muitas coisas segundo essa satisfação da sua subjetividade. Na França, a liberdade de palavra sempre pareceu muito menos perigosa do que o silêncio, porque este fazia temer que se guardaria consigo o que se tem contra uma Coisa, enquanto que o raciocínio contém o escoadouro e a satisfação segundo um lado, pelos quais, de resto, a Coisa segue mais facilmente o seu andamento.

§ 318

Por isso, opinião pública merece ser tanto *respeitada* quanto *desprezada*, desprezada por sua consciência concreta e sua externação, respeitada por sua base essencial, que só aparece mais ou menos turvada nesse concreto. Já que ela não tem dentro dela o padrão de medida da diferenciação, nem a capacidade de erguer dentro de si o lado substancial ao saber determinado, a independência a seu respeito é, assim, a primeira condição formal para algo de grande e de racional (na realidade efetiva como na ciência). Este, por sua vez, pode estar seguro de que a opinião pública, a seguir, o aceitará, o reconhecerá e fará dele um de seus pré-conceitos.[562]

---

[562] A ambivalência da opinião pública se insere, aqui, na dialética do aparecer e da aparência, analisada no início da lógica da essência, na medida em que a opinião pública, enquanto fenômeno, contém e revela a "sua base essencial", porém de sorte que no "concreto" da opinião esta "só aparece mais ou menos turvada", enquanto aparência, no sentido de um aparecer aparente. Por isso, de um lado, a independência em face do que nela é meramente aparência torna-se a "primeira condição" de qualquer juízo autônomo a respeito de uma questão controversa, visto que ela própria não é capaz de conhecer o seu lado substancial e erguê-lo "a um saber determinado". Mas, de outro, a possibilidade de conhecer através dela o lado essencial da questão, talvez reservada ao grande homem que está à altura de conhecer "a essência do [seu] tempo" (Ad.), permite que ela reconheça e faça desse lado essencial e racional da questão um dos "conceitos prévios" (*Vorurteile*) do seu "senso comum". Essa ambivalência, que desemboca na incapacidade de a opinião pública conhecer a sua base essencial, remete à tese fundamental da *Staatswissenschaft*: a de que o conceito normativo de Estado enquanto "efetividade da ideia ética" (§ 257) e, portanto, efetivação da razão e da liberdade no todo ético, tem a garantia dessa efetividade não pela mediação da discussão política na esfera pública, mas em si mesmo. Essa consequência é corroborada, no § 320, pela contraposição entre a figura mais radical da subjetividade opinativa, "que quer fazer valer a sua contingência" contra o Estado, e, assim "se destrói", de um lado, e a "subjetividade enquanto idêntica com a vontade substancial", cuja efetividade reside na pessoa do monarca, imune a toda crítica

Adendo (H). Na opinião pública está tudo o que é falso e é verdadeiro, mas cabe ao grande homem encontrar nela o verdadeiro. Aquele que diz e leva a termo o que o seu tempo quer e exprime é o grande homem desse tempo. O que ele faz é o conteúdo-interno e a essência do [seu] tempo, ele os efetiva — e quem não é capaz de desprezar a opinião pública tal como ela lhe chega aos seus ouvidos aqui e ali nunca fará nada de grande.

§ 319

A liberdade da comunicação pública (da qual um dos meios, a *imprensa*, se avantaja ao outro, o discurso oral, pelo maior alcance do seu contato, mas, em contrapartida, lhe fica atrás em vivacidade), a satisfação daquele impulso que sente um prurido de dizer e ter dito a sua opinião tem a sua garantia direta nas leis e nos regulamentos de direito e de polícia, que, em parte, impedem, em parte, punem as suas extravagâncias, mas tem a sua garantia indireta na inocuidade [das opiniões], garantia fundada precipuamente na racionalidade da constituição, na estabilidade do governo, em seguida, também, na publicidade das assembleias estamentais — nessa última, na medida em que nessas assembleias se exprime o discernimento maduro e cultivado dos interesses do Estado e se deixa aos outros pouca coisa significativa a dizer, principalmente na medida em que lhes é tirada a opinião de que um tal dizer seria de especial importância e eficácia; — mas, além disso, essa liberdade tem a sua garantia indireta na indiferença e no desprezo para com o discurso superficial e odioso, a que este logo se degrada necessariamente.

Definir a liberdade de imprensa como a liberdade de dizer e escrever *o que se quer* é equiparável a declarar que a liberdade em geral é a liberdade de *fazer o que se quer*. — Tal discurso é próprio da rudeza e da superficialidade ainda inteiramente inculta do representar. De resto, segundo a natureza da Coisa, em parte alguma o formalismo se aferra tão obstinadamente a algo e se deixa tão pouco instruir quanto nessa matéria. Pois o [seu] objeto é o que há de mais fugaz, de mais contin-

---

política, de outro. Essa contraposição resulta na suspensão da opinião subjetiva pela subjetividade substancial do príncipe, na qual a ambivalência da opinião pública tem, também, a sua resolução categorial. Mais uma vez mostra-se aqui que a opinião pública não é uma esfera de legitimação, controle ou crítica do poder público, à qual este estaria vinculado, e, menos ainda, de formação da consciência histórica e política que o espírito de um povo alcança da sua liberdade (§ 274).

gente, de mais particular, ele é a suprema contingência do opinar na infinita variedade de conteúdos e de torneamentos verbais; além da incitação direta ao roubo, ao assassínio, à revolta etc., residem [nela] a arte e o cultivo da expressão verbal, que aparece por si como inteiramente geral e indeterminada, mas que, por um lado, oculta, ao mesmo tempo, também uma significação bem determinada, por outro, se conecta com consequências que não são efetivamente expressas e a respeito das quais não é possível determinar se derivam genuinamente dessa externação ou se devem estar contidas nela. Essa indeterminidade do material e da forma não permite que as leis a esse respeito alcancem aquela determinidade exigida pela lei, e, como a transgressão, o in-justo e a lesão têm aqui a figura a mais particular e a mais *subjetiva*, ela faz também do juízo uma decisão inteiramente *subjetiva*. Além disso, a lesão está dirigida aos pensamentos, à opinião e à vontade dos outros, que são o elemento no qual ela alcança uma efetividade; mas esse elemento pertence à liberdade dos outros e, por isso, depende destes se essa ação lesiva é um ato efetivo. — Por isso, no confronto com as leis, tanto se pode apontar a sua indeterminidade quanto encontrar, para a expressão verbal, torneamentos e artifícios de expressão mediante os quais se ilide as leis ou se toma a decisão judicial por um juízo subjetivo. Além do mais, se a externação verbal é tratada como um *ato lesivo*, pode-se afirmar que ela não é um ato, porém somente uma *opinião* e um *pensamento*, bem como tão só um *dizer*; assim, de um só fôlego, partindo da mera subjetividade do conteúdo e da forma, da *insignificância* e da *falta de importância* de um mero opinar e dizer, argui-se a *impunidade* dos mesmos, e precisamente para esse opinar enquanto ele é minha propriedade, no caso, *a mais espiritual*, e para o dizer enquanto externação e uso dessa minha propriedade exigem-se *o maior respeito e consideração*. — Mas o substancial é e permanece o fato de que a lesão da honra de indivíduos em geral, a calúnia, a injúria, o desacato ao governo, às suas autoridades e aos seus funcionários, particularmente à pessoa do príncipe, o escárnio das leis, o incitamento à revolta etc., são crimes, delitos de múltiplas gradações. A maior indeterminidade que tais ações adquirem graças ao elemento no qual elas têm a sua expressão não suprime esse seu caráter substancial e, por causa disso, ela tem por consequência apenas a de que o terreno *subjetivo* no qual foram cometidas determina também a *natureza* e a *figura* da *reação*; esse é o terreno próprio do delito, que, na reação, seja ela então determinada como coibição dos crimes pela polícia, seja como pena propriamente dita, transforma a subjetividade da maneira de ver, a contingência e semelhantes em necessidade. Aqui, como sempre, o formalismo se empenha, a partir de aspectos *isolados* que pertencem ao fenômeno exterior e de abstrações que ele extrai desse fenômeno, em remover, arrazoando, a natureza substancial e concreta da Coisa. — Mas as *ciências*, contanto que sejam mesmo ciências, já que elas em princípio não se encontram no terreno da opinião e das maneiras de ver subjetivas, nem também a sua apresentação consiste na arte dos torneamentos verbais, das alusões, das meias-palavras e dos encobrimentos, porém na expressão inequívoca, determinada e aberta da significação e do sentido, não caem na categoria do que constitui a opinião pública (§ 316). — De resto, visto que, como se assinalou anteriormente, a inteligência, os princípios, as opiniões *dos outros* são o elemento no qual as maneiras de ver e as suas expressões verbais enquanto tais tornam-se uma *ação levada a termo* e alcançam a sua existência efetiva, esse lado das ações, isto é, o seu efeito próprio e a sua *periculosidade* para os indivíduos, para a sociedade e para o Estado (cf. § 218), depende também do caráter desse terreno, assim como uma faísca lançada sobre um monte de pólvora tem uma periculosidade totalmente diferente do que a que cai em terra sólida, onde se extingue sem rastos. — Portanto, assim como a expressão científica tem o seu direito e a sua garantia no seu material e no seu conteúdo, assim a externação verbal in-justa pode também obter uma garantia ou, pelo menos uma tolerância, no desprezo a que se expôs. Uma parte desses delitos, por si também passíveis de serem punidos pela lei, pode ser imputada àquela espécie de *Nêmesis* que a impotência interna, sentindo-se oprimida pelos talentos e pelas virtudes que a sobrepujam, é compelida a exercer contra essa superioridade, a fim de chegar a si mesma e restituir uma consciência de si à própria nulidade, assim como os soldados romanos, nos cortejos triunfais, exerciam contra os seus comandantes,[563] mediante canções satíricas, uma Nêmesis mais inofensiva para compensar o seu duro serviço e sua dura obediência, sobretudo porque seu nome não era levado em conta naquela homenagem, pondo-se assim em uma espécie de equilíbrio

---

[563] A palavra alemã *Imperator* herdou do latim não só o significado estrito de "imperador", mas designa também, num sentido amplo, toda pessoa que tem uma posição superior de mando, o detentor de poder, especialmente no sentido militar, de quem exerce o comando supremo das tropas ou recebe a designação como título honorífico na qualidade de comandante vitorioso (*Georges*, v. 2, p. 90).

com eles. Aquela outra Nêmesis, má e odiosa, é privada do seu efeito pelo desprezo que suscita e, assim como o público que forma uma espécie de círculo em torno de tal alvoroço, ela é restringida àquela alegria insignificante pelo mal alheio e à autorreprovação que ela traz dentro de si.

§ 320

A *subjetividade* que, enquanto dissolução da vida subsistente do Estado, tem o seu fenômeno *o mais exterior* no opinar e raciocinar artificioso, que querem fazer valer a sua contingência e que, desse modo, precisamente se destroem, tem a sua efetividade verdadeira no seu oposto, na *subjetividade* enquanto idêntica com a vontade substancial, a qual constitui o conceito do poder do príncipe e a qual, enquanto *idealidade* do todo, não adveio ainda, no que foi exposto até agora, ao seu direito e ao seu ser-aí.

Adendo (H). Já consideramos uma vez a subjetividade como o ápice do Estado, no monarca. Seu outro lado é o modo como ela se mostra arbitrariamente na opinião pública enquanto fenômeno o mais exterior. A subjetividade do monarca é em si abstrata, mas ela deve ser algo concreto e, enquanto tal, ser a idealidade que se espraia pelo todo. O Estado na paz é aquele em que subsistem todos os ramos da vida civil, mas eles têm esse subsistir um ao lado e fora do outro enquanto provindo da ideia do todo. Esse provir tem também de tornar-se *fenômeno* enquanto idealidade do todo.

II. *A soberania externa*[564]

---

[564] "A soberania externa", literalmente, "a soberania [voltada] para fora", antecedida do "II" romano, contradistingue-se no interior da subseção A., consagrada ao "direito estatal interno" (§ 259 A), da soberania interna, que Hegel aí denomina de "a constituição interna para si", antecedida do "I" romano. Assim como este item I. analisa a vida do todo ético na sua relação a si mesmo, entendida como a diferenciação e a organização política internas do todo ético (§ 271), que tem o seu ápice na soberania enquanto personalidade do Estado, o item II. considera esta personalidade na sua relação ao mesmo tempo de reconhecimento e de excludência aos outros todos éticos organizados estatalmente. Enquanto que Hegel, no § 271, deriva as relações interestatais e a própria necessidade da multiplicidade dos Estados da tese segundo a qual o Estado "volve para

§ 321

A *soberania interna* (§ 278) é essa idealidade,⁵⁶⁵ na medida em que os momentos do espírito e da sua efetividade, do Estado, estão *desdobrados* na sua *necessidade* e *subsistem* como *membros* do mesmo. Mas o espírito, enquanto relação *infinitamente negativa a si* na liberdade, é também essencialmente *ser-para-si*, que *assumiu dentro de si* a diferença subsistente e, com isso, é excludente. Nessa determinação o Estado tem *individualidade*, que é essencialmente como indivíduo e, no soberano, como indivíduo efetivo, imediato (§ 279).

§ 322

A individualidade, enquanto ser-para-si excludente, aparece *como rela-*

---

fora a sua diferenciação" interna, tornando, assim, efetiva a idealidade finita das suas diferenças internas na sua relação soberana aos outros, enquanto uno excludente que faz valer a sua soberania para fora, aqui, neste parágrafo, num movimento de sentido contrário e complementar, ele deriva a relação de excludência e reconhecimento recíproco entre os Estados soberanos (fundada na "relação *infinitamente negativa a si* do espírito na liberdade") da internalização da sua diferença em face dos outros, pela qual ele se torna essencialmente individual e "com isso excludente". A individualidade resulta, nesta última perspectiva, do movimento pelo qual "ele assumiu dentro de si a diferença subsistente" em face dos outros.

⁵⁶⁵ No contexto da identidade última entre a idealidade da soberania interna e a idealidade da soberania externa, explicitada nos §§ seguintes, particularmente no § 324 A, ocorre um duplo uso do conceito de "idealidade", uma idealidade que qualifica o conceito de infinito, concebido na sua processualidade intrínseca e que, na sua relação a si enquanto dupla negação, é ser-para-si (*WL I*, p. 137; *TWA*, v. 5, p. 165), e a idealidade enquanto negatividade intrínseca do finito, que constitui o seu ser verdadeiro enquanto momento que se resolve no infinito processual. No primeiro sentido, fala-se do "idealismo que constitui a soberania" (§ 278 A) do todo estatal, considerado na diferenciação ativa dos seus poderes e funções, que, na paz, adquirem então uma efetividade e uma estabilidade próprias, enquanto momentos subsistentes do todo. No segundo sentido, fala-se da idealidade do finito, que só subsiste verdadeiramente na sua resolução constante no interior do todo soberano, que, "em estado de necessidade" (*ibid.*), interno ou externo, isto é, no estado de emergência ou na guerra enquanto confronto das soberanias, faz valer a infinitude efetiva da soberania contra a idealidade finita dos poderes e a "de toda legitimação particular", manifestando essa idealidade enquanto tal.

ção *a outros Estados*, cada um dos quais é autônomo perante os outros. Como o *ser-para-si* do espírito efetivo tem o seu *ser-aí* nessa autonomia, ela é a primeira liberdade e a honra suprema de um povo.

  Aqueles que falam dos desejos de uma coletividade, que constitui um Estado mais ou menos autônomo e que tem um centro próprio, de abandonar esse centro e a sua autonomia, a fim de constituir um todo com um outro, sabem pouco da natureza de uma coletividade e do sentimento de si que um povo tem da sua independência. — Por isso a violência[566] primeira com a qual os Estados entram historicamente em cena é essa autonomia em geral, embora ela seja também inteiramente abstrata e não tenha nenhum desenvolvimento interno ulterior; por causa disso, pertence a esse fenômeno originário que um indivíduo esteja à sua frente, patriarca, chefe tribal etc.

§ 323

No *ser-aí*, essa relação *negativa* do Estado a si aparece assim enquanto relação de um *outro* a um *outro* e como se o negativo fosse *algo exterior*. A existência dessa relação negativa tem, por isso, a figura de um acontecer e do entrelaçamento com eventos contingentes, que vêm *de fora*. Mas ela é o momento *próprio* supremo do Estado — a sua infinitude efetiva, enquanto idealidade de todo finito nele —, o lado no qual a substância, como a potência absoluta indo de encontro a todo singular e particular, à vida, à propriedade e aos seus direitos, assim como aos círculos ulteriores, traz ao ser-aí e à consciência a nulidade dos mesmos.

§ 324

Essa determinação, com a qual o interesse e o direito dos singulares são postos como um momento evanescente, é simultaneamente o *positivo*, isto

---

[566] Nesta referência ao surgimento histórico do Estado, *Gewalt* tem o sentido de "violência", e não "poder", visto que Hegel situa a origem da vida em comum entre os homens e o começo do Estado no "fenômeno" da "luta pelo reconhecimento" e "da submissão a um senhor", reconhecendo a violência como "momento necessário e legítimo" do "começo fenomênico dos Estados", embora ela não seja, "por isso, o fundamento do direito" (*E*, § 433 A).

é, não o positivo da sua individualidade contingente e mutável, mas o da sua indivualidade *sendo em si e para si*. Por isso, essa situação e o reconhecimento da mesma são o dever substancial desses singulares — o dever de conservar essa individualidade substancial, a independência e a soberania do Estado, mesmo com o perigo e o sacrifício da sua propriedade e da sua vida e, de todo modo, do seu opinar e de tudo aquilo que de si mesmo está compreendido no âmbito da vida.

Há um cálculo muito distorcido quando, na exigência desse sacrifício, o Estado é considerado somente como sociedade civil e, como seu fim-último, somente o *asseguramento da vida e da propriedade* dos indivíduos; pois essa segurança não é alcançada pelo sacrifício daquilo que deve ser *assegurado*; pelo contrário. — No que foi indicado [no *caput*] reside o *momento* ético *da guerra*,[567] a qual não é de se considerar

---

[567] O momento ético da guerra resulta do caráter formador que a experiência da negatividade absoluta da morte tem para o indivíduo singular. Este, ao assumir o risco da morte no combate em prol da defesa da soberania estatal ameaçada, aceita, na sua disposição de ânimo pela qual se sacrifica a favor do todo ético, a dissolução da segurança da propriedade e seu crescente enraizamento nas determinações particulares e finitas da vida civil. Este *tópos* é marcado por uma forte ambivalência histórico-conceitual. Ela provém do fato de que Hegel transporta para a situação do indivíduo na guerra moderna, entendida no quadro do jusnaturalismo e do Direito das Gentes antes de tudo como um conflito entre Estados soberanos, algumas características da antiga virtude da bravura guerreira (*Tapferkeit*), enquanto determinação imediata da pertença de todo cidadão ao todo ético da pólis. Esse "momento ético da guerra" corresponde à efetivação e à manifestação do "idealismo da soberania" (§ 378 A), que dissolve a segurança da propriedade e a aderência do indivíduo singular à sua vida natural e a todas as determinações finitas e suas "legitimações particulares" (*ibid.*), em vista da preservação da sua "individualidade substancial". Essa negatividade do aspecto formador da guerra, extraído do confronto com a morte enquanto senhor absoluto, e a negatividade do seu momento ético, pensado a partir da tese especulativa da "idealidade" ("nadidade") do finito e do conceito especulativo de soberania, tem o seu reverso positivo na preservação da "individualidade substancial" e no reconhecimento recíproco dos Estados soberanos. O corolário político desse momento ético da guerra, o de que a saúde ética dos povos é "preservada" mediante a dissolução da segurança da vida privada e civil, que no tempo de paz se "solidifica" e se "ossifica" em suas determinidades finitas, já formulado pelo jovem Hegel na metáfora do "vento que preserva o mar da podridão", contém virtualmente uma inegável componente belicista, principalmente quando se considera retrospectivamente o desdobramento das suas implicações na realidade e na reflexão políticas do século XIX e da primeira metade do século XX. Essa componente belicista está, de resto, muito presente em outros autores conservadores e liberais da época, inclusive no pensamento crítico do defensor por excelência da paz perpétua, como na passagem seguinte: "Mesmo a guerra,

como um mal absoluto e uma contingência meramente exterior, que teria o seu fundamento, ele mesmo, por isso, contingente, no que quer que seja, nas paixões dos detentores do poder ou dos povos, em injustiças etc., em geral naquilo que não deve ser. Àquilo que é de natureza contingente vem de encontro o que é contingente e, por conseguinte, esse destino é precisamente a necessidade — tal como, em geral, o conceito e a filosofia fazem desaparecer o ponto de vista da mera contingência e conhecem nela, enquanto *aparência*, a sua essência, a necessidade. É *necessário* que o finito, a posse e a vida sejam *postos* como contingentes, porque esse é o conceito do finito. Essa necessidade tem, por um lado, a figura de uma violência natural, e todo finito é mortal e passageiro. Mas, na essência ética, no Estado, essa violência é subtraída à natureza, e a necessidade é elevada a obra da liberdade, a algo ético[568]

---

se é conduzida com ordem e com sagrado respeito pelos direitos civis, tem em si algo de sublime e, ao mesmo tempo, torna a maneira do povo que a conduz assim tanto mais sublime, quanto mais eram numerosos os perigos a que ele estava exposto e sob os quais tenha podido afirmar-se valentemente; já que, contrariamente, uma paz longa encarrega--se de fazer prevalecer o mero espírito do comércio, com ele, porém, o baixo interesse pessoal, a covardia e moleza, e de humilhar a maneira de pensar do povo" (Kant, *Kritik der Urteilskraft*, § 28, A 105-6, B 106-7, in: *Kant, Werke*, v. V, p. 351; *CFJ*, § 28, p. 109).

[568] Essa elevação da necessidade presente na violência natural a uma necessidade que é "obra da liberdade" ("o momento ético da guerra") é um ponto central da diferença entre a reflexão de Kant e a de Hegel sobre a guerra. Não é tanto o realismo político de Hegel em reconhecer a necessidade da guerra em confronto com a prioridade que Kant dá à fundação moral da superação da guerra em direção à paz perpétua o que marca a diferença entre eles, uma vez que ambos se defrontam no terreno político comum da justificação filosófica do sistema dos Estados europeus soberanos no âmbito do Direito das Gentes, consolidado com a paz de Westfália (1648), que pôs fim às guerras de religião. Ambos refletem sobre a guerra na perspectiva comum de sua superação, pois Hegel também determina a guerra como algo "devendo ser transitório" (§ 338). É a maneira diferente de fundamentar a racionalidade da guerra no estado de natureza vigente entre os Estados e a sua superação o que os diferencia. Para Kant ela se justifica na perspectiva de uma teleologia imanente à natureza, concebida como uma intenção imperscrutável, capaz de conduzir, mediante uma progressiva regulamentação jurídica das relações interestatais, a um aperfeiçoamento jurídico e político do gênero humano na busca de uma convivência cada vez mais pacífica entre os homens e os Estados. Para Hegel, a necessidade da guerra não é justificada por uma intenção oculta da natureza, que utilizaria as inclinações egoístas dos homens para coagi-los a submeter gradativamente suas relações a regras jurídicas, mas por uma necessidade ética, cuja origem é a negatividade interna constitutiva das soberanias estatais, que se manifesta exteriormente na exclusão recíproca entre elas (§ 322) e, ao mesmo tempo, na necessidade de que elas se reconheçam reci-

— esse caráter passageiro torna-se uma transitoriedade *querida* e a negatividade que jaz como fundamento transforma-se na individualidade substancial própria da essência ética. — A guerra, enquanto situação na qual se leva a sério a vaidade dos bens e das coisas temporais, que senão costuma ser objeto de um discurso edificante, é, por conseguinte, o momento no qual a idealidade do *particular adquire o seu direito* e torna-se efetividade; — a guerra tem a significação mais alta de que por ela, como formulei alhures, "a saúde ética dos povos em sua indiferença para com a solidificação das determinidades finitas é mantida, assim como o movimento do vento preserva o mar da podridão, na qual o precipitaria uma quietude duradoura, como o faria com os povos uma paz duradoura ou, mais ainda, uma paz perpétua".[569] — Isso, aliás, é *somente* ideia filosófica ou, como se costuma expressar de outra maneira, uma justificação da *Providência*, e veremos adiante que as guerras efetivas carecem ainda de uma outra justificação [§ 337]. — O fato de que a idealidade, que na guerra vem à luz enquanto residindo numa relação contingente externa, seja a mesma que a idealidade, segundo a qual os poderes internos do Estado são somente momentos orgânicos

---

procamente enquanto totalidades éticas, um reconhecimento que é a condição "primeira, absoluta", da sua respectiva "legitimação" (§ 331). Mas no seu resultado essa necessidade é obra do indivíduo ético, que assume conscientemente, na sua "individualidade substancial", a idealidade de tudo o que é finito e de toda legitimação particular, quando o conflito bélico exige a relativização e o sacrifício dos seus fins particulares e direitos civis perante a ameaça à soberania e à independência do Estado, enquanto este é a garantia última da sua liberdade e dos seus direitos. É a tese de que a idealidade da soberania interna e a idealidade da soberania externa são uma e a mesma (§ 278 A fim, § 320), de que nessa última aquela aparece e adquire a sua efetividade, fundada em última instância na tese da idealidade do finito, o que justifica a recusa por Hegel de que o fim último do Estado seja a garantia jurídica da vida, da segurança e da propriedade individuais. O elogio ao caráter ético da guerra não é, por isso, uma tese belicista, pois, como observou Ottmann, ela se inscreve no quadro da doutrina clássica da soberania no âmbito do Direito das Gentes e transmite, antes, o *páthos* antiburguês contra a busca primária da segurança privada, que tem a sua base na confusão do Estado com a sociedade civil (Ottman, H., "Die Weltgeschichte", in: Siep (ed.), *op. cit.*, pp. 267-86). Considerar a guerra do ponto de vista da segurança da vida e da propriedade individuais é, para Hegel, uma "avaliação distorcida", que prolonga no domínio do direito estatal externo a confusão entre Estado e sociedade civil.

[569] "Über die wissenschaftlichen Behandlungsarten des Naturrechts", *GW*, v. 4, p. 450; *TWA*, v. 2, p. 482.

do todo, aparece, no nível do fenômeno histórico, dentre outras, na figura de que guerras felizes impediram as agitações internas e consolidaram o poder interno do Estado. — Há outros fenômenos que pertencem precisamente ao âmbito dessa idealidade: povos que, não querendo ou temendo suportar a soberania interna, foram subjugados por outros povos, e se empenharam em sua independência com tanto menos sucesso e honra quanto menos era possível chegar internamente a uma primeira instituição do poder de Estado (a sua liberdade morreu no temor de morrer); Estados que não têm a garantia da sua autonomia na sua potência armada, porém em outros aspectos (como, por exemplo, Estados desproporcionalmente pequenos em comparação com seus vizinhos), podem subsistir com uma constituição interna, que por si não garantiria nem interna nem externamente a tranquilidade etc.

Adendo (G). Na paz a vida civil se expande mais, todas as esferas se encasulam e, a longo prazo, os homens estagnam como pântanos; as suas particularidades tornam-se sempre mais fixas e se ossificam. Mas faz parte da saúde a unidade do corpo, e, quando as partes endurecem dentro de si mesmas, a morte está aí. A paz perpétua é frequentemente exigida como um ideal, ao qual a humanidade deveria se encaminhar. Kant propôs, assim, uma coligação de príncipes que deveria arbitrar os conflitos dos Estados, e a Santa Aliança tinha a intenção de ser aproximadamente tal instituto.[570] Só que

---

[570] Hegel aproxima aqui, numa avaliação política, a "liga dos povos" (*Völkerbund*), que Kant pensara como uma "liga da paz" (*Friedensbund*) e uma "união federativa" (*föderative Vereinigung*) no caminho da superação progressiva do estado de natureza entre os Estado em direção à paz perpétua (Kant, *Zum ewigen Frieden*, BA, 35-6, in: *Kant, Werke*, v. VI, pp. 211-2; *À paz perpétua*, Porto Alegre, L&PM, 1989, p. 41), da Santa Aliança. Um indício dessa aproximação política entre a Santa Aliança e a "paz perpétua" (ver também § 259 Ad.) é o fato de que Hegel utiliza para designar essa instância de arbitragem dos conflitos interestatais, ao invés da expressão kantiana "liga dos povos", a expressão "liga dos príncipes" (*Fürstenbund*), que descreve precisamente o que se denominou "Santa Aliança", essa coligação das vontades restauradoras dos monarcas da Rússia, Prússia e Áustria, criada em 26 de setembro de 1815, sob a inspiração do tsar da Rússia, a fim de preservar o sistema de poder dos seus respectivos governos monárquicos e tomar medidas de intervenção internas e externas contra as transformações inspiradas na Revolução Francesa. As *Preleções de 1822-23* explicitam a avaliação realista e cética que Hegel faz dela do ponto de vista do Direito das Gentes: "O equilíbrio da Europa era um acordo tácito de manter os Estados tais como precisamente são. Esse princípio foi agora formalmente expresso pela Santa Aliança. Essa coligação (*Verbindung*) deve decidir o que é direito, e deve ser a base para manter os Estados tais como são. Mas

o Estado é um indivíduo e na individualidade está contida essencialmente a negação. Ainda que, portanto, certo número de Estados se constitua numa família, essa associação enquanto individualidade tem de criar uma oposição e engendrar um inimigo. Não só os povos saem revigorados das guerras, mas as nações que estão em dissensão dentro de si alcançam com a guerra externa a tranquilidade interna. Certamente, pela guerra advém insegurança à propriedade, mas essa insegurança *real* nada mais é do que o movimento, o qual é necessário. Dos púlpitos, ouve-se falar tanto da insegurança, da vaidade e da inconstância das coisas temporais, mas cada um pensa a respeito, por mais que esteja tocado, "eu vou, contudo, preservar o que é meu". Mas, se essa insegurança vem efetivamente à baila e é coisa séria na forma de hussardos com sabres reluzentes, essa comovida edificação que tudo predisse volve-se, então, a proferir maldições sobre os conquistadores. Mas, apesar disso, as guerras ocorrem quando estão na natureza da Coisa; as sementes brotam novamente, e o palavrório emudece diante das repetições sérias da história.

§ 325

Visto que o sacrifício em prol da individualidade do Estado é a relação substancial de todos e, por conseguinte, *dever universal*, assim, tal relação, enquanto aquele *um* lado da idealidade que vai de encontro à realidade do subsistir particular, torna-se, ao mesmo tempo, uma relação ela mesma particular, e a ela é dedicado um estamento próprio, o *estamento da bravura militar*.[571]

---

o outro aspecto consiste em que os Estados estão nessa liga enquanto soberanos e podem desprender-se dela, de sorte que essa liga permanece um dever-ser, e cada um tem o direito de se separar quando se sente suficientemente forte. Os Estados soberanos devem constituir a liga e reconhecê-la como juiz acima deles. Mas ser soberano quer dizer não ter nenhum juiz senão a si mesmo, e, assim, essa liga é em si mesma uma contradição" (*VRph 1822-23*, p. 825).

[571] A tradução de *Tapferkeit* por "bravura", explicitamente qualificada como "bravura militar", deve-se a que, no Estado constitucional moderno, o estar disposto ao sacrifício dos fins e direitos particulares e ao sacrifício da própria vida em prol da sua soberania ameaçada, disposição que, em princípio, "é a relação substancial de todos" (§ 325), tornou-se uma tarefa "particular" ao lado de outras, a ser delegada a um subconjunto do estamento universal, que é um "exército permanente" (§ 326 A), profissional. Além disso, enquanto "virtude formal" (§ 327), ela não é mais compreendida como a atividade política por excelência do indivíduo pertencente ao estamento da "eticidade

§ 326

Os litígios dos Estados uns com os outros podem ter por objeto um aspecto *particular* qualquer; para [dirimir] esses litígios está também destinada principalmente a parte *particular* do Estado dedicada à sua defesa. Mas na medida em que o Estado como tal, a sua autonomia, cai em perigo, o dever conclama então os cidadãos à sua defesa. Quando, assim, o todo se tornou potência e é arrancado da sua vida interna dentro de si para fora, a guerra defensiva passa então, com isso, à guerra de conquista.

A necessidade de que a potência armada do Estado se torne um *exército permanente*, e a destinação a esta tarefa particular de sua defesa se torne um *estamento*, é a mesma necessidade que aquela pela qual os outros momentos, interesses e ocupações particulares se tornam casamento, estamentos da indústria, do Estado, do comércio etc. O raciocínio artificioso que oscila entre razões se alonga em considerações sobre as vantagens ou desvantagens maiores da introdução de exércitos permanentes, e a opinião decide-se de bom grado pelas desvantagens, porque é mais difícil apreender o conceito da Coisa do que os aspectos singulares e exteriores, e também porque os interesses e fins da particularidade (os custos com as consequências do exército permanente, com impostos maiores etc.) são estimados pela consciência da sociedade civil como estando acima do necessário em si e por si, que, desse modo, só vale como um meio para aqueles fins particulares.

§ 327

A bravura militar é por si uma virtude *formal*, porque ela é a abstração suprema da liberdade, a de todos os fins particulares, de todas as posses, da fruição e da vida, mas é essa negação de uma *maneira exteriormente-efetiva*,

---

absoluta", como no período de Jena, mas como uma atividade, a mais abstrata, da liberdade, a qual "não é nela mesma de natureza espiritual" (*ibid.*) e que exerce sua hostilidade contra os inimigos "num estado de ânimo completamente indiferente" (§ 328). Em última instância, ela tem de se enraizar na "disposição de ânimo política" (§ 267), no que hoje chamaríamos de patriotismo constitucional, que, do ponto de vista especulativo, é a "substancialidade subjetiva" (*ibid.*) do Estado.

e, porque a alienação[572] [destas], enquanto *realização plena* da bravura, não é nela mesma de natureza espiritual, o estado de ânimo interno pode ser esta ou aquela razão, e o seu resultado efetivo também pode ser não *para si*, mas somente para os outros.

Adendo (G). O estamento militar é o estamento da universalidade, ao qual compete a defesa do Estado e que tem o dever de trazer a idealidade em si mesma à existência, quer dizer, de sacrificar-se. A coragem é certamente diversa. A coragem do animal, do bandido, a bravura em vista da honra, a bravura dos cavaleiros, não são ainda as verdadeiras formas. A verdadeira bravura militar de povos cultivados é estar pronto para o sacrifício a serviço do Estado, de sorte que o indivíduo só constitui um dentre muitos. O importante aqui não é a coragem pessoal, porém a inserção no universal. Na Índia, quinhentos venceram vinte mil, que não eram covardes, mas que somente não tinham essa disposição de ânimo de atuarem cerradamente em união com os demais.

§ 328

O teor da bravura militar enquanto estado de ânimo reside no verdadeiro fim-último absoluto, na *soberania* do Estado; — a efetividade desse

---

[572] *Entäusserung* significa, aqui, primeiramente "alienação", implicando também o sentido de "renúncia, abandono, despojamento", no caso, da vida e da liberdade pessoal ("como obra da bravura militar") em prol do universal do Estado que, na exigência desse sacrifício, afirma a sua soberania. O núcleo semântico desse moderno conceito de alienação é o significado econômico e jurídico de "vender, alienar", que está na base da construção rousseaniana do contrato social como "alienação total" dos direitos da liberdade natural do indivíduo ao todo político, no qual ele encontraria, em contrapartida dessa "alienação", a forma mais alta da sua liberdade como cidadão, cuja vontade se identifica com a "vontade geral". Hegel, sabidamente, nega a validade dessa transferência do modelo contratual para a esfera política, mas conserva e formula conceitualmente, pela primeira vez, esse movimento do alienar-se e do superar a alienação como uma estrutura fundamental da realização da liberdade do espírito e, aqui, como a verdade última da inscrição do cidadão no Estado, porque é a sua soberania que constitui o "fim último" (*Endzweck*) e o "teor" dessa alienação contida na bravura militar (§ 328). Por isso, este caráter formal da bravura militar e a indiferença e a inconsciência das razões que motivam a coragem pessoal só são superados se o seu valor intrínseco, o seu "teor" (*Gehalt*) são determinados pelo fim-último da salvaguarda da soberania estatal.

fim-último, enquanto obra da bravura militar, tem por sua mediação a entrega da efetividade pessoal. Essa figura contém, por isso, a dureza das oposições supremas: a *alienação* mesma, mas como *existência* da liberdade; — a *autonomia* suprema do *ser-para-si*, cuja existência está ao mesmo tempo no mecânico de uma *ordem externa* e do *serviço* — obediência total e abandono do opinar e do raciocinar próprios, portanto, *ausência* do próprio espírito e *presença* instantânea de espírito e resolução as mais intensas e abrangentes — o agir o mais hostil e, nisso, o mais pessoal contra indivíduos, numa disposição de ânimo completamente indiferente, até mesmo boa para com eles enquanto indivíduos.

Arriscar a vida é certamente mais do que só temer a morte, mas, conforme o visto, é o meramente negativo e não tem por isso nenhuma determinação e valor por si; — o positivo, o fim e o conteúdo são o que somente dá significado a essa coragem; bandidos, assassinos, cujo fim é o crime, aventureiros, cujo fim é forjado na sua opinião etc., têm também essa coragem de arriscar a vida. — O princípio do mundo moderno, o *pensamento* e o *universal*, deu à bravura militar a figura mais elevada: a sua expressão parece ser mais mecânica e não aparece como um atuar desta pessoa *particular*, mas somente como o do *membro* de um todo — da mesma maneira, essa bravura não está voltada contra pessoas singulares, mas contra um todo hostil em geral, com o que a coragem pessoal aparece como não pessoal.[573] É esse princípio, por isso, que inventou a *arma de fogo*,[574] e não é a invenção contingente dessa

---

[573] Os elementos principais dessas considerações já estão presentes no período de Jena: "O estamento militar e a guerra são α) o sacrifício efetivo do si-mesmo — o perigo da morte para o singular; o intuir da sua negatividade imediata, abstrata, assim como o singular é igualmente o seu si-mesmo positivo, imediato; o *crime* é um momento necessário do direito e da lei dotada de poder imperativo — o fato de que cada um, enquanto este singular, faz ser a si mesmo potência absoluta — se intui como absolutamente livre — [é] para si e realmente em face de um outro a negatividade universal — na guerra lhe é concedido [que haja] um crime *em prol do universal*; o fim é a conservação do todo — contra o inimigo que se dirige à destruição do mesmo — esta alienação tem que ter precisamente esta forma abstrata, ser desprovida de individualidade, dar e receber friamente a *morte*, não por uma batalha campal em que o singular enfrenta o adversário olho a olho e o mata com ódio direto —, mas dá e recebe a *morte* de maneira vazia" (*Jenaer Systementwürfe, Naturphilosophie und Philosophie des Geistes*, in: GW, v. 8, p. 275).

[574] O combate na guerra moderna, conduzida pela bravura militar, entrelaça, no diagnóstico de Hegel, os extremos mais opostos ("duros") do comportamento: de um lado, o agir mais pessoal e de mais intenso risco, que implica a "alienação" dos fins e di-

arma o que transformou a figura meramente pessoal da bravura numa figura mais abstrata.

§ 329

O Estado tem a sua orientação para fora por ser um sujeito individual. A sua relação a outros cai na alçada do *poder do príncipe*, ao qual, por causa isso, compete imediata e unicamente comandar a força armada, entreter relações com os outros Estados por meio de embaixadores etc., declarar guerra e concluir a paz e outros tratados.

Adendo (G). Em quase todos os países europeus o ápice individual é o poder do príncipe, que tem de se encarregar das relações externas. Onde existem constituições estamentais, pode surgir a questão se a guerra ou a paz não deveria ser decidida pelos estamentos e, em todo caso, eles conservarão a sua influência particularmente no que diz respeito aos meios financeiros. Na Inglaterra, por exemplo, não se pode empreender uma guerra impopular. Se, porém, se acredita que o príncipe e o gabinete estejam mais sujeitos às paixões do que as câmaras e, por essa razão, se procura jogar às mãos das últimas a decisão sobre guerra e paz, é preciso dizer que frequentemente nações inteiras se entusiasmam mais e podem ser mais levadas pelas paixões do que os seus príncipes. Na Inglaterra, várias vezes o povo todo premeu pela guerra e coagiu até certo ponto os ministros a empreendê-la.[575] A po-

---

reitos particulares que o indivíduo tem na sociedade civil e o sacrifício da própria vida, enquanto afirmação mais alta da liberdade e da autonomia para si (a forma mais alta e abstrata da "liberdade substancial"); de outro, uma atividade em que o combate é um "serviço" que se insere no quadro de uma "ordem externa" e que "parece ser mais mecânico", prestado pelo indivíduo enquanto "membro de um todo", e não enquanto "esta pessoa *particular*", numa disposição de ânimo "indiferente" e "mesmo boa" para com o inimigo, de sorte que a coragem "não aparece enquanto pessoal", e o próprio inimigo hostilizado torna-se um indivíduo anônimo. Essa percepção aguda e realista da guerra moderna, é o que leva Hegel a delinear concisamente uma gênese idealista deste avanço da tecnologia militar, atribuindo não à invenção do fuzil a transformação da figura pessoal da bravura na sua figura abstrata e moderna, mas responsabilizando o princípio do mundo moderno e a universalidade intrínseca do pensamento pela "invenção" da "arma de fogo" como o meio técnico adequado para a expressão da bravura militar moderna.

[575] Referência às duas guerras de coalizão contra a república francesa revolucionária organizadas por Pitt. A "guerra da primeira coalizão", formada por Pitt em 1793 em

pularidade de Pitt proveio de que ele soube ir ao encontro daquilo que a nação então queria. Só mais tarde, o arrefecimento [das paixões] produziu a consciência de que a guerra era inútil e desnecessária e que fora iniciada sem o cálculo dos meios necessários. O Estado, além disso, está em relação não só com *um* outro, porém com vários outros, e os entrelaçamentos das relações tornam-se tão delicados que só a partir do ápice se pode lidar com eles.

B. O DIREITO ESTATAL EXTERNO

§ 330

O direito estatal externo parte das *relações* de Estados autônomos; por isso, o que nesse direito é *em si e por si* recebe a forma do *dever-ser*, porque o fato de que ele seja efetivo repousa sobre *vontades soberanas diferentes*.

Adendo (H). Estados não são pessoas privadas, mas totalidades plenamente autônomas em si e, assim, as suas relações diferem de relações simplesmente morais ou de relações jurídicas privadas. Frequentemente quis-se tomar os Estados como entidades de direito privado ou morais, mas, no caso das pessoas privadas, a situação é tal que elas têm acima de si um tribunal que realiza o que é direito em si. Ora, a relação entre Estados deve ser, certamente, também uma relação em si jurídica, mas, na esfera do mundo, o que é sendo-em-si deve ter também poder impositivo [*Gewalt*]. Como, no entanto, não está aí-presente nenhum poder impositivo que decida contra o Estado o que é em si direito e que efetive essa decisão, há que se ficar nessa esfera sempre no dever-ser. A relação entre Estados é a de autonomias que estipulam entre si, mas que, ao mesmo tempo, estão acima dessas estipulações.

---

virtude da pressão popular após a execução de Luís XVI, incluindo Holanda, Espanha e Portugal, e a "guerra da segunda coalizão", à qual aderiram como aliados também Rússia e Áustria. Ambas as coalizões malograram rapidamente, a primeira logo se dissolveu, e a guerra terminou com a paz de Campo Formio (abril de 1797). Da segunda coalizão, organizada em 1798, a Rússia se retirou já no ano seguinte, e a Áustria concluiu uma paz separada com Napoleão em 1801 (cf. *Nisbet*, nota 2 ao § 329, p. 475).

§ 331

O povo enquanto Estado é o espírito na sua racionalidade substancial e na sua efetividade imediata, por isso, é a potência absoluta sobre a *Terra*; consequentemente, um Estado está em face dos outros numa autonomia soberana. Ser enquanto tal *para o outro*, isto é, *ser reconhecido* por ele, é a sua primeira legitimação absoluta. Mas essa legitimação é, ao mesmo tempo, somente formal, e a exigência desse reconhecimento do Estado, meramente porque ele seja tal, é abstrata; que ele seja de fato um ente tal em si e por si depende do seu conteúdo, da sua constituição, da sua condição, e o reconhecimento, enquanto contém uma identidade de ambos os Estados, repousa igualmente sobre a maneira de ver e a vontade do outro.

Assim como o singular não é uma pessoa efetiva sem relação a outras pessoas (§ 71 e alhures), tampouco o Estado é um indivíduo efetivo sem relacionamento a outros Estados (§ 332). A legitimidade de um Estado e, mais precisamente, na medida em que ele está voltado para fora, a do seu poder soberano é, por um lado, um relacionamento que diz respeito inteiramente à situação *interna* (um Estado não deve se imiscuir nos assuntos internos de um outro) — por outro lado, ela tem também essencialmente de ser *completada* pelo reconhecimento dos outros Estados. Mas esse reconhecimento exige uma garantia de que ele, igualmente, reconheça os outros que devem reconhecê-lo, isto é, de que os respeitará na sua autonomia e, por conseguinte, de que não lhes pode ser indiferente o que se passa no seu interior. — No caso de um povo nômade, por exemplo, em geral de um povo que está num degrau inferior de civilização, intervém mesmo a questão de saber em que medida ele pode ser considerado um Estado. O ponto de vista religioso (como outrora no caso do povo judeu, dos povos maometanos) pode ainda conter uma oposição mais alta [entre um povo e os outros], que não admite a identidade universal requerida pelo reconhecimento.

Adendo (G). Quando Napoleão, antes da paz de Campo Formio, dizia que "a República francesa não carecia de reconhecimento algum, como tampouco o sol precisa ser reconhecido", nessas palavras não reside senão precisamente o vigor da existência que já traz consigo a caução do reconhecimento, sem que ela tenha sido explicitada.

§ 332

A efetividade imediata, na qual os Estados estão uns em relação aos outros, se particulariza em múltiplas relações, cuja determinação procede do arbítrio autônomo de ambas as partes e tem, por conseguinte, a natureza formal de *contratos* em geral. A *matéria* desses contratos, contudo, é de uma multiplicidade infinitamente menor do que na sociedade civil, na qual os singulares estão em dependência recíproca segundo aspectos os mais variados, ao passo que os Estados autônomos são precipuamente todos que se satisfazem dentro de si.

§ 333

O princípio fundamental do *Direito das Gentes*, enquanto direito universal que deve valer em si e por si entre os Estados, à diferença do conteúdo particular dos tratados positivos, é que os *tratados*, enquanto sobre eles repousam as obrigações dos Estados uns para com os outros, devem *ser respeitados*. Mas porque suas relações têm por princípio a sua soberania, eles estão nessa medida uns para com os outros no estado de natureza, e os seus direitos têm a sua *efetividade* não numa vontade universal constituída como potência acima deles, mas na sua vontade particular. Aquela determinação universal permanece, por isso, no *dever-ser*, e a situação se torna uma alternância entre a relação conforme aos tratados e a supressão dessa relação conforme.

Não existe entre os Estados nenhum pretor, no máximo um árbitro e um mediador, e estes, também, só de modo contingente, isto é, segundo vontades particulares. A representação kantiana de uma *paz perpétua* mediante uma coligação de Estados que arbitrasse toda disputa e que, como potência reconhecida por cada Estado singular, pusesse fim a toda discórdia e, com isso, tornasse impossível a decisão por meio da guerra, pressupõe um *acordo unânime* dos Estados, que repousaria em razões e considerações morais, religiosas ou outras quaisquer, em suma, sempre em vontades soberanas particulares, e permaneceria, por isso, afetado de contingência.

§ 334

Por causa disso, o conflito dos Estados entre si, na medida em que as vontades particulares não chegam a um acordo, só pode ser decidido pela *guerra*. Mas quais lesões — dentre as que podem ocorrer facilmente e em grande número no seu âmbito muito abrangente e a propósito de [suas] relações multilaterais através dos seus súditos — tenham de ser consideradas como um rompimento determinado dos tratados ou como uma lesão do reconhecimento e da honra, permanece algo *em si* indeterminável, visto que um Estado pode colocar a sua infinitude e a sua honra em cada um dos aspectos singulares que lhe concernem, e que ele está tanto mais inclinado a essa suscetibilidade quanto mais uma individualidade forte é impelida por um longo período de tranquilidade interna a procurar-se e a criar-se afora uma matéria de atividade.

§ 335

Além disso, o Estado, como [ser] espiritual em geral, não pode se ater a querer dar atenção meramente à *efetividade* da lesão, mas a isso se acrescenta como causa de contendas a *representação* de uma tal lesão como a de um *perigo* ameaçador da parte de um outro Estado, com o aumento e a diminuição de probabilidades maiores ou menores [dessa ameaça], com suposições a respeito das intenções [hostis] etc.

§ 336

Como os Estados, em seu relacionamento de autonomia, estão uns em face dos outros enquanto vontades *particulares*, e como a própria validade dos tratados repousa nisso, mas a *vontade particular* do todo *segundo o seu conteúdo* é o seu *bem-próprio* em geral, este é a lei suprema no relacionamento de um Estado a outros, tanto mais quanto a ideia do Estado consiste precisamente em que nela a oposição entre o direito enquanto liberdade abstrata e o conteúdo particular que a preenche, o bem-próprio, está suspensa, e o reconhecimento primeiro dos Estados (§ 331) remete a eles enquanto todos *concretos*.

§ 337

O bem-próprio substancial do Estado é o seu bem-próprio enquanto um Estado *particular* no seu interesse e na sua condição determinados e nas circunstâncias externas igualmente próprias, junto com o relacionamento particular resultante dos tratados: o governo é, por conseguinte, uma *sabedoria particular*, não a providência universal (cf. § 324 A) — assim como o fim no relacionamento a outros Estados e o princípio para determinar a justiça das guerras e dos tratados não é um pensamento universal (filantrópico), porém o bem-próprio efetivamente ofendido ou ameaçado na *sua particularidade determinada*.

Houve um tempo em que se muito discutiu a oposição entre moral e política e a exigência de que a segunda seja conforme à primeira. A esse respeito, só cabe aqui assinalar em geral que o bem-próprio de um Estado tem uma legitimação inteiramente diferente do que a do bem-próprio do singular e que a substância ética, o Estado, tem o seu ser-aí, isto é, o seu direito imediatamente não numa existência abstrata, mas numa existência concreta, e que somente essa existência concreta, não um dos muitos pensamentos universais tidos por mandamentos morais, pode ser o princípio do seu agir e do seu comportamento. O ponto de vista sobre o pretenso caráter in-justo que a política deve sempre ter nessa pretensa oposição à moral repousa ainda[576] muito mais na superficialidade das representações da moralidade, da natureza do Estado e do seu relacionamento ao ponto de vista moral.

§ 338

No fato de que os Estados se reconhecem reciprocamente como tais permanece, *também na guerra*, situação de ausência de direito, de violência e contingência, um *laço* no qual eles valem uns para os outros no seu ser em

---

[576] "Ainda" refere-se comparativamente à tese kantiana a respeito da exigida conformidade da política à moral, mencionada no início da Anotação. "A verdadeira política não pode dar nenhum passo sem ter antes prestado homenagem à moral, e, embora a política seja por si mesma uma arte difícil, a união da mesma com a moral, todavia, de modo nenhum constitui uma arte; pois esta corta ao meio o nó que aquela não consegue desatar, tão logo elas entram em conflito entre si" (Kant, *Zum ewigen Frieden*, in: *Kant, Werke*, v. VI, B 96, p. 243 [tradução de MLM]).

si e por si, de sorte que, na guerra mesma, a guerra é determinada como algo que deve ser passageiro. Com isso, ela contém a determinação de direito dos povos, que nela a possibilidade da paz é preservada, em consequência, por exemplo, que os embaixadores sejam respeitados e, em geral, que ela não seja conduzida contra as instituições internas e a pacífica vida familiar e privada, contra as pessoas privadas.[577]

Adendo (G). Por isso, as guerras recentes são conduzidas mais humanamente, e as pessoas não se defrontam com ódio entre si. No máximo, intervêm inimizades pessoais nos postos avançados, mas, no exército enquanto exército, a inimizade é algo indeterminado, que cede em face do dever que cada um respeita no outro.

§ 339

De resto, o comportamento recíproco na guerra (por exemplo, que se façam prisioneiros) e o que, na paz, um Estado concede aos súditos de um outro em matéria de direitos para o intercâmbio privado etc. repousa sobre-

---

[577] Hegel se inscreve aqui na teoria ainda dominante, surgida no quadro do direito natural moderno e do Direito das Gentes (*Jus Gentium*) e reativada ideologicamente no século XIX no contexto da restauração do sistema dos Estados soberanos europeus após as guerras revolucionárias que se seguiram à Revolução Francesa. Segundo ela, a guerra é, sobretudo, uma luta entre Estados soberanos, envolvendo soldados que integram exércitos profissionais e não os cidadãos, em que não há uma relação de inimizade e ódio pessoal entre os combatentes, e que não é conduzida contra os civis dos Estados inimigos. Apesar de essa teoria sofrer um desmentido pelas guerras revolucionárias de Napoleão, que transformam a guerra clássica entre Estados numa guerra civil interestatal, na qual é preciso defender a revolução contra os inimigos internos e externos que se agarram à restauração monárquica, e apesar de elas assumirem cada vez mais o caráter de guerras nacionais, que envolvem crescentemente a população civil e mobilizam a vontade de toda a nação, Hegel mantém a perspectiva jusnaturalista de que a guerra não é conduzida "contra as instituições internas [...] e as pessoas privadas". Essa perspectiva de que a guerra é um conflito entre Estados soberanos que estão entre si no estado de natureza reforça a tendência de Hegel, no horizonte da diferença conceitual entre sociedade civil e Estado por ele estabelecida, de preservar a esfera da sociedade civil, as suas instituições e a vida privada em geral das consequências da guerra.

tudo nos *costumes* das nações, enquanto universalidade interna da conduta, universalidade que se mantém em todas as situações.[578]

Adendo (G). As nações europeias formam uma família segundo o princípio universal da sua legislação, dos seus costumes, da sua formação, e assim, em conformidade com isso, a conduta quanto ao Direito das Gentes se modifica numa situação na qual o mútuo infligir-se de males seria o dominante. O relacionamento de Estados a Estados é instável; não existe nenhum pretor que arbitre aí; o pretor superior é unicamente o espírito universal sendo em si e por si, o espírito do mundo.

§ 340

No relacionamento dos Estados uns com os outros, porque eles aí estão como *particulares*, entra, nas dimensões mais amplas do fenômeno, o jogo

---

[578] Apesar da adesão de Hegel aos princípios do Direito das Gentes e às normas estabelecidas mediante a diplomacia em tratados e convenções internacionais, que apontam para uma racionalização e uma diminuição progressivas do uso da violência nas relações interestatais, o princípio que as rege é o reconhecimento recíproco dos Estados soberanos (§ 331), que têm na sua "particularidade concreta", isto é, no "bem-próprio" das totalidades éticas determinadas, a "lei suprema" da sua conduta (§ 336). Se assim não fosse, e ele aceitasse implicitamente que o bem-próprio particular do outro Estado determinasse constituição interna do Estado litigante, este deixaria de ser soberano e sua constituição se tornaria despótica, porque imposta exteriormente. Assim, Hegel reconhece que a conduta recíproca dos Estados na guerra é determinada antes de tudo pelos costumes dos litigantes, o que revela a fragilidade das normas internacionais, que dependem do princípio de que os tratados e as convenções devam ser respeitados, mas podem não sê-lo. "O costume atual é de que a guerra é conduzida somente contra o Estado enquanto tal, e contra os indivíduos apenas na medida em que defendem o Estado, de sorte que aqueles que não mais atacam ou não mais se defendem sejam poupados. Portanto, tornou-se regra que somente o inimigo, na medida em que ele atua, seja tratado hostilmente. Os hospitais, portanto, os religiosos, os médicos, não são feitos prisioneiros, mas são poupados. Com certeza, tudo isso na condição de guerra e de batalha está entregue ao arbítrio, pois nessa condição as paixões estão desencadeadas. O *Direito Estatal Externo* tem sempre como princípio o de que *dever-ser* cabe só a princípios, já que somente [Estados] autônomos se defrontam, respeitam os tratados e podem também suprimi-los. Pois o bem-próprio dos Estados enquanto tais é aqui o fim-último. O bem-próprio dos indivíduos pode, pois, estar contra as leis universais. Mas acima do bem-próprio dos Estados não há algo superior, o que é seu bem-próprio é o seu direito" (*VRph 1822-23*, pp. 837-8).

o mais movediço da particularidade interna das paixões, dos interesses, dos fins, dos talentos e das virtudes, da violência, do in-justo e dos vícios, bem como da contingência externa — um jogo no qual o próprio todo ético, a autonomia do Estado, está exposta à contingência. Os princípios dos *espíritos do povo*, por causa da sua particularidade na qual eles têm a sua efetividade objetiva e a sua autoconsciência como indivíduos *existentes*, são em geral restritos, e os seus destinos e atos no seu relacionamento uns aos outros são a dialética fenomênica da finitude desses espíritos, a partir da qual o espírito *universal*, o *espírito do mundo*, tanto se produz como irrestrito, quanto é ele que exerce sobre eles o seu direito — e o seu direito é o mais eminente de todos — na *história mundial*, enquanto *tribunal do mundo*.[579]

C. A HISTÓRIA DO MUNDO[580]

§ 341

O *elemento* do ser-aí do *espírito universal*, elemento que na arte é intuição e imagem, na religião, sentimento e representação, na filosofia, o pen-

---

[579] A frase "A história do mundo é o tribunal do mundo" [*Die Weltgeschichte ist das Weltgerichte*], que Hegel não cita expressamente, provém de um poema tardio de Schiller, *Resignation*: "*Wer dieser Blume eine brach, begehre/ die andere Schwester nicht./ Geniesse wer nicht glauben kann. Die Lehre/ ist ewig wie die Welt. Wer glauben kann, entbehre./ Die Weltgeschichte ist das Weltgericht*" [literalmente: "Quem partiu uma destas flores, não deseje/ a outra irmã. Desfrute, quem não pode crer. A doutrina/ é eterna como o mundo. Quem pode crer, prescinda./ A história do mundo é o tribunal do mundo" (cf. *VRph 1824-25*, p. 804) [tradução de MLM].

[580] Hegel introduz o conceito de "história do mundo", a terceira divisão da ideia de Estado, na sequência direta do surgimento e emergir do "espírito universal" (*der allgemeine Geist*) ou "espírito do mundo" (*Weltgeist*), a partir da dialética da finitude dos espíritos do povo particulares e da sua suspensão no espírito universal, como o âmbito de efetivação desse espírito que vai tomando consciência da sua liberdade nesse acontecer. Ela é, nessa perspectiva, primariamente, o "acontecer" do mundo em seu todo — *das Geschehen*, donde deriva *Geschichte*, "história", no sentido objetivo, à diferença da história no sentido subjetivo, como narração histórica dos acontecimentos e atos. A inclusão da história do mundo na esfera do direito, além de ser a sua base no sentido amplo que Hegel dá ao conceito de direito (§ 29), é aqui motivada pela citação da frase de Schiller ("a história do mundo é o tribunal do mundo"), que estabelece uma equivalência de natureza processual entre ambos. A justificação dessa equivalência é a concepção da histó-

samento livre, puro, é, na *história do mundo*, a efetividade espiritual em todo o seu âmbito de interioridade e exterioridade. Ela é um tribunal, porque na sua *universalidade* sendo em si e para si o *particular*, os *penates*, a sociedade civil e os espíritos do povo, na sua efetividade colorida, são somente enquanto *algo ideal*, e o movimento do espírito nesse elemento é apresentar isso.

§ 342

Além disso, a história do mundo não é o mero tribunal da *potência* do espírito, isto é, a necessidade abstrata e desprovida de razão de um destino cego, porém, porque o espírito é em si e para si *razão* e o ser-para-si desta, no espírito, é saber, ela é, partindo somente do *conceito* da liberdade do espírito, o desenvolvimento necessário dos *momentos* da razão e, com isso, da autoconsciência e da liberdade do espírito — ela é a exposição[581] e a *efetivação do espírito universal*.

---

ria do mundo — desenvolvida sucintamente nos parágrafos seguintes e nas várias preleções sobre a filosofia da história ministradas a partir de 1822-23 — como o processo através do qual o espírito se torna progressivamente consciente da sua liberdade como constituindo a sua própria essência, que, assim, se efetiva na universalidade empírica de todos os indivíduos singulares enquanto livres, que marca em princípio o legado do cristianismo e da Revolução Francesa (cf. *E*, § 482). Nesse sentido, Hegel se insere na continuação das filosofias da história do Iluminismo, especialmente de Kant, com a importante diferença que a história filosófica do mundo ocupa o lugar que, na divisão triádica do direito em Kant, tinha o "direito cosmopolita" (*Weltbürgerrecht*). Se a filosofia política de Kant desemboca numa filosofia da história que propõe uma federação de Estados republicanos como instrumento para avançar em direção a uma "paz perpétua" como "fim último" jurídico-político (*Metafísica dos costumes*, § 62, in: *Kant, Werke*, v. IV, B 265), Hegel se detém, do ponto de vista jurídico-político do espírito objetivo, na dialética do reconhecimento recíproco das soberanias estatais, em que a guerra aparece como a última instância de resolução dos conflitos entre os Estados soberanos (§ 334), transferindo a universalização do direito e da liberdade à história do mundo, concebida como progresso da consciência da liberdade e como um tribunal processual da finitude dos espíritos do povo (ver Müller, M. L., "Paz perpétua ou tribunal do mundo: a aporia jusnaturalista da saída do estado de natureza interestatal", *Revista Eletrônica de Estudos Hegelianos*, ano 10, n 18, 2013, pp. 17-40).

[581] A "exposição" (*Auslegung*) é explicitamente distinguida da "apresentação"

§ 343

A história do espírito é o seu ato, pois ele é somente o que ele faz,[582] e seu ato é fazer-se, aqui, enquanto espírito, objeto da sua consciência, de se

---

(*Darstellung*) na lógica da essência (*Doutrina da essência*, 3ª seção, 1º cap., *WL II*, pp. 369 ss.; *TWA*, v. 6, pp. 186 ss.). A "exposição" é a "apresentação" própria do "absoluto", que não se distingue dos seus atributos e modos (Hegel discute e critica nessa passagem a concepção espinozista de absoluto) por uma reflexão externa, mas que se autoexpõe e manifesta plenamente através deles, no mesmo movimento pelo qual os reconduz a si enquanto identidade de "forma absoluta" e "conteúdo absoluto". O "modo" é, assim, o próprio movimento reflexionante do absoluto e a autodeterminação plenamente manifesta a si mesma daquilo que o absoluto já é em si mesmo (*WL II*, p. 375; *TWA*, v. 6, pp. 193-4). Tal como o espírito universal expõe no terreno da história mundial a sua efetividade "em todo o âmbito da sua interioridade e exterioridade" (§ 341), assim também "o princípio particular determinado" dos Estados e dos povos tem a "sua exposição e efetividade" na sua constituição e na situação que lhe é própria, no *ethos* determinante do agir dos indivíduos e grupos a ele pertencentes e na consciência que eles têm dessa exposição, enquanto são, ao mesmo tempo, os instrumentos passageiros dessa "tarefa interna" (§ 344).

[582] O substantivo *Tat* e o verbo *tun*, do qual aquele deriva, são propositalmente aqui traduzidos por termos diferentes, respectivamente por "ato" e por "fazer", por duas razões que se entrelaçam e se complementam. A primeira lembra que *tun* ("fazer"), no uso corrente, acentua o aspecto ativo do verbo, uma vez que os seus objetos geralmente designam atividades; "fazer", em contrapartida, enquanto corresponde ao alemão *machen*, refere-se principalmente à obtenção de um resultado ou um produto, de sorte que a tradução de *Tat* por "ato" destaca a sua proximidade ao verbo "agir" (*Handeln*) e visa, assim, a explicitar o aspecto de atividade de *tun*. A segunda, baseada explicitamente na elaboração conceitual de Hegel, provém da sua intenção sistemática de integrar e suspender no conceito de "agir ético", central para a formação definitiva do seu conceito maduro de "espírito", a diferença aristotélica fundamental entre *poiesis* e *praxis*, entre o fazer no sentido do trabalhar e produzir, cujo fim é um resultado distinto ou uma obra exterior a esse fazer, no sentido de "obrar" ou "operar", e o agir, cujo resultado e fim é a perfeição imanente da própria atividade em questão. Hegel concebe, aqui, "a história do espírito" como o "ato" pelo qual o espírito enquanto tal faz-se objeto para si mesmo, no sentido de que o resultado desse fazer é uma "obra" distinta dele, ao mesmo tempo que esse "apreender" a si mesmo mediante a "exposição" (*Auslegung*) do que ele é permanece imanente a esse fazer que é simultaneamente um agir; isso porque a "exposição" (*Auslegung*) não é senão uma "manifestação" do que ele é enquanto idêntica à sua reflexão em si mesmo. Assim, o espírito é somente o que ele faz, e o "ato de fazer-se objeto ['obra'] para a sua consciência" permanece imanente a esse apreender-se a si mesmo, que constitui o "seu ser e princípio", porque o seu ser não é senão a exposição e a manifestação de si mesmo. "O espírito age [*handelt*] essencialmente, ele faz-se [*macht sich*] o que ele é em

apreender se explicitando para si mesmo. Esse apreender é o seu ser e o seu princípio, e o *acabamento* de um apreender é, ao mesmo tempo, a sua exteriorização e alienação[583] e a sua passagem [a um estágio superior]. Exprimindo formalmente, o espírito que *de novo* apreende esse apreender e, o que é o mesmo, a partir da exteriorização e alienação se adentra em si mesmo, é o espírito do estágio mais elevado em face do espírito tal como ele estava nesse primeiro apreender.

Aqui intervém a questão da *perfectibilidade* e da *educação do gênero humano*.[584] Os que afirmaram essa perfectibilidade pressentiram algo da natureza do espírito, da sua natureza de ter por lei do seu *ser* o γνῶθι σεατόν[585] e, em apreendendo o que *ele é*, de ser uma figura mais alta do que aquela que constituía o seu ser. Mas, para os que recusam esse pensamento, o espírito

---

si, faz-se seu ato [*Tat*], sua obra [*Werk*]; assim, torna-se objeto, assim, tem-se a si mesmo como ser-aí diante de si" (*VG*, p. 67).

[583] Explícito, aqui, os dois sentidos fundamentais de *Entäusserung*, "exteriorização" e "alienação": o espírito que perfaz e conclui a sua apreensão de si explicita e exterioriza tão plenamente as determinações do seu conteúdo que termina por despojar-se de um determinado estágio de sua apreensão de si mesmo, alienando-se desse "um apreender". Por isso, ele passa a um estágio ulterior da sua autoapreensão, retornando a si mediante uma nova interiorização e apreensão de si.

[584] Hegel tem provavelmente presente a Rousseau, que introduz no *Discours sur l'origine et les fondements de l'inégalité parmi les hommes* (1755) o neologismo "perfectibilidade", como sendo o principal traço que distingue o homem dos animais e que o torna capaz de desenvolver todas as suas outras faculdades (Rousseau, J. J., *Oeuvres complètes*, Paris, Gallimard, 1964, v. III, pp. 109-223) e, certamente, de maneira mais próxima, a Lessing e a sua obra *Die Erziehung des Menschengeschlechts* (1780) (Lessing, G. E., *Werke*, Munique, Hanser, 1979, v. VIII, pp. 489-510).

[585] O preceito do oráculo de Delfos — "conhece-te a ti mesmo" — é mencionado logo no início da filosofia do espírito da *Enciclopédia* como "lei absoluta" do próprio espírito: "Conhece-te a ti mesmo, este mandamento absoluto não tem, nem em si nem onde se apresenta historicamente como expresso, a significação de ser apenas um *autoconhecimento* segundo as particulares aptidões, o caráter, as inclinações e as fraquezas dos indivíduos, mas [tem] a significação do conhecimento do verdadeiro homem, como também do verdadeiro em si e para si — da essência mesma enquanto espírito" (*E*, § 377). "O desafio ao autoconhecimento, lançado pelo Apolo délfico aos gregos, não tem, pois, o sentido de um preceito dirigido de fora ao espírito humano por uma potência estranha; antes, o deus que impele ao autoconhecimento não é outra coisa que a própria lei absoluta do espírito. Por isso, todo o agir do espírito é só um compreender de si mesmo, e a meta de toda a ciência verdadeira é que o espírito se conheça a si mesmo em tudo o que há no céu e na terra" (*id.*, § 377, Ad.; *Enc.*, III, p. 8).

permaneceu uma palavra vazia, assim como a história, um jogo superficial dos esforços e paixões contingentes, assim chamadas paixões *simplesmente humanas*. Ainda que a esse propósito enunciem, com as expressões *providência* e *plano* da providência, a fé em um governo superior, essas permanecem representações vazias, visto que elas também expressamente fazem passar o plano da providência por algo incognoscível e conceitualmente incompreensível.

§ 344

Nessa tarefa do espírito do mundo, os Estados, povos e indivíduos se erguem no seu *princípio particular determinado* que tem, na *constituição* e na inteira *amplitude* da *condição* que lhes é própria, a sua exposição[586] e a sua efetividade, das quais estão conscientes e, imersos em seus interesses, são simultaneamente instrumentos inconscientes e membros dessa tarefa interna, na qual essas figuras perecem, mas na qual o espírito em si e para si prepara e elabora para si a passagem para seu próximo estágio superior.

§ 345

Justiça e virtude, in-justiça, violência e vício, talentos e seus feitos, as pequenas e as grandes paixões, culpa e inocência, magnificência da vida individual e da vida do povo, autonomia, felicidade e infortúnio dos Estados e dos singulares, têm a sua significação e o seu valor determinados na esfera da efetividade consciente e encontram aí seu julgamento e sua justiça, todavia imperfeita. A história do mundo queda fora desses pontos de vista; nela, aquele momento necessário da Ideia do espírito do mundo que é presentemente o *seu* estágio obtém o seu *direito absoluto*, e o povo que vive nesse estágio e os seus atos adquirem aí a sua realização plena, a sua felicidade e a sua glória.[587]

---

[586] Ver nota ao final do *caput* do § 255.

[587] Compare-se a passagem abaixo a respeito dos diferentes critérios de justificação dos atos individuais do ponto de vista moral e daquele do "progresso da ideia de espíri-

§ 346

Porque a história é a configuração do espírito na forma do acontecer, da efetividade natural imediata, os estágios do desenvolvimento estão aí-presentes enquanto *princípios naturais imediatos*, e estes, porque são princípios naturais, são, enquanto uma pluralidade, uns exteriores aos outros, de modo que, por conseguinte, *a um povo* compete *um desses princípios*; — a sua existência *geográfica* e *antropológica*.

§ 347

Ao povo a que compete tal momento como princípio *natural* é confiada a execução plena desse princípio no avanço da autoconsciência do espírito do mundo que se desenvolve.[588] Esse povo é, por esta época, aquele *que do-*

---

to" no âmbito da história mundial: "[...] a história se move num terreno mais alto do que aquele em que a moralidade tem o seu lugar próprio, que é o da disposição de ânimo privada, a consciência dos indivíduos, sua vontade própria e seu modo de agir; esses têm o seu valor, a sua imputação, a sua recompensa ou punição por si. O que o fim último sendo em si e para si do espírito exige e leva a seu cumprimento, o que a providência faz, reside acima das obrigações e da capacidade de imputação e da exigência, que recai na individualidade no que respeita à sua eticidade. Os que resistiram em determinação ética e, com isso, em nobre disposição de ânimo, ao que o progresso da ideia de espírito fazia necessário, estão em valor moral num plano mais alto do que aqueles cujos crimes numa ordem superior teriam sido invertidos em meios para implementar a vontade dessa ordem. Mas, no caso de reviravoltas dessa espécie, ambos os partidos se situam em geral apenas no interior do mesmo círculo de perdição, e o que defendem aqueles que se apresentam como legalmente legitimados é, por isso, apenas um direito formal, já abandonado pelo espírito vivo e por Deus. Os atos dos grandes homens que são indivíduos histórico-mundiais aparecem, assim, justificados não só na sua significação interna, mas também do ponto de vista mundial. Mas a partir desse ponto de vista os círculos morais não têm que erguer pretensão contra os atos histórico-mundiais e contra os que os levam a cabo, os quais não pertencem a esses círculos" (*VG*, p. 171).

[588] "Um povo é, em geral, histórico-mundial somente na medida em que depositou no seu elemento fundamental e no seu fim fundamental um princípio universal; somente nessa medida a obra que um tal espírito produziu é uma organização ética, política. Quando é só o desejo o que impele os povos, então uma tal agitação passa sem deixar rastos, por exemplo, enquanto exaltação; mas não é obra alguma. Os gregos falam, assim, da dominação de Cronos, o tempo, que devora novamente seus filhos, as ações que engendrou — foi a idade de ouro, sem obras éticas. Só e primeiro Zeus, o deus político,

mina na história mundial — *e ele pode fazer época nela só uma vez* (§ 346). Em face desse seu direito absoluto de ser o portador do atual estágio do desenvolvimento do espírito do mundo, os espíritos dos outros povos estão desprovidos de direitos e, como aqueles cuja época passou, não contam mais na história do mundo.

A história especial de um povo histórico-mundial contém, em parte, o desenvolvimento do seu princípio desde o seu estado infantil, latente, até o seu florescimento, no qual, tendo chegado à sua livre autoconsciência ética, ele então intervém na história universal — em parte, contém também o período da decadência e da corrupção; — pois, assim se indica nele o emergir de um princípio superior, enquanto emergir somente do negativo do seu próprio princípio. Com isso, é anunciada a passagem do espírito àquele princípio superior e, assim, a da história mundial a um *outro povo* — um período a partir do qual aquele povo perdeu o interesse absoluto, então acolhe com certeza o princípio superior positivamente dentro de si e o assimila formativamente, mas se comporta nesse princípio como num elemento-recebido, não com vitalidade e frescor imanentes —, talvez perca a sua autonomia, talvez também se prolongue ou se arraste como Estado particular ou como um círculo de Estados, e se debata ao acaso em múltiplos experimentos internos e combates externos.[589]

---

que fez nascer Palas Atena da sua cabeça, e a cujo círculo pertencem Apolo ao lado das Musas, subjugou o tempo graças ao fato de ter produzido uma obra que tem um saber de si, uma obra ética, o Estado" (*id.*, pp. 176-7).

[589] "O povo tem de ter o saber do universal sobre o qual a sua eticidade repousa e pelo qual o particular desaparece, portanto, tem de ter o saber das determinações do seu direito, de sua religião. O espírito não pode se satisfazer com o fato de que subsiste uma ordem, um culto; o que ele quer é ter esse saber das suas determinações. Somente assim ele se põe na unidade da sua subjetividade com o universal da sua objetividade. [...] Essa é a suprema liberação do espírito, porque o pensamento é o que lhe é mais íntimo. O ponto supremo da formação de um povo está em apreender o pensamento da sua vida e da sua situação, a ciência das suas leis, do seu direito e da sua eticidade, pois nessa unidade reside a unidade mais íntima na qual o espírito pode estar consigo. Trata-se para ele, na sua obra, de ter-se como objeto, mas ele só se tem na sua essencialidade como objeto enquanto ele se pensa. Nesse ponto o espírito tem, portanto, o saber dos seus princípios, do universal do seu mundo efetivo. Quando queremos saber o que foi a Grécia, encontramo-la em Sófocles e Aristófanes, em Tucídides e Platão; neles tornou-se históri-

§ 348

No ápice de todas as ações, por conseguinte, também das ações histórico-mundiais, estão *indivíduos* enquanto subjetividades efetivadoras do substancial (§ 279 A). A essas figuras vivificantes do ato substancial do espírito do mundo e, assim, imediatamente idênticas com esse ato, ele lhes é oculto e não é objeto e fim para elas (§ 344); esses indivíduos também não obtêm a *honra* e a gratidão por esse ato nem junto aos seus contemporâneos (*ibid.*), nem junto à opinião pública da posteridade, porém, somente enquanto subjetividades formais obtêm, junto dessa opinião, a sua parte como *glória imortal*.[590]

---

co o que foi o povo grego. Nesses indivíduos o espírito grego representado e pensando apreendeu a si mesmo. [...] O tempo é o negativo no sensível; o pensamento é a mesma negatividade, mas a mais íntima, a forma infinita mesma, na qual, por isso, todo ente em geral é dissolvido, inicialmente o ser finito, a figura determinada. O tempo é, bem entendido, o elemento corrosivo do negativo, mas o espírito ele mesmo é igualmente o que dissolve todo conteúdo determinado. Ele é o universal, o indelimitado, a própria forma infinita mais íntima, e ele liquida tudo o que é delimitado. Mesmo quando o que é objetivo segundo o conteúdo não aparece como finito ou delimitado, aparece todavia, então, como dado, imediato, autoridade e, assim, como o que não pode traçar barreiras ao pensamento, que não pode permanecer em si mesmo enquanto barreira erguida para o sujeito pensante e para a reflexão infinita. Essa dissolução pelo pensamento é, então, ao mesmo tempo, necessariamente o emergir de um novo princípio. O pensamento enquanto universal é dissolutivo; mas nesse dissolver o princípio precedente é de fato conservado, só que não mais aí-presente na sua determinação originária. [...] O que antes só subsistia numa singularidade concreta é elaborado na forma do universal; mas há também algo novo, uma determinação ulterior está presente. O espírito, tal como agora está determinado em si mesmo, tem outros interesses e fins que vão mais longe. A remodelação da forma do princípio traz também outras determinações ulteriores. [...] Quando então num povo, por exemplo, no caso dos atenienses, a particularidade é suspensa, quando o pensamento se desenvolve até o ponto em que o princípio particular de um povo não é mais essencial, em tal caso esse povo não pode mais subsistir; surgiu um novo princípio. A história do mundo passa então a um outro povo. [...] Assim, num espírito do povo entra em cena sua [do espírito] determinação mais alta, na verdade, ainda enquanto negação, enquanto arruinamento do espírito do povo que subsistia anteriormente, mas a sua figura positiva aparece como um novo povo. Um povo não pode percorrer vários estágios, ele não pode fazer época duas vezes na história mundial" (*id.*, pp. 177-80).

[590] Nos feitos dos grandes homens, os "indivíduos histórico-mundiais", suas ações subjetivas são apenas "a forma vazia da atividade", "*instrumentos*" (*E*, § 551) do ato

§ 349

Um povo inicialmente não é ainda um Estado, e a passagem de uma família, horda, tribo, multidão etc. à condição de Estado constitui a realização *formal* da Ideia em geral nele. Sem essa forma, falta ao povo, enquanto substância ética que é *em si*, a objetividade de ter nas leis, enquanto determinações pensadas, um ser-aí universal e universalmente válido para si e para os outros, e, por isso, ele não é reconhecido; sua autonomia, enquanto desprovida de legalidade objetiva e de racionalidade estável por si, é somente formal, não é soberania.

Também na representação habitual, não se denomina constituição uma situação patriarcal, nem Estado um povo nessa situação, nem soberania a sua independência. Por isso, é antes do começo da história efetiva que incide, de um lado, a inocência apática, desprovida de interesse, de outro, a bravura da luta formal pelo reconhecimento e da vingança (cf. § 331 e § 57 A).

§ 350

É o direto absoluto da ideia, partindo do casamento e da agricultura, irromper em determinações legais e em instituições objetivas, quer a forma dessa sua efetivação apareça como uma legislação e um benefício divinos ou apareça como violência e in-justiça; — esse direito é o *direito dos heróis* a fundar Estados.

---

substancial do espírito do mundo, cujo "conteúdo reside no mundo, é o espírito do seu tempo" (*VRph, 1824-25*, p. 748), e do qual eles, os seus contemporâneos e mesmo a opinião pública da posteridade, só têm uma consciência parcial ou distorcida. A glória que colhem como sua "recompensa" é apenas "uma universalidade formal de representação subjetiva" (*E*, § 551). "*Se lançarmos um olhar sobre o destino desses indivíduos histórico-mundiais* [Hegel menciona Alexandre, César e Napoleão], *eles tiveram a felicidade de terem sido os que guiaram a execução de um fim que formava um estágio no andamento progressivo do espírito universal. Mas, enquanto sujeitos também distintos dessa sua substância*, não foram o que se chama habitualmente de felizes. Também não queriam sê-lo, porém, alcançar o seu fim [...]. O que eles são é, precisamente, o que foi o seu ato, essa sua paixão é o que constituiu o âmbito da sua natureza, do seu caráter. Alcançado o fim, assemelham-se a cascas vazias que caem" (*VG*, pp. 99-100).

§ 351

A partir da mesma determinação acontece que as nações civilizadas consideram e tratam outras nações que lhes estão atrás nos momentos substanciais do Estado (os povos pastores consideram e tratam assim os povos caçadores, os povos agricultores, ambos etc.) como bárbaros, com a consciência de um direito desigual, e consideram e tratam a autonomia dessas outras nações como algo formal.

Por isso, nas guerras e nos conflitos que surgem em tais situações, o momento pelo qual eles são lutas pelo reconhecimento em relação a um teor determinado constitui o traço que lhes dá uma significação para a história do mundo.[591]

§ 352

As ideias concretas, os espíritos dos povos, têm a sua verdade e a sua destinação na ideia concreta como sendo a *universalidade absoluta* — no espírito do mundo, em torno de cujo trono eles se postam como os executores que consumam a sua efetivação e como os testemunhos e os ornamentos da sua magnificência. Visto que, enquanto espírito, ele é somente o movimento da sua atividade de ter absolutamente um saber de si, por conseguinte, de liberar a sua consciência da forma da imediatidade natural e de chegar a si mesmo, os *princípios* das configurações dessa autoconsciência no curso da sua liberação, os princípios dos reinos[592] *histórico-mundiais*, são, assim, *quatro*.

---

[591] Esta anotação confirma a *contrario sensu* a tese segundo a qual para Hegel só há história em sentido próprio dos povos que alcançaram uma organização estatal, pois, nos demais povos, somente aquilo que nas suas guerras e nos seus conflitos tem a estrutura de uma luta pelo reconhecimento em relação a um valor intrínseco e determinado é o que "lhes dá uma significação para a história do mundo". Só a violência que encaminha esses povos em direção a uma organização estatal é que pode tornar-se fundamento e "momento necessário e justificado" da sua emergência como Estados, um fundamento que só vale como "começo fenomênico ou exterior", mas não como "princípio substancial" do direito e do Estado (*E*, § 433 A).

[592] O conceito designado pelo substantivo *Reich* cristalizou-se, em sua amplitude e

§ 353

Na [sua] *primeira* revelação, enquanto *imediata*, o espírito do mundo tem por princípio a figura do espírito *substancial*, como identidade na qual a singularidade na sua essência permanece imersa e desprovida para si de direitos.

O *segundo* princípio é o saber desse espírito substancial, de sorte que este último é o conteúdo positivo e o preenchimento do espírito e o *ser-para--si* é, enquanto *forma* viva desse conteúdo, a *bela* individualidade ética.

O *terceiro* princípio é o aprofundamento (a)dentro de si do ser-para-si dotado de saber em direção à *universalidade abstrata* e, com isso, até a *oposição* infinita em face da objetividade, assim igualmente abandonada pelo espírito.

O princípio da *quarta* configuração é o inverter dessa oposição do espírito, que consiste em acolher a sua verdade e a sua essência concreta em sua interioridade e em estar-em-casa e reconciliado na objetividade e, porque esse espírito, tendo regressado à primeira substancialidade, é o espírito *que retornou da oposição infinita*, esse inverter consiste em engendrar e saber essa sua verdade como pensamento e como mundo da efetividade regida por leis.

§ 354

Segundo estes quatro princípios existem quatro reinos histórico-mundiais: 1. o *oriental*; 2. o *grego*; 3. o *romano*; 4. o *germânico*.

---

complexidade histórico-conceitual, nos dois termos latinos *regnum* e *imperium*, e seus respectivos derivados nas línguas românicas. As expressões "império romano", "império romano-germânico" ("sagrado império romano de nação alemã"), "império alemão", para a Alemanha unificada sob a égide da hegemonia prussiana, estão consolidadas. Mas, aqui, no contexto dessa periodização especulativa da história mundial, convém denominar esses quatro "princípios" e as respectivas "configurações" do processo pelo qual o espírito progressivamente toma consciência da sua liberdade essencial, que são ao mesmo tempo estágios da sua efetivação, de "reinos", e não "impérios". Isso porque, como observa Kervégan, elas não recobrem as configurações históricas empíricas acima mencionadas, afora que seria impróprio falar de um "império grego" ou de um "império oriental" no singular (*Kervégan*, p. 551, nota 1).

§ 355
1. *O reino oriental*

Este primeiro reino, que provém do todo natural patriarcal, é a visão de mundo substancial, indivisa dentro de si, na qual o governo do mundo é teocracia, aquele que domina é também sumo sacerdote ou deus, a constituição do Estado e a legislação são simultaneamente religião, assim como os mandamentos ou, antes, os usos religiosos e morais são igualmente leis do Estado e do direito. No esplendor desse todo, a personalidade individual soçobra sem direito, a natureza externa é imediatamente divina ou um adorno do deus, e a história da realidade efetiva é poesia. As diferenças que se desenvolvem segundo os diversos aspectos dos costumes, do governo e do Estado, tornam-se, tomando o lugar das leis, num meio de costumes simples, cerimônias pesadas, profusas, supersticiosas — contingências de um poder pessoal e de uma dominação arbitrária, e a articulação em estamentos torna-se uma rigidez natural de castas. Por isso, o Estado oriental é vivo somente no seu movimento, que, já que nele nada é constante e o que é estável está petrificado, é um movimento que vai para fora, que se torna um furor e uma devastação elementares; a tranquilidade interior é uma vida privada e um afundar-se na fraqueza e na lassidão.

O momento da *espiritualidade natural*, ainda *substancial* na formação do Estado, o qual, *enquanto forma*, constitui o ponto de partida absoluto na história de cada Estado, foi, com profundo tino e erudição ao mesmo tempo, ressaltado e comprovado historicamente nos Estados particulares no escrito *Do declínio dos Estados naturais*, do sr. dr. Stuhr (Berlim, 1812),[593] e com isso se abriu caminho para a consideração racional da história constitucional e da história em geral. O autor mostrou que o princípio da subjetividade e da liberdade autoconsciente está igualmente presente na nação germânica, no entanto, visto que o tratado só vai até o declínio dos Estados naturais, esse princípio é também somente seguido até onde ele aparece, em parte, como mobilidade inquieta, arbítrio humano e corrupção, em parte, na sua figura par-

---

[593] Feodor Eggo (pseudônimo), *Der Untergang der Naturstaaten*, in: *Briefen über Niebuhr's Römische Geschichte*, Berlim, 1812; ver *Allgemeine Deutsche Biographie* XXXVI, 739 (cf. *VRph 1824-25*, p. 813).

ticular como ânimo, e não se desenvolveu até a objetividade da substancialidade *autoconsciente*, até a *legalidade* orgânica.

§ 356
2. *O reino grego*

Este tem essa unidade substancial do finito e do infinito por base, mas uma base somente misteriosa, reprimida em entorpecida lembrança, em cavernas[594] e imagens da tradição; essa unidade, nascida para a espiritualidade individual e para a luz do saber a partir do espírito que se diferencia, é moderada e transfigurada em beleza e em eticidade livre e serena. Assim, desponta para si nessa determinação o princípio da individualidade pessoal, enquanto ainda não envolto em si mesmo, porém mantido na sua unidade ideal;[595] — por isso, em parte, o todo se desintegra num círculo de espíritos do povo particulares, em parte, por um lado, a decisão última da vontade não está ainda colocada na subjetividade da autoconsciência sendo para si, porém numa potência que é superior e exterior à autoconsciência (cf. § 279 A), e, por outro lado, a particularidade pertencente à carência não foi ainda acolhida na liberdade, mas relegada a um estamento de escravos.

---

[594] Alusão aos mistérios de Elêusis.

[595] "Aqui desponta o princípio da individualidade, a liberdade subjetiva, mas inserido na unidade substancial. O elemento ético é princípio, como na Ásia, mas ele é a eticidade que molda a individualidade e significa, por conseguinte, o livre querer dos indivíduos. [...] Mas é somente o reino da bela liberdade, que está em unidade desenvolta, natural, com o fim substancial. Mas esse reino é de tal sorte a união do elemento ético e da vontade subjetiva, que a ideia está unida com uma figura plástica: essa não é ainda, de um lado, abstratamente para si, porém ligada imediatamente com o efetivo, como numa bela obra de arte o sensível traz o cunho e a expressão do espiritual. É eticidade desenvolta, ainda não moralidade; porém, a vontade individual do sujeito está no costume imediato e no hábito do direito e das leis. [...] Pois a bela eticidade não é a verdadeira, ela não nasceu a partir da luta da liberdade subjetiva, que se teria feito renascer, mas é a primeira liberdade subjetiva e tem, portanto, ainda o caráter da eticidade natural, e não como se tivesse nascido para se elevar à figura mais alta, mais pura, da eticidade universal" (*VG*, pp. 249-50).

§ 357
3. *O reino romano*

Neste reino a diferenciação consuma-se na dilaceração infinita da vida ética até os extremos da autoconsciência privada *pessoal* e da *universalidade abstrata*. Essa contraposição, que proveio da intuição substancial de uma aristocracia que vai de encontro ao princípio da personalidade livre em forma democrática, desenvolve-se, daquele lado [da aristocracia], até a superstição e a afirmação de uma violência ávida, fria, desse lado [da democracia], até a corrupção da plebe, e a dissolução do todo termina na infelicidade universal e na morte da vida ética, na qual as individualidades dos povos fenecem na unidade de um Panteão, todos os singulares decaem à condição de pessoas privadas e de *iguais*, dotados de direito formal, os quais, por conseguinte, só mantém unidos um arbítrio abstrato que se expande de maneira colossal.[596]

§ 358
4. *O reino germânico*

A partir dessa perda de si mesmo e do seu mundo e da dor infinita pela mesma, enquanto ao povo israelita fora reservado ser o povo dessa dor, o espírito repelido adentro de si apreende, no extremo da sua *negatividade* absoluta, no *ponto de inflexão* sendo em si e para si, a *positividade infinita* desse seu elemento interno, o princípio da unidade da natureza divina e humana, a reconciliação enquanto reconciliação da verdade e da liberdade objetivas que apareceram no interior da autoconsciência e da subjetividade, reconciliação cuja realização plena foi confiada ao princípio nórdico dos *povos germânicos*.

---

[596] "O universal subjuga os indivíduos, nesse universal eles se abandonaram; mas, em compensação, eles obtêm a sua própria universalidade, isto é, a personalidade: eles tornam-se pessoas jurídicas enquanto privadas. No mesmo sentido em que os indivíduos foram incorporados ao conceito abstrato de pessoa, também os povos individuais têm de experimentar esse destino; sob essa universalidade as suas figuras concretas são esmagadas e incorporadas como massa a esse universal. Roma torna-se um panteão de todos os deuses e de tudo que é espiritual, mas sem que esses deuses e esse espírito conservem sua vitalidade própria" (*VG*, p. 251).

§ 359

A interioridade desse princípio, enquanto reconciliação e dissolução ainda abstratas de toda oposição, as quais existem no sentimento enquanto fé, amor e esperança, desdobra o seu conteúdo, para elevá-lo à efetividade e à racionalidade autoconsciente, num reino *mundano* proveniente do ânimo, da fidelidade e da associação cooperativa de homens livres, o qual, nessa sua subjetividade, é igualmente um reino do rude arbítrio sendo para si e da barbárie dos costumes[597] — em face de um mundo do além, um reino *intelectual*, cujo conteúdo é certamente aquela verdade do seu espírito, mas que, enquanto ainda *impensada*, está envolta na barbárie da representação e, enquanto potência espiritual sobre o ânimo efetivo, comporta-se como uma violência terrível, não livre contra o mesmo.[598]

---

[597] Kervégan lembra que Hegel retoma aqui o tema da "liberdade alemã", que em muitos autores corresponde a uma imagem mitificada da Idade Média, com suas corporações e cidades livres, apontando, porém, claramente os seus limites ao referir-se ao "rude arbítrio" e à "barbárie dos costumes" imperantes nesse reino (*Kervégan*, p. 556, nota 1). Em sua dimensão mundana e temporal, ele se contrapõe a um reino intelectual do além, cuja "verdade", em sua "potência espiritual", exerce uma "violência terrível, não livre" sobre o ânimo da liberdade mundana.

[598] "Aqui [no reino germânico] a reconciliação está consumada em si e para si. Mas porque ela está consumada primeiro só em si, essa etapa começa, assim, por causa da sua imediatidade, com uma oposição. De fato, historicamente ela começa com a reconciliação ocorrida no Cristianismo; mas porque essa somente está no começo, porque para a consciência só está consumada em si, mostra-se inicialmente a mais colossal oposição, que então aparece como in-justa e a ser suprimida. É a oposição do princípio religioso, espiritual, ao qual se defronta, o reino mundano. Mas esse não é mais o reino mundano anterior, porém o reino cristão, que, por isso, teria de ser conforme à verdade. Mas o reino espiritual tem também de chegar até o ponto de reconhecer que o espiritual seja realizado no mundo [...]. De um lado, está a realidade efetiva oca, que deve ser conforme ao espírito, mas ainda não o é, e por isso deve soçobrar. De outro lado, o reino espiritual é inicialmente um reino eclesiástico, que afunda na realidade efetiva externa; e assim como o poder mundano é reprimido, assim também o poder eclesiástico se corrompe. Isso constitui o ponto de vista da barbárie. A reconciliação, como já se assinalou, está inicialmente em si consumada, mas com isso ela tem também de ser consumada para si. Por causa disso, o princípio tem de começar com a mais colossal oposição; porque

§ 360

Visto que na dura luta desses [dois] reinos,[599] que estão na diferença que alcançou aqui a sua contraposição absoluta e que, ao mesmo tempo, estão enraizados em *uma* unidade e em *uma* ideia — o elemento-eclesiástico degrada, na efetividade e na representação, a existência do seu céu ao aquém terreno e à mundanidade ordinária —, o elemento-mundano, ao contrário, forma e eleva o seu ser-para-si abstrato ao pensamento e ao princípio do ser e saber racionais, à racionalidade do direito e da lei, [por esse duplo movimento] a oposição *em si* desapareceu numa figura sem medula; o presente se desfez da sua barbárie e do seu arbítrio in-justo, e a verdade se desfez do seu além e da sua violência contingente, de sorte que se tornou objetiva a verdadeira reconciliação que desdobra o *Estado* até ser a imagem e a efetividade da razão, no qual a autoconsciência encontra, num desenvolvimento orgânico, a efetividade do seu saber e do seu querer substanciais, assim como ela encontra na *religião* o sentimento e a representação dessa sua ver-

---

a reconciliação é absoluta, a oposição tem de ser a mais abstrata. [...] A história primeira é a oposição entre ambos ['o princípio espiritual inicialmente enquanto eclesiástico' e o 'mundo selvagem'], que estão ao mesmo tempo ligados, de modo que o princípio espiritual seja reconhecido pela realidade efetiva, que todavia não lhe é conforme, devendo, contudo, declaradamente lhe ser conforme. A realidade efetiva inicialmente abandonada pelo espírito é oprimida pelo poder espiritual; e a primeira forma da superioridade do reino espiritual é a de que ele mesmo passa à realidade efetiva, mas, com isso, agora, a sua determinação espiritual também perde a sua potência. Do arruinamento de ambos os lados resulta então o desaparecimento da barbárie, e o espírito encontra sua forma mais alta, universalmente digna dele, a racionalidade, a forma do racional, do pensamento livre. O espírito, repelido de volta adentro de si, apreende o seu princípio e o produz dentro de si em sua forma livre, na forma do pensamento, numa figura pensante, e só então é capaz de se insinuar nela e, a partir da mundanidade, realizar o princípio do racional" (*VG*, pp. 254-6).

[599] A luta entre esses dois reinos remete ao conflito medieval entre o poder espiritual do papado e o poder temporal do imperador. Ele é estilizado na *Fenomenologia do espírito* (VI, B, II) como a luta entre a fé e a intelecção (*Einsicht*), entre o mundo do além e o mundo do aquém, que conclui com esse duplo movimento descendente e ascendente que opera a unificação desses dois mundos ("o céu transplantou-se para a terra", *PhdG*, p. 316; *TWA*, v. 3, p. 431; *FE*, § 581). Graças a ela, a oposição entre eles se esvai numa "figura sem medula", e, aqui, no âmbito da sistemática enciclopédica, do espírito objetivo, é selada a verdadeira reconciliação que se tornou objetiva no Estado enquanto efetividade da razão.

dade enquanto essencialidade ideal, mas na *ciência* encontra o conhecimento livre, conceitualizado, dessa verdade, enquanto ela é uma e a mesma nas suas manifestações que se complementam no *Estado*, na *natureza* e no *mundo ideal*.[600]

---

[600] "O princípio espiritual somente pode verdadeiramente se alastrar sobre a efetividade e abarcá-la [*übergreifen*] enquanto ele conquistou a sua forma objetiva, pensante; só assim o fim do que é espiritual pode se realizar no que é mundano. É a forma do pensamento que traz à realidade a reconciliação fundamental: a profundidade do pensamento é a reconciliadora. Portanto, desse modo entrou em cena o princípio da reconciliação entre igreja e Estado, princípio no qual a espiritualidade tem e encontra na mundanidade o seu conceito e a sua racionalidade. Assim desaparece a oposição entre igreja e Estado; este não mais lhe está atrás e a ela subordinado, e a igreja não mantém mais nenhuma prerrogativa; o espiritual não é mais alheio ao Estado. [...] A liberdade encontra na realidade efetiva o seu conceito e [assim] amadureceu plenamente a mundanidade até um sistema objetivo de um ser-aí tornado orgânico dentro de si mesmo. O curso dessa superação é o interesse da história, e o lugar do ser-para-si da reconciliação está, então, no saber: aqui a realidade efetiva está reconstruída e remodelada" (*VG*, p. 256).

Glossário

Abänderung (die) — a mudança.
Abbild (das) — a imagem-cópia.
Aberglaube (der) — a superstição.
Abgabe (die) — o tributo/o imposto.
abhandeln/behandeln, Abhandlung (die) — tratar, o tratado.
abhängen, abhängig, Abhängigkeit (die) — depender, dependente, a dependência.
Abhilfe (die) — o socorro.
ableiten, Ableitung (die) — derivar, a derivação.
abordnen, Abordnung (die) — deputar/delegar, a deputação/a delegação.
abschaffen, Abschaffung (die) — abolir, a abolição.
Abscheu (der/die), Abscheulichkeit (die) — a aversão, o que é abominável.
abschliessen, Abschliessung (die) — fechar, o fecho (o fecho do contrato).
abschrecken, Abschreckung (die) — dissuadir, a dissuasão.
Absicht (die) — a intenção.
abstossen, Abstossung (die) — repelir, a repulsão.
abwägen — ponderar.
abweichen — divergir, diferir.
Abwesenheit (die) — a ausência.
Ackerbau (der) — a agricultura.
Aggregat (das) — o agregado.
Ahndung (die) — a premonição.
Aktion (die) — a ação (no sentido do processo jurídico).
alle — todos.
allein (adj., adv.) — só, unicamente.
allgemein, Algemeinheit (die) — universal, a universalidade.
allseitig — omnilateral.
als — enquanto/como.
Amt (das) — a função/o cargo oficial/o ofício (no sentido amplo, que antes se restringia ao artesão).
Amtstätigkeit (die) — a atividade oficial.
Amtsverhältnis (das) — a relação oficial.
Andacht (die) — a devoção.
andere, Andere (das), Anderssein (das) — outro, o outro, o ser-outro.
androhen, Androhung (die) — ameaçar, ameaça.
anfangen, Anfang (der) — iniciar/começar, o início/o começo.
Anführer (der) — o condutor.

Angel (die) — o gonzo/o eixo.
Angelegenheit (die) — o assunto; *Staatsangelegenheiten* — os assuntos de Estado.
angemessen, Angemessenheit (die) — adequado/conforme, a adequação/a conformidade.
anhaben — infligir ou causar dano.
anheimfallen — cair na alçada de, incidir.
anheimstellen — confiar/deixar à discrição de.
anklagen, Anklage (die), Ankläger (der) — acusar, a acusação, o acusador.
Anlage (die) — a disposição.
Anleihe (die) — o empréstimo.
Anmassung (die) — a presunção.
Annahme (die) — a aceitação.
Annäherung (die) — a aproximação.
annerkennen, Anerkennung (die) — reconhecer, o reconhecimento.
Anordnung (die) — a ordenação/a regulamentação/a disposição.
anschauen, Anschauung (die) — intuir, a intuição.
ansehen — ver/considerar/examinar.
ansich, an sich, Ansichsein (das) — em-si, em si, o ser-em-si.
an sich und für sich — em si e por si/em si e para si: conforme a dupla possibilidade de ler o "*kat'autó*" da metafísica grega como subsistência por si ("por") ou como reflexividade no sentido da subjetividade moderna ("para"), sentidos a que Hegel visa conjuntamente, mas que, na tradução, podem ser diferenciados conforme a tônica e, certamente, a interpretação do tradutor.
Ansicht (die) — maneira de ver, a opinião.
Anspruch (der) — a pretensão/a demanda.
Anstalt (die) — estabelecimento, a instituição.
antun — infligir.
anweisen — indicar/adscrever.
anwenden, Anwendung (die) — aplicar, a aplicação.
arg — ruim.
Armut (die) — a pobreza.
Art (die) — a espécie.
Aufbewahrung (die) — a conservação.
aufgeben — ceder/abandonar.
Aufgelegtheit (die) — a disponibilidade.
aufheben, Aufhebung (die) — suprimir (quando no sentido exclusivamente negativo)/suspender (no sentido pleno da polissemia contida na linguagem natural e explorada especulativamente para significar, ao mesmo tempo: suprimir, elevar e conservar), a supressão/a suspensão.
Aufgabe (die) — a tarefa/o encargo.
aufgehen — despontar/surgir.
auflösen, Auflösung (die) — resolver/dissolver, a resolução/a dissolução.
Aufmerksamkeit (die) — a atenção.
Aufopferung (die) — o sacrifício.
aufrechterhalten — manter, preservar.

aufreiben — desbastar/aparar.
aufrufen — convocar.
Aufruhr (die) — a revolta.
Aufsicht (die) — a vigilância/a inspeção.
Aufstand (der) — a insurreição/a rebelião.
aufsuchen — perquirir.
auftreten — entrar em cena/surgir/aparecer/apresentar-se.
aufweisen — atestar.
aufzeigen — exibir/atestar.
aus — a partir de.
ausbeten — rogar.
ausbilden, Ausbildung (die) — formar/cultivar/amadurecer plenamente, a formação/o cultivo/o amadurecimento acabado.
Ausdehnung (die) — a extensão.
auseinanderfallen — desintegrar.
auseinandergehen — divergir/dissolver.
auseinandertreten — dispersar.
ausführen, Ausführung (die) — executar/levar a termo/implementar/realizar plenamente, a execução/a realização/a implementação.
ausgehen — sair/provir/proceder.
ausgleichen, Ausgleichung (die) — ajustar/compensar/aplainar, o ajuste/o ajustamento/a compensação.
aushalten — suportar.
Auskommen (das) — ter o suficiente.
auslegen, Auslegung (die) — expor, a exposição/a explicitação.
Ausprechen, Auspruch (der) — enunciar/a sentença.
ausschliessen, Auschliessende(das) — excluir/relegar, o excludente.
ausschweifen, Ausschweifung (die) — vaguear, a extravagância.
äusserlich, Äusserlichkeit (die) — exterior/exteriormente, a exterioridade.
äusser, Äussere (das) — externo, o externo.
Ausserlichkeit (die) — a exterioridade.
äussern, Äusserung (die) — externar, a externação.
ausweisen — demonstrar/atestar.
auszeichnen (sich) — distinguir-se/assinalar-se.
Auszug (der) — o excerto.
Band (das) — o laço/o vínculo/a ligação.
Bauer (der) — o camponês.
beaufsichtigen, Beaufsichtigung (die) — vigiar, a vigilância.
beauftragen — incumbir.
Bedeutung (die) — a significação/o significado.
Bedienstete (der) — o empregado/o serviçal.
Bedingung (die) — a condição.
Bedürfnis (das), bedürftig — a carência/a necessidade, no sentido de "precisar de" (quando o contexto não der lugar à confusão com *Notwendigkeit* ou for preciso distinguir desta), carente.

befangen — enredar/envolver/embaraçar, enredado/envolto/embaraçado.
befehligen, Befehl (das) — comandar, o comando.
befestigen, Befestigung (die) — consolidar/estabilizar, a consolidação/a estabilização.
befördern, Beförderung (die) — fomentar/favorecer, o fomento.
befreien, Befreiung (die) — libertar, a libertação.
befriedigen, Befriedigung (die) — satisfazer/pacificar, a satisfação/a pacificação.
Befugnis (die) — a autorização/a faculdade.
Begebenheit (die) — o evento/o incidente.
begehren, Begierde (die) — desejar, o desejo.
Begeisterung (die) — o entusiasmo.
Beglaubigung (die) — a autenticação.
begnadigen, Begnadigung (die) — indultar, o indulto.
begnügen — satisfazer/contentar.
begreiffen — conceituar, apreender conceitualmente.
begrenzen, Begrenzung (die) — limitar, a limitação.
begründen, Begründung (die) — fundamentar, a fundamentação.
Begriff (der) — o conceito.
behalten — guardar/reter.
beharren — persistir.
Behörde (die) — a autoridade administrativa/a instância ou repartição administrativa.
bekräftigen, Bekräftigung (die) — corroborar, a corroboração.
belasten — gravar/onerar.
beleben, Belebung (die) — vivificar/tornar vivo, a vivacidade.
belehren, Belehrung (die) — ensinar/doutrinar, o ensinamento.
beliebig, Belieben (das) — discricionário/caprichoso, o capricho/o bel-prazer.
bemächtigen (sich), Bemächtigung (die) — apoderar-se, a apoderação, a ocupação (no sentido jurídico da tomada de posse).
bemerken — notar/assinalar.
Benehmen (das), sich benehmen — a conduta/o comportamento, comportar-se.
Benutzung (die) — a utilização.
Bequemlichkeit (die) — a comodidade.
beraten, Beratung (die) — deliberar, a deliberação.
berechnen — calcular.
berechtigen, Berechtigung (die) — legitimar, a legitimação/o reconhecimento jurídico.
berichtigen — corrigir.
Bereich (der) — o alcance/o domínio.
Berührung (die) — o contato.
Beschädigung (die) — a danificação.
Beschaffenheit (die) — o caráter/a constituição/a disposição.
Beschäftigung (die) — a ocupação.
beschliessen, Beschliessung (die)/Beschluss (der) — decidir, a decisão.
beschränken, Beschränkung (die) — restringir/delimitar, a restrição/a delimitação.
Beschuldigung (die) — a acusação.
Beseitigung (die) — a eliminação.
besinnen — cismar.

besitzen, Besitz (der) — possuir, a posse.
Besitzergreifung (die) — a apreensão da posse (no sentido do genitivo subjetivo).
Besitznahme (die) — a tomada de posse.
Besondere (das), Besonderheit (die), (die)Besonderung — o particular, a particularidade, a particularização.
Besonnenheit (die) — a prudência.
besorgen, Besorgung (die) — cuidar de/ocupar-se de/prover, o cuidado/a prevenção.
bessern — corrigir.
bestehen, Bestehen (das)/Bestehende (das) — subsistir, o subsistir/o subsistente.
bestimmen, Bestimmung (die), Bestimmtheit (die) — determinar, a determinação/a destinação, a determinidade.
bestreben — esforçar-se por.
betätigen, Betätigung (die) — ativar, a ativação.
betrachten, Betrachtung (die) — considerar/reputar, a consideração.
betragen, Betragen (das) — comportar-se, o comportamento.
betreffen — concernir/dizer respeito a.
Betrug (der) — a fraude.
Beurteilung (die) — a apreciação/a avaliação.
bewaffnen, Waffe (die) — armar, a arma.
Bewegung (die) — o movimento.
beweisen, Beweis (der) — provar/demonstrar, a prova/a demonstração.
bewaffnen — armar.
bewähren, Bewährung (die) — confirmar/verificar, a confimação/a verificação.
bewirken — efetuar.
bewusst, Bewusstsein (das) — consciente, a consciência.
Bezeichnung (die) — a designação/a aposição de um signo.
beziehen (sich), Beziehung (die) — referir/relacionar(-se), a referência/a relação.
bezwingen — subjugar.
bilden, Bildung (die) — formar/cultivar, a formação/o cultivo/a cultura.
billigen, Billigkeit (die), Billigkeitsgerichtshof (der) — aprovar, equidade, tribunal de equidade.
binden, Band (das) — ligar/atar/vincular, a ligação/o vínculo.
bleiben, bleibend — permanecer, permanente.
blos — mero/meramente.
Boden (der) — o terreno/o solo.
Bogen (der) — o arco.
böse, Böse (das) — mau, o mal.
brauchbar, Brauchbarkeit (die) — útil, a utilidade.
Brei (der) — o mingau.
Bruch (der) — a ruptura/a fratura.
Bund (der) — a união/a aliança.
bürgerlich, Bürger (der) — civil, o cidadão/o citadino.
Bürgerschaft (die) — o conjunto dos cidadãos/os citadinos de uma municipalidade (comuna) urbana.
Bürgschaft (die) — a fiança/a caução.

dagegen — em contrapartida.
Damm (der) — o dique/a barreira.
darbieten — oferecer/apresentar.
Darlehen (das) — o mútuo, o empréstimo (de coisa fungível).
darstellen, Darstellung (die) — apresentar, a apresentação.
Dasein (das) — ser-aí.
Dämmerung (die) — o crepúsculo, o anoitecer.
denken, Denken (das) — pensar, o pensar.
Denkmal (das) — monumento.
Diebstahl (der) — furto/roubo; *gelehrter Diebstahl* — o furto intelectual.
Diener (der) — o servidor.
Dienst (der) — o serviço.
Dienstleisten (das), Dienstleistung (die) — o prestar serviços, a prestação de serviços.
dirimieren, Diremtion (die) — dividir, a divisão.
Ding (das) — a coisa.
Diskretion (die) — a discrição.
durchdringen — perpassar.
Drang (der) — ímpeto.
drängen — urgir, compelir.
dringen, Dringlichkeit (die) — instar/urgir, a urgência.
dulden — tolerar/suportar.
dumpf — obscuro/recôndito/surdo.
durchdringen — penetrar e perpassar.
eben — precisamente.
ebenso, ebenfalls, ebensosehr — igualmente.
edel, Edle (das) — nobre, nobre (adjetivo substantivado).
Ehe (die) — o casamento/a união conjugal.
Eheleute (pl.) — os cônjuges.
Ehescheidung (die) — separação (do casal), divórcio.
Ehre (die) — a honra.
Ehrfurcht (die) — o respeito/a veneração.
Eid (der) — o juramento.
eigen, eingentümlich, Eigenheit (die) — próprio, próprio/peculiar, a peculiaridade/a originalidade.
Eigendünkel (der) — a presunção.
Eigenschaft (die) — a propriedade (no sentido da determinação própria de uma coisa).
Eigensinn (der) — a obstinação.
Eigentum (das) — a propriedade (no sentido jurídico); *das geistige Eigentum* — a propriedade intelectual.
Eigentümer (der) — o proprietário.
eigentümlich — próprio/peculiar.
Eigenwille (der) — a vontade própria caprichosa.
einbilden, Einbildung (die) — imaginar, a imaginação/mais raramente: in-formar, no sentido de introduzir a forma em.
einbrechen, Einbruch (der) — irromper, a irrupção/o irromper.

einfach, Einfache (das), Einfachheit (die) — simples, o simples, a simplicidade.
Einfalt (die) — a simplicidade.
Einfall (der) — a fantasia no sentido de ideia fantasiosa ou extravagante/o devaneio/o lampejo/a excogitação.
Einfluss (der) — a influência.
eingestehen, Eingeständnis (das) — confessar, a confissão.
eingreifen, das Eingreifen — intervir, a intervenção.
einhüllen, eingehüllt — envolver/velar, velado/latente.
Einigkeit (die), Einigung (die) — a união.
Einkunft (die), Einnahme (die) — o rendimento/a receita.
einmischen, Einmischung (die) — intrometer, a intromissão/a imisção.
Einrichtung (die) — instituição.
einschliessen — incluir/encerrar.
einseitig, Einseitigkeit (die) — unilateral, a unilateralidade.
einsehen, Einsicht (die) — discernir/inteligir/ver com perspicácia, a intelecção/o discernimento.
einsetzen — investir/instituir.
einstimmen, Einstimung (die) — assentir, o assentimento.
eintreten — entrar/intervir.
einwilligen, Einwilligung (die) — consentir/assentir, o assentimento/o consentimento.
Einwirkung (die) — a atuação.
Eins (das) — o uno.
einzeln, Einzelne (das), Einzelheit (die) — singular/isolado, o singular, a singularidade.
eitel, Eitelkeit (die) — vão/inane/vaidoso, a vaidade/a inanidade/a presunção.
Elend (das) — a miséria.
empfangen, Empfänger (der), empfänglich — receber/aceitar, aquele que recebe/o beneficiário, receptivo.
empfinden, empfindende, Empfindung (die) — sentir, sensitivo/a, o sentimento/a sensação.
empören — sublevar/revoltar/insurgir/indignar. Os vários sentidos remetem à dupla etimologia da palavra, uma que conota o movimento para o alto (*empor*), hoje geralmente no sentido de sublevar-se, insurgir-se contra uma autoridade, e outra que remete ao enfrentamento, à obstinação e à indignação.
Empörung (die) — a sublevação/a revolta/a insurreição/a indignação.
endlich, Endliche (das), Endlichkeit (die) — finito, o finito, a finitude.
Entäussern/sich entäussern, Entäusserung (die) — exteriorizar(-se), a exteriorização, também alienar/desfazer-se de, a alienação, especialmente no sentido jurídico (no qual se emprega, também, *Veräusserung*), mas também no sentido mais amplo de despojar-se.
Endzweck (der) — o fim último.
Entbehrung (die) — a privação.
entblöden (sich) — não se intimidar/não se envergonhar, usado na forma negativa, donde "atrever-se".
entfalten, Entfaltung (die) — desdobrar, o desdobramento.
entfremden, Entfremdung (die) — alienar, a alienação.

entgegensetzen (sich), Entgegensetzung (die) — contrapor-se, a contraposição.
entsagen — renunciar a.
entscheiden, Entscheidung (die) — decidir, a decisão.
entschliessen (sich), Entschluss (der) — resolver(-se), a resolução.
entschuldigen — desculpar.
entstehen, Entstehung (die) — surgir, o surgimento.
entwickeln, Entwicklung (die) — desenvolver, o desenvolvimento.
entziehen, Entziehung (die) — tirar/privar, a privação.
entzweien, Entzweiung (die) — cindir, a cisão (no sentido de bipartição).
erbaulich, Erbaulichkeit (die) — edificante, a edificação.
erben, Erbe (die) — legar/herdar, a herança.
Erbfolge (die) — a sucessão.
Erblichkeit (die) — a hereditariedade.
Erbrecht (das) — o direito de sucessão hereditária.
Erbpacht (die), Erbzins (der) — a enfiteuse, o foro enfitêutico/a renda hereditária.
Erbrecht (das) — direito de sucessão/sucessório.
Erbschaft (die) — a herança, a sucessão.
erfinden, Erfindung (die), Erfinder (der) — inventar, a invenção, o inventor.
erfordern — requerer.
erfüllen, Erfüllung (die) — cumprir/realizar plenamente, o cumprimento/a realização plena/o preenchimento.
ergänzen — completar.
Ergebung (die) — a rendição.
ergehen — espraiar.
ergreifen, Ergreifung (die) — apreender, a apreensão.
ergründen — perscrutar/aprofundar.
erhalten — manter/conservar/preservar/suster/receber/adquirir.
erheben — erguer, elevar.
erkennen, erkennbar, Erkennbarkeit (die) — conhecer, cognoscível, a cognoscibilidade.
Erkräftigung (die) — o fortalecimento.
Erlassung (die) — a remissão.
erlauben, Erlaubnis (die) — permitir, a permissão.
Erläuterung (die) — a elucidação.
Erledigung (die) (des Thrones) — a vacância (do trono).
Erlernung (die) — o aprendizado.
ernst, Ernst (der) — sério, a seriedade.
erobern, Eroberung (die) — conquistar, a conquista.
Eroberungskrieg (der) — guerra de conquista.
Ersatz (der) — a indenização/a compensação.
erscheinen, Erscheinung (die) — aparecer, o fenômeno/o aparecimento.
ersterben — fenecer.
Ertragen, Ertrag (der) — suportar, o rendimento.
erwachsen — resultar de, provir.
erweisen — provar.
erweitern, Erweiterung (die) — ampliar, a ampliação.

erwerben, Erwerb (der), Erwerber (der) — adquirir/ganhar, o ganho/o rendimento/a aquisição, o adquirente.
Erwiderung (die) — a réplica.
erzwingen — forçar.
etwas — algo, alguma coisa.
Fähigkeit (die) — a capacidade.
fallen — cair/recair/incidir.
fassen/erfassen — apreender/captar.
Fäulnis (die) — a podridão.
fehlen — faltar.
feig, Feigheit (die) — covarde, a covardia.
feindlich, Feindlichkeit (die), Feindschaftt (die), Feindseligkeit (die) — hostil, a hostilidade.
Feldherr (der) — o comandante supremo.
fertig, Fertigkeit (die) — terminado, a habilidade técnica.
Fessel (die) — o grilhão/a cadeia/o entrave.
fest, Festigkeit (die) — estável/firme/sólido, a estabilidade (no contexto social e político), a firmeza/a solidez.
festhalten, Festhaltung (die) — manter firme, a firme manutenção.
Fessel (die) — a cadeia/a peia.
festsetzen, Festsetzung (die) — fixar, a fixação.
Feuergewehr (das) — a arma de fogo.
Fleiss (der) — a diligência.
flüssig — fluido.
Folge (die) — a consequência.
formieren, Formierung (die) — dar forma, o dar forma.
förmlich, Förmlichkeit (die) — formal (conforme às formalidades), a formalidade.
fortbilden — cultivar progressivamente/aperfeiçoar.
fortdauern, Fortdauer (die) — perdurar, a perduração.
fortgehen, Fortgang (der) — avançar/prosseguir, o avanço/a progressão.
Fortleitung (die) — a progressão (lógica).
fortpflanzen, Fortpflanzung (die) — propagar, a propagação.
fortschreiten, Fortschritt (der) — progredir, o progresso.
fortwährend — continuamente, constantemente.
frei, Freiheit (die) — livre, liberdade.
freilassen, Freilassung (die) — libertar/alforriar, a libertação/a alforria/a soltura.
Friede (der), Friedensgericht (das) — a paz, o tribunal/o juízo de paz.
fremd, Fremdheit (die) — estranho, a estranheza.
Frevel (der) — o ultraje/a atrocidade.
fromm, Frömmigkeit (die) — piedoso/devoto, a piedade/a devoção.
führen, Führung (die) — conduzir/guiar, a condução.
fürsich, Fürsich (das) — para-si ou por si (conforme o significado principal no contexto seja o da reflexividade ou o da autonomia no sentido ontológico da subsistência por si), o para-si.
Fürst (der) — o príncipe.

Gang (der) — o andamento, no sentido de andar num curso, ritmo e direção próprios.
ganz, Ganze (das) — inteiro/inteiramente, o todo.
Gatte (der), Gattin (die) — o cônjuge/o esposo, a esposa.
Gebärde (die) — o gesto.
Gebiet (das) — o domínio/o terreno.
Gebot (das) — o mandamento/o preceito.
Gebrauch (der) — o uso.
Geburt (die) — o nascimento.
Gedanke (der) — o pensamento.
gediegen, Gediegenheit (die) — maciço/sólido, simplicidade inteiriça.
Gedrückheit (die) — a aflição.
Gefahr (die), Gefährlichkeit (die), gefährlich — o perigo/o risco, a periculosidade, perigoso.
gefallenlassen — aquiescer.
Gefühl (das) — o sentimento.
Gegengewicht (das) — o contrapeso.
Gegenleistung (die) — a contraprestação.
Gegensatz (der), gegensatzlos — a oposição, desprovido de oposição.
gegenseitig — mútuo/recíproco.
Gegenstand (der) — o ob-jeto (com hífen, para diferenciar de *das Objekt*, o objeto).
Gegenteil (das) — o contrário.
gegenüberstehen — estar defronte de/estar em frente de/estar de frente a.
Gegenwart (die) — o presente, a presença.
Gehalt (der), gehaltlos — o teor, desprovido de teor/sem consistência.
gehässig — odioso.
gehören — pertencer/caber.
Gehorsam (der), gehorsam — a obediência, obediente.
Geist (der), geistig — o espírito, espiritual.
geistlich — clerical/eclesial.
gelangen — atingir.
Geld (das) — o dinheiro.
Gelegenheit (die) — a ocasião/a oportunidade.
gelten, gültig, Gültigkeit (die) — valer/viger/passar por, válido/vigente, a validez/a vigência.
Gelüst (das) — o anseio/a predileção.
Gemeinde (die) — a comuna municipal, a municipalidade/a paróquia.
gemeinsam, Gemeinsamkeit (die) — comum, o que é comum, o ser-em-comum/a comunidade.
Gemeinwesen (das), Gemeinschaft (die), gemeinschaftlich/Gemeinschaftliche (das) — comunidade, comunitário/o comunitário.
Gemüt (das) — o ânimo/o coração.
geniessen, Genuss (der) — fruir, a fruição.
Genossenschaft (die) — a cooperativa.
Genugtuung (die) — a reparação.
gerecht, Gerechtigkeit (die) — justo, a justiça.

Gericht (das) — o tribunal/o juízo.
Gerichtsbarkeit (die) — a jurisdição.
Gerichtshof (der) — a corte de justiça.
Gerüst (das) — o arcabouço/o andaime.
Gesamtheit (die) — a coletividade/o conjunto.
Geschäft (das) — a tarefa/a ocupação/o assunto/o negócio.
gescheit, Gescheitheit (die) — sagaz, a sagacidade.
Geschicklichkeit (die) — a habilidade.
Geschrei (das) — a grita/o clamor.
Geschworen (der), Geschworengericht (das) — o jurado, tribunal do júri.
Gesetz (das), gesetzlich, Gesetzgeber (der) — a lei, legal/legalmente, o legislador.
gesetzt, gesetzsein — posto, ser-posto.
gesetzmässig, Gesetzmässigkeit (die) — conforme-à-lei, a conformidade-à-lei.
Gesinde (das) — a criadagem.
Gesinnung (die) — a disposição de ânimo.
gesittet — civilizado/cultivado.
Gestalt (die), gestalten, Gestaltung (die) — a figura, figurar, a configuração/a figuração.
gesunde Menschenverstand (der) — o senso comum/o são entendimento, quando é preciso diferenciá-lo do "vão entendimento raciocinador".
Getreibe (das) (forma antiga de *Getrieb*) — a agitação, a atividade.
gewähren — garantir/conceder/proporcionar/outorgar.
Gewährleistung (die) — garantia.
Gewalt (die) — a violência/o poder (pessoal ou institucional, no último caso, os três poderes do Estado)/o poder imperativo, conforme se ressalte o seu caráter de autoridade impositiva e legítima (*imperium*)/o poder imperioso no sentido de uma força irresistível.
Gewerbe (das) — indústria no sentido lato de uma capacidade para exercer de maneira profissional um trabalho qualificado (o ofício/a ocupação); especificamente, segundo a subdivisão tripartite do estamento da indústria nesse sentido amplo (§ 204: *der Stand des Gewerbes*, "o estamento da indústria" enquanto indústria fabril, no sentido da grande manufatura, à diferença do artesanato e do comércio).
Gewerbeifreiheit (die) — liberdade de empreendimento (tradução alemã literal da expressão inglesa "*freedom of trade*").
gewinnen, Gewinn (der) — ganhar/conquistar, o ganho.
gewiss, Gewissheit (die) — certo/certamente, a certeza.
Gewohnheit (die), gewöhnlich — o hábito/costume, habitual.
Gewissen (das) — a consciência moral.
Gilte (die) — censo, no sentido de um pagamento regular ao senhorio pela posse de uma terra.
glatt, Glättung (die) — liso/polido, polimento/nivelamento.
Gläubiger (der) — o credor.
gleich, Gleichheit (die) — igual, a igualdade.
gleichfalls — igualmente.
gleichgültig, Gleichgültigkeit (die) — indiferente/mente, a indiferença.

gleichzeitig — ao mesmo tempo/simultaneamente.
Glied (das), Gliederung (die) — o membro/o órgão/o elo, a articulação.
Glück (das), die Glüseligkeit (die) — a felicidade.
gnädig — gracioso.
Grab (das) — o túmulo.
Grenze (die), grenzlos — o limite, ilimitado/sem limites.
grossmütig — magnânimo.
gründen, Grund (der) — fundar/fundamentar, o fundamento/a razão.
Grundbesizter (der) — o proprietário fundiário.
Grundhalter (der) — o ocupante do solo.
Grundherr (der) — o suserano.
Grundlage (die) — a base.
grundlos — desprovido de fundamento.
Gunst (die), Begünstigung (die) — o favor, o favorecimento.
gut, Gute (das) — bom, o bem.
Gütergemeinschaft (die) — a comunidade de bens.
Habsucht (die), habsüchtig — a cobiça/a avidez, ávido.
halten — manter/respeitar (os contratos).
handeln, Handlung (die) — agir, a ação.
handhaben — manejar/manipular.
Handlohn (der) — a corveia.
hart, Härte (die) — duro/árduo, a dureza/o endurecimento.
Hass (der) — o ódio.
Haufen (der) — o aglomerado/a multidão.
hausen — habitar.
Hausmittel (das) — o remédio caseiro.
Heer (das) — o exército; *stehende Heer (das)* — exército permanente.
heilig, Heiligkeit (die) — sagrado, o caráter sagrado/a sacralidade.
Heimtücke (die) — a perfídia.
heissen — chamar/significar/denotar.
heiter — sereno.
Held (der) — o herói.
hemmen, Hemmung (die) — inibir, a inibição.
herabsetzen — rebaixar.
heraufbilden — elevar pela formação ou pelo cultivo.
herausbringen — ressaltar.
herausfinden — descobrir.
herausheben — salientar/ressaltar.
herauskommen — vir à luz, aflorar.
herausreissen — arrancar.
heraustreten — irromper.
herbeibringen — aduzir.
herkommen — provir.
hernehmen — tirar/tomar.
Heroen (pl.) — os heróis.

Herr (der), Herrenschaft (die) — o senhor, o senhorio.
herrschen, Herrschaft (die) — dominar, a dominação/o domínio.
herrisch — despótico/dominador.
Herrlichkeit (die) — a magnificência.
herstammen — proceder/provir.
herumtreiben — vaguear.
hervorbringen — produzir/trazer à tona.
hervorgehen — provir/proceder/emergir/vir à tona.
hervorheben — destacar/realçar/enfatizar.
hervorrufen — suscitar.
hervortreiben — fazer brotar/irromper.
hervortreten — emergir/vir à tona/surgir/sobressair/salientar.
hervortun — vir à tona/sobressair.
Heuchelei (die) — a hipocrisia.
Hilfe (die) — o auxílio/a assistência.
hinauskommen — ir além.
hingeben (sich), Hingebung (die) — entregar(-se), a entrega.
Hintansetzen — descuidar/não levar em conta/pospor.
hinweisen, Hinweisung (die) — indicar/remeter, a indicação.
Hochmut (die) — a soberba/a altivez.
Hoheit (die) — a dignidade.
Hohn (der) — o escárnio.
holen — buscar.
Höhle (die) — a caverna.
Idee (die) — a ideia.
Imstanderhalten (das) — capacidade de manutenção/de sustentação.
Ineinandergehen (das) — o entrosamento.
Inhalt (der) — o conteúdo.
inner, Innere (das) — interno, o interno/o conteúdo interno.
innerlich, Innerlichkeit (die) — interior/mente, a interioridade.
Innigkeit (die) — a intimidade.
Insasse (der) — o morador.
in sich — dentro de si ou em si mesmo(a)/adentro de si, conforme for, respectivamente, dativo (em) ou acusativo (em direção a), ou, ainda, (a)dentro de si, quando ambos os casos/sentidos são possíveis ou forem intencionados.
irdisch — terreno.
irdisch-göttlich — divino-terreno.
kahl — calvo/desnudo.
Kaiser (der) — o imperador.
Kammer (die) — a câmara.
Kampf (der) — o combate.
Kampfplatz (der) — o campo de batalha.
Kern (der) — o caroço/o núcleo.
Kind (das), die Kinder — a criança, as crianças/os filhos.
Klage (die) — a queixa/o lamento/a ação (no sentido do processo jurídico).

Kloster (das) — o mosteiro.
Kollision (die) — o conflito/a colisão.
Konsequenz (die) — a coerência, a consequência.
Knecht, Kneschtschaft (die) — o servo, a servidão.
knüpfen — vincular.
Kraft (die) — a força.
Kranz (der) — a coroa.
Kreuz (das) — a cruz.
Krieg (der) — a guerra.
Kriegsraub (der) — o espólio/o despojo de guerra.
Kunst (die), Kunstwerk (das) — a arte, a obra de arte.
Lage (die) — a situação/a condição.
Laie (der) — o leigo/o laico.
Land (das) — o país.
Landschaft (die) — a representação estamental (provincial ou nacional).
Landstand (der) — a assembleia nacional estamental.
Last (die) — a carga/o encargo.
Laster (das) — o vício.
leer, Leere (die), Leerheit (die) — vazio, o vazio.
Lehre (die) — a doutrina/o ensinamento doutrinal.
Leibeigene (der), Leibeseigenschaft (die) — o servo da gleba/a servidão da gleba.
leiden, Leidenschaft (die) — sofrer, a paixão.
leihen, Leihen (das) — emprestar (tomar/dar), o empréstimo.
lehnen — forma antiga de *leihen*, derivada de *Lehen (das)*, "feudo", que significa, do ponto de vista histórico, "dar como feudo".
Lehngut (das) — o feudo.
Lehnsherr (der) — o senhor feudal/o suserano.
Lehnsträger (der) — o feudatário.
Lehre (die) — a doutrina.
Leihkontrakt (der) — o comodato, o empréstimo (para uso de coisa não fungível).
leisten, Leistung (die) — executar, a prestação/a execução do contrato.
liegen — residir/jazer.
Lohn (der) — a retribuição (direito penal).
Lohnvertrag (der) — o contrato de salário.
losbinden — desvincular/soltar de seus vínculos.
losmachen — desprender-se/desistir.
Lust (die) — o prazer.
Macht (die), mächtig — a potência/o poder (conforme o contexto), o poderoso.
Majestät (die) — a majestade.
Majorat (das) — o morgadio.
Majoratsherr (der) — o senhor morgado.
Mandat (das), Mandatar (der) — o mandato, o mandatário.
Mangel (der), Mangelhaftigkeit (die) — a falha/a deficiência, ter falta de/faltar.
Mass (das), masslos, Masslosigkeit (die) — a medida, sem medida, a ausência de medida.

Masse (die) — a massa.
mässigen, Mässigung (die) — moderar, a moderação.
Maßstab (der) — o padrão de medida.
Mehrwert (der) — o valor excedente.
Meineid (der) — o perjúrio.
meinen, Meinung (die) — opinar/supor/acreditar, a opinião/a suposição.
Menge (die) — a multidão/a multiplicidade.
Mietzins (der) — a renda de aluguel/o aluguel.
milden, Milde (die) — abrandar/atenuar, a polidez/a amenidade.
Militärpflicht (die) — o serviço militar.
Missverständnis (das) — o mal-entendido/o equívoco.
Mitte (die) — o termo-médio.
mittelbar — mediado/mediatamente.
Mittelstand (der) — o estamento-médio (no sentido social de classe média).
möglich, Möglichkeit (die) — possível, a possibilidade.
Moment (das) — o momento.
Monarch (der) — o monarca.
Mord (der) — o assassinato/o homicídio (doloso).
Mühe (die) — o esforço.
Muster (das) — o modelo.
Mut (der) — a coragem.
nachahmen, Nachahmung (die) — imitar, a imitação.
Nachdruck (der) — o impresso/a reimpressão clandestina.
Nachfrage (die) — a inquirição.
Nachteil (der) — a desvantagem/o prejuízo.
nachweisen — comprovar.
Natur (die), natürlich — a natureza, natural/mente.
neigen (sich), Neigung (die) — inclinar(-se), a inclinação.
neu — novo/moderno.
neure Zeit — a época moderna.
neueste Zeit — a época recente.
niedrig, Niedrigkeit (die) — baixo/vil, a baixeza/a vilania.
Niessbrauch (der) — o usufruto.
nichtig, Nichtigkeit — nulo, a nulidade.
Not (die) — a penúria/a necessidade constringente/a necessidade. O significado fundamental é de "coação", exercida por determinada pessoa ou proveniente das circunstâncias, donde o sentido mais comum de "aperto", "apuro", "situação aflitiva e constringente", de falta do que é necessário ou indispensável, e daí "penúria".
Notdurft (die) — a miséria.
nötig, Nötigung (die) — necessário/aquilo a que se é obrigado ou coagido, a necessitação/a coerção.
Notrecht (das) — o direito de necessidade (constringente).
Notstaat (der) — o estado de necessidade.
notwendig, Nowendigkeit (die) — necessário, a necessidade.

nur — só/somente.
Nutzen (der) — o útil/o proveito.
nützlich, Nützlichkeit (die) — útil, a utilidade.
Oberfläche (die) — a superfície.
Objekt (das), objektiv — o objeto, objetivo.
Obrigkeit (die) — a autoridade (oficial). *Obrigkeit* é a tradução alemã dos termos franceses de Bodin "*magistrat*" e "*droit de gouvernement*".
offenbar — manifesto.
öffentliche Meinung (die) — a opinião pública.
Ordnung (die) — a ordem/a ordenação.
Partei (die) — a parte (no sentido jurídico).
Parteisucht (die) — o partidarismo.
peinliches Recht (das) — o direito penal.
perennierend — perpétuo.
Person (die), Persönlichkeit (die), Personenrecht (das) — a pessoa, a personalidade, direito das pessoas.
Pfand (das) — o penhor.
Pfeiler (der) — o pilar.
Pflicht (die) — o dever.
Plagiat (das) — o plágio.
Privateingentumsrecht (das) — o direito de propriedade privada.
Puls (der) — a pulsação.
punktuell — puntiforme.
quälen, Quälerei (die) — atormentar, o tormento/o vexame.
Rabulisterei (die) — a rabulice.
rächen, Rache (die) — vingar, a vingança.
räsonieren, Räsonnement (das) — raciocinar, o raciocínio, ambos geralmente com uma conotação pejorativa do argumentar artificioso do entendimento.
Raub (der), Räuber (der) — o roubo, o bandido/o ladrão.
Räuberei (die) — a rapina.
Realität (die) — a realidade.
Rechenschaftsgebung (die) — a prestação de contas.
rechtens — de direito.
Rechtsfähigkeit (die) — a capacidade de direito.
Rechtfertigung (die) — a justificação.
Rechtlichkeit (die) — a retidão.
rechtsschaffen, Rechtschaffenheit (die) — reto, a retidão.
Rechtsgang (der) — processo legal.
Rechtsgelehrte (der) — o jurisconsulto.
Rechtsgründe (pl.) — os títulos de direito.
Rechtspflege (die) — a administração do direito.
Rechtsverfahren (das) — processo judicial.
Rechtzustand (der) — o estado de direito.
Regulierung (die) — a regulação.
reich, Reichtum (der) — rico, a riqueza.

Reich (das) — o império/o reino.
reifen, Reife (die) — amadurecer, a maturidade.
Reihe (die) — a série.
rein, Reiheit (die) — puro, a pureza.
Reiz (der) — o estímulo.
Repräsentation (die), Repräsentant (der) — a representação (no sentido político), o representante.
Rettung (die) — o salvamento.
Richter (der) — o juiz judiciário ou togado.
richtig, Richtigkeit (die) — correto/justo, a correção/a justeza.
Rinde (die) — a casca.
Roheit (die) — a rudeza/a crueza.
Rückkehr (die), (zu)rückkehren — o retorno, retornar.
rückwirken — agir ou atuar retroativamente.
ruhen — basear-se em/repousar.
Ruhm (der) — a glória.
Sache (die) — a Coisa (com maiúscula, para diferenciar de *Ding*, coisa), a causa/a questão/o assunto.
Sachenrecht (das) — o direito das coisas.
schaden, Schaden (der), der Schadenersatz — causar dano/prejudicar, o dano, a reparação do dano.
schädlich — danoso/nocivo.
schätzen — avaliar.
schaudern, Schauder (der) — horrorizar-se/arrepiar, o horror/o arrepio.
schaukeln — balançar/oscilar.
scheiden, Scheidung (die) — separar, a separação/o divórcio.
Schein (der), scheinen — a aparência, parecer/aparecer, no sentido da aparência.
schenken, Schenkung (die) — doar, a doação.
Schicksal (das) — o destino.
Schiedsgericht (das) — o tribunal arbitral/o juízo de conciliação.
schlagen — bater.
schlecht — ruim.
schlechthin — absolutamente/pura e simplesmente.
Schlendrian (der) — a rotina habitual e descuidada.
schliessen, Schluss (der) — concluir, a conclusão/o silogismo.
Schmähung (die) — a injúria.
Schmuck (der) — o adorno.
Schönheit (die) — a beleza.
schöpfen — haurir, extrair.
Schranke (die) — barreira/restrição/delimitação.
schrankenlos/Schrankenlosigkeit (die) — irrestrito/sem barreira/indelimitado, irrestrição/indelimitação.
Schuld (die) — a responsabilidade moral/a culpa/a dívida.
Schuldner (der) — o devedor.
Schultheiss (der) — o alcaide.

schützen, Schutz (der) — proteger, a proteção.
Schutzbedürftigkeit (die) — carência de proteção.
schwach, Schwächung (die) — fraco, o enfraquecimento.
schwanken, Schwankung (die) — oscilar, a oscilação.
schweifen — vaguear/errar.
schwer, Schwere (die) — difícil/pesado, o ser pesado/a gravidade.
schwierig, Schwierigkeit (die) — difícil, a dificuldade.
Seele (die) — a alma.
Sehnsucht (die) — a aspiração/a nostalgia.
Seichtigkeit (die) — a superficialidade.
Selbst (das), Selbstheit (die) — o si-mesmo, a ipseidade.
selbstlos — desprovido do si.
selbständig, Selbständigkeit (die) — autônomo/subsistente por si, a autonomia (não no sentido moral, mas no sentido de subsistir por si)/a subsistência.
Selbstbestimmung (die) — a autodeterminação.
selbstbewusst, Selbstbewusstsein (das) — autoconsciente, a autoconsciência/a consciência de si.
Selbstgefühl (das) — a autoestima.
Selbstmord (der) — o suicídio.
Selbstsucht (die) — o egoísmo.
Selbsttätigkeit (die) — a autoatividade.
Selbstzweck (der) — o auto-fim/o fim em si.
setzen, Setzung (die) — pôr, a posição.
Sicherheit (die) — a segurança.
sichern — assegurar/garantir.
Sicherung (die) — o asseguramento, a salvaguarda, a garantia.
sichtbar, Sichtbarkeit (die) — visível, a visibilidade.
sinken — soçobrar/afundar.
sittlich, Sittliche (das), Sittlichkeit (die) — ético, o [elemento-]ético, a eticidade.
Sitz (der) — a sede.
Skeptizismus (der) — o ceticismo.
sollen, Sollen (das) — dever, o dever-ser.
sorgen — ocupar-se de/cuidar de/providenciar/prover.
Souveranität (die) — a soberania.
Spitze (die) — o ápice, a ponta.
spröde, Sprödigkeit (die) — rígido, a rigidez.
Spur (die) — o vestígio/o rasto.
Staat (der) — o Estado (com maiúscula, para diferenciar de *Zustand* ("estado"), traduzido também por "situação").
Staatsbediente (der) — o serviçal do Estado.
Staatsdiener (der) — o servidor do Estado.
Stamm (der) — o tronco, a linhagem/a estirpe.
Stand (der) — o estamento/o *status*, no plural (*die Stände*), pode significar também as "assembleias estamentais".
Standesehre (die) — a honra estamental.

Ständeverhandlungen (pl.) — os debates das assembleias estamentais.
Stärke (die) — o vigor/a força.
starr, Starrheit (die) — duro, a dureza.
stattfinden — ter lugar/realizar-se.
stehen — estar/ficar/postar(-se).
stehenbleiben — deter-se/ficar.
Stelle (die), Staatsstelle (die) — o cargo/o posto, o cargo/o posto de Estado.
Stellung (die) — a posição/a condição.
Stellverteter (der) — o delegado substituto ou vicário.
Stempel (der) — selo.
Stimme (die) — o voto/a voz.
Stimmung (die) — estado de ânimo afetivo/o humor.
Stipulation (die) — a estipulação.
Stoff (der) — o material.
Strafen/bestrafen, Strafe (die) — punir, a pena.
Strebungspfeiler (der) — o contraforte.
streiten, Streit (der) — litigar/conflitar, o litígio/o conflito.
streng, Strenge (die) — rigoroso, o rigor.
Stufe (die) — o degrau/o grau/o estágio.
stumpf, Stumpfheit (die) — embotado, o embotamento.
stützen, Stütze (die) — apoiar/suster, o suporte/o sustentáculo.
Subsistenz (die) — a subsistência.
Substanz (die) — a substância.
subsumieren, Subsumtion (die) — subsumir, a subsunção.
Sucht (die) — a ânsia/a busca compulsiva.
Sühne (die) — a expiação.
tadeln — censurar/apontar defeitos.
Tagelöhner (der) — o diarista.
Tapferkeit (die) — a bravura militar.
Tat (die) — o ato/o feito.
Tatbestand (der) — o estado dos fatos.
tätig, Tätigkeit (die) — ativo/atuante, a atividade.
tauschen, Tausch (der) — trocar, a troca.
Tauschvertrag (der) — o contrato de troca.
täuschen, Täuschung (die) — enganar/iludir, o engano/a ilusão.
taxieren, Taxation (die) — avaliar/estimar, a avaliação/a estimativa do valor de algo (e não "taxação").
teilhaben — participar/tomar parte.
Teilnahme (die) — a participação.
Teufel (der) — o diabo.
Tiefe (die) — profundidade/a profundeza.
Tod (der) — a morte.
Todesstrafe (die) — a pena de morte.
töricht — tolo/insensato.
töten, Tötung (die) — matar, o homicídio culposo.

Trauer (die) — o pesar/a tristeza.
treiben, Treiben (das) — impelir, a atividade/a agitação/o alvoroço/o tumulto.
trennen, trennbar, Trennung (die) — separar, separável, a separação.
treu, Treue (die) — fiel, a fidelidade.
Treu und Glaube — a boa-fé (contratual).
Trieb (der) — o impulso.
Triebfeder (die) — o móvel (de uma ação).
trösten, Trost (der) — consolar, o consolo.
Trotz (der) — o desafio.
trüben — turvar.
Tummelplatz (der) — a arena.
tun — fazer/atuar.
Überdruss (der) — o fastio.
übereinkommen, Übereinkunft (die) — acordar/concordar, o acordo/a concordância.
übereinstimmen, Übereinstimmung (die) — concordar, a concordância.
überfliegen — sobrevoar.
übergehen, Übergang (der) — passar, a passagem/a transição.
übergeben, Übergabe (die) — entregar/transferir, a entrega/a transferência.
überhaupt — em geral/geralmente, em princípio.
überlassen — entregar/ceder.
überreden — persuadir.
überschreiten, Überschritt (der) — ultrapassar, o ultrapassar.
übersetzen, Überstzung (die) — transpor/traduzir, a transposição/a tradução.
überspringen — saltar por cima.
übertragen, Übertragung (die) — transferir, a transferência/a tradição.
überzeugen, Überzeugung (die) — convencer, convicção.
umändern — transmudar.
umbringen (sich) — matar-se.
Umfang (der) — o âmbito/a amplitude (a proposição latina arcaica "*am*", presente na palavra portuguesa, e que deriva do grego "*amphi*", tem o seu correlato na proposição alemã "*um*", para descrever o sentido de espaço que circunda, envolve, ou que é circundado, envolvido).
umfassen — compreender, abranger.
Umgebung (die) — o entorno.
umschlagen — inverter.
Umstand (der) — a circunstância.
Umsturz (der) — a derrubada.
Umwälzung (die) — a revolução.
unabhängig, Unabhängkeit (die) — independente, a independência.
unangemessen, Unangemessenheit (die) — inadequado, a inadequação.
unablösbar, Unablösbarkeit (die) — inamissível, a inamissibilidade.
unabwendbar, Unabwendbarkeit (die) — inevitável/incontornável, a inevitabilidade/a incontornabilidade.
unbefangen — desenvolto/isento de ou sem prevenção/ desembaraçado/ espontâneo/ inintencional.

unbefangenes Unrecht — o ilícito não intencional, sem dolo, que Hegel equipara ao ilícito civil.
unbegreiflich — inconcebível.
unberechenbar, Unberechenbarkeit (die) — incalculável, a incalculabilidade.
unbeschränkt — irrestrito/indelimitado.
unbewegt — imoto, que não é movido.
undurchdringlich, Undurchdringlichkeit (die) — impenetrável, a impenetrabilidade.
uneingeschränkt, Uneingeschränktheit (die) — indelimitado, a indelimitação.
unendlich, Unendliche (das), Unendlichkeit (die) — infinito, o infinito, a infinitude.
unfertig, Unfertigkeit (die) — incompleto, a incompletude.
Unförmigkeit (die) — caráter informe.
ungebildet — não cultivado.
Ungeduld (die) — a impaciência.
ungeheuer — prodigioso/assombroso/inaudito.
ungenannt — inominado.
Unglück (das), unglücklich — a infelicidade, infeliz.
unlösbar — irremissível.
unmässig — desmedido.
unmittelbar, Unmittelbarkeit (die) — imediato/imediatamente, a imediatidade.
unstetig, Unstetigkeit (die) — inconstante, a inconstância.
Untergang (der) — a derrocada/o declínio.
Untertan (der) — o súdito.
unverjährbar, Unverjährbarkeit (die) — imprescritível, a imprescritibilidade.
unverletzbar — que não pode ser lesado/inviolável/invulnerável.
unfreiwillig — involuntário/involuntariamente.
Unrecht (das), unrechtlich — o ilícito/a ilicituade/o contrário ao direito/o in-justo, in-justo (adj.) (com traço de união, para diferenciar de *ungerecht*, "injusto").
Unschuld (die) — a inocência.
Unredlichkeit (die) — a má-fé/a desonestidade.
unselbständig — não subsistente/insubsistente.
Unstetigkeit (die) — a inconstância.
unterdrücken, Unterdrückung (die) — reprimir, a repressão.
untergehen, Untergang (der) — submergir/derrocar, o ocaso/a derrocada/a ruína.
unterscheiden, Unterschied (der) — diferenciar/distinguir, a diferença.
unterwerfen, Unterwerfung (die) — submeter/sujeitar, a submissão/a sujeição.
unveräusserlich — inalienável.
unverjährbar — imprescritível.
unverträglich — incompatível.
unwesentlich, Unwesentlichkeit (die) — inessencial, a inessencialidade.
unwiederherstellbar — irreparável.
unwissend, Unwissenheit (die) — insciente, a insciência.
unzugänglich — inacessível.
unzulänglich, Unzulänglichkeit (die) — insuficiente, a insuficiência.
Urheber (der) — o autor.
verachten, Verachtung (die) — desprezar, o desprezo.

verändern, Veränderung (die) — alterar/modificar, a alteração/a modificação.
veranlassen, Veranlassung (die) — motivar/ocasionar, o motivo/a ocasião.
Veranstaltung (die) — a disposição/o dispositivo/a organização.
verantworten, Verantwortung (die) — responsabilizar-se, a responsabilidade.
veräussern, Veräusserung (die) — alienar, a alienação (no sentido jurídico).
verbannen, Verbannung (die) — proscrever, a proscrição.
verbieten, Verbot (das) — proibir, a proibição.
verbinden, Verbindung (die) — ligar/vincular, a ligação/o vínculo.
Verbindlichkeit (die) — a obrigatoriedade.
Verbrechen (das) — o crime.
Verdacht (der) — a suspeita.
Verdammnis (die) — a condenação, a reprovação.
verderben, Verderbung (die) — corromper, a corrupção.
verdichten — condensar.
verdienen, Verdienst (der) — merecer, o mérito.
verdingen, Verdingung (die) — empreitar/empenhar, a empreitada/o empenho.
verdrängen — coibir/reprimir.
Verdriesslichkeit (die) — a irritação.
Vereinigung (die) — a unificação/a união.
verteidigen, Verteidigungskrieg (der) — defender, a guerra defensiva.
vereiteln, Vereitelung (die) — (fazer) malograr/tornar-se vão, o malogro.
verfallen — decair.
verfahren, Verfahren (das) — proceder, o procedimento/o processo (jur.).
Verfälschung (die) — a falsificação.
Verfassung (die) — a constituição.
Verfeinerung (die) — o refinamento.
verflechten, Verflechtung (die) — entrelaçar, o entrelaçamento.
vergänglich, Vergänglichkeit (die) — passageiro/efêmero, a transitoriedade/o caráter passageiro/efêmero de algo.
vergeben, Vergeben (das) — perdoar, o perdão.
Vergehen (das) — o delito.
vergelten, Vergeltung — retribuir/retaliar, a retribuição/a retaliação.
vergewissern, Vergewisserung (die) — certificar, a certificação.
vergleichen, vergleichbar, Vergleich (der) — comparar, comparável, a comparação/a conciliação (jur.).
verhalten (sich), Verhalten (das) — comportar-se/relacionar-se/passar-se, no sentido de ocorrer, o comportamento/o relacionamento.
Verhältnis (das), Verhältnisse (plural) — o relacionamento/a relação, as situações/as relações/os contextos.
Verhöhnung (die) — o escárnio.
verhüten, Verhütung (die) — prevenir, a prevenção.
Verjährung (die) — a prescrição.
verjüngen — rejuvenescer.
verkaufen, Verkauf (der) — vender, a venda.
Verkettung (die) — o encadeamento.

verknüpfen, Verknüpfung (die) — enlaçar/entrelaçar/vincular, o enlace/o entrelaçamento/o vínculo.
verlegen — transferir.
Verleger (der) — o editor.
Verleiher (der) — o que dá em empréstimo.
verletzen, Verletzung (die) — lesar, a lesão.
verlieren, Verlust (der) — perder, a perda.
verlöschen — extinguir.
vermieten, Vermietung (die) — alugar, a locação.
vermitteln, vermittelt, Vermittlung (die) — mediar, mediado, a mediação.
vermögen, Vermögen (das) — poder/ser capaz de, o patrimônio/a riqueza/a faculdade.
vernachlässigen — descuidar/negligenciar.
vernichten, Vernichtung (die) — aniquilar, a aniquilação.
Vernunft (die), vernünftig — a razão, racional.
Verpfändung (die) — penhora/dar em penhor.
verpflichten, Verpflichtung (die) — obrigar, a obrigação.
verrückt, Verücktheit (die) — louco, a loucura.
Versammlung (die) — a assembleia.
verschieden, Verschiedenheit (die) — diverso, a diversidade.
verschlingen — engolir.
verschränken, Verschränkung (die) — entrecruzar, entrecruzamento.
Verschwendung (die) — o esbanjamento/a dissipação.
verschwinden, verschwindend — desaparecer/esvaecer, evanescente.
versenken — imergir, afundar.
versetzen — transpor.
Versicherung (die) — a asseveração.
versinken — afundar/mergulhar/submergir.
Versittlichung (die) — a eticização.
versöhnen, Versöhnung (die), Versöhnende (das) — reconciliar, a reconciliação, o elemento-reconciliador.
versorgen, Versorgung (die) — prover/providenciar, o provimento.
versprechen, Versprechen (das) — prometer, a promessa.
Verstand (der), verstehen — o entendimento, entender.
verständig, Verständigkeit (die) — inteligível, inteligibilidade do entendimento.
verstümmeln, Verstümmelung (die) — mutilar, a mutilação.
verteilen, Verteilung (die) — repartir/distribuir, a repartição/a distribuição.
vertiefen, Vertiefung (die) — aprofundar/afundar, o aprofundamento.
Vertrag (der) — o contrato.
vertreten, Vertretung (die) — representar = estar no lugar de/substituir, a representação.
vervielfältigen, Vervielfältigung (die) — multiplicar, a multiplicação.
vervollständigen, Vervollständigung (die) — completar/tornar completo/o cumprimento pleno/a consolidação.
verwandeln, Verwandlung (die) — transformar, a transformação.
verwechseln, Verwechselung (die) — confundir/trocar/intercambiar, a confusão/a troca/o intercâmbio.

Glossário

verwenden — aplicar/dedicar.
verwickeln, Verwicklung (die), verwickelt — emaranhar/enredar, o emaranhamento/o enredamento/a complicação, intrincado.
verwirklichen, Verwirklichung (die) — efetivar, a efetivação.
verwirren, Verwirrung (die) — confundir, a confusão.
verwüsten, Verwüstung (die) — devastar, a devastação.
verzweifeln, Verzweiflung (die) — desesperar, o desespero.
Vielen (die), Vielheit (die) — os muitos, a multiplicidade.
Völkerrecht (das) — o Direito das Gentes (*Jus Gentium*).
Volksgeist (der) — espírito do povo.
Volksleben (das) — a vida do povo.
vollbringen — consumar/cumprir/cometer/completar/levar a termo.
vollenden, Vollendung (die) — acabar, o acabamento.
völlig — pleno/plenamente.
vollführen, Vollführung (die) — executar/realizar plenamente, a execução/a realização plena.
vollkommen, Vollkommenheit (die) — perfeito/perfeitamente, a perfeição.
Vollmacht (die) — o pleno poder.
vollständig, Vollständigkeit (die) — completo/completamente, a completude.
vollstrecken, Vollstreckung (die) — executar (plenamente), a execução (plena).
voraussetzen, Voraussetzung (die) — pressupor, a pressuposição/o pressuposto.
vorbeugen, Vorbeugung (die) — prevenir, a prevenção.
vorbringen — produzir, no sentido de levar ou trazer à frente.
vorenthalten — reter.
vorfinden — encontrar-já-aí/diante (de si).
vorhanden — estar aí-presente/existir-aí.
vorkommen — aparecer/surgir/encontrar-se/apresentar-se.
Vormundschaft (die) — a tutela.
vornehmlich — precipuamente/mormente/nomeadamente (forma adverbial do adjetivo "*vornehm*", provável tradução do latim "*praecipuens*").
Vorrichtung (die) — o dispositivo.
Vorsatz (der) — o propósito.
Vorschub (der) — o favorecimento/o apoio.
vorschweben — vislumbrar.
Vorsehung (die) — a providência.
Vorsicht (die) — a precaução.
vorsorgen, Vorsorge (die) — providenciar, a prevenção/a previsão.
Vorschein: zum V. kommen — vir à luz.
vorstellen, Vorstellung (die) — representar, a representação.
vorübergehen — ser passageiro.
Vorurteil (das) — o pré-conceito, o prejuízo (no sentido antigo de pré-julgar).
Wahlreich (das) — a monarquia eletiva.
wählen, Wahl (die) — escolher/eleger, escolha/a eleição.
Wahrheit (die) — a verdade.
walten (lassen) — deixar/fazer imperar/dominar/viger.

Wechsel (der) — a letra de câmbio.
Wechselwirkung (die) — a ação recíproca.
wegräumen — remover.
weihen, Weihung (die) — consagrar, a consagração.
Weise (die) — o modo.
Welt (die), Weltlichkeit (die) — o mundo, a mundanidade.
Weltansicht (die) — visão de mundo.
Weltgeist (der) — o espírito do mundo.
Weltgericht (das) — o tribunal do mundo/juízo final (teol.).
Weltgeschichte (die), weltgeschichtlich — a história do mundo, histórico-mundial.
werden — vir a ser/devir.
Wendepunkt (der) — o ponto de inflexão.
Werk (das) — a obra.
Wesen (das), wesentlich — a essência, essencial.
widerfahren — vir de encontro.
Widerrede (die) — a réplica/a objeção.
widersprechen, Widerspruch (der) — contradizer, a contradição.
Widerstand (der) — a resistência.
Widerstreit (der) — o conflito.
widmen — dedicar.
wiedervergelten, Wiedervergeltung (die) — retribuir/retaliar, a retribuição/a retaliação (de talião).
wiederherstellen, Wiederherstellung (die) — restabelecer, o restabelecimento.
wiederholen, Wiederholung (die) — repetir, a repetição.
wild — selvagem.
Wille (der) — a vontade.
willig — dócil.
Willkür (die), willkürlich — o arbítrio, arbitrário.
wirklich, Wirklichkeit (die) — efetivo, a efetividade/a realidade efetiva (em casos em que o termo "realidade" é indispensável ou torna o enunciado mais claro).
wirken, Wirkung (die) — atuar/efetuar, a atuação/o efeito.
wirksam, Wirksamkeit (die) — atuante/efetuador, a eficácia/a efetuação/a atividade.
wissen, Wissen (das) — saber, o saber.
Wohl (das) — bem-próprio (no contexto da "moralidade")/o bem-estar (principalmente no contexto econômico e social).
Wohlfahrt (die) — o bem-estar.
Wohltat (die), Wohltätigkeit (die) — o benefício, a beneficência.
Wohlwollen (das) — a benevolência.
Wunsch (der) — o desejo/o anelo.
Würde (die) — a dignidade.
Würdigung (die) — a apreciação.
wüst — caótico.
Wut (die) — a fúria.
Zehnte (der) — o dízimo.
zeigen — mostrar.

Zeit (die) — o tempo/a época.
Zeichen (das) — o signo.
Zensur (die) — a crítica.
zerfallen — desagregar-se.
Zerrissenheit (die) — a dilaceração.
zerrüten, Zerrütung (die) — desintegrar/romper, a desintegração/a ruptura.
zerstören, Zerstörung (die) — destruir, a destruição.
zertrümmern, Zertrümmerung (die) — arruinar, destroçar, a ruína/o destroçamento/o esfacelamento.
Zeugnis (das) — o testemunho/o atestado.
Ziel (das) — a meta/o objetivo.
Zins (der) — a renda/o foro/o juro.
züchten, Zucht (die) — disciplinar, a disciplina.
zueignen (sich), Zueignung (die), Zueignungsrecht (das) — apropriar-se, a apropriação, o direito de apropriação.
zuerst — primeiramente/antes de tudo.
zufällig, Zufall (der), Zufälligkeit (die) — contingente/acidental/por acaso, o acaso, a contingência/a casualidade.
zugeben — admitir/conceder.
zugrundegehen — afundar/ir ao fundo, no sentido, também, às vezes, de encontrar o fundamento.
zukommen — caber/competir.
zunächst — tem dois sentidos: inicialmente/num primeiro momento, sobretudo/antes de tudo.
Zuneigung (die) — a inclinação/a afeição.
zurechnen, zurechnungsfähig — imputar, imputável.
Zurechtweisung (die) — a correção.
zurückdrängen — repelir/refrear.
zurückführen — reconduzir.
zurückkehren — retornar/voltar/regressar.
zurückkommen — retornar.
zusammenfallen — desmoronar/coincidir.
zusammenfassen — compreender.
zusammenfliessen — confluir/convergir.
zusammenhalten — manter-coeso.
Zusammenhang (der) — a conexão.
zusammenlaufen — convergir.
zusammenschliessen, Zusammenschluss (der) — encadear/concluir, o encadeamento/a conclusão.
zusehen — olhar para/observar.
zuspitzen, Zusptizung (die) — aguçar, o aguçamento.
Zustand (der) — o estado/a condição (no sentido de situação estável ou permanente em que algo se encontra).
zustandekommen — vir a constituir-se.
zustimmen, Zustimmung (die) — assentir/consentir, o assentimento/o consentimento.

zutrauen, Zutrauen (das) — confiar, a confiança.
Zweck (der) — o fim; *Endzweck (der)* — o fim-último; *letzter Zweck* — o último fim.
zweckmässig, Zweckmässigkeit (die) — conforme ao fim, a conformidade ao fim.
zweideutig, Zweideutigkeit (die) — ambíguo, a ambiguidade.
Zweig (der) — o ramo.
Zweikampf (der) — o duelo.
Zwist (der) — o litígio/a contenda.

Seleção bibliográfica

Ahrweiler, G. *Hegels Gesellschaftslehre*. Darmstadt/Neuwied: Luchterhand, 1976.

Alves, J. L. *O Estado da razão. Da ideia hegeliana de Estado ao Estado segundo a ideia hegeliana*. Lisboa: Edições Colibri, 2004.

Angehrn, E. *Freiheit und System bei Hegel*. Berlim/Nova York: De Gruyter, 1977.

Arantes, P. E. *Hegel. A ordem do tempo*. São Paulo: Polis, 1981.

Berlin, I. "Dois conceitos de liberdade", in: *Quatro ensaios sobre a liberdade*. Brasília: Editora UnB, 1981.

Arangio-Ruiz, V. *Historia del Derecho Romano*. Madri: Reus, 1980.

Beckenkamp, J. *O jovem Hegel. Formação de um sistema pós-kantiano*. São Paulo: Loyola, 2009.

Bodei, R. *Le prix de la liberté. Aux origines de la hiérarchie sociale chez Hegel*. Paris: Les Éditions du Cerf, 1995.

Bodei, R. *Dekompositionen. Formen des modernen Individuums*. Stuttgart/Bad Cannstatt: Frommann-Holzboog, 1996.

Bourgeois, B. *La pensée politique de Hegel*. Paris: PUF, 1969. (*O pensamento político de Hegel*. Trad. Paulo Neves. São Leopoldo: Unisinos, 2000.)

Bourgeois, B. *Études hégéliennes. Raison et décision*. Paris: PUF, 1992.

Cafagna, E. *La Libertà nel mondo. Etica e scienza dello Statto nei "Lineamenti di filosofia del diritto" di Hegel*. Bolonha: Mulino, 1998.

D'Hondt, J. (ed.). *Hegel et la pensée grecque*. Paris: PUF, 1974.

Fulda, H. F. *Das Recht der Philosophie in Hegels Philosophie des Rechts*. Frankfurt a. M.: Klostermann, 1968.

Fulda, H. F. "Hegels Dialektik als Begriffsbewegung und Darstellungsweise", in: Horstmann, R. P. (ed.), *Seminar: Dialektik in der Philosophie Hegels*. Frankfurt a. M.: Suhrkamp, 1978, pp. 124-74.

Fulda, H. F. "Zum Theorietypus der Hegelschen Rechtsphilosophie", in: Henrich, D. e Horstmann, R. P. (eds.), *Hegels Philosophie des Rechts. Die Theorie der Rechtsformen und ihre Logik*. Stuttgart: Klett-Cotta, 1982, pp. 393-427

Fulda, H. F. "Die Entwicklung des Begriffs in Hegels Rechtsphilosophie", in: Angehrn, E., Fink-Eitel, H., Iber, C. e Lohmann, G. (eds.), *Dialektischer Negativismus*. Frankfurt a. M.: Suhrkamp, 1992, pp. 304-22.

Giusti, M. (ed.). *Dimensiones de la libertad. Sobre la actualidade de la filosofia del derecho de Hegel*. Barcelona/Lima: Anthropos, 2015.

Habermas, J. "Hegels Kritik der französischen Revolution", in: *Theorie und Praxis*. Neuwied/Berlim: Luchterhand, 1967, pp. 89-107.

Haym, R. *Hegel und seine Zeit* (1857). Hildesheim: Olms, 1962.

Hartmann, K. *Politische Philosophie*. Friburgo/Munique: K. Alber, 1981.

Henrich, D. *Hegel in Kontext*. Frankfurt a. M.: Suhrkamp, 1971.

Henrich, D. *Hegels Philosophie des Rechts. Die Vorlesung von 1819-20 in einer Nachschrift*. Frankfurt a. M.: Suhrkamp, 1983, "Einleitung des Herausgebers", pp. 9-39.

Henrich, D. e Horstmann, R.-P. (eds.). *Hegels Philosophie des Rechts. Die Theorie der Rechtsformen und ihre Logik*. Stuttgart: Klett-Cotta, 1982.

Hocevar, R. K. *Hegel und der preussische Staat. Ein Kommentar zur Rechtsphilosophie von 1821*. Munique: W. Goldmann, 1973.

Honneth, A. *Leiden an Unbestimmtheit*. Stuttgart: Reclam, 2001.

Honneth, A. *Das Recht der Freiheit*. Frankfurt a. M.: Suhrkamp, 2011.

Hösle, V. *Hegels System. Der Idealismus der Subjektivität und das Problem der Intersubjektivität*, v. I: *Systementwicklung und Logik*. v. II: *Philosophie der Natur und des Geistes*. Hamburgo: Meiner, 1987.

Hösle, V. *Die Rechtsphilosophie des deutschen Idealismus*. Hamburgo: Meiner, 1989.

Hösle, V. *Hegel e La Fondazione dell'idealismo oggettivo*. Milão: Guerini e Associati, 1990.

Ilting, K.-H. "Die Struktur der Hegelschen Rechtsphilosophie", in: Riedel, M. (ed.), *Materialien zu Hegels Rechtsphilosophie*, v. 2. Frankfurt a. M.: Suhrkamp, 1975, pp. 52-80. (Em espanhol: "La estructura de la *Filosofía del Derecho* de Hegel", in: Coll, G. A., *Estudios sobre la "Filosofía der Derecho" de Hegel*. Madri: Centro de Estudios Constitucionales, 1989, pp. 67-92.)

Jaeschke, W. *Direito e eticidade*. Porto Alegre: EdiPUCRS, 2004.

Jaeschke, W. *Zum Begriff des Idealismus*, in: Halbig, C., Quante, M., e Siep, L. (eds.), *Hegels Erbe*. Frankfurt a. M.: Suhrkamp, 2004.

Jaeschke, W. *Hegel-Handbuch, Leben — Werk — Wirkung*. Stuttgart/Weimar: J. B. Metzler, 2003.

Jamme, C. e Schneider, H. *Mythologie der Vernunft. Hegels "ältestes Systemprogramm des deutschen Idealismus"*. Frankfurt a. M.: Suhrkamp, 1984.

Jermann, C. (ed.). *Anspruch und Leistung von Hegels Rechtsphilosophie*. Stuttgart/Bad Cannstatt: Frommann-Holzboog, 1987.

Kaufmann, W. *Hegel's Political Philosophy*. Nova York: Atherton Press, 1970.

Kervégan, J.-F. *Hegel, Carl Schmitt. Le politique entre spéculation et positivité*. Paris: PUF, 1992.

Kervégan, J.-F. "L'institution de la liberté", in: Hegel, G. W. F. *Principes de la philosophie du droit*. Trad. J.-F. Kervégan. Paris: PUF, 2013, "Présentation", pp. 1-109.

Kervégan, J.-F. "Le 'droit du monde'. Sujet, normes, institutions", in: Kervégan, J.-F. e Marmasse, G. (eds.), *Hegel penseur du droit*. Paris: CNRS Éditions, 2004, pp. 31-46.

Kervégan J.-F. *L'effectif et le rationnel. Hegel et l'esprit objectif*. Paris: Vrin, 2007.

Kervégan, J.-F. e Marmasse, G. (eds.). *Hegel penseur du droit*. Paris: CNRS Éditions, 2004.

Kervégan, J.-F. e Mabille, B. (eds.). *Hegel au présent. Une relève de la métapysique?*. Paris: CNRS Éditions, 2012.

Koselleck, R. *Preussen zwischen Reform und Revolution. Allegemeines Landrecht, Verwaltung und soziale Bewegung von 1791 bis 1848*. Stuttgart: Klett-Cotta, 1987.

Lebrun, G. *O avesso da dialética. Hegel à luz de Nietzsche*. São Paulo: Companhia das Letras, 1988.

Lima, E. C. de. *Direito e intersubjetividade em Fichte e Hegel*. Campinas: PHI, 2014.

Losurdo, D. (ed.). *Georg Wilhelm Friedrich Hegel. Le filosofie del diritto. Diritto, proprietà, questione sociale*. Milão: Leonardo Editore, 1989.

Losurdo, D. *Hegel und das deutsche Erbe*. Colônia: Pahl-Rugenstein, 1989.

Lucas, H. C. e Pöggeler, O. (eds.). *Hegels Rechtsphilosophie im Zusammenhang der europäischen Verfassungsgeschichte*. Stuttgart/Bad Cannstatt: Frommann-Holzboog, 1986.

Menke, C. *Tragödie im sittlichen. Gerechtigkeit und Freiheit nach Hegel*. Frankfurt a. M.: Suhrkamp, 1996.

Müller, F. *Korporation und Assoziation. Eine Problemgeschichte der Vereinigungsfreiheit im deutschen Vormärz*. Berlim: Dunker & Humblot, 1965.

Müller, M. L. "Racionalidade da ação e direito da subjetividade na *Filosofia do direito* de Hegel", in: Rohden, V. (ed.), *Racionalidade e ação*. Porto Alegre: Editora UFRGS/Instituto Cultural Brasileiro-Alemão, 1992, pp. 145-64.

Müller, M. L. "Estado e soberania: o 'idealismo da soberania'", in: Évora, F., Faria, P., Loparic, A., Santos, L. H. dos, Zingano, M. (eds.), *Lógica e ontologia. Ensaios em homenagem a Balthazar Barbosa Filho*. São Paulo: Discurso Editorial, 2004, pp. 263-90.

Negt, O. *Die Konstituierung der Soziologie zur Ordnungswissenschaft. Strukturbeziehungen zwischen den Gesellschaftslehren Comtes und Hegels*. Frankfurt/Colônia: Europäische Verlagsanstalt, 1974.

Nipperdey, T. *Deutsche Geschichte*, v. 1, *1800-1866: Bürgerwelt und starker Staat*. Munique: C. H. Beck, 1983.

Ottman, H. *Individuum und Gemeinschaft bei Hegel*. Berlim: De Gruyter, 1977.

Patten, A. *Hegel's Idea of Freedom*. Nova York: Oxford University Press, 1999.

Pelczynski, Z. A. (ed.). *The State and Civil Society. Studies in Hegel's Political Philosophy*. Cambridge: Cambridge University Press, 1984.

Peperzak, A. Th. *Le jeune Hegel et la vision morale du monde*. La Haye: Martinus Nijhof, 1960.

Peperzak, A. Th. "Zur Hegelschen Ethik", in: Henrich, D. e Horstmann, R. P. (eds.), *Hegels Philosophie des Rechts. Die Theorie der Rechtsformen und ihre Logik*. Stuttgart: Klett-Cotta, 1982, pp. 103-31.

Peperzak, A. Th. *Philosophy and Politics. A Comentary on the Preface to Hegel's Philosophy of Right*. Dordrecht/Boston/Lancaster: M. Nijhoff, 1987.

Peperzak, A. Th. *Hegels praktische Philosophie. Ein Kommentar zur enzyklopädischen Darstellung der menschlichen Freiheit und ihrer objektiven Verwirklichung*. Stuttgart/Bad Cannstatt: Frommann-Holzboog, 1991.

Peperzak, A. Th. *Modern Freedom. Hegel's Legal, Moral, and Political Philosophy*. Dordrecht: Kluver, 2001.

Pippin, R. "Hegel, Freedom, The Will. *The Philosophy of Right (§§ 1-33)*", in: Siep, L. (ed.), *Grundlinien der Philosophie des Rechts*. Berlim: Akademie Verlag, 1997, pp. 31-53.

Pippin, R. *Hegel's Practical Philosophy*. Cambridge: Cambridge University Press, 2008.

Quante, M. *Hegels Begriff der Handlung*. Stuttgart/Bad Cannstatt: Frommann-Holzboog, 1993.

Quelquejeu, B. *La volonté dans la philosophie de Hegel*. Paris: Seuil, 1972.

Ramos, C. A. *Liberdade subjetiva e Estado na filosofia política de Hegel*. Curitiba: Editora da UFPR, 2000.

Ricoeur, P. "Renoncer à Hegel", in: *Temps et récit, III: le temps raconté*. Paris: Seuil, 1985, pp. 280-99.

Riedel, M. "Objektiver Geist und praktische Philosophie", in: *Studien zu Hegels Rechtsphilosophie*. Frankfurt a. M.: Suhrkamp, 1969, pp. 11-41.

Riedel, M. *Bürgerliche Gesellschaft und Staat bei Hegel*. Neuwied/Berlim: Luchterhand, 1969.

Riedel, M. *Studien zur Rechtsphilosophie*. Frankfurt a. M.: Suhrkamp, 1969.

Riedel, M. (ed.). *Materialien zu Hegels Rechtsphilosophie*, v. 1 e 2. Frankfurt a. M.: Suhrkamp, 1975.

Ripalda, J. M. *La nación dividida. Raíces de um pensador burgués: G. W. F. Hegel*. Cidade do México: Fondo de Cultura Económica, 1978.

Ripalda, J. M. *Fin del clasicismo. A vueltas com Hegel*. Madri: Trotta, 1992.

Ritter, J. *Metaphysik und Politik. Studien zu Aristoteles und Hegel*. Frankfurt a. M.: Suhrkamp, 1969.

Rosenfield, D. *Política e liberdade em Hegel*. São Paulo: Brasiliense, 1983.

Rósza, E. *Versöhnung und System. Zu Grundmotiven von Hegels praktischer Philosophie*. Munique: W. Fink, 2005.

Ruda, F. *Hegels Pöbel*. Konstanz: Konstanz University Press, 2011.

Schild, W. "Hegels Lehre vom Notrecht", in: Hösle, V., *Die Rechtsphilosophie des deutschen Idealismus*. Hamburgo: Meiner, 1989.

Schnädelbach, H. *Hegels praktische Philosophie*. Frankfurt a. M.: Suhrkamp, 2000.

Siep, L. *Praktische Philosophie im deutschen Idealismus*. Frankfurt a. M.: Suhrkamp, 1992.

Siep, L. "Philosophische Begründung des Rechts bei Fichte und Hegel", in: *Praktische Philosophie im deutschen Idealismus*. Frankfurt a. M.: Suhrkamp, 1992, pp. 65-80.

Siep, L. "Die Wirklichkeit des Guten in Hegels Lehre von der Idee", in: Halbig, C., Quante, M., e Siep, L. (eds.), *Hegels Erbe*. Frankfurt a. M.: Suhrkamp, 2004.

Souche-Dagues, D. *Logique et politiques hégéliennes*. Paris: Vrin, 1983.

Theunissen, M. "Die verdrängte Intersubjektivität in Hegels Philosophie des Rechts", in: Henrich, D. e Horstmann, R. P., *Hegels Philosophie des Rechts. Die Theorie der Rechtsformen und ihre Logik*. Stuttgart: Klett-Cotta, 1982, pp. 317-81. Em inglês: "The Repressed Intersubjectivity in Hegel's Philosophy of Right", in: Cornell, D., Rosenfield, M., Carlson, D. G. (orgs.), *Hegel and Legal Theory*. Nova York: Routledge, 1981, pp. 3-63.

Theunissen, M. *Hegels Lehre vom absoluten Geist als theologische-politischer Traktat*, Berlim: De Gruyter, 1970.

Theunissen, M. "Krise der Macht. Thesen zur Theorie des dialektischen Widerspruches", in: *Hegel-Jahrbuch, 1974*. Colônia: Anton Hain, 1974, pp. 318-29.

Theunissen, M. *Sein und Schein. Die kritische Funktion der Hegelschen Logik*. Frankfurt a. M.: Suhrkamp, 1978.

Vieira, L. A. *Freiheit als Kultus. Aporien und Grenzen der Auffassung der menschlichen Freiheit bei Hegel*. Würzburg: Königshausen & Neumann, 1996.

Vieillard-Baron, J.-L. *Hegel et l'idéalisme allemand*. Paris: Vrin, 1999.

Vieweg, K. *Das Denken der Freiheit, Hegels Grundlinien der Philosophie des Rechts*. Munique: W. Fink, 2012.

Agradecimentos

Ao longo dos anos, muitas pessoas e instituições colaboraram para a realização deste livro. O tradutor Marcos Lutz Müller, falecido em setembro de 2020, não viu publicada a obra que o esforço de mais de três décadas deixou pronta e consumada nos mínimos detalhes — com exceção de uma nota de agradecimento, que foi apenas esboçada. A presente nota se baseia nesse esboço original e o complementa, nomeando aquelas e aqueles que tomaram parte nas etapas finais da publicação.

Assim, a Editora 34 agradece, em seu nome e no de Marcos Lutz Müller, a Andreas Arndt, Verrah Chamma, Jeanne Marie Gagnebin, Oswaldo Giacoia Jr., Walter Jaeschke, Jean-François Kervégan, Luiz Fernando Barrére Martin, Alberto Martins, Emmanuel Nakamura, Fábio Mascarenhas Nolasco, Silvio Rosa e Klaus Vieweg. Agradece também aos colegas, alunos e orientandos do Departamento de Filosofia da Unicamp e às seguintes instituições: CAPES, CNPq, DAAD e FAPESP.

Sobre o autor

Georg Wilhelm Friedrich Hegel nasceu em 27 de agosto de 1770, em Stuttgart, na Alemanha, filho mais velho de um funcionário da administração pública de Württemberg. Sua mãe, mulher culta, que o iniciou nas letras, morreu de tifo quando ele tinha treze anos. No ginásio, Hegel se interessa por grego, latim, geometria e matemática. Faz leituras de Leibniz, Wolff, Mendelssohn, Lessing e começa o estudo de Kant. A crítica ao despotismo e ao absolutismo que emanava dos textos de Rousseau, Herder, Goethe e Schiller dá o tom de seus primeiros passos na filosofia.

Em 1789, quando eclode a Revolução Francesa, Hegel tem dezoito anos e é aluno interno do Tübinger Stift, importante instituto de ensino superior de teologia da Alemanha. Lá divide o quarto com Hölderlin e firma amizade com Schelling; estuda Platão, Aristóteles, o ceticismo grego e a filosofia crítica de Kant. Recém-formado, Hegel trabalha como tutor privado em Berna (1793-1796) e, depois, em Frankfurt (1797-1800). Nesta última fase aprofunda os estudos de economia política, participa ativamente de círculos democrático-republicanos e vislumbra os primeiros traços de um sistema filosófico.

Com a pequena herança que recebe após a morte do pai em 1799, decide tentar a vida como professor de filosofia em Jena, onde publica seus primeiros escritos filosóficos: *Sobre a diferença dos sistemas filosóficos de Fichte e Schelling* e a *Dissertatio de orbitis planetarum* (sua *licentia docenti*), ambos de 1801. Em 1802-03, numa revista que edita com Schelling, Hegel publica *Relação do ceticismo com a filosofia*, *Fé e saber* e *Sobre as maneiras científicas de tratamento do direito natural*. Este último é a primeira formulação do projeto iniciado em Frankfurt e que alcançará, duas décadas depois, sua configuração mais elaborada nas *Linhas fundamentais da filosofia do direito*.

Na noite de 13 de outubro de 1806, Hegel conclui a sua primeira grande obra, a *Fenomenologia do espírito*. No alvorecer do dia seguinte já se ouvem os canhões do exército de Napoleão avançando sobre Jena, que é ocupada e tem sua universidade fechada, obrigando Hegel a recomeçar a vida. Graças à influência de amigos, Hegel é nomeado redator-chefe do *Bamberger Zeitung*, importante veículo progressista da época. Em fevereiro de 1807 nasce, em Jena, Ludwig, filho de sua relação com Christiane Burkhardt. A família Fromm, próxima ao filósofo, cuidará de Ludwig até seu décimo aniversário, quando ele se junta a Hegel e sua família em Heidelberg.

Depois de ser obrigado pela censura a abdicar da redação do jornal, Hegel será, entre 1808 e 1816, professor de filosofia e reitor do *Aegydianum*, em Nüremberg, o primeiro ginásio público humanista da Alemanha, segundo Vieweg. Casa-se em 1811 com Marie von Tucher, dois anos depois nasce Karl e, no ano seguinte, Immanuel. Em visitas às riquíssimas coleções artísticas da cidade, amplia seu conhecimento da arte. Trabalha nos primeiros esboços da *Enciclopédia* e da *Filosofia do direito*, e publica em 1812, 1813 e 1816 os três tomos da *Ciência da lógica*, a primeira parte de seu sistema filosófico.

Em 1816, Hegel recebe convites das universidades de Heidelberg, Erlangen e Berlim. Inicialmente, instala-se com a família em Heidelberg e lá publica um relatório, de tonalidade abertamente progressista e que se faz notar em importantes círculos políticos, sobre o projeto constitucional-representativo de Württemberg. Publica também a primeira formulação completa do seu sistema filosófico, a *Enciclopédia das ciências filosóficas* (1817), cujo traçado fundamental (*Grundriss*) será a base para seus cursos, nos quais se esforça, por um lado, em apresentar o conceito ou a totalidade de seu sistema e, por outro, em detalhar seus setores particulares. Este é o caso, em especial, dos cursos sobre Direito Natural e Ciência do Estado (1817-1818) e Estética (1818). Com o projeto do que viria a ser a *Filosofia do direito*, Hegel institui uma poderosa máquina de guerra intelectual contra a Restauração (a política contrarrevolucionária empreendida pela Santa Aliança) e exerce, por isso, forte influência no meio estudantil progressista, dando base teórica à formação de uma vertente rotulada pejorativamente, pelos adversários nacionalistas e antissemitas, de "cosmopolita". Com a Estética, Hegel apresenta uma alternativa à teoria da arte dos românticos, abrindo caminho a diversas vanguardas modernistas nas artes.

Em outubro de 1818 assume a cátedra de filosofia da Universidade de Berlim, vaga desde a morte de Fichte em 1814. Em outubro de 1820, mas com data de 1821, vem à luz, enfim, as *Linhas fundamentais da filosofia do direito*, sua obra mais influente. Além dos cursos (e, a partir de outubro de 1829, também a reitoria da universidade), Hegel se empenha junto com um grupo de alunos, em especial Eduard Gans, na edição dos *Jarbücher für wissenschaftliche Kritik* — contraponto progressista aos *Jahrbücher der Literatur*, que Friedrich Schlegel editava em Viena sob os auspícios de Metternich. Com tal veículo, Hegel pretende instituir no debate intelectual "armas incisivas contra o obscurantismo". Seu último texto político publicado em vida, *Sobre a Reformbill inglesa* (1831), analisa criticamente as reformas eleitorais com que a aristocracia inglesa parecia mudar tudo apenas para manter-se intacta no poder.

Em 1827 é publicada a segunda edição da *Enciclopédia*, acrescida de 250 páginas. Em 1831, surge ainda uma terceira edição, que além de alterações, tem cerca de quarenta novas páginas, evidenciando que a *Enciclopédia* nunca foi um bloco monolítico, mas uma obra em construção. O mesmo se dá com a *Ciência da lógica*: a segunda edição da *Lógica do ser* tem quase duzentas páginas a mais que a primeira. Hegel assina o prefácio dessa nova edição sete dias antes de falecer, em 14 de novembro de 1831, em meio a um surto de cólera que atacava Berlim. Nas últimas linhas desse prefácio, o filósofo se pergunta se "o alto barulho dos tempos" ainda permite ao pensamento filosófico trilhar os caminhos tortuosos de uma teoria que se propõe estar à altura das contradições do mundo contemporâneo.

Sobre o tradutor

Marcos Lutz Müller nasceu em 9 de janeiro de 1943, na cidade de Porto Alegre. Por influência da mãe, dedicou-se inicialmente ao piano e à música clássica, paixão que o acompanharia por toda a vida. No ginásio de padres jesuítas, descobriu seu interesse pela filosofia. Em 1965 formou-se pela Universidade Federal do Rio Grande do Sul em filosofia e direito. Impedido de ingressar na carreira universitária por sua clara oposição à ditadura militar, escolhe em 1966 sair do Brasil e tentar o doutorado na Alemanha com uma pequena bolsa de estudos. Dirige-se inicialmente à Universidade de Freiburg, onde pretende desenvolver uma tese de doutorado sobre Husserl, mas transfere-se em seguida para a Universidade de Heidelberg, onde é partícipe da efervescência intelectual que levaria a uma renovação nas pesquisas sobre Hegel e Marx. Conclui seu doutorado com a tese *Sartres Theorie der Negation* em 1975 e se muda com a companheira Jeanne Marie Gagnebin para Berlim, onde residem alguns anos.

De volta ao Brasil em 1978, torna-se docente na Universidade Estadual de Campinas e ministra uma série de cursos sobre *O Capital*, com os quais contribui para as novas leituras de Marx no país. As filhas Rafaela e Cristina nascem em Campinas, em 1980 e 1983. No início da década de 1990 começa seu projeto mais acalentado, para cuja realização não poupará esforços: a tradução anotada da *Filosofia do direito*, de Hegel. Ao longo de quase vinte anos de cursos sobre esse texto, preparados à exaustão, e em mais de três dezenas de artigos de notória profundidade, Marcos Lutz Müller documentou publicamente as várias etapas da sua tradução comentada e assentou um patamar sólido de leitura e interpretação da obra. Em 2007 e 2008, os últimos anos de sua atuação como docente na Unicamp, ministrou uma série de cursos sobre a *Ciência da lógica* de Hegel, dos quais resultaram dois artigos da mais alta importância: "A negatividade do começo absoluto" (2014) e "A contradição dialética e sua resolução no fundamento" (2019).

Sem o compromisso das aulas, participa da formação de um grupo de pesquisas sobre o pensamento filosófico japonês, chinês e indiano. Destacam-se nesta fase seus artigos sobre Kitaro Nishida, que versam sobre a maneira como esse filósofo japonês, arguto intérprete de Hegel, teria virado do avesso alguns pontos fundamentais do pensamento filosófico ocidental. Em 2018 publica "A democracia em Marx: contexto de surgimento e ambivalência do conceito", em que destrincha como o jovem Marx fundou um poderoso conceito de democracia ao interpretar a *Filosofia do direito* segundo os critérios racionais da *Ciência da lógica*. Marcos Lutz Müller faleceu em 15 de setembro de 2020, em decorrência de um acidente vascular-cerebral.

Este livro foi composto em Sabon pela Franciosi & Malta, com CTP e impressão da Edições Loyola em papel Pólen Natural 70 g/m² da Cia. Suzano de Papel e Celulose para a Editora 34, em setembro de 2024.